民国首版学术经典

近代中国教育史料【一】

舒新城 著

上海科学技术文献出版社
Shanghai Scientific and Technological Literature Press

出版说明

民国时期虽只有短短三十几年，却在中国历史上拥有极其重要的地位。随着地理封闭格局的打破，社会制度的转型，思想束缚的解放，社会的文化和学术也开始了古今中西新旧融合与创新的历史过程，迎来一个百家争胜、异彩纷呈的局面，直接表现便是名家辈出、佳作迭现，且其视野之开阔、学识之渊博、影响之深远，为前代所不及，亦为后人所难达。

民国文学史堪称一部文学思潮、文学流派、文学运动、文学论争、文学社团的流变史，它们之间存在着相互交叉、相互生成的复杂关系，而要想从这些复杂的关系中理清头绪、找到脉络，关键还是要着手到具体的作家与作品上。由于受到各种因素的影响，有时即使是同一部文学作品，在不同的版本中也会呈现出大相径庭的风貌。我们尽量选取民国文学经典作品中最初的版本，保留了原书的内封和版权页、书后广告，将文学经典作品的原貌呈现出来。有些文学作品，由于作者早逝等因素，虽然在文学史上具有一定的价值，但人们对其知之甚少。为此，我们也挑选了一些并非广为流传，但是具有自己的风格、在当时的文学思潮中占据过一定地位的文学作品，为当代文学史的研究提供更多的资源。

从1911年辛亥革命结束清王朝统治到1949年中华人民共和国成立，在这一段特殊时期成长起来的中国学人涌现出了许多大家，并产生了在中国学术史占有重要地位的著作，尽管今人对民国学术的评价是仁者见仁，智者见智，但不可否认的是不论是这些大家的人格魅力，还是那些著作所折射出来的思想的光辉影响了几代学人。

有鉴于此，我们以“民国首版经典”之名影印了民国文学、学术经典。内容可谓包罗万象，诗歌、小说、散文、纪实文学，以及史学、理学、文学研究等方方面面，所选皆出自名家、大家之手，或为各学科奠基之作，或为集大成之作，或为震动当时、影响深远的传诵之作，其中不乏流传很少、极难觅寻的孤本，我们苦心孤诣，找寻到这些经典著作的初版本，影印出版，精装制作，以飨读者。

编　者

教育叢書

近代中國教育史料

第一冊

舒新城編

1928

上海中華書局印行

附白

本書脫稿於民國十五年冬，其時雖曾於報紙雜誌中不時見「黨化教育」之名，但其內容如何，因編者住居地（南京）尚未入國民政府勢力範圍，受郵件檢查之限制，極不易搜集具體材料以證實之。「黨化教育」係由孫中山「以黨建國」而來，爲中國新教育史上之特殊事實，其影響於教育之各方面者甚大。雖此四字之含義尚未有法制上之嚴格規定，但從已有之法規政綱及行政人員之言論上，亦可窺見其趨向之一般。茲於整理清樣之便，特將十六年八月以前之關於黨化教育重要材料補錄於第四冊之末，額曰近代中國教育史料補編，略示黨化教育之源淵與趨向。其詳當俟本書續編也。

編者十六年八月

近代中國教育史料

凡例

一、本書所稱之「近代中國教育史料」係指我國倣行西洋教育制度之全體而言，時間斷自同治初元至民國十五年。

一、自同治初元設同文館至今已六十餘年，其間經過之教育事蹟甚多，勢不能一一追溯原委，羅列無遺，故祇擇其較重大者錄入。假定之標準如下：

甲、記述事實現象者；

乙、敘述事變因果者；

丙、言論之代表時代思潮者；

丁、言論之於實施上發生影響者。

一、史實最重時間，各篇除原文載有時期，或由其來源之出版物中可以推斷其發表時期者，餘均詳爲考核，揭於篇首。

一、史料在示信於人，來源最爲重要。本書各篇均詳註來源，凡無關係之段落有節刪處，幷詳爲註明，以便稽考。

一、一事之發生，常與他事有關係，而有關係之事件，或在教育史上無重大影響，或未盡屬教育範圍之內，爲節省篇幅計，常用按語簡要敘述之——惟以敘述事件爲主，不多加批評，免影響讀者之判斷力。

一、中國改行新教育制度爲時雖不過六十餘年，但各種文獻散在各處，搜集頗不容易。且斷篇雜乘，時間性極短，過期卽絕版，欲搜集亦無處搜集。編者自民國十年來卽注意於此，五年間歷遊長江各省，無時無地不留意。除購買印刷物外，凡與新教育有關係之人，亦多走訪，藉以探詢各種史實。惟前遊北方時，尙未注意及此，故有若干重要史料，未能錄入，俟北遊有得，當再輯續編。

一、斯書材料之搜集，原爲供編著近代中國教育史之參考，後因各種材料在舊籍書簏中雜亂無章，翻閱極感困難，因分類抄錄，藉便參閱。繼思此類材料，在中國新教育歷程上，要爲不可埋沒之事實。但一般硏究教育者或師範生，欲於漫無頭緒之書報中逐一搜集，其事至難。蓋經濟與時間，旣非人人所能勝任，而可遇不可求之材料，更難必得也。因不避敝帚千金之誚，特從抄就之底稿中，擇其重要而爲一般教育者所當參閱之紀載，先輯此册，印行於世；一以謀拙著近代中國教育史參考書之便利，一以存中國新教育之文獻。

一、本書所有材料，除編者個人隨時搜集而外，友人之相助者，在川有陳岳安、李劼人，在京有黎錦熙、劉炳藜，在滬有向達、陳啓天、陸費逵，在寧有蔣維喬、李儒勉及周慧專女士，在湘有劉範獻，編者對上述諸君，均極感謝。而南京東南大學、金陵大學，上海中華書局等圖書館，隨時供給參考書，併在此伸謝。

一、本書取材雖力求正確，但以範圍太廣，不免多所罣漏，讀者如發見錯誤，或有重要材料，係先哲或時賢心血所寄，本書未及采錄者，倘荷見示，請寄上海中華書局編輯所轉交，當於續編中刊布。

新城

近代中國教育史料總目

第一冊

第二冊

第三冊

第四册

近代中國教育史料 第一册

目次

頁數

近代中國教育史料 第一册

一、興學創議

請推廣學校摺　李端棻

此摺爲建立學制系統之先聲。羅惇曧謂稿出自梁啓超之手。（參閲京師大學堂成立記）　編者

竊臣聞國於天地，必有與立，言人才之多寡，繫國勢之强弱也。去歲軍事既定，皇上順窮變通久之義，將新庶政，以圖自强，恐辦理無人，百廢莫舉，特降明詔，求通達中外能周時用之士，所在咸令表薦，以備擢用。綸綍一下，海內想望，以爲豪傑雲集，富强立致。然數月以來，應者寥寥，即有一二，或僅束身自好之輩，罕有濟難瑰瑋之才，於側席盛懷，未能盡副。夫以中國民衆數萬萬，其爲士者十數萬，而人才乏絶，至于如是，非天之不生才也，敎之之道未盡也。夫二十年來，都中設同文館，各省立實學館、廣方言館、水師武備學堂、自强學堂，皆合中外學術相與講習，所在而有。而臣顧謂敎之之道未盡何也？諸館皆徒習西語西文，而于治國之道，富强之原，一切要書，多未肄及，其未盡一也。格致製造諸學，非終身執業，聚衆講求，不能致精。今除湖北學堂外，其餘諸館，學業不分齋院，生徒不重專門，其未盡二也。諸學或非試驗測繪不能精，或非游歷察勘不能確。今之諸館，未備圖器，未遣游歷，則日求之于故紙堆中，終成空談，無自致用，其未盡三也。利祿之路，不出斯途，俊慧子弟，率從事帖括，以取富貴，及既得科第，遂與學絶，終爲棄材。今諸館所敎，率自成童以下，苟逾弱冠，即已通籍；雖或向學，欲從末由，其未盡四也。巨厦非一木所能支，橫流非獨柱所能砥，天下之大事變之亟，必求多士，始濟艱難。今十八行省，祇有數館，每館生徒祇有數十。士之欲學者，或以地僻而不能達，或以額外而不能容，

即使在館學徒一人有一人之用。倘于治天下之才，萬不足一。況于功課不精，成就無幾，其未盡五也。此諸館所以設立二十餘年而國家不一收奇才異能之用者，惟此之故。曰：然則巖穴之間，好學之士，豈無能自績學以待驅策者？曰：格致、製造、農、商、兵、礦諸學，非若考據詞章帖括之可以閉戶獺祭而得也。書必待繙譯而後得讀，一人之學，能繙羣籍乎？業必待測驗而後致精，一人之力，能購羣器乎？學必待游歷而後徵實，一人之身，能履羣地乎？此所以雖有一二倜儻有志之士，或學焉而不能成，或成矣而不能大也。乃者欽奉明詔，設官書局于都畿，領以大臣，以重其事。伏讀之下，仰見聖神措慮，洞見本原。臣于局中一切章程，雖未具悉，然知必有良法美意以宣達聖意闡揚風化者。他日奇才異能由斯而出，不可勝數也。惟育才之法，匪限于一途，作人之風，當徧于率土。臣請推廣此意，自京師以及各省府州縣皆設學堂。府州縣學，選民間俊秀子弟年十二至二十者入學。其諸生以上欲學者聽之。學中課程，誦四書、通鑑、小學等書，而輔之以各國語言文字及算學、天文、地理之粗淺者，萬國古史近事之簡明者，格致理之平易者，以三年為期。省學選諸生年二十五以下者入學，其舉人以上欲學者聽之。學中課程，誦經、史、子及國朝掌故諸書，而輔之以天文、輿地、算學、格致、製造、農、商、兵、礦、時事、交涉等學，以三年為期。京師大學，選舉貢監年三十以下者入學，其京官願學者聽之。學中課程，一如省學，惟益加專精，各執一門，不遷其業，以三年為期。其省學大學所課門目繁多，可仿宋胡瑗經義治事之例，分齋講習，等其榮途，一歸科第；予以出身，一如常官。如此，則人爭濯磨，士知嚮往，風氣自開，技能自成，才不可勝用矣。或疑似此興作，所費必多，今國家正值患貧，何處籌此巨款。臣查各省及府州縣率有書院，歲調生徒入院肄業，聘師講授，意美法良。惟奉行既久，積習日深，多課帖括，難育異才。今可令每省每縣各改其一院，增廣功課，變通章程，以爲學堂。書院舊有公款，其有不足，始撥官款補之。因舊增廣，則事順而易行；就近分籌，則需少而易集。惟京師爲首善之區，不宜因陋就簡，示天下以樸，似當酌動帑藏，以崇體制。每歲得十餘萬，規模已可大成。中國之大，豈以此十餘萬爲貧富哉。或又疑所立學堂既多，所需教習亦衆，竊恐乏人堪任此職。臣以爲事屬創始，學者當起于淺近，教者亦無取精深。今宜令中外大吏各舉才任教習之士，悉以名聞，或就地聘延，或考試選補，海內之人，必有可以充其任者。學堂既立，遠之得三代庠序之意，近之采西人厰院之長，興賢教能之道，思過半矣。然課其記誦而不廓其見聞，非所以造異才也。就學者有日進之功，其不能就學者無講習之助，非所以廣風氣也。今推而廣之，厥有與學校之益相須而成者蓋數端焉。一曰設藏書樓：好學之士，半屬寒畯，購書既苦無力，借書又難其人，坐此固陋寡聞無所成就者，不知凡幾。高宗純皇帝知其然也，特於江南設文宗、文匯、文瀾三閣，備庋祕籍，恣人借觀。嘉慶間大學士阮元推廣此意，在焦山、靈隱起立書藏，津逮後學。自此以往，江浙文風甲于天下，作人之盛，成效可睹也。泰西諸國頗得此道，都會之地，皆有藏書，其尤富者，至千萬卷，許人入觀，成學之衆，亦由於此。今請依乾隆故事，更加增廣。自京師及十八行省省會，咸設大書樓，調殿板及各官書局所刻書籍，暨同文館、製造局所譯西書，按部分送各省以實之。其或有切用之書，爲民間刻本，官局所無者，開列清單，訪查價值，徐行購補。其西學書陸續譯出者，譯局隨時咨送，妥定章程，許人入樓看讀，由地方公擇好學解事之人經理其事。如此，則向之無書可讀者，皆得以自勉於學，無爲棄才矣。古今中外有用之書，官書局有刻本者，居十之七八。每局酌提部數，分送各省，其費至省，其事至順。一奉明詔，事即立辦，而餉遺學者，增益人才，其益蓋非淺鮮也。二曰創儀器院也：格致實學，咸藉試驗。無視遠之鏡，不足言天學。無測繪之儀，不足言地學。不多見礦質，不足言礦學。不習覩汽機，不足言工程之學。其餘諸學，率皆類是。然此等新器，所費不貲；家即素封，亦難備購。學何從進，業焉能成。今請於所立諸學堂，咸別設一院，購藏儀器，令諸學徒皆就試習，則實事求是，自易專精。各器擇要而購，每省撥萬金以上，已可粗備。此後陸續添置，漸成大觀，則其費尚易措籌，而學徒所成，視昔日紙上空談，相去遠矣。三曰開譯書局也：兵法曰：知己知彼，百戰百勝。今與西人交涉，而不能盡知其情僞，此見弱之道也。欲求知彼，首在譯書。近年以來，製造局、同文館等處，譯出刻成，已百餘種，可謂知所務也。然所譯之書，詳於術藝而畧於政事，於彼中治國之本末，時局之變遷，言之未盡。至於學校、農政、商務、鐵路、郵政諸事，今日所亟宜講求者，一切章程條理，彼國咸有專書，詳哉言之。今此等書，悉無譯本。又泰西格致新學，製造新法，月異歲殊，後來居上。今所已譯出者，率十年以前之書，且數亦甚少，未能盡其所長。今請於京師設大譯書館，廣集西書之言政治者，論時局者，言學校農商工礦者，及新法新學近年所增者，分類譯出，不厭詳博，隨時刻布，廉值發售，則可以增益見聞，開廣才智矣。四曰廣立報館也：知今而不知古，則為俗士；知古而不知今，則為腐儒。欲博古者，莫若讀書；欲通今者，莫若閱報，二者相須而成，缺一不可。泰西每國報館，多至數百所，每館每日出報，多至數萬張。凡時局、政要、商務、兵機、新藝奇技，五洲所有事故，靡所不言。閱報之人，上自君后，下自婦孺，皆足不出戶，而於天下事瞭然也。故在上者能措辦庶務而無壅蔽，在下者能通達政體以待上之用，富强之原，厥由於是。今中國邸鈔之外，其報館僅有上海漢口廣州香港十餘所，主筆之人不學無術，所言率皆淺陋，不足省覽。總署海關，近譯西報，然所譯甚少，又未經印行，外間末由得見。今請於京師及各省會並通商口岸繁盛鎮埠，咸立大報館，擇購西報之尤善者分而譯之。譯成，除恭繕進呈御覽並咨送京外大小衙門外，即廣印廉售，布之海內。其各省政俗土宜，亦由各館派人查驗，隨時報聞，則識時之俊日多，幹國之才日出矣。五曰選派游歷也：學徒既受學數年，考試及格者，當選高才以充游歷。游歷之道有二：一游歷各國，肄業于彼之學校，縱覽乎彼之工廠，精益求精，以期大成。一游歷各省，察驗礦質，鈎核商務，測繪輿地，查閱物宜，皆限以年期，厚給薪俸，隨時著書歸呈有司。察其切實有用者，爲之刋布，優加獎勵。其游惰而無狀者，官則立予降黜，士則奪其出身數年之後，則輶軒絕域之士，斐然成章，郡國利病之書，備哉粲爛矣。或疑近年兩次所派游歷學生，未收大效，不知前者所派游歷，乃職官而非學童。在中國既未經講求，至外洋亦未嘗受學，故事涉空衍，寡有所成。其所派學生，又血氣未定，讀中國書太少，遽游歷絕域，易染洋風，雖薄有技能，亦不適于用。今若由學堂選充，兩弊俱免，其所成就，必非前此之所能例也。夫既有官書局大學堂以爲之經，復有此五者以爲之緯，則中人以下皆可自勵於學，而奇才異能之士，其所成就益遠且大。十年以後，賢俊盈廷，不可勝用矣；以修內政，何政不舉？以雪舊耻，何耻不除？上以恢列聖之遠猷，下以懾强鄰之狡啓，道未有急于是者。若仰蒙采擇，乞飭下中外大臣妥議章程，取旨施行。

議覆推廣學校摺　總理衙門

光緒二十二年五月初二日，軍機處鈔交刑部左

議覆推廣學校摺

侍郎李端棻奏請推廣學校以勵人才一摺，本日奉上諭：著該衙門議奏，欽此。臣等查該侍郎原奏所陳各節，大抵以時事多艱，人才凋乏。朝廷之旁求雖切，薦剡之奇杰罕聞。因推原於立學之方，育才之術，蘄以樹風聲而開趨向，淺學擴其聞見，通才益便精研。其在於今，誠爲切要。綜觀環球各國三十年來，莫不以興教勸學爲安內攘外之基；崇學者積治以富强，虛僞者積衰以貧弱，事如操券，成效炳然。則今日廣勵學官，誠屬自强本計。惟是施行宜爲之次第，條理必致極精詳。近日風氣大開，士崇新學，詞林郎署，願就同文館肄業者頗不乏人。外間各省書院，亦多有斟酌時宜，於肄業經古以外，增加算學製造諸課者。臣衙門於去年十二月議覆御史陳其璋推廣學堂奏內，請旨飭下沿江沿海將軍督撫，於已設學堂者量爲展拓，未設學堂者擇要仿行，聽令官紳集貲奏明辦理，亦即該侍郎所謂推廣學校勵人才而資禦侮之意，業經奉旨通行各省遵辦在案。如內地各府縣紳耆聞風嚮慕，自可由督撫酌擬辦法，或就原有書院量加程課，或另建書院肄習專門。果使業有可觀，三年後由督撫奏明該衙門再行議定章程，請旨考試錄用，以昭激勸。其藏書樓、儀器院、譯書館三節，均可於新立學堂中兼舉並行。西人報例，有專談時務者，有專談藝學者，時務之報，譯者尚多，藝學之報，譯者寥寥，而爲用甚廣，亦不妨令學堂中選擇譯之，以收知新之助。凡此皆朝廷所樂爲鼓舞，惟在地方官之勸導有方，而興學校以嘉惠士林，要仍視人士之樂於向學。若地方自安僻固，無意講求，雖加提倡，固亦無益也。該侍郎所請選派游歷一節，與臣衙門奏派同文館學生出洋學習所議章程大意略同。游歷誠多多益善，而過多亦慮經費之難支。應請嗣後游歷諸學生由學堂選派者，即由學堂籌給資斧；由商局選派者，即由商局籌給貲斧出洋時仍由督撫給與文憑，到洋後仍由出使大臣一體照料。推廣之中，仍存限制，庶幾事無窒礙，可以經久常行。以上各節，均係就臣衙門奏定成案，量與擴充，如蒙俞允，恭候命下，即由臣衙門　行各省，責令實力奉行，以期得收實效。至該侍郎所請於京師建設大學堂，係為擴充官書局起見，應請旨飭下管理書局大臣察度情形，妥籌辦理。

二、學制系統未建立前之學堂

創設北京同文館奏疏　同治元年八月

總理衙門

為遵議設立學習外國語文字學館，恭摺仰祈聖鑒事。竊查咸豐十年冬間，臣等於通籌善後章程內，以外國交涉事件，必先識其情性，請飭廣東、上海各督撫等分派通解外國語言文字之人，攜帶各國書籍來京，選八旗中資質聰慧年在十三四歲以下者俾資學習。嗣遵籌未盡事宜，復經聲明鑄錢局除改作衙署外，尚有鑪房修葺堪作館舍等因，均經先後奉旨允准在案。臣等伏思欲悉各國情形，必諳其語言文字，方不受人欺蒙。各國皆以重貲聘請中國人講解文藝，而中國迄無熟習外國語言文字之人，恐無以悉其底蘊。廣東、上海既無咨送來京之人，不得不於外國延訪。旋據英國威妥瑪言及該國包爾騰兼通漢文，堪充此席，因於五月十五日先令挑定之學生十人來館試行教習，仍另請漢人徐樹琳教習漢文，即以此學為同文館。再俄、法等國語言文字，亦應一體學習，容俟覓有妥當教授，再行隨時酌辦。（下略）

按此後法文館、俄文館均於同治二年三月初六日開設。乾隆二十二年於內閣開設俄羅斯文館，此時亦移於同文館內。光緒二十二年添設東文館。

奏請開設同文館疏　恭親王

創設北京同文館奏疏

此篇載皇朝經世文三編卷一未註年月。從文中「上年李鴻章在上海設立機器局」及「近日左宗棠亦請在閩設立藝局」兩語攷之此疏當在同治五年，蓋上海製造局創於同治四年，福建船政局設於同治五年也。 編者

臣等因製造機器必須講求天文算學，議於同文館內添設一館，等因於十一月初五日具奏，奉旨依議欽此，欽遵在案。臣等伏查此次招攷天文算學之議，並非務奇好異，震於西人術數之學也。蓋以西人製器之法無不由度數而生，今中國議欲講求製造輪船機器諸法，苟不藉西士爲先導，俾講明機巧之原，製作之本，竊恐師心自用，枉費錢糧，仍無裨於實際。是以臣等衡量再三而有此奏，論者不察，必有以臣等此舉爲不急之務者，必有以舍中法而從西人爲非者，甚且有以中國人師法西人爲深可恥者，此皆不識時務也。夫中國之宜謀自强，至今日而已亟矣。識時務者莫不以采西學製洋器爲自强之道，疆臣如左宗棠李鴻章等皆深明其理，堅持其說，時於奏牘中詳陳之，上年李鴻章在上海設立機器局，由京營揀派兵弁前往學習，近日左宗棠亦請在閩設立藝局，選少年聰穎子弟，延聘洋人教以語言，文字，算法，畫法，以爲將來造輪船選器之本。由此以觀，是西學之不可不急爲肄習也，固非臣等數人之私見矣。或謂雇賃輪船，購買洋槍，各口均曾辦過，既便且省，何必爲此勞賾，不知中國所當學者，固不止輪船槍礮一事，即以輪船槍礮而論，雇買以應其用，計雖便而法終在人，講求以徹其原，法既明而用將在我，蓋一則權宜之策，一則久遠之謀，孰得孰失，不待辨而明矣。至於以舍中法而從西人爲非，亦臆說也。查西術之借根，實本於中術之天元，彼中猶目爲東來法，特其人性情縝密，善於運思，遂能推陳出新，擅名海外耳。其實法固中國之法也。天文算法如此，其餘亦無不如此，中國創其法，西人襲之，中國儻能駕而上之，則在我既

已洞悉根源，遇事不必外求，其利益正非淺鮮。且西人之術，我聖祖仁皇帝深韙之矣。當時列在臺官，爲時憲兼容並包，智周無外，本朝掌故，亦不宜數典而忘。況六藝之中，數居其一？古者農夫戍卒，皆識天文，後世設爲厲禁，知者始鮮。我朝康熙年間，除私習天文之禁，由是人文蔚起，天學盛行，治經之儒，皆兼治數，各家著述，攷證俱精。語曰：「一物不知，儒者之恥」。士子出戶，舉目見天，顧不解列宿爲何物，亦足羞也。即今日不設此館，猶當肄業及之，況乎懸的以招哉？若夫以師法西人爲恥，此其說尤謬。夫天下之恥，莫恥於不若人。查西洋各國數十年來講求輪船之制，互相師法，製造日新。東洋日本近亦遣人赴英國學其文字，究其象數，爲仿造輪船張本，不數年亦必有成。西洋各國雄長海邦，各不相下者無論矣，若夫日本蕞爾國耳，尚知發憤爲雄，獨中國狃於因循積習，不思振作，恥孰甚焉？今不以不如人爲恥，而獨以學其人爲恥，將安於不如而終不學，遂可雪其恥乎？或謂製造乃工匠之事，儒者不屑爲之，臣等尤有說焉，查周禮攷工一記，所載皆梓匠輪輿之事，數千百年黌序奉爲經術，其故何也？蓋匠人習其事，儒者明其理，理明而用宏焉。今日之學，學其理也，乃儒者格物致知之事，並非強學士大夫以親執藝事，又何疑焉？總之，學期適用，事貴因時，外人之疑議雖多，當局之權衡宜當。臣等於此，籌之熟矣。惟是事屬創始，立法宜詳，大抵欲嚴課程，必須優給廩餼，欲期鼓舞，必當量予升途。謹公同酌擬章程六條，繕呈御覽，恭候欽定。再查翰林院編修檢討庶吉士等官，學問素優，差使較簡，若令學習此項天文算學，成功必易。又進士出身之五品以下京外官，舉人五項貢生，事同一律，應請一併推廣招攷，以資博採。

京師同文館館規

此規載皇朝蓄艾文編卷十四，原文未載時期，但就該書編輯時間排之，當爲光緒二十四年以前之規程。　編者

一、各館繙譯，以漢文爲本；漢文未能明順，故繙譯洋文多有不通之處。嗣後查看前館學生，有漢文未能明晰者，著令仍歸後館學習漢文，午後再學洋文。

一、禮拜之日，各洋教習向不到館，是正宜溫習漢文；雖後館學生間有作詩文者，亦有名無實。嗣後前後館學生每遇禮拜日，加添漢文功課，或論策，或繙譯照會，以備他日辦公之用，其有願作詩文者亦聽其便。

一、館中功課以洋文洋語爲要，洋文洋語已通，方許兼習別藝。近來有一人兼習數藝者，難免務廣而荒。且有不學洋文洋語，僅習別藝，殊失當日立館之本意。嗣後諸生務令先學洋文洋語，通後亦祇准兼習一藝，其有不能洋文洋語者，即由提調會同總教習分別差等，以示區別。

一、每月向有課表，各生勤惰，即責成各教習分別標注，每月課後，參酌平日之功課定列等次。其新到館及後館各學生學習洋文洋語，限以一年爲期，可否造就，即惟副教習是問。各副教習務當破除情面，據實呈報，以免濫竽充數。

一、月課季課以及年終歲考，前後堂學生必須分別考試，第一次會考前後館能繙譯漢文各學生。其繙譯條子者即歸次日考試，該提調務當實力稽查，嚴防槍替。其有不遵約束者，立即回堂照章辦理。

一、後館學生向例早晨學習漢文，午後學習洋文。近來竟有午刻始行到館，並不學習漢文，殊屬有違館規。嗣後前後館學生，仍照舊立夏起限十點鐘至立秋起，限九點鐘到館。當面畫到，如逾時不到，即照章辦理，午後仍著提調不時抽查，倘有畫到後出館者，即著從嚴懲辦。其後館學生有告假及不到者，即責成副教習

開列姓名，送提調處，與晝到簿校對查核，以憑辦理。

分年課級

肄業諸生其各項課程，均有次第可循，如由洋文而涉獵諸學，共須八年。

首年認字寫字淺解辭句，講解淺書。

二年講解淺書，練習句法，繙譯條子。

三年講各國地圖，讀各國史畧，繙譯選編。

四年數理啓蒙，代數學，繙譯公文。

五年講求格物，幾何原本，平三角，弧三角，練習譯書。

六年講求機器，微分積分，航海測算，練習譯書。

七年講求化學，天文測算，萬國公法，練習譯書。

八年天文，測算，地理金石，富國策，練習譯書。

以上課程，惟漢文熟諳資質聰慧者可期成就，否則年數雖加亦難有成。至西語則當始終勤習，無或間斷。而天文化學測地諸學，欲精其藝者必分途而力求之，或一年或數年不可限定，此其大綱也。至於細目，仍宜與各敎習隨時體察，酌量變通。

考課章程

考試有月課、季考、歲試之分，季考於月終舉行，歲試於封印前舉行。月課季考二日而畢事，提調總敎習分敎習監場；歲試三日而畢事，總理衙門堂官監場。月課例給花紅銀三十二兩，季考例給花紅銀四十八兩，歲試例給花紅銀七十二兩。夏季增加漢文課，每月給花紅銀八兩。歲試季考則酌量課業之進退而增減其薪水。大考每屆三年舉行，優者保升官階，次則記優留館，劣者除名。

天津創設武備學堂摺　李鴻章

李時爲直隸總督，摺上於光緒十一年五月，爲中國武備學堂之始。　編者

竊臣上年七月間，遵旨選雇德國兵官來津，當卽

天津創設武備學堂摺

派往水陸各軍，認眞教練，業經附片陳奏在案。該兵官等或熟精槍礮陣式，或諳習礮臺營壘作法，皆由該國武備院讀書出身，技藝優長，堪充學堂教師之選。據總統前敵各軍，遇缺題奏提督周盛波，總統盛軍湖南提督周盛傳等稟請仿照西國武備書院之制，設立學堂，遴派德弁充當教師，挑選營中精健聰穎、畧通文義之弁目，到堂肄業，經臣批准照辦。並令直隸提督李長樂，廣東水師提督曹克忠，署廣西提督唐仁廉，四川提督宋慶，總統銘軍記名提督劉盛休，正定鎮葉志超，通永鎮吳育仁，大明鎮徐道奎，皖南鎮史宏祖等，各挑選弁兵送堂肄業前來。臣查泰西各國講求軍事，精益求精，其兵船將弁必由水師學堂，陸營將弁必由武備書院造就而出，故韜畧皆所素裕，性習使然。聞其武備書院，學舍林立，規模閎廓，讀書、繪圖有所習藝、練技有所專選世家子弟年少敏幹，童而習之，長則調入營伍，由隊

目洊充將領，非可一蹴幾也。當其肄業之初，生徒比屋而居，分科傳授其於戰陣攻守之宜，直視爲身心性命之學，朝夕研究，不遺餘力，而槍礮之運用，理法步伍之整齊靈變，尤爲獨擅勝場。我非盡敵之長，不能制敵之命，故居今日而言武備，當以其人之道還治其人；若僅憑血氣之勇，粗疏之材，以與强敵從事，終恐難操勝算。該提督等各遣弁兵來學，誠欲因時制宜，不得不變通盡利耳。惟是武備書院之設，應建廠屋甚多，需費甚巨，目下經費支絀，不能不力求撙節。臣與津道關道周馥等籌商，暫就天津水師公所安置生徒，名曰武備學堂，遴委德國兵官李寶、崔發祿、哲寧、那珀、博郎、閫士等作爲教師，並選派通習中外文字之員，別充繙譯，即於本年正月，將各營送來弁兵，飭該道等悉心考試，擇其精悍敏靈者，挑取百餘名入堂肄業；其中有文員願習武事者，一併量予錄取；並令與該兵官等妥立章程，認眞

訓迪。數月以來，各學生逐日按時進堂，左圖右書，口講指畫，於西洋行軍新法，頗有領悟。一月之中，每間三五日，由教師督率學生赴營演試槍礮陣式，及造築臺壘之法，勞其筋骨，驗其所學。每屆兩月，由臣派員扃試一次，分別賞罰。約計一年後，於西洋後膛各種槍、礮、土木、營壘及行軍布陣分合、攻守各法，必能通曉。屆時擬將頭批學生發回各營，飭由各統領量材授事；復挑二批弁兵百餘人，送堂肄業，分番迭進，期無間斷。其優者或留堂作爲幫敎習，或回營轉敎員弁；數年以後，敎學相長，觀摩盡善，北洋各營必全曉西洋近日行軍制勝之方矣。獨是泰西武備之學，皆從天算、輿地、格致而來，欲造其極詣，必先通其語言文字，乃能即事窮理，洞見本源。擬俟經費稍充，另行建立書院，選募良家年幼子弟，入院肄業，以宏造就；學成後再調營帶隊，俾資歷練，庶乎有本之學，將材日出而不窮，可備國家干城禦侮之用。現時學堂經費，除洋弁已遵旨酌定辛俸，敎習繙譯各員應酌量差事煩簡，分別開支薪水外，其餘學生飲、食、紙、筆、器具、獎賞等項，及添造住屋，購買西洋兵事書籍、圖畫、測量儀器各種，均擬在北洋海防經費內撙節開支，按年核實彙報。至學堂爲培植將材根基，中土創辦之初，風氣未開，不可不多方誘掖，以收鼓舞作新之效。擬將敎習、繙譯各員，及屢考優等堪充敎習之學生，援照同文館成案，二年保奏一次，以示鼓勵，庶幾在事人等奮勉圖功，成就更速矣。（光緒政要卷十一）

招考自強學堂學生示　張之洞

湖北自強學堂甚爲當時言時務者所重視，其性質等於廣方言學堂。由此示可見其設學目的。　編者

本部堂於光緒十九年十月奏設自強學堂於武昌省城，分方言、算學、格致、商務四齋，惟方言一齋，住堂肄業；其餘三齋，按月考課，歷年循辦在案。誠以爾時兩

招考自强學堂學生示

湖風氣未開，姑以四者開其先路。惟是自强之道，貴乎周知情僞，取人所長，若非精曉洋文，即不能自讀西書，必無從會通博采。兹經本部堂詳加酌核，更定自强學堂章程。其算學一門，中國古法及新譯西書書籍較多，可不假道西文，業經於上年五月改歸兩湖書院另行講習。其格致商務兩門，中國既少專書，津滬諸局西人學館譯出諸編不過畧舉大概，教者學者無從深求，現將格致商務兩門停課，先行統課方言，以爲一切西學之階梯，將來格致商務，即可自行誦譯探討。查京師同文館分設英文法文德文俄文等館，規模大備，惟一館學生，勢不能應中外之求。此外各省堂局學習洋文，多係專習一事，取法一國。查西人學業各國雖大致相同，而專長兼長實非一致，辦理交涉，尤貴因應咸宜；此英法德俄四國語言文字必須分門指授之意也：本部堂意在造就通材，所期遠大，欲使學者皆能自讀西書，自研西法，則可深窺立法之本源，並可出闡旁通之新義，既不必讀輾轉傳繙之書，致得粗而遺精，亦不至墨守西師一人之法，致所知之有限。將來學成以後，通殊方之學，察鄰國之政，功用甚宏，實基於此；必須資性穎悟，身家清白，先通華文，先通儒書，義理明通，志趣端正，方能與選。今分立英法德俄語言文字四門，每門學生以三十名爲額，四門共一百二十名。英文法文各省傳習較久，目下四學始基，即派華員爲教習。俄文德文，通習素罕，分派俄員德員爲教習，輔以華員協同課授。現已委員購地，剋期添造誦堂，并學生所住齋舍，合行出示招考學生。至堂內原有英文學生，其未通華文者，應行汰除。統計應行招足一百二十名之額，目下誦堂住舍尚未造成，先行每門招十五名入堂肄業。其餘十五名，俟誦堂齋舍造齊，再行來堂。除該生飯食書籍紙筆等均由學堂備辦外，每名每月給膏火銀五元，以資安心學習。爲此示仰各省舉貢生監職員官紳子弟人等知悉，凡有華文精通年在二十四歲以內十五以外者，無論本省外省悉准報名與考，聽候本部堂派員考試錄取覆試，挑選入堂學習。凡入堂學生，不論何項人員均須恪遵規矩，聽授敎習及管學各員約束；如不守學規，卽行斥退，斷不寬貸。自出示之日起以十五日爲限。凡有志與考者，迅赴自强學堂報名，愼勿望觀自誤。幷開列簡明章程十二條示後，特示。

一自强學堂，以一百二十名分習英法德俄四國語言文字。每門三十名，分四堂授課。

一學生必年在二十四歲以內十五以外，口齒較靈，志趣漸定者。過二十四歲或不及十五者，均不錄取。

一學生必須以華文爲根柢，以聖道爲準繩。儒書既通，則指授西文亦可收事半功倍之效。此次挑取學生非華文淸通義理明白根基已立者，斷不收錄。

一吸洋烟斷不收錄。

一挑取學生，先考華文一次，照定額加倍挑取；再行面試，幷相其器宇端正，口齒靈敏，體質壯實確無嗜好者，錄取入堂。幷於定額之外，備取三四十名；俟入堂三月以後甄別一次，將不堪造就者剔去，仍照舊額留堂學習。

一學生有年齒稍長或已列膠庠者，必已通曉儒書。每日除西學功課外，儘可自溫舊業。其年齒稍穉，華文較淺之學生，另於該學堂設立華文敎習，於西文之暇，課授儒書華文，幷作論說，庶幾中外兼通，不致忘本。

一學生宜專心致志習學堂講授諸課，不准在堂兼作時文試帖，亦不准幷應各書院課試，以致兩歧。

一學生凡已入學者准其請假以應鄉試，其一切歲科小試，概不准請假。

一學生以五年爲畢業，學生留堂以後，卽爲官學生。其未畢業以前，若非實有緊要正事，不得自行請假；若藉端求去，改習卑下之業，甚或不自愛惜，受洋行僱充譒譯，須將其歷年薪水火食及本身一切用費追繳。責成該學堂於學生挑選留堂之日，卽將其家世考詢明確，并須有同鄉官員誠實可靠之人出具保結。

一敎授西文既忌陸續增收學生，新舊攙雜不能成班，令敎者窘於指授。該堂學生既經挑定以後，卽應截止收錄。至已留堂學生，或有因事撤退者，只可任令虛額，不能陸續收補。卽使來堂來學者衆，亦只能俟下屆招考新生之時，令其投考，另作新班敎授，不得中道收補攙入舊班。

一學生凡在誦堂聽華洋敎習約束，凡在齋舍或飯廳，聽提調總稽查并管學約束。如有失規者，在誦堂卽由敎習酌量儆戒；在齋舍由提調酌量儆戒；不率敎者斥退。課程學規條目，糊牌懸掛堂內。

湘鄉東山精舍章程

竊惟國家之隆替係乎人才，人才之盛衰由於學校，各省興建書院，蓋以輔學校之不逮，法甚備而綦隆矣。然窮變則通，苟非實事以求是，卽物而窮理，恐書院究成虛設，何以造就人才。湘鄉向有東皐漣濱建於縣城，爲合邑公立。嗣因縣分上中下三里，復各就其地建書院以便學者，舉人等籍隸下里，地鄰縣治，嘗慨書院雖盛，而專校時藝，山長又係本縣舉貢，輪充蘭艾不分，成材終尠。原任新疆巡撫劉襄勤公思矯其弊，爰捐集銀五千餘兩，剏議添設東山精舍，以勸學育才；又經士紳樂捐共銀一萬七千餘緡，計陸續置買學田二百畝，其各戶捐而未繳者尚萬餘緡。正在度地鳩工，而劉襄勤薨於家，任事者遂互相推委，事因中止。人懷觀望，鉅款虛糜，舉人等心竊疚之。夫通知古今之宜，以外籌應接之術；博觀中外之勢，以內立富强之基；陶冶羣材，其本莫先於學。而欲剷除積習，亦宜量爲變通；攷西國之興，凡課士、訓農、通商、攷工與陸軍水師無不入學堂讀書，共明其理，習見其器而躬親其事。彼一切取成於學，男女五歲不入學者卽罪其父母，人專一藝而能致用；是其縱横海上，固非徒恃船堅礮利也。今各國學校，美爲極盛，德法英次之，俄又次之，其制分初學中學上學，初學期滿乃升中學，務循序而漸進。人無廢學，地無棄材，既富且强，良在於此。卽日本數小島耳，通國學校乃多至三萬一千餘所，力行西法，遂啓維新，有實學卽有眞材，故能勃然以興，屢耀其武。而中國反蹈常習故，務虛文而不求實學，未嘗講明事理，往往受制於洋人，然則欲興國而强兵足民而豐財，非勸學以育才，豈有幸哉？舉人等會議深思，擬以東山精舍倣湖北自强學堂成法，分科造士，爲算學、格致、方言、商務四齋，敎之以實事，程之以實功，庶幾風氣大開，矯其空陋，專習所學，自然業精於勤，足以養成實材。惟事以慮始爲難，謀以築室爲戒，將冀功以時集，必自上台主持，爲此稟懇大人批准行縣行學轉飭士紳卽照所擬章程及時興辦，循中國義理之學，輔以泰西富强之術，則道器一貫，人才自蒸蒸日上，必有魁奇傑俊出其中，足以得其要領而馭之。舉人等感念時艱，不勝禱祝，謹擬章程呈覽，伏祈批示，以便遵行，謹稟。

章程二十四條

一　建築精舍，曾經劉襄勤公於東台山下，勘定地址，茲爲撙節經費起見，擬就原定之蓮花屋場妥爲修葺，卽行開課。俟籌有鉅款，收齊各捐項，再議擴充。

一　師以傳道解惑，山長須擇品學俱優中西兼通之士；不得用本縣舉貢輪充，永杜干求鑽營情面請託諸弊。

一　肄業生暫以二十名爲限，不分生童，皆須報名投考，課以時事論說。觀其文學識解，由山長分別等次，一等補正額，月酌給膏火錢貳緡米三斗；二等爲附課，月惟廪米三斗，俟額缺以次提補，此外有貴族富家之子弟，願自備費就舍學習者聽。

一入舍肄業者，算學爲先。目前經費不敷，祇能先聘算學山長。蓋三角八綫幾何代數實爲西學根本，不獨製造須探源於算術也；將來經費既足，可爲推廣，如格致商務方言皆各有專門，專而後可以精益求精，但中西當會其通，諸生於四書五經宜仍專一經以爲根柢，矯除章句小儒之習，庶幾蔚成經濟有用之材。

一河圖寓加減之源，洛書肇乘除之祖，周髀九數，疇人命官，唐制六科，明算取士，所從來久矣。國朝欽定數理精蘊儀象攷成諸書，尤爲萬世學算之準繩。故定制於國子監額設算學肄業生，滿漢蒙各若干人，分年教授，比年各省提學亦加試算學，是算法固人人所當童而習之者也。而俗人或目算學爲西學，又謂習算法爲效法西人，孤陋寡聞，貽譏大雅，願有志者，毋固毋必，博學審問，講明其理而切究之。

一算學當循序精進，初學一年習幾何代數平三角少廣，第二年則習曲綫微分積分，第三年則習弧三角及微積分之深義立體之幾何。

一學算法代數者，先學乘除加減四小數及命分立方諸學之變，既精，乃討論對數表之用，算尺之法，及代數第一級之理。

一學句股者，先學劃直綫及各種角於地，並按驗直綫及各種角命度與否之法，既精，乃學三角形多角形與勻分直綫爲數段之法，遂及比例綫諸平方形各種立方質體質之理，參究泰西各句股便捷之法。

一學句股畫法者，諸生當於逐日所討論畫法之圖彙成一帙。其所討論者則爲影立體諸形，於直平二向並來其本質之尺寸等事。

一學宜崇實。俟經費充足，當於上海多購天算、地礦、醫律、聲、光、重、化、電、汽學諸書，以供學徒觀覽講習，並購泰西儀器及格致製造各學器具以資攷驗，俾明其理而開其智。

一西學之精，莫非原本中國。其立教實源於墨子，尙同兼愛，事天明鬼，尤顯然者。至通商練兵之法，大半本乎管子，而設官多類乎周禮，用法亦類乎申韓。重學、光學、汽學、化學、電學諸大端，散見於周秦各書，尤不可殫數。然則泰西格致之學未有能出吾書者也。今精舍方言格致兩齋通其言語文字以造就譯才，兼攷求新理新物爲制器利用之助，是乃昌明中國實學，將以西學化爲中學，非棄其學而從西學也。山長平日宜講明此理以曉學者。

一道莫善於通，學不厭其博。精舍每月算款購萬國公報兩冊，每季購格致彙編兩冊，又各種新聞紙如申報、漢報之類，分給諸生披覽，俾通知時務與夷情夷形，自成有用之才。

一學業以講求而成，人才以摩厲而出。昔我鄉先正曾文正公與倭文端諸賢講學於京師，與江忠烈羅忠節諸公講練於湖湘，卒定撥亂之功，仁遠乎哉？有爲者亦若是。易曰：「君子以朋友講習」，論語曰：「以文會友，以友輔仁」。精舍諸生會友講習以輔仁而追隨乎文正，其勉之矣。

一大學一書，爲初學入德之門，其效至於明明德於天下，而其功必始於格致。朱子曰：「人心之靈，莫不有知，天下之物，莫不有理，惟於理有未窮，故其知有不盡。」是以大學始教，必使學者卽凡天下之物，莫不因其已知之理而益窮之，以求至乎其極。是則西人格致之學，實原本於大學，尤無異於朱子補傳所言也。今精舍算學格致方言商務雖分四齋，而每人止專一門，蓋業精於勤，必專而後精。所有格致諸學，皆從算學入手者。不專心致志，則不能得其要耳。伏讀去年閏五月十三日上諭：「凡精於天文、地輿、算法、格致、製造諸學者，准中外臣工保荐。」煌煌天語，立賢無方。諸生患學之不精，不患無進身之階也。專精格致以取功名，亦何必科舉乎？

一中國之弱，由於學之不講，教之不行。今欲自强，明學術以成人才而已。士有專業而才日以成，則國資其用，而勢日以盛。朱子曰：「今日吾人之進德修業，乃是異時國家撥亂反正之所繫，非但一身得失榮辱。」其言甚大，有志者當及時自勵！

一學者期於明體達用。研經之外，宜習事於史，詳攷其治亂得失之故。近代名臣奏議，必爭自鈔錄。經世要務，皆討論其所以然，積久貫通，庶其術足以匡時；發之爲言，亦足以救世。

一韓子有言：「學焉而各得其性之所近；是丹非素，隘也；拘文牽義，陋也。」願諸生勤學，務其大者遠者，不爭漢宋，不分中外，虛心以求是，敬業樂羣，則學必有成。

一每月朔望兩課，由山長扃試。憑文取舍，正附一律。如三次不列等正課，卽降爲附課，庶其由愧生奮。

一生徒有游惰浮薄不守學規者，山長卽行斥出。正課由附課序補，附課由額外序補。

一年終由山長會同湘鄉縣學甄別一次，定其進境之淺深，質行之優劣。上等奬賞，中等懲誡，仍許留學，惟下等斥出。

一精舍收發清單，每年由經管造四柱清册，徧請衆紳公覽，俾知此中贏絀之數，以昭覈實而防弊竇。

一經管如有侵蝕浮冒諸弊，衆紳查察得實，卽當公舉更換，其款並當稟官追繳，不得徇庇。

一經管需才，以殷實老成廉潔爲主。往年劉襄勤公曾舉鄧紳子霖、楊紳宗衡、翼卿董其事，公正明白，衆望克孚。茲擬清算東山精舍歷年銀錢出入租穀收糴，及修建橫舍一切工程，仍照原議，公請鄧紳等經理，由縣箚委以專責成。

一清算交代之後，所有精舍學規，及詳細章程，再當集思廣益，續行公議，稟請察核存案。

巡撫部院陳批：光緒二十一年十二月初六日，據稟及東山精舍章程均悉。格致原本大學，朱子補傳必使學者卽凡天下之物莫不因其已知之理而益窮之以求至乎其極，卽賅括近日泰西之學。祇言其理，未究其用。然大學論生財有大道，卽有「爲之者疾」之語。中庸九經亦云「來百工則財用足」。是今日泰西各國格致之功用，固已言之矣。中國以農爲本業，故歷代所設施，尚未能盡格致之極功，竟大學之全量，且其勢亦誠可不必。故公輸、墨翟之徒，其術不昌，後世智巧之士，徒偶用以爲玩具耳。今海外諸國，旣已通商吾土，卽以財用論，彼疾而我遲，彼足而我乏，其勢已不可支；況又以强陵弱，使我坐困而莫展一籌。乃猶於吾中國聖經賢傳之所已言者，淺嘗輒止，不深維禮失求諸野之言，而反以之爲諱，於彼所以馴致富强之術，概以淫巧斥之，而目語此者爲邪說，豈知數典而忘其祖耶？茲該生等本該鄉劉襄勤公未竟之志，就東山精舍講求實學，所見甚爲遠大。所議章程，以義理爲體，以格致爲用，亦均周妥有法。初講算學，尤湘中諸儒素習之業，如鄒叔績、丁果臣諸先生傳述，至今未替，仰湘鄉縣移會該學轉飭東山精舍紳董迅卽舉辦，以收興學育才之效，是所厚望，原稟及章程並發。

奏請創設陸軍及鐵路學堂事摺

張之洞

摺上於光緒二十一年十二月，時張爲兩江總督。 編者

竊臣創設自强新軍，延募德國將弁分派統帶營哨各官業將開辦情形，於本年十一月陳奏在案。竊維整軍禦侮，將才爲先，德國陸軍之所以甲於泰西者，固由其全國上下無一不兵之人，而其要尤在將領營哨各官，無一不由學堂出身，故將材稱盛。今欲仿照德制，練成勁旅，非廣設學堂實力教練，不足以造就將才。光緒十二年間，天津地方曾設立武備學堂，維時臣在兩廣總督任內，亦曾設立陸師學堂，雖學生額數均屬有限，所造不多，而此次創練新軍，營哨各官取之兩處學堂出身之人，究視未學者領會較易，長進甚速，是學堂有益確有明徵。現當急練陸軍，亟宜設法推廣，儲異日干戈之選。查江南省城原設有水師學堂，今於儀鳳門

內之和會街地方，創建陸軍學堂，取其寬曠清淨，遠隔市廛，講舍住屋操場一例備具。現已電託出使大臣許景澄延請德國精通武事五人爲敎習；慎選年十三歲以上，二十歲以下聰穎子弟文理通順能知大義者一百五十人爲學生。分馬隊、步隊、砲隊、工程、臺砲各門，研習兵法、行陣、地理、測量、繪圖、算術、營壘、橋路各種學問，操練馬、步、砲各種陣法。砲在武學中又劃爲專門，尤非淺嘗所能見效。所有應習各門，約以二年爲期，二年後再令專習砲法一年。又須畧習德國言語文字，以便探討國籍，大約通以三年爲期滿；前後考分別甲乙，是爲畢業。倣照總署同文館章程三年期滿，請准擇尤保奬，並選其學業貫通秉性忠正者，分派各營任用，不使已成之材，坐歎閑散，庶肄業者以勤學爲勸，聞風者以來學爲榮，國家亦遂收得人之效。此整飭武備之至要關鍵也。所有建造房屋置備器具等費，約需銀四萬數千

兩，擬在籌防局動款撥用。其常年經費，約需銀四萬餘兩。又鐵路一項，學有專門，與陸軍尤相關係。外國鐵路衙門，署如中國六部，設有極品大臣專司其事；大小學堂林立，聞德國通鐵路學術者至數萬人之多，方敷全國鐵路十萬餘里之用。蓋硏求利弊者，查驗物料，圖繪器具，推算工程，監督開駛，稽查修理，隨在與本利相關，亦隨在與軍國相關。中國方經營鐵路，而人才缺乏，勢必多用洋人，費且不貲，是非亟備人才不可。從前北洋亦經設有鐵路學堂，其學業有成者，業經臣調用數人，惜爲數不多，殊不敷用。今擬另延洋敎習三人，招集學生九十人，別爲鐵路專門，附入陸軍學堂，以資通貫。約計常年經費，亦需二萬數千兩，事關軍國要需，該兩項常年經費，共需六萬餘兩，合無仰懇天恩，卽在山海關新認加解每年四萬兩、鎭江關新認加解每年七千兩，共四萬七千兩一項動支。計陸軍、鐵路兩學堂經費，尙不敷銀二萬兩。查本年春曾經臣委員會同江海關常鎭道勸諭商店，酌量認捐。嗣據江海關道黃祖絡等禀稱：「商捐業已辦妥，計每年可收錢一萬二千餘串」，據常鎭道呂海寰禀稱：「鎭江亦可勸辦，惟爲數較少」各等語。近准戶部咨催令舉辦土藥店捐輸，現經札飭江寗、江蘇兩藩司、常鎭、淮揚兩道，於江寗、蘇州、鎭江、揚州等處最爲繁盛之區，先行勸辦。其餘府、州、縣由該司道體察情形，酌量辦理。大約此項商捐，每年約可籌銀二萬兩以外。其兩堂不敷經費，擬卽於此項商捐項下湊足。如蒙俯允，則兩堂經費有著，必可經久推行，將才蔚起，出自逾格鴻慈，不勝屏營待命之至！

（光緒政要卷二十一）

天津中西學堂章程　盛宣懷

此爲中國實施新式普通敎育之始。盛禀於光緒二十一年八月十二由北洋大臣王文韶轉奏，十四日奉諭照准。王奏並稱爲北洋西學堂。　編者

擬設天津中西學堂章程，請奏明立案禀北洋大臣王。

敬禀者：竊於光緒二十一年閏五月二十九日，奉憲臺札開光緒二十一年閏五月二十八日承准軍機大臣字寄奉上諭「自來求治之道，必當因時制宜。況當國事艱難，尤宜上下一心，圖自强而弭隱患。朕宵旰憂勤，懲前毖後，惟以蠲除痼習力行實政爲先。疊據中外臣工條陳時務，詳加披覽，採擇施行：如修鐵路、鑄鈔幣、造機器、開礦產、折南漕、減兵額、創郵政、練陸軍、整海軍、立學堂，大抵以籌餉練兵爲急務，以恤商惠工爲本源，皆應及時舉辦。至整頓釐金，嚴核關税，稽察荒田，汰除冗員各節，但能破除情面，實力講求，必於國計民生兩有裨益。各直省將軍督撫將以上諸條，各就本省情形與藩臬兩司暨各地方官悉心籌畫，酌度辦法；限文到一月內分晰復奏。當此創鉅痛深之日，正我君臣臥薪嘗膽之時，各將軍督撫受恩深重，具有天良，諒不至畏難苟安，空言塞責。原摺片均著抄給閱看，將此各諭令知之」。欽此欽遵，寄信前來。合行恭錄諭旨抄錄原奏，札飭悉心籌議，札到，該司道等卽便欽遵，迅速妥籌議復，以憑酌核具奏等因奉此。伏查自强之道，以作育人才爲本；求才之道，尤宜以設立學堂爲先。光緒十二年，前任津海關道周馥禀請在津郡設立博文書院，招募學生，課以中西有用之學，嗣因與税務司德璀琳意見不合，籌款爲難；致將造成房屋抵押銀行，蹉跎十年，迄未開辦。可見創舉之事，空言易，實行難；立法易，收效難。況樹人如樹木，學堂遲設一年，則人才遲起一年。日本維新以來，援照西法，廣開學堂書院，不特陸軍海軍將弁皆取材於學堂，卽今之外部出使諸員，亦皆取材於律例科矣；製造槍礮開礦造路諸工，亦皆取材於機器工程科地學化學科矣。僅十餘年，燦然大備。中國智能之士，何地蔑有；但選將才於儔人廣衆之中，拔使才於詩文帖括之內，至於製造工藝，皆取材於不通文理不解測算之匠徒，而欲與各國絜長較短，斷乎不能。職道之愚，當趕緊設立頭等二等學堂各一所，爲繼起者規式。惟二等學堂功課，必須四年，方能升入頭等學堂。頭等學堂功課，必須四年，方能造入專門之學。不能躐等，卽難免遲暮之憾。現擬通融求速辦法，二等學堂本年擬由天津、上海、香港等處先招已通小學堂第三年功夫者三十名，列作頭班；已通第二年功夫者二十名，列作二班；已通第一年功夫者三十名，列作三班；來年再續招三十名，列作四班。合成一百二十名爲額。第二年起，每年卽可拔出頭班三十名升入頭等學堂。其餘以次遞升，仍每年挑選三十名入堂補四班之額，源源不絕。此外國所謂小學堂也。至頭等學堂，本年擬先招已通大學堂第一年功夫者，精選三十名，列作末班。來年卽可升列第三班，幷取二等之第一班三十名，升補頭等第四班之缺。嗣後按年遞升，亦以一百二十名爲定額。至第四年底，頭等頭班三十名，准給考單，挑選出堂，或派赴外洋，分途歷練，或酌量委派洋務職事。此外國所謂大學堂也。職道與曾充教習之美國駐津副領事丁家立考究再三，酌擬頭等二等學堂章程，功課必期切近而易成。大約頭等學堂每年需經費銀三萬九千餘兩，二等學堂每年需經費銀一萬三千餘兩，共需銀五萬二千兩左右。現值國用浩繁，公款竭蹶，事雖應辦，而費實難籌。職道查津海鈔關近年有收開平煤稅，每年約庫平銀一萬四五千兩，爲從前所無之稅款，似可儘數專提，以充學堂經費。又天津米麥進口，自光緒十九年稟明每石專抽博文書院經費銀三釐，每年約收捐銀三四千兩，擬每石改收銀五釐，亦不爲多。又電報局稟明由天津至奉天借用官綫遞寄海蘭泡出洋電報，每字津貼洋銀一角，電綫通時，每年約計應繳洋三四千元。營口一帶綫斷之後，已經停止。嗣後錦州至奉天改造商綫，僅借用天津至錦州官綫一段，貼費更微。擬令電報局以後不計字數，每年捐繳英洋二萬元。又招商局運漕由滬至津輪船，向係援照沙寗船成案，裝運土貨，例准二成免稅，藉以抵制洋商。擬令招商局以後在承運漕糧運脚免稅項下，每年捐繳規銀二萬兩。以上合計每年捐銀五萬二千兩左右，全數解交津海關道庫存儲，專備天津頭等二等學堂常年經費。通籌扯算，似可有盈無絀。所有頭等學堂應即照前北洋大臣李批准周前道原擬以博文書院房屋爲專堂。現經胡臬司顧全大局，由糧臺設法籌款，向銀行贖回，作爲公產。其屋價內，原有總稅務司赫德及津海關稅務司德璀琳捐款在內，如仍作學堂，稅務司亦必樂從。所需購辦格致化學器具書籍等項，及聘請教習川資，創辦應用之款，不在常年經費之內。查光緒十九年起至二十一年四月止，米捐存銀八千餘兩，擬即在此款內核實動用。二等學堂應覓地另行蓋造，擬在開辦初年教習學生尚未齊全，應餘經費之內提用，毋庸請發公款。其房屋未造成之先，應即借用頭等學堂房屋，甚寬，足可敷用。所有學堂事務任大責重，必須遴選深通西學體用兼備之員總理，方不致有名無實。頭等學堂擬請憲臺札委二品銜候選道伍廷芳總理，二等學堂擬請札委同知銜候補知縣蔡紹基總理，并擬訂請美國人丁家立爲總教習。該堂延訂中西教習，考取學生，購辦機器書籍等事，均由職道會商伍道蔡令及總教習於年內妥速開辦，以免因循虛曠歲月。向來學堂有會辦、提調、監督各名目，今擬一概刪除，藉省開銷而杜紛雜。謹繕呈章程淸摺，是否有當，伏乞憲臺俯賜鑒核，迅賜批示遵行，并請奏明立案，以垂久遠，實爲公便。肅此敬請勛安，伏乞垂鑒。

謹將擬設天津頭等二等學堂章程功課經費與總敎習丁家立酌議各款，分繕淸摺，恭呈鈞鑒。

計開

頭等學堂章程

一、頭等學堂，因須分門別類，洋敎習擬請五名，方能各擅所長。是以常年經費甚鉅，勢難廣設。現擬先在天津開設一處，以爲規式。

一、房屋必須寬大，擬卽就天津梁家園南圍牆外前津海關周道所議造之博文書院作爲北洋頭等學堂，以期名副其實。

一、頭等學堂以選延敎習挑取學生兩大端最爲緊要。總敎習不得稍有寬徇，致負委任。

一、頭等學堂以四年爲一任。是以總分敎習，均訂四年合同。任滿去留，再行酌定。

一、頭等學堂第一年功課告竣後，或欲將四年所定功課全行學習，或欲專習一門，均由總辦總敎習察看學生資質，再行酌定。然一人之精力聰明，祇有此數，全學不如專學，方能精進而免泛騖。如學專門者，則次年所學功課與原定功課稍有不同。至第三四年所學功課，與原定功課又相徑庭，應俟屆時再行酌定。

一、頭等學堂常年經費，應照第四年敎習學生足額，酌定數目。其第一年至第三年，學生未能足額，敎習無庸多請，所節省之經費，除另造二等學堂及每次考試花紅外，其餘積存生息，以備四年後挑選學生出洋川資經費。

一、格物學化學機器等房，創辦時均須預備機器式樣，以備各學生閱視考據，幷學堂置辦書籍各圖所有經費應在常年經費外開支。

一、學生將來由二等學堂挑來者，漢文自可講究。現由粤滬等處挑來者，恐漢文不能盡通；是以漢文敎習必須認眞訪延，不得絲毫徇情。

一、漢文不做八股試帖，專做策論，以備考試實在學問經濟。大約小學堂內四書古文均已讀過，此外經史皆當擇要講讀。

頭等學堂功課

歷年課程分四次第

第一年（幾何學，三角勾股學，格物學，筆繪圖，各國史鑑，作英文論，繙譯英文。）

第二年（駕駛并量地法，重學，微分學，格物學，化學，筆繪圖并機器繪圖，作英文論，繙譯英文。）

第三年（天文工程初學，化學，花草學，筆繪圖并機器繪圖，作英文論，繙譯英文。）

第四年（金石學，地學，考究禽獸學，萬國公法，理財富國學，作英文論，繙譯英文。）

專門學分爲五門

一、工程學（專敎演習工程機器，測量地學，重學，汽水學，材料性質學，橋梁房頂學，開洞挖地學，水力機器學。）

一、電學（深究電理學，講究用電機理，傳電力學，電報并德律風學，電房演試。）

一、礦務學（深奥金石學，化學，礦務房演試，測量礦苗，礦務署兼機器工程學。）

一、機器學（深奥重學，材料勢力學，機器，汽水機器，繪機器圖，機器房演試。）

一、律例學（大清律例，各國通商條約，萬國公法等)。

洋人敎習五名

一、工程學算學敎習一名、

一、格物學化學敎習一名。

一、礦務機器學地學敎習一名。

一、機器學繪圖學敎習一名。

一、律例學敎習一名。

華人敎習漢文二名

一、講讀經史之學。

一、講讀聖諭廣訓。

一、課策論。

華人敎習洋文六名

一、華人洋文敎習，視其所通何學，則由洋文總敎習調度幫助洋人敎習。

頭等學堂經費

第一年

一、華總辦一員，（每月薪水公費銀二百兩。）每年計銀二千四百兩。

一、洋人總敎習一名，（每月薪水銀二百兩。）每年計銀二千四百兩。

一、格致學化學洋敎習一名，（每月薪水銀二百兩。）每年計銀二千四百兩。

一、漢文敎習一名，（每月薪水銀四十兩。）每年計銀四百八十兩。

一、華人洋文敎習二名。（每人每月薪水銀一百兩。）每年計銀二千四百兩。

一、學生膏火（三十名，每名每月四兩。）每年計銀一千四百四十兩。

一、司事二名，（每月共薪水銀三十兩。）每年計銀三百六十兩。

一、總辦教習學生司事共三十六人，膳費每年計銀一千二百六十兩。

一、書籍紙張筆墨等費，每年約計銀二百兩。

一、聽差燈油炭火雜款等費，每年約計銀六百兩。

共約計銀一萬三千九百四十兩。（遇閏按月照加。）

（第一年比較第四年經費，約省銀二萬五千五百四十四兩。）

第二年

一、華總辦一員，（每月薪水公費銀二百兩。）每年計銀二千四百兩。

一、洋人總教習一名，（每月薪水銀二百兩。）每年計銀二千四百兩。

一、格致學化學洋教習一名，（每月薪水銀二百兩。）每年計銀二千四百兩。

一、工程學算學洋教習一名（每月薪水銀二百兩。）每年計銀二千四百兩。

一、漢文教習二名，（每人每月薪水銀四十兩。）每年計銀九百六十兩。

一、華人洋文教習三名，（每人每月薪水銀一百兩。）每年計銀三千六百兩

一、學生膏火，（三十名，每人每月四兩。三十名每人每月五兩。）每年計銀三千二百四十兩。

一、司事二名，（每月共薪水銀三十兩。）每年計銀三百六十兩。

一、總辦教習學生司事共六十八人，膳費每年計銀二千三百七十六兩。

一、書籍紙張筆墨等費，每年約計銀四百兩。

一、聽差油燈炭火雜款等費，每年約計銀六百兩。

共約計銀二萬一千一百三十六兩。（遇閏按月照加。）

（第二年比較第四年經費，約省銀一萬八千三百四十八兩。）

第三年

一、華總辦一員，（每月薪水公費銀二百兩）每年計銀二千四百兩。

一、洋人總教習一名，（每月薪水銀二百兩。）每年計銀二千四百兩。

一、洋人分門教習五名，（每人每月薪水銀二百兩）每年計銀一萬二千兩。

一、漢文教習二名，（每人每月薪水銀四十兩）每年計銀九百六十兩。

一、學生膏火（三十名每月四兩，三十名每月五兩，三十名每月六兩。）每年計五千四百兩。

一、司事二名（每月共薪水銀三十兩。）每年計銀三百六十兩。

一、總辦教習學生司事共九十九人，膳費每年計銀三千四百九十二兩。

一、書籍紙張筆墨等費，每年約計銀六百兩。

一、聽差燈油炭火雜款等費，每年約計銀八百兩。

共約計銀三萬三千二百十二兩。（遇閏按月照加。）

（第三年比較第四年經費，約省銀六千二百七十二兩。）

第四年

一、華總辦一員，（每月薪水公費銀二百兩。）

天津中西學堂章程

每年計銀二千四百兩。

一、洋人總敎習一名，（每月薪水銀二百兩）
每年計銀二千四百兩。

一、洋人分門敎習五名，（每人每月薪水銀二
百兩）每年計銀一萬二千兩。

一、漢文敎習二名，（每人每月薪水銀四十兩。
）每年計銀九百六十兩。

一、華人洋文敎習六名，（每人每月薪水銀一
百兩）每年計銀七千二百兩。

一、學生膏火，（三十名每人每月四兩，三十名
每人每月五兩，三十名每人每月六兩，三十
名每人每月七兩。）每年計銀七千九百二
十兩。

一、司事二名，（每月共薪水銀三十兩。）每年
計銀三百六十兩。

一、總辦敎習學生司事共一百三十一人，膳費
每年計銀四千六百四十兩。

一、書籍紙張筆墨等費，每年約計銀八百兩。

一、聽差燈油炭火雜費，每年約計銀八百兩。

共約計銀三萬九千四百九十四兩。（遇閏
按月照加。）

計開

二等學堂章程

一、二等學堂卽外國所謂小學堂，日本一國不下
數百處，西學之根柢皆從此起。現擬先在天津
開設一處，以後由各省會推而至於各郡縣，由
各通商口岸推而至於各鎮市，官紳商富皆可
仿照集資開辦，輕而易舉。

一、凡欲入二等學堂之學生，自十三歲起至十五
歲止。按其年歲考其讀過四書，並通一二經文

理稍順者，酌量收錄。十三歲以下十五歲以上者俱不收入。

一、二等學堂之學生，照章須學西文四年，方能挑入頭等學堂。現因頭等學堂亟須挑選，不得已本年先選已通西文學生九十名，以充頭二班之額。至來年起每年挑選三十名，以補四班之額。

一、房屋必須另造，現因頭等學堂人未齊集，尚可暫借博文書院房屋，以一院分作兩堂，足敷布置。來年另行擇地購造，須能容學生一百二十名之用。

一、二等學堂必須諳習西學之員一人爲駐堂總辦。所有學堂一切布置及銀錢各事，均歸總辦管理。所有學堂考核功課以及教習勤惰學生優劣，均歸總教習考核。遇有要事，總辦總教習均當和衷商辦

一、二等學堂以選延教習挑取學生兩大端最爲緊要，總教習不得稍有寬徇，致負委任。

一、二等學堂洋文教習，均用華人，每班須用英文正教習一名，幫教習一名，必須學業充足，故不得不酌寬薪水。如四年任滿，所教學生堪勝頭等之選，准由總辦詳請從優保獎。

一、二等學堂漢文教習，每班須用一名，必須認眞訪延品學兼優精神充足者方能講學得力，不得絲毫徇情。

一、漢文不做八股試帖，專做策論，以備考試，實在學問經濟。第一年現選學生九十名，皆自外來，漢文必淺，尤應認眞講誦，以立造就根基。

一、二等學堂之學生，每月貼膳銀二兩。第一年學生每人每月膏火銀一兩，第二年學生每人每

月一兩五錢，第三年學生每人每月二兩，第四年學生每人每月二兩五錢。俟風氣大開，中西學咸有進身之階，漸推漸廣，膏火或酌裁。

二等學堂功課

歷年課程分四次第

第一年（英文初等淺言，英文功課書，英文拼字，朗誦書課，數學。）

第二年（英文文法，英文字拼法，朗誦書課，英文尺牘，繙譯英文，數學並量法啓蒙。）

第三年（英文講解文法，各國史鑑，地輿學，英文官商尺牘，繙譯英文，代數學。）

第四年（各國史鑑，坡魯伯斯第一年，格物書，英文尺牘，繙譯英文，平面量地法。）

洋文華敎習八名

一、四班，每班英文正敎習一名，幫敎習一名。

漢文華敎習四名

一、講讀四書經史之學。

一、講讀聖諭廣訓。

一、課策論。

二等學堂經費

以第二年核算

一、華總辦一員，（每月薪水銀六十兩。）每年計銀七百二十兩。

一、漢文華敎習四人，（每人每月薪水銀二十兩。）每年計銀九百六十兩。

（第一年少一人，可節省銀二百四十兩。）

一、洋文華敎習四人，（每人每月薪水銀五十兩。）每年計銀二千四百兩。

（第一年少一人，可節省銀六百兩。）

一、洋文幫敎習四人，（每人每月薪水銀二十五兩。）每年計銀一千二百兩。

（第一年少一人，可節省銀三百兩。）

一、學生膏火一百二十名，每年計銀二千五百二十兩。

（第一年少第四班三十名，可節省銀三百六十兩。）

一、司事一人，（每月薪水銀十五兩。）每年計銀一百八十兩。

一、總辦教習學生司事共一百三十四人，膳費每年計四千八百二十四兩。

（第一年少三十三人，可節省銀一千一百八十八兩。）

一、書籍紙張筆墨等費，每年約計銀六百兩。

一、聽差燈油炭火雜費，每年約計銀六百兩。

自第一年起二年經費，共約計銀一萬四千四兩。

（第一年計可節省銀二千六百八十八兩。）

凡頭等二等歷年經費，祇能約核銀數。此外如有額外用款實難節省者，應在開辦初年節存經費之內稟請批准開支。所有收支各款，按月由堂申報北洋大臣一次，並咨津海關道衙門招商局電報局一次。至一年期滿，將學生功課等第及收支經費刋布一次，以備中外考核。

以上頭等二等學堂章程功課經費各條，皆就目前擬議具陳，深恐未盡確當，如開辦後須有變通之處，應准隨時隨地稟商補定，以期精益求精，合幷聲明。

奏陳開辦南洋公學情形疏 附章程

盛宣懷

奏陳開辦南洋公學情形疏

疏上於光緒二十三年，其師範院爲中國師範學堂之始。

編者

竊世變日棘，庶政維新，事務萬端，非人莫任。中外臣僚，與夫海內識時務之俊傑，莫不參用西制，興學樹人，爲先務之急。臣於光緒二十二年冬間附奏請設達成館片內，曾經陳明在上海地方籌立南洋公學，嗣以捐欵難集，而達成館之請，已奉總理衙門王大臣等議覆，應由戶部撥欵辦理，欽奉諭旨飭遵。又經臣奏明將原擬捐設達成館之欵，還充南洋公學經費在案。臣惟師道立則善人多，故西國學堂必探原於師範，蒙養正則聖功始，故西國學程必植基於小學。中外古今敎學宗旨本無異同，特中土文明之化，開闢最先，歷世愈遠，尚文勝質，遺寔探華，而西人學以致用爲本，其學校之制，轉與吾三代以前施敎之法相闇合。今日禮失而求諸野，講西學，延西師，學堂之規模近似矣。然臣前年創設天津頭二等學堂，旁求敎習，招選學徒，大抵通曉西文者，多懵於經史大義之根柢，致力中學者，率迷於章句呫嗶之迂途。敎者既苦乏才，學者亦難精擇，竊喟然於事半功倍之故；蓋不導其源則流不可得而淸也，不正其基則構不可得而固也。初議籌設南洋公學，擬照天津分設頭二等兩學堂，繼念京師達成館未有開辦之期，滬館雖無所依倣，不可不先行設法籌辦，況師範小學，尤爲學堂一事先務中之先務，既病求艾，相需已殷，急起直追，惟虞弗及。查有奏調三品銜分省補用知府何嗣焜，學術湛深，不求聞達，臣與縱論西學，爲用必以中學爲體，考核成功，次序極爲精邃，志氣堅卓，不致始勤終惰，當經派委該員總理南洋公學事務，即於上年二月間考選成才之士四十名，先設師範院一學堂，延訂華洋敎習，課以中西各學，要於明體達用，勤學善誨爲指歸。復仿日本師範學校有附屬小學校之法，別選年十歲內外至十七八歲止，聽穎幼童一百二十名，設一外院學堂，令師範生分班教之，比及一年，師範諸生且學且誨，頗得知行並進之益，外院生亦多穎異之姿，能力於學。今年復將二等學堂先行開辦，名曰南洋公學中院，以次續開頭等學堂，名曰南洋公學上院。上中兩院教習皆在師範院挑充，駕輕就熟，軌轍不虞其紛歧，外院之幼童薦升於中上兩院，則入室升堂，途徑愈形其直捷。師範諸生挑充教習，至速以一年後爲準。外院生分四班，滿三年挑充升中院之四班。中上兩院各分四班，歲轉一班，閱八年而卒業。夫人才盛衰之機，全視在上之取舍。伏查光緒二十三年二月安徽巡撫鄧華熙奏建二等學堂，總理衙門議覆摺內有云：所稱頭等學堂教習誘掖生徒，精益求精，應如何優以仕途各節，查同文館學生每屆三年大考一次，擇其學業精進考取前列者，量予保獎，或分部學習，或分發省分，或由出使大臣調充參贊、繙譯等官，近且有徑請簡派出使大臣者，仕途不爲不優。又各教習殷勤講校，應照新疆設立俄文館章程，分別有無官職，奏請奬叙各等語；均經核准欽遵。今皇上復准總理衙門禮部議奏經濟特科歲學之制，俾天下新設學堂書院所教有用之學，皆得學成而各盡其用，宇內學生莫不爭自濯磨。竊惟時事之艱大無窮，君子以致遠爲重，環球各國學校如林，大率形上形下，道與藝兼。惟法蘭西之國政學堂，專教出使、治政、理財、理藩四門，而四門之中皆可兼習商務、經世大端，博通兼綜，學堂係仕紳所設，然外部爲其教習，國家於是取才臣。今設立南洋公學，竊取國政之義，以行達成之實，於此次欽定專科，實覈內政、外交、理財。嗣後每年年終大考後，當將學生各籍及考定等級，詳細造册，咨送各該省學政，存候鄉試年分調取錄送。惟各教習不乏體用兼賅之選，職在課徒，調取不及，施

奏陳開辦南洋公學情形疏

敎至勞，榮途轉隘。擬請將此次敎習內應經濟歲舉者，由臣出具切實考語，咨請學政錄送。其本係舉人，准與經濟科舉人一體應經濟科會試。此外擬仍請援照新疆設立俄文館章程，同文館學生大考前列章程三年期滿，由臣會同南洋大臣江蘇巡撫擇敎誨有才造就最廣者分別保奬，以仰副皇上甄陶才俊之至意。至公學四院常年經費，以輪電兩局歲捐銀十萬兩，量入爲出，僅可相當。雖初辦兩年內上院未開，約可節存銀五六萬兩。惟開辦之費，除學堂基地由臣捐購外，其餘建造房屋置備儀器圖書以及一切器具，共需十數萬金。初擬勸捐辦理。近來商民交困，物力艱難，似玆鉅款，未易集腋而成。祇能先將節存餘欵動用，計不敷之數，尚多，而將來如辦理譯書之費，既在常年經費之外，卒業學生出洋遊學之費，亦當預儲於八年之內，始有設措之方也。謹將南洋公學章程恭呈御覽。

第一章：設學宗旨共二節。第一節——西國以學堂經費，半由商民所捐，半由官署者爲公學。今上海學堂之設，常費皆招商電報兩局衆商所捐，故定名曰南洋公學。第二節——公學所敎，以通達中國經史大義厚植根柢爲基礎，以西國政治家日本法部文部爲指歸，畧做西國國政學堂之意；而工藝機器製造礦冶諸學，則於公學內已通算化格致諸生中各就質性相近者，令其各認專門，畧通門徑，卽挑出歸專門學堂肄習。其在公學始終卒業者，則以專學政治家之學爲斷。

第二章：分立四院共二節。第一節——一曰師範院，卽師範學堂也；二曰外院，卽日本師範學校附屬之小學院也；三曰中院，卽二等學堂也；四曰上院，卽頭等學堂也。第二節——師範院高才生四十名，外院生四班一百二十名，中院生四班一百二十名，上院生四班一百二十名。

第三章：四院學生班次等級共二節。第一節——師範生分格五層。第一層之格曰學有門徑，材堪造就，質成敦實，品超卑陋，志慕遠大，性近和平；第二層之格曰：勤學誨勞，撫字耐煩，猝就範圍，通商量先公後私；第三層之格曰：善誘掖，密稽察，有條理，能操縱，能應變；第四層之格曰無畛域計較，無爭無忌，無驕矜，無吝嗇，無客氣，無火氣；第五層之格曰性厚才精，學廣識通，行正度大，心虛氣靜。外中上三院學生各分四班，每班三十人。第二節——師範生合第五層格，准充教習；外院生至第一班遞升中院第四班；中院生至第一班遞升上院第四班；上中下三院學生皆歲升一班。

第四章：學規學課一節。日本學校規則及授讀之書，皆由交部後酌定頒行；但其初亦屢試屢改，然後定為合式。公學課程，參酌東西之法，惟其中層累曲折之利弊，必歷試而後能周匝。師範院外院課程，一年之內，已屢有更定，應由總理與華洋教習逐細再加考校，釐為定式。

第五章：考試共三節。第一節——每三月小試，總理與總教習以所業面試之。第二節——周年大試，督辦招商電報兩局之員會江海道關員親試之。第三節——上中外三院學生未卒業之日，均不應學堂外各項考試。惟師範及上中兩名高等學生，經學政調取錄送經濟科歲舉者不在此例。

第六章：試業給據共三節。第一節——師範院生考取後給試業白據，進院試業兩月，察其合第一層格，換給第一層藍據；第二層綠據；第三層黃據；第四層紫據；第五層紅據，遞進遞給。第二節——外院生考取進院，試業兩月，去其不可教者，質性可造者給予分院生肄業據。遞升中院，給中院肄業據。遞升上院，給予上院肄業據。第三節——上院生四年學成，給予卒業文憑。

第七章藏書譯書共二節。第一節——公學設一圖書院，調取各省官刻圖籍，其私家所刻，及東西各國圖籍，皆分別擇要購置庋藏。學堂諸生閱看各書，照另定收發章程辦理。第二節——師範院及中上兩院學生，本有繙譯課程，另設譯書院一所，選諸生之有學識而能文者，將圖書購藏東西各國新出之書課令擇要繙譯陸續刊行。

第八章出洋遊學一節。上院學生卒業後，擇其尤異者咨送出洋，照日本海外留學生之例，就學於各國大學堂以廣才識而資大用。

第九章教習人役名額共四節。第一節——南洋公學總理一員，華總教習一員，洋總教習一員，管圖院兼備教習二名，醫生一名。第二節——師範院並外院洋教習二名，華人西文西學教習二名，漢教習二名，司事四名，齋夫雜役二十名。第三節——中院華人洋文

教習四名，洋文帮教習四名，漢教習四名，稽察教習二名，司事二名，齋夫雜役十六名。第四節——上院專門洋教習四名，華人洋文教習四名，漢教習四名，稽察教習二名，司事二名，齋夫雜役十六名。

湖南時務學堂公啓　梁啟超

湖南時務學堂創立於光緒二十三年秋，由王先謙主辦，延梁啟超主講。其規約課程均足以表示舊日學者講學精神。惟當時所講者大半爲灌輸革命思想，學堂外並有南學會及湘學新報爲輔，故湘人思想爲之激動。戊戌政變，學堂報館與學會均被摧殘。由下三文可見當時學風之傾向。　編者

今日之事，岌岌乎一蹶再蹶！輸幣割地，剜肉飼虎，身肉有盡而虎欲無饜；他日之患害，其十倍於今日者，且日出而未有已也。故不攘夷則無中國。雖然，今日之所謂夷者，非若漢唐之間匈奴回鶻之族，游牧之種，水草之性，無有典章制度才術械器可以虛威讋而制梃

治也；其政治具有條理，其學問具有本末，其富强者皆其外見之跡；而其所以富强，千綱萬目皆經數十國數百年數千萬人互爲講求轉相仿效而始有今日，攘云攘云，蓋其難哉！彼日本以攘夷立國者也，慶應末葉舉國之士裂眦攘臂以言鎖港；及明治維新，幡然改圖，廣開學校，悉師西法，十年之後，風氣大成，遂有今日，而推原功首，則一切更革皆由尊攘黨人爲之倡。蓋攘夷之道未有善於是者也。吾湘以士氣開，天下通商數十載，西人足跡交徧中國，惟於楚地幾不敢越半步，論者謂志氣之盛，魄力之厚，視日本之言鎖港者殆將過之；於是海內海外遂咸以守舊目湘士。然竊聞吾鄉先輩若魏默深郭筠仙曾劼剛諸先生咸於天下不講西學之日，受怨謗，忍尤詬，毅然慨然以倡此義，至今天下之講西學者則靡不宗諸先生，烏在湘人之爲守舊也？且如日本前日雖守舊，何害其守愈篤者其變亦愈誠。吾湘

變，則吾中國變。吾湘立則中國存，用可用之士氣，開未開之民智，其以視今日之日本寗有讓焉！今事變益急，天子宵旰殫慮，惟廣立學校，培植人才，爲自强本計，累降綸綍，布此義於天下。江淮閩浙秦晉鄂蜀聞風興起，雲鱗漎萃，而吾湘以彫敝之餘，未克具舉。今值制軍張公中丞陳公督學江公咸以一時通人提倡新政，嘉惠斯士；吾湘士及今不思自勵，上無以宣聖天子作育之化，中無以答賢有司宏獎之雅，下無以塞薄海豪傑敬畏相望之心，用是簪萃同人，共倡新舉，將聘達人以主講授，選聰俊以充生徒，藏書籍以備羣摩，置圖器以資試驗。常年之費歲以數萬，亦既呈請大吏將東征籌餉部議加增鹽釐已收未繳之項撥歸堂中藉充歲費；然草創伊始，構造房屋，購置書器，需費極繁，開辦不易。蓋聞千金之裘非一腋所集，萬間之廈非獨木所成。凡我同志遠念敵王所愾之義，近思維桑與梓之情，大爲强

國保種之謀，小爲育子克家之計，其諸有榮於是歟？維持大局提倡盛舉食毛踐土咸有責焉已耳。昔道咸之亂，惟我湘士翼戴王室厥功最高天下稱之。自今以往，其禍害益烈，其待才益急，其戡定益難，惟我湘士其奮能自棄焉！獎掖之而裁成之，是在君子！

湖南時務學堂學約附讀書分月課程表

一曰立志　記曰：凡學士先志。孟子曰：士何事？曰尚志。朱子曰：書不熟，熟讀可記；義不精，細思可精；惟志不立天下無可爲之事。又曰：學者志不立，則一齊放倒了。今二三子儼然服儒者之服，誦先王之言，當思國何以蹙，種何以弱，敎何以微，誰之咎歟？四萬萬人，莫或自任，是以及此。我徒責人之不任，我則盍任之矣。己欲立而立人，己欲達而達人。天下有道，丘不與易，孔子之志也。思天下之民匹夫匹婦不被其澤，若己推而納之溝中，伊尹之志也。如欲平治天下，當今之世，舍我其誰，孟子之志也。做秀才時，便以天下爲己任，范文正之志也。天下興亡，匹夫之賤，與有責焉，顧亭林之志也。學者苟無此志，則雖束身寡過，不過鄉黨自好之小儒；雖讀書萬卷，祇成碎義逃難之華士；此必非良有司與鄉先生之所望於二三子也。朱子又曰：立志如下種子，未有播荑稗之種而能穫來牟之實者。科第衣食最易累人。學者若志在科第，則請從學究以游；若志在衣食，則請由市儈之道。有一於此，不可敎誨。願其戒之，先立乎其大者則其小者不能奪也，此爲大人而已矣。立志之功課有數端，必須廣其識見，所見日大，則所志亦日大。陸子所謂今人如何便解有志，須先有智識始得，此一端也。志既立，必養之使勿少衰，如吳王將復讎，使人日聒其側曰：爾忘越人之殺爾父乎？學者立志，亦當如此；其下手處，在時時提醒，念茲在茲，此又一端也。志既定之後，必求學問以敷之，否則皆成虛語，久之亦必墮落也。此又一端也。

二曰養志　孔子言仁者不憂，智者不惑，勇者不懼；而孟子一生得力在不動心，此從古聖賢所最兢兢也。學者既有志於道，且以一身任天下之重；而目前之富貴利達，耳目聲色，游玩嗜好，隨在皆足以奪志，八十老翁過危橋，稍不自立，一落千丈矣。他日任事，則利害毁譽，苦樂生死，樊然淆亂，其所以相撼者，多至不可紀極；非有堅定之力，則一經挫折，心灰意冷，或臨事失措，身敗名裂，此古今能成大事之人所以希也。曾文正在戎馬之間，讀書譚學，如平時，用能百折不回，卒定大難。大儒之學，固異於流俗哉？今世變益亟，亂機益劇，他日二三子所任之事，所歷之境，其艱鉅厄苦，視文正時又將過之；非有入地獄手段，非有治國若烹小鮮氣象，未見其能濟也。故養心者，治事之大原也。自破碎之學盛行，鄙夷心宗，謂爲逃禪，因佛之言心，從而避之；乃并我之心亦不敢自有，何其傎也。牽吾不忍人之心，以憂天下，救衆生，悍然獨往，浩然獨來，先破苦樂，次破生死，次破毁譽。記曰：國有道，不變塞焉，强哉矯！國無道，至死不變，强哉矯！孟子曰：富貴不能淫，貧賤不能移，威武不能屈，此之謂大丈夫。反此卽妾婦之道。養心之功課有二：一靜坐之養心，二閱歷之養心。學者在學堂中，無所謂閱歷，當先行靜坐之養心。程子以半日靜坐，半日讀書。今功課繁迫，未能如此，每日亦當以一小時或兩刻之功，爲之靜坐；時所課亦分兩種——一斂其心，收視返聽，萬念不起，使清明在躬，志氣如神；一縱其心，偏觀天地之大，萬物之理，或虛構一他日辦事艱難險阻萬死一生之境，日日思之，操之極熟，亦可助閱歷之事——此是學者他日受用處，勿以其迂闊而置之也。

三曰治身　顏子請事之語曰：非禮勿視，非禮勿聽，非禮勿言，非禮勿動。曾子將卒之言曰：定容貌，正顏色，出辭氣。孔子言忠信篤敬蠻貊可行，斯蓋不得以小節目之也。他日任天下事，更當先立於無過之地，與西人酬酢，威儀言論最易見輕，尤當謹焉。掃除習氣，專務篤實，乃成大器。名士狂態，洋務韄習，不願諸生效也。治身之功課，當每日於就寢時，用曾子三省之法，默思一日之言論行事失檢者幾何，而自記之。始而覺其少，苦於不自知也；既而覺其多，不可自欺，亦不必自餒。一月以後，自日少矣。

四曰讀書　今之服方領習矩步者，疇不曰讀書？然而通古今達中外能爲世益者蓋鮮焉。於是儒者遂以無用聞於天下。今時局變異，外侮交迫，非讀萬國之書則不能通一國之書。然西人聲、光、化、電、格、算之術，農、礦、工、商、史、律之紀載，歲出以千萬種計。日新月異，應接不暇。惟其然也，則吾愈不能不於數十寒暑之中，晝出期限，必能以數年之力，使學者於中國經史大義悉已通徹。根柢既植，然後以其餘日肆力於西籍，夫如是而乃可謂之學。今夫中國之書，他勿具論，即如注疏兩經解、全史、九通及國朝掌故官書數種，正經、正史，當王之制，承學之士所宜人人共讀者也。然而中壽之齒，猶懼不克卒業，風雨如晦，人壽幾何，若從而撥棄之，則所以求先聖之道，觀後王之迹者，皆將無所依藉。若率天下人而從事於此，龐論難其人也。即有一二劬學之士，斷斷然講之，而此諸書者，亦不過披沙揀金，往往見寶。其中精要之處不過十之一二；其支離蕪衍，或時過境遷，不切於今日之用者，殆十八九焉；而其所謂精要之一二者，又必學者於上下千古縱橫中外之學，深通有得，旁通發揮，然後開卷之頃，鉤元提要，始有所獲。苟學識不及，雖三復若無覩也。自餘羣書，數倍此數，而其不能不讀，與其難讀之情形，亦稱是焉。是以近世學者，雖瀏覽極博，孳究極勤，亦不過揚子雲所謂綉其帨鞶，劉彥和所謂拾其芳草，於大道無所聞，於當世無所救也。夫書之繁博而難讀也旣如彼，其讀之而無用也又如此，苟無人董治而修明之，吾恐十年之後，誦經讀史之人，殆將絕也。今與諸君子共發大願，將取中國應讀之書，第其誦課之先後，或讀全書，或書擇其篇焉，或讀全篇，或篇擇其句焉，專求其有關於聖敎，有切於時局者，而雜引外事，旁搜新義以發明之，量中材所能肄習者，定爲課分，每日一課，經學子學史學與譯出西書四者間日爲課焉。度數年之力，中國要籍，一切大義皆可了達，而旁證遠引於西方諸學，亦可以知崖略矣。夫如是，則讀書者無望洋之歎，無歧路之迷，而中學或可以不絕。今與二三子從事焉，若可行也，則將演爲學校報以質諸天下讀書之功課。凡學者每人剳記一冊，分專精涉獵兩門，每日必就所讀之書發新義數則。其有疑義，則書而納之待問匭，以待條答焉。其詳細功課，別著之學校報中。

五曰窮理　瓦特因沸水而悟汽機之理。奈端因蘋果落地而悟巨體吸力之理。侯失勒約翰因樹葉而悟物體分合之理。亞基米德之創論水學也，因入盤浴而得之。葛立里尤之製遠鏡也，因童子取二鏡片相戲而得之。西人一切格致製造之學，衣被五洲，震轢萬國；及推原其起點，大率由目前至粗極淺之理，偶然觸悟，遂出新機。神州人士之聰明非弱於彼也，而未聞有所創獲者，用與不用之異也。朱子言大學始敎，必使學者卽凡天下之物，莫不因其已知之理而益窮之，以求至乎其極。近世漢學家笑之，謂初學之人，豈能窮凡物之理，不知智慧日濬則日出，腦筋日運則日靈，此正始敎所當有事也。特惜宋儒之所謂理者，去實用尙隔一層耳。今格致書略有譯本，我輩所已知之理，視前人蓋有加焉，因而益窮之，大之極恒星諸天之國土，小之及微塵血輪之世界深之若精氣游魂之物變，淺之若日用飲食之習睹，隨時觸悟，卽淺見深。用之既熟，他日創新法，製新器，闢新學，皆基於是。高材者勉之。窮理之功課，每剛日諸生在堂上讀書功課畢，由敎習隨舉目前事理，或西書格致淺理數條以問之，使精思以對，對既徧，敎習乃將所以然之理揭示之。

六曰學文　傳曰：言之無文，行而不遠。學者以覺天下爲任，則文未能舍棄也。傳世之文，或務淵懿古茂，或務沈博絕麗，或務瑰奇奧詭，無之不可。覺世之文，則辭達而已矣。當以條理細備，詞筆銳達爲上，不必求工也。溫公曰：一自命爲文人，無足觀矣。苟學無心得而欲以文傳，亦足羞也。學文之功課，每月應課卷一次。

七曰樂羣　荀子曰：人之所以異於禽獸者，以其能羣也。易曰：君子以朋友講習。曾子曰：君子以文會友，以友輔仁。直諒多聞，善相勸，過相規，友朋之益，視師長有加焉。他日合天下而講之，是謂大羣。今日合一堂而講之，是謂小羣。杜工部曰：小心事友生，但相愛，毋相妒，但相敬，毋相慢，集衆思，廣衆益，學有緝熙於光明，樂羣之功課，俟數月以後，每月以數日爲同學會講之期，諸生各出其劄記冊在堂互觀，或有所問而互相批答，上下議論，各出心得，其益無窮。凡會講，以敎習監之。

八曰攝生　記曰：張而不弛，文武不能也；一張一弛，文武之道也；故君子之於學也，藏焉修焉息焉游焉。西人學堂，咸有安息日，得其意矣。七日來復，先王以至日閉關，商旅不行，此古義之見於經者，殆中西同俗也。今甬之起居飲食，皆有定時，勿使過勞，體操之學，采習一二。攝生之功課，別具堂規中。

以上八條，堂中每日功課所當有事；以下二條，學成以後所當有事，而其基礎皆立自平時，故幷著之。

九曰經世　莊生曰：春秋經世，先王之志。凡學焉而不足為經世之用者，皆謂之俗學可也。居今日而言經世，與唐宋以來之言經世者又稍異，必深通六經制作之精意，證以周秦諸子及西人公理公法之書以為之經；以求治天下之理，必博觀歷朝掌故沿革得失，證以泰西希臘羅馬諸古史以為之緯；以求古人治天下之法，必細察今日天下郡國利病，知其積弱之由，及其可以圖强之道，證以西國近史憲法章程之書及各國報章以為之用；以求治今日之天下所當有事，夫然後可以言經世。而游歷講論二者，又其筦鑰也。今中國所患者無政才也。記曰授之以政不達，雖多亦奚以為。今中學以經義掌故為主，西學以憲法官制為歸，遠法安定經義治事之規，近采西人政治學院之意，與二三子共勉之。經世之功課，每柔日堂上讀書功課畢，由教習隨舉各報所記近事一二條，問諸生以辦法，使各抒所見；對既徧，然後教習以辦法揭示之。（凡在堂上問答，皆以筆談。）

十曰傳教　微夫悲哉！吾聖人之教之在今日也！號稱受教者四萬萬，而婦女去其半焉，不識字者又去其半之半焉，市儈胥吏又去其半之六七焉，帖括賤儒又去其半之八九焉，此誠莊生所謂舉魯國皆儒服而眞儒幾無一人也！加以異說流行，所至强聒，挾以勢力，奇悍無倫。嗚乎！及今不思自保，則吾教亡無日矣。今設學之意，以宗法孔子為主義。子貢曰：不得其門而入，不見宗廟之美，百官之富。彼西人之所以菲薄吾教，與陋儒之所以自蔑其教者，由不知孔子之所以為聖也。今宜取六經義理制度微言大義，一一證以近事新理以發明之，然後孔子垂法萬世範圍六合之眞乃見。論語記子欲居九夷，又曰乘桴浮於海，蓋孔子之教非徒治一國，乃以治天下；故曰洋溢中國，施及蠻貊，凡有血氣，莫不尊親。他日諸生學成，尙當共矢宏願，傳孔子太平大同之教於萬國，斯則學之究竟也。傳教之功課，在學成以後；然堂中所課一切皆以昌明聖教爲主義，則皆傳教之功課也。

時務學堂功課詳細章程

第一節——本學堂所廣之學，分爲兩種：一曰溥通學，二曰專門學。溥通學凡學生人人皆當通習；顓門學，每人各占一門。

第二節——溥通學之條目有四：一曰經學，二曰諸子學，三曰公理學，（此種學大約原本聖經，參合算理公法格物諸學而成，中國尚未有此學，其詳別見。）四曰中外史志及格算諸學之粗淺者。

第三節——顓門學之條目有二：一曰公法學，（憲法民律刑律之類爲內公法，交涉公法約章之類爲外公法。）二曰掌故學，三曰格算學，（顓門之學非盡於斯，特就所能教者舉之耳。又各專門學，非入西人

專門學堂不能大成。現時所教，不過就譯出各書略引端倪，學者因其性之所近自擇焉可也。）

第四節——凡初入學堂六個月以前，皆治溥通學；至六個月以後，乃各認專門，既認專門之後，其溥通學一律並習。

第五節——學生所讀書，皆分兩類：一曰專精之書，二曰涉獵之書。專精之書，必須終卷，按日分課，不許躐等；涉獵之書，隨意繙閱。（無論溥通學專門學，皆各有專精之書，涉獵之書，其目別列。）

第六節——每日讀專精之書，約居時刻十之六；讀涉獵之書，約居時刻十之四。——二者不可偏廢。（六個月以後，既溥學專學兩者并習，或每日有兩種專精之書而無涉獵之書亦無不可。）

第七節——凡學生每人設劄記冊一分，每日將專精某書某篇共幾頁，涉獵某書某篇共幾頁，詳細注明。

其所讀之書有所心得，皆記於册上。（心得約分二端，一引申本書之義，一辨駁本書之義，其別有觸悟在本書之外者亦可記入。）若初學之始，心得尚少者，准其抄錄書中要義及所聞師友論說入箚記中以當功課，惟必須註明抄錄何書及記何人之言，不得掠美。

第八節——凡箚記册五日一繳，由院長批答發還學生每人設兩册，繳此册時卽領回彼册。

第九節——堂上設一待問匭，學生讀書所有疑義，用待問格紙書而納之匭中；由院長當堂批答榜示。凡所問必須按切古人切問審問二義，凡其瑣屑不經及夸大無當者皆不許問。

第十節——箚記册由院長評定後，按日塡註分數，共分六等，最高者三分，次者二分半，次者二分，次者分半，平常者一分，劣下者半分。凡每生每日最少必須有箚記或疑問共二條。苟滿二條之數，卽記半分；不滿者不記分。其善問者於箚記册外別記分數。

第十一節——每月通計分數，以三十分爲及格。（有重病告假者別計。）溢分者給以獎賞，統計溢分之數共若干，照溢出分數攤算銀數，求得每溢一分應得獎銀若干，卽依其所溢之數攤給；其不及格在三分以外者，應記出歸下月溢分數內扣補。

第十二節——每月設月課一次，每次命兩題，以作一藝爲完卷。由院長閱定，分列等第，批給獎賞，仍記列分數，備大考時統計之用。

第十三節——每季大考一次，請學堂督辦官與紳董公同到堂彙考，將三個月內之箚記册待問格及課卷三項通同核閱，彙算分數多寡。其有功課精進，能自創新理，或發條例自著新書者爲異常高等。除原有分數外，仍可特加合一季內功課之高下列爲一表，榜諸學堂大門，幷登湘學報及湘報中以示鼓勸。

（其每月分數榜諸講堂，登諸日報。）

第十四節——學生劄記問格課卷，皆擇其尤者抄存刊刻。每季刻一次，公諸天下。

第十五節——院長每五日講學一次，所講學當日榜示講何學之日，擇高才生二人爲書記，坐講席側，携筆硯記所講；講畢，二人參合所記，寫出清本，交抄寫人抄兩分，一榜堂，一存院長處。

第一年讀書分月課程表

	專精之書	涉獵之書
第一月溥通學	讀書法 此書見學校報第一第二册。 禮記學記篇少儀篇 管子弟子職篇 孟子 先閱學校報中讀孟子界說，其餘按學校報中孟子今義求之，半月可卒業。	凡涉獵之書，不過摘舉其尤要者畧列一二，既謂之涉獵，則無乎不可，不必限於此也。 宋元學案中象山學案上蔡學案 朱子語類中論爲學之方訓門人諸卷 此等皆爲發揚志氣鞭策向學之書，宜先讀，約數日可卒業。 史記儒林列傳漢書藝文志六藝畧漢書儒林傳 此等爲經學原流之書，必當先讀，以知梗概，數日可卒業。

	春秋公羊傳 先閱學校報中讀春秋界說，其餘按學校報中春秋公法學求之。	格致須知中天文地學地理地志諸種
第二月溥通學	春秋公羊傳 公理學 其書按次印入學校報中，學者治春秋既諳諸例，即當別求公理以互相印證。	春秋繁露春秋穀梁傳溥通學　經學 繁露爲春秋之關鍵，穀梁爲公羊之羽翼，皆當於讀公羊時幷讀之，繁露宜擇讀，其詳別見。 公法諸書 春秋一書，皆言內公法外公法之義，故讀春秋時必須畧窺公法之書乃易通也。 萬國史記 時務知新湘學各報
第三月溥通學	春秋公羊傳 公理學	春秋穀梁傳 公法諸書 萬國史記 日本國志

格致須知中重力化汽諸種

各報

第四月溥通學

春秋公羊傳

此書每日讀湘刻本八九頁，約月餘可以卒業。既與繁露穀梁白虎通公法等書合讀，三月之功無不全通矣。

禮記中庸篇禮運大學篇

中庸爲孔子行狀。禮運大學皆言大同之書，宜先讀。

公理學

白虎通

中多春秋之制，讀春秋時宜幷讀之。

日本國志

泰西新史攬要

格致彙編

各報

第五月溥通學

論語

先閱學校報中讀論語界說分類求之，數日可卒業。

諸子學術流派書

此書學堂有刻本，當與學校報中讀諸子界說

四庫提要子部

擇其周秦諸子各書提要畧觀之。

宋元學案明儒學案各卷小序及各傳

讀諸子學派書，可兼觀宋明諸儒學派。

并讀。

古學案上卷

此書按次印在學校派及孔門諸子學派。

公理學

國朝先正事畧儒林經學兩門

本朝學派亦當畧知未有完善之書，姑讀此篇。

佐治芻言

此爲憲法學之書，然學者宜人人共讀，可先於此時讀之。

日本國志

格致彙編

格物質學

各報

第六月溥通學

二戴記中裁篇先讀

其篇目先後別著界說中。

周禮

先閱學校報中讀周禮界說。

荀子

先閱學校報中讀荀子界說。

周秦諸子任意涉獵

三史任意涉獵

西學啓蒙十六種任意涉獵

西國政學事物源流

上海譯書局新刻本

各報

	古學案中卷 中卷言周秦諸子學派 公理學	
第七月溥通學	古學案中卷 荀子 墨子 公理學	
第七月顓門學公法門	公法會通 最便學者 公法總論 萬國公法	以後涉獵書不能具列，凡治某門者即任意涉獵本門之書，其書目別爲書目表詳之。
掌故門	周禮 先閱學校報中讀周禮界說。 秦會要 此書在學校報中，因二千年制度多本於秦，故必	

	以此書爲掌故學根源。
格算門	格物質學 此爲言格致總學最新而最明白之書。 學算筆譚 筆算數學 以上學算顯淺易入之書。
第八月溥通學	二戴記 古學案中卷 墨子 先閱學校報中讀墨子界說。 公理學
第八月顓門學公法門	佐治芻言 此書爲內公法之書。 公法便覽 凡治公法學者，皆當隨時取與春秋相印證。

掌故門	佐治芻言 治掌故學者必須讀憲法書，乃不爲古法所蔽，故須讀此書，若已經涉獵者則不必讀。 周禮 日本國志
格算門	幾何原本 形學備旨 二書宜參互讀。 代數術 代數備旨 二書宜參互讀。 談天輿
第九月溥通學	古學案下卷 下卷言秦漢至唐儒者學派。 管子

	公理學
第九月顯學門公法門	各國交涉公法論
	左氏春秋國語戰國策
	此等例案有可以畧爲引證者。
掌故門	歷代職官表
	全史職官志
	通考續通考皇朝考職官門
	日本國志職官志
格算門	幾何原本形學備旨
	代數術代數備旨
	地學淺釋與地指學
第十月溥通學	古學案附卷
	附卷言外敎流派
	老子
	莊子

	列子 公理學
第十月顓門學公法門	各國交涉公法論 希臘志略 羅馬志略
掌故門	歷代職官表 全史職官志 三通考職官門 日本國志職官志
格算門	幾何原本形學備旨 代數術代數備旨 地學淺釋 化學鑑原
第十一月溥通學	古學案附卷 呂氏春秋

		淮南子 公理學
第十一月	顯門學公法門	各國通商條約 通商約章類纂 歐洲史畧
	掌故門	唐律疏義 全史刑律志 日本國志刑律志 法國律例 英律全書
	格算門	幾何原本形學備旨 代數術代數難題 化學鑑原續編 化學分原
第十二月		左氏春秋

溥通學	先閱學校報中讀左氏界說。 商君書韓非子 公理學
第十二月顓門學公法門	通商約章及成案 法國律例 英律全書
掌故門	法國律例 大清律例
格算門	幾本 代數難題 代微積拾級微積溯原 化學鑑原續編補編

以上各書畧刊大概。其資禀尋常者，或每月功課未能悉依期限。惟其次第則大畧視此按步以進，雖在中材，亦可有成。至其讀書之法，悉著諸學校報中。其一年以後之功課，則今時未能遽定。因近歲繙譯西書之局，踵起頗多。若新籍輩出，則取途亦殊，賡續之作，俟諸異日。又應行涉獵之書，不一而足。專門各學，爲數尤多，

故僅列必須終卷之書作爲專精業，以備按日程功，有所稽察。其餘各籍，具詳書目表中，不復備列。要之學堂功課之書，未經撰成，無論何種學問，皆不能專恃一書，可以貫通；亦不能一書之中，全屬要義，此中不便學者之處極多，今茲未能，聊復爾爾。

招考新設時務學堂學生示

陳寶箴

（陳爲湖南巡撫　編者）

照得國勢之强弱，繫乎人才，人才之消長，存乎學校。中日議和以來，內外臣工，仰體時艱，深維圖治之本，莫不以添設學堂爲急務。章奏迭陳，概蒙俞允。上年六月總理衙門議覆李侍郎端棻推廣學校摺內，奏稱各省另建書院，果使業有可觀，三年之後，由督撫咨明該衙門請旨考試錄用。學生出洋時，由督撫給予文憑；到洋後，由出使大臣一體照料。嗣官書局議覆開辦京師大學堂摺內，又擬援甲午年禮部議准設立算學科之例，請立時務一科，包算學在內。鄉會試由學堂咨送與考，中式名數定額從寬。又本年二月總理衙門議覆安徽鄧中丞華熙請建二等學堂摺內，復稱各省城另設二等學堂，如學成則拔其尤者，申送頭等學堂肄業，幷准作爲監生，一體鄉試。其三年大考取前列者，准照同文館例，或分部學習，或分發省分，或由出使大臣調充叅贊繙譯等官。或各省府州縣自設學堂，亦可揀派前往充當教習。六年差滿，量予保獎各等語，均經欽奉硃批依議，欽遵咨行到本部院在案。現在京師既將立大學堂，天津上海等處亦已奏設頭等學堂。朝廷求才至爲迫切，士大夫周知時局，亦各宜感激鼓舞，蠲除錮習。湖南地据上游，人文極盛，海疆互市，內地之講求西學者，湘人士寔導其先，曾文正督兩江，創議資遣學生出洋；左文襄建福建船廠，招子弟習西國語言文字及新

招考新設時務學堂學生示

奇工藝以時出洋；宏識遠謨，早收明效。曾惠敏崛然繼起，遂能力爭俄廷不辱君命，而魏默深海國圖志之書，郭侍郎使西以還之著作，皆海內所推。蓋知彼知己，乃謀國者之急務，然必具樸誠忠勇之質，備折衝樽俎之用，庶不致沾染洋風，舍己從人，艷彼教而忘根本也。洞庭衡嶽之間，蘊積日深，必有英奇魁傑，繼軌前修，出而任匡救之重，以圖報國家者。本部院仕湘有年，習與此邦人士相處，重其各懷忠欵，動識先幾，嘗用嘉慰。前年奉命撫湘，披尋文物，篤愛彌新，縷縷之懷，其與二三豪俊相期待者愈有加而無已。惟念大雅之士，無待轉移；後起之賢，有費造就。從前各書院均爲成材而設，其於學業始基之事，無由別闢徑途。若於齠齔之年，豫儲遠大之器，必使彙通中外，勿壞厥基，方足以期振興而求精進。事繁費重，創造爲艱。上年十二月間，正在籌慮之際，適據前國子監祭酒王紳先謙等呈請設立時務學堂前來，當經本部院批准先行立案。本年復據諸紳同籌定欵，作爲常年經費，幷由諸紳招集巨金，創建學舍，及購備書籍儀器等事，規模頗備，可期宏遠。本部院爲經久起見，幷擬於礦務餘利及他欵項下，逐年酌撥定欵，以供學堂經費及將來諸生出洋學習之用。現經核定章程，學生以一百二十名爲限，由各府廳州縣學官紳士查報彙冊考試。惟早一日開學，卽早收一日之效，而建造學舍需時頗遲，本年議定暫租衡清試館，延聘中西學敎習，擇期開學，一面拓地建屋，擬先行考取六十名入堂肄業，其餘六十名俟下次行文各府廳州縣錄送學生來省，所爲定期牌示補考，以足其額。當此需才孔亟之際，本部院期盼至殷，諸生體驗時事，必能相與奮發，以成本部院區區志願。將來各府廳州縣官紳士庶聞風興起，各集捐欵，設立學堂鄉塾，爲國家造就有用之材，本部院方於湘人士有無窮之望焉！查泰西各學，均有精徵，而取彼之長，補我之短，必以中學爲根本。惟所貴者不在務博貪多，而在修身致用。諸生入學三四年後，中學旣明，西文習熟，卽由本部院考取數十名，支發川資，或咨送京師大學堂練習專門學問，考取文憑；或咨送外洋各國，分住水師、武備、化學、農商、礦學、商學、製造等學堂肄業。俟有專長，卽分別擢用。其上者宣力國家，進身不止一途；次者亦得派充使館繙譯隨員，及南北洋海軍陸軍船政製造各局幫辦。卽有願由正途出身者，且可作爲生監，一體鄉試，中國自强之基，諸生自立之道，莫先於此矣。茲於鄉試後先行招考，合特出示曉諭，爲此示仰通省士紳人等一體知悉：須知此次學堂，務期迅獲寔效，力矯從前虛應故事積習，庶於大局有裨。本部院開誠布公，相見以心，不惜加意維持，以勉求補救於萬一，勿視爲尋常變通學校之比。所有投考諸生，定於八月二十八日會同提督學院在學署內扃試。先期由學堂董事按照報名次序彙冊解送，毋得遲延自悞。

計開章程三條

一、額數　長沙府二十四名，寶慶府十名，岳州府十名，常德府十名，衡州府十二名，永州府十二名，辰州府六名，沅州府六名，永順府五名，靖州五名，郴州五名，桂陽州五名，澧州五名，五廳各一名。

一、年限　自十四歲起至二十歲止；不得揑報年貌。違者，查出扣除。考試係作策論之類。開學後，凡取錄諸生每名按月發膏火湘平銀三兩，不另發膳費。勤敏者由教習察驗功課，加給獎賞。

一、功課　中學，四子書、左傳、國策、通鑑、小學、五體通考、聖武記、湘軍志各種報及時務諸書，由中文教習逐日講傳；西學各國語言文字爲主，兼算學、格致、操演、步武、西史、天文輿地之粗淺者，由華人教習之精通西文者逐日口授。

附湘學新報叙附例言 江標

嗚呼！變法其宜哉！今策之者曰：通商興工，采礦鑄鐵，練水陸之軍，謀舟車之捷，斯固然矣。余惟三代之時，道與器合，選舉與學校合，故人人有干城腹心之寄。漢唐而降，選舉離于學校，上下市以虛文；必待士之卓然樹立于千萬人中數百年內者，於是始有宋韓范明王文成本朝曾左諸公，能使人不詬文章經濟爲兩塗。餘則如植鵠於數百步外，雖使后羿關弓，養由穿札，俱在不可知之數。於是反讓西人建學育才諸法，符契周官，而曰吾華學者薾茶退歸，殆難挽捄。嗚呼！存華晞矣！使者奉天子命，視學楚南，丁時局之多艱，憫坤輿之失紐，攬衣屑涕，於茲三年。思以體用賅貫之學，導湘人士，而懼末有當也。恭值朝廷屢有整頓書院廣求實學之議，勉設輿地算學方言學會於校經書院，猶懼鄉曲儒士，埴擿於途而不知返也，乃取門下諸生纔有所得之巵言，分學凡六——曰史，曰掌故，曰輿地，曰算，曰商，曰交涉。每月約得百葉，分三期刊布，蘄與海內切劘，顏曰湘學新報。點綫相切而成世界，水火氣電相摩盪而成地球，國與國政敎相觝逐而成強弱，人與人心力相迸奮而成政敎。普之得賚賜徵氐耳一憤發而師丹勝敗之機決。美之加利生暨儒耳一痛斥買奴而南北花旂之局判。然則人患無志，無患弗成；人患無學，無患弗強。使者才薄力綿，誠不足語涓滴江湖之效；然心力所結，毀譽胥忘。言子抑末之譏，老氏貴虛之論，思矯其失而未能。世之君子，幸進而敎之。時光緒二十三年歲次丁酉三月敍。

例言

國於天地，必有與立。民者，所以植國之本也。中國立國之早，甲地球諸邦。生齒鱗萃，五金坌溢，英俄瞠乎其後。然積習太深，實學不講，雖入塾之士，夥於恒河沙數。而狃于夏蟲井蛙之見，非故爲虛憍，卽頹焉沮喪。叩以古今中外盛衰消息之原，愕然無所抉擇。洞徹之士，以爲此秦以來二千餘年愚民之流弊。明太祖益以新義坑儒，遂使高明秀特遠出萬國之人民（西人常謂中國人聰明勤儉，非他國所能及，非虛語也。）營營無益無用之途，而末由自振。左文襄有言曰：「中國之睿知運於虛，外國之聰明寄於實」，一二語指明癥結，良可慨然！無他民智未開，斯民學日窒耳。民智烏乎開，開於學；學術烏乎振，振於師；顧安所得天下之老師宿儒悉以明體達用之新法淪之，則報館其師範嚆矢也。環球報館林立（歐洲各國報館日報不下一千三百餘種，南北美洲日報不下一千餘種，卽日本區區一島，而各報亦多至二百餘種，以此致富强，有同操劵。）雖婦孺莫不以閱報爲事（其報館往往聘退位大員或親王之學識兼優者爲主筆，鄭重周詳，埒予建學。如英國泰晤士報，或遇五洲有何舉動，羣延頸企足以觀其議論，而凡格致諸報之不脛而走，不翼而飛者，皆具有學治相關之理存乎其間，覘國者至以此卜其人才之振奮，物理之精研，商戰工程之機要。嗚乎盛矣！）故周知時事，察驗新理，日營四海，耳屬九洲，舍此別無良法。中國自通商以來，風會漸開，香港廣東福建上海漢口天津等處次第開設報館，大致言政者多，言學者少，言改政者多，言廣學者少。去歲上海時務一報，固能通知世局，力破陬生小儒之成見，現在總理各國事務衙門議准各省學堂兼譯藝學新報，又鄉會試三場或議以時務策士，運會所趨，日新月異。而湘省報館闕如，非所以開民智而育人才也。爰擬創立湘學新報，將羣章甫縫掖之儒，講求中西有用諸學，爭自濯磨，以明教養，以圖富强，以存遺種，以維宙合。其開辦章程具列如左：

招考新設時務學堂學生示

一報首隨時恭錄諭旨及新學一切章奏，使儒者曉然於斯舉原本尊王之義，與私家之譔述不同。

一海內建議變法之文，如萬國公報時務報粲然可觀。本報崇從講求實學起見，不談朝政不議官常。蓋學術爲致治之本，學術明斯人才出。故大指區爲六門：曰史學（綜貫古今中外諸史以知興衰治亂之由），曰掌故之學，（切述朝野典故及夫中西制度之何以通行各國，人心風俗之有無同異，俾學者知所鑑別）曰輿地之學，（分地志地文地質三種，兵家言附焉。）曰算學，（簡明淺近取便初學）曰商學，（崇明各國盈虛衰旺之理，及夫內地宜否講求製造及生利分利之別，以拓利源。）曰交涉之學。（述陳一切律例公法條約章程，與夫使臣應對之道若何，開附譯學以明交涉之要。）

一每學首列總說一篇，次爲問答以疏通之義，取切近。

詞屏枝葉，祇求有當學者云爾。

一每學後擇錄切要書目一二條，附以提要價目刻本；俾學者得識門徑，便於訪購。

一本報不列經學專門者，以近來經解諸書，汗牛充棟。家法師法，聚訟紛如。或主素王改制立說以明孔教眞派；似於時事有裨，然言之未免過激，故暫闕如。

一報末附談格致淺理，及各處電傳要語，以爲研求物理周知四國之助。

一本報每次十日一出，每冊約以三十葉爲准，如有謬誤不實之談，所期海內君子惠寄郵筒以相救正。

一繙譯西報原爲奉旨遵行之事。本報初立規模，暫將中西有用之學先擇已譯之書敷陳梗概，俟門徑麤通，卽擬選譯以求精深之學。

奏請將中西大學堂歸併山西大學堂作爲西學專齋摺　岑春萱

摺上於光緒二十八年，時岑爲山西巡撫，二十九年新撫吳廷斌奏請獎勵，　編者

竊晉省自拳匪仇教，釀成鉅案，聯軍壓境，全省岌岌。臣上年調任之始，疊准全權大臣來電，令速結教案，以紓兵禍。當查耶穌教被殺教士一百五十餘命，被燬教堂醫院七十餘座，而教士無一在晉省者，無從商辦。素聞駐滬耶穌教總教學士英人李提摩太辦事和平，在華最久，平日極以愛助華人自命，因電約前來，旋接全權大臣電稱該總教士到京，即派總理內地各會教士來晉商辦教案。該總教士又呈擬辦山西教案章程七條，內第三條畧云：晉省釀禍之重，係民智不開所致，擬由晉省籌給賠欵銀五十萬兩建立學堂。亦經全權大臣核飭晉省商酌。嗣各會教士到晉商辦一切，均極和平。統計七會被燬教堂及教民所失財物，應賠銀八十一萬九千餘兩，除減讓銀四十六萬四千餘兩撥歸大案賠欵，抵付銀十一萬六千兩，實共銀二十三萬八千餘兩，陸續清結。惟建立學堂一事，未與定議。該總教士疊次催促，函電往復，隔閡殊多。復於光緒二十七年八月，派洋務局提調候補知縣周之驥前赴上海，與之面議。據周之驥電呈合同草底八條，大致令晉省籌銀五十萬兩，分期交付該總教士開辦中西學堂。十年以內，學堂課程及延聘教習及考選學生，均歸該總教士主政。十年以外，學堂房屋及一切書籍儀器概交晉省，並不估價。臣等以其捐已得之資，爲晉省育才，足見誠心愛晉，惟訂課程聘教習選學生，均由彼主政，未免侵我教育之權。一再電飭周之驥極力磋磨，據復稱該總教士並非有心侵權，特慮不如此，即不能竟其志，是以持之甚堅。不允，慮有決裂。臣彼時以和議甫成，時局尚未大定，晉省耶穌教案極鉅，若與決裂，必致收束爲難。且查約章並無禁止教會設立學堂明文，東南各省教

會所設學堂甚夥，地方官均不能過問。此次該總敎士擬設之中西學堂就使未肯聽我主持，不過輸出之賠欵，未能收回復爲晋用耳。按之約章，衡之各省，似尙無他大害。與司道等再四籌商，僉以宜委曲求全，因與定議，復於合同內聲明此中西大學堂與晋省大學堂一樣看待，顯示以畛域之判，卽隱杜干預敎育之權。彼時實以迅了鉅案爲心，並非眞冀收育才之效也。正擬俟敎案全結，彙案具奏。茲於本年三月間該總敎士帶同所薦總分敎習來晋，議開辦中西學堂。適晋省正在遵旨開辦大學堂，該總敎士疊次函商，請將中西學堂併入晋省大學堂作爲西學專齋，並送到擬改合同底稿。臣以事關創舉，未敢率允。當飭署布政使吳廷斌、署按察使胡湘林、署冀寧道沈敦和，會同大學堂總理在籍戶部主事谷如墉、暨省城紳士，籌議歸併辦理，有無流弊，並就該敎士送到擬定之合同，詳細察酌，權限是否分明。去後，嗣據會詳稱歸併辦理，是有數利：晋地偏僻，士習拘囿，每於外人多所歧視，若歸併辦理，西士晋士，日相涵濡，畛域以除，偏倚以化，仇敎之端，不禁自竭：利一。學術之獘，在分門戶，另設學堂，紜紛必甚，入主出奴，其禍無限；若歸併辦理，我課中學，彼課西學，各盡所能，同臻純粹，渾融新舊，貫串中西；既無分黨之處，易收達材之效：利二。今日開辦學堂，自以講求西學爲亟，而各省所延之西敎習，恒苦上駟無多，此皆由中外隔膜，難知底蘊也；若歸併辦理，則以西人延西人，敎習必能勝任，所授西學，可得眞傳：利三。晋省現辦學堂，因經費難籌，未能多聘洋員，故西學多從闕畧；若歸併辦理，則每年頓增數萬金之經費，所闕學科可以增補：利四。今日譯篇新出者，尙屬寥寥，舊出者已成陳迹，雖設學堂讀西學，苦無課本；若歸併辦理，則西學專齋所譯之新書，皆係大學堂之課本：利五。如慮以敎士爲敎習，或非所宜，則從前同文館所延之丁韙良何莫非敎士；如慮西學專齋歸西人經理或有未善，則各省方派學生出洋游學，豈有遠遊海外者不慮其見異思遷，近在城中者轉恐眞知之汨。況訂課程，聘敎習，選學生，皆商陳於我，更不致侵我主權，此又不足慮者也。詳稱定議歸併，並呈與李敎士會議合同底稿前來，臣詳加審酌該官紳等所稱歸併之利，尙爲可信；並將所呈會議合同底稿，逐條核閱。如訂明西學專齋總分敎習進退去留，及平日課程卒業考校，均由巡撫或大學堂總理核定各節，其無主權旁落之嫌可知。如訂明併入後，即係中國國家學堂只講求各種有益之新學，並訂明於指定各學科稍有違背，或增立別項名目，立將合同作廢各節，可無牽涉傳敎之嫌。又如訂明學生由中學專齋挑選及學生年歲約在三十以下各節，可無學生根柢不深逐末忘本之嫌。又如訂明概不函電公使等官與聞，及限滿或欵盡，即交由晉省自行經理各節，可無致成交涉久假不歸之嫌。且上海所訂合同有損虧我，彼則已允註銷，此次則反覆聲明合同以外概不牽涉，該總敎士宅心公溥，興學愛晉之意，似非尙虛。復發策徧詢大學堂士子，亦係主不歸併者少，主歸併者多。臣因究係各省創舉，更令添入「倘具奏後不蒙朝廷兪允，即作廢」一條，遂飭司道及紳士等於五月初二日暫與李提摩太暨擬聘之西學專齋總敎習敦崇禮簽字成，由臣蓋印立案。特是如斯創舉，何敢自晉而開，惟有將所訂合同繕呈清單，伏候欽定。

謹將另議中西大學堂改爲山西大學堂專齋合同繕具清單恭呈御覽

查光緒二十七年十月，山西巡撫委候補知縣周之驥，在上海原定之合同第六條內載晉省已設立大學堂，此中西大學堂與晉省大學堂一樣看待云云，語極分明原係兩事。今廣學會總辦李提摩太因念欵係晉省所籌，不如歸併辦理，庶幾用欵少而成功多。因與巡撫並通省官紳和衷商訂，擬列條欵如左：第一條，商定此後將中西學堂名目改爲西學專齋，歸入晉省奏設大學堂辦理。第二條，前訂合同所指定晉省籌出之司庫平紋銀五十萬兩，今作爲大學堂西學專齋經費，請李提摩太代爲經理，以十年爲期。自光緒二十七年付欵之日起，扣足十年，卽爲期滿。如未屆十年五十萬之欵項用盡，亦卽作爲期滿，交由晉省官紳自行經理。倘已屆十年期滿，無論欵項有無餘剩，均卽交由晉省官紳經理，以符原議。第三條，西學專齋經費，除光緒二十七年付過銀十萬兩外，光緒二十八年再付銀十萬兩，爲開辦經費，下餘三十萬兩，於光緒二十九年起，每年付銀五萬兩，至光緒三十四年付淸，均在晉省交付。至付欵之期，以華歷六月付一半，十二月付一半，不誤支用。第四條，此合同限期內所有西學專齋總、分各教習、委員、司事薪水、飯饌、夫役工食，及建造屋宇、購置圖書、儀器、器具、筆墨、紙張，幷譯書一切費用，統歸西學專齋經費項下動用，按年造册，交由總理督辦詳呈巡撫核銷。至西學專齋總理督辦各一員，應支薪水，由中學專齋籌給，不在西學專齋經費內動支。第五條，西學專齋儀器書籍等項，皆係晉省欵項所購，應隨時立册登載，並蓋本齋圖記，以便十年後點交。第六條，此次議將擬立之中西學堂歸併大學堂，作爲西學專齋，既擬併入大學堂，卽係中國之國家學堂專齋課程，只講求各種有益之新學。（見第七條）第七條，專齋學科分爲五門：一曰文學，內分同文、史記、地理、師範等學。一曰法律學，內分政治、財政、交涉、公法等學。一曰格致學，內分算學、物理、化學、電學等學。一曰工程學，內分機器工藝、礦路、地質等學。一曰醫學，內分全體內外大小男女居宅衛生藥物等學。第八條。今請巡撫勘明地段，動用西學專齋經費洋四萬元，以便酌奪建造西學專齋之講堂、藏書樓、儀器舍、閱報所、試驗場、體操場、客廳、司事夫役住房等屋，該各等房屋尙未建造之前，應請巡撫於半月內酌給公所，暫爲開辦西學專齋之用。至學生齋舍則均在中學專齋，此不重建。第九條。西學專齋學生飯饌、膏火、煤炭、油燭各項雜費，暨啓閉修規，均由中學專齋自行辦理。西學專齋概不過問。第十條。各敎習，西人則由李提摩太薦舉，商明巡撫，繕立合同，由李提摩太簽字，所有敎習西人等與學堂一切交涉，均與李提摩太或敦崇禮商辦，概不函電公使等官與聞其事。如不恪守延聘合同，可由巡撫知照李提摩太照延聘合同條欵辭退，再由李提摩太另延。至華人則由總敎習薦舉，會同總理督辦繕立合同。第十一條。西學專齋學生以二百名上下爲額，應由巡撫會同學政選取全省中年在三十以下極聰穎，兼已游庠序者，送入西學專齋專門西學，以期成效迅速。六年後，堪勝本齋及中小各學堂敎習之選，並可備國家器使。其開學之初，額數若不滿二百名，先送一百名，亦可俟後拔取補足，以符原議之數。第十二條。西學專齋遇有商改課程及應辦事件，由西學總敎習隨時與總理督辦會商改訂。惟課程無論如何商改，均不得與第七條所列各學科稍有違背，及於此外增立別項名目。倘有違背，或別有增立，可由巡撫立時將此合同作廢，並將以後應交之欵停交。如晉省官紳違背此合同，可由李提摩太將未交欵項，立時全取，移作繙繹有用書籍之用。第十三條。西學專齋學生，如有違規暴棄等情，即由總敎習會同總理督辦察看情節輕重，隨時開除。另有中學專齋，挑送補額，其有婚喪要事，暨應鄉會試者，均照巡撫奏定章程辦理。第十四條。大學堂考校章程，已經巡撫奏定。今西學專齋歸入大學堂，亦應按照奏定章程辦理。第十五條。學生普通學限滿及專門學畢業，應如何分別考試給予憑照優予出身之處，均按巡撫奏定章程，及巡撫奏擬選舉章程奏准後遵照辦理。第十六條。西學專齋各敎習每屆三年果係認眞敎誨者有成效者，應援照各省大學堂奏准成案擇尤保奬。第十七條。本省往來文件報銷冊籍，卽用大學堂關防以歸劃一。若與外省公文詳呈巡撫核轉。第十八條。此合同限期以內，如李提摩太有事不能始終經理，由總敎習敦崇禮接續辦理，如總敎習敦崇禮亦有他事，卽由以後之總敎習接續辦理。第十九條。此次擬將晉省大學堂西學專齋歸西士經理，係各省未見之事。如合同議定後，應請巡撫奏明請旨，倘不蒙朝廷允准，仍卽作廢。第二十條。此次合同係山西巡撫與通省官紳暨李提摩太和衷商訂，已極周詳。所有光緒二十七年十月上海議立之合同，俟奏准後註銷，以免歧異。凡此次合同以外，概不牽涉。第二十一條。此次合同奏准後，卽勒石大學堂內恪遵合同辦事，彼此均不准增減一字。第二十二條。本合同簽字後，由司道呈請巡撫蓋印。第二十三條。本合同一式三紙，一呈山西巡撫衙門，一存山西大學堂，一存上海廣學會。（政藝叢書政書通輯卷五第五）

三、戊戌變政期之新教育

戊戌變政期之新教育

此篇係就清議報全編戊戌政變紀事本末摘編而成，按日紀事，較便檢查。　編者

光緒廿四年戊戌四月二十三日，下定國是之詔。

上諭曰：「數年以來，中外臣工講求時務，多主變法自強。邇者詔書數下，如開特科，汰冗兵，改武科制度，立大小學堂，皆經再三審定，籌之至熟，甫議施行。惟是風氣尚未大開，論說莫衷一是，或託於老成憂國，以爲舊章

必應墨守，新法必當擯除，衆喙嘵嘵，空言無補。試問今日時局如此，國勢如此，若仍以不練之兵，有限之餉，士無實學，工無良師，强弱相形，貧富懸絕，豈眞能制梃以撻堅甲利兵乎？朕惟國是不定，則號令不行，極其流弊，必至門戶紛爭，互相水火，徒蹈宋明積習，於時政毫無補益。即以中國大經大法而論，五帝、三王，不相沿襲。譬之冬裘夏葛，勢不兩存。用特明白宣示，嗣後中外大小臣工，自王公以及士庶，各宜努力向上，發憤爲雄，以聖賢義理之學，植其根本，又須博採西學之切於時務者，實力講求，以救空疏迂謬之弊。專心致志，精益求精，毋徒襲其皮毛，毋競騰其口說，總期化無用爲有用，以成通經濟變之才。京師大學堂爲各行省之倡，尤應首先舉辦，着軍機大臣、總理各國事務王大臣會同妥速議奏。所有翰林院編檢、各部院司員、大門侍衞、候補候選道、府、州縣以下，及大員子弟，八旗世職，各省武職後裔，其願入學堂者，均准入學肄習，以期人材輩出，共濟時艱。不得敷衍因循，徇私援引，至負朝廷諄諄誥誡之至意。特此通諭之」欽此。

五月初二日，許應騤阻撓新政，爲御史宋伯魯所奏參。上命其明白回奏；時許應騤官禮部尚書，當正月間，詔舉經濟特科，更舉常科，試時務策論及法律、財政、外交、物理各專門之學，本另爲一科，其試科章程，交禮部議，許應騤獨謂此爲禮部專職，挾所議歸改之，以經濟科歸併于八股；且限五十人中一名，故嚴其額，士論大譁，宋伯魯劾之。

初五日廢八股取士之制，改試時務策論。上諭曰：「我朝沿宋明舊制，以四書取士，康熙年間，曾經停止八股考試策論。未久旋復舊制，一時文運昌明，儒生稽古窮經，類能推究本原，闡明義理，制科所得，實不乏通經致用之才。乃近來風尚日漓，文體日敝，試場獻藝，大都循題敷衍，于經義罕有發明；而淺陋空疏者，每獲濫竽充選。若不因時變通，何以勵實學而拔眞才！著自下科爲始，鄉會試及生童歲科各試，向用四書文者，一律改試策論。其如何分場、命題、考試，一切詳細章程，該部卽妥議具奏。此次特降諭旨，實因時文積弊太深，不得不改絃更張，以破拘墟之習。至于士子爲學，自當以四子六經爲根柢，策論與制藝殊流同源，仍不外通經、史以達時務。總期體用兼備，人皆勉爲通儒，毋得競逞辯博，復蹈空言，致負朝廷破格求才至意。」欽此。當三月時，康有爲及御史楊深秀曾具奏請廢之，爲禮部許應騤所駁。四月初旬，梁啟超復聯合舉人百餘名連署上書請廢之，亦格不達。至康有爲于召對時，力言其害，其言曰：「台灣之割，二萬萬之賠款，琉球安南緬甸朝鮮之棄，輪船、鐵路、礦務、商務之輸與人，國之弱，民之貧，皆由八股害之。」上喟然曰：「西人皆日爲有用之學，我民獨日爲無用之學！」康有爲卽請曰：「皇上知其無用，能廢之乎？」上曰：「可。」於是康有爲退朝告宋伯魯，使抗疏再言之，幷自上一書。旣上，上命軍機大臣立擬此旨。剛毅謂此乃祖制，不可輕廢，請下部議。上曰：「部臣據舊例以議新政，惟有駁之而已。吾意已決，何議爲！」

初八日，命軍機大臣、總理衙門王大臣迅速議奏京師大學堂開辦章程。

十五日命孫家鼐管理大學堂事務。開辦經費，常年用款，由戶部籌撥。官書局、譯書局，均歸併大學堂由管學大臣督率辦理。

十六日詔興農學，命各督撫飭該地方官勸諭紳民，兼採西法切實興辦；辦有成效，准予獎敘。命劉坤一查明上海農學會章程，咨送總辦衙門查核頒行。命各省學堂繙譯外洋農學諸書。

二十二日，命各省、州、縣、府開設中西學堂。上諭曰：「前經降旨開辦京師大學堂，肄業者由小學中學以次而升，必有成效可觀。惟各省中學、小學尚未一律開辦，總計各直省省會及府、廳、州縣無不各有書院。著各該督撫飭地方官各將所屬書院坐落處所、經費數目，限兩個月詳查具奏；即將各省府、廳、州縣現有之大小書院一律改爲兼習中學、西學之學校。至於學校等級，自應以省會之大書院爲高等學，郡城之書院爲中等學，州縣之書院爲小學，皆頒給京師大學堂章程，令其仿照辦理。其地方自行捐辦之義學、社學等，亦令一律中西兼習，以廣造就。至各書院需用經費，如上海電報局、招商局及廣東闈姓規費，頗有溢款，此外陋規濫費，當亦不少。著該督撫儘數提作各學堂經費。各省紳民，如能捐建學堂或廣爲勸募，准各督撫按照籌捐數目，酌量奏請給獎；其有獨力措捐鉅款者，朕必予以破格之賞。所有中學、小學應讀之書，仍遵前諭由官設書局編譯中外西書，頒發遵行。至於民間祠廟，其有不在祀典者，即著地方官曉諭民間，一律改爲學堂，以節靡費而隆教育。似此實力振興，庶幾風氣徧開，人無不學，學無不實，用副朝廷愛養成材至意。將此通諭知之。」此欽。

六月初一日，浙江學政陳學棻奏言改試策論，閱卷難艱，不如八股之易。上曰：「陳學棻既不會看策論，可無庸視學。」命撤差來京供職；改命唐景崧去。命鄉、會試仍定爲三場：第一場試中國史事、國朝政治論五道，第二場試時務策五道，專問五洲各國之政，專門之藝，第三場試四書義兩篇，五經義一篇。首場按中額十倍錄取，二場三倍錄取，取者始准考次場；每場發榜一次，三場中畢。如額取中。學政歲科兩考生童亦以此例推之，先試經古一場，專以史論策命題，正場試以四書五經義各一篇，張之洞陳寶箴所奏請也。

十一日命各督撫就各省在籍紳士選擇品學兼優之人派管各省中小學堂命各部院堂官督飭司員將該衙門則例删改倉督李端棻所奏請也。先是正月初三日上命總理衙門王大臣傳詢康有爲，康有爲言六部則例積弊極深，必須改定。李鴻章曰：「然則將盡去之乎？」康有爲曰：「今敗亡中國者，六部則例也。若不亟改，不能爲治」。一時座上諸大臣皆駭是言。康有爲旋奉命上摺，卽陳法律局一事。後御史王鵬運又奏言之。及康有爲召見後，請開制度局又復言之。英人赫德大學士徐致靖御史楊深秀宋伯魯李盛鐸主事王照，以及京師通人皆以爲然。諸臣前後上陳，或各開新政局，或各開變法局，爲樞臣所忌，皆未能行。至是李端棻力主是議，梁啓超與之極言，李深然之，乃上言：一、請御門誓衆，以定國是，一衆志。一、請用咸豐時例，開懋勤殿，選

通人入直，議定新法。一、請改定六部則例。一、請派各省通才辦各省學報。摺既上，上發交軍機會同慶王孫家鼐會議。樞臣最忌「懋勤殿」與「御門誓衆」兩事，並駁而不行。上以重違大臣所請，故擇小者如「删改則例」及「派紳士督辦學堂」二條行之。

二十三日諭獎湖南巡撫陳寶箴力行新政，嚴責守舊毀謗諸人。先是陳寶箴自去年冬月力行新政。凡時務學堂、南學會、印花稅、巡捕章程、輪船、電綫、陸續舉行，全省移風；紳士祭酒王先謙，主事葉德輝皆附和之。既而葉德輝求爲山長不得，妒極相攻，鼓動守舊諸人，飛文誣謗。於是楚人之官於京師者，先後參劾撫臣陳寶箴，學臣江標，按察使黃遵憲及紳士知府譚嗣同，翰林熊希齡等；妄造謠言，謂陳寶箴拜跪洋人，使婦人易西種，刊刻成書，偏送言路，京師譁然，故有此諭。

七月初三日廢朝考之制。

初五日，戸部郎中王宗基于北城集貲設立會文學堂，得旨獎厲。時京師張元濟首創通藝學堂，王照繼開八旗奉直小學堂，皆著成效，且先於此學堂，應得獎。孫家鼐會請張元濟爲大學堂總辦，張守章程，孫不然之，忤而去。王尤抗直，故皆見遺。

命各省府縣紳富之有田業者，設立農務學堂，廣開農會，刊發農報，購置農器。各直省由該督撫設立分局，遴派通達時務公正廉明之紳士二三員總司其事。

初十日，舉人梁啟超請設立編譯學堂，准予學生出身，並書籍、報紙免稅，得旨允行。

二十四日，命設立醫學堂，歸大學堂兼轄，着孫家鼐詳擬辦法。

二十六日，命於已通開口岸及出產絲、茶省分設力茶務學堂及蠶桑公院。

命各省教職改爲中、小學堂。

（清議報全編卷二十一、第一頁、）

四、維新教育

會奏變法自强第一疏 光緒二十七年五月

張之洞 劉坤一

光緒二十五年庚子變後，國人始知非變法不足以圖存。二十六年上諭京內外官條陳時政，二十七八年之間各督撫應詔言事者極多，而實際上影響之最大者爲張劉二人之變法三疏，時劉爲兩江總督，張爲湖廣總督，一切主張多出自張，劉不過畫諾耳。

三疏中之第一疏專論教育，第二疏十二條：曰崇節儉，破常格，停捐納，課官重祿，去書吏，去差役，恤刑獄，改選舉，籌八旗生計，裁屯衛，裁綠營，簡文法，則爲一般政治改革意見，不錄。第三疏十一條：曰廣派遊歷，練外國操，廣軍實，修農政，勸工藝，定礦律、路律、交律、刑律，用銀元，行印花稅，推行郵政，官收洋藥，多譯東西各國書。其首末兩條，與教育之關係甚切，併錄於後。 編者

會奏變法自强第一疏

竊臣等欽奉光緒二十六年十二月初十日上諭：法令不更錮習不破欲求振作當議更張著軍機大臣大學士六部九卿出使各國大臣各省督撫各就現在情形參酌中西政要。舉凡朝章國故吏治民生學校科舉軍政財政，當因當革當省當併；或取諸人或求諸己；如何而國勢始興；如何而人才始出；如何而度支始裕；如何而武備始修；各舉所知各抒所見通限兩個月詳悉條議以聞等因。欽此，仰見我上懲毖多難，必欲掃積習以濟時艱，感涕之餘且愧且奮。臣等嘗聞之周易乾道變化者行健自强之大用也。又聞之孟子，過然後改，困然後作動心忍性，增益所不能者生於憂患之樞機也。上年京畿之變大局幾危其爲我中國之憂患者可謂鉅矣！其動忍我君臣士民之心性者，可謂深矣！窮而不變，何以爲國，然則修中華之內政采列國之專長聖道執中洵爲至當。惟是中國貧弱廢弛之弊，或相沿百餘年，或相沿二千餘年；一旦欲大加興革，必須規畫周詳，確有下手之處；然後氣血生而宿疴自去，疣癰決而元氣可支。竊謂中國不貧於財而貧於人才，不弱於兵而弱於志氣。人才之貧，由於見聞不廣學業不實；志氣之弱，由於苟安者無履危救亡之遠謀自足者無發憤好學之果力保邦致治非人無由。謹先就育才興學之大端參考古今會通文武，籌擬四條一曰設文武學堂，二曰酌改文科三曰停罷武科四曰獎勸遊學。敬爲聖主陳之

一、設文武學堂。取士之法，自漢至隋爲一類，自唐至明爲一類，無論或用選舉，或憑考試，立法雖有短長，而大意實不相遠。漢魏至隋選舉爲主，而亦間用考試，如董晁郄杜之對策是也。唐宋至明考試爲主，而亦參用選舉，如溫造种放之徵召是也。要之皆就已有之人才而甄拔之。未嘗就未成之人才而敎成之。故家塾則

有課程，官學但憑考校，此皆與三代學校之制不合。現行科舉章程本是沿襲前明舊制。承平之世，其人才尙足以佐治安民。今日國蹙患深，才乏文敝，若非改絃易轍，何以拯此艱危！然而中國見聞素狹，講求無素，即有考求時務者，不過粗知大畧；於西國政治，未能詳擧其章。西國學術，未能身習其事。現雖擧行經濟特科，不過招賢自隗始之意；只可爲開闢風氣之資，而未必遽有因應不窮之具。考周官司徒之職，小戴禮學記之文，大率皆以德行道藝兼敎并學，學成而後用之。此外見於經傳者，鄉國之學，皆兼六藝；大夫之職，必備九能；書禮干戈，司成並敎；寄象鞮譯，王制分官；海外圖經，伯益所傳；潤色專對，論語所重。又按三代之制，庠序之稱曰士，卒伍之稱亦曰士，實爲文武合一，文武並重之明徵。若孔子兼通文武，學於四裔，尤聖人躬行垂敎之彰彰者。此後漢擧使才，唐采回秫，隋志經籍多收方言，明初文科亦兼騎射。欽惟我朝康熙年間測天造礮皆用西人。內府地圖創用西法之經緯綫，此圖所刻銅板即用東洋銅板之陰陽文。尼布楚界碑，兼用三體文字。乾隆年間西域同文志，兼列淸漢蒙古西番托忒回部之書。至於內廷功課，八旗授官，皆係文武兼習。祖宗舊制，洵足爲萬代法程。今泰西各國學校之法，猶有三代遺意，禮失求野，或尙非誣。其立學敎士之要義有三：一曰道藝兼通，二曰文武兼通，三曰內外兼通。其敎法之善有四：一曰求講解不責記誦，一曰有定程亦有餘暇，一曰循序不躐等，一曰敎科之書官定頒發，通國一律，大小各學，功有淺深，意無歧異。其考校進退章程，皆用北宋國學積分升舍之法，才能優絀，切實有據，既不虞試官偏私，亦不至摸索偶誤，故人才日多，國勢日盛。德之勢最强，而學校之制，惟德最詳；日本興最驟，而學校之數在東方之國爲最多。興學之功，此其明證。其學校敎法，大率少年者先入小學堂，先教以淺近文理、算法、史事、格致之屬。小學堂又分初等高等兩種，小學成後，選入中學堂，所學門類甚多，名曰普通學，如國教、格致、算學、地理、史事、繪圖、體操、兵隊操、本國行文法、外國言語文字行文法等事，皆須全習；惟小國文字，只兼習一國。無論大小學堂，皆有講國教一門，皆有學兵隊之操場。日本之教科，名曰倫理科，所講皆人倫道德之事，其大又皆本五經四書。普通學畢業後，發給憑照，升入高等學堂，習專門之學。自此以後，然後文武分途，或文或武，聽其便，惟文武皆必先習普通。至專門之學，習文事者，名高等學校，英分經、教、法、醫、化、工六科，又另設專門農商鑛學。法與英畧同。德又另設專門工學。日本高等學校亦分六門：一法科，二文科，三工科，四理科，五農科，六醫科，每科所習學業，各有子目，其餘專門各有高等學校。查日本門目，與中國情形較近。歐美無學不兼講西教，日本無學不兼講倫理。習武備者，名士官學校，畧分地理、戰史、戰法、軍械、測繪、工程、經理、軍醫八門。兼習外國文字、兵式體操、兵隊操、行軍操、射的、擊刺、乘騎、游水等事——射的，即鎗礮打靶，擊刺，即短刀刺鎗互擊。習文事者，高等學校畢業後，發給憑照，畧如中國舉人，分類量能而授以官；願再學者，升入大學校，大學校畢業領照者，畧如中國進士。習武備者，普通畢業後，先入營練習半年，方入士官學校。士官學校畢業後，仍須入營練習三年，方為畢業。第一年學為兵，第二年學為弁，即在其營內充弁，其弁亦名下士官。其分際畧如中國把總外委額外。此堂畢業後，發給憑照，其國家給用為各軍少尉；自少尉以上，皆名士官；大尉中尉少尉，畧如都司守備千總。自官少尉以後，可在本營叙勞升轉；若僅由充兵出身者，官至特務曹長為止。曹長畧如把總，僅由士官學校出身者，官至大佐為止，大佐畧如副將，中佐少佐如叅遊。若欲爲大將中將少將者，仍須升少佐中佐後再入陸軍大學校三年。習水師者名海軍大學校，其海陸大學校體制與文事大學校同，大將如統兵大臣，中將少將如提鎮，以上所舉皆日本官名，取其易曉。各國學制敎法節目雖有小異，用意事事相同。其大中小學之年限，無論文武，大率三四五年不等，等級漸深者，子目亦漸多。其東西各國今昔章程微有不同者，大約西繁而東簡，西遲而東速，昔專壹而今變通，如西國馬上不放火鎗，日本近三年始於馬上操鎗之類。其學校監督，皆用武官爲之，以武官於禮節規矩，最爲謹嚴詳密；文職偶有脫略，武官斷不通融。此外國學校敎士官人大畧也。臣等謹叅酌中外情形，酌擬今日設學堂辦法，擬令州縣設小學校及高等小學校。童子八歲以上入蒙學，習識字正語音讀蒙學歌訣諸書，除四書必讀外，五經可擇讀一二部，家塾義塾悉聽其便，由紳董自辦，官勸導而稽其數，每年報聞，上司可也。十二歲以上，入小學校，習普通學，兼習五經，先講解，後記誦，但解經書淺顯義理，兼看中外簡畧地圖，學粗淺算法，至開立方止，學粗淺繪圖法，至畫出地面平形止，習中國歷代史事大畧本朝制度大畧，習柔軟體操，三年畢業。紳董司之，官考察之，十五歲以上入高等小學校，解經書較深義理，學行文法，學爲策論詞章，看中外詳細地圖，學較深算法，至代數幾何止，學較深繪圖法，至畫出地上平剖面立剖面水底平剖面止，習中國歷史大事外國政治學術大畧，習器具體操，兼習外國一國語言文字之較淺者。此學必設兵隊操場，三年畢業，官司之，紳董佐之，畢業後本管府考之，分數及格者給予憑照，作爲附生，送入府學校，分數欠者留學。府設中學校，十八歲高等小學校取畢業爲附生者入中校，學習普通學。其有監生世職職銜願入普通學者聽，須酌捐學費，與附生一律敎課，其有營弁營兵文理通暢能解算法繪圖考驗有據者，亦准收入此學。溫習經史地理，仍兼習策論詞章，並習公牘書記文字學；精深算法至弧三角航海駛船法止，學精深繪圖法至測算經緯度行軍圖目揣遠近斜度止，習中國歷史兵事，習外國歷史律法格致等學，外國政治條約，卽附於律法之內，幷講明農工商等學大畧，習兵式體操，兼習外國一國語言文字之較深者，詞章一門亦設敎習，學生願習與否均聽其便；弁兵入學者專學策論，免習詞章。此學亦必設兵隊操場，三年畢業，學政考之，給予憑照，作爲廩生，送入省城高等學校。省城應設高等學校一區，大省容二三百人，中小省容百餘人，屋舍不便者，分設兩三處亦可；但敎法必須一律，非由中學校普通學畢業者不能收入。擬參酌東西學制，分爲七專門：一。經學。中國經字文學皆屬焉；二。史學。中外史學中外地理學皆屬焉；三。格致學。中外天文學、外國物理學、化學、電學、力學、光學皆屬焉；四。政治學。中外政治學、外國律法學、財政學、交涉學皆屬焉；五。兵學。外國戰法學、軍械學、經理學、軍醫學皆屬焉；六。農學。七。工學。凡測算學、繪圖學、道路、河渠、營壘、製造軍械火藥等事皆屬焉；共七門，各認習一門，惟人人皆須兼習一國語言文字，此學亦必設兵隊操場。至醫學一門，以衛生爲義，本爲養民強國之一大端。然西醫不習風土，中醫又鮮眞傳，止可從緩，惟軍醫必不可緩，故附於兵學之內。並另設農工商礦四專門學校各一區，專以考驗實事爲主，機器藥料試驗場皆備，亦三年而畢業。其普通學成願入此四學者聽。入此四學者，中國經學文學皆令溫習，無論何學皆有兵隊操場。其習武者專設一武備學校，擇普通畢業之廩生願習武者送入，四書、中國歷史、策論人人兼習，其餘悉依外國敎課之法，幷專習一國語言文字。或仿日本幷設一礦工學校專學製造鎗礮之法，均三年而畢業。文學生高等學校畢業後，除農、工、商、礦專門四學另爲章程外；此七門學生學律法者派入交涉局學習實事，名曰練習學生；學兵法者派入各營學習實事，亦名曰練習學生。其餘五門學生，均隨其所願派入農工商礦等局兼學實事，名曰兼習學生，均以實在局在營一年爲度。農工商礦四專門學，三年畢業後，農學派赴本省外縣山鄉水鄉考驗農業，工學派赴本省外省華洋工廠考驗製造；商學派赴南北繁盛口岸考驗商務，礦學派赴本省外省開礦之山煉礦之廠考驗采煉，均名曰練習學生，亦均以實在出外遊歷練習一年爲度。其武學生武備學校畢業後，令入營學習操練一年，半年充兵，半年充弁，以實在營一年爲度。合計在考肄業及出外練習，文官各門均四年學成，先由督撫學政考之，再由主考考之，取中者，除送入京師大學校外，或卽授以官職，令其效用。大學校學業又益加精，門目與省城所設高等專門學校同，三年學成，會試總裁考之，取中者授以官，此大中小學教法門目等級年限之大畧也。其考用之法，高等小學學成者，本管知府考之；普通中學學成者，學政考之，均不能封。縣送府考，府送學院考，均須詳注分數，知府學政考取榜示，亦須注明分數，不准渾淪取進。高等專門學成者，督撫學政分文武兩途考之，應分幾場臨時酌定，取者作爲優貢，武者作爲武優貢。其文事由他途經入普通中學，洊送農工商礦四專門學，非由生員者；及由普通中學畢業徑入四門專學，非由高等學畢業者，其武事由弁兵徑送入普通學，非由生員者，一併准其與考。其優貢所取人數，視本省中額加倍，欽派考官會同督撫學政亦分文武兩途考之，應分幾場臨時酌定。考其專門之學及各國語言文字，非優貢不得與考，大率督撫學政所取優貢，卽係錄送鄉試之意。應試人少，且諸學有須面試者，勿庸糊名易書，考中者作爲舉人；其非由生員出身及非由高等出身者作爲副榜，擇其中式前半若干名分別送入京城文武大學校。所以止送一半入大學校者，一爲京師大學，若欲全容天下舉人費用過多，故減半送京以節經費；一爲分半就職俾得及時效用，以應目前急需。其有未獲送入大學校者及已經送京而不願入大學校願就職者聽。其未送大學校而不願就職自願留學以待下科者亦聽。就職者，文授以七品小京官及六七品佐貳首領分部分省候補或充各局委員，武授以守備千總等官發營差委。考官照學政例，准帶幕友二三人；同考官由外省酌量訪求聘委，不拘官階，亦不必本省人員。京城設文事大學校、水軍陸軍大學校各一，學業又益加精，門目畧與省城專門學校同；學成者欽派總裁大臣考之，作爲進士，經廷試後，文授以部屬知縣等官，武授以都司守備等官，均令分部分省分標候補；優其序補班次，勿庸歸選。如朝廷需用編書、修史、應奉文字之詞臣，宿衞禁廷之侍衞，應隨時聽候諭旨考選，不在科舉常例之內。統計自八歲入小學起至大學校畢業止，共十七年——計十八歲爲附生，二十一歲爲廩生，二十五歲爲優貢舉人，二十八歲爲進士——除去出學入學程途考選日期外，亦不過三十歲內外，較之向來得科第者幷不爲遲。此大中小學層遞考取錄用之大畧也。其取中之額，卽分舊日歲科考取進學額，以爲學堂所取生員之額；分鄉會試中額，以爲學堂所中舉人進士之額。優貢應請新定學堂之額，大率比本省中額加倍而畧多。初開辦數年，學堂未廣，取中尚少，前兩科每科分減舊日中額學額三成，第三科，每科分減舊額四成，十年三科之法，舊額減盡，生員舉人進士皆出於學堂矣。至日久才多以後，應仿各國章程，視其學業分數以爲中額之多少,幷可不拘定額,以昭核實而資策勵,總須較舊額之數有增無減。此學堂中額數移撥舊額,日後幷不限以定額之大略也。或謂廢八股則人不讀經書,不尊聖賢,不宗理學;不知八股始自前明,自漢至宋皆無八股,何以傳經衞道,代有名儒,忠孝節義,史不絶書,卽如周程張朱,乃理學之宗主,其時未嘗有八股也。或謂廢八股則人不能爲文;不知文章之美者,莫如春秋之左國,戰國之諸子,兩漢之馬班,唐宋之八家,其時未嘗有八股也。或謂廢八股則舊日專攻帖括者無進身之路;不知歷來擅長八股諸名家,亦必係學贍才敏文筆優長之士。其最著者前明如唐順之歸有光,國朝如韓菼方苞輩,卽不由塲屋,豈患無自見之學登進之階。故能爲好時文者,考試策論,固屬優爲,兼習諸學,亦非難事。無論少年易於改易,卽二十五歲以上至五十歲者,除外國語言精微算法外,何事不能通曉。若從此三科十年以後不能中式,而又不能改習諸學,則斷非有力有志之人。國家取之,何益於用!然此輩仍可爲小學中學經書詞章之師,其衰老不第而學行尙有可取者,可由督撫學政訪察考選,朝庭優予體恤。六十歲以上者,酌給職銜;五十歲以下者,廣設其途,分別舉貢生員,用爲知縣佐貳雜職,詳見酌改文科專條,似亦足以安宿儒而慰寒畯矣。捐納既停,卽中等儒生豈患無出路哉?此裁減舊日學額中額,仍將從前舉貢生員分別錄用之大略也。論外國設學之定法,自宜先由小學校辦起;層累而上以至中學高等學大學;方爲切實有序。惟經費太絀,師範難求,只可剴切勸諭,竭力陸續籌辦,若必待天下徧設數萬小學,數百中學,然後升之高等學大學而敎之用之,至速亦須十年。時事日棘,人不我待。刻舟膠柱,必致空言誤事。今日爲救時計,惟有權宜變通,先自多設中學及高等學。始選年力少壯通敏有志之生員迅速教之先學普通緩習專門。應各就省城及大府酌量情形迅速籌辦，以資目前之用取才由粗入精，立法由疏入密凡事何莫不然。將來小學林立，中學亦多，則循序漸進，取材既裕，而教法亦不勞矣。查三十歲而入官，科名不得爲晚；自初學以至學成十七年而成文武兼備之人才，造就不得爲遲。惟事急需才，恐難久待。查日本文武各種學校，皆有速成教法，於各項功課擇要加功，於稍緩者量加省減，剋期畢業；應請旨飭出使大臣李盛鐸切託日本文部參謀部陸軍省代我籌計，酌擬大中小學各種速成教法以應急需，此權宜救急先設普通中學暨采訪速成教法之大略也。惟成事必先正名，三代皆名學校，宋人始有書院之名。宋大儒胡瑗在湖州設學，分經義治事兩齋，人稱爲湖學，並未嘗名爲書院。今日書院積習過深，假借姓名，希圖膏獎，不守規矩，動滋事端，必須正其名曰學，乃可鼓舞人心，滌除習氣。如謂學堂之名不古，似可即名曰各種學校，既合古制，且亦名實相符。總之：中華所以立教，我朝所以立國者，不過二帝三王之心法，周公孔子之學術。今宗旨則不悖經書，學業則兼通文武，特以世變日多，故多設門類以教士，取其周知四國，博學無方，正與經傳所載三代教士取人之法相合，看似無事非新，實則無法非舊。且經史詞章，仍設專門，學人文人，皆有自見之路。何得以唐人專考詞章之下策，前明八股之俳體視爲儒者正宗哉？臣等所擬以上辦法，不過明宗旨，標門類，分等級，計年限，籌出路，除妨礙，舉其大略如此。至於詳細章程究應如何斟酌損益之處，應候敕議裁定。此一事爲救時首務，振作大端，伏望我皇上思危慮患，飭取日本學校章程，迅速詳議，乾斷施行，收人心以固國基，四海瞻仰，首在此舉矣。

一酌改文科科舉一事，爲自强求才之首務。時局艱危至此，斷不能不酌量變通。半年來諮訪官紳人士，衆論僉同。兩廣督臣陶模、山東撫臣袁世凱咨來奏稿，言之甚爲懇切。改章大旨總以講求有用之學，永遠不廢經書爲宗旨。擬卽照光緒二十四年臣所奏變通科舉奉旨允准之案酌辦。原奏乃係參酌古今，求實崇正，力駁侈設新學者之謬論；不過原本舊章力求核實而已。大略係三場先後互易，分場發榜，各有去取；以期場場核實。頭場取博學，二場取通才，三場歸純正，以期由粗入精。頭場試中國政治史事，二場試各國政治、地理、武備、農工、算法之類，三場試四書五經經義。經義卽論說考辨之類也。頭場十倍中額，二場三倍中額，原奏經禮部通行陝西有案可查。惟聲、光、化、電等學，場內不能試驗，擬請删去，此係原本朱子救弊須兼他科目取人之意、歐陽修隨場去留鄙惡乖誕以次先去之法，而又略仿現行府縣覆試童生、學政會考優貢之章。且可免寒士之候榜艱難，考官之疲勞草率，似乎有益無弊，簡要易行。竊惟今日育才要指，自宜多設學堂，分門講求實學，考取有據，體用兼賅，方爲有裨世用。惟數年之內，各省學堂不能多設，而人才不能一日不用；卽使學堂大興，而舊日生員年歲已長，資性較鈍，不能入學堂者，亦必須爲之籌一出路，是故漸改科舉之章程，以待學堂之成就。似此辦法，論策乃諸生所能，史學、政治、時務乃三場策題所有，考生斷不致因改章而閣筆，科場更可因改章而省費，而去取漸精，學業漸實，所得人才固已較勝於前矣。茲擬將科舉略改舊章，令與學堂並行不悖，以期兩無偏廢，俟學堂人才漸多，卽按科遞減科舉取士之額，爲學堂取士之額。其穎敏有志者，必已漸次改業歸入學堂；其學優而年長者，文平而品端者，儘可寬格收羅，量材錄用，或取作副榜，多取數名，或令充歲貢，倍增其額，或推廣大挑，每科一次，或挑作謄錄，令其議叙有資，或舉人比照孝廉方正，生員比照已滿吏，准其考職，分其入官效用，宜彙總核計以上各途推廣錄用之數，足以抵每科減額之數，則舊日專習時文者亦尚有進身之階。十數年以後，奮勉改業者日多，株守沈淪者日少，且仍可爲小學堂中學堂經書詞章之師；其衰老者可從優賞給職銜。總之但宜多設其途以恤中才之寒畯，而必當使舉人進士作爲學堂出身，以勵濟世之人才；只可稍寬停罷場屋試士之期，而不可使空疏無具者永占科目之名。果使捐納一停，則舉貢生員決不患其終無出路，此則兼顧統籌潛移默化而不患其窒礙難行者也。

一、停罷武科。文武兩科並稱，而兩科之輕重利弊迥然不同，國家任官求才，無論章程如何，總之必用讀書明理之士。因近年帖括之士有文無實；故改章以求實學，先略改科舉章程以取已有之人才，次廣設學堂以教未成之人才，他日專門學成體用兼備，仍是此等讀書明理之人，其才小變，其意仍同。若武科則不然，硬弓刀石之拙固無益於戰征，弧矢之利亦遠遜於火器。至於默寫武經，大率皆係代倩文字，且不知何論韜略；以故軍興以來，以武科立功者概乎其未有聞。凡武生武舉武進之流，亦不過恃符豪霸，健訟佐鬭，抗官擾民，既於國家無益，實於治理有害，此海內人人能言之，無待臣等之煩言者也。或謂武生等可使改習槍礮，不知利器散布民間，流弊太大，實無防察之法，萬不可行，或謂武生等可使入武備學堂肄業，不知學堂定法，無論水師陸師，皆必須曾讀書通文理。若不識文字者，雖有西師善教，精者不能解，粗者不能記，斷無受教之地。或謂武科所以收强梁不馴之人才；不知凡應武試者，大率小康之家子弟，椎魯游蕩，不肯讀書，乃使之習武以博科目之榮。其弓馬衣裝之費，較之文生爲多，故世俗有窮文富武之諺。夫取士求將，本欲得良善守法之士；敎以禮義，授以技能，以備干城腹心之用。豈有搜羅不逞，加虎以冠？且天下盜賊容納，何藉會匪亦多矣；豈武科所能網羅者哉？今日勇營甚多，其材武有力之輩，皆可武科。或謂古今名將未必盡能知書，不知古之孫吳韓岳戚繼光今之羅澤南王鑫彭玉麟等，何一非學古能文之士，間有不學問而爲名將者，多由閱歷而來，故兵勇起家爲良將者有之；然在今日已不能與洋兵角勝。若應武科者平日所習皆與兵事無涉，既不曉槍礮之精，復不諳營陣之法，及取中武科，年齒已長，習氣已深，循資數年，卽可爲參遊都守，何所謂閱歷哉？查國家官制武職，以行伍爲正途，八旗世家無非兵籍，此時講求兵事，必須武學西操相資爲用。其學堂畢業八營操練精熟者，自必予以出身，洊擢官職，將來內而禁衞，外而將校，皆可於此取之，考拔擢用之法另詳專條。若仍以循舊之武科濫厠右職，殊於講武勵才之出路有妨。近年自故督臣沈葆楨以後，中外大臣言武科改章者甚多，蓋久已共知其弊，臣等揆之今日時勢，武科無益有損，擬請宸斷奮然，徑將武科小考鄉會試等場一切停罷；其舊日之武進士武舉兵部差官一律發標學習，考察人材，酌量委用補署，不必按資挨次選補實缺。武生年壯有志者，令其講求武學以備應募入伍之用，疲老者聽其改業。如此則學堂講武學者，營弁精操練者，在標有戰功勞績者，登進之途較寬，必皆鼓舞奮興而將校皆有實用，此誠自强講武之大關鍵也。

一、獎勸遊學。學堂固宜速設矣，然非多設不足以濟用；欲多設則有二難。經費鉅，一也；敎習少，二也。求師之難，尤甚於籌費，天下州縣皆立學堂，數必逾萬，無論大學小學斷無許多之師；是則惟有赴外國遊學一法。查外國學堂法整肅而不苦，敎知要而有序，爲敎師者類皆實有專長，其敎人亦有專書定法。凡立一學必先限定敎至何等地位，算定幾年畢業，總計此項學業共須幾年若干時刻方能敎畢，按日排定每日必作幾刻工夫定爲課程，一刻不曠，如期而畢，故成效最確；學生亦願受敎而敎法尤以日本爲最善，文字較近，課程較速；其盼望學生成就之心至爲懇切，傳習易，經費省，回華速，較之學於歐洲各國者其經費可省三分之二，其學成及往返日期可速一倍。江鄂等省學生在日本學堂者多，故臣等知之甚確，此時宜令各省分遣學生出洋遊學，文武兩途及農工商等專門之學，均須分門認習；但須擇其志定文通者乃可派往，學成後得有憑照回華，加以覆試，如學業與憑照相符，卽按其等第作爲進士舉貢以補各省學堂之不足，最爲善策。此時日本人才已多，然現在歐洲學堂附學者尙數百人，此舉之有益可知。幷宜專派若干人入其師範學堂專學師範，

以備回華充各小學中學普通敎習，尤爲要著。再官籌學費，究屬有限，擇請明諭各省士人如有自備資斧出洋遊學得有優等憑照者，回華後覆試相符，亦按其等第作爲進士舉貢。如此則遊學者衆而經費不必盡由官籌，蓋遊學外國者但籌給經費，而可省無數之心力，得無數之人才，已可謂善策矣。若自備資斧遊學者，准按憑照優獎錄用，則經費幷不必多籌，尤善之善者矣。

此四條爲求才圖治之首務；其間事理，皆互相貫通，互相補益。故先以此四事上陳，蓋非育才不能圖存，非興學不能育才，非變通文武兩科不能興學，非遊學不能助興學之所不足。揆之今日時勢，倖無可倖，緩無可緩，仰懇宸衷獨斷，決意施行；其間條目章程自須詳議，而大綱要旨無可游移，其有爲因循遷就之說者，惟賴朝廷堅持勿爲其所搖奪。其餘各條另摺奏上，臣等往復商酌，意見一切相同，未便各摺轉嫌雷同重複，謹

合詞恭摺覆陳。

會奏變法自强第三疏 光緒二十七年六月（摘錄）

張之洞 劉坤一

一、廣派遊歷。歐美强盛，窺伺中國已百年矣。中外通商，交涉日繁已五十年矣。然而自强無具因應無方；馴致妄開巨衅幾危大局者，則皆坐見聞不廣之一病，於各國疆域、政治、文學、武備茫然不知。同治季年，雖已派遊歷，說駐使，遣學生，而迂陋謬妄之人聞出洋者之言則詆其妄，見總署之官屬則惡其汚。於是相戒以講洋務爲諱，甚至上年夏間京外大僚猶有謂洋人不能陸行者；有謂使館敎堂既燬洋人即從此絶跡者；錮蔽至此，致召阽危，誠可痛矣。論今日育才强國之道，自以多派士人出洋遊學爲第一義。惟遊學費繁年久，其數不能過多，且有年齒較長不能入學堂者，有已經出仕不願入學堂者，欲求急救之方，惟有廣派遊歷之一法。觀其國勢，考其政事學術，察其與我國關涉之大端與各國離合之情事。回華後將其身經目覩者告語親知，展轉傳說，自然羣迷頓覺，急思變計。惟遊歷之員淺學不如通才之有益，庶僚又不如親貴之更有益。蓋淺學徒眩其新奇，通才乃得其深意，親貴歸國所任皆重要之職事，所識皆在朝之達官，故其傳述啓發尤爲得力。考之經傳則公族世卿時通盟聘，徵之近事則俄儲德藩接踵東來，可見此舉爲覘國問政之要務。擬請敕派王公外臣以及宗室後進大員子弟翰詹科道部屬各項京官分赴各國遊歷，詢其願往者請旨遴選酌派，不願者聽。歸國時察其實有進益之員遊歷一年者酌奬，遊歷三年者優奬。惟西洋路遠費多，東洋路近費省，遊歷西洋者其奬擢名次在遊歷東洋之先，其未經選派自備資斧遊歷者，聽歸國時一體考察給奬，蒙奬者量任用，以後新派總署堂官章京海關道員出使大臣及隨員，必選諸曾經出洋之員。惟遊歷人員，才識高下不同，未必人人皆有實濟，故必須多選數十員或百員陸續派往，以備將來選擇拔擢，經費雖多萬不可省。至此後各省督撫司道府，殆無一衙門無交涉事件者，若仍前拘墟固執，全無考究，必致因應失宜。即京城各部院雖各有職司，然不通之外情，則處事建言動多隔膜，此非多儲通才無從供用。並擬請明定章程，自今日起，三年以後凡官階資序才品可以開坊缺送御史升京卿放道員者，必須曾經出洋遊歷一次，或三年或一年均可，若未經出洋者不得開坊缺送御史升京卿放道員。如此則自備資斧遊歷者必多，通才日衆，而經費不勞籌矣。至外省府廳州縣諳悉交涉者尤罕，以後內河行輪，聯單辦貨，入山開礦，傳教遊歷，勢將各縣皆有，尤恐動滋事端。并請敕下各省督撫選派官員出洋遊歷，實缺官願往者免開其缺，遊歷一年者外獎，三年者奏請內獎，經費准其開支，自備資斧者從優請獎；其獎擢名次，亦以西洋東洋爲先後。惟遊歷實效，以徧遊歐美日本爲全功，而以先遊日本爲急務。蓋遊歷者若無譒譯相隨，瞠目汎覽，仍無所得。東瀛風土文字皆與中國相近，華人僑寓者亦多，譒譯易得，便於遊覽詢問，受益較速，回華較早。且日本諸事雖仿西法，然多有參酌本國情形斟酌改易者，亦有熟察近日利病刪減變通者，中國采用尤爲相宜。嘗考西國興盛之初，皆由遊歷而起，求新地，涉冰洋，探南極，窮幽極遠，備歷艱辛，於是見聞日廣，智慧日開，遂成富強之業。今日歐美各洲，無一水不通輪船，無一國不通鐵路。商旅如織，學校如林，有譒譯爲之傳達，有駐使爲之照料，較之西人之遊歷，甘苦迥殊，取益尤易。觀其實政，覩其實效，見其新器，求其新書，凡吏治、財政、學制、兵備，一一考詢記錄，攜之回華，以供我之采擇而倣行焉。開聰明而長志氣，無實於此，無速於此。今朝庭銳意求治，采取西法，夫西法非數言所能盡其要領，亦非耳食所能究其異同，出洋之員既多，則互相發明，利弊自見；故今日欲起積弱而抗羣强，其開此第一扃鑰，必自遊歷始。

一、多譯東西各國書。今日欲采取各國之法，自宜多譯外國政術學術之書。譯書約有三法：一令各省訪求譯刻，譯多者准請獎；然經費有限，書不能多也。一請明諭各省舉貢生員，如有能譯出外國有用之書者，呈由京外大臣奏聞，從優獎以實官，或獎以從優虛銜，發交各省刊行；如此則費省矣。然外國要書，流播入中國者無幾，不能精也。一請敕令出使大臣訪求該國新出最精最要之書，聘募該國通人爲正繙譯官，即責令所帶隨員學生助之，通洋文而文理深者充副繙譯官；文理優而洋文淺者充幫辦繙譯官；其全不通洋文而文理平常者，不准充出洋隨員學生，以杜濫竽糜費之弊。限三年之內，每人譯書若干種，每種若干字，回華繳呈，不得短缺；短缺及過少者，不准保舉。如此則去時洋文雖淺，歸時洋文必深，於隨員學生之學業，暗中多所成就；而所譯皆切用之書矣。然猶不能速也，并擬請敕令出使日本大臣，多帶隨員學生，准增其經費，倍其員額，廣蒐要籍，分門繙譯，譯成隨時寄回刊布。緣日本言政言學各書，有自創自纂者，有轉譯西國書者，有就西國書重加删訂酌改者，與中國時令、土宜、國勢、民風大率相近，且東文東語，通曉較易，文理優長者欲學繙東書，半年即成，鑿鑿有據。如此則既精而且速矣。

維新教育叢錄

自光緒二十六年十二月初十日上諭京內外官吏條陳新政，官民之應詔言事者甚多，除張之洞劉坤一變法自强第一疏之關係重大照錄全文外，其他與新教育有關係之奏議論著，擇要摘錄於後，以備參閱。　編者

一袁世凱條陳變法疏

袁爲山東巡撫原疏列十條曰愼號令，敎官吏，崇實學，增實科，重遊歷，定使例，辨名實，裕度支，修武備，開民智。錄第三，四，五，九四條。

一、崇實學，百年之計，莫如樹人。古今立國，得人則昌。作養人材，實爲圖治根本。查五洲各國，其富强最著，學校必廣，人材必多。中國情見勢絀，急思變計，興學儲才，洵刻不容緩矣。擬請飭將京師本有大學堂認眞整頓，竭力擴充，並飭下各行省籌經費，多設學堂，或仿照各國學校章程，區分等次，以次推廣，務使僻壤窮鄉，皆有庠序。擇中外有裨寔用之各項書籍，及各國著有成效之各種學術，延師講授，分門肄業。但目前師資無多，惟有譯書之一法，最爲便捷。似宜專派大員考核各國書史。其已經譯出者，多刋廣布。未經譯出者，精選譯員譯成漢文，一面分咨出使各國大臣，隨地購書，選譯咨

送。近年以來，日本譯書甚多，而洋人之久在中華者，亦多有譯本，均可搜羅印證，彙輯成編，發交京外各學堂，循序購買，以期學術一律，而免分歧。並可酌聘洋員，爲之敎習，迨所學漸有門徑，再分別資遣出洋，以資歷練，將見風行海內，而人才不難蔚興矣。

一、增實科：夫當世無深明大義之人，故人材今不如古。當世無博達時務之人，故人材中不如外。然近日取士，必廣求兼通古今中外之人，非但無此本末兼賅之士子，恐亦無此體用兼備之考官。雖立法極詳，勢必有所不行，即勉强行之，亦終於有名而無實。似暫宜量爲變通，舊科仍按期舉行，不必一旦全廢。但將各省歲試鄉試取中定額，先行核減二成，另增實學一科，即將舊科所減之額，作爲實科取中之數。擬請先飭沿海各省，如南北洋兩廣閩浙省各督臣，會同妥議條規，按中西各學分門別類，募考實學。各省風氣不一，不必拘定

籍貫，亦不必分省限額，薈萃聚考，先彷彿童試規模，由該督臣等精選試員認眞校試，擇其優異者作爲附生，再行覆試，取中者作爲舉人，再咨送禮部，由禮部會同總理衙門遴調試員並奏請簡派考官，訂期會試，中式者爲進士。但各試雖皆以經濟時務爲重，亦必須能明四子書大義及有宋諸大儒理蘊，方准取中，以免趨末忌本之弊。成進士後一體殿試，試以時務策論，不拘格式，不避忌諱，恭呈御定，賜以出身，內用者各執所學專門分發六部觀政。其深通各國語言文字及熟諳各國政要者發交總理衙門出使大臣差遣，外用者發交各省督撫分別委用，並由各堂官使臣督撫認眞察看，一年期滿出具切實考語甄別，不准視爲具文。倘有品行不端，心地難信者，隨時參革。舊科中額，幾次遞減一成，實科中額，每次遞增一成，以五成爲度，使士子知所趨嚮，爭自濯磨，皆漸勉爲有用之材，以求奮於功名之路。迨數試之後，學堂中多成材之士，考官中亦多實學之人，即將舊科中五成中額一併按照實科取士章程辦理，而實科亦必另作一途，仍歸各省一律舉行。如此逐漸轉移，而士風不難亟變矣。

一、重遊歷：春秋戰國之世，晉文在外，晉悼遊周，趙武靈入關而瞰秦王，滕文公過宋而見孟子，皆不憚遠涉，視爲故常。至於會盟之役，國君親行，聘問之使，親貴並遣，徵諸往策，不可勝數，固敦交鄰之誼，亦以察與國之情。近來泰西各邦國君親王遨遊列國，尤爲習見。揆其用意，實與古合。擬請簡派王公分赴外洋各國，愼選留心時務之京官隨從遊歷，考究各國政治學術工藝風土人情，既資以廣見聞，亦藉以覘敵勢。濡染既久，智慧日生，外洋情形，均得要領，回國任事，自然措施。遇有交涉，更無難於因應。各國見我風氣日開，必漸相引重親近；且彼之底蘊，已爲我所洞悉，亦可稍戢橫暴，不至任意欺陵。至京師各衙門人員如有情願出洋者，准其報由總理衙門詳加考核察係志趣正大才堪造就者，亦可在出使經費項下酌予川資遣詣外洋遊學。回華後切實考詢視其所得之淺深以判優劣而定黜陟。倘或親貴中有以海外風濤爲慮者，不妨先赴日本及通商各埠就近遊覽亦足通知時局稍識洋情未始非成材捷速之一道。

一、修武備各國士農工商兵均有耑學，而兵學尤重。蓋以諸强國犬牙交錯勢均力敵各懷吞幷，欲謀自得，不得不競修武備；往往窮通國之全力殫數十年之經營，竭千萬人之智巧以切究而精求之。又互相師法，絜長棄短，日新月異幾無止境。故能出奇制勝。美備聿臻。考其兵事之根源，大都植基於學校。凡軍中應用之物應有之義應知之理，無不逐一講求。將皆知學，士皆素練，此其所以强也。中國兵事本無耑學，應試士子，向取弓矢刀石；用之今日，既非所宜，而營兵之操鎗砲者，又不知運用理法。將弁半起民家卒伍，但憑血氣，絕少謀略，斯其所以弱也。似宜通飭各省，多設武備學堂，廣儲將材，凡中外兵法、戰法、天算、輿地、測繪、器械，以及技藝工程各學，均須切寔講習。其南北洋各省學堂原有之生徒業經學有規模者，即仿照文場寔科取士辦法，酌減各省武試定額一成，移作武備生徒中額，每次按成遞互增減，俾天下挽强引重之士，皆變爲技精略裕之才；而武試舊科，亦將不廢而自廢。至各省軍政必須劃一，擬請簡派知兵大員，詳定營制操法，及選將募兵各條規，請旨頒發各省遵照辦理，隨時特派大員分往查閱，嚴定賞罰，不稍假借。又宜分調各省軍營弁目，按省分之大小人數之多寡，以二百人至五百人爲率，萃聚一處，遴派專員督率訓練，擇武備切用學問分別教授，二三年後，稍有成規，即遣回原省轉相授習，再另調新班，更番輪練，各省操法自易一律，遇有調發，亦易收臂指相使之效。至器械爲士卒之衞，固貴精利，尤忌參差。現新約將定，增軍火自屬爲難，然既不能取資於人，卽當返求諸己，斷不可因噎廢食，似宜飭下向有製造各省重資募匠，先講求煉鋼鐵各料之法，再仿造機器逐漸推廣，以製軍火器械，考定一式，俾免歧異。各省需用，備價購取；如有粗窳等弊，准由購取省分指寔嚴參，追回原價。但能寔力興辦，多方獎掖，華人智巧不讓西人。且華工之餬口外洋者甚多，亦可設法招徠，優養器使，國家懸的以求，士民聞風奔赴，將見良工巧匠輻輳並進，行之漸寔，考之愈詳，必不乏精械利器，以供捍衞之用。惟司其事者，必須愼選深通製造理法，而又性情堅定，不憚繁難者任之，方可提綱挈領，始終經理，以底於成。自强加要，不外是矣。

二　陶模覆奏培養人材疏

陶爲兩廣總督。原文列十三條曰整飭國子監，汰孜生減中額，定小試年限；停捐例，各部院堂司官練習政事，破除旗兵積習，文武大員勤率僚屬，禁食洋煙，設算學藝學科目，破格鼓勵水陸軍人才，變操法，求工藝，戒自欺，錄第九第十兩條。

一、分設算學藝學科目以裨時務也：周官有九數之敎，曲禮判六工之民，力必專精，詣乃深造。近年定算學取士之例，先由總理衙門考試算學，後送入順天鄉闈同試詩文，華寔兼收，非唐代明算科所得比。然習算之士，罕來應試，其故有二：緣九章難於八股，算學中足資問難，而非切用者，反覆窮究，皓首難盡。究之制器者，祇須略知幾何重學，而算家一切考據辯難，可弗徧習。今定例以算學及格物、測量、機器、製造、水陸軍法、船礮、水雷、公法、條約、各國吏事，一律考試，安有如此奇才一人而兼衆長乎！徒令知難者逡巡不前，輕於嘗試者仍蹈空言無補之病，未盡善者一也。合衆人而衡文，或百無一取，或千取四五，今考算學者鄉試卷面另編字號，每二十人中取一名，定額不得過三名；倘諸生文理均優，反因考算而限於定額，未盡善者二也。擬請分算學藝學爲二門，試算學者兼天文及地理測繪，試藝學者以礦學及製造船砲之學爲主。總理衙門於秋闈之前，嚴密三試之，擇優錄送順天鄉試，分編算學藝學字號，增加中額以廣招徠。臣更有請者，算藝與時文試帖兼習之必未兼精，定章令習算者並習詩文，不過借此以塞文士之口，徒徇俗情，仍歸敷衍。近時保舉捐納庸人皆可得官，何獨於稍有寔用者必多方以靳之？可否專設算藝二科，欽派大臣特試，仿照繙譯舉人進士之例，不必兼詩文，庶專門名家各得自見。

一、水軍陸軍急需文武兼通之才，宜破格鼓勵也：天津閩粵設立水陸師學堂，本係因時制宜，而臣工猶或泥海國防志舊說，謂守外洋不如守海口，守海口不如守內河，以學習船砲爲多事。如果船砲不必習，敵人果何恃而橫行海上乎？夫沿海萬里，防不勝防，必有海軍數大枝，海口方能聯絡，各岸防軍亦可酌減。惟駕駛兵輪，法至精密，海道沙綫固應熟悉，尤須知算學力學乃可司機，能測七政恒星乃可司舵，非獨武夫不足任，即才智之士亦罕臻此。擬請敕各督撫令水師學堂學生勤習天文海道，御風布陣，修造汽器，演放水雷諸法。每若干年，奏派海軍提鎮率領學生駕駛練船，游歷外洋，途中親視各生所學專門之技是否純熟，分記等第；到外洋時由駐洋大臣按名試以水軍兵法各論，果能清通，奏明作爲水軍秀才；送辦理海軍南北洋大臣再加考試，擇其優者爲水軍舉人，並請敕各督撫督令武備學堂學生勤習西國整散陣法、測算、遙擊、挖溝、交轟、馬步起伏及明暗台壍測繪地圖管理軍械各事，每若干年奏派司道分內外場校閱技藝條對兵法，果能精熟，作爲陸軍秀才；送南北洋大臣再加考試，擇其優者作爲陸軍舉人。仍欽派王大臣覆校水軍陸軍各舉人，譯最優者作爲進士。如文理較長，明白治體，量授文職，與文進士一體優待，上下毋欺，眞才自出。臣又查武備水師學堂章程本尙周密，近聞有將少年不能讀書者濫行送入，何能確收寔效，應由該管大臣嚴行遴選，無論旗漢文武官員及士民子弟，須明白謹愼，文理淸通，方准留學。凡文字算學等，擇關係武備者設科，其餘概勿敎學，免致分心。沿海沿邊各省，擇要增設水師武備學堂，一律辦理，以時宣講淺近切要各書，啓發忠愛之忱。至舊有武科，得人本少，若輩恃有頂戴，往往武斷鄉曲，轉難約束，倘謂弓矢無益，而改習火器，則家家可置槍砲，流弊尤甚，擬應將舊例武科一律停止。

三　陶模奏請變通科舉摺

此摺繼前疏而發，爲廢科舉之先聲，故全錄之。

臣陶模德壽跪奏爲擬請變學校科舉，藉獲眞才以濟時艱，敬陳管見，恭摺仰祈聖鑒事。伏讀光緒二十六年十二月初十日諭旨，以欲求振作，當議更張，舉凡朝章國政，吏治民生，學校科舉，軍政財政，當因當革，飭下臣工各抒所見，條議具奏，寔力舉行，仰見我皇太后皇上鑒於時變，力圖振興，毖後懲前，寔事求是。臣等跪誦之下，愧奮涕零。伏念爲政之要，首在得人，取人之方，不外學校科舉。三代以上，祇有學校，並無科舉。漢代博士弟子，猶不失爲學校本義。其後設科策士，遂開科舉之漸。至唐始專以科目取士，宋元明因之，雖詩賦策論制藝各有不同，全盛之時，人才輩出；迨其流極，無不尙浮華而鮮寔用，歷代病之。泰西諸國無科舉之政，入官必由學校，亦猶我中國三代以上之制，有小學、有中學、有大學，卽古人秀士選士俊士以次遞升之說也。光緒二十四年曾奉旨飭部酌議京師大學堂章程，今宜都其說而變通之，於各鄉設蒙學，專課蒙童，以公共淺近之學，聽民間隨處自設，先授孝經四書，明白綱常大義，以端根本，學習文理以開知識；於各州縣設小學，各州府設中學，省會設大學，京師設國學，小學以上皆由官設，並以書院改建。考泰西日本諸學堂科目繁多，今之所急莫如政治，宜專重政治一科，內分兩門：一曰內政，所以學爲理事親民之官也；一曰外政，所以學爲交涉專對之官也。學中頒發應用書籍，內政以中國經史、性理、掌故、歷代賢哲所論修齊治平之道，及現行典章律例爲綱，而參考各國政治諸書，外政以各國政體、武備之法、條約、地志、史乘爲綱，而參以中國古今學術政令。若夫天文、地輿、算學、測繪、各國語言文字，未易一一徧習，無論內外政，皆許自認一項兼習之。其課程用北宋國學積分之法，兼採西人學堂月計季考之制，合累次

所試分數多寡，判其高下，較之舊制優劣於一日者，更爲有據。由淺入深，循序漸進。若干年後，擇優者仍給以生員舉人等榮名，升至國學，察其才具，分別授官，長於內政者，量授部曹州縣敎官之職，長於外政者，以備總理衙門章京、海疆差委、出使參隨、領事及出洋遊歷之選，倘能內外並習，卓然成材，另行破格錄用。其敎習皆須品端學粹，擇要試行，逐漸推廣，勿一時並舉，致多濫竽充數，有名無寔。自小學以上，凡涉洋務者，許參用各國之人，在學有成，小學大學均各授以本學執照一紙。嗣後無論旗漢，無論由何項進身，非有學堂執照者不得授以寔官，則所取皆寔學，所學皆寔用，學校既興，人才自出。吏治民生、軍政、財政，漸可得人而理。其商學、農學、工學、化學、醫學，亦皆聽民間自立，仍於京師國學附列專科，學成各就所學用之。倘以學校經營未易收效，需數年，國家求才正急，不得已而思其次，則請將本年

鄉試明年會試，暫遵光緒二十四年六月諭旨第一場試以中國史事及國朝政治論五道；第二場試以時務策五道，專問五洲各國之政專門之藝；第三場試以四書義兩篇五經義一篇，分場發榜，每場所取人數以次遞減，三場均優，如額取中，考官之校閱易精，人才之高下自見，或不致仍蹈空疏寡效積習，一切章程，並請旨敕部按照光緒二十四年所定部章分別增減刊刻頒行。仍俟學校齊備課有成才，即將科學停止，俾天下嚮學之士歸於一途，庶幾眞才蔚起，百度具興，扶危定傾之始基寔在於是。抑臣等更有請者譯書之士，無論服官與否，皆須令明義利之辨，而轉移之機寔操之自上，古人謂正朝庭以正百官正百官以正萬民，果能上下交相砥礪，使多士曉然於學古入官所以致君澤民，而非以利身家，則士習端而吏治肅，此尤正本清源之要務。臣等悉心商確，意見相同，一得之愚，是否有當，伏乞皇太后皇上聖鑒飭部核議施行。再查定例，科場年分不准條陳考試事宜，現値時勢危迫，欽奉諭旨籌議更張，故敢冒昧瀆陳，不勝惶悚之至，此摺係臣模主稿合併陳明，謹奏。

四　王之春覆議新政疏

王爲皖撫，應詔速上二摺，第一摺列舉科舉學校當逐漸變通，速籌財政，整飭軍制，講求外交四條，錄第一條。第二摺舉設洋務館，設儲才館，派幹員遊歷，派生徒遊學，精選使才，愼選京官，設譯報館，譯書八條，錄第三第四第八三條。

一、科舉學校當逐漸變通，不宜驟行偏廢也。治國以求才爲先，育才以學校爲始。而羣材之所奮興，恒視乎科舉之所取舍。國朝承前明之舊，向以制義取士，而名臣碩彥亦多出乎其中。近時中興良佐，如曾國藩、左宗棠、胡林翼輩，成撥亂反正之功，贊旋乾轉坤之治，亦無不由此進身，均卓然有所樹立。自俗儒專尚揣摩，以聲調章句爲弋取科名之具，遂不免爲世詬病。究之寔淺學之有負科擧，非科擧之果誤人才也。方今世變已亟，各國制作日新，聰明日闢，均能出奇制勝。況宗邦文明之域，豈容故見日封，然一旦悉取舊制而驟更之，不獨宿學耆儒咸傷廢棄，且率天下而專騖於功利機巧之事，勢必盡擧六經四書概置不讀，卽有奇材異能，而於大綱大本之地未加講求，逞其智能勇略，設有奸徒倡爲邪說，鼓惑煽誘於其間，小則啟離經畔道之思，大則爲犯上作亂之漸，其患何堪勝道至易制藝爲策論，近來洋板書籍廣刻盛行，徒恣鈔胥，難窺心得，故臣愚以爲時至今日，國家之所以取士與士之所儲以爲世用者，誠不可以舊制自限，而要不妨卽借爲新學之始基也。蓋凡工制義者，其於聖賢道誼，中國文理先已曉然於中，由是而更譯外洋有用之書，令求今世當亟之

務，較諸顓蒙末學毫無根柢者流，必當事半功倍，斯固理之灼然共見者也。議者動欲驟廢科目，不思此時各府州縣學堂尚未周設，或教之無其人，或立之無其費，究從何猝拔奇尤以應選擧。而各省會如直隸江蘇安徽浙江福建湖北湖南廣東四川等處則已各設學堂，分延華洋教習，或派員爲之監督，日省月試，倘從此認眞考究其取人之法，應飭各州縣學官就生員中擇其才質聰敏，志趣高遠，年在十八歲以上二十五歲以下者申送省城學堂，俾資學習，庶業易成而用可久。其所習之事則分天文、地輿、兵法、掌故、算學、格致爲六門，隨其才之高下，與質之所近從而教授之，黜其荒嬉，奬其勤學，取無求備，業維求精，蓋各藝之奧蘊無窮，而一人之才力有限。昔孔門諸弟尚分德行、言語、政事、文學爲四科，未聞兼擅其美。今欲以全材責之人人，殆亦未可必得之數矣。故宜分認專習，較易畢業。其選擧之法，値

此變通伊始，各學堂所收生徒，尙未能深造有得，固宜破老生壘守之見，亦勿開新學倖進之門，似宜暫仍其舊。迨二三年後，肄業於學堂中者所學當漸有規模；更二三年後，其所學必更加精進。如慮期太紆緩，果訪有器識宏達才藝卓絕之人，應先由京外臣工各舉所知，隨時保薦，既不使儁傑久淹於下，亦藉慰我國家需才孔亟求賢若渴之思。餘則由各學堂敎習屆時考察諸生之優絀。造冊賫送督撫，由督撫臣於鄉闈前預試一塲，如錄科然，量其成材之多寡，以應舉者共若干人，酌定幾名內取中一人，先期奏請諭旨，即就各省中額內拔出若干名，與舊攻舉業諸生同時分別取中，暫予並行不悖。其卷可仿照各省官生之例，另編字號，以示區別，或慮考官難得其選，此等試卷在初變科舉一二科之中，計亦爲數無多。主試向有二員，或請欽派通知時務者一員專閱此卷，亦易畢事，或由各督撫臣預調他省學堂敎習，爲此省各房考官，入塲襄校，既可免遺珠之歎，且更無徇情之嫌。若以學堂內所習體操，暨槍礮準頭行陣步伐，以及製造格致等事，必須面加考校，有非文字語言所能罄者，或將學堂所選諸生，勿令同入棘闈，由各督撫會同學臣如各省之考取優貢生，於秋闈後另考一塲，加以覆試，公同取中，俾得課其實而盡所長，亦無不可。會試本無定額，亦總計各省學堂內取中來京應試之人多寡，分別幾名內取中一名，隨時奏定辦理，一切與鄉試略同，房考或有總署暨各部院衙門於同文館敎習暨各項京中擇其素通時務者，開列數員，奏請欽派分校，取中之人一體殿試朝考，欽定甲乙後，或使分隸總署暨兵工等部，並發往各省量能授職，自不致所用非其所習，不另立經濟特科之名，而可收經濟特科之效。迨至兩三科後，若輩列科名登仕版者，既不乏人，進可以襄理鑑衡，退可以敎授鄉里，各郡縣中次第增設學堂，輾轉傳習，愈推愈廣。其有才能邁衆者，擇其尤而試以事，用而有效，即予從優拔擢，勿以尋常資格限之，使天下咸知朝庭意向之所在，喁然嚮風，疇不勉自振策，舍其舊而新是謀。其初亦止行循序漸進之方，其後乃竟獲默化潛移之益，將有不期其變而自無不變者。至武科應改弓矢爲槍礮，以稗實用，前此中外大臣已屢言之，而變易武科之法，則以湖廣督臣張之洞前歲所陳，最爲詳備，大要令武生武舉及願就武試之兵民，各皆入伍學習，於武科内兼寓軍制，既得一切行陣之宜，又無家藏軍火之弊，似亦變通盡利之一法，可以見諸施行者也。

一、多派幹練人員親往游歷之事，最長學問。中國聰明才力，幷非不如外人，病在錮蔽太深，習氣太重。欲治此病，惟有多派各等人員游歷各國，其益至大。如中國有書院，各國有學堂，一也。彼之學堂，教者數十人百數十人不等，學者百數十人數百人不等，師弟朝夕相見，規矩整齊，學有等級，循序有進，日深一日，以迄於成，所教皆有用之書，所學皆有用之事。我之書院院長，或以他事覊牽，不盡常年到院，學生或以膏火難給，未能常年住院，平時不立課程，月僅考八股試帖一二次，其欲收實效也難矣。又如中國有勇，外國有兵，一也。彼之兵皆由武備學堂訓練出身，將與兵習，兵與兵習，能識字，能畫行陣草圖，能放槍礮有準，其將廉武嚴整，鮮明兵法，衆皆服之；我之營勇舊制，事事與之相反，何怪强弱懸殊，當之輒靡。又如中國有保甲局，外國有巡捕警察，一也。彼國之政，於巡捕一事尤爲認眞，境内警察嚴密，盗賊絶跡，間有失竊，必能尋還，各處客店往來之人籍貫職業，必記於册，幾於夜不閉戶，路不拾遺；我之辦理保甲，往往奉行故事者多，稽查得力者少，或至良莠雜居，奸宄竊發，地方隱受其患。以上三條，乃中國處處皆有人人皆知之事，若無外國相較，彼此得失之故尙難自明。惟有人游歷，觀於中國如此，觀於各國如彼，雖中材之士，亦知其不如矣；知其不如則必求所以及之者，此一大轉機也。擬請旨飭下大學士部院堂官督撫將軍學政出使大臣，迅卽保奏游歷之員，內外三品官以下，以至舉貢生員皆可派往，歸時以日記爲憑，明白事理者獎之，能明專門之學者加獎，在外生事貽笑外人者惟原保官是問。游歷經費先行酌定，此舉頗有關繫，天下事百聞不如一見，取彼之長補我之短，似宜從此入手，處處歷驗體察，力求實際，庶何去何從，曉然於利害之所在，不致游移罔據矣。

一、多選聰穎生徒出洋游學。方今中國學堂猶未盡設，書院亦難驟更，學者卽志切觀摩，亦將於何取益。臣再四思維，惟有多派生徒出洋游學，收效較速。前大學士臣曾國藩，兩江總督臣沈葆楨均創此議，近年湖廣督臣張之洞繼之。派遣之法，於本省書院學生愼選年少安謹之士，先核中國文理淸順有志遠游者，卽可派充。東洋近年學校教法最善，又路近費少，擬先往日本，俟經費稍足，乃往西洋，所學之事，以武備爲先。其他各種學問皆可學，學成東歸卽可當中國專門師範，爲用無盡，各國見遣士如此之多，求益如此之勇，知其發憤爲雄，庶不至意存蔑視。

一、廣譯羣書。今日各國風氣大開，學問之途日廣，中國若專恃海內儒流著書立說，其勢必有所不及。且農工商兵之學，中國專書不盡適用，或且無之，若不借資外國，其學虛立不能成就。前上海道馮焌光於同治年間譯西書數十種，風行海內，人爭讀之，有益於中國學問甚大，如算學化學諸書是也。或云中國卷軸繁富，白首難窮，何爲譯此？不知中國已有之書，其講道精深者必應謹守，中國未備之書，有學藝切實者不妨廣求體用，本聖學所兼修，道藝尤今日之急務，考之日本初變法時，凡學凡事，惟德國是效，及學校功成，大加增改，遂成爲日本之學，與德迥殊。今我果能博譯羣書，實心采法，他日必有成學懷忠之士，善爲去取，一旦改觀，譯書有用無可疑者。擬請旨於京師設一譯書處，外派翰林部員數人，率同繙譯官專司其事，譯成一書，進呈御覽後或木印，或排印，分派京外各衙門以資采用。所譯之書以武備爲要，其他有關士農工商各學者，一體譯刻。惟取近時新出者爲至要，西書譯手本少，惟日本選譯最精，中東同文，通才學東文三月便可卒業，以後漸推漸廣，次第兼及凡東西有用之書，皆可供我搜采，其獲益將無窮矣。

五李興鋭覆議新政摺

李爲江西巡撫。原文列舉分特科，整頓學校，考課官吏，廣設銀行，行使銀紙，維持國法，仿立保險，修舉農政，講求武

備，偏設巡捕十條，錄其第一條。

一曰舉行特科。國家設科取士，原期以網羅英俊，宏濟艱難，當天下無事之時，四海晏然，雖有撥亂反正之才，幾若無以自試；故但得一二輩章句之儒，拱手而談性命，埋頭而治文辭，未嘗不可以黼黻隆平。今則非其時矣，外侮憑陵，儳然不可以終日，而士大夫猶持閉關自守之舊學，於中外形勢瞢無所知，豈足以臨敵制變！匪惟不能臨敵制變也，即目前興舉庶政，百度維新，環顧羣僚，亦正恐不敷給事，此臣所以亟亟以開特科爲請也。伏見康熙、乾隆年間再舉詞科，一舉經學，一時朝野嚮風，用成二百餘年文明之治。徵之前代，漢武帝有舉茂才異等可爲將相使絕國之詔，唐宋之世，自賢良方正以至直言極諫等科，皆視其所需，令大臣荐而試之，名儒碩輔，多出其中，求賢妙用，似無逾於此者。竊願我聖主上法聖祖、高宗之成規，旁采漢唐宋之遺意，

飭下在京三品以上大臣暨各省將軍都統督撫藩臬，各舉平日所知，精通中西政學之士；俟回鑾之日，定期考試，京官自五品京堂以及翰詹科道，外官自府道以下逮於布衣，均聽給咨赴部。試後分別按階遷除，並各就所長，派以軍機處總理衙門章京及出使參贊，外官則歸特用班補用，此後遇應開恩科之期，均一律改行特科。以漢儒經學之盛，班固猶謂利祿之路使然，臣固知特科行而人才不可勝用矣。或謂今日士流之患，在於所學非所用，即有號爲能通時務者，類皆拾西人之皮毛，而昧經世之大法，就令大臣荐舉，豈能盡得眞才，無非徒開捷徑。不知天下大勢，恒視上之所向爲轉移，上未嘗以是求，則天下無從應耳。以中國四萬萬神靈之冑，而謂無一二奇才異能，臣不信也。考唐宋以前，取士皆尙荐舉，唐宋後乃有科目考試之法，今之特科，則合荐舉考試而一之，固視暗中摸索於文藝之末者爲有據矣。縱或大臣所舉，徒採虛聲，而一經考試，亦斷難濫竽充數，又何必因噎而廢食哉。

六　張冶秋覆陳新政疏

張爲御史。原列變通科舉，廣建學堂，創立官報，經理財政四事，錄前三條，

一、變通科舉。自考選窮而有科舉，歷代皆無良法；無論詩賦策論制藝，行之既久，則陳腐勦襲，必不足以得眞才。我朝以制藝取士，得人最多，徒以日久弊生，主司不善奉行，士子習於庸陋，故八股文至今日，已日就腐敗，轉相詬病，窮則思復，則不得不舍詩賦之空文，而取策論之實用，亦時使之然也。今國事日棘，欲救時難，以求人才，有爲薦舉之所未賅，學堂之不及造者，則變科舉其至要矣。應請略用光緒二十四年湖廣總督張之洞等妥議科舉新章原奏，於鄉會試頭場試以本國政治，及國朝掌故論五道，二場試以各國政學策五道，

如各國地理學校、財賦、兵制、商務、刑律，以及種植、開採、製造、格致等學，許其自注專門應試；三場試以四書五經大義三篇，仍定為分場發榜遞減人數之法。其學政歲科兩考生童，或定例先試經古一場，如鄉會試頭二場；再試四書五經大義，如鄉會試第三場，皆可以例推之。至武科應改試槍礮，近年中外臣工條奏多以為言，大學士榮祿發端於前，湖廣總督張之洞詳議於後，於一切取人防弊之法，已屬妥慎周詳，亦請飭下兵部，將光緒二十四年該部議覆各大臣陳奏改試武科一摺查照酌準施行。

一、廣建學堂。科舉與學堂相表裏，科舉能求才，學堂能育才；科舉收急效，所以待成材，學堂以幼成，所以求實學。惟學堂者所以變舉國之風氣，廣天下之教育，茲事體大，用宏斷非支節為之，方隅限之所能得益。即以創始為難，亦應於各省徧設一中學堂，而議整頓京師大學堂，另立專官以董理之。大要約有六事：一、廣籌經費，每一省學至少有十萬元方能敷用；二、妥議章程，應參考西制，詳定辦法，三編定功課，應斟酌古今中外詳議以聞；四、妥延教習，大抵政治法律等學，宜用華人，格致工藝等學，宜用西人；五、資遣遊歷，學成之後，每學酌派數人遊歷歐美，助其資斧；六、優予出路，應以小學堂卒業者比生員，中學、大學卒業者比舉人、進士，倣日本法別設大學院，令進士入學其中，不加限制，俾其優遊饜飫，以求深理，三年考成，比翰林。如此而人才不興，治道不立者，未之有也。

一、創立官報。報帋所以寄耳目，東西洋於開化變法之始，無不以此為要圖。官吏不知民情，與草野不識時局，致上下不喻意，中外不通情，皆報帋不能流通之故也。中國通商各埠，由民間自行辦理者，不下數十種，然成本少而宗旨亂，除略佳之數種外，多不免亂是非而淆視聽，又多居租界，挂洋旂，彼挾淸議以訾時局，入人深而藏力固，聽之不能，阻之不可。惟有由公家自設官報，誠使持論通而記事確，自足以收開通之效，而廣聞見之途。應請飭各省及有洋關設立等處，籌酌的款，或勸喩紳董各設報館一所，並粗定報律：一不得輕議宮庭，二不得立論怪誕，三不得有意攻訐，四不得妄受賄賂，此外則宜少寬禁制，使得以改革立論，風聞記事，不然則恐徒塞銷售之途，不足間讒慝之口也。又今日方議採西法，而不能繙譯各國書籍，是猶無米之炊。從前大學士曾國藩創設廣方言館於上海，所譯西書近百餘種，不及十分之一，且多屬舊法，已不適今日之用。所有學術章程等類需急用者正多，應請於京師津滬鄂粵等處設譯局數所，擇中外通達之區，以上海爲總局，先行開辦，延請通才定爲凡例，所有官名、地名、人名、物名，以及製造格致諸家名目，皆擬成一定之音書作一定之字，以就指歸而免淆亂。所有滬局開辦經費，請飭下南洋大臣妥籌巨款，迅速開辦。蓋求才莫先於敎學，而敎學莫先於譯書，使卽日爲之，而收效尙在十年之後，事固無急於此者！

七　張謇變法平議

原議最博，計吏部之事十，戶部之事十二，禮部之事八，兵部刑部工部之事各四，舉凡國家一切興革，時均論列無遺，下文卽其禮部八事之七，第八事爲省官時儀衞與敎育無涉故略之。

一、普興學校。國待人而治，人待學而成，必無人不學，而後有可用之人；必無學不專，而後有可用之學。東西各國學校如林，析其專家，無慮百數；前導後繼，推求益精。但能擇善而從，皆足資我師法。端其基礎，首在正蒙。日本普通以及高等小學校，卽各國鄉塾。其尋常中學校及尋常高等師範學校，卽各國郡學院、陸軍及各專門學校，卽各國實學仕學院。大學院卽大學院，其學分法學、理學、文學，其章程有初定，有改定，爲中國今日計，不獨師其改定之法，亦當深知初定之意。知其初定之意，而後我無操切率易之心。師其改定之法，而後我無苟簡紛岐之弊。較其次第，宜各府州縣先立一小學堂於城，小學堂中先特立尋常師範一班，選各府州縣學諸生年二十至四十束脩自愛文理通暢四五十至七八十人；視學大小爲人數多寡，延師範師敎之。三月後試令分敎小學堂學生，由地方視學官每月會同師範師試其學業敎法之進退而第其優絀。第二年四鄉分立小學堂，府州縣大者四十區，中三十區，小二十區，酌分地段，有寺廟者先借爲之，分師範生優者爲敎習，其優而願留堂力學者聽。第一年師範生不納膳金，試而優者分三等給獎，最優者五圓，優者四圓，次優三圓，學生納膳金。第三年卽以先立之小學堂爲中學堂，仍幷尋常師範學堂於內，兼敎西文，而別立高等師範學堂。凡學生皆納膳金，數各隨地酌定，是爲官學。若紳富私立，或公立者聽便。建設之始，報明視學官轉報文部給予準據，學堂敎育章程及課本書與官學同，考試給憑出身亦同。第四年各省城立專門高等學堂，第五年而京師大學堂可立矣。凡第一次官立者，書籍由學堂置備，其餘無論公立私立皆學生置備，有人捐備者由官給獎。凡各府州縣公立私立之學堂，初設及設後費用不足由官補助，此由各府州縣小學中學循序而至高等學堂大學堂之序也。其應特立者仿日本學習院於京師五城擴官學堂十區。凡宗室八旗王公大臣子弟年二十以上或屆學齡者（注　自六歲至十二歲，日本謂之學齡，無人不入學），入焉。其功課普通及高等小學堂程級與各小學堂同，畢業後以次入中學堂大學堂，與漢高才生同學；異之者崇以特絕之禮，而動分外向上之心；同之者平其挾貴之心，而化顯分畛域之見。

其應分立者，各府州縣警察法理農業工藝學堂高等商業學堂女子師範學堂，其可較緩者，高等師範音樂學堂盲啞學堂。凡學堂官立及補助公立私立之費皆入豫計，各省學堂以府州縣稅支辦。官學堂則以停止八旂兵丁口糧支辦，以奪之者予之，而平其怨，卽以敎之者養之而當於施。聞之普之勝法也，羣臣相賀，其相卑士麥執小學校夏楚以示人曰：「摧法者此也。」大哉此言！考諸三王而不謬，百世以俟聖人而不惑矣！

一、酌變科舉。今有木焉，根柢於崖谷之間，巨石上壓，氣至乙然四出，其萌蘖久之則化爲叢莽矣。樵者過之，斧其三而留一，根之受氣畢由一達而益旁薄，久之森森而幹矣，又久之睨崖而出其上。匠石以爲材，木德此樵也矣，而必以爲向之斧者戕其生，不如叢莽之以不材爲材也，誣材之性也哉。科舉之妨學堂，猶是斧其三，奈何與科舉而並妨學堂者，曰捐納保舉，捐納停矣，辟召之奏任判任，任其人以事，必其人之所曾學，是保舉猶在也，而非向昔之所爲保舉也，是斧其二。凡應科舉而工其術者，其智故學堂之上材矣，今變五百年之科舉，而使天下人材畢出於學堂之一途，天下之士年二十五以下天資穎異，其術能取科舉者，必無不能就學堂以成一業；其二十六以上至四十之人可學於師範學堂，習小學堂師範課本書敎授旁里，或應各府州縣以下官之辟選，亦不致大違其素業；其聞變科舉而色然駭，皇皇不可終日者，年四五十以上業科舉而不能自立之人，冀幸不變而有舊株可守也。然四五十以上，則有子弟矣。論者或主策論代制藝，或主習經而減鄉會試制藝之篇數。夫學堂主學，而科舉主文。學可賅文，而文不足盡學。與其主策論制藝而翻騰於其中，不若擯策論制藝而消息於其外。年二十五以下諸生自中學堂始，亦須十年畢業而爲世用，此十年之中，年三四五十之諸生，正可取學堂文課、理課、法課之書，如史、哲、地理、倫理、社會、教育、經濟、財政、政治、數學、農商十二學已譯成者，普令肄業，應試之日分爲兩場，第一場試以九經義一首，工制藝者聽作制藝一首，第二場以十二學各發問題試之。凡九經義十二學占習何門，並令自報，試中者分門注籍，由考官咨送各專管之部，以憑京外各衙門辟舉任用，斷以十年爲限，限滿卽停，中額減半，略依嘉道間舊例，是亦移花接木之近方，吐故納新之漸徑矣。

一、學堂先學畫圖。山川都邑非圖不明，戶籍水利非圖不清，警察非圖不靈，海軍陸軍非圖不行，礦山鐵路工商非圖不營。圖故變法之軌道哉！測量畫圖之學，本不精深，學以半年，卽能成就。日本初等小學，卽事繪圖，故雖工商出游，莫不能右握鉛刀，左擘紙素，隨所遊覽，形形貌勢。今擬各府州縣初立小學堂，卽延測繪教習一人，專教測繪學生。地大者二十人，中十六人，小十二人，臨派測量，各減其四，以留於堂爲學生。或有疾病事故，或學之不精而辦事無實者，更換之，備圖成，由教習參合訂正之。

一、譯書分省設局。集一裘之腋者，必獵千狐；求連城之璧者，必剖萬璞，非好爲是煩難也。西政專門之書，經東人列爲學科者，類已踰百，而一類之中又有新舊之本，各家之說。約計所知，大抵又五六倍焉。若西書之繁，尤不勝數。（注：據花之安德國學校論，一千八百七十一二年新撰書二萬七百餘種；英國一千八百七十年新撰書三千四百八十九種。）今中國爲先河後海之謀，宜譯東書，卽爲同種同文之便，亦宜譯東書。然各省同時並立學堂，並需課書，若專倚一省，不及供求取之般，而各省輳興，亦慮有複沓之弊。謂宜約分門類，就江南（注：蘇州淮南書局幷入）上海、江西、湖北、湖南山東四川浙江福建廣東十處原有書局經費，各認若干門延致通才分年趕譯每成一種互相分送全數譯成，仍分各類由宏達之士爲之芟蕪薙沓集要鉤元都爲一書以餉學者收通力合作之效，亦卽爲博學詳說之資。抑更有說焉：今天下新舊南北之見囂然矣，譯書事繁，雅才難得，苟勝其任，宜破嫌疑，非特藉茲實事，弭釁化爭而已。以爱力合羣，其將由之。徵諸古，則宋太祖之修太平御覽，考諸今，則我聖祖之修明史，胡文忠之實善堂，曾文正之忠義局，聖君哲相，神明之用，不大可思乎？

一、權設文部總裁。中國敎化之事，禮部任之。若開館修書，則特派總裁，任用部院府寺各官分承編纂之事。日本官制，舊仿唐六典，維新後始建文部，有學務編習局。凡一切學校之事，設學之區，敎育之規，必經文部審定准諾；而授課之書，不得出文部檢查之外；故舉國業學，合轍同途。今各省普立學堂，則小學堂中學堂高等學堂大學堂大學院各科之書，必次第編輯課本，又必約準畢業年限，各家之學不漏不繁，中人之資，可於限內畢業者，宜請特派學問賅洽通知時事素有聲望之大臣爲總裁，設局編纂。或令致仕大臣仿書局自隨故事，在外總裁，自辟賓僚，設局編纂。其有私家編擬課程之書，悉由總裁審勘，奏請朝廷勅定頒行。

一、明定學生出身。南北洋近三十年以來，方言館、武備水師陸師學堂日益矣，就學之生，大抵中才及以下者耳。其高秀者或悔焉，學成而上不用，世不見重，不足比舉人進士之榮故也。其貧無聊者，乃往往挾其學得重資於他族。然則始鼓舞天下之俊雄，使其家人父子咸願其家有一人焉入學堂，以發名成業，其必自明定學生登進之路始。凡歷小學校至府州縣尋常中學校畢業者，宜給憑證，作爲生員；其中學校之師範高等分數多者作爲廩生；由是而文者歷專門學校之師範高等分數多者作爲貢生；由是而文者歷專門學校文法理學農醫科畢業者宜給憑證作爲舉人；又歷大學院文法理農工醫科畢業者宜給憑證作爲進士，其專科中之專科分數至多者爲學士。其武者由貢生而歷士官學校畢業者宜給憑證作爲守備，又歷陸軍大學校畢業者宜給憑證作爲都司，其內堂外場各學分數至多者爲遊擊。蓋學生入學至早而學富聰强者自六七歲至成進士都司已二十餘歲。統計十七八年，一學生所費於脩脯衣食住房書籍者多寬約計每年六十圓數已踰千，況專門學校在省大學在京又有舟車之費乎？士之希生員舉人進士爲其榮於邦而他日足以贍其家，而魚魚而就試，得者僅數千百之一。而不得者屢喪其資斧至於皓首黃馘而不悛悔，每人而計之其數亦豈少哉？出身定則溺於彼者又將移於此，風氣所扇，雲合景從，吾未見必待官府爲普立而學堂始盛也。

一、派親貴遊歷。國初定例，宗室王公，不得私自出京，出京踰四十里者有罪。所以爲漢民計，而納宗人於無故之地至仁。彼宗室王公者，亦既生而富貴矣，又不讀書，親賢士大夫。入與閹寺園隸走卒優伶爲馳馬蹴踘媟嬻之戲，出臨婛婀之朝貴而頤指其意向可否，閣門差使盡於拜跪，宜其訑訑顧盼專己自封，而曰天下之言盡知之矣。若夫西人則不然，雖太子諸王無不入學院與學子同課業之級，且無不歷兵官受提督鈐束，有合於周禮師氏保氏大司樂合世子而敎之之法。今既謂宜廣設官學堂，敎宗室八旗王公子弟矣，其年在三十以上者亦宜用各省年力不能入學諸生，止讀各科譯本書例，令稍涉躐史鑑，及各國政治外交史諸書。每年春秋朝廷更迭選派一二人，隨帶有文學知時務之卿貳出洋遊歷，考察各事，俾涉道路風濤震恐之險，知平時叨踰非分之可慙，觀各國製造警察敎育武備一切政治之精，知平時汰侈自大之多妄，而躬與彼諸王周族，彼通學問而我陋，彼諳政事而我疏，彼躬陳力於軍旅行伍之間而我惰，相形見絀，宜必媿奮。子產曰：「安定國家必大焉」。先宗室王公八旗大臣稍知天下有學問之事，天下有安枕日矣。

八 黃仲蘇上劉坤一條陳新政書

原書以開民智爲主眼，劉謂其爲至當不易之論。

（上略）開民智之方，其目有四：一設學堂，二變科舉，三譯西書，四開報館。學堂之設，二十四年業已議有章程，縣設小學，府設中學，省設大學，循序遞進，給照爲憑，大學卒業學成，乃咨送京師國學，覆加課試，量才授官，所學皆實用，所取皆通才，而國家收得人之效矣。且民間議論，恒隨士子爲轉移，士子既通中外情形，則轉相告語，而民風亦變。舉凡民敎之齟齬，中西之畛域，皆可消弭於無形，此尤安內和外之長策也，故學堂不可不先設也。然學堂設矣，而取士仍用時文小楷，所敎在此，所重在彼，則士心不定，嚮學必不能專，是宜改用念四年新訂鄉會試章程，首場試史學政事，次場試以西史西政，或能兼專門之學者聽，三場試以四書五經義，隨場去取，俾空疏者不得濫竽，都中各種考試亦宜盡去詩賦小楷而專取實學，庶天下士民聞風興起，雖窮鄉僻壤皆將實力講求，風氣之開可以拭目俟矣，故科目不能不急變也。欲通西法，當閱西書，近數十年所譯行惟兵算二門略備，重、化、聲、光、電、礦、汽機等學，雖有各數種，皆非最新之書，而最要之政治法律書譯本絕少。加以中西文義懸絕，繙譯較難，甚或二三年而成一種，未免緩不濟急。惟日本所譯於泰西各種要籍大略已全，其書漢文居其十七，和文不過十三，譯爲華文費日少而成功速。若必習西文西語，乃能多讀西書，則幼童尙可有成，弱冠以後之人何從周觀博覽以期淹貫，此西書之不能不速譯也。中國戶口最繁，號稱四百兆，實數尙不止此，學堂雖設，豈能徧敎無遺？惟報紙廣行，則未入學堂之人亦可不出戶而知天下，且已登仕版者，勢不能伏案讀書，得新報時時閱之，聊可通知中外情勢，遇有交涉可不至茫無把握，釀成事端；惟近今報館主筆之人，間或褒貶恣情，抑揚任意，荒唐謬戾，淆惑人心，是必先取西人報律繙譯成書，分各報館凜遵辦理，如敢妄言違律，地方官立將主筆提究，報館查封，果係正論危詞，亦毋得吹求文致；如此則下情易達，公論大明，報館雖繁，有益無損。試觀泰西各國最富强者報館最多，其明效已，此報館之不能不廣設也。（下略）

五、京師大學堂

擬請京師創設總學堂議

美人李佳白

此篇與下篇均見皇朝蓄艾文編卷十四，原文未載時期，但就內容推之，當在光緒二十四年之間，蓋其時上諭各省設立學堂，而京師大學堂尙未成立也。下篇主張總學堂管攝全國學堂，二十八年張百熙奏定學堂章程，即以京師大學堂爲敎育行政總機關，其淵源或發生於此。

編者

側聞大皇帝銳意求治，通諭各省講求新學，設立學堂。天津初創育才館，近更有大學堂之設，各省或改設書院分立課程，或別創學堂，廣延敎習，而有志之士每與朋儕聚首討論辨駁，不遺餘力；幾使聞而知之者莫不興起。凡以新學之有裨實用，且仰體聖天子造就人才振興國勢之至意，故皆不敢怠荒。乃京師首善之區，尙未開辦，（上海爲通商總匯，宜乎得風氣之先，乃爲之士者類皆懵無所知，官斯土者又如秦人視越人之肥瘠，甚至書院爲育才發軔之地，亦復毫無整頓，是可慨也）意者其有所未暇歟？且夫人之有身，五官效用於寸心，四體受命於元首；夫是以坐作進退視聽言動，罄無不宜也。京師者人身之心與首也，提綱挈領，則勢如建瓴；外重內輕，則動且滋患。撫時論事，京師總學堂之設，又烏可須臾緩哉？謹伸末議，用備采擇。

一、設立總學堂之意，務宜合各等學問薈萃一處。無論學問之出於何人，來自何邦，但視於人有益，皆當采用不使少有闕漏；則能育各等人才，即能備各等器使，而於富强之道，交涉之事，自不難於措手。

二、總學堂應有之各等學問，如中西文法、文理、中西史鑑、政事學、律法學、富國策、地理學、地勢學、算學、格致學、化學、天文學以及機器學、礦學、金石學、工程學、農政學、身體學、醫學，并中西各等性理學、性靈學，必須并蓄兼收。

三、總學堂雖備有各等學問，然一人之聰明才力勢必不能兼學；即兼學矣，亦必不能兼精。故總學堂之內，必設各等專門學堂。其最要者，如政事律法學堂、格致學堂、礦學堂、工程學堂、農政學堂、醫學堂、博文學堂，皆是就學者才之所長，性之所近，入一專門學堂，各盡心力以學之，務造其極而止。

四、總學堂於各等專門學堂之外，亦可立一大學堂。大學堂者，備有各等學問所以練人之全才也。按西國設立大學堂亦無定法，有設於總學堂內者，亦有設於總堂外者，要皆爲全才之總學專門而設。大學堂之下，又有中學堂，蒙學堂。

五、設立總學堂，必求盡美盡善，不可照尋常辦法。若照尋常辦法，則與中國已設之學堂無所區別；既不可謂之總學堂，復不可謂爲盡美盡善之辦法。倘使學生僅能通西國語言而不能通其文義，或能通算學格致之淺詣而不能得其深邃，此不過蒙學中學之程式，斷難立上等總學堂規模。

六、設立總學堂，不但平時宜申明條教講解名義已也；必使一切學生油然自生愛國之心，卽一切教習務須掃除習氣。無論西人漢人，亦必具有益中國之心。成有益華民之學。

七、設立總學堂之意，欲求中國之大益也。若在外省分立學堂無論爲中爲大爲總，不過一方有益，仍於大局無裨。今於京師立一上等總學堂，能使天下才智之士萃於京師總學堂之內。他日學成，或出而效用於各省，或出而教習於各地，則樞機仍握於京師。旣不至散而無紀，亦何患尾大不掉。蓋今日時勢，無論何事，必先於京師辦起，而次及於各省，一則因勢利導，興舉較易；一則行權辨義，體統斯尊。

八、立總學堂於京師，不但能擴衆人之才智，尊朝廷之體統已也；亦可揚國家之聲名。方今太西各國，因中國不願學各等學問，亦不肯廣設學堂，使人學各等學問，遂致咸生輕視之心。若總學堂旣設，由中及外，由近及遠，人才輩出，國勢日強，西國將尊之敬之愛之畏之之不暇，安有輕視哉？

具此八議，總學堂之設不可緩也明矣。然論者謂現在開辦新法，籌款爲難；不知總學堂一事，若能妥立章理，教以實在學問，旣無流弊，款亦不多。朝廷決計舉行，四方莫不響應。鐵路尙不惜費，學堂何難籌款，況學堂之有益，更非鐵路之可同日語乎？

上譯署擬請創設總學堂議

美人狄考文等

嗚呼！今之中華，非復昔之中華矣！國大而弱，民貧而愚，人雖衆無所用之。惟大而弱，故日見侵奪；惟貧而愚，故日形衰耗。痼疾不瘳，敗徵屢見。持此不變，數年之後，強鄰環集，按圖索驥，瓜剖豆分，雖有善者無從措手！

昔之羅馬雄邦，今之斐洲三士大夢未醒，垂手聽劏，可爲殷鑒，欲救其弊，非自强不可！國欲强必先富，欲國之富必先富民，欲民之富必先開民智，民由愚而智，斯由貧而富，國自轉弱爲强，立竿見影，如響應聲。然民非能自智也，惟在上者有以愈其愚。愈愚維何？莫先於興學，興學之舉，厥利孔多，請僂指數：當中華全盛時，外邦仰如在天上，交涉既繁，相知遂深，西人出其長技，士夫瞠目不解。彼巧我拙，情見勢絀，斯輕蔑之心生矣。今一旦興學，步武泰西，覘國者遯聽風聲，樂觀善舉，知人才蔚起，國多楨幹，刮目相看，斂手而退，其利一。往者朝廷軫念時艱，特詔中外大僚，薦舉奇才異能之士，而應者寥寥，非有才能而不舉，實無才能之足舉也。夫人才雖生於天地，要恃君上教育以成之，非同山葠野朮之可搜尋而獲也。未嘗盡一日培養之功，而欲坐收才俊滿前之效，天下有此便易事乎？今一旦興學，則人知自愛，淬厲觀摩，以成其才，望風歸往，向日抒誠。學校如林，新機勃發，豈不奇傑蔚起，大慰聖主宵旰之渴望哉？其利二。華人往往恥言西學，自中日和議成後，警悟之士，察往知來，頓覺昔非，欲求人是。惟未知朝廷意向所在，恐屠龍技成，枉費千金，頗多觀望。今一旦興學，是明示天下以嚮用西法之意，學成則祿在其中，其勢甚順，其機至捷，爭先恐後，莫能禁遏，其利三。內地風氣未開，談及西法，每多諱言；雖心服其盛，仍口刺其非。濱海各省，通商已久，居民夙與外人相習，樂從彼法者，百倍內地。自備資斧往外洋遊學，卓有成立者，實不乏人。朝廷守舊不變，隱有攜貳之心。今一旦興學，勵專壹之志，擇善而從，號召羣才，收拾人心，在此一舉，其利四。東西兩洋，國勢浡興，推厥所由，實維議院與報館。目前中國情形，遽難仿效；以議院言，非但少堪充議員之人，亦並少能舉議員之人；以報館言，非但少堪充主筆之人，亦並少能閱報章之人。今一旦興學，則識字之民日以多，辨事之才日益衆。於是刱設議院以通上下之情，廣開報館以合遐邇之勢，儲才於斯，有基勿壞，其利五。有此五利，並無一害。夫兩利相權則取其重，兩害相權則取其輕，利害適均，事更可舉。況從古未聞有興學而受害者，何憚而不爲之？或曰：是固然矣。第國家承明制以時文取士，科舉一道，學者最爲留意。今特興西學，恐多窒礙，何？曰：時文取士，本非善策，中華知者已多。以余論之，科舉最重首場，四書文必遵朱注乃得入彀。是時文固以朱子爲宗矣。不知朱子在南宋時，業已深鄙時文，後世乃以朱子所不樂者尊朱子，朱子肯受之乎？今略舉朱子論著數條以諗觀者。衡州石鼓書院記云：「今日學校科舉之教，其害有不可勝言者，不可以爲適然而莫之救也。」一學校貢舉私議云：「名爲治經，而實爲經學之賊；號爲作文，而實爲文字之妖。主司命題，又多爲新奇以求

出於舉子之所不意，於所當斷而反連之，於所當連而反斷之，爲經學賊中之賊，文字妖中之妖。」又云：怪妄無稽，適足以敗壞學者之心志；是以人才日衰，風俗日薄。語類云：「算法甚有用，若時文整篇整卷，要作何用耶？徒然壞了許多士子精神。」又問今日科舉之弊，使有可爲之時，此法何如？曰：更須兼他科目取人。又問今日之學校，自麻沙時文册子之外，其他未嘗過而問焉。曰：怪他不得，上之所以教者不過如此。然上之人曾不思量時文一件，學子自是著急，何用更要你教？你設學校，却好教他理會本分事業。」觀此諸條，朱子謂時文無用，算法有用，欲兼他科目取人，又欲設學校，教學者理會本分事業。所云本分事業，當指有用諸學言。若使朱子見今日時文，更不知若何鄙棄；見今日之算法與泰西精要各學業，更不知若何傾倒，若何仿效。宗朱子者，當求朱子全量所在；若不讀朱子之書，且重違朱子之

意，亦何貴乎尊朱耶？士子吾無責焉矣。今之大人君子，有轉移風會之責，何不尋味朱子之言，力崇實學，以扶儒業而防奇禍耶？嗚呼！中國宜立學堂之故，吾旣明白痛快切直言之矣；然不審定下手之處與應辦之方。商頌曰「邦畿千里，惟民所止。」漢諺曰城中好高髻，四方高一尺；城中好高眉，四方且半額；城中好大袖，四方全匹帛。言京都爲天下宗仰，上有好者，下必有甚；小民可與樂成，難與慮始。風氣之開，其端在上。故京都必先立一總學堂，以爲通國之倡，乃可以號召直省，而翕然從風，登高一呼，遠近響應，聲非加疾，其勢便也。總學堂云者，謂薈萃羣學於一處，本末兼賅，洪纖備舉，應有盡有，無少闕略者也。集千狐腋以成一裘之溫，備百雞蹠以供一餐之飽，合羣學，育羣才，以待九重之驅策，亦猶是也。以各衙門禮制言之：合六科給事中十五道御史隸之都察院，合英俄美諸股章京隸之總署，合十四司以爲戶部，合十八司以爲刑部，其餘亦合中有分，分必有合。今建立總學堂，則凡中西文字、經史、政事、律例、公法、兵戎之學，天算、天輿、測繪、航海、光電、聲化、汽機之學，身體、心靈、醫理、藥法、動植物之學，農政、商務、製造、工程之學，皆入之。爲此諸學，可以明天地之性，可以集身心之益，可以通五洲之故，可以收萬物之用，可以阜民財，可以開民智，可以裕國帑，可以樹國威，可以雪積恥，可以滌積弊，可以靖內亂，可以平外交，可以保舊疆，可以延新命，可以振儒風，可以距詖行，可以合萬國，可以大一統，衆善畢集，獲益孔多。不必問其出自何人，來自何邦，誰承其流，平時則兼收並蓄。誰宣其化，遇事則待用無遺。論衡謝短篇曰；「知古不知今，謂之陸沈」。然則儒生所謂陸沈者也。國家興此諸學，俾儒生得謝陸沈之短，圖報豈有涯哉。總學堂旣立，規模閎大，包羅富有，入此中者，其可以恣情漁獵，奄有衆長乎？非也。凡人之性善於將將者，或拙於將兵，長於治民者，或短於治賦。因才器使，立奏膚功，違才易務，登車敗績。西國最重專門之學，爲何種學術，即另有何種文字。字母雖同，拼法各異，不習其業，即不識其書。惟其不相通融，故能各臻極詣。中國則不然，今日談兵，明日折獄，昨猶議禮，後又考工，學校本不分明，用人遂無把握。往時有出洋學生，在西國陸師學堂肄業三年，忽自請兼習海軍戰法。敎習曉之曰：「陸戰奧妙，靑年入學，皓首不能盡其蘊。子愼勿以爲未足而兼營他業也。」是故陸軍將領，不可以貳水師提督；商輪管帶，不足以壹兵舶。心志僨事在一朝，騰笑及四遠，覆轍具在，宜鑒前車。故總學堂雖包衆美，悉取專長，宜選其尤要分科各立專門學堂（最要者如律法、政事、格致、礦學、工程、農政、博文之類，固宜設專門學堂，但此總學堂既係爲通國而設，應盡備以待通國之講求，不可缺一；如有未全，隨時增入。）聽諸生自擇性之所近以爲學，再令敎習通核諸生才之所長以爲敎，精詣深造，勿輟業以嬉，勿見異而遷，勿避難就易。其有殊稟英姿，博學多通者，聽其兼綜他藝，勿爲限制，以優禮之。但此中階級，非可躐等，宜由博而反約，勿未博而遽約，是又宜於各科專門學堂之外，別立一大學堂。大學堂者，備有多種學問，以練人之全才。諸生始入蒙學堂，粗習各學開端；再進則入中學堂，增習數業；又進則入大學堂，擴充識力。既已通曉諸學崖略，然後諸生辨志，敎習因才，升諸專門學堂，從此致精，以收實用。大學堂與總學堂相似而不同，故西國大學堂有在總學堂內者，有在總學堂外者，擇其合宜而仿設焉可也。所貴有此總學堂者，非徒取其備有諸學名目，飾美觀聽已也；貴其作育上等之人才，而國家得收上等之實效也。試以家塾課讀，譬之愛惜子弟者，必爲之延聘明師，招致益友，購置精要書籍，古碑法帖，明窗淨几，筆精墨良，朝考夕稽，月鍜季鍊，學業之成就，自在意計之中。若循例入塾，循例從學，父兄自謂吾事已畢，寬與嚴聽之先生，勤與惰隨其子弟，則美質荒嬉，中才自棄矣。故有賢父兄，然後有良師友；有良師友，然後有佳子弟；有佳子弟，然後可望以顯親揚名，光大門閭。孝經云：「居家理故治可移於官。」知家塾之宜認眞講求，則知國學之不可視爲泛常矣。中國舊有之學堂，如同文館、方言館之類，大率經費無多，規制未備，難云盡善。今議擬立專門總學堂，不宜因陋就簡，虛應故事，所當竭力振作，精益求精，直至毫髮無憾而後即安。昔中國擬設海軍之初，日本議院大員副島種臣譏之曰：「中國積習，往往有可行之法而絕無行法之人，有絕妙之言而斷無踐言之事。今既脫胎西法，特設海軍衙門，章程既立，意興漸闌，而中國海軍之事亦既畢矣，有名無實，奚足爲患。」迨至中日交綏，戰事結局於劉公島，始信副島之言確不可易。舉一反三，痛自悔改，是在當軸。竊謂學堂之設視海軍尤爲本圖，愼無於舉辦之初，偶貽譏訕也。

總學堂之總字，賅有二義：一謂爲羣學總匯之區，一謂爲通國總會之所。請設譬以明之。人之生也，五官百體備而後成其爲人，耳聽目視，手持足行，鼻司嗅，口司飲食言語，缺一不可。然五官百體之能知覺運動，又全恃腦筋爲之主理。腦筋分布徧身，以總腦髓結爲根源，由腦分筋，一再分枝，變爲極細之線，通至全身，有知覺腦筋，有運動腦筋，知覺腦筋主通報，運動腦筋主傳令；倘無腦筋，則五官百體皆爲死物，有此腦筋，則全身靈活，痛癢相關。一國猶一身也，腦筋主理五官百體，學堂啟發通國智慧。學堂分布通國，如腦筋之分布全身。總學堂設立於京都，如腦筋總結居於頭殼之內。全身腦筋，聽命於頭殼內之總結，則全國學堂，自必受管攝

上譯署擬請創設總學堂議

於京都之總學堂，未有頭殼內之總結不靈而五官百體內之腦線能無害者，亦未有外省偶設一二學堂，而能裨益通國者。是故總學堂爲通國之表率，京都既建總學堂，外省各府廳州縣，不能不建蒙學堂中學堂暨大學堂專門學堂。京師之總學堂，又爲通國之歸宿。凡通國造就之人才，皆得升進觀摩於其中。如此則薄海內外，喁喁向風，朝廷之體統，由此愈形尊嚴，萬國之觀瞻，由此彌昭鄭重矣。

或謂京都建此通國專門總學堂，外省又應分建各等學堂，事體重大，經費難籌，言之匪艱，行之維艱，恐終成畫餅也，則奈何？士等竊謂國於天地，必有與立，所倚以立國者人才也，而人才必由學堂中出。前奉上諭特允諸臣推廣學校之請，是建學爲今日急務，早在聖明洞鑒之中。中國地大物博，果使經營得宜，將見金錢流溢，何事不舉。嘗見單門寒族，培養子弟，雖極艱苦，其父兄節衣縮食，誘使向學；蘄至成才，身食其報，家國一理，作之君者作之師，皇上力任培養之責，當軸諸公財成輔相，以人事君，仔肩甚重。方今敵國外患，紛至沓來，不有羣才，奚能挽救？嫠憂周隕，爲將及焉。持危扶顛，正在今日。不宜隱情惜已，輕描淡寫，聽其自爲轉移。嗚呼！當局則慮與委蛇，旁觀又愛莫能助，葵藿徒傾，芻蕘可采，其有未盡，容俟續議。

右爲文學會董事泰西各國寓華敎士敎習等所議創設總學堂之條陳，賤名亦與其列，已呈請總署王大臣採擇施行矣。按文學會之設，專以振興中國文學爲已任，各董事寓華年久，救世情深。竊見近日情形，不患貧，不患弱，特患無人才。欲造就人才，必先振興文學。欲振興文學，必先廣設學堂。想明理諸鉅公，必能俯采芻蕘，不以人微言輕而置之也。然而鄙見所及，更有不能已於言者。凡設學堂，無論其爲大學，爲小學，爲總學，爲專學，均須妥定規制，嚴立課程。欲求規制之盡善，在於總辦之得人。欲求課程之盡善，在於教習之得人。總辦苟不得其人，則定章必不能周妥，辦事必不公平，縱使教習得人，或有齟齬而不安於位，玩忽而不精於勤者矣。教習苟不得其人，則教導必不能合法，奏效必不能尅期。縱使總辦得人，或有束手而無策，疚心而徒勞者矣。今誠欲得人而理，敬爲當軸獻二策焉：（一）爲借材應急之法。擬先由國家延訂西國精通文學素工教授之名人，俾充總辦教習之選，一事權以專其責，限年月以竟其功，而一切有名無實假冒熟諳洋務之人，概置不用，以免阻撓傾軋之弊。僕前應督辦大學堂盛容台之囑，繙成泰西學校全規三卷，規模大備，條理井然。且於師範學堂之課程規制，一篇之中三致意焉。良以中國振興新學，不患無治法，而患無治人。若徒令一二稍知西學之人爲之總辦，爲之教習，無論將來之必無成效；但觀其目前開辦之始，所有刋刻之規制課程，大都紊亂失序，已足令有識者齒冷。故曰開創之初，不能不借材異地也。（二）爲出洋肄習之法。凡事初創，不得不假手於人，繼而力能自爲，仍復權歸於己，往往然也。中國初設西學堂，一面延聘西人使經理之，教導之，一面卽當選擇國中聰穎之滿漢子弟，如京師同文館各官學，如外省方言實學儲材各館，不乏已通西文之學生，令其分赴各國，初習語言文字，繼入分門之專學堂，速則四年六年，緩亦不過十年八年，必能學成回國，以充總辦教習之選，豈終假手他人哉？日本維新以來，設立各等學校，卽照以上二法切實行之，今已明著大效矣。日本東京，向有分類之大學堂，生徒甚多，成材不少，近因學額不敷，已在西京添設一學堂，悉照東京大學堂之規制，定於本年五月間開學，照彼都人士所述，設立新學之情形，謂非籌集經費之難，營造房舍之難，選取生徒之難，所難者選派合宜之敎習耳。日人出洋學習已歷二十年，學成返國之人實已不少，然以之充當初中各班之敎習則有餘，以之充當上等各班之敎習則仍覺其不足也。觀於此論而歎才難一語，今古同情，中外一轍。日本大興新學，尚有乏才之慮，況中國今日之情形乎？夫學必有師，誰不知之，師嚴而後道尊，恐華人尚未知之也。嘗見今之延聘西師者，而嘆其於尊儒重道之意猶多未盡矣，或薄其薪水，或雜其居處，或損其體面，更或嚴定合同以束縛而驅騾之，甚或以各項課程責諸一人之身，誰甘以明通博雅之西儒，俯就範圍於迂拘粗率之華官乎？故爲今日計，當視敎習一項差使，實尤要於練兵徵稅各差使，不但當優其薪水，且當精其居處，厚其供給，師道立則人才出，可爲中國望之矣。又況出洋學習之舉，可以並行不悖，他日回華，卽供敎習之選，多得一華師，卽可少延一西師，不及二十年，中國辦理學校之權，將盡歸於華人之手矣。豈不懿歟！美國林樂知跋。

奏辦京師大學堂　張百熙

此疏係上光緒二十八年正月。大學堂以前祗虛有其名，至此方實際進引。　編者

竊臣於上年十二月初一日奉上諭「興學育才，實爲當今急務。京師首善之區，尤宜加意作養。前所建大學堂應卽切實舉辦，著派張百熙爲管學大臣，將學堂一切事宜責成經理，務期端正趨向，造就通才，應如何裁定章程，並著悉心妥議，隨時具奏」。等因，欽此。奉命以來，臣當卽悉心考察，夙夜搆思，一面查勘現在情形，一面豫籌將來辦法，計惟有欽遵諭旨端正趨向造就通才，以仰副朝廷興學育才之至意。惟是從前所辦大學堂，原係草創，本未詳備，且其時各省學堂未立，大學堂雖設不過略存體制，仍多未盡事宜。今値朝廷銳

意變法，百度更新，大學堂理應法制詳盡，規模宏遠，不特爲學術人心極大關係，亦卽爲五洲萬國所共觀瞻。天下於是審治亂，驗興衰，辨强弱，大才之出出於此，聲名之係係於此，是今日而再議舉辦大學堂，非徒整頓所能見功，實賴開拓以爲要務，斷非因仍舊制敷衍外觀所能收效者也。惟念臣本無學問，粗識事情，當國家圖治之時，正臣子致身之日，固不敢安於簡陋，亦何至稍涉鋪張，誠深悉唐虞三代古世所以致太平極治之規，又親見歐美日本諸邦所以變通興盛之故，確有憑據，諒不虛誣。今日中國若議救敗圖存，舍此竟無辦法，如使成規坐隘，收效無從，臣一身不足惜，所恐上無以對聖朝，下無以塞羣望，見輕外人，更傷國體，成敗之故，罔不隨之，臣既見及此，敢不直陳，用特粗擬廣辦法五條，敬爲我皇太后皇上縷析言之：

一 辦法宜豫定也——查各國學堂之制，大抵取幼童於蒙學卒業之後，先入小學堂，三年卒業，乃升入中學堂，如是又三年，乃升入高等學堂，如是又三年，乃升入大學堂。以中國准之，小學堂卽縣學堂也，中學堂卽府學堂也，高等學堂卽省學堂也。今雖奉明諭，令各省府州縣徧設學堂，至今奏報開辦者尙無幾處，是目前並無應入大學肄業之學生。而各省開辦需時，又不知何年而學堂方可一律辦齊，又何年而學生方能次第卒業。通融辦法，惟有暫且不設專門，先立一高等學校功課，略倣日本之意，以此項學校造就學生爲大學之豫備科，一面由臣請旨催辦各省學堂，三年之後，豫備科所造人才與各省省學堂卒業學生，一併由大學堂考取升入專門肄業。所有豫備科功課，謹遵繹本年變通科舉普設學堂歷次上諭，分爲二科：一曰政科，二曰藝科。以經史、政治、法律、通商、理財等事隸政科，以聲、光、電、化、農、工、醫、算等事隸藝科，惟取入豫備科肄業學生，亦須平日在中學堂卒業者方能從事。查京外所設學堂，已歷數年，辦有成效者以湖北自强學堂、上海南洋公學爲最。此外則京師同文館、上海廣方言館、廣東時敏學堂、浙江求是學堂開辦皆在數年以上。餘若天津高等學堂之已散學生，出洋遊歷學生，外洋華商子弟，亦多合格之才。再由各省督撫學政就地考取各府州縣高才生咨送來京，由管學大臣覆試如格，方准送入學堂肄業。其外省考試之法，由大學堂擬定格式，頒發各省照格考取，以免歧異。學生入學之後，俟三年卒業，由管學大臣擇及格者升入大學正科。有不及格者分別留學撤退。恭查本年上諭，已有各省選派出洋學生學成回華，由督撫外務部考驗之後，候旨分別賞給舉人進士明文。大學堂豫備科卒業學生與各省省學堂卒業學生功課相同。應請由管學大臣考驗如格，擇尤帶領引見，候旨賞給舉人，升入正科；又三年卒業，再

由管學大臣考驗如格，帶領引見，候旨賞給舉人，升入正科；又三年卒業，再由管學大臣考驗如格，帶領引見，候旨賞給進士。如此辦法，十年之後所造就者定多可用之材，以之綜理庶務當無不足，富强之基必立於此。惟是國家需才孔亟，士大夫求學甚殷，若欲收急效而少棄材，則又有速成敎育一法。應請於豫備科之外，再設速成一科。速成科亦分二門：一曰仕學館，一曰師範館。凡京員五品以下八品以上，以及外官候選，暨因事留京者，道員以下敎職以上，皆准應考入仕學館。舉貢生監等皆准應考入師範館。仕學館三年卒業，學有成效者，請准由管學大臣擇尤保獎。師範館三年卒業，學有成效者，由管學大臣考驗後，擇其優異，定爲額數，帶領引見。如原係生員者，准作貢生；原係貢生者，准作舉人；原係舉人者，准作進士，均候旨定奪。准作進士者，給予准爲中學堂敎習文憑；准作舉貢者，給予准爲小學

堂敎習文憑。蓋豫科之學生，必取其年歲最富學術稍精者再加練習，儲爲眞正合格之才。速成之學生，則取更事較多立志猛進者取其聽從速化之效；此目前姑請緩立大學專門先辦預備速成二科之實在情形也，至將來奏定京師大學堂之章程，卽全照大學規模，恭擬上聞，以備異日學成升入正科之用，仍將現所辦高等學校之預備科並附設之速成科章程，暨頒發各直省高等學中學小學各章程一併奏進，候旨遵行。再專門正科，開辦雖尙可稍稽歲時，而考求不能不預爲地步，擬候照現擬章程先行開辦後，再由臣愼選通達純正之員，派赴歐美日本考察其現行章程應辦書籍；又講求化學電學其房屋皆有一定造法，以及光學家之暗堂醫學家之煖房。凡欲深究專門，皆須先造特室，其圖式皆宜預向各國考求，再中國學堂所請西人敎習，向皆就近延其本居中國者，或爲傳敎來華之神甫，或爲海關退出之廢員，在敎者本非專門，而學者亦難資深造，且西國學問數年一變，則其人才亦月異而歲不同，將來延請敎習專門，亦非彼國文部及高等學堂考問不能分其優劣，似派員考察一層，爲必不可少之舉。現在湖北聞已派人先赴日本，卽用此意，屆時擬由臣選得其人再行奏請辦理。

一講舍宜添建也——查現在大學堂從前係暫撥應用，原議本須另撥地面，俾可建合格之屋，又須令四面皆有空地，以便陸續增造工醫等項專門學堂。今請仍照此議，將來另須撥地新造，方足以便推廣而壯規模。惟目前一切尙待推求，一面趕爲開辦，只好仍舊基修葺，並將附近地方增拓辦理，臣親往勘視，丈量學堂四面圍墻，計南北不過六十丈，東西不過四十丈，中間所有房屋，僅敷講堂及敎習官役人等之用，其西北兩邊講舍，共計不足百間，非大加開拓萬萬不敷居住。

現勘得學堂東西南三面皆可拓開數十丈。其地面所有房屋，多係破舊民房若公平估價購買入官所費當不甚鉅。此項新拓地面卽作爲增建學舍之需。查大學堂開辦約有二年，學生從未足額，一切因陋就簡。外人往觀者，至輕之等於蒙養學堂。此於上國聲名極有關繫，朝廷興學育才方以振起全局爲要歸。臣誠不敢希圖省事，至使中國未收通變之效而先貽外人以口實之譏，況一經開辦學生足額之後，若再加以同文館學生以及官員司役人等總在千人以上，斷非此方數十丈之地所能容納。查外省如廣東之廣雅書院，湖北之自强學堂兩湖書院，上海之南洋公學，視大學堂現在基址皆大至數倍或一倍不止，斷無京師制度反減於外省之理。若過於狹隘，不特無以示天下，亦且無以示國中。是增建講舍實爲學堂首先應辦之事，不能不據實上陳者也。

一譯局宜附設也　查現隷大學堂之官書局，開辦最早。當時卽選譯各局書籍，及外洋各種報章。上海設立南洋公學，江寧新設學堂，亦先後奏設譯書局。是譯書一事實與學堂相輔而行。擬卽就官書局之地開辦譯局一所。蓋欲求中國經史政治諸學，非藏書樓不足以供探討之資。欲知西國政治工商等情，非譯書局不足以廣見聞之用也。惟欲隨時採買西書，刷印譯本，更宜設分局於上海，則風氣既易流動，辦理亦較妥便，又繙譯東文，費省而效速，上海就近招集譯才，所費不多而成功甚易。南中紙張工匠，比京師尤賤，擬卽將東文一項在上海隨譯隨印，可省經費之半。惟是中國譯書近三十年，如外洋地理名物之類，往往不能審爲一定之音，書作一定之字。擬由京師譯局定一凡例，列爲定表，頒行各省，以後無論何處譯出之書，卽用表中所定名稱，以歸劃一，免淆耳目。然譯局非徒繙譯一切書籍，又須繙譯一切課本。泰西各國學校，無論蒙學普通學專門學，皆有國家編定之本，按時卒業，皆有定章。今學堂既須考究西政西藝，自應繙譯此類課本，以爲肄習西學之需。惟其中有與中國風氣不同及牽涉教宗之處，亦應增刪潤色，損益得中，方爲盡善。至中國四書五經，爲人人必讀之書，自應分年計月，垂爲定課。此外百家之書，浩如烟海，亦宜編爲簡要課本，按時計日，分授諸生。蓋編年紀傳諸子百家之籍，固當以兼收並蓄，使學子隨意研求。然欲令教者少有依據，學者稍傍津涯，則必須有此循序漸進由淺入深之等級。故學堂又以編輯課本爲第一要事。現各處學堂皆急待國家編定方有教法。上海南洋公學，江鄂新設學堂，即自編課本以教生徒，亦不得已之舉也。臣惟國家所以變法求才，端在一道德而同風俗，誠恐人自爲學，家自爲教，不特無以收風氣開通之效，且轉以生學術凌雜之虞。應請由臣愼選學問淹通，心術純正之才，從事編輯，假以歲月，俾得成書。書成之後，請頒發各省府州縣學堂應用，使學者因途徑而可登堂奧，於詳備而先得條流，事半功倍，莫切於此。

一書籍儀器宜廣購也。　查大學堂去歲先被土匪，後住洋兵，房屋既殘燬不堪，而堂中所儲書籍儀器亦同歸無有。臣愚以爲大學堂功課，不外政藝兩途。政學以博考而乃精，藝學以實驗而獲益，書藉儀器兩項，在學堂正如農夫之粟，商賈之錢，多多益善。不特前所有者固當買補，即前所無者亦宜添購，方足以考實學而得眞才。查近來東南各省，如江南蘇州杭州湖北揚州廣東江西湖南等處官書局，陸續刊刻應用書籍甚多，請准由臣咨行各省將各種調取十餘部不等。此外民間舊本，時務新書，並已譯未譯西書，均由臣擇定名目，隨時購取，歸入藏書樓，分別查考繙譯。至儀器一項，除算學家所用以測量圖學家所用以繪畫外，如水火氣聲光電化以及醫學農專門應用甚多，不特每門皆有器具全副，即隨時試驗材料藥水等項，學生愈多則購用愈繁，學問愈精則考驗愈明，此類尤不可省。譬之武備而斬予槍礮子藥，而責以準頭命中，必不能矣。現擬先向上海日本等處購辦萬餘金，以爲開辦普通要需，再籌定經費，向歐美各國廣購，歸入各專門應用，惟采買必須得人，價目務從核實，俟臨時由臣採訪通達誠樸之員遣往辦理，以期器歸實用，欵不虛靡。

一經費宜寬籌也　學堂之設以造就人材爲最。至其需用款項亦最繁，從前大學堂教習功課，僅分語言文字教科，略教公法格致數事，教習既無多人，學生亦未足額，計每歲所費已在十萬金上下。今議規模既須宏備，則款項何止倍增，加以現在情形，一切講舍書籍儀器等項，或半歸殘破，或掃地無遺，計修理舊屋，增造新齋，暨購買各項政學應用書籍與圖藝學備驗器具材料等件，又增添繙譯西書編輯課本等局，費亦不貲。將來推廣博物院驗工塲以及派員考察之貲，學生游歷之費，亦動巨款。查戶部向有存放華俄銀行庫平銀五百萬兩，每年四釐生息，應得庫銀二十萬兩，申合京平二十一萬二千兩。光緒二十四年經戶部奏准，以此項息銀由該行按年提出京平銀二十萬零六百三十兩，撥作大學堂常年用款，僅餘一萬一千三百七十兩未撥。今請將此項存款銀兩全數撥歸大學堂，仍存放華俄銀行生息，款項既有專注，名目亦免涉紛歧，將來或支或存，由學堂自與銀行結算，每年年終開單呈覽，免其造册報銷，似此較爲直截。至去歲學堂停辦，尚有未經付出存款，當時一律交回華俄銀行暨中國銀行暫行收管，並經知照戶部在案。現在學堂事同創始，需用一切開辦經費甚多，應請將前項存款仍發回學堂應用，惟似此辦法當年款項所增尾數，究屬無幾。仍須添撥鉅款，方足以資挹注。查近年各直省如江南四川湖北湖南等處督撫，皆資遣學生出洋，每次亦費至數萬金。今大學堂既定高等功課專門教習，則前項學生赴外肄業，可送外國者亦可送大學堂。且大學堂專門正科，本爲各省高等學校卒業學生貲送肄業地步，則各省理宜合籌經費撥濟京師。應請飭下各直省督撫，大省每年籌款二萬金，中省一萬金，小省五千金，常年撥解京師大學堂，有此增添常款，庶幾得以展布一切，而諸事自日起而有功，人才亦積久而漸出矣。

以上五條，以豫定辦法一條爲總立大綱，以購買書籍儀器附設譯局二條爲講求實用，以增建學舍一條爲漸拓規模，而尤以寬籌經費一條爲諸事根原，均乞恩准施行，俾臣得以從容布置。至各直省合籌經費一節，仍懇明降諭旨飭令各直省督撫務籌的款，按季撥解大學堂應用，出自逾格鴻慈，

遵籌開辦京師大學堂摺附章程清單

光緒二十四年五月　軍機大臣　總理衙門

〔甲午戰後，國人漸有言變法者，大學堂之議創於光緒二十一年。此稿據羅惇曧言係出自梁啓超。（參閱京師大學堂成立紀及北京大學之成立及沿革）　編者〕

本年正月二十五日，奉上諭：「御史王鵬運奏請開辦京師大學堂等語。京師大學堂迭經臣工奏請，准其建立，現在亟須開辦。其詳細章程，著軍機大臣總理各國事務衙門王大臣妥議具奏。」欽此。臣等以事屬創始，籌畫匪易，當卽查取東西洋各國學校制度，暨各省學堂現行章程，參酌釐訂，尚未就緒。旋於四月二十三日奉上諭：「京師大學堂爲各行省之倡，尤應首先舉辦，著軍機大臣總理各國事務王大臣會同妥速議奏。」等因，欽此。臣等往返商榷，正在將章程妥議具覆。

復於本月初八日奉上諭：「前因京師大學堂爲各行省之倡，特降諭旨令軍機大臣總理各國事務王大臣會同議奏，即著迅速覆奏，毋再遲延。」等因，欽此：臣等跪誦之下，悚懼莫名。竊惟今日中國亟圖自强，自必以育才興學爲要。綜考歐美各國富强之故，實由於無人不學，無事不學。其學校每年所需經費，英至九百三十餘萬磅，（每年約合華銀六千五百數十萬兩）。法至四百餘萬磅，（每年約合華銀二千八百數十萬兩）。其餘諸國亦數百千萬不等；以故負笈之士，成就遠大，政治學藝，日異月新。近人至以學校之多寡，覘國政之盛衰，非無因也。中國當更新之始，京師爲首善之基，創茲鉅典，必當規模閎遠，條理詳備，始足以隆觀聽而育人才。臣等仰體聖意，廣集良法，斟酌損益，草定章程，規模略具。舉其要義凡有四端：一曰寬籌經費，二曰宏建學舍，三曰愼選管學大臣，四曰簡派總教習提綱挈領。

在此數者，學堂養士數百，購圖書儀器，需款甚鉅；非有額撥常年專欵，斷難持久。而現在經營創始，所費尤爲不貲。臣等約計開辦經費，需銀三十五萬兩，常年經費一十八萬兩有奇，其數似已甚多；然較西國尙不及千分之一。皇上垂注大學堂，屢發明詔，作人之意至勤勤矣。伏乞飭下戶部即速籌撥專欵，俾得興辦。所有常年經費，亦預先指定，庶免延誤將來。如有推廣不敷支給，再由管學大臣臨時酌度，請旨辦理。現在開辦經費內，仰蒙聖恩撥給官地，亦可稍從節省。然黌舍未具，尙須興築。臣等竊思時事日殷，需才孔亟，若待從容築室，又當遲以歲月。查日本開學之先，皆權假邸舍以集生徒；今事當速舉，似可權宜。伏乞皇上先行撥給公中廣大房室一所，暫充學舍，命官選士，尅日興辦。其大學堂仍應別撥公地，另行搆建，則規範既閎，而舉事不滯。學舍具矣，任事需人；大學堂設於京師，以爲各省表率，事當開創，一切制度均宜審愼精詳，非有明體達用之大臣以筦攝之，不足以宏此遠謨。況風氣漸開，各省已設學堂。近又疊奉諭旨停試八股，講求西學，各省向課制藝書院，自應一律更改。將來學堂日有增益而無所統轄，必至各分畛域，其弊不可不防。伏祈皇上簡派大臣中之博通中外學術者一員，管理京師大學堂事務，卽以節制各省所設之學堂。其在堂辦事各員，統由該大臣愼選奏派。命官既須鄭重，而擇師尤關緊要。今士人學無本原，不通中國政敎之故，徒襲西學皮毛，豈能供國家之用？欲轉移之，非精選總敎習不可。苟得其人，學術正而道藝興；苟失其人，學術謬而道藝亦誤。伏維皇上孜孜興學，尤應愼簡敎理，以收尊道敬學之效。總敎習綜司學堂功課，非有學賅中外之士，不足以膺斯重任。非請皇上破格錄用，不足得斯宏才。若總敎習得人，分敎習皆由其選派，亦可收指臂之效。其餘一切擬辦事宜，悉具章程之內。謹繕清單，恭呈御覽。

籌議京師大學堂章程清單恭呈御覽。

第一章　總綱

第一節：京師大學堂，爲各省之表率，萬國所瞻仰；規模當極宏遠，條理當極詳密，不可因陋就簡，有失首善體制。

第二節：各省近多設立學堂，然其章程功課皆未盡善，且體例不能劃一，聲氣不能相通。今京師旣設大學堂，則各省學堂皆當歸大學堂統轄，一氣呵成；一切章程功課，皆當遵依此次所定，務使脈絡貫注，綱舉目張。

第三節：西國大學堂學生皆由中學堂學成者遞升。今各省之中學堂草創設立，猶未能徧；則京師大學堂學生之情形，亦與西國之大學堂略有不同。今當於大學堂兼寓小學堂中學堂之意，就中分列班次，循級而升，庶幾兼容并包兩無窒礙。

第四節西國最重師範學堂，蓋必教習得人，然後學生易於成就。中國向無此舉，故各省學堂不能收效；今當於堂中別立一師範齋，以養教習之才。

第五節西國學堂皆有一定功課書，由淺入深，條理秩然，有小學堂讀本，有中學堂讀本，按日程功，收效自易。今中國既無此等書，故言中學則四庫七略，浩如烟海，窮年莫殫，望洋而歎；言西學則陵亂無章，顧此失彼，皮毛徒襲，成效終虛。加以師範學堂未立，教習不得其人，一切教法皆不講求，前者學堂不能成就人才，皆由於此。今宜在上海等處開一編譯局，取各種普通學盡人所當習者，悉編爲功課書，分小學中學大學三級，量中人之才所能肄習者，每日定爲一課。局中集中西通才，專司纂譯。其言中學者，薈萃經子史之精要，及與時務相關者，編成之，取其精華，棄其糟粕。其言西學者，譯西人學堂所用之書，加以潤色，既勒爲定本，除學堂學生每人給一分外，仍請旨頒行各省學堂，悉遵教授，庶可以一趨向而廣民智。

第六節學者應讀之書甚多，一人之力，必不能盡購。乾隆間高宗純皇帝於江浙等省設三閣，盡藏四庫所有之書，俾士子借讀，嘉惠士林，法良意美！泰西各國於都城省會，皆設有藏書樓，即是此意。近年張之洞在廣東設廣雅書院，陳寶箴在湖南設時務學堂，亦皆有藏書。京師大學堂爲各省表率，體制尤當崇閎。今擬設一大藏書樓，廣集中西要籍，以供士林流覽而廣天下風氣。

第七節泰西各種實學，多藉試驗始能發明，故儀器爲學堂必需之事，各國都會率皆有博物院，蒐集各種有用器物陳設其中，以備學者觀摩，事半功倍；今亦宜仿其意，設一儀器院，集各種天算、聲光、化電、農礦、機器製造動植物各種學問應用之儀器咸儲院中以爲實力考求之助。

第八節：現時各省會所設之中學堂尙屬寥寥，無以備大學堂前茅之用。其各府州縣小學堂尤爲絕無僅有。若不尅期開辦，則雖有大學堂而額數有限，不能逮下，成就無幾。今宜一面開辦，一面嚴飭各省督撫學政迅速將中學堂小學堂開辦；務使一年之內每省每府每州縣皆有學堂，庶幾風行草偃，立見成效。

第二章　學堂功課例

第一節：近年各省所設學堂，雖名爲中西兼習，實則有西而無中且有西文而無西學。蓋由兩者之學未能貫通，故偶涉西事之人，輒鄙中學爲無用。各省學堂，既以洋務爲主義，卽以中學爲具文。其所聘中文敎習，多屬學究帖括之流；其所定中文功課，不過循例伊唔之事。故學生之視此學，亦同贅疣，義理之學全不講究，經史掌故未嘗厝心。考東西各國，無論何等學校斷未有盡舍本國之學而能講他國之學者；亦未有絕不通本國之學而能通他國之學者。中國學人之大弊，治中學者則絕口不言西學，治西學者亦絕口不言中學；此兩學所以終不能合，徒互相詬病，若水火不相入也。夫中學體也，西學用也，二者相需，缺一不可，體用不備，安能成才。且既不講義理，絕無根柢，則浮慕西學，必無心得，祇增習氣。前者各學堂之不能成就人才，其弊皆由於此。且前者設立學堂之意，亦與今異。當同文館廣方言館初設時，風氣尙未大開，不過欲培植譯人以爲總署及各使館之用；故僅敎語言文字，而於各種學問皆從簡略。此次設立學堂之意，乃欲培非常之才，以備他日特達之用，則其敎法亦當不同。夫僅通西國語言文字之人，亦不能謂爲西學之人才明矣。西文與西學二者判然不同，各學堂皆專敎西文，而欲成就人才必不可得矣。功課之完善與否，實學生成就所攸關，故定功課爲學堂第一要著。今力矯流弊，標舉兩義：一曰中西並重，觀其會通，無得偏廢；二曰以西文爲學堂之一門，不以西文爲學堂之全體，以西文爲西學發凡，不以西文爲西學究竟，宜昌明此意，頒示各省。

第二節：西國學堂所讀之書，皆分兩類：一曰溥通學，二曰專門學。溥通學者，凡學生皆當通習者也。專門學者，每人各占一門者也。今略依泰西日本通行學校功課之種類，參以中學，列表如下：

經學第一，理學第二，中外掌故學第三，諸子學第四，初級算學第五，初級格致學第六，初級政治學第七，初級地理學第八，文學第九，體操學第十，以上皆溥通學；其應讀之書，皆由上海編譯局纂成功課書，按日分課。無論何種學生，三年之內，必須將本局所纂之書全數卒業，始得領學成文憑。惟體操學不在功課書內。

英國語言文字學第十一，法國語言文字學第十二，俄國語言文字學第十三，德國語言文字學第十四，日本國語言文字學第十五，以上語言文字學五種，凡學生每人自認一種，與溥通學同時幷習，其功課書悉各該本國元本。

高等算學第十六，高等格致學第十七，高等政治學第十八（法律學歸此門。）高等地理學第十九（測繪學歸此門。）農學第二十，礦學第二十一，工程學第二十二，商學第二十三，兵學第二十四，衛生學第二十五，（醫學歸此門。）以上十種專門學，俟溥通學卒業後，每學生各占一門或兩門。其已習西文之學生，即讀西文各門讀本之書，其未習西文之學生，即讀編譯局譯出各門之書。

第三節：凡學生年在二十以下，必須認習一國語言文字。其年在二十以上，舌本已強，不能學習者，准其免習，即以譯出各書爲功課；惟其學成得奬，當與兼習西文者稍示區別。

第四節：本學堂以實事求是爲主，固不得如各省書院之虛應故事，亦非如前者學堂之僅襲皮毛。所定功課，必當嚴密切實，乃能收效。今擬凡肄業者，每日必以六小時在講堂由敎習督課，以四小時歸齋自課。其在講堂督課之六小時，讀中文書西文書時刻各半，除休沐日之外，每日課肄時刻不得缺少，不遵依者，卽當屛出。

第五節：考驗學生功課之高下，依西例用積分之法，每日讀編譯局所編溥通學功課書，能通一課者，卽爲及格。功課書之外，每日仍當將所讀書，條舉心得，入箚記册中。其箚記册呈敎習評閱，記注分數，以爲高下之識別。其西文功課，則以背誦、默寫、解說三事，記注分數。每月總核其數之多寡，列榜揭示。

第六節：每月考課一次，就溥通學十類中每類命一題，以作兩藝爲完卷。其頭班學生習專門學者，則命專門之題試之，由敎習閱定，分別上取次取。其課卷箚記列高等者，擇尤刋布，如同文館算學課藝之例，布諸天下，以爲楷模。

第三節　學生入學例

第一節：學生分爲兩項：第一項，諭旨所列翰林院編檢、各部院司員、大門侍衞、候補候選道府州縣以上，及大員子弟、八旗世職、各省武職後裔之願入學堂肄業者；第二項，各省中學堂學成領有文憑咨送來京肄業者。

第二節：學生分作兩班。其治各種溥通學已卒業者，作爲頭班。現治溥通學者，作爲二班。第一項學生投考到堂之始，皆作爲二班，以漸而升。第二項學生咨送到堂時，先由總敎習考試，如實係曾經治溥通學卒業者，卽作爲頭班。若未卒業者，卽作爲二班，俟補足後乃升。

第三節：恭繹諭旨，其有願入學堂者均准入學，肄業等語，似不必先行甄別考錄，仰見廣大敎澤之聖意。惟絕無節制，人數既多，其中或有沾染習氣，不可敎誨，或資質劣下，難以成就者，在所不免。若令一體雜厠，恐於堂中功課有礙。今擬凡此各項人員願來就學者，取結報名投到，先作爲附課生。一月以後，由總敎習提調等察其人品資質實可敎誨，然後留學，庶幾精益求精，成就較多。

第四節：既不經甄別，則願來學者多少無定額，經費及學舍等亦皆不能懸定。今擬略示限制，暫以五百人爲額。其第一項學生額設三百人。第二項學生額設二百人。若取額已滿，續行投到咨到者，暫作爲外課。俟缺出乃補，外課生不住學堂，不給膏火。

第五節：額設學生五百人，分爲六級，略依同文館之例，據功課之優劣，以第其膏火之多寡，略列表如下：

計開

等次	額數	每月膏火
第一級	三十人	二十兩
第二級	五十人	十六兩
第三級	六十人	十兩
第四級	一百人	八兩
第五級	一百人	六兩
第六級	一百六十人	四兩

第六節：凡學生留學補額，寧缺無濫。六級遞升，寧嚴毋寬，以昭愼重。其有本在優級者，或功課不如格，則隨時黜降，以優者補升。或犯堂規，輕者降爲外課，重者擯出。

第七節：於前三級學生中，選其高才者作爲師範生，專講求教授之法，爲他日分往各省學堂充當教習之用。

第八節：西國師範生之例，卽以教授爲功課。故師範學堂，每與小學堂幷立。卽以小學堂生徒，命師範生教之。今繹諭旨，凡大員子弟八旗世職等皆可來學，未指明年限；今擬擇其年在十六以下十二以上者作爲小學生，別立小學堂於堂中，使師範生得以有所考驗，實一舉兩得之道。

第四章　學成出身例

第一節：前者所設各學堂，所以不能成就人才之故，雖由功課未能如法，教習未能得人，亦由國家科第仕進不出此途，學成而無所用；故高才之人不肯就學。今旣創此盛舉，必宜力矯前弊。古者貢舉皆出於學校，西人亦然。我中國因學校之制未成，故科舉之法亦敝。現京師大學堂旣立，各省亦當繼設，卽宜變通科舉使出此途，以勵人才而開風氣。

第二節：本年正月初七日上諭，已有各省學堂經濟科舉人經濟科貢士各名號，今擬通飭各省，上自省會，下及府州縣，皆須一年內設立學堂，府州縣謂之小學，省會謂之中學，京師謂之大學，由小學卒業領有文憑者作爲經濟生員升入中學，由中學卒業領有文憑者，作爲舉人升入大學，由大學卒業，領有文憑者，作爲進士，引見授官。旣得舉人者，可以充各處學堂教習之職；旣得進士者，就其專門，各因所長授以職事，以佐新政。惟錄用之愈廣，斯成就之益多。

第三節：京師大學堂，多有已經授職之人員，其卒業後應如何破格擢用之處，出自聖裁。其各省中學堂生，如有已經中式舉人者，其卒業升入大學堂之時，亦卽可作爲進士，與大學堂中已經授職之人員一體相待。

第四節：大學堂中卒業各生，擇其尤高才者先授之以淸貴之職，仍遣游學歐美各國數年，以資閱歷而期大成，游學既歸，乃加以不次擢用，庶可以濟時艱而勸後進。

第五節：學生既有出身，敎習亦宜獎勵。今擬自京師大學堂分敎習及各省學堂總敎習，其實心敎授著有成效確有憑證者，皆三年一保舉。原係生監者，賞給舉人。原係舉人者，賞給進士，引見授職。原係有職人員者，從異常勞績保舉之例以爲盡心善誘者勸。

第五章　聘用敎習例

第一節：同文館及北洋學堂等，多以西人爲總敎習。然學堂功課，既中西並重，華人容有兼通西學者，西人必無兼通中學者。前此各學堂於中學不免偏枯，皆由以西人爲總敎習故也。卽專就西文而論：英法俄德諸文並用，無論任聘何國之人，皆不能節制他種文字之敎習，專門諸學亦然；故必擇中國通人，學貫中西，能見其大者爲總敎習，然後可以崇體制而收實效。

第二節：學生之成就與否，全視敎習。敎習得人，則綱目畢舉；敎習不得人，則徒糜巨帑，必無成效。此舉既屬維新之政，實事求是，必不可如敎習、庶吉士、國子監、祭酒等之虛應故事，宜取品學兼優通曉中外者，不論官階，不論年齒，務以得人爲主。或由總理衙門大臣保薦人才可任此職者請旨擢用。

第三節：設溥通學分敎習十人，皆華人。英文分敎習十二人，英人華人各六；日本分敎習二人，日本人華人各一；俄德法文分敎習各一人，或用彼國人，或用華人，隨所有而定。專門學十種分敎習各一人，皆用歐美洲人。

第四節：用使臣自辟參隨例，凡分敎習皆由總敎習辟用，以免枘鑿之見，而收指臂之益。其歐美人或難於聘請者，則由總教習總辦，隨時會同總署及各國使臣向彼中學堂商請。

第五節：現當開辦之始，各學生大率初學，必須先依編譯局所編出之溥通功課卒業，然後乃學專門。計最速者，亦當在兩年以後。現時專門各學之分教習，如尚無學生可教，即暫以充編譯局譯書之用。

第六章 設官例

第一節：設管學大臣一員，以大學士、尚書侍郎爲之，略如管國子監事務大臣之職。

第二節：設總教習一員，不拘資格，由特旨擢用，略如國子監祭酒、司業之職。

第三節：設分教習漢人二十四員，由總教習奏調，略如翰林院五經博士國子監助教之職。其西人爲分教習者不以官論。

第四節：設總辦一人，以小九卿及各部院司員充。

第五節：設提調八人，以各部院司員充。——一人管支應，五人分股稽查學生功課，二人管堂中雜務。

第六節：設供事十六員，謄錄八員。

第七節：藏書樓設提調一員，供事十員。

第八節：儀器院設提調一員，供事四員。

第九節：以上各員除管學大臣外，皆須常川駐紮學堂。

第七章 經費

第一節：西國凡一切動用款項，皆用豫算表決算表之法。豫算者——先估計此事應需款若干，甲項用若干，乙項用若干；擬出大概數目，然後撥款措辦也。決算者——每屆年終，將其開銷實數，分別某項某項開出清單也。中國向來無列表豫算之法，故款項每患舞弊，費帑愈多成效愈少。今宜力除積弊，采用西法，先列爲常年豫算表，開辦豫算表，然後按表撥款辦理。

第二節：中國官制向患祿薄。今既使之實事求是，必厚其薪俸，使有以自養，然後可責以實心任事。除管學大臣不別領俸外，其各教習及辦事人應領薪俸，列一中數為表如下：

職名	人數	每人每月薪水銀	每年合計銀
總教習	一	三百兩	三千六百兩
專門學分教習西人	十	三百兩	三萬六千兩
溥通學分教習頭班	六	五十兩	三千六百兩
溥通學分教習二班	八	三十兩	二千八百八十兩
西文分教習頭班西人	八	二百兩	一萬九千二百兩
西文分教習二班	八	五十兩	四千八百兩
總辦	一	一百兩	一千二百兩
提調	八	五十兩	四千八百兩
藏書樓提調	一	五十兩	六百兩
供事	三十	四兩	一千四百四十兩
謄錄	八	四兩	三百八十四兩

右教習及辦事人薪俸豫算表第一，統計每年開銷銀八萬一千六百兩，學生分為六級，每級以所領

膏火之多少爲差，列表如下：

級數	人數	每人每月膏火銀	每年合計銀
第一級	三十	二十兩	七千二百兩
第二級	五十	十六兩	九千六百兩
第三級	六十	十兩	七千二百兩
第四級	一百	八兩	九千六百兩
第五級	一百	六兩	七千二百兩
第六級	一百六十	四兩	七千六百八十兩
附設之小學堂學生八十		四兩	二千四百兩

右學生膏火豫算表第二，統計每年開銷銀五萬四百八十兩，其餘各項雜用，列表如下：

火食	共五百六十八	每人每月銀三兩	每年約一萬六千兩
華文功課書	每學生一分	每分約銀二兩	每年約一萬兩
西文功課書	每學生一分	每分約銀二兩	每年約一萬兩
獎賞	每月銀一千兩	每年共一萬二千兩	
紙張及墨水洋筆等		每年約二千兩	

僕役薪工飯食　約用一百八

豫備格外雜用　每年約五千兩

右其餘雜用豫算表第三共銀五萬六千六百兩。(第三表總分銀數多有未符，不敢臆度)。

三表合計每年共應開銷銀十八萬八千六百八十兩之譜，是爲常年統計經費之數。

第三節：開辦經費，以建學堂購書購器及聘洋敎習來華之川資爲數大宗。今略列於下：

建築學堂費約十萬兩，建築藏書樓費約二萬兩，建築儀器院費約二萬兩，購中國書費約五萬兩，購西文書費約四萬兩，購東文書費約一萬兩，購儀器費約十萬兩，洋敎習川資約一萬兩。

右開辦經費豫算表約共銀三十五萬兩

第四節：一切工程及購書購器等費，皆由總辦提調經理，皆當實支實銷，不得染一毫官塲積習。

每年約三千六百兩

第八章　新章

第一節：以上所列，不過大概情形。若開辦以後，千條萬緒，非事前所能悉定，在辦事人各司所職，隨時酌擬。

第二節：功課之緩急次序，及每日督課，分科分課及記分數之法，其章程皆歸總敎習分敎習續擬。

第三節：一切堂規，歸總辦提調續擬。

第四節：建築學堂分股分齋一切格式，歸總辦提調續擬。

第五節：應購各書目錄，及藏書樓收借藏閱詳細章程，歸藏書樓提調續擬。

第六節：應購各器並儀器院准人游觀詳細章程，歸儀器院提調續擬。

第七節學成出身詳細章種，應由總敎習會同總理衙門禮部詳擬。

第八節各省府州縣學堂訓章，應由大學堂總敎習總辦擬定，請旨頒示。

第九節學生卒業後，選其高才者出洋游學。其章程俟臨時由總敎習會同總理衙門詳擬。

籌辦大學堂事務請旨遵行疏

孫家鼐

竊臣恭奉恩命，管理大學堂事務。本月十九日奉到總理衙門行知，並原奏章程一冊，臣詳細紬繹，大學堂事務首在總敎習得人，而京官之中人品端正，學問優長者原不乏人；求其學賅中外，通達政體，居心立品，又爲衆所翕望者則實難其選。伏見工部左侍郎許景澄學問淵通，出使外洋多年，情形熟悉；若以充敎習之任，必能衆望允符。惟官階較大，現又未卽回京。臣思學堂之設，所以敎育人才，與他項差事不同。如各省學政，自侍郎以至編檢，皆可特旨簡放。學堂總敎習由皇上簡派侍郎充當，亦無不可。但係二品大員，請與臣皆不支薪水，同堂辦事，比督撫學政之例，似與體制亦無不合。如蒙兪允，許景澄未到京以前，總敎習之任卽由臣暫爲兼辦。臣尙兼有別項差務，恐照料未能周到，擬請准臣奏調一二員，除臣親自考查學務外，此一二員可以助臣心力所不及。如此則學堂之事，卽日開辦，必能次第就理。至原議章程，大端雖舉，節目尙宜酌改，容臣隨時奏明辦理。光緒二十四年五月二十九日奉旨依議。

奏陳籌辦大學堂大概情形疏

孫家鼐

竊本月十七日臣議覆五城建立中學堂小學堂一摺，奉旨「著五城御史設法勸辦，與大學堂相輔而行，用副培養人材之至意。其大學堂章程，仍著孫家鼐條分縷析，迅速妥議具奏。」欽此。臣維學堂創辦之初，千端萬緒，其章程原難倉猝定議，遽臻美備。即日本初設學堂，至今二三十年，章程幾經變易，不厭精益求精。況我國家政令更新之始，京師首善之區，草昧經綸，動關久遠。尤須規模閎闊，條理詳備，始足開風氣而收實效。臣每日會集辦事各員，公同覈議，雖不在學堂辦事之人，臣亦多方咨訪，廣集衆思。總期受以虛心，任以實心，持以公心，矢以誠心，博取衆長，折衷一是，以仰副皇上作育人材振興國勢之至意。茲將現擬籌辦大概情形，分條開列，恭呈欽定。

一進士舉人出身之京官，擬立仕學院也：由科甲出身，中學當已通曉。其入學者，專爲習西學而來，宜聽其習西學之專門。至於中學，仍可精益求精，任其各占一門，派定功課，認眞研究。每月考課，朋友講習，日久月長，其學問之淺深，造詣之進退，同堂自有定論。臣亦隨時考驗其人品學術，分別辦理，仕優則學，以期經濟博通。

一出路宜籌也：凡學堂肄業之人，其已經授職者，由管學大臣出具考語，各就所長，請旨優獎。其作爲進士之學生，亦由管學大臣嚴覈品學，請旨錄用。擬採湖北巡撫譚繼洵之議，學政治者歸吏部，學商務礦務者歸戶部，學法律者歸刑部，學兵制者歸兵部及水陸軍營，學製造者歸工部及各製造局，學語言文字公法歸總理衙門及使館參隨，終身遷轉，不出本衙門，俾所學與所用相符，冀收實效。

一中西學分門宜變通也：查原奏溥通學凡十門，按日分課。然門類太多，中材以下斷難兼顧。擬每門各立子目，仿專經之例，多寡聽人自認。至理學可併入經學爲一門，諸子文學皆不必專立一門，子書有關政治經學者，附入專門，聽其擇讀。又專門學內，有兵學一門；查西國兵學，別爲一事，大率專隸於武備學堂。閱日本使臣問答，亦云兵學與文學不同，須另設學堂，不應入大學堂之內，擬將此門裁去。將來或另設武備學堂，應由總理衙門酌覈請旨辦理。

一學成出身名器宜慎也：查原奏小學中學大學堂肄業人員卒業領憑遞升，作爲生員舉人進士，在國家鼓勵人才，原不惜破格之獎。然冒濫情弊，亦不可不防，似宜於鼓勵之中仍示限制。如何嚴定額數與認眞考覈之處，應照原奏，同總理衙門禮部詳擬請旨。

一編書宜慎也：查原奏內開一編譯局，取各種溥通學盡人所當習者，悉編爲功課書，分小學中學大學三級，量中人之才所能肄業者，每日定爲一課。謹按先聖先賢著書垂教，精粗大小，無所不包者，各隨其天資之高下以爲造詣之淺深，萬難強而同之。若以一人之私見，任意删節，割裂經文，士論必多不服。蓋學問乃天下萬世之公理，必不可以一家之學範圍天下。昔宋王安石變法，創爲三經新義，頒行學官，卒以禍宋；南渡後旋卽廢斥，至今學者猶詬病其書，可爲殷鑒。臣愚以爲經書斷不可編輯，仍以列聖所欽定者爲定本，卽未經欽定而舊列學官者，一概不准妄行增減一字，以示尊經之義。此外如史學諸書，前人編輯，頗多善本，可以擇用，無庸急於編纂。惟有西學各書，應令編譯局迅速編譯。

一西學宜設總教習也：查原奏有中總教習，無西總教習，立法之意，原欲以中學統西學。惟是聘用西人，其學問太淺者無所裨益，其學問較深者又不甘於小就，卽如丁韙良曾在總理衙門充總教習多年，今若任爲分教習則彼不願，臣擬用丁韙良爲總教習，專理西學，仍與訂明權限，其非所應辦之事概不與聞。

一專門西學教習薪水宜從優也：閱日本使臣問答，謂聘用上等西教習須每月六百金然後肯來，丁韙良所言亦同。今丁韙良自以在中國日久，亟望中國振興，情願照從前同文館每月五百金之數充大學堂西總教習。至西人分教習薪水，亦擬照原奏之數酌加。

一膏火宜酌量變通也：臣訪詢西學教習丁韙良，據云泰西大學堂來學者皆出修脯，極貧者始給紙墨，從無月給膏火辦法。蓋以圖膏火而來學者，必非誠心向學；出資來學者，乃眞有志於學者也。臣又觀總理衙門章京與日本使臣論學堂事宜問答之語，與丁韙良所言大略相同。今者國家專籌的欵，不令學生出資，已屬格外之仁，似不必更縻鉅費；擬請仿西國學堂之例不給膏火，但給獎賞，其如何發給之處，應俟開辦後詳細斟酌辦理。

以上八條，分晰臚陳，恭候訓示。此外未盡事宜，尚當查取東西洋各國學校制度暨各省現辦學堂章程，體察情形，詳愼斟酌。一俟擬議就緒，即當奏陳。至暫假房舍，是否由承修王大臣查勘修理，抑由內務府修理，應候欽定。惟房舍一日不交，即學堂一日不能開辦，擬請飭催趕辦，以期早日竣工，學務得以速舉，仰慰宸廑，

光緒二十四年六月二十二日奉旨依議。

京師大學堂堂諭

原文未注年月，但政藝叢書發刊於光緒二十八年，其體例有專搜集本年政藝文件之條，此諭當在二十八年，且從學制上攷察亦在此時，蓋管學大臣與師範館均係二十八年張百熙奏訂章程時之名稱也。當時之教育思想，頗可於此篇所紀之條規中見其一斑。　編者

本大臣奉命管學，先立速成一科，所有仕學師範兩館學生，均以造就人材爲國家効用，二者本無畛域之分。既入學堂，不論何項官職，何種出身，相待之法即

應一律。惟人數較多，無規矩以繩之，科條以一之，將必至紛亂而少秩序，此各項條規所由立也。查歐美日本學堂，皆有寄宿舍，備學生居住，所以使學業之專注，絕放心之外馳，其監督條規尤極嚴密；誠以處物競之時代，求戰勝於人羣，非有所約束之督迫之，無以日即於文明，則無以存立於强大，亦有所不得已也。遠鑒先聖逆居無教之言，慨念今代智力并爭之故，間繹古訓人偶相親之義，傍及近哲羣居合德之條，同舍生宜各以親愛爲主，退讓爲師，勿以人欲而害天和，勿以私利而害公益。夫各國學校以倫理修身爲本，以忠君愛國爲先。大學堂樹二十一行省之風聲，示四百兆人民之模範，固將以提倡天下，綱紀羣倫，本大臣少非勤學，長不競時，上無以答朝廷眷念之恩，下無以塞草野依依之望。憫來軫之方遒，喜新知之多彥，誠樂與凡百士夫勉圖奮勵，共濟艱難。所有此次刊發條規，惟取簡明，期共循省，分守分際，無俟費詞。如或乖違，不相假借，其各懍遵，特示。（政藝叢書內政通紀卷八）

京師大學堂堂舍規條

第一條　凡仕學師範兩館學生，均須一律住居寄宿舍，不得朝來暮散。

第二條　學生早起之時，春分後六點鐘，秋分後七點鐘。晚睡之時，春分後九點鐘，秋分後十點鐘。均須一律，不得參差。晚睡均息火，不得燃燈及燭。

第三條　寄宿舍原以備學生溫理功課，夜晚住宿之用。其上堂授課及用饍之時，均不准一二人或數人回室私憩，以致參差不齊。

第四條　各館學生分爲數齋，每齋置齋長及副齋長各一名，由學生自行推薦管理大臣命之。推薦之法，使各齋學生由該齋內推舉備選齋長及副齋長各二名，以備管學大臣選任。

第五條　各齋齋長約束該齋學生同遵奉本條規，并宜以身先人示範於諸生。遇有學生依本條規自定別項細則者，宜先禀明監督，寄宿舍之堂提調經允准後方可施行。各齋齋長宜長川共同商量，以圖全堂之統一。各齋副齋長平時輔助該齋齋長事務，於該齋齋長有不得已之事，不在堂者，則代理之。

第六條　各齋齋長每學期更任一次，副齋長亦照此例辦理。

第七條　身體宜潔，房室宜淨。凡衞生事宜須格外留神，勿以一人之疎慢延害於衆人。

第八條　學生除在飯廳開膳外，不得在臥室內私自製飯烹茶等事，并不得澡浴及一切汚損。若遇有疾病，已經堂提調允准在房用饍者，不在此例。

第九條　學生在寄宿舍尤宜嚴肅靜默，不得大聲讀書談笑，以害他人之用功。

第十條　年假暑假星期及章程停課之日，學生得任意出外，但遇行禮之期，須禮畢後方可。其每日堂課及溫習既畢之後，如有要事應准出外，仍在堂提調及齋長處申明，但每星期不得過兩次。至於功課時限內非經堂提調特允不得出外；凡出外者，其本日回堂之時，皆以本學堂大門關鎖之時爲限。

第十一條　學生遇有緊要事情請假或回家，或在親朋等處夜宿者，須預先陳明堂提調，允准後方可。其他有出外之後，忽遇有緊要事情，本日不得回堂，在於翌日回堂時開陳該事情於堂提調酌核辦理。如有謊詞託故，察出後照章記過。

第十二條　學生出外時，宜赴堂提調辦事處領取自己名牌，出到本學堂二門，則將牌懸之掛牌處。回堂時，就該處取之，呈交堂官提調。

第十三條　學生遇有家人賓客通問，在學生客廳會談，不得入寄宿舍內。

第十四條　學生遇有疾病，卽陳明堂提調聽其指揮。

第十五條　寄宿舍內一切事宜，學生宜聽堂提調之指揮命令。

第十六條　凡住舍學生，均不得自攜隨從，概由舍中預備聽差人役以備指使。如聽差人員有不服指使之處，陳明堂提調，量其輕重予以斥責。其厨饍茶水等，如有不潔，亦陳明堂提調查責。

第十七條　學生在寄宿舍內，不得閱看不應看之書籍，應遵堂提調隨時查檢。

（政藝叢書內政通紀卷八）

京師大學堂仕學院師範館教習注意條規

一各教習當每學開課之前，至遲十日前須作該生期內授業預定書，呈之總正教習。所有該學期內應教授之一切事項，宜循序詳載爲要。

二各教習每學期畢課之後，至遲十五日止，所有該學期內已課之事項，宜作一授業報告書呈之總正教習。其授業報告書之體裁，可照授業預定書辦理。

三各教習當學期考試、學年考試後七日以內，須將考試題目、及學生分數表並考卷，一同呈之總正教習。但遇緊要時，則總正教習可不據本條所定期限辦理。

四欲更改已定教科書，或欲更改授業預定書內所載之事項，或其次第者，須預先商明總正教習核准方可照辦。

五凡關教授薰陶上一切事宜，各教習若有意見，須隨時陳之總正教習，而其意見之採否，一決於總正教習。

六總正敎習有因緊要事故，可招集仕學師範館全堂敎習或敎習數人會議一切事宜。遇有緊要之事時，則總正敎習陳明管學大臣，招集全堂職員或職員數人令參加會議。會議之法，應審別事之由來，由總正敎習隨時定之。（政藝叢書內政通紀卷八）

京師大學堂仕學院師範館講堂規則

一、每點鐘開課課畢之時，以發梆爲號。
二、每點鐘課畢，各休息十五分鐘。
三、學生在講堂，須各認定坐次爲要。
四、凡授業時，學生不經敎習許可，不得擅離坐次。
五、學生在講堂，除應用物件書籍外，不得攜帶他物。
六、學生於每點鐘受業之前後，須起立對敎習致敬。
七、遇有賓客及學堂職員等來到講堂，所有學生應行敬禮之處，宜聽敎習指揮。
八、凡講堂及講堂內儀器學生不得污損，務宜格外小心。
九、學生在講堂內，一切須從敎習之指揮命令，不可違犯。

京師大學堂仕學院師範館講堂事務員職務條規（政藝叢書內政通紀卷八）

第一條　講堂事務員，會同敎習提調，辦理講堂關係事務條列如左：
一、每點鐘命雜役人報開講及畢講。
二、凡本學期功課時刻表，由總正敎習處領受收存，卽照等數分於該學期內，貼在各講堂及講堂事務處、敎習室、堂提調公事房、客廳等處，並呈存管學大臣一分。
三、收存講堂日記簿，其他教課關係諸表簿類。
四、每日課畢後，卽開講堂日記簿，將本日曠課學生姓名轉報監寄宿舍之堂提調。如遇有一二學課未到堂之學生，則明記其曠課之科目。

五、遇有教習疾病等因不能上堂者，報知該講堂學生。

六、每初五日以前，作前月教習上堂表，及學生曠課表，呈之總正教習。教習上堂表，開列全堂教習姓名，將其本月內應上堂教授日數及時數。其實在上堂之日數及時數，並其不上堂之日數及時數，一律記載表中各教習姓名之下。學生曠課表則開列曠課學生姓名將其曠課日數及時數並其曠課事由，逐一注記表中各學生姓名之下。

七、收存講堂所用諸雜品。

八、每日課畢後，即命雜役人拂拭講堂，及整理講堂內一切儀器，冬天每講堂內所有爐子，須格外留神，以免危險之虞。

九、凡學期及學年考試成績各表，照寫一分收存之。

十、遇有教習會議，則承命於本日議長，將會議大旨及與議各員姓名錄在各館會議錄，仍收存該會議錄於講堂事務處。

十一、除前諸項外，隨時承辦教習所需講堂一切事宜。

第二條　講堂事務員，每日當開講時預先（至遲三十分鐘以前）至講堂事務處。冬日，則命雜役人於開講三十分鐘前到各講堂添升爐火。

第三條　年假暑假之期將盡，講堂事務員宜命雜役人拂拭講堂，並整理儀器。其有修理之處，則預先稟明總辦處修理之，以待次期開學。至講堂所用諸雜品，亦須一切預備。

第四條　講堂事務處，須備日記簿。講堂事務員，每日將其辦理事宜錄載該簿，以資他日考核。

第五條　講堂事務處，宜備學生名簿、履歷、教習職員名簿、履歷，遇有改變之事，則隨時添削更改。

（政藝叢書內政通紀卷八）

京師大學堂提調職務規條

第一條　堂提調之職務，係承命於管學大臣，監督寄宿舍內一切事宜。

第二條　各館寄宿舍堂提調，分班住宿舍內。

第三條　堂提調督飭各館學生齋長及副齋長以維持寄宿舍內秩序。

第四條　堂提調考察寄宿舍內學生之操行勤惰。遇有緊要之事，則與總教分教及外國正副教習會同辦理。

第五條　堂提調辦事處，須備學生名簿履歷，並另備學生曠課簿，及學生出外請假簿。遇有疾病等因

不得上堂之學生，則將其姓名及事由錄載於曠課簿。此外遇有因緊要事情於功課時限內請出外，或本日請在外宿，或請假二日以上等之學生，則該管提調稽查其事情分別准駁。其允准者，則錄其姓名及事由於出外請假簿。其有出外之後，本日不回堂者，當其翌日回堂時，即宜稽查之。果係不得已之事能原諒者，則僅令其將姓名及事由載之出外請假簿。如查係謊言託故，則照章記過。

第六條　堂提調辦事處，應備學生名牌，以木作之。遇有學生出外者，則給之出懸於二門前掛牌處。每夜大門關閉後，由堂提調查看掛牌處有無名牌。遇有名牌，則存之堂提調辦事處，以備翌日考察。

第七條　遇有因疾病等事本日不上堂之學生，堂提調須將其姓名及事由通知講堂事務處以便稽

察。

第八條　遇講堂事務員，將本日曠課學生姓名報來時；堂提調須取學生曠課簿，及學生出外請假簿對照之。若遇未經允准曠課出外者，或未經請假允准而任意不上堂，則宜及時稽查，據其事之重輕隨時記過。

第九條　每月初五日以前，堂提調須作前月內學生勤惰表，及學生疾病表。總教習及外國正教習及總辦處各存一分，以備管學大臣查核。

第十條　寄宿舍監督每年一回以上使醫查學生身體之强弱等，作一衛生查驗表，送總教習及外國正教習及總辦處各存一分，以備管學大臣查核。

第十一條　堂提調於寄宿舍衛生事宜，須格外留神。遇有罹疾患之學生，卽使醫診治。其各種傳染病者，卽移之醫院診治。

第十二條　宣讀聖諭及其他一切行禮之時，各堂提調率該館學生到禮堂。凡禮堂內學生之進退一切動作儀節，由堂提調指揮之。

第十三條　寄宿舍一切執役人等，均歸堂提調管轄。如有違犯，分別輕重斥責。

（政務叢書內政通紀卷八）

京師大學堂成立記　羅惇曧

此篇與北京大學之成立及沿革互相印證，可參閱。　編者

清咸同之季，歐力東漸，曾國藩李鴻章輩知西法必當慕效，乃請設製造局，立船政水師學堂，以造人材。當時士論，謂西國之長在兵强器利，故設學僅此而止。光緒初，設同文館於京師，是爲京師有學堂之始，然僅儲舌人而已。甲午中日戰後，士夫漸奮發言自强，康有爲上書請變法，遂卽興學，梁啟超爲侍郎李端棻草奏，請立大學堂於京師。御史王鵬運亦有是疏，中旨允行。

其時恭親王弈訢、大學士剛毅等，在樞府，厭言新政，請緩行。迄於戊戌，康有爲嚮用，復力主興學，迭奉嚴旨促擬大學章程，樞廷及總署大臣倉卒不知所措。梁啓超時在京師，方倡新學，乃爭遣人乞啓超屬章，啓超略取日本學規，參以本國情形，爲草章程八十餘事；乃據以上之。時剛毅自命正學，欲以辦學自任；樞臣翁同龢患之。會李盛鐸等疏薦大學士孫家鼐、侍郎許景澄；乃命孫家鼐爲管學大臣，即景山下馬神廟四公主府爲大學堂，延張元濟爲總辦，元濟辭，改延黃紹箕，紹箕典試出，旋以憂去。余誠格繼爲總辦，朱祖謀、李家駒爲提調，劉可毅、駱成驤等爲敎員，蓋員司多用翰林也。美國敎士丁韙良爲總敎習，實權皆在丁韙良，科學課程，管學不能過問。歐美來傳敎者，若李提摩太、林樂知、李佳白恒有所設學，在中國言學務，李林等其先導矣。故求歐美學者恒於敎士，當時士夫所見，僅乃及此也。京曹守舊，恥入學；赴者絕尠，其至者圖居飲食之便而已。先是總署奏派李盛鐸、李家駒、楊士燮等赴日本考查學務，數月歸，逮八月政變，新政並罷，惟大學以萌芽早得不廢。民國元年，梁任公歸國，在大學校演說，謂戊戌政變成績，西后推翻無遺，可留爲紀念者，獨一大學堂而已。許景澄繼管學，旋義和團之亂作，景澄以請剿團寃僇，可毅被戕，生徒盡散，兩宮西幸，召張百熙詣行在。百熙慷慨陳時事，力請興學；遂被命爲管學大臣。其門人南昌沈兆祉爲草奏陳四大綱，規畫閎遠；承大亂之後，海內憤悒歎無才，百熙以人望被斯任，乃欣然望興學矣。比議回鑾，百熙以蹕路大臣先期還京師，尚未暇及學務；回鑾後，籌大學經費，中國先與俄國合辦東清鐵路，歲給中國利銀三十五萬兩，積存華俄道勝銀行共五百萬兩，百熙奏請撥充大學經費，校址經亂殘廢，方待葺治，乃即虎坊橋之官書局爲籌備所，日詣議事而編譯書局均附焉。官書局當戊戌時，爲康有爲等所立之强學會被劾封禁，乃改爲官書局，命孫家鼐督辦者也。百熙受任之始，即謝去丁韙良。韙良抗爭，與美使交涉久，卒索千金以去。百熙以桐城吳汝綸德望爲時所服，遂以直隸州奏請加五品卿銜，充大學堂總教習。當時蓋異數也。汝綸堅辭不起，百熙具衣冠詣汝綸，伏拜地下曰：「吾爲全國求人師，當爲全國生徒拜請也。先生不出，如中國何！」汝綸感其誠，勉起應詔，奏派于式枚爲總辦，李家駒、趙從蕃副之；汪詒書、蔣式瑆、三多、榮勳、紹英等分任提調；張鶴齡爲副總教習。又設編譯書局，以李希聖爲編輯總纂，王式通、孫寶瑄、羅惇曧、韓樸存、桂埴等副之。嚴復爲譯局總辦，林紓、嚴璩、曾宗鞏、魏易等副之。奏定各學堂章程，多出沈兆祉手，是爲第二次奏定章程。庚子後，一大新政，祇有學務，乃以屬百熙，有用人之柄，復掌財權；旣雜用外吏，又薪俸厚，羨妬者多；諸人爭以新學自幟，尤爲舊人所恨，蜚語寖盛。榮祿鹿傳霖、瞿鴻禨在樞府，皆不善百熙所爲，阻力紛起。百熙恒憤慨，時方購地一千三百畝於豐臺，備建七科大學，後劾之者衆，乃因陋就簡，復葺馬神廟大學，立師範、仕學兩館，非其初志也。汝綸以學務體大，非率爾可舉，當先師東瀛。乃赴日本考察學務，榮祿以榮勳、紹英隨之行，實隱監之；汝綸滋不樂，榮勳與汝綸頗齟齬，紹英則師事汝綸甚謹。蔡鈞爲駐日公使，與汝綸論不合，多所詆諆。留日學生傾仰汝綸，汝綸亦樂接之。値吳敬恒、孫揆均等以送學生入校事，與蔡鈞抗辨甚力，相率罷學，汝綸力調停之，不可。蔡鈞遂諉過於汝綸，榮祿乃大恚，慶親王奕劻至謂汝綸當正典刑，肅親王善耆力護救之。百熙急電促汝綸歸國，送還桐城，百熙以讒謗急，不敢招至京師，汝綸旋卒於鄉。汝綸抱教育天下之願，在東劬於考察，思歸而實行，不遂遽歿，中外悼之。張鶴齡以副總教習主教務，聘孫詒讓蔡元培屠寄等充經史學教員，詒讓元培不至。日本文學博士服部宇之吉，法學博士巖谷孫藏爲仕學師範教員，陸宗輿范源廉章宗祥充譯員。壬寅冬，開校招考，甄拔多積學之士，各省材儁，一時並集。新奇瓌偉之風氣，詭異之服飾，潮涌於京師；且集於馬神廟一隅。梁啟超撰新民叢報於日本，激發民氣，國內披靡，大學生徒，益發揚蹈厲，謗讟乃集於百熙一身，劾者紛起。百熙直南齋久，宮廷信其謹厚，無他腸；惟召對時恒訓誡而已。忌者必欲催鋤大學，目爲革命之府，人爭爲大學危，百熙苦心支拄，力任羣謗，大學賴以存。其後派遣東西洋游學，京外各學以次遞舉，皆百熙心力之所爲也。百熙負時望至隆，屢將進樞府，皆爲忌者中之而止，蓋以支拄學務之故，每撫膺太息，謂學務阻力橫集，成就狹陋，無以對天下後世。其拊循學生，肫誠懇摯；第一次選大學學生，分赴東西洋留學，親至站送其登車，勉以宏大之業。及百熙歿時，舊日生徒集祭，皆哭失聲，蓋所感深也。大學既負重謗，御史王某密奏言本朝定制，各部官皆一滿一漢，故能相維不敝；今大學僅一漢大臣，致成弊藪。請增設滿大臣主其事。時榮慶以倉場侍郎超拜工部尚書，方被信任，乃增命榮慶爲管學大臣，命驟下，中外愕眙。故事，凡滿漢同官，必滿人執權。榮慶至，頗自專，百熙不能行其志。榮慶旋入樞府，百熙益無權。旋別設學務處，以張亨嘉爲大學總監督，百熙堅主選派學生赴東西洋游學，榮慶滋不願，百熙持之堅，卒派遣；榮慶怨之，後益專斷，百熙遂無一事可辦矣。榮慶積不慊於百熙，值張之洞自鄂督入覲，乃奏請以之洞改訂學堂章程，之洞留京數月，悉更定之，之洞獨斷，百熙拱手讓之，榮慶遂不能容喙，心不能平，然無如何也。之洞手定學章，凡七易稿始成，奏上，御史左紹佐駁之，其詞甚辯。付學務大臣議，覆奏仍允行。百熙深依沈兆祉李希聖，兆祉受讒搆於樞府，恐終累百熙，乃自請辭去。榮慶深惡希聖，希聖旋病歿。之洞與張鶴齡論學科不合，亦深惡之，鶴齡乃辭去，之官湘中，旋提學奉天，以勞歿於官。之洞旋還鎮，復命孫家鼐爲學務大臣，至是凡三管學，百熙位第三矣。歲乙未，今總統袁公請立學部，乃以榮慶爲尙書。朝廷防革命急，謂百熙寬縱，以榮慶嚴峻，且蒙人可信，故舍百熙而用榮慶。百熙至是謝學務，百熙方籌設分科大學，命朱啟鈐辦校舍工程，距謝學務僅數日耳，榮慶主節用；又謂校舍在城外難約束，遂止不辦。及張之洞入樞府，兼管學部，銳意辦七科大學，仍就馬神廟校地稍擴充之，與百熙當時計畫不盡同也。張亨嘉爲總監督，後繼之者爲李家駒、朱益藩、劉廷琛、榮乃宣、柯劭忞、嚴復。自朱益藩時總監督爲三品實官，當戊戌時，大學生誦八股之聲，比舍不絕。癸卯甲辰間，雖學風揚厲，然科舉未廢，大學生於校舍攻策論，習殿白摺者，亦所恒有，鄉會試期屆，校舍輒空其半。甲辰會試，張百熙榮慶皆以學務大臣充總裁，總監督張亨嘉諭止學生赴試，學生則言：「管學且奉旨主試，何獨禁吾儕赴試乎」？亨嘉無以難，卒聽之行。百熙慨然謂科舉不廢，學堂斷難進步。及袁公與張之洞端方請廢科舉，百照尤力贊助之。

（庸言第一卷第十三號民國二年六月）

六、遊學　通議

派員游歷之先河

清德宗十三年，總理衙門復奏一摺，『上略』竊臣衙門於上年十二月初十日欽奉諭旨：「前據謝祖源奏請飭保薦出洋人員，經總理各國事務衙門議復，請由翰林院六部核實保薦。現在幾及兩年，尙未據保薦有人，著該衙門傳至翰林院六部，迅即查明有無可以保薦之員，限三個月內咨復該衙門，毋再遲延」欽此。欽遵恭錄行知各部院遵照辦理去訖。查臣等前奏，內稱「翰詹部屬中如實有制器通算測地知兵之選，堅樸耐勞志節超邁可備出洋游歷者，請旨飭下各該衙門核實保薦咨送臣衙門考核，再行奏請游歷各國；應需出洋薪裝，屆時由臣衙門酌定數目，在出使經費項下發給」等因。現在各該衙門正在陸續保送，俟送齊後，由臣衙門考核去取，釐定員數，帶見請旨遵行。至游歷員應定年限，及薪水數目，必須示以定章，俾資遵守。臣等公同商酌，謹擬章程八條，開列清單，恭呈御覽。(下略)查所擬章程八條：一，選派人員，當視經費贏絀，定員數多寡。刻下設法節省出使經費，計省出之數，每年只四萬兩，以供派員游歷之費，不爲充裕，不得不限定員數。臣等公同商酌，此次派出之員，除繙譯人員之外，或十員，或十二員。一，各衙門保送人員，除翰林院人員由其本衙門先試以紀載文筆，再行咨送外，其各衙

門保送人員，擬由臣衙門定期考試，以定去取；考試所取，專以長於紀載叙事有條理者入選。一，游歷至久以二年爲限，往來程途，均在限內。有過二年限者，卽作爲自備資斧之游歷，停支薪水，過一年半後先歸者聽。一，翰林院人員在南書房上書房有緊要職事者，雖於單內自註願行，臣等未敢擅便，屆時奏聞請旨。各部人員派出游歷者，每月擬給薪水銀二百兩，伙食僕役一概在內，每員准帶繙譯一員，月支薪水五十兩。一，各員游歷時，應將各處地形要隘，防守大勢，以及遠近里數，風俗，政治，水師，礮臺，製造廠局，水輪，舟車，水雷，礮彈，逐一紀載，以備查考。一，各國語言文字，天文算學，一切測量格致之學，各員如有素日曾經留意，及出洋游歷後，擇端學習，可寫手冊錄交臣衙門進呈。一，各員游歷回華後，將所精之製造所著之筆記，呈臣衙門。後應否由臣等擇其才識卓著之員奏請給獎，伏候聖裁。一，游歷各

員，倘有在途在洋適遇他項事故者，均照臣衙門出使章程辦理。」此摺進後，遂於四月二十六日奉硃批依議。其時部員如鯽，各衙門保送出洋游歷人員名數甚衆，僅就各部堂保送者外部屋座已不敷用，故分兩日面試，取定二十八員。復經親王及大學士、軍機大臣面示外洋大略情形，始於六月初二日率領覲見孝欽皇太后、德宗皇帝於養心殿。欽派傅雲龍等游歷東洋及美洲，程紹祖等游歷西洋及非洲。東西兩洋共派十員，是爲清政府派員出洋游歷之始。

（清朝史料卷四）

出洋學生肄業實學章程

摺上於光緒二十五年七月，爲留學教育由軍事改實業之始。　編者

光緒二十五年七月二十七日，軍機大臣面奉諭旨：「向來出洋學生學習水陸武備外，大抵專意語言文字，其餘各種學問均未能涉及。即如農工商及礦務等項，泰西各國講求有素，夙擅專長。中國風氣未開，絕少精於各種學問之人。嗣後出洋學生，應如何分入各國農工商等學堂專門肄業，以備回華傳授之處，著總理各國事務衙門詳細妥訂章程，奏明請旨辦理。」欽此。由軍機處轉知臣衙門欽遵。臣等尋繹再三，仰見聖謨廣運，振興學術，取彼良法，以阜民生國計之至意。伏查遴派學生出洋肄業，自前大學士兩江總督曾國藩始。光緒十六年四月二十二年九月，先後奏准出使英、俄、法、德、美五國大臣每屆酌帶學生二名，共計出洋學生十名。自同治以來，江督所派幼童百五十名往美國肄業，因年太幼稚，志氣未定，多有誦洋語而拋荒華語，並霑染習氣之病。是以嗣後南北洋武備水師學堂歷派武弁學生赴各國船礮、機器廠、水師學校肄習新法，福州船政局先後派學生分批出洋肄習製造管駕等

事，多係年齒較壯，通曉中西文字之選，間有專肄工商礦務者，其中才能雋敏，能通格致化學、汽機、製造，學生回華擢用要差者，亦不乏其人。英德有農政公會，美國有農政書院，最爲講求耕墾收穫之務。近日英之愛爾蘭新立勸農勸工章程。至商鑛學堂，各國多有之。其名物器具，象數之繁，分門記載，各有專書，非精通西文繙譯，無由入門而悉其體用利病。歷派出洋學生，每屆三年回華，爲時既暫；誠有如聖諭專攻語言文字，肄習水陸武備，而於各國農工商務礦務，未有專門精肄回華傳授者。誠宜變通出洋肄業章程，使各就其才性之所近，分門研究，以收布帛菽粟興物前民之用，以殖民生而裨國計，非此不能爲之椎輪嚆矢也。夫中國自來以農戰立國，近年始趨重商政。泰西素以商戰立國，而近來農學大興。臣等間嘗考授中西農學，互有短長。泰西農家新法，多從格致化學中出，有與中法同者，有與中法異者，有可行之中國者，有不可行之中國者。徐光啟農政全書，教民用龍尾車以汲江河之水，恒升車以汲井泉之水，此泰西水法與中國同者也。察土性有四五原質之殊，資澆壅有燐養鳥糞之別，此與中法異者也。地宜何穀，播種必察其土脈；氣分養淡，植物必順其生機，此糞田之法，有與周官草人土化焚骨漬種之法相似者，可行於中國者也。歐洲人少工貴，易牛耕而用機輪耘鋤收割之具，多用汽機肥田之物，或用硫强水，此則成本太鉅，獲不償費，不可行於中國者也。若論農學之美備，則欽定授時通考一書，備括千古農家之術，新法不能出其範圍。至於工商礦務之學，則泰西以商立國，以兵衛商，專門之學，專營之政，講求最精，誠有如聖諭風氣未開，中土所素不習者。今奉飭議出洋學生分肄農工商礦等學詳細章程，以備學成回華傳授，兹乃强本利用之根基。臣等謹參考中西政學，權以目前事宜，詳擬章程六條，爲我皇太后皇上備陳之。

一請飭出使大臣就現派出洋學生督令各肄專門之學也：查出使各國大臣每屆奏帶同文館學生各二員，係專資辦理公牘之員，自無暇分身肄業。至光緒二十一年冬，臣衙門奏准派學生分駐俄英法德四國肄業，國各四名，共十六名，月給薪水銀五十兩，歲需經費九千六百兩。又南北洋及鄂省派赴日本學校各二十名。又浙江四名，費由各省籌給，共計已派出洋學生六十四名。現在出使經費極爲支絀，物力甚艱，應先就此項學生察其才性，擇尤送入農工商礦學堂肄業，應加津貼並延師經費，准在出使經費項內開支，作正報銷。又查光緒十二年先後據出使大臣曾紀澤許景澄咨報，轉據洋監督師恭薩克稟稱：出洋學生第一屆第二屆赴各學堂船礮廠肄業，歷經各洋官考列記優次數，分別等第，給予執照。內有能造船械、能開五金礦、能造礮藥、能充機器匠首、能充駕駛教習、能辦軍務工程各若干名，一一註明，肄業何堂，從何工程師，游歷何廠，領有何等官憑，可充何項監工，咨臣衙門立案。上年九月據駐英國使臣羅豐祿文稱：學生朱敬彝派學製造鐵路，王汝淮派學礦務，漸有端倪等語。應請飭下各出使大臣推廣辦理，並隨時照料，稽查功課。

一請飭選譯農工商礦各書，删繁舉要，使人人易於通曉也：伏查臣衙門同文館、江南製造局及鄂滬各學會繙譯西書之有用者，已不下數百種。其中如農學新法、蠶務圖說、農事論略、植物學、種蔗、製糖、養蜂各法，皆農政類也。汽機必以工程致富、考工記要、海塘輯要、鑄錢工藝、電氣鍍金、星軺考轍、鐵路工程、造硫强水法、造紙法之屬，皆工政類也。富國策、正續生利分利之別、貿易總冊，皆商政類也。開煤要法、井礦工程、冶金錄、寶藏興焉西國鍊鋼皆礦政類也。嘗見粵刻有防海新論節要本圈點句讀極爲簡明西書文多繁複，其不切要者不妨篇刪其句，句刪其字，或潤色之務使人人易知易行，一覽了然。日本人於西學書多加刪節而酌改之，得其要領，使適己用，應請飭下南北洋大臣、鄂省督撫、各出使大臣派員繙譯有用之書，或聘高材教習。如徐建寅、華蘅芳、金楷理、傅蘭雅之流，擇其於中國土宜物力簡當之資可以家喻戶曉，使農與農處，工與工處，商與商交，風氣大開，懲勸互用，是與列邦之設博物院、勸工場無以異。十年之後，效可睹已。

一請飭疆吏寬籌常年經費續派高等學生出洋肄業也：自光緒初年通使西域以來，南北洋閩船政局時有派武弁藝徒已曉方言者分赴各處工廠肄業之舉，或送入法之哈富馬賽學堂，或赴英之阿姆士莊

廠，或赴德之哈次礦廠，學成回華，多有能充教習才任器師者，現各省應推廣籌辦出洋後，由出使大臣考授課程大要，以劄記譯書二事爲綱領。

一出使參贊隨員，如有精通洋文者，亦可令肄習各學也：查歷屆出使大臣遴選高才之員出洋差遣本屬藉資閱歷各國政教風俗與農工商礦各種制度學問，課以日記，歸爲拜獻之資，本係奏定章程。英國中等學堂例定年十一以上十三以下方准收入其上等學堂，則已通繙譯者可以送入。應請飭各出使大臣詳查，如有參隨人員已能淹貫語言文字者，擇其性之所近，分肄農工商礦各堂學習其理，兼習其數。如有心知其意，繙訂考校，編成專書，實可見之施行者，行之有驗，奏明請旨，隨材錄用。

一俟學生業成回華，分派各省農工等藝學堂以開風氣也：美國農利甲於歐洲，蓋以農爲邦本，故於農政

農器最爲究心，考百物之異質，審九土之異宜。至各國工政礦務皆以機器濟人力之不足。商政以鐵路爲緯，以銀行爲經，講求不遺餘力。學雖分門，實有相成之義，而立國之根基寓焉。現各省設商務局，使官主持，商情之渙者仍不能聚，徒博虛名，無益實事。不若專設藝學堂，以農工商礦分門課授，先酌聘西敎習，一俟業成之藝生回華，即行辭退西敎習，悉令此項藝生充當，庶風氣廣開，可收實效。

一請將業成回華得有文憑之學生，甄別優劣，分發委用，量予官職，以資鼓勵也：議者謂入外國學堂三年，勝於中國學堂十年。游學之益，幼童不如通人，庶僚尤不如親貴，此深切時病之言也。俄之前主彼得，憤其國之不强，親到英和船廠爲工役十餘年，盡得其製造駕駛之法，歸國敎練，浸致强大。日本在同治初年，鎖港拒敵，旋爲美英兵船所乘，發憤求自强之策，歷遣榎本武揚、山縣有朋、陸奧宗光、伊藤博文等，率其徒百餘人游學歐洲各廠，或肄政治工商，或究水陸兵法，學成而歸，漸加擢用，損益西法而用之，國勢遂日强一日。此遴派親貴賢能重出洋之選，其明效大驗也。聖明燭微見遠，興學致用，徐圖推廣，始基立矣。現擬派出洋之員弁學生，資有利鈍，成有遲速，向章限三年期滿回華，恐未必能速成，自應一律限定六年學成，務以考得優等文憑爲度，責成各出使大臣出具切實考語，方准咨送回華。其由同文館派出者，歸臣衙門考試，評定優劣，奏請分發沿海省分差委。其由各省派往者，歸各督撫考試，一體量材委用，俟有成效，然後准其保奬，酌予升階，以勵成材而儲遠器。

以上六條，臣等悉心酌覈，是否有當，恭候聖裁。光緒二十五年月日奉旨「依議」，欽此。

（約章成案匯覽乙篇卷卅二上）

奏議覆派遣出洋游學辦法章程摺

外務部

光緒二十七年十一月二十三日，准軍機大臣字寄十八日奉上諭：呂海寰奏出洋肄業學生宜防偏重以杜流弊一摺，學生出洋肄業，原爲儲才起見，豈容濫等充數！若如所奏，近來學生出洋，霑染習氣，流弊滋多，殊非慎重名器之意。著外務部按照所陳防弊及考課保送各節，詳晰妥議，並將該大臣原奏分咨出使各國大臣核議具奏請旨辦理。原摺着抄給閱看，將此諭令知之，欽此，領遵寄信前來。臣等遵卽恭錄諭旨，抄錄原奏，分咨出使各國大臣核議咨覆，以憑妥議具奏去後。茲准前任出使英義比國大臣羅豐祿，會同出使德和國大臣蔭昌，出使法國大臣裕庚，出使美日秘國大臣伍廷芳，出使俄國大臣胡惟德，出使英義比國大臣張德彝等咨稱：近年出洋學生，各省各派，各有各章，學生旣未考究根底，所派之員又多不習外國語言學問，辦理未能一律，廢時糜費，莫此爲甚。方今參酌中西政要，擇善而從，宜於未派出洋之前先通中學，將派出洋之時務畢普通之學，旣派出洋之後精求專門之學，夫而後中西可以貫通，成就可期遠大。其到洋後，自稟到報名，以至送學、定課、稽查、調考、覆試，迄出考咨送回華，統由使館照章辦理。至名目應分三項：一曰貴胄學生，凡王公大臣子弟皆是。各國均有一定優待之例，執業時與同班學生一體肄習；迨出學堂之門，換去號衣，則仍待以貴胄之禮。中國如有此項學生，應倣照日本暹羅王子辦法，送入高等學堂如英國伊敦夏魯學堂之類，恪守堂規，隨班受課，不得有挾貴挾賢之意，一切稽察調考，仍歸出使大臣辦理。如不安分鬧事過犯者，責成出使大臣破除情面，切實註劣咨送回華，以免貽笑外人，致傷國體。現暹羅世子由該國駐法大臣照料管束，視同子弟，是其明證。至學堂教習，教授全班，或數十人，或數百人，限晷講書，解說恒慮不周，最好自延教習一二人，即賃寓於其家，每日由堂回寓，即將學堂所授功課詳細講解，尤易精進。一曰官派學生。如京師大學堂及各省督撫學政暨各大臣所送者，皆是。應於各學堂中擇其已畢普通學之業，而又中學優長器宇純粹，年在三十歲以下者，略照同文館奏派諸生辦法，先期將該生銜名、年籍、派學何項專門、逐一咨會使館，俟館生到洋面加查考後，即派參贊一人爲之監督，安置住所、尋覓學堂，稟商咨送所有學生經費，由原派大臣先期咨送，使館即派該監督妥慎經理，年終造册報由出使大臣覆核出咨。學生功課行爲，由該監督隨時稽察，切實稟報，每年大考一次，由使臣親自考校，其季考三次，即委令該監督代考，並面加訓迪，勖以忠孝廉節要指，曉以綱常倫紀大經。俟專門畢業，呈驗文憑，報由使臣定期面試，如果相符，即將該生人品、學問，數年中有無過犯，出具切實考語，咨覆原送大臣，並報明外務部轉咨管學大臣存案。隨飭監督爲之預備歸裝，賃購艙位、送回中國聽候覆試。至服色一節，仍宜示以限制，如水師陸軍學生，准用該船該營一色號衣，以便操演學習。礦路製造諸生，亦准便服，以利工作。惟概不准剪薙髮辮，該項繡金號衣爲價不貲，非學生所能自辦，應照船政成案，官爲製備，隨時給發。其餘諸學學生，不必更換服色，以昭制度。其有原送大臣業將所送學生指在某專門屬埠肄習者，與使館相距太遠，稽察考課，使臣斷辦不到，應由使臣劄飭該埠領事充當監督，照前辦理，報由使臣分別給咨。如附學之埠並無中國領事官，應飭該生等於給假游歷期內，親赴都城謁見使臣，面呈功課，以憑考察。一曰游學學生，如民間自備資斧出洋者皆是。該生等既係自籌經費，自不必限以年歲，除到館報名留書住址以便查詢保護外，如無不安本分及別有過犯，使館卽無庸過爲刻覈。欲附民間何學，聽其自擇。惟欲入官學堂肄業者，應稟由使臣考校合式，卽爲咨送。其造詣有成，並欲游歷官廠以資印證者，亦卽據稟照請。至專門畢業，倘稟呈所得文憑求爲過考者，亦卽示期調考，如果相符，與官學生一律咨部。如各項學生遇有患病及一切丁憂事故，應照成案辦理，或酌予奏卹，所有用費作正開銷。又專門學問精微奧妙，各有不同，如學礦務製造者須四五年；學政治理財、律例者，須三四年方能畢業。況出洋伊始，恒須先練口耳，或一年，或半年，聽講時方免枘鑿。舉其大略，非六年不爲功。肄業期內，一概不准充當使館差使，藉杜躁進而植成材。若夫繙譯各員，誠能於中國典章、法度、沿革、源流、風土、人情、利弊所在，强弱所分，得失機宜，胸中悉了，而

又兼通中外語言文字者，誠爲俊選。第全材難得，必求是選，則堪供繙譯者曾有幾人。更如出洋之日，兼習中文，非不甚善。無如外洋學堂每日授課四五點鐘，聽講之時受之以耳，抄之以手，已無問難之隙。回至私寓，必引伸體會，考驗測算，夜以繼日，並恐不足，何暇兼習中文。使臣交涉事繁，自難親爲督課，卽派監督一員爲之師表，地遠人多，亦難兼領，調其來學，有妨西學之課程；置之署中，更無多士之廣厦，故宜以專習專門之學爲斷。至謂學生出洋及同文館奏派各生，尚無此種弊習。且歷考外國哲學羣學各書，陳說道理，皆與中國之聖經賢傳相表裏，是第患學生之不眞通西學耳，果使眞通哲學羣學，則忠孝之心方且油然而生，又何有蔑視綱常混亂倫紀之虞。譬如中國讀書不成，流爲鄉曲無賴，是仍由學誼之未精，未可歸咎於識字也。英人理雅各所譯四書五經，風行外國，學生倘時加溫習，不獨不

忘中國之經傳，且於繙譯虛字等訣領略取法，受益無窮。各國藏書樓所存中國書盈箱累帙，聽人抄譯，更何有偏重洋文之弊。要之未出洋以前中學精通，而普通學又已畢業者，出洋印證，更習專門，固自易易；否則學無根底，即使來洋肄業，亦僅得其皮毛，或且霑染習氣，恃為護符，是皆不善學西學者也。應請准由使臣查出實情，嚴行斥革，以除流弊。現在國家求賢若渴，屢奉恩詔，激勵裁成，如華生願與洋生一同赴考外國之文中秀才、武中千把之類，應由使臣隨時咨明外務部立案，以便將來從優獎勵。惟各使臣等所尤斷斷者，風氣初開，全材難得，苟有一端可取，即為有用之才。所習何項專門，應即用以充當何項差使，歷試有效，即仿日本變法政策，畀以重任，俾盡所長。惟專門學問日異月新，應選派諸生源源而來，以求新得。抑更有請者，學堂教習及私請之教習，其束修應由使臣隨時酌定，蓋學生之功課逐漸遞進，則洋師之束修亦宜逐漸加增，以示鼓勵。其有虛應故事並不實心課讀者，應立時辭退，另行聘請。如此賞罰嚴明，則教習可期實心任事，學生亦必益加奮勉。等因。會同咨覆前來。臣等查該大臣等所議各節，均屬切要可行。嗣後如有派赴歐美各國肄業生徒，其一切辦法，應請旨飭下出使各國大臣暨京師管學大臣、各直省將軍督撫，一律遵照妥為辦理。至日本較歐美為近，現往該國游學各生，實繁有徒，業經奉旨特派總監督專司其事，復經臣等劄令妥擬章程，悉心經理。應將此次議定各章一併劄行該監督參酌變通，以期周妥。光緒二十八年十一月二十八日奉硃批「依議」。欽此。（約章成案匯覽乙篇卷卅二上）

奏請獎勵職官遊歷遊學片

張之洞　張百熙　榮慶

此片附於重訂學堂章程之後。當時因急於變法，缺乏人才，故以科名獎勵為餌。光緒三十年以後，赴日遊歷遊學

者特多，此片有重大關係也。　編者

再查近年自備資斧出洋游學學生，多年少未學，不明事理之人，於時局實在情形，辦事艱難之故，毫無閱歷。故囂然不靖，流弊甚多。若已入仕途之人，類多讀書明理，循分守法，如內而京堂、翰林、科道、部屬，外而候補道府以下等官，無論滿漢，擇其素行端謹，志趣遠大者，使之出洋游歷，分門考察，遇事咨詢，師人之長，補己之短，用以開廣見聞，增長學識，則實屬有益無弊。其能親入外國學堂留學者尤善。職官出洋游歷游學者衆，不獨將來回國後任使之才日多，而在洋時與本國游學生漸相稔習，灼知其品誼才識，何人爲學行兼修之士，何人爲乖張不逞之徒，異時以類相求，黑白確有明證。且力持正論之人日多，則邪說詖詞，勢自孤而不敵，學生囂張之氣，亦必可默爲轉移。若高爵顯秩，亦令出洋游歷，則其憑藉既崇，展布愈廣，爲效尤爲宏鉅。惟出洋游歷游學與奉命出使不同，雖一品大員，亦止可酌帶繙譯一二員，隨從二三人。此外游歷職官，止可酌帶繙譯一人，隨從尤須簡少，游學者無庸隨帶繙譯。查外國太子親王游歷來華者，從未見其多帶從人，蓋游歷所以資歷練，非以壯觀瞻，省事節費，猶其餘事。日前臣之洞面奉皇太后懿旨：「已爲職官者，皆讀書明理，深知法度之人，令其出洋游歷，最爲有益無弊；翰林尤宜多派出洋，滿漢皆應選派」等因。欽此。慈訓殷殷，仰見聖慮淵深，無微不燭，亟應欽遵辦理。擬請明降諭旨，無論京外大小官員，凡能自備資斧出洋游歷游學者，分別從優奬勵，以勸之。謹擬其等差如下：

一、游歷以遍涉東西洋各國，往返在三年以外者爲上；擇游歐美兩洲之一二國、或二三國，往返在二年以外者，次之；專游歐美各國中之一國，往返在一年以外者，又次之；僅至東洋游歷，往返在一年以外者又次之。無論東西洋，其游歷在一年以內者無獎。

一、游歷之宗旨，以能考察其內政。外交。海陸軍備，農工商各項實業，及其章程辦法爲要義。除一二品大員兼綜溥覽以多接見其文武大臣及其賢士大夫采聽其議論，參觀其政俗，務其遠者大者外，其庶司百職或各因性學之所近，或各就職業之所司，以分門考察，能得其實際爲要義。凡游歷考察所及，均宜詳晰記載，筆之於書。回國後，或應繕呈御覽，或應呈送政務處及各部院、督撫衙門考核，當視其官秩，分別酌定。凡應獎者，仍必須有箚記著作，實有所得者，方准給獎。年限雖多，毫無記錄者，仍不給獎。

一、游學較游歷爲尤有實際，最爲成就人才之要端。且歲月較久，勞費尤多。如宗室勳戚以及王公之子弟，暨內外職官，無論實缺候補，能自備資斧出洋游學，由普通而達專門，考求實在有用之學，得有彼國學堂畢業憑照者，回國後尤宜破格獎勵，立予擢用。擬請宗室勳戚以及王公之子弟，暨內外職官出洋游學畢業者，回國後分別學業等差。其最優者，翰林或比照大考一二等例優予升擢；閣部院寺司官實缺者，或比照方略會典等館差例優予升擢，或准列入京察一等；候補者照特旨班遇缺即補，次優者略減。外官亦照異常勞績最優班次，分別予以升遷補缺。其游學西洋者，道遠費重，應格外加優。至游歷獎勵，比遊學應減一等。凡出洋遊歷遊學人員，並准一概免扣資俸。

竊謂照此辦法，則不煩國家絲毫經費，而內外職官，願出洋遊歷遊學者，必接踵而起矣。臣等爲廣勵人才講求時務起見，遵旨與政務處王大臣會商，意見均厲相同，謹合詞附片具陳。

奏請約束鼓勵出洋游學辦法章程摺附章程　張之洞

專設留日學生監督（光緒三十二年十月），各省遊學生之管理奬勵均照此章程辦理，其奬勵辦法並有國內學堂畢業生出身奬勵之源。　編者

竊臣前於四月間面奉皇太后懿旨，以出洋學生流弊甚多，飭籌防範之法，當經面奏學生在外國境內，中國法令難行，必須先商彼國政府允為協助，事始有濟。仰蒙慈允，遵即晤商駐京日本使臣內田康哉與籌辦法。該使臣以兩國律法不同，辦理動多窒礙，談次頗有難色。繼經剴切開譬，告以出洋學生如不妥籌約束，聽其浮遊廢學，任性妄為，犯義干名，陷於罪戾，則此後有志之士，不復敢遠遊就學，往取師資，其先已在洋篤志力學者，亦且懼為牽累，廢然思返，永無成就通才之日，為害不可勝言。該使臣審思至再，始謂如有妥善辦法，亦願電彼政府贊成此舉，惟必須中國於安分用功學成回國之學生，予以確實奬勵，使各學生有歆羨之心，併使彼國學堂確見中國有勸學求才之實意，始於不安分學生有助我約束之法，屬先酌擬章程，再為商辦。臣業於閏五月二十九日召對時面奏大略在案。伏查遊學日本學生，年少無識，惑於邪說，言動囂張者固屬不少，其循理守法，潛心嚮學者，亦頗不乏人，自應明定章程，分別懲勸，庶足以杜流弊而勵眞才。當即酌擬約束遊學生鼓勵畢業生章程各一通，迭次與日本使臣往返商榷，復由該使臣轉達政府，與各學校校長公同會議，期於中國專生有裨，而於彼國法權無礙，斟酌至於再四，日來始克議成，計擬定約束章程十款，鼓勵章程十款，又另擬自行酌辦立案章程七款，凡所以嚴防範考察之方，廣鼓舞裁成之道，綱領粗具於是。從此

切實施行，則以後遊學生護符逃藪，失所憑依，已往者當知斂迹，續往者亦有模範，上以示朝廷彰癉之公，下以昭學術邪正之辨，庶足挽橫流而宏造就。至鼓勵章程中擬給學生舉人進士等出身，係遵光緒二十七年八月初四日上諭辦理。其擬獎翰林出身并翰林升階者，係於大學堂專科及大學院研究科畢業之生，學業精深，在彼國亦視爲上選，計其積學年分已逾十五六年，較之新進士館選，其難已加數倍，且須俟回國後由欽派大臣詳加察核，果係品行端謹，毫無過犯，並按照所學科目切實考驗，確與所得學堂文憑相符，始行奏請給獎，似尚不致冒濫。以上各節，均經隨時與外務部王大臣詳加商酌核定，始與日使定議。謹分繕清單，恭呈御覽，如蒙俞允，擬請旨飭下外務部將前項約束鼓勵章程，照送日本使臣內田康哉轉達彼國政府分飭各學堂一律照辦，一面由外務部連同自行酌辦立案章程，刊印成册，飛咨出使日本大臣、出洋學生總監督、照章認眞舉辦，並通咨各直省暨京師管學大臣一體遵照辦理。光緒二十九年八月十六日奉旨著照所請，外務部、管學大臣知道，欽此。

附錄約束遊學章程

一此次章程奏定後，以後續往日本遊學學生，無論官費生私費生，並無論日本官設學堂私設學堂，均非出使大臣總監督公文保送不准收學。

一總監督保送學生入私設學堂須經文部省認可之專爲中國學生設立之豫備學堂（如宏文書院等）其章程雖多變通，亦可保送，其獎勵年限，應歸普通高等各學堂核計。

一遊學生在學堂中品行，應歸學校考察，其在外言動舉止，如有不軌於正之據，經中國出使大臣總監督察訪得實，隨時知會該學堂商酌，務減其品行分數。

一遊學生在各學堂，非實有病證，概不准輕易請假出外；及雖在學堂而託故不上講堂，應請與日本學生一律督責，勿稍寬假。

一學生在學堂時，應以所修學業爲本分，當爲之事，如妄發議論，刋布干預政治之報章，無論所言是否，均屬背其本分。應由學堂隨時考察防範，不准犯此禁令。如經中國出使大臣總監督察訪留學生有犯此禁之人，隨時知會該學堂，應卽剴切誡諭學生，立卽停輟。如有不遵，卽行退學。

一凡現在已留學堂學生，無論官費生私費生，查有犯過及品行不端者，經中國出使大臣總監督知會該學堂請爲斥退者，日本學堂應卽照辦。

一各省所派官費生及私費生，往日本游學者，經本省督撫查有不安本分品行不端之人，隨時咨明中國出使大臣總監督，轉達日本各學堂請爲斥退者，日本各學堂亦應照辦。

一學生於功課之暇，有編輯教科及譯錄所習科學之講義，及繙譯有裨實用之書，自不在禁例。此外無論何等著作，但有妄爲矯激之說，紊綱紀害治安之字句者，請各學堂從嚴禁阻。或經中國出使大臣總監督查有憑據，確係在日本國境內刋刷翻印者，隨時知會日本應管官署商酌辦法，實力查禁，其汚衊人名節者，經本人或本人委託之人按律在日本應管官署指控，查實後仍行懲辦。

一中國游學會館，辦事有紊綱紀害治安若不安分之事者，應由出使大臣總監督咨會日本應管官署隨時查禁，嚴加裁制，務期杜絕流弊。

一凡現在日本各學校及已經退校之中國留學生，如確有紊綱紀害治安若不安分之事者，應由該官員嚴加約束，如察其無悛改之望者，卽行飭令回國，不准稍有逗留。

附錄鼓勵畢業生章程

一中國游學生在日本各學堂畢業者，視所學等差，給以獎勵。但須由中國出使大臣總監督查明該學生品行端謹，並無過犯，出具切實考語，咨送歸國。由欽派大臣詳加察核，果係品行端謹，毫無過犯，並按照所學科目切實詳細考驗，果係所學等差，確與所得學堂文憑相符者，再行奏請獎勵。

一在普通中學堂五年畢業得有優等文憑者，給以拔貢出身，分別錄用。

一在文部省直轄高等各學堂暨程度相等之各項實業學堂三年畢業得有優等文憑者，（在學前後通計八年）給以舉人出身，分別錄用。

一在大學堂專學某一科或數科，畢業後得有選科及變通選科畢業文憑者，（在學前後通計或十一

年，或十年。）給以進士出身，分別錄用。其由中學堂畢業經入大學堂學習選科，未經高等學堂畢業者，在學前後通計或八年或七年）其獎勵應比照高等學堂畢業生辦理。

一在日本國家大學堂暨程度相當之官設學堂，三年畢業，得有學士文憑者，（在學前後通計十一年，較選科學問尤爲全備）給以翰林出身。

一在日本國家大學院五年畢業，得有博士文憑者（在學前後通計十六年）除給以翰林出身外，並予以翰林升階。

以上所列之外，在文部大臣所指准之私立學堂畢業者，視其所學程度一體酌給舉人出身或拔貢出身。

一游學生原有翰林、進士、舉人、拔貢出身者、各視所學程度給以相當官職。

一凡畢業學生，首以品行爲貴。應請各學堂注重學生品行，與各科學一律比較分數，必所定品行分數滿足乃爲及格。

一游學生於各學堂畢業年限，須與日本學堂原定本科畢業年限毫無短減，不得別自爲班，希冀速成。

一此次定章以前已經畢業回國之各省官派學生，均照此次章程由各省督撫考查其品行心術，如實係端謹無過者，考驗其所學程度查驗文憑，實係相符者，卽照新章給以出身。已有出身者，給以相當官職。其學速成科畢業減短學科年限者，應查明所短年限分以回國後當差勞績之年資補之。扣足年限，亦一體給以出身，或相當官職。凡定章以前之畢業回國學生，其中如有請賞舉人者，俟准奏後，應咨送京城由管學大臣覆試。

附錄自行酌辦立案章程

一現在已入日本官私學堂之中國游學生章程內，已訂明無論官費生私費生，均由出使大臣總監督查有過犯及品行不端者，知會該學堂請爲斥退。應卽責成出使大臣總監督將現在日本各省之游學生確加考覈，擇其言行端謹安分用功之學生，從前未有公文保送者，飭傳各該學生報明三代、籍貫、年歲、出身，取具遵守約束甘結，彙列各該生姓名、籍貫，補具公文，分別保送各該學堂，准其留學。其素不安分有據可憑之學生，亦卽開列名姓備文知會各該學堂，請其卽行斥退，仍將留學退學各該學生姓名、籍貫咨明外務部並管學大臣，暨該學生原籍省分督撫查考。

一將來游學日本之各省學生章程內已訂明非出使大臣總監督公文保送不准收學，並訂明私設學堂須經文部省認可其敎育程度與官學堂相等者方爲合格。應責成出使大臣總監督，嗣後游學生入學，須先儘官學堂保送，一面確切訪查文部省認可之各私設學堂，其一切教育管理之法是否認眞，其程度是否果與官學堂無異，細爲比較，擇其名譽最優確實可信之私學堂，始准保送學生入學，仍酌定限制。每年保送留學生入日本私設學堂者，其人數至多不得過官學生之半，以昭愼重。

一此次定章以後，各省自備資斧出洋之游學生，應先由其家父兄或親族呈報本籍，或留寓所在地方官，查明本生實係性質馴良文理明順者，准其申送該省學務處詳加考驗，稟請督撫覆核，給發咨文，轉給該學生領齎出洋，各衙門辦理出洋學生文件，不准書吏需索分文。

一凡不遵約束不安本分之學生，商明日本各學堂斥退後，應由出使大臣總監督隨時嚴密稽察，其無悛改之望者，務須查照現定章程，商請日本該管官署勒令該學生附船回國，一面分別所犯輕重，詳叙事由，咨明該學生原籍督撫酌量辦理，並咨明外務部管學大臣查考。

一保送學生入日本各學堂，除農工商各項實業學堂及文科醫科各專門不限人數外，其政治法律武備三門，宜分別限定名數，每年祇准保送若干名。武備一門，非官派學生不准保送。政治法律兩門，亦先儘官派學生保送。如自費學生本係職官請咨前往者，不在限數之列。

一在日本私設學堂畢業回國之學生，除由出使大臣總監督確查其平日品行果係端謹，科學果係優嫺，始准保送進京候考外，應請欽派大臣考察試驗時格外認眞查核，其品學兼優者，自應與官學堂畢業生一律給獎，勿庸加以區別。如品行實有可議，科學程度實有不符，即酌量減其獎勵，以示區別。

奏請約束鼓勵出洋遊學辦法章程摺附章程

一凡各省選派官費學生出洋游學俟畢業回國後，無論得何獎勵，均須在本省當差五年以盡義務。五年期內，概不准另就他省差使，他省亦不得違請調往差委。

以上各條應請旨飭下外務部管學大臣立案，咨行各直省及出使大臣暨總監督遵照辦理。

附錄外務部咨文

爲咨行事。前准湖廣總督張之洞奏定約束鼓勵出洋游學生暨自行酌辦各章程。當經本部於本年八月二十八日刷印原奏清單咨行在案。玆復准該督與日本內田使臣彼此商定，於鼓勵章程末條，添入中國留學生非在照辦約束留學生章程之日本學堂畢業者，概不給本章程所定獎勵。約束章程第一節末段添入而該官私學堂自行收留者，將來畢業後概不給以獎勵。第六節末段添入如日本官私學堂並不照行仍

聽留學者，畢業後亦概不給以獎勵各等語。函請立案分咨前來。查所擬添入各節，於約束鼓勵兩事互相維持，較爲詳備。相應咨行貴大臣查照補入原章遵照辦理可也。須至咨者。

酌擬考試畢業游學生章程摺 併單

（約章成案匯覽乙篇卷三十二）

學部

此章程公佈於宣統元年六月，民國以前之遊學生考試均照此辦理。編者

竊臣部於光緒三十二年四月，奏准考驗游學畢業生。自本年始，每年八月舉行一次，奉旨允准，歷經遵辦在案。惟考試舉行伊始，一切章程皆係暫爲擬定，現在歷時既久，或試驗而便於奉行，或隨事而量爲通變，且游學畢業人日漸增多，一切考試規條，自不無加密之處。以臣等公同商酌擬定考試游學生章程分爲八

項辦理，杜門扃試，略仿科舉取士之遺。分科較藝，兼取學堂積分之法。嚴於去取，則名器無可濫邀，密於關防，庶弊竇可以盡絕。謹繕具清單恭呈御覽。如蒙俞允，即由臣部遵奉施行。嗣後體察情形，如尚有須續行增改之處，容臣等隨時奏明辦理。（下略）

附單

謹將酌擬考試游學畢業生章程，繕具清單，恭呈御覽。

一、考生資格　東西洋游學生，應由出使大臣或游學生監督，將該生等履歷、入學年月、所習專科、及預定畢業年限、並有無曠課各節，預行列表報部立案。其赴部報考時，應由出使大臣、或各省督撫、或各部院堂官備文咨送，出具切實考語，方准與考。東西洋游學生，如係由中學堂畢業得有獎勵後出洋者，必在外國高等以上學堂肄業三年以上，方准與考。其未由中學堂畢業出洋者，必在外國普通學堂預備一年以上，並在高等以上學堂肄業三年以上畢業者，方准與考。（在高等以上學校，此校未畢業而轉入他校者，不得以兩校年限合計。惟學科程度相同之學校，預經出使大臣或游學生監督允准轉學，報部核准者不在此列。）東西洋游學生，必在大學堂及各項高等專門學堂畢業者方准與考。凡在外國中學堂中等程度之實業及師範學堂，與爲中國人特設班次之學堂畢業者，均不准與考。其由爲中國人特設班次之學堂肄業轉入高等學堂之第二三年級者，或由校外生畢業編入高等學堂之第二三年級者，亦均不准與考。凡選科畢業生，如其所習學科不及該學堂所定各科四分之三者，（設如某學堂所定應習之學科共十六種，而該生所選習之學科不及十二種。）不准與考。

二、查驗文憑　游學畢業生赴部報考，應將畢業文憑及監督處證明書並筆記譯述等項呈明候核。其在本國學堂或外國學堂得有普通畢業文憑者，一併呈驗。三、預行甄錄。游學畢業生，無論有無普通學畢業文憑，均預行甄錄一場，試以外國語文，並該生專科所需之普通學。（如法政文科之地理歷史，及格致工科之理化算學）其平均不及五十分者，不准與正場考試。甄錄未取者，准於下屆再與甄錄，惟以一次為限。四、分門命題。正場考試分為兩項：第一項試中外文字，第二項試科學。第一項試中國文一題，外國文一題，作一題為完卷。第二項按照該生等所習專科，分門命題，每科限定六門以上八門以下。每門一題，主要者二題，須按題全作，按門記分，及核算平均之法，照奏定學堂考試章程辦理。五、考試日期。游學畢業考試，定於每年八月舉行，考試分三場，間日一場。第一場試中外文字，二三場試科學，俱當日交卷。六、分等給獎。此項考試等級，照奏定學堂章程，分別最優等優等。考列最優等者，獎給進士；考列優等及中等者，獎給舉人。均由學部開單奏請驗看，恭候欽定獎給進士舉人者，至加某學科字樣，習文科者則稱文科進士、文科舉人，其政法科、商科、工科、格致科、農科、醫科仿此。凡考試不及格者，准於下屆再應考試，惟以一次為限。七、分別職掌。主試官由學部奏請欽派，襄校官由學部遴選奏派，均無定員，視考試畢業人數多少，臨時奏定。主試官命題閱卷，選定襄校官所擬試題，覆核襄校官所擬分數。襄校官分擬各科試題，分校各科試卷。監臨官二員，由學部堂官內奏請欽派，所有場前評定文憑分數，臨場點名散卷，及考試時整飭場規等事，均應督率派出各司員認真經理，並會同主試官辦理拆封計算總分數，及填榜事宜。提調官二員，由學部堂官就本部丞參暨各司總辦中遴選奏派，管理內場一切事宜，及分撥試卷核算分數等事，並隨同主試官監臨辦理拆封填榜事宜。內外收官彌封官各二員，由學部堂官就本部各司員中遴選奏派，辦理收掌彌封等事，庶務二員由學部堂官就本部各司員中選派，辦理場內供給及雜務。監場官若干員，由學部堂官就本部各司員中選派監查各生考試。八、嚴密關防。設內場監試御史一員，專司稽查關防，由學部咨取科道各官銜名奏請欽派。凡主試官、襄校官、暨提調、內收掌、彌封、庶務等官，一經派定，均須卽日入場住宿，未揭曉以前，不得外出，俾昭愼重。監臨官二員，應輪流在外場住宿，以便稽查出入，嚴杜弊端。試卷於每卷末頁之左角內，塡彌封紅號於卷面之浮簽上，塡寫考生姓名及坐號。收卷後，由彌封官揭去浮籤，交提調官分送主試官或襄校官評閱。其各項試卷，非經主試官評定分數後，不得開拆彌封。已知紅號之後，不得復將分數增減，以杜弊竇。考試文憑分數，由學部評定，於拆試卷彌封之後，隨同紅號名冊送交主試官以便計算總分數。

（江寧學務雜誌己酉年第六期）

議覆北洋大臣奏請予詹天佑等四員出身摺 光緒三十三年九月 學部

本年四月初九日內閣鈔出直隸總督袁世凱請將道員詹天佑、吳仰曾、屈永秋、鄺榮光等四員給以各科進士出身，仍以原班選補一片，奉硃批『該部議奏，』欽此。原奏內稱『上年學部考試畢業回國學生，曾奏調道員詹天佑、吳仰曾、屈永秋分科校閱。查詹天佑於光緒四年入美國耶魯大學堂畢業，現充京張鐵路總工程司，兼會辦局務。吳仰曾於光緒八年入美國紐約大學畢業，現辦開平礦務，兼辦京張鐵路煤礦。屈永秋於光緒九年入天津醫學館畢業，現辦北洋醫學堂，兼辦天津衞生總局。又查有農工商部礦務議員候選道鄺榮光，於光緒四年入美國礦務大書院畢業，現充礦政調查局華總勘礦師，會辦臨城礦務兼工程司。以

議覆北洋大臣奏請詹予天佑等四員出身摺

上四員，雖已得有職官尚未給以出身。該員等或曾爲學部襄校，或現爲農工商部議員，資望已深，自不必再令赴試，合無仰懇天恩，俯准將詹天佑、吳仰曾、屈永秋、鄺榮光四員分別給以各科進士出身，仍以道員原班選補』等語。復准該督將該員等歷履清冊咨送到部。臣等竊維歷代取士，由唐而前出乎選舉；由唐而後出乎科目而並行選舉之制。我朝列聖相承，取才不拘一格，設制科以登多士，行特典以待通儒。在聖祖仁皇帝時，梅文鼎以精天算，胡渭以精輿地，並拜御書匾額之賜。王蘭生以性理純熟特賜進士。孫枝蔚以文學素著，恩予中書。在高宗純皇帝時，顧震滄、梁錫璵則以經明行修署衙司業祭酒。錢大昕、陳厚耀則以文學天算得授內閣中書。至若博學鴻辭所甄錄，獻賦進書所旌揚，載在國史，得人爲盛。我皇太后皇上罷除科舉，規復學校，官師之途漸合，術業之徑漸開。臣等承流宣花，實守敎育之官，將欲崇實黜華，宜有激揚之典。前奏定考試游學畢業學生章程，値遇試期，欽派王大臣校定等差，請旨給予出身，歷經辦理在案。一時周知四國之士，躬與盛典者，皆荷登庸，揚滯翹材，中外稱盛。茲據直隸總督袁世凱請奬詹天佑等四員，或游學有成，或專門名家，臣等亦知之有素。並據原奏聲明，『該員或曾爲學部襄校，或現爲農工商部議員，資望已深，自不必再加考試』等語。惟是上年臣部奏請考試游學畢業生，聲明嗣後每年考試一次，聞風興起，就試必多，尤應延訪通人共襄試事，若膺校閱之司，遽爲登庸之卷，恐有志之士，必有遠嫌引避，却聘以爲高者，殊非臣部所敢出此。竊查臣等擬定學部官制，專門司職掌有考核耆儒碩德，錫予學位一條，奏奉俞允。粵自道光以來，海禁遞通，老成謀國，如曾國藩、沈葆楨、李鴻章等，懷治病蓄艾之思，爲取長補短之見，咨遣學生出洋，先後相望，其間研精一藝，蔚成絕業之家，討論文典，講通中西之經，已登仕榜，未遇特徵，沉淪下位，表彰弗及者，所在多有，實非該督原奏所能盡者。至若列朝崇儒重道，稽古右文，流風所漸，興感尤多。現今海內承學之士，如梅文鼎、王蘭生諸人者，當復不乏斯選。應請飭下各直省督撫臣，廣加延訪，懸格以求。凡專門學成回國在十年以外，學力素優，復有經驗者；以及耆儒碩彥，博通中外古今之故，經師人師，衆望允洽者，或臚舉實蹟，或徵其著述，於文到之後，無論遠近省分，限本年十月以前，咨送臣部彙辦，即由臣部奏請欽派大臣，會同核定。擇其著述卓然成家，成績斐然共見者，由臣部帶領引見，再行請旨錫予出身，以光大典。庶幾楷模後進，矜式國人，於學術治術，關係非淺。如蒙俞允，即由臣部遵奉施行。奉旨：『依議』欽此。

（江寧學務雜誌）

六、遊學 美國

奏選聰穎子弟赴美習藝并酌議章程

曾國藩
李鴻章

（曾時爲兩江總督，李爲直隸總督，因容閎之請而然也。參閱容閎：予之教育計畫。）疏上於同治十一年。編者

竊臣國藩上年在津辦理洋務，前任江蘇巡撫丁日昌奉旨來津會辦，屢與臣商榷，擬選聰穎幼童送赴泰西各國書院學習軍政、船政、步算、製造諸學，約計十餘年，業成而歸。使西人擅長之技，中國皆能諳悉，且謂攜帶幼童前赴外國者，如四品銜刑部主事陳蘭彬，江蘇候補同知容閎，皆可勝任等語。臣國藩深韙其言，曾於上年九月本年正月兩次附奏在案。臣鴻章復往返函商，竊謂自斌椿、志剛、孫家穀兩次奉命遊歷各國，於海外情形亦已窺其要領，如輿圖、算法、步天、測海、造船、製器等事，無一不與用兵相表裏。凡遊學他國得有長技者，歸即延入書院，分科傳授，精益求精。其於軍政船

政，直視爲身心性命之學。今中國欲仿傚其意而精通其法，當此風氣既開，似宜亟選聰穎子弟攜往外國肄業，實力講求，以仰副我皇上作育人才力圖自强之至意。伏查美國新立和約第七條內載，嗣後中國人欲入美國大小官學，學習各等文藝，須照相待最優國人民一體優待。又美國可以在中國指准外國人居住地方設立學堂，中國人亦可在美國一體照辦等語。本年春間，美國公使過天津時，臣鴻章面與商及，允俟知照到日，即轉致本國妥爲照料。三月間，英國公使來津接見，亦以此事有無相詢。臣鴻章當以實告，意頗欣許，亦謂先赴美國學習，英國大書院極多，將來亦可隨便派往，此固外國人所深願，似於和好大局有益無損。臣等伏思外國所長，既肯聽人共習，志剛、孫家穀又已導之先路，計由太平洋乘輪船逕達美國，月餘可至，尚非甚難之事。或謂天津、上海、福州等處已設局仿造輪船、鎗礮

軍火。京師設同文館，選滿漢子弟延西人教授。又上海開廣方言館，選文童肄業，似中國已有基緒，無須遠涉重洋。不知設局製造，開館教習，所以圖振奮之基也。遠適肄業，集思廣益，所以收遠大之效也。西人學求實濟，無論爲士、爲工、爲兵，無不入塾讀書，共明其理，習見其器，躬親其事，各致其心思巧力，遞相授受，期於月異而歲不同。中國欲取其長，此中奧窔，苟非徧覽久習，則本源無由洞澈，而曲折無以自明。古人謂學齊語者，須引而置之莊嶽之間。又曰：百聞不如一見，此物此志也。況誠得其法，歸而觸類引伸，視今日所爲孜孜以求者，不更擴充於無窮耶？惟是試辦之難有二：一曰選材，一曰籌費。蓋聰穎子弟不可多得，必其志趣遠大，品質樸實，不牽於家累，不役於紛華者，方能遠遊異國，安心學習，則選材難。國家經費歲有常額，增此派人出洋肄習之款，更須措辦，則籌費又難。凡此二者，臣等亦深知其難，

第以成山始於一簣，蓄艾期以三年。及今以圖，庶他日繼長增高，稍易爲力，妥飭陳蘭彬容閎等悉心酌議，加以覆核。擬派員在滬設局，訪選沿海各省聰穎幼童，每年以三十名爲率，四年計一百二十名，分年搭船赴洋在外國肄習。十五年後，按年分起挨次回華。計回華之日，各幼童不過三十歲上下，年力方強，正可及時報效。聞前此閩粵甯波子弟，亦時有赴洋學習者，但止圖識粗淺洋文洋話，以便與洋人交易爲衣食計，此則入選之初宜慎。至帶赴外國，悉歸委員管束，分門別類，務求學術精到，又有繙譯教習隨時課以中國文義，俾識立身大節，可冀成有用之材，雖未必皆爲偉器，而人材既衆，當有瑰異者出乎其中，此拔十得五之說也。至於道途費用，首尾二十年，需銀百二十萬兩，誠屬巨款。然此款不必一時湊撥，分析計之，每年接濟六萬，尙不覺其過難。除初年盤川發給委員攜帶外，其餘指有定款，按年預撥，交與銀號陸續匯寄，事亦易辦。總之圖事之始，固不能予之甚吝，而遽望之甚賒。況遠適異國，儲才備用，更不可以經費偶乏，淺嘗中輟。近年來設局製造，開館教習，凡西人擅長之技，中國頗知究心，所須經費，均蒙諭旨准撥，亦以志在必成，雖難不憚，雖費不惜，日積月累，成效漸有可觀。茲擬選帶聰穎子弟赴外國肄業，事雖稍異，意實相同。謹將章程十二條恭呈御覽，合擬仰懇天恩，飭下江海關於洋稅項下按年指撥，勿使缺乏，恭候命下臣等即飭設局挑選聰穎子弟妥愼辦理，如有章程中未盡事宜，並請敕下總理衙門酌核更改。臣等亦可隨時奏請更正。謹將挑選幼童前赴泰西肄業酌議章程，恭呈御覽。

一商知美國公使，照會大伯爾士頓，將中國派員每年選送幼童三十名，至彼中書院肄業緣由與之言明，其束脩膏火一切，均中國自備，並請俟學識明通，量材拔入軍政船政兩院肄習，至赴院規條，悉照美國向章辦理。

一上海設局，經理挑選幼童派送出洋等事。擬派大小委員三員，由通商大臣箚飭在於上海甯波福建廣東等處，挑選聰慧幼童年十三四歲至二十歲為止。曾經讀中國書數年，其親屬情願送往西國肄業者，即會同地方官取具親屬甘結，並開明年貌、籍貫、存案，攜至上海公局考試，如姿性聰穎並稍通中國文理者，即在公局暫住，聽候齊集出洋，否即撤退，以節糜費。

一選送幼童，每年以三十名為率，四年計百二十名，駐洋肄業十五年後，每年回華三十名，由駐洋委員臚列各人所長，聽候派用，分別奏賞頂戴官階差事。此係官生，不准在外洋入籍逗遛及私自先回遽謀別業。

一赴洋幼童學習一年，如氣性頑劣或不服水土，將來難望成就，應由駐洋委員隨時撤回，如訪有金山

地方華人年在十五歲內外，西學已有幾分工夫者，應由駐洋委員隨時募補，以收得人之效，臨時斟酌辦理。

一赴洋學習幼童，入學之初所習何書，所肄何業，應由駐洋委員列册登注，四月考驗一次，年終註明等第，詳載細册，齎送上海道轉報。

一駐洋正副委員二員，每員每月薪水銀四百五十兩，繙譯一員，每月薪水銀一百六十兩。

一每年駐洋公費銀共約六百兩，以備醫藥、信資、文册紙筆各項雜用。

一正副委員、繙譯、教習來回川費每員銀七百五十兩。

一幼童來回川費及衣物等件，每名銀七百九十兩。

一幼童駐洋束脩、膏火、屋租、衣服、食用等項，每年計銀四百兩。

一每年駐洋委員將一年使費開單知照上海道轉報。倘正欵有餘，仍涓滴歸公，若正欵實有不足之處，由委員隨時知照上海道稟請補給。

一每年駐洋薪水膏伙等費，約給庫平銀六萬兩，以二十年計之，約需庫平銀一百二十萬兩，

奏派攜帶幼童出洋並應辦事宜

李鴻章

竊臣等擬選聰穎子弟，前赴泰西各國肄習技藝以培人才，業於十年七月初三日專摺會奏在案。旋准總理衙門覆奏，不分滿漢子弟，擇其質地端謹，文理優長，一律送往。每年所需薪水膏伙，准於江海關洋稅項下借撥等因，知照前來。伏查挑選幼童出洋肄業，固屬中華創始之舉，抑亦古來未有之事。所有攜帶幼童委員聯絡中外，事體重大，擬之古人出使絕域，雖時地不同，而以數萬里之遙，需二十年之久，非堅忍耐勞志趣卓越者不足以膺是選。查有奏調來江之四品銜刑部候補主事陳蘭彬，夙抱偉志，以用世自命，挹其容貌，則粥粥若無能，絕不矜才使氣；與之討論時事，皆洞燭幾微，蓋有遠略而具內心者。又運同銜江蘇候補同知容閎，前在花旗等處最久，而志趣深遠，不爲習俗所囿，同治二年曾派令出洋購買機器，該員練習外洋風土人情，美國尤熟遊之地，足以聯外交而窺秘鑰。以上二員，上次摺內業經奏明均堪勝任，相應請旨飭派陳蘭彬爲正委員，容閎爲副委員，常川駐紮美國，經理一切事宜。此時不敢遽請獎敍，將來辦有成效，再由臣等從優酌保。至挑選幼童，應在上海先行設局，頭批出洋後，即挑選次年之第二批，又挑選第三年第四年各批，與出洋之員呼吸相通。查有鹽運使銜候補知府劉翰清淵雅純篤，熟悉洋務，業經檄令總理滬局事宜。所有駐洋及在滬兩局中外大小事件，由陳蘭彬等互相商辦，各

專責成。茲將臣等前奏所未及者，酌擬應辦事宜，開列清單，恭呈御覽，仰懇天恩飭下總理衙門核覆施行。

謹將挑選幼童及駐洋應辦事宜分條開列恭呈

御覽

一挑選幼童，不分滿漢子弟，年十二歲至二十歲爲率，收錄入局，由滬局委員查考中學西學，分別教導，將來出洋後，肄習西學，仍兼講中學，課以孝經、小學、五經，及國朝律例等書，隨資高下，循序漸進。每遇房、虛、昴、星等日，正副二委員傳集各童宣講聖諭廣訓，示以尊君親上之義，庶不至囿於異學。

一幼童選定後，取具年貌、籍貫暨親屬甘結，收局註冊，在滬局肄習，以六個月爲率。察看可以造就，方准資送出洋，仍由滬局造冊報明通商大臣轉咨總理衙門查考。至洋局課程，以四個月考驗一次，年終分別等第報查。其成功則以十五年爲率，中間藝成後，遊歷兩

年以驗所學，然後回至內地，候總理衙門酌量器使，奏明委用。此係選定官生，不准半途而廢，亦不准入籍外洋。學成後不准在華洋自謀別業。

一出洋委員及駐滬辦事所有內外往來文件，應刊給關防。洋局之文曰奏派選帶幼童出洋肄業事宜關防；滬局之文曰總理幼童出洋肄業滬局事宜關防，均經臣刊刻飭發，以資信守。

一每年八月頒發時憲書，由江海關轉交稅務司遞至洋局。恭逢三大節及朔望等日，由駐洋之員率同在事各員以及諸幼童望闕行禮，俾嫺儀節，而昭誠敬。

一出洋辦事，除正副二委員外，擬用繙譯一人，教習一員。查有五品銜監生曾恒忠，究心算學，兼曉沿海各省土音，堪充繙譯事宜；光祿寺典簿附監生葉源濬文筆暢達，留心時務，堪充出洋教習事宜；業由臣檄飭遵照，屆時同正副委員一併前往。

一每年需用經費查照奏定章程於江海關洋費項下指撥。洋局用欵下年應用之項，於上年六月前由上海道籌撥銀兩會同稅務司匯寄外洋，交駐洋大員驗收。其滬局用欵，即交滬局總辦支銷。惟原奏係二十年內共用一百二十萬金，約計每年需六萬兩，而細加推算，分年應用之欵參差不齊，不能適符六萬之數，如首數年滬上設局幼童齊往，用欵較鉅，第四年竟至八萬九千六百餘兩。末數年幼童已歸，用欵較減，第十九年僅需二萬三千四百餘兩。此外各年遞推，亦皆多寡懸殊。玆由陳蘭彬等核開清單，某年應用銀若干，交江海關道署存照，按年寄洋，仍由該道分析造報以昭核實。

覆議選派委員攜帶學生出洋肄業兼陳應辦事宜摺總理衙門

曾國藩
李鴻章

同治十一年正月二十二日，軍機大臣奉旨：該衙門議奏，單併發。欽此。欽遵由軍機處抄交到臣衙門。據原奏內稱挑選學生出洋肄業，固屬中國創始之舉，所有攜帶學生委員，非堅忍耐勞志趣卓越者不足以膺是選。查有奏調四品銜刑部主事陳蘭彬、運同銜江蘇候補同知容閎等，上次摺內業經奏明均堪勝任，應請飭派陳蘭彬為正委員，容閎為副委員，常川駐紮美國經理一切事宜。至挑選學生，應在上海設局分批出洋，與出洋之員呼吸相通。查有鹽運使銜分發候補知府劉翰清熟悉洋務，檄令總理滬局事宜各等語。臣等查西人長技在於製器，而其大要皆本於算法。現欲取彼所長，輔我所短，自非選材前往學習，未易得其要領。所選學生，年皆幼稚，自須委員常川約束，在滬挑選，分批送往外洋，亦須有人經理。所有請派委員陳蘭彬容閎劉翰清等分別常駐美國及在滬設局，互相商辦，各專責成，應如所議辦理。惟查開列應辦事宜清單第一條內開：挑選學生以十二歲至二十歲爲率；第二條內開：在洋肄業以十五年爲率，中間藝成後，遊歷兩年，以驗所學，然後回至內地各等語。臣等查所選學生以十二歲計算，至十五年藝成後回至中國時，已二十七八歲。若以二十歲計算，則肄業十五年回至中國時已及三十六七歲。其家中父母難保必無事故，且年進二十再行出洋肄業，未免時過後學，難望有成，應請酌定自十二歲至十六歲爲率，並剔除親老丁單之學生，毋庸挑選外，其挑選出洋者亦應隨時考驗所學，或有不及十五年而已有成效及遇有事故者，准其報明由該委員確實查核酌准送回。且學生一百二十名之多，在洋十五年之久，亦難保無因病出缺等事，應如何辦理之處，亦須議及。其挑選出洋各學生姓名、籍貫、三代履歷，應飭該委員造具清冊申報該督等轉咨臣衙門存案，以備查核。又第四條內開：恭逢三大節及朔望等日，由駐洋委員率同在事各員以及諸學生等望闕行禮等語。所議甚是。臣等並擬令在洋局恭設至聖先師神位，駐洋委員率同在事各員以及諸學生一體行禮。其餘各條應如所議辦理。同治十一年正月日奉旨『依議』欽此。

予之教育計劃

容閎

著者字純甫，廣東人，於一八二八年（道光八年）生於澳門，一八三五年入美國倫敦婦女會之西塾，一八四一年進香港瑪利遜學校，一八四七年赴美，隨進耶魯大學，一八五四年畢業。斯年回國，初爲翻譯，後經商。一八六二年因友招謁曾國藩，建議設機器廠，旋奉曾命赴美購機器。一八六八年後即力謀遣幼童赴美，一八七〇年始實現。爲主張留學之第一人。著有西學東漸記（商務發行，）有三章專記當時留美情形，因摘錄之。　編者予自得請於曾文正於江南製造局內附設兵工學校，向所懷教育計畫可謂小試其鋒。既略著成效，前者視爲奢願難償者，遂躍躍欲試。曾文正者，於余有知己之感，而其識量能力，足以謀中國進化者也。當日政界中重要人物而與余志同道合者，又有老友丁日昌；丁爲人有血性，好任事，凡所措施，皆勇往不縮。當丁升任江蘇巡撫，予即謁之於蘇州公署，語以所謂教育計畫，丁大贊許，且甚注意此事，命予速具詳細語帖，彼當上之文相國，請其代奏。文祥，滿人，時方入相，權力極偉也。予聞丁言，驚喜交集，初不意蘇州之行效力如是。於是亟亟返滬，邀前助予譯書之老友（南京人）倩其捉刀，將予之計畫撰爲條陳四則，寄呈丁撫，由丁撫轉寄北京。略謂

一、中國宜組織一合資汽船公司，公司須爲純粹之華股，不許外人爲股東。卽公司中經理職員，亦概用中國人。欲鞏固公司之地位，並謀其營業之發達，擬請政府每年撥款若干以津貼之。其款可由上海鎮江及其他各處運往北京之漕米項下，略抽撥數成充之。漕運舊例，皆運米而不解銀，每年以平底船裝運，由運河駛赴北京，故運河中專爲運漕而設之船，不下數千艘。運河兩岸之居民，大半皆藉運漕爲生。但因運法不善，遂致弊端百出，水程迢迢，舟行迂緩，沿途侵蝕，不知凡幾。値天氣炎熱，且有生蛀之患，以故漕米抵京，不獨量數不足，米亦朽敗不可食。官廳旋亦知其弊，後乃有改寧波船，由海運至天津，更由天津易平底船以運京。然寧波船之行駛亦甚緩，損失之數，與用平底船等。愚意若汽船公司成立，則平底船及寧波船皆可不用，將來漕米，卽逕以汽船裝運，不獨可免沿途之損失，卽北方數百萬人民仰漕米以爲炊

者，亦不至常食朽糧也。（此後招商局輪船，即師此法以運漕）。

二、政府宜選派穎秀青年，送之出洋留學，以爲國儲蓄人材。派遣之法，初次可先定一百二十名學額以試行之。此百二十人中，又分爲四批，按年遞派，每年派送三十人。留學期限，定爲十五年。學生年齡，須以十二歲至十四歲爲度。視第一第二批學生出洋留學著有成效，則以後即永定爲例。每年派出此數，派出時並須以漢文教習同往，庶幼年學生在美，仍可兼習漢文。至學生在外國膳、宿、入學等事，當另設留學生監督二人以管理之。此項留學經費，可於上海關稅項下，提撥數成以充之。

三、政府宜設法開採鑛產以盡地利。鑛產既經開採，則必兼謀運輸之便利，凡由內地各處以達通商口岸，不可不築鐵路以利交通。故直接以提倡開

採鑛產，即間接以提倡鐵路事業也。（按中國當時尚無良好鑛師，足以自行開採，人民尤迷信風水之說，阻力多端。予之此策，第姑列之，使政府知中國實有無窮厚利，不須患貧；且以表示予之計畫遠大，冀政府能信任予言也。）

四、宜禁止教會干涉人民詞訟，以防外力之侵入。蓋今日外人勢力之放恣，已漸有入中國越俎代謀之象；苟留心一察天主教情形，即可知予言之非謬。彼天主教士在中國勢力，已不僅限於宗教範圍，其對於奉教之中國人，幾有管轄全權。教徒遇有民刑訴訟事件，竟由教會自由裁判，不經中國法庭訊理。是我自有之主權，已於法律上奪去一部分也。是實不正當手段，若不急謀防範，則涓涓不塞，將成江河。故政府當設法禁止，以後無論何國教會，除關於宗教者外，皆不得有權以管理奉

敎之中國人。

此條陳之第一、三、四，特假以爲陪襯，眼光所注而望其必成者，自在第二條。予友謂予官廳批答公事，例有准駁，吾與以可駁者，而欲得者乃批准矣。且目的所在，列之第二，乃不顯有偏重之意也。此條陳上後兩閱月，丁撫自蘇馳函告余，謂文相國丁內艱。蓋中國禮制，凡現任官職，遭父母之喪，謂之丁艱，丁艱必退職，居喪三年，不得與聞政事。予得此消息，心意都灰，蓋至此而元龍湖海豪氣全除矣。抑蹇運之來，天若不厭其酷者，得第二次噩耗，希望幾絕，蓋文祥居喪不三月，亦相繼爲古人矣。予目的懷之十年，不得一試，纔見萌蘗，遽遇嚴霜，亦安能無怏怏哉？失望久之，爐餘復熱，自一八六八年至一八七〇年，此三年中，無日不懸懸然，不得要領。偶因公事謁丁撫，必强聒不已，幷慫其常向曾督言此，以免日久淡忘。辦事必俟機會，機會苟至，中流自在；否則枉費推移。余非不知此，然時機者，要亦人力所造也。

已而天津人民忽有仇敎舉動，慘殺多數法國男女僧侶，其結果使中國國家蒙極大之不幸。予乃因此不幸之結果，而引爲實行敎育計畫之機會，洵匪夷所思。然使予之敎育計畫果得實行，藉西方文明之學術以改良東方之文化，必可使此老大帝國，一變而爲少年新中國。是因仇敎之惡果，而轉得維新之善因，在中國國家未始非「塞翁失馬，因禍得福」也。

天津仇敎事發生於一八七〇年春間，所以演成此慘劇者，則以北方人民類皆强悍而無識，迷信而頑固，遂因誤會以釀成極大之暴動。先是天津有惡俗，貧民無力養其子女者，恒棄之道旁，或沉溺河中。天主敎僧侶憫其無辜，乃專事收育此等棄兒，養之醫院，授以敎育，稍長則令其執役於敎會之中，此實有益之慈善事業。顧蚩蚩者氓，誤會其意，造爲無稽之說，謂教會中人，取此棄兒藏之醫院及教堂中，將其雙目挖去，以配藥劑，或則作爲祭祀之供獻品。此等荒唐可哂之謠言，恰合於天津人民之心理，故一時謠傳極廣，因而市虎之訛，竟激起人心之憤。久之又久，禍機乃不可遏，遂不恤孤注一擲，取快一朝，雖鑄錯而不悔也。計是役焚燬天主教醫院及教堂各一所，殺斃教中法國男女僧侶無數。

此暴動發生之際，崇厚適爲直隸總督，此人前曾任俄國公使，今甫督直而卽値此暴動，可謂大不幸。蓋中國律例，凡地方有變故者，長官須負其責；故崇厚遂因此革職，發配邊遠地方充軍。迨後中國政府允以鉅款賠償被害人之家族，並建還所焚燬之醫院教堂，更以政府名義發正式公函向法國道歉，事乃得寢。幸爾時普法戰爭未已，法政府在恐慌中，故未遑以全力對付中國，否則必且借題發揮，肆意誅求，以饜其貪饕。交涉恐未易就範。但此次雖無難堪之要索，然後來中國屬地安南東京之一片土，卒因是不我屬矣。

中國政府，當日曾派大臣四人調停，四人爲曾文正、丁日昌、毛昶熙，其一人劉姓，忘其名。是時捻匪雖漸平，尚未肅清，李文忠身在戎行，未與聞斯役。丁奉派後，電召予爲譯員，電至略晚，不及與同行；予乃兼程赴津，抵津後尙得與聞末後數次之談判。此交涉了結後，欽派之諸大臣留天津未及散，而予乃乘此時會，十餘年夢想所期者得告成功焉。

（西學東漸記第十六章）

經理留學事務所（派送第一批留學生）

容　閎

欽派四大臣中，曾文正實爲領袖，當諸人未散時，予乃乘機進言於丁撫，請其向曾督重提教育事，並商諸其他二人，予知丁於三年前已向曾督言及此，故曾當已略知此中梗概，丁又素表同情於予，得此二公力助，餘二人當無不贊成矣。一夕，丁撫歸甚晚，予已寢，丁就予室，呼予起，謂此事已得曾公同意，將四人聯銜入奏，請政府採擇君所條陳而實行之。予聞此消息，乃喜而不寐，竟夜開眼如夜鷹，覺此身飄飄然如凌雲步虛，忘其爲偃臥床第間。兩日後，奏摺拜發，文正領銜，餘三人皆署名，由驛站加緊快騎，飛遞入京。此時曾督及餘人皆尚在津沽也。丁撫旋薦陳蘭彬於予，謂將來可副予爲中國留學生監督。陳乃中國翰林，在刑部任主事垂二十年。丁撫之薦陳，蓋有深意。嘗謂余：「君所主張，與中國舊學說顯然反對，時政府又甚守舊，以個人身當其衝，恐不足以抵抗反動力，或竟事敗於垂成，故欲利用陳之翰林資格，得舊派人共事，可以稍殺阻力也。」予聞丁撫此議，極佩其思慮周密。丁撫旋發函召陳，數日後，津中有爲曾丁諸公祖餞者，予及陳蘭彬均在座，丁撫遂爲余等介紹。余之與陳，素未識面，今則將爲共事之人矣。陳居刑部二十年，久屈主事於末秩，不得升遷，以故頗侘傺不自得，甚願離去北京；居京除刑曹外，亦未任他事，故於世途之經驗甚淺，其爲人持躬謙抑，平易近人，品行亦端正無邪，所惜者膽怯而乏責任心耳。卽一羽之輕，陳君視之不啻泰山，不敢謂吾力足以舉之。

一八七〇年冬，曾文正辦天津教案事畢，回任兩江，抵南京後，奉到前所上封奏硃批「着照所請」。曾督卽持書召予，商此事之進行。至此予之教育計畫，方成爲確有之事實，將於中國二千年歷史中，特開新紀元矣。既抵南京，所商定者凡四事：曰派送學生出洋之額數，曰設立預備學校，曰籌定此項留學經費，曰酌定出洋留學年限。

經理留學事務所

有種種應辦事宜，勢不能無辦事機關，於是乃有事務之組織，酌設監督二人，漢文教習二人，繙譯一人。監督即陳蘭彬及予任之；二人之責任，亦復劃淸權限：陳君專司監視學生留美時漢文有無進步；予則監視學生之各種科學，並爲學生預備寄宿舍等事。至關於經費之出納，則由予二人共主之。此外所聘漢文教員二人，一名葉緒東，一名容甫雲；(譯音) 繙譯則爲曾蘭生。此當日留學事務所組織情形也。

旣稍有頭緒，乃議派送之學額並招考章程，旋決定學生人數，照予前次所擬，暫定爲百二十人，分四批，每批三十人，按年分送出洋。學生年齡，定爲十二歲以上，十五歲以下，須身家淸白，有殷實保證，體質經醫士檢驗，方爲合格。考試科目，爲漢文之寫讀，其曾入學校已習英文者，則並須試驗其英文；應考及格後，當先入預備學校，肄習中西文字，至少一年，方可派赴美國留

學。當未出洋之先，學生之父兄須簽名於志願書，書中載明自願聽其子弟出洋留學十五年，(自抵美入學之日起至學成止。) 十五年中如有疾病死亡及意外災害，政府皆不負責。至於學生留學經費及出洋之服裝等，皆由政府出資供給；每批學生放洋時，並派一漢文教習隨同偕往。此規定學額及招考章程之大略也。

予與曾督籌議甚久，議定後乃返上海爲第一步之進行，先於上海設立一預備學校，此校至少須能容學生三十人，因必有此數，方能足第一批派送之定額也。時有久居曾督幕府之劉開成者，奉派爲該校校長。劉在曾督幕府專司奏稿，爲曾督第一信任之人，故任以此職。予接見劉君，覺其人實予良好之臂助，即平常相處，亦可稱爲益友；對於予之教育計畫，尤抱熱心。後此四批學生，預備期滿，陸續派送，皆由劉君一手料量，始終其事焉。

當一八七一年之夏，予因所招學生未滿第一批定額，乃親赴香港，於英政府所設學校中，遴選少年聰穎而於中西文略有根柢者數人，以足其數。時中國尚無報紙以傳播新聞，北方人民，多未知中政府有此教育計畫，故預備學校招考時，北人應者極少；來考皆粵人，粵人中又多半為香山籍。百二十名官費生中，南人十居八九，職是故也。

一八七一年冬間，曾文正薨於南京，壽七十有一。曾之逝世，國家不啻壞其棟樑，無論若何，無此損失鉅也。時預備學校開學纔數月，設天假以年，使文正更增一齡者，則第一批學生已出洋，猶得見其手植桃李，欣欣向榮。惜夫世之創大業者，造化往往不錫於永年，使得親見手創事業之收效，此種缺憾，自古如斯，然則創業之人，既播種子於世，則其人雖逝，而此種子之孳生繁殖，固已綿綿不絕。故文正種因，雖未獲親覩其結果，而中國教育之前途，實已永遠蒙其嘉惠。今日莘莘學子，得受文明教育，當知是文正之遺澤，勿忘所自來矣。文正一生之政績、忠心、人格，皆遠過於儕輩，殆如埃浮立司脫 Mt. Everest 高峯獨聳於喜馬拉耶 Himalaya 諸峯之上，令人望而生景仰之思。予聞文正臨危時，猶念念不忘教育事業，深望繼己之李文忠有以竟其未竟之志云。

李文忠雖為曾文正所荐舉以自代之人，顧其性情品格，與文正迥不相侔。其為人感情用事，喜怒無常，行事好變遷，無一定宗旨，而生平大病，尤在好聞人之譽己。其外貌似甚鹵莽，實則胸中城府甚深，政治之才，固遠不逮文正，即其人之忠誠與人格，亦有不可同日而語者。設有燃犀史筆傳之，則其一生行為，如探海燈燭物，秋毫無遁形矣。（鐵樵謹按：文忠事迹俱在，功罪自有定評，不必因此數言，遂累盛德。昔眉山、伊川意見

不合，遂以君子而互相水火，是容先生此語，亦未必便爲失言。此書悉照原本意思，不敢稍有出入，致失眞相，閱者鑒之）

一八七二年夏季之末，第一批學生三十人渡太平洋而赴美國。予先期行，抵美後，卽乘火車過華盛頓而至紐約，再由紐約赴斯不林非爾 Springfield 將於此預先布置學生住宿諸事，蓋予與彼等約於此處期會也。當由紐約赴斯不林非爾時，道經紐海紋，遇海德列先生 Prof James Hadley 海聞予任此重職，復來美國班荊道故，不勝歡欣，予告以一人先至之故，海君囑予往謁康納特克 Conneticut 省之敎育司，謂渠當能代予籌畫，予如言謁敎育司拿德魯布 Nor-throp 君，告以來意，請其指示，拿謂當將學生分處於新英國省之各人家，每家二三人，但須相去不遠，庶便於監視，俟將來學生程度已能入校直接聽講時，乃更

爲區處。予如其敎，卽至斯不林非爾覓一適宜之所，以爲辦事處。蓋斯不林非爾地處新英國省中心點，居此易於分配學生，使各去予不遠也。況予於一八五四年所識之好友麥克林夫婦 Drand. Mrs. A. S. Mc. Len 亦居此，公餘之暇，得常與良友把晤，亦人生樂事。後因從敎育司拿德魯布及他友之言，乃遷居於哈特福德 Hartford 地方，其地卽康納特克之省城。此二年後，辦事處皆在哈特福德之森孟納街。Sumner Street。予雖遷居哈特福德，顧未遽置斯不林非爾，仍以其處爲分派學生之中心點，後之學生來美者，皆先至斯不林非爾，然後再分派各處，直至一八七五年乃已。

一八七四年，李文忠從留學事務所之請，命予於哈特福德之克林街 Collins Street 監造一堅固壯麗之屋，以爲中國留學事務所永久辦公之地。次年春正月，予卽遷入此新居，有樓三層，極其宏敞，可容監督、

敎員及學生七十五人同居屋中，有一大課堂，專備敎授漢文之用，此外則有餐室一，廚室一，及學生之臥室浴室等。予之請於中國政府出資造此堅固之屋以爲辦公地點，初非爲徒壯觀瞻，蓋欲使留學事務所在美國根深蔕固，以冀將來中政府不易變計以取銷此事，此則區區之過慮也；而詎知後來之事，乃有與予意背道而馳者！

留學事務所之終局　容閎

（西學東漸記第十七章）

最後一批學生，於一八七五年秋間抵美，同時偕來者有新監督區岳良，新繙譯鄺其照，更有漢文敎習二人，皆爲李文忠所派者。茲數人予曩在中國亦皆識之，而於區鄺二君交尤熟。此次更動之原因，出於陳蘭彬一人之意，陳以急欲請假回國，遂請政府另派新監督以代其職。又陳於古巴調查華工之役，深得漢文敎習葉緒東之臂助，故此次歸國，並欲携葉偕行；而舊日繙譯曾蘭生亦以他故，政府命其交卸回國，予於數月前已知有此更動，不以爲意也。

自陳歸北京三月，中政府忽派陳蘭彬並予同爲駐美公使，葉緒東亦得參贊；以常理論，是爲遷擢，事屬可喜。然予則不以爲榮以爲憂，予友皆賀予陞遷，蓋亦未就全局之關係一着想。若專就予一身言，以區區留學生監督，一躍而爲全權公使，是政府以國士遇我，受知遇而不感激，非人情。但以敎育計畫言，是予視爲最大事業，亦報國之唯一政策。今發軔伊始，植基未固，一旦舍之他去，則繼予後者，誰復能如予之熱心爲學生謀幸福耶？況予與諸學生相處既久，感情之親不啻家人父子。予去則此諸生且如孤兒失撫，是惡可者！默揣再四，乃上書總督，略謂過蒙逾格擢升，銘感無既；第公使責任重大，自顧庸朽，不堪負荷，擬乞轉請政府收回成命，俾得仍爲學生監督以期始終其事。俟將來留學諸生學成種種專門學術畢業歸來，能爲祖國盡力，予乃卸此仔肩。如是量而後入予個人對於祖國得略盡其天職，且此學生皆文正手植譬之召伯甘棠，尤願自我灌溉之，俾得告無罪於文正。況政府既已派陳蘭彬爲公使，則外交事務以陳獨當一面，必能勝任，固無需予之襄助也。是書予倩容雲甫屬繕就寄之中國，容雲甫卽偕第一批學生來美，與葉緒東同爲漢文教習者也。書上後四月，總督有覆函來，不准不駁，亦允亦否，蓋命予爲副公使而兼監督之任，俾予於留學生方面仍得有權調度一切也。

新監督區岳良大約卽陳蘭彬所舉薦，此行與一妻二子俱來。區君較陳蘭彬爲年少，雖非翰林出身，固亦中國飽學之文士，其人沉默靜穆，對於一切事物皆持哲學觀念，不爲已甚。其於前人布置已定之局，絕不願破壞之，觀其所言所行，胸中蓋頗有見地，惜此君任事未久，於一八七六年卽辭職歸國。

一八七六年陳蘭彬以全權公使之資格重履美土，一時攜來僚屬極多，中有一人曰吳子登，予約於二十年前曾在上海識之，其人亦爲翰林，第不知何故從未指分部授職，亦從未得政府之特別差委。聞其人好研究化學，顧所研究亦殊未見其進步。凡與吳交者咸贈吳以性情乖僻四字之考語。當區岳良辭監督職時，陳蘭彬乃薦此性情乖僻者以繼任，李文忠亦竟貿然允陳之請，於是留學界之大敵至矣。吳子登本爲反對黨之一派，其視中國學生之留學外洋，素目爲離經叛道之舉，又因前與曾文正丁日昌二人不睦，故於曾丁二公所創之事業，尤思破壞，不遺餘力。凡此行徑，予初不之知，乃陳蘭彬屬下代理秘魯公使某君告予者。然則陳蘭彬之薦吳繼區，可知陳亦極頑固之舊學派，其心中殆早不以遣派留學爲然矣。陳之此舉，不啻表示其自居反對黨代表地位，揎拳擄袖準備破壞新政以阻中國前途之進步，甚矣知人之難也！陳既挾此成見，故當其任監督時，與予共事，時有齟齬。每遇極正當之事大可著爲定律以期永久遵行者，陳輒故爲反對以阻撓之，例如學生在校中或假期中之正雜各費，又如學生寄居美人寓中，隨美人而同爲祈禱之事，或星期日至教堂瞻禮，以及平日之游戲運動改裝等問題，凡此瑣瑣細事隨時發生，每值解決此等問題時，陳與學生常生衝突，予恒居間爲調停人，但遇學生爲正當之請求，而陳故靳不允，則予每代學生略爲辯護。以是陳疑予爲偏袒學生，不無怏怏，雖未至形諸詞色，而芥蒂之見固所不免。蓋陳之爲人，當未至美國以前，足跡不出國門一步，故於揣度物情，評衡事理，其心中所依據爲標準者，仍完全爲中國人之見解。即其畢生所見所聞，亦以久處專制壓力之下，習於服從性質，故絕無自己之精神與活潑之思想。而此多數青年之學生，既至新英國省，日受新英國教育之淘鎔，且習與美人交際，故學識乃隨年齡而俱長。其一切言行舉止，受美人之同化而漸改其故態，固有不期然而然者，此不足爲學生責也。況彼等既離去故國而來此，終日飽吸自由空氣，其平昔性靈上所受極重之壓力，一旦排空飛去，言論思想，悉與舊教育不侔，好爲種種健身之運動，跳躑馳騁，不復安行矩步，此皆必然之勢，何足深怪！但在陳蘭彬輩眼光觀之，則又目爲不正當矣。

陳蘭彬自赴華盛頓後，與哈特福德永遠斷絕關係，因有以上種種原因，故平素對於留學事務所感情惡極。即彼身所曾任之監督職務，亦久存厭惡之心。推彼意想，必以爲其一己所受純潔無瑕之中國教育，自經來美與外國教育接觸，亦幾爲其汚染。蓋陳對於外國敎育之觀念，實存一極端鄙夷之思也。雖然，陳之此種觀念，亦未免自忘其本矣；獨不思彼一生之發跡，固由於此素所厭棄之事業耶？設無此留學事務所，則彼亦安能以二十年刑部老主事一但而爲留學生監督，更安得由留學生監督一躍而爲華盛頓公使。是則此留學事務所者，固大有造於陳蘭彬，不啻爲其升官發財之階梯。陳苟能稍稍念木本水源，則不當登高而撤梯；乃不謂其盡忘前事，極力欲破壞予之敎育計畫，而特荐吳子登爲留學生監督。吳之爲陳傀儡，又恰合其身分；蓋舍吳而外，故無人能受陳黑幕中之指揮也。吳既任監督，而留學事務所乃無寧歲矣。

一八七六年秋間，吳既任事，對於從事已定之成規，處處吹毛求疵，苛求其短。顧有所不滿意，亦不明以告予，惟日通消息於北京，造爲種種謠言，謂予若何不盡職，若何縱容學生，任其放蕩淫佚，並授學生以種種

不應得之權利，實毫無裨益。學生在美國，嘗好學美國人爲運動遊戲之事，讀書時少而遊戲時多，或且效尤美人入各種秘密社會，此種社會有爲宗敎者，有爲政治者，要皆有不正當之行爲；坐是之故，學生絕無敬師之禮，對於新監督之訓言，若東風之過耳；又因習耶敎科學，或入星期學校，故學生已多半入耶穌敎。此等學生若更令其久居美國，必致全失其愛國之心；他日縱能學成回國，非特無益於國家，亦且有害於社會。欲爲中國國家謀幸福計，當從速解散留學事務所，撤回留美學生，能早一日施行，卽國家早獲一日之福云云。

吳子登日毀予於北京友人及李文忠前，予初毫無聞知。後文忠有書來，以吳報告之言轉告，命予注意。予乃知吳媒孽予短，因亦作書報文忠，書中略謂凡此捕風捉影之談，皆挾私恨者欲造謠生事，以聳聽聞。吳固造此言者，其人性情乖張，舉止謬妄，往往好爲損人

利己之事，似此荒謬之人而任以重職，實屬大誤；今彼且極力思破壞從前曾文正所創之事業。夫文正之創此留學事務所，其意固將爲國家謀極大幸福也。吳子登苟非喪心病狂，亦何至欲破壞此有益於國家之事。愚以爲若吳子登其人者，祗宜置之瘋人院或廢病院中，惡足以任留學生監督。且舉荐吳者實爲陳蘭彬，陳亦怯懦鄙夫，生平膽小如鼠，即極細微之事亦不敢擔負絲毫責任。予之與陳共事，無論外交方面教育方面意見咸相左。予今試略舉一事，一八七三年政府派陳赴巴調查華工情形，陳奉命不敢遽往，遲至三月後乃首途。且於未行之先，先遣他人爲之試探，所遣者爲葉緒東及一教員，並有美國律師及通譯各一人。迨諸人調查既竣，事事完備，陳乃至古巴略一周旋，即返美呈報銷差矣。凡冒炎暑任艱鉅之事，皆葉緒東一人當之，陳蘭彬特坐享其成耳。今則陳蘭彬已升遷公使，而葉緒東乃僅得參贊；予之爲此言，非有所私憾於陳蘭彬而德葉緒東，第見政界中往往有此不平之事，無功受祿，轉來不虞之譽，勞苦功高，反有求全之毀。總督明察，當知予之所言非有所掩著。蓋予固甚願辭公使之職任，退處於監督舊任，俾得專心於教育事業，冀將來收良好效果。即如某日因事致書於美國國務院，予與陳蘭彬意見不合，致有爭論。爾時予曾語陳，謂無論副公使若何尊榮，皆不在予心目中，予已預備隨時辭職，以便足下獨斷獨行。斯言也，亦足以表明予之心跡矣。

予爲此詳細之報告以覆總督，欲其知予之歷史及陳吳二人之行爲也。至於總督以何言告陳蘭彬，則非予所得知矣。第此後公使館及留學事務所兩處，表面上似覺暫時平靜，並無何等衝突。會有數學生程度已高，予意欲送其入海陸軍學校肄業，乃致書美國國務院，求其允准。美國國務院復書，則以極輕藐簡單之詞拒絕予請其言曰此間無地可容中國學生也。嗟夫中國之見輕於美人，其由來也漸矣。先是由美國工黨首領某某二人創議反對華工，太平洋沿海一帶人民咸受其煽惑，卽美政府及行政各部亦在其催眠術中，而以美國國會爲尤甚。當時有上議院議員名白倫 Blaine 者最爲興高采烈首先創議反對華人。推白倫之心理，亦非與華人有深仇夙恨，不過其時腦中有欲作總統之妄想，遂假此題目以博譽於工黨，冀得太平洋沿海一帶之選舉票也。自有此議以來，美人種族之見日深，仇視華人之心亦日盛，不獨此次予之請求爲其直捷拒絕；卽從前一八六八年中政府與美政府所訂之勃林加姆 Burlingame 條約，亦無端遭其蹂躪，視如無物，此種完全違背公理之舉動，實爲外交界從來所未有。而美國國中人乃不憚蔑視條約，以爲區別種族之預備，故後來禁止華工之議案，一經提出，卽由國

會通過見實行，予此次請求之被拒，乃蔑視中國之小焉者耳。

予之所請，旣被拒絕，遂以此事函告總督。迨接讀總督覆書，予卽知留學事務所前途之無望矣。總督覆書，亦言美政府拒絕中國學生入陸海軍學校實違背一八六八年之條約，惟亦無如之何云。自一八七〇年至一八七八年，留學事務所已過之歷史，予已略述如前狀，而此致美政府請求學生入陸海軍學校之一函，亦卽爲予任學生監督最後所辦之公牘。一八七八年以後，則予身之職務乃專在公使館中矣。

予向美政府請求之事未成，總督意似不懌，吳監督子登聞之，遂又乘風興浪，思設法以破壞此留學事務所。顧吳一人之力猶有未逮，因暗中與陳蘭彬密商，設爲種種讐言，以極細微之事造成一絕大文章，寄之北京。適此時反對黨中有一御史，因美國華工禁約之

舉，遂乘機上一封奏，請卽解散留學事務所，撤回留學生，以報復美人之惡感。政府閱之，亦未敢貿然准其所奏，乃以此事質之總督李文忠公，使陳蘭彬與監督吳子登三人，詢其意見。李文忠此時不願爲學生援手，卽順反對黨之意而贊成其議。陳蘭彬因曾任留學生監督，此中眞相，理應洞澈，故政府亦垂詢及之；陳乃以極圓滑之詞答政府，謂學生居美已久，在理亦當召回，其措詞之妙，可謂至極。吳子登則更無猶豫之詞，直接痛快以告政府，謂此等學生當立卽撤回，歸國後並須交地方官嚴加管束云。此三人各陳所見，初無一語詢予，予於此事已無發言之權；蓋彼等咸疑予懷私見，卽有所言亦不足信也。留學事務所之運命，於是告終，更無術可以挽回矣。此百二十名之學生，遂皆於一八八一年悽然返國。

美國人中，理想高尚，熱心教育，關懷於東西人種之進步者，正復不少；其對於中國解散留學事務所，召回留學生之舉動，未嘗不竭全力以爭之。爰卽聯名上書於總理衙門，（卽外務部）反對此事；惟措詞極其和平，態度始終鎭靜耳。其中主張最力者，爲予畢生之良友吐依曲爾 Twitchell 君及藍恩 Lane 君，賴彼二人提倡，聯絡多數之大教育家及大學校校長簽名書中，思有以阻止中國爲此退化之事。此書爲耶路大學校長樸德 President Porter 手筆，雖後來未獲收效，顧其詞嚴義正，磊落光明，誠不愧爲文明人口吻。爰錄其文如下：

總理衙門（卽外務部）鑒：予等與貴國留美學生之關係，或師或友，或則爲其保人。今聞其將被召回國，且聞貴國政府卽欲解散留學生事務所，予等咸規規自失，且爲貴國憂之。今請以某等觀察所及，及得之外界評論者，爲貴衙門一陳之。貴國派遣之青年學生，自抵美以來，人人能善用其光陰，以研究學術，以故於各種科學之進步成績極佳，即文學、品行、技術、以及平日與美人往來一切之交際，亦咸能令人滿意而無間言；論其道德，尤無一人不優美高尚，其禮貌之周至，持躬之謙抑，尤爲外人所樂道。職是之故，貴國學生無論在校內肄業，或赴鄉村遊歷，所至之處，咸受美人之歡迎而引爲良友；凡此諸生言行之盡善盡美，實不愧爲大國國民之代表，足爲貴國增榮譽也。蓋諸生年雖幼稚，然已能知彼等在美國之一舉一動，皆與祖國國家之名譽極有關係，故能謹言愼行，過於成人，學生既有此良好之行爲，遂亦收良好之效果。美國少數無識之人，其平日對於貴國之偏見，至此逐漸消滅，而美國國人對華之感情，已日趨於歡洽之地位；今乃忽有召令回國之舉，不亦重可惜耶？夫在學生方面，今日正爲最關重要時期，曩之所受者，猶不過爲預備教育，今則將進

而求學問之精華矣。譬之於物，學生猶樹也，教育學生之人猶農也，農人之辛勤灌溉，胼手胝足，固將以求日後之收穫；今學生如樹木之久受灌溉培養，發芽滋長，行且開花結果矣；顧欲摧殘於一旦，而盡棄前功耶？至某等授於貴國學生之學問，與授與敝國學生者不少異，絕無歧視之心，某等因身爲師保，故常請貴國所派之監督，或其代表來校參觀，使其恍然於某等教授中國學生之方法，惜貴國所派之監督輕視其事，每遇此種邀請，或不親臨，或竟無代表派來也。貴衙門須知此等學生乃當日由貴政府請求美國國務卿特別咨送至予等校中，欲其學習美國之語言、文字、學術、技藝，以及善良之禮俗，以冀將來有益於祖國。今學生以科學文藝等皆未受有完全教育，是所學未成，予等對於貴國之責任猶未盡也。乃貴政府不加詳細調查，亦無正式照會，遽由予等校中召之返國，此等舉動，於貴國國

體無乃有虧乎？某等對於貴國固深望其日躋富强，即美國國人平日待遇貴國學生，亦未嘗失禮，貴政府乃出此種態度，以爲酬報授之情理，亦當有所不安。至於他人之造謠誣衊，謂中國學生在校中肄業未得其益，反受其損等言，此則某等絕對不能承認。何也？苟所謂無益有損者，指其荒蕪中學而言，則某等固不任咎，以某等對於此事，從未負絲毫職務也。況貴政府當日派送學生來美時，原期其得受美國敎育，豈欲其緣木求魚，至美國以習中學。今某等所希望之敎育雖未告成，然已大有機會可竟全功，當此事業未竟功過未定之日，乃預作種種謠言以爲誣衊，是亦某等所不樂聞也。某等因對於素所敬愛之貴國學生，見其忽受此極大之損失，既不能不代爲戚戚，且慨國無端蒙此敎育不良之惡名，遂使美利堅大國之名譽亦受莫大之影響，此某等所以不能安緘默也。願貴衙門三復此言，於未解散留學事務所之前，簡派誠實可恃聲望素著之人將此關於學生智育德育上誣衊之言，更從實地調查，以期水落石出，則幸甚幸甚。

（西學東漸記第十八章）

留美中國學生會小史

此文述留美學生之歷史甚詳，但與容閎之記載頗有出入，宜參閱之。原文載留學生季報，此則轉錄自民六之東方雜誌。

編者

（前略）自二十世紀開幕迄今，神洲俊秀負笈來美者，漸次增多，在一九〇五及〇六年之間，人數已達六百，但散居各處，其最大羣亦不過二三十人。當時各處已有中國學生會社出世，惟各立名目，各有宗旨，而未有相連之關係。迨至一九一一年，東美人數大加，會社亦因之而漸多。時有東美中國留學生會者（Chinese Students Alliance of the Eastern States）爲留美學生會社之一，發起組織總會，統一北美各埠之中國留學生會社，是時贊同者衆，至是年秋間遂產出今日健存之留美中國學生會（Chinese Students Alliance in the U.S.A.），是爲美國留學界之第一總機關。其目的在聯絡友誼，交換智識，輸渡美國之文明、學術、技藝於宗邦，且可以代表美留學界全體與國人互通聞問。然會之成立，根源於東美中國留學生會，故東美中國留學生會，卽是留美中國學生會之前身；易言之，謂留美中國學生會爲東美中國留學生會之嫡胤，亦無不可也。余於七年前來美，初到之時，寄居美京華盛頓，幸容逵先生伍性初先生（美京中國使署漢文書記官在美二十餘年）及諸老前輩等相過從，得聞中國留學生事頗悉。自慚陋鄙無文，不足紀事，恐後人欲知留美中國學生歷史者無所參考，遂作留美中國學生會小史。

美國中國留學生之原起　我國青年負笈萬里，來學是邦，自始迄今五六十年矣。前清同治初葉，恭親王等奏請選編檢庶常並五品以下由進士出身之京外各官及舉人恩拔副歲優貢等入同文館學習西藝，給以廩俸，予以升途，得旨依議。原奏究澈損益，駁辯是非，主張取法歐美，振興實業，以爲强國之基，語語適當，實爲派學生出洋之發端。不幸彼時倭文等見未及此，主持清議，以「用夷變夏」之說抗疏力爭，遽尼成議。迨至同治末年，湘鄉曾國藩奏請派幼童出洋留學，議成於一八七〇年，使豐順丁日昌募集學生；翌年，適吳川陳蘭彬出使美國，遂命香山容閎率學生同來，以高州區諤良爲監督，新會容增祥副之，卽唐紹儀、梁誠、梁敦彥、容逵、歐陽庚、候良登、詹天佑、鄺蘭生等輩。此爲中國學生留美第一期，各生初到時，清政府在干拿得傑省之核佛埠（Hartford.Conn.）購置一室，爲留學生寄宿生至光緒七年改派南豐吳惠善爲監督，斯人甚好示威，一如往日之學司，而其妝模作樣，則有過之無不及，故當接任之後，卽招各生到華盛頓使署中敎訓。各生謁見時，均不行拜跪禮，監督僚友金某大怒，謂各生適異忘本，目無師長，固無論其學難期成材，卽成亦不能爲中國用，聞陳蘭彬係金某之門生，且金某又爲某親貴之紅員，而有勢力者，故陳仰其鼻息，又欲獻媚以博其歡心，是以具奏請將留學生裁撤，署中各員，均竊非之，但無敢言者，獨容閎力爭，終無效果，卒至光緒七年，遂將留學生一律撤回。此爲第一期留學界絕命時代，時嘉應黃遵憲任金山領事官，聞此憾甚，賦罷美國留學生一首述其事頗詳。

留學界復甦時代　光緒季年，國家多難，外禍內亂，接踵而來，識時務者，知舊日所謂文章經濟，已非治國之材，於是「設立學堂」「派遣學生」之談又再起。是時盛杏蓀選北洋學堂畢業生九人，派來美國留學，以美敎士傅蘭雅爲監督，此卽王寵惠王寵祐陳煜全陳錦濤嚴錦鎔胡橋朝吳桂齡陸耀廷等。同時有遊學會派出數名，如譚天池王建祖等諸君。到美之初，多留西美之加拿寬省(Calfornia)；而我國學生出洋求學之風，盛極一時，是以各省官費私費來者日衆，漸漸遍佈美國，遂有中國留學會社出現於新大陸。

留學生會社　留學生會成立於新大陸之最早者，爲美洲中國留學生會（The Chinese Students Allianceof America）。第一期派出之學生，均是幼童，有中文監督、西文監督爲之管理，且同居一室，如父子兄弟，故未有學生會發現。惟第二期來美之學生，年歲固比前者較長，且多已在中國各校畢業，故其見識經歷，大有分別。當彼輩到美之時，華僑之青年子姪，亦有在各校肄業材堪造就者，獨惜其人生長異邦，中國文字，固未嘗學習，卽其愛國之心亦甚薄弱。北洋諸君有感於斯，欲鼓吹其愛國之誠，爲中國栽培有用之士，遂立一學會，其宗旨在聯合各校中國學生，互通音問，研究學問，並協助僑民教授漢文、漢語於其土生之子姪。於一九〇二年十二月十七日，有學生二十三人來自卜技利(Berkeley)屋崙(Oakland)等埠，會於三藩市斯谷(San Francisco Cal.)之剛紀愼會禮拜堂，遂成立此會。數年之間，北洋諸君次第赴東美各大學；而前時美洲中國留學生會之有力會員，亦漸次畢業，或來東方各大學之通儒院，或往歐洲遊歷，或回國辦事，雖來者日日加增，但强半留駐東美，此時所謂美洲中國留學生會任事人員及主動勢力，均在東美。至一九〇五年，據該會佈告云：會員居東美者佔十分之四。故年中開大會，亦在東方擇地，而西美學生，因路途遙遠，跋涉爲勞，多不能赴會討論，會事又不能直接與聞，於

是一九〇五年，又有太平洋海岸中國學生會(Pacific Coast Chinese Student's Association)發現。此會會員多是生長美國之青年，而其招收會員之章程，則不甚論資格：凡年十六以上者，無論在大學、中學、小學，均得入會爲會員，有選舉被舉職員之權，此與美洲中國留學生會章程，頗有分別。美洲中國留學生會之招收會員也，愼而苛；太平洋海岸中國學生會則博而濫。數年之間，兩會各行其見，各辦其事，分道揚鑣，並行而不相悖。今舍此兩會而論中美、東美之各學生會。

中美中國留學生會　中美中國留學生會(The Chinese Student's Alliance of Middle West)成立於美洲中國留學生會勢力未東之前一九〇三年，芝加谷埠(Chicogo Ill.)留學生人數頗衆，爲聯絡友誼，遂立斯會。其會員名數雖多，但未嘗十分發達。惟其自主性甚强，故美洲中國留學生會大勢已東之後，尚不能

令其取消獨立。

綺色佳中國學生會　當一九〇三年，江蘇浙江廣東湖北及各省多派學生來美，大數留寓東方，於是東美人材濟濟，又欲於大西洋沿岸諸省立一聯會。但學生散居各埠，一時未能集合，而綺色佳之康南爾大學(Cornell University, Ithaca.N.y.)人數最衆，是以首先立會，爲東方各埠倡。一九〇四年，招集鄰近各處學校之中國學生，開會討論事宜；會成，顏其名爲綺色佳中國留學生會 (The Ithaca Chinese Students Alliance)。

東美中國留學生會　東美中國留學生會(The Chinese Student's Alliance of the Eastern States)成立最後，而人數最多，勢力最大，實爲各學生會中之養素，化合以上所述各會而成絕大規模絕大影響之留美中國學生會者也。成立之初，梁振東周子貽兩先生有力焉。一九〇五年，梁周二君，避暑於麻是朱色省之奄麻士埠 (Amherst, Mass)，八月二十八日，有中國學生三十六人，假該部之農業學校博物院開會，梁周二君鼓舞一切，並協助討論事宜，組織此會，實爲東美第一流學會。其宗旨分別三要：(一)協助中美二邦享受和平幸福。(二)增進中國公同利益。(三)聯絡各校學生交誼。即日會成。翌年八月二十日，復在奄麻士開第二次大會，預先佈散傳單，招請東方各校學生赴會。是年各職員最注意之事，則爲咨請綺色佳諸君附合東美中國留學生會。開會日，接到綺色佳中國留美學生會書記覆函，大意謂接到貴會咨文，敝會即開特別會議。各會員意見均以爲東美留學生會統一，理所當然，貴會提議，敝會贊同；此後敝會取消獨立名義，樂於附屬東美中國留學生會，自斯以往，願合力協辦會務。從此兩會聯合，統一東方，而東美中國留學生會之勢力，乃倍增矣。

東美中國留學生會自併合綺色佳後，日漸進步，所辦各事，如派員於各埠演說爭回粵漢鐵路，如賑濟三藩市施谷地震受災之華僑，及爭江浙鐵路借欵等事，均收善果。加以刊印漢文年報英文月報留學同名錄，及每年之月份牌等件，均由東美操權，而中美西美各會力薄未能分任，東美不無引以為缺憾。是以欲吸引中美中國留學生會為附屬會，故其章程云：「東美者，以落機山 Rocky Mountains）為界，山之東為東美，西為西美。」實欲以此為收合中美之準備也。東美屢請中東聯合，然經營數載，尚未達其目的。迨至一九〇九年，接中美書記函云：「自中美中國留學生會成立以來，六年之間，會員人數未見增多。除芝加谷一部之學生而外，鄰近各省各校之學生，多以得作東美會員為幸事。敝會留意此事，知有兩難：一、各人意既趨

於東方，則值每年東美大會，必皆東遊，是以東美甚難開暑假大會；（二）敝會盡力張羅，仍不能聯絡中央各埠之學生，是以又難擴張勢力。現在敝會有力會員，雖不主張與貴會併合，然或別有法與貴會聯絡，協辦公益之事；但要大會集議，方能取決云。」同年十月二十八日，中美中國留學生會招集各埠學生，大宴於芝加谷，就席提議，於各埠學生每五人之中，舉一代議士，討論下年開大會事務。當時舉出蒲雕學校（Purdue University）諸君子，擔任分派傳單。此事發表後，中美各校學生，紛紛集議，多主張取法東美中國留學生會章程，於每年暑假，就近省擇合宜之地，自開大會。斯時東美誠恐中美此舉有牽動其間乎中東各省之各校學生，遂陳議：願每年東美開大會，擇地於中央，以便各方學生赴會。但中美以為一己之力可能辦到中美大會，故不納東美之議。一九一一年，遂於衣里內省之伊文

士頓埠 Evanston Ill.)開第一次大會。自此以往，前時所謂東美大會，遂分爲東美、中美兩大會。但中美各校學生畢業，有來東美各校之通儒院肄業者，此等會員之名份又不能不變，故兩會經幾番交涉，遂決用耶教青年會會轉會法，爲中美、東美兩會會員轉會之規則。

自一九〇九年一九一〇年之後，中美之密爾根(Michigan)芝加谷 (Chicago) 威士干臣 (Wisconsin)衣里內 (Illinois) 等大學中國學生漸多，中美學生會之勢力因而大進，與東美不相上下矣。惟東美素來主張統一，而中美則恐吃虧，因而分立，終未能達完善之結果。如是者年餘，東美始終堅持其目的，至一九一一年，有提議「統一美國中國留學生案」出，卽行選出委員，徵求中美西美各會意見，又舉出脫任會長三人，與中美之有力會員會議。幸諸君子不憚其煩，費幾許心思組立總會，命之曰留美中國學生總會。分美國爲三部：落機山之西各省爲西部，中央二十一省爲中部，大西洋沿岸十八省爲東部。此後中美、東美，均改名爲東部、中部，同隸於總會焉。

會員人數驟增　自一九一一年留美中國學生會成立後，各埠之中國學生，多隸會籍，當時會員約八百餘名。翌年，清華派百人來，而自備斧資者亦日多，民國成立後，中央政府及各省選派者，亦日來日衆，至一九一四年夏間，會員數將達千三百名，今則千五百以外。在學生會一方面言之，可云發達極一時之盛矣；惟就國家財力一方面着想，則未免失策也。按留學生數已達千五百餘名，若照官費生經費每人每年九百六十圓美金爲例，則我國每年共輸出美金一百四十四萬元，合華幣將及三百萬元。尚能以此欵在國內興辦大中小學事半而功倍，況造就人材，爲數十倍於千五百名耶。

留美中國學生會小史

女會員　吾國舊社會風俗男女界限森嚴，上中下流社會均墨守舊俗，不敢踰越。粵東廣州為開通最早之區，而歐美教會設立之講道堂，仍分男女座位。前清晚季風氣漸開，遠識之士，謂女子為國民之母，非教之育之，不能使盡其重要責任。於是提倡女學，以期造就賢母良妻。當時各省所有之公私女學，多聘用男教員，蓋女子能任教席者甚鮮故也。然女學校用男教員，殊多不便之處，權為之則無不可，特非長久之策也。因此我國女子渡東洋求學者盛極一時，但來美者，尚無其人。吾國女子，留學美國畢業於大學者，殆自江西康女士及湖北石女士二人始。然繼兩女士而來者，實繁有徒；查去年留美學生同名錄中，已有一百五十九人；今數將及二百矣。

夏季大會　我國留學生在此雖千數百之多，惟散佈全美，東西相隔萬里之遙，交通雖及利便，然往來車費頗鉅，故不能常相會集。自留美中國學生總會成立後，分東美、中美、西美三部，仍用東美中國留學生會舊例，每年於暑假期內，各部自擇相宜地點，舉行大會，會期凡七日。各部各校學生，得此機會相敍一堂，討論會務，選舉職員，或時講學演說，或比賽藝術，新舊學生聯絡感情，交輸智識，客地愁思，盡為濯去，誠樂事也。

出版品　前言學生散處各方，聲氣不易貫通，故有月報之刊，月出一期，除夏季三月不刊外，全年九冊全用英文，其內容有論說，有時評，有新聞，有佈告。從前定閱與否，不相勉強，但自千九十三起，加收會費，凡係會員均按月得報，不必另交報費。此外尚有季報，一年四冊，用漢文發刊，做雜誌體例，其宗旨在使國人略知留美學界情形，及美國之社會風俗，蓋即前時之年報改組，自一九一四年發刊以來，三年於茲矣。

（東方雜誌十四卷十二號）

會奏派遣學生赴美謹擬辦法摺

外務部學部

退還庚款興學之始，清華學校及其派遣留學生之辦法，卽建立於此奏摺之上。　編者

竊查光緒三十四年六月二十二日外務部奏稱美國減收賠欵，經與駐京美使商定，自撥還賠欵之年起，初四年每年遣派學生約一百名赴美遊學，自第五年起，每年至少續派五十名。其挑選學生及到美安插送學等事，俟商定章程另行知照美政府贊襄一切，彼此互換照會聲明以爲議定之據等語。此項賠欵，業於宣統元年正月起，按照議定減收數目，逐月攤還，在彼既已實行，則選派學生一事，在我自應舉辦，以昭大信。惟是此次遣派遊學，非第酬答與國之情，實兼推廣育材之計；造端必期宏大，始足動寰宇之觀瞻，規畫必極精詳，庶可收樹簣之功效。臣等公同商酌，擬在京師設立遊學學務處，由外務部學部派員管理，綜司考選學生遣送出洋調查稽核一切事宜；並附設肄業館一所，選取學生入館試驗，擇其學行優美資質純篤者，隨時送往美國肄業，以十分之八習農、工、商、鑛等科，以十分之二習法政、理財、師範諸學。所有在美收支學費、稽察功課、約束生徒、照料起居事務極爲繁重，擬專派監督辦理。至於學生名額，自應按照各省賠款爲目分勻攤給，以示平允。其滿洲、蒙古、漢軍旗籍，以及東三省內外蒙古西藏，亦應酌給名額，以昭公溥。謹將籌擬辦法大綱，開列清單，進呈御覽，恭俟命下，卽由臣等遵照分別辦理。其餘詳細章程，應督同學務處人員隨時核擬施行。宣統元年五月二十三日奉硃批：依議。欽此。

謹擬遣派遊學學生辦法大綱開列清單恭陳御覽

一、設遊美學務處，由外務部學部會派辦事人員，專司考選學生，管理肄業館，遣送學生，及與駐美監

督通信等事，並與美國公使所派人員商榷一切。

一、設肄業館在京城外擇清曠地方建肄業館一所，（約容學生三百名，其中辦事室、講舍、書庫、操塲、教習學生居室均備。）延用美國高等初級各科教習。所有辦法，均照美國學堂，以便學生熟悉課程到美入學，可無扞格。此館專爲已經選取各省學生暫留學習，以便考察品學而設。（詳細章程另擬。）

一、考選學生各條所取學生擬分兩格。第一格年在二十以下，國文通達，英文及科學程度可入美國大學或專門學。第二格年在十五以下，國文通達姿禀特異。以上二項，均須身體强壯，性情純正，相貌完全，身家清白，始爲合格。每年擬取第一格學生一百名，除由外務部學部在京招考外，並分咨各省提學使在各該省招考，錄取合格學生不拘

額數，咨送外務部學部覆考，選取實在合格者送入肄業館學習，或數月或一年，再行由館甄別。擬取第二格學生二百名，凡二十二行省民籍滿蒙旗人，及內外蒙古西藏等處，參照省分大小，賠欵多寡，以及有無賠欵，斟酌裒益，定爲額數。由學部行知各省提學使各按單開定額選取，送京入肄業館學習，或數月，或一年，再行由館甄別。甄別辦法，係將考試分數及平日分數合計甄別之，後於兩格學生內各選五十名送赴美國留學。其不入選之生，仍留館肄業。所有各省提學使咨送入館之第二格學生，如查有年歲不符及學行不純者，咨回本省。其往來川費，責令該提學使賠繳。本年應派學生爲時已廹，擬電行各省選取合格學生各若干名，尅期送部考試，擇尤送往美國，仍一面在京招考派送。

一、津貼在美自費生經費，如有盈餘，每年酌撥若干為獎賞自費學生之用，至多者每年約五百美金，至少者一百美金。此項學生須由駐美出使大臣，或部派駐美留學監督查照，確係在大學正班肄業，實業已入第二年班以上，功課實有成績，景況實在困苦者，方為合格。至於獎金多少，亦按照景況功課酌定。

一、專設駐美監督，在美學生人數衆多，安置學校、照料起居、稽察功課、收支學費等事，自必異常繁重，應設監督管理，選品學才望足資矜式之員，派充駐美學生監督，准其調用漢洋文書記支應員各一人幫同辦理。

（江寧學務雜誌宣統元年六月第五期）

六、遊學　日本

遵議遴選生徒游學日本事宜片

總理衙門

中央政府正式派遣留日學生之始。　編者

再准軍機處鈔交御史楊深秀片奏，「泰西各學自政治、律例、理財、交涉、武備、農工、商務、礦務，莫不有學，日本變新之始，遣聰明學生出洋學習，於泰西諸學燦然美備，中華欲遊學易成，必自日本始。聞日本大開東方協助之會，願智吾人士，助吾自立，招我遊學，供我經費，以著親好之實，經其駐使矢野文雄函告譯署，伏乞下總署速議遊學日本章程，選舉貢生監之聰敏有才年未三十者，在京師聽人報名，由驛署給照，在外聽學政給照等因，光緒二十四年四月十三日奉旨：著總理各國事務衙門議奏。」欽此。查本年閏三月間，准日本使臣矢野文雄函稱「該國政府擬與中國倍敦友誼，藉悉中國需才孔亟，倘選派學生出洋習業，該國自應支其經費。」又准該使臣來署面稱：「中國如派肄業學生陸續前往日本學堂學習人數約以二百人爲限。一經臣等備函致謝，並告以東文學堂甫經設立，俟酌妥辦法再行函告，該使臣亦稱須豫議妥章等語。近年以來，日本講求西學，大著成效，又與中國近在同洲，往來甚便。既經該國函請派往遊學，臣等公同商酌，擬即妥定章程，將臣衙門同文館東文學生酌派數人；並咨行南北洋大臣兩廣湖廣閩浙各督撫，就現設學堂中遴選年幼穎悟粗通東文諸生，開具銜名咨報臣衙門，知照日本使臣陸續派往，即由出使日本大臣就近照料，無庸另派監督。各學應支薪水用項，由臣衙門核定數目，提撥專欵，匯交出使大臣隨時支發。該御史所請在京聽人報名由驛署給照，在外聽學政給照，未免漫無限制，應毋庸議。所有遵議緣由，理合附片具陳，伏乞聖鑒訓示，謹奏。

查覆日本游學生聚衆滋事情形摺

光緒二十八年　載振

載振時爲專使日本大臣。　編者

（上略）竊奴才於七月初六日行抵美洲留紐海口，接准出使大臣伍廷芳面交外務部轉到密電內開：七月初三日奉旨：有人奏前赴日本遊學生有聚衆至使館肆鬧情事，經日本巡警兵彈壓始散。學生聚衆滋事，闖入使館，應從嚴懲，以警刁風。出使大臣蔡鈞不洽輿情，激成巨變，請嚴予懲處。參贊銓林任性妄爲，士心不服，應一併撤回等語，著載振按照所參各節確切查明，據實具奏，毋稍循隱。欽此。奴才旋於七月十五日至美洲英屬之溫哥華埠乘坐輪船，於二十九日抵日本橫濱海口，即日前赴東京，接見日本各部大臣及中東紳商時作爲閒譚，隨時採訪，並詳詢日本外部大臣小壽村太郎，知近年「中國游學日本學生人數日多，由各省督撫咨送到日者爲官派學生，其自備資斧東來游學者謂之自費學生，向皆安分守己，劬學精進，日人頗稱道之。分派同文宏文成城等學校安插肄業，漸升至大學及專門學校分類講肄，以期有成。惟成城學校爲士官初階，所習以武備爲主，非由駐日使臣保送，不得自請投學。諸生目擊時艱，意圖振奮，頗有願入成城學校者。故無論官生自費生，前均保送有案。此次有自費學生鈕瑗等五人願入成城學校。適有候補京堂吳汝綸經大學堂派令考查學校來日。該生等卽浼其商請蔡鈞具文保送。蔡鈞令各生自行環保，卽允轉送。諸生以蔡鈞並無難色，遂聯同志增至九人，書具互保甘結送入使署。蔡鈞以人數太多，將該生等原結送至日本參謀部署。該部以與向例稍爲不符，函復該大臣請其親自具函保送。蔡鈞以時値溽暑放假，參謀部大臣福島避暑他出，未卽舉辦。諸生疑蔡鈞有意阻撓，於六月二十四日已初約同江蘇舉人吳敬恒孫揆均等二十餘人赴使署請見。蔡鈞以其人衆，未肯接見。該生等忍饑鵠立，日昃不散。蔡鈞卽遣人邀吳汝綸及日本外部繙譯小村光太郎到署勸解，並招警察官至使署彈壓。諸生見警察官入署，以爲脅己，未免口出重言，堅不肯退。直至夜分，蔡鈞卽囑警兵將諸生掖入警署。於是人情洶洶，或謂其辱及斯文，或謂其自招警兵入署有失國體。次日，復有學生數十人同赴使署。蔡鈞已先期囑令警兵守門，大半擯諸門外。其已入者，復經警兵扶掖而出。此事始終本末，大略如此」小壽村太郎言之至詳，卽證以蔡鈞宣諭諸生刊印告示，亦多符合。小村並謂蔡鈞此次於諸生呈請入學，不肯遽爾保送，係爲愼重起見，辦理尙無不合。而諸生平素安靜勤學，並非有意滋事之人，偶因求見不獲，彼此誤會。原其本心，實可共諒。祗以既有此段枝節，不得不將吳敬恒孫揆均二人遣送回華。在吳敬恒等雖係事不干己，而其矜全同類，舍己爲人，其情亦殊可憫。現在諸生謹飭如常，並無觖望，正當導其爲學，斷不可加以挫折，致沮士氣，奴才以華民遊學日衆，其束身自好篤志向學者固多，然其中難保無有一二藉學爲名，隱圖煽惑，弱冠生徒，血氣未定，或至誤入歧途，爲患非細，故與小村反覆討論。小村復謂華生來學，多與本國學生雜居，究竟華生祇有此數，日本數萬生徒，設有此等情節，豈不慮其漸染。故管學大臣及監督教習於諸生意旨趨向，息息相關，審察防閑，極爲精密，斷不至稍有疏忽。尤不肯隱忍容留，此事甚明，可無過慮。小村又謂吾亞人民物產，豈遜他洲，所以不能與歐美爭衡者，正坐人才缺乏，故造士之方，日本視爲至重。我兩國唇齒相依，教育素未歧視，往往因學堂向有定額，至有舍日生以待華生者，則中國之愛護學生，宜如何誘掖獎勸，拭目以覬其成。設以駐使事繁，不能隨時接見諸生，周旋戒勉，致有隔閡。

不妨選派博學愛才之人充總監督駐紮是邦，專司其事，似亦兩全之術。其言切實和平，所見尤中肯綮。奴才致謝雅意，幷囑其雅意維持，小村頗爲欣納。奴才復逐日接見官派自費學生，多方勉勵，幷以朝廷需才孔亟，期望海外諸生須臾不忘。諸生負笈遠遊，朝廷亦所深鑒。如果學成回國，豈肯負汝苦志，惟諸生必須盡心爲學，志趨端正，方能成就遠大。否則時乎不再，實爲諸生深惜。奴才勗勵至再，諸生唯唯聽命，或欣喜逾望，或感激唏噓，甚有悲傷含涕不能仰視者。奴才窺其神色舉動，率皆循謹安詳，尙無桀驁囂陵之氣，可期相安無事，不至更生變故。方今各省建立學堂，培養士類，風氣初開，收效較遠。惟此游學一事，實爲當務之急，斷難因噎廢食，自遏生機。應否飭下管學大臣遴派總監督，與日本政府商訂章程，妥爲調護之處，出自聖裁。至原奏所稱參贊銓林任性妄爲，士心不服一節，密加訪察，幷無實據。茲謹就奴才聞見所及，縷晰上陳，不敢有所徇隱。

（下略）（約章成案匯覽乙篇卷三十二下）

奏請簡派日本游學生總監督摺

光緒二十八年 外務部

（前略）光緒二十八年八月二十一日，准軍機處抄交專使大臣載振查覆日本游學生聚衆情事摺內奏稱游學一事，實爲當務之急，斷難因噎廢食，自遏生機。應否飭下管學大臣遴派總監督與日本政府商訂章程，妥爲調護之處，出自聖裁等語。奉硃批外務部知道，欽遵到部。臣等「查近來屢奉詔飭各省選派學生出洋肄業，並准自備資斧前往。士皆競奮於學，不憚負笈出游。日本地近費省，趨之者尤衆。其官派學生，各省或有委員監督，或無委員監督。自費生則自保送入學後，並無約束情誼既難聯絡，規制亦未整齊。出使大臣雖有稽查照料之責，而交涉事繁，兼顧實難周到。該

學生等分疏勢隔，且慮下情無以上達，一涉猜嫌，轉生糾葛。自非特設專員總司其事，不足以端正趨向，策勵通才，仰副朝廷作育裁成之至意。此次載振過日本時，見其外部大臣小村壽太郎以選派博學愛才之人充總監督，駐紮是邦爲言。臣等屢晤日本駐京使臣內田康哉，及其高等師範學校長嘉納治五郎來京，皆述游學生各節，望中國派員監督，妥定章程，俾各學生免誤方向。學業有成，以備將來任用。其詞意俱甚切摯。聯友邦維持之誼，慰多士仰望之心，責成尤在得人。造就方有實效。臣等公同遴選，查有四品銜臣部員外郎汪大燮品端學裕，器識閎通，隨使出洋，辦事妥洽，於日本游學生情形尤爲稔悉。擬請派爲總監督前往駐紮。所有官派自費各學生，統歸管轄，令商日本外部文部參謀部妥定章程，隨時認眞經理，遇事經達臣部，應請將該員賞給卿銜，由臣部刊給木質關防一顆，文曰大清

管理赴東洋遊學生總監督之關防，以昭信守，准其酌帶隨辦文牘及繙譯共二三員，所需薪水用項，每歲准支銀二萬兩，由出使經費內提撥。三年期滿再行奏請更換，隨帶人員屆時照出使章程請獎。（下略）

（約章成案匯覽乙篇卷三十二下）

日本官立高等學堂收容中國學生名額及各省按年分認經費章程

學　部

竊臣部於上年奏請嗣後遣派遊學生，必具有中學堂畢業程度，能直入高等專門學校，始予給咨。庶普通知識皆於本國養成，高等專門始行取資海外，奉旨允准在案。誠以東西國學校雖多，而程度高深，功課完備，學成而後確乎有裨世用者，惟高等專門及大學。若僅肄習速成科及普通學，不特學問未經深造，無甚裨益，且恐一知半解，轉入歧趨，此遣派游學所以必期其

入官立高等專門及大學也。然比年以來，臣等詳查在日本游學人數，雖已逾萬，而習速成者居百分之六十，習普通者居百分之三十，中途退學輾轉無成者居百分之五六，入高等及高等專門者居百分之三四，入大學者僅百分之一而已。上年出使日本大臣因中國留日學生普通畢業，願入該國官立高等以上學校者，將有二千以上人之多。特與彼國文部省議訂官立高等以上各學校添收中國學生之約。而文部省答言，該國學校經費，自議院所議定。若添收中國學生，則所收之建築設備經常等費，須由中國補助。經該大臣與之迭次磋商，將所開補助各校經費數目再三核減，始於本年七月間得該國文部省之復書，允自今以後十五年內，於第一高等學校每年添收中國學生六十五人，東京高等師範、東京高等工業、山口高等商業、千葉專門醫學四學校，每年共添收中國學生一百人，由中國給

以補助等費。每年每名學生平均約日幣一百九十元。按照上年臣部奏定管理日本遊學生章程，凡考入官立高等專門學校及大學者，均應給予官費，則每生每年之學費，與前項補助費併計，平均約須日幣六百五十元。按逐年添收並將來第一高等畢業者須入大學計之，則此項經費以第八年至十五年爲最多，每年約須補助費日幣十八萬元，學費四十二萬元，此數固屬甚鉅。惟欲造就全材以補時艱，則此舉實無可緩。臣等查邇來各省因本國缺少專門人才而聘用外國教員，每省少者十餘人，多者數十人。總計全國所用外國教員不下三百人，以每人每年薪水平均二千元計之，已不下六十萬元。又近來各省所設中學堂，因缺少教員，程度不能及格。於是普通學問亦多出洋肄業，雖經臣部奏定章程嚴加限制，而近來遊學日本之官費學生，有普通而未入高等者尚有二千人之多。此項學費，總計歲須百萬元上下。設中國學生誠能照此次所定之額入彼國官立高等以上學校肄業，則得兩次之畢業生便足敷高等教員之用，得四五次之畢業生，各省皆可設立極完備之中學堂，而普通學問自無待於出洋肄業矣。是現在之所費者雖鉅，而將來之所省者實數倍於此也。臣等籌思再四，擬請飭下各省分任此項經費，按期解東。第一年大省任解日幣五千餘元，小省任解日幣三千餘元，按年遞加至第八年迄至十五年爲最多，每年大省任解日幣三萬二千餘元，小省每年任解日幣二萬一千餘元，以後遞減至第二十二年爲止。其最末一年大省不過二千三百餘元，小省不過一千五百餘元。如此各省分任，其數尚不爲鉅。此項經費，關係重要，應令早爲籌備，以期易於集事。且比年以來，各省遣派日本游學學生，多者十餘萬金，少者一二萬金。習速成普通者居多，此等學生畢業之後，即可停派。其游學之費，即可挪作官立高等專門游學經費。是此次分任之費，數年之後在派有游學之省分移甲就乙，並不至大有所增損。然則今之所出與後之所省，以十年通計之，並不多增費用，特前後一轉移耳。用各省之經費以造人才，即歸各省任用，在各省督撫體念時艱，求得眞材，以供任使，自無可以推諉。謹擬各省分任經費及畢業學生分盡義務章程，恭呈御覽。如蒙俞允，應請旨飭下各直省督撫按照分任經費數目按年籌解，毋得推諉，一面由臣部咨行出使日本大臣與日本文部省妥定章程，遵照辦理。謹奏。光緒三十三年十一月三十日具奏奉旨「依議」。欽此。

謹將酌擬日本官立高等學校收容中國學生，及各省按年分任經費章程繕具清單，恭呈御覽。

計開

一由出使日本大臣與日本文部省約定，以光緒三十四年爲始，十五年之內，每年東京第一高等學校收容中國學生六十五人，東京高等師範學校收容中國學生二十五人，東京高等工業學校收容中國學生四十人，山口高等商業學校收容中國學生二十五人，千葉醫學專門學校收容中國學生十人，均由中國給以補助費。

一此項學生，由公使擇取品行端正，漢文通順，普通學已畢業之人，送交各該學校行競爭試驗，拔其學力最深程度與日本學生相等者以充其選。入選者不拘省分，不待補額，即行給與官費以資鼓勵。

一此項學生之補助費及學費，每名平均每年日幣六百五十元。入第一高等者，應併將來入大學之學費計算，約計以八年畢業。入專門學校者約計以四年畢業，應於二十二年內由各省分任此項經費，以期易於集事。

一直隸、奉天、山東、河南、江蘇、江西、安徽、浙江、福建、湖北、湖南、廣東、四川等大省，每省分任每年添學額九名之經費。吉林、黑龍江、山西、陝西、甘肅、新疆、廣西、貴州、雲南等小省，每省分任每年添學額六名之經費。茲將大省小省每省逐年應認解之費開列如左：

第一年

大省每省認解日幣五千八百五十元。

小省每省認解日幣三千九百元。

第二年

大省每省認解日幣一萬一千七百元。

小省每省認解日幣七千八百元。

第三年

大省每省認解日幣一萬七千五百五十元。

小省每省認解日幣一萬一千七百元。

第四年

大省每省認解日幣二萬三千四百元。

小省每省認解日幣一萬五千六百元。

第五年

大省每省認解日幣二萬五千七百元。

小省每省認解日幣一萬七千一百五十元。

第六年

大省每省認解日幣二萬八千元。

小省每省認解日幣一萬八千七百元。

第七年

大省每省認解日幣三萬零三百元。

小省每省認解日幣二萬零二百五十元。

第八年至十五年每年

大省每省認解日幣三萬二千六百元。

小省每省認解日幣二萬一千八百元。

第十六年

大省每省認解日幣二萬六千七百五十元。

小省每省認解日幣一萬七千九百元。

第十七年

大省每省認解日幣二萬零九百元。

小省每省認解日幣一萬四千元。

第十八年

大省每省認解日幣一萬五千零五十元。

小省每省認解日幣一萬零一百元。

第十九年

大省每省認解日幣九千二百元。

小省每省認解日幣六千二百元。

第二十年

大省每省認解日幣六千九百元。

小省每省認解日幣四千六百五十元。

第二十一年

大省每省認解日幣四千六百元。

小省每省認解日幣三千一百元。

第二十二年

大省每省認解日幣二千三百元。

小省每省認解日幣一千五百五十元。

一此項經費，由各省按所定之數，分四季匯交出使大臣隨時支用，每年由出使大臣造詳細報銷，咨報學部查核。

一各省既認解此費，以後應卽停派各項官費學生。又各省官費缺出，概不補入一節，應照上次奏定管理章程切實施行，以紓財力。惟已考入官立大學，及官立高等專門者，改給官費一節，係與此章程並行不悖，應照舊辦理。

一此兩年內在日本預備普通畢業者甚多，儘敷各高等學校考選新生之額。但兩年以後，應由各省續派中學畢業生前往日本應考入各學校之預科，以備將來入各學校考選新生取材之所。惟該生等肄業預科之際，應令自籌學費，至入高等後始改給官費。

一以上各校之官費學生，既由競爭試驗而得，則所取名額，斷難畫分省界，各省均勻。惟其學費補助費，既為各省所攤派，則此項學生畢業後，宜分歸各省效力義務，不准他省奏調，以昭平允。應於每年畢業之前，由出使日本大臣將本年畢業學生咨送學部，按各省認解經費之多少，將畢業學生如數分配。凡本省之人，先儘本省任用，如有餘則籤分鄰省，鄰省有餘，更籤分較遠之省。如該學生有親老等情，確實不能赴遠省者，應於未掣籤之前呈明，既掣籤後，不得更改，並不得由他處奏調。

一義務年限之久暫，應以給發官費之年限而定。凡曾領官費若干年者，即應盡義務若干年，在義務年限內，仍應給予薪金。惟其薪金應比尋常聘用之員為略減，而每年減少之數，即照其遊學時所給官費之數扣除。（大清宣統新法令第十五冊補遺）

選派陸軍學生分班游學章程摺

練兵處

中國留日士官學生之特多，此摺之力也。　編者

本年正月三十日，准軍機處鈔交出使日本國大臣楊樞奏陳兼管學務情形一摺，奉硃批：「練兵處知道。」欽此欽遵。查該大臣原奏內稱：日本陸軍經營數十年，成效最著。中國似宜添派學生來東，專送入陸軍各學校，以期成就遠大，用濟時艱。惟是學陸軍者，每歲所費，較多於學文科者數倍，非自費生所能備辦，似宜以官費培植之。雖各省督撫近亦有選派學生來者，然為數有限，恐不敷干城之選。應否飭下各督撫將軍於世家宦族內遴選文武兼賚之少年學生，添派東來，分

選派陸軍學生分班遊學章程摺

定班數人數送陸軍各學校肄業，以廣將才而資錄用等語。臣等竊維自强之計，當以儲備將才爲第一要義。而欲造就將才，自非多派學生遣赴外洋學習新法不可。惟各省向無一定辦法，多派少派，人數旣屬不齊。官費私費人類亦復不一。欲求鼓舞振興之效，必有整齊畫一之規。查現時文科各生，業經學務大臣奏派三十餘人前往武科，似較文科尤急。凡陸軍學堂之事，本與兵事相爲表裏。擬卽由臣處總理其事。所有各省各旗每處應派學生額數若干，每年應籌學生經費若干，挑選時學有淺深應憑何格選取，咨送時路有遠近應限何時送齊，以及留學在東應派定何人司其約束，學成回國應考授何職予以登庸，一切應辦事宜，均須明定章程，方足以免紛歧而資信守。臣等現已公同商訂謹另繕清單恭呈御覽，伏候欽定。如蒙俯賜准行，臣等卽分別咨行各省督撫及京外各旗欽遵辦理。自本年起，將第一班學生一律於七月初旬送到臣處，以便考驗遣送出洋。（中略）光緒三十年四月初五日奉旨「依議」。欽此。

附錄選派陸軍學生分班游學章程

一、選派學生，須分年派往，擬以四班爲一輪，每年選送一班，每班一百名，至第四年四班送齊後，如須變通辦理，屆時另行核議。

二、選派學生，各省須有定額，京旗直隸江蘇湖北四川廣東各六名，奉天山東河南安徽江西浙江福建湖南雲南各四名，山西陝西甘肅廣西貴州各三名，江寧杭州福州荊州西安寧夏成都廣州綏遠城熱河察哈爾密雲靑州十三處駐防各一名，計共一百名爲第一班。以後三年均照第一年辦理。如各省旗有願多派者亦可，但不得倍於原派之數，以示限制而免紛歧。

三、凡已設武備學堂各省旗學生應在該學堂內選派。若未設學堂之處，則於文武世家子弟內選派。但須合以下所訂之格方准派往，如選不及額，即由練兵處就近選派補足以符定數。

四、所選學生，必須身家清白，體質强壯，聰明謹厚，志趣向上，並無暗疾嗜好，於中學已有根柢，武備各學已得門徑，年在十八歲以上二十二歲以下者爲合格。其未有武備學堂之處，於武事本末諳習，而經史時務之學必須優裕，選定後由各省旗開具該生姓名、年籍、三代履歷、學詣、品格，與已學武備之生一併咨送練兵處考驗，合格者由練兵處彙送駐日大臣轉送學校肄業，不合格者遣回。

五、選送學生須有定期，各省旗均應預計程途遠近，咨送務於每年七月初旬齊集練兵處，以便考驗派往，於八月間到日，庶免暑假中虛耗時日之弊。

六、咨送各省，應由練兵處選派一監督專司考查約束，即作爲駐日使署武隨員，歸本國駐日大臣節制。

七、第一輪學生，共計四百名。其往返川資，每名約需銀二百兩，常年經費每名每年約需銀三百兩。開辦第一年學生僅百名，以後額數逐年遞加，款亦遞增。計第一年共需銀四萬兩，第二年七萬兩，第三年十萬兩，第四年十三萬兩，第五年又減爲十萬兩，以後每班畢業生逐漸回國，費即遞減。如有資質超異，學業精進，能考入陸軍大學校及各專門學校者，尙須加給經費，應需若干，臨時籌濟。

八、學生川費學費，由練兵處籌五成，餘五成由各該省旗籌備，須指定專款以免貽誤。其款定於每年七月前解交練兵處彙付駐日大臣轉交各學校及陸續支付各生。

九、學生用費，各省旗選派若干名者，第一年即接若干名額應攤之費解交，以後第二三四五等年按數遞爲增減。其留入大學校及各專門學校者，另計。至各旗中如有實在款項支絀，萬無可籌者，則統由練兵處發給。惟各省治裝費、來京川費及不合格者遣回川費，均由本省本旗發給。

十、各生除學費外，每名月給雜費銀五元，按月親赴練兵處所派之駐日監督寓所支領。其有考入大學校及各專門學校者，由練兵處酌量加增。如隨隊習旅行野操，及秋後大操一切費用，則由駐日大臣督同監督臨時酌定，咨明練兵處發給。

十一、學習兵事，專爲國家振武之用，自應由官遣派，不得私自往學。其有現時業經在日習武之自費生，應由駐日大臣及監督察其志趣向上，學業精勤，年限未滿者，隨時咨明練兵處，貼給旅費，改爲官費生，以資造就。自此次定章後，凡赴日學習武備之自費生，卽行禁止，以歸一律。

十二、駐日大臣有督察學生之權，須隨時悉心考察各學生之品行學業，按年督同監督造册咨送練兵處，以備查核。

十三、此次咨送學生，及以前公私費各學生，倘有隨行廢學者，由駐日大臣隨時儆斥，如仍不知改，卽聲敘該生行徑，咨回練兵處懲辦，並追交官發歷年經費。其有實係才力不及，難望有成者，亦隨時咨由練兵處遣回原籍，免其繳費。

十四、查日本振武學校，專爲中國學生而設。其間規模教育，如有未盡美備事宜，應由駐日大臣商同日本在事各官酌量修改。如有應需零星款項，亦由駐日大臣咨由練兵處籌給，並由駐日大臣商訂中國學生充見習士官後入大學校及各專門學校章程。

十五、振武學校教習，應由中國籌給津貼。其餘各學校教習，應於每班學生畢業後，由中國給予優獎。其津貼數目，及獎勵規條，應由駐日大臣與日本在事各官商酌辦理。

十六、學生在日本士官學校畢業，充見習士官期滿，除考入大學校及各專門學校外。其餘回國，由練兵處就其歷年所學一一考試，最優者奏請授職守備，次者授千總，次者授把總。此項武職，卽作爲該學生等出身開寫履歷，均按授職之年，係以某某年守備千把出身字樣。俾與保獎武職示有區別。如該學生本有官階，卽照其原有之官晉一秩。若係文職，亦照原品晉一秩。入營帶隊，以相當之武職借補。而其出身，仍均係以守備千把等職。其由大學校及各專門學校畢業回國者，則比照此例分別加升。其應考各員授職後，卽分別咨回各本省，以營隊及陸軍學堂教習酌量錄用。

（約章成案匯覽乙篇三十二下）

記東京學界公憤事並述余之意見

中國之新民

當時留日學生因取締發生全體歸國風潮，吳淞中國公學卽由歸國學生所創。官廳亦甚贊助，並撥款撥地以成之。　　編者

最初之風說　初日本政府，有發布淸韓留學生取締規則之說，（取締者管理之意）其內容若何，未能知也。而學界聞之，乃大悲惋，僉謂今韓國者日本之保護國也，儕我與韓伍，是日本蔑視我國權也。[illegible]規則若布，無論內容若何，我輩義不可更託足於日本。此六七月間之風說也。

規則之發布　迨陽曆十一月二日日本文部省有「關於許淸國留學生入學之公私立學校規程」發布，凡十五條，今錄其譯文如下。（原文據明治三十八年十一月二日第六千七百五號官報。）（原文略）

關於令淸國人入學之公私立學校規程

第一條　公立及私立學校將許可清國人入學之時，於其入學願書必令附加一在本邦清國公館之紹介書。

第二條　公立及私立學校，對於清國學生，若有本人志望欲於該學校所定學科中闕習一科或數科者聽之。

第三條　令清國人入學之公私立學校，其關係於敎育之職員名簿，清國生徒學籍簿、出席簿及往復書類綴須保存之。

前項之學籍簿，須將生徒之姓名、原籍、年齡、住所、入學前之經歷、紹介入學之官廳名、官費私費之區別、賞罰、入學轉學退學之年月日及其學年、卒業之年月日、轉學退學之事由等記載之。

第四條　公立及私立學校，將許可清國學生轉學退學之時，於其願書必令附加一本邦清國公館之承認書。

第五條　令清國人入學之公私立學校，每年須以一月七月兩次將前此六個月間入學之清國生徒人數報告於文部大臣。

其清國生徒之轉學退學及卒業者，報告亦如之。

第六條　公私立學校，若有清國學生卒業或被命退學，須於一個月以內將其姓名及被命退學之事由，報告於原紹介之清國公館。

第七條　令清國人入學之公私立學校中，經文部大臣認爲適當者，特選定之，而通告於清國政府。

第八條　公立及私立學校，欲受前條之選定之時（案意言欲得受選定之權利也）其管理者及設立者，須將左列之事項，具申於文部大臣。但依於特別之規定，前此既已申報若既經認可者，得省略之。

一　關於清國人敎育之沿革。

二　學則中關於清國人教育之規定。
三　學校長及學校代表者之履歷。
四　教育之姓名資格學業經歷、及分擔學科目。
五　清國學生定額，及某學年某學級現在人數。
六　清國學生校外監督之方法。
七　清國人卒業者之人數，及卒業後之情況。
八　供清國學生用之校地校舍、及寄宿舍之圖。
九　經費及維持之方法。
十　教科書教授用器具器械及標本之目錄。

前列第二及第八兩項若有變更時，須經文部大臣認可。

第九條　受選定之公私立學校，其令清國人宿泊之寄宿舍及屬於學校監督之旅館，要爲校外之取締。

第十條　受選定之公私立學校，遇有清國人曾在他學校以性行不良之故被命退學者，不得復令入學。

第十一條　受選定之公私立學校，當試驗時，文部大臣得隨意派吏員臨視，或查閱其試驗問題及答案。當臨視時，該吏員於其試驗問題及方法，或有認爲不適當者得命其變更。

試驗問題、答案及成績表、最少須於五年內保存之。

第十二條　受選定之公私立學校，每一學年完結後，須於一個月以內將該校清國生徒教育之經驗報告於文部大臣。

第十三條　受選定之公私立學校，或有違背此規則及成績不良者，文部大臣得取消其選定。（案謂剝奪其受選定之權利也）

第十四條　其遵依本令所規定而提出於文部大臣之案牘，須經由地方長官。

第十五條　本令所規定，凡小學校及類於小學校之各種學校，皆適用之。

附則　本令自明治三十九年一月一日施行。

此規則對於我學界之利害如何　此規則之間接關係於我學生者，惟第一第四第九第十之四條，其餘則皆彼文部省直接監督彼國人所設立之學校者也。當其未發布時，鄙人聞有特別取締之說，心竊憤悶，與留學諸君同。及見此規則而反釋然，誠以其利多而害少也，請略舉之：

（一）日本人近來爲中國學生特設之學校，如弘文同文經緯東斌等日見繁夥，雖非無稍臻完善者，但其間亦多有託教育之美名，行營利之目的，教科混雜，教授非人。講義則因陋就簡，試驗則奉行故事，我青年最可貴重之時日，被其躭誤者不知凡幾。此規則之大部分，專在監督此等學校，其第八條第十一條第十三條尤爲

嚴重。此規則既頒，此等學校其前此混雜之常態必不能久存。

（一）此等學校，其於寄宿舍衛生上多不注意，管理法亦不能與普通之日本學校盡同一之義務，乃至有月徵收二十五元，並校醫而不設者。其他缺點，不可枚舉。此規則第九條，使辦學校者任校外取締之責，以後不能不趨於整肅。

（一）中國人入日本原有之學校，與日本人同學者，其間學科，多有爲我國人所不需要勉强學之，徒費日力，如彼之所謂國文，（其國文中之高尚者，如太平記竹取物語之屬，中學校師範學校皆授之。）及日本地理日本歷史之類是也。我學生之入其中學及高等師範學校者，多以此爲苦。此規則之第二條，實爲我學生開一方便。

（一）規則之第一第四條，於我入學轉學之自由稍加制限，此爲不便之點，然前此學界實有以轉學退學太自由之故，甚有一月而所入之校更迭再三者，其於進學之道，所障殊多，加此限制，抑利害參半耳。

此鄙人最初對於此規則之意見也。故竊以爲此規則發布，其最感不便者，當爲日本人中專辦營利學校之輩，而我國學生雖稍有不便，顧其利益足以償其損害而有餘也。乃萬不料有今日之事。

留學生總會館之提議　規則布後逾旬日，留學生總會館經評議員之議決，有所提議，大略認第九條爲侵害我居住自由，第十條性行不良一語意義漠然，失諸廣泛，慮生誣陷啓爭論，請公使照會文部省改正或加解釋。似此辦法，尚愼重而有秩序。鄙人所極表同情也，乃更不料交涉未了而遽有今日之事。

學界大多數憤慨之原因　今次之決裂，其原因決非徒在此規則問題也，蓋蓄憤甚久，而借此一洩也。（一）以近今日本對韓政策，在在痛心怵目，學界稍有血性者，無不表哀憐於韓，及聞有清韓取締之風說，益挑撥其惡感。（二）日本戰勝後，其對於中國之政策，似有變動，輿論多持威逼主義，而現在方在北京會議滿洲事件，相持未決。學界以愛國之故，對於日本多感不快。（三）在東習普通者，於其所入之學校，覺其教科之不完備，管理法之混亂，平昔已不勝感慨，特以求學之故，舍此無途，含辱忍垢以就之。（四）日本報紙對於我學生，常有嫚辱之批評，使我不堪。以此諸原因，故其惡感情旁礴鬱積於胸中者既久，如炸藥徧地，待熱度而爆發，此規則之發布，則無端而忽予之以導火線耳。

學界大多數對於此規則之批評　兩旬以來，學界中積熱成狂，其關於此規則之批評，繁多不可悉紀，

記東京學界公憤事並述余之意見

以鄙人所聞者。

一　此規則之名清國留學生取締規則也，故無論其內容若何吾輩義不可忍受。何以故？以損辱我國權故。日本人留學於歐美各國者寗乏人？何以不聞某國有取締日本學生之規則？即我國人留學他國者，寗止一日本，何以不聞某國開日本之先例別爲規則以取締我也？若是夫彼日本明蔑視我國權也。

二　此規則之名，原清韓留學生取締規則也。不過恐我國不認，姑爲朝三暮四之計，去韓留清云爾。夫其儕我使與受彼保護之韓爲伍，是可忍孰不可忍！

三　規則第一第四條，言入學轉學必經公使之介紹承認，明侵害我入學自由。

四　規則中有侵害我書信秘密自由之件。

五　規則中有學生卒業後將姓名通告於我國政府請其登用之語，是日本人欲結好我政府，愚弄我學生，以握我教育權，且漸干預我用人行政之權。

六　規則第九條，剝奪我居住自由權。查日本惟待娼妓乃有勒令居住於指定地所之制，是娼妓我也。

七　規則第十條性行不良一語，不知以何者爲良不良之標準。廣義狹義之解釋界說漠然，萬一我輩有持革命主義爲北京政府所忌者，可以授意日本竟誣指爲性行不良，絕我入學之路，其設計之狠毒，不可思議。

以上皆鄙人日來所習聞一般之輿論也，其尚有他論與否，未及悉知。但大概所以煽動一般學生起爾許大風潮者，皆此等議論激成之，至其是否辨於下方。

全體休課及要求取消　此等議論既播，一般之學生大受刺激，於是路礦速成學堂首倡休課之議。翌日，而弘文一部分繼之。翌日，而女學生全部繼之。翌日，而各學校全體之學生繼之。其間有一二校反對者，則或遊說以大義，或脅逼以威力，不及三四日而全體停課矣。

學生當停課前後，並未嘗以正式提出意見書，不知其所要求者如何，然輿論大指所歸，則曰非日本文部省取消此規則，義不可復履日本之土也。

日本報界之反撥　我學界公憤正熾之時，而日本各報復冷笑熱駡以反撥之。或曰：支那人放縱卑劣。或曰：支那人稱遊學，彼誠學而遊者也。或曰：彼烏合之衆耳，行見其鳥獸散也。凡此種種虐謔，皆予我以極不堪，而其尤甚者，爲朝日新聞所載青柳篤恒（其人爲早稻田敎員）「對於清國學生意見」一篇，誣詆我學界，無所不至。而謂經此次風潮後，將淘汰其輕躁者，而留其善良者。又讀賣新聞載有「某政客與清國留學生問題」一篇，言此事件之起，原因日本政府受北京政府之囑託。初、張之洞在都，已與日本公使內田康哉提此議，內田不允，後經再三諄囑，直至今日，磋磨數次，然後發表。凡此諸論，皆與我以絕大之刺戟，而使全學界增數倍之熱度者也。

聯合會之成立及自治制之發布　此次團體之大之堅實，中國前此所未嘗有也。初停課說之倡始，原因不滿於總會館幹事之所爲，故發起此議者，不經總會館，並不經各同鄉會，其原動力則各校之同窓會也。課既停之第一日，人心洶洶，幾陷於無政府之狀態。於是有識者亟圖整齊之，乃組織一聯合會，頃刻而就。聯合會劈頭第一著手，曰發布自治規則。其大略則相戒不許上課以外，尙不許入飲食店，不許入公園，不許入勸工場等，置糾察員若干人，分布各區以糾其違犯此規則者，大有整齊嚴肅之觀，雖日人亦爲之起敬。

陳天華之蹈海　問題尙未著落，忽有陳君天華自湛之慘耗。陳君湖南新化縣人，血誠男子也。其志節，其行誼，其言論，久爲學界所崇拜。及此問題起，忽以身殉之，遺書萬餘言以貽學界，內所言者凡四大端：一曰關於此次問題者，二曰關於政治上革命排滿之必要者，三曰關於路礦等項利權收回者，四曰關於將來對待日本之方針者。自君之死而全學界熱度復陡增數倍。蓋君深憤日本報紙上「放縱卑劣」之辱罵，乃以身殉之，而勸告後死者以團體之不可不堅也。顧所最奇者，君遺書中自言最初卽爲反對停課之人，又有『取締問題可了則了，萬勿固執』之語，（據學界用眞筆版所印遺書原本）而君之旣死，乃反以增固執者

之熱狂，是恐又非君之志已。

文部省之拒絕及全體歸國之決議　聯合會意見，由公使與日本政府交涉，公使自言交涉數次，不允取消，且有指定日期令卽上課之語。於是人心益加激昂，舍相率歸國外，無他計矣。未幾總會館新職員之組織成，而所計畫者皆屬於歸國以後之事。

以上略記此事始末大概情形也。其他不關大節目者，闕不記。今更以鄙見私評之，且及於善後問題。

取消規則之能否　大多數之意見要求規則之取消。然此規則之取消，屬於可能的否乎，此最當研究也。此規則非他，彼之省令，而法家所稱獨立命令者也。（日本憲法第九條云：『天皇ハ法律ノ執行スル爲ニ必要ナル命令ヲ發シ又ハ發セシム』又明治十九年二月勅令第一號第四條云：『各省大臣ハ法律勅令ノ範圍內ニ於テ其職權ニ依リ省令ヲ發スル

コトヲ得』省令權力之淵源根於此）此種命令，本有絕對的効力，而省令尤爲最高官廳所發，無論從何種方面不可得而取消之。何以故？以取消者高級官廳對於下級官廳所用之名詞，故下級官廳所發命令，其權力之淵源，雖亦根於彼憲法之第九條，但高級官廳本有監督下級官廳之權，故對於所發之命令得以取消之廢止之停止之。（取消者，使其命令最初之効力全然喪失也。廢止者，被廢止以後効力喪失也。停止者，中止之義，暫時効力喪失也。）若夫內閣之各省爲最高級官廳，則監督之者惟有天皇及議會耳。（議會之監督，只就政治的方面而非就法律的方面而言。）此外無他種權力可以及之。若欲撤回省令，其道何由？則彼之內閣官制第三條云：『內閣總理大臣ハ須要ト認ムルトキハ行政各部處分又ハ命令ヲ中止セシメ勅裁ヲ待ツコトヲ得』今此規則既以省令布之，苟欲撤回，則非履行此手續（日語「手續」之義，言辦事照例循行之規矩也。）不可。日政府果肯爾爾乎則非吾之所敢言也。（或曰：起行政訴訟，是亦不可。對於行政處分可起訴訟，對於行政命令不能起訴訟也。）抑頗聞此議發起由路礦速成學校發傳單，謂經與日本某法學士商據言：今將屆開議會之時，提出議會可以取消云云，此亦非確論也。查日本憲法，惟緊急勅令須經次期議會承諾，乃得於將來而有効力。何以故？以緊急勅令乃議會閉會中所發布，以之代法律者，而法律必須經議會之協贊也。（日本憲法第八條云：天皇ハ帝國議會閉會ノ場合ニ於テ法律ニ代ルヘキ勅令ヲ發ス此ノ勅令ハ次ノ會期ニ於テ帝國議會ニ提出スヘシ若議會ニ於テ承諾セザルトキハ政府ハ將來ニ向テ其ノ效力ヲ失フコトヲ公布スヘシ』又第三十七條云：『凡テ法律ハ帝國會議ノ協

贊ヲ經ルヲ要ス』故緊急勅令之所以必要議會承諾者以其有代法律之性質也）彼之所以必經議會通過而始有效力者全以其有代法律之性質故若尋常命令則行動於法律範圍之內，（憲法第九條云「但シ命令ヲ以テ法律ヲ變更スルコトヲ得ズ」故無待議會之左右抑亦非議會所得左右也。議會所以監督國務大臣者，或以質問或以彈劾，其範圍頗廣。若關於命令方面則質問者對於其命令之意味而質詰之，求其說明國務大臣有必須說明之責，然非可遽因其質問而遂取消也。彈劾者，則議會認其命令屬於違憲違法者（憲謂憲法法謂法律）乃上奏彈劾之，令該大臣負其責任，然彈劾之後彼天皇又非能自進而廢止此命令也。何以故？以法條上無此明文故。（參觀岡實氏行政法論綱第二四一葉）故欲經議會以廢止此規則，當如何而始能辨到乎？則必先有議員中五人以上之人建議，將此事件作爲彈劾案經第一讀會第二讀會通過列之於議案之中然後開議議時得多數可決上奏彈劾，而內閣總理大臣見此事之重大，不得已而中止此命令以待勅裁其天皇命廢止則廢止之。夫如是然後能成功。此則就政治上方面言之。苟議會大多數人利用此爲攻擊政府之好材料，或認爲政策上之大失計而以加入於內閣責任問題，未始不可。若以法律論，謂提出議會可以取消，直夢囈之言耳。雖然，更就他方面論之，日本民法第二條云『外國人ハ法令又ハ條約ニ禁止アル場合ヲ除ク外私權ヲ享有ス』此言外國人與本國之區別。外國人享有私權之範圍，得以法以令以條約三者限制之。法，謂法律也。令，謂命令也。然則彼無論以何種之命令限制外國人之自由，亦唯所欲爲，外國人所享有權，不過在法令條約所不禁止之範圍內，與日本人民平等，而以外國人要求其廢止命令實屬不可能之事也。（據日本憲法，豈惟外國人無要求權，卽本國人亦無要求權，惟有請願權耳，而此權尙非盡人而有。彼憲法第五十條云『兩議院ハ臣民ヨリ呈出スル請願書ヲ受クルコトヲ得』岡實氏行政法論綱解釋之，謂人民請願只能由議院間接上達耳，非令直接有此權也。原著一五一葉。本國人猶如此，更何論外國人）？故近者日本報紙屢言：謂若容認我之要求取消，是失其國家及政府之威信。夫此規則之頒行，有損於我國權與否，尙俟論定。此規則之取消，有損於彼之國權，則章章明甚也。我不甘受，而謂彼甘乎？是直强以所不能而迫談判之破裂而已。吾所以斷斷論此者，非爲日本辯護，實則深察此目的之難達，堅持不下，無可轉圜，則眞舍歸國外無他術。是不可以不熟計也。（此文草定未發布，有總會館新幹事某君來言，謂文部省已允取消，今待正式之交涉耳。此或彼以政策上恐失我歡心，乃甘屈辱，而由首相中止之以仰勑裁，是未可知。果能如此，何慶如之！果能如此，則眞可謂例外之讓步矣！）

此規則之必不可不取消其理由安在　雖然，能取消與否，是就彼之法律上言之也。我輩非日本人，豈必永局促於日本法律之下，寢假而彼果發一命令，果我萬不能受，則我亦褰裳去之可耳。故取消之能不能，且暫勿論。顧吾所最欲硏究者，則此規則之必不可不取消，其理由果何在也？前舉學界大多數對於此規則之批評，其重要者凡七端：今以鄙見解釋之。（對照前文）

一　認此規則之名爲「淸國留學生取締規則」，一謂予我以特別之待遇，侵辱我國權，此不可不取消之最大論據也。夫果有取締淸國留學生字樣，則我輩雖一刻不能受，宜也。而此規則之名稱，實

記東京學界公憤事並述余之意見

爲「清國人ヲ入學セシムル公私立學校ニ關スル規程」而非如我輩所傳說云云也。（昨日有學生公舉往上海爲歸國招待員某君過訪僕，告之曰彼規則之原名，如此如此。某君曰：不然，十一月二日官報其名明爲清國留學生取締規則也。僕曰君親見之乎？某君曰：親見之。時余寓無官報，無以應也。客既去，乃展轉假得彼日之官報來，審視之，果非爾，即前所列原文是也。及今日又有新幹事某君來，僕復告之，且出官報相示。某君復曰：他報皆言取締規則，獨官報不爾耳。余寓舊報紙皆散佚，復無以應也。）夫曰日本政府之頒此規則，果挾惡意與否，其內容不可知。若語其表面，則對於日本人所立學校之規則，而非對於我國留學生之規則也。（於「清國人ヲ入學セシム」與公私立學校之間加一連屬詞「ル」字所

以示明爲何種學校其上半句主格之名詞則「公私立學校」也，而非「清國人」也）以日本國之文部省，對於日本人所立之學校而特設規程，而我必曰不許汝爾爾，是得爲有理由矣乎。彼最有力之論據，則引日本人留學他國者及我國人留學於日本以外之他國者以爲反比例也。曾亦思日本人留學歐美者雖多，問某國有如弘文同文經緯等學校專爲日本學生而設者乎？我國人留學歐美者雖多，問某國有如弘文同文經緯等學校專爲我學生而設者乎？既無此等學校，則其無此等規則宜也。今日本忽有此等學校紛紛繼起，其現象實爲各國前此之所無，今必曰汝雖有此等學校，而必不許汝管理之，恐無以服其心也。難者曰：雖有此種之學校，而彼日本普通諸學校現行規則，儘可適用，何必別立？雖然，以鄙見論

之，則如弘文同文經緯等學校，其性質實與諸學校殊別，將適用小學校令乎？不可。將適用中學校令乎？不可；將適用高等學校及大學校令乎？皆不可。前此此等學校所以雜亂無章腐敗日甚者，則皆由無一定之規程以約束之也。故此規程之設立，實不容已也。且彼文部省之特立規程以約束此等學校，亦限制彼校長與教師等之自由耳，於我何與而出死力以代之爭，豈以彼學校之腐敗未極而更思助之歟乎？（數月前有在神田設某學校，欲以騙我國人者，未幾文部省察其情，以警察力干涉之，可見此後此種學校必更有之，若彼文部不行監督，實非學界之利）。難者曰：彼關於彼之學校之規定，吾勿問也。獨奈何其條文中有涉及學生者數條也？應之曰：如是，則吾於條文中有侵及我者，吾爭之。或請彼增加「附則」增加「但書」（條文中有但字以示限制者，名曰但書）變其解釋，以消其原文之效力，我斯理直也。若必曰全取消之，則彼有詞也。且謂其條文不應以不正當之法侵學生自由可也，謂條文中不應涉及學生不可也。何也？學生者，組成學校之一要素。言學校，則必言及學生。試繙法規大全一讀，其關於教育之法律命令以百計，曾有一焉不言及學生者乎？故謂言及學生，卽侵我國權，是强詞耳。

二 曰儕我與韓爲伍，此最刺戟感情之一種論據也。然謂此規則本取締清韓學生，後以權術之作用，乃去韓留清，其眞相果如此與否，吾不敢知。但法律上之公例，只論行爲，不論意志，卽有此意志而無此行爲，不能認之爲有罪也。故卽使日本政府最初而果有此議也，及其省令之發布而既不爾，則吾亦安能責之。

三　規則第一條第四條所言添附之介紹書承認書，誠使我稍感不便，吾所謂宜要求增加附則但書以變更解釋者此其一也。雖然，謂此即爲侵害我求學自由則亦不可。論者亦知日本無論何種學校其入學必須保證人乎？其退學轉學必須保證人之承認乎？（明治三十四年所頒中學校令施行規則第三十四條參照）。我學界新來諸君，經會館幹事直接保送入校者，或不知此。若乃數年前則私費生欲入彼校，卽覓保證人一項已不知經幾許周折。（其保證人之資格，必須日本人有住屋於東京市者。今來者日多，安能人人乞日本人爲之保證，勢固不得不取諸我國人，而我國人必取諸公館，又自然之勢也。此之紹介人，卽與彼之保證人同一位置。若必曰此卽爲制限我之自由也，則日本學生之必覓保證人，亦可曰限制

彼之自由乎。又查日本明治三十三年七月文部省令第十一號「文部省直轄學校外國委託生ニ關スル規程」第二條云：『外國人欲入學者，須添附本邦駐在之公使或領事之委託書，而願出於帝國大學總長或學校長。』此規程乃爲一般之外國人而設，非限於我也。而此次規則第一條，正與之同類，如以此而認爲特別待遇也，則所謂別者亦日本人與外國人之別耳，而我甯能憾焉。且論者所持最大之目的，豈不曰爭國權也？苟爭國權，則公使之介紹承認，於我國權無傷也。我若爲此目的而爭，則亦宜以學生全體之意見要求公使訂定契約，令此後關於介紹與承認，不得加限制耳，而何必借他人法律之力，以削我公使之權也。雖然，以事實論，若必需公使之介紹承認，其不便者甚多，此亦不可諱也。而文部省續布之

說明書，則既言所謂公　者，非必公使領事之直接，即留學生會館幹事等亦可，其爲飾詞强解與否不可知，（原文「公館」二字之意味，實指公使領事，觀彼第三條有「官廳」字樣，可知說明書之所言實强飾也）就令果爲飾詞强解，但使此說明書所言變爲正式之條文，則原文第一第四兩條制限之效力已消失矣。則此點之爭，其亦可以已也。

四　謂規則中有侵害我書信秘密自由者，爲此言者，必其未嘗見規則原文，或見之而不通東文，不能了解其意義者也。彼文部省說明書辨之甚明。

五　謂規則中有學生卒業後將姓名通告於我國政府，請其登用云云，初聞此語，實不知其何所指。及細校原文，大約因第七條之末有「特選定之通告於清國政府」一語，未嘗通閱全條，而以訛傳訛也。又第六條有將姓名報告於介紹之公館一語，然實無求我登用之明文，若謂言外即含此意，未免近於深文。凡解法律之文，不應如是。且日本學校於學生卒業時，亦必通告其原保證人，使其臨席。今此文之介紹人，既與彼之保證人相當，介紹人勢不能於所介紹者卒業之時而一一臨之，則一個月內報告於彼，似亦情理之所宜有也。

六　謂第九條剝奪我居住自由權，此全條文中最動公憤之點也，然以鄙人之淺學，細讀該條至十數次，實不見其含有勒令我學生居住於指定地所之意味。前所列原文及譯文，可覆按比較也。（一）其條文發端有「受選定之公私立學校」一字樣，所謂受選定之公私立學校，其界說見第七條，即專指弘文經緯等也。然則其入他種之官立公立私立學校，與日本人同學者，及入中國人所設學校（如清華學校）者，不在此條範圍之內甚明。（二）卽在弘文經緯等學校，據條文解釋，亦不過彼校爲我國人所設之寄宿舍及爲我國人所別賃之旅館。其校外取締之責，校主必須任之云耳。夫寄宿舍之必須由學校取締，此則一般學校所同。日本凡關於公私立學校之法令，皆有此條，不俟贅論。若夫屬於學校監督之下宿等，則惟弘文等校乃有之。此種事項，實日本前此之所無。日本學校，其不住舍之學生，則任意自居耳。而我國學生或以新來不解語言，索居不便，苟寄宿舍人滿，則舍館一事甚以爲苦。而彼等學校，其來學者之數，以可驚之速率而增加，不及擴充寄宿舍以容之，乃因陋就簡，別以學校之名義賃旅館於附近，爲假設寄宿舍，而與住舍者徵同額之費，此實一奇異之現象也。文部省如誠欲整頓之，則

宜令彼必擴充其正式之寄宿舍，務盡容志願住舍之學生，而此種似是而非之寄宿舍，一概禁絕。雖然，萬一土木工程之速率，與學生增加之速率不能相應，則暫時假設，似亦屬一方便。旣假設矣，則必令其與寄宿舍爲同一之取締，庶免如今者各外塾之混雜腐敗，此對於我學生實有益而無損者也。若夫不住寄宿舍，不住學校監督之旅館者，其取締如何，本條無明文也。無明文則必與日本學生之自居者同，可無疑矣。而說者必强解釋之，謂此條爲勸令我學生必居於指定地點，試熟察原文，果有此意味乎？竊計爲此說者，殆見其條文中有「シメ」字樣，知其含「使令」之意；又見其條文有「ベシ」字樣，知其含「必要」之意；因誤讀以爲必要使清國人生徒宿泊於某某地也。殊不知日文之「シメ」並不含有强迫之

意,卽如本規則之題目「清國人ヲ入學セシム」一語,甯得解爲强迫清國人入學乎。(彼文部省說明書中亦屢有「日本學生ヲ入學セシムル學校」之語可以互證)而條末「校外ノ取締ヲナスヘシ」一語,不過謂該校對於此等宿舍要爲取締而已,而於不住舍之生何與也,竟以此生爾許大風潮,是眞不可解也。雖然文法之解釋,往往有爭點,吾所解釋,因確見其無限制我居住自由之惡意矣。或有就他方面解釋,可指爲有此惡意,亦未可知,就令爾爾,而彼文部省續布之說明書內有「文部省ハ自炊其他ノ方法ニ依しル共同宿所ノ如キハ寧ロ適當ト認ム」之語,其言寧認爲適當,謂比較的適當也。然則卽使本文有此惡意,得此說明書而效力亦已消滅矣。又全條文中取締二字僅此處一見,而必强命其名曰取締規則,豈不異哉?

七　第十條「性行不良」一語,其意義誠失於廣泛,但彼文部省說明書,引「中學校令施行規則」第五十一條爲證,吾覆查其原文,確爲「性行不良」四字,然則此亦彼中一般中學校規則通用語,非特爲我學生而設也。但彼說明書中,又有「紊品行觸刑律等不良之行」云云,則亦已下解釋矣。限於觸刑律,則範圍甚狹矣。又云「性行之良不良由學校審定,淸國公使及文部省非所與聞」則亦無慮牽及政治問題矣。誠如是,則此爭點,毋亦可以已耶。其與日本通例異者,則彼中規程無甲校認爲不良,乙校不得收容之語。就此點論之,可謂之特別待遇,可謂之稍侵求學自由。(然日本各學校有學生以性行不良之故被命退學者,輒將其名通告於同程度之他學校,他校自屏絕之，雖無此法文而有此事實也）然使「性行不良」一語，從狹義之解釋，以條文確定之，則所謂不良者必觸行律者也。如此之人，則學界方且當以公意逐之歸國，而此條所規定，抑非苛遇耳。

（附）文部省說明書　以上七條，鄙人當此問題初起時，所懷抱之意見即如此。後見文部省所頒布於各學校之說明書，正相發明，今譯錄之。（據十二月十六日東京朝日新聞所載。）

一文部省令第十九號「關於令清國人入學公私立學校規程」，其精神並非欲拘束清國留學生之自由，不過監督此種類之學校，而以圖留學生之利益耳。此規程中有關係於留學生者，實與明治三十四年文部省令第三號　中學校令施行規則）及同三十六年同省令第三十四號（私立學校認定規則）中關於日本學生者正同，日清人之間毫無差別。不甯惟是，且其中尚有特別便宜，爲日本學生所不能得，而特許諸清國留學生者。（譯者案此語不知所指，殆指該省令第二條中國學生得選科缺科歟）外間或稱此規程爲清國留學生取締規則，實由誤解而生耳。

一同省令第一條，言明入學者須添附清國公館之紹介書。雖然，非必公使館及領事館之直接紹介書也。凡清國公使所認爲確實之清國人，（如留學生會館幹事等）之紹介書，在文部省皆認爲有同一之效力，故此規定對於留學生無絲毫之不便。

一該省令第三條有「往復書類綴」一語，學生或以爲侵害書信之秘密，此大誤也。據條文所明示，則凡關於學校校務上之往復書類須保存之，與學生之私信一毫無涉。（中學校令施行規則第卅四條第七項參照。）

一該省令自第一條至第六條，爲一切有中國學生之學校而言。其第七條以下則專以監督彼特別之學校，專爲中國人而設經文部省認可者。（譯者案此指弘文同文經緯東斌等）故此種特別學校以外之學校毫無關。

一第七條以下有關係於留學生者，不過第九第十第十一三條。而此三條，實非有妨於學生之自治，今逐條說明之。

一第九條專爲欲使留學生得安全勉學，故使學校取締下宿屋，此規定之適用，不過就於衛生風紀之點，而監督下宿耳。卽學生自行開爨及用他種方法共同住宿者，文部省亦認爲適當，故留學生依於此規定未嘗有何種之不自由。

一第十條之目的，原因恐有素品行觸刑律等不良之行爲，或致有不良之感化及於他學生，故不許入學。卽對於日本學生，亦有此種規定。（中學校令施行規則第五十一條第一項）而所謂性行之良不良，由學校所審定，淸國公使及文部非所與聞。

一第十一條之規定，與專收日本學生之私立學校認定規則第三條同一旨趣，亦非於日淸人之間故設差別也。

右說明書其中容有一二屬於强詞之解釋者，然卽强詞，而已可因其解釋以爲我權利之保障，竊以爲苟如是，是亦足矣。

日本人皆言此次風潮，全由我學生誤解省令，吾以爲誤解誠所不能免，而所以誤解之遠因，則尙有焉。平心論之：日本所以布此規則，其內情實有費人嫌猜之點，蓋兩年前張之洞曾有與日使商約束留學生之事，此蓋人所曾聞也。及今年六七月間，外間忽有布取締中國學生之風說。日本各報紙言之鑿鑿，果使絕無影響，則此風說從何而來；風說既播，我留學生會館總幹事乃質問於公使。公使質問於彼外部，外部覆答，謂絕無其事。公使復以告於會館，人心乃定。此過去關係於此事件之歷史，人人共知者也。曾幾何時，而此規則忽發布。然則我政府我公使，似嘗與聞此事，實有蛛絲馬跡之可尋，而日本政府此舉，似出於一種陰謀政略，亦有不能掩者。故學生一見規則，而憤怒遂起，亦有以召之者矣。及此規則之布，其名稱如此，吾意其與北京政府囑託之原意，必有許多不相應者。但其名稱既如此，其內容既如此，則我學生對之，亦宜只認其行爲，不認其意志。彼其發機果含何等惡意與否，不必問。但其於彼中營利的學校嚴行監督，既有利於我，復未嘗有他種特別侵我自由之處，然則聽之可耳。即恐其條文因廣義狹義之解釋而生弊端，則亦要求說明，要求增加附則，或「但書」，斯亦足矣。而今乃至是，推原其故，殆由學界中眞實親見此規則原文者十不得一；又或見矣，而粗心讀之，於其文法有不甚了解之處，不復措意，其他則或僅見譯本，或並譯本而未見之。（一友言留學生會館貼有此規則譯文，與此所譯絕異，不知信否？本篇將官報原文載於卷端，正欲使讀者悉心參校也。）積平居種種不快之感情，加以前此極可懊恨之風說，橫亘胸中，故一見規則，不問名稱如何，內容如何，輒相驚以伯有，旬日之間，演成此驚天動地之大活劇，眞不可思議也。吾對於此事，既大驚喜，復大驚懼。曷爲喜？喜吾國民果有此偉大之團結力，八千子弟，心惟一焉，甯犧牲其所最愛慕之學業，而不忍國家蒙毫髮之辱。夫此規則非眞辱國也，然以吾心理所認爲辱者，則以死抗之，此即所以措吾國於無辱之道也。可喜者一。

又當此感情沸亂熱度如狂之際，乃能從容布嚴重自治令，而全學界皆遵守之，毫無放縱卑劣之狀態，以增人口實，是其主動者非徒有破壞力，且有建設力，而大多數之人既有服從與論服從法律之習慣也。可喜者二。曷爲懼？懼吾國常識之幼稚，斷事之輕躁。遇一問題之起，不肯虛心研究其眞相，不慮其結果如何，而惟憑一瞥之感情以爲標準。其異己者則惟挾意氣以排之。頗聞此次有少數之維持派，並其集會言論之自由，亦爲聯合會所箝制，而疇昔在學界最浹輿望之人，其受敢死隊之死刑宣告者，不知凡幾。若此者吾聞諸道路，未敢信也。使其有之，則是法國大革命之小影也，山嶽黨所以涸飲巴黎之血，而羅蘭夫人之所以上斷頭臺也。以大多數血氣用事之人，而支配少數之有學識有經驗者，且摧殘之，此社會秩序所以一破而不可回復也。夫安得以不懼也。嗚呼！全國國民乎！學界諸君乎！儻肯假一刹那頃，稍平其盛氣，以垂聽鄙人嘔心瀝血之言也。

善後策如何　鄙人今發布此論，實無異與全學界數千人宣戰，當大衆熱度如狂之餘，以一人孤立於與輿論極端反對之地位，其危險寧可思議。雖然，吾爲學界前途計，不忍不言，吾爲國家前途計，不忍不言。雖論文朝布而刃夕剚於吾腹，吾猶言之。吾將述善後策，吾懼人之不吾聽也。吾先爲一誓言於此曰：吾之此論出於吾一人自由意志，非絲毫有所受於人也。吾自此問題發生以後，苟曾與一日本人交談，曾見一留學生總會館之舊幹事等，天其殛之？諸君如肯垂信此誓之不虛也，則吾可以言乎！吾以爲今後對此問題，當敬遵陳君天華之遺囑曰：可了則了，萬勿固執而已。使果能如諸君所希望，竟獲取消，則如天之福，何以加之！若其不能，則要求文部省將其說明書所解釋，變爲正式之公文。就原章追加「但書」予我權利以確實之保障，斯亦可以已矣。今略擬應加之「但書」如下：

(一)第一條附加云：『但留學生會館幹事之介紹書有同一之效力。』

(二)第九條附加云『但住寄宿舍若學校監督之下宿等與否聽學生之自由。』(此條實贅疣也，原文本無不許自由之意味，何必蛇足。)

(三)第十條附加云：『但性行不良限於刑法上之常事犯罪行爲。』(加常事二字者，別於國事犯也。說明書尙有由學校審定，不經兩國官吏之語，頗屬切要。但此似不必追加，因原文爲「他ノ學校ニ於テ性行不良ナルカ爲」云云，其鑑定權在學校，意氣已明也。)

竊聞現今學界所標二大旗幟：一曰不受特別待遇，一曰要求求學自由。夫所謂特別待遇者，謂取締淸

國留學生之一名號也。然此名號全然謠傳，既屬不可爭之事實，則此外雖有特別，其亦僅矣。第一條之特別，則凡外國人所皆同也。第二條之特別，則我所最利也。第九條吾認爲特別，實非特別也。第十條所爭四字之字面，又彼中學規通用名詞也。如是則何不慊之有，所謂求學不自由者，則第一第四第十之三條稍見之耳。若能加此「但書」，則原文卽使有限制我自由之惡意，而效力亦已消滅也。以鄙見料之：彼文部省對於我學界此舉，深有所感動，其交讓之精神既已微露，若更爲懇切之交涉，其必應此要求無疑矣。記曰：喪亦不可久也，時亦不可失也。自問題發生以來，數千人頓失學業，犧牲其無價之光陰於虛牝者倏已兩番，更能消幾番風雨也。

談判破裂之結果如何　或者曰：丈夫行事，當貫初終。個人且然，況在團體？彼日人方笑我爲烏合，今若

變初論，是適合彼言中也。於是乎有持「一錯便錯到底」之說者。雖然，鄙人竊以爲誤矣。孟子曰：古之君子，過則改之。今之君子過則順之。豈徒順之，又從爲之辭。諸君如不認前此之爲過舉也，則請取鄙言，再平心觀之，卽極惡鄙人者，其勿遽以人廢言。若有質詰，鄙人願悉應答，不敢辭；若誠覺其過舉矣，則當思此過舉非他，實由愛國熱誠過度而生，光明磊落，無足爲諱，知過而改，是益發揚其光明磊落之本相也。若曰既錯甯錯到底耳，則此後舉動，不過要實其前言，純屬意氣用事。豈惟意氣用事？抑此心先已穢垢不淨，非復前此愛國熱誠之本相矣。陽明先生之敎曰：不欺良知。諸君前此之良知，確見如彼，毅然行之，此鄙人所爲五體投地也。假使今後之良知而確見爲如此，則亦宜毅然改之，此乃眞不自欺之學也。且諸君或未深慮其後耳。諸君堅持取消說，萬一果能達其目的，則鄙人以失言之故，雖永受唾駡於社會，猶將歡欣鼓舞，日高唱學界萬歲，不敢有懟。萬一而日本政府，始終以强硬之態度相持也，則我最後惟一之武器，只有全體歸國，是卽諸君所現行之戰略也。抑諸君倡歸國論而必期以全體也，毋亦示日人以我團體之大且堅，以一雪彼報紙中烏合卑劣之誚，淘汰留良之辱也。審如是也，則必八千人者，無復一人苟留，然後我之對於日本，乃完全足以自豪。若歸者逾七千，而留者千數百焉，而此恥終不可雪。何也？彼對於歸去之各個人，固不得不表敬意，而對於學界團體，終不能免狎侮之情也。審如是也，則今所亟當研究者，爲全體歸國能否實行之一問題。鄙人有以知其必不能也。卽今畫諾者紛紛，諸君能保其間必無面從心違者乎？況未畫諾者尚不知凡幾也。而諸君豈能揮其神力，一一柙而出之，藉曰吾動之以熱誠，脅之以武力，大勢既成，少數者不患不相就，則試問今有卒業士官志願入陸軍大學者，諸君其忍使之歸乎？今方在聯隊在振武者，諸君其忍使之歸乎？海軍之就學，經爾許曲折之交涉，今始就緒，其有新派來者，諸君忍使之歸乎？今在兩京帝國大學者，諸君忍使之歸乎？今在高等師範高等工業者，皆以三四百人之入學試驗，而得入者不過十數，而諸君忍使之歸乎？即今在早稻田大學部法政本科，及其他公私立之大學專門學者，而諸君忍使之歸乎？以鄙人之頑愚，則謂就使此規則果爲取締字樣，果辱國體，而彼輩義不可以不留，即其憤而欲歸，而同人猶當以忍辱負重之大義相責備。傳有之：一慚之不忍，而終身慙乎？句踐之爲厮養於吳，甯待曰有奴隸性也。雖然，吾知諸君之斥我者，必有詞矣，曰句踐所忍者，一身之辱也，吾輩所不忍者，一國之辱也。求學欲以振國恥耳，恥而不恤，則其所以活用此學之精神，已先失，實此死學何爲也？此其義之不合於論理，姑勿論，

以此義適用於此事件，爲文不對題，又勿論。藉曰果如諸君所希望，八千人皆歸矣，無一留者矣，則非特使日本人咄舌，即世界萬國，猶將動色而相視矣。然此等舉動，細剖分之，果含有何種之性質乎？曰中國國民與日本國國民絕交之性質是也。此性質何以可貴，即兩國國民爲權利上之抗爭，而我甯犧牲一切，而不肯屈辱，故可貴也。既以不肯屈辱而絕交，則既絕後，而以客位之資格，先溫交情者，即爲繼續其屈辱，此論理之所明示也。而此次之絕交，非個人而國民也，使國民中而有一人焉先就彼而溫交情者，是即國民全體之屈辱，而前此之名譽，經此汚點而不復保其價值也。則試問此次全體歸國後，諸君敢保北京政府及各省疆吏永不復送學生乎？且科舉既廢，學生廷試既行，認島國爲終南捷徑者不可悉數，諸君又敢保今後私費生永無一來者乎？吾恐今雖全體歸國，迨明年今日，而八千之數

又盈矣否亦逮其半矣，於彼時也，彼日人將冷笑於旁曰：子不我思，豈無他人？吾固早料支那人終必屈於我，而我固爲最後之戰勝也。果爾，則今玆之運動，直謂之毫無效果之運動而已。更充類以至於盡，而曰吾八千人者歸而以其雄辯折服當道，以其熱誠感動社會，安見不能使自今以往，官私費之學生悉絕跡於日本？信如是也，則此次倡歸國論者之目的，可謂完全貫徹而無遺憾也。然信如是也，則爲中國前途之福乎？抑非中國前途之福乎？此又不可不審也。夫數年以來，國內所以有多少動力者，何一非日本學界之反響？即諸君所以能有今度偉大之精神者，亦豈非學界刺激磨礪所養成也。以三四年間所造之因，而今者所收之果如是，比例推之，更閱三四年，因愈深厚，而果愈光大，從可知也。若反於此現象，此三四年間無日本學界，則其能逾於三四年前者幾何，比例推之，則學界從今中絕，更閱三四年後，其能逾於今日者幾何，又從可知也。夫寧得曰今者學界所齎歸之學識，已足供給吾國之需要，而無俟外求也，吾有以信其必不能也。不能而曰日本學界可廢絕，吾不知其所持論理果何在也。爲負氣之言，則曰吾寧國亡耳，而不肯忍吾所辱以求學，此種思想，吾無以名之，强取譬焉，則猶與庖人賭氣而曰我不食也，何損於庖人？徒自取餓莩耳。論者或曰：吾之歸國，非消極的政策，而積極的政策也。必歸國然後取消之目的可望達也。況歸國猶非我最後之手段，吾尚有一武器焉，抵制美約，前事之師也。雖然，吾以爲日政府而肯屈讓者，則旬日之間當決矣。旬日而不決，則必其取消之不可能也。彼文部當局澤柳政太郎氏不嘗宣言曰：雖八千學生一人不留，日本決不以爲意乎？（見十七日東京日日新聞）然則謂必能以歸國易取消，吾所不敢言也。夫取消之難，吾既詳言之矣，使其終不取消，則我所謂積極的政策，全歸無效，有盡歸於消極的而已。若夫抵制日貨，則誠足以制日之死命。雖然，抵制日貨之實行，有視美貨更難辦到者，吾恐亦成理想上之一佳話而已。且此規則之解釋，既如吾前此所云云。今以區區小故而濫用此最後之武器，毋乃蹊牛於田而奪之牛乎？漢臣曰：脫有盜長陵一抔土，何以待之？吾以爲此武器當有適用之時，而以此問題爲動機，恐牛刀割雞，喪其效力而已。而論者固又曰：求學豈必日本，彼歐美其又日本之本師也。吾將謀學界之大移植，誰能禦我？雖然，吾以爲此强詞耳。夫預備留學歐美之財力與預備留學歐美之學力，其所需皆倍蓰於日本，此論者所能知也。今學於日本者十人中能有一人學於歐美，斯云幸也，而安見移植之足云也？且問以何因緣而必須移植，則曰以相驚以取締之嫌疑故。率此以往，苟眞能移植，而以八千人任聚於何國之一都會，吾恐此

發嫌疑之嘗試我者，則日相接也。吾又相驚而又移植焉，幾何其不爲宋人之苗矣？嗚呼！吾所以不憚以一身爲數千學生之矢的，而嘵音瘏口以作此最逆耳之言者，無他焉，誠不忍見東京學界之解散而已。東京學界之社會，雖不無缺點，然在中國現在種種社會中，吾敢言其爲最良之社會無疑也。且勿論其將來所收之果何如，即以現在論，而監督當局指揮輿論，已隱隱共認其潛勢力。此潛勢力非一日所致，積四五年之時日，刻刻爲有機體之發達，及於今而進化階級適至是也。如個人然，今方在成童之期，前途希望，如海如潮，而忍以薄物細故，自經於溝瀆也。頗聞主破壞者之說曰：吾將挾此社會超東海而更建設之於上海。嘻！此又空花之夢也。竊計此次歸國團體中盲從者居若干焉，脅從者居若干焉，其眞出於國恥觀念者得半已云幸矣，而此半數中往歐美者將若干焉，歸鄉里謀於地方上有所

建樹者又將若干焉又去三之二矣；若是乎其能居上海以繼續此社會之遺產者十人中最多得一二耳，以一有機體之社會而驟減去其員數，（卽組成社會之分子）十之八九且移根以植他地，而謂其能成立乎，吾知難矣。卽使成立，則亦別添附些少之原子於上海之學界社會而必不能指爲東京學界社會之相續者，章章明甚也。然則最良最有力之東京學界社會竟因此區區意氣而澌滅也。夫使其事件果屬於國權的關係，則犧牲小羣以保全大羣，猶可言也。而所爭者毫無輕重則若彼，而乃以前途最有希望之團體殉之，雖右手搵吾胸，左手捫吾舌，吾猶曰期期以爲不可也。

嗚呼！往者不可追矣！自問題之發生，僅逾旬日，而歸去者既數百，其他則以汽船人滿不能飛渡耳，吾每見一歸者，未嘗不爲之痛心，未嘗不嘵音瘏口以挽留之，而往往盛氣相凌，曾不肯一畢聽吾言，吾望其歸帆而不知淚之承睫也。其間如川陝雲貴甘肅諸省，經半歲跋涉始達此地，初志未遂，勉賦歸歟。又有一二省，前此絕未嘗一度派學生，今僅有來者，方共希望之爲輸入文明一樞紐，業未竟而遂破壞之，言念及此，眞可爲仰天長慟也！其有志欲留者，又爲威力所迫，不得不曠課。彼特爲中國人而設之學校，一停俱停，所損失尙不甚大，其與日本人同學者，坐犧牲數旬之功課，他日補習，何等困難。嗚呼！此次主動諸君，其寧不憐念乎！前此以愛國之故，致生誤解，熱誠成狂，不遑計此，固無足怪。自今以往，若猶以鄙人之言爲足採也，則鄙人望諸君之有以善補過也。抑諸君此舉，其足以增我學界之光榮，保我學界之權利者，亦既多矣。何也？法文解釋本有異同，廣義狹義，效力全異，若無諸君此舉，則文部省未必發此說明書，卽欲其追加但書，或亦甚難。今有此說明，則如第九條既從狹義解釋，第一第四條既從廣義解釋，彼即有陰謀欲束縛我，而既已無效，此皆諸君之賜也。以團體如此之龎大，如此之整齊，如此之決心，使日本人乃至世界人自今以往咸知我學生之果不可侮，我中國之果不可侮，此又諸君之賜也。然則此次所收之果亦已豐矣。過此以往，則亢龍有悔之時也。鄙人不敏，深望主動諸君推其光明磊落之本懷，一轉方針，爲東京學界謀善後之策，豈惟東京學界賴之！抑中國前途實將賴之。

稿既成，上海時報郵至，見其十六日報來稿欄，載有東京留學生抵制取締公啓，有不能已於言者，今節錄其原文略辨之。

東京留學生抵制取締公啓（按取締二字有約束意）

（前略）今十月，日本國報紙載有取締清國留學生規則中二條，有爲校外取締者，一則指定住宿，不准移轉。一則既經入校，不准退學。吁！是何言歟！是何言歟！夫取締留學生之法爲全球萬國所無。我國之留學於各國者，不聞爲之取締。即日本維新以前，亦曾留學歐美，而歐美亦未嘗取締之。（中略）況彼之指定住宿而不准移轉，則任彼店中之小使女僕，皆得挾制學生，而飲食起居隨其極端苛待，亦只徒喚奈何而已。使其可以退學，則當苛虐難堪時，猶可退學返國，無如彼更不准退學也。不將俯首帖耳，含垢忍辱，以待取卒業證書乎。（中略）且不准退學，則無論彼之學堂如何腐敗，一朝失足，必滿期始得釋放，是何異監獄之限人乎？日本民法除法定條約禁止外，外國人皆同享有權利。而其國法之權利一節，自由權九種，有住居移轉、身體請願四者之自由。今乃不准遷居，是無住居移轉自由也；不准退學，是無身體請願自由也；奪去自由，即失其人格，以留學而失人格，士氣安在國體安在（下略）

辨曰：原文謂取締二字有約束之意，未免曲解。日本之會社司理人名曰取締役，豈得曰約束役乎？況此規則名稱實無取締字樣，則此二字之意義實可不辨。

又原文謂規則中有既經入校不准退學二語；全篇指斥此事至再至三。但原章具在，試通觀之，曾有此語否乎？然則作此公啓者，必未嘗見規則原文無疑矣。藉曰既見之，則有意改其條文，文致其罪，以助煽動力也。豈知今方將與人抗爭，則其所憑藉以爲爭之材料，不可不正確；不正確則其效力全消失，是取敗之道也。以此爲戰略，竊爲主動諸君不取也。其謂指定住宿不准移轉，則其是否，前文辨之已明。

又原文引日本民法除法定條約禁止外，外國人皆同享有權利云云。其所據者，大約卽民法之第二條，如吾前所引者。但其原文實爲「外國人ハ法令又ハ條約ニ禁止アル場合ナ除ク外私權ヲ享有ス。」法卽法律，令卽命令，與條約而爲三，此其義本甚明，而著者乃改法令爲法定，試問法定條約四字，復成何種文義，且原文中之「又ハ」字當作何安插耶？法律之文，一字不容苟簡，如此引法文，未免太鹵莽矣。彼日本民法原取人類平等主義，故其第一條云「私權享有始於出生」。言凡人類生而享有私權，卽外國人亦然，除公權爲外國人所例不得享有之外，若私權則固自平等也。雖然，以其爲外國人之故，故得以法以令以條約限制之，是所謂例外也。是於平等中有不平等者存也。此種法理，吾前既言之矣。至其所謂自由權九種，殆指彼憲法第二十二條至第三十條所規定。雖然，獨不見此九條文中，每條之首皆冠以「日本臣民」四字乎？我輩非日本臣民，豈能援以爲例？夫外國人不受憲法之保障，此法理所明示矣。故我苟欲與彼爭權利，惟宜引我與彼所締條約以爲後援，而不能引彼之憲法以爲後援。（法律命令所規定本國人之權利義務，不得觸背憲法。法律命令所規定外國人之權利義務，不得觸背條約。其位置正相當）爲此說者，直取笑於人耳。其餘各端，前文辨之甚詳，不再贅。（下略）

附　奏撥中國公學經費片　端方

端時爲兩江總督。　編者

（前略）查上海中國公學，自光緒三十二年二月由日本留學生劉棣英等稟請在滬開辦，並懇撥給經費，前署督臣周馥行前兩江學務處及上海道酌核妥議在案。十一月間，據該公學幹事員留日學生張邦傑王敬芳等稟稱：生等自去冬由日歸國，鑒於我國留東學生流品不一，士氣囂張，亟思救弊補偏，挽回積習，糾合同志，建立公學，爲全國游學之預備高等大學之楷梯，嚴課品行，注重德育。開辦以來，各省來滬入校者絡繹不絕，究爲經費校舍所限，不能再四擴充。七月間，具呈學部，蒙批褒獎。現在辦法約有兩端：一則擴張規模，一則維持現狀。稟請籌集建築鉅款，指撥常年經費等情。當由臣派江蘇候補道夏敬觀會同寧學司所派課員桂埴前往該校詳細調查。茲據覆稱：該公學學生凡三百十八人，業經逾額，計設高等普通預科二班，中學普通四班，師範速成一班，理化專修一班。其意注重完全高等普通，專爲直入東西洋大學高等學而設，雖師範理化兩班，不無欲速之弊，然其教授管理，嚴肅整齊，極能得自治之精神，守純一之宗旨。惟膳學兩費，約收三萬元，紳商常捐約一千七百元，不敷在二萬元之譜。倘蒙照數籌給，便可措置裕如。其校舍現係租用，月費不貲，光線空氣，皆不合法，若能集資建築，不獨節省租金，並於衞生有益等情。查學部片奏內載：嗣後京外派遣游學生，無論官費私費，皆應切實考驗性行純謹，具有中學堂畢業程度，通習外國文字，能直入高等專門學堂者，始予給咨。又准學部電開：預備游學之學堂，或獨設，或合籌，應請察酌會商辦理，各等語。該公學宗旨辦法，皆與相合，所呈課程各表，雖須稍事改良，然使整理得人，必可日臻進步。查有候補四品京堂鄭孝胥學識開明，博通中外，已照會爲該公學監督，主持一切。其建築校舍之費，現因財力不給，一時未能代籌。至於常年經費，不能不設法維持，爲養成游學人材之計，已飭財政局每月籌撥銀一千兩作正開銷。（後略）

（江寧學務雜誌第五期光緒三十三年七月）

宏文學院沿革概說

原文見明治三十九年（光緒三十二年）宏文學院印行之講義錄第一編。　編者

宏文學院，東京高等師範學校長嘉納治五郎氏，特爲教育清國留學生而設立者也。而其教育方法，完備整頓，現在學生數達千數百，故其聲名成績，實爲同

種諸學堂之冠，此人人所公認，茲亦不贅。顧爾來東遊學生日益加多，其得力於此學院者，良非淺鮮，因追敘其概要，以使知其由來。

往年清國學生之來者，僅清國公使館私聘敎師以學日語二三人而已。其所謂官派留學生者，實以明治二十九年爲嚆矢。當時公使裕庚氏，經日本政府，以十三學生依囑高等師範學校長嘉納氏，於是氏直使同校敎授本田增次郎氏當事，更又聘敎師數人，開始日語、日文及普通學科之敎授。此等留學生中，或罹疾患，或因事故至不得已，而半途回國者，往往有之。惟唐寶鍔、胡宗瀛、戢翼翬、朱光忠、馮闇謨、呂烈煌等，皆以良績卒三年之業。就中如唐寶鍔、胡宗瀛、戢翼翬等三人，更進修專門之學，及歸國後，再及第殿試，至昨年得賜進士出身。唐寶鍔、戢翼翬兩氏，此次隨考察政治大臣載澤殿下行，任調查日本制度之責，克盡力於開發國

運其影響於清國前途者，正未有艾也。此等留學生卒業之後，當時公使李盛鐸氏，續送數名，鄂督張之洞氏，亦相繼咨送，於是嘉納氏以三矢重松氏充教育主任；此等學生，亦以良成績，卒其課程，進修專門之學，迄今尚有留考高等學科者，其有既歸國者，皆就樞要之地。至三十四年，北京警務學堂亦簡派警察學生數十人，以托其教育。爾後清國學生之來，實日多一日。然而我國（日本）之學校，皆爲本邦學生而設，從未有專爲清國學生所創設者，故此新來學生，概少精通日語，而於攻學之途，實多阻滯，嘉納氏深以爲缺憾。於是洞察清國情勢，三十五年，於牛込區西五軒町，創造一校，名曰宏文學院，以備招多數學生，先授日語、日文、及普通科，是卽今日宏文學院之濫觴也。爾來東遊學生不問官費自費，均來學於此，卒致今日之盛大焉。

中日間之教育的設施　傅代言

原文爲日本學制五十年史附錄之一。　編者

明治二十七八年戰役之後，我國實力被偏知於海外。同時東海諸國人之留學於我國者，亦年益增多。中國留學生來航之物，每因便利而入帝國大學之直轄諸學校，及公私立之學校。逮其數更增多，政府對之感有相當設施之必要，卽民間亦有注意於特別之設施者。文部省於明治三十三年七月四日，設『關於文部省直轄學校外國委託生之規程』以爲外國留學生之便利。且於研究之結果，三十四年十一月廢止此規程，制定『文部省直轄學校外國人特別入學規程』又於三十八年定關於使清國人入學公私立學校之規程，而更與中國留學生以便利。其設施於民間者，如私立成城學校，私立振武學校，乃爲入學於陸軍幼年學校及私官學校入學者之預備教育。明治三十五年時，嘉納治五郎所設之宏文學院，及如東亞同文會所立之東亞同文書院，乃授以普通學。他如私立早稻田大學，私立法政大學等，皆各爲特殊之施設。此外以收容中國留學生爲目的之私立學校頗多。

中國留學生最多數時，爲自明治三十五年頃起，至四十一年頃止。在明治三十九年時，其數實超過七千人。其後每年爲數漸減，但至四十二年尙不下五千人，然至四十五年，其數乃減千四百人，蓋因當時清朝有革命之變，有多數之歸國者。邇來留學生雖有多少之增加，然不如前時之盛。其原由乃由中國本國教育機關漸臻發達，普通教育自不待言，卽至某程度之專門學校教育，亦漸得於本國受之，故前記之普通諸學校之數因之減少，繼續經營之者亦極多。反之，凡爲中國留學生所經營之專門教育，其數乃漸擴張。明治四十一年，爲中國留學生之將來欲入帝國大學者特設第一高等學校預科，施一年之教育，（最初一年半），卒業後配置之於各高等學校，而開與內地人共學以進入帝國大學之途，直至今日猶如此。又東京高等師範學校，東京高等工業學校，東京高等商業學校，千葉醫學專門學校，亦年年竭力以圖收容人員之增加。且文部省關於此等留學生應當注意教育上之事項，亦時常發通牒於直轄學校長地方長官等，以期其教育施設之萬無遺憾焉。

從來中國官費留學生，依同國政府之委託，以入學於爲本省直轄學校之經費，而從同國政府以受取養成費。但大正九年四月將此廢之，而將關於此之經費由國庫支出之，且改爲僅使留學生納付學校所定之學費授業科及入學科，與中國政府以對此負擔輕減之便宜。又因中國留學在本邦所最感困難之點者，在於無適當宿所之設備，政府經議會之協贊，於大正十年度交付十五萬元於日華學會，以助其中國學生寄宿舍之經營焉。

據大正十一年五月末日之調查，中國留學生在大學及其直轄學校七十二校中有五十校收容中國學生。其中東京帝國大學有百二十七人，東京高等師範學校有百五十八人，東京高等工業學校有百七十四人之多：學生總數爲一千一百七十五人。且於公私立之諸學校，亦收容有一千零七十一人之留學生焉。

（新教育十一卷一期十四年八月）

六、遊學　歐洲

奏選閩廠生徒出洋習藝並酌議章程

李鴻章
沈葆楨

此爲派遣學生赴歐學習軍事之始。（以前只有武弁）光緒七年並續派十四名。　編者

竊臣葆楨前於同治十二年十一月，奏陳船工善後事宜摺內，請於閩廠前後學堂選派學生分赴英法兩國學習製造駕駛之方，及推陳出新練兵制勝之理，速則三年，遲則五年，擬令船廠監督日意格詳議章程經總理衙門議請勅下南北洋大臣會商熟籌等因。奉旨依議，欽此欽遵在案。旋因臺灣有事，倥偬未及定議。上年臣等籌議海防摺內，於出洋學習一事斷斷焉不謀同辭。及臣日昌臣贊誠先後接辦船政，察看前後堂學生內秀傑之士，於西人造駛諸法，多能悉心研究，亟應遣令出洋學習以期精益求精。臣等往返函商，竊謂西洋製造之精，實源本於測算格致之學，奇才迭出，月異日新。即如造船一事，近時輪機鐵脅一變前模，船身愈堅，用煤愈省，而行駛愈速。若不前赴西廠觀摩考索，終難探製作之源。至如駕駛之法，近日華員亦能自行管駕，涉歷風濤。惟測量天文沙線、遇風保險等事，仍未得其深際。其駕駛鐵甲兵船於大洋狂風巨浪中，布陣應敵，離合變化之奇，華員皆未經見，自非目接身親，斷

難窺其密鑰。査製造各廠，法爲最盛；而水師操練，英爲最精。閩廠前堂學生，本習法國語言文字，應卽令赴法國官廠學習製造，務令通船新式輪機器具，無一不能自製，方爲成效。後堂學生本習英國語言文字，應卽令赴英國水師大學堂及鐵甲兵船學習駕駛，務令精通該國水師兵法，能自駕鐵船於大洋操戰，方爲成效。如此分途學習，期以數年之久，必可操練成才，儲備海防之用。至學生中有天資傑出，能習鑛學、化學、及交涉公法等事，均可隨宜肄業。惟人數既多，道里遼遠，非遴選賢員派充監督，不足以資統馭而重責成。査有三品銜候選道李鳳苞學識閎通，志慮遠大，於西洋輿圖算術及各國興衰源流，均能默討潛搜，中外交涉要務，尤爲練達，實屬不可多得之才，以之充派華監督，必能勝任。至訪詢各國官廠官學，安插學生，延請洋師，仍應有情形熟悉之員聯絡維持，主客方無隔閡。臣葆楨原奏所稱正一品銜閩廠監督日意格，前已回國，經臣等催調來華商辦一切。該員久襄船政，條理熟諳，於船廠學生情誼亦能融洽。以之派充洋監督，必可勝任。六月間李鳳苞日意格二員來津稟商，臣鴻章適有煙臺之役，卽携該員等同往，飭令籌議章程，滇案結後，曾將該員等所議各節抄送總理衙門核奪。玆經臣等再四討論，復與李鳳苞日意格切實核減，學生員數，以三十名爲度，肄習年限，以三年爲度，責以成效，嚴定賞罰。出洋經費，按分年滙解，約共需銀二十萬兩，此項經費必應籌定有著之款，臣鴻章前議由閩省額撥南北洋海防項下酌提動用，先儘釐金撥解，釐金不敷，卽在閩海關四成洋稅項下就近湊撥。旋准福州將軍臣文煜咨稱閩關四成洋稅暫無存款，俟第六十五結屆滿，再行核數撥解等因。新授閩浙督臣何璟過保定時，臣與面商一切，亦深以爲然。玆由臣日昌函致臣鴻章議定由閩省釐金項下籌銀十萬兩，閩海關四成洋稅項下籌銀五萬兩，船政經費項下勻撥銀五萬兩，是此項二十萬之數均已議有著落。查照分年滙解章程第一年七萬三千兩有奇，第二年六萬兩有奇，第三年五萬八千兩有奇，並游歷及應支敎習脩金等費，隨時核計撥滙。閩力雖甚拮据，必能酌量緩急，以符定議，應請於海防額餉內作正開銷。查西洋各國均以中國遣人赴彼學習，爲和好證驗。前派幼童赴美國，英使卽有該國大書院極多，將來亦可隨時派往之語，秋間滇案議結時，臣鴻章面告威妥瑪以擬遣學生赴英學習，該使允俟總理衙門知照到日，轉致本國外部。九月間威妥瑪回國過晤，臣復與商明照辦。惟該國兵船定例稍嚴，聞日本近時已有七人在英兵船學習。臣在煙臺閱視洋操，卽見有日本武弁在英國鐵甲船隨同操演。今議學生分班送往，又有郭嵩燾等駐英商辦，當無礙難之處。至法使白來尼屢以日意格辦船有效爲言，此舉亦該使所深願，現擬令該監督等率同學生於明年正月啟行，應請飭下總理衙門迅速分別知照英法駐京公使，令其轉達本國妥爲照料。臣鴻章於本年三月間因洋員李勱協回國之便，派令武弁卞長勝等七人同赴德國軍營學習兵技，當時未派監督，心甚懸念。此次李鳳苞出洋，飭令該員按三月一次由輪車馳赴德國，兼查卞長勝等功課，並請總理衙門酌量照會德國駐京公使一體知照辦理。近自同治十二年籌遣幼童赴美學習之後，上年日意格回國，臣葆楨遣學生數名隨往遊學。本年臣鴻章又遣卞長勝等赴德國學習，此次又派李鳳苞等率領學生分赴英法兩國。從此中國端緒漸引，風氣漸開，雖未必人人能成，亦可拔十得五，實於海防自強之基不無裨益。謹將臣等籌議船政學生出洋章程及經費數目分繕清單，恭呈御覽，仰懇飭下總理衙門核准施行。所有遴員派充華洋監督率領閩廠學生出洋肄習緣由，理合會同恭摺由驛具陳，伏乞聖鑒。光緒二年十二月初二日奉旨：該衙門知道，單三件併發，欽此。謹將選派船政生徒出洋肄業章程繕具清摺，恭呈御覽

一奏派華洋監督各一員，不分正副，會辦出洋肄業事務，俟挈帶生徒到英法兩國時，兩監督公同察看大學堂大官廠應行學習之處，會同安插，訂請精明教習指授。如應調赴別廠，或更換教習，仍須會商辦理。其督課約束等事，亦責成兩監督不分畛域，如遇兩監督分駐英法之時，則應分投照顧。其華員及生徒經費，歸華監督支發；洋員洋教習及華文案經費，歸洋監督支發。每年底由兩監督將支發各數會銜造報。凡調度督率，每事必會同認眞探討，和衷商榷，期於有成；萬一意見不合，許卽據實呈明通商大臣船政大臣察奪。

一選派製造學生十四名，製造藝徒四名，交兩監督帶赴法國學習製造。此項學生，卽宜另延學堂教習課讀，以培根柢，又宜赴廠習藝，以明理法，俾可兼程並進，得收速效，以備總監工之選。其藝徒學成後，可備分廠監工之選，凡所習之藝均須極新極巧，倘仍習老樣，則惟兩監督是問。如有他廠新式機器及礮臺兵船營壘礦廠應行考訂之處，由兩監督隨時酌帶生徒量給。其第一年除酌帶量給外，其餘生徒可以無須游歷。第二第三兩年約以每年游歷六十日爲率，均不必盡數同行，亦不必拘定時日。

一選派駕駛學生十二名，交兩監督帶赴英國學習駕駛兵船。此項學生，應赴水師學堂先習英書，並另延教習指授鎗礮水雷等法，俟由兩監督陸續送格林回次抱士穆德大學院肄習，其間並可帶赴各廠及礮臺兵船礦廠游歷，約共一年；再上大鐵甲船學習水師各法，約二年，定可有成。但上兵船額，可撥日本派送肄

業之例，陸續拔尤分班派送五六人。其未到班者，仍留大學堂學習，既上兵船，須照中國水師規制，除留辮髮外，可暫改英兵官裝束。其費由華監督歸經費項下支給。內有劉步蟾、林泰曾二名，前經出洋學習，此次赴英，即可送入大兵船肄業。

一製造生徒，赴法國官學官廠學習駕駛學生，赴英國格林回次抱士穆德學堂並鐵甲大兵船學習。應請總理衙門先行分別照會駐京之英法公使，咨會本國外務院准照辦理。其英國學習各事，或再由中國駐英欽差大臣就近咨商辦理。兩項學生每三個月由華人監督會同甄別一次，或公訂專門洋師甄別，並由華監督酌量調考華文論說。其學生於閒暇時，宜兼習史鑑等有用之書，以期明體達用。所有考冊，由兩監督彙送船政大臣，轉咨通商大臣備核。其駐洋之期，以抵英法都城日起，計滿三年為限。未及三年之前四個月，由

兩監督考驗學成者，送回供差。其中若有數人將成未成，須續學一年或半年者，屆時會同稟候裁奪。總以製造者能放手造作新式船機，及全船應需之物；駕駛者能管理鐵甲兵船，回華調度布陣，幷有專門洋師考取給予確據者，方為成效。如一切辦無成效，將監督議處。

一製造駕駛兩項學生之內，或此外另有學生願學鑛務化學及交涉公法等事者，由監督會商挑選，就其才質所近，分別安插學習，支給教習脩金，仍由兩監督隨時抽查功課，令將逐日所習詳記送核，亦以三年為期。學成後，公訂專門洋師考驗確實，給有底據，送回供差。

一兩監督及各項生徒，自出洋以迄回華，凡一切肄習功課、游歷見聞，以及日用晉接之事，均須詳註日記，或用藥水印出副本，或設循環簿遞次互換，總以每半年彙送船政大臣查核，將簿中所記由船政抄咨南

北洋大臣覆核或別國有便益新樣之船身輪機及一切軍火水陸機器由監督隨時探明，覓取圖說分別繪譯，務令在洋生徒考究精確，實能仿效，一面將圖說彙送船政衙門察核。所需各費作正開銷。

一各項生徒如遇所訂教習不能認眞指教，或別有不便之處，應隨時訴明華監督會同洋監督察看確實，妥爲安置。若該生徒無故荒廢不求進益，有名無實，及有他項嗜好者，均由兩監督會商分別留遣嚴究。其員生每月家信二次，信資以及醫藥等費作正開銷。或延洋醫，或延駐洋欽使之官醫，或應另請派撥醫生，均於到洋後酌定。萬一因攻苦積勞，致有不測之事，則運回等費作正開銷，並給薪費一年半，仍酌量情節稟請附奏以示優卹。如有聞訃丁憂者，學生在洋守制二十七日，另加卹賞，飭該家屬具領。

一此次選派生徒，應由監督溯查考蹟，詳加驗看。如有不應出洋，濫收帶往，不能在官學官廠造就，以致剔回者，其回費由監督自給。倘生徒赴洋後，有藉詞挾制情事，因而剔回者，即將挾制實在情形稟請抵華後查明懲究；如咎不在監督者，仍開報回費，實係因病遣回者，不在此例。

一兩監督和衷會辦，當互相覺察，萬一華監督有敷衍塞責等情弊，而洋監督不行舉發；或洋監督有敷衍塞責等情弊，而華監督不行舉發者，咎各相等。查有扶同確據，即分別照會咨行，隨時撤換，不必俟三年期滿。如果事事實際，生徒多優異者，將兩監督專摺奏請獎敘。

一此次所議章程，總以三年學有成效爲限。若三年後或從此停止，或另開局面，均由船政大臣通商大臣會商主裁，外人不得干預。

謹將出洋監督薪費及生徒經費，並分三批滙付銀數開列清摺，恭呈御覽。

一華洋員薪費項下，華監督一員，並繙譯一員，共薪水每年七千六百兩。華員雜費每年三千兩，洋監督一員薪水每年七千二百兩，洋幇辦兼文案一員每年二千四百兩，華文案以學生陳季同兼辦，每年一千二百兩，洋員並華文案房飯雜費四千八百兩。（華文案並習交涉公法，所需教習脩金，由華監督另給造報。）以上各項，按照船政向例支發七一七洋平銀。其生徒薪水，仍由船政照給該家屬支領。（該員等起程以至法國，先約支兩月薪水，俟按日數造報回華時倣此。）

一製造學生經費項下，每名每年房租並學堂脩膳費，約銀一百二十磅，每名行裝五十磅；於起程時先發二十磅，到洋時找發三十磅。又第二第三年每名年需游歷費六十磅，每名年需剃頭、洗衣、添購書籍、紙筆、零用等雜費四十磅。以上各項，隨時按英磅作價，不得

預定銀兩。其游歷費、雜費，實支實報，不敷者補給。如有贏餘，涓滴歸公。另延敎習兼敎所添脩金，每年約以八百磅爲限。此款核實支發，以原收單黏報。

一駕駛學生經費項下，每名行裝費及每年房租、脩膳費、游歷費、雜費，並同前條。惟陸續上兵船時，每名應給兵官衣資並海圖器具等費，共銀一百五十磅。既上兵船之後，每名每年應增飯食費二十四磅，約以二年爲限。其未上兵船時，另延敎習兼敎所添脩金，每年約以四百磅爲限，亦核實支發，以原收單黏報。

一路費項下，若搭西國公司船，則華洋監督及隨員繙譯文案五員坐上等船位，每項約五百三十元。生徒坐二等艙，每次約四百元。此項船價及渡船火車衣箱稅等費，撙節支報，如有不敷，俟挪用後稟請補領。所帶隨役，不准開支公項。其經費於起程時具領，其回費於第二批內領二分之一，第三批內領二分之一。若派

船政官輪船送往，則此項路費概不開支。

一撥滙日期於華洋監督與生徒起程時，先撥第一年薪費、及行裝費、往費、學生之上兵船衣食費，均由華洋監督鈐領帶往支發。及起程八個月，再由船政滙付第二年薪費一批及回費二分之一；以後十二個月，又滙付第三年薪費一批及回費二分之一；寄交兩監督收存備用。

第一年

華洋員薪費，每年共七一七洋平銀二萬六千二百兩。兩監督及繙譯華文案共四員起程以至法國，先約支兩月薪水銀二千六百六十兩，不另支雜費。俟到洋後扣足在路日數計算，將餘銀歸公。隨員馬建忠並製造學生十四名，藝徒四名，共十九名，每名房脩膳等費年應英銀一百二十磅，雜費四十磅，行裝費十七名每名五十磅，共三千八百九十磅。內隨員薪水，仍由天津給發。學生魏瀚陳兆翱二名已領行裝。製造生徒另延教習年約脩金八百磅。駕駛學生十二名，每名房脩膳等費年應英銀一百二十磅，行裝費五十磅，雜費年應四十鎊，共二千五百二十磅。駕駛學生另延教習年約脩金四百磅。駕駛學生十二名上兵船衣具圖書費，每名一百五十磅。上兵船後每名每年增飯食銀二十四磅：全年統共二千零八十八磅。以上五款，共英銀九千六百九十八磅，以每磅五元作七一七洋平算，合銀三萬四千七百六十七兩三錢三分。

往費（監督等五員，每員五百三十元，生徒二十八名，每名四百元。）共一萬三千八百五十元七一七合銀九千九百三十兩四錢五分。

以上約計第一年，總共應領銀七萬三千五百六十三兩七錢八分。

第二年

華洋員薪費每年共七一七洋平銀二萬六千二百兩，隨員並製造學生房脩膳並雜費，年共三千零四十磅。製造生徒另延敎習，年約脩金八百磅。隨員並製造生徒共十九名，每名遊歷費六十磅，共一千一百四十磅。駕駛學生十二名房脩膳並雜費，年共一千九百二十磅。駕駛學生另延敎習，年約脩金四百磅。駕駛學生十二名，每名年增飯食費二十四磅，共二百八十八磅。駕駛學生一十名，每名年應遊歷費六十磅，共六百磅。以上七款，共英銀八千一百八十八磅，合銀二萬九千三百五十三兩九錢八分。

回費二分之一，應六千九百二十五元。合銀四千九百六十五兩二錢二分五釐。

以上約計第二年總共應領銀六萬五百一十九兩二錢五釐。

第三年

就第二年數內，除去駕駛學生另延敎習脩金四百磅，駕駛學生增飯食項下二百八十八磅，駕駛學生遊歷項下六百磅，共應除去英銀一千二百八十八磅，合銀四千六百一十七兩四錢八分。兩監督等四員，法國起程至回閩，先約支兩月薪水，計銀二千六百六十六兩，不另支雜費，俟回閩後扣足在路日數計算，將銀歸公。

以上約計第三年總共應領銀五萬八千五百六十七兩七錢二分五釐。

以上三年，統共七一七洋平銀一十九萬二千六百五十兩七錢一分外，尚有第一年酌帶學生出外量給游費，及三年內華文案並隨員學習交涉公法應支脩金等費未算在內。

奏派學生前赴比國游學摺　光緒二十九年

端方

端時署鄂督。 編者

竊臣於本年迭次選派湖北各學堂學生前赴德美俄法各國遊學，均經先後奏明在案。查近日泰西各國，講求實用教育，以爲富强之基。其實業學校如工業、商業、農林、路礦，無不精研實驗，各有專門。比利時國在歐洲西部，其教育、工業、技術、製造、鑛業，各有專修學校。他如商業則有高等專門學校，農業則有高等農會，鑛業及其餘工業又有實業工所，故其工藝則機械最精，鑛產則煤鐵最富。其鐵路通法國巴黎，長六千餘里。路鑛之學，尤爲他國所推許。中國地大物博，實甲環球。惟於工藝素少講求，器械未能自製。開鑛修路等事，無不僱用洋匠，以致事權旁假，大利難興。近年朝廷作育人才，振興實學，歷年欽奉諭旨，諄諄以講求實用爲主。比國實業較精，學費較省；誠能多派學生前往肄習，他日學成而歸，上足以備任用，下足以裕資生，實於大局不無裨益。臣謹就湖北各學堂學生選得楊蔭藁、吳國良、汪鍾嶽、羅葆寅、胡秉柯、魏宸組、賀子才、史青、黃大偉、祿崇、姚業經、楊循祖、鄧鳳池、劉祥雲、許熊章、喻毓西、程光鑫、劉蔭茀、李光驪、王治輝、胡瑞年、李以祜、陳寬沅、李彪等二十四人，派赴比國學習實業，卽令派充德國留學生監督戶部員外郎閻海明兼充比國遊學生監督，帶同前往。該學生等年力正富，通曉方言。臣於臨行時，舉前大學士曾國藩所云，以剛大作忠義之氣，以精思窮製造之術二語相諄勉；務使盡心研究，克底於成，以仰副朝廷造就人才力圖富强之至意。至川資學費，所需甚鉅。然時局艱危，需才孔亟，不得不勉爲其難。當由臣督飭司道各局極力設籌，以備應付，其餘一切事宜，悉遵照外務部議定章程辦理。（下略）

（約章成案滙覽乙篇卷三十二下）

奏派學生前赴美德俄三國游學摺

光緒二十九年

端　方

竊臣伏讀光緒二十七年八月初六日上諭：「造就人才爲當今急務，前據江南湖北四川等省選派學生出洋遊學，用意甚善。著各省一律辦理，務擇心務端正文理明通之士前往學習，學成領有憑照回華，即由該督撫學政分門考驗咨送外務部覆加考驗，奏請獎勵，分別賞給進士、舉人各項出身，以備任用，而資鼓舞，」等因，欽此。仰見朝廷培人材振興實學之至意。查同治年間，美國所立條約第七條內載：「中國人欲入美國大小官學，學習各等文藝，須照相待最優國人民一體優待」等語。維時前大學士李鴻章與曾國藩會奏，選派聰穎子弟赴美肄業，又選派遊擊卞長勝等赴德肄習軍械技藝，又與船政大臣會奏選派閩廠生徒，分赴英德官廠學堂及兵船學習，均經奏旨允行在案。近日中國人士怵於日本之自強，往往徑赴東洋遊學，其不由官派自備資斧者亦復不少。人類既衆，學術易歧。實則日本學制亦皆步武泰西，惟其厚視同洲，故於學生不無寬待。泰西則中國肄業者較少，功課亦極認眞。臣每接見從前在歐美遊學之人，其得有卒業文憑者，大半學術精深，心術純正，頗多可用之材。現在中國力行新政，所求正在此輩，若不廣圖造就，勢必習於近便，繼往無人。臣欽奉明綸，追思前事，謹就湖北各學堂學生中選得錦銓、楊祖謙、李人鐸、吳連慶、善明、賓步程、陳籙、馬德潤等八人派往德國游學。其陳籙一名並擬令順道至法國考求學問。又選得劉慶雲、姚臣懿、程毓璘、陶德琨、朱啟烈、徐家琛、張繼業、楊恩湛、雷以綸、盧靜恒、等十八人派往美國遊學，蕭炳烈、夏維松、嚴式超、劉文彬等四人派往俄國遊學。該學生等志趣遠大，於各國語言文字及各種西學門徑已有基緒，使其盡心講求，不難儲爲大用。臣於臨行接見時，勗以淬勵忠愛之忱，深究精微之要，並於其出洋入塾時，派令曾在美國肄業學成而歸之候選同知施肇基偕往經理。其英法兩國遊學學生，俟派定後再行奏明辦理。至學費一層，泰西各國本較為浩大。近年鎊價奇貴，受虧尤多，統計此次出洋學生每年約需銀六七萬兩，再三撙節，無可裁減。明知鄂省用款支絀萬狀，此項費用甚屬不貲，然為大局起見，不敢惜此鉅款，惟有飭司局竭力籌畫以備應付。其餘一切事宜，悉遵照外務部議覆出使各國大臣籌議出洋學生章程辦理。（下略）

（約章成案滙覽乙篇三十二下光緒二十九年）

奏派學生赴東西洋各國留學摺

張百熙

摺上於光緒二十九年十一月張時為管學大臣此為中央派遣留歐學生之始。　編者

竊臣百熙於召對時曾蒙懿訓，深以教習乏才為念。當經奏陳京師大學堂宜派學生出洋分習專門，以備教習之選。計自開學以來，將及一載，臣等隨時體察，益覺咨遣學生出洋之舉萬不可緩，誠以教育初基，必從培養教員入手，而大學堂教習，尤當儲之於早，以資任用。查日本明治八年，選優等學生留學外國，至明治十三年，留學生畢業歸國後，多任為大學堂教員，迄今博士學士，人才出衆，六科大師，取材本國，從前所延歐美教員，每科不過數人，去留皆無足輕重，而日本之留學歐美者，尚源源不絕。此其用心深遠，可為前事之師。臣等忝膺學務，夙夜焦思，固知中學大學分科，照目前物力士風而論，求其規制完備，程度高深，恐非三四年所能猝辦，而仰窺聖明垂意之殷，環顧舉國屬望之切，精神所注，終底於成，亟應多派學生分赴東西洋各國學習專門，以備將來學成回國，可充大學教習，庶幾中國辦理學堂，尚有不待借材，操縱自如之一日，早為之

計，應用無窮，及今不圖，後將追悔。現速成科學生中選得余棨昌、曾儀進、黃德章、史錫倬、屠振鵬、朱獻文、范熙壬、張耀曾、杜福垣、唐演、馮祖荀、景定成、陳發檀、吳宗栻、鍾賡言、王桐齡、黃藝錫、劉冕執、席聘臣、蔣履曾、王曾憲、王舜成、朱炳文、劉成志、顧德鄰、蘇潼、朱深、成雋、周宣、何培深、陳治安等共三十一人，派往日本留學，定於年內起程。俞同奎、何育杰、周典、潘成福、孫昌烜、劉光謙、辥序鏞、林行規、陳祖良、華南圭、鄧壽佶、陳經邦、左承詒、范紹濂、劉光謙、魏渤、柏山等共十六人，派往西洋各國游學，定於年內起程。該學生等志趣純正，於中學均有根柢，外國語言文字及各種普通科學亦能通曉。大凡置之莊嶽，假以歲時，決其必有成就。此外尚備取數人，防派定學生臨時或有疾病等事，可以更易。日本學費輕者，往返近便，故數派較多，頗慮其沾染近時遊學惡習。臣等□見自日本來京之中外各員，一再詳究，僉稱凡議

論囂張、任性妄為者，名為出洋學生，實則閑游生事，並未一日就學；其真在各學校肄業生徒，大都循理守法，力求進步等語。近詢戶部右侍郎鐵良新在日本所見，大概相同。臣等仍當嚴定條規，豫防流弊，於學生臨行時，以忠愛大義、學成致用諄諄訓勉，期以七年為率。西國十六人，統計需費十萬餘兩。日本三十一人，統計需費九萬餘兩。而川資等項尚不在內。極知當年鉅款，力有不支。然為培才起見，自當勉為籌劃，擬在大學堂實存項下按年提撥，開單奏銷。其餘一切事宜，悉遵外務部議覆出使各國大臣籌議出洋學生章程，及湖廣督臣張之洞奏定約束鼓勵各章程，斟酌辦理。除咨部並咨行出使各國大臣隨時照料考檢外，所有選派學生出洋遊學緣由，理合具陳。謹奏。

（光緒政要卷廿九）

外務部學務大臣奏准游學西洋簡

明章程

原文未注時期，但光緒二十九年十二月始改管學大臣爲學務大臣，三十一年十一月設學部，稱學部尚書，此章程之公布在三十年與三十一年之間。　編者

一英美德法於武備製造農工商諸學，各有專門，一時推重。比利時路礦工藝，宿所擅長，學者必通西文，乃有門徑，否則授受無從浹洽，宜擇年自十五至二十五，已通西文，出洋期以三年五年，學成致用。此項學生徑入專門學堂，可由使臣派參隨兼察，以省派監督之費。

一不通西文，則宜選實年十四五，心地明白，文理曉暢者，出洋從語文入手，勿以年長充數。蓋二十以後，舌本倔强，學語不易，一也。年長好生橫議，迫脅幼者，二也。跅弛不羈，難於約束，三也。至中文毫無根柢，則無以造就通才，尤當擇之於始。

一游比學生，間有曾涉獵英文者，一入比國，語文不同，前功盡棄。查直隸江蘇廣東福建等省，久設方言學堂，且有西士設館其中，以英法文爲多，德俄較少。若出示招考，當有應選者，以向習某國語文遣游某國，必收事半功倍之效。惟美通行英文，比通行法文，游學美比，即選習英法文者可也。

一邊省腹省，風氣晚開，欲遣遊學，勢難繩以必通西文，宜照第二條年格選派，擬往某國，先擇熟諳某文一員，導之出洋，賃屋延師，居中繙譯，名曰帮教習，並監其起居，達其謠俗，俟普通畢業，再入專門，若各省續派學生，仍令接辦。蓋熟諳西文，得衆學生難，得一譯員易；惟必係品端學粹，不得用市井通事一知半解者，以致自誤誤人。薪水獎敍，均照出使章程隨員例。再各國語文有兼尙者，如遊美譯員宜用英文，游比譯員宜用法文，遊德與俄，能得通其國文者固善，否

外務部學務大臣奏准游學西洋簡明章程

則德以英文，俄以法文，亦可勉强通用。

一學生出洋，如無監督，應由使臣隨時約束考察，毋得沾染習氣，不求實學，買櫝還珠，爲世詬病。其有頑梗不率教，玩愒不力學，蕩軼閑檢，有損顏面者，屢戒不悛，即當飭送回華，由該省追繳學費，以示懲儆。

（大清新法令第十三册）

奏比國學費較廉請飭各省分遣遊學摺

楊晟

楊時爲出使比國大臣。　編者

竊臣前以西洋游學辦法紛歧，曾擬簡明章程繕單具奏在案。顧第爲隨時派生出洋而言，俾辦理稍有把握。然以今日人材消乏，非一二省資派數十生所能濟用。按歐洲各國，學校如林，立國雖分大小，爲學之道則一。即以比利時論，其路礦製造諸學，見重列邦。自設使臣以來，華生就學者日衆，旅學二費亦較他國爲廉。比廷相待，與本國學生無異。臣與比外部文部兩大臣悉心會議，擬再多派學生分入各學堂，即歸比政府經理。自初學以逮有成凡若干年，計師脩飯饍暨衣履澣沐之費，每生需比銀歲一千六百佛郎。以視近年江鄂諸省派一學生，歲需銀一千六七百兩者，廉至三分之一。同此學費，而於彼培植一人，於此可培植三人，爲數愈多，收效彌廣。惟選材必限年格，冀免年長之囂張，學費必泯參差，可節虛靡之帑藏。謹就管見所及，繕單恭呈御覽，相應請旨飭下各省將軍督撫按照所擬章程、酌定人數、慎擇清才、遣送來比，由臣妥商比文部循序教授，漸底於成，並隨時派員考察，以期實獲。（下略）

光緒三十年十二月初一日奉硃批：「外務部知道，單併發，欽此。」

謹擬各省派生游學比國章程，敬繕清單恭呈御覽

計開

一學生以實年十五歲左右、資質聰穎、舉止端嚴、身體强壯、文理明順四者俱備爲合格。

二各省挑選學生，視省分大小、財政贏絀，每省多至四十人，少者十人。由督撫酌定額數，通飭各學教職查取近兩案入學新生年在十六以內者，詢其父兄，如願令出洋游學，即以所選諸人申送該管知府。俟各縣取齊，試以中文，不必問其曾學西文與否。該府攤送幾名，照第一條合格擇尤送省。查未冠入學，歲科兩試多有之，求之一省尤易，雖中文未必即佳，然當不失爲明順。挑選須秉至公，不得瞻徇情面。

一各學合格者，如不足額，可就該省高等學堂暨各府中學專取中文佳者充之，不必定選生員，但此項宜居多數。

一各生由府送省，宜照定額，外多送數人，由督撫親加考察，面考中文，一一合格，發交首府安置總所，派老成委員與之相處旬日，默察性格行爲，即於多送之數剔其較遜者，名數既定，咨報京師學務處備查。

一各省派生遠近遲速，勢難一律。凡總督兼轄，爲蘇皖贛三省暨其他鄰省，可先期會商，合計學生五六十人，公派一知法文或英文委員，擇數省適中之地會齊到滬，先通知江海關道預購外洋公司二等船票，由原送委員導之出洋。若偏省無解西文者，但派員送滬，俟集有數十人交江海關派員代送，該員送至比京，即行回華。

一現與比文部商定，每生師脩房膳歲一千二百佛郎；衣服冠履歲一百佛郎，均繳學堂代辦。各生添置書籍一切零用歲三百佛郎，攤給學生自理。合計一人共需一千六百佛郎，不足華銀五百兩。

一學生入堂，應請比文部派一司員，使署派一隨員，稽察功課監視起居兼司支應均宜酌貼旅食川資計一生歲出二十四佛郎，如十生則給二百四十佛郎，隨學費並滙。

一滙費之法，假如一省派出十生，則於訂定月份由上海華比艱行滙比一萬六千二百四十佛郎，多者照增。銀價低昂無定，而學費之佛郎有定，核準照滙，可免歲終造報之繁。各省應滙佛郎若干，屆時電詢江海關道佛郎市價合銀兌滙。

一游學生間有在華留支一項，今所派年未及冠、未能自謀菽水，或從寬每生歲給數十金，令該家屬就近支領，或俟二三年後資格可入專門再議及此，亦隱寓鼓勵加功之意。如何辦法，各省必會商一律，免致偏枯，並即咨明使署。

一學生後來擬習何項專門，即於出洋時注入名册。性不相近亦許酌改，但不得任意紛更。

一學生年幼文理粗通，間斷歲久，必致荒蕪，宜將中文應讀之書携之出洋，以餘力溫習。大約七年學成回國，再習華文二年便有可觀。

一人數既衆，難保無一二蕩檢踰閑不安本分者，當給三等船票立飭回華，川資由該省照撥，至歷年學費，應由督撫追繳，不得寬免。

（江寧學務雜誌光緒三十二年閏四月第二期）

奏派歐洲游學生監督並陳開辦要端摺　學部

摺上於光緒三十三年十一月，宣統元年九月改爲分隸各國使署。　編者

竊出洋游學一途，爲學術人才所繫。臣部於上年十月，奏定管理游學日本學生章程，並設總副監督，奉旨允准在案。惟各省派往歐洲英、法、德、俄、比各國游學者，亦日漸增益，而江鄂兩省，厥數尤多。本年五月，兩江

總督臣端方，屢次電鄂會商臣之洞奏請將江蘇淮揚海道蒯光典開缺前往歐洲充江鄂兩省游學生監督，亦經奏旨允准在案。臣等查旅歐學生，除江鄂兩省外，籍隸各直省者，亦復不少，應責成該監督一律管理。查此項學生，散處各國，如欲實行管理，動關外交，其開辦要端，約有三條，敬爲我皇太后皇上陳之：一，責任宜定也。此次派遣監督，爲考查學生學行，詳實報告爲主。凡官費自費各生，所入之學堂，係官立抑係私立；學規或良或否；功課孰優孰劣；曾否轉學轉科；有無曠課犯規，均須詳確登記。每一學期，報告臣部，及各省督撫，刋冊宣布，使官民咸知。其課本講義，及參考書籍，一併開送，在今日爲考核約束之資，在異日卽爲學業高下之證。一，權限宜明也。考察須親到學堂，方能確實。此次遣派監督之意，應由出使各國大臣，豫向該國外部剴切聲明，請其轉商文部，所有各項學堂，該監督得隨時閱看，並可向校長及各教員詢問一切。其他局廠等處，有與學生之學科相聯者，亦可由駐使介紹監督前往考察。其游學各事，有關交涉者，仍由駐使任之。學生中有違背規則者，如在校內，照該校章程辦理；遇有特別事故，或在校外有損傷名譽，踰蕩行檢者，應由監督分別情節，或會商駐使酌辦，或電請臣部及本省督撫辦理。一，執法宜嚴也。學生必須敦崇道德，而後知愛國家；必須恪守法律，而後能專心學問。今旅歐學生，沈潛力學者，固不乏人，而見異思遷，囂張生事者，亦時有之。或托詞在外預備，而日久尚不知所學何事；或專於干預他務，而自荒學業，曠日糜費，不以爲意，甚至邪說詖行，沈迷不返，著書刋報，淪斁綱常。此等學生，亟宜隨時考查，嚴予汰除，以免敗羣；俾堅忍耐苦，潛心求學之士，益知感奮，將來成就，庶幾稍多。當此財政支絀，人才消乏之狀，不及是時切實整理，徒致虛耗帑項，敗壞人才，爲患良非淺鮮。臣等日夜籌思，必須得學術淹通，識力沈毅之大員，責以專任此事，方有實益。臣部與兩江督臣端方，往返電商，擬請即派開缺淮揚海道荊光典，充當歐洲游學生監督。各省旅歐學生，概歸管理，以昭畫一。其監督辦事詳細章程，歐洲各國情形與日本迥異，應俟該監督抵歐後，會商駐使，詳加體察，電呈臣部，斟酌釐訂，再行奏明辦理。至用人一節，酌擬設視學官數員，即以通曉該國語言文字者，由臣部委充。其餘繙譯書記各員，由該監督自行酌用。經費一節，據兩江督臣端方電稱：江鄂各任籌經費一萬，直隸川粵各任籌五千兩；合五省所出之數，共三萬五千兩，其他各省，容由臣部分別咨商，酌量認定，由該監督撙節開支。將來各省經費，應彙由兩江總督滙寄歐洲，以免參差不齊之弊。俟該督到歐以後，如經費實有不敷，准其電商臣部，及兩江總督，斟酌辦理。如蒙俞允，即由臣部分別行知，欽遵辦理。

上李伯相言出洋工課書（江寧學務雜誌）

馬建忠　丁丑夏

光緒三年二月李鴻章派閩廠學生赴英法習海軍者，以隨員同監督李鳳苞赴法，即在法留學，爲留法文科學之最早者。此書草於一八七七年，由此可知當時法國學校情形，及留學生狀況。　編者

四月以來，政治學院工課甚緊，考期伊邇，無暇將日記繕錄呈上。郭星使於四月下旬至法，五月初呈國書札，忠秉辦繙譯事務，並承多加薪水，長者之賜，忠何敢辭。且繙譯事少，不致荒功，無負來歐初意。五月下旬，乃政治學院考期，對策八條：第一問爲萬國公法，都凡一千八百頁，歷來各國交涉興兵，疑案存焉。第二問爲各類條約，論各國通商、譯信、電報、鐵路、權量、錢幣、佃漁、

監犯、及領事交涉各事。第三問，爲各國商例，論商會滙票之所以持信，於以知近今百年西人之富，不專在機器之創興，而其要領專在保護商會，善法美政，昭然可擧；是以鐵路、電線、汽機、礦務，成本至鉅，要之以信，不患其衆擎不擧也；金銀有限，而用款無窮，以楮代幣，約之以信，而一錢可得數百錢之用也。第四問，爲各國外史，專論公使外部密札要函，而後知普之稱雄，俄之一統，與夫俄土之宿怨，英法之代興，其故可覼縷而陳也。第五問，爲英美法三國政術治化之異同，上下相維之道，利弊何如？英能持久而不變，美則不變不多敝，法則屢變而屢壞，其故何在？第六問，爲普比瑞奧四國政術治化，普之鯨呑各邦，瑞之聯絡各部，比爲局外之國，奧爲新蹶之後，措置庶務，孰爲得失？第七問，爲各國吏治異同，或爲君主，或爲君民共主之國，其定法、執法、審法之權，分而任之，不責於一身，權不相侵，故其政事綱擧目張，粲然可觀；催科不由長官，墨吏無所逞其欲；罪名定於鄉老，酷吏無所舞其文；人人有自立之權，卽人人有自愛之意。第八問，爲賦稅之科，則國債之多少，西國賦稅十倍於中華，而民無怨者；國債貸之於民，而民不疑，其故安在？此八條者，考試對策凡三日，其書策不下二十本。策問之條目，蓋百許計，忠逐一詳對，俱得學師優奬，刋之新報，謂能洞隱燭微，提綱挈領，非徒鑽故紙者可比，此亦西人與我華人交涉日淺，往往存藐視之心；故有一知半解，輒許爲奇，則奇之正所以輕之也。忠惟有銳意考求，詎敢以一得自矜哉？忠自到巴黎之後，多與當道相往還，而所最善者，則有彼之所謂翰林院數人，專講算化格致諸學，與夫各國政事興替之由，各國欽仰，尊如北斗。渠輩見忠考究西學，殷殷教誨，每勸忠考取彼國功名，忠對以遠來學習，祇求其實，不務其名。勸者云：「徒競其名，而不務其實，吾西人亦患此弊。然名之不揚，則所學不彰。故華人與西人交涉，時時或被欺朦，非華人之智短才疏也，名不揚而學不彰，則不足以服之也。且辦交涉以文詞律例爲主；講富强以算學格致爲本。中國不患不富而患藏富之不用；將來採礦，釀酒，製機器，創鐵路，通電報諸大端，在在皆需算化格致諸學。我國功名皆以此爲宗。子欲務實，意在斯乎？以子之所學，精而求之，取功名如拾芥。何憚而不爲耶？一忠以此說商之二監督，允其赴試。既應政治試畢，然後應文詞科。六月底試第一場，期二日。第一日以臘丁文古羅瑪皇賀大將提都征服猶太詔，又以法文譯埃及希臘水戰臘丁歌章。次日考問輿圖及希臘臘丁與法國著名詩文，兼問各國史學。復得宗師優奬，謂願法人之與考者，如忠斯可矣。一時在堂聽者不下數百人，咸鼓掌稱善。而巴黎新聞紙傳揚殆遍，謂日本波斯士爾其人負笈巴黎者，固有考取格致秀才及律例舉人，而東土之人，獨未有考取文詞秀才者。有之，則自忠始也。忠念些須微名而震驚若此，亦見西人好名之甚也。年終考文詞秀才第二場，兼考格致秀才，來年春夏之交，可考律例格致舉科。近日工課稍寬閒，至炫奇會游覽，四方之來巴黎者，轂擊肩摩，多於平日數倍。但炫奇會所以陳各國新得之法，令人細玩；會終標奬其最優者，原以激勵智謀之士。然而礮之有前膛後膛，孰優孰劣；彈之貯棉藥火藥，何利何弊；附船之鐵甲，有橫直之分；燃海之電燈，有動靜之別；而水雷則有拖帶激射浮沉之不一。砲壘則有連環犄角重罩之不同；均無定論，是軍法之無新奇者也。煤瘴之伏礦中無定法可免，眞空以助升降無善術可行，此礦務猶有憾事也。機織之布，敏捷而不耐久；機壓之呢，耐久而不光；滑機紡之紬，價廉而無寶光；此紡織之猶待考求也。下至印書、釀酒、農具，大抵皆仿奧美二國炫奇會之舊式，並未創有新製。

至於電線傳聲與電報印聲，徒駭見聞，究無大益。惟英太子之珠鑽玩好，法世家之金石古皿，獨闢新奇，乃前此所未曾有。然此不過誇陳設之精，供游觀之樂，以奢靡相矜而已，豈開會之本意哉？蓋法之設此會，意不在炫奇而在鋪張。蓋法戰敗賠款後，幾難復振，近則力講富強，特設此會以誇富於外人。有論中國賽會之物，掛一漏萬，中國以絲、茶爲大宗，而各省所出之紬，未見鋪陳；各山所產之茶，未見羅列。至磁器之不古，刺繡之不精，無一可取；而農具人物，且類耍貨，堂堂中國，竟不及日本之島族，豈日本之管會乃其士人，而中華則委之西人之咎乎？以西人而陳中華土產，宜乎其見聞之淺也。有以質之忠者，忠惟云：「賽會另有監會之人，余不敢越俎而謀；又何能詳言其故？」此巴黎炫奇會之大略也。竊念忠此次來歐一載有餘，初到之時，以爲歐洲各國富強，專在製造之精，兵紀之嚴；及披其律例，考其文事，而知其講富者，以護商會爲本；求強者，以得民心爲要。護商會而賦稅可加，則蓋藏自足；得民心則愛倍切，而敵愾可期。他如學校建而智士日多，議院立而下情可達。其製造、軍旅、水師諸大端，皆其末焉者也。於是以爲各國之政，盡善盡美矣。及入政治院聽講，又與其士大夫反覆質證，而後知「盡信書則不如無書」之論爲不謬也。英之有君主，又有上下議院，似乎政皆出此矣。不知君主徒事簽押，上下議院徒託空談，而政柄操之首相與二三樞密大臣，遇有難事，則以議院爲藉口。美之監國，由民自舉，似乎公而無私矣。乃每逢選舉之時，賄賂公行，更一監國則更一番人物；凡所官者，皆其黨羽，欲望其治得乎？法爲民主之國，似乎由官者不由世族矣；不知互爲朋比，除智能傑出之士如點耶諸君，苟非族類，而欲得一優差補一美缺，戛戛乎其難之。諸如此類，不勝枚舉。忠自維於各國政事，雖未能窺其底蘊，而已得其梗概，思彙爲一編名曰「聞政，」取其不徒得之口誦兼資耳聞，以爲進益也。西人以利爲先，首曰開財源；二曰厚民生；三曰裕國用；四曰端吏治；五曰廣言路；六曰嚴考試；七曰講軍政，而終之以聯邦交焉。現已稍有所集，但自恨少無所學，涉獵不廣，每有辭不達意之苦。然忠惟自錄其所聞，以上無負中堂栽培之意；下無忘西學根本之論；敢云立說也哉！

（適可齋記言卷二）

論旅歐儉學之情形及移家就學之生活

吳敬恒

民六以後赴法勤工儉學生特多，一由法國招致華工，一由著者及李煜瀛、（石曾）等之提倡。此篇對於鼓勵赴法學生之精神方面影響甚大。原文見民六四五月上海中華新報。

編者

客問：儉學會有六百元西洋留學之計畫，果能不妄乎？

答曰：用錢之事，至無一定，繁華之城邑，比例之相差尤甚。不必言其荒唐者，即言其正當者。假如上海學校，有三四百元一年方敷澆裹者，亦有百十餘元亦能敷衍者。三四百元之學校，不盡爲上材；而百十餘元之學校，亦不盡爲廢物；一皆以爲學之勤惰，而爲其人成就之深淺。假使其人生長僻邑，無學可學；其家境又不能有巨貲可措，能勝百十餘元，不能勝三四百元，將來上海學乎？抑因不能入三四百元之學校，方甘心蹉跎於窮鄉，從而輟學乎？則智者必不待躊躇，而挾其力所能勝之貲，就上海百十餘元學費之良學校而自進矣。推而廣之：在家本穿青布長衫者，至上海而必效同學穿熟羅長衫乎？在家本青菜黃米飯者，至上海必嫌三色一湯之校餐未佳，頻往馬路酒館會食乎？在家本安步以當車者，至上海必數馳車出游乎？在家本熟讀課本，或借書誦讀者，至上海必見書則購，所有預約劵不肯放過乎？凡此所謂穿熟羅長衫，吃館子，坐黃包車，上棋盤街至商務印書館中華書局買書，皆至平常之事；即上海至高等之學生不以爲非，我亦不以爲非。然必出乎在僻邑出門時之預算，與百十餘元之力量，多所反對，則斷斷然也。平心而論，其人挾百十餘元之始願，特止欲得某校之功課耳；熟羅長衫之華美，館子菜蔬之滑適，黃包車之安閒，羅列羣書之富麗，乃又一事；不能因百十餘元之預算不敷，遂根本推翻，歸咎建議之未當。甚而浮慕之人，必且得隴望蜀，欲並遷於三四百元學費之校，方爲快適。蓋此等「麵筋學生」深信高價之油鍋炸成大個，更可不費自己腦力謀之，而不能，及至放廢無聊，輟學而歸其僻邑，始嘆故我依然，百境皆非，則悔已晚矣。今不必提起蘇州之夜航船，紹興之烏篷艇；如豕滿載，你之脚大指抵於我之酒糟鼻，爲人境之至不堪，且亦有失風師爺土頭財主旅行其間，視若尋常。今加一等，爲長江輪船之三等床架，又進而爲香港天津之統艙或房間，則除今之議員老爺毛頭政客，造孽有錢，洋氣直沖外，餘所謂曲辮子之詞林文人，初赴考之青年學生，皆資爲唯一交通妙境，望大菜之間，過官艙之門，皆不甚生其比較情感者也。乃儉學會學生初聞日本三等艙價，莫不欣然。語其實在，其待遇實優於長江之床架，天津之下間；如安心作爲內國旅行觀，方當滿足之不已。然登舶而見頭二等之快美，加以長途之厭倦，頗有人忘其乘行之本意，甚且毒詬之曰：「不是人境」。充此論而處處爲齟齬，明明無所謂不可儉學者，竟亦可誣儉學爲理想。此則天下事皆在有志者自爲之矣。

客問：子所謂三等艙者，爲價幾何？其實狀果奚若？可聞其詳乎？

論旅歐儉學之情形及移家就學之生活

答曰：日本有恒言，「凡人當分利之年，或爲分利之人，旅行例當以三等舟車爲合格。」分利之年則學生，分利之人則軍人，故軍人與學生乘坐三等舟車，走盡世界，皆不以爲非；非如外交官等服御不飭，乘坐街車，則傷辱國體也。例當從儉之人，更有敎士，昔年有日本敎士，以同敎之誼，挈湖北鑛學家曹亞伯君西行。該敎士自充頭等艙之侍僕，而勸曹君乘四等甲板。此敎士抵英後，到處爭迎演講，因彼實爲一日本有名之牧師。其西行之目的，即欲以演講所得之錢，歸建禮拜堂。後聞得貲三四萬元，始歸。由上海至倫敦巴黎伯林，貲費出入有限，因既抵西洋，到處止有一半日之車路，所多亦一二十元耳。歐戰之前，有定期之郵船四家，皆兩星期一發，四家更迭而行。近來每星期皆有在上海開行之船。曰英，曰德，曰法，曰日本。英船無三等艙，德法三等艙，其待遇有中國內海輪船官艙之身分，故需價二

百七八十元左右。日本三等分兩類，曰「特別三等」者，等於德法之三等，故爲價亦需二百五六十元；「尋常三等」則價止一百八十元，即余昨所言之長江床架或天津下艙房間者是矣。與上海往日本之三等艙，無甚異同，惟上海日本間之輪船常小，歐行者較大而艙中飯食似亦略略較優也。由上海至新加坡，三等頗擁擠，因有廣東南洋之華人，及往來南洋之日本小販賣商，而日本龜奴與妓女亦頗不少。既過新加坡，終止有寥寥數人十數人而已，常能遇日本學生一二人，大都赴德。無論如何，每一客人終能占得極闊之席，如岸上獨睡之床，較長江之架子大而且高。新加坡以後，一人可占一二床鋪，睡其一，其餘則陳設書籍食物玩具小箱等等；若善於收拾之人，亦能羅羅清疏，安排得別有天地。三等雖不供被褥，然旅行適在熱帶之下，雖在冬間，一抵香港，直達地中海，皆如夏令。彼本有土席，所

謂「撻撻末」者是，更加一東洋摺席於其上，卽光軟無比矣。携布單及氈毯各一條，儘足供此四五十日之舒服。食物每日白米飯三餐，光潔可食。惟肉燒洋芋，菜燒魚之類之飯菜，皆東洋風味，久居東洋者，甚以爲適，未嘗東洋滋味者，莫不唾之。故若預帶醬油，麻油，皮蛋，火腿，臘腸，冬菜等愛食之品一二十元，而又廣帶茶食，餠乾，糖果等等，長途消遣，亦卽比於神仙。且三五六七日必抵一埠，停泊登岸，就酒館小酌，携回水果各事，又添無窮風趣，聊以慰辛苦，皆廉而不費，海行之極可羨慕。較長江內海之船爲適。三等或較頭二等爲自由者，長江內海之船三等無寬大之甲板，可供憩息；而外洋輪船，則頭二等固特置寬大遊步場，卽三等亦在大艙之面建搭帆布之棚，任客徜徉其間。海行最不可少者，爲一二元一具之籐躺椅，近乎每日十許小時皆躺坐其上，啖果餌，觀書籍，談空話，望海天之浩碧，嗅海氣之潔淨。若無世俗之見，浮慕頭二等之虛榮，亦幾南面王不易其樂，而且酷暑之時，三等則科頭箕踞，惟不露赤膊等之惡相而已，可儘可御日本之道袍寬博，迎風行坐自如。若頭等艙而失其儀節，反受外人之恥笑矣。

客問：六百元儉學生之飲食起居，及學校修業，可聞其略乎？

答曰：學生西去，必程度至不相一。今當以預備完足，可以徑入大學，或專門學校者，爲甲類。語文及普通學，各有欠缺者，爲乙類。今先言甲類之學生。其飲食起居，及學校修業，雖因儉學之故，畧當從儉，然究與尋常官費學生等，亦可無甚分別。因用錢從寬從緊，決不在乎飲食起居及學校修業等之正用，惟在乎零錢。零錢之爲名雖終若不過爲附帶之費，但儘可指大於股，股大於腰。譬如我等在上海，包飯一月，止需三五元；然一月應酬朋友數次，共上酒樓，反可不止三五元。諸如此類。可見銷耗之巨數惟在零用。倘專注意於學校修業不必十分刻嗇其飲食起居，惟與零用爲嚴格之相持，則零用眞爲零用儉學正有餘地矣。假如有甲類學生，籌取二百五十元之旅費乘日本三等艙，抵英國之倫敦。（二百五十元，船貲與小小整裝費，皆可在內。）船到時，必有介紹友人來馬頭相接或竟在船邊雇一汽車，與行李同載至曾經介紹之華友寓所。其友必知來意，即爲覓一廉價之寓，大約華銀八元一星期。此寓必在一中等人家之家中，普通有中國六架大小之房間一間。局運佳者，以如是之價，能得較大之房間，房中上有光潔之白堊平頂下有華美之地毯，壁糊精雅之色紙。照相畫架，必大小十數，鑪鉗插排列整齊精銅耀目。窗光淨明，自紗花簾雙垂，書桌靠窗上覆五色綫罩。軟絨交椅數張，或壁角有大躺椅一具。非有特別衣櫥，即有特別壁櫃，雕花縷嵌，可貯書籍。獨睡鐵床一張，銅杜

精擦可鑑。羊毛毯爲被褥，白竹布之被褥單相裹，溫軟光潔。被頂罩以白花綫罩。（此罩乃覆被之飾，我國最近流行，取爲客寓中之褥單，已屬可笑。更有妄人，用以罩桌，西人見之，必作嘔三日。西人吃飯桌上白花罩，乃平花無邊鬚，絕非同物。且惟吃飯時罩之，餘時止覆色線之罩。我國習慣，桌上罩一白竹布，名爲洋式，實出杜撰。）鴨絨之枕，枕罩與被褥單，皆七日一換。白磁便盆，或盆箱，或簡便置於床下。一壁有大理石之面盆檯，嵌寬大之磁盆，能含斗水之磁壺，滿貯潔水。嗽口玻盃，肥皂磁缸，位置於檯角。（惟牙刷肥皂必自備。）面布兩條，搭掛小架。每晨十時至十一時之頃，客必出房，或往客堂，或出步公園，讓女主人或下婢整治其床鋪，傾潔其便盆，更換其水壺，拂拭其窗牖。如不依時出房，非但此日即百物不爲整理，且被看輕爲妄人矣。夜睡之時，將所着皮鞋提置房門之外，明日房主亦爲拭淨而上

油，（有包在房金內者，有另給一辨士一天者，大約包在內者爲多。） 如其有衣領等應當洗濯，卽於晨間出房讓其收拾時，將應洗之衣物捲置床中，彼卽取去。（不置床中間者彼爲疊好，以無欲洗之表示也。洗衣大都另給錢，惟局運至佳者亦能得包入手房金。） 總之所有卑褻之勞役，皆以慣例之方式表示，不可以言語使令，雖語下婢皆爲口妄。以上卽八元一星期之寓所，房間大約占有三元五角之價，尙有四元五角，則算入飯食。以三元五角一星期之房間，鋪設至道台之簽押房，亦不過如此。西洋儉學較諸北京儉學租寓旗人家中廂房，煨着炒鍋，實上天矣。

客問：八元一星期之儉學客寓，而其飲食又奈何？

答曰：世上之飲食，以中國爲最穠郁而油膩，伊大利次之。以日本爲最清淡，而英國次之。兩島國之飲食，皆清淡寡味，而頗合於衞生。然吾國寒士家風，黃米飯香青菜熟，大多數之人民，亦何嘗不淡薄？深印一青菜黃米飯之觀念於腦中，則嘗日本白米飯黃蘿蔔之滋味，固無所謂不堪者；而食英國之簡便大餐，更如登天矣。英國儉約家風之食物，以晨間及晝間爲最優，夕餐則淡薄。惟富貴人家，始夕餐尤豐於晨午，恰得其反也。今就儉學生八元一星期之客寓而言，早八時或八時半，主婦設早餐於客堂，叩客之房門曰：「早餐已設矣。」一客應曰：「唯。」至客堂就坐。每人盤中油煎鷄蛋一枚，火腿兩片者，其常有時薰魚一尾者，其暫。麵包切片已塗牛乳者，陳於桌心，任取多少。茶注於盃，和以牛乳方糖，一盃與兩盃，聽客之所嗜。平花白檯單上，盆盎刀叉整如，瓶花中設，且食且談，問題大都出晨報，是曰早餐。午十二時半，又叩客之房門曰：「午餐已設。」其時檯單益潔白，盆盎刀叉益增，瓶花益燦。主客畢坐，主婦割牛羊之肉，或魚塊，或雜膾，約拳大者一品，置大盆獻客。蕃薯，或菜或蘿另置大碟，遍傳桌上而各色取少許，和肉以食調味架上之鹽缸醬瓶，醋樽椒盒任客自取。肉食既罷，乃進糖食所謂「補丁」者是也：此爲英人之特色。補丁凡數百種，新婦必以能作補丁爲賢慧一如我國閨中學作餅餌，有大學女子之天職。補丁之常食者無非杏子或蘋菓補丁，葡萄乾補丁，細米或涼粉補丁，大米鷄蛋酪補丁之類是也。（西洋糧食店亦售大米，即作補丁之用。在彼人視大米，一如吾人之視苡薏米也。惟價格亦止倍於上海米價，運往者爲南洋日本而米質則以爪哇爲最佳，日本次之）肉食一盆，補丁一盆之外，各得麵包一塊，不塗牛乳，飲則清水，貯於玻盞，是爲午餐。非有能如上海之番菜五六七種，連連而進。雖餐館與富室之餐，亦與上海番菜相同，品類繁富；然尋常中戶之食決無有過兩三品者。儉學之寓餐，菓則絕迹不見面。（惟水菓甚廉，間可自購，晨夜作消遣品。）午後五時，名曰吃茶。茶和乳糖一二杯，麪包塗牛乳或糖醬數斤客氣者復加蛋糕一盤。夜八時半，或九時，又有茶一二杯，麪包與糖醬，或加餅乾，是名晚茶。或局運佳者，晚茶與午後之茶並在六時，另加冷肉或鷄蛋或油魚一盆；於是九時則進加非或可可一杯，瓶乾一二枚，是皆可稱之曰晚餐。一日之食料乃備。大食者惟以麪包爲進退。然據衞生家所說，吾人食物，但嫌太多，不嫌過少，則英人儉學生寓中之飲食，於養生之料，固已綽乎有餘。此八元之權利，除房間飲食外，又有一餘福可享受者，則每星期得洗浴一次。今日英國之住房，雖中下戶人家，莫不各有絕好之澡房，即上海洗浴池所謂洋盆者是矣。自便房則潔淨精微，機關抽送，不見纖毫糞迹，又必近於我等臥房，夜半清早皆便。

歐洲嗜茶之國，以英吉利俄羅斯爲最。大陸視茶，僅如我國之視加非，偶飲之而已。俄羅斯之狀況，吾不能言。而英國則視茶爲主要之食飲，故晚餐即曰「茶」。我國救荒則燒施粥，佐以鹹蘿蔔。英人振貧，則送麪包及茶葉。故若茶價之上漲，一如吾國米價之漲，使人愁歎。茶飲如是之普，亦不過七八十年以來。吾於五六年前，見倫敦日日電報一報告言：一八〇五時，華茶進口七兆元，印茶僅半兆元。一九〇九，華茶增至二十二兆元，印茶則增至四百五十兆元。如此大戰聲中，糧食以缺乏爲憂，不應反阻華茶。某先生曾以歐洲阻止中國絲茶進口爲問，余愧於商貨未有調查之經驗，尙未能一答。據西報之傳說，則因潛艇萬險之中，欲載其急者，而暫置其不急者。華茶本爲上等人家之飲料，在所不急，欲暫多載印茶，少載華茶，此必爲確。因若絲則爲奢侈之品，更遭暫禁，又無可疑。然絲但進口於法國，聞法國不欲於戰時減少女工之生計，並不進運華絲。若英國，則本少大票華絲入口也。英國華茶之價，平時至少兩元一磅，若印茶止六七角一磅；故茶店印茶止售五分或一角一杯，華茶每杯至少角半；故如小菜館及中下戶人家，華茶絕迹。彼中人未嘗不珍視華茶，無如力抽重稅，使其價至昂，以保障印茶；故華茶欲其如何發達，恐終暫無希望。

客問：住此八元一週之寓所，飲食起居，則已無問題發生矣。其學校修業之法，則將奈何？

答曰：每年星期五十有二，四百一十六元之房金，並年終致送小小禮物，對於房飯錢一項者，共支四百二十元。無論習法政，文學，工科，理科，皆能選得年費一百元之專門學校入之。其餘八十元，則以四十元爲添補衣履，洗濯領衫等之用，二十元供給郵票車費，二十元供給筆墨書箱，若夏期旅行，購買書報等等，當然皆止可以近邊公園公家書樓等代用，不復能與貲費寬綽之同學相比例矣。若有人但欲於學校修業上多得利便，而欲食起居能自減損，尙有自炊爨之一法。此法不惟省錢，在不佞與李石曾先生之理想，以爲新時代之人物於飲食一項，應當設以簡便法，以適於旅行，不當煎熬炮炒務爲繁瑣，使口腹一項，造出許多不便。故卽如圓心火油燈，在歐洲儉約之家，仍復廣用，因其價較電燈煤氣燈終止得半。火油燈加一文明燒架，利用之以爲個人之煮飯爐，配以華美輕巧之鍋壺，頗不礙於觀瞻；置之書桌之上，一面寫讀，亦不害於時間。一人之食物若料量周到，配搭精審，於食器可無贅餘。於衛生可無妨礙，於滋味可無厭倦。余曾介紹二三人在倫敦實行此法，皆稱無少費事。內有兩人因房東止供電燈，且皆以火酒點之，每人每星期約費兩元，能使食料不減於寓主之所供給，且偶參家鄉風味，於口福畧增，足償手足稍忙之勞。如此，覓一三元一星期之房間，但管床鋪收拾，不管食飲者，亦甚易易。以三元之房金，加上食料兩元，不過五元一星期，年止二百六十元之房飯金，膳下三百四十元，供給學校修業，及添衣買書零用，便精神上大增愉快矣。我等方擬配置精美之燒飯器具一副，總括而置於小皮包，又配合食單一紙，購辦食物簡便法之說明書一小冊，以供願就簡便生活法者所采用。不惟可適於儉學也，且並適於我等之旅行，及輕便之家居。如內地食物店之不潔，直以性命相委託，方知個人自炊爨之風倘成，亦社會不良時之衛生法矣。

客問：所謂乙類之儉學生，其赴歐之情狀，則奈何？

答曰：乙類之儉學生，則於詳述居歐狀況之先，有可以討論者甚多。所謂乙類之學生，卽指預備工夫不甚完足，不能直接竟入大學，或專門學校之人；或簡直倘有不識字母之丁東者也。昨得某先生書，欲僕詳答英法德美之學制，淺陋如余，安能縷答；且一部十七史，從何說起，卽調查書籍，詳細開列，必成巨冊，非雜俎欄之談話所能容；況此等斷爛朝報之章程，書肆必已有譯本。然僕揣某先生之意，必非泛問學制；其意必代親友訪問，欲知如何程度，能入如何學校，有所整備耳。此僕可以簡單之詞答覆，且可併於討論乙類學生之時，夾帶而出之者也。今最要者，又當分乙類學生爲三種：

（一）年齡幼稚者，爲丙種。

（二）已成年而欲得一種系統之學問者，爲丁種。

（三）無論已成年限於境遇，止能於雜藝雜學，隨便獵取者，爲戊種，而黨人、遊子、墨客、奇士，與夫頂出洋之招牌，吸文明之空氣，尚非荒唐鬼者，當附庸於此。

余當先定丁種學生之標準。此等學生，卽欲由乙類成爲甲類，入大學或專門學校，學習有系統之學問者也。其預備至何程度，方能合格入學？則可武斷言之曰，無論日本英法德美，卽走盡世界，當先有三件要事：

（一）學於何國，必何國之語言十分精熟。此卽不係乎發試，儘可七纏八紐，南腔北調，勉强混列學籍。然至上課之際，但能心領神會；考試之時，不免借抄講義；一樣半生半熟，得畢業文憑而歸。其畢生之受用與否，惟有個人自覺之矣。

（二）學於何國，必何國之文字，看讀寫作，比諸中國舊學，有高等秀才之程度；而且因試驗之關係，於該國之地理歷史，亦當勉强研究，熟其大概。

（三）算術，則於數學代數幾何三者，皆有今日國中中學校最優級之程度。

此三者爲基本。倘於此三者無所欠缺，不必問英法德美學制如何，皆可有有系統之學問可學。否則必歸於戊種學生內計算。三者之外，又有兩事：

(四)無論古文如希臘拉丁，除今文除所在國之文字外，假如去英國者，英文之外，或法文，或德文，必當兼習一種。其兼習之古文或今文一種，程度雖可稍低，然照例亦必看讀寫作皆有規模。否則雖二三兩項已經入格，此第四項或可通融，倘有以華文替代等之把戲，當於自己前途之學業，甚多吃虧也。

(五)於理化博物中，必有一小門特別研精，毫不歉於中學之程度。

二者雖於前三次預備充足之後，補習至易；然欲正當而習有系統之學問，於入學之先，亦不可不一幷預備也。

故若上五項工夫，出國時已經完備，是曰甲類學生。若猶待出洋後添補不足者，名曰乙類學生。自小出外添補者，乃乙類之丙種。成年而出外添補者，乃乙類

之丁種。無論丙種丁種，無法於五項添補滿足者，即無系統之學可學，是即乙類之戊種。其人儘亦有自頂有系統學問之招牌；實皆「野鷄學生」也。野鷄學生，何嘗不能成「家造博士」，或「發明大家」，然此爲別一問題，論及戊種辦法時，或再討論之可也。

客問：如子之言，乙類丁種學生之程度，似皆可於內國預備滿足，成爲甲類學生而後出。

答曰：此乃正當之辦法。雖然，事有未易一概者。一國之立國，自有一國合理之辦法：譬之如中國之學校，照情理而論，極能造成出洋入大學之甲類學生；無如在理論上與實際上，皆未易造成出洋入大學程度滿足之學生，因出洋求學，乃一時之現象，必非永久之事局。苟將成其爲一國，必計畫內國有學可學。此理論上之中學，應當爲正式中國之中學，不能看作出洋預備學校者也。出洋求學，終爲至少至少之數。全國多數中

學之青年，但求受一中等敎育，而供其一生職業上之應用者，乃居百分之九十。此實際上之中學，應當爲中國中等敎育完全之中學，又不能辦成出洋預備學校者也。故必欲於中國中學，求達預備滿足，無歉於甲類學生之程度，在勢定有難能。惟有特別供備出洋之學校，如北京清華學校之類者，可以副此目的。然昔年吾鄉胡君敦復主該校教務時，卽微嫌辦事人無意使程度切合，建議欲增高其學程，至齟齬而退。乃發憤集合同人，至滬上發起大同學院，極數年之擘畫，一意傾向此一目的而進行。無如往學者多數，皆非有直接出洋之計畫，仍止以一良中學，或高級文科視之。辦事人欲周旋於二者之間，心力乃爲之愈勞。舍此以外，惟一二外人所設之中學大學等，差亦易副預備滿足之希望。然而學費亦幾等於出洋之儉學，惟其人苟於經濟有精密之計算，殊亦値得少安毋躁，在此等內國之校中預備滿足，然後出洋，三年止需兩年外洋之費用矣。但有最要之一言，貢諸學生之自身者：無論在內國學校，或外洋補習，眞能滿足其程度，且生許多之活用者，必其主要恃自力，切不可委之於學校照例之功課，以「麪筋學生」自待，以爲學校中照例功課之力量，能使我等自然發展，自然滿足。若但委其運命於學校照例之功課，在內國悠忽歲月，滿足無期，遂思揠苗助長，或入西洋之大油鍋中，可以不勞而獲，則大謬大謬。成年學生至西洋預備普通中學之困難，乃異乎尋常之困難，在儉學爲尤甚，因其爲成年之人，而正式之官立中學不得入，止得入私立中學，因其爲儉學，高價完備之私學不得入，止可入「飯桶私學」。（法國公立中學，雖成年者亦可强入；然此等能許成年人强入之公立中學，其情形亦與「飯桶學校」相等。）所謂「飯桶私學」者，乃吾臆造一遊戲之名詞，形容其眞相者也。

其立校之宗旨，直如我國從前之私塾，乃一種之營業，專門供失風文人爲無聊中之飯碗者也。而在英國爲尤甚。英國社會表面上之階級雖平，而心理上之階級實爲世界最重之國；雖今日官立之中小學，日食一日，其功課遠於私學。然官學，則平民子弟必多，而高等社會之父兄，必不願其子弟與平民子弟相周旋，故甯出高價，就學於有名之私學；而中等社會慕效之，卻不能勝高價於荒謬絕倫，舍卻甚良之官學，情願入「飯桶私學」，供求相應，「飯桶私學」即因之而盛。每至暑假後第一學期開校之先，而廣告中登載某某私學招盤，或某人欲於某處租一私學，或買一私學，觸目皆是也。（私學皆爲中小學之程度，其口口口口口口亦自不必說，然有名無實，必爲經濟困難者原諒，中外所同也。）

客問：然則成年之乙類學生，初至外洋，可入者即此「飯桶私學」乎？

答曰：在儉學生之預備好區處，即此「飯桶私學」爲最佳。客或驟聞之而駭然，討論終結，或又頗增想望。倘其人不耐內國中學之曠日持久，即竟赴外洋預備，亦無不可。內國三年之費，固止能供給外國兩年；然亦未嘗無意外之捷獲，可償費用之稍增。惟有兩事，仍當留意。

（一）必具獨修精神，富於自動之力；此即在內國學校，亦所傾重，至外國爲尤要。非惟「飯桶學校」，其照例功課之敷衍，遠甚於我國腐敗學堂；即良好之官學校中，亦少硜硜講解，大都側重自習，其名即欲發達其自動之精神。

（二）無論如何，文字必粗通，文法算學，爲略有根柢，然後可以成行。若不識字之丁東，不知數目之多寡，冒昧而行，除是其人甘爲戊種學生，否則若有系統學問之希望者，未免喧緐太巨。因其人雖有自動之力，然動無可動，當言語不通之時，雖至淺之講解，「飯桶校長」亦願效忠；而無如彼有其口，我無吾耳，亦窮於指點，則初習一二年，或至非常困苦，亦未可知也。

倘既具自動之精神，又有淺薄之根柢，且行篋中多携良好之字典文法書等，學則坦然成行，必收好果。

客問子將述乙類學生到歐之生活，即指生活於「飯桶學校」耶？

答曰：正即指此。前述甲類學生之客寓，若乙類學生，非爲戊種，而爲丁種，則斷不可住。吾不亦已深知預備不足之學生，若赴日本住於「下宿」「貸間」之中，即斷送留學之生涯。即甲類學生，縱使號預備滿足，然至少有過半之數，於語言終未精熟，或有一二項功課，亦未針對於系統學校之試驗，不得不稍有補習，有廣東刁君作謙者，上海約翰書院之特班生，工夫爲全校之最，約翰操語素熟；然彼於十三年前赴英，尙先住「飯桶私學」八九月，然後方入圖橋大學。若乙類學生，非特功課諸多欠缺，而於語言一項，必更形幼稚，若居私家客寓，終日止有三言兩語，甚多講話之機會，其餘則偏國無與立談；理想中以爲置之莊嶽，齊語自來，此或齊楚同在域中則然耳。實驗之於域外，語既成熟，亦或多此機緣；若在格格不吐之時，必當擇地甚善，庶講話之機會較多。富人則擇地易，而儉學則必以住宿人多之學校爲最好，學校而有住宿生者，惟私校而已，（成年之乙類學生，官中學中不能入；在英，則官留學且不留宿。大學則如看戲然，上課時畢集而聽講，課罷則各散。若言語格格不吐之人，有誰耐與共話耶？）故即戊種學生，爲言語計算，亦以先居「飯桶學校」稍久，最爲有益。

客問：「飯桶學校」之情形，姑請隔一日而再談。吾子近數日之談論，似於學習外國文字極如「剛八度」聲口，注意於語言者甚至；然何以吾子平日勸人自習外國文，又以計較聲音爲多事，毋乃自相矛盾歟？

答曰：孔子有言，「言非一端而已，夫固各有所當也。」昔日「細崽」「剛八度」等之學習外國文，僅注意於語言，並不曾由文字而進研學問，故相承而爲習外國文字者之詬病。然此事大可相恕，以昔年此等學習外國文字之子弟，其父兄之希望，本以「細崽」「剛八度」爲一種之職業。此種職業，最適應用者，卽普通之語言，及淺俗之文字而已；對其職業之應用上而專注研習，亦何所病。卽「西崽」「剛八度」至今畢竟爲一種正當之職業，吾卽有子弟，如其不堪大就，而性質實近於「細崽」，或近於「剛八度」，吾必勸其針對應用，仍專注於普通語言，淺俗文字而止。此實爲特別之另一問題，非可與學校學習外國文字，一概比而同之，混而言之也。然畢竟因數十年前我國開始學習外國文字，有此一段之歷史，至今留遺兩大謬觀念，爲絕相反之阻礙吾之矛盾，正欲針對兩謬而求各適其所適。

其第一謬曰：鄙薄語言。

其第二謬曰：拘滯聲音。

鄙薄語言之結果，凡我國官學校之學生，皆以不作外國語矜持其高尚之聲價，在號稱側重國文之校爲尤甚。徒夫滿口鈎輈格磔，作小滑頭之形態，不惟詞林丈人惡之，卽我亦必爲之忍俊不禁。況壓薄作他種之語言，以語其所親古今中外，皆有此特性，故六朝人之痛惡鮮卑語，鄉父老騰笑仕宦回里者之作官話，與今日官校不說外國話爲同一之條件。但平心思量矯枉實有其不可過正者。揆以「執事敬」之要義，吾人既耗費寶貴之光陰，研究此項之文字，以爲參考學問之資，此種文字，又實有接近語言之性質，爲以相當之場合，加以相當之習練，（一）既可爲交接外人之資，（二）復足爲考詢學問之助，倘有出國遨遊，吸收世界學問之機會，尤爲惟一之要素，如此設想，竹頭木屑，皆爲有用之物，矧已指棄時間而習之，而不順收其旁效，豈智者之所爲乎？且不惟內國官校，因詬譏外人教校之故，有此「不語嗚高」之趨勢，卽挾此性習之人，往往流行其病於外洋。一至外國，貪與二三邦人爲晨夕之相伴，好高務遠，但閑闖街頭，購買門面之書籍，以「不求甚解」之法讀之；欲求其避地鄉僻外人之店，先以家常閒話爲生活者，不可耐，亦非所屑也。實則彼所謂研究有得，或畢業學校者，因此口耳不重之故，暗中失却無限效果，爲其勢力所應得之物，而僅得其十分之六七，或四五也。僕之言此，乃爲公言，因僕亦訑訑拒人，格格不唾之一物，與「不語嗚高」之諸君子素賡同調者，並非舌底瀾翻，挾其所長，攻人之所短也。僕實見夫在外國入學，不熟外國語，眞「撒木屑於頭上，自稱鋸匠」者也。

客問：所謂拘滯聲音者奈何？

答曰：學外國文字，而兼習熟於語言，此固我之所主張，既欲從事語言，而音聲自不可不重。但吾意則又以爲文字自文字，語言自語言，俗慣語以爲西洋語文合一，此實似是而非，世界無論何國文字，莫不相同，皆有高深淺俗之分別：淺俗之文，則與語言密切相近；近世紀之談教育者，知高深之教育，能受者必爲少數，倘以艱深文字作普通教育之器具，而大多數實受其敝。因此普通教育皆主張以近語之文編述其課本；西方遵此目的改良者，已有數十年。中國近來有經驗之教育家，自編國文課本，亦羣韙此說。我等學習外國之初等課本本皆近語之文;「細蒽」「剛八度」之目的,又止借粗淺課本之文字作爲熟習語言之資料;於是「西洋語文合一」之說羣然遂奉爲典要。且吾人素性自大,以爲外國蠻夷之文字照例自不能脫其語言粗俗之本質,故中心已預斷其語文之合一。語文之合一不合一,乃爲別一問題,我今不必羼論。且卽其人信仰合一之說,於吾蘄求「學習外國文者必兼熟語言」之旨亦無抵觸。惟牢固此說於胸中而有兩種人則大受其阻礙:

(一)爲境遇不能得良師佳校之人,則姑犧牲語言,儘可任聲音之小舛,而在文字上多記生字,精核文法,實大足爲異日得遇機緣之准備。惟中「語文合一」之毒,以爲今日聲音之偶乖,卽全般工夫之徒作,若將聲音不密合之文字自由研究,非徒無益,而且有害。此眞不通之謬說。自小習中國語言,尙能改讀外國文

字。豈有偶乖聲音,異日得良師或外人之指導,不能追改?縱改之之時略生困難,然較之輟學以待時,坐失辨認字體,硏精文法之許多工夫,豈不大爲可惜?況語言卽習於內國之佳校,亦不過粗得大概;若欲聲調腔口爲彼中人所許可,仍非久居彼人之中不能爲功。故聲音之事,究如何而能得其正確,非索居內地,任一二良師之指導,卽可圓滿。至於聲音之規則,在今日西文字典及獨修書籍,頗多精確之昭示;而大端不謬,實閉門亦能達到。故拘滯聲音而苦學之士,爲之阻礙硏讀外國文字之興會,其弊一也。

(二)爲年歲既長,或職業相拘,其人實富於學識,而有考文治學之能力者,此實不必再習語言,但視外國文字如鐘鼎篆籀,治之如說文,則有華解字典及獨修書籍,橫七豎八習之。其人若富於記憶力者,一樣一二年之歲月,卽能看書讀報,儘可自闢一參考之途徑。

吾以爲老少積學之士，無不可自治一二種外國文，作爲消遣之品，自亦收其多解外籍之效。惟又中於「語文合一」之毒，以爲字體固可自辨，而聲音必經師傳，一若聲音讀乖，卽文字難通也者，故以爲我輩名流，與彼敎西文之流，哏曰師曰弟子，有所不屑，遂於此事亦無意問津矣。豈知四十年前，江西有吳子登者，算術名家，曾國藩之畏友。我國初次派遣出洋幼童百人赴美，吳卽爲監督，而以粵人容閎氏副之。吳之治西文，非但不屑讀其音，並且不屑寫其字，ＡＢＣＤ而以甲乙丙丁代之；然頗能讀算書，看日報。吳之迂頑固可笑；然其不爲聲音所拘，不願從師，以玩索之自力了解外文，實非今日受欺於「語文合一」不敢問津者所敢及矣。故拘滯聲音而積學之士又爲之阻礙研讀外國文字之興會，其弊二也。

觀此二弊，則吾所謂鄙薄語言不可，拘滯聲音又

不可，各有一義，非矛盾矣。

客問乙類學生之「飯桶學校」，請言其狀。

答曰此等學校，爲我被之以「飯桶」之遊戲名詞，未免令人有不快之感；實則其內容甚有足述者。惟吾若不先予以貶詞，恐一言學校，而客遂以爲外國學校盡屬此類，則又不免貽誤。今則又有一問題，而於詳述「飯桶學校」之先所當略論。吾國風俗，惟舊日有遠道受業名人之家，不惟承受其學業，而且薰陶其品性。除此以外，其寄食人家，皆因貧困以倚親友，或因遊觀以候朋友；從無有爲慕效他人之言論丰采，行動習貫，忽議借居其家者；因中國除客舍廟宇之外，亦斷斷無居家留寓客人之事。西洋則不然。凡純粹之住家，皆可留宿一二外客於家中，與之同其起居，同其飲食，視若家庭之一員；在英國尤爲普通。欲覓上戶，稍艱難，必得介紹；而中下戶，則幾乎十家有五，皆如客寓之招客，

有空房者，則懸帖於窗際。此等中下戶前述儉學生八元一星期之寓處，即包括於此類之中，每一街巷人家數十百，而窗上懸有招客寓宿之帖者，多必二三十，少或十數。寓宿之目的，異乎客寓。（倫敦客寓，大小亦有數千。）大抵不出乎左所列之性質。

（一）亦有近於客寓之客者，則由他城邑而來，遊觀至一星期以上，適朋友在左近，遂亦寓居此等人家，即費用亦可略省。

（二）因在商店作夥，或在學校作學生，或去家太遠，或來自外方，而終年住宿一人家，有至數年者。

（三）簡直並無家室，其職業則爲夥計，爲教師，爲工匠，爲報館主筆等種種事業者，即寄宿人家，爲此家家庭之一員；甚有同居一世，遷居即隨之同遷者。故所有不娶之男，不嫁之女，已鰥之老人，守寡之老婦，爲兒媳所離居之老夫婦，爲父母所析出

之小夫妻，皆可自由選擇寓居人家，享一室團聚晨夜笑語之樂。不似中國鰥夫寡婦及老年無依靠者，即廣有貲財，獨立門戶，尚爲僕婢所欺；如其僅有過度之貲，則尼菴僧廟，皆至感不便。吾人親友中倘有似此孤獨之人，常爲之無法安排，搔首不寧。所以今之社會改良家，願議中國之家庭，應當改變組織；其事固甚不可緩。然而社會生活之法若不能先變，則新式之家庭既出，必有一時甚感困難。

（四）即青年子弟，或外方遠客，欲薰染性習，擇一良好之人家額居者。

其第四類，本亦爲留學所急要。惜有名詩書之人家，地方每居中上，非有二十元一星期之費用者，不能必得。必富家子弟，或公費學生，始能備辦其費。至於儉學生，甚難如願，若八九元一星期之寓，人家亦儘可善

良；大都必無學問之顧問，或理道之商榷，及儀式之講求。其補救之法，欲覓上等之窮人，古今中外，惟有教書先生而已。諺云；『十條黃狗九條雄，十個先生九個窮。』西洋亦復如此。故又可曰，「飯桶學校」者，不惟可以讀書，並爲儉學生良好之寓所也。

客問：洵如子言，「飯桶私校」又可爲儉學生之良好寓處。不知比較於八元一星期之宿舍，其得失若何？

答曰：此又一言難盡。姑先略敍「飯桶私校」之情形，而後再與尋常宿舍爲比較之討論。所謂「飯桶私校」者，卽個人或一行人集貲設校，得學生之束修，藉以開銷；而此個人與一行人，復倚以爲生活者也。其等類亦至不一。儘有校長學問高明，聲名佳好，而建設已幾代，規模甚可觀者，則其校脩亦可年需千金，非儉學生所能入。儉學生所能入者，其等類皆居中下，中下却亦不盡以功課分，而分在飲食起居而已。甚或止分於聲名之微著而已。雖爲中下之「飯桶私校」，其房金之外貌，必遠較八元一星期之寓舍爲闊綽；且以招徠學生之故，往往皆建設於清雅之僻街，或山水之佳處。此等私校，全英國不下二三千處。年來以儉學之目的，曾細細調查，且曾約得十數校，皆許以學生源源而去，約成一至廉之價：學校本論學期，以暑假後九月初開學爲第一學期，一月初爲第二學期，四月中爲第三學期；年假半月，春假半月，暑假兩月，例當別納高脩。吾人近來所約束，乃不論學期，不問假日，某日入學，扣算至兩月後之某日，爲十足三個月，納費一百元，束脩膳宿洗衣，一應在內，如是則每年實納四百元。較諸八元一星期之寓舍，反廉二十元？間有教法稍優之一二校，則年納四百八十元。此等校舍，皆在鄉僻，或在他城邑，却頗有屬於名勝之區者，如英倫南海邊第一名勝，所謂白麗登，黎庶昌薛福成等皆爲之作記者，亦有約定儉學之校在彼。倘以消受山水而論，富翁或有費千金一月，方能居此。何物儉學生，居然與享幸福，四百元眞極廉矣。惜此等約價低廉之私校，在絕大城市相近大學或專門校者甚少；故甲類學生，已入大學或專門校之後，卽無從寓居此等學校，不得不住八元一星期之寓舍矣。（最近於倫敦城之西南郊，覓得兩三校，近處有大學及專門校可入。此後如有願受私校之拘束而得顧問之實益者，或於入大學之後，亦可不寓尋常宿舍而住此等之私校矣）私校飲食起居之不如尋常寓舍者：每晨不能天天有鷄蛋火腿，止間有火腿一片，大都除麵包奶茶之外，復有麥粥等而已，午餐之肉食，亦不能如寓處之豐，晚餐止有麪包奶茶，間有糕點，此飲食之略菲也。住房因華人喜在房間作事，故曾與訂約，給一房間以獨住，雖[illegible]椅床鋪俱全，然不能如尋常寓舍之華美，此起居之稍遜也。（然亦有開明之人，因圖說話之便，喜與英國學生數人同居一房，效法西人之性習，願在公共之地作事，自修學等皆在課堂，此尤爲「飯桶校長」所歡迎，因不必供給房間燈火矣。華人非關門不能作事之惡習，實爲受累，且與新時代公共生活甚多衝突，故頗有人不願要求獨居之房間。）而所得利益，則疑難有所顧問，身體有所約束，說話能多得朋友，鄉僻能多得空氣，洗衣不要錢，看書頗可借；而且名爲預備，自力强者，眞正大可預備。

客問：然則「飯桶學校」遂無功課可言乎？

答曰：此又一言難盡。以「飯桶學校」而遇「麪筋學生」，雖竟斷之曰「絕無功課可言」，亦非厚誣。因此等學校，除校長一人外，多則二三幫教，少乃一二而已；常有中學一二班，小學三四班，故並師母世姊一同幫忙，亦覺人人日不暇給。所謂成年乙類之學生，以年齡而論，中學已嫌難插；以彼中功課而論，語言尙不盡達，小學亦且不合，故在彼校本止能作爲「野雞學生」。此等「野雞學生」，中國人本爲少數，普通者爲德奥法比之少年，特來英境熟習英文英語者；而尤多者爲西班牙南美陽印度之人，或來專習語文，或亦預備求學，故往往中小學諸班之外，又有「野雞學生」數人，即或多給錢文，或廉價約，必求校長於課餘另給功課，自然亦頗有懇切施敎之校長，或熱心指示之師母；然亦有名爲敎書，使學生循讀課書一過，先生一面看報，不問錯誤與否，但以 Very Well 等之應酬語敷衍了事者。其各班課堂「野雞學生」之權利，例可自由選擇，隨意旁聽，然彼中亦上剩柴瘦之雞肋，棄之可惜，食之無味，蓋旁坐惟聞發問演習等事，幾乎彼中敎習全不知詳細講解究爲何物也。「彼亦自有彼之長處，乞勿誤會，致嫌我國敎習過於認眞。不學李太白做詩，但學李太白吃酒，介紹短處，往往容易普通，僕恨雙管不齊下，但隨手各舉其實若與他處談話互相參觀，自無弊病。）必得自動之學生，隨處皆能發問，逢人便相請益，又能納交於幫敎之先生，或問校之高才，自能開此門徑；則此「飯桶學校」之利益，又幾乎爲內國最佳學校所決未能得者。故即冐昧出國，舍內國懇懇之講解，而易客居寂寂之自修，亦不爲過於吃虧。蓋其優點約略有三：

（一）發生於自然，不與「飯桶學校」相干者。在內國所讀外國之書，雖意思亦能了解，然未嘗目覩情形，頗多不知所語云何。迨身入其中，日日親見其社會之生活，書報之爭論，則於所讀之書，甚多目注而即心通，此於進步之時間可望縮短也。

（二）一齊爲傳而咻以衆楚，於語言固受敝矣。即屬文尤少佳望，蓋雖內國良校，敎以西人於文規詞格，講解入細；然鼓盪於故鄉空氣之中，文情文思，俱有鄉味，不合殊俗，充其量作得「高等中國腔之國外文」而已。惟日沈浸於彼中富有詩書之氣者之中，方能落筆即成洋調。富有詩書之氣之人，儉學生之所能遇者，惟「飯桶學校」中之「竈君校長」「夫人師母」（校長常有一碩士一「學士」之頭銜，開校時，必戴竈君皇帝之帽，師母常扮成 Lady 式以壯觀瞻。）「維新教一「進取同學」而已。故『飯桶學校』足為儉學生變化文章氣質，乃為惟一之道路。

（二）熟習語言，非至外洋不可；儉學而求其語言稍高等，非住宿於「飯桶學校」不可。前已論之略講，不必更贅。

若我前所謂養成甲類學生能入大學或專門學校，其滿足工夫若全恃「飯桶學校」，或仗自力，即亦

所難達到。惟「飯桶學校」，實為預備之第一段，斷不能不先入者耳。

客問：「飯桶學校」既不能講得滿足入學之資格，而乙類學生究何從而變為甲類學生？

答曰：若仗「飯桶學校」之力，文筆能圓轉，口耳能靈便，第一難關已過，不但無虞於入學工夫之預備，而且畢生之受用無窮。至於自力甚強之學生，預備入學工夫，道路頗多：方其在「飯桶學校」之時，一年之費用止需五百元而足，尚有准備之百元，最好充為函授學校束脩之用。在英國，如團橋郡之函授學校，不惟入學資格，可由函授而預備；即學位考試，亦可由函授而通過。且「飯桶學校」之教師，大都如我國八股冬烘，談說考試，口津欲滴，聞其「野雞學生」兼從事於函授學校之工夫，非惟不妒，而且必從旁指示，深以通過入學考試，能進專門學校等等為彼校無上光榮。惟

欲速則不達，倘語文並未在「飯桶學校」中得有把握之時，不必急想天鵝肉，勉强從事於函授。且苟索居「飯桶學校」自力與耐心皆足成就筆舌，使之達於佳境，即脫離「飯桶學校」適都會而改入大學等之預備科，亦儘有學費在百餘元之數者。倘其上課而講解領略至晰，講義抄錄至完，預備科中自無預備不成，亦無預備不速，故「飯桶學校」者實爲成年乙類學生根本之根本也。

客問：乙類學生中之戊種學生本不求預備入學滿足之工夫，惟隨便獵取一材一藝，或爲黨人、游子、墨客、奇士，止求吸文明空氣，或爲異域之游觀者，當與「飯桶學校」無緣矣。然耶？否耶？

答曰：是何言歟？凡適異域，無論所求何事，如其書報不能暢讀，語言不能通曉，必將一步不可以行。

惟目的眞止求游歷一周，或不得已而避地海外者，此又另一問題。旅行西洋，除伊大利、西班牙、俄羅斯等文明程度稍下之國，或多欺人之事外，餘皆賓至如歸，即爲「啞旅行」，亦全無困難，較諸旅行內國偏僻之鄉，尤安全快樂也。

書報或能仗自力而乞靈字典，久久亦或通曉。惟語言，則非勢藏於相當之場所，耐有短時與國人離索，幾莫能自修；甚有數年流寓而依然啞巴者。所謂相當場所，窮人之力量，亦惟「飯桶學校」是求。至於青年而往習一藝，欲求速成而歸，尤需嚴格的先獨自住一「飯桶學校」，最好一年，少則八月。故「飯桶學校」者，實爲乙類學生出洋後必過之要關也。

客問：乙類學生中之丙種學生，即指年齡幼稚者而言，亦與「飯桶學校」有緣乎。

答曰：此斷斷與「飯桶學校」無緣者也。「飯桶學校」必其人已有自治能力者，始能入之。如年齡幼稚之學生，必託管理之人始能出國。既有管理之人而學生之年齡又適合中小學，則竟入官立中小學。其功課之眞足，斷非「飯桶學校」所可比倫，倘在內國得有高等小學之程度，其造此程度之時，又或稍偏重於洋文算學，洋文讀過讀本三四冊，法文能了解其大概，無多錯誤，尋常算術各事法演習略完，又稍解代數。如往英國者，於英文已有上舉之程度外，復於法文或德文讀過一二冊，拚法甚熟，而又略知文法。如往法國或德國者，德法文程度稍高外，對於英文，當知其粗淺者亦同，年齡十四或至十六。如是而出國，竟入彼等之官立中等。此等學生，將來所得之成績，必尤較在內國預備致足，竟入彼中之大學或高等學校者為優良。因各國之學校最致謹於中學，由彼中合格之中學，（不合格者，即中下之「飯桶私校」）循途而入大學，如在鐵線孔內抽過，當其為彼中大學學生之時，自然另有一種針鋒相對之合格。惜此等學生，若無父兄或負責之親友可託管理，則必高價而託之於上等之西人，甚難由幼稚生之隨衆而自往；因公立中學，除少數特性者之外，大都無宿舍，使年幼之人自由寄居人家，終不妥善。亦有特別强有力之少年，性行至高明，青年即具老成之貴格者，其年齡或已至於十七八，甚而達於二十，西人頗有量其身材狀貌，可作十五六者，在內國豫備之工夫，亦過於高等小學之程度，於吾上文所舉洋文算學等等，其程度皆有增無減，此人本丁種學生，當入「飯桶私校」，而亦未嘗不可寄宿人家，竟入近處之公立中學；但此畢竟為少數，吾儕之所熱望者，最好望有開明之父兄，設法攜其幼稚之子弟，得有相當之監督，俾能早年就學於外；其足以助長我國能力，教育之發達，結果必不甚小。既有父兄為籌相當之行動，亦且不必限於中學生之一項；即年齡甚幼，需入彼中公立小學者，亦未嘗不相宜。其行動之法，大略有二：

(一)竟爲子弟讀書而遷家海外。

(二)湊合成數之子弟，結團設監以爲之。

客問子所謂移家西洋以適於子弟之就學，無乃小題大做歟？

答曰：吾人論事，無論何人，皆不能無所動於一部分之感情，而輕有所主張。其實凡一人之主張，必實有適宜於一部分者在，而復實有不適宜於他部分者亦在。假如我國近時受美人衞西琴氏「新教育論」之影響，致年來教育部遣派學生，取限制主義。衞氏所謂必須成年之人，年在二十五歲以上，曾於本國受有完全教育者，始可出洋留學；蓋留學目的，端在極深研幾，或特別調查彼英德法美諸國學子之互相游學，莫不如是。」此與日本派遣留學，限定卒業大學，曾任助教，且限額五十餘人，其旨趣亦合。然吾不必多下斷語，卽以衞氏「英德法美諸國莫不如是」一語反詰之：中國今日之國情及學界之程度，得比英乎？德乎？法乎？美乎？卽退一步言之，得比日本乎？當無不以爲甚滑稽者也。衞氏之「新教育論」，趨重力役，吾五體投地崇拜之。至於所論派遣留學生，若作爲教育部方面挑選出洋學生時之鵠的，於此一部分，亦至爲切當。年來成年而受過比較完全教育之人，日多一日，教育部取其僅少之學額，多選此等人，自亦在情理之中。若衞氏又謂「采取彼之方法，則派遣學生出洋留學之舉，直無所用，此實謬說。其謬點，以我血誠所論斷，彼但欲取信其說於吾人，故不覺推挹太過，以爲吾人感情既洽，而信其力役之說亦固；殊不知「獨立文化」等之訣詞，全不適用於新世界。人類惟以力役優劣之結果爲文化消長之現象。力役之眞理，重在眞美與眞適，必就世界爲比較，萬不能偏於歷史而獨立。衞氏抵華，所遇者皆爲國拘之詞林文人，彼以爲大多數心理如此，進言必求先合於輿情，故聊復云云。觀於彼所專注發揮之「力役論」，全不與國粹問題有關連，即可見「獨立文化」等之楔子，皆應酬世故語也。但此問題太大，非今日談話中所能盡情討論。且衛氏言論，實有適宜於一部分之價值，即吾移家留學之言，正居其對面，自亦不過於一部分。倘執吾之說，以爲內國學校可以不開，皆應移家就學；西洋非特吾無其意，亦即變爲滑稽之談矣。終之吾敢爲大前提而斷言者：

今之新教育皆有覺悟，當趨重力役。

即力役之教育而論；是世界的，非一國的。

力役之智識是世界的，故交通愈廣博，而成就者愈多。

我國力役之教育，既已發達，尚不可忽於交通，當其未發達，尤應多設交通之法，促此教育而進之。

移家就學西洋，亦爲交通諸法內之一種。

且以力役之教育爲大前提，學生豈止學生而已？

則移家之說，已殊有可以討論之價值存在矣。

客問：移家就學之說，甚爲離奇，子且姑妄言之，吾將姑妄聽之。

答曰：今日中國之所缺者，學校教育，與所謂力役教育內之高等能力，皆知出國而求之矣。其實與人類相關之事物，有待乎增進智識，逐一改良者，實爲千端萬緒，非僅講學之一事。必事事能多換智識於世界，而後適宜於時勢之俗尚，成乃得優存於人羣。移家之事，取吾一部分人之家庭生活，生活於世界改良之城邑；取吾一部人之起居習慣，習慣於世界進取之社會。即無子弟就學問題，已覺移家之重要。況就子弟就學而論，我國學校之驟難完備，尤於高等力役之能力，一時決不能取諸宮中而足，而又因社會上四圍現狀之無所補助，故卽在學校中成績最優之子弟，往往不比於留學普通畢業之學生，（所謂普通畢業學生者，乃指實地學習特成績非甚優者耳；決非指頂一留學招牌之「麪筋學生」也）。卽因一則於學校外無所聞見，一則聞見於學校之外者甚多耳。就學常赴通都巨市，卽取近證而易明：如北京上海亦有議之爲阬陷子弟之魔窟者；但無可如何父兄寄託其子弟，或親牽其子弟，合四方而集者，仍比較的視爲子弟可望成學之地。雖勝朝之遺老，詞林之文人，開明之樸學，寒素之老儒，皆別有適宜於此中之生活，不盡爲子弟之學業；然其間亦頗有夾雜此問題而滯留。以北京上海作一小影，擴而充之，卽有特別之一部分可以紛遷於倫敦巴黎，並非離奇。且不惟爲子弟得佳校，廣四境，終能充其力役之能力而已；卽於其父兄之生活亦豈無可以適宜者在。特上海北京，不以爲遠者習慣而赴之；而倫敦巴黎，以爲甚遠者有素憚於輕赴耳。倘去之者多共忘其遠，又爭先恐後赴之矣。比倫敦巴黎相近，而較遠於上海北京之東京神戶，二十年前視若天邊者，今皆作爲檻外也；頑固如不識丁東之京官，亦且販賣舊書而往。彼特未知倫敦巴黎，類於舊書之事業，或較可發展之把戲，彼能開創者尤多。所以吾且不暇爲種種部分之人計畫，但爲帝制派如梁士詒楊度輩設想：彼若全副骨架內有一兩根雅骨，改其伺隙香港天津之陋觀念，挾其多財，爲倫敦巴黎之生活，超全家於海外實業世界學問之途徑，彼之所以興家者何如？而間接卽所以拯國者又何如？卽若二太子之袁克文，以其一年中在上海爲惡濁生活之化銷，移而爲海外改良之度日，其前途家庭之結果，亦必大有影響。故其人而不安於窮鄉僻壤之老生活，輸送其巨貲爲內地洋場之浪費者，皆可勸其移居海外，比較的所得結果，不至如洋場下台之下劣也。雖然，此等移家亦爲一部分耳，非卽吾所希冀移家就學之一部分。吾所希冀移家就學之一部分，仍就力量僅足之人着想，或簡直又爲窮措大作好夢耳。

客問：移家就學，有若何之狀況，可名曰力量僅足？若何之狀況，卽稱爲窮措大？

答曰：此止能大概言之耳。所謂力量僅足，所謂窮措大，隨人之觀感而異。終之卽吾所謂力量可名僅足之人，決不是富豪。此亦客之所能會意者。且吾昨日之談話，雖有盼望梁士詒楊度袁克文等亦可移家域外，然此終是痴人說夢。況自維新以來，凡能棄八股而就學，冒百險而遠適者，其初皆爲窮措大，故今日面團團活畫官僚態之學生，向日皆窶人子，未嘗做官風味時，痛罵官場腐敗。十許年前，我在南洋公學，對此輩寒乞子弟，卽勸彼等「未吃燒烤，且勿亂駡」，今日果然頗

有若干寒乞鬼，已爲政治上之大蠹。卽梁士詒楊度，十許年前，亦寒團鬼隊中之人物，今日適從何來，遽集於此，居然亦稱元老矣。今且勿說閒話，凡與新事業奮鬥，必先爲窮措大而貴官富人之子弟，初皆勿屑也；必至大勢所趨，無可如何，如是方施其近水樓台之手段，亦使子弟濫公費，行捷徑，讀外國八股，就外國考試，而十八九仍用以爲進身之階，眞實硏學者，仍讓窮措大。迨窮措大成學而歸，卽如彈詞中破窰內人物中了狀元，招贅於宰相之家；故無數舊式官僚之千金，許配寒乞子弟者，今亦成爲流行之佳話：此卽表明世家大族門當戶對之子弟，鮮有成學者之實證也。且今日舊家子弟，拚命擁戴張勳之徒，必欲復舊式政治，不管與世界適宜與否，爲民國之大梗者，畢竟卽爲彼等，仍不屑從事新學，卽有出洋者，亦「銀樣蠟鎗頭」，所謂留學生遊蕩，卽彼輩居多數；一部分舊家子弟富有舊學者，其

腦中止有官缺幕僚，期得替大帥相國發揮電報，謀有位置，卽算了事；彼輩亦儘有聰明，鈔襲法政書，翻撦張冊報，居然亦有爭法律，談政策之大文章，頗可傳誦。所以倒楣之國，每由世家大族，篤舊不化，貪吃現成飯，死保老位置。而方興之國，卽從世家大族子弟嗜學如命，藉登高易呼之勢，而成才衆多。嗚呼！此中消息，向誰痛哭乎！故移家就學等之廓落語，爲貴人世家富翁等所掩耳不欲聞。諺云「患病人向鬼商量」，仍止有商之於寒乞相之窮措大，或反與會淋漓耳。故所謂力量僅足之人之狀況，與夫窮措大之狀況，初無何等分別。吾自議論儉學而及移家，總而言之，統而言之，皆對窮措大言之而已。故後此談話，姑名力量可僅足者，稱曰「高等窮措大」；力量不能足者，稱曰「普通窮措大」。

（新青年四卷第一五〇頁七年正月十五日）

六、遊學　勤工儉學

北京留法儉學會

民元吳敬恒者提倡留學法至有移家就學之議（參閱該文。）民六法國招致華工，由李石曾等代募學生之赴法以謀勤工儉學者甚多，英法教育會，卽於此時組織。八年之間，赴法勤工儉學之風特甚，至十年因歐戰停止，生活發生影響，卒至多數自歸或被遣回國。　編者

留法儉學會預備學校

說明

欲知本校之內容，不可不先知留法儉學會之性質及歷史成績與機關。茲先就此四端分述如左：

（一）儉學會之性質　儉學會乃一自由傳達之機關，而非嚴密之組織，於義務能者爲之，無會長等名目。經濟由同志籌集，入會者無納費之必須。凡欲自費留學每年至少籌五六百元者，皆得爲本會之同志。會之對於會員既不助貧，亦不索償，惟以言論或通

信指導旅行，介紹學校之義務而已。以上之意，即節取於本會原定之會約。至設會之初旨，照錄其緣起如下：

（改良社會，首重教育。欲輸世界文明於國內，必以留學泰西為要圖。惟西國學費，宿稱耗大，其事至難普及。會經同志籌思，擬興苦學之風，廣闢留歐學界。今共和初立，欲造成新社會新國民，更非留學莫濟，而尤以民氣先進之國為最宜。茲由同志組織留法儉學會，以興尚儉樂學之風，而助其事之實行也。又如女學之進化，家庭之改良，與社會關係尤切，而尤非留學莫濟，故同時組織女子儉學會與居家儉學會。時在民國元年。）

（二）儉學會之歷史　民國元年，吳稚暉汪精衛李石曾張溥泉張靜江褚民誼齊竺山諸君發起留法儉學會，並設預備學校於北京。齊如山吳山諸君擔任

校中之組織，法文學家鐸爾孟君擔任教授。其時蔡子民君為教育總長，力為提倡，並由部中假以校舍，在方家胡同舊師範學校。無何朱芾煌吳玉章沈與白黃復生趙鐵橋劉天佐諸君發起四川儉學會，設預備學校於少城濟川公學；吳稚暉俞仲還陳仲英張靜江諸君發起上海留英儉學會，幷附設留法儉學會招待所。民國二年，李石曾君與法校梅朋君組織留法預備班，至今猶存。當二次革命時，儉學會頗為專制政府所嫉視，北京預備學校校舍為教育部收回，遂移之於皮庫營四川學館，政府仍多方巡察，以致全體解散。民國六年，華林君自法歸，抱擴充儉學會之志願，適值馬景融君創設民國大學於京都，遂由馬華二君與蔡公時夏雷白玉璘江季子時明荇劉鼎生羅偉章諸君重組北京留法儉學會預備學校。

(三)儉學會之成績與經驗　留法儉學會自民國元年至二年，一年之間入會入校而赴法者不下八十餘人；其他亦抱儉學會宗旨，或留學，或居家自由匯集者亦不下四十餘人，是儉學會一年所得之人數，較十年公費之總數有過之無不及。此其成績顯然易見者也。以上之人數固足表明儉學會之成績，然於將來之希望猶滄海之一粟耳。是故儉學之成績，不僅在已往而尤在將來，將來之成績究能與希望相符與否，無他，惟視赴法儉學之法果能實行與否，儉學之組織果能便利與否。此種問題前於發起儉學會時固已言及，然仍多出於理想。既經有儉學會百餘人之經驗，尤爲確當，足以適合於將來之同志。此亦成績之要端，撮述於後：(一)由西伯利亞火車赴法，發於京津，止於巴黎，途中換車共八九次，車行共二十日左右，至少每人百三十元，至多亦必在二百元以內。(二)既到法，先入客寓，次日即赴擇定之校。已通法文者，可獨入一校，未通法文或法文太淺仍須預備者，則多人同入一校，以便特設專班，每日授一二鐘法文於專班之外，並可隨校中原有之法文或科學各班，以資練習。此法已行於巴里近鄉之蒙達爾木蘭芳丹白露三邑之中學，每人每年學費及一切費用六百元儘可足用。(三)當歐戰時同學多避居西南各省，因得三梅桑邑之中學與望台省之高等小學，其費尤廉，每人每月原定五十佛郎，戰時加至六十佛郎(計二十餘元)一切在內。此等價廉之校，法國外省甚多，此誠極便於儉學同人者也。(四)農工商實習學校與高等小學，爲法校之特色，極便於儉學同人。其所教授，皆學理與實習兼半，甚爲切用。學期二三年，學費(食宿在內)每年不過五六百佛郎(計二百元左右，暑假兩月在外)。此諸校畢業後，可操其職業，亦可考入高等之校；但法國之高等小學與中國之高等小學迥異（中國之高等小學，乃法國之小學高等班，而非高等小學也。）其中除設實業班外，并設師範班，畢業及格者，可充小學教員。此校實兼實業與師範之性質，學期不久，學費甚廉，極宜於儉學。（五）法國高等專門學校與大學之正科學費皆較昂，合校外食宿各費，每年用款須在六百元以上。食宿之支配能否節儉，其伸縮自難預定，然每年所需由七百元至千元，當可足用。此雖過於儉學之預定之六百元，不能敷用，因所入學校與食宿在尋常儉學範圍之外故也。（六）法國高等專門與大學亦有費廉者，如柏第業省大學中之農業化學電科等；又如各大學之文科及美術專校與巴黎之社會學專校等，皆高等教育之適於儉學者，加以校外食宿各費，若支配得宜，每年六百元亦可足用。

以上數端，皆得之於數年來之實驗與研究，戰後有無變更，固難預料，然亦當無大異。由以上數端之參考，可爲結論曰：赴法儉學之法，果能實行，儉學之組織果能便利，多數同學赴法之事，定可擴充無疑也。

（四）儉學會之補助機關　由國內出發時，有須預備旅行不可少之事，國內各大邑有預備學校者，即由校中指導擔任；其他部當另設招待員。既至法國，如招待與介紹入校等，亦必不可少之事，由華法教育會指導擔任。儉學會會員入校與入會之事，請徑與該校該會接洽（北京預備學校與巴黎華法教育會接洽手續列後）以免集中於儉學會，反生周折不靈之弊也。至學費匯寄，臨行時指定法國銀行接洽一切。

北京預備學校條件

一　宗旨　本校爲儉學會員赴法留學者而設。

二　學課　以法文爲主科，附以留學須知之講演，每日分上午下午兩班（隨時配定）。

三　地址　北京儲庫營民國大學。

四　職員　設幹事一員，幷敎員與講演者若干員。

五　資格　凡欲赴法留學者，不拘程度、年齡、男女皆可入校，惟必已通國文及普通知識，方能得留學之益，望學者自度之。

六　學額　無定額，至少必滿二十，方可開班。

七　學期　至少一年，多則二年，隨學者自便。

八　學費　每月每班收現費二元。

九　出發　本校學生赴法出發時之指導，一切由本校擔任，不另取資；校外之人，有欲結伴同行託本校指導及代領護照等事，每人納費二元。

十　學會　未出發之前由學會諸君自行組織同學會，以期出發時或到法後有互助共濟之益。同學會之組織，由諸君自爲，校中可允贊助而不加干預。

巴黎華法教育會條件

一　宗旨　賴中法兩國之交通，圖以法國之教育助中國之發展。

二　地址　在巴黎 Société Franco-Chinoise d'education 8. rue Bugeand. Paris(France)

三　組織人　中國方面現在國內者爲吳稚暉汪精衞吳玉章李石曾張溥泉蔡孑民等。

四　會中可助儉學會員之點　到法在車站客寓之接待與覓居覓校之介紹以乃在公府報名社會交遊之接洽等事。

五　儉學會員對於會中義務　贊成本會之宗旨，入名爲會員，每年納費五佛郎（計約二元）

六　新會員與會之接洽　出發前一個月，由同學會開列中西文對照名單三份及每人入會書一份，交組織人之一寄法；火車將到巴黎之前由同學會發電告以到巴之日期，俾會中招待員屆時至車站接洽一切。

留法儉學會規則（三年四月湖南教育雜誌）

（新青年三卷二號民國六年四月）

歐西注重實業，國愈富強。中國失敗，無過工商。我劣彼優，漏卮愈鉅，長此因仍，國何能立！欲矯此弊，非多遣留學專習實業，則利源難闢；生寡食衆，國富無由。欲多派出遊，則國庫如洗，資遣有限，地大物博，應用難敷。欲個人自費，則萬里一身，費鉅道難，文語隔閡，入校匪易。欲彌各憾，惟提倡儉學，設立機關，俾多士款易自籌；未去之先，豫備有校，少去之後，將護有人。庶幾視虎穴而非遙，探驪珠而易得。本會稱本斯旨，組織學校，豫備期滿，護送往法，介紹入校。除巴黎大學必須投考外，無論欲入何種實業學校，概免投考費，簡益多，事半功倍，莫逾於此！又如女學之進化，家庭之改良，亦非留學莫濟，故同時組織女子儉學會。　經理人　齊宗祐　李世曾　鐸爾孟　齊宗康　吳斯美　吳山　同啟

茲將留法儉約會會約列後

一　宗旨　以節儉費用為推廣留學之方法，以勞動樸素養成勤潔之性質。

二　定名　本會名為（留法儉學會）。

三　會員及資格　自往留學者或盡義務於本會者，均得為本會會員。由會員入校豫備者均宜確守會約及校中學生規則；入會時即填具入會券保證人亦同時簽名。

四　義務　本會無會長名目，惟由會員中推定同志數人，分任義務。

五會費　除個人應用各費外，不納入會金。

六留學費　分列如左：

一護照費二元七角。

一郵電匯款等費十二元。

一巴黎招待與介紹入校等費十二元。

一拍照紀念費四元（讌費均在內）

一理裝費一百元。（服裝自理）

一由西伯利亞火車赴法行期十八日，旅費共二百元。

一全年學膳及應用零用，共計五百五十元以上惟赴法留學者適用之。（本會預備學膳費另載校章）

七辦法　關於備裝旅途食宿學課諸事，均由推定同志組織襄助。

八食宿　學友食宿，或在專行組織之舍中。

九飲饌　飲饌以簡潔滋養適於衛生為主。每日三餐，早餐（麵包菓醬乳油乳腐茶水等），午餐晚餐或西餐（一湯一菜麵包等）或中餐（一飯一菜。）

十夜服　夜服以樸素便利為主。每年作衣洗衣，不逾一百元。如有盈餘，還給本人。

十一宿舍　數人共住一房，每人所佔面積約二十方尺。

十二疾病　如有疾病，會友相助扶持，妥為調養。用費輕者出自公共日用費，重者必須請醫生診視，其醫藥費出自個人，由其家中特別償還。如有因病傷生或遇他險者，本會不負責任。

（附列）學費表

（預備科）

脩金二十五元，飯費一百七十元，房費二十五元，衣服九十元，廚工二十五元，書紙筆墨二十五元零費一百四十元，共計五百元。

(巴黎專科自由班)

車費一百二十元，飯費一百七十元，房費二十五元，衣服九十元，廚工二十五元，書紙筆墨二十五元，零費一百四十五元，共計六百元。

(農業實驗學校)

脩金飯費房費二百五十元，衣服九十元，廚工二十五元，書紙筆墨二十五元，零費一百四十元，共計五百三十五元。

十三學期　由各人自定。若無他故至少三年。三年內應互守會約，以免中輟。隨學期之長短，以應可習之科目，詳見另表。

學期二年　第一二年略通普通語言文字及普通科學，第二年兼習一二簡單藝術或考驗事項。

學期四年　第一二年(同上)。第三四年入農工

實驗學校，二年畢業。

學期五年　第一二三年(同上)。第四五年可入巴黎大學，可入農工學校。

學期六年　第一二三年(同上)。第四五六年可入巴黎大學，可入農工學校，二年後再進專一科或入場實習。

學期七年　第一二三年(同上)。第四五六年(同上)，可學戲曲美術。第七年可求深造，或在社會中交游考驗。

學期八年　第一二三四年(同上)。第五六七八年(同上)，可學醫學，可學農工學，兼實驗，或學美術。

學期九年　第一二三四年(同上)。第五六七八九年(同上)，可學醫學。四年畢業後加以實驗，或學農學工藝，兼實驗，或學美術。

學期十年（略同）。（以上係由小學中學進入大學畢業年限，如有普通科學程度者不入小學。）

十四學課　本會政法學生，均直入中學堂或在會舍中延師預備語言文字年幼者並可補習中文以後學習專科已通語言文字者可免預備逕入專科。本會以科學實業以及一切有裨人生及有關社會之智德體育各種學課爲重，不事政法軍備各科所入學堂以不背以上之意及節省經費爲準。如有欲入別種專門學堂用費較重者可自由選擇，惟須於定數外增納不敷之費用。

附列專科學校（於本會合宜者）

巴黎大學天、算、理、化、博物、文、哲諸科。

（自由聽講班不納學費）

巴黎博物學院（理化博物各科）。巴黎工藝院（工藝農藝各科。）

以上皆高等自由敎育不納費者.

鄉間農業實習學校（農林牧園農品製造各科）

以上皆價廉之學校。

十五工作實習，分別如左：

一關於人生必需之作工。（食科）園藝，餠乾麵包，罐頭飲料各種食品。（衣科）衣服，領帽，靴鞋襪手巾，布線。（鐵木科）關於日用之鐵木工。（器用科）各種器皿。

一關於公益智育之工作。（美術科）照像，彫刻，銅板。（印刷科）排字，印刷，裝訂。（以上均係隨意科願多學者聽）

十六個人日行之事

（預備科）甲　六鐘起，（理牀滌夜器刷鞋等事，）六鐘半早餐，七鐘自修，八鐘半上課，十一鐘半休課，十二鐘午餐，一鐘實習工作，兩鐘半上課，五鐘半休

課，六鐘晚餐八鐘半睡。（不可獨自燈下看書致擾公安）

（巴黎專科）乙　六鐘起，（理牀滌夜器刷鞋等事，）六鐘半早餐赴校，八鐘半上課十一鐘半休課，十二鐘午餐自修兩鐘上課五鐘半休課六鐘晚餐，八鐘半睡。（不可獨自燈下看書致擾公安）

（農業試驗校）丙　六鐘起，（理牀滌夜器刷鞋等事，）六鐘半早餐七鐘自修上課或實習十一鐘半休課，十二鐘午餐上課或實習，五鐘半休課六鐘晚餐八鐘半睡。（不可獨自燭下看書致擾公安）

十七公共日行之事。每日幾人輪班值日，自早七鐘至八鐘半之間操作灑掃等事，（如事未畢午後自修時補作。飯廳中陳撤食品，亦公同料理。（以巴黎雇傭價貴故輪班自作以節經費。）

十八體育游覽。星期與休飲食鐘點與每日同，惟無工

課，加體操沐浴步行出游及參觀博覽等事。

十九勸誡及犯規會員有害公安由同人忠告，屢不聽者，當由本會送回旅費或特別費用其家自任。

二十誡約。不狎妓，不賭博，不吸烟，不飲酒，不爲一切傷生耗財之事。

二十一成績。養成勤儉純潔，並有知識技藝之學子，爲富國之結果。

願入會者，請寄書至北京順治門外儲庫營，四川館留法預備學校吳山君，或吳斯美君面談。一切在南之人欲知詳細情形者，請往上海大馬路法界嵩山路吉羊里問留法儉約分會，成都少城濟川公學問留法儉約分會均可。

法國招考華工記

去年（民國五年）春間法政府有招致華工之計劃。先由陸軍部派人赴北京辦理，與交通部商議，在

北京設一招工局，先招五千人。其所訂合同，大略工價則小工每日一佛郎，瓦工一佛郎半，鐵工二佛郎半，川費及食宿在外，訂約五年；如未滿五年而停工，則罰繳川費六百佛郎。而北京招工局，每招一人，約領酬金一百佛郎。其時在巴黎之招工局，又與留法儉學會書記李石曾君商議，擬由儉學會招致。李君提出要求條件(一)工價與法人平等。(二)所招之工，須選其有知識而無惡習者。(三)招工之人，不經手川費與工價。(四)須設工人教育。其後即照此大綱訂立合同，由李廣安君親詣雲南廣西等省招致所招工人，皆託各省勸學所職員及小學校教員於各鄉村募集之。八九兩月，華工到法者約五千人，在馬賽登岸分赴各處。

法國招致華工之方法有二：一間接之招工，即由天津惠民公司包辦，(即在北京辦理者。)一直接之招工，由法國招工局爲之而託留法儉學會代招。此二方法，大有不同。惠民公司之合同，其條件與法國工人迥殊，而法國招工局之合同，其條件與法國工人無異。惠民公司所招之工人，交付工價與飲食起居悉由公司支配。儉學會代招之工人，一切經濟問題，皆工人與廠家直接接洽。惠民公司之包辦，爲商務之經營；儉學會之代招，爲義務之性質。

以上兩種方法，現在皆係試辦時代，各以五千人爲限。以後須擴充至五萬人。將來實用何種方法，抑兩法並用，現尚未知也。

(東方雜誌第十四卷二號六年二月)

與全國各縣籌派公費留法商榷書

華　林

著者於民國六年歸自法國，對於擴充儉學會之志願甚大，此文即其具體之主張，川湘皖等省並有若干縣實現其主張者。　編者中國教育不能普及，實業不能發達，以致民生日蹙，荼毒羣黎，而天災人禍相繼而起，此皆由於人力之不能經營，河山草創未闢也。況羣生協助致力於公共之事業，非有多數健全之份子以促進社會之進化不可。同人有鑒於此，就歷年來所實驗之成績，而得至儉省之方法，以求至需要之學識。爲法國農工實習學校，及女子工藝學校，其教育上之設施，較之他種學校至爲正當。蓋勞心勞力爲人人應有之工作，故男女生計之獨立，以謀社會全體之幸福，則地方生產富有，自足供人生之需求。於是一切不正當之事業，自歸泯滅，而不能表現於公道之世界。故二十世紀之文明，在各地方上平民之自覺，力求自治之時代也。按儉學會簡章所規定，每人每月赴法儉學，只需四五十元，而農工實習學校爲尤廉。倘中國各縣，籌派男女數人，在內地預備一年，赴法求學，每六年或八年爲期，歸國在本地方上，振興教育，擴充實業，則東亞不數十年，必能使全局改觀，發揚固有之文明，產生特異之光彩也。諒各縣關心教育不乏明哲，倘能鼎力提倡，照本國學生補助費辦法，選派品學兼優之男女各生，少則一二人，多則三四人，每月補助留學費，每人五十元，以全國各縣及學校特派與自費留學計之，可得萬人，則數十年中地方自治之發展，自不難日臻完善。況中國共和再造，尤以民智民德先進之國爲宜，而平民教育，更以法國爲特長。故法國鄉村，皆有男女學校，並在高等小學中，設有各種農園鐵木之工作，女子機織手工，亦極進步。可見生計發展，必以職業教育爲前題；而美育德育，皆歸結於體智之中。教育之前進，藉科學之能力，而促其進步，正未艾也。故吾東亞青年負笈遠游，圓顱方趾，誰非可造之材。能由各縣補助，盡瘁同胞，（省無益之消費，作有用之事業，各縣其自裁之）俾青年子女吸收新世之文明，則將來教育實業自能推廣，普及於山林草野之間。較之空談救世，不求實學者，爲如何耶？況中國天然富饒之區，聽羣雄角逐，大好河山委棄不顧，平民顚沛流離，於今久矣。同人所深思而長歎息者也。茲特用宣言與各縣熱心教育諸公，對於儉學前途，一商榷也。

縣費學生約章

（一）縣費學生，按儉學會辦法，以節省費用，推廣留學爲宗旨。

（二）在國內預備期中，各縣照例匯款，由本會代存一半，留作路費及衣裝費等，不另籌資。

（三）學生赴法後，各縣匯款，由本會臨時指定銀行，寄往法國儉學會分發各生。

（四）本會另組織「協助社」，補助留法品學兼優之貧苦學生，每人由縣費中每月扣助兩元。

（五）本會學生，不許煙酒嫖賭及一切傷身耗財之事，如經察覺，再勸不可，即由公議斥退，另行派補。

（六）由各地方男女學校自籌公款派往留法者，亦照此施行約章，有不妥善之處，可隨時配定。

通訊處　巴黎……留法儉學會（在華法教育會內）
北京……留法儉學會（宣武門外儲庫營明春移至方家胡同）

留法勤工儉學生之經過情形紀實

（東方雜誌十四卷九號民國六年九月）

初李石曾蔡孑民二君創設華法教育會，招攬國中少年凡志願來法半工半讀者，以至微之學金，可得最新之工藝智識。有志之士，聞風而起，先後到法有千數百人之多，可謂極留學界一時之美觀。不料法國生計倍蓰，戰前工人要求增値，廠東負擔過重，因此營業不能發達，而工人失所者亦比比皆是。吾國勤工儉學生，値此困難時期，更無插足之地，蓋無工即無以自存，自費又力所不逮，故常因經濟問題，與華法教育會時起衝突。適蔡孑民君來法，覩此不可收拾之情形，遂於本年二月間有本會對於勤工儉學生脫離經濟問題之通告。

通告一出，學生大起恐慌，紛紛往使館請求設法維持。陳公使聯電北京國務院教育部，並各省督軍省長，報告學生困難情形，請速匯款接濟。教育部復電稱：此案經提出閣議，結果因中央政費奇絀，按期籌款維持，萬難辦到。其果係無力自給者，准予代購船票，遣送回國。各省督軍省長復電，均以此項學生非經省派官廳，無擔負維持責任，應令各生家屬自行籌款。語尤淡漠。江蘇教育會來電，申明本會認遣送之費，不認維持之費。以上各電，使館先後宣布，學生等堅執不受遣送。二月二十八日，集合數百人於使館附近之公園，先由男生代表十八人，女生代表一人入使館，要求每人月給

學費四百佛郎，四年為期。陳使勸令回校，靜候辦法。該生等不肯散去，至下午一時，公使偕留歐學生監督高魯君前往公園，即大衆聚集地點，多方勸喻，因不允四百佛郎之請，將公使圍住，勢將用武，經當塲警察保護，始得出險。按此次報告回國者僅二十一人，於三月二十五日由馬賽乘船回滬，云勤工儉學生之人數，據華法教育會名册登載，湖南三百四十六人，廣東二百五十一人，江西二十八人，福建八十九人，浙江八十五人，河南二十八人，陝西九人，貴州九人，四川三百七十八人，直隸一百四十七人，奉天五人，山東十五人，湖北四十人，江蘇六十九人，山西二十八人，安徽四十人，雲南六人，廣西八人；又新到之生尚未列册者一百餘人，其間籍隸四川者九十餘人，統出一千七百餘人以儘數遣回論，計川資需費二百餘萬佛郎。

遣送之新聞傳出，法政府及輿論均極注意，謂於

法國文化上頗受影響。法外部派人來使館言，不如將遣送經費移作維持學生之用。法政府一面帮忙，陳使甚以爲然。中法兩方面遂合力組成委員會，專辦勤工儉學生事宜。該會於五月十四日成立，中國方面朱代表啟鈐爲名譽會長，陳公使爲名譽副會長，使館館員二人，總領館館員二人，華法教育會辦事員二人爲會員；法國方面前總理班樂衞爲名譽會長，現外交部秘書長白德洛爲名譽副會長，外交部、工商部、各派一員，銀行工廠素與中國有往來營業者，亦派代表來會，均充爲該會會員。

委員會之經費，朱代表捐中幣五萬元，合法幣三十萬六千五百餘佛郎，使館所籌遣送費二十五萬佛郎，法外部捐三十萬佛郎，匯理銀行捐五萬佛郎，共計九十萬六千五百餘佛郎。

候工學生每日發維持費五佛郎。其中潔身自愛不與窮苦學生爭此區區之費者固爲不少，而儉學生假冒勤工來會冒領，及無法檢查是否有力自給者爲數亦多，計領費之人日夥，至八九月間竟達八百餘人之多。委員會一面發費維持學生，一面與在會之工廠代表商議，爲學生速行覓工，覓工之難前已詳言之，然於無可設法之中，幸覓得數起工作，學生拒而不就，先要求作便易之工，不作笨重之工；浸假要求讀書不作工，與勤工二字大相背馳。委員會別無良策，勢不能坐視其槁餓，祇有照給維持費以任其自然。法人於此始知此項學生應付之難也。

委員會對於學生拒絕工作問題，開會討論，結果學生既願讀書，應允所請，十月各校開學，令其自行投考，入彀者自屬可造之才，委員會宜特別優待，維持學費；罷斥者自知學有不足，應不敢再作入校之請求，此時勸令作工，必可就範，甚不願作工者，遣送回國，必無辭以對。計畫甫定，而拒絕捕風捉影之巴黎簽字中法借款問題發生，學界若狂，開會反對，法人始知此項學生含有政黨意味，並非專心求學，而前此如荼如火的熱腸，不啻氷消霧散矣。

四月間，吳君鼎昌奉財政部命來巴黎，與中法實業銀行董事會接洽事宜。巴黎銀行團提出中法銀行改組計劃六條：第六條稱法國政府以中國政府扶助該銀行進行，可以不拘國內現行禁止外債之例，准由中法銀行於改組後即行招募三萬萬佛郎，交與中國政府。其餘備作公家工程，或舉辦實業之用，應照中國政府與銀行約定條件施行。而所需外洋材料等物，應向法國廠家訂購云云。經吳君電告王君克敏轉呈財政部愼重考慮，王君復電稱：該銀團計劃萬無允理。適該團代表法人自滬來京，知此計劃不能行，議定由彼自電巴黎銀團將計劃撤回，此項借款業已不成事實、此借款不成事實之內容也。

拒款風潮發生之後，法政府因使館館員被毆，極表不安，且聲言惜未按照本年三月中國政府之主張遣送回國，致生枝節，遂決定撤銷委員會，並於九月十五日止，不復給發學生維持費，於九月三日發出通告學生等以通告發表太晚，又到使館要求再予維持一月，以後自籌解決辦法。使館又與法政府請求繼續維持一月。法政府不得已，又撥給十萬佛郎，聲明此爲最後之捐助，十月十五以後，一切不願過問。

先是六月六日王若非等二百二十五人開會決議，要求將里昂中比兩大學改建工學院，收容勤工儉學生，函請使館主持贊助。九月十日，又開會爭回里昂大學。遍發傳單，而里昂大學適於九月間落成。吳稚暉君攜帶國內新招學生百餘人，當於是時抵法，而勤工儉學生聞訊，於九月二十一日組織先發隊百人，號曰爭回里大，幷移學生總會於里昂，據所述之理由：（一）里昂大學與勤工儉學生有極重要的關係，這是李石曾先生回國時留別我們的話。（二）中國已有千餘學生來法，開辦里昂大學，自是刻不容緩，這是蔡孑民先生答進步報記者問何以在法創辦里大的語。（三）里昂大學是公開的，普通的，勞工神聖的，這是吳稚暉先生說的話。

先發隊占領里昂大學後，大學校長法人蘇勒大形掣肘，就商里昂市政廳，召集警察，將百人之先發隊於次日全數驅逐，暫行安置於附近兵營內。里昂府尹將情形報告法內務部，文牘內有中國學生藉衆佔領房屋，損害治安，並於警察總監入勸其出校時，面受侮辱；又在里昂散布傳單，種種違犯法律等語。其最爲里昂官廳所不滿意者，即暗中交結過激派省議員，致里昂府尹橫受該議員之質問。法政府以學生等涉入政治臭味，遂主張驅逐出境。法外部則主張遣送回國，使館聞信，先用口頭交涉，請其釋放，復用書面請其取消遣送回國之主張。同時與章行嚴君討論辦法，章君主張考試，以最優者送入里昂大學，中西文不通，而體格强壯者，代爲覓工。以上資格均無者，遣送回國。以上辦法宣布後，學生全體反對。適吳稚暉先生於十月三日由里昂到巴黎，遂於三日邀集吳稚暉，章行嚴，高叔欽李顯章諸先生，鄭毓秀女士在使館大廳討論，最後解決辦法。吳稚暉先生提議辦法如下：（一）章行嚴先生擔任籌款，向國內各處募捐每年九萬元。（二）公使擔任向政府募捐每年三萬元。（三）捐款未到之前，先由使館借墊。（四）學生五百人送克魯梭工廠，餘覓相當學校，大家同意分任辦法，並由使館向法政府商量克魯梭工廠事。

學生全體聞信後，以吳稚暉所擬辦法，出自理想，大家不能贊成，仍要求開放里昂大學爲根本解決。吳稚暉先生於四日在客寓候學生代表來談，候至竟日，代表不到。吳先生遂於五日仍回里昂，七日章行嚴知無辦法，亦往柏林而去。法政府方面，經使館屢次解釋無效，遂於十月十三日由外部派員到里昂護送學生一百零四人往馬賽乘船回國云。

民國十年十月三日駐法使館致外交部電：

二月十七日接准教育部電開將勤工儉學生無力自給者遣送回國等因，當時因法政府有意維持，未及履行。九月二十二日里昂大學開辦，吳稚暉君帶來新生百餘人來法，勤工儉學生百十八人聞信，先期前往里昂入居大學。里昂府尹以擾亂治安，令警察將勤工儉學生等送入礮台拘禁。昨接法外部照會稱：儉學生等屢次擾亂，且在里昂違犯警章，決定將在里昂新拘之一百十八人遣送回國，所費川資約一萬元，由船公司抵華時向華政府取給等語。籙以法政府用强力遣送，有傷國體，屬向法政府交涉無效，究應如何辦理，乞速電示遵。至中法委員會宣布於十月十五日起無款接濟。所有每日維持費停止發給；十五日以後，籙決不能坐視千餘人餓斃，而法政府已聲明不復維持，如何辦法，亦懇同時提出閣議決定情形急逼，鵠候電示。籙三日

（安徽教育月刊第五十三期民國十一年五月）

對於勤工儉學會之通告一　蔡元培

此篇所表現之重要史實有二：一留法儉學會，勤工儉學會，華法教育會之性質及其相互之關係；二勤工儉學之結果。　編者

元培到法以來，在法勤工儉學生以及學生事務部任事者，先後向培聲述各方面困難情形，及詢及解決辦法，培觀察所及，知由於學生事務部組織之不良

者半，由於華法教育會儉學會勤工儉學會多有不辨其性質，混爲一談，因而發生誤會者又半。今既欲解除一切困難，不得不先辨明此三會之性質，考此三會成立之歷史。儉學會最早，成立於民國元年，宗旨以納最儉之費用，求達留學之目的。勤工儉學會則成立於民國四年六月，以勤於工作，儉以求學爲目的。自此兩會先後成立，法人數日益增多，同時法國方面，亦多注意中法兩國文化之提携，爲言欲達此種目的，非特設機關共同集議不可。於是始有華法教育會之組織，是華法教育會爲兩國文化上總機關，儉學會勤工儉學會，不過其事業內之一部分。今則混爲一談，多以爲勤工儉學事務，卽華法教育會全體之事業。勤工儉學事務辦理之不善，益以委罪於華法教育會，如此誤會，是直以華法教育會爲勤工儉學會之代名，此實大謬不然者也。欲矯此誤，惟有儉學會勤工儉學會對於華法教育會爲部分之分立，由兩會學生自行分別組織，華法教育會從旁襄助一切。其組織方法，暫由華法教育會代擬。俟兩會成立，種種組織及辦事規則，完全由兩會學生自行妥訂後；此種代擬辦法卽行作廢。如此解決，既免以前之誤會，而兩會學生自行組織事務所，對於本團體情形觀察較周，知悉較切，一切措置自當勝於今之學生事務部。且學生諸君來法，多富自治能力，及新生活之精神。此種辦法，尤與諸君心理吻合。所擬方法及說明如下，幸卽速行組織。元培不勝厚望焉。

民國十年一月十二日華法教育會會長蔡元培

代擬儉學會勤工儉學會組織方法及說明

（甲）由兩會學生各就所在區域，分別調查各本會人數，先期擇定就近地址開籌備會一次，討論組織事項，及定期選舉，公決會務通則及辦事規章。（說明）（A）按區域係指法國著名都會城鎮而言，如巴黎、里昂、都爾、蒙達爾尼。

（B）又按現在之留法儉學生，勤工儉學生，幾近兩千人。如不各就所在區域組織會所，必有下列各種困難：（一）兩會學生散處各地，如定巴黎一處爲一大會所，在巴黎學生固無不便，而在其他各地學生，勢必難免跋涉之勞，時間經濟兩受損失。（二）此種組織，本爲長久之計劃，絕非一時或一次的可比，故兩會各就所在地方以其工作之餘暇辦理事務，當無妨礙。如定在一處，非會員常有因赴會務而棄置工作之苦，即會務因會員路途隔遠不能到會而有停頓之虞。

（C）會務通則及辦事規章兩會各依其性質分訂，不必相同。

（乙）開籌備會，自應再就兩會人數分別調查，每省若干人。（說明）按現在勤工儉學生之無工作者，每月受華法教育會維持費人各百五十方，華法教育

會本無基金，又無入款，其付與學生之維持費，均由他處輾轉騰挪而來。此種辦法，斷難持久，而在法學生，無論其爲勤工儉學生，或儉學生，常有經濟困難，難以維持者，故爲長久計，必由各省學生自結爲小團體，向本省爲經濟維持之請求，并對於本省子弟父老報告留學及工作狀況。此種組織，無論對於本省，對於本身，兩有裨益。

（丙）兩會內部，得各組織評議部及幹事部。（說明）評議部討論關於會中一切重要事件，幹事部執行評議部議決之各項事件。（註）兩會細則，由兩會各自訂定。

（丁）評議及幹事，其選出方法如下：……（一）各區儉學會學生，應各就本區同省學生中各自投票，公舉代表二人，一任評議，一任幹事。（二）集同區各省所選之代表，共同組織各該會會務。（註）各區勤工儉學

會之評議及幹事選出方法，與此方法同。

茲再列表說明可互相參考

巴黎區……勤工儉學會
- 直隸省代表二人。
- 湖南省代表二人。
- 四川省代表二人。
- 廣東省代表二人。
- 某某省代表二人。
- 某某省代表二人。

（戊）評議及幹事之選舉用記名投票法行之，以得票最多者爲當選。

（說明）選舉票格式

評議——
幹事——
——舉

（己）評議及幹事任期，均以一年爲限。限滿開會另選，得聯選聯任，但不得過三次。

（註）評議員及幹事任期未滿而有辭職者，其辦法由兩會自訂。

（庚）兩會學生，應繕具詳細履歷書，分別交所在區域之儉學會或勤工儉學會存查。

（說明）履歷書格式

姓名	
別號	
籍貫	
年歲	
已婚	
嫁否	
家庭狀況	
父兄職業	
本身在國內所經歷學校或職業	
在法所經歷之學校或工作	
在法已經幾年	
國內通信處	
在法通信處	
備考	
	民國　年　月　日　調查

（註）此表不過舉例，如有不合事宜，或應修改之處，儘可修改。在法已經幾年一項，最好於寫幾年外標

明民國某某年來法及西曆某某年來法。

（辛）各區組織之兩會，其組織大綱及辦事規章，須與他區組織之開會有共同之精神及通則，不得各爲風氣出入過甚。（說明）按通則須徵求各處大多數之意見編製之。又按各區雖各組會，而對於其各地同會有聯絡相通之義務，各地各省分立所以謀事之方便，而同時各地又互通聲氣，所以策全體一致之進行。其甲地某省人於乙地某省人應互相聯絡，可以類推。

（壬）儉學會及勤工儉學會得每年定期召集全體大會一次，但無重要事件，經各區同會過半數之同意，此會卽可停止召集。

（癸）儉學會或勤工儉學會於認爲與全體有必要時，經三處同會之同意，得連合通告各處開儉學會或勤工儉學會之全體大會，其聚集之會場得臨時商定之。

（子）各區兩會之組織，統限於通告之日起十五日內完全成立，將組織及通則及辦事規章報告於華法敎育會學生事務部，定於通告之日起二十日內宣告取消。

（丑）以前之衞生互濟會辦法，由各區兩會自行商定繼續或停止。

（寅）華法敎育會對於兩會在能力範圍以內，仍有襄助一切之義務，但兩會須將其組織通則及辦事規章報告華法敎育會。

（卯）華法敎育會與兩會相互之關係，俟兩會成立再行協商會訂。

對於勤工儉學會之通告二　蔡元培

元培前以學生事務部組織不良，亟應改絃更張，會於本月十二日通告，表明此意，幷希望學生諸君速即自行組織以便辦理各儉學會或勤工儉學會事務，在學生方面，自當奮作新猷彌補前失。而在本會方面，一年以來借貸學生之款，虧空之數甚巨，本會原無基金，又無入款，挪借之術，有時而窮。而告貸之學生方日增無已，今則虧竭已極，萬難爲濟。惟有竭誠通告：華法敎育會對於儉學生或勤工儉學生脫卸一切經濟上之責任，只負精神上之援助。學生諸君幸勿誤會之接濟有始無終，須知本會既無源源而來之底款，則此與日俱增之應付何能接濟。本會迫於萬不獲已，具擬以下辦法，諸君當能諒解此苦衷，不以逾情之非難見責。元培謹代本會宣告除卸經濟上之關係，仍當盡其力能及者以補助諸君，幸諒察焉，

民國十年一月十六日華法敎育會會長蔡元培

華法敎育會正式通告與學生脫卸經濟上之關係辦法

(甲 關於儉學者：(一)儉學生以前在本省存有款者，一律自本年二月初十起至三月十五止由該生親到事務部結算淸楚，(或親筆函索亦可)本會不再擔負保管之責。(二)儉學生無存款，一向請本會貸付學費者，一律自本年二月底止，以後由該生設法自理。

(乙)關於勤工學生者：(一)現在工廠者自通告之日起，以後如有辭出工廠情事，本會一律不發維持費。(二)現在勤工儉學生之在學校者，其請貸付學校用度，一律於本年二月止，以後由該生設法自理。(三)不在上述之規定而現在仍來本會領維持費者，本會概不答覆。

(安徽敎育月刊卅七期)

新興俄國教育

祝康譯　一冊九角

中華書局出版

本書敘述新興俄國教育之理論與實際，其內容略分：(一)新興教育的產生，(二)新興教育的根本原理，(三)教育界領袖，(四)蘇維埃的教育方針，(五)蘇維埃教育行政機關，(六)蘇維埃教育機關，(七)蘇維埃教育的方法等數章。原著者山下德治，係日本著名之新興教育學者，于當世資本主義諸國之教育學說，多能根據科學社會主義之立場，下確當之批評。本書亦即由此立場以闡明蘇維埃教育之原理與實踐者。其特色在不徒就蘇維埃教育現象，列舉幾種數字，敍述幾項特點而已，乃在能根據新興階級之科學觀點，說明新興教育之所以產生與其本質，是固非美國新聞記者流之蘇俄教育筆記或報告所可並論也。

蘇俄新教育……顧樹森……一冊……五角

歐洲新學校……唐現之……一冊……七角

比較教育……常導之……一冊……一元

戰後世界教育新趨勢　余家菊　汪德全……一冊……五角

美國教育徹覽……王懋祖……一冊……八角半

英國教育要覽……余家菊……一冊……七角

法國教育概覽……周太玄……一冊……二角

中國新教育概況……舒新城……一冊……一元二角

中國教育建設方針

舒新城著

一冊七角

中國三十年來的新教育，都在模倣工業社會的教育制度，其結果對於中國社會，固不能適應，對於天才與無力就學者的一般教育，尤無法補救。本書著者是專治近代中國教育史的，以十餘年的經驗與研究，從歷史及社會政治經濟各方面，尋繹建設中國新教育的方針，而尤注重於用考試制度發展天才提倡自修；同時在原理上，提倡教育與政治協調及教育工具說。全書正文八篇，附錄兩篇，約可分中國教育建設原理、及教育行政制度、學校行政制度、教育經費問題諸類。篇首除自敍兩篇外，有陸費伯鴻先生之敍及三軌制教育長文一篇，更爲現在學校制度對症的良藥。凡治教育及關心教育建設者，均不可不讀！

中華書局發行

民国首版学术经典

近代中国教育史料【二】

舒新城 著

上海科学技术文献出版社
Shanghai Scientific and Technological Literature Press

教育叢書

近代中國教育史料

第二册

舒新城編

1928

○上海中華書局印行○

近代中國教育史料 第二册

目次

七 學制

近代中國教育史料 第二冊

七 學制

議覆五城建立中學堂小學堂疏

孫家鼐

籌設正式中小學堂始於此時，蓋二十四年以前稱三等二等學堂也。 編者

本月初六日臣接到軍機大臣交旨，「御史張承纓奏請於五城添立小學堂中學堂一摺，著孫家鼐酌核辦理」欽此。查原奏大意以京師大學堂額數五百名，附小學堂額數八十名，大學堂皆已經入仕之員，小學堂皆大員子弟，八旗世職，武職後裔，此外就近願學者均未議及，欲於五城添立小學堂中學堂，俾士著之人與外省在京之舉貢生監及京官子弟一體入學，此培養人才，講求實學之至意也。臣查總理衙門原奏章程，當時倉猝定議，只能舉其大端，其詳細節目，本末周

備，臣亦欲推廣此項京官子弟舉貢生監之在京與本籍士著者，臣前奏派分教習八人，正欲使教此項人員及大員子弟八旗世職武職後裔之年輕者。祇以草創之始，頭緒紛繁，尚未能條分縷晰，詳細奏明。今該御史請於五城各立學堂，自應訪照辦理。臣愚以爲五城皆有地面官，與外省有地方之責者無異，學堂經費之優絀，規制之大小，雖由五城御史自行籌畫。近年刑部候補主事張元濟，戶部候補郎中王宗基，皆自行籌費創立學堂，入學肄業者，頗稱踴躍。蓋聖心所向，天下從風。即如國家往時以科舉取士，海內士人家絃戶誦，並無事官爲督率，莫不爭自濯磨。今五城設立學堂，請即飭下五城御史設立勸辦，應否暫借廟宇及將來建立學舍之處，均由五城御史隨時斟酌，定能日起有功。至順天府地方臣原有設立小學堂之意，因經費未齊，是以

暫緩。金台書院考課亦應改定章程，臣當與府尹臣胡燏棻籌商辦法，　光緒二十四年六月十七日

進呈全學章程摺　張百熙

摺上於光緒二十八年七月十二日，當奉旨照准，此次章程爲學制系統建立之始，稱欽定學堂章程。　編者

竊臣於本學正月具奏籌辦大學堂大概情形摺內陳明：『將來奏定京師大學堂章程，擬卽全照大學規模恭擬上聞，仍將現在所辦豫備科並附設之速成科，暨頒發各直省高等學、中學、小學各章程一併奏進，候旨遵行。』奉上諭：『一切條規將來卽以頒行各省，必當斟酌盡善，損益得中，期於有實效而無流弊』等因。欽此，欽遵在案。臣謹按古今中外，學術不同，其所以致用之途則一，値智力幷爭之世，爲富强致治之規，朝廷以更新之故而求之人才，以求才之故而本之學校，則不能不節取歐美日本諸邦之成法，以佐我中國二千餘年舊制，固時勢使然；第考其現行制度，亦頗與我中國古昔盛時良法大概相同：禮記載『家有塾，黨有庠，術有序，國有學』，試比之各國，則國學卽所謂大學也，家塾、黨庠、術序，卽所謂蒙學、小學、中學也，其等級蓋頗分明。記又曰：『比年入學，中年考校，一年視離經辨志，三年視敬業樂羣，五年視博習親師，七年視論學取友，謂之小成；九年知類通達，强立而不反，謂之大成。』其一年三年五年七年九年之節，卽所謂大學、中學、小學、蒙學之卒業期限也。其科目則唐有律學、算學、書學諸門，宋因唐制，而益以畫學、醫學，雖未及詳備，亦與所謂法律、算學、習字、圖畫、醫術各學科不甚相殊。自司馬光有分科取士之說，朱子學校貢舉私議，於諸經、子、史及時務皆有分科限年，以齊其業；外國學堂有所謂分科、選科者，視之最重，意亦正同。大抵中國自周以前選舉學校合爲一，自漢以後，專重選舉，及隋設進士科以

來，士皆殫精神於詩賦策論，所謂學校者，名存而已。故今日而議振興教育，必以眞能復學校之舊爲第一要圖。雖中外政教風氣，原本不同，然其秩序條目之至賾而不可亂者，固不必盡泥其迹，亦不能不兼取其長，以期變通而盡利。臣此次所擬章程，謹上溯古制，參考列邦，擬定京師大學堂章程，幷考選入學章程，暨頒發各省之高等學堂、中學堂、小學堂章程各一分。又蒙養學堂爲小學始基，前奉諭旨令各省舉辦，謹再擬蒙學堂章程一分。共六件，一併開呈御覽，恭候欽定頒行。抑臣更有請者：天下之事，人與法相維，用法者人，而範人者法。今學堂圖始之時，關係於學術人才者甚大，法之既立，非循名責實，則積習所狃，既不能返之一朝，而粉飾相因，且滋無窮之弊。臣擬請欽定章程頒行之後，即乞飭下各省督撫，責成地方官興辦，凡名是實非之學堂，及庸濫充數之教習，一律整頓從嚴，以無負朝廷興學

育才之盛心；而學校選舉，亦漸能合轍同途，以仰符三代盛時之良軌。至朝廷立法，不厭求詳，各本章程試辦數年之後，倘別有窒碍，或須更造精深之處，應期隨時增改，奏明辦理。

重訂學堂章程摺

張百熙　榮慶　張之洞

光緒二十八年七月張百熙奏定學堂章程未及實行，於二十九年閏五月因張之洞請，復命張之洞榮慶會同張百熙重爲釐訂。近人多謂重定學章者爲孫家鼐張之洞張百熙，實則孫之爲管學大臣尚在張前。因附錄派張之洞榮慶及頒布此章程之上諭原文於後，以資證明。

又據王國維言，此次章程原稿出自沔陽陳毅，張之洞尸其名耳（參閱王國維奏定經學科大學文學科大學章程書後）

編者

（上略）竊臣百熙臣榮慶前因學務重要，奏請

特旨添派臣之洞會同商辦。光緒二十九年閏五月初三日，奉上諭「京師大學堂爲學術人才根本，關係重要，著卽派張之洞會同張百熙、榮慶將現辦大學堂章程一切事宜，再行切實商訂，並將各省學堂章程，一律釐定，詳悉具奏。務期推行無弊，造就通才，俾朝廷收得人之效，是爲至要。」欽此。仰見聖朝興學育才，務求實際，防微杜漸，不厭推詳之至意。臣等曷勝欽服。臣之洞伏查上年大學堂奏定章程，宗旨辦法，實已深得要領。惟草創之際，規程課目，不得不稍從簡略，以徐待考求增補。至各省初辦學堂，管理學務者，既難得深通教育理法之人，而學生率皆取諸原業科舉之士，未嘗經小學堂陶鎔而來，不自知學生之本分。故其言論行爲，不免有軼於範圍之外者。此次欽奉諭旨，命臣等將一切章程會商釐訂，期於推行無弊，自應詳細推求，倍加審愼。數月以來，臣等互相討論，虛衷商榷，並博考外國各

項學堂課程門目，參酌變通，擇其宜者用之。其於中國不相宜者缺之，科目名稱之不可解者改之，其有過涉繁重者減之。每日講堂功課，少或四五點鐘，多亦不過六點鐘。所授之學，排日輪講，少或四五門，多亦不過六門。皆計日量時以定之，絕不苦人以所難。中人之資，但能循序以求，斷無兼顧不及之慮。至於立學宗旨，無論何等學堂，均以忠孝爲本，以中國經史之學爲基，俾學生心術壹歸於純正，而後以西學瀹其智識，練其藝能，務期他日成材，各適實用，以仰副國家造就通才，愼防流弊之意。計擬成初等小學堂章程一冊、高等小學堂章程一冊、中學堂章程一冊、高等學堂章程一冊、大學堂章程附通儒院章程一冊。原章有蒙學堂名目，但章程內所列，實卽外國初等小學之事。查外國蒙養院一名幼稚園。茲參酌其意，訂爲蒙養院章程及家庭教育法一冊。此就原訂章程所有而增補其缺略者也。辦理

學堂，首重師範；原訂師範館章程，係僅就京城情形試辦，尙屬簡畧。茲另擬初級師範學堂章程一冊，優級師範學堂章程一冊，幷擬任用教員章程一冊，將來京城師範館應即改照優級師範學堂章程辦理。此外如京師仕學館，係屬暫設，皆係有職人員，不在各學堂統系之內。原訂章程，應暫仍其舊，將來體察情形，再爲酌定經久章程。至譯學館即方言學堂，前經奏明開辦，茲將章程課目一併擬呈。其進士館係奉特旨令新進士概入學堂肄業，此與仕學館意相近，課程與各學堂不同。而仕學館地狹無可展拓，不得不別設一館以教之，茲亦酌訂章程課目別爲一冊。將來仕學館或歸併進士館，或照進士館現訂課程改同一律，容隨時察酌情形辦理。又國民生計，莫要於農工商實業，興辦實業學堂，有百益而無一弊，最宜注重。茲另擬初等農商實業學堂章程一冊；附實業補習普通學堂、及藝徒學堂各章程。中等農工商實業學堂章程一冊，高等農工商實業學堂章程一冊，實業教員講習所章程一冊，實業學堂通則一冊。此皆原訂章程所未及而別加編訂者也。又以中國禮教政俗本與各國不同，而少年初學之士，胸無定識，哤雜浮囂，在所不免。此時學堂辦法，規範不容不肅，稽察不容不嚴。茲特訂立規條申明禁令，編爲各學堂管理通則一冊。並將此時開辦各項學堂設教之宗旨立法之要義，統括發明，訂爲學務綱要一冊。各省果能愼選教員學職，按照現訂章程認眞舉辦，則民智可開，國力可富，人才可成，決不致別生流弊。至學生畢業考試，升級入學考試，亦經詳訂專章。中學堂以下及收入高等學堂者由督撫學政會同考核；高等學堂應升級者，奏請簡放主考會同督撫學政考驗。京城高等學堂，比例辦理。京師大學堂奏請簡放總裁，會同管學大臣考驗，以昭愼重，而免冒濫。其獎勵錄用之法，比照奏准鼓勵出洋遊學生。於奬給出身之外，復請分別錄用。章程亦經詳加斟酌，擬有專章，伏候聖明裁定，將來應即分別照章奏明辦理。所有一切章程將來如有應行變通增損之處，其大者仍當奏明辦理，小者由管學大臣審定後通行各省照改。謹將學務綱要、各學堂管理通則、畢業學生考試專章、奬勵專章、暨各項學堂章程分別繕寫成冊，並開列章程名目次序清單，恭呈御覽。如蒙俞允，應由管學大臣通行各省一體遵照開辦。所有臣等遵旨會商釐訂學堂章程各緣由，遵旨與政務處王大臣會商意見均屬相同，謹合詞恭摺具陳，伏祈皇太后皇上聖鑒訓示。謹奏。　光緒二十九年十一月

再六月初八日、承准軍機大臣交片本日御史張元奇奏各省學堂宜嚴師範；又奏本科進士入堂肄業，可否酌爲變通各摺片，均奉旨：「張之洞會同管學大

臣妥議具奏」。欽此，等因；並將原摺片鈔交前來。查原奏請嚴選師範、振興實業，洵爲知本之論。現已擬有初級師範、優級師範學堂章程，各省不難照辦。京師現設師範館，亦擬即改照優級師範學堂章程辦理。原奏又稱蒙學但課中文，俟考入中學堂後，再習西國語言文字等語。該御史所謂蒙學，意即指初等小學而言。臣等現擬小學堂章程，即嚴申此禁。凡初等小學堂概不令兼習洋文。高等小學堂亦須斟酌地方情形辦理；其可兼習者，亦不准占讀經時刻，與該御史所見正同。至另片稱本科修撰庶吉士、中書主事悉入學堂肄業，博采衆論，尚有不便，擬請酌爲變通，或擇年歲合格其年長者聽之；或考定額數，其額外者聽之等語。查此次欽奉特旨：「凡新進士之授京職者，一概令入學堂。」原欲使向業科舉之士，增益普通學識，講求政法方言，以期皆能通時務而應世變，用意至爲深遠，自未便限以額

數，轉開趨避之門。惟其中年齒較長有不能強就學堂程度者，亦屬實在情形。臣等公同商酌，擬定一格：凡新進士年在三十五歲以下者，無論翰林、部屬、中書，均令一體入進士館肄業；並酌給津貼銀兩，由各該進士本籍省分籌款解交大學堂，按月轉給，俾資旅費，而示體恤，不准託詞規避。其年在三十五歲以上自審精力實已不能就學者，准其赴部呈明，改就知縣分發各省，與本科卽用知縣一律較資敍補；其自願留學者聽。似此量爲變通，自可免遷就入學有名無實之弊矣。（下畧）

光緒二十九年十一月

附錄

一、命張之洞會同張百熙榮慶釐定學章

欽奉上諭：

京師大學堂爲學術人才根本，關繫重要。著卽派張之洞會商張百熙榮慶將現辦大學堂章程一切事宜，再行切實商訂，並將各省學堂章程一律釐定，詳悉具奏。務期推行無弊，造就通才，俾朝廷收得人之效，是爲至要。欽此。

光緒二十九閏五月

（光緒政要卷二十九）

二、頒布重訂學堂章程上諭

光緒二十九年十一月二十六日內閣奉上諭：「方今時事多艱，興學育才，實爲當務之急。前經諭令張之洞會同管學大臣將學堂章程悉心釐訂，妥議具奏。茲據會奏臚陳各摺片，條分縷晰，立法尙屬周備，著卽次第推行。其有應行斟酌損益之處，仍著該管學大臣會同張之洞隨時詳覈議奏。至所稱遞減科舉及將來畢業學生由督撫學政並簡放考官考試一節，使學堂科舉合爲一途，係爲士皆實學，學皆實用起見。著自丙午科爲始，將鄉會試中額及各省學額，按照所陳，逐科

遞減。俟各省學堂一律辦齊，確著成效，再將科舉學額分別停止。以後均歸學堂考取，屆時候旨遵行。即著各該督撫趕緊督飭各府廳州縣建設學堂，並善為勸導地方，逐漸推廣。無論官立民立，皆當恪遵列聖訓士之規，謹守範圍，端正趨向，不准沾染習氣，誤入奇衺。一切課程，尤在認眞講求，毋得徒事皮毛，有名無實。務期敎學相長，成德達材，體用兼賅，以備國家任使，有厚望焉。將此通諭知之」欽此。

學務綱要

光緒二十九年十一月張百熙、張之洞、榮慶重定學堂章程，於各學堂章程之前編學務綱要一册，詳述要旨。清季新敎育之設施少有出此範圍者。　編者

一全國學堂總要。

京外大小文武各學堂，均應欽遵諭旨，以端正趨向，造就通才為宗旨，正合三代學校、選舉、德行、道藝四者並重之意。各省興辦學堂，宜深體此意，從幼童入初等小學堂始，為敎員者，於講授功課時，務須隨時指導，曉之以尊親之義，納之於規矩之中。一切邪說詖詞，嚴拒力斥，使學生他日成就，無論為士為農為工為商，均上知愛國，下足立身，始不負朝廷興學之意。外國學堂於智育體育外，尤重德育，中外固無二理也。

一大小各學堂各有取義。

大小學堂，理原一貫，惟各學堂各有取義。家庭敎育、蒙養院、初等小學堂，意在使全國之民，無論貧富貴賤，皆能淑性知禮，化為良善。高等小學堂、普通中學堂，意在使入此學者通曉四民皆應必知之要端，仕進者有進學之階梯，改業者有謀生之智能。高等學堂、大學堂，意在講求國政民事各種專門之學，為國家儲養任用之人才。通儒院，意在研究專門精深之義蘊，俾能自悟新理，自創新法，為全國學業力求進步之方；并設立

中國舊學專門爲保存古學古書之地。實業學堂，意在使全國人民具有各種謀生之才智技藝，以爲富民富國之本。譯學館，意在通曉各國語文，俾能自讀外國之書，一以儲交涉之才；一以備各學校教習各國語文之選，免致永遠仰給外國教師。進士館，意在使已經得第入官者，通知各種實學大要，以應濟時急需。師範學堂，意在使全國中小學堂各有師資，此爲各項學堂之本源，興學入手之第一義。

一京外各學堂俱照新章以歸畫一。

此次遵旨修改各學堂章程，以忠孝爲敷教之本，以禮法爲訓俗之方，以練習藝能爲致用治生之具。其宗旨，與上年大學堂原定章程本無歧異。惟學堂本係創辦，前章尚有未備之處。茲更體察近日情形，斟酌修改。條目更加詳密，課程更加完備，禁戒更加謹嚴。即湖北等省學堂章程前經奏定者，一併會通酌改，令歸畫

一所有原定章程之應共遵守者，均已歸併本章程內。此後京外官紳興辦各種學堂，無論官設公設私設，俱應按照現定各項學堂章程課目切實奉行，不得私改課程，自爲風氣。

一宜首先急辦師範學堂。

學堂必須有師。此時大學堂、高等學堂、省城之普通學堂，猶可聘東西各國教員爲師；若各州縣小學堂，及外府中學堂，安能聘許多之外國教員乎？此時惟有急設各師範學堂，初級師範以教初等小學及高等小學之學生；優級師範以教中學堂之學生及初級師範學堂之師範生。省城師範學堂，或聘外國人爲教員，或輔以曾學外國師範畢業之師範生。外府師範學堂，則只可聘在中國學成之師範生爲教員。查開通國民知識，普施教育，以小學堂爲最要；則是初級師範學堂造就教小學之師範生，尤爲辦學堂者入手第一義。特是

各省城多有已設中學堂、高等學堂者，勢不能聽其自出心裁，致誤將來成材之學生，則優級師範學堂在中國今日情形亦爲最要，並宜接續速辦。各省城應卽按照現定初級師範學堂、優級師範學堂及簡易師範科、師範傳習所各章程辦法迅速舉行。其已設有師範學堂者，教科務改合程度。其尚未設師範學堂者，亟宜延聘師範教員早爲開辦。若無師範教員可請者，卽速派人到外國學師範教授管理各法，分別學速成科師範若干人，學完全師範科若干人，現有師範章程刊布通行。若有速成師範生回國，卽可依仿開辦以應急需而立規模，俟完全師範生回國，再行轉相傳授，分派各府縣陸續更換，庶不致教法茫然無從措手，務期首先迅速舉行，漸次推廣，不可稍涉遲緩。

一各省辦理學堂員紳宜先派出洋考察。

學堂所重，不僅在教員，尤在有管理學堂之人。必須有明於教授法管理法者實心從事其間，未辦者方易開辦，已辦者方能得法；否則成效難期，且滋流弊。各直省亟宜於官紳中推擇品學兼優、性情肫摯，而平日又能留心教育者，陸續資派出洋，員數以多爲貴，久或一年，少或數月，使之考察外國各學堂規模制度及一切管理教授之法，詳加詢訪體驗，目覩外國教習如何教，生徒如何習，管理學堂官員如何辦理。回國後，分別派入學務處暨各學堂辦事，方能有實效而無糜費。歐美各國道遠費重，卽不能多往，而日本則斷不可不到。此事爲辦學堂入門之法，費用萬不可省，卽邊瘠省分，至少亦必派兩員。若僅至日本考校半年，所費尚不甚鉅。儻不從此舉入手，恐開辦三四年，耗費數萬金，仍是紊雜無章，毫無實得也。其邊省不能多派官紳出洋考察學務者，亟宜廣購江楚等省已經譯刊之教育學、學校管理法、教育行政法、學校衞生學、師範講義、學務報、敎育叢書等類，頒發各屬，俾從事學務之人考究硏求，則所辦學堂不致淩雜無序，亦不致枉費師生功力，庶較勝於冥行歧誤者。

一小學堂應勸諭紳富廣設。

初等小學堂爲養正始基，各國均任爲國家之義務敎育。東西各國政令凡小兒及就學之年而不入小學者，罪其父母，名爲强迫敎育。蓋深知立國之本全在於此。此時各省經費支絀，在官勢不能多設；一俟師範生傳習日多，卽當督飭地方官剴切勸諭紳富集貲廣設。至蒙養院及家庭敎育，尤爲豫敎之原。惟中西禮俗不同，不便設立女學及女師範學堂。現擬有蒙養院及家庭敎育合一辦法，詳具專章。

一各省宜速設實業學堂。

農工商各項實業學堂以學成後各得治生之計爲主，最有益於邦本。其程度亦有高等、中等、初等之分，

宜飭各就地方情形審擇所宜，亟謀廣設。如通商繁盛之區，宜設商業學堂。富於出產之區，宜設工業學堂。富於海錯之區，宜設水產學堂。餘可類推。但此時各省籌款不易，敎員亦難得其人，宜於各項實業中，擇本省所急須講求者，先行選派學生出洋學習此項實業，分作兩班，一班習中等學以期速成，一班習高等學以期完備。俟中等實業學生畢業回省，卽行開辦學堂，先敎簡易之藝術。俟高等實業學生畢業回國，再行增高等學堂程度，以敎精深之理法，爲漸次推廣擴充地步。所費不多而辦法較有把握。各省務於一年內將實在籌辦情形先行陳奏。

一各學堂尤重在考核學生品行。

造士必以品行爲先。各學堂考核學生，均宜於各科學外另立品行一門，亦用積分法，與各門科學一體同記分數。其考核之法，分言語、容止、行禮、作事、交際、出

遊六項，隨處稽察，第其等差；在講堂由教員定之，在齋舍由監學及檢察官定之。但學生既重品行，則凡選派教員學職，均須推擇品行端正之員以資表率。

一中小學堂宜注重讀經以存聖教。

外國學堂有宗教一門。中國之經書，即是中國之宗教。若學堂不讀經書，則是堯舜禹湯文武周公孔子之道，所謂三綱五常者盡行廢絕，中國必不能立國矣。學失其本則無學，政失其本則無政。其本既失，則愛國愛類之心亦隨之改易矣，安有富强之望乎？故無論學生將來所執何業，在學堂時經書必宜誦讀講解。各學堂所讀有多少，所講有淺深，並非强歸一致。極之由小學改業者，亦必須曾誦經書之要言，畧聞聖教之要義，方足以定其心性，正其本源。惟經學奧博，春秋漢唐以來，學者本尚專經，或兼習一兩經。本朝乾隆以前鄉會試房官，仍是分經取士。即國朝經學諸大師，亦罕有兼

精羣經者，至於士林中才能讀十三經者本少，大率只讀五經四書，即禮記左傳，亦讀節本者居多。現辦中小學堂科學較繁，晷刻有限，若概令全讀十三經，則精力日力斷斷不給，必致讀而不能記，記而不能解，有何益處。且泛濫無實，亦非治經家法。茲爲擇切要各經，分配中小學堂內。若卷帙繁重之禮記周禮，則止選讀通儒節本，儀禮則止選讀最要一篇。自初等小學堂第一年，日讀約四十字起，至中學堂日讀約二百字爲止。大率小學堂每日以一點鐘讀經，以一點鐘挑背淺解，（挑背者隨意擇資質較鈍數人，每人指令背誦數語，以省日力。淺解者止講淺顯切用大義。）共合爲兩點鐘，計每星期治經十二點鐘。中學堂每星期以六點鐘讀經，以三點鐘挑背講解，計每日讀經一點鐘，間日挑背講解一點鐘，每星期治經九點鐘，至溫經一項，小學中學皆每日半點鐘，歸入自習時督課，不占講堂時刻。茲酌

加每日治經鐘點，學生並不過勞，而讀經講經溫經綽有餘裕，亦無礙講習西學之日力。若其博考古今之疏解，研究精深之義蘊，及自願兼通羣經者，統歸大學堂經學專科治之，於羣經古學仍可保存不廢。計中學堂畢業，皆已讀過孝經四書易書詩左傳，及禮記周禮儀禮節本，共計讀過十經，（四書內有論語孟子兩經）並通大義，較之向來書塾書院所讀所解者已爲加多。總之只在功課有恒，則每日並不多費時刻，而經書已不至荒廢。蓋數十年來科目中人曾讀九經而能講解者不過十分之二三。若照此章程辦理，則學堂中決無一荒經之人，不惟聖經不至廢墜，且經學從此更可昌明矣。其讀經之法，另見專章。

一經學課程簡要，並不妨礙西學

小學中學皆有讀經講經之課，高等學有講經之課。然歲計有餘，而日課無多，專講要義而不務奧博。大學堂、通儒院則以精深經學列爲專科，聽人自擇，並非以此督責衆人。西國最重保存古學，亦係歸專門者自行研究。古學之最可寶者無過經書，無識之徒，喜新蔑古，樂放縱而惡閑檢，惟恐經書一日不廢，眞乃不知西學西法者也。

一學堂不得廢棄中國文辭，以便讀古來經籍。

中國各體文辭，各有所用。古文所以闡理紀事，述德達情，最爲可貴。駢文則遇國家典禮制誥需用之處甚多，亦不可廢。古今體詩辭賦，所以涵養性情，發抒懷抱。中國樂學久微，藉此亦可稍存古人樂教遺意。中國各種文體，歷代相承，實爲五大洲文化之精華，且必能爲中國各體文辭，然後能通解經史古書，傳述聖賢精理。文學既廢，則經籍無人能讀矣。外國學堂最重保存國粹，此即保存國粹之一大端。假使學堂中人全不能操筆爲文，則將來入官以後，所有奏議、公牘、書札、記事、將令何人爲之乎？行文既不能通暢，焉能畀以要職重任乎？惟近代文人往往專習文藻，不講實學，以致辭章之外於時勢、經濟茫無所知，宋儒所謂一爲文人便無足觀，誠痛乎其言之也！蓋黜華崇實則可，因噎廢食則不可。今擬除大學堂設有文學專科，聽好此者研究外。至各學堂中國文學一科，則明定日課時刻，並不妨礙他項科學，兼令誦讀有益德性風化之古詩歌，以代外國學堂之唱歌音樂。各省學堂均不得抛荒此事。凡教員科學講義，學生科學問答，於文辭之間不得涉於鄙俚粗率。其中國文學一科，並宜隨時試課論說文字及教以淺顯書信、記事、文法，以資官私實用。但取理明詞達而止，以能多引經史爲貴，不以雕琢藻麗爲工，篇幅亦不取繁冗。教法宜由淺入深，由短而長，勿令學生苦其艱難。中小學堂於中國文辭，止貴明通，高等學堂以上於中國文辭，漸求敷暢，然仍以清眞雅正爲宗，不可過求奇古，尤不可徒尚浮華。

一戒襲用外國無謂名詞，以存國文，端士風。

古人云：文以載道。今日時勢，更兼有文以載政之用。故外國論治論學，率以言語文字所行之遠近，驗權力教化所及之廣狹。除化學家製造家及一切專門之學，考有新物新法，因創爲新字，自應各從其本字外；凡通用名詞自不宜勦襲攙雜。日本各種名詞，其古雅確當者固多，然其與中國文辭不相宜者亦復不少。近日少年習氣，每喜於文字間襲用外國名詞諺語，如團體、國魂、膨脹、舞臺、代表等字，固欠雅馴。卽犧牲、社會、影響、機關、組織、衝突、運動等字，雖皆中國所習見，而取義與中國舊解迥然不同，迂曲難曉。又如報告、困難、配當、觀念等字，意雖可解，然並非必需此字，而舍熟求生，徒令閱者解說參差，於辦事亦多窒礙。此等字樣，不勝枚舉，可以類推。其實此類名詞，在外國不過習俗沿用，並未嘗自以爲精理要言。今日日本通人，所有著述文辭，凡用漢文者，皆極雅馴，仍係取材於中國經史子集之內，從未闌入此等字樣。可見外國文體界限本自分明，何得昧昧勦襲。大凡文字務求怪異之人，必係邪僻之士。文體既壞，士風因之。夫敘事述理，中國自有通用名詞，何必拾人牙慧。又若外國文法，或虛實字義倒裝，或敘說繁複曲折，令人費解，亦所當戒。儻中外文法，參用雜糅，久之必漸將中國文法字義盡行改變。恐中國之學術風敎，亦將隨之俱亡矣。此後官私文牘一切著述，均宜留心檢點，切勿任意效顰，有乖文體，且徒貽外人姍笑，如課本日記考試文卷內有此等字樣，定從擯斥。

一小學堂勿庸兼習洋文。

初等高等小學堂，以養成國民忠國家尊聖敎之心爲主。各科學均以漢文講授，一概毋庸另習洋文，以免拋荒中學根柢。必俟中國文義通順，理解明白，考取入中學堂後，始准兼習洋文。計學生入中學堂時，年不過十六七歲，不患口齒不靈。各省官私所設初等高等小學堂，均應一體遵辦，均不編洋文功課。惟高等小學堂如設在通商口岸附近之處，或學生中亦有資敏家寒，將來意在改習農工商實業，不擬入中學堂以上各學堂者，其人係爲急於謀生起見，在高等小學時自可於學堂課程時刻之外兼敎洋文，應就各處地方情形斟酌辦理。惟童子正在幼年，仍以聖經根柢爲主，萬不准減少讀經講經及中國文字功課鐘點。至於在初等小學時，斷不宜兼習洋文。

一中學堂以上各學堂必勤習洋文。

今日時勢，不通洋文者，於交涉、遊歷、遊學，無不窒礙。而粗通洋文者，往往以洋文居奇。其猾黠悖謬者，則專採外國書報之大異乎中國禮法，不合乎中國政體者，截頭去尾而繙譯之。更或附會以一己之私意，故爲增損，以求自圓其說。譬如日本福澤諭吉維新之志士也，其著述數十百種，精理名言不可勝紀。而中國譯者則專取其男女平權等篇譯之，而其談教育之本，談政治之原者則畧之。如此之類，不勝枚舉。其故有二：一則繙譯之日少，印刷之資輕，可以易售而罔利。一則因中國通洋文者少，故摘取其單詞片語，以冀欺世而惑人，鄙險甚矣。假令中國通洋文者多，則此種荒謬悖誕之繙譯，決無所施其伎倆。故中學堂以上各學堂，必全勤習洋文，而大學堂經學、理學、中國文學、史學各科，尤必深通洋文而後其用乃爲最大，斯實通中外、消亂賊、息邪說、距詖行之竅要也。

一參考西國政治法律宜看全文。

外國之所以富强者，良由於事事皆有政治法律也。而中國今日之剽竊西學者，輒以民權自由等字實之。變本加厲，流蕩忘返。殊不知民權自由四字，乃外國政治、法律、學術中半面之詞，而非政治法律之全體也。若不看其全文，而但舉其一二字樣，一二名詞，依託附會，簧鼓天下之耳目，勢不至去人倫無君子不止。而謂富强卽在於是，有是理乎？卽西人亦豈受其誣乎？外國所謂民權者，與義務對待之名詞也。所謂自由者，與法律對待之名詞也。法律義務者，臣民當盡之職；權利自由者，臣民應享之福。不有法律義務，安得有權利自由？所以日本憲法第二章題曰臣民權利義務，而其第一條卽曰：凡爲日本臣民之要件，當依從法律。伊藤博文解之曰：日本臣民各享有法律中之公權及私權，所以臣民要件，必以法律爲定。夫言公權私權，而必本乎法律，可見悖乎法律者卽不得享有公權私權也。所以第二條卽曰：日本臣民凡合乎法律命令所定之資格者，可任爲文武官。此蓋謂能盡法律之義務，卽有服官之權利矣。其義務之最重大而顯著者，莫如當兵納稅。故

第三條曰：日本臣民，依從法律，有服兵役之義務。第四條曰：日本臣民，依從法律有納税之義務。義務盡矣，則必有自由之權利。然使自由而不本乎法律，則人人皆處於化外而天下亂矣。所以第五條即曰：日本臣民於法律之範圍內，有居住遷徙之自由。第十一條曰：日本臣民苟不害治安，不紊秩序，不背爲臣民之義務者，有信教之自由。第十二條曰：日本臣民於法律之範圍內，有言論著作印行及集會結社之自由。此三自由，即今日妄人騰諸衆口播諸報章，視爲任性妄爲之世界者也。然試問有出乎法律之範圍外者否乎？總而言之：權利必本於義務，能盡應盡之義務，即能享應得之權利。自由必本乎法律，能守分內之法律，即受分內之自由。日本伊藤博文所謂法律中之自由，爲臣民應有之權利，故自由於分定之內者，可勿庸多加箝制。此生計與智識發達之本原，必使凡人於法律所許之區域內，享受自由，綽有餘裕，而不得迫蹙之等語。此之謂也。然此猶立憲君主政體之日本爲然也。試更徵之共和民主政體之美國，更可見全球萬國無殊理無異政矣。美國於千七百九十一年續定憲法，第五章云：凡訊案除按照法律懲治外，不得阻其自由。此語最爲扼要。其餘條例甚多，有云除法律規定外者，有云除依尋常法律判決外者，有云除罪犯照例審定外者，如此之類，不一而足。今日憸人亂黨，盛稱民主政體有各種之自主，試問亦有出乎法律之外者否乎？夫既守法律範圍，則所謂自由者，不過使安分守法之人得享其應有之樂利而已，豈任性妄爲之謂乎？假使外國政法皆如亂黨所說，恐不能一日立國矣，安論富强？乃近來更有創爲蜚語者，謂學堂設政法一科，恐啓自由民權之漸，此乃不覩西書之言，實爲大謬。夫西國政法之書，固絕無破壞綱紀，教人犯上作亂之事，前文已詳。至學堂內講習政法之課程，乃是中西兼考，擇善而從。於中國有益者采之，於中國不相宜者置之，此乃博學無方，因時制宜之道。疊次諭旨已極詳明，此次章程亦甚明晰。且政法一科，惟大學堂有之，高等學堂豫備入大學政法科者習之。此乃成材入仕之人，豈可不知政法，果使全國人民皆知有政治，知有法律，決不至荒謬悖誕，拾外國一二字樣一二名詞以搖惑人心矣。

一私學堂禁專習政治法律。

近來少年躁妄之徒，凡有妄談民權自由種種悖謬者，皆由並不知西學西政為何事，亦並未多見西書。耳食臆揣，騰為謬說。其病由不講西國科學而好談西國政治法律起。蓋科學皆有實藝，政法易涉空談，崇實戒虛，最為防患正俗要領。日本教育名家，持論亦是如此。此次章程除京師大學堂、各省城官設之高等學堂外，餘均宜注重普通實業兩途。其私設學堂，概不准講習政治法律專科，以防空談妄論之流弊。應由學務大臣咨行各省切實考察禁止。

一私學堂禁私習兵操。

凡民間私設學堂，非經稟准，不得教授兵式體操。其准習兵操者，亦止准用木槍，不得用眞槍，以示限制。應由學務大臣咨行各省曉諭民間一律遵照。

一學生不准妄干國政，暨抗改本堂規條。

孔子曰：不在其位，不謀其政。又曰：君子思不出其位。位者，本分之謂也。恪守學規，專精學業，此學生之本分也。果具愛國之心，存報國之志，但當厚自期待，發憤用功，俟將來學業有成，出為世用，以圖自強，孰不敬之重之。乃近來士習浮囂，或騰為謬說，妄行干預國政，或糾衆出頭，抗改本堂規條。此等躁妄生事之徒，斷不能有所成就。現於各學堂管理通則內列有學堂禁令一章，如有犯此者，各學堂應即照章懲儆，不可稍涉姑容，致滋流弊。

一師生員役均禁嗜好。

學務繁重細密。凡從事學堂之員紳，及各科學教員，必審擇精力强健，辦事切實耐煩，不染嗜好者，方於教育有裨。查洋藥爲煽毒之尤，各省學堂均應懸爲厲禁。無論官師學生及服役之人，有犯此者，立行斥退，萬不可稍從寬假。

一學堂教員宜列作職官，以便節制，並定年限。

外國學堂教習，皆係職官。日本即稱爲教授、訓導、亦稱教官。此後京外各學堂教習，均應列作職官，名爲教員，受本學堂監督堂長統轄節制，以時考核其功過而進退之。不得援從前書院山長之例，以賓師自居，致多窒礙。惟監督於教員亦宜以禮相待。學堂教習既列爲職官，當有任期，或三年一任，或二年一任，或視該學堂畢業之期爲一任。除不得力者隨時辭退，優者任滿再留，中平者如期更換，未滿時不得自行告退，另就別差。學堂辦事人員亦同。(有事故者不在此例)

一外國教員宜定權限。

各省中學堂以上，有聘用外國教員者，均應於合同內訂明須受本學堂總辦監督節制。除所教講堂本科功課外，其全學事務，概由總辦監督主持，該教員勿庸越俎干預。

一外國教員不得講宗教。

此時開辦學堂，教員乏人，初辦之師範學堂及普通中學堂以上，勢不能不聘用西師。如所聘西師係教士出身，須於合同內訂明：凡講授科學，不得借詞宣講涉及宗教之語，違者應即辭退。

一各學堂學生冠服宜歸畫一。

學生衣冠鞾帶被褥，俱宜由學堂製備發給，以歸畫一而昭整肅。且免學生多帶行李，以致齋舍雜亂。即或游行各處，令人一望而知，自可束身規矩，令人敬重。至各等學堂宜加區別以示遞加優異，尤須嚴禁奇衺服飾並宜嚴禁學外之人仿造冒混。惟所製各件，應否令學生繳費，可聽各學堂核計常年經費酌量行之。

一各學堂皆學官音。

各國言語全國皆歸一致，故同國之人，其情易洽，實由小學堂教字母拼音始。中國民間各操土音，致一省之人彼此不能通語，辦事動多扞格。茲擬以官音統一天下之語言，故自師範以及高等小學堂，均於中國文一科內附入官話一門。其練習官話，各學堂皆應用聖諭廣訓直解一書爲準。將來各省學堂教員，凡授科學，均以官音講解，雖不能遽如生長京師者之圓熟，但必須讀字清眞，音韻朗暢。

一小學堂日課止五點鐘六點鐘，并不爲勞，

外國高等小學不過五點鐘。初等小學不過四點鐘。所以養息幼童精力，用意本善。茲因中國學堂須讀經書，不得不酌增數刻，初等小學五點鐘，高等小學六點鐘。然初等小學每日功課共止兩個半時辰，在中國書塾時刻並不爲久。且所講各科學時常更易，並非專執一卷，令其埋頭諷誦，自足活潑精神。至初等小學每日止讀經書數十字，遞增至一百字而止。高等小學遞增至一百六十字而止。在學童斷不以此爲苦，而學生可無荒經之弊。此實培養本源之要義，不得以課多藉口。

日本小學堂亦有高聲誦讀期於純熟者，亦常有資質較鈍遲至日暮始散者。陸軍學生每二點鐘講授一二千字，必以全能記憶者始給足分，謂外國讀書必不責其記憶，無是理也。

一各學堂科學並不繁難，皆可按年畢業。

現定各學堂課程科學，皆量學生之年齒精力而定，實可無蹈蹶之虞。至高等學堂以上各科學門類似乎繁多，然其中有名隨意科者，則以餘力爲之。願習與否，聽學生自審才力，可不相强，亦係外國通例。中國初辦學堂，學生程度未敢遽求全備，故將各隨意科目量爲減緩，留待第一期畢業，或第二三期畢業後，體察學生程度，漸次增加。查日本初辦學堂之前十餘年，科目並不全備。乃歷年陸續增加，此爲改章創法者之一定步驟。此次課程，既仿照外國辦法，亦體察中國情形，較諸外國學堂課程減省已多。查每一科學敎授之書，不過一兩本，合計三四年之中，每日所占時刻有限，實不得謂爲繁難。蓋外國學問最精，計算最重衞生，其所定學堂課程，大率中人之資力所優爲者。今每日功課少者四五點鐘，至多者不過六點鐘，藏修息游，各有其時。每星期又歇息一日，較之向來學塾窮年不息，夜分不休者，寬舒多矣。

一科學相間講授，乃各國成法，具有深意。

各科學相間講授，東西各國學堂通例，無不如此。每日此門數刻，他門又數刻，一日內講習至五六種，看似繁難，其實具有深意。爲其功課難易相配，不致過勞生厭，而各種科學同時並講，亦有互相補助之益。

一各學堂科目年限，與各國學堂有酌改處。

中國禮敎政俗，與各國不能盡同，現在學堂講求實用，一切科學取資於各國者居多。然亦有中國向有之學，爲各國所無，應加習者；有各國所重，而與中國不宜，應暫從缺者。科學既有變通，年限自須酌改。將來仍視學生程度何如，隨時更定。至於移風易俗，莫善於樂，秦漢以前，庠序之中，人無不習。今外國中小學堂、師範學堂，均設有唱歌音樂一門，並另設專門音樂學堂，深合古意。惟中國古樂雅音，失傳已久，此時學堂音樂一門，只可暫從緩設，俟將來設法考求，再行增補。

一中小學堂酌改年限統計仍與原章相合。

查原定章程小學分三級蒙學課程四年，初等小學高等小學課程各三年，中學課程四年，合計中小學堂共十四年畢業。茲以原定蒙學堂課程，實卽外國小學堂課程，因卽併入初等小學，改爲五年畢業。此項學堂，國家不收學費，以示國民教育國家任爲義務之本意。而另訂蒙養院及家敎合一章程，以明保育幼兒之要義，不歸入學堂統系就學年齡之內。其高等小學則展爲四年，中學則展爲五年，俾學生於所受經書得以從容誦習。日力有餘，而於應習之普通各學科時刻仍無妨礙，統計小學學期較原章減短一年，而於中學學期加展一年，前後仍合爲十四年，並無出入。

一理學宜講明，惟貴實踐而忌空談。

理學爲中國儒家最精之言，惟宗旨仍歸於躬行實踐，足爲名敎干城。此次章程，既專設品行一門，嚴定

分數，又於修身讀經著重，是處處皆以理學爲本。但性與天道，子貢未聞，淺學高談性命，亦是大病，故於大學堂設有研究理學專科，又於高等學堂及優級師範學堂設人倫道德一科，專講宋元明國朝諸儒學案，及漢唐諸儒解經論理之言與理學家相合者，令其擇要講習。惟止可闡發切於身心日用之實理，不可流爲高遠虛渺之空談，以防躐等蹈空之弊，果能行檢篤謹，卽是理學眞儒。

一各堂兼習兵學。

中國素習，士不知兵，積弱之由，良非無故。揆諸三代學校兼習射御之義，實有不合。除京師應設海陸軍大學堂，各省應設高等普通專門各武學堂外，惟海陸軍大學堂暫難舉辦。茲於各學堂一體練習兵式體操以肄武事，並於文高等學堂中講授軍制、戰史、戰術等要義。大學堂政治學門添講各國海陸軍政學，俾文科

學生稍嫻戎畧。此等學生入仕後，既能通曉武備大要，卽可爲開辦武備學堂之員，兼可爲考察營務將卒之員。

一敎科書應頒發目錄，令京外官局私家合力編輯，書成後編定詳細節目講授。

外國中小學堂，於各科學均有敎授詳細節目，（詳細節目者謂某門某科用某書敎授，此書或一年講畢，或幾月幾日講畢，一星期講若干，自何處起至何處止。）所以齊一各處同等學堂之程度，而使任敎員者有所據依，以定敎授科學之次序，立法最善。查京師現設編譯局，專司編輯敎科書。惟應編各書，浩博繁難，斷非數年所能蕆事，亦斷非一局所能獨任。應令京外各學堂擇各科學敎員之學望素著者，中學用中敎員，西學用外國敎員，查照現定各學堂年限鐘點，此書共應若干日講畢，卷葉應須若干，所講之事孰詳孰畧，孰先

孰後，編成目錄一冊，限三月內編成。由學務大臣審定頒發各省，令京外編譯局分認何門何種，按照目錄迅速編輯。書成後，咨送學務大臣審定頒行。各省重出無妨，擇其尤精善者用之。蓋視此學堂之程度，以爲敎科書之淺深。又視此學堂之年限，以爲敎科書之多少。其書自然恰適於用。然後將此書分成詳細節目，每年講若干，每星期講若干，自何處起至何處止，共若干日講畢。其初則各局按頒發之目錄以編書，其後則各敎員按頒發之書以分節目，則各學堂皆無歧出，亦無參差矣。然官局分編，亦需時日，尤要在使私家各勤編纂，以待裁擇，尤爲廣博而得要。如有各省文士能遵照官發目錄編成合用者，亦准呈送學務大臣鑒定，一體行用，予以版權，准著書人自行印售，以資鼓勵。

一采用各學堂講義，及私家所纂敎科書。

官編敎科書未經出版以前，各省中小學堂亟需

應用，應准各學堂各科學教員按照教授詳細節目，自編講義。每一學級終，即將所編講義彙訂成册，由各省咨送學務大臣審定，擇其宗旨純正，說理明顯，繁簡合法，善於措詞，合於講授之用者，即准作爲暫時通行之本。其私家編纂學堂課本，呈由學務大臣鑒定，確合教科程度者，學堂暫時亦可采用，准著書人自行刋印售賣，予以版權。

一選外國教科書實無流弊者，暫應急用。

各種科學書，中國尙無自纂之本。間有中國舊籍可資取用者，亦有外國人所編，華人所譯，頗合中國教法者。但此類之書無幾，目前不得不借用外國成書以資講習。現訂各學堂教科門目，其中有暫用外國科學書者，或名目間有難解，則酌爲改易，仍注明本書名於下，俾便於依類採購。俟將來各科學書中國均自編有定本，撰有定名，再行更正。至現所選錄之外國各種科

學書，及華人所譯科學書，均由各教員臨時斟酌采用。其與中國不相宜之字句則節去之，務期講習毫無流弊，仍擬另撰科學門目釋義用資考察。

上海小書賈所譯東文各書，並不注明著者譯者姓名，多有摘取原書一段與一己私意相合者譯出流布，並不顧本書宗旨，閱書務宜愼擇博考，免爲所誤。又有京城刋印華人張某所編皇朝掌故一書，其於近年時政亦不深知原委，往往訛傳臆造，謬誤甚多，學堂亦不宜讀。

一教員宜多看參考書。

章程內指出各書，不用示以準繩，俾辦學堂者有可下手。爲教員者，除講授時須按照章程內所列各書，及將來審定頒發各書外；仍須博覽旁搜以備參考。高等學堂以上學生亦許帶書，以備自習時參考。但其書須經監督及管齋務之員查驗，不悖教法者方准帶入。

一畢業升等獎給出身，均由試官考定。

高等小學畢業給憑，歸地方官考試核辦。升入中學堂者，歸學政考試給獎。中學堂畢業給憑，歸道府大員考試核辦。升入高等學堂者，歸督撫會同學政考試給獎。高等學堂畢業，奏請簡放主考，會同督撫學政考試。大學堂畢業，奏請簡放總裁，會同學務大臣考試。凡考試，應各視所學程度分門詳加考驗，爲外場，並須另行扃試論說文字爲內場，俟內外場考畢，合計內外場分數，暨平日品行分數，合格者照另訂專章，分別奏請賜予各項出身，分別錄用。照此考試獎勵之法，優劣能否，衆目共覩，其學業既非憑一日之短長，又可考平日之品行，試官既不致臆爲高下，敎員亦無所用其偏徇，庶足以兼考學行，杜徼幸而得眞才，較之向來科舉之去取，似爲核實。

一學堂兼有科舉所長。

凡詬病學堂者，蓋誤以爲學堂專講西學，不講中學故也。現定各學堂課程，於中國向有之經學、史學、理學及詞章之學，並不偏廢。且講讀研求之法，皆有定程，較向業科舉者尤加詳備。查向來應舉諸生，平日師無定程，不免泛騖，人事紛雜，亦多作輟，風檐試卷，取辦臨時。卽以中學論，亦遠不如學堂之有序而又有恒，是科舉所尙之舊學，皆學堂諸生之所優爲，學堂所增之新學，皆科舉諸生之所未備，則學堂所出之人才，必遠勝於科舉之所得無疑矣。

一學務人員援案保獎。

各省學堂所派之員紳敎員，除辦理不能合法及多滋流弊者，應隨時撤懲外，其有確能實心任事，不辭勞怨，學生均能循理守法，安分用功，毫無流弊者，每屆五年，准援照從前同文館成案，擇尤保獎。其無成效者，不給獎，似此分別獎勵，勸懲兼施，庶辦理學堂者皆知奮勉。

一各學堂應令學生貼補學費。

各省公款皆甚支絀，除初等小學堂及優級初級師範學堂均不收學費外此外各項學堂若不令學生貼補學費，則學堂經費必難籌措，斷無多設之望，是本欲優待而轉致阻礙興學矣。且學生以學費不需自出，不免怠惰曠廢，不肯切實用功，更兼不守規矩，視退學爲無關輕重。查日本各學堂學生，於月出束脩外，凡膳費、寄宿舍費、書籍衣服等費，皆須學生自備，具有深意。蓋博施濟衆，從古所難。中國此時初辦學堂，一切費用甚鉅，自亦應令學生貼補學費，不致全仰給於官款。庶可期持久而冀擴充。其學費每人每月應繳若干，聽各省斟酌本省籌款情形，核計該學堂所需常年經費，隨時酌定，毋庸限數，但須量學生力之所能及。

一各省初辦之學堂學額暫不限數。

現定各學堂學生，額數初辦之際，准各省各就地方情形財力通融酌辦，不必拘於定額，然教育總以普及爲貴，仍宜隨時隨地力圖擴充。

一學堂未畢業學生，不准應鄉會試、歲科考。

各學堂畢業學生，已定有出身，與科舉無異，在學堂受業期內，概不准另應鄉會試、歲科考及各項考試，以免曠日分心，延誤學期。其畢業生領有憑照離堂後而升級學堂未經考取收入者，（謂小學升中學，中學升高等學，高等學升大學之類）如在科舉未停以前，其願應鄉會試及各項考試者，各聽其便，應由學務大臣咨行各省通飭各學堂遵照。

一各學堂斥退學生，不准投考他學堂。

各學堂犯規斥退學生，概不准更名改籍，另投別處學堂。情節輕者，如一年內查其眞能改悔，取具保人本人各甘結，仍可另行考選，收入本省學堂，以觀自新之效。情節重者，永遠不准再入學堂，以示古人移郊移遂之罰。應由學務大臣通咨各省，凡以後各學堂遇有斥退學生，應將該學生姓名籍貫事由呈報本省學務處詳請督撫咨行本省外省各學堂存案。如有斥退後改名混入他省學堂者，應嚴定懲罰條例。查出後，應將保結人議處。（學生非有大過，僅止記過儆戒。其不得不斥退者，必確係犯有重情及屢戒不悛之敗類，斷不宜令混入他學堂若此例不嚴，學生斷不能受約束也。）

一學生未畢業不准另就他事。

各學堂未經畢業學生，概不准無故自行退學，及由他處調充別項差使。如有故犯禁令，希圖退學，及於放假期內潛往他省就事者。查出後，除咨照該省立即撤退押送回籍外，並應追繳在學堂時一切費用，惟保人是問。

一京師大學堂宜先設豫備科。

京師大學堂分科大學，現尚無合格學生，暫可從緩；宜先設大學豫備科。其教科課目程度，應按照現定高等學堂章程辦理。

一進士館宜加津貼。

新進士既奉旨令入學堂，必使其心無牽累，而後可責其篤志用功。若旅費不充，憂增內顧，欲其安心從事學問難矣。茲擬凡入館就學之進士、翰林中書，每年給津貼銀二百四十兩，部屬每年給津貼銀一百六十兩以示體恤。此項津貼，由新進士本籍省分籌款，交學務大臣轉發進士館按月支給。

一大學堂規模宜求完備合法。

京師大學堂本係以故宅改造，未能一一合法適用。且大學堂當備各分科大學及通儒院暨附屬各館所場院之用，需用實地甚廣，必須同在相近之區，則照料考察既便，而各教員亦可通融兼顧，且於經費所省實多。亟應另擇寬廣高爽之地，參照外國大學堂規制，分別先後以次建造，務合於學堂法式，便於實用，俾稽查管理及衛生等事便於施行，事事捷速簡易，則師生均無阻隔徒勞之弊，管理稽察者亦無疏畧難周之虞。應責成學務大臣暨大學堂總監督及時興建。

一各省學堂建造須合規制。

外省大小各學堂建造屋宇，均宜求合規式，方能有益。查各國學堂其布置之格局，講堂齋舍員役之室，化驗之所，體操之院，實驗之場，誦讀之几凳，容積之尺寸，光綫之明暗，坐次之遠近，屋舍聯屬之次序，皆有規制。一為益於衛生，二為便於講習，三為便於稽察約束，皆係考驗閱歷多年而後審定者。凡遊學外國者，固已親見其規模式樣。近來日本專繪印有學堂圖，尤可取資模倣。若限於地勢經費者，原可酌量變通。但其有關

係處，萬不可失其本意。雖不師其形，要必師其法。

一各省宜講求警察監獄之學。

警察監獄之學，最為吏治要圖。凡為地方官者，必須通曉其意，明習其法。應由學務大臣咨行各省，專設警察恤獄學堂，或於仕學館課吏館增設警察恤獄課程亦可。

一郵電鐵路鑛務等學堂宜添課普通學。

電報、鐵路、郵政、鑛務等類學堂，亦實業之一端。此等學堂均宜添課普通學科。其涉及學堂者，亦應歸學務大臣考核，止考其課目章程年限師生人數。該管衙門宜隨時咨報學務大臣。至其所辦電報、鐵路、郵政、鑛務等無關學務之事，仍各歸該管衙門自行辦理。

一各省武學堂宜歸一律。

各省武備學堂亟宜分別等級，考定名稱，或為普通武學，或為高等武學，或為陸軍馬、步、礮、工、水師、管輪

駕駛等各專門學堂，均應參酌東西各國武學，詳訂學科及其程度，使各省有所據依，歸於畫一，將來畢業學生出身，亦應分別等差，酌定獎勵之階，奏明辦理。

一海陸軍大學堂宜籌建設。

各國海陸軍大學堂，另隸海軍大臣陸軍大臣管轄。中國尚未設有海陸軍大臣，所有海陸軍大學堂，爲造就將材之地，必不可少，應由學務大臣隨時察酌情形，分別緩急，奏請於京師地方籌款建設。

一外省取中舉人送京覆試不符，分別懲罰。

凡各省由主考會同督撫學政取中舉人，即由督撫先行發給憑照，比照鄉試錄造送分數冊奏咨送京，由學務大臣覆試，如分數不符過半者，革去舉人，不符在三分之一以上者，或停其升入大學之期一年，或停其引見錄用之期或一年或二年，發回原省補習分數不足之學科，再行引見錄用，臨時酌量分別辦理。

一京師應專設總理學務大臣。

各省徧設學堂，其事至爲重要，必須於京師專設總理學務大臣，統轄全國學務。凡整飭各省學堂，編訂學制，考察學規，審定專門普通實業教科書，任用教員，選錄畢業學生，綜核各學堂經費，及一切有關教育之事，均屬焉。應請旨簡派大臣管理。其大學堂應請另派專員管理。至各省府廳州縣遍設學堂，亦須有一總匯之處，以資管轄，宜於省城各設學務處一所，由督撫選派通曉教育之員總理全省學務，並派講求教育之正紳參議學務。

一學務大臣應設屬官。

學務大臣應設屬官，分爲六處，各掌一門。一曰專門處，管理專門學科學務。二曰普通處，管理普通學科學務。三曰實業處，管理實業學科學務。四曰審訂處，審定各學堂教科書及各種圖書儀器，檢察私家撰述，刊布有關學務之書籍報章。五曰遊學處，管理出洋遊學生一切事務。六曰會計處，管理各學堂經費。每處置總辦一員，幫辦數員，量事之繁簡酌定。學務大臣即於所屬各員中隨時派赴各省考察所設學堂規制，及課程教法是否合度，稟報學務大臣。如各省學堂學科有未完備，教法有未妥善之處，隨時咨會該省督撫轉飭學務處迅速增改，務使各省學科程度一律完備妥善，且免彼此參差。

一學務大臣選用屬官之途。

學務大臣所用屬員，均須選擇深通教育事理之員，將來以京師大學堂各省高等學堂畢業學生，及遊學外洋大學堂高等學堂畢業回國學生考選充補。其各學堂尚無合格學生可資選用時，應准參用仕學館進士館畢業學員，目前暫行選取通曉學務之京外職官充之。

一學堂章程應准隨時修改。

現定各項章程，將來如有應再變通增損之處，其關係重大者，應由學務大臣博采衆議覆加審定，再行奏明辦理。其規程課目小有修改，學務大臣可隨時酌定，咨明各省照辦。

奏定經學科大學文學科大學章程書後

王國維

原文載教育世界第一百十八十九兩期，時爲光緒三十二年正月及二月。該誌爲旬刊，以介紹新教育學術討論教育問題爲主旨，王氏著述甚多。此文在實際上雖未曾發生重大影響，但其思想超越頗爲時人所重。雖屬論文，亦併錄之，以覘當時教育思潮。　編者

今日之奏定學校章程，草創之者沔陽陳君毅，而南皮張尚書實成之；其小學中學諸章程中，亦有不合於教育之理法者，以世多能知之能言之，余故勿論。今

分科大學之立有日矣，且論大學：大學中若醫、法、理、工、農、商諸科，但襲日本大學之舊，不知於中國現在之情形有當否，以非予之專門，亦不具論，但論經學科文學科大學。

分科大學章程中之最宜改善者，經學文學二科是已。余謂此張尚書最得意之作也，尚書素以碩學名海內，又於政事之暇，不廢稽古，觀此二科之章程內，詳定教授之細目及其研究法，肫肫焉不惜數千言，為國家名譽最高學問最深之大學教授言之，而於中學小學，國家所宜詳定教授之範圍及其細目者，反無聞焉；吾人不能不服尚書之重視此二科，又於其學術上所素嫻者不憚忠實陳其意見也。且尚書不獨以經術文章名海內，又公忠體國，以扶翼世道為己任者也；故懼邪說之橫流，國粹之喪失，之意在在溢於言表，於此二章程中尤情見乎辭矣。吾人固推尚書之學問而於其扶翼世道人心之處，尤不能不再三傾倒也。雖然，尚書之志則善矣，然所以圖國家學術之發達者，則固有所未盡焉。今不暇細論其誤，特就其根本之處言之如左，以俟當局者採擇焉。

其根本之誤何在？曰在缺哲學一科而已。夫歐洲各國大學無不以神、哲、醫、法四學為分科之基本。日本大學，雖易哲學科以文科之名，然其文科之九科中，則哲學科裒然居首，而餘八科無不以哲學概論、哲學史為其基本學科者。今經學科大學中雖附設理學一門，然其範圍限於宋以後之哲學，又其宗旨在貴實踐而忌空談，（學務綱要第三十條）則夫太極圖說正蒙等必在擯斥之列，則就宋人哲學中言之，又不過其一部分而已。吾人且不論哲學之不可不特置一科，又不論經學文學二科中之必不可不講哲學，且質南皮尚書之所以必廢此科之理由如何？

（一）必以哲學爲有害之學也。夫言哲學之害，必自其及於政治上者始矣。數年前海內自由革命之說，雖與歐洲十八世紀哲學上之自然主義稍有關係，然此等說寧屬於政治法律之方面，而不屬於哲學之方面。今不以此說之故而廢直接之政治法律，何獨於間接之哲學科而廢之？且吾信昔之唱此說以號召天下者，不獨於哲學上之自然主義曾無所知，且亦不知政治法律爲何物者也。不逞之徒，何地蔑有；昔之洪楊，今之孫陳，寧皆哲學家哉？且自然主義，不過哲學中之一家言，與之反對者何可勝道？余謂不研究哲學則已，苟有研究之者，則必博稽衆說而唯眞理之從，其有奉此說者，雖學問之自由獨立上所不禁，然理論之與實行，其間必有辨矣。今者政體將改，上下一心，反側既安，莠言自泯，則疑此學爲釀亂之麴櫱者，可謂全無根據之說也。

（二）必以哲學爲無用之學也。雖余輩之研究哲學者，亦必昌言此學爲無用之學也。何則？以功用論哲學，則哲學之價值失。哲學之所以有價值者，正以其超出乎利用之範圍故也。且夫人類豈徒爲利用而生活者哉？人於生活之欲外，有知識焉，有感情焉。感情之最高之滿足，必求之文學美術；知識之最高之滿足，必求諸哲學。叔本華所以稱人爲形而上學的動物，而有形而上學的需要者，爲此故也。故無論古今東西，其國民之文化苟達一定之程度者，無不有一種之哲學；而所爲哲學家者，亦無不受國民之尊敬，而國民亦以是爲輕重。光英吉利之歷史者非威靈吞、納爾孫，而倍根、洛克也；大德意志之名譽者非俾思麥、毛奇，而汗德、叔本華也。即在世界所號爲最實際之國民之中國，于易之太極、洪範之五行、周子之無極、伊川晦庵之理氣等，每爲歷代學者研究之題目，足以見形而上學之需要之存在，而人類一日存此學，卽不能一日亡也。而中國之有此數人，其爲歷史上之光，寧他事所可比哉？今若以功用爲學問之標準，則經學文學等之無用，亦與哲學等，必當在廢斥之列，而大學之所授者，非限於物質的應用的科學不可；坐令國家最高之學府與工場闤闠等，此必非國家振興學術之意也。夫就哲學家言之，固無待於國家之保護，哲學家而仰國家之保護，哲學家之大辱也，又國家卽不保護此學，亦無礙於此學之發達；然就國家言之，則提倡最高之學術，國家最大之名譽也。有腓立大王爲之君，有崔特里茲爲之相，而後汗德之純理批評得出版而無所憚，故學者之名譽，君與相實共之。今以國家最高之學府，而置此學而不講，斷非所以示世界也。况哲學自直接言之，固不能辭其爲無用之學，而自間接言之，則世所號爲最有用之學如教育學等，非有哲學之預備，殆不能解其眞意。卽令

一無所用，亦斷無廢之之理，况乎其有無用之用哉？

（三）必以外國之哲學與中國古來之學術不相容也。吾謂張尙書之意，豈獨對外國哲學爲然哉？其對我國之哲學，亦未嘗不有戒心焉。故周秦諸子之學皆在所擯棄，而宋儒之理學，獨限於其道德哲學之範圍內研究之，然此又大謬不然者也。易不言太極，則無以明其生生之旨；周子不言無極，則無以固其主靜之說；伊川晦庵若不言理與氣，則其存養省察之說爲無根柢；故欲離其形而上學而研究其道德哲學，全不可能之事也。至周秦諸子之說，雖若時與儒家相反對，然欲知儒家之價值，亦非盡知其反對諸家之說不可。况乎其各言之有故，持之成理者哉？今日之時代，已入研究自由之時代，而非教權專制之時代。苟儒家之說而有價值也，則因研究諸子之學而益明；其無價值也，雖罷斥百家，適足滋世人之疑惑耳。吾竊嘆尙書之知之

與杞人等也，昔日杞人有憂天墮而壓己者，尙書之憂道無乃類是！若夫西洋哲學之於中國哲學，其關係亦與諸子哲學之於儒教哲學等；今卽不論西洋哲學自己之價值，而欲完全知此土之哲學，勢不可不研究彼土之哲學，異日發明光大我國之學術者，必在兼通世界學術之人，而不在一孔之陋儒，固可決也，然則尙書之遠慮及此，亦不免三思而惑者矣。

尙書所以廢哲學科之理由，當不外此三者，此恐不獨尙書一人之意見爲然，吾國士大夫之大半當無不懷此疑慮者也；而其不足疑慮也，既如上所述，則尙書之廢此科，雖欲不謂之無理由不可得也。若不改此根本之謬誤，則他日此二科中所養成之人才，其優於佔畢帖括之學者幾何，而我國之經學文學不至墜於地不已，此余所爲不能默爾而息者也。

由上文所述觀之，不但尙書之廢哲學一科爲無理由，而哲學之不可不特立一科，又經學科中之不可不授哲學，其故可睹矣。至文學與哲學之關係，其密切亦不下於經學。今夫吾國文學上之最可寶貴者，孰過於周秦以前之古典乎？繫辭上下傳實與孟子、戴記等爲儒家最粹之文學。若自其思想言之，則又純粹之哲學也。今不解其思想而但玩其文辭，則其文學上之價值已失其大半。此外周秦諸子，亦何莫不然。自宋以後，哲學漸與文學離，然如太極圖說、通書、正蒙、皇極經世等自文辭上觀之，雖欲不謂之工，豈可得哉？此外如朱子之於南宋，陽明之於明，非獨以哲學鳴；言其文學，亦斷非同時龍川、水心及前後七子等之所能及也。凡此諸子之書，亦哲學亦文學。今舍其哲學而徒研究其文學，欲其完全解釋，安可得也？西洋之文學亦然，柏拉圖之問答篇，魯克來謔斯之物性賦，皆具哲學文學二者之資格；特如文學中之詩歌一門，尤與哲學有同一之性質，其所欲解釋者，皆宇宙人生上根本之問題，不過其解釋之方法，一直觀的，一思攷的，一頓悟的，一合理的耳。讀者觀格代希爾列爾之戲曲所負於汗德者如何，則思過半矣。今文學科大學中既授外國文學矣，不解外國哲學之大意而欲全解其文學，是猶卻行而求前，南轅而北其轍，必不可得之數也。且定美之標準與文學上之原理者，亦唯可於哲學之一分科之美學中求之，雖有文學上之天才者，無俟此學之教訓，而無才者亦不能以此等抽象之學問養成之。然以有此等學故，得使曠世之才稍省其勞力，而中智之人不惑於歧途，其功固不可沒也。故哲學之重要，自經學上言之則如彼，自文學上言之則如此，是故不冀經學文學之發達則已，苟謀其發達進步，則此二科之章程，不可不自根本上改善之也。

除此根本之大謬外，特將其枝葉之謬論之如左：

一經學科大學與文學科大學之不可分爲而二也。經學家之言曰：「六經天下之至文」。文學家之言曰：「約六經之旨以成文」。二者尙書豈不知之，而顧別經學科於文學科中者，則出於尊經之意，不欲使孔孟之書與外國文學等侏儒之言爲伍也。夫尊孔孟之道，莫若發明光大之，而發明光大之之道，又莫若兼究外國之學說。今徒於形式上置經學於各分科大學之首，而不問內容之關係如何，斷非所以尊之也。且果由尙書之道以尊孔孟，曷爲不廢外國文學也？貌爲尊孔以自附於聖人之徒，或貌爲崇拜外國以取媚於時勢，二者均竊爲尙書不取也。爲尙書辯者曰：西洋大學之神學科，皆爲獨立之分科，則經學之爲一獨立之分科何所不可？曰：西洋大學之神學科，爲識者所詬病久矣。何則？宗教者信仰之事，而非研究之事。研究宗教，是失宗教之信仰也；若爲信仰之故而研究，則又失研究之

奏定經學科大學文學科大學章程書後

本義。西洋之神學，所謂為信仰之故而研究者也。故與為研究之故而研究之哲學，不能並立於一科中。若我孔孟之說，則固非宗教而學說也，與一切他學均以研究而益明，而必欲獨立一科以與極有關係之文學相隔絕，此則余所不解也。若為尊經之故，則置文學科於大學之首可耳，何必效西洋之神學科，以自外於學問者哉？

一羣經之不可分科也。夫「不通諸經，不能解一經，」此古人至精之言也。以尚書之邃於經學，豈不知此義？而顧分經學至十一科者，則以既別經學於文學，則經學科大學中之各科，未免較他科大學相形見少故也。今若合經學科於文學科大學中，則此科為文學科大學之一科，自不必分之至析。夫我國自西漢博士既廢以後，所謂經師，無不博綜羣經者。國朝諸老亦然。且大學者雖為國家最高之專門學校，然所授者亦不過專門中之普通學，與以畢生研究之預備而已。故今日所最亟者，在授世界最進步之學問之大畧，使知研究之方法。至於研究專門中之專門，則又畢生之事業，而不能不俟諸卒業以後也。

一地理學科不必設也。文學科大學中之有地理科，斯最可異者已。夫今日之世界，人跡所不到之地殆少。故自地理學之材料上言之，殆無可云進步矣。其尚可研究之方面，則在地文地質二學。然此二學之性質，屬於格致科，而不屬於文學科。今格致科大學中既有地質科矣，則地理學之事，可附於此科中研究之。若別置一科，不免有重複之弊矣。

由余之意，則可合經學科大學於文學科大學中，而定文學科大學之各科為五：一經學科，二理學科，三史學科，四國文學科，五外國文學科。（此科可先置英德法三國，以後再及各國。）而定各科所當授之科目如左：

一經學科科目。一哲學概論，二中國哲學史，三西洋哲學史，四心理學，五倫理學，六名學，七美學，八社會學，九教育學，十外國文。

二理學科科目。一哲學概論，二中國哲學史，三印度哲學史，四西洋哲學史，五心理學，六倫理學，七名學，八美學，九社會學，十教育學，十一外國文。

三史學科科目。一中國史，二東洋史，三西洋史，四哲學概論，五歷史哲學，六年代學，七比較言語學，八比較神話學，九社會學，十人類學，十一教育學，十二外國文。

四中國文學科科目。一哲學概論，二中國哲學史，三西洋哲學史，四中國文學史，五西洋文學史，六心理學，七名學，八美學，九中國史，十教育學，十一外國文。

五至八外國文學科科目。一哲學概論，二中國哲

學史，三西洋哲學史，四中國文學史，五西洋文學史，六國文學史，七心理學，八名學，九美學，十教育學，十一外國文。

教育部普通教育暫行辦法通令

此令發布於元年一月十九日，辛亥改革，無暇計及教育，各省有注意者，辦法亦極紛歧，當年之教育設施，全賴此十四條維持之，其影響不可泛視也。　編者

民國既立，清政府之學制，有必須改革者。各省都督府或省議會鑒於學校之急當恢復，發臨時學校令以便推行，具見維持學務之苦心，本部深表同情。惟是省自爲令，不免互有異同，將使全國統一之教育界，俄焉分裂，至爲可慮。本部特擬普通教育暫行辦法若干條，爲各地方不難通行者，電告貴府，望即宣布施行。至於完全新學制，當徵集各地方教育家意見，折衷至當，正式宣布。茲將辦法及暫行課程表列下：

教育部普通教育暫行辦法通令

一、從前各項學堂,均改稱爲學校;監督、堂長,應一律通稱校長。

一、各州縣小學校,應於元年三月初五日,(卽陰曆壬子年正月十六日)一律開學;中學校、初級師範學校,視地方財力,亦以能開學爲主。

一、在新制未頒行以前,每年仍分二學期:陽曆三月開學至暑假爲第一學期,暑假後開學至來年二月底爲第二學期。

一、初等小學,可以男女同校。

一、特設之女學校章程,暫時照舊。

一、凡各種教科書,務合乎共和民國宗旨,清學部頒行之教科書,一律禁用。

一、凡民間通行之教科書,其中如有尊崇滿淸朝廷,及舊時官制、軍制等課,並避諱抬頭字樣,應由各該書局自行修改,呈送樣本於本部及本省民

政司、教育總會存查。如學校教員遇有教科書中不合共和宗旨者,可隨時刪改,亦可指出呈請民政司或教育會通知該書局改正。

一、小學讀經科,一律廢止。

一、小學手工科,應加注重。

一、高等小學以上體操科,應注重兵式。

一、初等小學算術科,自第三學年起,兼課珠算。

一、中學校爲普通教育,文、實不必分科。

一、中學校、初級師範學校,均改爲四年畢業;惟現在修業已逾一年以上,驟難照改者,得照舊辦理。

一、廢止舊時獎勵出身。初、高等小學畢業者,稱初、高等小學畢業生,中學校、師範學校畢業者,稱中學校及師範學校畢業生。

普通教育暫行課程之標準

此令公布於元年一月十九日。以後小學中學師範令之

課程雖有出入，但大體與此相似，直至十一年新學制公布，始失其勢力。　編者

第一條　初等小學校之學科目，爲修身、國文、算術、游戲體操。

視地方情形，得加設圖畫、手工、唱歌之一科目或數科目。

女子加課裁縫。

第二條　初等小學校各學年每週各科教授時數如下：

	第一學年	第二學年	第三學年	第四學年
修身	二	二	二	二
國文	十	十二	十五	十五
算術	五	六	六	六
游戲體操	四	四	四	四
圖畫				
手工				
裁縫				
唱歌				
合計	二一	二四	二七	二七

加設圖畫、手工、唱歌之一科目或數科目時，每週各科目課一時間，其時間可減他科目之時間以充之。

女子加課裁縫時，宜在第三第四學年，每週得課二時間，其時間可減他科目之時間以充之，或在合計時間數外增課之。

第三條　高等小學校之學科目，爲修身、國文、算術、中華歷史、地理、博物、理化、圖畫、手工、體操、（兼游戲。）

女子加課裁縫。

視地方情形，得加設唱歌、外國語、農、工、商業之一科目或數科目。

第四條　高等小學校各學年，每週各科教授時數如

下：

	第一學年	第二學年	第三學年	第四學年
修身	二	二	二	二
國文	十	十	十	十
算術	四	四	四	四
中華歷史地理	五	五	五	五
博物理化	二	二	二	二
圖畫	一	一	二	二
手工	一	一	男二女一	男二女一
裁縫	二	二	三	三
體操	男三女二	男三女二	男三女二	男三女二
唱歌				
外國語				
農、工、商業				
合計	男二八女二九	男二八女二九	男三〇女三一	男三〇女三一

加設外國語及農、工、商業之一種，宜在第三第四學年。外國語每週得課四小時間，農工、商之一種，得課一時間，或二時間，其時間得減他科目之時間以充之。

加設唱歌時，每週得課二時間，其時間得減少他科目之時間以充之，或在合計時間數外增課之。

第五條　中學校之學科目，為修身、國文、外國語、歷史、地理、數學、博物、理化、圖畫、手工、音樂、體操、法制、經濟。女子加課裁縫、家政。

第六條　中學校各學年每週各科教授時數如下：

	第一學年	第二學年	第三學年	第四學年
修身	一	一	一	一
國文	八	八	六	四
外國語	六	六	七	七
歷史地理	三	三	二二	二二

數學	四	四	四	四
博物	三	三		
理化			四	四
法制經濟				二
家政			二	二
裁縫	二	二	二	二
圖畫	一	一	一	一
手工	男二 女一	男二 女一	男二 女一	男二 女一
音樂	一	一	一	一
體操	男三 女二	男三 女二	男三 女二	男三 女二
合計	三二	三二	男三三 女三五	男三三 女三五

第七條　師範學校（卽舊制之初級師範學堂）之學科目，爲修身、教育、國文、外國語、歷史、地理、數學、博物、理化、法制、經濟、習字、圖畫、手工、音樂、體操。

女子加課家政、裁縫。

視地方情形，得加設農業或工業、商業。

第八條　師範學校各學年每週各科教授時數如下：

	第一學年	第二學年	第三學年	第四學年
修身	一	一	一	一
教育		四	四	十二
國文	六	四	四	四
外國語	四	四	三	三
歷史	三	二	二	
地理	三	三	三	
數學	三	三	三	二
博物	三	二	二	
理化		二	三	四
法制經濟				二
家政			二	二
裁縫	二	二	二	二

習字	二	一	一	
圖畫	二	一	一	
手工	男二女一	男二女一	男二女一	男二女一
音樂	一	一	一	一
體操	男四女三	男四女三	男四女三	男四女三
農工商業				
合計	三四	三四	男三四女三六	男三四女三六

加設農業或工業、商業時，宜在第二第三第四學年，每週課二時間，其時間得減他科目之時間以充之。

第九條　師範學校宜設預科，修業年限以一年爲宜。其科目宜注意國文、英語、數學等。

第十條　第二、第四、第八各條所規定各科目教授時數，均得視地方情形，酌量增減；但除第二條第三項、第四條第三項外，以不出合計時間總數範圍爲限。

第十一條　上列各條所稱外國語，以英、法、德、俄四國語爲限，由各省教育行政官視地方情形指定之。

擬議學校系統草案　教育部

元年九月三日公布之學校系統案，其經過俱載此篇。　編者

本部自成立以來，深維教育行政，經緯萬端，必先以規定學校系統爲入手之方法。承海內教育家投以意見書，積久盈尺，因歸納各家意見，並參酌列國成規，擬就第一次草案，繼加修改，成第二次草案，最後成第三次草案。現在所擬新學制，即以第三次草案爲標準。惟集思可以廣益，討論不厭求詳，用特將三種草案，先登報端，以供教育家之研究：

第一次稿

清季學制，窒礙難行，今欲改定系統，有亟宜注意者數端：

（一）注重國民教育；而人才教育亦宜隨時世之

需要而尊視之，

（二）全系統內之畢業期限，宜在十八年以下，勿如清制爲無益之延長徒費時日。

（三）義務教育年限，宜視人民生計酌定之，必民力能任而後强廹易行。（政府干涉力之强弱，亦宜注意；如其力未强盛則雖多設年限猶無益也。）

（四）小學與中學宜互相聯接；勿如清制之系統不明，而課程複沓。

（五）中學與大學之承接，宜注意於外國語之學力已充足否。

本以上原則，定爲適當規制，實今日建設民國之要務；而海內教育家意見書中主張各異，尚難一致。茲取最著數說，列舉如左：

（甲）四級制　定初等小學四年畢業，爲義務教育，升入高等小學；高等四年畢業，升入中學三年級，或二年畢業，升入中學一年級；中學五年畢業，大學六年畢業，（含預科三年）統計修業年限爲十七年。

三年級↑——四年

大學六年↑（三年預科）——中學五年　　高等小學四年

一年級↑——二年

↑——初等小學四年

（乙）五級制　定初等小學四年畢業爲義務教育，升入高等小學；高等四年畢業，升入中學三年級，或二年畢業升入中學一年級，俱與上同；惟定中學修業期爲四年，又別設高等學校三年畢業，大學三年畢業，統計修業年限爲十六年。

三年級↑——四年

大學三年—高等學校三年—中學四年　高

等小學四年↑——初等小學四年

一年級↑——二年

（丙）三級制　定小學五年畢業爲義務敎育，（不分初、高等）升入中學三年級，或在小學修業三年，升入中學一年級，中學七年畢業，大學六年畢業，（含預科三年）統計修業年限爲十六年，

三年級↑——五年

大學六年↑——中學七年　小學五年
三年
預科

一年級↑——三年

右列丙法，與德國學制畧近，恐中學年限長，社會經濟有所不逮。乙法則似日本數年前之舊制而多立高等學校，亦於地方財力有煩費之弊。惟甲法參酌二制與今日社會程度較適當焉。

第二次稿

（年齡）					
二十三		大學			
二十二	高等專門	大學	高等師範（預科）		
二十一	高等專門	大學	高等師範（預科）		
二十	高等專門	大學	高等師範（預科）		
十九	高等專門	大學	高等師範（預科）	（預科）	
十八	專門學校	中學		師範學校	
十七	專門學校	中學		師範學校	
十六	專門學校	中學	補習科	師範學校	（預科）
十五	專門學校	中學	補習科	師範學校	（預科）
十四		高等小學			
十三		高等小學			
十二		高等小學	補習科		
十一		初等小學	補習科		
十		初等小學			
九		初等小學			
八		初等小學			
七		初等小學			

說明：

初等小學爲義務教育，四年畢業；畢業後直入高等小學。

高等小學四年畢業；畢業後直入中學，或專門學校，或師範學校，

初等小學年期，或爲增進國民普通程度計而議從長；或爲體恤國民經濟計而議從短。竊以爲義務教育，斷不能短於四年；而考察國民現狀，亦有不能過長之勢，不如仍其舊貫；俟將來義務教育可以延長時，漸減高等小學年期，以增初等小學年期；其伸縮之餘地自在也。

或又擬規定爲初等小學四年，高等二年，上接中學者，如此則爲增加普通教育程度計，不能不延長中學年限，若將來義務教育可延長至六年以上，則中學課程又當隨之而改，故不如規定高等小學四年爲宜。

中學四年畢業；畢業後直接入大學預科，或高等專門學校，或高等師範學校。

舊章高等小學四年，直接中學五年，年期誠失之過長；或議仿日本舊章高等小學第二年上接中學第一年，似較善矣；但如此則高等小學後二年與中學前二年未免複設；不如依此規定，於高等小學得完全修畢之益，於中學無年期過長之弊。

或疑中學減爲四年，普通教育課程將不及修畢，不知日本五年畢業之中學，其第一年課程如美術，如博物理化示教，皆爲未修高等小學第三四年課程而設，苟以高等小學四年畢業者升入中學，則此種功課類可從刪，而又廢去讀經講經，必無時日不足之患。

舊章中學分文、實科，今定中學爲普通教育，無庸采取分科主義。

大學，預科二年畢業，本科三年畢業。（惟法科及醫科大學醫學專門四年）。

舊時之高等學堂，久爲談教育者所訾議，以其課程專爲大學之預備與各類專門學校不同。（專門學校各有目的，不與大學相銜接）今不名大學預科，而名高等學堂，使並無大學志願者貿焉入學，及其畢業，舍入大學末由，是不若正名爲大學預科之爲愈。且近來高等學校猶有二弊：各地分設，程度未必盡同，畢業後同入大學，學力參差，其弊一。各地分設，財力不足，祇能興辦一二科，未能將大學應備之預科同時並設，學生志願，致有虛負，其弊二。此猶就中國之辦理未善者言也。更觀日本首創此法，而近年廢止之聲已喧傳於學界，其所以不卽實行者，由於中學之制，尚未修改，程度不能相貫。若依此草案，則中學四年畢業，已較日本之中學畢業延長一年，重以二年預科，使盡力於外國語，如是而入大學，程度不能相貫之虞，蓋可免焉。

或疑中學四年，大學預科二年，外國語程度尚患不足；此無慮也。蓋高等小學既習外國語一種，中學後二年定爲兼習兩種；至大學預科，於其程度已足之學科，不令複習，而程度未足之學科，自得專治，此卽遠勝於舊時高等學堂之辦法者也。

日本制大學校以上有大學院，清制有所謂通儒院，歐洲各國學制多無之。蓋大學校中本有各種專科之講習院，爲教員及生徒研究之所，大學生畢業以後尚欲極深研幾者，仍可肄業其中，如有新發明之學理或重要之著述，卽可由博士會承認而推爲博士，初不必別設機關也。今仿其例。

師範學校五年畢業，本科四年，預科一年；高等師範學校四年畢業，本科三年，預科一年。

師範學校修業期五年，不嫌過長者，以其爲小學教員之預備。學術之淺深，關係於國民教育之程度者至巨，自第一年預科外，末年注重實習教授，則關於學術上之修習，在本科實不過三年有奇，勢難再減；且畢業時年齡過小，亦難勝教員之任。至高等師範學校、師範學校必各設預科一年而不以其課程併入本科者，欲於此一年間試驗其品性、志趣、能力是否適宜於爲教員而分別淘汰之也。

專門學校修業期三年或二年；高等專門學校修業期四年或三年。

此包括農、工、商、醫藥、法政、美術、音樂及其他各種而言。

初等小學補習科、高等小學補習科各二年畢業。

此補習科專爲初高小學畢業生升入他校者而設。其效用有二：一爲學業上之補習，一爲職業上之預備。

女學不別立統系，但就各種學校增損其學科。

依此規定，自入初等小學至大學畢業止十七年；兒童自六週歲後入學至大學畢業止二十二歲。

依此規定，每級修業年期無逾四年者。

依此規定，升學無牽制，設置無重複。

第三次稿

(年齡)		
二十三	大學	高等專門
二十二		
二十一		
二十		
十九		
十八		
十七	中學	專門學校
十六		
十五		
十四		
十三	高等小學	
十二		
十一		
十	初等小學	
九		
八		
七		

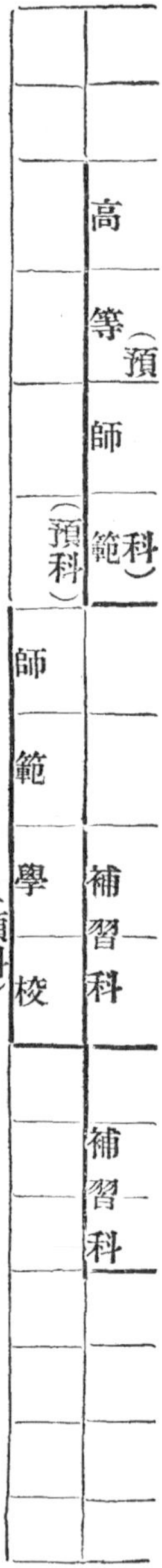

說明：

前列第二次草案於義務期限之規定以及廢去高等學校改爲大學預科等，俱爲救舊制之失，酌時宜之中，大致盡善，無可置議；然其中尚有二端應商榷者，即人民就學在中等程度以上，志在大成，修業期限，不妨稍久，而在普通學校，稍求智識，便卽營生，修業期限，不妨稍短。今觀前列草案，則其結果適與此反，如定大學預科爲二年畢業，期限過短，在今中等教育未普及時，外國語程度不足，欲於此二年中修畢一二國文字以與大學課程銜接，則必勞而無功，其不合者一也。如定高等小學爲四年畢業，又嫌期限過長，凡高等小學畢業之人，大半升入專門學校，以冀修得職業，應用於世，故欲定高等小學之期限，但使生徒學力能入專門學校已足；（日本制：修畢初等小學六年，卽得入專門學校。）若徒事延長，在父兄則憂負擔之過重，在子弟亦慮成效之難期，而社會一般職業又不能早得才智之士，助其營業發達，其不合者二也。欲捄斯弊，故特改爲今制，於高等小學減少修業期一年，卽在大學預科增多修業期一年。如此規定，總計畢業程限仍不逾十七年，而在人材教育與國民教育，遂覺各得其宜，似賢於前制遠矣。

他如中學修業四年，大學本科三年或四年，以及師範學校、專門學校各年限，俱如前制，茲不贅。

（教育雜誌第三年、第十二期、民國元年三月）

大總統特定教育綱要

民國三年五月一日廢國務院官制，設政事堂於大總統府，稱國務總理為國務卿，一切政務均由總統裁決，即所謂總統內閣制也。教育綱要頒布於四年一月二十二日；大總統為袁世凱，教育總長湯化龍。惟自八月籌安會成立，國人擾於帝制問題，此項綱要亦成具文。五年九月由國務院議決撤消。　編者

附國務卿公函　逕啟者。大總統發下教育綱要摺一件，奉諭交教育部等因。查此項綱要係奉大總統特定宗旨，與貴部呈摺參互編輯而成，相應函達貴部遵照分別妥訂細目，繕具正式公文呈明次第辦理。此致教育總長。

甲　總綱

一　施行義務教育，宜規畫分年籌備辦法，務使尅期成功，以謀教育之普及。

說明　義務教育，頃已明頒命令，各省應即遵照施行。惟以全國幅員之廣，人口之衆，風氣未開，民力未逮；倘無一變通而有標準循序漸進之辦法，遽欲全國學齡兒童同時就學，勢固甚難，即繩以功令，亦恐難以徧喻。如聽其自然進步，則於義務之旨不符，使煌煌命令等諸具文，尤非國家興教勸學之本意。計惟有用分年籌備之法，籌備應以若干年為期，由教育部詳細籌畫妥定辦法，年定進程，分期籌備。舉凡學齡之調查，（調查學齡兒童，易起鄉民之誤會。近日浙江已見風潮，應由地方官委任自治團體，於調查戶口時，注意於每戶及歲兒童有無入學，另立表格塡註，既不惹鄉民之疑義，並可為統計之根基。）入學之督促，學校之設置，師資之造就，經費之籌集，無不按期備辦，依限觀成。另定官吏及自治機關辦學考成法，以

寓獎勸，統由教育部規定妥協後呈候施行。

二興學由造就師範編輯教科書入手，應由教育部通行各省按照各地方所需教員之數分期造就，並由部編輯小學中學教科書以確定全國教育之基礎。

說明　按義務教育規制頒行之後，全國小學入學人數驟增，所需教員甚夥；非預爲造就，必致因師資缺乏，以不合格之教員充數，灰向學之心，阻學務之進步。應由教育部咨行各省巡按使按照各地方歷年所需教員人數分期造就，管理教授一切務須完善。至教科書係達教育目的之要具，如與教育宗旨不相呼應，卽不能達到目的。應就現在部設之編審處，按照學生迅速編輯中小學教科書。其教科書內容，務與國家教育宗旨相合。其參考各書爲學校所需而坊間所不備者，亦應

一併編輯，以爲改良教育之準備。

三申明教育宗旨注重道德、實利、尙武，並運之以實用，以命令頒布。

說明　現時教育最大之缺點有四：一不重道德，二不重實利，三無尙武精神，四不切實用。教育部前頒教育宗旨注重道德、實利、軍國民、美感各教育，惟未標明實用主義。且部令雖頒，國內並未奉行，教育迄今無一定趨向。是宜重加規定，以道德教育爲經，以實利教育、尙武教育爲緯，以道德實利尙武教育爲體，以實用主義爲用。（實用教育，以各學校注重理化、博物等實科之實驗爲始；尙武教育，以自初等小學注重體育衞生，加以軍隊束伍進退之法爲始。）特下命令，頒布宗旨，更由教育部派視學隨時至各地方視察實際，能否履行，據以考定成績；庶幾教育有一定之趨向，不致

紛歧錯誤。

四改革小學中學學制，改初等小學校爲二種：一名國民學校以符義務教育之義，一名預備學校專爲升學之預備。中學校分爲文科，實科，以期專精深造。

說明　按中國普通教育，採日本單一之制，小學只有一種。在只求識字之平民子弟與有志深造之士族子弟，受同式之教育，於人情既有未順，於教育實際亦多違礙。如施行義務教育規制以後，小學難以偏求完善，尤必因此橫生阻力。是宜取法德制，分小學爲二種：一國民學校，卽現在之初等小學，分爲多級、單級、半日各種，四年畢業，爲純受義務教育者而設，辦理可從簡便。一預備學校，與初小相似，四年畢業，爲志在升學者而設，辦理須求完備，較之現行單一制頗爲便利。又現行中

學校學制，各科並重，自初小高小以至中學課程，疊次圓周，既嫌複汎，而於造就社會中堅之人物與高等教育之預備，均有不能獨到之處。現宜取法德制，分爲文科、實科二種，或分校，或一校兼備二科，視生徒之志願以入學，不特適於天性，且學科有所偏重，造詣自有專長，將來畢業後出任事業，能力較優，自足爲社會之中堅人物，卽升入專門大學，亦易深造，較現制實爲便利。

五各地方固有學款，宜分別保存，不得移作他用，並將國家地方稅項查明，釐定確定學款支出範圍，以防混淆。在兩稅未分以前，暫照各地方習慣，以部款、省款、縣款三種支配之。

說明　按各國辦學經費，向視學校之種類性質，有國稅支出、地方稅支出之別。改革以來，各地方固有學款，半充他項行政之用，固由財政紊亂竭

蹶，兩稅不分，致遭侵奪，亦由前此辦學所用經費，不分國家地方稅項，一併開支，界限既淆，自易搖動。現在財政既有統一之望，其舊有學款屬於地方稅範圍者，應卽保存，不得移作他項行政經費之用，由教育部與各省巡按使妥商辦理，另由財政部將國家地方兩稅查明釐定，俟稅則劃分後，按其行政性質分別支出，彼此不相侵奪。其學校經費，應由國家支出或補助者，由教育部與財政部隨時商訂辦理。兩稅未分以前，仍聽各省按照習慣辦法，劃定部款、省款、縣款之範圍，以爲將來劃分支出之準備。惟在部款支出範圍，有願以省款支辦，及在省款範圍願以縣款支辦者，悉聽其便。

乙教育要言

一各學校均應崇奉古聖賢以爲師法，宜尊孔以端

其基，尙孟以致其用。

說明　學堂崇奉聖賢，非爲宗教之信仰，實以爲師法之極則。孔子道大，無所不包。孟子開端卽言義利之辨，因戰國時人人競利，乃反復言義以藥之，正與今日人心知有權利，不知有義務責任，後先一轍。故尊孔並應尙孟，以其時代俗尙相近，讀孟子一書，實不啻爲學生現身說法，不僅爲道統所關也。且孔孟當道德橫流之際，皇皇言仁義，百折不撓，絕無利己之見存；其愛國熱誠，允足風示萬世，學校生徒，尤當識此崇奉之意旨。

二中小學教員宜研究性理，崇習陸王之學，導生徒以實踐。教科書宜採輯學案，以明尊孔尙孟之淵源。

說明　乙項首條，既明示尊孔尙孟之主旨。然欲明尊孔尙孟之歷史，則道統源流，不可不知。宋明

學案等書，於師傳之系統學說之異同，言之綦詳。其中學派歧出，求其適用於今之時勢，莫如宋陸象山明王陽明兩先生，其學近於孟子，主張力行致知之說，務實務用。當今學子義利之辨不明，爲世道隱憂，允當力崇陸學，奉爲圭臬。陽明專以致良知爲主，令學者自求創解，不落窠臼，尤屬哲學家特識，觀其功業炳蔚，足證學有實用。日本王學最盛，東鄉大將謂一生得力於王學，洵非虛語，可見王學確有可崇可佩之價值。中小學教員雖不足語於性理精深之學，但既職普通教育，不可不於知行之說稍稍講求，以指導受學之國民而勵之於實踐。至教科書如歷史國文等科，亦宜將宋明學案選擇，編爲課目，以明道統之源流，講求心性之學，實教育國民必不可少之趨旨也。

三道德教育以高尚涵養德性之法，宜師英美，以嚴

重鍛鍊德行之法，宜師德國；以期其調和發達。

說明　歐美教育道德之方法，隨種性而各異。英美民族高尚優美，故其教德利用感化主義。德國民性渾樸，故其教德利用嚴格主義。以中國現時社會人心論：教德之方，宜取法於德；以民性論，仍宜兼師英美，兩派互用，庶可調和發達。

四中學小學修身科國文科，應將誠心愛國盡責任重閱歷之積極行爲，與勿破壞、勿躁進、勿貪事之消極行爲，編入德目，重量教授。一面准此以爲訓練，俾在受學時期養成其意志與慣性，以資涉世處事時之應用。

說明　誠心、愛國、盡責任、重閱歷、勿破壞、勿躁進、勿貪事諸端，均係處世必需之志行，必須在學校中平素養成。應將以上各項，定爲德目，編入修身國文教科書中。一面注重教授，確定其意志，一面

照此訓練，使其志行合一，實於日後處世關係甚鉅。

五各學校教員宜注意學生之個性陶冶，獎掖其良知良能，并養成其自動力暨共同習慣。

說明　不問學生之性質如何，惟施以同一之教法；不策勵學生之自勤自勉，惟以注入教授養成其依賴性，不在學校中養成共同之習慣，使為將來處世共業之先例。此皆近日學校教育之缺點，害及身心而後日殊費矯正者也。司教職者一方宜用注入教育造成為器使之人物；一方又宜用自然教育陶冶其個人之特性；是在教職員平日研究生理心理各學及各教育家學說而應用之，自得其道。又學生在學時，固在教育之善誘善導。使其有迎刃而解之領悟。尤宜勵其自動力，為將來自進深求之先機，故養成自動力亦屬教育要

道。又國內社會舊習，於共同作業之一切美行，均甚缺乏；故共同事業之進行，動生障碍，學校亟宜養成其共同習慣，以樹其基礎。以上三端，均由教育部切飭勵行，隨時考察。

六明示教育趨向，使人人知求學係造就本身能力，用以開發社會無窮事業，非僅供官吏一部分之用。凡從前入學專以干祿之惡習，切宜破除，以養成國民獨立之精神。各學校均用此著為校訓。

說明　此項由教育部通飭各省學校，著為校訓，令職教員舉其事實理由，時時為學生講演，并由教育部嚴定限制學校職教員及畢業生服官之法，以助達其目的。

丙教科書

一中小學教科書於一定期限內編定頒發，國定制與審定制並行。

說明　前清學部編有教科書，以編訂之員並非師範出身，多半不適於用，轉不如商務文明兩局之易於風行；故純用國定制，亦有流弊，必兼采審定制爲善。

二中小學校均加讀經一科，按照經書及學校程度分別講讀，由教育部編入課程，幷妥擬講讀之法，通咨京外轉飭施行。各學校應讀之經如左：

小學校，初等小學孟子，高等小學論語。

說明　按小學課程，向有修身一科，以教德行。惟爲教授及訓練時間所限，教科書不能多編課目，實際不能收德育之效。論語孟子，於家庭社會國家之道德行爲無不具備。故國民小學，應於修身一科外，另設讀經一科，以補其不足。惟經義深奧，論語又較孟子義理稍深，初等小學學生在七八歲時，頗難理解，應在第三四學年講讀孟子。其年

齡在九歲以上者，仍應於第一二學年講讀。由教育部規定二種課程，聽各地方酌量情形辦理。高等小學學生，知識稍增，自第一學年起，卽讀論語。但各校不得藉口讀經，銳減各科教授時刻。現在小學校因課程時間少，頗失社會信用，既加讀經一科，可將他科時刻畧減，而另加讀經時刻。其讀經時刻多少，以畢業時讀完論孟兩書爲準。

中學校禮記

節讀如曲禮、少儀、大學、中庸、儒行、禮運、檀弓等篇，必須選讀，餘由教育部選定。

左氏春秋

節讀，其讀經時刻多少，如上同一規定。

說明　按中小學讀經一事，久爲今時新舊學者主張之爭點；以兒童心理及教材排列與夫道德實用而論，經書誠有不能原本逐讀之理由。但爲

道德教育計，爲保存民族立國精神計，經書亦有宜讀之理由。現在删經編經之事既不能行，惟有仿照外國宗教科辦法，列爲專科。論語孟子，仍讀原本。禮記左傳，可從節讀。其講授之法，亦應參考外國教授宗教之法，曲爲解釋，以期與現今事實上不生衝突，而數千年固有道德之良，將及淪喪之時，要可藉此重與發明，以維持於不敝。應由教育部妥擬教授讀經之法，總期得教德與保存民族精神之益，而救濟以上所指之困難，以免徒增贅旒，毫無實益。

三中小學校國文教科書除編定者外，應讀國語國策，並選讀尚書，以期養成政治知識。

說明　處今列强競爭之世界，爲國民者，不可不具政治之智識，尤不可不具通權達變之政治思想。中小學國文一科，實爲輸入此種知識之捷徑。

尚書、國語、國策，不特文詞古樸精微，可爲文範；而經權正詭，無所不具，尤足發達思想。應由教育部通飭中小學校於編定國文教科書外，多讀國語國策，並選讀尚書。中學以上，並應於每日學科之暇，多閱史鑑，以增其政治之知識。所謂良教育係造成有機的國民，非造就器械的國民也。

丁建設

一各縣暫就原有區域劃分爲若干學區，於一定期限內，必須設置若干初等高等小學校。

二各縣兩等小學均令就地籌款開辦。但向由省款或縣款支給，早經成立，暨體察情形，必須由官款補助者，不在此限。

三私塾取獎進主義，得就其程度高下，受兩等小學同一之待遇，期於同化於學校。

四自中學以至大學，均就目前財力可及，與國內所需要，酌量設校，其區劃如左：

中學校　應就現時已設之校，每縣或數縣一所，由省款暨縣款支出。

說明　舊制一府一直隸州，必有中學一所，間有州縣設立者。現在府直隸州區域消滅，舊制組合上頗生搖動，且小學發達後，入中學者多。舊制辦法，諸事未便。現在以縣爲中學學區，每縣設中學一所。其一縣入學人少者，可由各省酌量情形，聯合數縣設立一所，逐漸擴充。

師範學校　每道各設一所，或兩道合設一所，由省款支出。

說明　師範學校爲造就小學教員之所，與中學校、師範學校、中等實業學校均屬於普通教育。應歸地方籌款設置。現已規定義務教育之制，小學需用教員必多，各地方亟應酌計所需教員人數

及早籌設。查各省除直隸江蘇等省師範學校，均在四校以上，平均每道有一校以上。其餘各省，並無標準辦法，設校甚少，成績亦遜，不足爲擴充小學之準備。現應暫以道爲師範學區，每區設師範一所，轄縣較多者亦可增設。其西北東北省分丁口及小學稀少之處，可令兩道合設一所。

女子師範學校　注重女子職業，並保持嚴肅之風紀。京師設一所，由部款支出。每省設一所，由省款支出。

高等師範學校　應由教育部統籌全國，定爲六師範區，於其區內就適宜地點各建一校，其經費由部款支出。

說明　高等師範學校，爲造就師範學校中學校教員之所。屬於高等教育，業由教育部劃歸國立。前經擬定全國劃爲五學區，每區設校一所，地點

爲北京、江寧、武昌、成都、廣州五處。現除北京武昌二校先後成立外其成都、江寧、廣州三處，應就原有省校卽速籌辦。惟五校尙覺不敷，可在西北或東北省分增一學區，多設一校，應由教育部擇定。

實業師範學校　每省一所，省款支出，如有繁盛商埠財力易集者，得酌量添設。

說明　中等實業學校所需教員，與中學校不同。高等師範及專門實業畢業者，未必盡合教員之選。現擬提倡實業教育，自宜先從造就師範入手，應由各省先設實業師範一所。其繁盛商埠財力充裕者，並得酌量添設。其設科以能補工業專門農業專門學校所不及者爲主。

中等實業學校　每縣或數縣一所，省款及縣款支出。其設科以克應本地方需要爲主。

說明　一國實業之用途，需要高等技藝之處少，

需要中等技藝之處多。故實業目的上之經營，中等急於高等。學校其一端也。實業學校，分甲乙二種，又分農業、工業、商業、實業補習、蠶業、森林、獸醫、水產、藝徒、女子職業各種類，均屬職業教育，爲振興普通實業之主要準備，亟宜卽速設立。應由各省酌量各地方財政，分別甲乙兩種，一縣或數縣設校一所，甲種者至少每道必設一所，其設科種類不必求全，以本地方物產製造之所宜及所需要爲主。

專門農工商醫學校　除京師仍舊辦理外，其各省省會及商會繁盛之區，得按照地方需要，酌量添設，由部款或省款支出，並獎勵地方公立或私立。

說明　以上四種專門學校，均與民生有關，自應按照地方需要廣爲設立。現在各省所辦專門學

校及其設科於上列四種是否與地方需要相應，及有無輕重失宜之弊應由教育部派員切實查明，通盤籌畫，設法整理。其爲地方所切需而並未設置學校者，應由部設或咨行各該省巡按使設立。其地方公團及私團有願設立上列四種學校者，亦應力爲提倡，暫勿過量干涉。惟於資格關係，宜嚴認定之法，以防倖取。

大學校　全國定爲四區，就適宜地點建設，由部款支出。

說明　大學爲最高教育機關，除法商大學外，如文理工醫農大學，均應由國家設置。現擬將全國劃爲四大學區，每區設大學一所，每校分科，暫不必六科皆備，以互相輔益爲主。六科之中，應以理工醫農爲先，文商次之，法又次之。

法政學校　每省設一所，由省立或地方公立，以

養成自治人才爲主，科目偏重自治，程度畧遜專門。教授理論之外，兼以多知事實爲主。畢業後，不得與以預高等文官考試及充當律師之資格。其各省舊有之專門法政學校，暫勿擴充班次。京師現設之法政專門學校，一仍其舊。

說明　法政教育，原以造就官治與自治兩項之人才。乃改革以來，舉國法政學子，不務他業，仍趨重仕宦一途，至於自治事業，咸以爲艱苦，不肯擔任。故仕途則日見擁雜，政治受不良之影響；自治則人才缺乏，毫無着手之方。時弊如斯，故法政教育亟應偏重造就自治人才，而幷嚴其入官之途。一以促自治事業之發展，一以防仕途之囂雜，應由教育部妥定辦法，通咨各省施行。

五經學院，宜於大學校外獨立建設，按經分科，並佐以京師圖書館，以期發明經學之精微。

說明　經學與各種科學不同，教授法亦異，如在大學校內文科大學添設一類，管理教授殊難與各科大學一致進行。故經學院必須獨立建設，專以闡明經義發揚國學爲主，按照各經種類，分立科門。其通習課程，參照文科大學辦理，並將京師所設圖書館大加擴充，以資參攷，由教育部詳擬辦法呈候核辦。

六國立文科大學，宜注重研究中國文學、哲學、史學，並佐以攷古院以發揚國學之精神。

說明　按中國經史百家以及歷代性理各籍，多屬於文學、哲學、史學三科範圍。此種屬於精神科學，於表彰固有之文化，發揚民族之精神，均有密切關係。近日學子，厭棄舊學，喪失獨立之精神，足爲人心世道之憂；亟應極力提倡古學，發展固有文化，始足維持獨立之精神，奠國基於不敝。查北京大學校中文科大學，向有中國文學、哲學、歷史學三類，所以研究國學，闡揚舊化。應由教育部督飭該科大學學長，延聘中外通儒，將以上三類學術發幽闡微，表顯其科學之價値，關於設備調查之事，不妨寬籌經費，切實辦理。一面在京師組織攷古院，凡關於攷古之資料，廣爲搜集，勿使散失。一經用科學研究法研究之後，中國數十紀之文化，或可藉此表彰，其於保存國粹，發明國學精神，所關匪細。

七提倡各省各處設立經學會，以爲講求經學之所，並冀以養成中小學校經學教員及升入經學院之預備，由教育部通咨辦理。

八各省公立私立各學校，宜嚴加取締，除中小學校外，凡辦理不得法者，得改設或撤廢之。就其固有基金提充上列各校建設之用，由教育部通咨辦理。

九高等專門以上學校招班，宜嚴定攷試入學之法，不得隨意變通招攷致紊學系，由敎育部通咨各省轉飭遵照。

戊學位獎勵

一學位除國立大學畢業，應按照所習科學給與學士、碩士、技士各字樣外，另行組織博士會，作爲審授博士學位之機關，由部定博士會及審授學位章程暫行試辦。

說明　按學位所以證明學問之成就，與科舉出身視爲授官之階梯者，性質微有不同。故各國惟專門大學方有學位。其普通學校，只認爲有普通之知識技能，不足以言學問，故不與以學位。現在國立大學已有學士學位之規定。其高等專門畢業取法日本制，不授學位，尚與事實相合。惟博士學位，尚未規定，現宜仿照東西各國成法，制定博士會章程，並組織博士會，（此與學術評定會辦法不同）作爲審查學術及授與學位之機關，以期獎進高等之學術。

二學位規定後，政府應頒布學位章服，以表彰其學蹟。

預備學校令

民四袁世凱爲總統，於一月頒布教育綱要，主張小學採雙軌制，中學文實分科。此令公布於四年十一月，五年九月與敎育綱要一併撤消。雖實際無多影響，但經明令公布之雙軌制，實以此爲始。　編者

第一條　豫備學校，以注意兒童身心之發達，施以初等普通敎育，預備升入中學爲本旨。

第二條　預備學校附設於中學校。

中學校附設預備學校，須經省行政長官之核定，並

報敎育局認可。

第三條　預備學校修業年限分爲前後兩期，前期爲四年，後期爲三年。

第四條　預備學校前期之敎科目，爲修身、讀經、國文、算術、手工、圖畫、唱歌、體操；女子加課縫紉。其後期之敎科目爲修身、讀經、國文、算術、本國歷史、地理、理科、手工、圖畫、唱歌、體操；男子加課外國語，女子加課家事。

第五條　預備學校之敎科圖書，須用敎育部所編行或經敎育部審定者。

前項圖書關於同一敎科目而有數種者，應由該校主任商承中學校校長擇定之。

第六條　預備學校之入學兒童，適用國民學校令第二十三條及第十七條之規定。

在國民學校畢業或依照國民學校令第二十六條之規定修畢國民學校之敎科者，得入預備學校之後期第一學年。

第七條　預備學校之休業日，除日曜日外，每年不得過九十日。

第八條　預備學校應設備校地、校舍、校具及體操場學校園。

第九條　預備學校一律徵收學費。

前項徵收學費規程，由敎育總長定之。

第十條　擔任預備學校前期或後期之全部敎科者，爲本科正敎員；專任手工、圖畫、唱歌、體操、縫紉、家事、外國語之一科目或數科目者，爲專科正敎員。輔助正敎員者爲助敎員。

第十一條　預備學校敎員，須在師範或在敎育總長指定之學校畢業，或經國民學校高等小學校敎員檢定委員會檢定合格而受有許可狀者。

第十二條　預備學校主任，得以本科正教員兼任之。

第十三條　預備學校主任之任用，由中學校校長陳請該管長官定之；其教員之任用，由中學校校長定之；但須報經該管長官之認可。

第十四條　預備學校教員之俸額，依照教育總長所規定之標準定之。

第十五條　預備學校主任及教員，認為教育上不得已時，得加儆戒於兒童，但不得用體罰。

第十六條　預備學校主任有違背教育法令或怠廢職務及有不名譽行為者，中學校校長應陳請該管長官予以懲戒處分。

預備學校教員有前項情事者，該校主任，應報經中學校校長陳請該管長官予以懲戒處分。

該管長官認為必要時，雖未預前項陳報，亦得施行懲戒處分。

本條所稱懲戒處分，為訓戒、減俸、免職三種。

第十七條　預備學校主任或教員有不服該管長官所施之免職或停止職務等項處分者，得陳訴於上級長官。

第十八條　預備學校除本令所規定外，關於教則及編制等事項，由教育總長定之。

附則

第十九條　京師地方中學校附設預備學校，由京師學務局核定，轉報教育總長。其關於第十三條及第十六條第一第二第三項情事，亦由京師學務局行之。

特別行政區域中學校附設預備學校，由該區域行政長官核定，轉報教育總長。

第二十條　本令第十一條之施行期，視地方情形，得展緩三年以內。

第二十一條　本令自公布日施行。

改革學校系統案　湖南省教育會提議

全國教育聯合會第一次開會於民國四年四月，此案即該會提案之一。當因事體重大，未會開議，特分函各省徵集意見（參閱該會議決案），後雖未見實行，但新學制之改革，實以此案為嚆矢。時湘教育會會長為符定一。　編者

本年教育公報第九期，載二月四日大總統發下整理教育綱要，有改革學制一條。其文曰：改革小學中學學制，改初等小學為二種：一名國民學校，以符義務之義；一名預備學校，專為升學之預備。中學分為文科、實科，以期專精深造。其所規畫，允當極矣。惟未及學制之全體，其所定兩種小學之年限，均為四年；文實科之年限未定，系統仍未分明，實行不無妨礙。至於現制之不能不改，固可以定矣。我國學制仿自日本，數年以來，

不勝其敝。彼邦人士已紛紛議改，我國稍明教育者亦類能言之，即不明教育者，觀數年來教育之結果，亦可以知矣。

或曰：現行學制固不善矣，遵照整理教育綱要之辦法，而施以部分之改革，不能乎？曰：不能也。夫學校系統者，將學校為系統的組織，分配適當之教育於國民者也。各部作用，互相關聯，非於全系上定一大政方針，準方針以施其改革，於各部必無濟也。若先改其一部，姑無論其改者難於美善，即美矣，而異日他部分須改革時，勢必以關聯之故，再行更論。教育百年事業，豈能枝枝節節為之乎？其不肯遠大規畫者，乃囿於目前之見解，仍是去毒惡痛之道也。茲特就管見所及，擬案於後，並附以說明書焉。

（一）國民學校四年畢業，僅受義務教育者入之。

（二）補習學校二年或三年畢業，職業學校、女子職

學校系統表

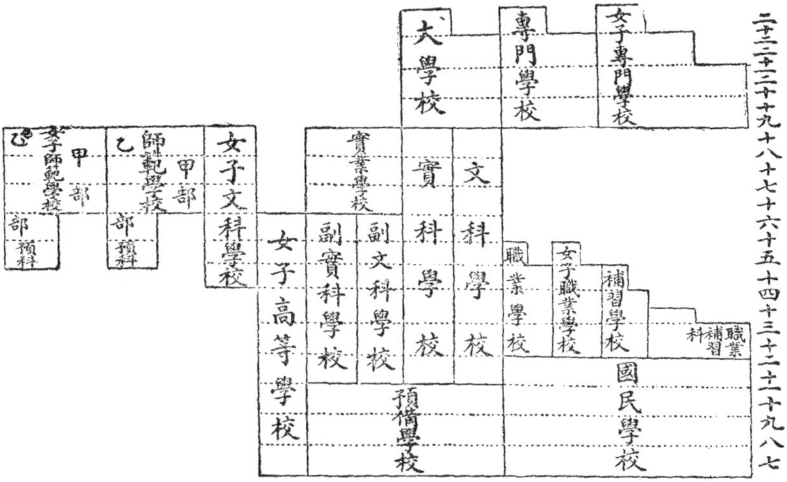

業學校三年或四年畢業，職業補習科一年或年半畢業，均以國民學校畢業生入之。

（三）預備學校三年畢業，有力受初級以上之教育者入之。

（四）文科學校、實科學校九年畢業，副文科學校、副實科學校六年畢業，均以預備學校畢業生入之。但國民學校修業三年或畢業者，亦得攷入第一年級。

（五）女子高等學校九年畢業，有力受初級以上之教育者入之。但國民學校修業三年或畢業者，亦得攷入第四年級。

（六）女子文科學校六年畢業，以女子高等學校修業六年者入之。但補習學校修業二年或畢業者亦得攷入。

（七）實業學校三年畢業，以副文科副實科學校畢業者入之。但文科學校實科學校修業滿六年者亦得轉入。

(八)師範學校及女子師範學校分爲二部：甲部三年畢業，以副文科副實科及女子高等學校畢業者入之。乙部預科一年畢業，本科四年畢業，以補習學校三年畢業者入之。

(九)專門學校三年或四年畢業，以文科學校實科學校畢業者入之。

(十)女子專門學校二年乃至四年畢業，以女子文科學校畢業者入之。

(十一)大學校三年或四年畢業，以文科學校實科學校及女子文科學校畢業者入之。

(十二)師範研究科一年畢業，以大學校及專門學校畢業者入之。

說明書

右案爲改革之全制，現制幾乎全體推翻矣。雖然，現制之弊害何在？改革現制之要點何在？其所根據有何種之理由？實行果否無何種之困難？不可不有以說明之。

甲　現制之弊害

現制之弊害，甚爲繁複；若一一指數之，雖屢紙不能盡。茲特概括而條舉數端：

(一)學校之種類太單簡，不足謀敎育多面之發展。如小學採單行制，中學亦僅一種，是蓋强多數人民就學校，非以學校就多數人民也，與國民之發育不宜，與敎育之本旨相背矣。

(二)學校之名稱不正確，名誤實受其害矣。近日小學校視爲中學之準備，中學校視爲大學之準備，誤會中小之名以準備，失其獨立之用。他如乙種實業學校，本爲初等職業，而畀以實業名稱，長其虛榮，不肯工作之念，所謂名不正則事不成也。

(三)學校的目的不貫徹，致令求學之人三四年一易其宗旨。初小之目的本與高小不同，中學之目的又與上級學校預科有異。入大學專門者必經過此數種目的不同之校，轉折遷徙，進行莫能一致，直接青年受其傷，間接國家人才受其害矣。

(四)學校的教育不完成，依規定之學科時間，恒有充其所教，罄其所學，不能得具足之生活力者，而畢業反為社會之累。如高等小學之作用不明，四年中學之文實不分，造出一般不能生活之人，往往擾害社會以攫取生計。蘇子瞻所謂姦民蠹國者，民何以支而國何以堪乎？

(五)學校的階段不啣接，非失之過則失之不及。師範學校與高等師範之間重複一年，中學校第一年課程與高等小學幾重複一年，非失之過乎？中

學校與專門大學之間須預備一年乃至三年，非所謂不及乎？過與不及，勞民傷財，耗時誤人不淺矣。

(六)學校的年限不適當，全系學年失之長，而各校分配又不適當。大學畢業至二十四歲，大學校費去六年或七年，未免多，中學校反止四年，未免少也。

乙　改革現制之要點

(一)圖國民教育與人才教育之自由發展，遂改初等小學校之一種小學為國民學校，預備學校之兩種小學。

(二)救濟國民教育四年之不足，使一部分較有力量之國民增長其程度，且皆使其自由發展而無往不適用，遂併高等小學校、乙種實業學校、及初等高等小學校補習科，為補習學校、職業學校、女

子職業學校、職業補習科。

（三）完成中等教育之獨立作用，剔除高等教育之預備困難，且廣開升學之途，遂改中學校爲文科學校、實科學校、副文科學校、副實科學校。

（四）圖女子教育之便利，且予以得受高等教育之機會，而其升學程度不減於男子，遂改女子高等小學校、女子中學校，爲女子高等學校及女子文科學校。

（五）發展中等之應用實業教育，遂改甲種實業學校之高小畢業入學資格爲副文實科學校畢業入學資格，而廢止預科，於其名稱上删去甲種二字。

（六）增廣徵收師範學生之途徑，遂分男女師範學生爲二部。

（七）産出中等學校教員之圓滿資格，且備設置與

經費之困難，遂取銷高等師範學校而設師範研究科於大學。

（八）除去專門學藝發展之障礙，遂改專門學校入學資格及畢業時之年齡相等於大學校。

（九）圖女子專門教育之發展，遂增設女子專門學校。

（十）男女中等教育之基礎已善，遂廢止大學校預科，且許女子有入大學之機會。

（十一）各學校之啣接既緊，各等學校之修業年限復各適其完成作用，遂改七歲至二十四歲之全系修業期爲七歲至二十二歲。

丙　此案所根據之基本理由

（一）國民教育與人才教育之目的不同，其方法與組織應有區別。

教育之方法與組織，萬緒千頭。其在小學教育，卽

別爲兩種者，德法英皆然，而以德制爲尤善。德國分立國民學校與預備學校，一者純粹施行國民敎育，一者純粹預備人才敎育。近人每執敎育平等說以非之，謂此制特爲貴族平民而設，其根源已不平等；國家屏多數人民於人才敎育之外，大有礙於敎育之自由，而不知其大惑也。夫敎育之本旨，固應絕對的平等者也，不幸而學術之富技藝之繁至於不可指計，更不幸而國民身體境遇能力萬有不齊，無論何國之民有一部分幾乎無力以就學，其有力以就學者且爲小部分也。惟其無力就學，故國民敎育不能不出以强迫。强迫之目的，亦謂國中全體人民不可不於一定年限之內求得一定生活之智德技能而已，不能有他種目的攙入其間也。惟其有力就學，國家始得分設若干等級若干種類之機關，以施行其人才敎育。

其目的則一方面使人民各應其能力而自爲發展，一方面使國家得若干優秀分子以爲中堅，而並無旁及之目的也。是故敎育平等一語，只能就其宗旨而言。所謂宗旨者，根據人民平等之原則，謂人人當施以適當之敎育，非謂人人所施之敎育必須同一，而不問其適當與不適當也。蓋因人類身體境遇能力自然之不齊，而產出就學之目的不同，則國家施敎之目的亦不得不因之而異。目的既異，則其方法與組織應因其目的之便而各成其組織，固又毫無疑義也。更進言之，國民敎育獨成一系，其利有五：（一）設施簡便而易於普及。（二）能爲無力受高等敎育者謀補習之便利，而目的不變。（所謂補習者乃增長其生活知識技能之謂，吾國與日本現行之補習學校組織不明瞭，大半爲預備升學之途，是之謂目的不貫徹。）（三）使就學者教育者一致明瞭其目的，得有獨立一部分之改良進步。（若國民教育不獨成一系，則兒童入學時既不能自定目的，卽教育者亦不自知其教育作用之所在。嘗見吾國小學有教國文重論說，教地理重形勢等類，近日讀經之舉又且復興。教育者，與一般社會人之心理，皆忘却一部分人民只能於數年之內求得一定生活之知識技能。惟以削趾適屨揠苗助長之法行之，而此一部分人民適承其敝，欲其僅爲此一部分人民獨立以謀適於生活知識技能之教育，豈獨一般社會人所不知，教育家幾乎不自知矣。卽令教育家知之，而有一部分升學者雜入其間，亦斷無術以貫徹其方法，以云改良進步，豈不大難？）（四）使國民教育能應國力民力之進步，而謀增長其程度，且能與各學校之全系無礙。（

如吾國現定義務教育四年，比較各文明國均少三四年，將來不謀增加，斷無自立之理。然至義務教育年限可以增加之時，國中學校林立，甲年此種教育延長一年而預備升學者隨長一年，乙年此種教育增長一年而預備升學者亦然，丙年丁年增長若干年而預備升學者無不受其影響。而小學以上之學校亦無不隨而更變，獨設一部分則無此窒礙矣。）（五）受國民教育者仍均得攷入文實科學校，國民之取得高等教育資格，亦復異常自由。人才教育獨成一系，亦有便於施行之數義：（一）人民自入學時，卽爲升學之預備，無力者不至誤入，致耗國民之能力財力於無形。（二）高等教育與初等教育之方法，可以緊相銜接。（三）應社會之發達而增其校數，無普及之必要，設施可求完備。（四）高等初等教育之改良進步，得以始終貫徹，且互相維繫。以上犖犖數端，僅舉其大者，均國家施教與人民就學共有之便利也。

(二)制定學系之原理，第一應便於義務教育之推行，第二應便於一國學術之發展，二者不可缺一。此義之第一層，已於前條說明其大畧矣。若欲達第二層之目的，則又有必具足之數則焉。其一，此種學系，絲毫不虛耗國民之腦力光陰財力。其二，此種學系，使國民自小學以至大學，能貫徹其目的。其三，此種學系，足以應國民多方面之要求。其四，此種學系能產出中等學識之國民，咸有滿足之高等學識基礎。其五，此種學系上之機關，各有其獨立之作用。此案國民敎育與人才敎育之兩系並立，自小學以至大學與各高等敎育機關之緊相銜接，中學校之分立數種，補習與職業學校

之分立數種，師範學校之分立二部，中學校實業學校之程度增高，專門學校之程度增高，皆具足上列之五則者也。惟其如是，則學術發達之便利有三：一者國民深造之途徑既多，稍有力量者不至自失其機會。二者國家敎育人民以專精至密之道，稍有天才者靡不因此而成就。三者中等敎育之成就頗高，國中有多數人民能作高等學問之研究。不觀德國近日學術之進步乎？駸駸乎竟駕各國而上之，不得謂非其學制之至善盡美也。

丁　此案果否便於實行

疑此案之難於實行者，大概不外三種。

(一)猝然全體更換學制，有兩種困難發生：一則國家與國民之經濟均受影響。二則一制甫定，而一制又生，徒感紛更之苦。此二者固絕對的無足慮者也。以經濟而論，孰有不經濟如現行學制者乎？

一兒童之就學也，自七歲入初小四年而無若何成就，進而三年高小仍無若何成就，更進而入中學往往受重複一年之敎育，四年畢業而仍無若何成就，更進而入大學預科之時日費去三年亦復無若何之成就，必再加以三年或四年只能就形式上以達其終身之目的。而國內就學生徒之輾轉遷就於此十八年修業期中，以荒時耗財者不知若干也。就國家一面言之，逐年增加無數不適當之學校，其結果不知安在？逐年增無數之就學人民，而中小學多數之畢業生徒，其成就仍不知安在？若行之既久咸知其敝而後改之，則不適用之畢業生愈多，雖欲補救而苦於無術。不適用之學校遍立，雖欲改造而牽涉甚多。以吾國之大，較諸今日日本議改學制之難，吾恐有過無不及也。其不經濟孰有甚如此者乎？故就經濟言之，非

實行此案尅日成功，更無救濟之法也。至於實行此案，現時一切學校如何處置，如何不感紛更，則又可分別籌之者也。國中學校以初等小學爲最多，卽可改爲國民學校或預備學校。高等小學校改爲補習學校。各種實業學校及中學校，俟現有學生畢業再行分別改設，高等師範可漸次結束，大學預科俟文實科學校有畢業生然後停止，專門學校亦俟文實科學校有畢業生然後改組。其餘新設之學校，一律遵新制而行。然則何有乎紛更之苦吾恐此時不改，必俟他日學校發達之後，始不勝其敝而改之，則其紛更誠苦矣。

(二)前清曾採文實科中學制矣，卒無效果而改行今制。可見德制不宜於吾國，斯說也吾知必爲反對此案之中堅也。孰知清制並不足以爲據，此案並非清制可比。其一，清制就原有中學而分文實

兩科於一校之內，以一校而含二種之目的，精神不得貫徹，辦理難於適當。其二，以一校而兼二種之組織與設備，難於完善。其三，以五年不完備之文實科，置於高等學堂之下，既無獨作用之組織，復無高等學問之基礎，其效用不得昭著。其四，學制之全系並無貫徹之組織，辦學者因而不能操一定之把握，瞭然於胸中，遂因設備組織之困難而羣疑其不利。其五，清時之文實科中學，大率僅因組織設備之困難而疑其非吾國國情之所宜，並非因此種敎育不適於國民，而求他種敎育上之改善，豈知組織設備雖十分困難，千計萬策以圖之，應有改良進步之餘地，何能根本的以此疑文實科敎育之不良，是直謂之因噎廢食而已。就此數者觀之，卽清制無效用，一說已不能成立矣。何況此案所定者，乃分立年限不同之四種文實

科，既非循清制之挖肉補瘡，復有上條所述之基本理由以爲根據乎

(三)此案實際可疑之處有二。其一，此種中學制未必能實行，若中學制不能行，則與之關連之大學小學等類亦隨之而不行。其所疑者有四：現制中學校四年，茲改爲九年與六年，不驟加五年與二年乎？延期太長，是否不至失敗，疑一。年限長則程度高，有無此項師資，疑二。程度高則設備多，有無此項財力，疑三。年限長，程度高，與學生之光陰經濟有關，入學者能否應此擴張，疑四。此四者，可分別釋之。現行中學校四年，合之高等小學三年，則爲七年矣。此制九年與六年，則將現時之初等小學第四年與高等小學三年及中學校四年併於一處。然則舊有者已八年矣，九年者祇加一年，六年者尚減少二年也。九年六年積於一處，無升轉

遷徙之煩，無重複虛耗之病，各以專一而底於成，不失爲社會中堅之人物，此法德國行之有效者也，不患失敗，釋疑一。副文科、副實科學校與文科實科學校之前六年級，現時之大學及高等師範畢業生尙可教之，文實科學校之第七八九年級則屬六年以後之事，彼時歐美留學生及本國與日本大學畢業之高材生尙可勝任教授也，師資一層自可無慮矣，釋疑二。副文科學校與副實科學校，可以原有之中學校逐漸改設文科學校與實科學校，每省先設一二校，卽將前清高等學堂所遺校舍校具可以取還者與各省將來結束之高等師範改辦之，否則前清財力能創辦高等學堂及優級師範，民國財力獨不能創辦文科實科學校乎，釋疑三。文科實科學校較現行中學祗加一年，已如上所述，而入大學專門者可省去預科一年至三年，則實際已減少二年矣，其有不能學九年者可入六年之副文科副實科學校，是於學校之經濟光陰有益無損也，釋疑四。

其二，高等師範行之已久，驟然廢止，無從取得中等師資，此疑吾亦有以釋之。我國高等師範制取之自日，日則導源於法。法自一千九百零四年將高等師範移入大學之內，所有該校學生分置文理兩科受業，蓋事實上已不能獨立，於是廢止之問題隨之發生。夫教授中等學校之技術，易於初等遠矣，本無須專門養成至於三年之久，且教授中等學校之學識，原不在專門大學各科之外，更無獨設一校之必要。英德無高等師範，而中等教育甚屬優良，此可以知其故矣。我國與日本之高等師範專爲造就中學師範教員而設，倘中學師範程度增高，則現時高師組織當然不適於用，況近日我國之高師校經費師資萬分困難，學科設備諸不完全，學生畢業服務教授中學三四年級不免困難，此卽須改良者也。茲將高師內原有之研究科移入大學，入學者以專門大學畢業生爲限，則學問已高，專修教育一年，自無不足，經費師資復兩無困難，美國波士頓市師範學校，有大學卒業生科辦理以來，成效昭著，此可借鏡者也。不過彼之修業期爲二年，在校當學他種科學；而此之修業期限爲一年，專研究教育學門也。

右列甲乙丙丁四種說明，均爲成立此案之所據。教育無近功，學制不能數年而一變，故此案之成立，至少必以百年數百年之眼光爲之規畫，必以永久不變之理由爲之根據，必以一貫之精神確定之宗旨爲之推行。吾甚願研究此案毋兢兢於一時，毋拘拘於細故，毋以維持現狀之念，誤百年

鞏固之基，就管見所及附筆於此，是否有當，尙祈公決。

（全國教育會聯合會報告、四年六月）

廣東提出學制系統草案之經過及其成立

金曾澄

民十一公布之新學制系統以十年全國教育聯合會之議決案爲根據，而十年之議決案又以廣東之提案爲主，此文所紀實新學制之源泉。當時提議革改學制者共十省，並將各省之比較表附後。　編者

（一）本省教育會組織學制系統研究會之情形

去年第六次全國教育會聯合會議決案內開：「本年依據去年提案方針，提出關於學制議案者，有安徽二案，奉天雲南福建各一案。此等重大議案似未可以短促之時間，少數意見驟行議決；爰具辦法，請各省

廣東提出學制系統草案之經過及其成立

區教育會於明年於本會開會兩個月以前，先組織學制系統研究會以研究之結果製成議案，分送各省區教育會，及第七次全國教育會聯合會事務所』等由。本省教育會以第七次聯合教育會聯合會業已定於本年雙十節在粵舉行，自應及時依照議決案組織學制系統研究會。其組織法以省教育會正副會長，及評議員全體三十人，并聘請全省小學校以上各校長十八人，大學及專門學校畢業會研究教育者九人，教育行政人員十四人，為會員共同組織會議，將改革學制系統議案提出討論；復由全體會員中舉出各部委辦，參酌各國學制，分部研究。計分初等教育部十八人，中等教育部十八人，師範教育部十八人，高等專門大學部十八人，分日討論，并經各部舉派代表開聯席會議。以研究結果，製定草案及說明書，於八月一日提交大會討論通過：此吾粵組織學制系統研究會之由來也。

(二) 研究方法之兩個提案及其討論結果

(一)黃會員有一個提案，為『分組研究之辦法案』。

分組研究之辦法　　黃希聲提議

(甲)分組研究

- (子)外國學校系統方面的研究
  - 英
  - 美
  - 法
  - 德
  - 日
  - 其他
- (丑)各省學校系統方面的研究
  - 歷史上的原由
  - 習慣上的原由
  - 外國學制效仿的原由
- (寅)社會組織方面的研究
  - 社會組織
  - 財政組織
  - 政治組織
- (卯)科學方面的研究
  - 心理
  - 生理
  - 哲學
  - 其他

(乙)分期研究

(子)第一期（二十五日）或五星期各組會議。

(丑)第二期（二十五日）或五星期委員會議。（詳下）

(寅)第三期（十日至二十五日）全體會議。

說明(1)將全數會員分作四組每組十八人。

(2)各組自選該組主席及其他職員。

(3)如得多數同志，每組可分作細組，會議專從組內一小部分研究。

(4)各組之議案及言論，可隨時存錄，其後若經全會許可，即刊行之。

(5)各方面之研究立論須以現時可採用者爲終歸。

(6)各組會議須於第一期內完全表決。

(7)第二期委員會由每組選出四人成立之。

(8)該委員會自選主席及其他職員，

(9)該委員會須於第二期內完竣其研究。

(10)委員會從其議決於第三期內提交全體會議。

(11)最後之學校系統由全體會議表決之。

(12)附注 凡會員對於別組之事項有意見時，可於期內問該組職員勸議；如經該組請求，即出席該組會議。

(二)韋會員復有一個提案『各級學制擬先由委辦分別研究案』。

各級學制擬先由委辦分別研究案 韋懿

(甲)擬提議將會員（幷非全體會員）分爲委辦，本實在情形及學理之根據，以研究各級學制，然後提出議案，由衆討論及取決。

(子)此委辦分部如左：

廣東提出學制系統草案之經過及其成立

(1)國民小學系委辦。

(2)高等小學系委辦。

(3)中學系委辦。

(4)職業學校系委辦。

(5)大學校系委辦。(附師範學校)

(6)普通審查委辦。

(丑)凡委員有議案，須經特別委辦審查，然後佈告大衆討論及取决。

(乙)此委辦之成立先由會長卽日派臨時選舉委辦五人，選出各部委辦由衆通過表決。

(丙)各委辦細章由各委辦自定之。

兩案經大會討論結果以第二案爲經，以第一案爲緯，卽主張分部委辦討論，其討論內容參酌第一案意見。

(三)研究之準備

(一)蒐集材料——凡關於論列學制之圖籍均蒐羅之，以供本會之研究。

(甲)各國學制系統圖；(乙)大學改制之商榷(新青年第四卷五號)(丙)讀周春嶽大學改制之商榷(蔡元培)；(丁)學校改革三大綱領(日文)(戊)全國第一次至第六次教育會聯合會報告書；(己)全國中學校校長會議案；(庚)中學制度之研究；(辛)美利堅之中學；(壬)全國教育會聯合會關於改革學制系統案彙刊；(癸)美國教育制度。

(二)考查各國學制之得失，以資參考，分德英美法日五部；對於各部研究亦分五種：一組織二宗旨三沿革及趨勢四社會五科學所得結果，將各國學科認爲優劣之點，并綜合各國教育大勢趨向以備參攷。

(甲 德國學制之缺點

(子)貴賤階級制度過嚴，但現時趨向六年小學以爲補救。

(丑)分科過早,兒童九歲已定分科,難免誤擇之弊。

(寅)中學學科一致,故學生只能選校;不能選科。

(乙)優美

(子)中學九年,分三級,實適於生理發達,亦其優點。

(丑)分科太嚴,故功效愈大。

(寅)現中學雖未改定,惟小學六年,已可免階級之分。

(卯)補習制度甚佳,小學十四歲畢業,必補習二年,使能提高程度及生計。

(辰)師範三種,卽愼重師範人材。

(丙)英國學制之缺點

(子)全國教育無系統之可言。

(丑)小學侵入少年期限,不爲妥當。

(丁)優點

(子)尊重兒童智力,以爲升降標準。

(戊)美國學制之缺點

(子)舊制因侵入少年期,且與中學科不銜接,故爲不良。

(丑)新制小學有分二段者,卽多一級,便難於銜接。

(己)優點

(子)中學分二段,故可酌量地方情形,得辦一級中學。

(丑)新制中學有辦二年初級大學者:(一)可使學生就近入學,(二)可使大學專注不兼預科性質。

(庚)法國學制

(子)小學六年分三級,當二級完了可轉入初等職業學校。

（丑）中學分二期：四年一期爲普通，三年一期爲大學預科。

（寅）大學分四科，幷有專門學校，又有大學院，爲學制系統之最活動者。

（辛）日本學制之缺點

（子）學制過於劃一，無活動之餘地。

（丑）高等學校只供大學預科之用。

（寅）中等畢業生因專門高等過少，難得升學機會。

（卯）職業教育太少。

（壬）優點

（子）各級學校學生程度一致，無過優過劣之弊。

（丑）大學程度甚高，能收育才之效。

（癸）綜合各國教育大勢趨向

（子）小學期限趨向六年。

（丑）大學趨向四年。

（寅）提高中學程度，不設大學預科。

（卯）注重職業教育及村落教育。

（辰）延長强迫教育期限。

（巳）增加教育經費。

（午）提高各級教育資格。

（四）各會員提案之要點

（一）張會員提出小學校宜改爲一級制，不分國民、高等二級案。

理由——根據安徽省教育會提出改革小學制度，延長義務期限一案加以贊助。　張石朋提議

查小學校宜取一級制度，廢除國民、高等名詞，其理由已見安徽省教育會提出改革小學制度，延長義務期限案，（原案見全國教育會聯合會

關於改革學制系統各案彙刊）其所列舉理由有四（甲）化除階級思想，（乙）可免畸輕畸重，（丙）便利兒童升級，（丁）統一教育精神。凡所列舉，概屬重要；其實國民、高等等名詞，似近無謂；且國民學校畢業之期不過四年，以此為義務教育，實嫌期限過於短促，勢非延長不可；延長學年，勢非合為一制，混稱小學不可。安徽省教育會原案具在，無俟詞費。

（二）姚會員徐會員提出改革學制系統案。

姚學修陳乙垣提議

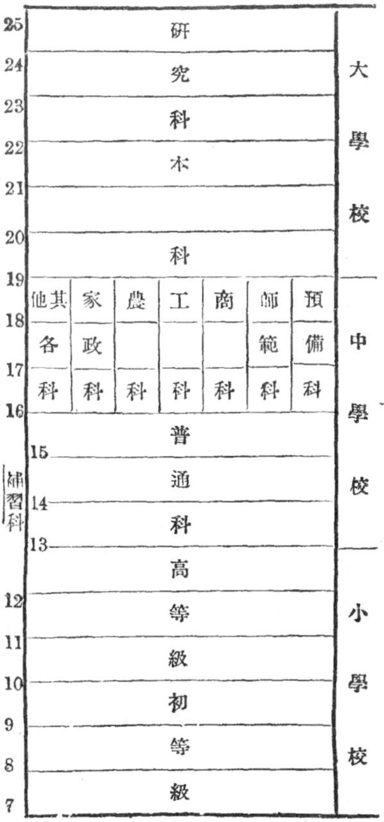

（說明）

小學校六年畢業，即定為義務教育。其仍分高初二級者，以便於中途之無力就學，或於貧瘠未開化地域得酌量伸縮其義務年限也。

小學校并可設補習科，為畢業生職業上之預備，二年畢業。

中學校酌採選科制，六年畢業，以三年習普通，三年入選科。

大學本科四年，畢業研究科二年。

廢除師範學校，則是中學師範科畢業，當直入大學師範本科及大學師範研究科。

(三)廖會員提出改革學制案　廖冰筠

(說明)

(甲)主張

(子)小學六年為義務教育期，不分初、高等。

(丑)中學教育分三系均預科一年，本科三年。

(1)普通系

(2)職業系

(3 教育系

右(1)系準現行中學制而變更其課程，以銜接大學文科，法科，醫科之預科為標準。

(2)系分農、工、商三種，準現行甲種實業學校制，而變更其課程以銜接大學農、工、商科之預科為標準。

(3)系所屬為師範學校，小學卒業入師範預科，預科卒業入師範本科，本科卒業授與『練習小學教員許可狀』。若為情勢許可者，得升大學師範科，是為完成師範教育於(3)系特設教育研究所，已卒業於師範本科，不能再進大學者入之，二年畢業時，將前得之『練習小學教員許可狀』換給『練習中學教員許可狀』同時并得為小學職教員。

(寅)大學分科此案不具舉，惟現行之高等師範納入大學師範科。

(寅)之附於中學以上大學以下，特設技師養成所，凡中學教育(2)系之畢業生，不能再進大學者入之，分農林、蠶桑、水產、獸醫、製藥、采礦、冶金、鐵道建築、測繪、電學、機械等種課程；側重實習，二年畢業授與該種技師許可狀。

(乙)反對

如右主張所與現行制及擬議制反對者具列如后：

(子)反對現行小學制

(理由)延長義務敎育期，不分初、高等，不用循環敎授法。

(丑)反對現行乙種實業學校制

(理由)實地觀察無裨實用。

(寅)反對擬議之分科或選科中學制

(理由)中學期間雖延長，而普通科與選科各占其半，則均感不足。

(卯)反對現行高等師範制

(理由)設備上不經濟，納入大學校完全。

(辰)反對現行高等專門學校制

(理由)以云學理，不及大學；以云技術，乃鮮實習。一經改革，樂爲技師者，入養成所；務深學理者，可進大學，兩得俱全。

(四)陳獨秀先生提出對於學校系統底意見

對於學校系統底意見　陳獨秀

(甲)希望此案早日確定，以便敎育委員會依據修正各項學校令及規程。

(乙)希望注意廣東敎育狀況，不必期其能通行全國。

(丙)不主張將大學預科設在中學，理由如左：

(子)大學預科設在中學，其不能設立大學預科之中學畢業生，卽無升入大學之希望。

(丑)大學預科設在中學，不如設在大學，易得學問優良之敎員。

(寅)大學預科分附在各中學，不如合在各大學，人才用費，均較經濟。

(丁)農、(蠶桑水產獸醫除外)工、商、礦，均歸大學，不另設專門學校。

(戊)高等師範亦宜歸大學，不另設立。

(說明)高等師範與大學幷立，不但重複，設備不經濟，而且學生資格及用途，往往衝突。日本及北京都已有此等不好現象。

(己)主張師範學校在中學以上，(甲)(乙)種農、工、商學校及職業學校在小學以上。

(庚)主張小學六年，不分高等、國民兩級；兒童自七歲至十二歲爲義務敎育時期。

(五)張會員提出變更學制系統案

變更學制系統案　張石朋提議

大學研究科(二年)——分科大學本科(四年)——大科預科(二年)——中等學校(四年)——小學校(六年)。專門職業學校(四年)——初等職業學校(四年)。

(甲)小學校爲義務敎育，定爲六年，(七歲起至十三歲)授以國民必要之智識及技能，不分初、高級等。

(乙)自小學晉而上之，分爲正系、旁系二者。

(丙)正系由中學四年(十三歲起至十七歲)，而大學預科二年(十七歲起至十九歲)，而分科大學本科四年(十九歲起至二十三歲)，而大學研究科二年(二十三歲起至二十五歲)是爲人才敎育。

(丁)旁系由初等職業學校四年，而專門學校四年，是爲職業敎育。

(戊)中等學校四年習普通科目，不分文、實科；大學預科二年，專習專門學之預備科目，以補中等學校之缺。

(己)職業敎育包含農、工、商、醫、法政師範而言。

(五)各部委辦報告之內容

(甲)初等教育部委辦報告之內容（初等教育部委辦會曾經開會八次討論結果）

(子)小學校純粹施行國民教育，非爲中等教育之預備。

(丑)小學校取一級制，不分國民學校，高等小學校之名稱，統稱爲小學校。

(寅)定小學修業年限爲六年，自七歲起（卽滿足六歲）至十二歲止，卽以此爲教育年限。

(卯)小學採用學期升級制，如有成績優異者，得越一級升學。凡修畢小學之課程者，卽作爲完滿就學義務。但修業之最短年限，不得少過四年。

(辰)小學課程得於第四學年後，斟酌地方情形，增置職業準備之教育 Provocational Education。

(巳)小學校之下，得另設幼稚學校，收容四歲至

六歲之兒童。

(乙)中等教育部委辦報告之內容（中等教育部委辦會曾經開會九次討論結果）

(子)中等教育設一年二年三年之完全職業科。

(丑)設漸減普通漸增職業之四年五年職業科。

(寅)設完足三年普通繼續三年職業學科之職業科。

(卯)設完全普通科。

(辰)設完足三年普通繼續三年師範學科之師範科。

(巳)爲作工兒童設補習學校。

(午)中等教育得斟酌情形採用選科制。

(丙)師範教育部委辦報告之情形（師範教育部委辦會曾經開會七次討論結果）

(子)對於初師辦法

廣東提出學制系統草案之經過及其成立

(1)由中學校普通三年畢業另設師範科。

(2)由師範學校專招各中學三年畢業者，或自辦普通科。

(3)師範三年畢業欲升學者免去實習一年。

(4)實習事情由原校辦理。

(丑)對於高師辦法

(1)中學畢業者入之。

(2)不設預科。

(3)四年本科幷行選科制。

(4)第四年重實習。

(5)畢業應予學位。

(6)畢業後得再入研究科。

(丁)大學及高等專門教育部委辦報告之內容（大學及專門教育部委辦會經開會七次討論結果）

(子)我國之高等教育機關應有大學及高等專門學校兩種。

(丑)大學不取以文、理兩科爲本科之制，亦不限定合某某等科而始成。

(寅)大學畢業期限爲四年至六年，高等專門學校三年至四年。

(卯)畢業於大學者須入畢業院，畢業院修業不定年限。

(辰)大學學生至少須習兩種外國文。

(巳)如中學取六年制，大學及高等專門學校不設預科，其入學資格以中等畢業及有同等學力者爲限。

(十八)提案

學制系統案　廣東省教育會提議

此案係由廣東省教育會依據第六次全國教育會聯合會議決案，於本屆聯合會開會兩個月以前，組

織學制系統研究會，以省教育會正副會長及評議員全體三十八人，並聘請全省小學校以上各校長十八人，

大學及專門學校畢業曾經研究教育者九人，教育行政人員十四人爲會員，共同組織會議討論復由全體

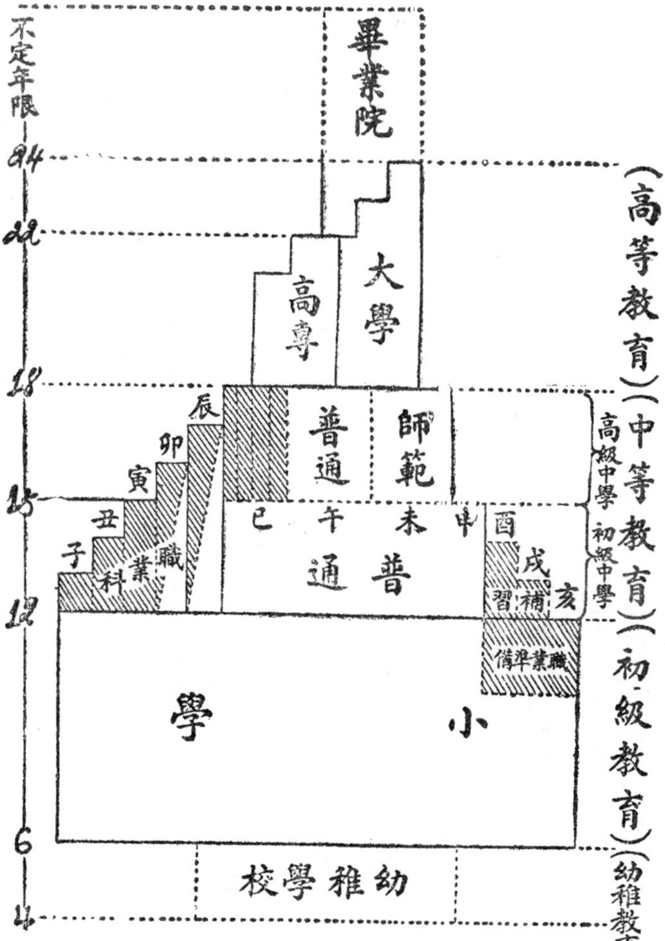

廣東提出學制系統草案之經過及其成立

會員中舉出各部委辦參酌各國學制，分部研究，幷經各部舉派代表開聯席會議以研究結果製定草案及說明書，於八月一日提出大會討論通過。合亟將議案先行分送各省區教育會及第七次全國教育會聯合會以供研究。

學制系統圖附錄如上

（甲）總說明

（一）全系統分三段，卽高等教育，中等教育，初等教育等。

（二）各段之劃分，大致以兒童發達的期爲根據。卽童年時期（六歲至十二歲）爲初等教育段，少年時期（十二歲至十八歲）爲中等教育段，壯年時期（十八歲至二十四歲）爲高等教育段。

（三）中國幅員廣大，地方情形各異，而社會要求亦至繁雜；故於設校分科，取美國新制的縱橫活動

主義。

（四）教育以兒童爲中心，學制系統宜顧及其個性及智能，故於高等及中等教育之編課，採用選科制。於初等教育之升級，採用英國之彈性制。

（五）圖內有斜線者表示職業科，無者表示普通科。

（乙）初等教育段說明

（一）小學純粹施行國民教育，非專爲中等教育之預備。

（二）小學取一級制，不分國民學校高等小學校之名稱，統稱爲小學校。

（三）定小學修業年限爲六年，自六歲起至十二歲止，卽以此爲義務教育最少年限。

（四）小學採用學期升級制，如有成績優異者，得越一級升學。凡修畢小學之課程者，卽作爲完滿就學義務，但修業之最短年限不得少過四年。

(五)小學課程，得於第四學年後斟酌地方情形增置職業準備之教育。

(六)小學校之下，得設幼稚學校收容四歲至六歲之兒童。

(丙)中等教育段說明

(一)圖中子丑寅，爲一年限二年限三年限之完全職業科。

(二)卯、辰、爲漸減普通漸增職業學科之四年限、五年限職業科。

(三)巳、爲完足三年普通繼續三年職業學科之職業科。

(四)午爲完全普通科。未爲師範科。

(五)巳、午、未、各科畢業後，俱得升入大學，或高專之相當分科。

(六)申、爲完足三年普通而不願升學之部分。

(七)酉、戌、爲補習學校專爲作工兒童而設者；(凡半日半夜日曜等校屬之。)

(八)亥、爲完足小學教育而不願升學又不願入補習學校之部分。

(九)此段中等教育，以一校或多校辦之，均聽其便。

(十)此段中等教育，一中學區內一時未能全辦者，得斟酌量地方情形及經濟狀況擇若干種辦之。

(十一)中等教育得斟酌量情形採用選科制。

(十二)各種職業需要普通學識之準備，有多少之不同。故選科制精神於普通與職業之過渡並無截短劃分之界限，此系統採用中學三三制，分爲初級高級兩期，不過於六年中之第三年定爲一小結束。且按兒童生理心理十二至十五歲爲少年發育時期。與十五至十八歲，其身心發達有不同之點，爲教授便利計，亦宜劃分。其分科性質有宜於四二制或二四制者得酌量變通之。

(十三)初級高級兩期得分校辦之

(丁)高等教育段說明

(一)大學與小學相對，取義設單科者得以大學稱之，不限定集合某某等科而始成。

(二)大學畢業期限定爲四年至六年，各科得按其性質之繁簡，於此限度內酌定之。

(三)大學不設預科，其入學資格以中學畢業者，及有同等學力者爲限。

(四)大學學生，至少須習兩種外國文。

(五)畢業於大學者得入畢業院修業，不定年限。

(六)高等專門學校，於大學未發達前，不主張廢止。

(七)高等畢業年限，定爲三年至四年。

(八)其畢業年限爲四年者，待遇應與四年之大學同。

(九)高專亦不設預科，其入學資格與大學同。

(戊)師範教育段說明

(一)師範六年，畢業前三年，普通後三年師範科，畢業給初等師範科憑照。

(二)師範學校得辦六年完全科或專招初級中學畢業生授以三年師範科如中學校力能兼辦師範科者聽其兼辦。

(三)高師四年畢業高級中學之師範科及普通科畢業者入之。

(四)畢業後得入大學畢業院。

(五)現在師資缺乏，高師應仍現行制保存獨立。

(第七次全國教育會聯合會會務紀要五二頁)

民國十年十月

各省區學制系統草案比較表　民國十年十月

	幼稚教育	初等教育	義務教育	中等教育	職業教育	師範教育	高等教育	研究院	總年期	備注
廣東	四歲至未足六歲。	取一級制,統稱小學校,修業年限六年。	以小學修業期爲最少年限,用學期升級制,得越級升學,但最短不得過四年。	初級三年,高級三年,用選科制。	小學第四年,斟酌施預備職業教育。中學設一年限二年限三年限之完全職業科,更設漸減普通漸增職業之四年限,五年限之職業科,於小學畢業後設補習學校。	初等師範六年畢業,前三年普通,後三年師範或專收初級中學畢業生授三年師範科,中學得兼辦師範科,高師四年畢業,高級中學之師範科及普通科入之。	設單科,亦得稱大學,畢業期四年至六年,不設預科,高等專門畢業三年至四年。	大學畢業,得入畢業院,不定修業年限,高師畢業亦得入之。	自小學至大學畢業,十六至十八年。	
黑龍		小學七年,五年修了,可升中學,後二年注	同小學年,	中學六年。前四年普通,後二年分升學預	見初等教育中等教育欄,小學畢業不能	歸納於分科中學。	大學六年。預科二年,本科四年。專門學校		十七年	

江	甘肅	浙江	湖南(據最近草案)
			二年。
重職業。	小學七年，第一期四年，第二期三年。	小學六年。	前四年，後二年。
	同小學年。	十二年。	同小學年，但四年後得酌設補習科。
備及職業各科。	中學六年，初級三年，分普通與職業各科。高級三年，分普通與農工商師各科。	中學六年。	中學初高兩級各三年，參用分科及選科制。
升中學者入補習學校二年。	見中學教育欄。	實業學校預備二年，本科四年。職業補習學校六年。	小學第四年起重職業陶冶。中學分設職業科。
	同上。	普通四年。專科二年。	高級中學設師範科。
預科一年，本科三年，邊遠得設預科二年。	大學三年或四年。	大學六年。	大學四年至六年。
	研究院一年或二年。	大學院六年。	研究院不定年限。
	小學至大學畢業十六或十七年。	小學至大學畢業十八年。	小學至大學畢業十六至十八年。

江西		初級四年，高級二年。	四年或六年。	初級四年，高級二年。	分甲乙種職業學校及實業補習學校。	與高級中學同年期及程度。	大學本科四年，高等專門三年。	研究科二年。	小學至大學畢業十六年。
山西		國民學校六年。	以國民學校爲義務教育。	職業教育，國民師範教育，預備教育，均列入旁系六年。	見中等教育欄。	同上。	大學六年。	研究院三年。	國民學校至大學畢業十八年。
奉天		小學六年。	同小學年。	中學五年，預科二年，本科三年。	中學注意職業教育。中等實業學校預科一年，本科四年。	師範中學校預科一年，本科四年。師範大學預科二年，本科四年。	大學預科三年。三年或四年。本科		十七或十八年。
雲南		小學六年。	同小學年。	中學預科二年，本科採分科制四年。	歸納中學分科內。	師範中學預科二年，本科四年。師範大學預科二年，本科四年。	大學預科二年，本科四年。		十八年。
福		國民學校七年，初等四年，高等三年。	以國民學校爲義務教育。	中學普通四年，分科二年。	職業學校設科，及年限，視地方情形定之。	師範學校六年，後二年選科。高等師範本	大學本科四年。研究科二年。		十九年。

建
科二年，研究科三年。

（第七次全國教育會聯合會會務紀要）

民國十年十月

學制會議之經過　民國十一年九月

教育部鑒於全國教育會聯合會連年提議改革「學制，」至去歲（十年）已通過草案各省有討論者，有試行者，知舊制之必不能保全乃於今歲九月，乘全國教育會十月十日在濟南繼續討論學制案之先，爲自動的召集學制會議。其組織約合四種人員而成：（一）省區教育會代表各一人；（二）省區教育廳代表各一人；（三）國立高專以上校長；（四）部派及部聘者。九月二十日在教育部大講堂行開會式，計先後出席者約八十人。各省區惟廣東貴州新疆未到。至三十日閉會，計共開大會十一次。間以審查會分兩組各若干次，通過重要之議案凡四：曰縣教育行政機關組織大綱案，其大意廢止勸學所，改設教育局及董事會；曰特別市教育行政機關組織大綱案，大致同縣；曰省區教育行政機關設立參議會案；曰學校系統改革案。

學校系統改革案，較全國教育會草案，尚無大出入。惟有數點畧異：如小學六年，然亦得依地方情形定爲七年。畢業後入中學二年級。此則徇山西省教育會之提議也。如中學六年，教育部交議案主張采「四二一制，」而會場主張「三三」制者殊不少。最後之決定，

學校系通圖

本圖左行之年齡，表示各級學生入學之標準但實施時仍以其智力與成績或其他關係分別定之。

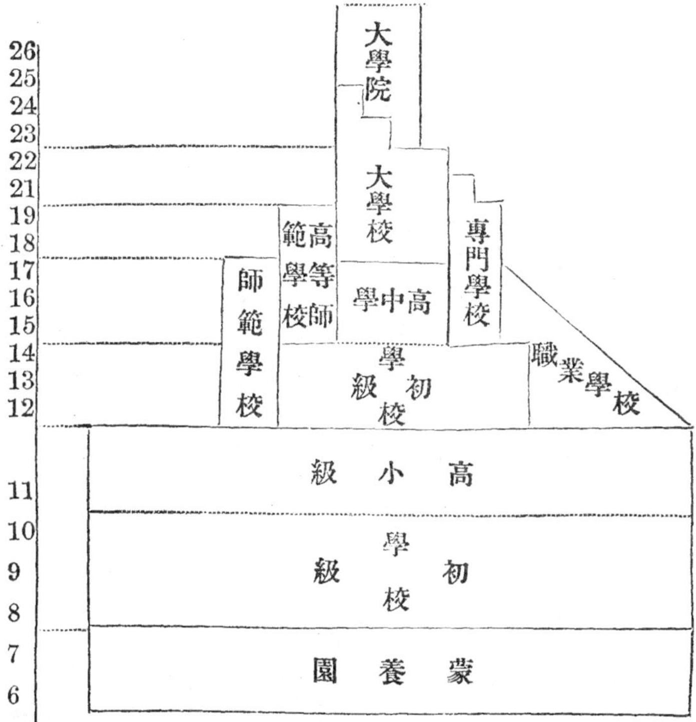

（申報抱一通信）

兩者並存，以「四二」爲原則，以「三三」爲例外。如大學與高專問題，當會議之初，外間風說甚盛，謂大學派將主張廢止高專，紛紛猜測，略現恐慌。及會議既開，始知風說之非確，相與釋然。最後之決定，高專之程度下接「四二」制之四年初級中學，其有提高程度改收高級中學畢業生者，得改爲單科大學或師範大學。至師範學校改爲六年畢業，而下接六年小學。此與全國教育會案略異。然高級中學仍得設師範科也。義務教育，仍以四年爲原則，職業教育之規定，與全國教育會案相同，而舊設之乙種實業學校，改爲職業學校，甲種則改爲職業學校或高級中學農工商科，均經分別規定。此其大略也。

大抵會場議論，對於學制多主解放，惟其解放範圍有大小之不同。其主張解放範圍較大者，則地方派也。其較小者，則中央行政人員也。其對於教育進行之

方針，有提高與普及兩點之不同。其偏重提高者，則學理派也。其偏重普及者，則經驗派也。然皆非有所絕對主張。故自始至終，僅有反復之辨論，初無憤激之意氣，此種會議氣象，在近年以來，恐將爲教育界所獨占矣。傳聞新總長湯爾和氏尚擬將議決案送往濟南徵求全國教育會同意，以昭特別鄭重之意。

八　教育宗旨

奏請宣示教育宗旨摺附上諭

學部

光緒二十九年張之洞等重訂學堂章程，有學務綱要述設施要件，但無明確之教育宗旨。時論頗以爲非。三十二年三月學部特上此摺，四月二日奉諭公布。　編者

竊惟學部爲通國興學之總樞，臣等恭膺簡命，夙夜悚惕。臣榮慶前在學務大臣任內，與孫家鼐、張百熙等會同張之洞擬議章程，奏經欽定設部，以後事體尤多，必提挈綱領，而後條目可以擴張；扶植根本，而後枝

業因之發育。若逐膚末而遺大體，務虛飾而棄精神，此臣等受事以來所兢兢焉引爲深慮者也。考之東西各國之學制，其大别有二：曰專門，曰普通，而普通尤爲各國所注重。普通云者，不在造就少數之人才，而在造就多數之國民。其民間有自立學校者，則以庫帑補助之；父兄不令子弟入學者，則以法令强迫之；貧窶不能成學者，則貸公欵以扶持之。故其國中無論富、貴、貧、賤、男、女、老、幼，皆能知書通大義。究其所以，亦曰明定宗旨，極力推行而已。今中國振興學務，固宜注重普通之學，令全國之民無人不學，尤以明定宗旨宣示天下爲握要之圖。茲謹分别條目，敬爲我皇太后、皇上縷析陳之：夫教育之繫於國家，密且大矣。若欲審度宗旨，以定趨嚮，自必深察國勢民風强弱貧富之故，而後能滌除陋習，造就全國之民。竊謂中國政教之所固有，而亟宜發明以距異說者有二：曰忠君，曰尊孔。中國民質之所最缺，而亟宜箴砭以圖振起者有三：曰尚公，曰尚武，曰尚實。

近世目論之士襲泰西政教之皮毛者，甚欲舉吾國固有彝倫而棄之，此非以圖强，適以召亂耳。東西各國政體雖有不同，然未有不崇敬國主以爲政治之本者。近世崛起之國，德與日本稱最矣。德之教育重在保帝國之統一，日本之教育所切實表章者，萬世一系之皇統而已。我朝深仁厚澤，漸被歷數百年，苟非狂悖不逞之徒，斷無自外覆載之事。比年以來，宵旰憂勤，孜孜求治，稍有知識者，皆曉然於主憂臣辱之義。惟是文告所及，不過都會之地，冠帶之倫；彼山野椎魯之民，其於國家之休戚，或瞢然而不知，或漠然不以爲意者，非民之無良也，無以喻之則不曉，無以激之則不動，無以訓迪之則知識不進，而忠義之氣雖發而不能中節，是則司教育者之責也。日本之圖强也，凡其國家安危所繫之事，皆融會其意於小學讀本中，先入爲主，少成若性，故人人有急公義洗國恥之志，視君心之休戚爲全國之榮辱，視全國之榮辱卽一己之禍福，所謂君民一體者也。我國夙稱禮義之邦，忠愛根於性生，感發尤易爲力。欲謀普及教育宜取開國以來列祖列宗締造之艱難，創垂之宏遠，以及近年之事變，聖主之憂勞，外患之所由乘，內政之所當亟，捐除忌諱，擇要編輯，列入教科；務使全國學生每飯不忘忠義，仰先烈而思天地高厚之恩，覩時局而深風雨飄搖之懼，則一切犯名干義之邪說皆無自而萌，臣等所謂忠君者此也。自泰西學說流播中國，學者往往誤認謂西人主進化而不主保守，至事事欲舍其舊而新是圖；不知所謂進化者，乃擴其所未知未能，而補其所未完未備，不主保守者，乃制度文爲之代有變更，而非大經大法之槪事放棄。狂謬之後，誤會宗旨，乃敢輕視聖教，夷棄倫紀，其所謂大惑矣。各國教育，必於本國言語、文字、歷史、風俗、宗教而尊重之保全之，故其學堂皆有禮敬國教之實。孔子之道大而能博，不但爲中國萬世不祧之宗，亦五洲生民共仰之聖。日本之尊王倒幕，論者以爲漢學之功臣，其所謂漢學者，卽中國聖賢之學也。近年以來，其國民之知識技能已足並駕歐美，然猶必取吾國聖賢之名言至論，日進學生而訓導之，以之砥礪志節，激發忠義。況孔子生於中國，歷代尊崇，較之日本之敬奉，尤爲親切。無論大小學堂，宜以經學爲必修之課目，作贊揚孔子之歌，以化末俗澆漓之習；春秋釋菜及孔子誕日，必在學堂致祭作樂，以表歡欣鼓舞之忱。其經義之貫徹中外，洞達天人，經注經說之足資羽翼者，必條分縷析，編爲教科，頒之學堂，以爲圭臬。但學生各有程度，則學課自有淺深，高等以上之學堂自可力造精微；中學堂以下則取其淺近平實，切於日用，而尤以身體力行，不尙空談爲要旨；務使學生於成童以前，卽已薰陶於正學，涉世以後，不致漸漬於奇衺國敎愈崇，斯民心愈固，臣等所謂尊孔者此也。雖然，忠君尊孔二義，固盡人皆當知而行之矣。惟中國當列强雄視之時，必造就何等之國民，方足爲圖存之具，此不可不審者也。中國之大病曰私，曰弱，曰虛，必因其病之所在而拔其根株，作其新機，則非尙公尙武實不可也。所謂尙公者何也？列强競起，人第見其船堅砲利，財富兵雄，以爲悉由英雄豪傑主持之，故國以强盛。而不知英雄豪傑間世一出，不可常恃也，所恃以立國者，乃全國之民之心力，如潮如海，如雷霆而不可遏，相親相恤相扶助，不可解耳；其所以能致此者，皆在上者敎育爲之也。其學堂所誘迪，皆尙儕義，重親睦，如修身、倫理、歷史、地理等科，無不啓合校生徒之感情，以養其協同一致之性質。故愛國合義之理，早植基於蒙養之初，是卽孔子之敎弟子孝弟謹信而進之以汎愛親仁也。惟我國學風日變，古意寖失，修身齊家之

事，尙多闕焉不講。至於聚民而成國，聚人而成衆，所以盡忠義親愛之實者，則更不暇過問。羣情隔閡，各爲其私。通國之中，不但此省人與彼省人意存畛域，卽一州一縣，乃至一鄉一里一家一族之中，亦各分畛域。今欲舉支離渙散者而凝結之，盡自私自利者而滌除之，則必於各種敎科之中，於公德之旨，團體之效，條分縷晰，輯爲成書，總以尙公爲一定不移之標準，務使人人皆能視人猶己，愛國如家。蓋道德敎育莫切於此矣。所謂尙武者何也？東西各國，全國皆兵；自元首之子以至庶人，皆有當兵之義務，與我中國天子元子齒於太學之義亦相符合。各國謂兵爲民之血稅，而天子乃與庶人同之，眞可謂上下同心矣。觀其師團以練兵，海陸軍校以練將，無論在校在營在操場，時時如臨大敵，號令一出，雖崎嶇險阻，冰雪嚴寒，不敢息也；雖飢凍飄溺顚墜以死，不敢避也。然而老幼男女徧國之人，無不以充兵

爲樂，戰死爲榮；每徵兵令下，得中選者，骨肉親戚鄉里歡舞送迎懸綵誌慶，則又何也，豈皆逼於生事而樂於戰鬥耶，懾於國法而不敢違也！實由全國學校隱寓軍律，童稚之時已養成剛健耐苦之質地，由其風氣鼓盪而不能自已耳。今朝廷銳意武備，以練兵爲第一要務，然欲薄海之民咸知捐一生以赴萬死，則尤恐有不能深恃者何也，餉糈之心厚而忠義之氣薄，性命之慮重而國家之念輕也。欲救其弊，必以教育爲挽回風氣之具，凡中小學堂各種教科書，必寓軍國民主義，俾兒童熟見而習聞之。國文、歷史、地理等科，宜詳述海陸戰爭之事蹟，繪畫砲台兵艦旗幟之圖形，叙列戍窮邊使絕域之勳業；於音樂一科，則恭輯國朝之武功戰事演爲詩歌，其後先死綏諸臣尤宜鼓吹抬揚，以勵其百折不回視死如歸之志；體操一科，幼稚者以游戲體操發育其身體，稍長者以兵式體操嚴整其紀律，而尤時時勗

以守秩序，養威重，以造成完全之人格。語云：行步而有强國之容。記云：禮者所以固人肌膚之會，筋骸之束，非虛語也！臣等嘗詢查日本小學校矣，休息之時，任意嬉戲，所以養其活潑之性也；口號一呼，行列立定，出入教室，肅若軍容，所以養其守法之性也。又嘗詢查日本師範學校矣，師範爲規制最肅約束最嚴之地，而擲球角力習爲常課，運動競走特設大會，其國家且宣法令以鼓勵之，其命意可知矣。中國如采取此義，極力行之，日月漸染，習與性成。我三代以前人盡知兵之義，庶幾可復乎？所謂尚實者何也？夫學之所以可貴者，惟其能見諸實用也。歷代理學名臣，如宋之胡瑗，明之王守仁，國朝之湯斌、曾國藩，能本諸躬行實踐發爲事功，足爲後生則效。至若高談性命，崇尚虛無，實於國計民生曾無毫末裨益；等而下之，章句之儒泥於記誦考據之末習，非所用，更無實際之可言。嘗有泛覽羣籍而不能成尋

常書牘之文，精研數理而不能通日用簿記之法；予人口實，亦安用此學爲也。查泰西三百年前，其學術亦偏重理論。自英人倍根首倡實驗學派，凡論斷一事一物，必有實據以爲徵信。此風既興，歐洲政治教育學理諸大家，遂爭以窮幽索隱之思，發平易切近之理。此泰西科學所以橫絕五洲，而製造實業之相因以發達者，遂日進而不已。今欲推行普通教育，凡中小學堂所用之教科書，宜取淺近之理與切實可行之事，以訓諭生徒，修身、國文、算術等科，皆舉其易知易從者，助之實行，課之以實用；其他格致、畫圖、手工，皆當視爲重要科目，以期發達實科學派。教員於講授之際，凡有事實之可指者，必示以實物標本，使學生知聞並進，且時導學生於近地遊行，以爲實地研究之助，與漢儒之實事求是，宋儒之卽物窮理，隱相符合。方今環球各國，實利競尚，尤以求實業爲要政，必人人有可農可工可商之才，斯下

益民生，上裨國計，此尤富强之要圖，而教育中最有實益者也。而臣等更有請者，學術者本於人心，關乎風俗者也。古學術之隆，人心以正，風俗以純。後世人心漸漓，風俗日薄，而其弊轉受於學校科舉之制，其始意非不甚善。自士人以爲弋功名希利祿之捷徑，而聖經賢傳遂無與修齊治平。科舉乃爲斯世病。今朝廷停罷科舉，廣設學堂，倘不於設施伊始，辨明義利，清以本源，將在官者持自私自利之見以興學，爲士者挾自私自利之心以應選，不特聖賢經旨禮教大防，日卽淪夷，卽東西各國教育之眞精神，學堂之眞效果，亦無由得；而科舉之弊，仍納於學堂之中。伏望朝廷雷霆渙汗，振聵發聾，本聖賢之經旨，申明禮教之大防，用以激勵人心，挽回風俗，而學術之端，實基於此。臣等備員學部，職司風化，謹當振刷精神，整躬率屬，嚴辨義利，崇勵廉恥。自臣部各官及京外學堂教員管理員，均當以身作則，行必踐

言，使學生有所取法；更於小學堂修身課本中時取忠意，反覆申明，以爲國民教育之始基；就學之初不得以邀獎勵求速化爲志，學成以後自不以博榮寵謀封殖爲心，民德日新，國維自固，此尤臣等所日夜冀望者也。惟有仰懇天恩將臣等所陳，俯賜採擇，欽定教育宗旨，頒布天下，懸之京外各學堂，如日月經天，江河緯地，凡屬臣民，莫不欽奉；臣等尤當恪恭敬慎，黽勉同心，虛衷以納羣言，實力以求進境，凡今日條奏之所已及者實力行之，條奏之所未及者隨時議之，並令編書各員守定宗旨，迅即編纂中小學堂教科書，進呈之後一律頒發。至各省所編教科書，亦必認定宗旨，呈由臣部核定，然後許其通行，庶幾一道同風，而邦基永固矣。臣等無任屏息待命之至。

上諭：學部奏請將教育宗旨宣示天下一摺。自古庠序學校，皆以明倫德行道藝，無非造士；政教之隆，未有不原於學術者，即東西各國之教育亦以無人不學爲歸，實中外不易之理。朝廷銳意興學，特設專部以董理之，自應明示宗旨，俾定趨嚮，期於一道同風。茲據該部所陳忠君、尊孔，與尚公、尚武、尚實五端，尚爲扼要。總之君民一體，愛國即以保家。正學昌明，翼教乃以扶世。人人有合羣之心力，而公德以昭；人人有振武之精神，而自強可恃。務講求農工商各科實業，物無棄材，地無遺利，期有益於國計民生；庶幾風俗淳厚，人才衆多，何患不日臻上理。著該部即照所奏各節通飭遵行。所有京師及各省學堂師長生徒，尤宜正本清源，辨明義利，不視爲功名祿利之路，而以爲修齊治平之規，於國家勸學育才之意方爲無負。該尚書侍郎等惟當整躬率屬，行必踐言，切實提倡，認眞查核，懍時局之艱難，思全國之關係。朕心惓惓，實有厚望焉！餘著照所議辦理。欽此。

請定教育宗旨摺　趙炳麟

摺上於光緒三十二年十二月。斯年三月學部奏訂之教育宗旨已經明令宣布，此則專爲尊孔而發。　編者

竊臣伏讀諭旨特立曲阜學堂，尊孔子之教，明君崇聖育才之至意，欽佩莫名。古之王者建國君民，教學爲先。故舜命契曰：「百姓不親，五品不遜。汝作司徒，敬敷五教。」五教云者，父子有親，君臣有義，夫婦有別，長幼有序，朋友有信是也。是以八歲入小學，知父子之道，長幼之序；十五入大學，知君臣之義，上下之位。夏曰「校」，殷曰「序」，周曰「庠」，學則三代共之，皆所以明人倫也。人倫明於上，小民親於下，此帝王立學之宗旨也。我國學術發明最早，自伏羲氏創象數，作書契，造曆紀官，制禮作樂，教民佃魚畜牧，學術已有萌芽；唐虞三代，愈益昌明。周室之末，學制雖失於上，學理則闡於下，至孔子而集大成。集大成也者，合帝王、政治、教育一切形上、形下之學理，無一不發明以著於後世。臣嘗縱觀泰西大政治家大教育家之學說，其事實不同，其理未有外我孔子之範圍者。考東西各國歷史，凡立法行政合我孔子之言者，國靡不昌；背我孔子之言者，靡不亂亡。乃知我孔子之道，係人之所以爲人，國之所以爲國之道。世界無人則已，無國則已，無政治教育則已；有人有國有政治教育，我孔子之道，他日必煥光彩，此臣敢斷言也。今日學術之大害，不在言不尊孔，而在行不尊孔；孔子者，人倫之極則。人多於倫理漠然，然而厚顏號於衆曰：「我修身也，我有恥也。」考其行誼，居家則禽獸之行也，爲政則跖蹻之行也。行如是，言如彼，天下學子聞其言，效其行，以若人之修身爲修身，以若人之有恥爲有恥。言似尊孔，行愈背孔。孔子不壞於秦火，不壞於猛獸洪水，自若人者竊其言而背其行，僞說昌，正道晦，臣所以太息痛恨於其學，欲令其言行相顧也。昔漢

靈帝立鴻都門學，畫孔子及七十二弟子像，示諸生崇聖；諸生出為刺史、太守，入為尚書、侍中；以至封侯、錫爵者，不可勝數。然而有道之士，恥與為列者，以其援引多無行趨勢之徒，言尊孔而行背孔，是以愈促其國之亂亡也。現當曲阜學堂開辦伊始，天下學術之正偽，視此為標準；我朝國本之治亂，視此為轉移；擬請明諭天下，定教育宗旨，俾知我皇太后皇上興學之意，以「明人倫，重躬行」為崇聖第一要義；不在拘文牽義，徒託空言。責成湖廣督臣張之洞，會同學部，慎選師儒，注重行誼，求孔孟之正宗，破門戶之陋習，詳定規則，奏核施行。務期國學昌明，世風隆厚，以仰體朝廷重道育才之盛心，吾道幸甚，吾國幸甚。是否有當，伏乞皇太后、皇上聖鑒訓示。謹奏。疏入，奉上諭：「朕欽奉慈禧端祐康頤昭豫莊誠壽恭欽獻崇熙皇太皇后懿旨：「御史趙炳麟奏請定教育宗旨一摺，學術、人心，關係至大。迭經降旨

宣示：學堂以中學為主，西學為輔；培養通才，首重德育；並以忠君、尊孔、尚武、尚實諸端定其趨嚮。凡在臣民，豈容不修明倫理，顧行顧言？茲據御史奏稱曲阜縣學堂開辦伊始，請以「明人倫，重躬行」為要義等語；亟應申明前言，切實遵行。所有曲阜學堂應如何慎選師儒，注重行誼，著學部會同張之洞悉心妥議，詳訂規則，奏明辦理。」

大總統頒定教育宗旨

此項教育宗旨頒布於民國四年二月，根據教育綱要總綱而來（參閱大總統特定教育綱要）。時袁世凱為總統，湯化龍為教育總長。　編者

愛國（誠心愛國勿破壞）

國籍人而成立，人藉國而保護，未有國能無人而強，人能離國而立者；乃近觀吾國人之心理、之行為，若有與此原則不甚相合者。破壞之說，雖不如往時之衝

口而出；而遇有一事刺激其腦筋，關係其利害，則必憑其氣意極圖抵抗，逞一時之熱度。思潮所及，有奔突無控止；有進發無迴旋；有私憤無公理；健者躁進，懦者盲從，黠者鼓吹，愚者附和；若必將當前之秩序，一切之機關，盡行摧毀而破壞之，而後乃快其心；此則是非之不明，利害之不辨，實愛國心之薄弱有以致之也。嘗謂破壞之派別有二：一爲有形之破壞，一爲無形之破壞。玆先言其有形者。贛寧亂後，各省暴徒乘機起事，謀覆祖國，擾害治安，不絕於耳。若輩亡命，以其窮無復之之身，迫而爲挺而走險之舉，殘凶狠毒，固無足怪；而一般青年，被其誘引，供其指使，蹈湯赴火，甘之如飴。彼獨非中國之人乎！殊令人百思而不得其解也。夫不破壞不建設，此前數年之語。積重難返之世，誠非有一度之廓淸，莫能獲百年之平治。今非其時矣！民國肇造，百度刷新，舉向所禱祀以求者，悉已如願以償，方且拱護之不遑，

何忍鹵莽於一擲！乃若建樹，則利濟之道亦多端矣；果其蒿目時艱，立志濟物，不存苟安之心，不爲無用之學，研求政術，探討藝數，或朋儕講習，或傳諸其人，下開士民之風氣，上備國家之任使，藏器待用，何患無時；卽使不樂仕進，而出其才智，保安鄉里，爲鄭司農，爲田子春，於人有濟，卽於國有裨，豈必鐵血始爲事功，豈必犧牲始謂志士耶！至於無形之破壞，則防不勝防，禦無可禦，社會乃成爲習慣，個人乃仗爲長技，此尤可爲痛哭流涕長太息者也！舉一事於己不利益，則多方掣肘，冀其無成。聞一議非己之意見，則故意刁難，使歸消滅。或託之輿論，或假之他人，武器運以和平，戎機伏於談笑，言舉斯心，充類至盡，足以爲亂賊而有餘，陷國家於破滅。夫國基新造，羣擎衆舉，或冀奠安；一或乖離，危險曷極！譬彼哺嬰，方須咻噢；譬彼種樹，方待溉滋，春蘖新萌，黃瓜屢摘，倘有知慮，獨能無惕於心乎！故當今日時局，惟

以萬衆一心，全體一致，激發天良，眞誠愛國，爲第一義。富於財者愛之以金錢；饒於才者愛之以學問。有形之破壞，凡一切邪說暴行，足以啓作亂之漸者，拒之勿聽，避之若浼，惡之若鷹鸇之逐鳥雀。無形之破壞，凡一切私心惡習，足以貽隳事之咎者，有則改之，無則加勉，視之如飢渴之於飲食。內外同心，上下同力，中華民國庶有賴乎！人之處室也，欲蔽風雨，禦賊盜，則必高其棟宇，厚其垣墉，以爲非如此不足以相衞。國者，衞身家之棟宇垣墉也，而乃任其飄搖，加之蕩析，甯非悖亂！甯非大愚！傳曰：皮之不存，毛將焉傅，願我國人仔細思之！

尙武

國何以强，强於民；民何以强，强於民之身；民之身何以强，强於尙武。尙武之道，分之爲二：曰衞身，曰衞國；合之爲一，衞身卽衞國，衞國卽衞身也。何謂衞身？風寒暑濕，有時爲病，莫不求醫；然醫於旣病之後，毋甯醫於未病之先，未病而醫，莫若尙武。今有壯健之夫，與一文弱之士，同處於酷暑或嚴寒之地，披烈風，冒甚雨，蒙犯霜雪，其感受一也；而文弱者必病，甚至於死，壯健者縱病而不爲災，且未必病，何也？雖間由稟賦使然，實則尙武與不尙武之別也。故今之言國民教育者，於德育智育外，並重體育；使幼稚從事遊戲，活潑其精神；稍長進習兵操，鍛鍊其體格；極至擲球角力，習爲常課，運動競走，時開大會，凡所以圖國民之發育者無所不至，此民之所以能衞其身也。何謂衞國？吾國古者寓兵於農，有事爲兵，無事爲農，蒐苗獮狩，乘農隙以講武事，已隱寓全國皆兵之意。近世東西各國，尤通行徵兵之制，凡爲國民皆應服當兵之義務，平時按年充役，年滿退伍，各自營業，戰時召集以禦外侮，無民不兵，無兵非民，風聲所樹，徧國中莫不以充兵爲樂，戰死爲榮。推原其故，因其幼在學校，已習聞忠勇愛國之訓；長入社會，又養成堅忍耐勞之風，所謂少成若天性，習慣成自然，非一朝一夕之故，其由來者漸，此民之所以能衞其國也。要之國必有民，民各有身；己身之性命財產，卽國家之性命財產也。民未有不思衞其性命財產者，欲衞性命財產，必先衞國。國者，凡民性命財產之總寄也。欲衞國必各衞身，身者，一國性命財產之分寄也。故曰衞國卽衞身，衞身卽衞國也。衞身衞國，罔不本乎尙武。凡我國民，其可以奮而興矣。或曰：好武之民不靖，不靖則亂。不知尙武云者，乃鍊其堅實之體格，非逞其血氣之作用也。乃驅之勇於公義，非縱之習於私鬥也，是又不可不辨。

崇實

醫之爲道，空者實之。治國亦然，吾今實業衰頹，財政匱乏，軍備單弱，一切之病在空。顧此乃空之現象，非空之根本患處；窮究根本患處之所在，莫甚於學術不實。世界列强，實業由衰頹而發達，財政由匱乏而整理，軍備由單弱而擴充，凡今所見爲衰頹者匱乏者單弱者，英美俄法德日數十年前殆亦同此現象。彼何以治，我何以不治，蓋學術爲之也。吾國學術，推孔孟爲極，則細繹其書，體國經野之道；無非布帛菽粟之言。末流遞降，漢尙訓詁，晉尙老莊，唐尙詞章，宋尙性理，明清尙帖括，愈變愈空，由支離破碎以至於淺薄虛浮；治身猶病不足，何以治國！科舉既廢，學校代興，此爲以實易空之轉機，而又有蹈襲皮毛之弊。默察世界學術之趨勢，而求與爲平進，不得不喚起全國人民之自覺心，相率趨於崇實之一途。崇實之道，分兩項言之：一曰物質之實，若數學科、理化科等，皆國民知識技能必需之科學也；不得徒事紙上之研究，必驗之實際，以爲利用厚生之道。一曰精神之實，若政治學、法律學、教育學等，皆立國之大本大原也，不得徒爲理論之競爭，必體察國俗民情以定實地施行之準則。不特此也，世界之進化，實物質與精神互爲鼓盪推移。瓦特之汽機，就物質上發明之學也；百折不回，必成一器，以盡汽機之用，則由精神鍛鍊而出也。達爾文之進化論，就精神學上推演之學也；即物窮理，必舉一例，以明進化之原則，由物質經驗而來也。自今以往，講物質之學，必寄以精神；講精神之學，必本於物質。以眞摯之心理，倡爲樸茂之學風；以樸茂之學風，蒸爲純厚之俗尚。浮華既去，貞固不撓，由是職務安而實業興，物產豐而財政裕，經費充而軍備足；合民族之實心，結成國家之實力，斯與列强並駕齊驅而無可乘虛抵隙之處。富强之道，具在於是，期共勉之！

法孔孟

吾國人誦法儒言，蓋無不知孔子之爲聖矣。而聖學之傳，顏曾子思而外，厥惟孟子。吾人去聖既遠，舍誦法其言外，殆無以想見其人。孔孟之言，載於論語及七篇者，至賅且備；其於近世治世修身之要，引信致用，亦

未嘗不與西哲相合，而藿然有當於人人之心。今觀論語五十八章中，凡言仁者一百有八；而孟子則言仁必兼言義。宋儒以仁爲心德，義爲事宜；蓋自修齊以至治平，悉爲此二者之所貫注。今之言羣學者，以愛爲合羣之大力；而凡國家之所謂治法，社會之所謂秩序，一切上下興革，乃至處世程軌，皆須視時勢所需要而爲之，是有其宜與不宜，又可知也。仁義二字，大言之則其量無窮，其用無極；小言之則一匹夫之存心，一日用之處事，皆足自盡。故孔子曰：博施而濟衆，堯舜其猶病諸！又曰：我欲仁，斯仁至矣。孟子亦以爲能充其端，足保四海，苟不充之，不足以事父母。是則我國民所當自奮者也。且孔子身當衰周之時，雖心懷用世，而其言則曰不仁者不可以久處約，不可以長處樂；又以不好犯上作亂爲爲仁之本。又曰：君子思不出其位。是知心存利濟，隨在皆足以自施，所謂天下之事，雖匹夫與有責者，此眞

共和國民之眞精神也。至孟子生當戰國，其時處士橫議，生民倒懸，尤甚於春秋，故專言仁不足以救其失，而必兼言義。其言曰：仁，人心也；義，人路也。又曰：仁，人之安宅也，義，人之正路也。其稱孔子則曰：進以禮，退以義。其敎人則曰：君子以仁存心，以禮存心。言義又兼言禮者，古時禮本謂法，卽指當代之一切典章法律言。故周官經世之書，而稱之曰周禮。至於節文儀式之事，今世所名爲禮者，古但曰儀，故十七篇冠昏喪祭之節，則曰儀禮。是知以禮卽守法，存心以仁，處事以義，而又必申之以守法，斯又法治國民之眞模範也。吾國民誦習孔孟之言，苟於其所謂居仁由義而求得共和法治國爲人之眞諦；將見朝野一心，共圖上理，由是揚國粹而躋富強，其道又奚待外求哉。

重自治

今人皆知地方自治，不知地方者，受治之客體，其

主體仍在乎人；未有人人不能自治，而地方可以自治者。欲求人之能自治，必先求人人各有自治力。其力維何？一曰自營，一曰自助，要莫不皆由敎育養成之。北美合衆國，共和國之新興而最強盛者也，其國民之能獨立自營，久爲世界所推許；原其所以致此之故，亦以美爲盎格魯索克遜民族，其風習得于祖國之英人爲多。近世法儒狄慕蘭論英美民族優勝之理，詳哉言之，其書具在，可覆按也。蓋英人以愛自由而又重保守之精神，故本之爲學，則尙思考而戒空談；以之處事，則尊秩序而謀進步。論其敎育制度，國家之有成文規律頒布，迄今尙未稱完備，而其敎育事業之由歷史的發達者，下自小學，上至大學，悉以私立學校居其多數。試據其聯合王國之敎育統計表而觀，每歲支出之全國敎育費數，幾與國防費之額相等；要其五千六百餘萬磅中，其出於私費者蓋已三千二百萬有奇，不可不謂其地

方自治力之雄厚而熱心教育者之多也。更考其教育宗旨，第就小學教育言，必先涵養其讀書求學之趣味，使各自努力，以爲其發達智識之基；不特陶冶品性，即訓練道德，除秩序勤勉服從諸項外，更以養成節儉爲先；是可知蒙養始基，即爲後此偉大國民之本，而凡百事業乃由此羣力而興。夫所謂自營者，非謂徇私忘公爲肥家潤身之計；所謂自助，亦非離羣衆獨立無汎愛濟衆之心也。蓋人人有資生之能，不必依賴而自活，斯遇事有强立之力，不待督責而自興；惟其然，故成效益宏，而所受之教育益足以見諸事實，以是因果相生，蒸爲國力，斯誠足樹自治之極軌，宏疆國之遠謨矣。吾國民苟能以英爲範本，其重思考愛秩序之心，羣趨於戒空言求進步之實，行見生聚教訓，起而自謀，因以富國强民，教育事業之發達，豈必俟諸十年以後哉！

戒貪爭

人有競爭，方可向上；國有競爭，始能進步；學問因競爭而益修明，藝術因競爭而愈發達；是競爭者國家進化必由之道也。雖然，有責任之競爭，固可使國家進化，無責任之競爭，反足使國家退化。何以言之？譬如爲農夫者，各治其田，不惜勤勞，不憚寒暑，分別土性，選擇穀種，日夜孜孜以求將來收穫盛者，此農夫之競爭於野也。爲工商者，各治其業，精製器物，熟練技藝，計物價之漲落，供社會之需求，以逐什一之利者，此工商之競爭於市也。官吏則鞠躬盡瘁，思稱其職，以競爭於仕途。軍人則服從命令，奮不顧身，以競爭於戰事。政客競爭於政策，而以社會國家爲前提。士人競爭於精勤，而以道德學術爲標準。他如女子則勉爲賢妻良母，以競爭於家政。諸如此類競爭，皆爲有責任競爭，謂之文明競爭；國家有此文明競爭，而後國家日趨於進化。其或爲農者不知土性，不辨穀種，惡勞好逸，肥料不儲，而乃舍其田以芸他人之田。爲工商者，拙於技藝，昧於市情，不計需用之緩急，不察本利之盈虛，而惟作僞欺人，以希意外之利。官吏則熱心爵祿，奮力鑽營。軍人則怯於公戰，勇於私鬥。一般政客，排斥異己，假公濟私。凡屬士人，競尙虛名，分黨立派。至女子更舍家政而談國政，徒事紛擾，無補治安。諸如此類競爭，皆爲無責任競爭；此無責任競爭名之曰貪爭。國家有此貪爭，而後國家日趨於退化。由是言之，國家進化退化，全憑國民競爭結果如何。苟競爭而出於國民責任心也，則競爭愈烈，國家愈安如泰山；苟競爭而不出於國民責任心也，則競爭愈烈，國家愈危如纍卵。遠溯美國離英獨立，因競爭得成功。近覩墨西哥革命維新，因競爭反遭失敗。成敗之機，間不容髮。一言蔽之，亦視國民之競爭有無責任心而已。我民國自成立以來，國民競爭，必異常發展，其能盡本職負責任，從事文明競爭以促國家進化者固不之人；而不盡本職，不負責任，妄冀非分，流於貪爭，以速國家退化者亦復不少。自今以後，深願我政界、學界、軍界、農工、商界以及女界諸國民，須爲利己利人利社會國家計，其各盡心責任，切戒貪爭。

戒躁進

我國自共和改建以還，人心之趨向，事業之締造，非失於幻想，即涉諸躁進；微獨實鮮有濟，衡諸理亦靡通。於是社會陵夷，傾覆疊遭，窮源竟委，誰司其咎！粤稽周官司徒掌邦敎，敷五典，擾兆民；擾者訓也，訓兆民使從容漸漬，復其自然之性，故能熙熙皞皞，比隆唐虞。比者一般國民，醉溺共和之美名，莫識自由之眞相。士鮮力學，俗恥安貧，普通之常識尙缺，驟躋專門，賈竪之舊染未除，濫膺民社，秩序蕩然，等威莫辨。今欲求救濟之方，首在滌除躁進之汚俗，而以漸進主義樹之標的，使國人知所向往。茲約分兩端言之：一國家政治，宜漸進而不宜躁進也。夫政治自有政治上之常軌，而躁進則或逸出於軌道之外。越之沼吳十年生聚十年敎訓。日本維新垂五十年。歐美列强之建國其間明主賢相之經營慘澹遠者百年，近亦數十年。可知富强非旦夕可期，文化必百年而後成。惟土耳其之青年陸軍，不忍忿忿之心，輕啓外釁，而疆土日削。墨西哥以革黨之躁動，政府與人民屢相衝突而國勢日卽於危亡，此則國家政治上躁進之險象，尤願我國民互相警惕而引以爲殷鑒者也。二個人學術與出處宜漸進而不宜躁進也。學記曰：比年入學中年考校，一年視離經辨志三年視敬業樂羣，五年視博習親師，七年視論學取友，謂之小成；九年知類通達，强立而不反，謂之大成。近年學校制度科目微有不同，而限定學成之年則古今如一，是學業自有一定之階級而不可輕躁從事也。太公望勤身苦志，八十相周，九十治齊。孔子言忠信，行篤敬，而屈於委吏乘田。老聃以道德著聞，而終其道於柱上。諸葛以管樂自期，而躬耕於畎畝。以上數子者，其心志苦，其筋骨勞，其體膚或不免於凍餒困乏，其所立者若德若言若功因以不朽。彼屈子之忠，賈生之才，非不著也；而或議其量淺才疏，致莫展其用，此則關於個人之學業與出處，其一進一退不可以輕躁出之者也。推之農不服先疇之畎畝，而助長以望有秋；商不循族世之所鬻，而株守以求利；工不用高曾之規矩，而率爾以操觚；是猶南轅北轍，未知其可。由是觀之，躁進之念中於個人，必失其業而喪其身；中於國家，必覆其邦而傾其族，可不愼歟？而今而後，冀我國民勿造次以將事，勿因循而失機。度德而處，勿强不知以爲知。量力而行，勿强不能以爲能。莘莘學子，四民表率，尤宜同履法度，勿躐等以求名。凡百有司，允宜揣摩社會習慣，勿肆意妄行，而削足適履，勿徒騖虛聲而刻舟求劍，行見貴賤明等列辨，少長順不待序爵序事序齒以納之軌物之中而自然同出於漸進之一途國家其庶有豸乎。

教育調查會第一次會議報告

七年十二月三十教育部公布教育調查會規程，以調查審議教育上之重要事項爲目的，設正副會長各一人，會員六十人以內，由教育總長延聘或指派。（時傅增湘爲總長。）第一次會議開於八年四月，與會者有范源廉，蔡元培，陳寶泉，蔣夢麟，王寵惠，吳敬恆等。　編者

教育調查會第一次開會議決各案報告表

案由	交議或提出者	審議結果	備考
中學校分爲文科實科案。	教育部交議。	詳見審查報告（第一號）。	
現行大學規程及專門學校各種規程，有無應行修改之處案。	教育部交議，	對於原案第一條，議決部令從緩修正，先由北京大學試辦，再行調查。對於原案第二條，議決維持原案。對於原案第三條，議決維持原案。	原案第三條乙項缺點二字，應改爲困難。
專門以上學校附設專修科案。	教育部交議。	詳見審查報告（第二號）。	

法科大學專設法律門，其政治經濟各門併入文理科案。	教育部交議。	對於原案，議決部令從緩修正，先由北京大學試辦再行調查。	
高等學會及博士學位案。	教育部交議。	詳見審查報告（第三號）。	
目前應行調查事項建議案。	蔣會員維喬提出。	對於原案第一條，議決併入教育宗旨研究案。審議第二條通過，惟乙去當時所以採用此制句，至皆病其呆板句止，共五十二字。	原案第三條由提議者自行聲明取銷。
教育宗旨研究案。	沈會員恩孚 蔣會員夢麟提出。	通過，請由部公布。	
實施義務教育建議案。	沈會員恩孚 陳會員潤霖提出。	通過作為本會對於教育部之建議案。	
實業學校急應注重實習案。	沈會員恩孚提出。	通過作為本會對於教育部之建議案。	
請召集全國實施教育人員開暑期講演會案。	沈會員恩孚提出。	通過請由部舉辦。	

中學校分爲文科實科案審查報告

文實分科制應否實行，應俟學制全部根本解決後再定。目前救濟方法(一)請部頒行通令各中學得就地方特別情形增減科目變通時間；(二)修改課程標準以備各校參考；審查結果如此，請大會公決。

專門以上學校附設專修科案審查報告

農工商醫專門學校，視其需要得設專修科。其年限在二年以內，至在中學校附設專修科，則設備不完全，未易辦理，請付大會公決。

高等學會及博士學位案審查報告

查原案所提高等學會爲產生博士會而設，而博士會實爲審定博士資格之機關；審查結果，以學位由特別機關審定，成例甚少，不如徑由大學院授與，足以維持學問獨立之精神。故議定辦法如左：

凡國立大學設有大學院，經教育部認爲有授與

博士之權者，得授與博士。

凡大學院學生研究二年以上，以研究所得提出論文，(但論文必用本國文字)經教授會認爲於學術上有價值者；公開口試及格後，並自印論文二百本以上，由大學分布，經過六個月，由大學授與博士。

博士之種類凡四：曰文學，曰理學，曰醫學，曰法學。其他國內外著名學者，亦得由大學於舉行畢業式時，贈與名譽博士，稱哲學博士。

至高等學會爲一國最高學術機關，當參酌各國成例，別具議案提出大會。

目前應行調查事項建議案

一教育宗旨。

民國元年八月二日第二號部令公布之教育宗旨：『注重道德教育，以實利教育軍國民教育輔之，更以美感教育完成其道德』。現在歐戰之後軍國民

教育不合民本主義，已爲世界所公認。我國教育宗旨，亦應順世界潮流有所變更。或云：國際聯盟結果如何，尚不可測。我國積弱已久，仍非勵行此主義不能圖强。然積極發達國民體育，即是强國之本，或者之言，似不必慮。究竟應取如何宗旨，必須從調查入手，此其一也。

一學校系統。

民國元年九月三日第七號部令公布之學校系統，國民學校四年畢業，高等小學校三年畢業，中學校四年畢業，大學預科三年畢業，本科三年或四年畢業，皆取單行直進制，年限劃然，殊欠活動。當時所以採用此制，實因辦教育者學識經驗皆苦不足；若學制稍趨繁複，即不免無所適從，故取畫一之法。今則各方面皆病其呆板，似應參用並行活動制，然茲事重大，不可輕易更張，亦須詳悉調查，此其二也。

一義務教育年限。

義務教育，法令祇規定四年。蓋因國民經濟不足，故取此極短之年限。然年限雖短，至今迄未見諸實行。其故甚多，而以內亂爲最大原因。究竟國民經濟擔任義務教育，是否祇能四年，抑或可略爲延長，未經實施，尚不能遽下判斷。然歐洲各國有延長爲十八歲二十歲之計畫，日本亦有延長之議。我國義務教育年限如此之短，是否適宜，此應行調查者又一也。

教育宗旨研究案

謹擬「以養成健全人格，發展共和精神」爲宗旨。

理由

一、查民國元年九月四日部令公布教育宗旨：「注重道德教育，以實利教育、軍國民教育附之，更以美感教育完成其道德」。自歐戰終了後，軍國民教育一節於世界潮流容有未合。餘亦似太複雜，未易適從。不如出以單純，俾一般國民易於了解。

二、民國成立以來，禍患迭乘，究其原因，實由國民缺乏共和精神所致，故宜發展之以固國本。

三、共和國民，必具健全之人格，方足以擔負社會國家之義務，故養成健全人格實為共和國之基礎。

四、歐洲教育可分兩派：曰條頓派，注重軍國民主義，德國是也。曰盎格魯撒遜派，注重人格主義，英國是也。美國教育為人格主義所推衍，故能產生共和精神。法國自共和成立以後，國中主持教育者，極力發揮共和精神，國基因以鞏固。吾國以共和政體應世界潮流，當採英法美三國之長，故擬以養成健全人格發展共和精神為教育宗旨。

說明

所謂健全人格者當具下列條件：

一、私德為立身之本，公德為服役社會國家之本。

二、人生所必需之知識技能。

三、強健活潑之體格。

四、優美和樂之感情。

所謂共和精神者。

一、發揮平民主義，俾人人知民治為立國根本。

二、養成公民自治習慣，俾人人能負國家社會之責任。

本案就世界教育趨勢，吾國民治根本著想，備全國教育界之研究，以覘輿論之趨向，可否由本會陳請通布，謹候公決。

實施義務教育建議案

義務教育制，東西各國久已推行；吾國雖有此議，惜因時局變亂之影響，及地方經濟情形，尚未實行。近年全國教育會聯合會一再提議及此，足徵輿情所嚮。現在山西省已訂有施行程序，積極進行，成績昭著。各省國民敎育，亦多具有基礎；如於此時推行此制，似亦不難。竊思此事關係國計民生，至爲重大，非由中央政府加以督促，難保各地方無因循玩忽之失。擬請敎育部規定實施大綱，呈請大總統明令各省，參照山西辦法，酌量本省情形，分年分區籌備次第施行。以民國九年八月爲開始實施之期，預定年限辦理完竣。各省有最先完竣之區，予該地方官以特別之獎勵，如此推行，國民敎育庶有普及之一日，可否由本會建議，謹候公決。

實業學校急應注重實習案

理由

查部頒實業學校規程第十八條第二十七條第三十六條於農工商各校每週授業時數，均用消極之規定。（甲農除實習外不得過二十八小時，乙農除實習外不得過二十四小時，甲工除實習外不得過二十四小時，乙工除實習外不得過二十一小時，各科實習與授課合計不得過四十五小時，甲商不得過三十三小時，乙商不得過三十小時，幷未涉及實習。）而於實習時數，除農學科明定十六小時以上外，其他均無積極之規定。甲種各校，往往所授理論過多，致侵占實習時數，或授課時數，遵消極之規定，而並未注重實習。乙種各校或僅用某種實業敎科書，其內容無異於高等小學。加以各校感經濟之困難，設備苟簡，大都不敷生徒之實習。長此不變，未免貽誤青年，此不得不急圖補救者也。謹擬辦法如左：

一農工商甲乙種各校，均由部規定實習時數，至少須占在校時數若干。

一按照規定實習時數，調查各該校之設備，是否足敷生徒之實習。

一設備不敷生徒實習者，督促該校增加設備。

一分別調查農工商甲乙種各校最經濟之設備方法。

請召集全國實施教育人員開暑期講演會案

（理由）將欲振起全國共和之精神，必自實施教育人員始。現值美國杜威博士來華，擬請由部召集全國實施教育人員現居重要職務者，特開暑期講演會，必於共和前途裨益不少。謹擬辦法請公決：

一聽講員之規定。

師範學校校長及教育科教員。

中等學校校長。

高等師範學校附屬中小學主任。

師範學校附屬小學主任。

一譯員資格之規定。

以曾在外國大學畢業於哲學專科或教育專科者任之。（能得親受業於杜威博士者尤爲適當。）

一講演期間之規定。

俟杜威博士到華後由部商定。

附教育調查會調查規則草案

第一條　本會爲各調查股便於進行起見，另訂調查規則。

第二條　各股會員應就本股議決之事項，各自認定，著手調查。

第三條　調查區域，分爲國內調查、國外調查二項。

第四條　各會員所認定之調查事項，用本會名義或個人名義行之。但遇必要時，得由會長陳請教育部酌派臨時調查員。

第五條　本會調查經費，每股每年得支若干，依據教育部預算分別定之。

第六條　調查員赴各省區實地調查者，得支相當之旅費。

第七條　赴國外調查者，由調查員預計應用款項，送交本會核定後支給之。

第八條　本規則如有未盡事宜，俟大會時修改之。

（民國八年五月）教育雜誌十一卷五號，

請廢止教育宗旨宣布教育本義案（呈教育部）全國教育聯合會

歐戰終止，大同之說甚倡，教育調查會倡改教育宗旨之議於前（參閱該會報告），全國教育聯合會贊和於後。此爲第五屆聯合會議決案之一，惟教部未採用。　編者

新教育之眞義，非止改革教育宗旨，廢止軍國主義之謂。若改革現時部頒宗旨爲別一種宗旨，廢止軍國主義爲別一種主義，仍是應如何教人問題，非人應如何教之問題也。從前教育只知研究應如何教人，不知研究人應如何教。今後之教育，應覺悟人應如何教，所謂兒童本位教育是也。施教育者，不應特定一種宗旨或主義，以束縛被教育者。蓋無論如何宗旨，如何主義，終難免爲教育之鑄型，不得視爲人應如何教之研究。故今後之教育，所謂宗旨，不必研究修正或改革，應毅然廢止。本年北京教育調查會研究結果，有「養成健全人格，發展共和精神」二語，經本會討論，認爲適合教育本義，非宗旨之改革，特擬辦法二條，請大部採擇施行：

（一）從前部令公布之教育宗旨，（注重道德教育，以實利教育軍國民教育輔之，更以美感教育完成其道德。）請明令廢止。

（二）北京教育調查會所議定之「養成健全人格，發展共和精神」二語，請明令宣布爲教育本義，聽各教育者研究闡發。

（中華教育界八卷六期，民國八年十二月）

九　行政

奏請設總理學務大臣片　張之洞

此片附於重訂學堂章程摺之後，但祇由張之洞一人署名，蓋張百熙原爲管學大臣也。　編者

再學務一事，實爲今日自強要圖，必須全國一律舉行，方有大效。關繫至爲重要，條理又極精詳。各國均設有文部大臣，專司其事：凡釐定條章，審察學術，考核功過，皆歸其綜理。現在整頓京外大小學堂，必須特設專員，方能專心致志，籌辦妥協。查現在管學大臣既管京城大學堂，又管外省各學堂事務，目前正當振興學務之際，經營創始，條緒萬端。即大學堂一處，已屬繁重異常，專任猶虞不給，兼綜更恐難周。況京城大學堂不過學堂之一，其所辦是否全行合法，師生是否一律均有成效，亦宜別有專司考核之大員，方無窒礙。臣之洞與諸臣商酌，擬請於京師專設總理學務大臣，以統轄全國學務。其京師大學堂，擬請另設總監督一員，請旨簡派三四品京堂充選，俾專管大學堂事務，不令兼別

項要差，免致分其精力；仍受總理學務大臣節制考核。如是則全國之學務，與首善之大學，皆各有專責，而成效可期矣。臣之洞與政務處王大臣暨管學大臣商酌，意見均屬相同，謹附片具陳。（下略）

札飭學務處文　張之洞

此篇與下篇所紀均爲未設提學司以前之正式省教育行政機關情形，爲學政與提學使間之過渡辦法。　編者

爲札飭事。照得湖北省遵旨興建大中小各學堂，現經籌商定議，將兩湖書院作爲兩湖大學堂，以課高等專門之學。以原有武備學堂，暨防營將弁學堂，作爲武高等學堂。設立文普通中學堂一所，以自強學屋舍充用。將兩湖經心江漢三書院學生，通行合校，等差或歸入高等或歸入普通，分別辦理。設立武普通中學堂一所，擇地於壙子山迤南創建，該學堂未造成以前，暫借江漢書院先行開辦。其農務學堂移設武勝門外眞

奏請設總理學務大臣　札飭學務處文

武廟地方，令與試驗場相近，已經繪有圖式，從速興造。工藝學堂應行添屋添廠，定章定額，另行詳辦。設立方言學堂一所，以城內舊日農務局屋舍充用，即將自强學堂原有學生移入，仍另行定章分別去留。又設立師範學堂一所，擇地於黃土坡一帶創建，該學堂未造以前，暫借安徽會館先行開辦。又就省城內分中東西南北五路共同設高等普通小學堂五所，以作各州縣城鎮應設立小學堂之標準，均已擇有地址。其東路小學堂即附設於師範學堂之旁。另將經心書院改爲勤成學堂，以敎文優年長有志嚮學而不能入學堂肄業之生員。并擬於敎吏館東西增修屋宇，添設仕學院，會各省講求中西各門政治之學，均已分別延聘華洋敎習。各該學堂應行修改創建工程，亟須刻期分途興作，以速觀成。各學堂課程門目、畢業年限、管理人員職守、應再統行詳議，凡異等者應另立章程，同等者應會同畫一。此均係學務處應辦之事。至各府州縣應設中小各學堂暨民間私設各學堂，亦宜歸學務處隨時稽察考核。此後學務處文牘紛繁，圖書薈萃，人員衆多，應專設學務處一區，以便會集籌辦。查有坐落水陸街之城守營守備衙門暨西鄰官房一所，堪改作湖北學務處，以爲辦公之所。該處須用常年經費，應飭湖北善後局籌議詳辦。并由該處分刊刻清漢文木質關防一顆，文曰湖北全省學務處之關防，刻日呈齎來轅聽候飭發開用。所有原派總辦、提調、坐辦、該委員、參議等務須常川到處，將應行籌辦考查事宜公同商酌，分門別類，悉心經理。除分行外，合亟札飭，札到該處，即便遵照辦理。此札。

（政藝叢書內政通紀卷三）

直隸新設學校司章程

總綱

第一節　直隸設學校司，專司通省學校事務，遥歸總督統轄，首設督辦一員，由總督遴任。督辦之下，置參議一員，專門教育處總辦一員，普通教育處總辦一員，編譯處總辦一員，別置支發一員，均由總督選用，歸督辦管轄。參議之下置文案，總辦之下各置隨辦專門普通二處，總辦之下各置稽查，均由督辦隨時酌定員額稟請總督派充。至司事、書識、書手，統歸督辦該定列表於左：

督辦
參　議　一員　文　案　無定員
專門教育處　總辦　隨　辦　無定員
書識
普通教育處　總辦　隨　辦　無定員
司事
編　譯　處　總辦　隨　辦　無定員
書手

顧　問　官　尚未定　支發所　一　員
稽查所　無定員
原訂章程，三處之下，均隸股，須俟規模大備之後，此時暫不分。

督辦

第二節　督辦攬學校司之成，掌通省學校事務。凡本司職員暨各學堂之職員教師，均歸稽察。大事上之總督，小事由司酌核辦理。若遇疑難事項，或應增減定章，督辦調某所職員會議。其有不決者，呈候總督核辦，由總督刊發學校司之關防，祇領啓用。其職掌列下：　一凡本司各處總辦及各職事人員幷各學堂教師，有應賞罰升降之處，均由督辦稟明總督核定。　一凡通省學堂之職員有應賞罰升降之處，均由督辦呈請總督核定。　一凡通省學堂所用關防鈐記，均由督辦轉請總督刊刻頒發。　一凡各學堂學生畢業文憑及本司圖書案卷一切收存發送等事，均由督辦核定。 一凡資遣學生出洋學習，及派敎師出洋查考制度等事，均由督辦詳請總督給咨。

參議

第三節 參議隨同督辦參議學校各事，隨時討論，遇事糾繩，不得附和同聲，亦不得自安緘默。

專門敎育處

第四節 本處掌通省專門敎育事務，由總辦稟承督辦統率所屬隨辦之員經理。其職掌列下： 一凡有學術湛深技藝精良者，由本處總辦調查其書籍器具等應如何給賞之處，稟候督辦核定。

普通敎育處

第五節 本處掌通省普通敎育事務，由本處總辦統率所屬隨辦之員經理。其職掌列下： 一凡蒙養學堂、小學堂、中學堂、師範學堂所有一切事務，均由本

處辦理。 一凡以上諸學堂考驗敎習，均由本處核定，遠則派員往查，近則調考。

繙譯處

第六節 本處掌繙譯圖書事務，由總辦稟承督辦統率所屬隨辦之員經理。其職掌列下： 一凡中外各種圖書，均由本處總辦檢選善本，會同專門普通二處總辦商定敎科參考兩項，分別繙譯編纂。 一凡圖書經書繙譯編纂後，均由本處總辦呈請督辦查閱，交由印書局刷印校勘。

支發所

第七節 支發所掌本司銀錢事務，及通省學堂經費之事，係屬督辦管轄，位次在參議總辦之下，與文案、稽查及各處之隨辦同列。其職掌列下： 一凡通省學堂的款，均由該所立案，他事不準動支。至各學堂有須彼此通融餘款之處，由督辦交該所查呈核奪。

一凡本司及各學堂額支活支一切經費，其收支報銷等事，均由該所辦理。 一凡本司及各學堂所有修造房屋，置備器具，購買中外圖書儀器等事，均由督辦交該所辦理。

稽查所

第八節 稽查所掌分查通省學校事務，歸專門普通二處總辦統屬，位與文案支發及各處之隨辦同列，不預派定員額，隨時由督辦遴選妥員，稟請總督委用。 右以上所載各員自參議以下，凡所職掌之事，概係大綱。 其如何辦法及辦公時刻，均由各員自定詳細章程，聽候督辦核准遵行。 右以上專門普通繙譯三處及支發所，均由督辦稟請總督刊發關防鈐記祗領啓用。 右以上專門普通繙譯三處，各有專責，遇有彼此交涉事件，應由總辦互相協議，不得稍存意見，致悞大局， 右以上三處二所作爲定章。若有分項事件爲三處二所不能統屬者，應添派人員辦理，直歸督辦管轄，不於三處另設一處。倘三處中有須分股經理之事，應由該處總辦詳請督辦稟明總督核奪。

總規

第九節 本司職員，均應省繁文節冗費，辦公之時不得凌亂無章，不得遲緩悞事。

第十節 本司職員無論在司在外，均當厲行端品，不得有驕矜之氣，不得有汚辱之行。

第十一節 本司職員凡所自辦公事及他人所辦公事，無論在職離職，均不得宣洩於外。

第十二節 本司職員除請假及公出外，不准於辦公時刻擅離職守。

第十三節 本司職員，不得受所屬人員饋贈，亦不得受外人請託。其有因公致饋者，雖易他等名目，亦不得領受。

（政藝叢書內政通紀卷五，）

奏請特設學部　政務處

摺上於光緒三十一年九月三十二年閏四月並由學部奏定官制，除尚書侍郎外設左右丞左右參議各一人佐尚書侍郎管理部務並設總務、專門、普通、實業、會計五司分司全國教育行政事宜。並附設編譯圖書局，京師督學局，學制調查局高等教育會議教育研究所等機關，籌畫教育進行事宜。　編者

竊臣等恭讀八月初四日上諭：「立停科舉以廣學校」等因。欽此仰見聖謨深遠，因時制宜，敎育人才，實事求是之盛舉薄海士流莫不聞風鼓舞注重學科，化愚爲明自柔而强之基實植於此。竊謂此後普及之敎育日推日廣則學堂之統系愈重愈繁欲令全國學制，畫一整齊，斷非補苴罅漏之計所能爲，一手一足之力所能濟。且當變更伊始，造端宏大，各處學務之待考核統治者，條緒極紛，必須有一總匯之區，始足以期日臻進步。擬請飭下政務處公議速行設立學部，上師三代建學之深意，近仿日本文部之成規，遴選通才，分研敎育行政之法，總持一切，綱舉目張，實於全國學務大有裨益。查科舉既停，禮部、國子監兩衙門公事，愈形清簡，似宜統行裁撤，歸併學部，以節經費，兼免紛歧。其禮部應辦典禮，卽責成太常寺、鴻臚寺愼重將事，必不致稍貽隕越。所有部監之各司官助敎等員半係文學出身，亦可擇其學識明通者十留二三，隸於學部。其餘亟當統籌出路，設法疏通，以彰國家體恤羣臣之美。至設立學部，用款不貲，各員俸廉，雖不必如外、商兩部之過優，亦未便照舊日定制之太薄，且學務千端萬緒，需才孔多，當此部款支絀之時，勢不能不兼資外省財力，略爲補助。伏思各省歲科兩考、三年中所耗考棚費用多

則四五萬元，少亦二三萬金，擬請應照省分大小，將三年所籌之棚費，每年分提數成作爲學部常年經費。外省籌款，備極艱難，亦宜酌留一半，以備擴充各屬中小學之用。雖所提無幾，第以十九行省計之，亦頗覺積少成多，若再益以禮部、國子監兩署經費，與部中添籌之款，當足資展布矣。然學部立矣，尚有今日關係學堂最重要者三條，雖屬申明定章，實覺不宜緩辦，敬爲我皇太后皇上縷晰陳之：一，學堂教員宜列作職官也。外國學員，皆係職官，且有任事期限，所以責成專而收效速。今各省學堂所聘之教習，稍有齟齬，便爾思去，功課中輟，窒礙實多，亟宜申明定章，作爲官職，別以品秩，判以正副，重以禮貌，優以俸薪。凡高等學堂以上之教員，亟應由督撫奏補，中學堂以下，則隨時札委，均咨明學部立案，列入官籍之中。畢業時仍須擇尤保奬。如此則現在教員既覺榮寵有加，可免來去自如，即將來師範生卒業，亦有所安置矣。一，編定課本宜變通辦法也。查奏定章程內稱：「官編教科書未出版以前，應准各學堂自編講義，果能合法，即准作爲暫時通行之本。其私家編纂之課本，呈由學務大臣鑒定，如確合教科程度者，亦可采用」等語。誠以課本需要甚亟，一時官力恐未有逮者也。竊謂課本未定，學生將無業可執，以致畢業之說，迄無期限，此今日所最當研究者也。查直隸學校司近編之各種科學書，及湖北官立學堂所出各門講義，頗足以資採用；下至上海文明商務等書局，發行新輯中、小學各教科書，亦多有宗旨不詭，繁簡合宜之本，宜先薈萃此等講義、課本，由編譯處統加審定，擇其善者，分別部居，暫作爲各學堂應用之書。俟學部立後，人才敷用，再行詳悉編纂，隨時改良。若此時專待官編課本一律完備，恐非三五年所能竣事，此不得不略爲變通，以免曠日持久之虞。一，學生冠服宜定制度以歸畫一也。學生冠服尨雜，殊失整肅氣象，形式未立，何論精神。今由官定畫一之制，有禮服，有操服，并宜有大、中、小學之分，官立、私立之別。在堂則整齊可觀，出門則殊異於衆，自可束身禮法，屏絕奇衺。應由學務大臣考核典章，參以新制，將所定各種冠服式樣，風行各省學務處，轉飭一體遵照辦理，庶幾動中規矩，藉壯觀瞻。以上所舉之條，係屬查照定章申明辦法，合無籲懇天恩，一併飭下學務處，從速議定通行各省，切實施行，學務幸甚。

再科舉已停，禮部公事愈簡，奴才因有將該部裁併學部之請；如庭議以爲典禮攸關，未便裁撤，查翰林院爲詞臣回翔之地，事務尤覺清簡，且文學較優，由溫故而知新，令其研求學務，當資得力。惟新設之外、商兩部司員，均係照六部名目，若擬不裁禮部，將翰林院歸併學部，一旦由讀講、編檢改爲郎中主事，實恐窒礙難行。查日本文部省所定官制，大臣、次官之屬有專門、普通、實業三局長，參事、秘書、書記、視學、圖書審查、衛生等官之名，似可斟酌仿行，以居清要，其讀講等員人數過多，如有拘執未化，新學素少研究，與不願在內襄理學務者，應請飭下掌院學士悉心審擇。讀講、修撰，則以道員保送，編檢則以知府保送，並予以到省儘先卽補字樣，以示優異而便疏通。至侍講學士以上，僅十餘員，倘屬易於安置。如此變通辦理，在學部或可得通才之助，而翰林院各員亦不致獨抱向隅矣。伏候聖明採擇施行。謹奏。

（光緒政要卷三十一）

裁學政設提學司摺

學部
政務處

此摺於光緒三十二年四月初二日奉旨照准，四月二十日復由學部根據此摺奏定詳細官制，六月初八奏定提學使權限章程，八月十九日改六課爲六科。 編者

（上略）竊准軍機處抄交直隸總督袁世凱奏陳

學務未盡事宜一摺，奉硃批政務處學部議奏。又雲南學政吳魯奏請裁撤學政一摺，奉硃批學部議奏。欽此。臣等伏查國初沿前明舊制，各省設提學道。雍正年間，改爲提督學政，仰見列聖建置，具有深意，要在因時制宜，初不拘乎成例。現在停止科舉，專辦學堂，一切教育行政及擴張興學之經費，督飭辦學之考成，與地方行政，在在均有關係。學政分任事權，較爲不屬於督撫爲敵體，諸事既不便於禀承、於地方爲客官，一切更不靈於呼應；即有深明教育之員，補苴一二，爲益已尠。且各省地方遼闊，將來官立公立私立之學堂日新月異，勢不能如歲科各試分棚調考之例，而循例按臨，更有日不暇給之慮，勞費供張，無裨實事。學政舊制，自宜設法變通。上年奉旨設立學部以來，臣榮慶等即已籌議及此，而督臣袁世凱及學臣吳魯先後陳奏，皆以裁撤學政爲請；袁世凱所陳已極詳切，吳魯現任學政，身居局中，所言尤爲洞中利弊，是學政之應行裁撤，內外臣工，意見相同。但袁世凱原奏主規復提學道之制，近來地方有司辦理新政，恒視上司督催權力之所及以爲進退，藩臬兩司統轄全省道員，則範圍已隘，權限稍輕。若學政改設提學道，恐體制大異於從前，督飭或難於見效。至吳魯原奏責成督撫辦理，封疆大吏，一切吏事兵事財政皆其統籌兼顧，勢不能專心教育，臣等公同商酌，擬請裁撤學政，各省改設提學使司提學使一員，秩正三品，視按察使統轄全省地方學務，歸督撫節制，於省會地方置學務公所，分設總務、普通、專門、實業、會計、圖書六課，每課設課長副長課員，分曹隸事，仿漢代辟召之例，選官紳之有學行者，由提學司詳請督撫劄派；另設學務議紳四人，由提學使延訪本省學堂較崇之紳士充選；並設議長一人，由學部慎選奏派，其提學使司養廉，一仍學政之舊，仍量加公費以資津貼僚佐薪

裁學政設提學司

費皆以公款支給，所有從前之棚規供應，一概禁絕。其舊有學政衙門之胥吏尤當一律裁革。以上各節，名實既副，權限自明，於袁世凱摺內所謂定統系四端，吳魯摺內所謂廣籌經費四事，斟酌而損益之，實力而推行之，但使任用得人，職務咸理，庶幾地方學務日有起色，而教育之發達不難矣。一俟提學司設立之後，其各省學務處即行裁撤，所有學務處紳士及辦事委員，其佐理學務實有成績者，應留充學務公所議紳及課長各員之選，均由提學司屆時斟酌分別辦理，如蒙俞允，即由學部籌擬詳細官制及辦事權限章程，續行具奏請旨。其提學司員缺，應由學部博求深明教育素有閱歷者開單請簡。其各省學政既經裁撤，自應飭令回京供職，提學使未經到任以前，各該省學校事宜，暫由督撫飭學務處人員認眞經理。（下略）

通咨各省各項學堂皆歸提學使管轄考核文

學部

查照前後奏定學堂各項章程，凡各項學堂皆應歸提學使管轄考核，歷奉旨允准欽遵在案。前此本部因分科大學將次設立，亟應調取各高等學堂、法政學堂、高等實業學堂以及各項高等專門學堂，各本科歷期歷年各學科講義，由各提學司彙齊送部察核，以立分科大學之基，等因，通行各省在案。茲據奉天提學司呈稱：案奉學部札開：前因遵查奉省現時尚未設有高等學堂，其方言學堂開辦僅一學期，課程係遵照奏定章程於外國文外兼習普通，須俟二年以後始兼習專門各科，屆時再按高等辦理。至法政學堂係由督撫憲派參贊爲監督，並另派專員爲副監督，不歸本司管轄，講義尚未錄送。此外森林農事各校，均經延有東西洋專門教員教授各課，雖名目較高，均隸於勸業道管轄。其中一切課程講義，本司亦無從深悉。茲奉前因，除咨左參贊勸業道請遵飭辦理外，理合呈覆查核等因，到部。查法政學堂亦屬專門學堂之一種，光緒三十二年四月二十日本部奏准學務官制，並辦事權限章程內開：專門課掌理本省高等學堂及各種專門學堂教課規程、設備規則，及關於管理員教員學生等一切事務等語。是法政學堂之教課設備及用人管理諸事，皆在提學司權限之內，不應另派參贊或藩臬司專管，致違定章。至森林農業各校，亦統括於實業學堂之內。上年十二月十八日，本部會同農工商部議奏貴州開辦農工商總局以興實業一摺內開：該省擬設之農林學堂、試驗場、藝徒學堂，應由農工商局隨時督飭考求表列成績，遵章呈報農工商部以符職掌。至所有教課規程，設備規則，關乎管理員教員學生等一切事務，及將來畢業考試事宜，自應由承辦各員稟承提學使司酌核辦理，並由該提學司隨時認眞督察，詳報學部，以符定章等因；奉旨依議在案。是森林農業各校管理員、教員、學生等一切規則，本爲提學司職守所關，斷難置之不問。茲據奉天提學司來呈所稱，寔與迭此奏章不符，除咨行東三省總督并劄行該提學使司遵照奏定章程辦理外，亟應重申定章通咨各省，並劄飭各提學使司：凡關於專門教育寔業教育之學堂事務，皆當責成提學使司管理，不得因設立學堂之經費籌自他處，或學生畢業後應歸他處任用，遂將該堂管理之權劃歸他處。庶與定章相符，以收教育統一之效。相應通行各省查照辦理可也。

(大清光緒新法令第十三冊)光緒卅四年

奏定勸學所章程　學部

此章程於光緒三十二年四月二十二日奏准。　編者

一總綱　各廳州縣，應各於本城擇地特設公所一處，爲全境學務之總匯，卽名曰某處勸學所，每星期研

究教育，卽附屬其中。凡本所一切事宜，由地方官監督之。

一分定學區　各屬應就所轄境內劃分學區，以本治城關附近爲中區，以次推至所屬村坊市鎭，約三四千家以上卽劃爲一區，少則二三村，多則十餘村，均無不可。在本治東卽名東幾區，在本治西卽名西幾區，推之南北皆然，由第一區至數十區，可因其所轄地之廣袤酌定。

一選舉職員　勸學所以本地方官爲監督，設總董一員，綜核各區之事務，每區設勸學員一人，任一學區內勸學責。總董由縣視學兼充，勸學員由總董選擇本區土著之紳衿品行端正、夙能留心學務者，稟請地方官劄派。其薪水公費多寡，各就本地情形酌定。

一統合辦法　勸學員於本管區內調查籌款興學事項，商承總董擬定辦法，勸令各村董事切實舉辦。此

項學堂經費，皆責成村董就地籌款，官不經手。勸學員但隨時稽查報告於勸學所。每年兩學期之末，由勸學所造具表冊彙報本地方官，一面榜示各區以昭核實。若提學司派遣省視學查驗時，應由勸學所總董將各區學堂情形詳述，以便省視學酌赴各區調查。

一講習教育　各區勸學員，應先於本城勸學所會齊開一教育講習科，研究學校管理法、教育學、奏定小學章程、管理通則等類，限兩個月畢業，再赴本區任事，以後每月赴本城勸學所會集一次，（須預定日期，如每月第一星期爲東鄉各區勸學員會集之期，第二星期卽西鄉各區，第三星期卽南鄉各區，第四星期卽北鄉各區，以此類推。）呈交勸學日記，由各董彙核。有商訂改良各事，卽於是日研究條記，携歸本區實行。凡會集之期，地方官及總董必須親到。

一推廣學務　勸學員既係本區居住之人，自於本地情形熟悉，平時宜聯合各家及本村學董，查有學齡兒童已屆入學年歲之子弟，隨時冊挨戶勸導，並任介紹送入學堂之責，使學務日見推廣，每歲兩學期，以勸募學生多寡，定勸學員成績之優劣，其辦法有五：一勸學　婉言勸導，不可強迫。　一次勸之不聽，無妨至再至三。　說明學堂爲培養學童之道德，並不得誤認新奇，自生疑阻。　宣講停科舉興學堂之諭旨，使知舍此則無進身之階。　說入學於謀生、治家、大有裨益。　說入學之兒童，可以強健身體。　遇貧寒之家，可勸其子弟入半日學堂。　遇私塾塾師課程較善者，勸其改爲私立小學，並代爲稟報。　遇紳商之家，勸其捐助興學，裨益地方。對所勸之家，勸其復向親友處展轉相勸，並於開學時引導各鄉父老參觀。——以上爲勸學員之責。

二興學：　計算學齡兒童之數，須立若干初等小學。　計各村人家遠近，學堂須立於適中之地，查明某地不在祀典之廟宇、鄉社，可租賃爲學堂之用。　定明某地學童須入某學堂。　籌畫某地學堂屋宇多寡，可容若干人，爲定分班之數，須行課程，延聘教員，選用司事。　稽查功課及款項。　設立半日學堂。　每學期製學堂一覽表。——以上爲本村學堂董事之責，惟須與勸學員會議。

三籌款：　考查迎神賽會演戲之存款。　紳富出資建學，爲稟請地方官獎勵。　酌量各地情形，令學生交納學費。——以上爲勸學所總董之責，惟須據勸學員之報告，聯合村董辦理。

四開風氣：　訪有急公好義品行端方之紳耆，請其襄助學務。　擇本區適中之地，組織小學師範講習所，或冬夏期講習所。　組織宣講所、閱報所　有好學之士，可介紹於本府初級師範學堂，或本城傳習所，使肄業科學。——以上由勸學員隨時報告本城勸學所總董辦理。

五去阻力： 各地劣紳地棍之阻撓學務者。 各地愚民之造謠生事者。 頑陋塾師禁阻學生入學堂者。 娼寮烟館等所之附近學堂有妨管理者。——以上由勸學查出通知本城勸學所，稟明地方官分別辦理。

一寔行宣講： 各屬地方一律設立宣講所，遵照從前宣講聖諭廣訓章程，延聘專員隨時宣講。其村鎮地方亦應按集市日期，派員宣講。一切章程規則，統歸勸學所總董經理，而受地方官及巡警之監督。

一宣講，應首重聖諭廣訓。凡遇宣講聖諭之時，應肅立起敬，不得懈怠。

一忠君、尊孔、尚公、尚武、尚寔五條諭旨，爲教育宗旨

所在。宣講時，應反覆推闡，按條講說。其學部頒行宣講各書，及國民教育、修身、歷史、地理、格致等淺近事理，以迄白話新聞，概在應行宣講之列。惟不得涉及政治演說一切偏激之談。

一宣講員由勸學所總董延訪，呈請地方官札派，以師範畢業生及與師範生有同等之學力，確係品行端方者爲合格。如一時難得其人，各地方小學教員亦可分任宣講之責。其不合以上資格者，概不派充。

一宣講時，無論何人均准聽講。即衣冠襤褸者，亦不宜拒絕。（惟暫不准婦女聽講，以防弊端。）

一宣講時限日期，得由勸學所總董隨時酌定。

一宣講員每期宣講事項，應備簿存記目錄，以備地方官及勸學所總董隨時稽查。

一宣講附在勸學所，或借用儒學明倫堂及城鄉地方公地，或賃用廟宇，或在通衢。

一凡宣講時，巡警官得派明白事理之巡警員旁聽，遇有妨礙治安之演說，可使之立時停講。

一詳繪圖表： 勸學員應商同本區各村董事，就所轄地方，遵照學部頒行格式，繪成總分各圖，注明某地有學堂幾處，每學堂若干齋室，隨時報明本城勸學所存查。其學生、班次、人數、課程、及出入款項，分別造具表冊，分期報明本城勸學所。勸學所彙齊，另造表冊，交由地方官申報提學司衙門，每半年一次。

一定權限 各屬勸學所總董與勸學員，及各村學堂董事，均爲推廣學務而設，不准於學務以外干涉他事。如有包攬詞訟，倚勢凌人者，經地方官查寔，輕則立時斥退，重則稟明提學司究辦。

一明功過 勸學所各員如辦理合法，著有功效，應隨時記功。其有特別勞勩者，記大功。年終按記功之多寡，由地方官稟明提學司予以奬勵。其固陋怠惰，或

辦理不善者，隨時稟撤另舉。

（大清新法令第十三冊）

咨各省督撫爲外人設學無庸立案文

學部

外人在內地自由設學敎育中國國民，本無條約之根據。現在之外國敎會學校遍佈全國，不遵中國法規，此文實其禍水。 編者

爲咨行事。普通兼辦專門寔業兩司案呈，照得敎育爲富强之基，一國有一國之國民，卽一國有一國之敎育，匪惟民情國俗各有不同，卽敎育宗旨亦寔有不能强合之處。現今振興學務，各省地方籌建學堂，責無旁貸，亟應及時增設，俾國民得有嚮學之所。至外國人在內地設立學堂，奏定章程並無允許之文。除已設各學堂暫聽設立，無庸立案外，嗣後如有外國人呈請在內地開設學堂，亦均無庸立案，所有學生，概不給予奬

勵。除分咨外，相應咨行貴督撫查照行知提學使司辦理可也。

（學務雜誌第六期光緒三十二年八月）

飭學務處擬定各學生公費札（附撫州郡守說略）　袁世凱

袁時爲直隸總督，扎佈於光緒三十一年，其時學校不收學費，且有津貼予學生，主張徵收學費者以此爲始。　編者

爲札飭事。照得奏定章程立學總義章內開：敎育正理，每百家以上之村，卽應設初等小學堂一所。初辦五年之內，每四百家必設初等小學堂一所。又稱官初等小學堂永不令學生貼補學費，公立私立者不在此限。等因查泰西各國，惟法國普免小學生徒學費。其餘各國，多令學生自出少數之資，納於學校；其不足者，方由國家補助之。吾華人數甲於全球，若及歲兒童皆資官費，公家安有此力，普及何自寔行？直隸各屬好義紳民，捐資設學，見於奏章公牘者，月有所聞。又據正定府查學員所稱，行唐小學堂學生辭去津貼，概歸自費，全堂一致。本部堂心寔嘉之。固宜公理漸明，士知義務。但各屬富民不思公益，封殖自私，各學堂生依賴公家，視爲固有者所在皆是。智識太低，其愚可憫。亟應詳訂公費自費章程，以期推廣。查日本町村負擔學費，據明治三十六年統計表，已達四千萬餘元。其小學之數，官立二，公立二萬六千六百五十九，私立三百四十九。民無橫徵之怨，家無曠學之人。直隸前定各村分等籌捐章程，卽是此意。本督部堂於各屬稟請隨糧加捐者，俱加駁斥，亦以體朝廷永不加賦之意，恐開官吏書役隱射之門。但以本地之財，敎本地之子弟，富者所得既較多，則其負擔亦宜重。考斯密亞丹富稅四條：曰平，曰信，曰便，曰覈。分等籌捐之制，似乎信且便矣。然所謂上中下

三等者，果能准其所得之確數乎，此於平與覈之道未盡也。本督堂之意，謂紳民歲入在制錢三百千以上者，歲抽其百分之十或五，以爲公立小學之費；有不遵者，除命盜重案外，所有本戶財產之訟，立案不行，奏請著爲新例。但地方議會未興，田野巡警未遍，任其隱匿則不覈，聽人告訐則又不平。應如何折衷至當，皦然可行。或謂美國管業產稅，一切聽民自占，民自無欺，但吾華人民程度，能否及之，此公費之待商者也。日本教育公報稱美洲聖路易之博覽會，場車夫著一定之服，詢之，皆大學堂之學生，以推車傭錢爲學資。其南部各大學，多傭於農家爲學資。若語之吾華學生，必岸然不屑。然彼國人格之高，國力之厚，卽由於此。今雖不能企及，亦宜令任學費者人自出資。斯密亞丹原富論幼民學校之費，痛斥官資膏火爲學風不競。觀夫行唐諸生之概歸自費，樂善之志，人情所同，苟查學勸學之員剴切引導，豈讓一邑專美於前，且事事仰給於公，習爲固然，民德因之不進。應如何酌定數目，著爲章程。其窒在貧苦無業者，或照西國貧民學校之例以敎之，此自費之待商者也。總之，新舊兩家過渡之世，非强迫無以蘇。國民地方制度未備之時，則立法又須防流弊。仰該處博采衆議，分別擬定公費自費，迅卽呈候復核通飭遵辦。

右直督憲飭學務處議富民捐資設學學生概納學費札文，已登於九月十六日中外日報。若何議復，尙未得聞。竊以今日學界不昌，窒由此兩義與西人速率相去太遠。然自來北方之民，儉嗇成習，何以近日直隸好義紳民捐資設學，日有所聞，而行唐小學堂學生竟有辭去津貼，概歸自費，全堂一致之事。設此風廣播，竟灌輸於各直省之富民學生，一旦易移其性根，掃除其積習，知必有不煩勸導，而全國學界驟入文明者。彼日本町村之擔負學費，美洲博覽會之傭車，南部之傭農言猶河漢，固未敢遽以爲吾民勸。若同居一域之中而獨讓直隸之紳民有此義聲，行唐之學生有此進化，毋亦非人情所甘耶！雖然，兩者之中又分先後，使學生積習不除，事事仰費於公，雖舉國富民如町村無當也。撫郡自改書院爲中小各學堂者，數年於茲矣。創制之初，科舉未停，人心不屬，所增籌經費多者二三千緡，少者千數百緡。其異於書院者，增多月課獎，旬課獎，津貼火食費，學生多識新名詞，外此則多付闕如。所限名額，自二十三十人爲極數，習爲固然，無覺其異者。客歲之冬，本郡守就中學堂一區，於向所闕如者，始稍稍振理，而以津貼置官餐，增名額爲五十，於膏獎遂因有損失。維時肄業諸生，卽有肆口詆議，大放厥詞，見之旬課卷者。今春夏以來，於學堂形式漸具三四，而無可言精神，且仍有干訟訐嬉博簺被黜以十數人，小節細故未嘗置議者，不能枚舉也。邇者科舉停矣，人心屬矣，負笈者接踵至，而學堂形式如是，無精神如是，宜未可忍而終古也。乃甫議嚴督責，申禁令，停月獎以備急需，於是諸生大起衝突，有九月朔日鼓動風潮之事，列款要挾，譁而去者二十餘人。其中少數人猶能因反激力自費入私學堂，而多數之人竟星散不知何往，雖原因固不一致，而情志所注大略可想。蓋人之狃於故常，有美利當前而不加惜者，爲其所本無也。有錙銖損失而不忘情者，緣其所有固也。郡守於諸生衝突既不援禁令之專條有所議責，又因加反激者以獎進，則固亦有感於習爲固然之一語，不覺其易惱怒爲憫惻耳。近者彌月之間，以自費求入者，其數倍溢於前，擇別而取，講舍齋室已不能容，而敎者學者亦將易扞格爲遜悅，反怠弛以謹嚴，因激得勸，因退得進，理固然矣。雖然，一郡學堂當百數，士人當數千，若徒治此一區，廓此百數十人之容積，於學界得失何關百一，於民德進退何關千一，而不常之動激，偶用之權宜，抑不足爲他人勸也。郡守於此，益不禁爲之四顧爲之躊躇而不得其所以注措者。夫同此知能而謂一方之錮習必不可除者，是誣吾民質也。既任敎育而因一時之阻力廢而思返者，亦弛吾負擔也。方今公理漸明，義務之學漸著，灌輸之力終必普及，特開其先者地方之福，失其後者地方之悔。郡守抱區區之志，既不忍因扞格而置之淡漠，貽地方以他日之省悟；尤不忍治一區而遂忘普及，使地方無劃一之規模。因讀直督憲札文，深念足爲觀感興起之助，亟排印若干紙，徧給郡人，附以前此中學堂演說帖，暨改訂明歲簡要章程若干條。庶幾一郡六邑之士咸識奮興，與郡守無復扞格，而各邑之牧令，與襄事之紳衿，亦得所以同心而助理焉，則奚獨

爲守土之幸歟。光緒乙巳年孟冬知撫州府事王乃徵謹誌。

（學務雜誌第三期光緒三十二年五月）

各學堂徵收學費章程　學部

光緒三十二年十月

明令徵收學費以此爲始。　編者

據普通司彙辦專門實業兩司案呈：准兩江總督周咨：開學堂收取學費，爲東西各國通例，奏定章程亦已採取其法，著有明文。誠以公家財力只有此數，若事事仰給於官，不獨力難爲繼，抑且勢有所窮等因前來。查徵收學費，可以節省經費，推廣學額，免各省地界之爭，堅學生向學之志，誠爲今日切要之圖。惟現在學務初興，若收取漫無限制，亦恐反阻進步。茲由本部訂立章程通行各省。　（下略）

各學堂徵收學費章程

第一節　初等小學堂徵收學費，每學生每月至多不得過銀圓三角，並得體察地方情形暫時酌量免收。

第二節　高等小學堂徵收學費，每學生每月自銀圓三角至六角，初等實業各學堂酌減。

第三節　中學堂徵收學費，每學生每月自銀圓一圓至二圓，中等實業各學堂準此。

第四節　高等學堂徵收學費，每學生每月自銀圓二圓至三圓，大學預備科、法政學堂高等實業各學堂準此。

第五節　大學堂徵收學費，每學生每月銀圓四圓。

第六節　女學堂暫時免收學費。其因經費支絀，必需徵收學費者，聽其按照程度比照各學堂酌減徵收。

第七節　師範學堂不收學費。惟考取入學時，每學生徵收保證金銀圓十圓，俟畢業後發還。

師範學堂許設自費生，其額數視本學堂情形酌定，須經督學局或各省提學使司核准。

優級師範學堂自費生徵收學費，每學生每月銀圓二圓。選科減半。

初級師範學堂自費生徵收學費每學生每月銀圓一圓。簡易科準此。

第八節　半日學堂，藝徒學堂不收學費。

第九節　除師範學堂、小學堂、初等實業各學堂、半日學堂、藝徒學堂及女子各學堂外，凡各學堂學生考取入學時，應納入學費銀圓二圓。

第十節　學生所用書籍、筆墨、紙張、石板及操衣、靴帽等件，由學堂代為購備，學生繳價具領。其能自行如式購辦者聽。

學堂所用教科書籍，宜預先擇定，免至不時更換，難於購備。操衣宜用本地土布，不得用貴重材料。

第十一節　本章程發布後，京外各學堂新招學生，除師範學堂外，毋庸寄宿，其因地方情形不便，必須寄宿者，應收膳宿費，不寄宿而在學堂用膳者應收膳費。

膳宿費，就各地方食用貴賤及各學堂情形分別徵收。

師範學堂所有各費，一律免收。（自費生不在此例）惟半途退學者保證金概不發還。並將在學日所有費用追繳。其畢業而不盡義務者，亦將在學日所有費用追繳。（師範生入學，應邀請保證人到堂，出具保證書。其半途退學，或畢業後不盡義務者，該學生不將學費繳還，應由保證人代繳。）

第十二節　本章程所載學費，或按月徵收，或按學期徵收，均聽其便。銀圓數目係就新鑄銀幣未經通行之前言之，得就地方情形以銀兩、或制錢、或銅元照本地時價折合。

第十三節　本章程發布後，京外各學堂添招新班一律照辦。

關於地方情形，於本章程所訂學費必須增減者，由地方官紳或教育會詳具理由，呈請督學局或提學使司核奪辦理。並由督學局提學使司彙報本部備案。私立公立各學堂收費與否及收費之數目，應聽其自行酌定。

入學在前之學生，原係徵收學費者，照本學堂章程徵收。未經徵收學費者，暫時酌量免收。惟在堂寄宿之學生可酌收膳宿費。

第十四節　本章程發布後，京外學堂因徵收學費，所餘款項均應用之增加學額，推廣教育。其官立學堂原有經費，亦不得撥作別項用款。每學期將進出款項，繕具清單，呈由督學局或各省提學使司彙咨本部備核。

分年籌備事宜摺併單　學部

（學務雜誌第八期）　編者

摺上於宣統元年閏月二十八日，所舉各事，均能照行。

光緒三十四年九月二十九日內閣奉上諭：朕欽奉慈禧端佑康頤昭豫莊誠壽恭欽獻崇熙皇太后懿旨：前據憲政編查館資政院將議院未開以前逐年應行籌備事宜開單具奏，當經降旨諄諭內外臣工依期舉辦，卽已入單內之民政部度支部學部法部等衙門尙有未盡事宜，著統限六個月按照該館院前奏格式，各就本管事宜以九年應有辦法分期臚列奏明，交憲政編查館覆覈請旨遵行等因，欽此欽遵。伏查臣部職司敎育，大綱分爲二端：一曰普通敎育，一曰專門敎育，皆爲國家根本之計，憲政切要之圖。蓋立憲政體，期於上下一心，必普通敎育實能普及，然後國民之知識道德日進，國民程度因之日高，庶幾地方自治選舉議員各事，乃能推行盡利，而庶政公諸輿論，始無慮別滋弊端，此普通敎育所以亟宜籌備者也。立憲之效，必以富强爲歸。富强之政，斷非人才不舉。中國大利未興，百端待理，患在專門之學未精，專門之才太少。若不硏究高等之學術，卽不能得應用之人才，而富强之圖終鮮實濟，此專門敎育所以亟宜籌備者也。臣等自欽奉明治以來，顧念臣部職守最爲重大，臣部經費實爲支絀，而敎育爲憲政根本中之根本，斷不敢因循敷衍，致誤九年立憲之期。謹就臣部應行籌辦之事，以及事關大局各省應同時並舉者，按年分條，先行繕具清單，恭呈御覽。至各直省情形不一，籌備之事有緩急難易之不同，應由臣部電咨各直省飭司妥速籌議，限期報部核定，再行開單奏明辦理。此外容有應行辦理事宜爲臣等一時尙未籌及者，仍應隨時具奏請旨遵行。總之敎育一事，關係立憲至爲重要。實心舉辦，然後成效可期。通力合作，然後事機不誤。自此次分年籌備事宜奏定之後，臣部謹按照年限切實奉行。惟是逐年辦理之事日增，月益而臣部款項祇有此數，事多財絀，恐有窮於因應之時。擬由臣部隨時奏懇天恩飭下部臣疆臣協力籌措，以濟要需。是否有當，應請旨飭下憲政編查館核議施行。

附按年籌備事宜單

宣統元年，預備立憲第二年，頒布簡易識字學塾章程。頒布簡易識字課本。頒布國民必讀課本。頒布視學官章程。頒布檢定兩等小學教員及優待教員等項章程。頒布初等小學各科教科書。頒布中學堂，初級師範學堂教科書審定書目。頒布女學服色章程。頒布圖書館章程。增補學堂管理章程。編訂小學堂中學堂教授細目，并行督學局及各省學司派兩等小學堂中學堂教

員，同時編訂某項學堂教員，卽令編輯某項學堂細目，由該局及各該學司選擇善本，限年內送部考核，以備採擇。編定各種學科中外名詞對照表（擇要先編，以後按年接讀）。京師籌辦分科大學。京師開辦圖書館（附古物保存會）。京師及各省設簡易識字學塾。各省優級師範學堂、中等實業學堂、初級師範學堂，各府中學堂未設立者，限本年一律設齊（優級師範可先設一兩科。初級師範學堂可聯合兩府或三府共設一處。實業學堂或工業、或農業、或商業，可隨宜先設其一。其邊僻省分不能依限議齊者，該省學司應將不能設齊之緣由申達學部）。各廳州縣及城鎮鄉推廣兩等小學堂。行各省學司整頓已設之各項學堂，均附整頓辦法。行各省督撫飭學司體察該省情形，照後開四項預定分年籌備事目按年列表（自宣統元年至宣統八年）附加解稅，（已設者如何整理擴充，未設者如

何次第籌辦），限年內送部核定。四項列后：一師範教育，優級四類，先設幾類，至第幾年設齊。初級師範全省擬設幾處，至第幾年設齊，以及女子師範、保姆講習所，凡關係師範教育之類，均將辦法、次第、及成立期限，並按年推廣之法列入表內，以下三項同此。一普通教育，小學、中學、女學、蒙養院、半日學堂、簡易識字學塾、官話講習所，以及私塾改良、風俗改良、宣講所，凡關係普通教育之類。一實業教育，各等各項實業學堂，實業教育講習所，以及藝徒學堂補習普通之類。一專門教育，各項高等學堂、專門學堂、博物館、測候所，以及遣派出洋留學生之類。派視學官分查各省學務（二十二省三年徧查一次，某年查某省，臨時酌定具奏）。各省提學使在任滿三年者，由學部照章實行考核，或留或升，或調或實授，或撤回，請旨遵行。編訂全國學堂統計表（自本年起，每年編一冊通行各省以資比較）。編纂學部則例。

宣統二年，預備立憲第三年，頒布高等小學教科書。頒布小學中學教授細目。審定各高等專門學堂所送講義，編輯中學堂教科書。編輯初級師範教科書。編訂官話課本。編訂初級師範學堂教授細目，并行督學局及各省學司派初級師範學堂教員同時編訂，由該局及各該學司選擇善本限年內送部考核，以備採擇。編輯女子小學教科書。編輯女子師範教科書。改正已發行之各種教科書（以後年年照行）。編輯各種辭典（以後逐年續編）。頒布檢定中學教員及優待教員等項章程。頒布檢定初級師範教員及優待教員等項章程。實行檢定兩等小學教員及優待教員等項章程（以後每年續行）。行各省因城鎮鄉已定之界域分畫學區。行各省督撫飭學司照學部核准該省所擬分年籌備事目，估計逐年所需經費，應出自國稅者若干，應出自地方稅若干。行各省一律設立存古學堂。行各省一律開辦圖書館。行各省學司所有省城初級師範學堂及中小學堂兼學官話，此項課本未經頒布以前，均遵舊章講讀聖諭廣訓直解。派視學官分查各省學務。派員查看華僑學堂（間年查看一次。）訂擬蒙藏回各地方興學章程。

宣統三年，預備立憲第四年，京師籌備設專門醫學堂。京師籌設專門農業學堂。頒布中學堂教科書。頒布初級師範教科書。頒布初級師範教授細目。頒布女子師範教科書。頒布女子小學教科書。頒布檢查學生體格章程。頒布官話課本。京師設立官話傳習所。行各省設立官話傳習所。編輯高等專門以上學堂各種科學用書，（以後年年接續。）修定各學堂畢業獎勵章程。實行檢定中學教員及優待教員等項章程。實行檢定初級師範教員及優待教員等項章程。擬訂學堂教員列爲職官章程。派視學官分查各省學務（是年查徧第一周。）

宣統四年，預備立憲第五年，京師籌設專門工業學堂。京師籌設專門商業學堂。行各省督撫飭學司清查全省十五歲以下之幼童人數，及已未就學各若干人，（以後年年清查一次年終報部。）行各省督撫就地方自治經費內劃分學務經費。行各省推廣官話傳習所。試行學堂教員列爲職官章程。定選派大學分科畢業生出洋留學章程。派視學官分查各省學務。

宣統五年，預備立憲第六年，行各省督撫飭學司確查全省人民識字義者若干人，（以後年年清查一次。）行各省學司所有府直隸州廳初級師範學堂及中小學堂兼習官話。派視學官分查各省學務。編訂中學堂法制課本。預算明年學部及京外學務經費，（以後年年照行。）

宣統六年，預備立憲第七年，派視學官分查各省學務，(是年查徧第二周)奏報全國人民能識字義人數。續行編纂學部則例。

宣統七年，預備立憲第八年，頒布强迫教育章程。京師籌設音樂學堂。派視學官分查各省學務奏報全國人民能識字義人數。

宣統八年。預備立憲第九年，試行强迫教育章程。行各省學司所有廳州縣中小學堂兼學官話；(是年檢定教員章程內加入考問官話一條，初級師範學堂中學堂高等小學堂各項考試均入官話一科。)派視學官分查各省學務，(宣統九年查徧第三周，以後每三年偏查一次。)奏報全國人民能識字義人數派員分查蒙藏回各地方學務。

(江寧學務雜誌己酉第三册)

教育部廳司職掌之沿革

民國四年十二月止

民國元年四月本部成立，初依據南京參議院議決官制，暫設參事三人，草擬法令承政廳設秘書長一人專司機要及管理本廳事務，編纂員四人，審查員五人，設文書、會計、統計、建築四科，科員若干人。設普通教育司分五科，專門教育司分二科，社會教育司分三科，每司設司長一人科員若干人。其暫行職務：(甲)承政廳(一)文書科(文牘圖書學校衛生)，(二)會計科(出納報告監查預算決算庶務)，(三)統計科(調查編譯)，(四)建築科(規畫檢驗)(五)編纂處(編輯法令輯譯書報)，(六)審查處(審查教科圖書及儀器標本。)(乙)普通教育司，(一)第一科(幼稚園小學，)(二)第二科(中學)，(三)第三科(師範高等師範)，(四)第四科(普通實業學校、實業補習科、藝徒學校)(五)第五科(蒙藏回學務。)(丙)專門教育司，

(一)第一科（大學及游學生）(二)第二科（高等專門）(丁)社會敎育司(一)第一科（宗敎禮俗，(二)第二科（科學美術）(三)第三科（通俗敎育。）又前淸欽天監典禮院事項，幷於同年五月經國務院議決，劃歸本部分屬專門敎育社會敎育兩司，改欽天監爲中央觀象臺，嗣因官制變更，典禮院改屬內務部。是年八月，始依修正敎育部官制，薦任秘書僉事技正，幷委任主事各職，改承政廳爲總務廳，設秘書、編纂、審查三處，文書、會計、統計、庶務四科，（增庶務一科，將原建築科事項併入）。普通敎育司仍分設五科，惟改第一科掌師範，第二科掌小學事項，餘如故。專門敎育司增第三科，專掌國語統一事項。社會敎育司以禮俗、宗敎改隸內務部，裁原第一科，改設兩科。至是年十二月公布本部分科規程四條，規定秘書職掌爲掌管機要、典守印信、記錄職員之進退，關於直轄學校及公立

學校職員事項，關於敎育會議事項，關於敎育博覽會事項。其總務廳所屬文書、會計、統計、庶務四科及編纂、審查兩處，普通專門社會敎育三司，職掌大致仍舊。惟將文書科所管學校衞生，改隸庶務科。普通敎育司第一科增檢定敎員及服務事項，第三科增盲啞學校及調查學齡兒童就學事項。專門敎育司第一科增博士會及授與學位事項，第二科增曆象事項，第三科增醫士藥劑士開業試驗委員會及各種學術會事項。社會敎育司第一科增博物館圖書館事項。二年一月公布視學規程，規定視察事項爲敎育行政狀況、學校敎育狀況、學校經濟狀況、學校衞生狀況、關係學務職員執務狀況、社會敎育及其設施狀況、暨特命視察事務，凡七項，並於同年三月公布視學處細則十九條。同年十一月，以蒙藏回學務事簡，裁普通敎育司第五科，公布修正本部分科規程，合併編纂審查兩處，改爲編審處，

教育部廳司職掌之沿革

設編審員若干人，仍分編纂審查兩股辦事。此外則規定秘書得兼管本廳各科事務，幷於所管事務增列關於褒賞一項。又裁撤統計一科，將本科職掌歸併文書科辦理。其普通教育司第三科，則增列特殊教育及縣學務機關設立變更小學校基本金、獎勵小學教員、整理私塾五項，幷將專門教育司第一科所掌博士會事項改屬第三科。增加感化院及惠濟所事項於社會教育司第三科。至三年一月，復將專門教育司第一科所掌外國留學生事項改屬第三科主辦。——此因迭次修正官制本部變更職掌之沿革也。至本部各廳司職員名額，初定參事四，司長三，僉事三十二，視學十六，主事不得過八十八，技正二，技士八。二年冬修正官制，裁參事二，僉事十四，技正一，技士六，主事定爲四十二員。迨三年七月，復因修正官制增設參事一，僉事六，其餘均無所更易云。

十　義務教育

學部咨行各省强迫教育章程

此章程見於上海私塾改良會印行之私塾改良總會章程中，不載年月。查大清光緒新法令不可得，惟該章程印行於光緒三十三年五月，學部設立於三十一年九月，三十二年四月始定官制正式辦事，此章程之發佈期當在三十二三年之間。　編者

學部通咨各省督撫云：現在預備立憲，非教育普及不足以養成國民之資格。茲特釐訂强迫教育章程十條，通行各省，以期實行。今將所頒章程錄下：

一　廣設勸學所。

二　各省城須設蒙學一百處，學額以五千名爲率。

三　各府州縣須設蒙學四十處，學額以二千名爲率。

四 各村須設蒙學一處，學額以四十名爲率；如零星小數合數村爲一處亦可。

五 幼童至七歲須令入學。

六 凡有紳董熱心提倡多設學堂者，分別給獎。

七 幼童及歲不令入學者，罪其父兄。

八 以學堂之多寡，定勸學員之功過。

九 各府廳州縣長官不認眞督率辦理，徒以敷衍了事者，查實議處。

十 各學設定後每二年由提學使考驗一次。

私塾改良會章程

勸學所章奏准於光緒三十二年四月上海沈亮棨發起私塾改良總會，集江浙皖三省人士共謀進行。宣統元年，並由學部在京師舉辦。 編者

立憲預備，基於地方自治；地方自治，基於普及敎育，此通義也。學部近日頒行勸學所章程，其辦法必先訪求講演員，而以廣設蒙小學堂半日學堂爲目的，斯誠得著手處矣。顧以中國現時力量及人民程度，而欲大興敎育，廣設蒙小學堂，恐無此無量數之經費，亦無此無量數之敎員，則莫如先就舊有之數百萬私塾而改良之，因勢利導，其事較易，其機較順，此勸學所章程所爲注重私塾改良也。本會之設，原以變舊習爲新法化私塾爲學堂，爲今日過渡時代之簡易辦法，如製衣然，家藏舊衣數十篋，必盡廢之而更購新料以裁衣，非操家之道也。若將不合時宜者，翦裁而改製之，足以禦寒，足以適體；其質料之佳者，或且足以匹敵新製之衣而有餘。私塾改良會之辦法何以異是。查日本慶應義塾，爲明治維新時第一改良私塾。福澤諭吉之門弟子，有功名事業者多至三千餘人。上海梅溪學堂，爲三十年前最先改良之私塾。張經甫先生之敎規，多暗合東西洋小學校辦法，其門下多熱心敎育實力辦事之人

材。可見私塾苟能改良，卽大有裨益於時局。本會同人鑒於國家之未能廣設官立小學，而私塾黑暗之陋習不能坐視不救；因於光緒三十年甲辰六月設立此會，先行於川沙之龔鎭及蘇州二處。至乙巳年五月，滬上紳商學界籌資公立總會，於是推行日廣，至今丙午六月恰及兩週。其設立分會也，必辦會課處與講習所，合一邑之學塾而改良之，大與教育，爲國民求一般普通知識，卽所以籌立憲之預備也。其游歷勸學也，親詣各邑各鄉聯絡官紳學界，懇切指導，化新舊於無形，免官私之交鬨，卽勸學所之辦法也。前兩江督憲周札飭各屬仿辦私塾改良會，兩江學務處札本會講演員至甯屬各府縣勸設分會。今督憲端札諭甯蘇皖贛四提學司分飭各屬切實籌款興辦。本會同人仰承上憲普及教育造就國民之意，益加勉力，尤願四方有道君子實力推行，並各以其所經驗者隨時相貺，曷禁翹跂以待。

茲因第四次刋印章程，特將三年中所經驗者增訂數條，並採輯日本教育之良法依類附列如左

(一)宗旨　各教員照常各自收徒教授館室照舊，脩金照舊。惟教授悉用新法，重講解不重背誦。先求講明蒙學新書，然後授以四書五經，由淺入深，實事求是，務求到館一日卽獲一日之進益；遵照本會所定分年課程單循序漸進，期達改良之目的，與學堂辦法無稍歧異。(或此塾與彼塾相離不遠，程度相等，而又意氣相投者，不妨聯爲一塾，以兩三塾師共課一塾之學生，用力省而見功速，尤爲本會所贊成。一年之後，辦理有效，程度合格，可由本會禀請當道立案，作爲私立初等或高等小學堂。)

(二)職員　會中必須有擔任義務人員至少四五人，多則十餘人更妙。其擔任常年捐款者爲會員，就會員中公推衆望所歸三四人爲董事。其次推爲幹事

員，擔任本會考課事務及勸導、調查、演說各事宜。其輸特別捐者推爲名譽贊成員，每月或每兩月訂期邀集董事會員、幹事及贊成員會同議事一次。凡事經公同議定者，必須實力遵行。又當公舉總理學務人一人，審定會中之課程，司銀錢者一人，司書記者一人，管書籍雜物者一人。(管書籍者，兼代辦教科書發售於各塾，躉買可得廉價，會中悉照來價售出。)

(三)課程　必修科　修身(兼講經)　國文(包地理、歷史、理科、習字。)　算術　體操

隨意科　圖畫(毛筆畫)　樂歌

另附書目表

附分年課程表

附授課時間表

(四)會課　每月擇星期下午舉行會課一次，或每月二次。各教員率學生聚集於適中之公地，如廟宇善堂之類，由會中各幹事員將各塾學生分班考試，酌定分數，半年一結算，擇優給獎。會課畢後，演習體操，然後各散。(有會課然後有比較，有比較然後師生皆有進取之心，且教員按時聚會，集思廣益，敬業樂羣，其效尤大。)(註)本會雖注重私塾，但官立公立各蒙學堂亦在範圍之內，各蒙學教員亦可入會實行改良，會課期一律考課。

(五)書籍　教員應備之學堂課本及地圖、黑板、粉筆等，由各邑官紳及贊成員購贈。(首次贈圖書數種，隔一二月再贈數種。凡學生應用之書，教員須各備一種，先爲揣摩。經理人須就各塾學生程度之高下，而定各教員應受書籍之多少。)其學生應備之書，則由幹事員購備，發交教員處或另交妥人管理，由學生繳價領書。

(六)大考　每逢暑假及年假前，由本會董事請熟悉教育者數位會同查課評定甲乙，酌給學生獎物，並酌贈各教員酬金。學生之全案，以歷次考課積分之多少定之。教員之甲乙，以各人部下學生考列上中取者班級高下人數多寡之比例定之。

(七)考章　各私塾教課細章由會中總理學務人主政，庶課程劃一。各教員須平心商酌，化私見而顧大局。每一會課期之前，由會中預定應考某書自某課起至某課止，逐班派定功課，繁簡有差，俾各塾師徒先期講習。

(增)凡私塾學生經大考數次，程度能合初等小學或高等小學者，畢業之日由本會咨送升級官立學堂一律享受應得之利益。

(八)經費　每年能籌經費約一百元左右，即可集一會課；(教員約三四位，學生約三四十人)如合五

六塾或七八塾為一會課，學生約在百人以上者，則非籌經費二百元不辦。其或通都大邑有數十學塾入會者，其經費略大。若兼設師範講習所，則其費亦須另籌。然較之設立學堂，則所費尚省。所集之費，以三份之一為開辦費，(開會日之請名人演說議事茶飯等費，贈各教員之圖書課本及黑板粉筆之類，均歸此項開支。)以三份之一為上半年經費，(教員之酬金，學生之花紅考課及會課日之點心紙張茶水，教員及幹事員之飯食舟車等費，均歸此項開支。)以三份之一為下半年經費。此外如有特別捐款，可購備會課處之號板檯櫈及一切需用校具。

(增)照學部所定勸學所章程，每縣應特派講演員一二人，常川至各區各鄉勸導改良，並考查功課，傳習師範，則薪水飯食旅費皆當預籌。

(九)集捐　籌集義務捐之法，必以認月捐為上策，每

月小洋三角爲一份，有力者或五份或十份，多多益善。其次則由各紳董各幹事勸人隨意樂助，每年繳一二次，或祇躉捐一次，自一元至數十元，悉隨其便，由會中所公舉之會計員發給收條，並須簽名蓋印圖章。

(十)師範講習所　日本於維新之初，欲廣設小學堂，苦無合格之敎員，乃設立師範學堂以爲中學堂及高等小學堂敎員之選。又設小學敎員養成所，三個月畢業，專爲設立小學堂及改良私塾起見。故辦私塾改良會者，必須另籌經費，設立師範講習所。請師範畢業生數人，按期輪流到會所，與各私塾敎員及有志敎育諸友研究敎育之理，敎授之法，並補習算學、輿地、歷史、理科、體操各普通學，以擴新知而補不足，期實副改良二字之名義。私塾敎員不入師範講習會者，其酬勞費須酌減，惟已得師範卒業文憑者不在此例。所有講習會中各科學，由義務敎員五六人各認一科，按期到會所演講。若鄉僻之區，難得義務敎員，則宜聘請一二人任講習會之職，酌贈脩金。如經費不足，則集數鄉鎮合請一師範敎員，輪流至各鎮授課。

(十一)地方官籌撥常年經費　學部所定勸學所章程，有改良私塾一條。前兩江總督周札飭各屬府廳州縣仿辦私塾改良會，今江督端札甯蘇皖贛四提學司，分飭各屬一律籌款仿辦，視成立之多寡，定考成之高下。是此會之急應設立，實爲地方官應盡之義務。應由官紳合力妥籌的實可靠之常年經費，而由學界志士擔任勸導及調查考課之職，並每半年由地方官親臨會課處考驗一次，評其優劣，辨其等差，捐廉酌給敎員之酬金及學生之花紅，奬勸率惰，舉善而敎不能，於地方敎育裨益匪淺。

（十二）設閱書報處　如經費有餘，可設一閱書報處，多講各種圖書報紙，爲各敎員參考之資。章程另議。

（十三）家塾貼費　有力之家自設家塾，延師課其子弟，亦可勸其入會，惟須酌量捐助經費以資貼補，乃可同享會中之利益。

（十四）推廣　各省會館，各族義莊，各業公所，均可設立私塾改良會課處。會館可抽提公款，或集同鄉人之捐款，改良同鄉人之私塾。義莊可撥莊田公款，或籌集族人之捐款，改良同族人之私塾。公所可集同業人之捐款，或抽提公款，改良同業各家之私塾。

（十五）入會資格　敎員爲一鄉所矜式，一塾之表率。入會者須品行端方，素無嗜好，尤須文理明順，有志改良者方爲合格。每塾學生至少五人，不滿五人爲不及格；其酬勞贈書各條不能與滿額者一律看待。

（十六）女學生會考　已入會之各私塾中，或有女學生，亦准其一體考試。惟宜另設一女會課處，由女士考試，另外出案。每半年總結分數，優給獎物，以示鼓勵。倘難覓女學士，則公推齒德較尊之幹事員考試。

（十七）報銷　會中收支款項，由經理人每半年造具清單，實貼會課處，或用鉛版刷印簡明清單多張，分贈會友及曾輸捐款之人。

增補章程五條

一　分會切實辦法　各邑學務中人，深知敎育之貴於普及，而財力艱窘，學堂萬難徧設，是以仿辦本會者接踵而起。惟各分會成立以後，全賴本邑紳士竭力經營，乃不至有名無實。今將切實辦法，分爲三段：開會演說，感動衆人簽名入會，敎員矢願改良敎法，贊成員矢願擔任會務，籌措經費，此爲第一段辦法。購敎科書分贈各敎員，查看各塾敎授法，排定課程單，按月會考學生功課，每半年酌贈敎員酬金，酌給學生獎品此爲第二段辦法。設立師範講習所，延聘名師按期教授，滿一學期考課一次，滿二學期或三學期舉行畢業考試，擇其優者公贈文憑此爲第三段辦法。

二調查　調查分兩層，各私塾之入會者，由會員先行調查，親至塾中諄諄勸導，請其改良教法，簽名入會。除嗜好太深，文理欠通，及兼習堪輿星卜道士等人外，其餘均可入會。——此第一層調查也。既入會者，隨時由會員至塾中察看，其教授法管理法，並抽查學生功課，擇其合法者贈牌懸門以示別。其不合法者婉言導之，其屢戒不悛無可改良者，除名出會。——此第二層調查也。爲調查員者須有學問，有度量，循循善誘，和藹近人，乃爲稱職。

三預防流弊　凡私塾教員入本會者，須公同保全會中名譽。如有操守不嚴，不顧公德者，一經公衆查實，立請出會，尤須遵守本會課程表，時間表，實行改良，按月率學生到會課處考驗功課。各分會之已設師範講習所者，各私塾教員必須按期到會聽講，以增長學識而補習科學。如此辦理一年，經月考七八次，大考兩次，由會中董事會員幹事員等公同酌定，擇其優者贈單級學塾牌。如有兩三教員聯合兩三塾爲一學堂者，經月考數次，大考兩次，如由官紳學界公認，即可由會中公贈民立初級小學牌。此二種牌均不得私自仿造，亦不得以會員個人之私見濫准贈牌。如有違犯此條者，本會可協同教育會及勸學所禁閉之，或除其牌。

四注重德育嚴定學規　近今學堂通弊，往往管理不得其法，以致學生藐抗師長，蔑視學規，叫囂放縱，秩序蕩然。流俗不察，反以新學爲詬病。今宜就新舊學風酌定學規，去舊時私塾拘攣束縛之弊，而仍不失整齊嚴肅之規，以養成子弟服從法律之習慣。

五課程鐘點須有定限　昔時私塾敎課，無一定之鐘點，亦無一律之規則。嚴且勤者終日不得休息，寬且惰者一日或不滿兩小時之功課。私塾舊習被人指摘之處甚多，此亦其一端也。今定例每日作課，以六點鐘爲限。（十歲以內之學生減去一課，每日五小時已足。）每點鐘作課五十分，休息十分鐘。已入改良會者每月至少須敎二十四天，不得無故作輟及借端停課，

（上海私塾改良總會章程）

我國義務教育之經過及進行

陳寶泉

宋程子謂古者八歲入小學，十五入大學。朱子則謂人生八歲，上自王公，下至庶人子弟，皆入小學，而敎以洒掃應對進退之節，禮樂射御書數之文。我國上古之世。（二千五百年以前）已具義務教育之精神。逮戰國秦漢以來，其制漸廢，雖如漢武之興學，光武之重儒，唐開元之設州縣鄉學，宋慶歷之詔州縣立學，大抵重於造儒士而忽於敎國民。故考義務教育之萌芽，不得不謂自清末興學始。

清末學校有系統之計畫，斷推奏定學堂章程，（光緒二十九年奏准雖有欽定學堂章程，然不久即廢，且系統亦未完備。）其初等小學堂章程，內有計年就學章，摘錄外國義務教育規則。其第三節並云，東西各國兒童有不就學者，即罰其父母或任保護兒童之親族人。此時初辦，固遽難一概執法以繩，而地方官紳及各鄉村紳耆要當認定此旨，是爲教育法規籌及義務教育之始。

民國以來，初級小學堂改稱初等小學校，四年畢業，（原五年）意在以此四年作爲義務教育，而義務

敎育施行之程序，尙未明確規定。逮民國四年一月，大總統頒籌辦義務敎育之命令。四月敎育部頒定義務敎育施行程序。其程序分二期；第一期擬辦事項，爲頒布各項規程，暨調查各地敎育現狀。第二期擬辦事項，約分地方及中央爲兩部分，關於地方者爲師資之培養，經費之籌集，學校之推廣。關於中央者，爲核定各地陳報之辦法，並通籌全國義務敎育之程限。對於義務敎育有系統的計畫自此始。

先是宣統三年，江蘇南通縣規定義務敎育計畫。無錫縣亦有義務敎育之提倡。民國元年，直隸定縣翟城村亦規定普及敎育進行方法。（均見敎育部各地方實施義務敎育彙刊）、然均取試辦制，限於一縣一村。若各省之規定義務敎育計畫，均在民國四年以後。民國七年，山西首規定施行義務敎育規程，逮民國八年，敎育部復規定分期籌辦義務敎育年限，其期限如左：

民國十年省城及通商口岸辦理完竣；

民國十一年縣城及繁鎭辦理完竣；

民國十二年五百戶以上之鄉鎭辦理完竣；

民國十三年三百戶以上之市鄉辦理完竣；

民國十四五年二百戶以上之市鄉辦理完竣；

民國十六年一百戶以上之村莊辦理完竣；

民國十七年不及百戶之村莊辦理完竣；

以上爲敎育部所訂定。然各省情形既不盡同，而近年以來天災人禍洊至，民生凋疲，敎育難言，故各省對於以上辦法，或無力籌畫，或聲請展緩。所可注意者，自有此規定後各省之訂有施行義務敎育章程者，實居多數而已。玆分舉於後：

京師　城郊男女學齡兒童總數，共十七萬零六千一百零八人，就學者三萬二千七百九十九人。現計畫推廣小學六十六處，約可增收學生二萬八就學兒童比之學齡兒童可達五成以上。

京兆　民國七年訂有分期籌辦强迫教育大綱，內分預備時期自八年二月至七月底。進行時期自八年八月起，分爲四期，每期一年。各定進行程限實行强迫時期，預定自十二年八月起。

山西　民國七年頒行全省施行義務教育規程。

吉林　民國五年，在省城創辦義務教育模範區。八年推行於長春城區，繼及於濱江埠，此外依蘭延吉等埠及其他縣城，因受其他影響，期限應略展緩，而百戶以上之鄉鎮，照原定年限，尚可提前一年辦竣。

江蘇　民國八年頒定義務教育施行程序，擬於民國十一年試行强迫教育，並擬仿歐美先例徵收教育特捐。其計畫係各縣同時舉辦，以兒童數之增加爲期限數之正比，與部定之程序略有出入，而成效略同。

浙江　省教育廳於民國九年呈稱，關於義務教育事項，民國四年已飭各縣分年增設國民學校，限自民國五年七月起至十五年七月止。十年內應將國民學校一律設齊。

山東　民國九年訂有義務教育暫行條例，其進行程序，將每縣分爲若干學區，更分一年爲三期，計日程功，藉便督促。

察哈爾　民國九年七月，察哈爾都統咨云：已令興和道尹教育事務所長籌辦，已將施行義務教育完全計畫擬定，第一期設施事項，先令各縣局組織學務委員，令各旗創設勸學所，並令分別預籌學欵，造就師資。

河南　民國九年訂有施行義務教育規程及籌備程序，其程序與教育部所訂略同，並分籌造就師資，劃定學區，調查學齡兒童，並勸導强迫等項。

福建　第一期實施事項，就福州及厦門著手籌辦，以後逐漸進行。

安徽　其計畫先儲備師資。民國九年規定於安慶蕪湖淮泗三道內各設國民師範學校一所。每校每年約得畢業生四百人，三道合計爲一千二百人。至民國十一年終先後畢業二次，應得合格教員二千四百人。合之完全師範畢業生，可勉敷是期實施義務教育之用。

江西　其關於第一期設施區域，仿照山西吉林模範區先例，由教育廳直接籌辦。又以先期籌辦，必須另設機關，並於省令設籌辦義務教育事務所以資督促進行。

黑龍江　民國九年訂施行義務教育程序，與部頒程序相同，並訂有義務教育施行章程。

以上只據公牘可稽者，略舉梗概。其已見袁觀瀾先生民國十年之義務教育講演者，茲不贅述。

此外如西南各省無公牘可稽者，姑從闕。又如一城一縣教育設施漸近普及者，（如天津入學兒童已近十分之六，勸學所幷擬有籌欵推廣學校之計畫）以非全省計畫，亦不詳列。

大抵我國義務教育尚在萌芽，爲試行模範區時代。且政治不寧，人多怠忽。惟江蘇一省，設有義務教育期成會，頗有力圖進步之象。又民國十餘年，請願將義務教育列入憲法者已有兩次。若將來成爲事實，或易促義務教育之實現。以前第舉各地方施行義務教育之計畫，茲再將我國人口與學齡兒童入學數略爲比例，列爲一表，以考驗義務教育施行之實際。雖報告疏漏，難言精確，其梗概亦大略可考已。

中國各省區	人口	學齡兒童數 1/10	入學兒童數	百分比
京兆及直隸	二〇•九三〇•〇〇〇•	二•〇九三•〇〇〇•	四八九•三九六•	二三•三八

山東	三八•二四七•九〇〇•	三•八二四•七九〇•	四七六•一八二•	一二•四五
山西	一二•二〇〇•〇〇〇•	一•二二〇•〇〇〇•	六九九•九一三•	五七•三七
河南	二五•三一七•〇〇〇•	二•五三一•七〇〇•	二三三•三八三•	八•八二
陝西	八•四〇〇•〇〇〇•	八四〇•〇〇〇•	一三六•七五六•	一六•二八
甘肅	一〇•三八六•〇〇〇•	一•〇三八•六〇〇•	六〇•五〇三•	五•二五
四川	六八•七八〇•〇〇〇•	六•八七〇•〇〇〇•	四七〇•二二三•	六•八四
湖北	三五•二八〇•〇〇〇•	三•五二八•〇〇〇•	二八〇•三五八•	五•九
湖南	二二•一六九•〇〇〇•	二•二二六•九〇〇•	二〇四•三四九•	九•二三
江西	二六•五三三•〇〇〇•	二•六五三•二〇〇•	一一三•八一九•	四•二五
安徽	二三•六七〇•〇〇〇•	二•三六七•〇〇〇•	五三•六七二•	二•二七
浙江	一一•五八〇•〇〇〇•	一•一五八•〇〇〇•	二八二•五二〇•	二四•三九
福建	二二•八七〇•〇〇〇•	二•二八七•〇〇〇•	九七•一六九•	三•八五
廣東	三一•八六五•〇〇〇•	三•一八六•五〇〇•	一六七•九五〇•	五•二
廣西	五•一四〇•〇〇〇•	五一四•〇〇〇•	一四四•三五七•	二八•〇九
雲南	一二 七二〇•〇〇〇•	一•二七二•〇〇〇•	一六六•九六一•	一三•一二

貴州	七•六五〇•〇〇〇•	七六五•〇〇〇•	五〇•一二九•	六•五五
東三省	一五•〇〇〇•〇〇〇•	一•五〇〇•〇〇〇•	三三五•八三五•	三•七二
江蘇	三三•九八〇•〇〇〇•	二•三九八•〇〇〇•	三二〇•四三六•	一三•三六
新疆	一•二〇〇•〇〇〇•	二二〇•〇〇〇•	二•九八八•	二•四九

（註）人口數據中華大地誌約爲民國五年之調查。入學兒童數據民國八年敎育部統計。惟山西省用本省之九年統計。

（義務敎育第十八號民國十二年八月）

十一　女子敎育

創議設立女學堂啟　梁啟超

此啓散見於光緒戊戌後甲辰前之各種時務選本，但均不署作者姓名，實則爲梁啟超所作。（見飲冰室文集。）　編者

上可相夫，下可敎子，近可宜家，遠可善種。婦道既昌，千室良善，豈不然哉？是以三百五篇之訓，懃懃於母儀；七十後學之記，睠睠於胎敎。宮中宗室，古經簉其規綱；德言容工，昏義程其課目。必待傅姆，陽秋之賢伯姬；言告師氏，周南之歌淑女。聖人之敎，男女平等，施敎勸學，匪有歧矣。去聖彌遠，古義浸隊，勿道學問，惟議酒食。等此同類之體，智男而愚婦；猶是天倫之愛，戚子而膜女。悠悠千年，芸芸億室，曾不一事生人之業，一被古聖之敎！甯惟不業不敎而已，且又戕其支體，蔀其耳目，黜其聰慧，絕其學業，閨閾禁錮，例俗束縛，惰爲游民，頑若土番。烏乎！萃二萬萬之游民土番，國幾何而不弊也？泰西女學，駢闐都鄙，業醫課蒙，專於女師，雖在絕域之俗，邈若先王之遺，女學之功，於時盛矣。彼士來游，憫吾窘

創議設立女學堂啟

溺，倡建義學，求我童蒙。教會所至，女塾接軌。夫他人方拯我之窘溺，而吾人乃自加其梏壓，譬猶有子弗鞠，乃仰哺於鄰室；有田弗芸，乃假手於比耦。匪惟先民之恫，抑亦中國之羞也！甲午受創，漸知興學，學格之議，騰於朝廡：學堂之趾，踵於都會。然中朝大議，弗及庶媛；衿纓良規，靡逮巾幗，非曰力有不逮，未遑暇此瑣屑之事邪？無亦守扶陽抑陰之舊習，昧育才善種之遠圖也。同志之士，悼心斯弊，糾衆程課，共襄美舉，建堂海上，爲上下倡。區區之學，萬不裨一，獨掌堙河，吾亦知其難矣，然振二千年之頹風，拯二兆人之顪命，力雖孤微，烏可以已。夫男女平權，美國斯盛，女學布濩，日本以强，興國智民，靡不始此。三代女學之盛，甯必遜於美日哉？遺制綿綿，流風未沫，復前代之遺規，採泰西之美制，儀先聖之明訓，急保種之遠謀。海內魁桀，豈無恫游民土番之害者歟？傀傀窘溺，甯忍瞪目坐視而不一援手歟？仁而種族，私而孫子，其亦仁人之所樂爲有事者也！天下興亡，匹夫有責，昌而明之！推而廣之！烏乎！是在吾黨也矣！

附女學堂試辦略章

一、立學大意一條　一學堂之設，悉遵吾儒聖教，堂中亦供奉至聖先師神位。辦理宗旨，欲復三代婦學宏規，爲大開民智張本；必使婦人各得其自有之權，然後風氣可開，名實相副。故堂中一切捐助、創始及提調、教習，皆取材於閨閣之中，借除內言出梱之戒。

一、辦事人員章程五條　一堂中暫設教習四人，中文西文各半，皆延請華婦主之。大率每學生二十人而設中西文教習各一人。此後經費漸充，學生漸增，教習亦漸增。　二堂中設提調二人，華婦西婦各一，皆常川駐學，照料學生出入，管束堂中女僕人等，酌奉薪水。　三堂中設內董事十二人，皆以曾經捐款之婦人爲之；主輪日到學稽察功課，幷助提調照料管束一切不領薪水。　四堂中設外董事十二人，皆以曾經捐欵之人之子若夫若兄弟爲之主在外提倡集欵延聘教習提調商定功課稽察用度等事，不領薪水。　五堂中設司事二人，以男子爲之主管銀錢出入及堂內外瑣務由外董事公擇老成謹慤能會計者爲之酌給薪水。

一、招選學生章程五條　一堂中暫招學生四十人以後經費漸充隨時增廣。　二學生年限，幼不過八歲，長不過十五歲。　三凡學生年在八歲至十一歲者，必識字方許入學十二歲至十五歲者，必略識文法，能閱淺近之信札者乃許入學，俟有定期，卽刋日報以廣招徠以示大信。　四纏足爲中國婦女陋習，既講求學問中人亟宜互相勸改惟刱辦之始風氣未開，玆暫擬有志來學者無論已纏足未纏足一律俱收，待數年以後，始畫定界限凡纏足者皆不收入學。　五立學之意義主平等，雖不必嚴分流品，然此堂之設，爲風氣之先，爲他日師範所自出故必擇良家閨秀始足儀型海內，凡奴婢娼妓一切不收。

一、學規五條　一堂中功課中文西文各半；皆先識字，次文法，次讀各門學問啟蒙粗淺之書，次讀史志藝術治法性理之書。　二堂中設顓門之學三科：一算學，二醫學三法學學生每人必自占一門，惟習醫學法學者於粗淺之算理亦必須通曉。　三於三科之外別設師範科專講求教育童蒙之法。凡自認此科者於各種學問皆須略知本末則不必於三科之中自占顓門。　四紡織繪畫等事，婦學所必需俟經費擴充陸續延請教習教以中外藝事。　五堂中每月設課一次，由教習命題，評定甲乙，每季設大課一次，課卷送通人評定，列等第設獎賞惟初辦之始，或學生未能應課則此項俟數月以後始行舉辦。

一、堂規四條　一凡堂中執事，上自教習提調，下至服役人等，一切皆用婦人，嚴別內外，自堂門以內，永遠不准男子闖入，其司事人所居在門外，別闢一院，不得與堂內毗連，其外董事等或有商榷，亦只得在外院集議。二學堂初設，租界地貴，圖成不易，擬設於滬南桂墅里，惟去城及租界過遠，必預備各人住宿之所，方為妥便，　三學生學費，仿照西國書院章程略為減收，第一二三年每月每生收銀一元，膳在外，駐堂不計房費，每節每生賞僕傭五角。將來辦有成效，來者漸衆，乃議加收，若捐費既裕，亦可仍舊，或多開數堂以廣教育，隨時相度情形，妥為商定；如遇醴泉芝草，當不拘常例，酌籌培植之道。　四年中僱潔淨誠慤之僕婦等，學生來學者，一切侍奉均須周到；若或不遵使令，應告提調更換。各生不得自帶僕婦來堂，至滋別事。如有隨行僕婦，當另設一房屋，因婦

女出入必有隨行者。以上云云，是各生僕婦不與其住宿之謂，若隨行者亦宜設法安置。

一、學成出學規例二條　一凡學生習一事，或師範科及藝事等，學成者由堂中給以文憑，他日即可以充當醫生律師教習等任。　二滬濱鄭衞之風向盛，而租界中桑濮穢跡，尤彰明昭著，今擬設女學，各得自有之權，不先從本根上講究起，恐流弊較男學外孔內楊者更烈。公議凡貞正苦節之女，即非醴泉芝草，亦宜破格栽培，勗以專認師範一門，秉貞母之賦畀，先覺覺後覺，或冀形端表正，防微杜漸，其庶幾乎！

一、捐例三條　一凡書捐者，請皆書其夫或子之官階、籍貫、姓名、及本人所受封典，以備登之捐籍。凡各業輪捐，准書局棧、公司、莊典、行號等各大業招牌。　二西國義舉，多有認年捐月捐之例，堂中常年費用不貲，必得常年經費，乃易集事。若海內賢淑，開辦創捐

欵至五百元以上，每年常捐欵至五十元以上者，皆准送一生入堂讀書，免其修金膳費，以爲好善之報而資激勸。滬上南北市局棧公司莊典行號等各大業，皆拼股者多，難書女東姓氏；擬祇募常捐，不勸創捐，或閤業羣捐，或各家分捐，每業共數若干，准其併計，至五十元以上者，亦照例准送一生入堂肄業。三凡捐款不論華婦西婦嫡室簉室，不論捐金多寡，自一元以上一律皆收。

一、暫章六條　一草創之始，經費未充，擬先設堂上海，然後徐議推廣，普及各省府州縣。　二西文敎習，擬先聘江西康女士愛德湖北石女士美玉，其華文敎習及提調等，以次訪聘。　三凡內外董事，皆須由同人公舉，依西國舉議員之例，以投匭爲法，惟創辦之始，同人皆散在他方，未能聚議；擬暫由倡議諸君，權充外董事之職，倡議諸命婦，權充內董事之職。俟一二年後，規模稍定，乃如法公舉。　四所有捐欵，暫由時務報館中代收，每期報將樂助諸芳名刊列報末，其開銷各項亦登時務報中，以昭大信。　五此係試辦草創章程，取其大意，至其堂中詳細功課及辦事章程等，俟開辦後，更由敎習提調暨內外董事妥立細章。　六凡堂宇落成後，除供奉至聖先師神位外，另闢一院，裝設龕座，爲女先董祠宇，將來諸女董出心出力者，身後憑現在女董公論，敬贈鄉諡，恭送栗主入祠，春秋兩祭，永遠配享，與新堂并垂不朽，海內賢淑實係清正良家，樂輸捐欵者，當另設一龕，數至百元，亦一律配享，始助未足，准陸續加捐併計。

蒙養家敎合一

光緒二十八年張百熙奏定學堂章程未提及女子敎育，二十九年張及張之洞榮慶改訂學堂章程，始於蒙養院章程及家庭敎育章程中言及，但在學制系統中猶無正

蒙養家教合一

式位置也。　　編者

第一節　蒙養家教合一之宗旨，在於以蒙養院輔助家庭教育，以家庭教育包括女學。

第二節　蒙養院專爲保育教導三歲以上至七歲之兒童，每日不得過四點鐘，按各國皆有幼稚園，其義卽此章所設之蒙養院，爲保育三歲以上至七歲幼兒之所，令女師範生爲保姆以教之。中國此時情形，若設女學，其間流弊甚多，斷不相宜，既不能多設女學，卽不能多設幼稚園，惟有酌採外國幼稚園法式，定爲蒙養院章程。

第三節　凡各省府廳州縣，以及極大市鎮，現在均有育嬰堂及敬節堂，卽恤嫠堂，茲卽於育嬰敬節兩堂附設蒙養院。

第四節　各處育嬰堂規模大小不一，現均籌有常年經費。其規模過狹者，應設法擴充屋舍，增加額數。乳媼必宜多設，以期廣拯窮嬰。每堂乳媼之數，省城至少須在五十人以外，各府縣城至少須在三十人以外，卽於堂內劃除一院爲蒙養院，令其講習爲乳媼及保姆者保育教導幼兒之事。由官將後開保育要旨條目，並將後開之官編女教科書、家庭教育書刊印多本，發給該堂，令其自相傳習。乳媼既多，其中必有識字者，卽令此識字之乳媼，爲堂內諸人講授之人，每月格外優給工資，由該堂員董察其是否得力，酌辦日久效著者，可隨時酌加。若堂內乳媼全無識字者，卽雇一識字之老婦人入堂，按本講授。凡本地擬充乳媼保姆謀生之貧婦，願入堂隨衆講習者聽，人數限三十人以內，嚴禁擁擠雜亂，責成該堂員董稽察。（乳媼卽須作保姆之事，惟年壯有夫者可兼充乳媼耳，其爲保姆則一也。）

第五節　各處敬節堂本是極要善舉，亦應設法擴充屋舍，增加額數，以惠窮嫠。每堂養贍節婦之數，省城至少須在五十名以外，各府縣城至少須在三十名以外。卽於堂內劃出一院，爲蒙養院，令其講習，爲保姆者保育敎導幼兒之事。（蓋各處貧苦嫠婦，多係爲人作活計當女傭保姆之屬，必其無生計可圖者，乃肯入敬節堂耳。若敎以爲保姆之技能，固窮嫠之所願也。）由官將後開保育要旨條目，並將後開之官編女敎科書、家庭敎育書，刊印多本，發給該堂。其中節婦亦必有識字者，卽令其爲堂內諸人講授。每月格外優給贍銀，由該堂員董察其是否得力，酌辦日久效著者，可隨時酌加。若堂內節婦全無識字者，卽專傭一識字之節婦入堂爲之講授。其堂內節婦有癃老已甚，或志在淸靜寂處，不擬自謀生計，不擬自謀生計不願來聽講授者亦聽其便。凡本地擬受人雇充保姆之貧婦，願入堂隨衆聽講者聽，人數限三十人以內，嚴禁擁擠雜亂，責成該堂員董稽察。

第六節　兩堂開辦一年以後，由各該堂員董考察其講授之乳媼節婦講習認眞保育敎導合法者，（此事甚淺近易曉，衆目共見，不患其不公）稟明地方官分別給予獎賞，幷發給保姆敎習憑單。其在育嬰敬節兩堂學保姆者，無論院內院外，均發給蒙養院學過保姆憑單，聽其自營生業。講習無成效者，不給憑單。

第七節　外國女師範學堂，例置保姆講習科以敎成之。中國因無女師範生，故於育嬰敬節兩堂內，附設蒙養院。所學雖然較淺，然其中緊要理法已得大要，已遠勝於尋常之女傭。各省貧家婦人，願爲乳媼及抱兒之保姆女傭賫以糊口者甚多，此事學成不過一年，領有憑單，展轉傳授，雇值必可加豐，實爲補益貧民生計之一大端。

第八節　凡兩種蒙養院中，本地附近幼兒，其父母願送入其中受院內之敎育者聽，以便院中學保姆者練習實地保育之法。其每院人數之多少，由地方官及紳董體察情形酌辦，如貴族紳富自願延請女師在家教授者聽。

第九節　保姆學堂既不能驟設，蒙養院所教無多，則蒙養所急者仍賴家庭教育，惟有刊布女教科書之一法。應令各省學堂將孝經四書列女傳女誡女訓及教女遺規等書，擇其最切要而極明顯者，分別次序淺深，明白解說，編成一書，幷附以圖，至多不過兩卷，每家散給一本，幷選取外國家庭教育之書，擇其平正簡易，與中國婦道婦職不相悖者，（若日本下田歌子所著家政學之類）廣爲譯出刊布，其書卷帙甚少，亦宜家置一編。此外如初等小學字課本，及小學前兩年之各種教科書，語甚淺顯，地方官宜廣爲刊布。婦人之識字者，即可自看自解，以供自教其子女之用。其不識字不能自行觀覽者，或由其夫或請旁人爲之講說。有子者母自教其子，以爲入初等小學之基。有女者，母自教其女，以知將來爲人婦爲人母之道。是爲人母者皆自行其教育於家庭之中。母不能教者，或雇保姆以教之，是家家皆自有一蒙養院矣。

第十節　三代以來，女子亦皆有教，備見經典。所謂教者，教以爲女、爲婦、爲母之道也。惟中國男女之辨甚謹，少年女子斷不宜令其結隊入學，遊行街市，且不宜多讀西書，誤學外國習俗，致開自行擇配之漸，長蔑視父母夫壻之風。故女子只可於家庭教之，或受母教，或受保姆之教，令其能識應用之文字，通解家庭應用之書算物理，及婦職應盡之道，女工應爲之事，足以持家教子而已。其無益文詞，概不必教，其干預外事，妄發關繫重大之議論，更不可教。故女學之無弊者，惟有家庭教育。女學原不僅保育幼兒一事，而此一事爲尤要，使全國女子無學，則母教必不能善，幼兒身體斷不能强，氣質習染斷不能美，蒙養通乎聖功，實爲國民敎育之第一基址。

（大淸新法令第七類敎育二）

奏定女子師範學堂及女子小學堂章程

學　部

女子敎育正式列入學制系統之中以此爲始。　編者

竊維中國女學本於經訓，故周南召南，首言文王后妃之德，一時諸侯夫人大夫妻，莫不恪秉后妃之敎，風化所被，普及民間。江漢諸篇，言之尤備。孔子曰：人而不爲周南召南，其猶正牆面而立也！與蓋言王化始於正家，倘使女敎不立，婦學不修，則是有妻而不能相夫，有母而不能訓子，家庭之敎不講，蒙養之本不端，敎育所關，實非淺鮮，此先聖先王化民成俗所由，必以婦學爲先務也。方今朝廷銳意興學，兼采日本歐美規制，京外臣之條奏，請辦女學堂者，不止一人一次，而主張緩辦者，亦復有人。臣等每念中外禮俗各異，利弊務宜兼權。自欽派學務大臣，以至設立學部以來，歷經往復籌商，亦復審愼遲回，未敢輕於一試。故前年奏定學堂章程，將女學歸入家庭敎育法，以爲先時之籌備。上年明定官制，將女學列入職掌，以待後日之推行。惟近日臣等詳徵古籍，博訪通人，益知開辦女學，在時政爲必要之圖，在古制亦實有脗合之據，且近來京外官商士民擬立女學堂者，所在多有。臣部職任攸關，若不預定章程，則實事求是者，旣苦於無所率循，而徒騖虛名者，或不免轉滋流弊。臣等用是夙夜思維，悉心商酌，謹擬女子師範學堂章程三十六條，女子小學堂章程二十六條。凡東西各國成法，有合乎中國禮俗，裨於敎育實際者，則仿之；其於禮俗實不相宜者，則罷之；不能遽行者則姑緩之。現在京外各地方，如一時女敎習難得，不能

開辦者，務須遵照前章實行家庭敎育之法，以資補助。其已開辦各女學堂務須遵照此次奏定章程以示準繩。倘有不守定章，漸滋流弊者，管理學務人員及地方官，均當實力糾正。總以啟發知識保存禮敎兩不相妨爲宗旨，以期仰副聖朝端本正俗之至意。如蒙俞允，卽由臣部督飭京師督學局並通行各省將軍督撫一體遵照辦理。（下略）光緒三十三年正月二十四日具奏奉旨「依議，」欽此。

學部奏定女子師範學堂章程

立學總義章第一

第一節　女子師範學堂，以養成女子小學堂敎習，幷講習保育幼兒方法，期於裨補家計，有益家庭敎育爲宗旨。

第二節　女子師範學堂，須限定每州縣必設一所。惟此時初辦，可暫於省城及府城由官籌設一所，餘俟隨時酌量地方情形逐漸添設。

第三節　女子師範學堂，亦許民間設立。惟須由地方官查明，確係公正紳董經理者，方許設立，並須先將詳細辦法稟經提學使批准，與章程符合，方許開辦。

第五節　開辦之後，倘有劣紳地棍，造謠誣衊，藉端生事者，地方官有保護之責。如該學堂辦理有未合者，地方官隨時糾正。

學科程度章第二

第一節　女子師範學堂之學科目爲修身、敎育、國文、歷史、地理、算術、格致、圖畫、家事、裁縫、手藝、音樂、體操。其音樂一科，生徒中察有實在學習困難者，可以不課。

第二節　修業年限爲四年。敎授日數，每年四十五星期。敎授時刻，每星期三十四點鐘。

第三節　女子師範學堂敎育總要如左：

一、中國女德歷代崇重。凡爲女、爲婦、爲母之道，徵諸經典史冊先儒著述歷歷可據。今敎女子師範生，首宜注重於此，務時勉以貞靜、順良、慈淑、端儉諸美德。總期不背中國向來之禮敎與懿嫺之風俗。其一切放縱自由之僻說，（如不謹男女之辨，及自行擇配，或爲政治上之集會演說等事）務須嚴切屏除，以維風化。中國男子間有視女子太卑賤，或待之失平允者，此亦一弊風。但須於男子敎育中注意矯正改良之。至於女子之對父母夫婿，總以服從爲主。

二、家國關係至爲密切。故家政修明，國風自然昌盛。而修明家政，首在女子普受敎育，知守禮法。又女子敎育爲國民敎育之根基。故凡學堂敎育，必有最良善之家庭敎育以爲補助，始臻完美。而欲家庭敎育之良善，端賴賢母，欲求賢母，須有完全之女學。凡爲女子師範敎習者，務於此旨體認眞切，敎導不怠。

三、無論男女，均須各有職業，家計始裕。凡各種科學之有關日用生計，及女子技藝者，務注意講授練習，力祛坐食交謫之弊風。

四、女子必身體强健，斯勉學持家，能耐勞瘁。凡司女子敎育者，須使常留意衛生，勉習體操，以强固其精力。女子纏足，尤爲殘害肢體，有乖體育之道，務勸令逐漸解除，一洗積習。

五、敎授女師範生，須副女子小學堂敎育科、蒙養院保育科之旨趣，使適合將來充當敎習保姆之用。

六、敎授各學科，當體各學科之性質要旨，於今日世界情形之適宜者，用意敎導。

七、講堂敎授，固貴解本題之事理，尤貴使學生於受業之際領會敎授之次序法則。

八、言語明瞭正確，爲敎習者最宜加意，凡當敎授之際，宜時使學生演述所學以練習言語。

九、學習之法，不可但憑敎授，尤當勗勉學生，使其深造學識，硏精技藝，

十、各種科學務以官定之敎科書爲講授之本。

（第四節以後略）

女子小學堂章程

立學總議章第一

第一節　女子小學堂，以養成女子之德操，與必須之知識技能，並留意使身體發育爲宗旨。

第二節　女子小學堂與男子小學分別設立，不得混合。

第三節　女子小學堂，分爲女子初等小學堂，女子高等小學堂兩等。併設名爲女子兩等小學堂。

第四節　女子初等小學堂，使七歲至十歲者入之。女子高等小學堂，使十一歲至十四歲者入之。

第五節　凡設立女子小學堂，須先將辦法情形禀經地方官核准，方許開辦。該地方官並應隨時將辦法情形禀申本省提學使以備查核。

第六節　開辦之後，倘有劣紳地棍造謠誣衊藉端生事者，地方官有保護之責，如該學堂辦理有未合者，地方官應隨時糾正。

學科程度章第二

第一節　女子初等小學堂之敎科凡五科：曰修身、國文、算術、女紅、體操，外音樂圖畫二科爲隨意科，得斟酌加入。

第二節　女子高等小學堂之敎科凡九科：曰修身、國文、算術、中國歷史、地理、格致、圖畫、女紅、體操，外音樂一科爲隨意科，得斟酌加入。

第三節　女子初等高等小學堂修業年限，均爲四年。每星期授業鐘點，在女子初等小學堂，至少以二十四點鐘爲率，多不得過二十八點鐘；在女子高等小學堂，至少以二十八點鐘爲率，多不得過三十點鐘。但依地方情形有祇教半日者，則年限鐘點可酌量變通。

第四節　女子初等高等小學堂教育總要如左：

一、中國女德歷代崇重。今教育女兒首當注重於此。總期不悖中國懿嫺之禮教，不染末俗放縱之僻習。

二、無論何種學科，苟有與道德教育、國民教育相關之事理，各教習均當留意指授之。

三、教授知識技能，須選適於日用生計者，使之反覆練習，應用自如。

四、童年身體期於發達健全，凡教授各種學科，須合女子心身發達之程度，勿得逾量增課致有耗傷。

五、女子纏足最爲殘害肢體，有乖體育之道，各學堂務一律禁除，力矯弊習。

六、女子性質及將來之生計，多與男子殊異。凡教女子者，務注重辨別，施以適當之教育。

七、凡教授學科，期無誤其旨趣及法則，尤務使各學科互相聯絡，以謀補益。（下略）

江蘇提學司通飭各女學改星期第五日放假文

提學使爲李瑞清　編者

爲通飭事。照得江漢風行，讀周南而知德化，女師典訓，企班媛而頌徽音。蓋琴瑟在御，靜好先兆於安絃。訟獄無常，夙夜每防其多露。此女學以禮教爲先，而名譽以道德爲本也。查寧省女學之盛，頗稱完善。但鸞鳳

江蘇提學司通飭各女學改星期第五日放假文

爲羣，或不禁鴟梟之暗逐。芝蘭既植，亦難免蕭艾之潛滋。故口衆可以鑠金，蟲生多緣腐物，弊宜袪於所忽，法必極於無疏。本司查寧省舊有之商品陳列所及新設之敎育館，均訂於星期第五日爲女賓展覽之期。今特改寧省女學校星期放假，均限於第五日，一律通行，以便展覽，與男學堂不同一日。庶杯蛇市虎之疑自隱消於不覺，秀柏貞松之節更相得而益彰。歸休有定，既不妨其遊息之常；斯學問克成，期共進於賢慈之域。本司實有厚望焉。爲此合行通飭，札到，該所女學堂監督堂長暨敎員學生等務必自下學期開學日爲始，一律遵照辦理，不得稍有違悞，切切。此札。

（江寧學務雜誌辛亥年六期）

致袁次長觀瀾論修改女子師範學校課程書

蔣維喬

前者在寧講演時，多留數日，參觀各校，均尙滿意。頃見部中於中學第二部已提出辦法，師範分科聞亦將籌及。於此有一緊要問題急宜變通者，卽女子中學及師範課程是也。元年初定學制時，吾輩於女學課程均未能十分留意，而貿然取男女同等之學制，然女學不能不加家事縫紉等科目。既有手工，復有縫紉，已嫌重複；女子師範手工又加小學各種細工，致女師範生之擔負遠過於男生，其困難情形於參觀女子師範學校時灼然可見。竊謂男女天賦不同，職業各異，此項課程斷不適宜。辦學者懼違背部章，不能不勉力求合，而學生之體質乃暗中受損矣。鄙見暫提辦法數條，惟個人意見未必周密，請公交部中同人討論；如能照中學第二部辦法，用同一手續，交各省學界討論，最爲允當。具列如後：

（甲）減少科目及分量

一、法制經濟科可删。法制大意，既在高小授過，經濟宜授家事經濟，已包含家事科中，則此科當然宜删去。

二、博物物理化學可併爲一科，名曰理科，專選切合女子應用之敎材。

三、敎育科專重敎授管理等實用敎材，而其屬於理論者，酌量減輕。

四、手工縫紉併爲一科，删除敎育手工，專注重職業手工，此與小學有關聯。竊謂小學手工，國民學校第二年以上，亦宜改爲職業手工。

五、英語科可删，男師範亦非所必需，女師範更不切要。

（乙）年限及敎授時數

一女子有生產之事，阻礙其服務年限，似課程減輕之後，肄業年限以預科一年本科三年爲宜。

二女子生理既弱於男子，且晨起梳洗，課餘多洗衣等事，故宜減少敎授總時數。

以上云云，是否有當，至祈酌量進行。

袁君觀瀾覆函

大示對於女子師範改良課程之意見，當彙同討論。內惟減少修學年期，弟不贊成，蓋各省女師範學校之程度，多數太淺，倘再減年期，益難造就，此就事實而言也。

（敎育雜誌九卷七號四十七頁六年十二月廿日）

十二　華僑敎育

暨南學堂之創立

暨南學堂爲中國之惟一僑民敎育機關。光緒三十三年四月兩江總督端方奏請開辦於南京。三十四年，江蘇提學司稟請擴充，民國初元廢止，七年仍恢復。茲錄其有關係之文牘三篇於後。

爪哇華僑學生到寧特闢暨南學

堂　　端方

前因爪島僑民請派學生來寧就學，業經附片具陳在案。茲據南洋各島視學員學部專門司行走舉人董鴻禕等，護送爪哇華僑學生二十一人到寧。查該學生等，流寓遠方，不忘中土，情殷內渡，志極可嘉。惟該生等初回內地，語言驟難合一，應選派教習，補習國文國語及各項科學一年，再行考驗程度，查詢志願，分送各學堂肄業。且聞內嚮方殷，來者日衆，非爲特闢一校，不足以敷教育而繫僑情。當飭署江寧提學使陳伯陶奏調查直隸候補道王崇烈照料一切；並籌撥經費，擇度教舍，延訂教習，分科教授，派員管理，統合畫一，名曰暨南學堂。所有常年支用各款，現飭由江海關籌撥，撙節動用。將來實用若干，再行造報，作正開銷。除咨部查照外，謹附片具陳。

（江寧學務雜誌，光緒三十三年七月第五期）

條陳扶植華僑學務擴充招待僑民學堂文　　李瑞清

著者時爲江蘇提學使，

竊查中國瀕海人民，以內地謀生不易，遠適異國別圖生業者，數百年來以閩粵爲最盛。然從前敢於航船遠遊者，類皆有有不得已之苦衷，非抱持一如何之目的，而冀得一達者也。所以營運稍紓，而回首面內之情未見其增益。自朝廷深悉各僑民之受壓而憐其無告，遂責令使臣領事宣孅導懿，保衞撫綏。於是僑民喁喁向風，羣起而跂望祖國。又以其孤居異島，未蒙教育也，復迭頒明詔，敦促興學，由是僑民父兄益知奮勉。重以海疆大臣，遙爲聲應，若我憲台暨前兩廣總督部堂岑尤屬獎許不遺餘力，其效彌復大著。即如南洋羣島中，自爪哇前歲申送子弟來寧入學，蒙憲台嘉納撫慰，設學以教，予銜以獎，特別垂賚，至優極渥。海外聞風被德，其興起感奮固在意中。而宣中朝之盛美，促僑學之進步，證以近聞，尤足令人驚喜者。近據續行申送華僑學生來寧之董事梁頎、潘炳勳等報告：以爪哇而言，今年全島學堂已共增至五十一所，學生共四千六百餘名，其突飛猛進，非尊崇朝命，感荷憲恩，烏克有此！現在續送來寧之生，連前已共有六十餘名，起程未至者尚有十餘名，後此以次來歸，正未有艾。惟是署司默諗將來之必要，遠徵前歷之所經，有足爲我憲台鄭重詳陳者。竊維中國數千年來，人民數百兆，方里二萬萬有奇，有同一之政治歷史風俗，而語言文字爲最著。就中雖微有沿革，略形差異，而大端正無不同。觀之載籍，及近來譯本，凡國對於所屬，莫不亟亟焉以輸入文字爲首先唯一之政策。署司前十五年曾薄游南洋，至星嘉坡埠，亦嘗注意及此。見我國僑居習慣，語言則必須通英、巫來由、廣、潮、福各種，而官音乃視同格磔。文字則首英而次巫，而中文則等諸蝌篆。至詢其私塾，則擁皋比負篋笈者，悉不知四書五經爲何物。調查至是，心焉惘傷。若英人特爲我居留所營之校，又純取收楚材爲晋用之旨，因此嘗韲然起歎，以爲我華諸僑，長此以往，何難等之外化。玆查爪哇一島，我華商董自立學以來，內地知時績學之士，多往授業，經該董事等明理達務，會商辦理，以故所有學堂，咸照章程，咸授官音，而設學就學之數，又復日進無疆。是其歸向守法之誠，實非前此在星時所及料。語言文字之道，所關非細，我憲台當亦洞鑒而聞而欣悅者也。現在爪哇如此，經憲台一再鼓舞扶導，則繼爪哇而起者，凡有我華民足蹟所至，當可計日以溯其奮興。卽以爪島立學情形推之，其明大義，蓄熱誠，足爲我國增重光大，而收爲有用者何限。矧自此以後，教育發達，則身雖羈旅，心存鄉邦，外以練商戰之謀猷，內實毓國家之思想，則中國憲政成立以後，所有

條陳扶植華僑學務擴充招待僑民學堂文

擴張軍備，推廣教育之一切徵召款項之議案，當不煩言而通過也。我憲台體朝廷保商柔遠之至意，當大局所措施提絜於其間，署司不揣譾陋，謹就一得擬議條陳四節，繕呈採擇。

一宜迅派領事以資保護也：爪哇本我先民所闢之地，而占有權竟屬之荷蘭，我華諸僑窮而無告久矣。近者朝廷遣軍艦游弋以揚國威，派大臣慰撫以宣德意，所以嘉惠僑民者至優且渥。然而此等非常之盛舉用意雖美，而欲收外交上圓滿之效果猶難，非設外交專員以任隨時保護僑民之責，其勢有不可。查爪哇一埠我國向未設派領事，故除商人自爲謀計，未得一人與之正式交涉，折衝於樽俎之間。他事姑不具論，就教育一端而言，五六年來我僑民感朝廷興學之盛心，自行設學以教子弟，此本居留外國者應有之義。而荷人以我僑民忽改向來之陋習，般般

以永祖國之學術爲急。近聞有特設華人學堂，減收華童學費，以招致我子弟；又有津貼我僑民所設學堂經費，而教習歸彼指派之議。夫荷人何愛於我，而爲我子弟謀教育，如此其切，又其此等舉動不先不後，而適在華僑發奮興學之時，其用意可知。近時楊侍郎奉命南巡，歸而復命，即有添設爪哇領事之奏。聖明洞察，俯如所請，薄海臣民，同深欽仰。今爲保護該埠學務起見，擬懇憲台再行奏明，請旨飭下外務部轉咨出使荷國大臣，速與荷外部提議，將該埠領事趕緊設派，俾與荷官平時既可聯絡以固邦交，遇事亦可磋商，以保權利。而該埠僑民既蒙國家眷念特設領事以爲保護，則身家性命既有所託，當更能使富者出資，賢者出力，以謀教育之發達也。

一宜派員調查以資整頓也：以海外華商自行興學，而發達進步幾踰內地。署司方聞而增愧，豈敢復爲苛

求。雖然，南洋諸商，遠隔中原，風氣開通，爲日未久。今興學雖出熱心而辦理未必盡能合法。且局於道塗，招延教習匪易得人。其於管理教授，難保無參差不齊，或則疏缺不備。況閩粵之人各自囿於方言。今爪哇一埠雖一律以正音教授，而他部埠則猶有未盡改良者。閩粵兩省雖已派視學員常川駐劄，責以隨時整頓。然以地方遼闊，未易遍查，旅費未充，尤難周歷，則視學雖設，恐未必能收相當之效。而該埠學生今既源源內渡，倘非程度畫一，則既來之後，於分班教授必多窒礙。似宜由憲台特派一二員親歷各埠，詳細調查，一則宣傳朝廷作育人才，憲台提倡學務之至意，以堅務學者之心；一則調查各學堂功課整齊而畫一之，有未合法者，勸令改政。並囑其隨時報告以覘成績。至各學堂經費，由華僑自行籌措，自不宜過爲干預。然不可不代爲考核，以防用不得當之弊。一經如此調查，則華僑學務，當更能力加整頓，日起有功矣。

一宜優獎辦學之人以示鼓勵也：方今朝廷宏獎教育，凡在內地興學者，猶且不惜重賞以寵異之。況在海外，更屬難能而可貴。查華僑在南洋荷屬，不五六年間，設立學堂至五十餘所，收容學生至四千餘人，籌措常年經費至三四十萬。以較內地邊省一省，有過之無不及。是非由華僑愛戴祖國，熱心毅力，莫克致此！在辦事者好義急公，固無意於獎敘，而在國家宏獎風流，自宜錫以寵榮。往年爪屬辦學人員，曾經前粵督岑派員查明，奏請獎給榮銜有差。今事逾兩載，學務更益發達，辦理又多易人。若使前者蒙賞，後者向隅，揆之情理，似未得平。擬懇憲台於該島辦學人員，擇其獨出巨貲及於管理教授最爲出力者，分別等差奏請獎勵，則不獨身受國恩者當奮勉而圖報，卽逖聽風聲者亦必觀感而興起。其於學務前途，影響至大。至於各學生畢業應得獎勵，亦宜視內地稍優，以慰旅民愛國之誠，並以動少年求學之志。至此次華僑公舉護送學生內渡之花翎同知銜福建分缺先補用知縣梁廎升用同知福建分缺先補用知縣潘炳勳二員，熱心祖國，不辭勞瘁，應請比照異常勞績請獎。其林長炎莊嘯國二員，雖無官職，亦宜酌加獎勵，以昭激勸。

一宜擴充暨南學堂以宏造就也：海外子弟之歸國求學，自去年始。憲台上體朝廷作人之意，下念僑民向學之誠，爲之特設暨南學堂以施相當之教育。成立以來，成效大著，聲教所被，足令未來者聞風而興起。其初內渡者僅二十餘人，後增至三十餘人。今復由各學堂挑送四十餘名送回就學，聞相繼而至者尚不乏人。查暨南學堂原就妙相菴增築而成，去年僅有學生三四十名，尚可勉强敷用。現在學生將及百名，已有實不能容之勢。此後一有增加，定至無從安插。且所授課程，僅爲高等小學程度，學生學業既造，不能無一中學以爲升階。內地雖設有中學，而以經費難籌，所設不多，卽以收容內地之子弟尚嫌不充，更無餘額足以收容此項學生。況招徠華僑，非得一壯麗之學堂，不能使之傾向；非設一完備之學科，不能使之速化。應將暨南學堂另築新校，大加擴充，改爲中學校，而仍附設高等小學，以爲初歸國者預備入中學校之地。酌定學額約五百名，中學二百名，小學三百名。他日學生程度漸高，再行酌量變通。所授功課，大致仍遵學部定章。惟念該項學生，跋涉重洋，歸國求學，畢業年限，似宜酌量縮減，庶幾教澤易於廣及，而僑生益勸於內向。至於開辦經費，約計非十萬金不敷支用。常年經費，亦約需六萬金。近日江南財政，支絀非常，勢難籌此鉅欵。應請憲台專摺請欵開辦。查該項學生，閩粤兩省人民居多。其常年經費，自應由閩廣兩省，與江南分籌。僑民經商海外，歲有贏利寄歸，挽回中國權利不少。此項經費，若由海關分籌，尤為允當。擬請旨飭下粤海關閩海關江海關撥助。似此通力合籌，尚不難於集事。誠得此完美學校以造就華僑子弟，他日學成歸去，必有能發揚蹈厲成名海外，以增祖國之光榮者。

再據該董事等回稱：爪哇所設，皆兩等小學。近已籌有開辦中學堂經費。其常年經費，尚未充足。擬請國家略為補助，以資鼓舞。似應俯如所請，酌量籌撥。又據該董事等面稱：羣島除爪哇外，雖有立學，不甚發達。星嘉坡有學五，而亦多各授方言，不盡用官音。該董事等來時，曾帶同學生順道前往參觀，所得情形如此。惟該五學生徒，與該爪哇等學生等情感連綿，慶羨之懷，溢於詞色，海濱執手，相送殷殷。由此而言，則各埠內向之情，其機已動。昔漢司馬相如稱國家雖勞，亦不得已。誠得憲台俯擇芻言，迅賜實施，則華僑之歸化，可翹足而待。是否有當，恭候憲裁。

（江寧學務雜誌第四期光緒三十四年六月）

南京暨南學校規復宣言並招生啟

黃炎培

本校廢止，於今六稔。玆者籌辦規復，合將規復之宗旨徧告我僑南同胞。近頃以來，南洋華僑學校亦已進矣，而當局者困難之程度與之俱進，有畢業生而無相當之升學機關，求良敎員而無特設培養之機關。回國就學者日見發達，而無指導之人。學科程度或有參差，而無補習之地。此僑南同胞所引為大憾，亦祖國朝野上下所共抱不安者也。今將原有之暨南學校從新恢復，擴充規模，改良辦法，分設專科，并經營有利於華

南京暨南學校規復宣言並招招生啟

僑敎育之各種事業，總以華僑子弟回國者得受適宜之敎育，造成有用之靑年，以增進華僑文明程度，發達華僑實業爲宗旨。玆由鄙人籌辦，一切辦法均載章程，決定於民國七年卽一千九百十八年三月開校，校址仍在南京鼓樓南薛家巷，有志求學者請速啟程。

（回國留學須知略）

暨南學校章程

第一條　本校以招集華僑子弟已在南洋受有初步之敎育者，授以適應於南洋需要之知識技能，並發達其愛國思想，俾畢業後從事於華僑敎育或實業，冀其事業之改良與發展爲宗旨。

本校暫依中等程度辦理，漸進乃施高等敎育。在未施高等敎育時，華僑有欲送其子弟入本國大學或專門學校，或爲升學計欲入普通之中等學校者，本校負指導介紹之義務。須補習者，並設法使之補

習。

本校對於第一項，凡直接間接足以完成是項目的者，得規畫並施設之。

（第二條第三條略）

第四條　本校暫設師範科商業科，其他農林工礦諸科，俟調查需要量力添設。

本校酌設補習科

第五條　師範科商業科修業年期，各暫定爲三年。補習科無定期。

師範科畢業生，應在南洋華僑所設高等小學校或國民學校服務。其服務年期定爲五年。但修業業期增加時，服務年期比例增加。

第六條　師範科商業科各置若干學級，每一學級以四十人爲限，但補習科不在此例。

第七條　入學資格須身體健全，品行端正，年在十四

歲以上，通曉國語，在南洋高等小學畢業或與有同等學力。但入師範者，須年在十六歲以上，備具前項資格志願求學者，應携帶舊時畢業或修業學校總理（凡學董之領袖均以總理論）或校長簽名蓋章之證明書，（書式附後）及本生最近所攝半身相片，片後並須總經理或校長蓋章聽候驗明，准予入學試驗。

第八條 師範科之科目如左

修身 教育 國文 英語 歷史 地理 數學 博物 理化 圖畫 手工 商業 樂歌 體育

商業科之科目如左

修身 國文 數學 英語 歷史 地理 法制 經濟 簿記 速記 打字 商品學 商事要項 商業實踐 體育

上列各科外，得視南洋需要，隨時增加各科，均兼授南洋特別教材。

補習科科目臨時定之。

（教育雜誌十二卷二師七年二月）

（第九至第十二條略）

南洋華僑教育商榷書　黃炎培

此篇形式雖爲建議，但南洋華僑教育情形可於其叙述中見之。著者有南洋之新教育一書，（商務發行）可參閱　　編者

炎培此次受教育部委託，偕林君鼎華調查英荷兩屬華僑教育狀況。由新加坡而馬來半島，經柔佛、麻六甲、麻坡、吉隆坡、及其附近各埠，乃至怡保，檳榔嶼，渡海至蘇門答臘之棉蘭及其附近各埠，遂至爪哇。由巴達維亞、茂物、士甲巫眉、萬隆、牙律、日惹、梭羅而至三寶壠、泗水，參與荷屬學務總會所組織之教育研究會，獲

與六十二埠六十六學校七十八敎員上下議論者四日夜。旣畢游瑪瓏，返新加坡復游芙蓉及其鄰埠，所至備承學會、學校、閱書報社、商會會館、青年會、及其他公益各機關殷殷招待，感何可言。所惜行程匆遽，不克徧至大小各埠，至又未能久留，實爲抱歉。今將回國，謹薈萃其所欲商榷者，直陳諸父老兄弟之前。竊思敎育部之委託炎培與吾父老兄弟之厚待炎培，皆將責望其所有貢獻以爲採擇改良之助，不言固不可，言之過高而不切於事情，又豈有當！今玆所陳，大抵根據所見英荷兩屬共通之現象。惟其事實間爲他埠所有而此埠所無者，不妨閱而存之。苟其言而萬一有合也。倘望加以研究，付諸施行，幸甚幸甚。若夫籌畫敎員之來源，學生之出路，犖犖大問題，容俟回國陳請敎育部迅定辦法。此之所陳，或爲學董言，或爲敎員言，亦願彼此互相觀覽也。

第一、興學精神須堅持到底　華僑寄人宇下，興辦學校及各項公益事業，從未受政府經濟上之助力，而得有今日之盛，何一非諸父老兄弟愛國熱心所致，我政府深佩之，我全國國民共深佩之。今者時局糾紛，商業大損，國力未加，種種障礙緣之而起，在此存亡絕續之秋，願吾父老兄弟奮其毅力，堅持到底。南洋敎育已有十餘年根柢，萬一中途摧折，諸君十餘年苦心付之流水，豈不可惜！今後世界兵戰乎！商戰乎！皆學戰耳！歐戰之結局，將使科學價值益高，而視敎育益重；子弟多受一分敎育，卽國民加高一分人格，國家增進一分地位，無論如何困難，當合內外國共謀解決。炎培所敢言者，時勢所趨，輿論所廹，今後政府定必重視華僑敎育，但視國難少紓，則一切設施可以下手，卽炎培不敏，亦願盡社會一分子之力，奮其筆與舌爲諸君後盾也。

第二、學校權責宜明定　南洋學校或附設於固有團體，或係私人共立性質，不能不於校長教員以外特設管理機關。然而習慣相沿，名稱互異，事權未一，責任未明，有因此而意見橫生，致妨校務之發展者，炎培以爲第一宜改良者此也。查所見各校學董名稱，如總理、名譽總理、大總理、正總理、副理、協理、總協理、監督、監理、監學、監察、巡學、稽察、檢察、財政、掌庫、查帳、查庫、查數、幹事、司理、管事、董事、庶務、書記、招待、司信、評議、顧問等等，幾難枚舉。其故在每一學董必奉以一專名而不暇問其人能任與否。常見一校協理多至八十人，意在使人人多生關係，具見當局苦心。惟鄙見以爲名稱即不必深究，責任要不可不明，名實要不可不副，權限要不可不淸。簡單言之，各校宜組織一學董會，首領一人稱總理可也；副之者一二人，稱協理可也。有代總協理常川辦事者一人，稱書記可，稱幹事亦可。管理校產校欵者一人或正副各一人，姑稱財政員亦可。此外可一律稱學董。凡大事如聘辭校長，核定一年度之預算決算等，皆由學董會公議行之。公議既定，卽由書記（或幹事）財政員輔佐總協理分別施行。此關於學董之權責宜明定者一也。

校員方面，間有不設校長者。鄙見以爲學校苟有教員二人以上，卽不可無校長；否則內部之管理教授事宜，何從取決。無專責之人，似人人負責，實人人不負責。此關係於校員之權責宜明定者二也。

學校又間有兩校長者，一爲華文校長，一爲英文校長；蓋全材難得，其中具有苦心。但既爲中華學校，當以華文爲主體；雖英文亦當注重，或尙有他種原因，然祇宜設英文主任，或稱英文教務長，而統受一校長之管轄。試觀本國高等小學以上，大都有外國文，而未聞設外國文校長。卽外國人在中國所立學校，以外國文爲主體而兼教華文者，亦未聞設華文校長也。蓋一校不能有兩長，猶一人不能有兩首，其理易明。就余所見，因兩校長各自為政，致功課有重複者，時間有加至逾限者，（每日七時以上）其弊顯然，此關於校長之權責宜明定者三也。

進退教育之權責，屬之校長者少數，其大多數皆完全屬之學董，或學董與校長商量決定。炎培歷觀各埠所有學董，大都實業界重要人材，竊以學董諸君既擔負籌畫經濟之重任，不宜復以進退教員之事重勞心力。且選擇教員，大是難事，必須深知其平日學力如何，教授管理之能力如何。苟非同在教育界，無從深知，蓋實業家之不易知教育內容，猶教育家之無從得實業經驗也。故鄙見以為苟學董中確有深明教育者，不妨即任校長之職，否則另聘校長。為學董者但須以公共意思，慎選一可靠之校長，而進退教員與平日稽查教員成績，即責令校長擔負。如果任用非人，不妨公議更舉校長，吾知為校長者必愛惜名譽，尊重職務，不負學董諸君之委託；而為教員者，受校長一人之指揮，與受學董人人之指揮，為較所甘心而易於盡職也。此本吾國教育部學校令所規定，為本國各省區通行之辦法，願諸君子斟酌行之。此關於學董與校長之權責宜明定者四也。

第三學校基本財產宜籌集　處內國者，豔南洋實業之發達，方將覓地經營，以為教育事業之基礎。乃炎培此行，觀南洋各校，反未有基本產業，會館有鉅額之積貯金寺廟有偉大之橡樹園，而學校無有，有之亦絕微；誠亦知籌欵萬難，當局或有志未逮。然學校一日無基金，即一日可以閉歇。諸君子苦心經營，如築大廈於沙土之上，豈不可惜！馬來半島芙蓉部中華文華兩校，已各有橡樹園若干英畝，隣近各埠漸見仿行，他日實業發達，教育伴之而發達之數校者，壽命之長可以預卜。此外亦間有設店鋪或置店屋取息充用者，皆比逐年提募為可靠，願各埠聞風興起也。

第四教員宜慎選宜優待　各地學董往往語我以延師之難，各地教員又往往語我以為師之不易，皆實情也。究其所以困難之故，固由於彼此情形不熟，亦由於彼此權責未明。倘將第二條所陳研究改良，則困難當減却一半。今南洋教員大都來自內地，為教員者苟不明所在地情形，或不諳所在地語言，則教材安能適切，學生家庭又安能聯絡，故培養適當之教員，自是南洋教育上一大問題。歸國容言於教育部早為設法，在荷屬學務總會有自設師範學校之議，誠為救急要務，炎培深願早日觀成；而在此時未有特設之師範學校以前，關於延聘教員問題將如何處置乎？則請略陳所見：

(甲)願注重師範畢業生也。雖天才與經驗，亦或過於其修學所得，師範生未必盡優，而優者未必盡出師範。然師範學校所以專教人為師者，則其畢業生在理宜較為適當，非如師範畢業生須問其經驗如何，以前擔任學校之成績如何，而特別加以注意。

(乙)願注意負責任之介紹機關也。鄙意最好請師範校長介紹其現在或從前畢業之師範生，則為願全學校名譽計，定必慎重推薦。其次由可靠之學會或於本校有感情有關係之人物色介紹。方今良教員不易得，而求事者比比皆是。吾觀各地有為減少薪水省給川資計，即延用南來謀事者為教員。伍胥吹簫，毛遂脫穎，窮途落魄中豈乏奇才？然願當局慎重訪察，教育為專門職業，苟非性之所近與積有學力經驗者，未必盡人勝任也。

(丙)願破除省界，但以能國語為限也。省界之害，人人知之；欲使學生不分省界，當先於聘教員時破除省界，提倡國語，爲根本破除之要着。苟其人能國語者，閩產亦可，粵產亦可，非閩非粵產亦可。

雖然，不籌所以優待之法，則好教員未必肯來；即在職者，亦未必安心久任。此行輒遇教員搖首歎息，以現職爲無聊者之所爲，苟有善於此者，將褰裳徑去而不恤，此意炎培不甚直之。但爲學校計，苟無術使教員安心職務，實於教育精神大有關係。各國對於優待教員，皆有種種條例之規定，蓋一方以大義責教員，一方亦當謀所以安其心而去其所苦也。請言優待之法：

（甲）宜定相當之薪額　就所至各埠觀之，英屬小學教員，月薪大多數四五十元，由校供膳。荷屬則七八十盾，膳須自備，以現在各該地銀價折合國幣而與本國通都大邑小學教員薪額比，非惟無過，或且不及。而欲拋棄室家，遠遊萬里，苟非十分熱心南洋教育與別有希望者，殆或不免望望然去。炎培非不知籌款萬難，然終願學校以適當之薪額，聘合格之教員，使之專心任事，無憂內顧。學校之設，亦爲學生耳，教員多一分精神，學生多一分利益。至於降格相求，而用其非人；譬如一玉之價十金，而以五金得碔砆，吾爲此五金惜矣。

（乙）宜定年勞加薪之法　年勞加俸，爲各國優待教員獎勵久任之通例。以教員困苦之生涯，處南洋活動之社會，設無法以羈縻之，欲其久任將不可得。聞從前王君廣圻來遊，曾爲規定年勞加薪之法，去今八九年矣，實行者鮮；不揣冒昧，鑒於現今生活程度，參照本國教員薪額，與林君悉心商酌，爲擬一南洋英荷兩屬小學教員初任與遞加薪金額標準，意在不豐不嗇，豐或無此財力，嗇將不易得人。然此不過個人意見，聊備當局參考，幸勿彼此執以相責難也。

英屬校長初任每月七十元至一百元。
英屬教員初任每月五十元至七十五元。

如任職後確有成績，則每閱一年或二年遞加之，最後校長教員得加至一百四十元。
一百元。

荷屬校長初任每月一百盾至一百五十盾。
教員初任每月八十盾至一百二十盾。如任職後確有成績，則每閱一年或二年遞加之。最後校長得加至二百盾。
教員得加至一百六十盾。

說明
一、初任最少之數，基於現額之大多數。
二、初任薪額之多少，得視學生數學級數之多少，事務之繁簡，分別定之；其遞加數亦視此定之。
三、此項標準為畢業師範學校與雖非畢業師範而具有相當之學識經驗而設；使延聘校長教員時得所參考，非欲使現任人員遽援此以求增減也。
四、由校供膳與教師自備膳，從其習慣可也。

馬來半島某埠有教員多人，擬以每月積薪買山種橡，懼輿論非議，不敢下手。鄙意此絕好機會，提倡教員儲蓄，一善也。使教員藉此考知社會狀況，改良其教授，二善也。使教員於前途有希望，不至感其生涯之枯寂，三善也。人苟稍有知識，莫不欲解決其未來之生活問題，分職務之餘閒，助其生事之發展，其心安，對於職務當愈奮，此等事不惟無可非議，且宜贊助之，明達之學董必見及此。但因兼營實業而妨害其職務，與職業稍稍有得便變更其委身教育之初心，則殊對不起贊助者，非余之所敢知耳。

第五　僑學宗旨宜確定　吾華僑子弟不欲其肄業外國學校，而必自設學校以教之，所爭在何點乎？離社會無教育，處何種社會施何種教育，始吾父老子弟之來南洋，試問舍農工商職業尚有其他目的存焉乎？

今請基於第一問題而爲認定僑學宗旨第一項曰：

國民教育。

基於第二問題而爲認定僑學宗旨第二項曰：

職業教育。

僑民子弟年齡稍長，大都爲謀生計，中途退學，畢業者寥寥，遑論升學。遊蹤所及，幾於各地一致，此尤爲需要職業教育之明證。

宗旨既定，進而言設施方法：

第六關於國民教育之設施方法宜研究　一曰勵行國語。有國土而未能統一其境內之語言，則不得謂有完全之國家資格。有國籍而未能操其國通用之語言，則不得謂爲完全之國民資格。今南洋國語，不可謂無進步矣。炎培所首欲言者，荷屬漸發達，而英屬尙未能一致也。苟英屬各埠各校教員，於教授時特注意，各校學董於聘校長時，校長於聘教員時特注意；則一二年內雖與荷屬齊亦可。吾觀荷屬中華學校，有校內禁操土語，違者至罰錢以儆者；雖不必傚其法，而其意可師也。其次則學校高級生漸注意，而未盡注意於初級生也。語言之爲學，教之愈早，收效愈速。吾觀菲列賓公立學校，美國人所設以教土人者，自初等小學第一年起，在校卽不許操非英語；不及數月，英語純熟。然其社會，其家庭，皆未嘗通行英語；可知亦視學校提倡何如耳。或慮初授時因語言之障礙，功課將不免減色；不知利害須權輕重，國語無效，卽國民教育失其基礎，而設學之本旨荒矣。且如勵行之，則所謂障礙者亦祇數月，行之愈早，障礙之時間愈短，將何去而何從乎？

二曰破除省界。既認國民教育爲第一要旨，則同國以內，卽不宜有其他界限之見存。然吾觀各校招生，間有限於某省某縣籍者，叩其原因，曰某學校創自某會館，經費集自某屬故也。自吾言之，甲屬立校，兼收乙丙之子弟甲不愈榮乎！如因語言不一故，則學校固當教國語也，且語言不一而招本屬子弟，因所招皆本屬子弟而土語愈盛國語愈荒，而語言愈不能統一，因果相生，永永無了，教育之本旨安在？知明達者必能見及也。

國文歷史地理爲國民教育之主要學科，此外如唱國歌，敬國旗，利用適當之機會激發愛國之精神，全在教員於教授訓練時多方誘導。而炎培對於僑學國民教育上，猶欲提出一要義，曰提倡國民外交。政體遞變，民與國日益密切，一切國政皆以其民爲後盾，外交亦然，日本近年大注意此點。今春東遊，政府倡中日親善之說，而其民和之，舉國一致，爲之駭然。吾國勢弱，國民外交益當研究，況僑民寄人宇下，一言動之得失，國之榮辱因之。怵於外人勢力而專事服從，固爲不可，激於愛國熱誠而貿焉排抵，又豈所宜；卽非排抵，而言動意氣失其和平，已乖交際之道，交際與交涉不同，敬人者人恒敬之，自尊者人不得而賤之，惟有於教育上注意此點，使華僑子弟人人對於所在國以不亢不卑不難不悚相當之待遇，表示我中華大國民之風度，人格日高，國家地位亦以增進矣。

第七關於職業教育之設施方法宜研究　一曰職業教育當以實用主義爲基礎也。實用主義之發達，學校畢業立可謀生，學生製作可爲商品，在校修學兼可營利，吾於美國於菲列賓男女學校皆嘗親見之。南洋學校大都傾向於實用主義，亦間有未能一致者，試分述之：

一、國文　新加坡養正學校教員石君維森，教授國文方法與其命題評改，大慨鄙意。三寶壠中華學校校長石君鳴球課作文，精細簡當，一望知爲老手。此外各校堪令人欽佩者不少，（如檳榔中華學校國民一年級教員杜君教法亦靈動有興味）惟間有讀論文範作論說題，專事注入教授。其中或軼出小學生思想範圍者，不無微憾；倘能一致注重實用，體裁則尋常應用，材料則本地風光，不使二石專美於前，則幸甚矣。

一、算術　實用算術教法，詳見實用主義小學教授法一書。嘗於爪哇萬隆埠中華學校見張君治先教算術，諸等改用荷幣，甚是甚是。此外如是用心者當不少，彼此可相參考。

一、習字　所見大多數爲映寫描紅，此宜改良。又授行書者尚鮮，爲實用計，似不可少。

一、圖畫與手工　此行所見圖畫手工，以三寶壠中華學校爲最滿意。圖畫則圖案畫、考察畫、廣告畫、寫生畫、商標畫；手工則石膏工、蠟土工、針

金工、木工、紙石盤、乾電池、鍍銀、色墨水、隱現紙、肥皂（以椰油爲原料）等等。泗水中華學校有圖案畫，有各種實用手工。吉隆坡尊孔學校有圖案畫，有石膏工、蠟土工、鉛皮工、製本工等等。巴城中華女學校有寫生畫，而怡保明德學校教員古君憤生創爲手工圖畫聯絡之法，以圖畫與貼紙爲底，以翦紙片面人物飾於其面，參差遠近成一幅寫景畫，令學生自由製作之，雖未精美，要其立意大可采取；外此相類者當亦不少，而沿組紙貼映畫臨畫等舊法，無當於美術，更無裨於實用者亦間有之，願彼此相參考也。

一、女子手工　所見新加坡華僑女學、柔佛寬柔學校、芙蓉坤華女學、怡保中華女學、女子勤業學校、巴城中華學校、梭羅中華學校、三寶壠中

華學校、泗水中華學校皆甚美。其間有開展覽會出品得錢不少者，而售諸商場者尙鮮。大抵歐式合於商品居多，鄙意不論歐式華式，皆宜以普通應用便於出售爲標準。又手工務謀與圖畫聯絡，宜導使學生自繪圖樣，而寫生圖案等法，其應十分注重，不待言矣。

一、體操　體操有實用敎授法乎？曰：有。其爲普通操，不逐逐於操式之變化，器械之搬演。選定一種，日日課之，每次以二十分或二十五分鐘爲限。務合於鍛鍊體格之本旨，其爲兵式操，則定期課之。此小學敎育法所未及，故附述焉。

二、修身　石君鳴球編修身敎授細目，而特揭要義八條：一不可蹈詮解文義之弊，二須有深切溫和之感情，三十分注意個性，四須聯絡他科，五須細察在家庭之舉動是否一致，六敎授時不可陷於枯寂，七不論何時何地，皆當導使實踐，八振刷精神，勿忘本科爲國魂所寄。語皆精要，敬介紹於敎育界諸君。

以上不過略舉大概，此外未及見者實尙不少，有願以關於實用主義之各科敎授法相討論者，隨時惠書見敎可也。

二曰商業敎育須有種種相當之設施也。此行至蘇門答臘之棉蘭，見領事張君公善，首提出注重商業敎育之意見，承其叔耀軒總理之命，將所創之敦本學校改辦甲種實業學校商科。其宣言書云：南洋羣島一實業場也。華人僑此者，率業貿遷，間事工作；子弟成年，大半以能世父業爲賢。在才而貲者固不難遄返本國，肄業專門大學，而無力者勢不能不從事個人生計以圖自存。普通中學之程度，以語高深，尙待精進，以云事實，未切日常。有心人至有養成高等遊民之誚，豈盡虛哉？本校總理張耀軒知僑學不能不求深造，尤不能不求實用，特將本校改辦甲種實業商科附設高等小學，經費仍由總理獨力擔任等語。炎培不惟佩其熱心，尤服其見解切實，不愧為一時之傑。此外吉隆尊孔學校改設乙種商業學校，巴城中華學校附設中等程度之商業專修科，以及小學校設有商業功課者，所在多有，實深合社會之需要。今請為商業學校與學校設商業科者借箸籌之：

商業學校與商業專修科，其宗旨固已明白揭櫫，將使畢業生從事商業也。而小學校課商業每週一二小時，其宗旨果何在乎？自余論之，學生父兄之操商業，畢業生之從事商業，以及中途輟學習商業者，既若是其多；吾儕因而確認南洋社會需要商業教育，實有非常迫切之情勢，則必非僅在小學校略授以商業知識，如所謂預備商業教育者為克滿足其要求。故炎培對

於小學校，僅課商業每週一二小時，認為猶有研究之餘地；謂必須於課業以外，予以種種相當之設施，而在商業學校商業專修科，其不可無此設施，不待言矣。略舉如下：

甲、商品陳列室　教科書上之商業知識，不足應用也。必實地研究商品，若就地取材，其普通者商之各商店，每種各出少許，當非難事。其貴重者量財力而購置之，一以所在地重要之土貨外貨為標準，而兼及國貨。此事需費不多，但須運以精密之心思，使陳列得法，標籤說明簡明正確，教科上得益不少。

乙、商事調查　宜量學生之程度，於課餘令調查所在地商事之情況，教師為規定種類事項而指導之，使諳練社會事實與習慣等等。

丙、商業實習　約分三種，可量學生程度而次第設

施之。

子、校內實習　養正學校有學生儲蓄銀行，新加坡啟青學校有商業實習，寬柔學校有五七公司，尊孔學校有益羣公司，坤成女學有職業實習部，怡保育才學校有學生販賣部，三寶壠中華學校有學生營業部，皆以學生為之，使實習商業。此外有未及見與見而未及記者，有正在組織中者，此法於初步練習甚相宜，即非商業科或商業學校亦宜有此設施，藉使學生練習服務。所當注意者，凡學生已達可以實習之年齡，皆宜與以實習之機會，勿使偏於少數學生。蓋既以實習為目的，須使全體學生受益平均，與僅使分擔一部分學校事務者有間；設因學生數多，當值時間太少，可行假設買賣法，則無慮不能普及矣。

丑、學校商店實習　由學校自設商店，令學生在校內練習若干時期後，前往實習，此店以雜貨為宜。

寅、分遣各商店實習　此為第三步，可先與各商店協商，得其許可；在店實習時，悉聽經理人指揮，期滿請經理人將其實習情形加以評話，過劣者不予以畢業。如是，則畢業生無不能謀生之慮，而商業無不改良之慮矣。

三曰商業教育外，宜兼重農工業教育也。商戰以農工為大本營，有商無農工，如萍無根，可立萎耳。今吾華僑之在南洋，於商業上稍稍占有地位，論農工大都為人驅役而已。二者之中，以工業尤為需要。試觀吾華人所設商店，凡較精巧之工藝品，大都為日本貨，此不惟南洋為然，而以南洋天產之豐富，美人調查菲列賓羣島，凡竹木藤草等植物之堪為手工原料者，上等二百餘種，下等千數百種而機器工尚不與。吾華人苟一方利用彼豐足之天產，一方利用吾天生靈巧之心思，勤敏之手腕養成其精良之技術，以從事製作，何難於商業外別開一大富源！吾國食指最繁，苟善用此指，則因指可以得食而最繁者得食將最豐。且調查學生父兄職業（就所至各埠之著名學校凡二十一校）而統計之，商業固占百分之六十三而工業亦占有二十六分之多，工子恒工，安得不認爲需要之一種，鄙意甚贊成三寶壠中華學校極力提倡實用手工以爲導綫，苟再進而爲商品手工，受賜將無窮矣。

四曰提倡職業教育宜注重迅速主義也。迅速主義爲美國教育家哈佛大學校長愛烈哇脫氏所提倡，而實從事職業者所不可少之條件。讀曰速讀，作曰速作，寫曰速寫，畫曰速畫，算曰速算，不惟以正確爲目的，苟同此正確，尚須比較其經過時間之長短。授課時認此爲目的之一種，而以適當方法養成之。有此素養，應用之於職業，大爲利便。蓋職業界之黃金時間，斷不許有從容遷緩之餘地，此爲吾國自來所未注意，提倡職業教育者愼勿忽此。

五曰提倡職業教育應予以補習應用文言之機會也。國文國語英文語既規定於正課矣，然職業所需或不止此。就余所調查，與普通社會交接，則馬來文、馬來語不可不知也。在荷屬有以交際之需要而要求習荷文荷語者，苟其地一般社會盛行中國某種方言，而初至者不解，則勢又不得不習此。南洋語言文字複雜極矣，一方固不能不確立標準而規定之於正課，一方又不能不爲應用計。蓋理論自理論，事實自事實，立標準所以希望將來之統一，謀應用所以供給現在之要求，不言職業教育則已，言職業教育，則職業上凡有所需，宜爲之所。爲之所奈何？惟有於正課外許其補習，如一校中願習某種文言滿若干人以上，爲設某種文言補習科，於晚間或假期行之，既不背教育之本旨，又易博社會之歡迎，所至有以此爲問者，故陳鄙見於此。

第八學校體育與衛生宜特別注意　南洋終年有炎暑，久處其間者，筋力弛緩，腠理疎懈，每至日午，神昏思睡，影響於腦力體力上甚大。同此兒童，馬來種不及華產；（據檳榔嶼英人所設學校，Free School 之校長語余，華童較馬來童十四歲以內無甚差異，以外則華童聰慧勝於馬來童。）同此華童，生於內國者優於僑生者；（據泗湖中華學校校長許君民一語余（以上兩例確否，極願教育家以實地試驗所得見教。）未始非氣候特殊有以致之。各地教員往往語余，學生患頭痛者甚多，尤爲影響於兒童之一證。因此體育與衛生，不得不認爲南洋教育上一重問題。炎培於此媿乏專門之研究，姑就所見爲之發端，願教育界諸君子引伸而討論之，實地試驗以解決之。

其一普通體操宜注重也。普通體操之目的，在鍛鍊體格，以治弛緩疎懈，實爲對病良藥。時間非不加多，但須以短時間日日課之。（見前第七條第一項）或疑如此氣候，行之是否相宜，則試觀美人治菲列賓，十分注重體育，成績幾爲東方冠，而未聞有流弊也。

其二授課時間宜研究也。吾國學校授課時間，失之過長；教授材料，失之過多。食而不化，幾成通病。處於南洋特殊氣候之中，不惟影響於課業，且將影響於其身體，尤非減少不可。各校授課時間，大都每日五時間有每日七時以上者，宜研究一也。每節之長短，大都五十分鐘，間有六十分者，應否采取歐美不等長制，精神健全時俾較長，疲乏時俾較短，宜研究二也。英屬各校大都上下午分課，荷屬間有併課於上午，而下午僅一時，或竟無課者。棉蘭華商校長楊君季棻語余，最好彷荷校辦法午前七時起十一時止，午後無課，此須斟酌地方氣候社會習慣擇善而從，無可統一，宜研究者三也。

其三教室坐位宜限制也。所至各地，每有學生逾額。一教室至七八十人，三人並坐之課桌至四五人。來學者多，是好氣象。但如是擁擠，平居已不能堪。況在學校課業之際，況在特殊氣候之中，濬其心而傷其身，良非所忍。惟有請學董諸君設法相當之校舍，未有相當校舍時，止可如額限止。

其四課桌制度宜注意也。每見幼年生坐高大之課桌，兩足宕空，種種不適，大妨衛生。此理甚淺，當局必非不知，但或忽不加察，或限於經濟，要須從速設法，非可一日安也。間有加橫木於下以安足者較可。

其五體罰宜廢止也。所見學校有行體罰者，體罰久經教育家公認為非宜，又早為吾國教育令所禁止。非列賓同在南洋，絕對不用體罰，而學風至善。嘗見聚初等小學生三千人同時體操，不用教師，僅以一級長擊鼓司令，而絲毫不亂，可見整飭秩序之道固別有在，而不系乎體罰也。

第九宜調查南洋教材　現行教科書之不適用於南洋，人有同憾，所謂不適用者材料也。非先將南洋特別之材料詳確調查，無論官府私家舉無下手處。荷屬教育研究會議決組織南洋教材調查部，分歷史、地理、算術、（度量衡及貨幣）博物、商業、家事六科。每科設主任，由各校教員合力調查，不限於荷屬。此舉鄙意極贊成，願各地學校通信泗水學務總會，（Hok Bse Tjong Hwe, (of China) Soerabaja Java.）索取章程表式協力從事，即不為改編教科書計，為教員者固當調查社會狀況以備教科之參考，且宜令學生分任調查，藉資歷練，實課外作業之絕好機會也。

第十宜組織教育研究會與參觀團　教育之進步無窮，一人之精神有限，尺有所短，寸有所長，披沙可以得金，他山可以攻玉，是惟聯合研究，彼此參觀。我有所得，可公之於人，我有所疑，可決之於衆。荷屬教育研究會此次用正式會議制度，結果頗好。檳榔嶼有教育研究會，霹靂州教育會亦有組織教育研究會之規定，新加坡英屬學務總會尤熱心提倡研究教育，鄙意以爲合各埠組織固可，就一部組織亦可；會集研究固可，通信研究亦可。江蘇省教育會擬有組織教育會研究教育方法節錄，以供參考。

一教育會各組織教育研究部，公推主任員二三人，專司發布問題，收集研究意見，編輯刊布等事。

二先由研究主任員酌定問題，（每次以一題爲宜）通告各小學校，由該校於此問題有關係者，本其平日之理想與實驗，分別答覆。

問題舉例。（此不過略舉大概，主任員儘可斟酌仿製，或將後開之一題化作數題亦可。）

初等小學習字教授，現用如何方法？是否用範本？用範本適宜否？現用何種範本？所用範本善否？

初等小學算術科教授現用如何方法？現用方法善否？善在何點？不善在何點？現用何種課本？所用課本善否？善在何點？不善在何點？課本外倘用他物否？

初等小學修身科應否用課本？應用或不應用，其理由如何？

初等小學遊息時，宜用何種方法使之精神上得適宜之活潑。

小學校之訓練，依地方情形，以用何種爲宜？學校與家庭之聯絡有何良法？

三各小學校得擬問題，送備主任員採擇；主任員亦得向各小學徵取問題酌斟采用。

四主任員將問題通告時，應定收受答案截止限期。

五主任員於限期既滿，將所收答案或加入自己所擬之答案，取其同者或異者，按其條理編輯務使便於循序研究。

六由主任員定期通告各小學校於此問題有關係者（不問曾具答案者與否）赴會研究，此外有願赴會者聽之。

七開會研究時，應由主任員維持研究之秩序。

八主任員或其他研究員，如於各校所開送之答案有欲加以貶詞者，宜隱其校名或人名。

九研究時應記錄各員之言論。

十研究之結果不宜用表決；如有兩種以上之主

張，由主任員並記於報告中。

十一研究報告，應按期由主任員印刷或刊送各小學校。

若夫參觀團之舉，祖國年來盛行一時，非列賓職業敎育與體育著名世界，祖國同志且不憚萬里以來遊，諸君子奈何近在肘腋而忽之。卽論祖國敎育，年來亦不無可觀。再退一步言之，同此南洋，亦大有可以互勵之資料。今之世界，事事非閉戶伏案，抱幾本陳腐冊子可以有得。況敎育爲改革社會習俗，扶助國家富强，鞭策人羣進化之大業乎？願敎員諸君提議，願學董諸君贊成此等事！如以美食養乳母，直接以肥乳母，實間接以肥嬰兒，學董諸君應樂爲之任費也。

以上所陳，或爲有識者所倡議於先，亦或爲當局者所志而未逮。然眞理所在，苟同不避。積誠所至，靡事不成。區區之忱，非第以報諸君子之懇懃，敎育部之謹誘。誠欲吾南洋華僑教育猛進以赴不再之時機，作圖強之導綫。旣誰毁誰譽之自信將知我罪我之惟人，但幸勿以爲循例文章，不加垂察。彼此關係以此行始，非以此行終。遠望南雲，永紉高誼，倘因北雁，時惠德音。

（教育雜誌九卷十一—十二號六年十一—十二月）

美洲華僑教育調查記 謝氷

原文見十二年十月教育與人生週刊。 編者

今歲六月間因出席萬國教育會議赴美，留美約五十日，除會議及考察彼邦文化外，於華僑教育尤爲注意。惜時日忽促，且在暑假期內所至未能盡量調查，茲僅將在英屬維多利、屋崙埠、舊金山、紐約四處所見，撮要述之：

維多利華僑於中華會館內，自立有華僑公立學校。余過該埠時，適值星期，未能入內參觀。但聞該校經費不充，收容學生不多。至該埠學校排斥中國學生甚力，去年曾藉口中國人不講衛生，易於傳染他人，因提出黃白分校案，華僑起反對，於是設一變通辦法：凡中國兒童之成績優良者得許其同校。然中國兒童之成績，實際較日本人及加拿大人爲優，中國方面據此力爭，至今未能解決。該埠主持者業已爲中國兒童另建校舍，余往觀之，湫溢殊甚，聞某日將實行分校，校長先令黃種兒童起立，並令排班向此新校舍出發，中有一童忽舉手言吾乃日本人非中國人，校長竟令回校，中國兒童亦即回家，不復再入學校。此種情形，直以黑奴待我，聞之令人髮指！中國兒童誓不入彼校，差可吐氣，然亦非根本救濟之法，甚望該部華僑亟亟擴充自辦之學校也。

屋崙埠有華僑公立學校一所，內分高等一班，國民一班，男女學生共四十餘人。教科書用商務印書館及中華書局所編者，校長劉英倫係北京法政專門學校畢業生，後又畢業日本學校，辦事甚熱心。校董多係該埠華僑。某日該校歡迎萬國敎育會中國代表團，余與李建勳程其保二君往，余等演說均策勵學生勿忘祖國，幷勸華僑子弟回國就學，及在美各埠辦理僑學者應組織一華僑敎育會，共同研究敎育華僑子弟之方法。校董及敎職員均以爲然，校董朱君招待尤爲懇摯。

舊金山有華僑學校一所，設於中華會館內，分高等一班，國民二班。暑假後擬辦中學一班，校長鄭君八頌誠篤，敎員李伯賢君到此不久，大與助力。李君曾任廣東敎育會會長，廣東第一中學校長，辦學富有經驗，且熟諳國內敎育狀況，故已照新學制實行敎授矣。某日適值該校高等及國民班畢業，中華會館董事黃梓材君邀余觀禮，余演說華僑學校應注重國文國語，而國語尤要，並勸學生回國就學，俟中學大學畢業後，再

回美國研究高深之學問云。

紐約有華僑學校一所，設於中華會館內，分國民二班，高等一班，學生約五十餘人。中華會館主席梅庭獻君，校長薛修君，均係北京大學畢業生，現在哥崙比亞大學研究敎育，辦事甚爲熱心，校舍一切布置均井井有條。且有各種表册：如學生家庭報告，學生總紀錄，關於學生之品行學業勤惰均有記載。薛君爲余言華僑子弟大抵多入美國之公立學校，而分其一半之時間入華僑學校，故華僑學校祇敎國文、國語、歷史、地理、公民學科等。其餘外國文、數學、理科則令其在美國學校內肄習。但國內所編之各種敎科書，頗多不適用者；譬如講到稻，在美國不能有稻之實物特示學生爲直觀之敎授，講解極爲困難，最好爲華僑子弟特編一種國文、史地混合之敎科書；又如修身科及公民科之敎材，有多點與國內學校所用者不同，亦須特編。但在美

國經濟、人才兩方面均不易辦到云云。余回國過滬時，會與商務印書館主持者談及此事，彼極願爲華僑子弟盡此義務，余當卽介紹該館與薛君通信商洽此事，將來此種敎科書，必大受辦理僑學者之歡迎，裨益華僑子弟匪淺也。薛君並言在美辦學與國內敎育行政機關及敎育界聲氣殊爲隔閡，頗以爲苦，極望敎育部提倡，與以金錢上或文字上之奬勵，國內敎育家多所指敎云云。余言敎育部方面向以提倡華僑敎育爲政策，卽如從前頒布之華僑子弟回國就敎章程，與華僑子弟回國就學者種種之便利。凡華僑捐資興學者，無不爲之給予勳章以資鼓勵。社會上敎育家如黃任之君等，對於僑學尤具熱心，南京之暨南學校，卽專爲僑民子弟而設也。薛君又言關於敎育之法令，領事館既無此文件，他處更難得，故新學制雖頒布，彼至今未見其原案云。

美洲華僑多粤人，解普通國語者甚少。余輩與之接談，恒藉解普通國語之粤人爲之翻譯。其土生者，有不解國文國語止解英語者，此輩年既長大，又無補習之機會，求其讀中國報紙尙屬難能，何況其他，故欲令了解中國情事，心嚮祖國，是猶緣木而求魚。補救之法，惟有於敎育華僑子弟之中植其根基，使此等青年童時卽習聞祖國之歷史、地理及長令之回國就學，與祖國人相處，習見祖國之習慣，則愛國之心自油然而生矣。然不解國語，則情愫終扞格不通。故華僑學校第一須肄習國語，余此次在美遇辦理僑學者，蓋無不以此一事相勗也。

（敎育與人生週刊五期）

十三　職業敎育

學校采用實用主義之商榷

黃炎培

學校采用實用主義之商榷

此文發表於民國二年八月，上海教育雜誌及中華教育界均經登載，直隸江蘇等省行政公署並經加印散，教育雜誌首爲文贊助（見後）復於翌年爲出特刊，故民國三四年間竟形成一種教育思潮教科書並有冠以「實用主義」字樣者。民六以後之職業教育即以此爲其思想之背景。（參閱中華職業教育社宣言書）　編者

教育界諸君子鑒之。吾今借此短帙，欲與諸君子有所商榷。間嘗竊議今之學校教育殆未盡善。教育者，教之育之使備人生處世不可少之件而已。人不能舍此家庭絕此社會也，則亦教之育之俾處家庭間，社會間，於己具有自立之能力，於人能爲適宜之應付而已。析言之，即所謂德育者宜歸於實踐；所謂體育者求便於運用；而所謂智育其初步一遵小學校令之規定，授以生活所必需之普通知識技能而已。乃觀今之學子，往往受學校教育之歲月愈深，其厭苦家庭鄙薄社會

之思想愈烈，扞格之情狀亦愈著。而其在家庭社會間，所謂道德身體技能知識，所得於學校教育，堪以實地運用處，亦殊碌碌無以自見。即以知識論，慣作論說文字，而於通常之存問書函意或弗能達也；能舉拿破侖華盛頓之名，而親友間之互相稱謂，弗能筆諸書也；習算術及諸等矣，權度在前弗能用也；習理科略知植物科名矣，而庭除之草不辨其爲何草也，家具之材不辨其爲何木也；此共著之現狀，固職教育者所莫能爲諱者。然則所學果何所用，而所謂生活必需者，或且在彼不在此耶？

自社會困於生計，於是實業教育問題惹起一世之研究；一般論者謂將以教育爲實業之先導，不得不以實業爲教育之中心。其道維何？曰多設實業學校也，曰於普通學校加設實業科也，曰提倡實業補習教育也，潮流所趨，幾不聞有歧出之論調。余亦推盪此潮流

之一人也，進而思之：誠將以實業爲教育中心，則一切設施必求悉與此旨相合。苟於普通諸學科不能使之活用於實地之業務，此外管理訓練亦未能陶冶之使適於實際之生活，而徒專設學校，增設學科，譬猶習運動者感寬袍大服之不適也，特製一種運動用衣襲於其外，乃其裏衣之寬大如故，可乎哉？夫裏衣苟猶是寬大也，將何從襲此特製之衣；襲矣，亦安能達其適於運動之目的。彼不從事於普通諸學科之改良，而徒專設學校，增設學科，何以異是？

十年以來，吾國民思想界不可謂無開拓活動之進步。而獨至物質文明，則奄然無生色，識者憂之，謂殊與救國之道相背馳也。今夏美教育家孟羅博士東來，旣覘吾國教育現狀，語余曰：貴國未嘗無優良小學校，第以余所見一般學校理化等科程度去歐美太遠，殊無以爲富國之本。又曰：貴國地層以上之農產，地層以下之礦產，如此天然大富源，加以民俗習於勤儉；苟能於教育注意此點，以余輩外人觀之，致富强易易耳。君其善爲之！余聆此語，未嘗不感孟羅君之厚意，頗欲於小學注意輸入理科知識以植其本。雖然，今小學校未嘗廢理科也，而若此，毋亦其所取之材與所用之法不能使之應用於實地之業務使然耶？

凡此諸念，鬱勃於余胸際久矣，頻年所見所聞，皆若詔余以所傾向之未嘗謬，而益增余之鬱勃也？猶憶兩年前赴某省之某埠，參觀某師範學校，以有所親肄業，得索觀各科講義，不禁喟然感嘆！所最可詫者，教育科講義，於理論剌剌不已，中間羅列教育家姓氏學說亙數十紙未盡；至各科教授法實習教授，全未暇及，而去畢業僅數月矣。其他學科，大率稱是。余以所親故，感憤倍至！反而思之：余輩往日執業於學校，凡所設施，果能使來學者所得確實否，適於應用否，果不見慽於生徒親屬否？此亦五十步之於百步。吾過矣！吾過矣！自懺之不暇，而敢詛人乎哉！

今歲某君貽余書，述某校敎科之缺點，節其語如次，願與諸君共讀之！

近見師範敎育有一種危機，請研究之：某師範某科三年畢業，問其課程，則修身講倫理學，國文讀極高深之古文，敎育科心理學一大本，講述時黑板上列舉外國人名無數，敍沿革極詳，敎育理論，僅總論一篇，已印有二十葉之講義，博物則用中學校敎科書之最詳密者，理化大講方程式，算術外又學代數，滔滔論因子分解法二三週。而調查其成績，則倫理學名詞難記，心理學觀念概念不能區別，意志二字不能解釋，敎育理論但知外國人名，而學說之取義未明，理化方程式但識外國文記號，養氣性質如何，居室通氣法如何，均

未能明，代數算術習題，均待敎師板演而鈔之。

自讀此書，使余改良學校敎育之念大熾。夫此等學校，在今日已算難得，其病坐太過，以視夫校長敎員相率怠廢職務者，奚止加入一等。然而專事注入，不顧生徒之程度，與其來學之目的，流弊所至，即諸生中容有天姿超拔能自領會者，未必盡如某君書云云，顧欲以之應用於小學敎育難矣。設此一般師範生，即以所受不顧程度，不問目的之敎育，轉而施諸將來之小學校生徒，敎育前途，尚可問乎？

今秋以事至南匯，遇故人馬君亦昂。馬君前十年在鄉共演說提倡設學校興新敎育者，極言今茲學校敎育方法之未善，學子自入學校，起居飲食無一不與家庭與社會相扞格，寄宿者尤甚，往往畢小學業習農則畏勤動之多勞，習商則感起居之不適，而自實際應用上觀之，其所學固一無所得也。循是不變，學校普而

百業廢，社會生計絕矣。言次，不勝其憤慨！諄屬余設法改良，心爲怦然。

此皆促余提出改良意見者，往者嘗就小學各教科，假定以實用爲目的而設改良之方法如次：

修身注重偶發事項及作法。

國文讀本材料，全取應用的。作文力戒以論人論事命題，多令作記事、記物、記言等體。（記物置實物於前爲題，或令寫實景。）尤多作書函，（正式書函、便啟、通告書均備。）或擬電報，（書函兼授各種稱謂，及郵政章程。電報兼授電碼翻譯法、電報價目表等。舊時宦鄉要則、今之官商快覽，以及坊間印售之日記冊附載各種，實包有無數適於應用之好資料。）習寫各種契據式。書法注重行書。

歷史除近世大事擇要授之外，全不取系統的授以職業界之名人故事等。

地理多用畫圖，少用文字。畫圖必令自習，兼與手工科聯絡，製爲圖版，（如京津間所售知方圖等）上繪山脈、河流、道路、都邑、區域，注明各種名稱及物產，時就運動場劃爲各種地形，令之熟習。

算術演算命題，多用實事或實物，習諸等必備各種度量衡器，使實驗之。關於土地面積，則令實地量度。兼授珠算簿記，（並宜略授各種新式簿記）示以鈔票錢票式樣及各國貨幣；並授驗幣法。（或疑此類於商業學校，非普通學校；然試以驗幣一事論，孰不用銀幣而眞贋錯出，隨處售欺，則雖認驗幣爲普通必要之技能可也。）

理科其材料一以人生普通生活所接觸所需用

為斷，時利用事物到吾眼前之機會而教授之，絕不取順序的。(如先植物，次動物、礦物、生理、衞生，又次及理化，此法絕不取之。) 教授務示實物，遇不得已時，濟以模型標本。必令實驗，切戒專用文字憑空講授，尤多行校外教授，修學旅行。

圖畫雖簡單之形體，亦參用實物寫生，如繪筆示以筆，杯示以杯，鳥示以鳥之類，(或用標本) 尤勵行聯絡他科方法。

手工宜與圖畫聯絡無論矣。尤宜置實物於前，令仿造之。其材料，其方法，務求為他科策應，但仍須適合於生徒程度。

體育采用鍛鍊主義，兼視地方情形，令習生活必需之特種運動，如陸則騎馬，水則遊泳等。

如習外國語，注重會話。

如上所述，未敢云悉當也。一言蔽之，即打破平面的教育，而為立體的教育。易言之，蓋欲漸改文字的教育而為實物的教育。此非創論也。當世教育家固有先我而研究者矣。

去今千八百年前，羅馬塞南加 Seneca 氏有言曰：青年之於學校，為生活而學，非為學校而學。近世博愛派之教育學者，如白善獨 Besedow 氏，康不氏，Compe 柴之孟 Salymaun 氏，亦大鼓吹此實用主義。自裴斯泰洛齊 Pestaloxzi 氏出，益主張生活教育，務使學校教育與實際的生活漸相接近，準此而教育方法一變。蓋從來一般之教授，僅恃生徒聽官之感覺，以為輸入之梯。自直觀教授行，乃進而利用生徒視官之感覺。今且更進而利用筋肉之感覺，不惟使生徒目覩此事物而已，直令其一一自行實驗，由是而論知識，則觀念益明確，論技能則修練益精熟，以是謀生處世，遂無復有扞格不入之慮。此種教育，在歐美不僅著爲學說，且見諸實行矣。日本人西行考察教育者歸亦輒以是提倡，而未爲政府特別注重。今觀吾國教育界之現象，雖謂此主義爲唯一之對病良藥可也。

余之於教育，媿未嘗爲系統的研究，偶服政務，益卒卒尠讀書暇。此者寧垣難作，庶政停滯，端居多暇，思夫今茲擾擾，所以釀成此好亂易動之社會，凡坐生計耳。將普養之，毋寧普教之。顧今之教，果足以爲養地否？觀夫受教者之不能自養，而前途危矣。因世變之亟，使余一縷思潮，輾轉起伏以達於此「實用主義」之一點，誓將貢其所見於教育界同志諸君。輒復輯錄關於實用主義之箸述二種，附供參究，藉知吾說之非無所據，諸君子對於此主義，其有樂爲研究者乎？竊提出簡單之問題二：

一 今日吾國教育是否宜采用此實用主義？

二 對於實用主義之批評。

諸君無論贊同或反對，如有所見，惟冀惠我以書。苟後此續繼有得，且將幷諸君惠書擇要刊布，爲第二回之商榷，以備施行。凡此嚶求，聊爲喤引，伏候垂敎。

民國二年八月黃炎培

附錄一

小學校實業的本領之發揮

是篇係節譯日本槇山榮次氏留學歐美歸國所著（教育教授之新潮）一書，讀之見德美兩國實用教育實況之一斑。

小學校實業的本領之發揮者，德美教育新傾向之一也。從前學校教育，於實際之生活絕少注意，致學校於實際生活間大相隔膜；生徒卒業後，不適於實用者往往而然。於是學校教育迂闊無益之謗，時騰於局外者之口。近則此缺點已因實驗而認識，而小學校教育亦從此實際的立脚處漸圖改良，此實德與美之新傾向而深動予心者也。

學校教育發揮實業的本領，其方面有二：一為中等以上之學校，發揮其程度較高者，一為小學教育及補習教育，發揮其程度較低者；前者可謂之養成實業的將領，後者可謂之造就實業的兵卒。就日本今日狀況觀之，即使實業的將領相應而出，而可役使之實業的兵卒亦頗缺乏；此非人民之數之缺乏，一般國民中有實業的本領者不足故也。譬之中國雖有許多人民，惟無受軍隊教育之兵卒，以至甲午戰敗。故苟無備實業的本領之國民，終不能決勝於實業之戰爭。現在所舉之第二方面，其程度雖屬較低，而發揮國民一般實業的本領，實為最要之事業。換言之，則於普通教育發揮實業的本領，最為今之急務是也。夫普通教育，以小學為主。小學校發揮實業的本領，亦分二方面：一為實

業教科目，例如手工、農業、商業等，堪進其實業之思想與技能；一則就一般之教科，即於國文、算術、地理、理科等，務養成其實業的本領者是也。試就第一方面實業的教科目言之：德美之小學校果何如乎？德國小學校之實業的教科目，不過手工、家事及裁縫，非如日本小學校之別課以農業商業也；且其手工亦祇為隨意科，都會之學校皆隨意課之，故德國之手工科，不能謂為非常之盛；家事則重割烹，以課女子。然亦未通行於全國各校，特比之男子手工科已為優越，而有到處實行之傾向。至於裁縫，德國稱為女子手工科，與編物及其他各種一併教授，洋服非如和服之簡單，故小學校不能教以製法，惟使製褲之極簡易者，而以教授縫綴及補綴之法為主。德國實業教科目之狀況如此。美國小學校，其實業教科目略與德同，亦祇課以手工家事及裁縫等；惟手工則與德異，各校無不課之，實屬非常之

盛。今世界手工教授最盛之處，莫美國若矣。家事科則與德同，漸次擴充，特尚不及德國之盛。裁縫科雖亦課授，惟別無可記之點。

要之實業的科目，德與美均不若日本所課之多，就外表言之，日本似較德美爲優，但不能以所懸招牌之多，卽卜其所賣物品之富。如上述德美兩國其實業的教科目雖所課特少，而於其他一般之教科，則以大發揮其實業的本領爲務。卽前述之第二方面，究非日本之小學校所及，試述其狀況如此。

發揮實業的本領最適之教科，第一不得不推算術。算術教科宜發揮實業的本領，德美小學校教師殆無不以是爲務。特其中予所深感者，德國巴威里地方敏亨小學校所見之算術教授。乃對於第二學生教以尺度之應用。其教法先由教師呼二生近教壇，各與以尺，使一生測教師用桌之高，一生測學生用桌之高，另呼三生監察之。測既終，二生向全體學生報告曰學生用桌高七十糎，教師用棹高八十糎。若所測有誤，則其傍監察之三生，爲之改正。由是而窗戶而椅，而黑板，以及其他教室內所有各器物，逐日一使測其長與廣及高。次則教師發問曰頃間以尺實測，若無尺亦能測物之長短否？於是諸生皆答曰：能。教師乃出六七寸之木片，問生曰是長若干，試由目測而書其答案於石板。乃據所書而逐一檢點之。四十學生中，過誤者頗少。蓋木片長二十糎，其書爲二十糎者，共有五人。其他答數雖未確合，而出入甚微；或書十九糎，或書二十一糎。次則教師又出九十糎之尺使目測，答數符者二人，其他大抵爲百糎或八十糎，亦無大相懸殊者。又次則測石版之長，學生石版其長一定，乃二十八糎，答數符者亦二人；餘或爲二十六糎，或爲二十七糎，雖不中不遠。此法由目測以定物之長短，於實際生活上極爲必要。學校之算術教授，不可不習。不但測物長短高低爲然也。竊謂測物輕重，亦宜使練習。此測重之練習法，留德時却無所見。于美之芝加哥教育實驗所，乃得備觀試驗兒童能力用之種種重物。是爲木製同形之具，其一稍重，其一稍輕，試兒童能力時取而置之掌上，使測其重量者也。是雖爲實驗用所製，若爲練習測重計，而用以教授，當亦甚宜。此教具固不必盡如實驗所所用者，其製法在使易於測誤而已。若夫以尺測物，非獨德國小學校爲然，美國小學校亦到處行之。且美國自小學初年級始，已使練習測法。蓋美之小學教則，於算術科特重測量，自一學年初，便使測物之長及面積，此外爲確固其長度之觀念，德之小學校於壁上特畫尺度，使常映於眼簾，藉知一米突之長爲若干，一糎之長爲若干。此亦實際之教育法也。

紐約哥倫比亞大學附屬福來斯孟學校，其小學

部教室之四隅，裝如商店賬櫃之式，曾於算術科教授時間，獲覩其賣買品物之練習。此校學生皆爲紐約上流社會之子弟，然幼時猶使之練習賣買。德國則授家事課時，凡割烹所用之物品，教師悉列於桌上，使學生爲買主，至教師前買之，如馬鈴薯及肉類等，先權其分量若干，定每兩之價錢幾何，而償其值。於是出製成之錢袋二，置其大者於教師前，而以小者付諸學生，凡所需之金錢，預入焉。於是爲買主之學生，因物之重量而決定代價若干，向自己所持之小錢袋中出錢，以納諸教師之大錢袋。若差誤，則教師訓之。是亦發揮實業本領之一種方法。

至算術問題，務宜取諸實際之生活，此爲教育界所公認。柏林小學所用之算術書，必附日用品之物價表，依所買之店而分類，都爲十四種。試歷舉之，則第一種爲紙店所買品，即紙、筆、墨水、洋簿之類，皆記其值焉，

第二種爲雜貨店，所記者洋燈罩、蛋、食鹽、果物、及乾魚之類第三種爲肥皂蠟燭之類，第四種提包之類，第五種牛乳，第六種蔬菜，第七種麪包店所買物，第八種糕餅類，第九種肉店所買物，第十種酒類，第十一種烟草類，第十二種絲物，第十三種皮鞋店所買物，第十四種郵票之類。如此使知日常必要品之價值，由此計算之，實爲算術教授上極有益之事。顧如柏林所行列入算術書中是否便利，是蓋一疑問。倘別製爲表而懸之，或較善於彼乎？

今且就國文科言之：夫欲發揮實業的本領，不得不注意於讀本材料之選擇固矣；而與實際生活有最密接之關係者，厥惟作文與習字。德美兩國小學校，於此作文習字之敎授已逐漸改良，務期與實際相近矣。夫實際生活有裨之作文敎授，第一不可不多作書信文，第二與其作浮泛不切之長文，毋寧使爲敏速明瞭之短文，第三則公用文書式，亦須使知其大概。小學校作文與其以發表一般的思想爲目的，不若以傳達思想爲目的。此爲作文敎授法有名之雷浦溪小學校敎師李雨開氏所主張。李氏之意見，謂小學校學生，當其作文之力漸進時，已不得不離小學校，而卒業後多數之學生，其作文力已無再進之機會。故小學校之作文，不可不狹其範圍，專以書信文、廣告文、請求文爲主，使之十分練習而成爲一種之技能，庶卒業後不至有失技之患。李氏之說，卽所謂發揮實業的本領最適之例也。予嘗詣雷浦溪，參觀李氏之作文敎授；其學生之作實用文也，優美而敏速，予大感服焉。日本之作文敎授，近風行自由發表思想之說，是誠敎育上極善之舉。然在作極簡單文，尙難無誤之學生，而欲使爲數千言之長篇，是可謂爲適當之敎育乎？以予管見，今日之小學校，斷無使其學生如作小說體文之餘暇，故前舉之第二條件，與其作浮泛不切之長文，不若使爲敏速明瞭之短文，而欲其敏速，則不起草而卽行謄眞，在所必要焉。德國小學校實行之者，日見其多。蓋起草後再行謄眞，在實際生活上除極要之書信外，殆無是例。吾人作信時務必速書，斷無一一起草之餘暇。故欲適合於實際之生活，在學校時代不可不養成此習慣。習慣之爲物，有不可思議者，以爲起草而不妨誤書，則誤書必多，若以爲僅此一紙而以後不復重書，則斷不至如從前之誤書矣。故欲養成此不誤書之習慣，在小學時代爲最要。今爲證明德國作文敎授之如何，試述彼國學生所作之文章。予嘗於有名之柯業林氏處，居近五日，其時柯業林氏使其第六年生於三十六分間並不起草，就予之事而作一信。日本人之至該地者，以予爲第一，故敎師均極歡迎。此信乃因余見訪而通知他校之友人，全爲學生所自作。述其一如左：

予之愛友有一敎授自日本來訪我脫賴式史他因學校，實爲我等之光榮。日本人之勤勉少年，欲仿歐洲之組織，以從事敎育。此敎授乃調查我學校之組織而至者。此人身雖不長，而頭頗大，髮黑如石炭，目裂而有輝光，又有奇麗之齒；（西洋人多謂日本人齒美，其實予之齒非特美也）其齒向前突出，面色黃，其所服之黑衣，頗爲奪目。日本人實爲有意味之國民，勤勉而勇悍；其勇悍於近頃日俄戰爭見之。彼等國民又甚敬其君主，日本人之大部分爲異敎徒，信佛敎者多而信耶敎者少，德人甚好飮酒，日人則不甚嗜，君之敎師倘亦對此有意味之國民而有所談乎？若此敎授至君校，望將其狀況見示。

此非由復文法與以補助，乃純然出於自作。今試再述他一生之文，當可知各生之能自由製作矣。其文如次：

予之愛友，予曾致函於君，謂至五月，則日本之敎授當可至此今竟見諸實事矣。昨日午後七時，於郵便汽車中見此敎授今日午前來校參觀我等之學級，此人與尋常日本人同，髮黑而目裂，其顏色一似爲黃黑水所濺者。我等之敎師與校長爲此人說明種種。所奇者此人不曰耶而曰倚愛此人觀我等之遊步場極譽四圍景色之佳，大約明日又當去此他適。以予所聞，當於斯之脫笳脫居二週，於敏亭居一週云。

其所作如此，以鋼筆直書而成，於事實亦無大誤。是爲小學校第六年生所作，由於平素練習之結果明矣。至於敎授公用文書式，彼國頗爲盛行。在柏林傍之錫羅代勃小學校，明信片或信面之姓名，以及收條郵局匯兌等之書法，悉以簿使之練習。然後知德國一般國民間此等知識之發達，畢竟敎育之所致也。

德國書法之進步，非常可觀。其結果當小學校卒業時，普通兒童已能書社會上普通之字。西洋兒童指尖之動作，決不若日本兒童之發達，而書法進步特速者，果何修而得此乎？以予所見，則用具實爲第一原因。我等所用之毛筆，其尖軟，故使用時非常困難；若使洋人持之，決不成書。故彼地之敎師，頗以日本學校之學生，能持毛筆作字之爲怪。予曾訪彼地之某女學校，其校長以日本文字如何書法請書以見示。幸予適準備筆硯及日本紙以往，於是在其學校之學生前，自由自在，書平假名示之，敎師學生均非常驚異。彼地之人固據案而書者；予則振筆直書，以是非常喝采。其校長感服而致辭曰：是誠巧妙無倫；日本人手指之發達，眞可驚嘆。請再書以示他級學生。予乃應命而復書之。斯可知彼地之用毛筆，實爲非常困難矣。我等以素習，故未覺如此之難。其實決非易事，乃日本用此難書之毛筆，復於習字時使習不適實用之大字而作文及默書等，則又使作小字大字與小字不得不用各別之筆是同一毛筆而已有二種矣。

此外又須以鉛筆及石版石筆等記取文字用具毫無統一。有此原因雖以日本人手指之發達而書法終不能進步竊謂此點不可不大加研究。現在予於女子高等師範學校附屬小學校第五第六學年之單級一組，先爲試驗：凡作文算術以及其他默書等類，均使以鋼筆書之，惟習字則不能，故仍沿從前之例，雖實行之日尚淺未知其結果奚若，以今觀之似有進步主任敎師謂一年後成績必有可觀。由此實驗而推廣之，其庶幾乎！要之日本於用具之統一及改良不可不加研究。美國雖多用鉛筆，然其書法似較德國爲劣。

予居紐約時曾詣紐約之西紐約阿克市之小學校。此校以前日本人無過之者，校長及職員等均以爲

珍客，而非常歡迎焉。予與校長談話之頃，其高等科之某學生至校長前呈其所書於紙片者，校長覯之笑而謂予曰：彼等既有此言，盍請賜一席談。因將其所呈者示予，其文之大意如左：

校長閣下：此卓越之訪問者，盍爲我等高等科學生賜一席談乎？予深信獲瞻此花王之國之國民，且聞其緒論，爲我同儕所至悅。我等欲對此珍客爲種種之質問；倘不以衆集講堂爲苦乎？

文雖極簡而至美，殊爲佳作。且予至此校，未經若干時間而卽席作成，其敏速之點，予實非常感服。因此而知美國作文敎授非僅在敎室從事於形式的，實能爲實用的指導，而使有臨機應變之材，更有一事予所深感者，爲予應紐約某小學校卒業式之招，彼處凡卒業式或祝祭日，必自學生中選數人使背誦韻文，此與唱歌有同一舞蹈應節之妙；而其所誦之韻文，並非古

作，乃係即事製成。予所臨席之校，其學生非常歡悅，即席詠成日本東京女子高等師範學校教員某君降臨此校云云。詞雖極簡而頗應節；即於式場上立而詠焉。以是知彼處之作文教授，其教師不惟形式的命題，而示以內容，并使臨實地時能發表種種之事實是務。此雖非各校盡然，要其平素之注意於此，蓋顯著之事實矣。

關於國文科者止此。至地理科等，彼國發揮實業的本領之狀況如何？試爲概括的言之：則一般取生活上極重要之材料，使之十分練習爲主。其教授法凡所授之智識，不使與學校卒業同時消滅，務使此智識活動，而於實際之生活有用。德美學校之特堪注目者，即此練習之事，蓋即所以發揮實業的本領也。至練習法如何，茲姑從略。

德國之地理教授予所最佩者，除右所謂生活上重要之智識，使之十分練習外，致力於地理略圖之速繪是也。如雷氏者，其使學生繪地圖也，往往限以時間。雖屬略圖，然以德國之全圖，而其學生能於十分鐘以內繪之，可謂熟練矣。如此地圖類之速繪，實際生活上極爲必要。若教授繪圖，但致力於美麗，而所需之時間，不復顧問，則其結果以普通教育成績論，殊不足賞，即謂爲非實際的教授亦無不可。此不僅地圖爲然也，凡習字，凡作畫，莫不皆然。彼地之教育品展覽會；凡學生成績品，例如圖畫之類，莫不注明於若干時間內作成。此事今後大可注目：蓋無論如何佳作，費十日之力作成，究不如所畫描而需時短者。由普通教育上觀之，不得不反謂之優矣。

若夫理科教授，亦宜取材料之關係於實際生活者，爲適切之教授。德美兩國，已到處實行。特予所深感者，乃德國愛善地方之女教員會爲其地女子小學校所編之教授要目是也。此爲理科中物理化學與家事巧相聯結者，其詳不能備述。姑舉其題目以供衆覽：

第一　朝

(一)朝起　穿衣　(二)早餐　(三)母盡所當爲之早間事務

第二　晝

(一)午餐　(二)晝之事務

第三　午後

(一)學校課業之準備　(二)午後戶外之事業　(三)光

第四　晚

(一)晚餐　(二)就寢

第五　土曜日之午後

(一)杯盤之洗法　(二)擦靴　(三)沐浴

第六　日曜

(一)日曜之義務　(二)日曜之娛樂

第七　市之一日間

第八　廚房之一日間

第九　洗濯日

第十　掃除日

第十一　家之掃除

第十二　於母病牀之一日間

第十三　弟妹保育之一日間

第十四　裁縫之價値

此以家事爲主而教授理科，然尙未成系統之知識也。茲更就概覽的排列之，以爲附錄焉。

家事概覽

(一)衣

(二)食

(三)住

理科概覽

(一)物體之性質

(二)物體之平均及運動

(三)熱

(四)光

(五)溫

(六)磁石

(七)電氣

此要目融合理科與家事二者爲一爐，眞可謂實際的教授矣。此爲對於女子理科之教授；若夫對於男子，其與實際生活相結合以製成一種教案者，亦時見之。

次於理科而爲發揮實業的本領之重要教科，厥惟圖畫，圖畫教授者，實業教育必要之基礎也。主張實業教育者，苟於普通教育圖畫教授之改良，不加注意，實爲忘本，歐美教育已着眼及此。數年來競從事於圖畫教法之改良，卽非素明教育者，亦莫不知所注重。蓋就普通各科言之，此教科與發揮實業的本領，確有密接之關係耳。

德美小學教育，其發揮實業的本領之狀況大要如右；此外則補習教育亦專務此方面之發揮。然美國補習教育，尙未十分發達，此非美國義務教育已臻完全之域使然，蓋自各方移住之民，既絡繹不絕，而此移住民之子弟，又多無教育者，欲補其義務教育之不足，不得不非常致力，而補習教育之不發達，其原因蓋坐此矣。近頃乃羣認爲必要而漸圖改良。西歷一千九百零九年二月，在華盛頓開合衆國全體各洲學務官會議時，對於實業的陶冶之重要問題，各發種種之議論，大總統羅斯福氏發表其教育之意見，斥一般之教科，而斷言實業之陶冶不可不特別注意，則此主義之見重可知矣。

要之日本雖强於兵，至富之一字，尙遠不能如歐美各國；並我等游歷西洋所最感動者，卽彼此貧富之比較是也。前年忽起日美戰爭之風說，大激刺美國人之神經。因此調查日本種種之現狀，其結果使日本經濟上之窘態，盡爲彼國所偵悉。於是其心大安，而日本人戰爭雖强不足爲患之語，公然披露於新聞報紙。此雖可恥之舉，而事實如此，無可掩飾，蓋無論如何善戰，苟國家貧窮，卒無制勝之望。故於普通敎育發揮此實業的本領，以增進國民一般之生產力，實爲日本方今唯一之急務；此則余所深信者也。

附錄二

英國之(A)學校

法人狄慕侖著：原書名安格羅薩克森民族優勝之理，敎育部月刊譯載，是篇錄之，見英國實

用敎育實況之一斑。

余今有一言，敢正告讀者曰：社會問題卽敎育問題也。今日之急務，在造成適合於世界新狀態之人。新狀態者，卽不依賴他人而各能自求多福之謂也。吾人寄生於此複雜社會之中，致呈如此紛亂之狀態者，蓋全由於先世所傳舊式敎育制度與新社會生活之必要，不相調劑所致。吾雖不知讀者於此解悟若何；以余一身經歷言，則覺毫無疑義。蓋余恰如以一人而具兩身者：於此既取社會上陳腐之事實，爲科學的研究，知之既深，得與學士大夫上下其議論，而於彼則受束縛於幼時之敎育，被壓制於已往之重負，欲實驗其精進之理想而不能；幸而能之，所得亦僅。故余之頭腦雖自覺發達，其剏造力已足躋於自營之域，而其他部分尙若徬徨於依賴主義之境中。

吾輩老矣，所見爲難者，未必吾子孫之所難。蓋少

年腦髓恰如柔土，其能受新感想也較易。若吾輩不幸而不能自爲新時代之人，則不可不助吾子孫使先登於岸，是今時爲父兄之責也。萬一忽視之，而不盡此神聖之責，天鑒不遠，其惡果吾子孫身受之矣。

余因欲盡此義務，乃於教育問題，詳考而實究之，嘗兩游英吉利。今茲所研究者，固不特求益於吾身，凡我同學及邦人諸友，皆由是得裨助焉，是則區區所不勝大願者也。

論英國之教育，其能適於日新之事業，造成活潑獨立之國民，較便於法國矣。顧英人尙不自滿也；其改革教育之思，視法爲切。蓋英人進步較速於法，而其窺見與時推移之理，亦較法人爲深。英人所期望者，在造成能應社會進化狀態而活動之人，若僅墨守章句，一知半解，初不識實際生活爲何事，如學者、如官吏，皆不欲得之，故亟亟於養成有毅力備實用之人物。

余嘗於威丁堡爾遇丹堆大學教師，語余曰：明日將開夏期講習會，吾將使子得一趣人。其人爲（R）博士，英國中部某學校之創立人兼校長也。翌日見之，覺實有令人驚服者。夫以法國教師而言，自來有一定之模範：即姿勢端正，衣黑長服，常示人以威嚴，表學校教師神聖之意；其行步也遲重，謂能感化兒童之精神；其餘皆可勿論。顧以余今所見之校長，則大不然。讀吾書者，試想像當日開拓美國西部之英人，果有如何之風采，則（R）博士可謂最肖之標本也。彼其軀幹偉大，肉筋僨起，凡敏活柔輭需氣力之各種技藝，皆優爲之；其服裝悉淸潔，衣灰色綴帶之短服，著厚毛底長韡，首被獵冠。余以模寫其人，足代表其學校之性質，故不憚一一記之。以此學校而逢此校長，誠非偶也。

翌日爲土曜日，夏期講習會開課，余乃與（R）博士同乘於途，次相問答。彼語余以所管理學校之理想與設施，其言曰：今日之教育早已不適於近代社會生活之狀態，其所造之人物，徒供過去社會之用而已。蓋英國學生多研究與其生活無益之死語，虛耗其有用之光陰；雖關於近時語學及自然科學，不無一二知識，而於社會之構造，及實際上生計與事業，直一無所知。且吾國遊技法之必須改革，無異於學科偏重遊技，與過爲注入教育同爲今日之弊。但其改革，絕非易事，因英國諸學校，皆在大學魔力之下也。凡學校無論學生多寡，皆爲大學而養成。至觀其大學，殆一陳腐之團體，絕不知責任爲何事。凡校長教授，皆爲一種不可捉摸之迷想所左右。此種迷想，卽拘泥於傳說及慣例之精神。故事若細微，而足爲大學權能所自出，其魔力乃不可思議。

余因問之曰：然則君之學校，何爲欲改正此學制乎？曰：吾輩目的，在使人間各種之才能發達均一，使學童爲完人，以適合於其生活之目的。求達此目的，卽不可不以學校爲實現之小世界，保學生與實際社會密切之關係。不然者，卒業而後，將使學生應付無方，必有徬徨於未經人世之感。且人萬不能僅以有智識爲足，必體智兩育相完備，而後可爲人用。故在學校於學生之氣力、意力、體力、手藝及快活之氣質，皆不可不修練也。

此途次語。余聞之，雖漸得悉其學校一貫之精神，要尙未免茫漠，乃請其詳細說明學校之日課，及得窺其學科時間表，與各種細則，而後其旨趣恍然大明。

余與校長行，既抵其地，寓居某寺中，乃獨出訪其鄉士紳（B）氏；關於（B）博士之學校，有所詢問。（B）氏者，出席於夏期講習會已三年，而愛讀吾所發行之雜誌者也。其長子十三歲，近使入學於其學校，故考察獨詳；且嘗就問於他生徒之父兄，得其回訊。因出三箇示余，余見之不能無所感動。玆錄如左：

敬啟者：余兒今十五歲矣，在（A）學校蓋十八月，視在他校時進步恒著，德育體育，成績均佳。（B）博士可謂富於獨立之人，爲天生之教育家。其學校之主義法則，洵無間然。小兒愛此學校，勤勉異常，想凡學生當同之也。學校之風氣亦極純善，余甚望令子之入此校也。

其一書曰：余兒兄弟兩人，學於（A）學校，自入校以來，均甚壯健。聞之先入學者，其試驗皆不以爲苦。學校內生活之法極健全，學生皆爭自勉爲特立獨行之人，其風紀最善。據私意所推察，學生皆不愧爲良家子弟。師弟之間，情誼尤密。有一教師於冬期休業時，即館於余家，與兒輩之感情尤厚。凡兒輩亦無不愛教師者。長兒學業進步特著，次兒稍遜，然視其前則已大進矣；要皆極有活潑之致。其校宗旨在發達其獨立心；至關於宗教則悉聽人自由。尚有八歲零六月之小兒，不久亦將使之入此校也。（下略）

其又一書曰：小兒之在（A）學校已四年矣，玆承下問，特詳答之：蓋余所最愉快者，小兒之入學校，乃得極健全之發育。其學校之目的，具於規則書中，覽之可悉。古文教授絕不注重，所教者大率近世語學及應世必要之事；倫理與體育，格外注意；飯食亦全與普通學校異；物質結搆上之品極多。校長嚴守其定於規則之主義而厲行之。蓋具決斷力且對學生深抱同情之人也。學額以五十人爲限，各學生勤學修養，無一怠者。余居其校二日，覺學生之生活，愉快非常，除聖書宗派解釋一事不甚滿意外，（此在足下觀之，當不以爲意。）對於其教育組織上，可云毫髮無憾。校舍亦適於健康；且搆造愜人意。尤可告慰者，諸教師共爲快樂之修養，（R）博士尤循循善誘。

其所聘用者，皆高貴之士紳，其中音樂之聞人不少。

余既觀以上所載之書簡，參以(R)氏之所言，乃得其研究之結果，蓋(R)博士之設立(A)學校在(D)郡，實始於千八百八十九年。校居所爾田園中，就此地位，吾乃不得不更溯一言以明新敎育重大之關係。卽其學校規則所云近傍無一街市，最宜注意也。

(A)學校創立以來，爲日雖淺，而於其校受(R)博士感化之敎師曰：(B)氏者，已於英國南方薩塞克司州依其主義創立一(B)學校。余嘗兩次參觀，詳究其事，覺此兩校與法國派之煞風景校舍乃大異其趣：隨在皆有英國田家愉快之象，令人一見而起實際生活之感。使居住者視爲兵營或禁獄等厭棄之念，悉變而爲家鄉之思。

法國學校大率以狹地建築高垣，英國此等學校則反之，全在空氣流通光綫充足之曠地；草木飛鳥，一

舉目皆足見之，此爲何等樂境乎！故凡不快之感，於此學校皆不能遇。而內部之搆造，亦不遜其外觀。卽如(R)學校之食堂，儼如一家庭之飯室，陳設美麗，案飾如雪，器具位置，均爲美術的。洋琴、繪畫、雕象、安樂椅等，種種愜意便用，以視一見可厭之法國學校食堂，無論何人，皆可知兩國之敎育制度，相懸天壤矣。且其校長敎師，携妻子與學生共食，其感化尤深。蓋以英國學生營家族生活，較日常普通生活爲甚，非可强驅之於一種特別人爲的世界者。簡言之：卽應由一家庭而移於他之家庭。其規則書有曰：本學校非僅敎事物之場，實一家庭也。旨哉斯言夫！

以上所言，乃其校之組織，試進論其內容。先列時間表而後細論其學科：

午前六時十五分（冬季七時）　起床小食

六時半　體操

六時四十五分	學課
七時半	禮拜
七時四十五分	朝餐（英國式鹹豚肉及雞卵等，食後整臥榻，各自掃除之。）
八時半	學課
十時四十五分	晝小食（視天氣出屋外爲露胸運動）
十一時十五分	學課
十二時四十五分	唱歌或視季節爲游泳
午後一時	晝餐
一時半	風琴或洋琴練習
一時四十五分	游技園藝或散步練習自轉車等
四時	手工練習
六時	飲茶
六時半	唱歌劇曲或練習音樂等
八時半	晚餐及禮拜
九時	就寢

觀以上時間表首宜注意者即一日間作業之種類雖多，而未嘗强以無趣之事，總以自然發達其天賦之性能爲目的也。再綜其一日夜之時間而分配之，則如下表：

正課	五時間
體育及手工	四時間有半
技藝及室內游戲	二時間有半
睡眠	九時間
飲食休息	三時間

合計二十四時間

日曜日無課業，故學生得隨意爲之。平時一日中，其課業可分爲三部：卽朝爲智識之養。午後則從事於園藝手工，夜間習技藝音樂，與爲室內之修養。由此細考之，乃得觀察此學校課業所生之結果。其學業之主義，在使學生知事物之名，同時卽接近其實物，乃由實際而入於理論，其學得之智識，卽能使用之，且絕無賞資報酬等之獎勵法，必使養成爲己而學之習慣。所授課業，卽本此而行之。

用競爭法無使學生勤業，其不可爲訓，英美兩國早有定論。蓋依此方法，學生必至互相嫉妬，而發揚其惡性，徒以課業爲競爭之具。夫所望於學生之爲完人者，豈非憑其良心，必不使甘居人後乎？（B）博士曰：論此方法，僅使學生不漠視其課業，其目的固不在獎勵而在課業。但足使彼等熱心者誤信爲敎育少年之目的，在以獎勵而得榮名，此大不可也。彼等所最要者，宜使知對於人生之觀念，非視之爲富籤，且非於饜其虛榮心以外，遂無餘望。法國學校所用之法，全與此相反。故（B）博士之意見，在法國聞之，必以爲別有肺腸。實則近今英國多數敎育家所贊同，而於養成人物上，且有明效大驗者也。

余嘗得美國米尼索泰聖德波爾學校長比游羅君書，足知美國人之意見，亦與（B）博士同。其書曰：吾學校中決不以何種獎賞授與學生，又決不令彼等競爭。無論同一問題，卽令學生同於一處作答，且余實不知孰是最佳者，亦初未留意於此。卽吾之告學生，亦祇云較之以前或善或惡，從未云較何人爲善也。吾嘗謂學生不可云吾比他人勝，但云今吾視故吾勝，乃爲當耳。

語學專重近世語，乃此學校所最注意者。其敎授法亦與尋常習用者不同：余以法國人未習語學，而欲研究之，誠可疑怪。顧余以爲(B)博士所用之教授法，實可信爲有效者也。法於最初二年間十歲至十一歲之學生授英語，次二年間必用法語。再次二年間習德語，最後乃教拉丁語，或視其志願而教以希臘語。教授此數國語，均依實際的方法。近世語學，先自會話始，乃漸入於文法；至移於文法後之研究，僅以熟達於會話必要之程度而止。近世語學教師中，雖知此者甚少。然此最合於自然，可免種種辛苦，而得於不知不識間，習其國語。憶去此九年前，余之四兒，即用此法，與女教師會話。方學德國語時，其進步極速。僅四閱月，而彼四人者，不特遊戲時用德語，即互有爭辯時亦用之，豈非異事耶？由是以德語學德文典，與以法語學法文典無殊。故余欲證明此新教育法，即示余所目覩家庭之實例足矣。且足知此學校之學生，若令勿忘其前所學之國語，尚有每日以數小時用之之例在也。

數學教授亦同是實用的性質，常使學生以所說明之理論，而適用於實際。即本於學問上之原則，而製物品、行測量。且關於田園工作場遊技文具化學實驗室食物燃料諸入費等，爲種種日記之計算。如此，故能於抽象的研究，加以特種趣味，而明其實用。至使數字而饒有生趣，因以習得治家及工商業上籌畫之術。要而言之：此學校爲養成實用的人物，無可疑也。

教授自然科學，先以觀察自然界之實物爲主。此校地居田野，學生不必遠爲旅行，已得直接於實物。不特動植鑛各物之標本易於採集也，即研究動物內部組織，得先考其習慣外形性質；研究植物分類，得先察其形態搆造；求星辰運行之法，亦得先窺其形狀名稱。故運動散步，無非此類觀察之機。如此而科學愈析愈明，且愈有興趣；其入人腦也易而且深。使行此法於法國，豈獨一除學生厭薄學問之習，且足生其嗜好學問之思；出學校後，益當研究而不窮也。

教歷史與研究社會學同一方法，非使學生徒記事實與歲時，專考求其事變之性質，及所成之原因結果；尤以研究一國之有形的形質及其性質影響於一國之政治商業者爲主。是以學生首習英國史，次進於世界歷史有興味之時代；更依希臘史證明今日社會制度之根源，依羅馬史使知組織若何種類之國家，以圖其國民增殖於外國。

凡在十五歲以前之學生，皆同一教授。至十五歲以後，則視各生所擇之職業而爲之差。知學生欲入大學或從事於高等職業，且就其職業而欲爲農爲工爲商或將爲殖民之事，則視其所志而予以特別之時間，授以專修之學科。總之規則皆可自由，必使學生各得其欲，各應其身，初無一成不變之軌道，斯爲此學校管

理上最著之特色。蓋使教育適合於學生，非以學生求合其教育者也。以是其規則之大旨，不外使理論不與實際睽隔，俾學生以後爲眞實有用之材。

以上所述各科目，爲午前課業；午後則全係手工與體操。蓋精神教育後，卽次及於身體也。法國人惟輕視體育，故使其讀此規則，必大以爲奇。余嘗見巴黎司太尼司拉斯學校之學生，終日受課於其學校，每夜尙需溫習於其家，如此過分辛苦，不特有損身體，且妨害其學問之進步。究之人爲讀書而費時愈多，其以學者自待之心亦愈甚，適形其誤而已。

試觀（A）學校之學課，自午後一時四十五分至六時，專爲園藝手工；餘或乘自轉車散步等。其規則書曰：本校之目的在强體育，使長實業上之智識，而心樂之，兼養企業之力。無論各種手工成於己手，抑或出於人之監造，要使得力於精細之品評。夫生計上之失敗，

多由身體虛弱而生，故本校學生日必操練，勤爲運動與散步。日習種種手藝，是實强健身體醫精神過勞或過逸而起神經銳敏之病所必要者也。

以上云云，更可表見其有實用之目的，及使學生練習可用於實際生活上之事。其學校殆無異以學生相助而建設者，其學生恰如漂流於無人島之魯濱孫，其身所使用之品與其娛樂之具，率皆係其手製。方其學校創立之時，今之亭園，一荒郊耳！其蔬圃則積穢之場耳！自學生等手開闢之：築路、疏水、設門、樹棚、塗堊其垣墉，營球場工場，學生本其所學，造爲種種用器，有若機箱家禽棲屋潛水器鳥籠小艇之屬。

學校田傭有疾病時，則以學生代之耕，或飼禽焉。有時因適市而購得公用之馬，則擇年長者教以乘，至夏期則園藝與治圃爲其主課，以網球或庭球游戲代蹴球，乘自轉車與攝影亦午後休息時游樂之一也。

余方屬此稿時，（B）氏以書來告，使其兒入學，因詳述其於學校所見聞，併錄如下：

余之始到學校也，見學生數人玩前年手製之野球附屬品，又商就河中架橋事，云求其能禦急流，非用石柱不可。

自運動場至校舍，中亘一小溪，其建築物在此溪流水平約百英尺之高地，即利用此溪水爲種種之小池，均不藉工師而成於諸學生之手。

此校學生之數，現增爲百人，方謀增廣校舍，學生等從事土地測量，及爲建築之精細圖案。蓋招足生徒百人，乃（B）博士盡力所擴張者也。

近校舍有假設之化學實驗室與停車場，學生於此處歸（N）氏監督，各自使用之，且作爲供學校用之各種器物。

校內各室雖極講求陳設美備，然無用之贅物，則一掃而空。學生當食時，異常快適，絕無羞澀之態。凡食案六案，坐教師一人，食時祈禱唱歌，尤覺有熱忱流露。

學生於教師最信服，一無疏隔之意，教師之於學生也，亦不自以爲他人，寧爲其兄長，無事不可共言，彼此稱謂，全屬平等，往往師弟同用一種諺語相談笑，欲於此求差別，惟有教師所衣者爲學者之制服而已。

（B）博士以使學生通曉校外事務爲亟要，故有時重大之役，皆以學生爲之，如遣其至銀行支付存金是也。蓋如此教以世俗之事務及手藝，要非僅授以理論，使習得不能實用之智識，且爲發育其身體，必鍛鍊之，使足勝艱苦，故欲問其實際成功之如何，但觀其教授之意旨，固已明瞭矣。

博士之言曰：余欲確知學生之身體果得適當之營養與否，又其生活之法，能適於彼等健康否，因先檢查學生生長之比例。彼等寄宿於學校，與休假歸省時，作爲生長比例表。萬一不幸於學校寄宿中，其體育之發達，視歸省時爲減少，是足證明我學校組織之不完全。但此法於學童所得敏捷及從順等諸美德不能表示之。然此兩性質決非能毀損他性質者，斯所得之結果確甚有益。卽依此二表而知學校寄宿中學生增加之體量身長，實較歸省時爲著也。

吾嘗言如上所述之學校生活方法，最適於身體之發達。觀以上所得效驗，當益無疑。博士尙有言曰：此等數字（按卽指生長比例表所載數目字）雖無深意，然我學校爲使衣食住之得其宜，務作成強健之人物，無可疑也。故我學校中殆可謂無一病人，卽頭痛風邪等輕症亦極少。蓋人之健康，本屬當然之事，疾病之來，非由於無知之過失，卽屬不識作事之本分與過勞而致，故常以此旨教示少年，乃我學校之生活法也。使學生養成清潔與衞生之習慣，尤爲切要。故必日使入浴，而其臥榻之側，幾無不備有浴具者。若以法國學生之視水如贅物，或相戒以節用者比之，此其度量相越果何如哉！且法國學校空氣亦極不流通，反之而（A）學校與（B）學校冬夏無有不開窗而臥者。就上所例表觀之，午前爲正課，午後爲手工及運動，至六時飲茶，由是至就寢，此三時間顧何爲乎？託巴奈爾嘗曰：人依四肢五官之助而運用其智力，吾輩已於午前爲智力之發達，午後鍛鍊其肢官，則進而論之，不當僅以具有此數者爲足，同時當又爲社交的動物。然則欲爲完全之人，固不可不本此見解而爲修練，卽須教以禮儀，使得善與人交之樂。於是此學校每日最後之三時，卽爲養成社交的人物，研究其程序，亦頗有趣也。

（B）博士曰：我學校之目的，在使少年和氣無不合禮之事，致長者莫不樂與交遊，故生徒每夕爲應接來賓，多集於客室，室內設備必足使人生愉樂之感，器具繪畫雕象皆本此意爲之。

如是自六時至九時，學校宛然爲和樂之家庭，不特羣居相語而已，或彈琴詠歌演劇合樂。（音樂爲此校最要之課業）故其規則書有云：本校每週開音樂會，每夕奏洋琴，學生多受其感化；又提琴攝影器具亦復不少。因演劇而使生徒現身說法，此非僅爲娛樂之謀，實教育最要之一法。且每週有一夕，使朗讀莎氏比亞之著作云。

其學校又有討論俱樂部二，附設圖書雜誌，其發達社交的性質用意可見。其規則書曰：雜誌之發行，不但有益於發表思想及覘文藝造詣，實足使學生知學校卽一完備之小世界，匪特此也，爲使學生之藝術觀念發達，方擬設學校附屬之博物館，使備列名家之製作物及雕刻物，與其他美術品之標本。

每日課業之終始，皆有禮拜，然學校決不問其宗派之異同，凡就食前，不論屬何宗派，皆讀經祈禱，日曜日爲休息日，故少年可任便赴其所屬之教堂，奉羅馬教之學生，則禮拜於其近傍之寺院。其關於宗教之規則書曰：宗教者吾人終身以之者也，人生實不可須臾離之。本校日常生活之一部分，以宗教勸導兒童，雖不問其宗派異同，然寧使其行動常範於宗教之中，以期人生之圓滿，此則本校於每晨夕均以十五分時使對神爲禮拜以表其信仰與希望也。

此學校之規則如此，吾輩畫爲教育制度進化之一階級，殊重視之。於其帶實用性質之點，與其以養成完備人物爲主要，及其以個人的元氣發達一種搊造能力之處，覺此學校與近代一切教育制度顯有不同，而此事實又實能風靡世界，適合於自營主義趨向之途。夫新世界必需新教育，社會云者在訓練不依賴團體而依賴自力之人：當不徒戀戀於既往，而常宜注目於將來，是新教育之所以必要也。

余一日以此學校語之友人，友人曰：此誠有趣之實驗。但以余所見，則美猶有憾，卽其寄宿制度是也，是實不然。夫以今日法國所盛行之寄宿制度，實害生徒之心身；以絕大營舍幽閉無數之學生，使從束縛之規律，而抑制其獨立心，無論其僅收破碎支離之效，而此制度雖適於養成文武官吏，然欲由此發達青年活動之力與其自尊之心，固無濟也。今也在法人心目中，以英法兩國寄宿之學校有幾微之相似，遂不加深思而概斥之，可云大謬。世固有名同而實異者矣，若前述之(A)學校今學生爲五十人，此後加至不逾百人。(B)博士固謂以一學校而教育百人以上之生徒，終非力所能及。不特此也，少年離其父母之家庭，同時而入別一家庭，（卽校長之家庭）與法國人之所云離家庭者固異矣。況其休息日，視法國學校，次數多而期日長。計暑假七週間，寒假四週間，耶穌復活祭三週間。是一年中有三個半月在其家，非全脫離家庭之感化者也。

採用實用主義

莊俞

黃炎培發表學校採用實用主義之商榷，著者首先贊和。實用主義在民二民三之間形成思潮，教育雜誌之鼓吹與有力焉。　編者

實用主義云何？使兒童在學校所受之教育，悉能適於社會生活之需要而已。我國今日教育之現狀，就表面言未始不蒸蒸日上，按之實用，相去不啻霄壤。今之主持教育者，但知籌鉅款，建大學校、專門學校，規模求其宏，倣效求其似，歷數年後，果能致用與否，胥不之顧。長此不變，事倍功半，而國民已隱受其禍矣。黃炎培君身任教育事業，名著江南，近年從事行政機關，積其歷年經驗，提出實用主義，商榷於當世教育界，竊不敏，據其贊成之意略述如左：

一）實用主義之先導

黃氏述實用主義，發生於塞南加、白善獨、康丕、柴之孟諸氏是也。以吾所知，英人斯賓塞所著教育論，以當時教育注重古典及外國語、歷史，屬於虛飾，在教育上正當之目的，須與以物質的、精神的關於生活上之準備，故正當學科，宜從人生必要事項，而示以各種活動之順序：第一使其能直接得生活上之實用，第二使其能間接得生活上之實用。裴斯泰洛齊之主張，尤見切實；裴氏嘗謂人不可不自求生活，教育家當與人以最良之方法，使人人能自營生活，則人人斯得為人之價值。是二說者，雖無實用主義之名詞，其所主張，確甚合於實用主義。然前乎斯氏裴氏而主張實用主義者，尚有德人蒙塔尼。蒙氏之言曰：「吾等當以養成有常

識之人類，爲敎育目的；若徒暗記希臘拉丁之古典，不如其遊戲；一言蔽之，敎育兒童自當養成其有用之智識爲主。蒙氏之注意實用敎育如是。其後廓美尼司及羅克路索等附和其說，推盪漸廣。廓氏敎育方法，注重自然之法則，敎材之取舍，視兒童之性質以爲準；苟非必要而易於理解者，概不采取，要以合於實用爲目的云。後世歐洲敎育家，頗多服從者，吾東方尚鮮注重於此。日本敎育家調查歐洲敎育而歸，深知此主義之合於現勢，著書立說，亦已有年。所謂實用敎授法、實際敎育之研究諸書，不乏刊行。祇以政府淡漠視之，故提倡頗難見效。我國敎育幼稚如是，未嘗聞有一學說之發明，一宗旨之提議者。故謂我國今日未嘗有敎育可也，未嘗有研究敎育之人可也。黃氏於讀書之餘，感觸實用主義適合於今日學校敎育，所謂實用主義，卽日本所謂實際主義，與生活主義、活動主義相似，而與實利

主義辨之甚微。我國敎育家既知以實利主義與武勇主義爲道德主義之輔，則何不進而研究實用主義，盡力提倡，俾吾國得一學校，卽得一學校之實用，得一學生，卽得一學生之實用？數十年後，無論何學校何學生皆爲實用學校實用學生，其裨益於國家何如耶！

（二）敎育現狀與實用主義

我國之有敎育，未及二十年，而所遭挫折，已不知凡幾。最可痛者，身任敎育事業之人，莫不存一苟且目前之志。行政機關總長、司長易一人，則所私幷進，以前員司，不問良否，任意撤換，以前制度，不問當否，任意改革。學校機關，亦復如是。校長更調如奕棋，則其下各員無不牽動。敎育主裁，不能久任，敎育決無發達之理。職是之故，敎育界遂釀成今日之現狀。

學制公布，學校議建，學生驟增，表面觀察，今日敎育，豈不日有進步？然而（一）則虛僞，（二）則勦襲，（三）

則矜夸，（四）則敷衍，一言決之，如是現狀，於國家鮮有實際。惟其虛僞，小學校之教授，僅以教科書之完否爲斷。譬如教科書一冊五十課，以供半年之用，而學校教員但求按時授畢，內容如何，應用如何，毫不硏究，學生得此，亦如往日之私塾，詢其成績，惟有讀書幾冊，他無可言者。聞之某某校之學生，每日出席，全爲消磨歲月計，教員稍事苛求，則缺席矣；如此成績之屬，或出於購買，或得之假借，雖多美觀，殊不足信。凡此事實，筆難勝述。惟其勦襲，則上之規制，下之教科，悉以取材異國爲榮。事之善者，奚不可法，乃於我國現狀不能適用之事，亦必一一模倣，偶與交接，猶侈然曰「此某國制也」，「此某國事也」。惟其矜夸，自視今日之教育，絕不愧怍；語以改良，哂爲多事，望其進步，斥爲苛求。卽學生一方面，亦不覺所受教育未臻美備，但以能獲畢業頭銜，卽於願已足。積此三端，養成敷衍。嗚呼！教育事業，盡一分精力，得一分成效，不此相勗，而以敷衍爲事，則教育前途，尙可問乎？

欲救今日教育之弊，非勵行實用主義不可。何則？虛僞、勦襲、矜夸、敷衍，無一不與實用主義有極端之反對；實用主義不得推行，則此種積弊，決難掃蕩廓淸。今日教育家，可不於此三致意乎？

（三）採用實用主義之必要

「用其所長，舍其所短」，非我國一種普通語乎？「所學非所用，所用非所學」，又非我國一種慨嘆語乎？然則凡事必求實用，乃爲我國人固有之性質。詩賦帖括之取士，國民靡然從之，非不知其無裨實用，不過以當時政令專制，國民無違抗之能力耳。卒也大勢所趨，遞變遞革，以成今日學校之教育。古者庠序之教，校有定所，課有定時，畢業有學位，制度井然，人才輩出；使歷代帝王將相，循此不變，逐漸改良，今日教育之成績，必遠駕各國而上之。無如祿位自私，不願國民有出類拔萃之智識，乃設爲種種羈縻之道，以消磨銳進之氣。是以外患內亂，迭起迭伏，釀成幾番改革之潮流。其故維何？不過國民沉淪於腐敗政策之下，一旦覺悟其智能，不足與文明國民相競爭，同是肢體，同是神經，不得其用，則生計將絕，惟有幷力以圖使此神經肢體得效用於社會而已。故歷觀往事，大抵由於國民之自圖，鮮有適當教育以指導之者，此所以先進國之教育，反落於歐美新邦之後也。

向之爲父母者，俟子及齡，則納諸塾中，雖貧素之家，亦必勉力爲之；問其故，則曰，「不識數字，將來不能致用也。」然則昔之人對於子弟入塾，且爲求得實用故，況今日就學於學校間乎？國家以私塾之不適於用，釐定學校制度，苟其所教所育，仍不適於用，則又何必多此一舉？毋寧規復私塾，猶得節省無數金錢。是學校

教育必採實用主義之說一也。

教育況狀，常隨國民現勢，社會實際，世界潮流爲變遷。而促進變遷之機者，其權操諸教育界二三鉅子，故提出一主義以供當世之研求；多數以爲當，則盡力行之，不合時勢，則盡力改之。今日我國教育宜采實用主義，甫經黃氏主唱，苟全國教育家不厭討論，則此主義之當采與否，不難決矣。

(四)實用主義之實施

深悉今日教育界之狀況，提出實用主義，爲補救之良策，誠與泛論教育現狀不同。然而言之非艱，行之維艱，凡一種主義，求其能實行，不知須費幾許心力，經幾許手續，謀而成也。坐享其成福者，百千萬億；謀而不成，徒使教育界經過一番攪亂。故實施法之研究，尤重於提倡也。

實用主義，無深奧之義理，蒞人推闡，聞其語卽解

其意。今日教育，承敷衍之餘緒，則一般教育家，對於實用主義之提倡，必不待討論而樂與贊成矣。惟贊成不當託之空言，要當求諸實施。而實施之機關，又分為二：在上者為中央教育部及各省教育司，在下者為各校之校長及職員。苟能上下一致提倡，則成效之速，甚於置郵傳命。枝枝節節為之，則其成效亦瑣瑣碎碎之可稽。譬如甲乙兩校，同處一方，甲校實施實用主義，乙校則否，則其成效兩校判然；甲乙兩縣，甲縣之主持教育者，規定實施法，頒行全縣學校，一律遵守，乙縣則否，則其成效亦兩縣判然。推而至於各省，至於全國，莫不如是。故今日實用主義欲實施於全國，但須教育部提倡之，各省教育司推廣之，以此為部視學、省視學、縣視學、視察學校之準的，將見不崇朝而主義實施矣。無如人心不同，各如其面，民俗不同，各封其域，甲省教育司贊成此主義，未必乙丙丁各省教育司盡贊成此主義也，甲省民俗適用此主義，未必乙丙丁各省之民俗盡適用此主義也。雖然，以人論，固有贊成不贊成之區分，以地論，當無適用不適用之可別。試問人生於世，智能與社會現情相枘鑿，其生活得免種種困難乎？故他種主義，尚有適於昔不適於今，適於此不適於彼者；實用主義必可普施於全國。為教育部計，當編定教授要目，頒行於世，以為學校教授之標準。為教育司計，當就教育部所定之要目，擇各省異同之點，加以詳注，本省以為最要者，特別注意之，督促各學校盡力實施。為校長計，每學期始業時，預定教授一覽表，將實用事項，分科編次，按時施教。為教員計，則講授一事，必求其事於社會生活得適宜之應用，遇有事物可與以直接之觀察者，不可敷衍塞責，日濡月染，養成實用觀念，則提倡實用主義之目的達矣。

更有進者，凡事希望行政機關之實施，必有種種無謂之手續，遲之又久而一紙文書，效力甚薄，苟主持機關者，朝更暮易，往往以個人意見推翻前人之主張，僅一舉手之勞，事業已敗於垂成矣。故提倡之方，督促之力，不得不希望於上；至於實施，全在學校。凡任學校事業者，定此主義以爲教育，則不必待在上者有何法令，卽可實施。蓋此種主義，乃將平時所授各學科，一一致於實用，幷非廢除各學科而別有所謂實用學科也。提倡他種主義，或有違法蔑理之嫌，提倡實用主義，直有萬益而無一損，又何樂而不爲哉？

（教育雜誌五卷七期，）民國二年十月、

中華職業教育社宣言

該社辦事主任黃炎培於民二倡實用主義教育，（參閱學校教育采用實用主義之商榷）後遊國內及英日南洋等處考察教育，於六年五月創職業教育社於上海，組織分議事辦事兩部，社務分三類：一調查，研究，勸導，講演，

出版；二設學校及教育博物館；三設職業介紹部。於六年十月發刊教育與職業雜誌，七年六月成立中華職業學校。此篇卽其雜誌第一期之發刊詞，其本社宣言書之餘義一文因與此文關係甚切，故爲錄之。　編者

今之策國是者，莫不重教育。策教育，莫不謀普及。夫教育曷貴乎普及？豈不曰教育普及，則社會國家一切至重要至困難問題，根本上皆得緣以解決也？今吾中國至重要至困難問題，尙有過於生計者乎？興學二十餘年，全國學校亦既有十萬八千餘所，何以教育較盛之區，餓莩載塗如故？匪盜充斥如故？更進言之：謂今之教育而能解決生計問題，則必受教育者之治生，較易於其未受教育者可知，而何以國中自小學以至大學學生之畢業於學校而失業於社會者比比？此同人所諦觀現象，默審方來，而不勝其殷憂大懼者也！

甲寅之秋，同人有考察京津教育者，某中學學生

數百人，其校長見告吾校畢業生升學者三之一，謀事而不得事者二之一。乙卯丙辰兩歲，江蘇省教育會以畢業生之無出路也，乃就江蘇公私立各中學調查其實況。乙卯升學者得百分之二十三，丙辰得百分之三十九；此外大都無業，或雖有業而大都非正當者也。今歲全國教育聯合會各省區代表報告則升學者僅及十之一，或不及十之一。若夫高等小學，今歲調查江蘇全省畢業者四千九百八十三人，而收容於各中等學校者不及四之一；此外大都營營逐逐，謀一業於社會，而苦所學之無可以爲用者也。

或曰：此之所云，普通學校耳。則試觀夫實業學校，專門學校，有以畢業於紡織專科而爲普通小學校圖畫教員者矣；有以畢業於農業專科，而爲普通行政機關助理員者矣；甚有以留學歐美大學校專門畢業，歸而應考試於書業機關充普通編譯員者矣。所用非其所學，滔滔者是。雖然，此猶足以餬其口也；其十之六七，乃並一噉飯地而不可得，實業學校畢業者且然，其他則又何說？然則教育幸而未發達、未普及耳，苟一旦普及，幾何不盡驅國人爲高等游民，以坐待淘汰於天演耶？曩歲同人鑒於教育之不切實用，相與奔走呼號，發爲危言，希圖教育當局之省悟。今則情見勢絀，無可爲諱，蓋既不幸言而中矣。

簡而言之，吾儕所深知確信而敢斷言者：曰今吾中國至重要至困難問題，厥惟生計；曰求根本上解決生計問題，厥惟教育；曰吾中國現時之教育決無能解決生計問題之希望；曰吾中國現時之教育，不惟不能解決生計問題，且將重予關於解決生計問題之莫大障礙。此而不思所以救濟，前途其堪問耶？

救濟之道奈何？或曰：此社會事業不發達之故。夫人才而有待夫現成之事業耶，抑事業實待人才而興也；或曰：此用人而違其長者之咎。然吾聞農場嘗用農學生矣。其知識其技能或不如老農也；商店嘗用商學生矣，其能力未足應商業用，而其結習轉莫能日一安也。吾儕所深知確信而復敢斷言者：曰方今受教育者之不能獲職業，其害決非他方面貽之，而實現時教育有以自取之也。

且教育曷貴也？語小，個人之生活繫焉；語大，世界國家之文化繫焉。今吾國文明之進步何如乎？行於野；農所服者先疇之畎畝也；遊於市，工所用者高曾之規矩也。夫使立國大地，僅我中華，則率其舊章，長此終古，亦復何害？獨念今世界為何等世界，人絕塵而奔，我蚍行而伏。試觀美利堅一國，發明新器物，年至四萬種；安迭生一人發明新器物，多至九百種，我未有一焉。誰為為之，無新學識以應用於實際，無新人才以從事於改良，教育不與職業溝通，何怪百業之不進步。由是吾儕

深知確信而復敢斷言曰：吾國百業之不進步，亦實現時教育有以致之也。

同人於此，既不勝其殷憂大懼，研究復研究，假立救濟之主旨三端：曰推廣職業教育，曰改良職業教育，曰改良普通教育為適於職業之準備。

依教育統計，全國中學四百有三所，而甲種實業學校僅九十有四；高等小學七千三百一十五所，而乙種實業學校僅二百三十。夫中學畢業力能升學者或不及十分之一，高等小學畢業力能升學者，或不及二十分之一，數若是其少，謀生者數若是其多；乃為學生升學地之中學高等小學數若是其多，為學生謀生地之實業學校數若是其少，供求不相劑若此。職業教育之推廣，其可緩耶；又況甲乙種實業學校，固未足以括職業教育而盡給社會分業之所需也。雖然，於普通性質之中學高等小學數既若是其多，則一時欲廣設職

業學校，俾適合乎十分之一，二十分之一，中學高等小學畢業生升學者與謀生者之比；不惟財力將有所不勝，即進行亦嫌其太驟。故同人所主張，一方推廣職業學校職業補習學校，一方於高等小學中學分設職業科，謂惟此於事實較便影響較廣耳。

雖然，僅言推廣職業教育而謂足解此癥結，則又何解於實業學校畢業生失業者之紛紛？蓋吾國非絕無職業教育，其所以致此亦有數原因焉——一曰其設置拘統系而忽供求也：美瑟斐博士有言：「苟與我六十萬金辦中國職業教育，我必以二十萬金充調查費」。夫職業教育之目的，一方爲人計，曰以供青年謀生之所急也，一方又爲事計，曰以供社會分業之所需也。然則今時之社會所需者何業？某地之社會所需者何業？必一一加以調查，然後立一校無不當其位置，設一科無不給其要求，而所養人才自無見棄之患。今則不然，曰農、曰工、曰商、不可不備也；農若干科，工商各若干科，苟爲法令所無，匪所宜立也。其所汲汲者在乎統系分明，表式完備，上以是督，下以是報。而所謂時也、地也、孰所需、孰非所需、均在所不暇計。二曰其功課重理論而輕實習也；自小學校令有加設農商科之規定，各地設者不少；顧農無農場也，商無商品也；不過加讀農商業教科書數冊，其結果成爲農業國文、商業國文而已。所謂乙種農工商學校，亦復如是。即若甲種，其性質既上近專門，其工課更易偏理論。今之學生，有讀書之慣習，無服勞之慣習，故授以理論，莫不歡迎，責以實習；莫不感苦。聞農學校最困難爲延聘實習教師：夫實習既不易求之一般教師，則所養成之學生其心理自更可想；而欲其與風簑雨笠之徒競知識之短長，課功能於實際，不亦難乎？三曰其學生貧於能力而富於欲望也：實習非所注重，則能力無自養成；然而青年之志大言大，則既養之有素矣。上海某銀行行長錄用學校畢業生有年，一日本其經驗語人曰：今之學生學力不足而欲望有餘，不適於指揮徒覬於待遇耳。夫銀行新式事業也猶且如此；則凡大多數之舊式事業，學徒執役，則極其下賤，學成受俸則極其輕微，其掉頭不屑一顧可知。夫生活程度必與其生活能力相準，辦事酬報必與其辦事能力相當，若任重有所不勝，位卑又有所不屑，奚可哉？此第三病根實於受普通教育時代種之。故同人所主張改良職業教育必同時改良普通教育。

救濟之主旨如上述，其施行方法維何？曰調查，曰研究，曰勸導，曰指示，曰講演，曰出版，曰表揚，曰通信答問。其所注意之方面為政府，為學校，為社會，而又須有直接之設施：曰擇地創立都市式鄉村式男女子職業學校，日夜星期職業補習學校；而又須有改良普通教育之準備：曰創立教育博物院，迨夫影響漸廣，成效漸彰，又須設職業介紹部：其為事曰調查，曰通告，曰引導。

今歐美之於職業教育，可謂盛矣！德國一職業學校，分科至三百多種；美國黑人實業學校，凡房屋以及房屋之磚之瓦之釘，屋內一切家具，馬車以及車之輪之鐵之褥之油幔，馬之韁及馬之豢養，御者之衣及履，食物如麵包以及製麵包之麥之粉、若牛肉、若牛油、若鷄蛋、若牲畜之豢養及屠宰、無一非出學生手；凡歸自歐美者莫不豔稱而極道。然試考其發達之源，英僅自一九零八年蘇格蘭設教育職業局始；美僅自一九零七年波士頓設少年職業顧問所始。其後經輿論之贊成，極一時之響應以有今日。可知謀事無所為難，作始不嫌其簡。同人不敏，所謂投袂奮起以從事於本社之組織。十年而後，倘獲睹夫歐美今日之盛，學校無不用之成材，社會無不學之執業，國無不教之民，民無不樂之生，乃至野無曠土，肆無窳器，市無游氓；因之而社會國家秩序於大寧，基礎於確立，斯皆有賴夫全國同志羣策羣力之贊助以底於成，而非同人一手一足之所能爲役矣。同人所敢言者，矢願本其忠誠，竭其才力，終始其事；一切組織，具如別訂。蓋誠目擊夫現象之大危，心怵夫方來之隱患，以謂方今最重要最困難之問題莫生計若，而求根本上解決此問題，舍溝通教育與職業無所爲計。惟我教育家實業家與夫熱心謀所以福國家科社會諸君子有以教之。

附錄本社宣言書之餘義

黃炎培

本社既爲書以宣言矣，請更撮舉二義：

其一　職業教育者，盛行於歐洲，漸推於美國，而施及東方，萬非本社所敢創，更萬非本社所得私。

其二　本社之倡職業教育，非專事推盪世界潮流以徇時尙；誠惘夫今之國家與社會，不忍不揭櫫斯義爲萬一之補救，本於自謀，非發於外鑠。

明乎前義，即使異日獲覩職業教育之發達，而欲以功本社，決非本社所敢承，而今日有疑本社爲好樹新義者，亦決非本社所敢受。明乎後義，苟一旦吾國上下於所謂生計，所謂職業，所謂職業與教育之聯絡，誠確認爲無有問題，則本社同人將立告息肩，否則雖世界列國已認是爲過去之問題，而本社同人亦將迫於天職而不敢自已。

十四　教科書

蒙學課本初編編輯大意

南洋公學

中國自編小學教科書之始，時爲光緒二十三年。附錄原文二課。　編者泰東西教育之學，列於顓門，義蘊宏博，非寢饋其中者不能究也。智短慮淺，未窺萬一，敢云編輯哉？然墨守故步，天君未安，蒙學方興，姑承缺乏，比之花夜記淺字文等書而已，不足云定本也。述編輯大意如左：

陵節躐等，古有明戒。瓶甕之不知，而語以鐘、鼎；犬馬之不識，而語以麟鳳，非法也。是編專取習見聞之事物，演以通俗文字，要使童子由已知而達於未知而已。（所謂習見習聞者，非指一人一地而言也。是編開卷，即列山字，以問滬兒，必茫然矣。然無山之處不知山，猶無海之處不知海，山與海皆非罕見之物也，餘可類推。）

舊法令學生苦認方塊字，孤寂無情，斷非善法。是編以兩名相聯，開卷由聯字而綴句而成文，七八歲童子，稍有知識者，諒無不能貫串之理，較之鑾記十三經不二字者，似稍有益。

我國文字語言，離爲二物，識字之所以難也。其文序與語次相歧者，（如云以物與人，此文語相同者也。若變曰與人以物，則　語不同矣。）童子尤難領悟，是編專取文語同次者，凡倒裝句法，及文中所有，語中所無之字，概不闌入。（或謂教童子宜先以文俗同聲字，此言誠是。然滬人呼日月二字，文俗已自不同，官音則無不同也。是編非爲一人一地而作，此例亦不可拘。）

引伸假借，字義滋繁，讀本非字書之比。課中如遇一字數義者，但隨正文解其本義，不必多引他義，轉令迷悶難記。

泰西之讀本，爲科學（即天文地理等學）之管鑰，亦筆札之資糧。過雅過俗，兩不適用。是編於筆札通用之文字，雅俗兼採，惟俚俗不能入文者，則屏不錄。

屬稿之時，苦無條理，隨意掇拾，必傷蕪雜。乃取易解之字以類相從。先名字，次靜字。名字先有形而後無形，靜字先有象而後無象。其聯字綴句之法，則先聯平立之兩名字，（天地日月）次聯不並立之兩名字，（人身牛毛）先兩字，次三字四字，則幾乎成句矣；至九字十字，則接句而成文矣。此上卷詮次先後之大略也。下卷復取上卷所未及之字類，與雖及而未盡者，自始自終，條分類別，由十數字至四十字，則皆成片段矣。此下卷詮次先後之大略也。

泰西文規學家之言曰：以語言學文規，非以文規學語言。言文規出於語言，必先學語言而後學文規也。中國文語兩歧，學文規者，必以文字求之，尤難之難矣。是編既以字類爲次，每課下所註細字，聊借名目，已見條理，非上執童子而語以文規。且屬辭之法當別作文規教科書以明之，（馬氏文通乃著作家言，非教科書也。）非但區別字類而已。編是書者，不明教育之學，於兒童心才發越之序，茫無所得，嚮壁虛造，力求淺易，然自謂淺易，猶恐童子讀之，尙難領悟。用書者遇窒碍不通之處，尙望賜書教督爲幸。

蒙學課本初編字類略式　　南洋公學

中土向無文法書。馬氏文通獨創巨製，其書精博必傳無疑。此編以字類爲次，閱者若不習西文，又未讀馬氏之書，則見動字靜字等名目，幾不知爲何等語矣。因略加疏證。大綱悉宗馬氏，以免歧異；子目則互有出入，姑存臆說，以俟來哲。

名字

凡日月山川，怪力亂神，聲色臭味，性情道德等字；或指有形有象之事物，或指無形無象之事物，皆名字也。其別有二：曰公名字，同類之物所公者也，如鳥獸草木等字；曰本名字，一人一物所私者也，如堯舜禹湯齊秦晉楚等字。

代字

凡爾我彼此等字，以代事物之名者，皆代字也。（不自呼其名而曰我，我者代己之名也。）其別有四：曰指名代字，如吾爾其之等字；（或代當前之名字，如吾日三省吾身，吾字代曾子之名，即當前發語之人也；或代已見之名字，如學而時習之，之字即代學字。）曰聯接代字，如所者等字；（如好人之所惡，好者一人也，知其所止，知一事也，止又一事也。故皆以所字聯之。我未見好仁者，未見者一人也，好仁者又一人也。從者見之，從一事也，見之又一事也。故皆以者字聯之。）曰切指代字，如此是等字；（如此則滑釐之所不識也，此字即指上孟子語，是可忍也，是字即指上舞八佾事。）曰泛指代字，如或孰等字。（如或謂孔子曰，或字不指定一人；孰不可忍也，孰字不指定一事。）

動字

凡飛鳴食息，搏擊騎射，愛憎欲惡等字；以狀事物，或顯或隱之運動者，皆動字也。其別有四——曰自動字，有施而無受者也，如飛躍等字；（鳶飛魚躍，飛者自飛，躍者自躍，無受其躍與飛者也。）曰他動字，有施有受者也，如擊取等字；（擊磬取瑟，有受其擊與取者也。）曰同動字，無動之象而其用如動字者也，如有無等字；曰助動字，不能自立，而依附動字以爲用者也，如能可等字。（矢口曰能曰可，不知所可所能者爲何事矣，必更綴以他動字而後成辭。）

靜字

凡白黑高低小大厚薄，智愚巧拙，貧富勤惰等字；以狀事物之形象性情者，皆靜字也。（靜字對動字而言，動字狀不定之象，靜字狀已定之象。）其別有三——曰品名靜字，如大小高低等字；曰切指靜字，凡別彼此指數目定方位之字皆是；（彼此等字獨用者皆屬代字，與名字聯用者皆屬靜字，如彼都此邦之類。）曰泛指靜字，如每數等字。（每數等字獨用者屬代字，與名字聯用者屬靜字，如每人數口之類。）

狀字

凡任用何字以狀動靜之象者曰狀字，或以狀動；（如上下交征利，交字狀征字。）或以狀靜；（如是何濡滯也何字狀濡滯字。）或以自狀。（如今將行王政。將字本狀字今字又狀將字也。）其別有九——曰狀時狀字，（如旦旦而伐之旦旦狀伐之時也。）曰狀地狀字，（如東敗於齊東字狀敗之地也。）曰狀象狀字，（如王勃然變乎色勃然狀變色之象，）曰狀量狀字，（如多取之而不爲虐多字狀所取之分量也。）曰較別狀字，（如惟士爲能爲字有比較別擇之意。）曰和同狀字，（如古之人與民偕樂偕字有和合公共之意。）曰斷制狀字，（如戰必勝矣，必字爲斷辭。）曰約度狀字，（如殆不可復，殆字爲約辭。）（曰詰難狀字。（如豈能獨樂哉，豈字爲反詰辭。）

介字

凡語中以一字爲介，而達其彼此維繫之情者曰介字。（如爲政以德，政與德兩辭不相及者也介以以字，則此爲政之所用在德矣。）（其別有六——曰著所屬之介字，（如城門之軌，之字明軌之屬於城門也。）曰著所在之介字，（如王立於沼上，於字明立所在之處也。）曰著所用之介字。（如以羊易牛，以字明用以易牛者羊也。）曰著所緣之介字。（如許行自楚之滕，自字明許行緣楚而至滕也。此字與聯字相類，其語意未全者屬聯字，如自耕稼陶漁以至爲帝，自字直趨下文，故此自字爲聯字，若自楚之滕，語意已全，故屬介字。）曰著所舍之介字，（如民非水火不生活，非字明舍水火而外民不能生活也。此字與同動字及狀字相類。惟可作除字舍字解，而又直接名代字者屬介字。若雖在縲絏之中非其罪也之非字作不爲解，屬同動字。非敢後也之非字直接敢字屬狀字。）曰著所共之介字，（如古之人與民偕樂與字明古之人共民而樂也。此字亦與聯字相類；其語中兩辭不分賓主者屬聯字，如殺人以梃與刃，梃刃不分賓主者也，故與字爲聯字，若古之人與民偕樂，古之人三字爲主，民字爲賓，故與字爲介字。

聯字

凡語中用字貫串，以盡其提承轉合之致者，曰聯字。其別有八—曰類辭聯字，連類之辭也，如且與等字；（如富與貴是人之所欲也。富貴同類，不分賓主。）曰析辭聯字，分析之辭也，如抑或等字；（如求之與，抑與之與？或求，或與，意主分析。）曰轉辭聯字，逆轉之辭也，

如然雖等字；曰原辭聯字，原其故之辭也，如爲以等字；（如爲不用力焉，明不舉一羽之故也。）曰竟辭聯字，竟其委之辭也，如則故等字；（如君子不重則不威，不重者其原，不威者其委也。）曰譬辭聯字，設譬之辭也，如苟如等字；（如如有復我者，之如字，苟有用我者之苟字。）曰例辭聯字，比例之辭也，如猶況等字；（如好善優於天下而況魯國乎。以天下與魯國相比例也。）曰繫時聯字，如當及等字。（如當在宋也之當字及是時之及字。

助字

凡字無實義，惟用煞句尾以作頓止而達語氣之輕重緩急疑決婉切者，曰助字。其別有二—曰頓語助字，曰止語助字。（如也矣乎哉四字，各有頓止之用。如君臣也、父子也五句，其也字爲頓辭；五者天下之達道也，其也字爲止辭。甚矣吾衰也久矣，吾不復夢見周公，

兩矣字爲頓辭；而好犯上者鮮矣，吾必謂之學矣，兩矣字爲止辭。參乎吾道一以貫之，孝哉閔子騫，乎字哉字爲頓辭；不敬何以別乎，人焉廋哉，乎字哉字爲止辭。)

歎字

凡字無實義，惟用以達驚慕憤怨之聲情者，曰歎字。其別有四—曰慨歎字，感慨之辭也；(如嗚呼曾爲泰山不如林放乎？)曰怨歎字，哀怨之辭也；(如顏淵死子曰噫天喪予！)曰贊歎字，贊美之辭也；(如於戲？前王不忘？)曰驚歎字，驚異之辭也；(如惡是何言也！)其不用歎字而任用何字綴於乎哉矣歟等字之上，以盡低徊倡歎之致者，其用亦同歎字，如彼哉、天乎、甚矣、猗歟等字。

以上九類，皆用字之法，而非造字之本，錯綜變化，存乎其人。故有一字而兼入數類者，如爲字本訓母猴，名字也。爲善者爲君子，爲惡者爲小人，上兩爲字爲作爲之爲，他動字也。下爲字作是字解，同動字也。爲人謀之爲，則介字矣；爲不用力焉之爲，則聯字矣。又每類之字，有單有複，如薔薇蝴蝶，複名字也，爾曹若輩，複代字也；模糊顛倒，複靜字也；翱翔徘徊，複動字也；油然沛然，複狀字也；而後然則，複聯字也；也已乎哉，複助字也；嗚呼噫嘻，複歎字也。其無複字者，惟介字一類耳。

蒙學課本二編編輯大意　　南洋公學

是編都凡一百三十課，分故事六十課，物名實字三十課，淺說瑣記三十課，通用便函十課，集泰西讀本善法，窺竊餘緒，損益成書，以備小學之一格而已。述編輯大意如左：

小學者，學士農工商盡人當知之學；非學爲政事家文學家義理家也。此今日泰西各國小學之公理。是編所述，皆家人瑣屑之談，几席凡近之語，於漢宋小學兩有出入。

蒙學課本二編編輯大意

泰西教育之學，其旨萬端，而以德育智育體育爲三大綱。德育者，修身之事也；智育者，致知格物之事也；體育者，衛生之事也。蒙養之道，於斯爲備。是編故事六十課，屬德育者三十，屬智育者十五，屬體育者十五。中土之所固有者，惟德育一門而已。然載籍所傳，或高遠難行，或簡淡乏味，如二十四孝之類，半涉迂誕，尤不足以爲教，故概不登錄。凡所捃拾，大半譯自西書，略加點竄。間有出自臆撰者，遠彷憑虛亡是之體，近師西人用稗說體編小學書之例，意主啟發，勿疑爲私造典故也。

實字三十課，物名但取通俗，不敢涉小學家之籓籬，（凡近世新物及文俗通用之字，概用俗名，過俗者不錄，仍就所知各註文俗之名於下，然不能悉也。）分類但免淆混，不盡依格致學之部族，苟令童子遇物能書而已，非以談物理詳古訓也。（雜字課中舛誤尚多，請用書者隨時更正。）

淺說瑣記三十課，或敷陳淺理，或摹寫景物，既爲多識之助，亦備學文之式。（童子學文，先作史論，尚非善法。西人教童子則從物理淺說及遊記尺牘入手。）尺牘爲人生必需之文字，童子尤喜爲之，西國讀本間有雜以尺牘者，亦善法也。茲仿其體，列便函十課，簡短易學，無粉飾累贅之談。

西國讀本有錯綜者，有類別者。是編用錯綜例，每故事兩課，間以雜字一課，淺說瑣記一課，最後五十課，則每四課更綴以便函一課，移步換形，令童子不生厭倦而已。

是編文義直遂易解，仍依初編之例。凡倒裝字句，及文中所有語中所無之字，概不闌入。

初編爲入門之書，童子未能貫串文義，每授一課，自當先由教習指授；初編卒業即當練習讀書之法；

是編課首必列零字，（上編已見之字是編不列，上課已見之字下課亦不列，異義者則列之，或有複處則失檢耳。）教習先就正文講明本意，乃令學生自講正文，教習爲指誤處。（此法試用有效，不過半年。學生過小段淺說，即能了了矣。）

課末設問，或問本課大意，或問餘義，授課後當令學生掩卷口答。（雜字課須默寫。）

其增損詳略之法，則在乎教習之因材施教矣。（中土文語兩歧，讀書之難易與西國迥別，背誦之法尚不可廢，惟背誦而不識字者，當以默書之法救之，背誦而不明大義者，當以問答之法救之。）

蒙學課本兩課　南洋公學編

光緒二十四年

第一課卷一

禽　獸　燕　雀　雞　鵝　牛　羊　犬　豕　之　屬　曰　善　飛　走　翼　足　有　故

燕雀雞鵝之屬曰禽，牛羊犬豕之屬曰獸，禽善飛，善獸，走禽有二翼故善飛，獸有四足故善走。

第一課卷二　四季及二分二至說

一歲十二月，平分四季，春夏秋冬是也。每季每三月分爲孟仲季，如正月爲孟春，二月爲仲春，三月爲季春之類。春季風和日暖，鳥語花香，景物之佳，爲四時之冠。夏季日光直射地面，溽暑逼人，以農夫爲最苦，然非此則麥不能熟，即稻亦不能發生。秋季多風雨，草木黃落，氣象愁慘，遠遜春季，惟穫稻則在此時，即葡萄蘋果等果，亦以此時成熟。冬季冰雪凜冽，百虫蟄藏，氣象尤爲愁慘，然植物之以秋季下種者，其萌芽正在此時。且寒氣之烈，可以殺害物之虫，而滅空氣中流行之毒氣，則冬季之益也。春分秋分夏至冬至爲二分二至，四節以日照地面之時刻長短而分，春恒在仲春之某一日，此日

蒙學課本兩課

晝夜各十二小時，過此則晝漸長。至仲夏之某一日，晝十四小時三刻有奇，爲極長之日，卽夏至也。過夏至則晝漸短，至仲秋之某一日爲秋分，晝夜又各十二小時與春分日同，過秋分則晝又漸短，至仲冬之某一日，晝僅九小時有奇，爲極短之日，卽冬至也。過冬至則晝漸長，至春分而晝夜均平矣。西國一歲亦分四季，唯彼則以春分至夏至爲春，夏至至秋分爲夏，秋分至冬至爲秋，冬至至春分爲冬，此其異於中國者也。

何爲四季： 每季有何種分法？ 四季有何好處？壞處？ 何謂二分二至，幷如何分法？ 二分二至常在何日其日時刻若何？ 西國四季與中國異同若何？

每課後附刻習問教習均可以意增損惟以練習學生記性悟性爲主

無錫三等公學堂蒙學讀本

俞　復

此文係十五年六月編者專托陸費伯鴻君轉索得來。述初期教科書事甚詳。(參閱蒙學讀本)　編者

蒙學讀本全書

全部共七編，江蘇無錫三等公學堂所編也。三等公學堂創始於前清光緒二十四年戊戌；其發議創辦者爲陽湖吳眺（後易名敬恒）稚暉、（吳君自幼居錫）金匱俞復仲還無錫丁寶書雲軒杜嗣程孟兼等。吳杜時任南洋公學教務，發議於新政之日；洎成立開學，已在新政推翻時矣。校舍租賃古崇安寺別院之西方殿，校費由同人集助，學生不收學費。敎授由同人十餘輪值之，而俞氏則常川在堂主事，每日選編課書一首，令學生鈔讀；就本課中設問題數條，令學生筆答之。蓋當時之設此學堂，因鑒於外間子弟讀書數年，而字義都不了解，故擬一矯其弊。該堂所收學生，有初學者，有雖學數年而字義全不曉者。自改法講敎之，半年而效大著。於是俞氏等銳意編著，隨編隨敎，

以實地試驗其合用與否。積至二十八年壬寅春，而成此七篇。其編輯大意，前三編，就眼前淺理，引起兒童讀書之興，間及地理、歷史、物理各科之大端，附入啓事便函，逐課配置圖畫，爲今初等小學國文教科之具體。第四編專重德育，用論語弟子章，分綱提目，系以歷史故事，每課示以指歸，仿新安小學涑水家範而加以興趣，並譯東西前哲懿行，示良知良能，爲中外古今所同具，蓋完全爲今修身教科之具體。第五編專重智育，采輯子部喻言，每課系以答問，剖理精晰，引兒童漸入思想階級。第六編前半爲修辭，以奧衍富麗之文，寫游戲習慣之事，爲兒童讀史漢巨篇之引；後半爲達理，即以遊戲之事命題，演爲議論之文，爲學作論斷文之引導。第七編，選史漢通鑑最有興會之文，暨左國周秦諸子雋美之篇，以及唐宋迄近代名家論說。此後三編，爲今高等小學國文教科之具體也。俞氏於二十八年夏，到上海與同縣廉泉南湖等創辦文明書局，卽將此書印刷發行。當此學堂萌芽時代，兒童發蒙用書，先祇有南洋公學所編之蒙學課本，僅有三四冊。又其他零星課本，皆不成軍者。自此書出，一時不脛而走，至光緒三十年，已印十餘版，而各地翻印冒售者，多至不可勝紀。至光緒三十三四年間，各家漸有國文教科本出版，而是書銷售數乃漸衰落。計此書前後佔我國小學教育上一部份勢力者，實有五六年也。

附蒙學讀本全書五編兩課

光緒二十七年

第一課　楚人之墜劍

楚人有涉江者，其劍自舟中墜於水，遽契其舟曰，是吾劍之所從墜。舟止，從其所契者入水求之。舟已行矣，而劍不行，求劍若此，不亦惑乎？人之固執不通者，何以異此。

無錫三等公學堂蒙學讀本

問楚人何以有劍？答：劍爲古人常佩之物。問未涉、劍、在、何、處？方涉、劍、在、何、處？已涉、劍、在、何、處？答：未涉、劍、在、身。方涉、劍、在、舟。已涉、劍、在、水。問劍何以在水？答：自舟中墜下也。問劍墜於水，當如何求之？答：當止舟求之。

問楚人若何求之？答：契舟爲記以求之。

第二課　梟逢鳩

梟逢鳩，鳩曰：子將安之？梟曰：我將東徙。鳩曰：何故？梟曰：鄉人皆惡我鳴，以故東徙。鳩曰：子能更鳴可矣，不能更鳴，東徙猶惡子之聲，故爲惡則無處可容，爲善則所在可居也。

問梟未徙時居何處？答：居西鄉。問梟何以東徙？答：因西、鄉、人、惡之、也。問人何以惡梟？答：因梟鳴聲惡之故。問使梟不鳴，則人猶惡之乎？答：梟雖不鳴，人恐其鳴，猶惡之也。問梟如何能不爲人惡？答：更惡鳴爲善鳴，則人不惡矣。

大學堂編書處章程

此章程發佈於光緒二十八年，蓋其時大學堂兼爲教育行政最高機關，中小學堂由其管轄，課本亦由其供給，故編書以中小學教科書爲主也。　編者

一　編書纂籍，謹遵原奏專摺，普通學課本之用，應取中國學問爲學堂所必須肄業者，分門編輯，派員辦理爲編書處。其西學各項課本，俱由譯述西書應歸譯書處一手辦理。

一　編纂課本，擬案照中小學堂課程門目分類編纂，一曰經學課本，二曰史學課本，三曰地理課本，四曰修身倫理課本，五曰諸子課本，六曰文章課本，七曰詩學課本。

一　經學課本，除四書五經分年誦習外，其諸家註釋，擬編纂羣經通義一書，略仿爾雅之例，天地人物禮樂

政刑，類別部居，依次序列，務取簡賅，不求繁富。其大意微言師承派別，亦區分門目，畧加詮次，要必符乎普通之意，取資誦習，爲通經致用之先，無取乎漢宋專家探微聘博之業也。

一史學課本擬以編年爲主，删除繁瑣，務存綱要。史家論斷，所以明是非而別嫌疑，於人事至爲切要，擬就先哲史論文集精爲擇取，或逐條系附，或另卷編列。

一地理課本擬區分行省、府、廳、州、縣。凡經緯度數、山川形勢、戶口丁漕、驛傳道路、關榷稅款、物產工藝，備載大略。惟地圖一門，率多舊製，絕少採擇。除參用洋圖外，擬俟將來各州縣學堂徧設之後，略取馮氏抗議繪圖之法，由各本地學堂諳悉測繪之人分製詳昭，以備肄業之用。　注：西國小學堂地理一門，必先習本鄉地理。

一修身倫理，擬分編修身爲一書，倫理爲一書，均略取朱子小學體例分類編纂。

一諸子課本考周秦諸子爲後世各種學派所自出，猶泰西學術必溯原於希臘七賢。今擬提要鈎元，彙爲一集，支條流別，燦然具陳。至古書詰屈，通曉非易，理董則文字取之國朝校勘諸家。

一文章課本溯自秦漢以降，文學繁興，擘其大端，可分兩派：一以理勝，一以詞勝。凡奏議論說之屬，關繫於政治學術者，皆理勝者也。凡詞賦記述諸家，爭較於文章派別者，皆辭勝者也。茲所選擇，一以理勝於詞爲主，部析類從，以資誦習，冀得擴充學識，洞明源流。凡十家八家之標名，陽湖相城之派別，一空故見，無取苟同。

一詩書課本，擬斷代選擇，自漢魏以迄國朝，取其導揚忠孝，激發性情，及寄託諷諭，有政俗人心之關係，撰爲定本，以資揚扢。本興觀羣怨之宗風，寓敦厚溫柔之德育，亦古人詩教之遺也。

一編纂宗旨，必須預定。今略舉其要：一曰端正學術，不墮畸邪；二曰歸於有用，無取泛濫；三曰取酌年限，合於程途；四曰博採羣言，標註來歷。

一各門課本擬分兩項辦法：一最簡之本，爲蒙學及尋常小學之用；二較詳之本，爲高等小學及中學之用。惟兩項課本相因爲用，詳略之間，宜斟酌妥善，不當過涉複重。至精深完博，則原則具存，以待專門學堂自行抉擇。 注：東西各國自高等普通至專門，皆由教習口授，無課本。

一蒙學課本，關於教育之基礎，亟宜考求。查南省各處所編蒙學報，頗有足資採擇者，擬購調齊全，核定增減，成一定本，頒行各省，庶有遵循。

一以上所擬各條，皆粗舉崖略，俟各分纂訂定後，由堂商定詳細例言。

一編書處既經奏明辦理，自應剋期開辦。除總辦兩員外，擬經學一門，派分纂兩員；史學一門，派分纂兩員；地理一門，派分纂兩員；修身倫理一門，派分纂兩員。諸子一門，派分纂一員；文章一門，派分纂一員；詩學一門，派分纂一員，每員各給書手一名。總辦處給書手四名。

一蒙學課本調齊後，應補應改，亦頗繁重，擬派分纂兩員，並給書手兩名。

一編書處書籍繁多，及纂學各編，均須有會歸之處，擬收掌官一員，凡查調書籍、收拾編稿，均歸管理，以專責成。

一原奏編書事宜，與兩江湖廣會同辦理。現在擬以上所列何門歸外省分任，應請管學大臣酌示，以便訂定分纂員數。

一分纂各員，應常川駐局編纂，逐日限定功課，不得隨意作綴。每日於酉時將所纂各條彙交總辦處覆核增減，再行編定。

一編纂之事，抉擇精嚴，而采覽務極宏富。其中應用各項書籍，除官書局原有之本可以隨時調取外，其餘未備之籍，必須補購，應准陸續添補，隨時給價。

一編纂之外，擬兼采訪。其中學經、史地理、子集諸門，及蒙小學堂各項課本。如有宿儒通識、游學高材、纂著譯述之本，均擬廣爲甄錄，藉補闕遺。其或屬草未成，亦可郵寄例言，互助商榷，務期集思廣益，鉅細無遺，相與有成，以臻美備。

（政藝叢書政書通輯卷四）

編輯國民必讀課本簡易識字課本大概情形

學部

部編教科書之始，民四湯化龍爲教育總長時，亦曾於部中設編纂處，編輯教科書，惟未見成效耳。　編者

（上略）竊維編定此項課本，其宗旨在使人人皆知人倫道德及應用之知識爲主，宗旨必須純正，事理亦期通達，要在簡而不陋，質而不俚，始爲合用。臣等受命以來，先集坊間所出各本，詳加核閱。綜其大端，蓋有數弊：事多物設，不能徵實，其弊一也；雜列名詞，無復抉擇，其弊二也；方言訛語，不便通行，其弊三也；文義艱深，索解不易，其弊四也；巵言異說，惑亂人心，其弊五也。今茲編定課本，必先袪此五弊。前經派令臣部圖書局審定科各員本此宗旨，酌擬辦法，先編凡例，各抒所見，以備採擇。旋據各員先後呈稿，臣等審籌熟計，至於再三。竊以爲簡易識字課本，所以教年長失學之愚民，與寒酸之家力不能入初等小學堂者之子弟，期於日用尋常所以應用。其文字淺深次序，大致由單字進於短句短文，所選教材，無取精深，即就倫常日用易知易行之事物教授之，俾其卒業以後能再入學校固善，即無力

更求深造，亦可藉以謀生，不至流於邪僻。惟是寒酸之家，肄學年限不能預定，勢難以一種識字課本限之。謹擬編爲三種：其第一種識字課本凡道德知能之要，象數名物之繁，詳徵約取，備著於篇，約三千二百字，期以三年畢業。第二種識字課本則於第一種課本中去其理解稍高深，事物非習見者，約減爲二千四百字，期以二年畢業。其第三種識字課本但取日用尋常之字，目前通行之文，約之再三，定爲一千六百字，實屬無可再減，期以一年畢業。令小民自爲忖度，擇其力所能至者肄習之，庶可免半途自畫之譏，漸致凡民入學之盛。此編定簡易識字課本之大略也。至於國民必讀課本，較簡易識字尤爲重要，顧名思義，似應敬輯列聖諭旨及聖賢經傳以示標準而資準循。擬謹編爲二種：課本一種理解較淺，範圍較狹，徵引書史較少；其天資較高者期以一年畢業，較遜者一年半畢業。一種理解較深，範圍較廣，徵引書史較博；其天資較高者期以二年畢業，稍遜者三年畢業。其編輯之法，擬各分上下二卷：上卷慎采經傳正文，以大義顯明者爲主，兼采秦漢唐宋諸儒之說以證明之；正文之下，附以按語。凡羣經大義切於修身之要者，前史名論益於涉世應事之宜者，以及諸子文集外國新書於今日國家法政、世界大局有相關合者，皆爲今日應用之知識，均可擇要采取，推闡發揮，以瀹其智慮，拓其心胸。下卷敬輯列聖諭旨，凡有關於制度典章之大者，慎爲輯錄，仿聖諭廣訓直解之例，敬附解釋，俾易領會。蓋有聖訓及經傳大義以堅定其德性，復有解識發明以開濬其知識，既合古人正德厚生之教，更附近世德育智育之法，庶幾鄉曲愚氓皆明於忠君報國之義，而識字較多，智識較靈，並可藉以爲謀生學藝之資矣。此編輯國民必讀之大略也。竊維此項課本，關係極重，爲人心風俗之本原，教育普及之樞經，實不可稍緩之舉。而稽之載籍，古無其書。采諸異方，未適於用。深恐稍有疏舛，貽誤全國人民。惟坊間所編，既多流弊，臣衙門各員所擬，亦未能遽臻精善。用是稍稽時日，未能速成。現經臣等博訪通人，多考成式，手定體例，隨時商榷。本月内甫經商定辦法。此全國學術初基所係，臣部職任所關，不敢不再三審慎，務求妥善適用。一俟編輯成書，先在京師地方教授數月。如果易簡理得，士林稱便，再由臣部奏明請旨頒行各省，一體遵用。（下略）

光緒三十四年十二月十八日奉旨：「依議，」欽此。

（江甯學務雜誌己酉第四册）

前清學部編書之狀況 江夢梅

原文題目爲現行教科書制度與前清之比較，共六段，此爲其第三段。 編者

學部自光緒三十二年設立圖書局，編輯教科用書，次春頒布初等小學國文教科書第一册，修身教科書第一册，教授書第一册，南方報即著論攻之，爲一時所傳誦。是秋第二册出版時，報而又起糾彈之。於是學部教科書惡劣之聲，不絕於教育社會。部編之書，亦遲遲未出。宣統元年變通初小課程，將部編各書駐於科目之下，儼有採國定制之意。然其書目除第一年外，什九皆係已經編成，正在編輯之本，分配之荒謬，程度之參差，大爲教育界所詬病。學部亦自知其然，二年冬，改定小學課程，不復列之矣。是年因爲籌備憲政清單所限制，前此三四年所僅出一二册者，是時則以數日之力悉數出版，草率訛誤，所不計也。

部書初頒之時，任人翻印，毫無限制。部中每年耗經費十餘萬，以從事編輯印刷，無人監督，任其報銷，三四年耗費數十萬金，以成此十餘種，教人不足害人有

前清學部編書之狀況

餘之教科書。後懼資政院攻擊，自願裁減經費。而又慮不足用也，於是招商承印，徵印花稅，而學部多一籌款之方矣。

行國定制而徵印花稅，惟日本然，日本每冊教科書僅收印花稅二厘，蓋以是爲稽查之方，非欲藉此籌款也。學部所收每冊至五厘之多，定價三四分者，除去折扣不過二分餘，（百部六五折）印花稅徵至五厘，是不啻間接收子弟教育稅矣，豈振興教育之旨乎？往者友人某君歸自京師，余詢以學部教科書惡劣之故。彼嘆曰：「吾國官塲辦事，毫無心肝，毫無條理。學部編書局非無人材，然在外間或可編出適用之書，在部則決無其事，一則應酬甚繁，安能全力辦公。堂官又不知甘苦，平日任其稽延，一旦期迫，盡力催促，但求不誤憲政之籌備。何爲教育？何爲教科書？皆非彼所注意也。二則局員分編輯校勘二種，編輯者尙有明教育之人，校勘者大概詞林中人，不知教育爲何物，持筆亂改；每有原稿尙佳，一經校勘，反不適用者矣。校勘之後，尙須呈堂官，較校勘者輩分愈老，頑固愈甚，一經動筆，更不知與教育原理如何背謬。然以堂官之威嚴，何人敢與對抗。彼所改者，無論如何，皆必頒行。科學爲彼輩所不解，不敢輕於下筆，故笑柄尙鮮。修身、國文、歷史、地理，彼輩自命高明，最喜改竄，故笑柄最多云云。」夫以養成將來國民之教科書，如是兒戲出之，教育前途之危險果何如乎！國定制之善惡，尙無定論，前清所行，則有弊無利，可斷言也。

（中華教育界民國三年一月號）

編輯共和國小學教科書緣起

此篇完全因政體改革而發，但在中國教科書中可稱爲大革命也。　編者

我中國改建共和政體，開四千年以來東亞未有

之創局。政體變更以後，事事物物，均當乘機革新，教科書尤其先務也。夫立國之本在於教育，而教育之良否，教科書關係最鉅。同人學識淺陋，竊不自揣，於壬癸之際，糾集同志，從事於教科書之編輯。十數年來，疊次改訂，以求進步；雖處專制政體之下，不能無所顧忌，而所以進民德牖民智伸民權者，未嘗不兢兢致意焉。今際此教育大革新之機會，同人應時勢之需要，本其年來編輯上之經驗，及教授上之心得，別編共和國小教科書，注意於實際上之革新，非僅僅更張面目，以求適合於政體而已。時勢之變遷逾亟，吾人之責任愈艱，既不敢稍有稽延，又不敢或滋草率，茲將編輯要點列下：

一、注重自由平等之精神，守法合羣之德義，以養成共和國民之人格。

一、注重表章中華固有之國粹特色，以啓發國民之愛國心。

一、注重國體政體及一切法政常識，以普及參政之能力。

一、注重漢滿蒙回藏五族平等主義，以鞏固統一民國之基礎。

一、注重博愛主義，推及待外人愛生物等事，以擴充國民之德量。

一、注重國民生活上之智識技能，以養成獨立自營之能力。

一、注重教育及軍事上之智識，以發揮尚武之精神。

一、聯絡各科教材，以期獲教授上之統一。

一、各科教材俱先選擇分配，再行編輯成書，智識完全，詳略得宜。

一、各科均按照學生程度，循序漸進，絕無躐等之弊。

一、關於時令之材料，依陽曆編次。

一、各書均編有詳備之教授法，以期活用。

編輯共和國小學教科書緣起

一、書中附圖畫及五彩圖，便與文字相引證，並以引起學生興趣而啟發其審美之觀念。

一、初等科兼收女子材料，以便男女同校之用。

（教育雜誌第四卷第一號、民國元年四月）

與舒新城論中國教科書史書

陸費逵

此係十四年十二月復編者詢教科書史之函。三十年來中國小學教科書之變遷情形，俱可於此函徵之。 編者

新城先生：

上月二十二日來信，收到好幾天了。近來「簿書鞅掌，」所以沒有寫回信。

你問教科科書過去之歷史，這一篇帳完全在我記憶裏，且十分之七八是我經過的，現在寫一點告訴你！你因為有些書現在沒有人記憶，當時也不生影響，所以只說幾家大書肆。

第一部出版的書，要算辛丑年朱樹人編南洋公學出版三本「蒙學課本，」他是仿英美讀本體例，但是沒有圖畫。後來又出一部「格致讀本」竟是翻譯的。

在蒙學課本未出版之前，俞復丁寶書等在無錫辦三等學堂。他們因為無適用的書，就自己編輯起來，且因此創辦文明書局。文明書局出版的「蒙學讀本七編」就是他們當時教學生的國文讀本。第三本是初小國文體裁，第一課我還記得是「天在上，地在下，人在地之上。」第四本是故事，頗像修身課本。第五本是古代寓言，多採自諸子。第六本是敘事文，多半是新撰的；有一二十篇是選自史記通鑑的、——如赤壁之戰淝水之戰等——第七本是議論文，也是大半新撰，小半選的。這本書寫畫都好，文字簡潔而有趣，在那時

能有此種出品，實在是難得，我曾用此書教過學生。——那時我十七歲——到現在還不忘記。

癸卯商務印書館延聘海鹽張元濟，長樂高鳳謙，編輯最新教科書；日人長尾，加藤等以其經驗助之，教科書之形式方備。

丙午丁未張謇等發起中國圖書公司，吳縣沈恩孚任編輯長，所出各書以高小之史地爲最著名。惜進行太緩，書未出齊，該公司已以周轉不靈，不能不縮小範圍，勉强支持至民國二年，盤與商務書館。

丁未，尙有席裕福等發起之集成圖書公司，延夏淸貽爲編輯長，所出各書，亦未大行銷。民國元年，劉成禺，張百烈等，組織民國第一書局，卽係盤集成改組者。越二年，遷移漢口，無形消滅。

丁未戊己之間，學部組織圖書局，所出教科書，大半仿商務文明體例，且加入許多不合兒童心理的古董材料，外間很有批評，南方報曾登一篇專論學部國文的，是我的大作。（署名白字，伯鴻之伯字半個也）

其時我入文明書局，與兪丁諸君編初小國文讀本修身算術等，僅出三四册，頗覺一新耳目。最近中華書局出版兪復，戴克敦所編新小學國文讀本前五册，尙用該書作品不少。然文明書局資本僅十萬元，不能發展，書亦未出齊。

同時商務編簡明教科書，內容形式均尙佳，但只國文修身兩種，亦未銷開。

在光復以前，最占勢力者，爲商務之最新教科書，學部之教科書兩種。

民國元年，中華書局開辦，所出中華教科書，頗風行。二年，范源廉入中華任編輯長，編行新制教科書；三年，編新編教科書；五年編新式教科書。元年秋，商務先出共和國教科書；五年，復出實用教科書，文體教科書至今猶以共和及新式爲巨擘。

改語體後，商務出新法，新學制兩種教科書，中華出新教育，新小中學教科書，商務又出文體的新撰現代教科書，中華又出新小學國文及高小各科之文體教科書。

小書肆經營教科書者，均忽興忽滅，現存者如新學會社，會文堂改方針偏重老書，在教科書上毫無勢力。

伯鴻 14、12、1，2，3，

民国首版学术经典

近代中国教育史料【三】

舒新城 著

上海科学技术文献出版社
Shanghai Scientific and Technological Literature Press

教育叢書

近代中國教育史料

第三冊

舒新城編

1928

上海中華書局印行

近代中國教育史料 第三冊

目次

二二 教育人物

一五　大學改制

北京大學之成立及沿革

公時

參閱京師大學堂成立記　編者

北京大學，實胚胎於前清光緒二十一年之强學會。於是康有爲設立斯會購置圖書資人觀覽講學而外，兼以議政。時士風閉塞，聞之震駭，目爲邪僻。御史楊宗伊奏劾，致被封禁。未幾，御史胡孚宸復請籌設官書局於二十二年正月就强學會改建，延聘外國敎習，選譯書籍雜誌，並授各種科學，月由總理衙門撥銀千兩，以孫家鼐爲督辦。適康有爲以公車羈京師，上書言變法，遂及興學。侍郎李端棻乃疏請立大學於京師，御史王鵬運亦疏奏請，是年五月得旨報可。樞臣或隱梗之，遷延幾三稔。嗣疊奉嚴旨督促，迄二十四年五月，始由軍機處及總理衙門擬具大學章程八十餘條，呈請開辦。命孫家鼐爲管學大臣，派張元濟爲總辦，元濟辭，改派黃紹基；紹基典試出，余誠格繼爲總辦，朱祖謀、李家駒爲提調，劉可裕、駱成驤爲敎習，美敎士丁韙良爲總敎習。即景山下馬神廟四公主府爲大學基址，以原設官書局及新設譯書局併入，置仕學院，令進士舉人出身各京曹入院學習。京曹多守舊，入學者絕少。時總署奏派李盛鐸、李家駒、楊士燮赴日本考察學務，四月而歸。逮八月變政，新政並罷。惟大學以萌芽早，得不廢。許景澄繼管學，旋庚子拳禍作，景澄以極諫寃僇，可裕被戕，生徒四散，校舍封閉，藏書損失殆盡，大學停辦者二年。至二十七年十二月，辦學之議復興，張百熙被命爲管學大臣，奏撥戶部存放華俄道勝銀行銀兩子息充經費，以外務部之同文館併入。謝去丁韙良，改延吳汝綸爲總教習，于式枚爲總辦，汪詒書、蔣式瑆、三多、榮勳、紹英等分任提調。附設編譯書局，以李希聖爲編局總纂，嚴復爲譯局總纂。二十八年正月，籌定辦法，緩設分科，暫設高等學堂爲大學之預備。其課程分政藝二科，復設速成科，曰仕學館，曰師範館。百熙方擬購地千三百畝於豐台，備建分科大學，後以劾之者衆，乃因陋就簡，復葺馬神廟舊址爲大學。在未開學前，則以虎坊橋官書局爲籌備地，派吳汝綸赴日本調查學務，以榮勳、紹英副之。後駐日公使蔡君讒構汝綸於樞府，汝綸歸國，旋病卒。副教習張鶴齡繼主教務，聘日本文學博士服部宇之吉，法學博士巖谷孫藏爲教員。七月，奏定大學堂章程，十一月開學，招生，甄拔多各省績學之士，風氣驟變，謗讟叢集。御史王某奏請增設滿大臣，隱爲監督，乃增命榮慶爲管學大臣。二十九年，鄂督張之洞入覲；五月，奏請以之洞改訂學堂章程，之洞會同榮慶百

熙悉心整訂，凡七易稿，十一月，奏上學堂章程，並管理通則，奉旨頒行，以總理學務大臣統轄全國學務，別設大學總監督專管大學堂事務。乃復命孫家鼐爲學務大臣，張亨嘉爲大學堂總監督。三十年正月，改刊管學大臣印爲京師大學堂總監督印章，至是大學始成獨立機關。三十一年十二月，張亨嘉去職，命曹廣權代理總監督。三十二年正月，曹廣權去職，命李家駒爲總監督。三十三年八月，朱益藩代之；十二月，朱益藩去職，命劉廷琛爲總監督。宣統元年十一月，始籌辦分科，設經科、法科、文科、格致科、農科、工科、商科共七科；各科俱以預科及譯學館畢業學生升入，惟經科得以各省保送之舉人優拔貢考送入。二年分科大學開校，是時共有學生四百餘人，嗣經科併入文科。二年九月，劉廷琛去職，命柯劭忞爲總監督。二年十二月，命劉經繹代理總監督事。翌年八月，武昌起義，各科學生多有散歸者。逮

民國成立。京師大學堂改稱北京大學校，總監督改稱校長，大總統任命嚴復署理北京大學校校長。是時學生已增至八百十八人，每科各置學長一人。嚴復兼任文科學長，張祥齡爲法科學長，吳乃琛爲商科學長，葉可樑爲農科學長，胡仁源爲工科學長。是年十一月，嚴復以事辭職，任命馬良代理校長事。十二月，任命何燏時署理北京大學校校長；二年十一月，何燏時以事去職，任命工科學長胡仁源署理北京大學校校長。是年僅有學生七百八十一人，胡仁源掌理校務，逐漸擴充；至三年，全校學生增至九百四十二人，四年增至千三百三十三人，五年增至千五百零三人，於是此校乃勃然有生氣矣。六年，胡仁源辭職赴美調查工業，任命蔡元培爲北京大學校校長。蔡學界泰斗，哲理名家，就職後，勵行改革，大加擴充，本其歷年之蘊蓄，樂育國內之英才，使數年來無聲無臭生機殆盡之北京大學校挺然特出，褎然獨立，延名師，嚴去職，整頓校規，袪除弊習。至六年暑假，全校學生頓增至二千人，停辦工農各科，專辦文理法三科。陳獨秀任文科學長，夏元瑮任理科學長，王建祖任法科學長，其舊有工科學生尚未畢業者，屆至畢業爲止，暫以溫宗禹爲工科學長，各有專長，分道並進，學風丕振，聲譽日隆。各省士子莫不聞風興起，擔簦負笈，相屬於道，二十二行省皆有來學者，以直隸爲最多，共有二百六十八人，蓋以近水樓臺，就學較便故也。江蘇浙江廣東山東各省，亦各百餘人；惟雲貴二省最少，然亦各有十餘人。教員共二百零二人，除英國籍者四人，德國及美國籍者各三人，法國丹麥日本各一人，其餘均中國人，多各省知名之士，均熱心教育，誨人不倦。校中又創設各會，如進德會、哲學會、理科化學演講會、雄辯會、音樂會、書法研究會、體育會、技擊會、靜坐會、成美學會、此外如閱書報社、學生儲蓄銀行、消費公社、或爲校長所發起，或爲學生所發起，其宗旨或以進德修業，或以陶養性靈，或習言語，或練體育，使學生於課餘之暇從事於此，免其馳心於外務，染社會之惡習，誠於進德修業裨益非淺也。

（東方雜誌十六卷三號，民國八年三月）

大學改制之理由及事實

蔡元培

中國大學向採多科制，六年九月教育部修改大學令，改採單科制，即以此篇所載爲背景。　編者

大學改制之議發端於本年一月二十七日之國立高等學校校務討論會，其時由北京大學蔡校長提出議案，其文如左：

竊查歐洲各國高等教育之編制，以德意志爲最善，其法科醫科既設於大學，故高等學校中無之；理科、工科、商科、農科，既有高等專門學校，則無復爲大學之

一科。而專門學校之畢業生，更爲學理之研究者，所得學位，與大學畢業生同。普通之大學學生會常合高等學校之生徒而組織之，是德之高等專門學校實即增設之分科大學，特不欲破大學四科之舊例，故別立一名而已。我國高等教育之制，規仿日本，既設法、醫、農、工、商各科於大學，而又別設此諸科之高等專門學校，雖程度稍別淺深，而科目無多差別，同時並立，義近駢贅；且兩種學校之畢業生服務社會，恆有互相齟齬之點，般鑒不遠，即在日本。特我國此制行之未久，其弊尚未著耳；及今改圖，尚無何等困難。爰參合現行之大學及高等專門學校制，而改編大學制如左：

（一）大學專設文理二科，其法、醫、農、工、商五科，別爲獨立之大學，其名爲法科大學、醫科大學等。

其理由有二：文理二科專屬學理，其他各科偏重致用，一也；文理二科有研究所、實驗室、圖書館、植物園、

動物院等種之設備，合爲一區已非容易，若遍設各科而又加以醫科之病院、工科之工場、農科之試驗場等，則範圍過大不能不各擇適宜之地點，二也。

(二)大學均分爲三級　(一)預科一年，(二)本科三年，(三)研究科二年，凡六年。

右案經北京高等師範學校陳校長、北京法政專門學校吳校長、北京醫學專門學校湯校長、北京農業專門學校路校長、北京工業專門學校洪校長，一致贊同。卽於同月三十日由各校長公呈教育部請核准。二月二十三日教育部開會議，列席者總次長、參事、專門司司長、北洋大學校長及具呈各校長。第一條無異議，於第二條則多以預科一年之期爲太短，又有以研究科之名爲不必設者，乃再付校務討論會覆議。二月五日校務討論會開會議決大學均分爲二級，預科二年，本科四年，凡六年。復以三月五日在教育部會議一次，無異議，乃由教育部於三月十四日發指令曰：「改編大學制年限辦法經本部迭次開會討論，應定爲預科二年，本科四年」云云，此改制案成立之歷史也。

依右案則農工醫等專門學校，均當爲改組大學之準備，而設備旣需經費，敎員尚待養成，非再歷數年不能進行，而北京大學則適有改革之機會，於是由評議會議決而實行者如左：

(一)文理兩科之擴張　大學號有五科，而每科所設，少者或止一門，至多者亦不過三門，欲以有限之經費博多科之體面，其流弊必至如此。今旣以文理爲主要，則以自然擴張此兩科使漸臻完備爲第一義，然爲經費所限，暑假後僅能每科增設一門，卽史學門、及地質門是也。

(二)法科獨立之預備　北京大學各科以法科爲較完備，學生人數亦最多，具有獨立的法科大學之資格。惟現在尚爲新舊章並行之時，獨立之預算案尚未有機會可以提出，故暫從緩議；惟於暑假後先移設於預科校舍，以爲獨立之試驗。

(三)商科之歸幷　商科依部令宜設銀行保險等專門，而北京大學現有之商科，則不設專門而授普通商業，實不足以副商科之名，而又無擴張之經費。故於五月十五日呈請敎育部，略謂：「本校自本學年始設商科，因經費不敷，不能按部定規程，分設銀行學保險學等門，而講授普通商業學，頗有名實不副之失。現值各科改組之期，擬仿美日等國大學法科兼設商業學之例，卽以現有商科改爲商業學，而隸於法科。俟鈞部籌有的款，創立商科大學時，再將法科之商業學門定期截止」云云。旋於二十三日奉敎育部指令曰：「該校請將現有商科改爲商業學門，隸於法科一節，尚屬可行，應卽照准」云。

(四)工科之截止　北京大學之工科，僅設土木工門及採礦冶金門。北洋大學亦國立大學也，設在天津，去北京甚近。其工科所設之門，與北京大學同，且皆用英語敎授，設備儀器，延聘敎員，彼此重複。而受敎之學生，合兩校之工科計之，不及千人，納之一校，猶病其寡，徒糜國家之款，以爲增設他們之障礙而已。故與敎育部及北洋大學商議：以本校預科畢業生之願入工科者，送入北洋大學，而本校則俟已有之工科兩班畢業後，卽停辦工科。（其北洋大學之法科，亦以畢業之預科生送入本校法科，俟其原有之法科生畢業後，卽停辦法科，而以其費供擴張工科之用。）

(五)預科之改革　大學預科，由舊制之高等學堂嬗蛻而來，所以停辦高等學堂，而於大學中自設預科者，因各省所立高等學堂程度不齊，咨送大學後生種種困難也。不意以五年來之經驗，預科一部二部等編制及年限，亦尚未盡善。舉一部爲例，既兼爲文法商三科預備，於是文科所必須預備而爲法商科所不必涉者；或法商科所必須預備而爲文科所不必涉者，不得不一切課之。多費學生之時間及心力與非要之課而重要之課反爲所妨，此一弊也。預科既不直隸各科，含有半獨立性質，一切課程，並不與本科銜接，而與本科競勝，取本科第一年應授之課而於預科之第三年授之，使學生入本科後以第一年之課程爲無聊，遂挫折其對於學問上之興趣。且以六年之久，而所受之課實不過五年有奇，寧不可惜，此二弊也。此亦促進大學改制之原因：改制以後，預科既減爲二年，而又分隸於各科，則前舉二弊可去。或有以外國語程度太低爲言者；不知新章預科，止用一種外國語，即中學所已習者，習外國語積六年之久，而尚不能讀參考書，有是理乎？

大學改制，有種種不得已之原因，如上所述。惟未經宣布，又新舊兩章同時並行，易滋回惑。故外間頗多誤會，如前數日北京日報有法律冶金幷入北洋大學之說，其實毫無影響。又八月三日四日之晨鐘報揭載余以智君之「北京大學改制商榷」，其對於本校之熱誠，深可感佩；惟所舉事實，均有傳聞之誤，即如引蔡元培氏之言，謂「文科一科可以包法商等科而言也，理科一科可以包醫工等科而言也」，詢之蔡君，並不如是。蔡君不過謂法商各科之學理，必原於文科；醫農各科之學理，必原於理科耳。如若余君所引之言，則蔡君第主張設文理二科足矣，何必再爲法醫農工商各爲獨立大學之提議乎？其他類此者尚多，故述大學改制之事實及理由以告研究大學制者。如承據此等正確之事實而加以針砭，則固本校同人之所歡迎也。八月五日北京大學啓。

（東方雜誌第十四卷十號百五三頁六年八月五日）

讀周春嶽君「大學改制之商榷」

蔡元培

對於民六大學改制提出疑義者惟周氏一文。但其大學不設預科之主張至十一年改訂新學制系統仍實現也。

編者

周君所引定案二條，爲校務討論會所提出者其後經教育部改定而於六年九月二十七日頒修正之大學令，則第一條雖如舊（今之第八條）而第二條則更定爲左之第二條第三條。

『第二條　大學分爲文科、理科、法科、商科、醫科、農科工科。

第三條　設二科以上者，得稱爲大學。其但設

一科者，稱爲某科大學。』

周君主張加增中學年限而不以大學設預科爲然，固亦持之有故。然吾國中學雖止四年，而合以前之小學四年，高等小學三年計之，實已爲十一年。德國之中學，雖曰九年，而小學畢三年級者，可直入中學，合計實十二年。較我國多一年。法國之中學七年，而小學畢三年級者，亦可直入中學，合計實止十年。較我國乃少一年。其他英美日本各國，合中學小學年級計之，亦大抵不出十二年以上。而德國中學分爲三種，實爲大學及高等學校之預備。法國中學，於後三年分四班，亦即此意。是皆於中學中含兩種作用（一）高等普通學。（二）高等專門教育之預備是也。德法之中學制，皆兼此兩種作用，故年限較長。而我國及日本制，則偏重高等普通學，故年限較短。於大學則特設預科，（日本之高等學校，亦即大學之預科。）兩者各有所長，鄙意則

以後爲較便。蓋一國之中中學之數，必遠過於大學，入中學者，初不必皆入大學。若編入大學預科之課程於中學，則不便於不入大學之中學生，一也。我國教育尚未發達，各地方之中學程度，至爲不齊，編入大學預備課程，畢業後亦往往不能直入大學。反不如設一預科以消息之，二也。中學之經費，出於各地方；大學之經費，出於中央。（其私立者，亦必財力較厚，）於各地方驟增中學延長年限之經費，其糜費較多，而實行之期，不免參差。若在大學保存預科之制，則糜費較少，而履行較易，三也。故預科之制，似無改革之必要。惟我國中小學年限，雖較法國多一年，而中學畢業生程度，遠不及法國學生，則（一）由我國興學未久，教授多未合法。（二）由我國人學國文，既較西人爲難，而學外國語，則尤難於歐美各國人之互學。既於此二者倍蓰其日力，則他種科學，不免相形見絀也。若仿日本制，延長中學爲五年，當能較善。然如德國制，自小學以至大學畢業，不過十六年。而彼國學者，如阿斯佛爾等，尚病其過長，以爲於機械的學校中，耗費青年服務社會之日力，至爲可惜。而我國現行學制，自小學至大學畢業，已占十七年。若又增一年，則十八年矣。是否過長，此亦不可不研究者也。

周君又以通常大學專設文理二科爲不然。案此條爲鄙人所提議。鄙人之意，學與術雖關係至爲密切，而習之者旨趣不同。文理，學也。雖亦有間接之應用，而治此者以研求眞理爲的，終身以之。所兼營者，不過教授著述之業，不出學理範圍。法、商、醫、農、工，術也。直接應用，治此者雖亦可有永久研究之興趣，而及一種程度，不可不服務於社會；轉以服務時之所經驗，促其術之進步。與治學者之極深研幾，不相侔也。鄙人初意，以學爲基本，術爲技幹，不可不求其相應。故民國元年修改學制時。主張設法商等科者，不可不兼設文科，設醫農各科者，不可不兼設理科。是年十月所頒之大學令，第三條曰：『大學以文理二科爲主須合左列各款之一，方得名爲大學：(一)文理二科並設者(二)文科兼法商二科者(三)理科兼醫、農、工、三科或二科一科者』卽鄙人所草也。六年以來，除國立北京大學外，其他公立私立者多爲法商等科。間亦兼設法科工科，均無議及文理二科者。足爲吾國人重術而輕學之證。至於兼設文、理、法、工、商各科之北京大學，則又以吾國人科舉之毒太深，陞官發財之興味本易傳染，故文理諸生，亦漸漬於法商各科之陋習，(治法、工、商者，本亦可有學術上之興會。其專以陞官發財爲的者，本是陋習；)而全校之風氣，本易澄淸。於是有學術分校之議。鄙人以爲治學者可謂之『大學』，治術者可謂之『高等專門學校』。兩者有性質之別，而不必有年限與程度之差。

在大學，則必擇其以終身研究學問者爲之師，而希望學生於研究學問以外，別無何等之目的。其在高等專門，則爲歸集資料實地練習起見，方且於學校中設法庭商場等雛形，則大延現任之法吏技師以敎之，亦無不可，卽學生日日懸畢業後之法吏技師以爲的，亦無不可；以此等性質之差別，而一謂之『大』，一謂之『高』，取其易於識別，無他意也。然我國曾仿日本制，以高等學堂爲大學堂之預備。又現制高等專門學校之年限，少於大學三年或四年，社會對『大』字『高』字顯存階級之見，不免誤會。故鄙人所提於校務討論會者，不持前說，而持一切皆爲大學之說，惟於分合之間調劑之，此則以文理兩科爲普通大學，而其他各科別稱某科大學之主張也。周君主張綜合不在一處之各科以爲大學，此不獨倫敦大學爲然，法國之大學亦多如此。在鄙人以爲無甚理由，若取其敎科之互相補充耶，則如德制之高等工商學校，並不組入大學，而其中有若干科目任學生互聽，蓋各校自可有聯絡之作用，初不在乎綜合。若以爲「增機關增經費」耶，則未知各科不在一處之組合，有何等經費可省也。故鄙人以爲此皆無慮。惟鄙人雖有前議，且亦得校務討論會全體之贊同，而教育部終不以爲然，故修正大學令並不指他何科，而僅爲「專設一科」若「兩科以上」之規定，對於各方面，無不可通。或如周君之意，合六科七科而爲一大學，可也。或如元年舊令，設文理二科，或文、法、商三科，或理、工、理醫等二科，可也。或如鄙人之議，專設文理二科及別設工科法科等一科，亦可也。或如各種私立大學之專設法商二科，亦無不可也。使周君見此令，當釋然矣。

附錄周君原文如左：

大學改制之商榷 致太平洋雜誌記者

記者足下。貴雜誌第六期附錄，載有大學改制紀事，摘

其定案略如左之兩層。

一、大學年限，定爲預科二年，本科四年。

二、通常大學；專設文理二科，此外如法、醫、農、工、商各科，則別爲獨立之大學，其名爲法大科學，醫科大學等。

大學教育之振興，本爲當務之急。吾人對於此次改制之舉，具有無限同情。特關於改革之方案，私衷尚難苟同。爰列抒所見，就正於時賢。

一、一國教育，由小學而中學而大學，有連接之關係者。故立學制，必具系統；以言改革，必察全體。今吾國教育制度之全體，果稱完全而不應改革乎？僅改大學制度，而不通盤籌算學制全體；局部的改革，果能收實效而應時代之要求乎？吾不能無疑。卽以中學而論，大學教育，不能不賴中學根柢，使予所議而不誤，則吾國今日中學年限僅爲四年，此其於大學教

育之基礎不亦太薄弱乎？德國中學修業年限甚至九年。英國制度雖未劃一，大抵亦不下六年。日本中學五年而進大學必須再經過三年之高等學校，總計可曰八年。雖以彼此小學修業年限大學程度之各有不同，其間不無有需酌量之處，然究未有如吾國中學年限之短至四年者。以四年之修學程度而望其進受大學敎育，不謂爲根柢太淺不可得矣。此則吾國學制上之缺陷，當亦留心敎育之士所共認也。然當局明知四年中學之不足爲大學基礎，不思於修正全體學制系統圖改良於中學本身，而別就大學上設備爲補苴之計，於是而大學有預科二年之設。夫大學而設預科，以授預備敎育，果爲得計乎？以予之所知，則英德法諸國大學未聞設有所謂預科。日本今僅私立大學有此而官立大學皆無此制。近年來大學改革盛唱於日本，有主廢高等而於大學設預科者，其議極少贊同，而帝國大學當局，反對猶甚。蘇格蘭從前中學敎育不完備之時代，大學初年，亦授預科敎育。現在美國大學中，亦有所謂 College者，是亦一種預科。英國敎育界大家之前任大法官哈爾典卿，於其所著國民敎育論，(Aft-erway Problems, National Education, by Haldane.)引其例以爲遺憾，而促英國之極力注重中學敎育焉。蓋大學別設預科，多一番設備，卽增一重負擔，學科性質參差，組織複雜，以一大專注心力於大學專門敎育，猶虞不及，今復委以預備學科，以分其力，不亦大違分功之原則乎？而此外經費之增加，與夫學生多數收容之種種實際上困難問題，猶其次也。爲之說者曰：預科之設，所以救各處送大學學生程度不齊之弊，而免學生多費時間心力於該科非要之課也；能達此二層重要目的，則預科之得正可償其所失。則應之曰：以吾國土之大，教育行政之不劃一，各地中學卒業生之程度，自多參差，實則此項現象，在東西先進之國，亦所不免；然豈除設預科以外，卽別無法以維持大學教育基礎之標準乎？對於各地中學生之投學者，而施以劃一之入學考試，卽可達此目的。至若第二層，則予以爲大學教育基礎之各項普通科學，無論於何科，皆有同等之必要，卽令欲於中稍示區別，則於中學之最後二年各依所志，分科授課，亦一簡便之變通辦法，並無俟於大學別設預科也。

二、通常大學，專設文理二科，別爲獨立大學，果爲良制乎？吾亦不能無疑。西文之大學 University 原意爲教授高等學術各科之綜合體，故言大學，卽聯想分科。分科無定，多多益善。大規模的集合組織，與分功之原則相輔而行，現代文明社會之特徵也。歐美各邦大學，罕見限於文理二科；單科大學，其例亦絕鮮。德國之各項高等專門學校，亦難引爲例證，其程度卽令與大學分科相當，彼究未正式居大學之名也。日本學界，久有單科大學之運動，然其議亦罕見採行。（以予之所知，則至今僅有大坂高等醫學校，改爲獨立醫科大學之一例）今吾國大學改制之案，不以文理二科之設，視爲大學設備之最小限度，而定爲大學分科之極限；不以承認有單科大學之例外爲足，而定單科大學爲通則；不誠過猶不及哉。各科學術，原有聯貫，一綜合體之中，各科同授，便利殊多。譬如文科與法科，法科與商科，工科與理科，理科與醫業農業，學術有密切之關係。綜合則百般便於共通，獨立則各須別爲設備，是不僅原則上於高等學術研究之便利有關，卽行政經費之實際問題亦大有差異也。若謂『文理二科有研究所實驗室，

讀周春嶽君「大學改制之商榷」

圖書館，植物園動物院等種種之設備，合爲一區，已非容易。若遍設各科，而又加以醫科之病院，工科之工場，農科之試驗場等，則範圍過大，不能各擇適宜之地點。』則須知以吾國地價之廉，公地之多，求一適當之大學地址，未見其爲難事。且大學綜合各科，亦不必定在一處，例如倫敦大學之所屬各科學校散在四處；日本東京帝國大學雖集中一地，而農科獨遠在別處，不爲病也。今就北京而論，卽令原有北京大學校舍僅辦文理二科；而以法政專門學校，改爲大學法科，醫學專門學校，改爲醫科，其他某項專門學校，改爲某科，但使其隸於一綜合體之系中，同屬北京大學，則雖各居一隅，仍可收共同組織之效，何所取而必令其完全獨立，別成一大學？夫今日欲使大學爲一有機體，新於一大學之中發生各科，事實究屬困難，亦未見其必要。故就已有之專門學校

改爲大學分科，予亦極表贊同，且以爲不惟限於北京大學，卽各省設立大學，亦當循此辦法，就固有之各項高等專門學校，爲機械的結合。至若更進一步而定爲單科獨立之大學，則竊以爲多立名目，增殖機關，不淆聽聞，而增經費，殊可不必也。至於『文理二科，專屬學理，其各科偏重致用』之說，亦殊不足爲文理二科與他科截然分立，爲各獨立大學之理由。蓋學理致用兩者之偏重偏輕，文理二科與他科之間，亦僅有程度之差，而無種類之別，集於同一大學，絕無滯礙，又況學理致用兩者，本可互有助益，相輔而行者乎？

綜而言之：大學改制，同時須改良中學，中學年限至少當爲六年，俾普通學科根柢深厚，可以進受大學教育。如以中學畢業生，不必人人入大學，四年現制，別有維持之必要；則無妨兩種中學幷設，其一仍舊

四年，其他爲六年，前者授通常中學教育，後者程度加高以與大學連接。如幷此制而亦以爲難行，則中學仍一律維持四年之現制，而增設兩年之補習科，以便有志入大學之卒業生，進求高等普通之學科，亦不失爲一辦法。如是則大學儘可不設預科，而竭全力以從事於高等專門學術之發達。凡爲大學，仍當以包有各項分科形成綜合體制爲原則；單科獨立大學之認可，僅可偶然作爲例外。但各分科不必定由一大學之中一切從新舉辦，即由固有之各項高等專門學校，擇優改進，併屬大學，作爲分科可矣。復次大學分科年限，不必一律定爲四年，須視各科學術之性質，需要研究時日之長短，分別酌定。例如醫科無妨多至五年，至少亦非四年不爲功，商科則三年似已可以竣事是也。淺識如予，又無教育經驗，誠不敢以此重大問題，輕下解決，管見所及，摭拾以陳，冀與留心教育之時賢共商榷之。

周春嶽民國六年十一月十七日，由蘇格蘭寓舍上。（新青年四卷五號）

北京大學最近之學制

此爲民國八年秋季之情形　編者

我國最高學府之國立北京大學，自蔡校長任事以來，純取進化之精神，預定改良之計畫，始則革新其內容，繼乃變更其形式。自本學年起，所謂分組分系之新學制，已就一大部分開始實施。蓋前兩年間招入預科新生，已改定畢業期限爲二年，本年修業期滿，升入本科，因得一依新制，而於本科二三年級生，則仍用舊制授課。但於哲學中國文學三門（現已稱系）則參酌新舊兩制之間，另定一種選科制，蓋亦已革新矣。其對於舊法科所屬三門，即最近所改稱爲法律學政治學經濟學三系者，若照新制，則屬之第五組。但本年所設

北京大學最近之學制

之第一年級，仍未改用新制，僅於科目略加變動。故就現在北大以言，其課程編制，可稱新制半新制舊制三種。列表如次，而伸之以論述。

新制……
- 預科
  - 甲部
  - 乙部
- 本科
  - 組一
  - 組二
  - 組三
  - 組四
  - 組五

  一年級

半新制……
- 哲學系
- 中國文學系
- 英文學系
- 數學系
- 物理學系

二三年級

舊制……
- 化學系
- 地質學系
- 法文學系
- 德文學系
- 史學系
- 法律學系
- 政治學系
- 經濟學系

二三年級

從前北大學制，除預科外，本科（最初曰分科）分文理工法四科。此外復有商科附入法科之內，工科既廢，所存者僅有文理法文科所屬，有哲學中國文學英文學法文學德文學史學六門；理科所屬有數學物理學化學地質四門；法科所屬有政治經濟法律三門。自本學年起，所有科之名稱，一律廢去，一概改稱系矣。今試言新制，新制分預科本科，預科修業期二年，本科修業期四年，預科之課程，以言語文字及論理學大意哲學概論等爲共同必修科，全體共習。此外爲分部必修科，部分甲乙，甲部偏重於數學物理等，乙部偏重於歷史地理等。蓋一屬於理，一屬於文也。此外復有選修科，如理化實驗經濟通論文字學等。本科第一年級課程，則以大學學生不可少之基本學科，及在預科所曾修之外國語爲共同必修科，全體共習。此外爲選修科，分爲五組，每組各有所偏重，令學生隨性之所近，於一組內選習八或十一單位以上，以爲一年後專習一系之預備。五組所屬之目，列之如下：

第一組　數學　物理學　天文學

第二組　化學　地質學　生物學

第三組　哲學　心理學　教育學

第四組　中國文學　英文學　法文學　德文學

第五組　史學　（政治經濟法律）

第五組中，政治經濟法律三系，本年尚未實施新制，故特加括弧，以示區別。本科二三四年之課程，按照各組所屬，共十七系，與現在舊制所列之系，增多四門，全用選科制。但三年之中，須在某一系及其他相關系內選修三十至四十單位，須繼續所習之第一第二兩種外國語，每種選六單位，共十二單位，合前三年每人至少須習第一種外國語三十二單位，第二種外國語十五單位，此新制之大概也。本學年預科第一第二年級及本科一年級均已實行矣。新制預科之共同必修科，中國文外國語兩項，最爲注重，合兩項單位約在十二三以上。國文分三種教授，一、模範文；二、學術；三、文法。外國語分讀書及文法作文兩項教授。

半新制之哲學中國文學英文學三系，亦分必修科與選修科兩種。哲學門內二三年級所列選修科目最多。其屬之本系者有十四種，屬之他系而認爲與哲學有關係者亦有六種。但本系選修科有前列六種，認爲選修的必修科。蓋因必修科所列功課甚少，不得不於選修科內令其必修也。此外復有杜威博士之特別講演，第一學期講題爲思想之派別。中國文學系中必修科列十五單位，選修科列七單位，合計須選滿二十單位以上。英文學系必修科二年級功課列十六單位，三年級功課列十二單位。合計選習之課，均須滿二十單位以上。而舊制中之選科生，則仍聽其自由選習，不加限制，此半新制之大概也。舊制授課，大致如前學年，其中不過略有增減，故不具述。

（教育雜誌十一卷十一號八年十一月，）

一六　海外大學

海外大學末議　　吳稚暉

民國八年十一月，廣州軍政府擬以關餘辦西南大學，於九年二月二十六日由政務會議通過組織大綱，聘汪精衛，章士釗，蔡元培，李煜瀛，黃炎培及著者等主事。著者與李蔡等極力主張在海外設分部，當時並任著者及李爲里昂分部籌備員，黃爲南洋分部籌備，此文即其主張在海外設大學之理由。惟四月因關餘移作軍費問題，竟至軍政府代表章士釗與其總裁伍廷芳涉訟，西南大學亦根本取消。惟法國里昂之中法大學仍於十年由中法兩政府合辦成立。　　編者

理由

海外中國大學者，將中國大學暫設於海外。即何處擬設大學，倉卒欲籌備完全，而環境與教團，兩缺其適當者，乃暫時借海外適當之處開辦；視之如與在國中同。迨至開辦若干年，籌備略齊整，教團亦組織粗完，遂幷可遷之教具及已成之校風，完全遷移於自國應設之地點。

即不必每設一大學，皆照此法；縮至極度而言，似

亦當有一二處，毅然作一試驗。或亦可爲千百應舉新事業中之一事。此末議者卽雜取其優點缺點等，討論之而比較之，以供當事者采擇焉：

（一）改良學生環境　養成完美教團

吾人受教育之際，得校內之課程，若並得社會環境之補助，則其效果必不相同。此時中國，卽有此能力，得建完美之大學；尚無此改造社會之速度，並予學生以完美之環境。如社會凶暴惰懶穢惡等之現象觸目皆是；加之以下等游戲之場，親朋淫博之習，皆令今日內國之大學生，平添一層防制之辛苦。此環境在消極方面之未適當者也。又如上海北京廣州之通都，欲求一有益書報，已如鳳毛麟角。若高等之科學儀器店，製造工具鋪，無論在鐘表呢羽山珍海味之大市上，不能尋得一家。更何論博物院科學會新品工廠等之文明人境乎？此環境在積極方面之未適當者也。

假如易上海北京廣州，而爲巴黎，其環境之相差爲何如？卽或消極方面，巴黎亦有中國相同之劣點。然卽或任其自然，不加補救，而所得非凶暴非惰懶非穢惡之教訓，已足補償其所失而有餘。何況所有巴黎劣點，若亦有近年來蔡孑民先生長北京大學後，其學生自治之淸議，日益有力之效果，則防制之辛苦，巴黎自減於北京。此所以竟在巴黎設立中國大學，較今日留學生之各個散處，單獨活動，甚不相同。此事後當別爲專條論之。

（二）於精神教育中並可注重物質教育

今日中國大學，能竭力以高精神教育之程度，則能力漸足。若欲並高物質教育之程度，恐無可爲諱。幾乎萬分竭蹶。精神教育，必以物質之能力相調劑，而後社會足與世界均和。此無可蔑視者也。物質教育之教師，不免借才異地，卽在今日之日本大學，尚不能免，何況中國中國近來頗有淘汰外國敎習者，此另一義。因以高價所延之洋敎習其能力不如留學生，自不如辭去爲得。若留學生竟能滿副理想之大學敎授恐居極少數。此又無可爲諱者也。以區區四五百元之月金渡重洋而來敎者，必爲下材。曾一度遊歷西洋者，無不知之。然四五百元月金，在巴黎當地延聘，俾卽敎授於巴黎中國大學幾不難得彼中大學敎授，論鐘點而兼任。

如此，在內國大學因洋敎員之有名無實，則不敢請；而留學生之上等有能力者，又不可多得。物質敎育之受損，以較海外中國大學，至少終當減色數成。

況就作用言，爲目前社會國家救急之需要，物質敎育，終當有一部分之大學特別注重，方足適應現狀。所以試設一巴黎中國大學，肩此注重物質之任務，亦極相宜。幷且迎受巴黎環境中之精神，而於精神敎育方面，亦不至比今日北京上海廣州有損色也。

(三)他人爲慈善的已建許多大學於海外，吾國吾乃爲利益的，豈反不可建大學於海外他國？

立大學於海外，求諸先例，因愧所知太少，可云此爲創格。然比例設想，亦極尋常。其一，語其近似者，則有上海日本同文學院。其目的因欲詳察中國內情，故有此特別組織。然吾則挾有改良環境，增進敎材，期俟組織稍完，遷建內國之目的，亦何嘗不可仿辦。其二，有可對照比較者，如香港之有英國式大學，上海約翰之漸改美國式大學等，皆歷費鉅款，或過於我等今日所提議之中國大學也。彼等建設大學，其目的爲慈善的，用以敎育他國人民。我國若有慈善之力量，足見卽建一中國大學於巴黎，敎授法人，亦不過如近日北政府捐助美國哥倫比大學漢文科等，且無所謂怪特。何況今所議建之巴黎中國大學，其目的只是利益的，只以敎育自國人民，豈反有不可之理。此所以議雖近創，實則甚平常也。

既籠統而言海外中國大學，篇中又時時指定巴黎中國大學者，鄙意擬設之海外大學，最急爲兩處：一法國，一美國。皆以其國體相同，物質而外，精神亦調和也。有美國則英國可省。且巴黎與歐洲各國接近在片壤之中，英德伊比等皆巴黎中國大學學生所能常往遊歷之地。不注意日本者，日本近在咫尺，已留者太多，留學之勢已成弩末，無從別立一校，自爲風氣。且帝國教育之暗潮，亦有與現象衝突之處。所以先注意於巴黎者：歐洲學子，遠不及赴美之盛，欲使歐美潮流，平均輸灌，故先及巴黎。倘能美國海外中國大學同時並建，亦未嘗不馨香禱祝之也。

（四）英法文兼重正可圓滿學術與辦事兩方面

有人云：驟建中國大學於巴黎，目前必發生一甚困難之事。因中國學校，向來注重英文，不惟驟然欲招向習法文，可入本科之學生，必寥寥無幾。卽招預科之學生，亦爲少數，必至所設預科程度甚低，開辦本科，曠日持久。

對曰：此事正卽吾所最爲注重之處。否則顢頇了事，如今日留學法文國及留學英文國之學生，各執其所習慣；不惟將來國中學派必生小小衝突，而且卽就應用上論，（應用雖非大學所注意，然在現狀中實可算一條件。）東方英文之勢力，雖日本久傾德系，亦不能減少英文流通之全量。故若僅習法文辦事於東方，必有一部分之扞格，不知此校卽爲溝通，且兼習英法兩文之利益。在歐洲時利用英法兩語，由調查而得之進步，亦有影響也。

兼習兩種外國文，當日日本高等學校，卽以爲欲入大學條件之一。而歐洲大學，必兼習一二種外國文，亦有慣例。卽今日中國學生，留學英美國，兼習法文，留學法比國，兼習英文者本亦不算少數。故在巴黎中國大學，以法文爲主要語，以英文爲必修科，（苟有少數有高等德俄文，卽可減輕其英語科）決非夷中國爲瑞士，必人人熟數國語文之意也。又既習一種歐文，更複習一種歐文事半功倍，早有定論。固非如以漢文學者，複習一種歐文之難。

因此，巴黎中國大學既建，一面固可在內國鼓吹法文之加增，一面徑可所招新生，全錄高等英文，及普通學科已合本科或預科高班之格者。（如有高等法文之生，自然更應取錄，使之補習英文；正如使英文生補習法文同一條件。）英文程度既臻高等，加敎法文一年，卽本科學課全以法文敎授，亦無難通解。況巴黎中國大學之主旨，所以設立於巴黎，其一半之用意，爲學生得較良之環境，又一半之用意，使敎團就近取法，較便得完美其組織。並非因法國已有之大學，不足爲我學生留學，必疊床架屋，徒設此不稂不莠之中國大學，用以替代留學。（此義後當專論）故此大學之組織，當視之無異在中國。所有敎師，惟高等特別學科，方延外國講師，而敎授仍悉聘留學生。或相宜之學科，竟以國語講授。如此，卽以敎授而論，倉卒之間，不難盡得之於法比留學生。本需兼延英美留學生，故當第一年開辦伊始，而本科初班，卽全招英文高等學生，亦不必一年中全供預備本科課程，自可用特別法講授。故至多於第一年損耗半年時間，餘年之本科學生，皆取自預科，卽免此損耗。總而言之：卽算高等英文學生，已合本科資格者，學之於本國，可減一年日力；學之於巴黎，卽增多時間一年。然就此一年間，多習一種法文，多增一年預備，在利益上并計，還是得算也。

巴黎中國大學學生，因有英文爲必修科之故，於是在授課之中，得參考英文書。在畢業之後，得調查或研究於英美。在歸國之後，辦事得在英語流通處，並無扞格。其能力豈不大加。如此建設中國大學於巴黎，目前與將來，均無困難。止增優勝。又西南外交本來最好兼擅英法兩文，此雖於大學不成問題，然恰爲連帶之適當。

（五）派遣留學與自設大學於海外兩不相同兩宜並行

有人云：與其以我國留學生作教授者之能力，使之在巴黎與彼中大學教授比力，不免絕臏之可笑；而巴黎中國大學亦卽以程度幼稺之狀態，貽笑於外人。何如直接爽快增派留學生，同一耗費，豈不收效良多。

應之曰：然。留學生之大學教授不免絕臏，當有其事。巴黎中國大學之狀態，必較諸彼中大學始終幼稺，亦我所承認。增派留學生尤我所企禱。（過去時代中國當道太早計，因日本留學歐美學生止有五十餘額。所以截止各省自由派遣留學，而減縮其額數，自以爲取法日本。不料日本於歐戰後，頗有覺悟。陶孟和先生赴美時，卽聞其當道預備三千萬元之經費，欲派歐美留學生六百人。日本尙如此，中國可知。故張之洞端方雖皆可議，惟其能作留學生之販子，高出於今日督軍招兵爲盜，固萬萬也。）然客之所言，亦未免太直截。此中曲折，正當反覆詳究，方知顯然各別。

（一）留學與自設大學，當分途並進，此爲定論。故巴黎留學爲留學方面之事；巴黎中國大學爲自設大學之事。二者絕非同物。自設大學設之於廣州，與先設之於巴黎，然後遷回廣州。若經費利益，全不相謀，方可以廣州折倒巴黎，此爲一條線上之比較。若以留學巴黎，折倒巴黎中國大學，此不在一條線上，止是普通謬誤。巴黎廣州間經費利益之比較，當專論或分論於下文。

(二)留學生止有此數，在北京上海廣州所能延得者，其人肯往巴黎終不至反爲劣品，此等敢上巴黎之留學生，在北京上海廣州能延充爲教授，當衆口一詞，不算對不起北京上海廣州之大學。何也？因非延請外人，欲請留學生，止有其人也。然則其人在巴黎絕臏，在廣州卽遊刃有餘乎？其理不可通也。是除却用隱眠之法，遮掩其絕臏之醜，不能再有別種結論。故留學生之教授，在巴黎絕臏，在廣州亦絕臏，巴黎中國大學，並非作爲留學生作教授者之出醜懲戒場，正卽欲兼爲我國大學教授之改良所。留學生教授，卽我國尤可造就之一種。正因其一行作吏，此事遂廢，淺嘗於外國，虛氣熏天，歸而流傳其謬種。故設巴黎中國大學之苦心，亦正欲得有志之留學生，不自畫於故步者，共上巴黎，

相與完美一大學之教團。故彼之絕臏，大學同人且共保持之，使預尋補丸。如是巴黎卽較易尋，或補丸所不及，助卽代覓外人之助力。如是巴黎卽較易覓。如是若干年，遷回廣州，廣州大學卽得較良好之教團。

(三)巴黎中國大學程度，卽至若干年遷回之時，亦必幼穉於巴黎法國大學。此何待言。巨人長年，決不責勝衣童子之學步。此法國方面無所謂取笑。淮南鷄犬，亦不作上仙之夢，而國人自亦相諒。故程度之幼稚，我可無辨。惟或有人倘謂學生何罪，使之遠居巴黎；不令入法國大學，而令入中國大學，受此幼稚之結果？此有可解釋者，不惟於本節一條之討論，不可遺忘。蓋此等學生，本欲留之於廣州者，今已載之於巴黎，使得較良於廣州之環境，較良於廣州之學課，不算辜負其人否。則我亦可反詰之曰：汝何癡愚不欲在巴黎授課；甯至在廣州授課反得隱眠法之教授？彼將何詞。

就使與留學比較，卽不必比較荒唐之徒，以留學爲門面者，（留學局面無論如何選擇十人中必有二三荒唐鬼。巴黎中國大學有管理規則有自治淸議，荒唐之徒，比較可少）。直比較於好學孜孜之留學生，若本科前半截之學程，巴黎中國大學，或以本國敎授之講解近情，及外國講師之補助，可望不損色於法國大學。（言留學所得之效果，非言法國大學之本身）。惟在結末高深之處，其結果姑認不相及。然充其量，必欲泯此缺憾，可令巴黎中國大學之畢業生，研究高深學程於英法大學一兩年，補償最優留學生同等之學力，亦非所難。由巴黎中國大學切實爲之擇校研究，經費與條件，皆可適當。故更覰下文巴黎中國大學畢業後補習之資費，與普通留學經費之比較，而兩者厘然各別，各有所當之理由，更豁如矣。

（四）故若謂設一巴黎中國大學，卽可替代留學，

此太早計。又謂增添留學可替代巴黎中國大學，亦屬膚論。數百學生，能使同時授課於巴黎中國大學，却不當同使留學於巴黎。巴黎中國大學所不能代留學之利益者，因種種特別之學科，不能盡在巴黎，乃分散存在於各地。我國缺乏之學術太多，欲種種有人研究，必使分散各地而留學。所以留學之局面，雖有巴黎中國大學，仍宜擴充，不應收縮。惟散居各地之留學，與聚居一校之學生，其費用大不相同。聚居一校之學生，可由敎團切實料理，使之節省畫一。若散居之學生；處辦較難。故政府所定歐美留學之經費，不管學校地點，畫一錢數，固足詬病。然其不得已之處，亦可原諒。卽因散居各地，縱派有監督，彼衆我寡，無法代爲經理。照目前留學額費而言，亦有少數欲爲高等之硏究，實有不敷。然未嘗不更有一部分，就其實在，有可酌減。惟必酌而後減，誰則能之故若照舊留學，止能因循於畫一錢數之

制。如是，則一留學之費，可供數巴黎中國大學學生。觀下文經費實數之比較，當益見二者之不同。且留學之不易處辦如此者，正因止有官場傳舍之監督，及胡亂兼理之外交官，所以毫無頭緒。倘眞有巴黎中國大學出現，有教團之代爲研究，有巴黎中國大學學生之與論，而酌加者自可酌加，則高等學術之人才當增。酌減者竟可酌減，尊重公費之風氣亦開。留學却以秩序愈完而增盛。此所以海外中國大學，並可有益於留學。惟非替代留學，而留學亦不能替代其事。

(六)海外大學所發生之附帶利益

且建設中國大學於巴黎，其主旨固爲學生改良授課時之環境，爲教團完美其組織，然後遷回中國作一較良之大學。然當此社會混亂，國家危急之秋，在此巴黎中國大學，又有種種附帶之作用，亦可分條論之：

(一)假如此大學，亦有如北京大學最近之現象。於許多新事業中，即出版品一項——如日刊週刊月刊——新舊雜出不窮。巴黎中國大學居歐洲，言論當尤較發舒，觀察當尤較眞切，將於中日一切情形，早愈有所宣傳，過於今日少數學生會之困苦告語也。而且有此屬於耳目之建物，日與彼都人士相接觸，羣知有中國，羣知中國之消息。此中傳之較眞，何至如此次巴黎和會，華事爲彼中多數所不知，任日本之强梁，其人淡焉漠焉，無所容心乎。

(二)又假如以北京大學『五四運動』之精神，在巴黎爲相當之講演，不又愈於少數國人僅在一二要處行動，致彼中社會全無感覺乎？此雖特別條件，不望其熱度之常烈，然相當爲自國之表示，亦必欲有一顯著之團體，而後引人鄭重。故即不必輕示聲色，而知中國有此大舉，大學中有此數百人，亦無形中不使人漠視。即新聞訪員，亦必常有蹤迹，欲向此間得可靠之消息矣。

(三)然以上僅臨時發生之事項。吾意亦不願此等作用，常常苦累我學界。但卽以文明事業而言，吾人以個人或一小組合，與彼中學術界作小小之接觸，或有之矣；未嘗用一高等大團體，常與彼中學術界爲不斷之接觸也。今既有此大學，則彼中杜威其人，可常常邀請演講。巴黎中國大學運動隊，亦可與法國某大學爲比賽運動；甚而比賽至於倫敦柏林。卽吾國學說無重大之價值，但如中國哲學歷史等等，亦何嘗不可往彼中講壇，聊放厥詞。因欲適應於高等智識，吾人自更搜羅材料，爲特別之研究，必有許多新著，相引而產生。并且我國教授，易其在北京上海廣州之塵俗酬應，而爲巴黎『學會書報』之生活，包圍於博士著作者發明家之空氣中，安見吾人無科學上之小小供獻，能報告於彼中實驗室乎？凡此皆特有大學之文明大團，而後

能增此因緣。

(四)現在內國寥寥數大學，幾皆孤立，不獲與世界大學，共聯聲氣。此無可爲諱，半因幼稚之故。程度固無一蹴可幾之希望，故卽最近之將來，仍無緣與世界大學交通。今自國設一大學於海外，亦聊可作世外之交往。內國文化之演進，由各大學報告於巴黎；海外學術之變動，由巴黎傳於各校。此雖彼此幼稚，無多特別之利益，然甘苦共語，頗有緩急之可商。至於一切調查器物書報等等，有此固定之大組織，而書記職員皆備，可代國人廣任急要。較之今日只有使館之高不可攀，學生會之散而無紀，稍不同矣。

(五)因有講義書報之刷印，必宜由大學特備機關。然但需在開辦時提款三萬，備足中國銅模字粒；更招排手數人，附屬在一巴黎印局，卽一切無異上海。(從前中國印字局只有數千元字粒，且缺排手，故動多

不應）印刷既便，著作翻譯等事，自雜起於全校師弟之間。即大學創一日刊，並載全歐學界消息。如此則人多手多，眞有歐洲幾成消息得流輸於內國；並有重要譯述能歸餉於母國矣。

（六）地位不同，感知與觀察皆異。所以留學生雖日居彼中之學校，親受其教育，然恐辦學及教授上之曲折，鮮有入細注意。所以巴黎中國大學之中國教授，雖實際上亦不過同一旅居海外，觀察學術。但因地位之不同，及職責之所迫，於辦學及教授方面之觀察，必大異其趣。即巴黎中國大學之學生，因見校師竭蹶之研究，及師弟推誠之推論，而學生注意之點，亦與尋常留學生不同。倘更加以特別期望，凡本校高等畢業生，助使轉學歐洲各大學，加以深造者，並使爲將來母校教授之預備，即內國各大學之教授，此校亦可邦助養成。所以巴黎建中國大學，優勝於僅僅派遣留學，又別有在。

（七）至於巴黎中國大學既建，所期之校風，爲平民的，爲勤儉的，爲勞工神聖的，爲清潔無倫的，自不待言。即在經費上欲使不與廣州有多大之懸殊，亦必務求節省之法。故所有自販食用必需之物，於中國設立消費社。學生款項設立校內銀行。寄宿舍實行嚴潔的自治契約。所有今日北京大學及其他北京高等師範清華學校等已行之良組織，固全然采用。即尚待改良增添者，亦博訪舉行。蓋以此事爲吾人辦學力之第一大試驗。大學之成敗，幾全繫於是。此自需用全力經畫，用不斷之長力照顧。倘果能副於預望，能得理想之效果，則不惟大學以內得以鞏固。即大學以外，所有留學儉學等組織，亦必大受影響，多所改良。而所以先立中國大學於巴黎者，亦即欲以試驗及格之校風歸遷於廣州也。

（七）留學生之缺憾待此大學而泯

又有一餘事，卽內國篤舊之士，詬病留學界，不外數端：一曰增添西洋嗜好；二曰忘却內國情形；三曰拋荒國粹。今一二兩端，巴黎中國大學既有不斷之交通，與合格之管理，自此留學界改良者無論矣。而且所以該大學期在必延蔡孑民胡適之諸先生之倫之黃面孔者爲教授，不全託於外人，用意固在期有中國學者興味，以成中國大學之特點。並非專注意於篤舊家之所謂國粹，然篤舊家國粹之希望，亦能曲副。蓋此校學生有若北京大學康傅羅許之倫者，將來必有人在。然則留學界之缺憾，巴黎中國大學實可爲之全泯。卽巴黎中國大學學生可保無荒唐鬼也，可保不至洋氣冲天也，可保不爲沒字碑也。因此巴黎中國大學，復開海外求學之新紀元者也。

豫算

（八）

今欲估量巴黎中國大學，教員額數，學生人數，費用約數等，先當取內國大學專門學現狀，列表以見其凡。今按去冬專門學校會議時，教育部所刊列者，錄要如左：

校名	教員	職員	學生	經費
北京大學	一四九	四四	一六九五	五六〇、〇〇〇
北洋大學	二〇	六	四四一	二二〇、〇〇〇
山西大學	三六	一七	六七五	九〇、〇〇〇
南洋公學	四一	二五	一六七	一五六、四六〇
唐山路礦學校	二一	一七	一一四	一一〇、二二六
北京工業學校	三九	一八	二四二	一二六、三六〇

右表惟南洋公學學生未計豫科，應酌加豫科學生二百，以三六七計算，每一教員配合學生之數如左：

北京大學　一一

北洋大學	二二
山西大學	一八
南洋公學	九
路礦學校	一六
北京工業	六五

再以學生配合經費，每一學生應合若干銀元，列之如左：

北京大學	三三〇
北洋大學	五〇〇
山西大學	一三三
南洋公學	四二五
路礦學校	六三三
北京工業學校	五二二

就右之所計，酌量以定。假如巴黎中國大學學生人數，姑擬如左：

學生　七百人（此就山西大學之數而定，因西南大學之希望，雖不能驟如北京大學之恢張，亦必對於北洋大學南洋公學等有所不滿意。故酌中而照山西大學之數定之）

教員亦酌中而以十八學生配一教員。

教員　四十員

經費用於海外，自應照唐山路礦學校最高之額定之。

經費　四十五萬元（照此經費雖在北京大學可教學生一千四百人。然該校連法政學生幷計。法政學生與科學學生不能並論。科學學生若北洋大學北京工業等，至少亦需五百元之數。今巴黎中國大學有中國教授三十人，（共教員四十，其十八人請外國講師）與派遣考察無異。以考察人員而論，例需予以一個半留學之費，則除此九萬之暗中補償，每一學生還只能配合五百元。與天津北洋大學北京高等工業相同。）

如此比較，留學經費七百學生應費一百三十五萬者，一年可敷三年矣。若以此四十五萬派遣留學，才派得學生二百三十五人也且三十教授更無一人可出。

（九）

四十五萬元年費之開除約計如左：

教員薪水　十六萬元

無論中國教授外國講師，以四百元一月為最高額，二百五十元為最低額。今平均以四千元一人為約數，故十六萬元。（教授必有攜帶眷屬等事，外洋開銷，非北京可比。然此校既為組合暫寄之

性質，不能與尋常內國新法，及外國慣例，不管食宿之法相比。而教員宿舍等，亦如唐山及浦東各校，妥為籌備，惟非完全供給。然既有此補助，則開銷與徑租西洋人家住宅者不同。飲食亦可由校內廚房代辦，或向銷費社購取，亦不至於與往常旅居西洋者同一繁費。故所定薪水，雖不甚過高於北京，亦儘够事畜。

況此項經費，在西洋講師方面，目下尚可省節。向時倫敦高等講師單獨教授，亦不過一鎊一小時。今算每月聘任四十小時，目前只需二百元以內。即以此項所省經費，或擴充西洋講師鐘點，或積貯而為中國教授完備其供張。

職員薪水　四萬元

校長亦定四百元。（唐山校長即少於教員之費，或可與教務長勻扯其數）學監一人二百元。舍

監二人共三百元。（宿舍實行自治，舍監止爲查察及照料之人，故不必多設）庶務長一人二百元。書記幹事八人共一千元。（多者一百二十元，少者八十元，參用女打字人）

右職員十三人，較之北洋大學數已略多。因有若干事關涉學生者，皆可由學生自理也。

校役三十八人共一千五百元。（全用法人，或招華工）宿舍廚房等不在內，其費皆計於該項之下。此所謂校役，揩窗收拾課室之類也。排字人六名等亦可在此項經費內開銷。因上文開明之數止三萬一千三百元，尚有八千七百，卽幷門房及高價役人等，皆可於此取足矣。

學生川資　三萬元

巴黎中國大學學生，照北京大學學生辦法，一切皆由自備。惟以遠赴外洋之故，代出船費，約每年

招出一百五十八，畢業送回一百五十八，共三百人。每人船費一百元。既有如此大團，當用特別辦法，與法國船公司訂明，爲開大艙一所。其間鋪設，由校內製備相當之牀褥等二百副，自行鋪設。請撥廚房一間，自帶廚子燒飯。因此學生只坐四等艙，其舒服可與在家相同。（船上必定承認此種辦法者。因從前看見日本船在香港裝載華僑運赴新嘉坡，彼等皆居艙面，價較四等爲廉。然彼供給鐵爐木炭，任華僑之老板開鋪大抽鴉片，任其隨僕殺雞燒飯，狼籍船板，反欣然笑容之，比待三等客爲優。故知船上止需多數包其下等之區處，復以文明之法自處，彼必甚歡迎也。所以自行鋪設自行燒飯之法，必然可行。）飯資卽在百元數內扣除，彼亦樂從。

學生飯食貼費　七萬元

學生雖曰一切照北京大學辦法，歸彼自理。然暗中仍只可每年令出二百元。惟外洋費用不免較昂於北京，故雖免除川資，免除學費，恐飯食亦不能如北京之廉。（雖力謀廉好，凡可載自中國者——如米等——皆自行運輸）故每人校中又為豫備百元，補貼飯食等，而此項經費則幷宿舍廚房之役人工錢等亦在其內取足。

敎科試驗費等一切在內　十二萬元

此卽四十二萬元經費開支之大略也。

（十）

以上為經常經費，此節則約計開辦經費。

講室試驗室等房屋……
宿舍……………………　｝五十萬元

試驗工具……………五十萬元

此為自由約計之數。在中國可達目的，到底法國如何，必有待乎調查。然稍從素樸，或目前法國人工太貴，可在中國投標，請中國包工人載華工往建。否則或有相當空校，可以借賃改作。終之苟其預備五十萬元，亦不至尙是空中樓閣，萬難實現矣。（地皮自依西例，不過租借而已。）

惟此項造屋之錢，全然因巴黎之故而耗費，因異日不能遷回，然亦有數端可以聊自慰藉者：

（一）假如十年之中，成就二千學生，其學費固較留學為省，然不必計算，惟取其川資一項相比較。今留學所定川資往來一千二百元，此二千學生每人僅貼二百元，人省一千元，二千學生共省二百萬元。取其四分之一，補償此項耗費，已屬有餘。

（二）大學遷回之後，安見無別種用處發生，適合異日之要求，又安見不因此建築生出他種有益之設施，則今之造因，斷非徒然。

(三)亦或將來可以租賃生息，略得餘潤，足爲別項事業。

鄙意巴黎中國大學姑開三科：(一)文科；(二)理科；(偏重應用化學)(三)工科。(特立機械電機礦科三門)其餘有特別學術爲中國所急者，一面仍可遣派留學，或酌量在學生中擇派彼中學校學習。因此試驗工具僅定五十萬元。倘此項不敷，應盡量籌備。因此所購備異日皆可拆遷內國也。

倘試驗時仍有不備者，偶有一二特別功課，預先酌量，竟就法國大學選定，走往法校上班。作爲旁聽辦法，按課納費。

(十一)

現聞雲南等皆擬自設大學，最好亦從緩開辦，附入此校。如此常年經費，由粵桂滇川合力擔任。以四百

學生爲數省分配之額，而以三百學生之額，讓全國應考，亦一辦法也。

(十二)

倘西南大學之名義必當成立，且國內又不可不略有建設，以振耳目。則有人獻議，可如南洋公學規模，以十五萬元招五百學生，以四十萬元爲房屋教具之籌備。開一文理混合之科，並建於西南相當之處。

如此名內國者曰西南大學內國部，名巴黎者曰西南大學海外部。倘眞能籌得常年經費五十七萬元，開辦經費一百五十萬元者，尤盡善盡美也。

結末尚有熱禱之一言。此次西南而有籌備大學之舉，亦算差强人意之一事。其實卽籌擲三百萬元，亦不過炮火須臾之一閧，卽占其數。因此當事賢哲，能以破壞之精神行之，辦此大學，卽算擲於虛牝，則款若愈多，必成效果著。否則僕乃目光如豆之夫，諸所估量，皆

從狹隘。恐僅如所呈約數，結果必僅得形式，精神未能酣爽也。

金錢萬歲！ 中華民國萬歲！

西南大學設海外部之原因

孫 文
唐紹儀

此爲孫唐致廣州政務會議之公函，吳敬恆等主張設海外大學，且主張設於法國，其眞因之大部分蓋在於此函所述之各事。 編者

茲者李君煜瀛歸自法國，面述如左：此次赴法，最要目的在運動法國退還庚子賠款以興辦教育。抵法之後進行手續約分五項：（一）實質的運動，以輸送多數學生至法爲主要。自八年五月至今赴法學生達八百人，法國各界至爲注意。（二）輿論的運動，以雜誌日報及演說宣揚中法教育等問題之切要，因而言及退還賠款。（三）與中國駐法公使及代表接洽，請其助力。（四）與法國政府接洽，其結果與政府接近之議員粵那普君訪問外部。據云贊成退還賠款之議，並謂當退還半數，即二百兆佛郎，（全數將近四百兆佛郎）與美國退還之數略同；惟須與財部商議辦法。（五）與法國國會議員接洽，其結果中立派議員崗大司及左黨議員穆代山君允合提退賠款議案。

以上五端，努力進行，第一第二兩端已有成效。第三端因中日問題在和會紛爭甚烈，代表諸君一時未能兼顧，致稍停頓。第四第五兩端，則因法國舉行總統及國會選舉，亦遂稍爲擱置。惟選舉結果，主張退還賠款之各議員均再被選，則以前之進行不但無所變動，且益以進步矣。運動退還賠款正在進行，適於十二月接吳君敬恆書，主張以法國退還之賠款，即在法國設立中國大學，並附詳明之意見書，蔡君元培亦極同意，其辭意與在各報發表者略同。因即商之穆岱山君，大

表贊同，謂此事大有利於退還賠款之進行，因爲勢較順，用力較易也。並謂此大學宜在里昂舉辦，因里昂與各國向有關係，且爲大學名區，本已設有漢學講壇。里昂大學校長儒班君，新自東亞調查教育歸，對於中國學界頗有良感。蓋既參觀北京大學及留法儉學會之組織，且知中國學界新潮萌芽故也。遂於里昂大學會議，決定由里昂大學發起此事。醫科學長雷賓建議：捐助里昂公廨成公地之一，爲建築校舍之用。法國政府教育外交兩部，皆允助給經費，並將正式加入預算案。里昂市長愛友（衆議員前工部總長）向主中法親善，（會發起里昂春秋博覽會，約中國與會，而對於日本則頗疏遠。）里昂商會會長古窪涅君及前商會會長伊薩克君（衆議員現任商部總長）皆允由里昂市政廳及商會助款。中國和會代表陸君徵祥回國之際，曾具以相告。陸君徵祥允於回國後擔任匯款以助開辦，

並助常年經費。——以上法國政府及地方長官暨教育界商界決心贊助中國大學之概略也。謹案法國方面允以公廨公地撥充中國大學校舍，約可容二千人，其價值已爲不貲；並由里昂大學擔任種種義務，如教科講堂試驗室等所費亦不可勝計。且允爲政府及地方各團體助以經費，約略計算，於中國大學之成立，實已力任其半。將來大學之發展，固當仰給賠款。惟目前之開辦費，及常年之基金，中國方面至少任六十萬元，不但所以爲培植人才計，對於法國之厚誼而爲相當之出力，於理亦宜爾也。以六十萬元之募集，擬請廣東軍政府擔任半數三十萬元，尚餘半數當於各處募集足之。中國大學之成立，於教育方面收效宏大，吳蔡兩君言之甚詳；而於退還賠款之進行，關係尤鉅。蓋法國於退還賠款之議，雖各方面皆無異言，惟在法國初非視爲急務，且當戰後經濟困難，故進行必緩。今中國大

學成立，法國政府既正式擔任維持之義務，而以之加入預算，則支出遞增之結果，賠款之退還不待促進而自然達到矣。此後以退還款之一部分爲大學之常年費及擴充費，不特大學得以維持發達，而退還賠款之要求亦可以無憾。不特此也，年來勤工儉學生赴法者極爲踴躍，而法人待之亦甚殷摯，觀感所動，遂有美人倡議宜取銷華工入口禁例。意大利留學生之數，逐年有加，亦倡議宜退還賠款，以資送中國學生留學。是則運動祇在一國，而影響且及於他國。目的祇在敎育問題賠款問題，而影響且及於外交及國民經濟，則此事之關係中國前途，至爲不尠，誠不可不亟爲進行也。據李君煜瀛所述：法國政府於退還賠款之舉既有成議，而於中國大學政府慨予援助，地方各團體樂爲維持，善鄰厚誼，至爲可感。中國於海外自建大學，於敎育前途爲利至溥。吳君敬恆蔡君元培言之綦詳，兩君皆於敎育深有經驗，計畫周至。況有法國朝野之扶助，基礎成立已告大半，誠宜量爲資益，以竟厥成。現在軍政府軍書旁午，度支困難，久在意計之中。然念自民國肇造以來，政本未安，奸宄屢作，民生疾苦，日以加甚。一線之望，惟在民心之未死，民智之漸開。而盈虛消長，實繫於敎育。敎育之道，條理萬端。以前學校之未備，人才之難遇，國外大學之建議，實所以補其缺乏，應其需要。此爲國家根本大計，誠不宜忽。用特陳請政務會議撥給三十萬元，以補助法國建立之中國大學。至以後規畫進行，仍由李君煜瀛隨時報告。

（太平洋第二卷六號九年八月）

一七 男女同學

嶺南大學男女同學之歷程

甘乃光

原文見九年七月敎育雜誌，該誌編者謂轉錄嶺南大學

嶺南大學男女同學之歷程

出版之南風，著者時爲該校學生。就文獻方面言，此校之男女同學在中國爲最早。

編者

緒言

我未作這篇文之先，要先把嶺南大學這個制度介紹幾句，俾閱者得個明瞭概念，免致突如其來。嶺南大學即是從前的嶺南學校在英文是叫做 Canton Christian College，縮筆即 C. C. C，是中美人合辦的，已經開辦了二十年了。現有地九百餘畝——現在還擴充著——房屋三十五間，常年經費二十六萬餘元，現學校產業共值一百六十五萬餘元。計內裏大中小學三間，不過有六百餘人，——因爲現時房子還未彀住的緣故，所以許多投考的學生，都見遺了。——而計這校地的面積在中國學校中實不能數他第二了。這大學實在是南方唯一的學校。他現在還是幼稚，但他在大學的位置在國內可以直插北京國立大學的

班——現在插入北京大學的已有十餘人了；在國外，則美國最著名的哥倫比亞大學、耶路大學、哈佛大學、支加哥大學、加利福尼亞大學，和其餘十餘個都已經承認爲有同等程度的大學，——現在嶺南大學的學生插班入該大學的學生，已有百多人了。這幾句算是介紹這個嶺南大學給各位的最單簡的話兒了。至詳細的情形，我有空必定草成一篇嶺南大學調查，但現在就在這止步。以下我分三個時期專寫嶺南大學男女同學之歷程給各位看看：

（一）插收女生時期（一九零五至一九一五年）

（二）分辦女學時期（一九一六至一九一七年）

（三）男女同學時期（一九一八至一九二十……）

（一）插收女生時期

嶺南大學是私立大學，所以一切主張，若內部通過，便可以實行，沒有什麼阻礙的。這大學雖然是中美

合辦，但是內部辦法，以介紹美國學制之適於我國的爲目的，以便實地改良中國學制之地步，所以對於男女同學這件事便不取保守的態度。然當開辦時，內地風俗未開，所以沒有許多女學生，不過教職員裏和敎會裏的女子和一二位家庭開通的女子罷了。當時嶺南沒有辦大學，她們想進大學的，都向美國去。現在畢業歸國的有四人，現在美國讀書的有二人，在星加坡辦學的有二人。（中略）

（二）分辦女學時期

這時期是本校女生廖奉獻君由美畢業歸國時，想振興我國女子教育計畫。當時恐怕掛起男女同學的招牌來招女生，招不得學生，所以就試行在校內男女分地教授。至男女交際公開的時候，還不是絕滅的：每禮拜日說敎和交際會，或特別的會集，男女都可以同堂的。但當時雖然女學分辦，還有二三位女生是與男生同課堂的，與舊時插收女生的情形，是沒有分別。至於小學一部，依然是男女同學。這次分辦女學，許多人不大滿意，因爲嶺南素來是開通的，從前已有男女同學，何以忽然分辦呢？分辦亦沒有什麼特別利益，所以到一九一七年經過很精細的討論，和很謹愼的計劃，遂決然仍改爲男女同學，不另設女學了。

這個時期很特別的事業，就是試行了美國所盛行的幕火女 Comp Fire Girl 可惜中國沒有人提倡，沒有總會，所以還未能推廣呢！

（三）男女同學時期

中間分辦女學的時期，因爲同在一間學校的緣故，於現在男女同學的進行，實有極大的補助。現在辦事人指導管理的態度，和男女同學相對的態度，我以爲受那兩時候的影響，一定是不少的。我們知道文明非一日所能造成，是一點一滴造成的，這次傳出北大女旁聽生的事，未知實否，或者是因爲沒有預備的緣故也未可知；我不過表明嶺南大學男女同學的進行，是一步一步進行的事，是男女學生都有些如何相待的正當態度的意事，然後有今日的，不是忽然就得來的事能了。

現在男女同學辦法，是在中學三年級辦起，一直到大學四年級——卽畢業年。計現在女生人數，可以看下表：

中學三年級十一人

大學預科十二人

大學一年級二人

大學二年級三人

以上是本年女生的人數。我以前已說過嶺南大學男女同學是演進的事，不是忽然辦到的事；我現今照譯下幾條規則，可叫作演進的結果，或是自由的保

障，給各位參考一下：——

大學女生規則

(一)大學女生，除本校敎職員女兒外，應住在宿舍。若得監督同意，則本校敎職員之近親可與特別權利。

(二)女生若得父母或家長來緘，可以請假；不然，若欲過省城(廣州城)須得一女護 Chaperon 同往。

(三)十一月至二月內告假，當在六點半鐘返校；其餘各月，須七點半返校。

(四)女生不論如何事，不能入男生寄宿舍，或宿舍內四週。

(五)夜後女生不能遊行。

(六)女生可在他宿舍裏的應接室見探訪的人，但每晚不能過七點半鐘，禮拜日和禮拜一日晚不

能過九點半鐘。

(七)曠課告假須得大學 Attendence Office 和女監學的同意方有効力。

(八)其餘告假單由女監學發出。

(九)其餘學校裏的事務女生可和那級的顧問商量。

(十)女生的行爲，和與大學的關係，是女監學直接管理的。

中西人均有一種誤謬見解，以女子各種才能，都不及男子的；但西國女子解放得早——現在實行的，還未算十分滿意——知道女子是與男子有同等天賦才能，不過一則有機會練習發表，一則受習俗的制裁，沒有充分的敎練，不能發表罷了。若果男女都受同等敎練的機會，未必女子不及男子，有時還要勝過男子。胡適先生在新青年裏所作美國婦女那篇文，有講及一女遠飛行家，遠飛過一男遠飛行家的事，更可以證明了。但是有些人或說西國的女子一定可與男子比較，那中國的女子實在是不能了。我今不必再辯，請用嶺南大學男女同學其中一班的學業績分來比較一下，便可以明白了。依一九一八至一九一九年的統計，男生十四人，總平均得七十七分六釐，女子十二人，總平均得七十七分三釐，這雖然不是絕的證據，因爲各人才性不同，非男女有別，然亦可見一斑了。

以上是男女學業績分比較，知道女子沒有什麼不及男子的。現在我要講一下裏邊男女學生交際的事業。每朝的早禱 Chapel 和禮拜日說敎 Sunday Service是全校學生同堂的，——現在堂內座位，還是各座一邊，在圖書館裏男女學生看書時，坐位是沒有分別，互相討論學業，更是平常的事，在敎室裏坐位，也是有定的時常男女雜坐，敎員問答也沒有絲毫男女的分別。至交際會 Socical meeting 男女更覺自由，內中演說，遊戲各種，都是男女互相擔任的。至校外的旅行，亦時常舉行男女的感情眞是同姊妹兄弟一般，祇覺得生活中豐富一點，不似從前那樣偏枯了。

講到女子服務的情形，更可以表明他們辦事的能力。但是現在中國社會裏許多事情是不許女子做的，所以或者有些阻礙，但他們的才能實沒有遜過男子。嶺南大學是一間會社 Society 極多的學校，內中什麼男女青年會，班會，自治會，南風月刊社，交際會……都常常是男女合辦的。依許久的經歷，至今還未發現女子不勝任的地方，這可以顯明他們辦事的才幹了。

結論

現在我還要講講男女同學後發生的現象，和這裏徼有成效的緣故，作個結束。男女同學後，各人內部

的變遷，是許久在個中的人可能詳細報告的。在嶺南大學現在出版的南風月刊第一卷第一號，有一篇有經歷人的話，卽是「我們爲什麼要實行男女共同教育的運動」，是陳榮捷君作的，閱者可以參看。但依我個人的觀察，發現以下的現象：

外觀……從前對於衣服不甚留意的人，現在已經潔淨得多。言語方面，亦很爲注意，男女間不便說的話，已減了多多。各人見面和談論時，都是笑容可掬，互相爲禮的。

學業……男女因爲同堂的緣故，許多人見得不識書的羞愧，因而發奮讀書的，就日日增加。有些想得女生的喜歡，因而勤學讀書的也不少。總之男女同學，學問上比較的看起來，是比從前活潑得多。

服務……男女同學後，據各班的表示，各樣會社，都已進了新生命；從前閉戶讀書的人，也出來服務了。

會社之中，猶以交際會為最多。

家庭……從前女學分辦，是怕女生家庭不許他們來讀書；但現在女生的人數日日增加，這可見家庭方面是沒妨礙的。

社會……社會方面，對於男女同學，因為沒有事情發生，也是沒有反對的論調。

至於嶺南大學，男女同學，略有成功的緣故，也可分為學生與學校二方面談談：

學生方面……究竟中國講男女自由結婚，何以這樣難於實行？是因為沒有正當男女交際，俾男女相深識的緣故。男女同學是一個最好機會，也是一個最靠得住的手續。所以男女都十分謹慎，恐怕一有什麼事情發生，於前途便有妨礙了。所以交際上都很留心，是以兩方面都沒別的事發生。

學校方面……嶺南大學是耶教徒所辦的大學，日日談經的結果，對於道德方面，影響非常之大。且內裏中西教職員都有眷屬同住的，他們男女的結合，是自由的，他們交際的手段，是歐美的；所以學生大受歐化的影響，知自由有法律的制裁。況且學校對待男女學生的手段，是時常更變的。他們不取革命 Revolutionary 或突變的手段，他們是取進化 Evolutienarg 的手段。一有開放男女交際的機會，便即實行。學生時時試驗，所以有今日的結果。這裏實行男女同校的實效，大半功勞，可算辦事人精密謹慎，進取的手段，心思，眼光所制成的。我極望海內辦男女同學的學校注意一點。

九年五月三日

按男女同學問題，前國教育界已討論許久了。但從前都偏於理論方面，並沒有切切實實的辦法出來，所以提倡反對，再加附和，都好算得一種空話。我以為我男女同學這件事，決非絕對不可能的，也決非專靠空論可以解決的；換句話說，就是總要證得事實才行。最好先從提倡人的弟妹子女自己辦起做個榜樣；到了成績昭然之後，不但社會上不反對而且男女同學的風氣，定可一天廣一天。這篇嶺南大學的男女同學也就是事實之一，所以特地把他轉載出來，好供教育界的參考。 編者誌

（教育雜誌十二卷七號）

一八　國語

呈中國提學使意見書

——論中國語言及中日韓三國文字之宜統一。——

伊澤修二

光緒三十二年十月中國提學使黃紹箕，吳慶坻，陳曾佑，姚文倬，杜彤，劉廷琛等遊日本考察教育，向其帝國教育會提出培植教材，語言統一及性與音樂諸問題。十月十

五，該會特開調查委員會答復之，與會者著者及黃等外田中，桦原，鈴木諸。著者此文係專論中國語言統一而附帶及中日韓三國文字之統一者。此問題係由黃等提出，可見國語統一在當時已感需要。原文並見光緒三十二年一百三十四期教育世界及東方雜誌。在東方者原題為中國提學使東遊訪問記。此篇摘錄該誌。 編者

曩日，諸公在帝國教育會，曾發兩問，今就第二問論之。問曰：中國文字太深，語言不一，內地交通不便之處尚多，下流社會風氣仍多閉塞，致生阻礙，宜由何種方法使之開通云云。夫深之義，深微也，易繫辭曰，惟深也能通天下之志。解釋文字，不外三種，字形、字義、字音、是也。其第一種，則有說文解字、字林、玉篇、五經文字、九經字義、類篇、字彙、正字通、康熙字典諸書。第二種，則有爾雅、史籀篇、倉頡篇、凡將篇、急就篇、訓纂篇、滂喜篇等。第三種，則有聲類、韻集、切韻、唐韻、廣韻、集韻、古今韻會、

佩文韻府等。然類雖分爲三門，實則三而一，一而三，有不能强爲分析者。且文字之起原，距今約五千年前。太昊伏羲氏易結繩以書契，是爲原始。易所謂伏羲氏之王天下也。仰則觀象於天，俯則觀法於地，觀鳥獸之文，與地之宜，近取諸身，遠取諸物，以通神明之德，以類萬物之情，可以證矣。其後時代變遷，賴聖賢之力，得傳其統，以至今日。此諸公所精通熟悉，不惟不待吾等之贅言，且爲吾等所當承教者也。況本會有吾國小學專門家高田忠周、大槻文彥、及他老儒在，儻諸公與之縱論比事，必榮幸歡欣，以待諸公。雖然，吾知今日諸公欲問者，必不在此。吾等所欲陳者，亦決不在此。今日立國於世界，所賴以與列强相競者何在乎？一在乎本國之道德文學，一在乎富國强兵之策。前則古來聖賢之學也，後則理化、數學、博物、技藝，所謂新學之智識也。兵器、彈葯、軍艦、汽船、汽車、電信、電話、電燈，以及空中飛艇諸種，富國保國之器具，何一不賴乎此。今日貴國之急務，惟在以古來傳統之文學，與近世應用之實學，兩兩比較，而定其是，擇其宜而用之而已。予又不勝欽佩之一事，則去年貴國政府毅然停止科舉之事是已。貴國新文明之曙光，實發現於此，何也。青年學生，能以其費於古來文學之精力之一部，移以爲研究新學之用故也。既得此精力之餘裕，而不使利用之於最有效之地，智者所不爲。宜諸公之提出彼問題，即欲以費於深微文學之精力之一部，補此實用的之短處，彼問題之解決，不外此點。蓋新學之智識，舍言語文章之力，別無他術。問：曰中國文字太深，語言不一云云。今請爲一簡單之解答，則欲矯正語言不一之弊，唯在統一之而已。諸公非以此事爲易言難行乎。請分條陳其要領，可以知其決不然矣。（一）統一語言，宜用何標準乎？（第一）宜選簡賅明瞭者；（第二）宜選威嚴足以服人者；（第三）宜選國內多數人所通曉者。以此標準繩諸中國各方言，則北京官話爲最適之語言，可斷言矣。請先就第一證明之。中國語之難學，在四聲與發音，而四聲尤難。就各地方言音韻比較之，廣東則有上平、上上、上去、上入、中平、中上、中去、中入、下平、下上、下去、下入十二種。福州則有上平、上聲、上去、上入、下平、下聲、下去、下入八種。南京一帶及以南諸省，則有平上去入四種。北京一帶，則有上平、下平、上、去四種。以此觀之，北京語省去入聲，故學之非常省力。即就發音言之，北京語亦最明了，較爲容易。予曾研究蘇州音，覺其不如北京語遠甚。唯北京語有卷舌音，稍覺其難。然通音韻學，亦自易了，是合於第一標準矣。但從來貴國語以無音字，故習學頗難。近年若王照諸氏，始有所作，惜未能完備，不揣冒昧，指駁數端。一、喉音於母韻之外，另爲一種。今王氏目母韻爲喉音，一非也。二、父音母韻，不能相混。今王氏父音中混入母

韻，二非也。三、母韻中尙有許多不全者，三非也。四、切韻脚音通於北京音，而不能通用於各省，故傳之他處，而本音失其眞矣，四非也。茲就第四，舉數例焉。如取危之一畫而爲 oi 之發音，北京誠讀 Wei 矣。然此廣州讀 ngai，福州讀 guui。阿字雖多讀 a，然廣州之客家則讀 o，爺字客家甯波皆讀 ya。開字廣州讀 hoi，客家讀 Koi，福州讀 Kui，溫州、甯波一帶讀 Ka，揚州讀 Kae，豪字廣州讀 how，客家讀 haw，福州讀 hoa，溫州讀 ee，甯波讀 oa 之類是也。予曾製有一種音字，待休息述之，以求敎益。總之無論何種音字，將來取其最便利者，通行全國，則官話之習學，必異常容易，可斷言矣。更就第二標準言之，則北京爲中央政府之所在，政令之所由發布，名公鉅卿之所聚集，而亦將來議院之所在也。是欲威信達於全國者，不能不用北京話。如法之巴黎語，英之倫敦語，皆爲本爲國通行語，而巴黎乃至用

外交語，通行歐洲各國，日本雖文化尙淺，而東京語亦爲全國通用，以是例之，北京官話，且適於第二標準矣。（東京舊爲江戶城，然東京則與江戶語異，東京語乃維新時各處學者偉人聚集一所，自然成一種語言。以此推之，北京官話亦必爲各省言語之集合而成，從而可知矣。）又就第三標準言之，北京官話通行於江北諸省，及滿洲全部，以及南淸之官吏社會，將來議院既設，議場上發言若不一致，必啟爭端，是議場上必須用北京語矣。吾知制定議院法，必有非北京語，不得在議院發言一條，是北京語之用更廣矣，此適於第三標準也。二、如何使之實行乎？官話於官吏社會，大抵既已實行，宜更設法推廣，議院中必用官話，前既言之矣。若夫中學以上之學校講義，亦以用官話爲宜。師範學校，宜特設國語一科，使知學習官話音，且敎以授小學生之方法，俟師範卒業生漸多，再於小學校設官話音韻科，且讀讀本之時，亦限定必用官話，敎育之勢力，普及最速，明效大驗，可立待也。（就日本之經歷言之，維新之際，薩摩與奧州之語言不相通也，黑田淸隆之攻秋田城也，城降而語言不通，無從談判，後以一種歌謠，始漸了解，今則東京之語，無處不通行矣。沖繩縣自明治十八年始，勵行日本語敎授，今僅二十一年，無不解日語者。臺灣屬日本僅十年，學校中講義皆用日本語，故不通日語者絕少，偶或有之，或呼公學校生徒通譯，焉其明效如此，今日中國苟能實行予說，十年小成，二十年必大成無疑矣，何難之有？）

貴國之語言，不難統一，前既言之，今請進而論東亞同文三國漢字之統一。今日之時勢，東亞交通，日益頻繁，不謀語言統一之法，何以通三國之情？且舊有字典，於硏究古來文學，雖無遺憾，其奈不適於當世之用何？此本會所以有漢字統一會之設也。予自幼卽專攻漢學，當時敝邦學制，皆守貴國之軌範，自誦讀講解四書五經，以及左傳國語史記漢書，旁涉詩文，以是爲則，如予者實履踐此學則者也。及遭政變後，翻然改志，而入西學之門，先學於國黌，後遊於美國，入其師範學校，修高等師範科，旁考普通教育制度。又入其大學，學理化博物金石地質，且視察其學風。明治十二年歸國，以後爲高等師範校長者二次，又轉文部編輯局長，從事於編譯檢閱教育學藝之圖籍，後爲東京市會議員，又爲貴族院議長，以常議及法制經濟政治之問題，故得通民間社會之情狀，故當世所謂新文明之文字，時接於耳目，故於新學之文字，亦較常人爲多識。明治二十八年以後五年間，赴任臺灣，但創設學制之任，交其士大夫，諮詢應答，無一不藉漢字，以此知南清地方所用漢字中，敝邦人士所未曾用或罕覯之文字，殆有數百焉。又不自揣，爲貴國謀文化之發達，糾集多人，設立泰東同文局，編輯新學圖籍，以僕庸才，當斯大任，井蛙之誚，知不免矣，幸賴先輩之誘掖，友朋之責善，始得編成日清韓三國音韻字典一書。此書標準，大略如左：一、漢字之三國共用者，約五千字，二、行於甲國而不行於乙國者，約六七百字，三、新字及俗字之日常須用者，三國皆有之。依古之標準，約須選定六千字，然其音韻，三國各有不同，不可不有所依據。於是更思得一法，貴國則以康熙字典官話音，敝邦則依玉篇，韓國則用奎章全韻，列記而比較之，其間音韻變化之理法存焉，足可見三國字音傳統之說之不誣。雖然，其字面全同，而字義互異者，亦頗不少，而敝邦所制定之各種科學名詞，與貴國古義大相徑庭者甚多，慮非此小册所能盡也。今擬以三年爲期，添加短句細註，改編一大字典，以達本會之目的。此次之字典，不過先定其字數之多少及編纂之標準條規而已。倘諸公贊成鄙志，共襄是舉，幸甚。

（東方雜誌十二期光緒三十二年）

讀音統一會事項

此篇記至民國四年十二月止　編者

讀音統一會發生於民國元年冬間，成立於二年二月。本部依照公布官制第八條第七項應行之職務，又依臨時教育會議采用注音字母議決案，因擬集合各省多數人之意見，共謀國語統一進行之初步。特在本部先設籌備處，延聘吳敬恒爲該處主任，主持處中一切事務，並由部酌訂會章八條，一面由該處擬就開會進行程序一冊，通咨各省選派代表來京與議。計開會歷三月餘之久，逐日公同討論。聘員及各省代表先後到會者八十餘人，公製國音母韻暨介音共三十有九，有國音彙編草一本，會員意見書一本，比較表一本，備審字類一本，由處移送到部在案。嗣以茲事關係重要，恐推行或尚有窒礙之處，研求校正，不厭精詳，因迄未頒布。此會事沿革之大略也。所有開會閉會日期及會長會員等組織，分列於後。

會員之組織　本部延聘員暫不定額，各省代表計每省二人，由行政長官選派，蒙藏各一人，由在京蒙藏機關選派，華僑一人，由華僑聯合會選派。

會員之資格　精通音韻，深通小學，通一種或二種以上之外國文字，諳多處方言，合上列四種資格之一者，均得充會員。

會期之延長　該會會期預定三月，於民國二年二月十五日由部召集開會，宣告成立，至五月十五日已屆閉會，因未完事件尚多，特公決展至二十二日閉會。

會長之選舉　二月十五日該會成立，計會員到者四十四人。即於是日選舉正副會長，開票結果，吳敬恒以二十九票當選爲正會長，王照以五票當選爲副會長。四月二十二日吳會長辭職，遂由副會長王照主席。五月七日王副會長因病請假，公推王會員璞爲臨時主席至二十二日閉會，均由臨時主席報告一切，並移送各項案件。

公製國音母韻暨介音表

母二十有四。

ㄍ、古外切，今讀若格，發聲務短促，下同。
ㄎ、若諾切，今讀若克。
ㄫ、五忽切，今讀若我。
ㄐ、居尤切，延蔓也今讀若基。
ㄑ、苦泫切（古音古泫切，）古畎字今讀若欺。
广、疑檢切屋之一邊斜下者讀醃上聲今讀若膩。
ㄉ、都勞切，今讀若德。
ㄊ、他骨切，同突如其來之突，今讀若脫。
ㄋ、奴亥切，古乃字，今讀若納。

ㄅ、布交切，義同包，今讀若撥。
ㄆ、普木切，小擊也，今讀若潑。
ㄇ。莫狄切，覆也，今讀若墨。
ㄈ、府良切，受物之器，今讀若弗。
ㄪ、無飯切，同萬，今讀若物。
ㄗ、子結切，古節字，今讀若子。
ㄘ、親吉切，今讀若此。
ㄙ、相姿切，古私字，今讀私。
ㄓ、眞而切，今讀之。
ㄔ、丑亦切，小步也讀若痴。
ㄕ、式之切，今讀尸。
ㄏ、呼旰切，今讀若黑。
ㄒ、胡雅切，古下字，今讀若希。
ㄌ、同力，今讀若勒。
ㄖ、今讀若入。

介音有三。

一、於悉切，數之始也，今讀若衣。

ㄨ、疑古切古五字，今讀若烏。

ㄩ、丘魚切，飯器也，今讀若迂。

韻有十二

ㄚ、於加切，今讀若阿。

ㄛ、呵本字，今讀若。

ㄝ、羊者切，語也。

ㄟ、余支切，流也，今讀若危。

ㄞ、古亥字，今讀若愛。

ㄠ、於堯切，小也，今讀若豪。

ㄡ、于救切，手也，今讀若謳。

ㄢ、乎感切，嘾也，今讀若安。

ㄤ、烏光切，跛曲脛也，今讀若昂。

ㄣ、古文隱字，今讀若恩。

ㄥ、古肱字，今讀若哼。

ㄦ、而鄰切，今讀若兒。

試辦注音字母傳習所

自讀音統一會全體會員，公同表決製定字母三十有九，延未舉辦。會員王璞等因於上年十一月間稟設注音字母傳習所，傳授生徒，以期逐漸推行，普及全國。當經批准試辦，並於十二月二十一日呈准立案，指定順治門外安徽會館房屋一所，組織一切。旋據所長王璞詳報，十二月二十六日開學，二十七日授課，分特別班師範班普通班三班。來所肄業者頗形踴躍。所有經費奉總長諭月捐俸銀二百元，不敷之款，再由社會司酌撥。現頭班生均已畢業，畢業生中亦有願設分所廣爲傳習者，已批飭王所長督促進行。

（教育部行政紀要丙編）

民國九年十二月教育部頒布國

音字典字音校勘記

教育部訓令

據「國語統一籌備會」函稱：『前「讀音統一會」審定之字音，業經編印國語字典一書。查本會規程第四條第一項爲國音字典之校核訂正，是本會對於國音字典實負有修訂之責任，因卽根據此旨，將此書交由本會「審音委員會」詳加覆核，悉心修訂。茲已修訂完竣，凡關於此次修正字母，校改字音之理由，及將來重印國音字典時體例之改定，均一一加以說明，印有國音字典附錄一小冊。正擬函請大部公布，適見第六屆「全國教育會聯合會」請定北京音爲國音，並頒國音字典議決案一件。查「讀音統一會」審定字音，本以普通音爲根據；普通音卽舊日所謂官音，此種官音卽數百年來全國共同遵用之讀書正音，亦卽官話所用之音，實具有該案所稱通行全國之資格，取作標準，允爲合宜。北京音中所含官音，比較最多，故北京音在國音中適占極重要之地位；國音字典中所注之音，什九以上與北京音不期而暗合者，卽以此故。惟北京亦有若干土音，不特與普通音不合，且與北京人讀書之正音不合，此類土音當然捨棄，自不待言。本會此次修訂國音字典，凡遇原來注音有生僻不習者，已各照普通音改注。北京音之合於普通音者，當然在采取之列。至北京一隅之土音，無論行於何地，均爲不便者，則斷難曲從。該會所欲定爲國音之北京音，當卽指北京之官音而言，決非強全國人人共奉北京之土音爲國音也。國音字典中對於北京官音既已盡量采用，是該會所請求者實際上業已辦到，似可無庸贅議。至於聲調問題，公布注音字母之部令中，僅列陰平陽平上去入五聲，並未指定應以何地之五聲爲標準，誠以五聲讀法因各地風土之異與語詞語氣之別而千差萬殊，絕難強令一致。入聲爲全國多數區域所具有，未便因北京等處偶然缺乏，遂爾取消，正猶陽平亦爲全國多數區域所具有，未便因浙江等處偶然缺乏，遂爾取消也。蓋語音統一要在使人人咸能發此公共之國音，但求其能通詞達意，彼此共喻而已，至於絕對無殊，則非惟在事勢上有所不能，抑亦在實用上爲非必要也。現在國民學校業已施行國語教育，因之外間對於標準字音需求孔亟；此國音字典本爲標準字音而作，現經本會修訂完竣，合將國音字典及附錄呈上，應請大部迅即公布頒發，幷令行各省教育廳及直轄學校，自經此次公布之後，國語讀音悉當依此修正之國音字典爲準繩，以昭劃一。至語音本隨交通而遞有變遷，法令當順時宜而漸圖改進，此後本會當廣徵各方面之意見，與發音學聲韻學言語學等專家之所討究，俟事勢上有修訂之必要時，再行開會議決。此次編訂字典，釐正讀音係統一語言之初步，規模粗具，功效易期，仍冀各方面分途研討，共事推行，庶能精益求精，完成國語統一之業』等因，前來合亟檢同原書□份，令行該廳轉知所屬各校，嗣後教授字音，悉以該書爲準繩，藉收讀音統一之效。此令。

中華民國九年十二月二十四日

修正國音字典之說明

民國二年讀音統一會既爲國音製注音字母三十九，即就清李光地之音韻闡微中選取較普通之字六千五百有餘，益以語言中常用之字，及科學上新製之字，六千有餘，又闡微以別故缺載之字約六百有餘，審定標準國音之讀法，注以注音字母。閉會後由該會會員將審定之字依康熙字典之部首排列，編爲國音字典。因音韻闡微中未經選審之字若音頗多切於日用而有不可闕者，故亦一律收入字典，比照已審定之音，注明「準某字」或「準某母某韵」以便應用。

查讀音統一會章程第一條云，「教育部據官制第八條第七項籌議國語統一之進行方法，特開讀音統一會」本會規程第一條云，「國語統一籌備會以籌備國語統一事項及推行方法為宗旨」第三條分本會應籌備之事項為四類，第一類即為「音韵」；第四條所定關於音韵類之事項，第一項為「國音字典之校核訂正」。是則讀音統一，為國語統一中之一事；讀音統一會未竟之任務，自本會成立，即當賡續進行；而本會對於該會所編之國音字典，實負有校核訂正之責任。本會根據此旨，當將國音字典交由本會之審音委員會悉心審查，審查之結果，對於字典中一部分之注音，認為有修正之必要。茲將修正各點分為八項，列舉如左：

(1) 韻母之「ㄛ」，本相當於舊歌，箇，哿韻（舊韻韻目，據音韵闡微。後同。）其音為o。（此萬國發音學字母。後同。）入聲諸韻中惟覺，藥，曷合，亦讀「ㄛ」韵。至質，月，陌，職，緝諸韻中開口呼之字，則皆讀ə韵。o為舌後部半升之元音，ə為舌央部半降之元音，發音地位本不相同；即普通音讀「勒」「厄」「陌」「黑」等字，亦未嘗與「落」「惡」「莫」「壑」等字相混。是則質，月，陌，職，緝諸韻中開口呼之字，不當用「ㄛ」母注音甚明。徒以該會漏製標ə音之韻母，對於「勒」「厄」「陌」「黑」等字，不得已亦强用「ㄛ」母注音，於是「ㄛ」母遂兼o，ə兩讀矣。本會以為一字母而讀二音，形式上又絲毫無別，必致令人茫然，此斷不可不修正者。惟此項涉及字母缺乏問題，關係最為重大，因於九年五月二十日特開臨時大會解決之。討論之結果，僉謂三十九字母業已頒定，不便再有增加；若於字母上加以符號，則一母可當數母之用，各國字母皆有此種辦法；遂議決「ㄛ」母專用以注歌，哿，箇，覺，曷，藥，合諸韵中字其音爲o；若注質，月，陌，職，緝諸韻中開口呼之字，則於「ㄛ」母上方中間加小圓點「•」作「ㄜ」，其音爲ə。今則遵依此法改正。

(2)歌，哿，箇，藥韻中開口呼之字，今普通音仍讀開口呼，北京音亦讀開口呼，而字典中有若干字均誤注合口之「ㄨㄛ」。於是「娑」「羅」等字遂與「梭」「騾」等字注同一之音矣。今將「娑」「羅」等字改注開口之「ㄛ」(或疑北京音讀「娑」「羅」等字與「阿」「何」等字之韻母不同，似一爲合口，一爲開口。按北京音讀「娑」「羅」等字與「阿」「何」等字之元音同爲舌後部半升之音；惟「娑」「羅」等字讀圓唇之o，「阿」「何」等字讀不圓唇之ʌ，非一爲合口，一爲開口也。)

(3)覺，藥韻中齊齒呼之字，普通音均讀「一ㄛ」韻。而字典中於覺韻字誤注「ㄩㄛ」，藥韻字則「一ㄛ」「ㄩㄛ」各半。今將「角」「學」「脚」「略」等字均改注「一ㄛ」韻(或謂此類字北京音皆讀入「ㄩㄛ」韻。按北京土音對於此類字，或讀「一ㄠ」韻，或讀「ㄩㄝ」韻，無讀「ㄩㄛ」韻者。至於北京官音，則與普通音相同，讀「一ㄛ」韻。)

(4)庚，蒸韻(兼上去言)之開口呼國音讀əŋ，東冬韻(亦兼上去言)之合口呼國音讀uŋ，二音本不相同。因庚蒸韻之合口呼變其原來之uəŋ音爲uŋ，致與東冬合併；定結合韻母之時，遂以庚蒸之əŋ與東冬之uŋ配成一開一合而作「ㄥ」「ㄨㄥ」兩形式。但庚蒸之合口呼雖併入東冬，而東冬却未併入庚蒸。今國音字典對於東冬韻之唇音字不用其本韻之「ㄨㄥ」注音，而用庚蒸之「ㄥ」注音，實與普通音不合。今將「蒙」「封」諸唇音字均改注「ㄨㄥ」韻(或疑國音對於唇音之字，除「ㄨ」韻以外，不與其他合口呼之韻母拼合，則東冬韻中「蒙」「封」諸字不音「ㄇㄨㄥ」「ㄈㄨㄥ」

等，而音「ㄇㄥ」「ㄈㄥ」等，於例似無不合。按「ㄨㄥ」韻之音是 Uŋ 非 uəŋ，實際上並非 əŋ 之合口呼，故「ㄇㄨㄥ」「ㄈㄨㄥ」與「ㄇㄥ」「ㄈㄥ」不能以「ㄇㄨㄛ」「ㄈㄨㄚ」與「ㄇㄛ」「ㄈㄚ」相比。「ㄇㄨㄛ」「ㄈㄨㄚ」之音爲 muo fua，改爲「ㄇㄛ」「ㄈㄚ」，則爲 mo fa，此但改合口爲開口而已。若「ㄇㄨㄥ」「ㄈㄨㄥ」改爲「ㄇㄥ」「ㄈㄥ」則是改 mUŋ fuŋ 之音爲 məŋ fəŋ，非改合口爲開口，直是改其元音矣。若謂今之北京音讀「蒙」「風」諸字有作「ㄇㄥ」「ㄈㄥ」者，似去「ㄨ」亦不爲無據。然此等讀法，止是北京土音，未可用爲標準。至北京官音，固讀「蒙」「風」諸字爲「ㄇㄨㄥ」「ㄈㄨㄥ」諸音也。）

(5)佳蟹卦韻中之「街」「解」「戒」及「諧」「蟹」「械」諸字，字典注音爲「ㄐㄧㄝ」及「ㄒㄧㄝ」。按佳蟹卦韻之元音爲「ㄞ」——除一小部分字讀「ㄚ」，——「ㄞ」爲舌前部下降之a與上升之i結合而成之元音，雖其齊齒呼因受「ㄧ」之影響，讀a時舌稍上升，然國音字母只能作「ㄧㄞ」。若用「ㄧㄝ」韻，則不但混於屑葉諸韻，且舌升過高，與普通讀「街」「諧」諸字之元音亦不吻合。今改注爲「ㄐㄧㄞ」及「ㄒㄧㄞ」。

(6)國音爲現代國語而設，其所取材，既不宜拘滯古音，亦不可偏狥方音，要當以現今全國最普通之讀音爲標準。必如是，方能通行於全國而無少窒礙。讀音統一會當日之審定讀音，本取斯旨。（該會章程附則中有「所注之音應審量可爲全國讀音者，非各舉其鄉音也」之語。）惟以數十日之短時間，審定六千餘字之讀音，自不免有千慮一失之處。本會調查當日會場審定字音之草案，知初次審定之音，在開會期內已疊經幾度之修正：如「垠」原音「ㄫㄣ」，後改「ㄧㄣ」；「大」原音「ㄊㄚ」，後改「ㄉㄚ」；「略」原音「ㄌㄧㄠ」，後改「ㄌ

ㄩㄛ」；「嚼」原因「ㄐㄧㄠ」後改「ㄗㄩㄛ」之類是也。後來編纂國音字典對於會場審定之音之太不合用者又有修正如「行」原音「ㄏㄥ」後改「ㄒㄧㄥ」；「罷」原音「ㄆㄞ」後改「ㄅㄚ」；「他」原音「ㄊㄨㄛ」後改「ㄊㄚ」；「玻」原音「ㄆㄨㄛ」後改「ㄅㄛ」之類是也。又如唇音各聲母與韻母拼合原案根據韻書有用開口呼之韻母者有用合口呼之韻母者如「剝」「駁」音「ㄅㄛ」「撥」「鉢」音「ㄅㄨㄛ」；「煩」「繁」音「ㄈㄨㄢ」「凡」「帆」音「ㄈㄢ」之類；編字典時因唇音聲母本已合口故遇原案中唇音與合口呼韻母拼合之字除「ㄨ」一韻以外一律改用開口呼韻母。又原案於「ㄐ」「ㄑ」「ㄬ」「ㄒ」四聲母與「ㄚ」「ㄛ」「ㄝ」「ㄠ」「ㄡ」「ㄢ」「ㄣ」「ㄤ」「ㄥ」諸韻母拼合者韻母均用開口呼字典則概改用齊齒呼。據此以觀知該會審定之音業已屢經修正矣。以修正之音與原定之音相較則原定之音非拘滯古音（如「行」音「ㄏㄣ」等）即偏狥方音（如「嚼」音「ㄐㄠ」等）而修正之音大率皆合於普通之讀法。本會此次審查又發見若干不合普通讀法之注音如「倍」音「ㄅㄞ」「彪」音「ㄅㄧㄡ」「憬」音「ㄐㄩㄥ」「柵」音「ㄘㄛ」「禾」音「ㄏㄨㄛ」「歲」音「ㄨㄚ」之類實難通行今皆根據普通讀音分別改注以期適用。

(7)凡一字有二音三音者或若意義有別或在事實上數音並用者字典皆一一分別注音此法頗爲允當。然尚有漏略者如「虹」之「ㄐㄧㄤ」音「褶」之「ㄓㄝ」音「趟」之「ㄊㄤ」音「氓」之「ㄇㄤ」音「酖」之「ㄓㄣ」音「繆」之「ㄇㄧㄠ」音之類皆爲不可缺少之音今皆加入以便應用。

(8)此外尚有排印錯悞之音亦一一校正之。

以上八項皆爲修正字典中注音之說明其逐字修

正之音，別詳字音校勘記中。

此外應說明者尚有三事：

(1)國音既用陰平陽平上去入五種聲詞並規定四角點聲之法則某字應讀某聲字典中當按字加點，方能使人明瞭今僅於例言(十二)中列一「南北中三部對於舊音四聲之讀法表，」而云「據表而分析之，南北中三部人皆能就清濁而辨陰陽彼此可無絲毫扞格，」因此之故，字典之注音上卽不復點聲。今按舊母濁音平仄之轉變，其中甚爲紛雜非人人皆能按字下所注音韵闡微之四聲，便能得國音之五聲也。茲將舊音之清濁各四聲與國音之五聲，其分配之異同，說明如左：

見，溪，端，透，知，徹，邦，滂，非，敷，精，清，心，照，穿，審，影，曉，十八清音之字國音當按舊韻（指音韻闡微下同）之四聲點之惟平聲爲陰平。

疑，泥，娘，明，微，喻，匣，來，日九濁音之字，國音亦按舊韵之四聲點之，惟平聲爲陽平（匣母之上聲字有一部分應點去聲。）

群，定，澄，並，奉，從，邪，牀，禪，九濁音之字，舊韻云平聲者當點陽平；云上聲者當點去聲；云去聲入聲者，卽點去聲入聲。

此爲國音五聲分配舊音清濁各四聲之通則。雖亦偶有例外，然不過百分之一而已。

(2)讀音統一會據音韻闡微之字審定讀音，此不過利用其字而已；雖其音亦在參考之列，然絕不拘泥其音也。字典中於每字下載明音韻闡微讀此字之母，等，聲，韻者，僅爲特別參考之用，例言(十二)已明白言之。其言曰：

每一字下備載母，等，聲，韻者，非謂本字尚當依此爲讀；應讀之音，固當確依所注之注音字母；

至於今音舊音之異同，及清，濁，陰，陽之分別，則非此不足以詳也。

觀此數語，可知上方之注音爲標準之國音，下方之列母，等，聲，韻爲附記舊音之讀法，二者絕不相涉。惟「準音」各字中有云「準某母某等某聲某韻」者，似謂準此母此等此聲此韻之音，其實不然。蓋記「準」字者，但與會場審定之音區別而已，非云「準某字」者即須與某字同注一音，云「準某音」者即須依此舊音之讀法注音也。故本會專事修改字音，至於其下所注之舊音，無論是「準」非「準」及與上文注音之或合或否，一切不問。因外間頗有對於所注之音與其下之母，等，聲，韻不相符合爲疑者，故特重申例言(十二)之說以明之。

(3)自今秋小學校實施國語教育以來，外間對於國音字典之公布盼望綦切，故本會此次修改只及普通常用之字。至罕用之字，其注音應修改者尚多，於重印本中訂正。

本會此次修訂，改注之音既多，而對於此書之體例亦認爲未能完善；本擬全體訂正，即行重印，俟重印本出版，始請教育部公佈。茲因外間需求甚亟，故將普通應用之字須改注者先行改正，列爲校勘記，略加說明，作爲「附錄」，以便提早公布。本會一面即預備重印國音字典之手續。茲將重印本改定之體例預告如左：

(1)加國音字母發音表及圖：——ㄅ，國音聲母發音表；ㄆ，國音韻母發音表；ㄇ，國音結合韻母發音表；ㄈ，國音聲韻發音總圖。

(2)注音皆點聲。

(3)每字注音之下，兼用萬國發音學字母拼合。

(4)注音下面所附舊音之母，等，聲，韻，其上概加「舊」字，準音諸字之「準」字，一律刪去，以免誤會。

(5)「ㄅㄛ」「ㄐㄧ」「ㄐㄧㄚ」等之「ㄛ」「ㄧ」均改用大書，不復旁注。「ㄛ」「ㄧ」旁注之法，極易啓人誤會，亦應改正。於此尙有宜說明者：卽注音字母拼音之規則，與各國字母相同，「ㄅ」「ㄐ」等既爲聲母，則其本音決不能含有「ㄜ」「ㄧ」等韻母。今讀「ㄅ」「ㄐ」等聲母爲「ㄅㄜ」「ㄐㄧ」等音者，因單讀聲母本音不能成音，故加「ㄜ」「ㄧ」等韻母使之便讀。此爲「聲母之名稱」，非「聲母之本音」也。故注「伯」「基」諸字時，萬不能單注「ㄅ」「ㄐ」等，必須注爲「ㄅㄜ」「ㄐㄧ」，方合音理。（「ㄓㄔㄕㄖ」及「ㄗㄘㄙ」七聲母可單用以注「之蚩施日」及「資雌私」諸字者，因「之」及「資」等之元音在國音中皆不單用，又不與「ㄓㄔㄕㄖ」及「ㄗㄘㄙ」以外之聲母相拼，國音遂不製字母而單用「ㄓ」及「ㄗ」等七母注音此爲例外）

(6)增加例言。　因重印本之體例與舊例言所云頗有出入也。

(7)增加文字。　普通應用之字，字典中尙多缺漏。又有雖不常用而有時或須審查之字，亦應增入。

(8)訂正本書中罕用字之注音。

中華民國九年十二月，　國語統一籌備會。

國音字典字音校勘記

此記中所改正者皆普通常用之字，其罕用之字，統俟重印字典時校正。

(一)ㄛ改ㄜ

ㄛ改ㄜ

厄子十九　呃丑二　戹卯十　扼卯十一

掜卯十二　輗酉十九　輗酉十九　阢戌十
阸戌十　餩戌二十一

ㄅㄛ改ㄅㄜ

伯子四　䨐子十二　北子十七　帛寅十
柏辰六　檗辰十五　皕午五　䮘午五
白午十一　百午十二　竡午二十八　粨未七
檗未八　舶未二十七　廹酉二十三　鉑戌二

ㄆㄛ改ㄆㄜ

怕卯二第二音　拍卯十二　洦巳四　珀午
胉未二十一　霸戌十四第二音　魄亥七

ㄇㄛ改ㄇㄜ

万子一第二音　佰子五第二音　冒子十二第二音　嘿丑八第一音
嚜丑九　墨丑十四　纆未十四　脉未二十一
脈未二十二　蛨申二十四　袹申二十五　覛酉一
貊酉十一　貘酉十一　陌戌十　霢戌十三

蟚亥三　麥亥十七　默亥十八

ㄉㄛ改ㄉㄜ

得寅十六　德寅十六　悳卯四　淂巳七

ㄊㄛ改ㄊㄜ

忒卯一　忑卯一　慝卯七　特巳二十一
螣申二十（第一音）　蟘申二十二　貣酉十二　鋱戌四

ㄌㄛ改ㄌㄜ

仂子三　勒子十七　扐卯十　泐巳三
肋未二十　阞戌十

ㄍㄛ改ㄍㄜ

嗝丑七　搿卯十七　格辰八第一音　槅辰十三
疙午八第二音　肐午二十一　胳未二十二　膈未二十四
蛒申十六　隔戌十一　革戌十五　骼亥四
鬲亥六

ㄎㄛ改ㄎㄜ

克子十一 刻子十四 剋子十五 喀丑五
客寅二 尅寅三 氪辰二十一

ㄫㄜ改ㄫㄜ˙

詻酉四第一音 頟戌十八 額戌十八 鶂亥十三

ㄏㄜ改ㄏㄜ˙

劾子十六 嚇丑八 核辰八 紇未八
翮未十八第一音 瞉申二十九第一音 赫酉十三 覈亥十七
黑亥十八 齕亥二十一

ㄓㄜ改ㄓㄜ˙

宅寅一 摘卯十七 擇卯十九 澤巳十二第一音
磔午二十 翟未十八第二音 舴未二十七 謫酉七
讁酉九 賾酉十三 馲亥一第三音 齰亥二十一
⿰齒責亥二十一 齚亥二十一

ㄔㄜ改ㄔㄜ˙

坼丑十一 拆卯十二

ㄕㄜ改ㄕㄜ˙

澁巳九 澀巳十二 瀒巳十三 瑟午三
璱午四 歰未十八第一音 虱申十六 蝨申十九
蟀申二十一

ㄗㄜ改ㄗㄜ˙

仄子三 側子八 則子十四 咋丑三
唶丑五第二音 嘖丑七 幘寅十一 昃辰一
柞辰七第二音 窄午二十七 笮未一第一音 簀未四
萴申八 蚱申十七 蠌申二十二 責酉十二
賊酉十二 鰂亥九 鱡亥十

ㄘㄜ改ㄘㄜ˙

册子十二 冊子十二 廁寅十二第二音 惻卯五
測巳七 畟午七第一音 策未二

ㄙㄜ改ㄙㄜ˙

嗇丑六 塞丑十三第一音 ⿳宀𡗗心卯六 穡午二十六

色未二十八　轖酉二十一

(二)ㄨㄛ改ㄛ

ㄉㄨㄛ改ㄉㄛ

哆丑三第一音　韗丑九　多丑十五　度寅十二第二音

踱酉十七　鐸戌七

ㄊㄨㄛ改ㄊㄛ

佗子四　侂子五　它寅一　托卯十一

拕卯十二　拓卯十二　拖卯十二　柁辰六

柝辰七　橐辰十四　沱巳二　籜未六

紽未九　䍫未十七　舵未二十七　蘀申十四

託酉三　詑酉四　跎酉十五　跅酉十五

酡酉二十九　陀戌十　陊戌十　飥戌二十

馱亥一　馲亥一第一音　駞亥一　鮀亥七

駝亥十二　鼉亥十九

ㄌ　ㄛ改ㄌㄛ

儸子十一　囉丑九　砢午十八　籮未六

羅未十六　蘿申十五　邏酉二十五　鑼戌八

ㄏㄨㄛ改ㄏㄛ

和丑三　禾午二十四　鉌戌二　龢亥二十二

ㄓㄨㄛ改ㄓㄛ

勺子十七　斫卯二十三　灼巳十六　焯巳十七

箸未三第二音　著申七第二音　酌酉二十八

ㄔㄨㄛ改ㄔㄛ

婼丑二十　戳卯十　綽未十一　踔酉十六第三音

逴酉二十三

ㄕㄨㄛ改ㄕㄛ

杓辰五　汋巳一第二音　爍巳九　芍申一

鑠戌七

ㄖㄨㄛ改ㄖㄛ

弱寅十四　箬未三　若申二第一音　蒻申八

ㄗㄨㄛ改ㄗㄛ

佐子四 作子四 做子八 左寅九

怍卯一 昨辰一 柞辰七第一音 筰未一第二音

笮未一 莋申五 迮酉二十三 酢酉二十九

阼戌十

ㄘㄨㄛ改ㄘㄛ

嵯寅七 差寅九第四音 搓卯十七 瑳午三

瘥午十 磋午二十 蹉酉十七 䣜酉二十七

錯戌四第二音 鬌亥六 鹺亥十六

ㄙㄨㄛ改ㄙㄛ

傞子八 娑丑十八 挱卯十四 犧巳二十二第二音

索未九第一音

(三)ㄩㄛ改ㄧㄛ

ㄩㄛ改ㄧㄛ

岳寅五 嶽寅八 敫卯二十二 樂辰十三第一音

瀹巳十五 爚巳二十 礿午二十二 禴午二十三

籥未六 約未八 葯申七 藥申十三

蘥申十四 趯酉十八第二音 躍酉十八 鑰戌七

鸑亥十六 龠亥二十二

ㄌㄩㄛ改ㄌㄧㄛ

掠卯十五 略午七

ㄐㄩㄛ改ㄐㄧㄛ

傕子八 搉卯十七 桷辰八 桔辰九第二音

榷辰十二第一音 珏午一 瑴午三 覺酉一

角酉一 觳酉二第二音 較酉二十第二音

ㄑㄩㄛ改ㄑㄧㄛ

埆丑十二 愨卯六 榷辰十二第二音 㱿辰二十

確午二十 碻午二十

ㄒㄩㄛ改ㄒㄧㄛ

學寅 确午十九 觳酉二第三音 鷽亥十五

ㄗㄩㄛ改ㄗㄧㄛ

嚼丑九　嚼辰三

(四)ㄥ改ㄨㄥ

ㄅㄥ改ㄅㄨㄥ

玤子一　琫午三　蹦酉十八

ㄆㄥ改ㄆㄨㄥ

捧丑十三　捧卯十四　熢巳十八　蓬未四

芃申一　蓬申九　逢酉二十三第二音

ㄇㄥ改ㄇㄨㄥ

冡子十三　夢丑十五　㝱寅三　幪寅十一

懞寅十一　懞卯八　曚辰三　朦辰四

檬辰十六　氋辰二十一　溕巳十　濛巳十三

瞢午十六　矇午十七　朦未二十五　艨未二十八

蒙申八　夢申十三　蠓申二十二　霥戌十三

饛戌二十二　鬕亥五

ㄈㄥ改ㄈㄨㄥ

丰子一　俸子六　唪丑五　夆丑十五

奉丑十六　妦丑十七　封寅三　峯寅六

葑寅七　楓辰十一　渢巳八　灃巳十五

㷭巳十八　犎巳二十一　瘋午十　縫未十三

葑申七　蜂申十八　蠭申二十三　諷酉六

豐酉十　賵酉十三　逢酉二十三第一音　酆酉二十八

鋒戌三　風戌十九　馮亥一　鳳亥十一

(五)ㄧㄝ改ㄧㄞ

ㄐㄧㄝ改ㄐㄧㄞ

介子三　价子三　偕子八　喈丑五

屆寅四　嶰寅八第二音　廨寅十三　械卯四

戒卯九　楷辰十一第一音　檞辰十五　犗巳二十一

玠午一　界午七　疥午八　皆午十二

稭午二十五　芥申　薢申十二　䕸申十四

蚧申十六　街申二十四　解寅二第一音　誡酉五

階戌十一

ㄒ一ㄝ改ㄒ一ㄞ

僁子十一　嶰寅八第一音　懈卯八　械辰九

澥巳十二　瀣巳十四　獬巳二十五　蠏申二十二

解酉二二音　諧酉六　邂酉二十五　鞋戌十五

鞵戌十六　龤戌十七　駴亥二　鮭亥八第二音

齘亥二十一

（六）改正注音

字	集頁	原注音	改正之音
仢	子三	ㄅㄠ	ㄅㄛ
佉	子四	ㄑ一ㄛ	ㄑ一ㄝ
你	子五	ㄬ一	ㄋ一
倍	子七	ㄅㄞ	ㄅㄟ
偵	子八	ㄔㄥ	ㄓㄥ

字	集頁	原注音	改正之音
儈	子十	ㄍㄨㄞ	ㄎㄨㄞ
冃	子十二	ㄇㄡ	ㄇㄠ
劃	子十五	ㄏㄨㄛ	ㄏㄨㄚ
劊	子十六	ㄍㄞ	ㄍㄨㄟ
劼	子十六	ㄑ一	ㄐ一ㄝ
郄	子十九	ㄑ一ㄛ	删
呑	丑一（第一音）	ㄊㄣ	ㄊㄨㄣ
吮	丑二	ㄘㄩㄢ	ㄕㄨㄣ
呐	丑二	ㄋㄛ	ㄋㄚ
啜	丑五	ㄓㄨㄝ	ㄓㄨㄛ
唼	丑五	ㄑ一ㄝ	ㄗㄚ
喲	丑六	一ㄝ	一ㄛ
嗟	丑六	ㄗ一ㄚ	ㄗ一ㄝ
嘏	丑七	ㄐ一ㄚ	ㄍㄨ

字	集頁	原注音	改正之音
嘎	丑七	ㄐㄧㄚ	ㄍㄚ
瞰	丑七	ㄊㄢ	ㄉㄢ
堅	丑十三	ㄐㄩ	ㄗㄩ
塊	丑十三	ㄎㄨㄟ	ㄎㄨㄞ
塋	丑十三	ㄩㄥ	ㄧㄥ
墟	丑十四	ㄑㄩ	ㄒㄩ
墺	丑十五	ㄩ	ㄠ
奸	丑十七	ㄍㄢ	ㄐㄧㄢ
娣	丑十八	ㄊㄧ	ㄉㄧ
媧	丑二十	ㄍㄨㄚ	ㄨㄚ
嬪	丑二十一	ㄆㄧㄣ	ㄅㄧㄣ
孕	寅一	ㄧㄥ	ㄩㄣ
孿	寅一	ㄕㄨㄢ	ㄌㄨㄢ
寨	寅三	ㄔㄞ	ㄓㄞ

字	集頁	原注音	改正之音
崒	寅六	ㄘㄧ	ㄘㄨ
嵌	寅七	ㄑㄧㄢ	ㄎㄢ
嵊	寅七	ㄔㄥ	ㄓㄥ
崴	寅七	ㄨㄚ	ㄨㄞ
嶃	寅七	ㄗㄧㄢ	ㄔㄢ
嶄	寅七	ㄗㄧㄢ	ㄔㄢ
帔	寅十	ㄆㄧ	ㄆㄟ
帕	寅十	ㄆㄛ讀拍	ㄆㄚ音怕
幞	寅十一	ㄈㄨ	ㄆㄨ
廑	寅十三	ㄑㄧㄣ	ㄐㄧㄣ
弛	寅十四	ㄔ	ㄕ
彪	寅十五	ㄅㄧㄡ	ㄅㄧㄠ
怳	卯二	ㄎㄨㄤ	ㄏㄨㄤ
恧	卯三	ㄬㄧㄡ	ㄬㄩ

字	集頁	原注音	改正之音
怹	卯四	ㄬㄧㄣ	ㄋㄧㄣ
懘	卯五	(一)ㄓㄨㄝ (二)ㄓㄨㄟ	ㄓㄨㄛ (二)删
愬	卯六	ㄕㄨㄛ	ㄙㄨ
憬	卯七	ㄐㄩㄥ	ㄐㄧㄥ
憊	卯七	ㄅㄞ	ㄅㄟ
扒	卯十	ㄅㄚ準八	ㄆㄚ音爬
扳	卯十一	ㄅㄢ	ㄆㄢ
拇	卯十二	ㄇㄡ	ㄇㄨ
捽	卯十四	ㄘㄨㄟ	ㄘㄨ
掇	卯十四	ㄓㄨㄝ	ㄉㄨㄛ
搐	卯十七	ㄔㄨ	ㄒㄩ
擎	卯十九	ㄐㄧㄥ	ㄑㄧㄥ
擏	卯十九	ㄐㄧㄥ	ㄑㄧㄥ
斜	卯二十三	ㄙㄧㄚ	ㄙㄧㄝ

字	集頁	原注音	改正之音
會	辰四(第二音)	ㄍㄨㄞ	ㄎㄨㄞ
柯	辰七	ㄍㄛ	ㄎㄛ
栅	辰七	ㄘㄛ	ㄓㄚ
柵	辰八	ㄘㄛ	ㄓㄚ
榫	辰十二	ㄙㄩㄣ	ㄙㄨㄣ
槁	辰十三	ㄎㄠ	ㄍㄠ
橫	辰十四	ㄏㄨㄥ	ㄏㄥ
檠	辰十五	ㄐㄧㄥ	ㄑㄧㄥ
櫛	辰十六	ㄓ	ㄗㄧㄝ
歃	辰十	ㄕㄝ	ㄕㄚ
毹	辰二十	ㄕㄨ	ㄩ
浮	巳五	ㄈㄨ	ㄈㄡ
濆	巳十二(第二音)	ㄆㄧ	ㄅㄧ
烰	巳十七	ㄈㄨ	ㄈㄡ

字	集頁	原注音	改正之音
焙	巳十七	ㄆㄟ	ㄅㄟ
營	巳十九	ㄩㄥ	ㄧㄥ
琶	午二	ㄅㄚ	ㄆㄚ
瑩	午三	ㄩㄥ	ㄧㄥ
璟	午四	ㄐㄩㄥ	ㄐㄧㄥ
瓟	午五	ㄅㄠ	ㄅㄛ
畷	午七	ㄓㄨㄝ	ㄓㄨㄛ
疑	午八	ㄬㄧ	ㄧ
疒	午八	ㄬㄧㄛ	ㄔㄨㄤ
瘦	午十	ㄙㄡ	ㄕㄡ
皴	午十二	ㄘㄩㄣ	ㄘㄨㄣ
盲	午十三	ㄇㄥ	ㄇㄤ
盹	午十四	ㄓㄨㄣ音諄	ㄉㄨㄣ音頓
瞪	午十六	ㄔㄥ	ㄉㄥ

笋	未一	ㄙㄩㄣ	ㄙㄨㄣ
筍	未二	ㄙㄩㄣ	ㄙㄨㄣ
簨	未五	ㄙㄩㄣ	ㄙㄨㄣ
稃	未七	ㄈㄨ	ㄈㄡ
綴	未十一	(二)ㄓㄨㄝ此音删	
緶	未十二	ㄆㄧㄢ	ㄅㄧㄢ
縣	未十二	ㄒㄩㄢ	ㄒㄧㄢ
繈	未十三	ㄐㄧㄤ	ㄑㄧㄤ
罫	未十六	ㄏㄨㄞ	ㄍㄨㄚ
耍	未十九	ㄙㄨㄚ	ㄕㄨㄚ
聒	未二十	ㄍㄨㄛ	ㄍㄨㄚ
肭	未二十一	ㄋㄨㄚ	ㄋㄚ
芛	申二	ㄙㄩㄣ	ㄙㄨㄣ
苛	申二	ㄏㄛ	ㄎㄛ
苴	申二(第四音)	ㄙㄧㄚ	ㄙㄧㄝ

字	集頁	原注音	改正之音
茁	申二	ㄓㄨㄚ	ㄓㄨㄛ
荸	申五	ㄅㄛ音勃	ㄅㄧ音必
萏	申六	ㄊㄢ	ㄉㄢ
葩	申七	ㄆㄚ	ㄅㄚ
蓓	申八	ㄅㄞ	ㄅㄟ
蒓	申九	ㄔㄨㄣ準純	ㄕㄨㄣ準蓴
蔻	申九	ㄏㄡ	ㄎㄡ
蕁	申十第一音	ㄔㄨㄣ準純	ㄕㄨㄣ準禪撮
蕝	申十一	ㄗㄨㄟ	ㄗㄩㄝ
蚽	申十六	ㄈㄨ	ㄈㄡ
蜉	申十八	ㄈㄨ	ㄈㄡ
衄	申二十四	ㄬㄧㄡ	ㄬㄩ
衺	申二十五	ㄙㄧㄚ	ㄙㄧㄝ
被	申二十五第一音	ㄅㄧ	ㄅㄟ

字	集頁	原注音	改正之音
袚	申二十五	ㄈㄟ準沸去未	ㄈㄨ鬻合入曷
裓	申二十六	ㄐㄧㄚ	(一)ㄐㄧㄞ(二)ㄍㄜ
褪	申二十七	ㄊㄣ	ㄊㄨㄣ
襬	申二十八	ㄅㄟ音準	ㄅㄞ音擺
覷	酉一	ㄗㄩ	ㄘㄩ
訖	酉三	ㄐㄧ	ㄑㄧ
詰	酉四	ㄑㄧ	ㄐㄧㄝ
誆	酉四	ㄍㄨㄤ	ㄎㄨㄤ
誑	酉四	ㄍㄨㄤ	ㄎㄨㄤ
諢	酉六	ㄨㄣ	ㄏㄨㄣ
謔	酉七	ㄩㄛ	ㄬㄧㄛ
謈	酉七(第一音)	ㄅㄠ	ㄅㄛ
譜	酉八	ㄅㄨ	ㄆㄨ
讞	酉九	ㄬㄧㄝ	ㄧㄢ

字	集頁	原注音	改正之音
跫	酉十六	ㄒㄩㄥ	ㄑㄩㄥ
踅	酉十六	ㄒㄩㄝ	ㄙㄩㄝ
輟	酉二十	ㄓㄨㄝ	ㄓㄨㄛ
輦	酉二十	ㄌㄧㄢ	ㄬㄧㄢ
遮	酉二十四	ㄓㄚ	ㄓㄝ
郤	酉二十六	ㄒㄧ 準隙	ㄑㄧ 溪齊
酵	酉二十九	ㄍㄠ	ㄐㄧㄠ
醊	酉二十九	ㄓㄨㄝ	ㄓㄨㄛ
鉋	戌二	ㄆㄠ	ㄅㄠ
錚	戌四	ㄔㄥ	ㄓㄥ
鍘	戌五	ㄗㄚ 會讀	ㄓㄚ 音札
鏹	戌六	ㄐㄧㄤ	ㄑㄧㄤ
鐫	戌七	ㄗㄩㄢ	ㄗㄧㄢ
閘	戌八	ㄧㄚ	ㄓㄚ

字	集頁	原注音	改正之音
閡	戌八	ㄫㄞ	ㄏㄜ
隼	戌十二	ㄙㄩㄣ	ㄓㄨㄣ
隺	戌十二	ㄏㄨ 音鶴	ㄏㄛ 音鶴
雀	戌十二	ㄗㄧㄛ	ㄘㄧㄛ
雹	戌十三	ㄅㄠ	ㄅㄛ
韃	戌十六	ㄊㄚ 同撻	ㄉㄚ 同達
韛	戌十六	ㄅㄞ	ㄅㄟ
餟	戌二十一	ㄓㄨㄝ	ㄓㄨㄛ
駃	亥一	ㄐㄩㄛ	ㄐㄩㄝ
䯤	亥五	ㄍㄨㄞ	ㄎㄨㄞ
髧	亥五	ㄊㄢ	ㄉㄢ
鯨	亥九	ㄐㄧㄥ	ㄑㄧㄥ
鱠	亥十一	ㄍㄨㄞ	ㄍㄨㄟ
鱭	亥十一	ㄘㄧ	ㄗㄧ

字	集頁	原注音	改正之音
鴾	亥十二	ㄇㄡ	ㄇㄨ
黥	亥十八	ㄐㄧㄥ	ㄑㄧㄥ
䶊	亥二十	ㄬㄧㄡ	ㄬㄩ
齪	亥二十一	ㄘㄨ	ㄔㄨㄛ

（七）增加注音

字	集頁	原注音	加音
乂	子二	ㄫㄞ	ㄧ
亹	子三	ㄪㄟ	ㄨㄟ今讀
仇	子三	ㄑㄧㄡ	ㄔㄡ
勺	子十七	ㄓㄛ	ㄕㄛ
區	子十八	ㄑㄩ	ㄡ姓也
吃	丑一	ㄑㄧㄐㄧ	ㄔ
味	丑二	ㄪㄟ	ㄨㄟ今讀
咦	丑三	ㄒㄧ	ㄧ感歎詞
咳	丑三	、ㄏㄞㄎㄎ	ㄎㄜ咳嗽
咱	丑四	ㄗㄢ	ㄗㄚ
哦	丑四	ㄫㄛ	ㄛ感歎詞
啁	丑四	ㄓㄠ	ㄓㄡ
喒	丑六	ㄗㄢ	ㄗㄚ
喫	丑六	ㄑㄧ	ㄔ
嗄	丑六	ㄕㄚ，ㄞ	ㄚ感嘆詞
囚	丑十	ㄙㄧㄡ	ㄘㄧㄡ
囝	丑十	ㄐㄧㄢ	ㄗㄞ
圾	丑十一	ㄐㄧ	ㄙㄧ垃圾
堤	丑十三	ㄉㄧ	ㄊㄧ陽平今讀
妁	丑十七	ㄓㄛ	ㄕㄛ
娓	丑十八	ㄪㄟ	ㄨㄟ今讀
婢	丑十九	ㄅㄧ	ㄅㄟ

字	集頁	原注音	加音
尾	寅四	ㄪㄟ	ㄨㄟ今讀
嶼	寅八	ㄙㄩ	ㄩ今讀
帥	寅十	ㄕㄨㄞ	ㄕㄨㄛ
微	寅十六	ㄪㄟ	ㄨㄟ今讀
戇	卯九	ㄓㄨㄤ	ㄍㄨㄥ或讀
抓	卯十一	ㄓㄠ	ㄓㄢㄚ或讀
推	卯十七	ㄐㄧㄛ	ㄑㄧㄛ
撞	卯十八	ㄔㄨㄤ	ㄓㄨㄤ
未	辰四	ㄪㄟ	ㄨㄟ今讀
歙	辰十八	ㄒㄧ，ㄒㄧㄝ．	ㄕㄝ
岷	辰二十一	ㄇㄥ	ㄇㄤ
沫	巳二（第二音）	ㄪㄟ	ㄨㄟ今讀
浜	巳五	ㄅㄥ	ㄅㄤ
潰	巳十一	ㄏㄨㄟ	ㄎㄨㄟ或讀

字	集頁	原注音	加音
瀧	巳十四	ㄌㄤ ㄌㄨㄥ	ㄕㄨㄤ水名
獃	巳二十四	ㄫㄞ	ㄉㄞ
獧	巳二十四	ㄒㄩㄢ	ㄐㄩㄢ
率	午一	ㄕㄨㄞ，ㄌㄩ．	ㄕㄨㄛ
玫	午一	ㄇㄧㄣ	ㄨㄣ或讀
畿	午七	ㄑㄧ	ㄐㄧ或讀
瘓	午十	ㄘㄨㄢ	ㄏㄨㄢ
瞠	午十六	ㄔㄥ	ㄊㄤ
繆	未十三	ㄇㄧㄡ ㄇㄡ ㄇㄨ ㄐㄧㄡ	ㄇㄧㄠ
翮	未十八	ㄏㄜ	ㄍㄜ
葳	申六	ㄪㄟ	ㄨㄟ今讀
薇	申十二	ㄪㄟ	ㄨㄟ今讀
虹	申十六	ㄏㄨㄥ	ㄐㄧㄤ
蛆	申十七	ㄗㄩ	ㄘㄩ

字	集頁	原注音	加音
盩	申二十一	ㄕ	ㄓㄜ或讀
褶	申二十七	ㄉㄧㄝ，ㄙㄧ．	ㄓㄝ同襵
謚	酉七	ㄧ	ㄕ同諡
賜	酉十二	ㄙ	ㄘ
趟	酉十四	ㄓㄥ	ㄊㄤ
踉	酉十六	ㄌㄧㄤ	ㄌㄤ
蹲	酉十八	ㄗㄨㄣ	ㄉㄨㄣ
辟	酉二十二	ㄅㄧ	ㄆㄧ
迫	酉二十三	ㄅㄛ	ㄆㄛ
郄	酉二十六	ㄒㄧ	ㄑㄧ
郗	酉二十六	ㄔ	ㄒㄧ
酖	酉二十八	ㄉㄢ	ㄓㄣ同鴆
銖	戌二	ㄕㄨ	ㄓㄨ或讀
銛	戌三	ㄙㄧㄢ	ㄊㄧㄢ恬
鏢	戌六	ㄆㄧㄠ	ㄅㄧㄠ
阽	戌十	ㄧㄢ	ㄉㄧㄢ或讀
隄	戌十一	ㄉㄧ	ㄊㄧ今讀
雋	戌十二	ㄘㄩㄢ	ㄗㄩㄣ同儁
頦	戌十八	ㄏㄞ	ㄎㄜ或讀
頫	戌十八	ㄊㄧㄠ	ㄈㄨ古俯字
骯	亥四	ㄎㄤ	ㄤ

（八）改正排印之錯誤

字	集頁	誤	正
些	子二（第二音）	ㄙㄧㄛ	ㄙㄛ
仂	子三	ㄉㄛ	ㄌㄜ
令	子三	ㄉㄧㄥ	ㄌㄧㄥ
念	卯一	ㄏㄧㄢ	ㄬㄧㄢ
	卯四	ㄔㄝ	ㄔㄥ

字	集頁	誤	正
旗	卯二十三	ㄑ	ㄑㄧ
泅	巳三	ㄑㄧㄡ	ㄙㄧㄡ
洒	巳四	ㄕㄧㄌ	ㄕㄞ
淙	巳六第二音	ㄕㄨㄡ	ㄕㄨㄤ
猵	巳二十四第一音	ㄉㄧㄢ	ㄅㄧㄢ
萅	午十五	ㄔㄨㄡ	ㄔㄨㄤ
蹧	申二十一	蹧	螬
躞	酉十九	ㄏㄨㄤ	ㄕㄨㄤ
軼	酉二十九第二音	ㄌㄧㄝ	ㄉㄧㄝ
酩	酉二十九	ㄩㄧㄥ	ㄇㄧㄥ
酟	酉二十九	ㄕㄨㄛ	ㄏㄨㄛ
鈀	戌一	ㄉㄚ	ㄅㄚ
阢	戌十	ㄙㄧㄢ	ㄙㄧㄣ
鴔	亥十三	ㄉㄨ	ㄉㄨㄛ
髑	亥五	ㄌㄨ	ㄉㄨ
䳾	亥十五	ㄌㄥ	ㄉㄥ
鸓	亥十六	ㄞㄨㄟ	ㄌㄨㄟ
鰜	亥十六	ㄐㄢ	ㄐㄧㄢ

一九二五年國語界『防禦戰』紀略

黎錦熙

此篇雖祇以民國十四年國語界之爭端爲題但當時之復古教育思想及民國來國語之發展情形，均可由此窺見一斑。原文見國語週刊。

編者

第一章　起因

在中國現代史中，有比辛亥革命(一九一一)更爲艱鉅的一種革命，就是『國語運動』。辛亥革命之役，將民族革命和政治革命一氣呵成，似乎是很不容易的事。其實，僅僅三千多年的歷史，就換了二十多個朝代，平均不過百餘年革一次命；雖則這一次連國體都變更了，却也不過換一個名號，叫做甚麼『民國』，實際上仍是主權的移轉，由甲而乙，由乙而丙，由丙而藩鎮，由藩鎮而割據，由割據而……，重演這三千多年歷史上的故套，有甚麼艱鉅可說？『國語運動』則不然。因為這種革命運動，實實在在牽涉了幾千年來的文化和社會生活，要以人力辦到，政府的力量和社會的潮流必須合拍。所以民國元年（一九一二）蔡元培先生長教育時，會有讀音統一會底設立，這已經是小題小做，然而社會潮流不相應，終於辦不通。民國五年（一九一六）張一麐先生長教育時，又想把該會議決的注音字母設法推行，那時政府社會兩方面底復古空氣都很濃厚，除私人提倡外，更沒有法子可以辦到。大凡一種關於歷史文化與社會生活的改革事業，要不是社會自身受了驚心動魄的刺激，感着急切的需要，單靠政府底力量，雖起秦皇於地下，迎列甯於域外，雷厲

風行，也不見得能辦得通。直到民國七八年間（一九一八——一九一九），歐戰結局，全世界發生一種新潮流，激盪着中國底社會，於是這『國語運動』才算水到渠成，政府和社會互助而合作，三五年工夫居然辦到尋常三五十年所辦不到的成績。

但是『國語運動』底前途和負擔，還是艱鉅得很，國語界底將士們還是時時刻刻在戰線上站着。因為（一）這種革命如果成功，舊文化多少要受一點兒影響（其實於舊文化很有益處），一般守舊家以及落伍的維新家同感着東方文化怕要因此而根本動搖；（二）尤其是把向來『士人階級』所壟斷以為利的，所謂『筆耕』『硯田』以及『鉄飯碗』之類，弄成一個『有飯大家吃』，人人可以操觚，使他們靠此為生的老大不願意。前者屬於文化問題，免不了意氣底爭持；後者屬於生活問題，更免不了意氣底衝突。所以最近三四

年間（一九二三以後）常聽見有些老朋友們發這樣的議論：「既不能文章何配談政治？」「不讀古文，不可以爲人！不作古文，不可以爲子！」這實在太不合『邏輯』了！於是章士釗先生乘時崛起。

章士釗先生，吾鄉名士也。少讀其『初等國文典』（後改名中等國文典）即私淑其人；『錦熙之粗知文法，實章先生啟之也。』民國以還，又讀其獨立週報，前甲寅中諸作，益佩之。民國七年，在故友楊懷中先生處始一晤面，未交談。越數年，遇諸上海某酒樓，聆其言論，則大駭。自此我便覺得他論事的頭腦未免過於籠統武斷了，便斷定他是國語界的敵人，毫無折衷調劑的餘地；除非他自己改良那種『邏輯』的方式——因爲上段所述那些不合『邏輯』的荒謬論調，不幸章先生竟願意做他們的代表！

第二章　布防

反國語的勢力，三四年來既在社會方面潛滋暗長，政府方面雖作了中流砥柱，也僅能辦到一個不失故物。一九二四年十一月二十四日，臨時執政府成立，代表那『反國語的勢力』的章先生也到京就任司法。那時新任教育總長王九齡先生還遠在海外，頗聞有章先生兼職的呼聲，這麼一來，國語在政府方面的中流砥柱也怕靠不住了。我記得曾有一個短簡寄給他，說是『好同惡異「政本」所戒』（因爲他的前甲寅中「政本」篇說：本何在？在有容。何謂有容？在不好同惡異，）意思就是勸他『當官而行』的時候，不要摧殘國語。其實章先生所痛心疾首的國語，乃是指「斥桐城爲謬種，罵選學爲妖孽，而自命爲文學正宗」的白話文，此外如注音字母之類，乃等諸「自鄶以下」。不過這些東西雖來源不同，但事實上都是有連帶關係的，不能不大家起來定一個聯合作戰的計畫。我於是乎佈了三道防線：

第一道防線——白話文。擔任的軍隊是急先鋒的新文學家，不會落伍的教育界，受了訓練的青年們。總司令，胡適之。（胡先生擔任這路總司令，並不是我派的也不是大家推舉的，尤不是他自己要幹的，乃是敵軍只認他爲總司令。）

第二道防線——國語教科書（包括一切國語的出版物）。擔任的軍隊是上海方面出版界許多的健兒，供應軍需的大小資本家。總司令，理應從張元濟，陸費逵，汪原放，沈知方，各首領中選出；但出版界向來很複雜，其中且不免有對於國語「倒戈」的；只求他們能『人自爲戰』，自然成一道聯合防線，用不着設總司令。（但這幾個月全國教育各界發起的『全國國語運動大會』因爲交通上宣傳上種種便利，也就委託了出版界的人

出來組織總司令部，這個臨時總司令便是陸衣言。陸先生雖是吳縣人，却和隋朝作切韻的『陸法言』似乎是同宗。）

第三道防線——教育法令。擔任的軍隊都上前線去了，只剩下幾連衞隊，無戰鬭力。大本營就設在教育部。這路的總司令是早已規定的張一麐。（行營在蘇州，故張先生常駐蘇州。照規定應由副司令吳稚暉代拆代行，但吳先生究竟有古名將之風，自任攻打前敵，不願意管大本營的鳥事。）

第三章　緩兵

三道防線既經佈好，大家秣馬厲兵，靜待敵軍下總攻擊令。不料章先生底戰略倒很不錯！他一方面擺下了『虎陣』，攻擊第一道防線；一方面不辭勞瘁，居然於一九二五年四月十五日用全力來兼作『我們總長』，這算是直搗中軍，襲入第三道防線以內的大本

營。大本營剩下的既只有幾連衞隊，惟有聽候改編，或者一律槍斃。其實大本營破滅了也沒有重要關係。也許倒可以『怒我而怠寇』，叫前兩道防線的精兵良將一律向後轉而合圍。我仔細一想：何必如此？因爲（一）第二道防線是不大靠得住的；假使大本營破滅了，倒戈者必蠭起。（二）我很能諒解『我們總長』他是並沒有『犂庭掃穴』的决心的；他實在只注意我們第一道防線。於是大本營之中便載戢干戈而折衝樽俎，在四月十七那一天，雙方談判，大體妥協，妥協的條件，詳載國語週刊第十三期，節錄如左：

國語底宗旨，一面是謀全國語言的統一，非教育部定一個標準出來不可；一面是謀文字教育底普及，非教育部容許作淺易的白話文，並將注音字母幫助他們識字不可。總而言之，這都是小學教育和通俗教育的事，只以小孩子和平民爲範圍。

這並不是欺人的話，教育部底程度和能力，也只能辦到這裏；過此以往，全靠我們在社會方面的努力。不過國語界的同志們，也約略有左派右派之分；左派的人自然不滿意於這個妥協，說我不應該爲保全這個無關輕重的大本營之故，竟作此『城下之盟』。『城下之盟，有以國斃，不能從也！』惟有疑古先生很能諒解，說『這番話是代銜門立言的。』『代銜門立言』者，『緩兵』之謂也。

自此以後，第三道防線無形撤防，大本營居然保留，只不便照常發號施令罷了。前兩道防線卻都變成『人自爲戰』之局，同時開火，十分激烈。

第四章　殃及

在這個當兒，我有一件『痛心』的事和一件『疾首』的事。痛心的事，就是那時候有一個國立某校正發生風潮，雪片似的印刷品飛來我却是和該校很有關係的一個人而各方面對於這個問題都還沒有成見，要解決很容易只在『一點』。關於這一點，我曾和一位同事幹了『三諫於其君而不聽則去』的勾當。後來『去』不了，只得從主管的教育官廳方面協商解決這一點的妥善方法——兩面顧全的官僚式的方法，到暑假時已有八成的把握。還有兩成是要等我自己去『利見大人』的；我一想這可不行，這簡直不合『戰時國際公法！』豈有因主義而劇戰的敵人彼此還能在兩軍陣前協商調處第三國底內爭，而不影響到自己戰局上的嗎？大凡一個人和一個人作主義上的奮鬭，就要乾乾淨淨地硬打到一個勝負分明，絕對不可牽及別的問題，以致彼此發生別的利害關係，無形之中，就不免犧牲幾分主義來作交換品；弄到末了，公誼私交，兩者妨害。因此，關於解決這一點而要向『我們總長』（那時因五七風潮，他已提出辭呈，並沒有正式復職）請示的事情，我只好由他人去辦，幾次接洽的結果，只得到『考慮』兩字。那時已是七月初旬，我正忙着要上開封去視察防務，便對他們說：『要考慮就考慮罷。我可沒有工夫再等了，我走了。』於是乎打道汴梁。

七月底，我在開封視察防務竣事，又要上東三省去查勘陣地，道過北京，還暗暗地去打聽了一下子，知道箭已在弦上了，我也無能爲力了。那時我已經有點頭痛發熱，但不敢逗留，趕快轉車，帶病出關。在火車上躺着細想：眞不知鬧到一個甚麼結果！只是對於和我接洽已妥的那幾個同學和同事，終覺有點兒疚心！諒也不過爲某事之續解散了，暑假後再謀恢復罷。却不料後來竟演出那種悲劇，使教育界因此受了一種可痛的傷痕！到現在傷痕更成了潰瘍，不知收拾的期要到何年何月！也就和我身上的病一樣：那時也决料不到就是一種可怕的猩紅熱。——這是被我的作戰計畫所『殃及』的一件痛心的事。

自此就住在瀋陽的『野戰病院』。因爲這是受了『赤化』的傳染，簡直監禁了兩個月，差一點兒處死刑，步郭松齡先生的『前』塵。冰枕頭睡了四個星期，這就算是一件『疾首』的事。

第五章　火攻

且不管痛心和疾首，河南奉天兩處底陣地都還安全。本來每年到暑假時，我照例要揀着各省區中應該注意的地方去考察一蹚。本年聽說河南最開明，奉天最蠻橫，所以特到這兩處。一看之後，知道那時的河南雖說是亞於北京和廣州的一個民黨薈萃之地，一切言論都自由；除豫西戰事未了外，各縣派來研習國語的男女教員計有五六百人；可是也不見得有甚麼特別開明的地方。奉天當局禁止國語，不許傳習注音字母，實在也沒有禁止得了；大家給他一個陽奉陰違；有幾個學校還提議沒有注音字母的小學讀本不可用，那麼也不見得有甚麼特別蠻橫的地方。這就可見社會方面底勢力，已成器的，終難壓抑；火候未到，不能突飛。總之，在這防禦戰期中北方各省却是平平穩穩的。

九月回京，再打聽南方各省的消息。那時第二道防線所主持的『國語運動大會』正在着手籌備，打算於一九二六年一月間全國一致地作一番嚴重的表示。在這籌備期中，有值得大書特書的一件事，便是蘇浙皖三省聯合『焚書』。

蘇浙皖三省各師範小學本年在無錫開聯合大會；十二月三日，是開會的第一天，特在無錫第三師範操場舉行焚燬初級小學文言文教科書的儀式。他們事後發出宣言書一通，大意是：

我們這一次因爲反對初級小學底文言敎科書，曾經收集起來，鄭重焚燬，以表示我們的決心。爲什麼這樣地深惡痛絕？理由有四：

(一)因爲要便利幼年兒童底學習工具。人人知道纏足是可慘的事，更要知道纏腦筋纏思想是更慘的事。硬敎兒童學文言文，實在和硬把幼年女孩纏足是一樣地不人道。

(二)因爲要貫徹義務敎育底宗旨。興學以來，社會上都罵小學生文理不通，實在因爲文言文太繁難，僅受四年義務敎育，除了天才兒以外，是一定敎不通的。

(三)因爲要養成圓滿生活底基礎。兒童入學決不是僅僅爲了讀書寫字；應該力求學習容易，省下工夫來，使他們另受些有益的敎育，樣樣都有些基礎，多方面地發達，以完成他們健全的人格。

(四)尊重敎育法令。國家對小學校敎學國語既十分提倡，我們尊重國家法令，小學校就不應當再敎文言。

南方各省，因爲國語文不如北方之爲本地風光，所以有些學生底家庭極端主張仍讀文言，因之出版界投機的小學文言敎科書在兩三年內出得很不少。這一次三省聯合焚燬的舉動，實可稱戰期中一種最猛烈的火攻。

第六章　肉搏

南方正鬧『焚書』，北方却在那兒準備『坑人』。『坑人』者，北京話，把人葬送之意。這就是說『讀經問題』初小如果讀經，便眞把兒童們坑了。本來兒童們早就被坑了兩千年，好容易拯救出來，剛剛轉一口氣，忽然又要坑下去，豈非天下最可慘痛之事！

若是讀經問題和國語運動無關，縱然是『坑人』

的虐政，也就不必在這篇文章內敘述；須知「初小第四年起讀孝經（？）」一這條課程一公布，就給國語教育一個很危險的致命傷。假使『我們總長』把讀經列在『唱歌』課程中，我們也沒有話說，因為唱歌是可以只管聲音，不問意義的；但讀經是一定要讀而兼『講』的，必須講明章句，使佢們『略聞聖教之要義，方足以定其心性，正其本源』（清光緒二十九年張百熙，榮慶，張之洞奏定學堂章程中語）這麼一來，還不趕快取消白話，多讀文言，把國文科來作讀經科的預備嗎？不過這個意思，我們是『啞子吃黃連，說不出的苦』，彷彿這又是章先生破壞國語的一枝奇兵（其實章先生並沒有這種深心，他是老老實實的主張）當國語大本營被襲而作『城下之盟』，以為『緩兵』之計的時候，我也料到敵人鼾睡於臥榻之旁，時時刻刻伏有危機——因為那時已有修訂課程的醞釀。果然，到了此時，又成短兵相接之局。

十月三十日午後四時，部務會議，決定讀經，我力爭而不勝——這是『仰攻』，決不能制勝的，因為部務會議乃是總長底諮詢機關，向不作興有甚麼辯論，更不能取決多數。以後又會議幾次，我也再不願列席『臨陣』了。退入戰壕，想不出好的戰略來。『休兵』罷，等於投降，大本營從此便永失威信。『突圍』罷，同事們中已有因別種問題幹過這一手的，近於鈔襲！好還是『肉搏』！十一月四日，恭恭敬敬地遞上一封堅決反對的呈文（詞詳國語週刊第二十二期，不贅述）

滿城風雨，鬧了幾天，敵方也不見動靜，這問題似乎擱淺下去了。肉搏之局未終，忽逢十一月二十八日『市民大暴動』之變，我們底第三道防線內，霎時間也不見敵軍踪影。

但國語界並不引此為幸事，因為這不過是受了政變底影響。並且這種戰爭在社會方面還是繼續不斷的，永無鳴金收軍之時，却到了反守爲攻之日。

本篇暫止於此。國語運動大會開幕後，當然很有些可紀的事，但事在一九二六年，且聽下回分解。

爲反對設『讀經科』及中學廢止國語事上教育總長呈文

黎錦熙

十四年章士釗任教育總長，力主復古，並辦甲寅週刊於北京以宣傳其主張，十月三十日部議決定讀經及中學廢止國語。此呈卽爲此而發，上於十一月四日。十一月二十八日市民暴動，章因去職，議案並未公布。惟當時復古情形，可由此篇見之。 編者

前奉部令，以中小師範等學校令亟須修訂，派本部參事司長斟酌情形，悉心妥擬，並派錦熙會同起草。

竊查此等法令，其中最要部分爲課程表及各科要旨，各科之中，又以新案所定之『國語』及舊章未改之『讀經』爲至難解決之問題。溯自民國十一年改革學校系統案由大總統教令公布以來，部定課程未能及時修訂，全國教育會聯合會遂組織委員會，將新制中小學各科課程綱要擬具草案，布之全國。全國試行，迄今蓋已三載。其中規定初小以至高中國文一科，概名『國語』，意在以語統文，固非屏棄古文，盡採白話也；卽以部章而論，國民學校國文科之改爲『國語』，實始於民國九年，尙遠在學制改革之前。部章之規定國語也，實含二義：一爲淺易之語體文，一則標準之國音也。前者意在使文字教育易於普及而便於應用，後者則欲使全國人民練習一種統一之語言。是部中所謂國語者，固有一定之涵義。然自新制草案試行而後，坊間國語讀本高小以上大都兼採古文，於是『以語統文』遂

成事實；徵諸他國，亦復相同。前者部議，錦熙實欲保持近來以語統文之局；至學童應誦讀之古文，應講習之舊籍，咸可斟酌程序，列諸逐年細目之中；名實未虧，推行甚便。總長未以為然，謂宜以文統語。次長執兩用中，主張二名兼列，曰『國語及國文』。語文二者，界域分明，各不相攝；其分量多少，則於細目定之。衆議僉同，錦熙遂不便獨持異議。師範本為小學教師而設，課程名目，自應相符。惟中學課程，以嚴防白話之故，總次長均不許國語一名闌入。夫國語涵義，既有二端，縱去白話，尚有國音統一之宏規；七載之籌備，豈可以中學一段廢此訓練？在昔清末，官話一科，特列於中學課程中，並不與國文一科相混。一也。若謂語言練習，仍可規定於國文科細目中，則復成以文統語之局。正名辨物，界說既定，國文云者，限於古體雅言；三種課程，等是部章，豈可自亂其例？二也。若謂中學本偏重古文，以名為表，包舉國語，為其附庸；則小學課程，偏重語體，國文一名，何須標出？是中學祇稱國文，小學亦當祇稱國語，各標所重，事同一律。三也。綜此三因，敢謂『國語及國文』一名，必通於小學、師範、中學三種課程，不可彼此參差，徒滋誤會。即尊重總長意旨，中學宜嚴防白話，則細目中對於國語，儘可祇取其涵義之一端，不當並其科目之名而去之也。又況所謂白話者，極端屏絕，實不為事實所許。宋詞、元曲、明清小說，其膾炙人口者，固已公認為文學之一體；即近今白話論著譯述之書，亦不乏足供中學參考者。限制則可，禁絕不能。請得而悉言之。總長平居持論，痛斥俚言；錦熙橫議之餘，至欲改革文字，是皆私家論學之事，雖復各具體系，各有信徒，然錦熙固不敢謂可一旦見諸施行，布之法令也。法令典章，與時為變，而變亦不可太驟；因革損益之際，貴在折衷時論，出以調和；尤當預籌世變所趨，使其性稍能耐久，則不至因紛更而隳其信用。興言及此，則『讀經』一科，尤當細加研慮者矣。查小學課程列入『讀經』原於清末變法科舉與學校遞嬗之際，舊日功令未容多所更張。其時全國學界倡言廢除。中央教育會議已有嚴切之提案。民國初建，南京臨時政府首卽布告廢止讀經。民國四年，前大總統袁世凱欲帝制自爲，附之者遠法劉歆增設古經博士之故智，（當帝制未發動前，湯化龍總長曾主張採取經訓作身修科教材，而倪嗣冲等通電詆爲侮亂聖經之徒，嗣經國務卿徐世昌等，遥由政事堂制定教育綱要，內列『讀經』一科，小學讀孟子，中學讀論語；發交教育部遵行）竟復增入此科。共和重建，教育部亟予廢除；惟告朔餼羊，尙貽留於高小外間諒其爲袁氏所定，未集矢於部中。然比年以來，如山東神童江希張輩以所著經解呈請審定頒行天下，俾小學誦習奉爲典範者，不一而足；部中槪予駁斥，陳案如山。夫經非不可讀也，特其名稱必不可存；倘復定諸法規，實有百弊而無一利。在昔六藝，實爲易，書，詩，禮，樂，春秋。莊子書中雖有『六經』之名，然固謂干七十君而不用，迨秦漢置博士官，經典之尊，漸侔天地。然依時主之好尙，爲人擇事，博士之職，代有增加，經等於官，漸以冗濫。就今所存者言之：公羊，穀梁，左氏，皆傳也，非經也，以其徒之各能博得一官也，後世遂並列之於經。六藝中但有今之儀禮耳，大小戴皆記也，非經也，小戴運命，優於大戴，攫得經名，在今所謂『五經』中，竟奪儀禮之席，而大戴所記諸篇，不幸見擯於後世矣。劉歆附莽，特舉晚周先秦之士所掇拾之舊章，顏曰周官，爲立博士，於是禮之中又增一經。以傳爲經，乃有三傳；以記爲經，斯成三禮：時主任意立官，羌無標準；後人情鍾勢耀，槪奉爲經。論語，孝經，今擬列諸小學讀經課程者，亦皆記也，而非經也；孝經尤晚出，置諸二戴所記諸篇中，尙爲下品。孟子亦列在讀經課程中者，實則晚周諸子之一，更不名經；宋儒融會儒釋，自成家言，利其富於心性之玄談也，羣然奉之，始厠於經。爾雅惡劣詞書，其價值遠在說文切韵之下，以其多詁詩書，又妄傳爲周公之作，亦列爲經。所謂『十三經』者，其雜湊既如此，而其地位之尊，傳習之盛，又正班固所謂『利祿之途使然』。且經之爲名，本無甚深微妙之義，尤非至高無上之稱；其字從糸從巠，巠卽竹簡，竹一片曰一巠，糸者所以束之，與簡，册，編，籍等字同意。其後引申字義，乃曰『典常』，進爲『道法』，在孔子刪述六藝之時，不過舉積久散漫之古籍，整理而條貫之，視之爲藝，傳之其徒，絕非如秦漢以後之奉若神明也。秦漢以後，統一之局既成，所謂明君賢相，謀所以便統治而利驅策者，不能不使全國優秀之士，局聰明於一途。自漢迄清，二千餘年，尊孔讀經，著爲功令；利祿所誘，蔚成種性。此其影響於亞東文化者，得失之數，繁複難言，茲不曼衍，但言今日應以何道處之，則正本部之職責也。夫國體既曰民主，政府當局之對於被統治者，自不復當妄襲昔時君相保世傳統之旨，猶存束縛馳驟之心；尤不當固執違實寡效之名，致塞順理求眞之路。本茲原則，敢决一言：苟欲釐定學術，整治敎規，他事且不必談，廢絕經名，實爲首務。經名不廢，學絕道喪，卽在目前；經名不存，然後古訓舊章，悉有歸宿。蓋必廢經之名，然後可以存經之實；必取消讀經之科，然後可得讀經之益：則謂之『廢經以存經』可也。法宜由專科學府或國立編譯館，將所謂羣經者，澈底整理。經部之書，浩如烟海：首編索引，俾易檢查；次就羣經正文，將二千年來諸家解說，悉分綴於其字句篇章之下；次則審核諸說，擇其最後出而較適當者，姑假定爲正義，是則所謂『十三經新注疏』者成矣；然後按今世科學普通分類法，條繫而件附之科爲一書，斯成『專史』於是二千年前之文化，爲後世典章法度所從出學術思想所由來者條理既已昭晰，眞象可以大明。斯誠不朽於盛業，所謂『廢經之名卽以存經之實』者也。至於本部所宜亟亟從事者，卽於前者之中，先擇其有關教育者而爲之。非但教育專史資料之採集準備而已，卽今所討論之讀經問題，亦惟此可得解決。羣經舊訓，若者宜編入『公民科』，若者宜作『文學教材』，若者爲『歷史科』所必取；自小學以迄高中，順難易之序，酌先後之宜，編之課本。或寫定教材，令編輯教科書者依法採入。或更圖徑易，則姑列經名或某經某章之名於此三科課程細目中，令就本經選讀。此甚簡而易行之事，所謂『廢讀經之科目而得讀經之實益』者也。不此之圖，仍欲另標科目，謂之『讀經』，違教科之原則，亂學術之體系，襲袁氏之緒餘，示國人以非制：其事不便！更有餘義，請續陳之。此次部中草案，讀經一科，規定於初小四年級，以較舊制，且復提早一年。夫九齡之子，能習何經？每週一時，周年卒業，除孝經外，何經可讀？若雜採經訓格言，彙爲課本，則是科也何異公民？昔時幼學誦經，爲其記憶力强，易於上口，有同器械，俾入場屋，試題一出，得知出處，免曳白耳。所謂利祿之途，不得不然也。今復如此，所爲何事？前者部議，總長意若曰『經典自有權威，異於公民課本；讀經之效，在敦士習以挽頹風』。竊嘗思之：經典之有權威，造端乎君主而成於利祿；前文所舉，歷有明徵。國體既更，君綱不振，已餒之鬼，寧復有靈？欲使國民葆愛本族祖先留傳之文化，其道自別有在：釐定故籍，精擇教條，乃爲當務之急。近年學風橫決，原因甚繁，欲加整頓，亦復自有其方。讀經空名，豈能挽救？況名之不正，實之不求，趨新者固將筆伐而口誅，篤舊者終亦面諛而腹誹。將來公布之後，卽求虛應故事者，恐亦不可多得。且『經明』之與『行修』，夙已分爲兩事；有如元明以來，鄉試中式，便稱『孝廉』，豈事實乎？八股取士之際，全國士子朝夕惟『代聖賢立言』，涵濡漸染，宜足以飭行而敦品矣。究其實際，則昏誕浪漫，鄙惡不堪，錦熙二十年前身歷目擊，以視今之學校青年，誠有過之而無不及。至於三家邨塾，學童如林，讀經之聲，溢於田野，其頑劣而無秩序，或局促如轅下駒，較以今之小學生徒，進退有矩，應對中節，相去何啻霄壤？總之，往昔讀經之年，士習頹壞，遠過今茲；其貌爲恭謹服從者，畏其父兄師保而已。其不敢嘯聚宮門，侮辱當局者，君主斧鑕之誅，嚴於執政金吾之禁而已。是其權威乃在君主斧鑕父兄師保，何關於經訓乎？科舉既廢，學校代興，爲父兄者，家有子弟，計無所出，乃於校課之外，爲延師保授以讀經：邇來親朋，良多如此。然試鞫其用意，則自身服官，函牘文告，文章爾雅，有典有則，風尚未改，職業所繫，將以餘蔭貽厥子孫。每見朋輩過從，縱譚今昔，成語古典，連珠而出；子弟挾策還家，瞠目不解；於是疾首蹙頞，私憂竊嘆：『若干年後，豈復有能讀吾案頭之綫裝書者乎！』不知正不欲人人之能讀此綫裝書，斯卽今日教育之精神也。抑正惟不欲人人能讀此綫裝書，然後將來乃有眞能讀此綫裝書者出；此少數讀綫裝書之專家，其成績必大優於今之終日摩挲此綫裝書者，又可決也。是故歎舊籍之將廢墜者，杞憂也；冀經典之挽頹風者，幻想也；列讀經爲學校科目者，虛文也，僅爲虛文，猶可言也；當今日世界棣通，學術昌盛，國體丕變，與民更始之時，猶循昔時君相保世傳統之故步，襲此束縛馳驟之遺策，固執違實寡效之名，永杜順理求眞之路，則所謂有百害而無一利者也。故錦熙主張：經固當尊，惟經之名必不可存；經固可讀，惟『讀經』一科，在所必廢。合前所陳『國語』一事，亦請約爲數言：『國語』謂今語與國音，『國文』爲故文與舊籍，定義不淆，科名一致，小學中學師範課程首列統曰『國語與國文』。倘中學必欲以文統語，則小學亦當以語包文，名不偏畸，實乃能舉。以上兩事，前次部議，以晷短案長，未及暢陳所見，茲謹臚述，呈候採納。萬一前案不復更易，遽予公布，則錦熙私衷，不但意有未愜，抑且心所謂危。知而不言，是謂不職；言而無效，終須引咎。所有前派會同起草一職，懇即准予除名，實爲公便。此呈。

一九　文學革命

文學革命運動　胡適

中國新教育以五四運動爲一大關鍵，而五四運動又以文學革命運動爲其最重要之背景。此篇係摘錄最近之五十年中著者五十年中國之文學末段。國語運動之經過，亦可於此見之。　編者

中國的古文在二千年前已經成了一種死文字。所以漢武帝時丞相公孫弘奏稱：『詔書律令下者，……文章爾雅，訓辭深厚，恩施甚美；小吏淺聞，不能究宣，無以明布諭下。』那時代的小吏已不能了解那文章爾雅的詔書律令了。但因爲政治上的需要，政府不能不提倡這種已死的古文；所以他們想出一個法子來鼓勵民間研究古文：凡能『通一藝以上』的，都有官做，『先用誦多者。』這個法子起於漢朝，後來逐漸修改變成『科舉』的制度。這個科舉的制度延長了那已死的古文足足二千年的壽命。

但民間的白話文學是壓不住的。這二千年之中，貴族的文學儘管得勢，平民的文學也在那裏不聲不響的繼續發展。漢魏六朝的『樂府』代表第一時期的白話文學，樂府的眞美是遮不住的，所以唐代的詩也很多白話的，大概是受了樂府的影響。中唐的元稹白居易更是白話詩人了。晚唐的詩人差不多全是白話或近於白話的了。中唐晚唐的禪宗大師用白話講說

法，白話散文因此成立。唐代的白話詩，和禪宗的白話散文，代表第二時期的白話文學。但詩句的長短有定，那一律五字或一律七字的句字究竟不適宜於白話；所以詩一變而爲詞，詞句長短不齊，更近說話的自然了。五代的白話詞，北宋柳永歐陽脩黃庭堅的白話詞，南宋辛棄疾一派的白話詞，代表第三時期的白話文學。詩到唐末，有李商隱一派的妖孽詩出現，北宋楊億等接着，造爲『西崑體』，北宋的大詩人極力傾向解放的方面，但終不能完全脫離這種惡影響。所以江西詩派，一方面有很近白話的詩，一方面又有很壞的古典詩，直到南宋楊萬里陸游范成大三家出來，白話詩方才又興盛起來。這些白話詩人也屬於這第三時期的白話文學。南宋晚年，詩有嚴羽的復古派，詞有吳文英的古典派，都是背時的反動。然而北方受了契丹女眞蒙古三大征服的影響，古文學的威權減少了，民間的文學漸漸起來。金元時代的白話小曲——如陽春白雪和太平樂府兩集選載的——和白話雜劇，代表這第四時期的白話文學。明朝的文學又是復古派戰勝了；八股之外，詩詞的散文都帶着復古的色彩，戲劇也變成又長又酸的傳奇了。但是白話小說可進步了。白話小說起於宋代，傳至元代，還不曾脫離幼稚的時期。到了明代，小說方才到了成人時期；水滸傳金瓶梅西遊記都出於這個時代。明末的金人瑞竟公然宣言『天下之文章無出水滸傳右者』。清初的水滸後傳，乾隆一代的儒林外史與紅樓夢，都是很好的作品。直到這五十年中，小說的發展始終沒有間斷。明清五百多年的白話小說，代表第五時期的白話文學。

這五個時期的白話文學之中，最重要的是這五百年中的白話小說。這五百年之中，流行最廣，勢力最大，影響最深的書，並不是四書五經，也不是性理的語錄，乃是那幾部『言之無文行之最遠』的水滸、三國、西遊、紅樓。這些小說的流行便是白話的傳播；多賣得一部小說，便添得一個白話敎員。所以這幾百年來，白話的知識與技術都傳播的很遠，超出平常所謂『官話彊域』之外。試看清朝末年南方作白話小說的人，如李伯元是常州人，吳沃堯是廣東人，便可以想見白話傳播之遠了。但丁（Dante）鮑高嘉（Boccaccio）的文學，規定了意大利的國語；嘉叟（Chaucer）衞克烈夫（Wycliff）的文學，規定了英吉利的國語；十四五世紀的法蘭西文學，規定了法蘭西的國語。中國國語的寫定與傳播兩方面的大功臣，我們不能不公推這幾部偉大的白話小說了。

中國的國語早已寫定了，又早已傳播的很遠了，又早已產生了許多第一流的活文學了，——然而國語還不曾得全國的公認，國語的文學也還不曾得大家的公認：這是因為什麼緣故呢？這裏面有兩個大原因：一是科舉沒有廢止，一是沒有一種有意的國語主張。

科舉一日不廢，古文的尊嚴一日不倒。在科舉制度之下，居然能有那無數的白話作品出現，功名富貴的引誘居然買不動施耐菴曹雪芹吳敬梓，政府的權威居然壓不住水滸西遊紅樓的產生與流傳：這已經是中國文學史上最徼幸又最光榮的事了。但科舉的制度就竟能使一般文人鑽在那墨卷古文堆裏過日子，永遠不知道時文古文之外還有什麼活的文學。倘使科舉制度至今還存在，白話文學的運動決不會有這樣容易的勝利。

一九〇四年以後，科舉廢止了。但是還沒有人出來明明白白的主張白話文學。二十多年以來，有提倡白話報的，有提倡白話書的，有提倡官話字母的，有提倡簡字字母的，這些人難道不能稱爲『有意的主張』嗎？這些人可以說是『有意的主張白話』但不可以說是『有意的主張白話文學』他們的最大缺點是把社會分作兩部分：一邊是『他們』一邊是『我們』一邊是應該用白話的『他們』一邊是應該做古文古詩的『我們』我們不妨仍舊吃肉但是他們下等社會不配吃肉，只好拋塊骨頭給他們吃去罷。這種態度是不行的。

一九一六年以來的文學革命運動，方才是有意的主張白話文學。這個運動有兩個要點與那些白話報或字母的運動絕不相同。第一，這個運動沒有『他們』『我們』的區別。白話並不單是『開通民智』的工具，白話乃是創造中國文學的唯一工具。白話不是只配拋給狗吃的一塊骨頭，乃是我們全國人都該賞識的一件好寶貝。第二，這個運動老老實實的攻擊古文的權威，認他做『死文學。』從前那些白話報的運動和字母的運動，雖然承認古文難懂，但他們總覺得『我們上等社會的人是不怕難的：吃得苦中苦方爲人上人。』這些『人上人』大發慈悲心，哀念小百姓無知無識，故降格做點通俗文章給他們看。但這些『人上人』自己仍舊應該努力模做漢魏唐宋的文章。這個文學革命便不同了；他們說，古文死了二千年了，他的不孝子孫瞞住大家，不肯替他發喪舉哀；現在我們來替他正式發訃文，報告天下『古文死了！死了兩千年了！你們愛舉哀的，請舉哀罷！愛慶祝的，也請慶祝罷！』

這個『古文死了兩千年』的訃文出去之後，起初大家還不相信；不久，就有人紛紛議論了；不久，就有人號咷痛哭了。那號咷痛哭的人，有些哭過一兩場也就止哀了；有些一頭哭一頭痛罵那些發訃文的人，怪他們不應該做這種『大傷孝子之心』的惡事；有些從外國奔喪回來，雖然素同死者沒有多大交情，但他們聽見哭聲，也忍不住跟着哭一場，聽見罵聲也忍不住跟着罵一場。所以這種哭聲罵聲至今還不曾完全停止。但是這個死信是不能再瞞的了，倒不如爽爽快快說穿了，叫大家痛痛快快哭幾天，不久他們就會『節哀盡禮』；的卽使有幾個『終身孺慕』的孝子，那究竟是極少數人，也顧不得了。

文學革命的主張，起初只是幾個私人的討論，到民國六年（一九一七）一月方才正式在雜誌上發表。第一篇胡適的文學改良芻議還是很和平的討論。胡適對於文學的態度，始終只是一個歷史進化的態度。故他這一篇的要點是：

文學者，隨時代而變遷者也。一時代有一時代之文學，……因時進化，不能自止。唐人不當作商周之詩，宋人不當作相如子雲之賦——卽令作之，亦必不工。逆天背時，違進化之跡，故不能工也。……

以今世歷史進化的眼光觀之，則白話文學之爲中國文學之正宗，又爲將來文學必用之利器，可斷言也。……

後來他的歷史的文學觀念論說的更詳細：

居今日而言文學改良，當注重『歷史的文學觀念』。一言以蔽之曰：一時代有一時代之文學。此時代與彼時代之間，雖皆有承前啓後之關係，而決不容完全抄襲；其完全抄襲者，決不成爲眞文學。愚惟深信此理，故以爲古人已造古人之文學，今人當造今人之文學。……縱觀古今文學變遷之趨勢，……白話之文學，自宋以來，雖見屏於古文家，而終一線相承，至今不絕。……豈不以此爲吾國文學趨勢自然如此，故不可禁遏而日以昌大焉？……吾輩之攻古文家，正以其不明文學之趨勢而强欲作一千年二千年以上之文。此說不破，則白話之文學無有列爲文學正宗之一日，而世之文人猶將鄙薄之，以爲小道邪徑而不肯以全力經營造作之。……夫不以全副精神造文學而望文學之發生，此猶不耕而求穫，不食而求飽也，亦終不可得矣。施耐菴曹雪芹諸人所以能有成者，正賴其有特別毅力，能以全力爲之耳。……

胡適自己常說他的歷史癖太深，故不配做革命的事業。文學革命的進行，最重要的急先鋒是他的朋友陳獨秀。陳獨秀接着文學改革芻議之後，發表了一篇文學革命論（六年二月），正式舉起『文學革命』的旗子。他說：

余甘冒全國學究之敵，高張『文學革命軍』大旗，以爲吾友之聲援。旗上大書吾革命軍三大主義：

曰推倒雕琢的，阿諛的貴族文學；建設平易的，抒情的國民文學。

曰推倒陳腐的，鋪張的古典文學；建設新鮮的，立誠的寫實文學。

曰推倒迂晦的，艱澀的山林文學；建設明瞭的，通俗的社會文學。

陳獨秀的特別性質是他的一往直前的定力。那時胡適還在美洲，曾有信給獨秀說：

此事之是非，非一朝一夕所能定，亦非一二人所能定。甚願國中人士能平心靜氣與吾輩同力研究此問題。討論既熟，是非自明。吾輩已張革命之旗，雖不容退縮，然亦不敢以吾輩所主張爲必是而不容他人之匡正也。（六年四月

九日)

可見胡適當時承認文學革命還在討論的時期。他那時正在用白話作詩詞想用實地試驗來證明白話可以作韻文的利器，故自取集名爲『嘗試集』。他這種態度太和平了。若照他這個態度做去，文學革命至少還須經過十年的討論與嘗試。但陳獨秀的勇氣恰好補救這個太持重的缺點。獨秀答書說：

鄙意容納異議，自由討論，固爲學術發達之原則；獨至改良中國文學當以白話文爲正宗之說，其是非甚明，必不容反對者有討論之餘地；必以吾輩所主張者爲絕對之是，而不容他人之匡正也。

這種態度，在當日頗引起一般人的反對，但當日若沒有陳獨秀『必不容反對者有討論之餘地』的精神，文學革命的運動決不能引起那樣大的注意。反對卽是注意的表示。

民國六年的新青年裏有許多討論文學的通信，內中錢玄同的討論很多可以補正胡適的主張。民國七年一月，新青年重新出版，歸北京大學教授陳獨秀錢玄同沈尹默李大釗劉復胡適六人輪流編輯。這一年的新青年(四卷五卷)完全用白話做文章。七年四月有胡適的建設的文學革命論，大旨說：

我的『建設新文學論』的唯一宗旨只有十個大字：『國語的文學，文學的國語。』我們所提倡的文學革命只是要替中國創造一種國語的文學。有了國語的文學，方才可以有文學的國語。有了文學的國語，我們的國語方才算得眞正國語。

這篇文章名爲『建設的，』其實還是破壞的方面最有力。他說：

這二千年的文人所做的文學，都是死的，都是用已經死了的語言文字做的死文字決不能產出活文學……簡單說來自從三百篇到於今，中國的文學凡是有一些兒價值有一些兒生命的，都是白話的，或是近於白話的……中國若想有活文學，必須用白話，必須用國語，必須做國語的文學。

這就是上文說的替古文發喪舉哀了。在『建設的』方面，這篇文章也有一點貢獻。他說：

若要造國語，須先造國語的文學，有了國語的文學，自然有國語。……眞正有功效有勢力的國語教科書便是國語的文學，便是國語的小說詩文戲本。國語的小說詩文戲本通行之日，便是中國國語成立之時。……中國將來的新文學用的白話，就是將來中國的標準國語。造將來白話文學的人，就是製定標準國語文學的人。

這篇文章把從前胡適陳獨秀的種種主張都歸納到十個字，其實又只有『國語的文學』五個字。旗幟更明白了，進行也就更順利了。

這一年的文學革命，在建設的方面，有兩件事可說，第一是白話詩的試驗。胡適在美洲做的白話詩還不過是刷洗過的文言詩；這是因爲他還不能拋棄那五言七言的格式，故不能儘量表現白話的長處。錢玄同指出這種缺點來，胡適方才放手去做那長短無定的白話詩，同時沈尹默周作人劉復等也加入白話詩的試驗。這一年的作品雖不很好，但技術上的訓練是很重要的。第二是歐洲新文學的提倡。北歐的 Ibsen, Strindberg, Anderson; 東歐的 Dostojevski, Kuprin, Tolstoi; 新希臘的 Ephtaliotis, 波蘭的 Seinkiewicz：這一年之中介紹了這些人的文學進來。在這一方面，周作人的成績最好。他用的是直譯的方法。嚴格的儘量保全原文的文法與口氣；這種譯法，近年來很有人倣傚，是國語的歐化的一個起點。

民國七年冬天，陳獨秀等又辦了一個每週評論，也是白話的。同時北京大學的學生傅斯年羅家倫汪敬熙等出了一個白話的月刊，叫做新潮，英文名字叫做 The Renaissance，本義卽是歐洲史上的『文藝復興時代』。這時候，文學革命的運動已經鼓動了一部分少年人的想像力，故大學學生有這樣的響應。新潮初出時，精采充足，確是一支有力的生力軍。民國八年開幕時，除了新青年新潮每週評論之外，北京的國民公報也有好幾篇響應的白話文章。從此以後，響應的漸漸的更多了。

但響應的多了，反對的也更猛烈了。大學內部的

反對分子也出了一個國故，一個國民，都是擁護古文學的。校外的反對黨竟想利用安福部的武人政客來壓制這種新運動。八年二三月間，外間謠言四起，有的說教育部出來干涉了，有的說陳胡錢等已被趕逐出京了。這種謠言雖大半不確，但很可以代表反對黨心理上的願望。當時古文家林紓在新申報上做好幾篇小說痛罵北京大學的人。內中有一篇妖夢，用光緒影北大校長蔡元培，陳恒影陳獨秀，胡亥影胡適；那篇小說太齷齪了，我們不願意引他。還有一篇荊生，寫田必美(陳)金心異(錢)狄莫(胡)三人聚談於陶然亭，田生大罵孔子，狄生主張白話，忽然隔壁一個『偉丈夫』

　　蹻足超過破壁，指三人曰：『汝適何言？……爾乃敢以禽獸之言，亂吾淸聽！』田生尙欲抗辯，偉丈夫駢二指按其首，腦痛如被錐刺；更以足踐狄莫，狄腰痛欲斷。金生短視，丈夫取其眼鏡

擲之，則怕死如蜡，泥首不已。丈夫笑曰「爾之發狂似李贄，直人間之怪物。今日吾當以香水沐吾手足，不應觸爾背天反常禽獸之軀幹。爾可鼠竄下山，勿汙吾簡。……留爾以俟鬼誅。」

……

這種話很可以把當時的衞道先生們的心理和盤托出。這篇小說的末尾有林紓的附論說：

如此混濁世界，亦但有田生狄生足以自豪耳！安有荆生？

這話說的很可憐。當日古文家很盼望有人出來作荆生，但荆生究竟不可多得。他們又想運動安福部的國會出來彈劾教育總長和北京大學校長；後來也失敗了。

八年三月間，林紓作書給蔡元培，攻擊新文學的運動；蔡元培也作長書答他。這兩書很可以代表當日「新舊之爭」的兩方面，故我們摘鈔幾節。林書說：

……大學爲全國師表，五常之所係屬。近者謠諑紛集，我公必有所聞。……弟年垂七十，富貴功名，前三十年視若死灰；今篤老，尚抱守殘缺，至死不易其操。前年梁任公倡馬班革命之說，弟聞之失笑。任公非劣，何爲作此媚世之言？馬班之書，讀者幾人？將不革而自革，何勞任公費此神力？

若云死文字有礙生學術，則科學不用古文，古文亦無礙科學。英之迭更累斥希臘拉丁羅馬之文爲死物，而至今仍存者，迭更雖躬負盛名，固不能用私心以衊古，矧吾國人尚有何人如迭更者耶？……

且天下惟有眞學術，眞道德，始足獨樹一幟，使人景從。若盡廢古書，行用土語爲文字，則都下引車賣漿之徒所操之語，按之皆有文法，……則凡京津之稗販皆可用爲敎授矣。若水滸紅樓皆白話之聖，並足爲敎科之書，不知水滸中辭吻多采岳珂之金陀萃編，紅樓亦不止爲一人之手筆，作者均博極羣書之人，總之，非讀破萬卷，不能爲古文，亦並不能爲白話。若化古子之言爲白話演說，亦未嘗不是。按說文『演，長流也』，亦有延之廣之之義，法當以短演長，不能以古子之長演爲白話之短。……（以下論『新道德』一節，從略。）

今全國父老以子弟托公，願公留意，以守常爲是。……此書上後，可以不必示覆，惟靜盼好音，爲國民端其趨向。……林紓頓首

蔡元培答書對於『盡廢古書，行用土語爲文字』一點，提出三個答案。但蔡書的最重要之點並不在駁論，——因爲原書本不值得一駁，——乃在末段的宣言。他說：

至於弟在大學，則有兩種主張；

（一）對於學說，仿世界各大學通例，循思想自由原則，取兼容並包主義。……無論有何種學派，苟其言之成理，持之有故，尚不達自然淘汰之運命者，雖彼此相反，悉聽其自由發展。

（二）對於敎員，以學詣爲主；……其在校外之言動，悉聽自由，本校從不過問，亦不能代負責任。……

蔡元培自己也主張白話，他曾說：

我們中國文言同拉丁文一樣，所以我們不能不改用白話。……雖現在白話的組織不完全，可是我們決不可錯了這個趨勢。（在北京高等師範國文部演說。）

他又說：

我敢斷定白話派一定佔優勝。……將來應用文一定全用白話但美術文或者有一部分仍用文言。(在北京女子高等師範演說。)

林蔡的辯論是八年三月中間的事過了一個多月巴黎和會的消息傳來中國的外交完全失敗了。於是有『五四』的學生運動有『六三』的事件全國的大響應俱然逼迫政府罷免了曹汝霖陸宗輿章宗祥三人。這時代各地的學生團體裏忽然發生了無數小報紙，形式略倣每週評論內容全用白話。此外又出了許多白話的新雜誌。有人估計，這一年(一九一九)之中，至少出了四百種白話報。內中如上海的星期評論，如建設，如解放與改造(現名「改造」)，如少年中國都有很好的貢獻。一年以後，日報也漸漸的改了樣子了。從前日報的附張往往記載戲子妓女的新聞，現在多改登白話的論文譯著小說新詩了。北京的晨報副刊，上海民國日報的覺悟，時事新報的學燈，在這三年之中，可算是三個最重要的白話文的機關，時勢所趨，就使那些政客軍人辦的報也不能不尋幾個學生來包辦一個白話的附張了。民國九年以後，國內幾個持重的大雜誌，如東方雜誌，小說月報，……也都漸漸的白話化了。

民國八年的學生運動與新文學運動雖是兩件事，但學生運動的影響能使白話的傳播遍於全國，這是一大關係；況且『五四』運動以後，國內明白的人漸漸覺悟『思想革新』的重要，所以他們對於新潮流，或採取歡迎的態度，或採取容忍的態度，漸漸的把從前那種仇視的態度減少了，文學革命的運動因此得自由發展，這也是一大關係。因此，民國八年以後，白話文的傳播眞有『一日千里』之勢。白話詩的作者也漸漸的多起來了。民國九年，教育部頒布了一個部令，要國民學校一二年的國文，從九年秋季起，一律改用國語。又令：

凡照舊制編輯之國民學校國文教科書，其供第一第二兩學年用者，一律作廢。第三學年用書，准用至國民十年爲止。第四學年用書，准用至民國十一年爲止。

依這個次序，須到今年（一九二二），方才把國民學校的國文完全改成國語。但教育制度是上下連接的；牽動一髮，便可搖動全身。第一二年改了國語，初級師範就不能不改了，高等小學也多跟着改了。初級師範改了，高等師範也就不能不改動了。中學校也有許多自願採用國語文的。教育部這一次的舉動雖是根據於民國八年全國教育會的決議，但內中很靠着國語研究會會員的力量。國語研究會是民國五年成立的，內中出力的會員多半是和教育部有關係的。國語文學的運動成熟以後，國語教科書的主張也沒有多大阻力了，故國語研究會能於傅嶽芬做教育次長代理部務的時候，使教育部做到這樣重要的改革。

還有一件事雖然與文章革命的運動沒有多大的關係，却也是應該提及的。民國元年，教育部召集了一個讀音統一會，討論讀音統一的問題。讀音統一會議定了三十九個『注音字母』。這一副字母本來不過用來注音，以代『反切』之用的。當初的宗旨，全在統一漢文的讀音，並不曾想到白話上去，也不曾有多大的奢望。七年十一月，教育部把這副字母正式頒布了。八年四月，教育部重新頒布注音字母的新次序（吳敬恆定的）。八年九月，國音字典出版。這個時候，國語的運動已快成熟了，國語教育的需要已是公認的了；所以當日『代反切之用』的注音字母，到這時候就不知不覺的變成國語運動的一部分了就變成中華民國的國語字母了。

民國九年十年(一九二〇——一九二一)白話公然叫做國語了。反對的聲浪雖然不曾完全消滅但始終沒有一種『持之有故言之成理』的反對論。今年(一九二二)南京出了一種學衡雜誌登出幾個留學生的反對論也只能謾罵一場說不出什麼理由來。如梅光迪說的:

彼等非思想家乃詭辯家也。……夫古文與八股何涉?而必併為一談吾國文學,漢魏六朝則駢體盛行,至唐宋則古文大昌宋元以來又有白話體之小說戲曲彼等乃謂文學隨時代而變遷,以為今人當興文學革命廢文言而用白話。夫革命者,以新代舊以此易彼之謂。若古文之遞興乃文學體裁之增加實非完全變遷,尤非革命也。誠如彼等所云,則古文之後,當無駢體;白話之後當無古文。而何以唐宋以來文學正宗與專門名家皆為作古文或駢體之人?此吾國文學史上事實,豈可否認以圓其私說者乎?……

這種議論眞是無的放矢。正為古文之後還有那背時的駢文,白話已興之後還有那背時的駢文古文,所以有革命的必要。若『古文之後無駢體,白話之後無古文』那就用不着誰來提倡有意的革命了。又如胡先驌說的:

胡君(胡適)……以過去之文字為死文字,現在白話中所用之字為活文字;……而以希臘拉丁文以比中國古文,以英德法文以比中國白話。(比字上兩個以字皆依原文)……以不相類之事相提並論,以圖眩世欺人而自圓其說，予誠無法以諒胡君之過矣。希臘拉丁文之於英德法，外國文也。苟非國家完全爲人所克復，人民完全與他人所同化，（與字所字皆依原文。）自無不用本國文字以作文學之理。至意大利之用塔斯干方言爲（原作之）國語之故，亦由於羅馬分崩已久，政治中心已有轉移，而塔斯干方言已占重要之位置，而有立爲國語之必要也。希臘拉丁文之於英德法文，恰如漢字與日本文之關係。今日人提倡以日本文作文學，其誰能指其非？胡君可謂廢棄古文而用白話文等於日人之廢棄漢文而用日本文乎？吾知其不然也……

其實胡適的答案應該是『正是如此。』中國人用古文作文學，與四百年前歐洲人用拉丁著書作文，與日本人做漢文，同是一樣的錯誤，同是活人用死文字作文

學。至於外國文與非外國文之說，並不成問題。瑞士人，比利時人，美國人，都可以說是用外國文字作本國的文學，但他們用的是活文字，故與用拉丁文不同，與日本人用漢文也不同。

學衡的議論，大概是反對文學革命的尾聲了。我可以大胆說，文學革命已過了討論的時期，反對黨已破產了。從此以後，完全是新文學的創造時期。

至於這五年以來白話文學的成績，因爲時間過近，我們還不便一一的下評判。但是我們從大勢上看來，也可以指出幾個要點：第一，白話詩可以算是上了成功的路了。詩體初解放時，工具還不伏手，技術還不精熟，故還免不了過渡時代的缺點。但最近兩年的新詩，無論是有韻詩，是無韻詩，或是新興的「短詩」，都很有許多成熟的作品。我可以預料十年之內的中國詩界定有大放光明的一個時期。第二，短篇小說也漸漸

的成立了。這一年多(一九二一以後)的小說月報已成了一個提倡『創作』的小說的重要機關,內中也曾有幾篇很好的創作。但成績最大的却是一位托名「魯迅」的。他的短篇小說,從四年前的狂人日記到最近的阿Q正傳,雖然不多,差不多沒有不好的。第三,白話散文很進步了。長篇議論文的進步,那是顯而易見的,可以不論。這幾年來,散文方面最可注意的發展乃是周作人等提倡的『小品散文』。這一類的小品,用平淡的談話,包藏着深刻的意味;有時很像笨拙,其實却是滑稽。這一類的作品的成功,就可徹底打破那『美文不能用白話』的迷信了。第四,戲劇與長篇小說的成績最壞。戲劇還有人試做;長篇小說不但沒有做幾乎連譯本都沒有了!這也是很自然的現象。現在試作新文學的人,或是等着稿費買米下鍋,或是天天和粉筆黑板做朋友;他們的時間只夠做幾件零碎的小作品,如詩,如短篇小說。他們的時間不許他們做長篇的創作。這是一個原因。況且我們近來覺悟從前那種沒有結構沒有組織的小說體——或是儒林外史式,或是水滸式,——已不能使人滿意了,所以不知不覺的格外愼重起來。這個愼重的現象是暫時的,也許是很好的。平心而論,與其多出幾集無窮無盡的官場現形記一類的小說,到不如現在這樣完全缺貨的好了。

以上略述文學革命的歷史和新文學的大概。至於詳細的舉例和詳細的批判,我們只好等到申報六十週年紀念時再補罷。

北京大學新舊思潮衝突實錄

(最近之五十年)

民六北京大學因「白話與文言」問題引起之爭端甚烈(參閱文學革命運動)此篇記特其表現於外之一端耳。當時之新文化新文學運動,均可於此中尋出綫

北京大學新舊思潮衝突實錄

編者

秦。

大學既爲『囊括大典、網羅衆家』之學府，則衆家共處一堂，必有主張不同，互相辨難之好現象。北京大學之新氣象，實由此不同之主張及互相辨難而生。世界文化之進步，思想之發達，皆由此種活動而生，此足爲吾國學術前途賀者也。茲將林琴南蔡子民二氏辨難之來往函件錄左，閱者平心讀之，其理自明，不必由記者代爲之下判語也。

林琴南致蔡子民氏書

鶴卿先生太史足下。與公別十餘年，壬子始一把晤，匆匆八年未通音問，至以爲歉。屬辱賜書，以遺民劉應秋先生遺著囑爲題詞，書未梓行，無從拜讀。能否乞趙君作一短簡事略見示？謹撰跋尾歸之。嗚呼！明室敦氣節，故亡國時殉烈者衆；而夏峯梨洲亭林楊園二曲諸老，均脫身斧鉞，其不死幸也！我公崇尚新學，乃亦垂

念遒播之臣，足見名敎之孤懸不絕如縷，尙望我公爲之保全而護惜之至慰至慰。雖然，尤有望於公者：大學爲全國師表，五常之所係屬。近者外間謠諑紛集，我公必有所聞，卽弟亦不無疑信，或且有惡乎闒茸之徒，因生過激之論。不知救世之道，必度人所能行；補偏之言，必使人以可信。若盡反常軌，侈爲不經之談；則毒粥旣陳，旁有爛腸之鼠，明燎宵舉，下有聚死之蟲。何者？趨甘就熱，不中其度，則未有不斃者。方今人心喪敝，已在無可救挽之時，更侈奇癖之談，用以譁衆。少年多半失學，利其便已，未有不糜沸麕至而附和之者，而中國之命如屬絲矣。晚淸之末造，概世者恆曰去科舉停資格廢八股斬豚尾復天足逐滿人撲專制整軍備，則中國必强。今百凡皆遂矣，强又安在？於是更進一解，必覆孔孟，剷倫常爲快。嗚呼！因童子之羸困不求良醫，乃追責其二親之有隱瘵逐之，而童子可以日就肥澤，有是理耶？

外國不知孔孟，然崇仁、仗義、矢信、尙智、守禮，五常之道未嘗悖也，而又濟之以勇。弟不解西文，積十九年之筆述成譯著一百二十三種，都一千二百萬言，實未見中有違忤五常之語，何時賢乃有此叛親蔑倫之論，此其得諸西人乎？抑別有所授耶？我公心右漢族，當在杭州時閉關避禍，與夫人同茹辛苦，而宗旨不變，勇士也！公行時，弟與陳叔通惋惜，公行未及一送，申伍異趣，各衷其是。蓋今公爲國宣力，弟仍淸室舉人，交情固在，不能視若冰炭，故辱公寓書殷殷於劉先生之序跋，實隱示明淸末季各有遺民，其志均不可奪也。弟年垂七十，富貴功名前三十年視若棄灰，今篤老尙抱守殘缺，至死不易其操。前年梁任公倡馬班革命之說，弟聞之失笑。任公非劣，何爲作此媚世之言！馬班之書，讀者幾人，殆不革而自革，何勞任公費此神力？若云死文字有礙生學術，則科學不用古文，古文亦無礙科學。英之迭更累斥希臘臘丁羅馬之文爲死物，而今仍存者。迭更雖躬負盛名，固不能用私心以蔑古，矧吾國人尙有何人如迭更者耶？須知天下之理，不能就便而奪常，亦不能取快而滋弊。使伯夷、叔齊生於今日，則萬無濟便之方。孔子爲聖之時，時乎井田封建，則孔子必能使井田封建一無流弊；時乎潛艇飛機，則孔子必能使潛艇飛機不妄殺人，所以名爲時中之聖。時者與時不悖也。衞靈問陣，孔子行；陳恆弒君，孔子討。用兵與不用兵，亦正決之以時耳。今必曰天下之弱，弱於孔子，然則天下之强宜莫强於威廉；以柏靈一隅，抵抗全球，皆敗衄無措，直可爲萬世英雄之祖，且其文治、武功、科學、商務，下及工藝，無一不冠歐洲，胡爲懨懨爲荷蘭之寓公？若云成敗不可以論英雄，則又何能以積弱歸罪孔子？彼莊周之書最擯孔子者也，然人間世一篇又盛推孔子。所謂人間世者，不能離人而立之謂，其托顏回、葉公子高之問難孔子在陳以接人處衆之道，則莊周亦未嘗不近人情，而忤孔子。乃世士不能博辯爲千載以上之莊周，竟咆勃爲千載以下之桓魋，一何其可笑也。且天下唯有眞學術，眞道德，始足獨樹一幟，使人景從。若盡廢古書，行用土語爲文字，則都下引車賣漿之徒所操之語，按之皆有文法，不類閩廣人爲無文法之啁啾；據此則凡京津之稗販，均可用爲敎授矣。若水滸紅樓皆白話之聖，並足爲敎科之書；不知水滸中辭吻多采岳珂之金陀萃篇，紅樓亦不止爲一人手筆，作者均博極羣書之人。總之非讀破萬卷，不能爲古文，亦並不能爲白話。若化古子之言爲白話演說，亦未嘗不是。按說文，演長流也，亦有延之廣之之義。法當以短演長，不能以古子之長演爲白話之短。且使人讀古子者須讀原書耶，抑憑講師之一二語，卽算爲古子？若讀原書，則又不能全廢古文矣。矧於古子之外，尚以說文講授？說文之學，非俗書也，當參以古籀，證以鐘鼎之文。試思用籀篆可化爲白話耶？果以篆籀之文雜之白話之中，是試漢唐之環燕與村婦談心，陳商周之俎豆爲野老聚飮，類乎不類？弟閩人也，南蠻鴃舌，亦願習中原之語言；脫授我者以中原之語言，仍令我爲舌鴃之閩語，可乎？蓋存國粹而授說文可也，以說文爲客，以白話爲主，不可也。乃近來尤有所謂新道德者，斥父母爲自感情慾，於己無恩，此語曾一見之隨園文中，僕方以爲擬於不倫，斥袁枚爲狂謬，不圖竟有用爲講學者。人頭畜鳴，辯不勝辯，置之可也。彼又云武曌爲聖王，卓文君爲名媛，此亦拾李卓吾之餘唾；卓吾有禽獸行，故發是言。李穆堂又拾其餘唾，尊嚴嵩爲忠臣。試問二李之名，學生能舉之否？同爲埃滅，何苦增茲口舌？可悲也！大凡爲士林表率，須圓通廣大，據中而立，方能率由無弊。若憑位分、勢力，而施趨怪走奇之敎育，則惟穆罕默德左執刀而右傳敎，始可如其願。今全國父老以子弟托公，願公留意以守常爲是。況天下溺矣，藩鎮之禍邇在眉睫，而又成爲南北美之爭。我公爲南士所推，宜痛哭流涕，助成和局，使民生有所蘇息，乃以淸風亮節之躬，而使議者紛集，甚爲我公惜之。此書上後，可以不必示覆，唯靜盼好音，爲國民端其趣向！故人老悖，甚有幸焉！愚直之言，萬死萬死！林紓頓首。

蔡孑民復林琴南氏書

琴南先生左右：於本月十八日公言報中得讀惠書，索劉應秋先生事略。憶第一次奉函時，曾抄奉趙君原函，恐未達覽，特再抄一通奉上。如荷題詞，甚幸。

附錄趙體孟君來函

敬懇者：敝郡明遺老劉應秋先生遺著，（說經史十卷，草樓詩集五卷，硯齋文集五卷。）特求台端加以品題。此書雖非一種學說，然文章之美，則上窺漢魏，下撫初唐，尙不失爲彬雅。先生諱應秋，字體元，生平甘貧樂道，杜門謝客。康熙癸未時，曾辭神木司鐸之命，郡人父老相傳，顧亭林遊歷至此，與先生定爲文字交，然遺著零落，無可考究，是以爲憾。是稿原先生不能災木，後付張鵬飛補山先生發印，曾經吳門陸儼庭先生鑒定，又未果。今原稿存補山家中一二，移散友人處五六。孟思先生一生咿唔斗室八十餘載，若不獻世，則滄海桑田，焉不燼滅。先是補山先生某日至學園見焚字紙者，近取諦視，則先生之遺著在焉，審之則一半已付秦灰，言原著四十餘本，今所存者則二十一二耳。先生後嗣至六世而遂絕，故孟欲集梓行而力未勝，今介紹商務書館以重價始讓版權發行，不揣冒昧，謹爲先容，尙希雅鑒，并懇介紹公太炎、又陵、琴南諸先生代爲品題。

公書語長心重，深以外間謠諑紛集爲北京大學惜，甚感。惟謠諑必非實錄，公愛大學，爲之辨正可也。今據此紛集之謠諑而加以責備，將使耳食之徒益信謠諑爲實錄，豈公愛大學之本意乎？原公之所責備者不外兩點：一曰「覆孔孟，剷倫常」；二曰「盡廢古書，行用土語爲文字」。請分別論之：

對於第一點，當先爲兩種考察：（甲）北京大學教員，曾有以「覆孔孟，剷倫常」敎授學生者乎？（乙）北京大學敎授，曾有於學校以外發表其「覆孔孟，剷倫常」之言論者乎？

請先察「覆孔孟」之說，大學講義涉及孔孟者，惟哲學門中之中國哲學史，已出版者爲胡適之君之中國上古哲學史大綱，請詳閱一過，果有「覆孔孟」之說乎？特別講演之出版者，有崔懷瑾君之論語足徵記、春秋復始。哲學研究會中，有梁漱溟君提出「孔子與孟子異同」問題，與胡默青君提出「孔子倫理學之研

究」問題，尊孔者多矣，寧曰覆孔？

若大學敎員於學校以外，自由發表意見，與學校無涉，本可置之不論。然姑進一步而考察之，則惟新青年雜誌中，偶有對於孔子學說之批評，然亦對於孔教會等託孔子學說以攻擊新學說者而發，初非直接與孔子爲敵也。公不云乎？「時乎井田封建，則孔子必能使井田封建一無流弊；時乎潛艇飛機，則孔子必能使潛艇飛機不妄殺人。衞靈問陳，孔子行；陳恆弒君，孔子討。用兵與不用兵，亦正決之以時耳。」使在今日，有拘泥孔子之說，必復地方制度爲封建，必以兵車易潛艇飛機，聞俄人之死其皇，德人之逐其皇，而曰必討之，豈非昧於「時」之義，爲孔子之罪人，而吾輩所當排斥之者耶？

次察「剷倫常」之說，常有五：仁、義、禮、智、信，公既言之矣。倫亦有五：君臣、父子、兄弟、夫婦、朋友，其中君臣一

倫，不適於民國，可不論。其他父子有親，兄弟相友，（或曰長幼有序）夫婦有別，朋友有信，在中學以下修身教科書中詳哉言之。大學之倫理學涉此者不多，然從未有以父子相夷，兄弟相鬩，夫婦無別，朋友不信，教授學生者。大學尙無女學生，則所注意者自偏於男子之節操。近年於教科以外，組織一進德會，其中基本戒約，有不嫖、不娶妾兩條。不嫖之戒，決不背於古代之倫理；不娶妾一條，則且視孔孟之說爲尤嚴矣。至於五常，則倫理學中之言仁愛、言自由、言秩序，戒欺詐，而一切科學皆爲增進知識之需，寧有剷之之理歟。

若謂大學教員曾於學校以外，發表其「剷倫常」之主義乎？則試問有誰何教員，曾於何書、何雜誌爲父子相夷、兄弟相鬩、夫婦無別、朋友不信之主張者？曾於何書、何雜誌爲不仁、不義、不智、不信及無禮之主張者？公所舉「斥父母爲自感情慾於己無恩」，謂隨園文中

有之。弟則憶後漢書孔融傳：路粹枉狀奏融。有曰：「前與白衣禰衡跌蕩放言，云：父之於子，當有何親，論其本意，實爲情欲發耳。子之於母，亦復奚爲，譬如寄物瓶中，出則離矣。」孔融禰衡並不以是損其聲價，而路粹則何如者？且公能指出誰何教員，曾於何書、何雜誌，述路粹或隨園之語，而表其極端贊成之意者，且弟亦從不聞有誰何教員，崇拜李贄其人而願拾其唾餘者。所謂「武曌爲聖王，卓文君爲賢媛」，何人曾述斯語，以號於衆，公能證明之歟？

對於第二點，當先爲三種考察：（甲）北京大學是否已盡廢古文而專用白話，（乙）白話果是否能達古書之義，（丙）大學少數教員所提倡之白話的文字，是否與引車賣漿者所操之語相等。

請先察「北京大學是否已盡廢古文而專用白話」，大學預科中有國文一科，所据爲課本者，曰模範

文，曰學術文皆古文也；其每月中練習之文，皆文言也。本科中有中國文學史，西洋文學史，中國古代文學，中古文學，近世文學。又本科預科皆有文字學。其編成講義而付印者，皆文言也。有北京大學月刊中，亦多文言之作，所可指爲白話體者，惟胡適之君之中國古代哲學大綱，而其中所引古書，多屬原文，皆非白話也。

次考察「白話是否能達古書之義」大學敎員所編之講義，固皆文言矣。而上講壇後，決不能以背誦講義塞責，必有賴於白話之講演，豈講演之語必皆編爲文言而後可歟？吾輩少時讀四書集注十三經注疏，使塾師不以白話講演之，而編爲類似集注類似注疏之文言以相授，吾輩其能解乎？若謂白話不足以講說文，講古籀，講鍾鼎之文，則豈於講壇上當背誦徐氏說文解字繫傳、郭氏汗簡、薛氏鍾鼎款識之文，或編爲類此之文言而後可，必不容以白話講演之歟？

又次考察「大學少數敎員所提倡之白話的文字，是否與引車賣漿者所操之語相等？」白話與文言，形式不同而已，內容一也。天演論、法意、原富等，原文皆白話也，而嚴幼陵君譯爲文言。少仲馬、迭更司、哈德等之所著小說，皆白話也，而公譯爲文言。公能謂公及嚴君之所譯，高出於原本乎？若內容淺薄，則學校報考時之試卷，普通日刊之論說，儘有不值一讀者，能勝於白話乎？且不特引車賣漿之徒而已，清代目不識丁之宗室，其能說漂亮之京話，與紅樓中寶玉黛玉相埒，其言果有價値歟？熟讀水滸傳紅樓復夢等書以外，爲科學哲學之講演，與公謂『水滸紅樓作者，均博極羣書之人，總之非讀破萬卷，不能爲古文，亦並不能爲白話』誠然誠然。北京大學敎員中，著作白話文者，爲胡適之、錢玄同、周啓孟諸君，公何以證知爲非博極羣書，非能作古文，而僅以白話文藏拙者？胡君家世漢學，其舊作古文，雖不多見，然即其所作中國哲學史大綱言之，其了解古文之眼光不讓於清代乾嘉學者。錢君所作之文字學講義，學術文通論，皆古雅之古文。周君所譯之「域外小說」，則文筆之古奧，非淺學者所能解。然則公何寬於水滸、紅樓之作者，而苛於同時之胡錢周諸君耶？

至於弟在大學，則有兩種主張如左：

（一）對於學說，仿世界各大學通例，循「思想自由」原則，取兼容并包主義，與公之提出「圓通廣大」四字頗不相背也。無論為何種學派，苟其言之成理，持之有故，尚不達自然淘汰之運命者，雖彼此相反，而悉聽其自由發展，此義已於月刊之發刊詞言之，抄奉一覽。

附錄北京大學月刊發刊詞

北京大學之設立既二十年於茲。向者自規程而外，別無何等印刷品，流布於人間。自去年有日刊，而全校同人始有聯絡感情交換意見之機關。且亦藉以報告吾校現狀於全國教育界。顧日刊篇幅無多，且半為本校通告所占，不能載長篇學說，於是有月刊之計畫。

以吾校設備之不完全，教員之忙於授課，而且或於授課以外，兼任別種機關之職務，則夫月刊取材之難，可以想見。然而吾校必發行月刊者，有三要點焉：一曰盡吾校同人力所能盡之責任。所謂大學者，非僅為多數學生按時授課，造成一畢業生之資格而已也，實以是為共同研究學術之機關。研究也者，非徒輸入歐化，而必於歐化之中，為更進之發明；非徒保存國粹，而必以科學方法，揭國粹之眞相。雖曰吾校實驗室、圖書館等缺略不具，而外界學會、工場之屬，無可取資，求有所新發明，其難固倍蓰於歐美學者。然十六七世紀以前，歐洲學者其所憑藉有以逾於吾人乎？即吾國周秦學者，其所憑藉有以逾於吾人乎？苟吾人不以此自餒，利用此簡單之設備，短少之時間，以從事於研究；要必有幾許之新義可貢獻於吾國之學者。若世界之學者，使無月刊以發表之，則將並此少許之貢獻而靳而不與，吾人之愧歉當何如耶？

二曰破學專己守殘之陋見。吾國學子，承舉子文人之舊習，雖有少數高才生，知以科學為單純之目的，而大多數或以學校為科舉，但能敎室聽講年考及格，有取得畢業證書之資格，則他無所求。或以學校為書院，暖暖姝姝，守一先生之言，而排斥其他。於是治文學者恆蔑視科學，而不知近世文學全以科學為基礎，治一國文學者恆不

肯兼涉他國。不知文學之進步亦有資於比較，治自然科學者局守一門，而不肯稍涉哲學，而不知哲學科學之歸宿，其中如自然哲學一部尤為科學家所需要治哲學者以能讀古書為足用，不耐煩於科學之實驗，而不知哲學之基礎不外科學，即最超然之玄學亦不能與科學全無關係。有月刊以網羅各方面之學說，庶學者讀之，而於專精之餘，旁涉種種有關係之學理，庶有以祛其褊狹之意見，而且對於同校之敎員及學生，皆有交換知識之機會，而不至於隔閡矣。

三曰釋校外學者之懷疑。大學者，「囊括大典，網羅衆家」之學府也。禮記中庸曰：「萬物並育而不相害，道並行而不相悖，」足以形容之。如人身然，官體之有左右也，呼吸之有出入也，骨肉之有剛柔也，若相反而實相成。各國大學，哲學之

惟心論與惟物論，文學美術之理想派與寫實派，計學之干涉論與放任論，倫理學之動機論與功利論，宇宙論之樂天觀與厭世觀，常樊然並峙於其中，此思想自由之通則，而大學之所以為大也。吾國承數千年學術專制之積習，常好以見聞所及，持一孔之論。聞吾校有近世文學一科，兼治宋元以後之小說曲本，則以為排斥舊文學，而不知周秦兩漢文學，六朝文學，唐宋文學，其講座固在也。聞吾校之倫理學用歐美學說，則以為廢棄國粹；而不知哲學門中於周秦諸子、宋元道學，固亦為專精之研究也。聞吾校延聘講師，講佛學相宗，則以為提倡佛教，而不知此不過印度哲學之一支，藉以資心理學論理學之印證，而初無與於宗教，並不破思想自由之原則也。論者知其一而不知其二，則深以為怪。今有月刊以宣布各方面之意見，則校外讀者，當亦能知吾校兼容並收之主義，而不至以一道同氣之舊見相繩矣。

以上三者，皆吾校所以發行月刊之本意也。至月刊之內容，是否能副此希望，則在吾校同人之公勉，而靜俟讀者之批判而已。

中華民國七年十二月十日

北京大學校長蔡元培

(二)對於教員，以學詣為主；在校講授，以無背於第一種之主張為界限。其在校外之言動，悉聽自由，本校從不過問，亦不能代負責任。例如復辟主義，民國所排斥也；本校教員中有拖長辮而持復辟論者，以其所授為英國文學，與政治無涉，則聽之。籌安會之發起人，清議所指為罪人者也；本校教員中有其人，以其所授為古代文學，與政治無涉，則聽之。嫖賭娶妾等事，本校進德會所戒也；教員中間有喜作側豔之詩詞，以納妾挾妓爲韵事，以賭爲消遣者，苟其功課不荒，並不誘學生而與之墮落，則姑聽之。夫人才至爲難得，若求全責備，則學校殆難成立。且公私之間，自有天然界限。譬如公曾譯有茶花女、迦茵小傳、仁礁畫漿錄等小說，而亦曾在各學校講授古文及倫理學，使有人詆公爲以此等小說體裁講文學，以挾妓姦通爭有夫之婦講倫理者，寧值一笑歟？然則革新一派，卽偶有過激之論，苟於校課無涉，亦何必强以其責任歸之於學校耶？此復並候著祺

八年三月十八日蔡元培敬啟

（新敎育一卷一期三三六頁八，三，三十八。）

二〇　學潮

南洋公學學生出校紀　光緒二十八年

全校學生出校，且在校外組織學社，當以此爲始。　編者

十月十七日，南洋公學學生二百餘人同時出學，此中國學生社會一大劈頭之大紀念也。先是五班敎習郭鎮瀛號子將，通州如皐人。禁學生閱一切新書及新民叢報等，每痛斥之。學生積不平。一日，郭之几上有墨水瓶，郭問爲何人所置，毋應者。因以詢一小學生楊某，楊素不理於同學，舉尤所不善者伍正鈞對，郭信之，白總辦逐伍。其實非伍所爲。郭又以他學生匿不告皆記大過。於是五班悉大憤，且以伍毋故被逐，相約至總辦處力辨護之，語侵郭。先是五班常於休暇集同班演說，郭至是遂揚言學生集會將釀非常，必悉逐五班。事未發，爲五班所聞，議悉告退。他班敎習知之，出而調停。五班要求三事：一去敎習郭鎮瀛，二去學生楊某，三留伍正鈞。總辦不允，責令請過於郭前，學生益不平。是晚集各班演說，定次日悉行，且以爲別十月十五日事也。各班以五班之去關係全體甚大，共議所以留之。次日方擬謁總辦，而開除五班之令已下。於是各班學生二百餘人同詣總辦所，總辦拒不納，屢請任許見數人每

班乃各舉代表者一人入見陳五班生毋可悉逐之道，若輒以小故逐之可爲寒心亦非國家所以建設學校之趣意。總辦曰：學生私自聚衆演說大干例禁，不可不以此示儆。學生反覆辨論，至數小時云。當以全班去留爭之，總辦怒甚，言五班已經開除，非諸生所得干預，願去者聽。於是諸生憤然辭出，相謂曰：學生者國家所以生存之要素。今敎習悍然以奴隸待學生，爲種種之束縛，總辦復頑鈍抑制學生言論之自由，是等奴隸敎育。凡爲國民，誰能堪之！我輩居此何爲者！將共往督辦處陳所以去之故而行，不得見，遂共返收拾行李而特班敎習蔡鶴卿先生適至，告學生姑待復命，學生不可。蔡君申諭至再，學生曰：明晨十鐘前總辦去則某等可留，否則某等行已決。至十七日十鐘不獲命，學生遂行，相約不得囂張，各以班次爲出學之先後。於是六班先行，五班四班繼之，諸班又繼之，此我同學二百餘人同時出學之始末也。夫我國學校專制之軛，實我學生社會之公敵，曾無有起而抵抗之者。大陸專制國惟我國與露西亞。露國酷待學生之事實，爲一部慘淡之歷史，而學生至於流毋限之鮮血以爭之，將造成他日共和之新露國。嗚呼！我同學之擔負，豈不重哉！今日之事，爲我學生脫離專制學校之新紀元，我同學之前途之奮勉當如何也！謹次第其實，公布於本邦一般之國民！

（政藝叢書卷第十二）

附愛國學社章程

一宗旨　一本社略師日本吉田氏松下講社，西鄉氏鹿兒私學之意，重精神敎育，而所授各科學，皆爲鍛鍊精神激發志氣之助。

二學級　一本校學生分尋常高等兩級，各以兩年爲卒業限。

三敎科　一尋常集敎科之目，第一學年修身、算學、理科、國文、地理、歷史、英文、體操。二學年同第一學年。

一高等級教科之目，第一學年倫理、算學、物理、國文、心理、論理、日文、英文、體操。第二學年算學、化學、國文、社會、國家、經濟、政治、法理、英文、體操。

四職員　一本社公舉總理一人，幹事一人，學監一人，會計一人，教師若干人。

一尋常級教師，於高等生中公舉任之。

一高等級教師於教育會會員中公舉及延名譽教師任之。

五停課日　一年假自十二月十六日起，至次年正月二十日止。

一暑假自六月初十日起，至七月十五日止。

一清明、端午、中秋三節各放假三日。

一萬壽，孔子生日各放假一日。

一每星期休息。

六規則　一講堂之規則，由幹事管理之。

一社友寄宿舍之規則，用自治制，由學監提調之。

七經費　一講堂體育場社友之寄宿舍，皆由體育會預備。

一非社友而願學者，謂之附課生，每月繳學費銀三元。其由社中代理饍宿者，增繳饍宿費銀五元，月初預繳。

八考校　一本社月終，由各教習核稽分數，送於學監，每季每年統計分數最殿高下出給分數單，以便學者父母稽考。

一學生入尋常級滿二年，學超等級又滿二學年，於各學科均已通徹者，由本社給予卒業証書。

愛國學社者，南洋公學退學生，陳意見書於中國教育會所共組織而成立者也。於十一月望舉行開校之禮，實為吾國學生獨立之新紀元，為學生前途賀，為中國

前途賀。（政藝叢書卷第十二）

五四運動始末　訾公

五四運動爲民國八年五月四日因外交問題之空前民衆大運動，實由教育界主之。自此以後，教育界之局面一新，學生在社會上之活動猶力。此篇紀載詳備而有系統，原名學界風潮記，分載中華教育界八卷一二兩期（八年七八月）。

編者

上篇

緒　言

今者國人所奔走呼號駭汗相告者，非青島問題乎？顧亭林曰「天下興亡匹夫有責。」彼莘莘學子，具愛國之熱誠，不乏陳東歐陽澈之流，鑒於外交之失敗，不惜犧牲可寶貴之光陰，以期挽救祖國之淪亡，慷慨奮發，出此激烈之行爲，爲吾國學界向來所未有，抑亦世界所鮮見也！記者不敏

珥筆從諸君子後，無所建白於其間，惟就茲事之始末，依次述之，蓋紀實也。

潮自五月四日以迄於今，光陰荏苒，忽忽已月餘矣；其事實可分三段言之：一、風潮醞釀時，二、風潮劇烈時期，三、風潮瀰漫時期，分述如下：

（一）風潮醞釀時期

凡事無論鉅細，必有其原因結果焉。罷學之風潮，首起於北京大學，次及北京之各學校，又次及於外省之各學校。此種消極舉動，雖由於學生憤政府外交之失敗，而亦由政府不能曲諒學生之苦心有以激成之也。

（甲）外交失敗之原因

吾國年來外交之失敗，殆非一端，青島事起，中國將爲朝鮮第二之聲浪徧傳於國中。五月一日，據大陸報之北京通訊云：「政府接巴黎中國代表團來電謂

關於索還膠州租借之對日外交戰爭業已失敗；膠州租借地既不直接交還中國，亦不如近日所傳暫由五大國共管。據中國代表團報告：膠州問題將由中日兩國自行解決，和會不再顧問云。北京官吏於中國之未能在巴黎達其目的大受激刺；然其意謂此事當未提出和會討論時已一半失敗。蓋一九一八年九月之山東鐵路合同，實大足阻碍中國代表的力爭膠州，而中國又無款以從日本之建議、償還借款、取消此鐵路合同也。以此原因，而中國於國內國外又皆不能一致，此外交之所以失敗也。」由此觀之，中國非不能力爭青島，乃因山東鐵路借款遂足以杜其口而緘其舌，聚九州之鐵鑄成大錯，必有尸其咎者矣。

(乙)政客之警告

梁任公於四月二十四日自巴黎電致國民外交協會云：「對德國事，聞將以青島直接交日本，因日使力爭結果，英法為所動；吾若認此，不啻加繩自縛，請警告政府及國民，嚴責各全權萬勿署名，以示決心云云。」某君從而論之曰：「(上略)膠州亡矣！山東亡矣！國不國矣！此惡耗前兩日僕卽聞之，今得梁任公電乃徵實矣。聞前次四國會議時本已決定德人在遠東所得權利，交由五國商量處置，惟須得關係國之同意；我國所要求者再由五國交還我國而已，不知因何一變其形勢也。更聞日本力爭之理由無他，但執一千九百十五年之「二十一款」及千九百十八年之「膠濟換文」及「諸鐵路草約」為口實。嗚呼！「二十一款」出於脅逼；「膠濟換文」以該約所屬確定為前提，不得遥為應屬日本之據；「濟順高徐草約」為預備合同，尚未正式訂定，此皆國民所不能承認者也。國亡無日，願合四萬萬衆誓死圖之！」觀於兩君之言論，吾國民對於此際固宜急起直追者也！

(丙)章宗祥之返國

今日爲國民集矢之的，喧傳其爲賣國賊者，不外曹也，章也，陸也。而章宗祥乃不先不後，適於青島事機緊廹之際，乃離其駐使之任，忽忽返國，其間有足令人研究者。聞其甫抵天津，恐遭國人之疑忌，逗遛數日，由陸宗輿赴津與之接洽，並爲其先容於總統（徐世昌），章乃於四月三十號入京，進謁總統，報告一切，面遞手摺一扣云。次日卽由外報發表其不復返任等語，彼亦不料甫經數日，遽遭意外也。

(丁)國民大會及外交協會

五月三日，都中人士自得青島交涉惡耗，人心非常激昂。各政團紛開緊急會議，力謀救濟。京商會通電各商會，請共爭山東問題。而滬上復將於六日開大會，籌議對付方法。國民外交協會舉代表謁徐，請電專使：如青島問題失敗，勿簽字和約，再圖挽救云。大學生對山東問題極憤，擬有所表示，箭在弦上，其機固已躍躍欲動矣。

(二)風潮劇烈時期

(戊)曹章之被擊

青島問題之起，政府不當專事壓抑人心，蓋愈壓抑而勢將旁流橫決，而不可止也。當事之未發也，北京各學校學生全體，曾致電於各報館及各會，有云：「青島歸還，勢將失敗，五月七日在卽，凡我國民當有覺悟，望於此日一致舉行國恥紀念會，協力對外，以保危局。北京專門以上學校全體學生二萬五千人叩。」蓋其機已無可遏抑，遂一發而不可收拾。乃於五月四日午後，各校生五千人，有執旗示威之舉動，旗書「誓死爭青島」及「賣國賊曹陸章」字樣。後又擁至曹宅；初極文明，因警彈壓，激動公憤。其時章適在曹宅，爲學生毆傷，曹倉皇乘汽車奔赴使館界，避居六國飯店，曹宅遂付之一炬。惟起火原因迄未證明。學生之被捕者三十餘人，有軍法從事說。京中十四校長赴警廳保釋未允，又赴部赴院，大學校長蔡元培至願以一人抵罪。於是都中各校齊罷課，風潮愈形擴大，而同日津電章宗祥厲亦於是日被毀云。

(己)傅蔡之辭職

當時學生之被捕者，或云三十餘人，或云二十二人，尚無明細之調查。惟知北京大學學生歸校後檢點人數，知失去數人，確已被捕。於是全體學生憤不可遏，遂在校開會。蔡子民校長竭力與警廳交涉，而都中十四校長會議結果，認學生此舉爲團體公共行動，不能使少數人負責，先向警廳保釋，再辭職，並電各省教育會一致對待。最後乃由汪大燮、王寵惠、林長民等保釋，受傷者由家屬自行醫治云。惟其時政府主張頗有以嚴厲對待學生者，並有解散大學之說。教長傅增湘深

自引咎，約各校長同行辭職：其辭呈凡三上，於是政府始稍覺悟。卒因傅教長之力爭，撤回懲處首事學生之命令，而解散大學令亦因傅教長之不肯副署而不發表。然於五月九日大總統之命令，歷述傷人焚宅等事，有將滋事學生送交法庭依法辦理等語。似政府態度仍注重於懲辦學生也。

自總統命令發表後，蔡校長乃於十日八時出走天津。出京後，由其預先委托之大學職員某君，表遞呈文二件：一呈總統，一呈傅總長，表明辭職之意，措詞甚爲堅決。於是各學校始知蔡校長離京消息，乃由學界聯合會舉代表二人謁傅總長，請傅君設法挽留。當經派陳某赴津勸挽。此次蔡之出京，事前極爲秘密，大學之教職員皆未預知；但聞前晚蔡已將在校內所有應用物件，實行搬運出校，足證其去志甚堅。臨行，曾留上一啓事云：『吾倦矣！「殺君馬者道旁兒」！「民亦勞止，

迄可小休！」吾願少休矣！北京大學校長之職已正式辭去，其他向有關係之各學校各集會自五月九日起一切脫離關係，特此聲明。惟知我者諒之！』觀此則有難言之隱可知。按蔡氏爲人任事極有擔當，此次事變發生，日夜奔走於出走之前二日猶有安慰學生之演說。乃倉卒出走，雖平日最親信之人並不與聞，證以啟事其爲意外之最大暗潮所逼迫而行可知也。

蔡孑民先生爲學界泰斗，固爲吾人所公認，而北京大學學生，幾愛戴之如慈母，一聞出走之信，校中教職員以迄學生莫不大起恐慌。各校議決一律停課以待；教育部亦擬三種辦法以爲挽留之計：（一）請總統下令挽留，（二）派司長至津覓蔡君，（三）通電上海，請蔡君即日回任。然蔡之出走已具一去不復返之決心。論者或謂其當段內閣時代，有某種印刷品爲段所忌，已有動搖之機者。又或謂其主大學時新舊學派，聽人自由主張，爲舊派人所嫉，洎乎今春，新舊學派競爭愈烈，大學以內有陳獨秀胡適等新文學派，及劉光漢、黃侃之舊文學派，新潮、國故兩種雜誌同時並行。適有人進言於某公，請政府干涉。蔡氏以爲最高學府，於種種學派必須兼容并包，不受干涉。於是主干涉者皆欲倒蔡，此爲動搖之第二原因。及此次風潮起，五月四日之夜，錢宅開大會議：解散大學，罷免校長，幾爲一致之主張。雖傅總長力爭，然蔡君已知不可再留。彼時曾語其友人，謂吾不可不去，然學生事必爲之辦好，故態度極鎮靜而强硬，與其他十二校長倡代學生負責之說，卒爲傅總長贊同，而學生立因之保釋。然此次風潮，北京一般舊官僚咸以爲大學倡導新學派之結果，集矢於蔡氏，此爲第三原因。以上諸說，雖或近是，然五月九日懲辦學生之命令實有以促進其行也。

（庚）同盟罷學之實現

政府既明令懲辦學生，於是總檢察廳令行京地檢廳及警廳責成保人將學生交出歸案訊辦，其時在京之專門以上學生，乃假北京大學開緊急會議：其結果決定如法庭必欲少數人負責，寧全體赴廳自首。中學校生加入團體，風潮愈形擴大而中學以上各敎職員會議結果亦一致辭職，是爲同盟罷學之開始。

惟大學學生雖極憤激，而態度仍極鎭靜。中等以上學校學生聯合會議決各校組織講演團，以期喚醒人民對外之覺悟，且有帶同學生二十餘人出京前往湘鄂演講者。而陸軍大學校長熊秉琦，復帶同學生一百六十餘人過京前往靑島游歷視察，亦足徵注意之一斑矣。

自蔡行後，專門各校長擬取同一行動，並派代表九人謁總統總理請宣布三事：一、對敎育界切實態度，二、善後辦法，三、留蔡誠意。惟蔡之去志既決，雖經院部

之派人勸挽，卒歸無效。政府因各方面要求留蔡，乃却還辭呈；其指令原文有云：「該校長殫心敎育，任職有年，値茲整飭學風，妥籌善後，職責所在，亟待認眞辦理，挽濟艱難，所請辭職，應無庸議。」蔡覆電，仍無何種之表示；卽學生之代表數人赴杭勸挽，亦歸無效。都中且盛傳以馬其昶繼校長，田應璜繼敎長之說；蓋傅總長亦已於五月十二日赴西山，決計引退矣。

傅蔡同去，北京學界更皇皇無所主。五月十三日曾開大會，多數議決一律罷課。就中有抱穩健主義者，以爲政府苟意存漠視，雖我輩盡棄其學籍而歸故里，彼亦不感受何種刺激，終不能引起彼輩之覺悟，始表決照常上課。

然自「五四運動」以後，政府對於學生界之請求，毫無採納之意旨，而對於敎育根本反有搖動之主張。於是大衆忍無可忍，於十八日開緊急會議，由專門等

十八校公決十九日一致罷課，積極進行，務求貫徹初衷而後已。其宣言書有三大失望之理由：(一)政府未表示山東問題不簽字之明決態度，且對於對內無對外之決心；(二)政府對於國賊極稱許，對於傅蔡諸公則相反，近且有離奇更換之主張，危及教育之基本；(三)政府對於留東學生之被捕而不問，北京學生之呼號而不顧，反下令禁止學生集會言論及發行印刷品之自由，如臨大敵。是以學生無可再忍，取罷課之手段，作最後之要求及運動，且望全國一致贊助云云。並說明罷課後急須實行之事有三：(一)組織學生護魯義勇隊，研究方略，為政府後援，以貫徹愛國初心；(二)四出演說，以提醒國民對外之覺悟；(三)組織十八團，既以維持內部秩序，免政府內顧之憂；又以提倡國貨作持久之計畫。此次純以智仁勇為精神，決非擾亂秩序之舉動，凡事一本良心之主張，至於外界之如何對付，如何蹂躪，則百世之後聽諸公論云。

(三)風潮瀰漫時期

(辛)東西洋留學及各省學校之響應

自北京大學發起組織北京中等以上學校聯合會，再自津滬而及全國，聯合一致，共籌對付，總之不達目的，寧為玉碎，不為瓦全。上海學生聯合會於五月十九日在寰球中國學生會開緊急會議，其議決案如下：(一)電政府請取銷照准傅總長辭職之命令，(二)決定凡入會各學校應於月之二十二日同時一律罷課，(三)遣派代表分赴各省聯絡公私各校一致進行，(四)自罷課後非得本會正式上課之通告不得私自上課云云。而江蘇省教育會及蔡子民先生介弟谷清君來滬代表，邀集京津學生聯合會代表及上海學生聯合會代表，述蔡先生意力勸各地學生照常上課，聞者頗為感動。然自五月十九日以後各省之學校，咸羣起罷課，如天津、如山東、如山西、如浙江、如南京、如武漢、如安慶其他各省之學校，蠭起響應，尙續續不已。

至京學界所以重行罷課者，實因敎育部長將提出田應璜而發。故其上政府當局之呈文，有六不解之理由：大致不外質問政府不簽字之決心，請懲辦國賊，請挽回傅蔡，打消田長敎育，撤廢警備學生令，向日政府抗議釋被拘之學生，恢復南北和局等語；且聲明係暫行停課，其措詞及舉動，皆望政府予以了解也。

留日學生界當五月四日以前，多有返國運動者。其餘在日之學生，因於國恥紀念日，爲我國青島問題，整隊赴英、美、俄、法各使署陳述意見書。第三分隊共八百餘人，正進行至二宅阪，遽來騎兵及武裝警察四百餘人，將同人等拘入麴町區警署，拳足交加；又下七人於獄，且有毀及國旗等事，——此卽北京大學生質問政府之一也。

自五月七日被拘之學生，於次日始行釋放。據日警官之言曰：「此非吾人之咎，乃承貴國公使及監督命令而行者。」其言之眞僞，姑不具論。至於歐美同學會來電，對於政府亦多所建議，取一致之行動矣。然下獄之七人，卒有處徒刑之說。

上海學生聯合會於五月三十日，在寰球中國學生會開會，由復旦校長李登輝先生演說，其議決案甚多，擇要錄下：（一）請各商店於本星期六日開郭欽光烈士追悼會時，懸白旗門首以示哀悼；（二）聯絡歐美回國學生爲本會輔助；（三）通電北京學生聯合會勸堅持到底；（四）提倡勞動部；（下略）北京學生復設立國貨陳列所，以引起國人愛用國貨之觀念，並組織國貨販賣團，蓋維持國貨卽所以與之斷絕通商也。

（壬）留日學生風潮之結果

日本法庭對於鬧風潮之學生，雖已釋放，但仍將加以刑事處分。據東京電云?地方裁判所續行開庭審判結局，檢事辯論須處胡俊以一年之拘役，張雲章六個月之拘役，王某四個月之拘役，杜石等三人三個月之拘役。惟江庸電京陳述善後辦法，其結果或將宣告緩刑云。嗚呼！此非留日學生個人之恥辱，實亦國家莫大之恥辱也！

（癸）政府之迫令上課

北京各校罷課，已將旬日，教育部訓令各校，其原文有云：「（上略）由該學長會同教職員督促學生限三日內一律上課，以重學業而挽校風。」依該令所限開課日期，以二十八日為止，而各學生聞政府不順民意強力干涉尤為憤激，並報告部中處置學生之辦法約有三種：（一）武力干涉，強迫上課；（二）解散學生幹事會；（三）派警往各宿舍，迫學生簽名上課，如有不遵者，即令其出校。惟聞學生方面，無論政府如何壓迫，決

不為其所擾，並議有三種對付之法：（一）改免國賊職為去職，若不去職，決不上課；（二）派員赴各省以資聯絡取一致行動，堅持到底；（三）依法律手續搜集賣國證據，與之起訴。

此次風潮範圍極大，結果如何，尚難決斷，此篇記至五月三十一日止，以後情形當於下期述之。

下篇

記者前草學界風潮記，貢於讀者諸君，忽忽已數週矣。其間事變紛紜，中更多故，我青年所呼號奔走不惜排萬難以行之者，卒致全國響應，工商奮起，一致進行；政府於是稍稍覺悟，知衆怒之難犯，不得已而罷免曹章陸；而我國之專使，亦鑒於祖國輿情之激昂，乃毅然而出於拒絕簽字之舉。然吾國民之目的，不可謂為已達；蓋所謂最要之問題，如收回青島，取消密約，贖回鐵路，俱未見

諸實行，來日大難正未有艾，殆非僅僅罷課所能挽救者此固國民所當共同負之責任也。記者不辭明日黃花之誚，用輯前所未竟之事實，期與前編銜接，藉得此中之眞相，亦以留他日一種之紀念云爾。

前編所述風潮之瀰漫，既已徧及全國矣。茲編依各方面之發生，可分爲三大部分：(甲)北京方面，(乙)上海方面，(丙)各省方面而終以罷學之結果；以下依次敘述之。

(甲)北京方面罷學之經過

(一)政府之對付政策

自教育當局通令停課各學校限於三日上課，否則政府決以軍警壓迫之訊傳出後，各校學生憤不能平，教職員亦不以爲然，提出理由書抗議於府院教部，以全體辭職爲最後對待之方法。政府乃將軍警干涉

上課之計畫打消，惟責令教職員勸導學生上課云，此軍警干涉之先聲也。部令上課期限既屬無效，該部又派出部員十餘人分赴各校巡視，以覘學生有無轉圜之希望；袁次長欲提前一月放暑假以爲敷衍緩和之計，高等師範及國立法政兩校已實行放假；如此則學生不居罷課之名，教部亦可自完其面子；此袁次長之敷衍方法也。而安徽省長呂調元又有請開文官考試之舉，其意以學生苟趨於利祿之途，則將爲我所用，政府因其請，頗爲所動；於是決下舉行高等文官考試令，蓋冀其平息風潮。凡此種種，皆政府之悉力籌付對待學生之政策也。

(二)學生團之積極進行

北京學生團罷課以後，要求政府之允許六條，迄無明確之答復；提出田應璜之總長雖允撤回，然遲遲未行；懲辦國賊一層，讓步到免職，倘難辦到；故學生罷

課的思想益復堅決。且罷課雖是消極，而積極方法，就是演講。於是各校紛紛組織演講團，每日至少派出十隊或八隊游行演講，同時至少有二三千人，最初警察尚禁止，其後警察亦漸覺悟不願干涉。當時日兵又有示威舉動，如汽車上插立旗幟，有「青島勝利」、「扶桑館」等字，跡涉挑撥，政府於是大加恐慌，即擬撤吳炳湘，復經商會保留，乃更撤李長泰而易以王懷慶，幷禁止種種演講，學生於是不得已停止演講而改為販賣國貨。且於天津發行一種報紙名曰五七，派人遞送。又經調查製造日貨之代用公司、八十餘家，如草帽、化裝品等及辦事所各種用品概列在內，分發北京大小各商店，請其日後即向單內所開各公司購買云。幷經精密討論以下各事：(一)國貨現狀，(二)洋貨現狀，(三)代替品的籌備，(四)裁釐的進行，(五)對待商人乘此風潮屯積洋貨以為將來漁利計的方法，(六)對待國貨商人故意抬價的方法，種種討論，印成小冊數百萬份，乘暑假之便分布各省各縣各村，以為抵制日貨的根本問題。

(三)北京學生被捕之眞相

政府自敷衍政策失敗後，乃一變而為武力政策，而學生團除講演外且四出販賣國貨，以冀喚起一般國民之覺心。政府乃施用高壓，於六月二日下二令：一則偏袒曹章，一則痛斥學生。復於同日午後有軍警逮捕學生之舉。據學生團通電原稿內述學生被捕情形及積極進行方法，足以明此次風潮之眞相，原函云：（上略）「露天講演之事，雖以外交關係暫停，而販賣國貨，實行個人講演，則未嘗一日間斷。乃政府愈出愈奇，竟於昨日（二日）捕去學生七人，學生大為憤激。」云云。

越日又發生第二次大捕之舉：四日滬地各報接

天津學生會電稱：昨日（三日）十時，北京學生大演講，被軍警拘捕，現閉置譯學館四百人，斷絕糧食，四周架武器設帳置圍；又二人被步軍統領拘去，笞刑鐐銬下獄。未捕者連日仍續演講，以示決心，並電各省縣學生各界火速營救云。

（四）北京大學之別報

天津學生會之來電，其報告寥寥數語，就中事實有未詳盡者。茲就北京中等以上學生聯合會之原電，蓋足以明第二三次被捕之眞相矣。茲錄如下：

上海各報館轉各界均鑒：今日（三日）學生游行講演，各校之出發者九百餘人，被捕者一百七十八人。北京大學法科已被軍警佔據，作爲臨時拘留所，拘囚被捕學生於內。校外駐紮兵棚二十，斷絕交通。軍警長官對於學生任意侮辱，手持國旗，軍警奪而毀之；講演校旗，亦被撕擲。其堅持國旗與校旗者，

多遭槍毆，受重傷者二人，旋被送入步軍統領衙門，榜掠備至，尚不知能否生還。此外以馬隊之衝突而受傷者亦多。東華門外有一軍官對學生曰：吾係外國人，其顢頇昧良有如此者。學生等文弱，拘囚榜掠，任彼軍警之所爲，一日不死，此志勿奪，殺賊殺敵，願與諸君共勉之！北京中等以上學生聯合會叩肴。

自三日學生重行講演，被軍隊拘捕多人以後，形勢愈益重大。至四日而學生之講演，仍在繼續進行，而軍警之拘捕亦依然如故。北京大學理科爲軍警佔據，文科亦被圍，軍隊約六七百人，已在門口支帳駐守；宿舍門口，亦有軍警巡邏。前日被逮之學生，則仍閉置於法科大禮堂，未釋。法科教授黃右昌君曾入內探視，因學生臥具、食具均缺乏，爲狀殊苦；乃由各教員以私人名義購饅首三千轉送入校。惟各校學生仍四出講演，被捕者較前次尤多，大約七八百人之譜，綜合前後已

達千人以上。法科各講堂遂有人滿之患，乃更拓理科大講堂爲補充之地；因之而理科大學亦成爲拘留所矣。兩日中敎員學生均有受傷者，至北京十五女校，因男校學生被捕事，呈遞請願於總統，請求卽行釋放云。

(五)敎育次長之辭職

敎育次長袁希濤氏，前因學生風潮愈形擴大，三次晉謁錢總理，均被拒絕，乃於當晚將辭職呈送交公府，措詞異常堅決。復於四日晉謁總理，錢開口卽問敎育部對於此次學生風潮有無辦法。袁次長答：敎育部因無辦法，故來請示總理。總理謂敎育部對於此事既無處置方法，余當仔細思一妥當解決方法。袁次長復力求總理准其辭職云。

(六)各校長之請撤軍警

各校校長以袁次長謁見總理，後仍無解決方法，遂聯袂赴院請見總理；總理派郭秘書長代見各校長除將連日各校情形大概報告外，並要求政府先將圍守大學校之軍警解除，然後再作調停之計，郭亦贊成，先將兵警解除，惟一方面須勸導各學生勿再出外演說。各校長將呈文一件交郭秘書長轉交總理。茲錄七校校長呈政府請撤軍警文云：（上略）學生在校外犯法，與在校犯規情形不同，其懲戒當有區別。學生違反學校規程，自應由學校懲處，若違反國家法律，儘可依法懲辦，不容遷就。第學校與學生，截然二事，學生犯法不能罪及學校。況學校爲國家永久作育人才之地，非政府隨意執行刑法之地；今以軍警包圍學校，似非正當辦法，區區一法科不足惜，如敎育前途何！如行政司法前途何！始因外交牽動學界，後因學界問題累及司法，累及行政，治絲而棼，恐無甚於此者。（中略）尚祈迅撤軍警，敎育幸甚國家幸甚等語。代理北京大學校務工科學長溫宗禹，北京大學法科學長王建祖，高等師範學校校長陳寶泉，法政專門學校校長王家駒，醫學專門學校校長湯爾和，農業專門學校校長金邦正，工業專門學校校長洪鎔。

(七)教育次長與校長之更迭

教育次長袁希濤因學界風潮，無法調停，一再辭職；錢總理特於四日晚間召集全體閣員暨王揖唐等在私宅籌議善後辦法。王揖唐主張先撤換袁希濤，後再議辦法，在座者咸然其說。遂由錢總理諮詢繼任人物，王舉傅嶽棻以對，閣議通過，此項命令遂發表矣。傅既就任，卽邀各校長及教職員等在部會議，傅氏出示辦法二項：(一)商軍警機關盡撤軍警；(二)由部與學校會同勸告學生回校，恢復原狀；此後學生方面統由部校直接洽商，不假手軍警。各校長均贊同。議畢卽由部派員二人會同各校長赴法科大學勸說云。

政府更迭教育次長之後，決計准蔡元培辭職，而

改任前北大工科學長之胡仁源署北京大學校長。惟當茲學生風潮未平之際，而對於學生愛戴之蔡校長，竟不再予挽留，未免更傷其心，教育前途益形岌岌！且蔡校長前此來電，尙未表示決絕之意，而政府遽以胡仁源署任，實不知其命意何在。雖曰政府幷未准蔡辭職，將來仍可回任，然此游移兩可之舉，愈足引起誤會；以此種種，大學方面教職及學生一致主張拒絕云。

(八)北京學生被捕後槪況

(一)被拘後狀況　京師學生因販賣國貨，游行講演，而被拘者數在一千以上。其拘囚地點，除大學法科、及理科外，尙有警察廳與步軍統領衙門；唯後二處拘囚之人數合計僅十餘人。前二處在拘之學生組織極其完善，一切起居息作皆有定時，秩序整然。自軍警全體撤退後，被拘之學生組織巡邏隊，隊員凡一百七十八人，以補軍警之闕。大學理科以在拘之淸華義勇

隊監門，又兩處各設接待所，凡同學及外賓來會見者均在接待所談話。該學生等以政府無故逮捕，復無故撤退軍警，有似兒戲，爲尊重法律及學生人格起見，不得圓滿之結果，決不出拘留地云。

（二）受創者姓氏　各生自恢復講演以來，被軍警毆傷者日有數人。茲據確實調查，受傷甚重者凡五人……；卽方敦光（法文專修館），聶筆靈（高工），陳崢宇（高工），黃松粱（北大），彭世昌（高工）：業由檢察廳及同仁醫院驗明，確已打傷。同仁醫院西人已出具證明書，聞學生將依法提起訴訟。

（三）學生之通電　各省省議會教育會商會農會工會各學校各報館均鑑：肴豪兩日，共計捕去講演學生七百餘人，歌日出發講演者共計五千餘人，政府未施逮捕，僅以軍警四面驅逐；歌日午後防守學生之軍警，忽然全數撤去。然政府自爲兒戲，而學生無端被拘，決不能自行散去，致蹈逃法之咎。惟此次蹂躪教育，破壞司法，侵犯人權，蔑棄人道，種種不法行爲，（中略）學生等一面質問政府有以處置軍警，一面仍應亟籌應付國仇國賊之道等語。

（四）各界之慰問　自學生被拘後，各界前往慰問及預備食物餽贈者爲數甚多，前以軍警森立，或不得達。六日軍警已撤，各界前往法理兩科慰問者極夥，在拘學生拍掌感謝，多高呼中華民國萬歲。聞留日學生代表王俊、陳定遠、盧復、羅振邦、張景銘、莊善昶、荊巨佛、張瑞峯、鄒敬芳、彭國偉等整隊前往慰問，幷致慰問書云：北京同學諸君公鑒：山東問題，稍縱卽逝，誓死力爭，責無旁貸。君等露天演講，喚醒同胞，爲國宣勞，至爲欽佩。乃以非罪，竟被羈留，斧鉞加於前而不驚，軍警臨於後而不懼，浩氣所充，洵寒賊膽！代表等憤於外禍之日亟，痛國事之摧殘，無涕可揮，欲言不盡。代表我留東五千學生慰問諸君。

（五）學生之不撓　教育部派部員四人，前往法科大學慰問學生幷加勸導。聞學生方面詰問被拘理由，謂如果有罪應卽受懲，如果無罪何故被拘；該部員僅允轉達，幷無何等結果。六日學生之演講團隨地皆有，幷預備高櫈學生立其上，作高檯之演說。警察並不追捕，亦不禁止，惟趨逐聞人而已。七日學生之出而講演，及賣國貨者隨地皆有。其演講如前，幷前豎旗幟，後掛地圖，如演壇然，環而聽者頗不乏人。

（九）北京被捕學生回校情形

駐防大學之軍警已於六月五日一律撤退，而學生仍團結不去，嗣經許多幹旋，乃始行各回其校。聞其出發之先，有各校代表多人預來歡迎，彼此相見，悲喜交集，因撮影以爲紀念；又有軍樂隊奏樂，臨行時大衆齊呼萬歲者三：（一）中華民國萬歲，（二）中國學界萬

歲，（三）北京大學萬歲。呼畢，整隊出發，其發揚蹈厲之景象得未曾有！隊中並製有各種旗幟，上書「歡迎被拘同學」等字樣。中華門前，有清華學校等二支隊在彼處佇立歡迎。前數日尙有因售賣國貨爲警廳拘捕之學生七名，當六日晚警廳已欲將其釋放，而學生不肯出，八日乃由警廳內某科長向七學生特道歉忱，幷備汽車數輛，始將學生送回校中。

（十）天津商學界之活動

天津學生自罷課後，曾有二次宣言書發表，並始終與北京取一致行動；又派代表至滬組織中國學生聯合會云。

自京校被捕事件發生後五日，天津中學以上各學校共五千人（法政學校未到）於上午十時許在南開學校聚集，籌畫拯救北京被捕學生辦法，請紳商協助，並選舉代表謁見省長，時要求三事：（一）爲請電保

釋北京被捕學生；(二)取消中日不平等之條約；(三)許招集國民大會；曹省長所勸勉學生者亦有三事：(一)回校上課；(二)停止露天講演，因天氣嚴熱，恐釀成時疫及土匪乘機煽亂妨礙治安；(三)矢志愛國務有恒心。學生代表答云：如恐人衆染病及妨礙治安，不許露天講演，學生等深感省長盛德，但擇各處演講所或茶園為講演，省長首肯；乃全體辭出聚集於高等工業學校布告一切。代表云：省長命代表負責，請諸君回校上課，諸君意見如何？全場一致反對，非達到目的仍不上課。

天津縣教育會為營救北京被捕之學生致電政府，而天津商會亦同時致北京政府，其電云：天津學生聚集，對於北京拘捕學生，痛哭流涕，大有生死共同之勢；同時傳來上海有罷市之說，以致杯弓市虎，危機伺伏，人心恐惶，險狀萬分，除隨時維持現狀外，合亟電懇垂念輿情，救此危局，即將所捕學生釋放，以安衆心。

(乙)上海方面之罷學

(十一)京津學會與上海之聯合

京校因軍警干涉，當被捕以前，即有大隊代表赴滬，與上海學校領袖協力進行。天津方面亦有參加者。自學生組織聯合會後，於五月三十號午後假西門外公共體育場開追悼郭欽光烈士大會，以所到各校計之：如南洋路礦學校、愛國女學校、同濟醫工專門學校、聖瑪利亞女學校、滬江大學、南洋商業專門學校、中西女塾、大同學院、約翰大學、復旦大學等，共為八十二校，與會者達十萬餘人。

北京大學代表楊健、許德珩、陳寶鍔，天津學界代表張陽克，南京學界代表郎寶鋆，留日歸國學生凌炳、均先後有所演說：大致不外陳述日本之强暴，務求國人堅持到底，所具之主張處以鎮靜，毋使彼兇有所藉口，尤爲救國最要之條件等語。次由各學校排隊行至商會進見會長陳述理由請具轉告商界爲一致之行動云。

北京天津南京三處學生會代表於前日聯翩來滬，參與郭君追悼大會後，六月一日下午由上海學生聯合會職員邀集該三處及留日學生代表，開非正式聯集會議，討論組織全國永久聯合會事宜。到會者北京與留日代表各四人，津寗代表各二人，上海聯合會代表六人。討論之始，皆認學生聯合會之組織爲時勢所必要，刻不能緩。故卽討論具體辦法，名稱定爲中華民國學生聯合會，其籌備處則暫假環球學生會爲事務所，通電全國各地學生聯合會，請於兩星期內各派代表來滬，共同組織聯合會云。未成立地方，得由該處學校公推代表參加。歐美方面道遠不易卽歸，亦擬通函請其表示意見。至該籌備會執行事務，聞暫委託上

海學生聯合會辦理。該會章程，已從事起草，關於內外各問題擬提出三條件：(一)請政府明白宣布青島由日本處置一條，決不簽字；(二)請取消「二十一條密約」及「軍事協約」；(三)請懲辦國賊以謝天下。

(十二)全國學生聯合會之成立

全國學生聯合會十六日假大東旅社開成立會，到者北京代表段錫朋、唐炳源、陸梅僧、許德珩、楊健、陸宗鍔、黃炳蔚、羅國烜、張伯謙、羅發組、黃日葵，南京代表曹公瑾、郎良、吳邦傑，天津代表張陽先，杭州代表連瑞琦、黃維時，上海代表陳綸會、何葆仁，留日代表凌炳、王之楨、劉振華，南通代表潘潤夫、羅元愷，武漢代表蔣元龍、潘澄卿，山東代表崔書馨、卓景泰，吉林代表吳仁華，安徽代表湯志先、常禹元，嘉興代表葛敬庚、吳乃燮，寧波代表張其昀、丁福成，崇明代表施英、王歐，松江代表陳熹、王同福，保定代表吳震寰，蘇州代表周承樹、尤敦

信，九江代表鄧毅生，揚州代表孔慶洙，河南代表李仁榮、李九期，浙江代表魏箎等三十餘人；（其餘各省代表已在途中）及中西男女來賓黃任之、沈信卿、朱少屛、蔣夢麟、曹慕管、朱叔源、湯節之、鄒靜齋、李登輝、謝碧田、朱伯爲、徐春榮、謝復初、周錫三、及舒蕙貞、朱震寰女士等二百餘人。三時開會，由北京學生代表段錫朋報告開會宗旨後，其他各處代表先後皆有所演說，此後尙議建設中華民國學生總會會所云。

（十三）滬校罷課後之種種

（一）大同學院罷課後，卽印發傳單組織十人團之宣講。（二）南洋路鑛學校，則組織分會，並有義勇團、演講團以從事宣講。（三）復旦公學則致書勸告商人。（四）工業專門學校除宣講調查外，並公布削章宗祥之學籍，以章爲該校之舊學生也。（五）第二師範在體育場行宣誓禮後，卽實行罷課，幷設學生分會於校中。會中組織分四部：曰評議部，幹事部，調查部，販賣部。（六）第一商校校友會自罷課後，除組織演講團勸告團外，分途演講勸告，又組織負販團販賣國貨。（七）約翰大學宣講團成立，由學生自由報告組織之演講員百餘人，擧定（團長）（書記）（會計兼庶務）。團分八隊，大中學八班，每班爲一隊。以人數太多，每隊又分爲組，每日至少有八組出發，宣講員約有三十餘人。（八）南洋商業專門學校，其宣言以聯絡學界之聲氣，作外交之後盾爲宗旨，幷印行調查週刊，分類列表，使國人知國貨日貨之辨別。（九）震旦大學學生一百六十四五人，因校長令其上課事，以致出校，幷另組學生聯合會，震旦出校學生分會會議決定，此後進行辦理：（甲）積極進行十人團之義務，印布傳單，幷派同學分途演說；（乙）向學生聯合總會提議，於盡力該分會會務外，另派同學數人襄辦總會事務。（十）浦東中學自罷課後，該校上海學生聯合分會會務積極進行，不遺餘力，內分義勇隊、糾察部、演講部、調查日貨部。（十一）寰球中國學生會日夜校自罷課後，即組織宣講團二十隊，到處宣講。（十二）南洋中學除設演講調查稽察三部外，復增義勇團、販賣、評議、印刷、交際五部，並分往演講。（十三）兩江公學特開國恥紀念會，幷發表宣言書。（十四）青年會中學幷派人至浦東一帶宣講。（十五）中國體操學校分組演講及義勇隊。（十六）麥倫書院開勵恥會，幷組青年愛國團。（十七）梅溪小學則勸用國貨。（十八）省立商校則分致勸告書於各界，如敬告各校及敬告全國工商界書，痛哭流涕，尤為有力。（十九）神州法政學校除電政府懲辦賣國賊外，幷通告全國商學農工各界及國外華僑一致進行。（二十）同濟醫工學校通電北京大學，幷轉各學校主張討賊，此外復組織救護隊與全國義勇隊一致進行。（二十一）中華

工業學校，則於每食時先由一人致警曰：爾忘國恥乎？則羣應曰：不敢忘，然後就食，所以示決心也！此外如湖州旅滬公學、華童公學、滬江大學、同濟義務學校、澄衷中學、中華美術學校等類，皆分印傳單，分途演講。其他如愛國女學、務本女學、聖瑪利女學、中西女塾、神州女學，皆能各盡職務，不勝枚舉云。

（十四）半淞園留日學生開會

旅滬留日學生在上海半淞園開談話會，到者達五十人以上，議決兩種宣言（一）忠告日本國民，此次抵制日貨之舉動，幷非與日本全體國民為仇；實因日本政府專以侵略中國領土，壟斷中國權利為主義，以致惹起吾全國國民之公憤；如山東問題，如二十一條密約，及與中國軍閥派所訂各種秘密條約，皆吾國民引為痛心疾首者，是以全國國民不得不仇視日本政府，即不得不排斥日貨，使日本國民稍受痛苦。要之日

本國民目前所受之痛苦，非受中國國民之賜，實受日本政府之賜；日本國民若明此意，應知尸其咎者，不在中國國民而在日本政府。（原文大意如是。）（二）忠告留日學生，目前不必急於歸國。將中國全體國民所以積怨深怒於日本者，由於日本政府之自召，反覆向日本商學兩界陳述；務使日本國民瞭然於中國此次排日之眞意，其咎專在日本政府，此旨既明，收效必大；較之全體歸國的消極舉動，高出萬倍云云。以上兩種宣言，確爲有價値之論調，亟誌之以饗邦人。

（十五）上海商工界之響應

上海商界因政府壓制，逮捕學生千數百人，警電飛來，羣情愈憤，達於極點，由是商界與學界聯合，取一致行動，學生既先罷課，商業即行罷市。

五日上海城廂南市、閘北及英、法、美各商店典當等，至十一時一律罷市，門上均貼有白紙八字誓條云「雪我國恥！商學一致！速起救國！猛力同行！快救同胞！驅邪復正！」等字樣。蓋上海商民激於學生之義憤，久擬採一致之行動，前日南商會開會，商民赴會者絡繹不絕，門爲之塞。徐國樑忽派武裝警察，橫行干涉，驅逐商民，不許集會，并徧貼壓制商民之告示，商民痛憤已極。又得北京逮捕學生笞責鐐銬之電，乃於五日一律罷市，其門首有書「坐以待斃與汝偕亡」者，有書「廢除密約，驅逐賣國政府」者，有書「還我自治，還我學生」者，有書「堅持到底」者，一時市人奔走相告，道路皆爲之塞。人衆擁擠，有童子軍出而維持秩序，尚能爲有規則之行動，沿路及電車上，隨處有人演說，辭氣皆極激昂。

其罷市現象，極爲奇特，聞初起並無人通知，本日早晨城內罷市，他處商店皆尙開門營業，及八時許，中法交界之民國路各商店相繼罷市，九時許，法界民國路一帶，亦將牌門關閉；傳至英界六馬路一帶約在十時，及至十一時，英大馬路亦一律罷市而罷市風潮，徧及租界內外竟無開門者。觀此，則此次舉動，並非先有協商實由人民積憤已甚，心理相同自然之趨勢也。

自五日上海商民全體罷市以來內地各處多有繼起者，如寧波、杭州、蘇州、松江、南京、揚州、鎮江、九江、武漢等處，皆先後罷市。滬寧火車亦復停駛而北方如天津、濟南等亦相繼罷市風潮鼓盪，幾成全國一致矣。

上海之工界鑒於商界之罷市已有數日，政府尙無罷免國賊之決心。於是銅鐵業機器工所首先發起；次之如印刷紡織各廠等，已同盟罷工。其他如火車電車之工人亦一律罷工。氣象愁慘至斯而極！并聞自來水廠、電燈廠尙將繼起經多數人之勸阻，始不成爲事實云。

（十六）上海商學工報之聯合會

上海自六五運動，後商學工報聯合會，假總商會開會，公議對內對外宣言，及致各省北京三電。其對內宣言之宗旨：（上略）（一）國賊不誅，誓不開市。（二）純粹爲對內的行爲，對外槪守相當的敬禮與友誼。（三）尊重市塲秩序，擁護法律之自由。（四）輟業不效，則更求多數之應援，待公道之裁判。上述四事，爲吾人公意切實之聲明，生死磨折所不敢渝，願吾患難相共之君子鑒察扶助之也。

對外宣言：（上略）本會謹代表上海商民公意，以此次罷市眞意所在，通告各友邦國民。深望各友邦國民對於吾人困苦之境遇及不得已之苦衷，加以鑒諒；尤冀爲扶持正義，與吾人以精神的援助。致北京電曰：北京總統府國務院鑒：歌日此間商工各界全體罷市，宣言非將國賊嚴辦誓不開市，請於陽日內電覆事實上確實之保證。上海商學工報聯合會叩。致各省電曰：

北京教育會總商會各報館各省省議會教育會商會各公團各報館鑒。北京政府庇護國賊主簽亡國條約，北京學生爲國請命突被濫捕毒刑至四百餘人之多，高壓毒手顯非空言所能挽回。此間工商界於本日起一律輟業與學界一致進行。賣國賊存在一日，商工學界卽輟業一日，誓不反顧，乞與應援等語。

(丙)各省各方面之罷學

(十七)吉奉學界之狀況

學生愛國運動，自津而京、而滬、而寧、而魯、湘、皖、粵、川、閩，風聲所樹，全國響應。惟奉天處積威之下，雖迭擬會合與內地響應，均爲破壞。各校長深恐事起不可收拾，遂決定提前半月放假，以致奉天學生聯合會遂無形打消矣。

吉林雖差強人意，游街講演，播散傳單，然亦不過數校而已。而救國學生團擬刊印報紙傳單，與內地學

校取一致行動，卒因地方長官之壓制，未能呈現事實。

(十八)南京及武漢學生之蹂躪

此次風潮，學生之被捕被毆者，除北京外，以南京、武漢及閩省爲最甚。南京於六月二日各校學生在公共體育場宣誓，計到者如高等師範學校、暨南學校、金陵大學等共有二十六校，整隊游行，市民皆表示歡迎。迨至寧垣罷市發生，而學生之被捕毆傷者指不勝屈。據聯合會之通告，因學生以全城罷市，爲維持秩序計，分隊立街，乃致暨南與農業兩校在下關被巡士用鎗鋒刺傷者二十八人，金陵大學生在大行宮被巡士橫遭驅逐，有被擊仆地受人踐踏，有被刺傷血流如注者，有被捕而拘禁者，其被毆受傷者尤多。而最可痛心者，基督及益智兩小學生，亦被警士毆傷。然學生決不爲武力所屈也。王桂林既力主嚴酷，乃迫脅商界開市，惟下關商會以不撤警署長決不開市，幷要求釋放京內

外之學生，懲辦曹、章、陸，保留青島，且警察毆傷學生應由警廳長官向商民道歉等語，如見允許，始行一律開市云。其次則爲武漢各學生，因憤外交失敗國賊未懲，宣言罷課；乃軍警分布各校，嚴行監視，而出外游行演講之學生，被逮捕或擊傷者，計中華大學二十餘人，又文華大學被傷者八人，傷重垂斃者一人，湖南中學被捕者八人，高等商業受傷者九人，甲種工業、農業、兩校被捕者十餘人，其餘各校被捕者計十餘人；高等師範、因門外遍布軍警，希圖衝出，被傷者十餘人，一人垂斃。次日各校仍有被捕者。文華中華兩校學生外出者或被擊傷，或被逮捕。又二十餘人湖南中學則在校內監禁，而國立高師學生陳開泰因傷重斃命。中華大學學生兩人亦垂危矣。

自學生遭非法之凌辱，商界亦兼受激刺，於是一律罷市，而武漢局勢爲之一變。當道知非壓迫所能有

濟，於是由强硬而變爲和平，罷市要求各條皆已容納，對於恢復學生自由亦卽承諾。故武漢學生聯合會（計共三十六校）仍分途演講以貫澈其主張。

（十九）皖湘之罷學

皖省學校罷課之情形頗爲複雜；教育廳主張提前放假，第一中學不允，且要求條件甚嚴。乃組織學生聯合會從事演講，並實行抵制日貨宣言。蕪湖一埠亦組織學生聯合會，幷發表宣言書云。

湖南學界自外交失敗，排貨風潮競作，卽有學生聯合會之組織。自京滬罷課，京中派代表來湘，於是工業專門、商業專門兩校首倡罷課，湘雅、醫學、雅禮學校次之，未幾全體罷課，幷發表宣言書及關於要求之條件種種，力爭青島、取消二十一條件及密約，懲賣國賊，向日人交涉其拘留學生汚辱國旗事件，恢復約法上之自由，挽留傅蔡兩長等。至排斥日貨，尤爲不遺餘力。

(二十)蜀省之愛國

四川自學界外交後援會開會後，各學校多發布種種油印物以引起一般注意，外交總商會亦議決抵制日貨。中學校之提議決對付日本，有暗中抵制及預備抵抗二法；總商會一致力爭，并通告各貨幫勿買日貨，立即停止裝運云。可謂商學一心矣！

(二十一)閩省之大捕學生

此次學潮最後者為閩省，而受害最烈者亦為閩省。全國學生聯合會於六月十七日接福州來電云：(上略)學生六千餘人被李督及日兵捕去，希將此事傳播各地。又電云「李厚基逮捕學生，慘無人道，餓者、傷者、殺死者不知其數，請賜援助」等語。於是全國學生聯合會決議四種方法：(一)電慰福州學生；(二)電北京政府質問；(三)派交涉員至上海商會及各團體接洽，請一致援救；(四)聯絡駐滬福建同鄉，請電去嚴重質問並援救，嗣經政府去電釋放，風潮始平。

此外各省如魯、如晉、如陝、如保定以及浙、贛、粵等省，有罷學而未罷市者，有先罷學而後罷市者，有罷學罷市並舉者；而其要求拒絕簽字、懲辦國賊、取消苛約、抵制日貨等條件，則固同聲一致。於此足徵吾中國人心之未死，而商工學界之取一致行動，尤為難能也。

(丁)罷學之結果

(二十二)曹章陸罷免

北京大學之首先提倡者，厥惟懲辦曹章陸；使政府有動於中，當機立斷，俯如所請，則不致延及各省各校並商工界。乃政府始則以學生為罪言，繼則以曹章陸等為公忠意存袒護，而曹陸章輩雖經一度之辭職，不過嘗試政府之意，而戀棧依然，洎乎事已不可收拾，衆怨沸騰，乃有先令其辭職而始行免去。嗚呼晚矣！

政府鑒於各方面之趨勢無可挽回，於是六月十日始見命令其文曰交通總長曹汝霖、呈請辭職，曹汝霖准免本職，此令。駐日本國特命全權公使章宗祥、呈請辭職，章宗祥准免本職，此令。幣制局總裁陸宗輿、因病一再呈請辭職，陸宗輿准免本職，此令。

(二十三)專使之拒絕簽字

山東問題之事起，拒絕簽字之呼聲幾徧全國。政府一則曰不保留，不簽字；再則曰不能達到保留亦主張簽字。於是全國危疑震撼，其勢亟亟，奔走相告，若大難之將至。雖學商工界抗電力爭尚恐無效。最後則山東代表七團體八十五人有叩閽呼籲之舉：新華聚泣，哭聲震天。惟政府雖允爲專電拒絕簽字，但仍以敷衍出之，於是各省之學界在京之商工學報各界，亦繼起參加請願，而致巴黎我國專使之電乃多至百十餘通，一律主張拒絕簽字。上海國民大會電請力拒簽字，限四十八小時答覆，倘再延則國民與中央脫離關係云

云。山東協會亦有同樣電致政府云。軍界中之主張拒簽字者，則惟吳佩孚，此亦不可多得者也。當各界代表請願謁見大總統時，有學生屈武觸柱，圖自盡，亦足覘民氣之一斑矣。

此次在歐和會我國專使一致拒絕簽字。茲錄六月二十八日陸專使等之來電，亦可以明此次外交之眞相矣。

原電云：(上略)此事我國節節退讓，最初主張註入約內，不允；改附約後，又不允；改在約外，又不允；改爲另用聲明，不用保留字樣，又不允；不得已改爲臨時分函聲明，不能因簽字而有妨將來之提請重議云云。豈知直至今午時完全被拒。此事於我國領土完全及前途安危關係至鉅，祥等所以始終不敢放鬆者，固欲使此問題留一線生機，亦免使所提他項希望條件生不祥影響。不料大會專斷至此，竟不稍顧我國纖微體面，

曷勝憤慨！弱國交涉，始爭終讓，幾成慣例。此次若再隱忍簽字，我國前途，將更無外交之可言。內省既覺不安，卽徵諸外人論調，亦羣謂中國決無可以輕於簽字之理。詳審商榷，不得已當時不往簽字，當卽備函通知會長，聲明保存我政府對於德約最後決定之權等語，姑留餘地云云（下略）。嗚呼！觀於此電，雖達拒絕簽字之目的，然我國外交之委曲求全，至不得已而出於不簽字之結果，實吾國痛心之歷史也！

況吾國內奸四伏，某國方將恫嚇利誘，或將出於補簽，風聲所播，不爲無因；吾國民愼毋謂目的已達放棄其監督之天職也。

（二十四）北大校長問題

自胡仁源署理北京大學校長之命令發表後，北京學界羣起反對，迭向教育部請求拒胡迎蔡。教育部慨然允諾，除派人南下敦請蔡氏從速回任外，又發一

訓令，調胡入部辦事，所有校務，仍由工科學長溫宗禹氏代理，繼因溫表示不願，乃改任大學理科學長秦汾氏代理。惟學生聯合會尙有懷疑之處；如胡仁源雖調部，而署大校長之命令並未宣告取消，又愛國運動，政府一時雖不加罪，將來或將舊事重提。經教部予以滿意之答覆，此事遂告一段落矣。

惟迎蔡之舉，國務院暨教育部迭電邀請，並派徐秘書偕同北大教職員代表及聯合會代表南下挽留。蔡之覆電，則謂臥病經旬，力請解職；並請徐君切勿勞駕云云，是蔡當時尙無意於北上也。

至於蔡之不欲北上者，亦自有故。觀於蔡之對某君之言曰余在大學，對於學生新思想雖極力提倡，然純爲學術的研究，其範圍固未嘗出大學校門一步。今則由校內而推及校外，由學術已進而實行，余縱北上，亦未必能聽我指揮，從我命令。（中略）至於其他政黨

臭味及政治問題，余之忠誠，不見諒於人人之處尤多等語。觀此則蔡之主張頗為消極也。

至近日間有一可喜之消息，則蔡之允即回任也。教育部第二次派人南下敦促，以秦汾為政府代表，湯爾和為教職員代表，與學生代表四人南下；蔡因鑒於各方面勸駕之殷，允即北上，惟提出二條：(一)校外會集，以後謝絕參與；(二)要求今後學生行動服從指揮。並經教育部申說，謂蔡校長當可北上，惟須學生設法不在校中開會，學生已經允許，故蔡有八月一號北上之說。而教育部電令以暑假屆滿，所有各地各校一律於八月二十五號照常上課云。

記者編竟此紀，而棖觸於予心者，蓋具三種之感想：此次北京大學以先覺先知之任，大聲一呼，喚起全國人之自覺心，而北京之五四運動，上海之六五運動，皆為空前之創舉，一也；山東問題

失敗，政界諸公不聞力爭，國會議員少有抗議，而僅此全國青年之學生與工商一致行動，淚竭聲嘶，呼號奔走，實足代表此後真正民意之機關，二也；此次工商自動，皆憑良心上之主張，並無他人之干涉，惟吾國工商界識字讀書者尚居少數，此後培植當注重普及教育，而勞動界為尤要，庶足冀工商實業之發達，三也。記者此紀，雖告一段落，而今後國民之責任，蓋來日方長矣。

北京國立學校「教育經費獨立運動」紀

「五四」運動以後，學潮迭起，但為時甚暫，且多屬對外問題，或含有政治性質。此次運動則完全為學校自身生存問題，為中國新教育史中積欠經費之開端。自此而後，欠費愈多，北京而外，延及各省。教職員因生活所迫，屢有舉動，政府常置之不理，蓋已視為故常矣。此篇摘錄北京高

師出版敎育叢刊第二卷二三四期之紀錄編輯而成。

編者

上篇

一、國立八校敎職員聯席會議經過之概要

北京國立專門以上各校經費積欠不發，各校同人等枵腹從公，已逾數月，尙冀政府當局有所覺悟，出而維持，以保敎育一線生命。不圖政府毫不顧及各校同人等忍無可忍，於本月(十年四月)十二十三兩日，各校敎職員會相繼開會討論，與政府作最後之談判。各校討論結果，於十四十五兩日各校次第宣言，暫行停止職務，連絡專門以上八校同人，舉臨時代表，討論一致進行辦法。計各校前後所推代表，北大爲陳世璋、馬叙倫、王星拱、李大釗、顧孟餘、譚熙鴻、陶履恭、周象賢、鄭壽仁、王紹瀛、何基鴻等十一人，高師爲經亨頤、馬裕藻、何炳松、黃人望、劉玉峯、張貽惠、程時煃等七人，女高師爲吳卓生、陳淑、徐蘅、李貽燕、陳鐘凡等五人，法政專門學校爲姚憾、王兆榮、徐沐三、戴兆元等四人，工業專門學校爲許繩祖、朱銳眞、郭世逭、戴濟、羅聽餘、胡樹楷等六人，農業專門學校爲許璇、梁希、毛恩旭等三人，醫學專門學校爲周瑞麟、葛成勛、毛咸、朱其輝等四人，美術學校爲吳起凡、徐瑾、孔繁俊等三人。尋於十五日午前、假北京美術學校開八校代表聯席會議，公推北大代表馬叙倫爲臨時主席，定名爲北京國立專門以上各校敎職員會代表聯席會議，各校到會代表雖無限制，而發言權則每校三個，表決權每校一個，以保平均。本會議臨時組織，暫設主席一人兼幹事部幹事長。幹事部暫設庶務、會計、文牘、新聞四股，即由八校代表票選。主席，北大代表馬叙倫當選。復推美術學校吳起凡楊敏修爲庶務會計組幹事，女高師李貽燕爲文牘組幹事，美術學校徐瑾、北大李大釗爲新聞組幹事等。尋

表決本會議共同目的，爲「指定確實款項作爲教育經費及「淸還積欠」二項案，高師附屬學校醫專附屬診察所仍舊維持案後散會。十六日開第二次聯席會議，由主席補推北大沈士遠爲庶務組幹事，高師黃人望、程時煃爲文牘組幹事，並表決通電上海中明北京專門以上學校及學務局維持所得稅寒電各校教職員並不與聞案；函問教育次長益世報所發表之談話有無其事限期答覆案；修正第一次會議本會議公共目的，第一項爲請政府准予指撥鐵路郵電等項內款項爲北京國立專門以上各校經常費案等。十七日發表本會議宣言書，公推北大代表馬叙倫、陳世璋，法專代表姚憾往謁政府，並提出呈文國務總理以病辭，囑先見教育總長，教長亦在病假中未見。十八日開第三次聯席會議，補推北大孟壽椿爲文牘組幹事，柯樂文爲新聞組幹事。北大代表馬叙倫提出教育基金，關係頗大，可以充此者應不止所得稅一項，鹽餘關餘及交通郵電等項收入，均可挪一部分作爲教育基金，本會議應組織一教育基金討論會或籌備會等。法專代表姚憾提出煙酒印花等項收入，亦可移用，此等委員會亟當組織。尋表決本會組織教育基金委員會案，委員十六人，除由八校各從該校代表中指定姚憾、李貽燕、經亨頤、鄭壽仁、許璇、朱其輝、徐瑾、戴濟外，其餘八人再由委員於八校同人中推舉。又表決各校圖書館，各校畢業試驗及旅行等一律停止案後散會。二十一日開第四次聯席會議。北大代表譚熙鴻提出各報登載本會議事件多與事實不符，本會議應行發布一種出版物。尋表決發行半週刊案，由主席推舉北大李大釗及孟壽椿爲總編輯，谷源瑞爲編輯兼發行幹事，與文牘新聞二組合辦。本日四時本會議代表馬叙倫、姚憾、陳世璋、往見教育總長於其私宅，范總長尚在假中，扶病而談，亦無何等辦法。惟謂此事終須維持，待與總理商酌，看總理有何辦法，代表等促其從速答復而退。

二、停職宣言

我們從前因政府沒有維持教育的辦法，已經停職過一次。當時鄭重的宣告是『要政府切實籌集全國教育基金，並須急速籌足。無論如何特別情形，不得挪移或減少。在基金沒有籌足以前，按現在教育進行的狀況指定確實款項，作教育經常費。經指定後，不得挪移或減少』這是我們明明白白聲言的，政府明明白白答應的，國人明明白白聽見的。

現在怎麼樣了？政府本有教育經費的預算，國民本有教育經費的負擔。這種經費到那裏去了。政府平日所說，籌集的教育基金在那裏？指定的教育經費在那裏？全不過是一套騙人的空話。各校的教育經費比從前愈形困迫，盼政府發款像大旱的時候盼雨一樣艱難。添聘教員沒有錢，購買書籍沒有錢，購買儀器沒有錢。購買試驗用的化學藥品沒有錢，乃至購買一切用品都沒有錢。學生終日皇皇，覺得學校停閉就在旦夕，不能安心求學。教職員終日皇皇，迫於飢寒，沒有法子維持生計，亦不能安心授課。試問教育機關困窮至此，還有何法可以維持下去？若說財政艱難，何以政府辦那些毫不相干的事，或是不但無益而且有害的事，一用就是數千百萬，而維持這幾個經費有限的學校，便沒有錢了。況且政府現在明明還在那裏添設特種學校，而於締造經營了多年的幾個國立學校，倒反眼看着他們停閉而不維持？似乎政府不維持教育。不是沒有力量，乃是沒有誠意；不是不能，乃是不肯。

我們再不能忍了。所以我們於三月十四日宣告暫行停止職務，與政府作最後的談判。問政府是否還有維持教育的意思。如果還有維持教育的意思，就要政府由現在最確實的收入。如國家所辦的鐵路郵電等項內指撥一點點定數。作教育經費。並須確實的保障，不得挪用或減少，如能辦到這樣，各校纔能持久，我們纔能回復職務。如這種要求辦不到，我們寧願政府明明白白的宣告他停辦教育。斷乎不願再和政府苟且敷衍，使教育事業長在不死不活的狀態中，並且耽誤了許多青年的學子。

凡我們的舉動，係為急救垂危的教育事業，係為鞏固常久的教育事業，係為使國家不要成為無教育的國家。

我們所最痛心的是耽誤青年學子最可寶愛的光陰。但是這個責任應該由政府去負。

三、上政府書

呈為請予飭部切實籌定教育基金，並准於基金未籌足以前先撥鐵路郵電等項的款，充國立北京專

門以上各校經費暨清還積欠各校經費，以固國本而維現狀事。查教育為國家根本重計，古今中外，衆論所同。而大總統迭次明令曉示，尤為諄切。乃近年以來，即學校教育一端，不特無進步之可言；且因經費不給而輟絃誦者，京內京外，此仆彼繼。求之往史，雖前代擾攘之中，或不至此。察諸外邦，即歐戰劇烈之際，未至於斯。似此情形，非坐視國本危絕，宜即有以救援。敘倫等身在學校，目擊心驚，徒懷摩頂放踵之心，難遂被髮攖冠之願。因於七八九年，歷有攄陳，當蒙洞鑒。八年十二月，京師小學以上各校經費報絀。敘倫等久嬰枵腹之困，圖免涸轍之危，自願停止職務，待命進止。然且身將遠於黌舍，心猶懸於國本。是以仍將籌集教育基金及基金未曾籌足以前指撥確實款項充教育經費等項陳之鈞座。九年一月八日伏承明令，着主管各部籌辦教育基金，在京各校經費，責成財政部妥為籌措。因此敘

倫等復曾迭謁國務總理，亦蒙許飭主管各部迅卽籌議。敍倫等以爲自此不獨京師學校可復舊觀，全國教育亦當遂呈生意。至初冬始奉明令，徵取所得稅以充教育基金，事屬創行，難遽責效。而於基金未曾籌足以前，在京各校經費，財政部訖今尙未籌定確實款項。比來國立北京專門以上各校，因積欠經費過多，委實無從支持。而敍倫等仰事俯蓄，亦難置之不顧，迫不得已，復行暫停職務，公同集議，僉以國立北京專門以上各校經費，每月約止二十萬元。國庫雖屬奇絀，而政府所與不急之務，月糜不止此數。若遵上年妥籌各校經費，明令區區之款，實非難辦。惟是敍倫等越在草茅，於國家收入的款如關鹽等稅，於外交關係若何，未能詳悉；所見鐵路郵電等項收入無不年增月長，復係坐有收入，雖云各該項收入屬於特別會計，然此乃對財政部而言。其隸於國家收入款項，斷無區別，如在各該項收入欵內月撥國立北京專門以上各校經費銀二十萬元，則各校不至停頓，教育得以維持。爲此公呈大總統請予迅飭主管各部從速切實籌定教育基金，幷祈准於基金未籌足以前，先在鐵路郵電等收入項內，月撥國立北京專門以上學校經費銀二十萬元。並將本年三月以前應給經費照數撥給，庶以維現狀，而固國本，幸甚幸甚。

（右書呈大總統國務總理教育總長各一份）

（三）八校經費預算

依下表，照九年度預算，則每月應領二十六萬九千餘元。卽照八年度預算，每月亦應領十七萬餘元。九年度預算雖未經正式公布，而九年度（自九年七月至十年六月底爲九年度）已將過盡，各校一年中的設備與支出大多根據九年度預算案，自不能不於八年度預算案之外，另求餘款，以求收支相抵。此同人所

	八年		九年	
	經常費	臨時費	經常費	臨時費
北大	733,840	58,619	798,960	158,619
法專	116,200	5,581	149,040	10,000
醫專	118,800	23,440	161,192	74,800
工專	133,764	40,000	165,918	96,564
農專	100,080	24,000	124,568	31,000
高師	417,320	30,000	524,788	248,500
女高	145,622	50,000	222,535	365,400
美術	42,480	4,700	68,760	38,000
總計	1,809,106	236,340	2,215,761	1,012,883
	2,045,446		3,228,644	
每月	170,453		269,053	

以必須要求每月二十萬元的理由。以二十六萬九千餘元的預算案僅要求二十萬元，此已是同人斟酌現

在財政情形忍痛讓步的苦心。誠恐外間不明眞相，特爲發布。

胡適。十，四十六

附預算表。

四、北京中等學校援助專門八校之經過情形

自國立專門八校罷課以後中等學校卽欲有所表示。推因種種關係，不得不取審愼態度。乃政府無維持敎育誠意，以致專門各校敎職員總辭職。各中等學校爲敎育前途計，乃於四月十一日由各中等學校敎職員推舉代表，在第三中學開第一次會議，推定第四中學代表朱希曾君主席，通過一致援助專門學校。乃派代表上書部院，請政府速令專門八校恢復原狀。連日已開會三次，上書兩次。茲將每次會議結果及呈文分錄於左。

第一次會議

四月十一日下午四時，在西城第三中學集會，到

會者九校出席代表計十九人。當推定第四中學代表朱化魯君爲臨時主席，開會後主席報告略謂：自專門各校教職員停止職務以來，中等學校卽欲有所表示。於春假前曾開議兩次，但無何等結果。現在專門以上各校教職員總辭職，專門停閉，中學生卽無升學之地，則此事關係極大，未可坐視。因召集各中校代表磋商辦法。列席代表均以爲專門教育既已破產，則中等教育亦無所寄託。爲教育前途計，爲中學自身計，非急起援助專門八校不可，遂表決援助八校。是日通過各案如下：(一)援助專門八校。(二)上書國務院及教育部，其呈文（附後）內容請政府速籌的款充專門八校經費及清還各校積欠，使其恢復原狀。當推定朱希會潘智遠董璠關景山石學萬象茂賢六人爲代表。(三)組織北京中等學校教職員代表聯席會議，推董璠張鴻圖顧純一蕭述宗爲本會議組織大綱起草員。(四)定於十三日在女子高師附中開第二次會議。

十二日上午十二時，六代表攜帶呈文赴國務院謁見總理，由秘書夏某代見。代表等陳述來意。夏某答詞，並無具體辦法，代表等不得要領。遂往教育部，因總次長俱已出京；秘書等不負責任，以致無人延見，乃留呈文而出。又往學局務見張局長，報告是日一切情形，請其從旁贊助，略談數語，各回本校。

第二次會議

四月十三日下午四時，在闢才胡同女子高師附中集會。仍推朱化魯君主席，報告昨日（十二日）赴部院上書情形，並討論本會進行方法。會議結果：

(一)定於本星期五（十五日）上午，派代表赴部院再上第二次呈文。呈文措詞宜取堅決，表明所持態度：如政府不從速解決，恐中等學校亦將捲入漩渦。

(二)本會與小學方面先行個人接洽，俟小學正式聯合會成立後，再行聯絡。

(三)通過本會組織大綱(大綱附後)

(四)十五日(星期五)上午在高師附中開第三次會議。

第三次會議

四月十五日上午十時在高師附中集會，推朱化啓君主席。主席報告略謂：上次會議決定今日上第二次呈文，今呈文已脫稿，請大家斟酌。再者昨日據代表潘蘊巢報告：謂夏秘書電覆言政府已籌得三十萬元，不日即可發給各專門學校，深望各中等學校不再陷於漩渦，實爲幸甚云云。各代表僉謂此種答復，距吾們所要求者尚遠。今日所上呈文，更宜請政府限期切實答復。遂通過明日會議結果如下：(一)本日(十五日)下午二時派朱希會董璠石學萬武學易四人爲代表，赴部院上第二次呈文，限於十八日以前切實答復。

(三)發表本會議經過情形，以免各方面誤會。

(四)十八日下午四時，在第二中學開第四次會議，十五日下午三時，代表等先往國務院，總理未在，秘書長已赴靳宅，秘書等電話中謂：『未奉委託，不便會見。』只得遺下呈文，再三叮嚀收發處當日報進，遂出院往教部。到部後，次長未見，見秘書劉某。劉某謂：『諸君來得正好，諸位不來，部中亦不便往尋諸君報告一切也。』遂將部中連日辦理此事經過約述一遍。(與昨日京報所載大致相同)更謂：『現雖交部已允月撥二十萬由銀行擔保，所有積欠已定分六個月攤還；惟因無中小學經費在內，故教育部無法分撥。現正設法支配此款，務期兼籌並顧。蓋教部因極望此問題早就解決，然亦不敢使一方滿足，一方向隅也。』云云。

五、八校長辭職呈文

爲呈請辭職，請迅予派員接替事。竊校長等自上月十四日教職員停職以來，一再呈請大部設法維持，一面盡力疏解始終未得要領。然猶苦心孤詣勉爲支撑，不遽辭職者；良以教育爲國家命脈所關，苟有解決之法必當竭盡棉薄以維國本。校長等區區愚忱，諒邀洞察。惟昨奉次長交到經常費及償還積欠辦法兩條，恭讀之餘，以爲與教職員所主張相差甚遠，貿然轉達，必無效果。校長等一再思維，委係無法解決。不得已公呈大部懇請辭職，應請迅予批准派員接替，俾釋重負，毋任迫切待命之至。謹呈教育總長。

六、各校之話別會

八校教職員學生均於十八日上下午開話別會，北大於下午一時在第三院開會。首由辭職教職員代表馬叙倫登台作鄭重之聲言，略云：今日之會最爲慘痛之會，教育生機危如壘卵。此次同人等停止職務爲穩固國家教育起見，爲爭教育基金及教育的款起見，爲一勞永逸起見。乃政府毫無誠意，同人等始不得已宣告辭職。今後仍當以國民資格與諸君協力進行云。次由鄭壽仁、譚熙鴻等演說，言詞均異常決絕。次由學生發表意見，並討論辦法數條，即日提出八校學生聯席會：一爲請全國各團體一致援助，二爲宣布當局摧殘教育，三爲請中小學共同協助，四爲實行擴大讀書運動，五爲實行街市講演警醒國人云。女高師於下午二時在大禮堂開會，首由辭職教職員代表李貽燕登台，報告同人等停止職務之遠因近因及迫不得已而辭職之經過。今後仍當以國民資格爲維持教育生機的奮鬭。希望諸同學尙當百折不撓，繼續運動。此次八校經費二十萬元，實非苛求，即按二十萬元發給，亦不過僅可敷衍一時。女高師開辦已久，諸費尙是無着。若欲整頓擴充中國女子教育策源地之女高師，今後諸同學對於本校經費及校舍設備等，於二十萬元應分配若干之外，尙當對於政府爲一度單獨之要求舉動。吾國敎育費在全部支出所占之比較，不及九牛之一毛，而對於女子敎育經費之支出，更不公平，未免欺侮女子過甚。故鄙意以爲：第一敎育經費非確實而獨立不可。第二、男女敎育之經營設施，非平均發達不可。第三、要男女敎育平均，非要求女子敎育經費之大大的增加不可。諸同學均爲各省區選送之女界先覺者，將來各省女子敎育之關鍵，均操在諸同學手中，總要從遠處大處着想，切勿萌轉學南高廣高等觀念，及作歸去的準備。敎育基礎若能穩固，則今後求學機會正多；若不穩固，則南高廣高亦不過時間問題而已云。次由陳鐘凡演說，同人等要求敎育基金未籌足以前，由交通收入項下的款，政府則答交通部協濟款內，同人等要求八校月二十萬元，政府則答京師敎育經費月二十萬元。同人等要求淸償積欠，政府則答分爲六期，亦

適以見政府之無誠意云。次由學生代表陶玄報告學生聯席會之宗旨，及過去情形，幷述與辭職敎職員協同一致行動云。北京高師於上午十時在風雨操棚開會，由辭職敎職員代表何炳松、馬裕藻、黃人望等演說，後學生代表亦相繼發言，言詞態度均極堅決，大有破釜沈舟之慨。美術學校於上午十一時在禮堂開會，由辭職敎職員代表徐瑾演說，此次八校每月二十萬元之要求，係折衷八九兩年度預算辦法，幷非無理云。次由吳起凡說明美校開辦未久，各項設備均未臻完備，故非增加預算不可。八校要求二十萬元，是斷不可減少的云。次由學生代表黃旗堯發言，稱求學光陰，最爲寶貴，敎育經費，若無的款，則今日開課，明日關門，殊非敎育本旨。學生方面，非極力達到要求之目的不可云云。工專農專法專醫專各校，亦均於上下午次第開會，辭職敎職員方面，言詞均極懇摯決絕，誓今後以國民

資格與摧殘教育的政府奮鬪。學生方面態度甚堅決，暫與教職員一致進行，以保教育一線光明云。

七、兩高師附屬中小學教職員停職呈文

北京高等師範附屬中小學校教職員聯合會，及女子高等師範附屬中小學校教職員聯合會，因政府對於教育經費一層，迄未解決。於十九日發出通告，謂校長辭職，各校無負責之人，不得已亦於十八日停止職務，并呈請政府速予維持。茲將其呈文錄下：呈爲教育停頓，請予速籌恢復事。竊自國立北京專門以上各校教職員辭職以後，各校長亦一律辭職。秉征等置身於北京高等師範北京女子高等師範之附屬學校。勉强維持，已經匝月。比因主持乏人，諸事無從進行，乃於本月十七日開會議決，自十八日起暫停職務，靜待解決。伏查國立北京專門以上各校職員報告，政府現已允於交通協濟款內每月撥付二十萬元充各校經費。祗因磋商未能就緒，積欠尙屬虛懸，遂致事止於垂成，功虧於覆簣。惟青年學生之精神以教育爲之命脈。停頓一日，卽消沮一日機能之運用，萬不可久行停止。用特請賜睿斷，速准國立北京專門以上各校教職員所請各節，俾得早日復職，定期開課，以維教育而固國本，不勝迫切待命之至。謹呈國務總理，教育總長。

下篇

一、序言

北京國立專門以上八學校，因積欠累月，經費無着。遂於三月十四日一致宣告罷課，從事教育經費獨立之運動。不惜摩頂放踵，奔走呼籲，經三月之久。而政府始則遷延不理，繼而哄騙挑撥，終以武力戒備，卒有六月三日新華門前之慘劇。蓋自秦政魏忠賢李闖外，學子所遭遇，未有如此之酷辱者也。教潮發端情形，已見本刊（教育叢刊）第二第三兩集，（卽上篇）附錄。茲

更錄載自五月一日以來經過情形，聽國人公平之判斷。

懋祖

二、本會議第十四次經過之概要

四月二十七日午後四時本會議代表等邀同八校校長赴教育部追索欠薪，任陳二司長允為轉達國務院。代表等乃謂僅云轉達而不負責任，則徒然遷延時日，因與二司長約於三日後須有切實辦法，約舉如下。

(一)至三十日(星期六)下午四時，政府對於以前教職員所要求之教育基金及清還積欠兩項須有承認的答覆(二)否則即須於該日立刻將積欠全數清償，而一切惟任陳二位司長是問後散回。至四月三十日，代表等先期於午後二時齊集美術學校開談話會，以便一同赴部，索最後答覆。尋接任司長電話稱：三時半，當邀同陳司長親到貴會，請諸位不必赴部。至三

時半，任陳二司長同來，由任司長報告二十七日承國務院囑與八校校長接洽後，即將校務討論會所擬辦法交國務院，已經本日(三十日)國務會議修正通過。國務院公函刻纔到部，因不敢再勞諸位大駕赴部，故先齎來，請諸位閱覽，並作為最後答覆，尚當交與校務討論會云云。尋出國務院公函第八百十二號，並抄錄三條辦法相示。公函稱：

『徑啓者。京師教育經費，迭經會商貴部暨財政交通各部，籌定辦法，函達在案。茲經各主管部會同商酌改定，提出國務會議議決照辦。相應抄錄原案，函請貴部查照辦理可也。此致教育部。十年四月三十日。』

議決辦法三條為：

一　自四月份起財政部對於北京國立專門以上八校，及北京師範暨公立中小學每月經常臨時各費二十二萬元，未籌有的款及確實保障方法以前，由交通

部每月儘先撥付財政部特別協款二十二萬元，充該八校及北京師範暨公立中小學校經常臨時各費，（按八年度預算支配。）此款由財政交通教育三部訂明不作別用，俟財政部籌有的款，或教育基金籌足時，前項協款即行截止。

一其他教育部應向財政部額領之款，（以向來額領之數爲準）由財政部籌定撥付。

一民國九年十二月份起至本年二月份止之八校及中等各校積欠經費約四十餘萬元，先撥付一個月，與本年三月份經費同時並發。其餘分爲三期，由銀行擔保，於四、五、六三個月各付一期。

各代表等以未經正式手續，對於國務會議三條辦法，當然不能有所表示。至四時，任陳二司長即將此種辦法，齎往校務討論會，與八校校長協商。至五時八校校長又將上列國務院公函及三條辦法，齎到本會議，由法專王校長代表逐條報告後，並申明校務討論會對於此種辦法，並非十分滿意，亦知教職員諸位先生當然不能滿意。但有種種困難情形，姑且勉强維持下去，萬懇教職員諸位先生早日取消總辭職，以便八校早日恢復原狀云云。

三、八校教職員留職文告

▲留職宣言

我們因爲國立專門以上八校許久沒有發過經費，不能够維持下去，所以於三月十四日宣告暫行停止職務，與政府作最後的談判，問政府是否還有維持教育的意思。如果還有維持教育的意思，就要政府由現在最確實的收入如國家所辦的鐵路郵電等項內，指撥一定數目作教育經費，並須確實的保障不得挪用或減少。我們屢次和政府談判，政府總沒有一個切實要維持教育的辦法回答我們。萬不得已纔於四月八日宣告辭職，現在已竟二十餘日了，政府纔有一個比較的切實的辦法回答我們。我們對於這個辦法本來不能够十分滿意；惟念青年學子讀書的念望非常的迫切，我們既不忍輕輕的離開他們，也不忍再令他們的寶貴光陰因爲這個問題犧牲下去。所以決議自五月三日起先暫允許留職，卽日與政府談判關於政府履行這三項辦法的善後問題。等到談判有了頭緒，卽行恢復職務。我們這次維持教育經費的運動，很得全國各團體和輿論的贊助，我們實在感激！但是教育事業日見發達，斷斷不是這一些固定的經費能够長久適應的；而且政府能否履行這三項辦法，也要看國人督促政府的力量怎樣。希望國人常常注意這個問題。我們也要組織永久的結合，與國人共負監督政府，發展教育的責任。

▲留職公函

五月一日（勞動紀念日）午後二時開臨時聯席會議，由代理主席李大釗報告二十九日教育部任陳二司長齎國務院致教育部第八百十二號公函，並三條辦法到會接洽情形，及與八校校長非正式接洽情形後，並宣讀本日校務討論會正式請同人等復職公函稱『敬啓者。前次貴會宣言辭職，夢麟等曾一再懇切挽留。未蒙允諾。所以未敢屢瀆者，誠以當時尙無確切解決之法，自未便貿然請求復職。惟昨由教育部轉到國務院第八百十二號公函一件，附國務會議議決辦法三條。夢麟等雖未能認爲十分滿足，第遷延日久，莘莘學子，學業坐荒，至可惋惜。諸公熱心教育，素所欽佩，甚願委曲求全，俯允復職。除鈔錄原件函致學生聯合會外，合將國務院函並所開辦法三條，送請查閱，並希格外見諒，允如所請，毋任企禱之至，此致北京專門以上學校教職員會代表聯席會議。五月一日』

覆八校校長允許留職公函

逕覆者。接奉五月一日大函內稱：國務院第八百十二號公函內附國務會議議決辦法三條，雖未能認爲十分滿足，第以學生光陰至可寶貴，因屬同人委曲求全，允許復職等情。嗣由同人開會集議，同人此次不得已由停職而辭職，實所痛心，徒以政府無有確切解決方法，致迭承挽留，未敢輕諾。茲將轉來國務會議議決辦法三條，詳細討論，雖與本會議原議辦法，尚有出入之點，然大體上尚可容納。特決議五月三日起，暫先允許留職。惟尚有關於政府履行三項辦法之善後問題數端，已於五月一日面談時再三聲明，應請從速設法解決，以免莘莘學子長此坐荒學業。俟上述善後問題完全解決，即行回復職務。此覆北京專門以上八校校務討論會北京專門以上八校教職員會代表聯席會

四、北京國立專門以上各校教職員宣言

四月三十日政府宣示籌定北京各校經費辦法三條，攬其大體，尚未背馳。溯我初衷，詎云饜望。徒以八校絃歌，輟響兩月。萬餘子弟，遊藝無門。論責唯政府之是尸，衡情亦同人之所歉。但期執政稍問良心，存絲毫維持之誠意。即同人稍有遷讓，雖犧牲勞力而不辭。是以八校之預算，略更初議，數月之欠費，容予分還。並以校長敦勸，暫允留職。方謂三條辦法，既經國務會議議決施行，事同息壤，言載簡書。魏文校獵，必致信於虞人。郭伋還州，尚不欺於童子。縱使袞袞羣公自愛食言，何至堂堂政令遽成反汗。顧乃同人方爲初步之諾，政府即有背盟之舉。同人所提保障方法，置而不議。即四月已過之經費，迄不見發。所許與四月份經費同發之第一期積欠經費，亦付闕然。復不惜支吾其詞，詐爲先付支票之說，欺矇同人，淆惑社會。是前日認爲未盡滿意

之辦法，今日已不履行。況同人尚有永久鞏固之要求，他日何能實現。而社會不察，責望旣深。學子殷勤，敦促更甚。使吾人勉徇政府之敷衍，卽事勢亦難爲終日之維持。旣可寒心，何堪自誤。近日則政府視學校若弁髦，校長去職位如敝屣。瞻望前途，如游蜀道。同人等向以身任教育，歷有年所，不忍目見學校之頹廢，共策羣力，與政府相持，實爲國家教育根本之計，豈僅一身衣食之謀。今者心力俱窮，願望未達。內不爲政府所深諒，外且爲社會所致疑。峻網千里，各有鴻飛之念，天地萬里，豈無鵬徙之途。義當決絕，何利盤桓。今已於本月十八日與政府約期，以三日確實履行四月三十日國務會議議決辦法，否則同人不復徘徊徒虛時日，用絕苟且之挽留，庶表夙心之去就。國人君子，幸察斯衷。

五、本會議致國務總理公函

總理閣下：敬啓者，敘倫等三月十七日呈請迅予飭部切實籌定教育基金，並准於基金未籌足以前，先撥鐵路郵電等項的款，充國立北京專門以上各校經費，暨淸還積欠各校經費，以固國本而持現狀等因，業於五月一日由北京大學等校長持示四月三十日國務會議議決京師教育經費辦法三條，並敦挽敘倫等留職。乃時逾半月，主管各部，訖未奉行。或以內閣改組關係，致有遷延。現在內閣已定，甚望卽履魏文校獵之信，以復橫序弦誦之聲。茲特專函奉達，敬祈卽飭主管各部，於三日內切實奉行四月三十日國務會議議決京師教育經費辦法三條，是爲至荷。五月十七日

六、八校教職員第二次辭職宣言書

吾輩自三月十四日宣告停止職務，與政府嚴重交涉，以謀八校經費之穩固。直至四月八日，政府仍未有維持教育之確實辦法，答覆吾輩。萬不得已，乃宣告辭職。又經二十餘日，政府始行宣告京師各校經費辦

法三條，敎育部持此以挽留校長，校長持此以挽留吾輩。吾輩對此本非十分滿意，惟念八校諸生期待之殷，校長挽留之篤，復爲催促八校經費問題，速於解決起見，爰於五月三日暫允留職。卽日向校長提出政府履行此三條辦法之保障方法，並聲明保障方法辦妥後，卽行回復職務。乃時經二旬，而所謂三條辦法者政府訖未實行，復以先付距離甚遠之限期支票等詞，搪塞延宕，以掩蓋其積欠不還經費不發之失信。旣而並此支票亦歸無着，致校長等以見欺於政府，而亦失信於吾輩。遂又於五月十六日聯袂辭職矣。吾輩猶以爲致此遷延者，或因內閣改組之故。刻下內閣已定，政府苟有絲毫維持敎育之誠意，不難立飭主管各部，卽日奉行四月三十日國務會議通過之三條辦法，則八校弦誦之聲，可以絕而復作。乃於五月十七日致書國務總理，表明此意，並請其於三日內飭部奉行。今期限已滿，訖未見覆，迨閱報章傳布之十九日國務院致敎育部第九百六十一號公函，始知政府更欲以其不誠意之慣性，施其遮掩拖延挑撥之手段，自蓋其對於國人之失信，復厚辱吾輩之人格。語云『士可殺不可辱』，吾輩至此，苟不與之決絕，士氣何存。今特於五月二十二日復提出全體辭職書於八校校長。知我罪我，惟國人君子鑒之。

七、八校敎職員全體辭職後敬告國人書

十載以來，禍亂迭起，政象日就泯棼，強藩爭爲攘據，中國統一之局，久已蕩然無存矣。當是時，猶能萃全國之精英於一堂，卓然以維繫吾民族統一之精神於分崩離析之中，不致隨政象而顚沛者，惟有敎育事業耳。政府苟有維持民族統一之誠，對此民族精神所托之敎育事業，宜如何尊重而保全之，使不致以政治上一時之乖離，禍及民族精神上永久之固結，則將來民

族統一之惟一希望，亦正惟此維繫民族精神統一之教育事業是賴。今也政府不惟不思設法以維持之，而反摧殘之破壞之，惟恐其不速，此殆民族精神滅亡之徵，而尸其罪者，固惟今日之政府也。雖然，政府縱欲破壞教育，而負保衞教育之責者，尚有吾全國國民在，而吾輩從事教育職業者，尤萬不容默爾而息，坐視政府之滅亡教育而不救。吾人以爲雖在被治於此摧殘教育之政府之地，已無國家教育托足之所。然中國之大，終有爲表現民族精神維繫統一文化之教育事業之所托足，卽終有吾輩獻身於教育事業之機會。況吾輩亦國民也，吾輩視教育爲吾全民族之生命，吾輩爲捍衞保存吾全民族之生命，雖爲此摧殘教育之政府所不見容，亦可以國民之資格自起而爲謀，以慰此多數學子喁喁之望。卽不然，天空海闊，亦終有吾人闡揚文化之所也。吾輩此後之所盡力於教育事業及其所以告慰國人君子者，惟此而已。

八、八校校長辭職宣言書

京師高等教育停頓兩月於茲矣。同人等慨絃誦中輟，國本將因之而動搖，故不揣綿薄，勉爲支持，忍苦忍痛，不敢輕易言去。至今心力交瘁，無法應付，不得不出於辭職之途。爰述始末，謹告國人。

京師教育經費之困難，不自今日始。學校苟延殘喘，學術自難進步。建築無費，購書無費，置備儀器及一切校務行政無費，設備不完，學生求學徒恃講義，具學校之形式，乏學校之精神，同人等痛心久矣。是同人等早當辭去，以讓賢者，而所以勉强支持至今者，以殘缺不完之學校，猶愈於無學校也。

三月中旬，教職員因校款無着，宣告停止職務，是時同人等更當引咎辭職，猶思效奔走之微勞，圖挽救之有術，青年學子之光陰，不致作長久之犧牲，故寧受戀棧之譏，不敢高蹈以去也。

既而教職員以交涉無效，全體辭職，教育總長又已出京，同人等冀圖補救於萬一，故猶不敢貿然言去。然而一籌莫展，徒作空言之挽留，天下事豈空言所可了乎，同人等以爲與其坐視大局之日壞，孰若讓賢而引退，此時同人等始呈部辭職，而次長亦相繼以去。同人等以教育爲立國根本，雖在辭職之中，猶不敢舍而不顧，故凡可盡力之處，莫不盡力爲之。至四月三十日，國務院通過辦法數條，教育部囑轉達教職員；教職員諸公本維持教育之苦心，勉爲承認。而同人等以政府既有辦法，勉允復職。乃時將二旬，而所謂辦法者，迄未見諸實行。教職員學生日來催促，并以失信見責。夫以失信而責同人，同人固不敢辭。然致同人失信於教職員者誰乎？同人等疊次赴部要求，以總次長既不在部，司長亦因病未到，無從接洽，爰一再電請國務總理約期晉謁，總理以政務忙迫，無暇接見。趨總理第，見其秘書，乞爲轉達，迄今未見回答。昨日新內閣成立，同人等方幸負責有人，乃今晨晉見教育總長，而總長謂舊職既辭去，新職不必就，以不能負責見告。同人等迫不得已，復趨國務院，請見總理，未及門而見拒於衛兵。既而門口傳達，謂總理未到，不能接見。同人等奔走兩月，而成效若斯，實爲初願所不及料。惟自愧能力薄弱，長此以往，實無以善後，至此而不辭職，不但於進行無補，蓋益將增同人等之罪戾矣。五月十六日

九、八校校長再上府院部辭呈

爲呈請辭職，懇迅予批准，并派員接替，以專責成，而維教育事。竊校長等前以教職員停止職務，繼乃全體辭職，無法維持，除呈報大總統、國務總理暨教育部外，並另呈教育部，懇請辭職各在案。嗣以教育部負責無人，蒙國務總理委託教育部陳秘書及任陳二司長

致意慰留，并發還辭呈。當時對於教育經費及從前積欠，並定有辦法，經國務會議通過。校長等以教育爲國家命脈所關，不敢固執成見。況政府既有意維持，應勉盡棉薄，希圖報稱。無如閱時既久，未見實行，非難叢集，呼籲無門。比以教育當局尚未確定，一再電懇國務總理定期晉謁，均以政務紛繁，未荷允許。嗣蒙派定翁秘書慶民代爲接見，當卽面陳一切，請爲轉達，并要求迅予見覆，曾荷面允。詎事隔多日，未見示遵。近讀大總統明令，新內閣完全成立，以爲從此負責有人，深自慶幸。乃公謁范總長請示辦法，據言前此閣員資格業經消滅，此次雖見任命，決不就職，亦決不能負責等情。校長等敬聽之餘，毋任惶惑，遂同至國務院晉謁國務總理，守轅兵士拒不許入，展轉電請，亦未獲見。區區愚忱，末由上達。竊自教職員停職以來，爲時已屆兩月，校長等雖任勞任怨，在所不辭，惜力盡聲嘶，毫無效果。値茲學

年屆滿，應行照章結束，與秋季始業應行籌備事宜，在在俱關百年大計，稍有疏虞，貽誤匪淺。校長等才短汲深，難資策勵，與其坐誤事機，曷若引咎辭職，爲此迫不獲已，懇祈大總統，國務總理，教育部俯念事關重要，並體察下情，立卽准予辭職，並尅日派員接替，俾教育界之一線生機，不致爲校長等所誤，匪特校長等感激無窮，國家興亡實與之有至大關係。臨呈迫切，語不擇言，毋任屏營待命之至。謹呈大總統國務總理教育部。北京大學校等謹呈。五月十六日

十、八校辭職同人全體大會紀要

五月二十六日午後二時，開八校辭職同人全體大會，到會者六百餘人，由主席馬叙倫、副主席譚熙鴻先後報告八校同人聯席會議進行經過之概要後，卽由副主席主持會務，並請（一）由農專許璇發表此後八校聯席會議是否繼續之意見，（二）由北大馬叙倫

以聯席會議若仍繼續聯席會議應進行事項爲何，咨詢同人。(三)由法專王兆榮以聯席會議若仍繼續進行則責任頗爲重大，可否另推代表咨詢同人。(四)由北大馬叙倫發表出席代表應有全權必要之意見等，經到會同人討論歸宿總括爲十二條，請八校於二十七日提出各校大會詳細討論，或增或改再於二十八日提出聯席會議再行議決以省手續至六時餘散會。十二條如左：

(一)八校辭職同人聯席會議，有繼續之必要否?要繼續存在，且須加一層鞏固。

(二)聯席會議既應繼續存在，聯席會議所辦之事，是否限於索欠?或仍依最初之目的進行?歸宿仍依最初目的進行。

(三)出席聯席會議之代表，應否更換?仍舊。

(四)以後代表之權限如何?歸宿仍舊爲全權代表，並仍舊絕對信任。

(五)各校須另推代表十人或二十人，專任臨時幇同全權代表辦理索欠。

(六)各校如有主張聯席會議不必繼續存在者，應於本月二十八日(星期六)下午二時推一人到會報告。

(七)此次如不能達最初之目的，卽政府重開學校，八校同人，不受延聘。

(八)八校獨立，或謀他徒。

(九)由少數同人自辦種種私立學校，作對於政府之一種表示。

(十)積欠須一次淸還，其五月某日辭職未准期內之薪金及准辭後政府延期撥發之損失，政府均當賠償。

(十一)自籌教育基金。

（十二）八校同人應極力同為維持教育之示威運動。或以國民及家長資格，到處鼓吹一般國民，於適當時期及地點，開國民大會，謀國民之覺醒，與政府算賬，或拒絕納稅義務云。

十一、教次發表後教育問題仍在沈悶中的各方面之憤慨

國立八校罷課至今屆指已將八旬，政府仍無維持的誠意，教次代理部務發表亦既五日，尚未見有何等新猷，以救數萬學子之倒懸。一綫國命所託之高等教育，其將終於絕望也乎！日內全國各界，對此益形憤懣。爰彙誌各方面積極營援之情形如下：

▲全國學生總會致各地學生會及各團體之通電

各地學生聯合會，轉各團體各報館均鑒：北京國立專門以上各校經費被官僚武人侵蝕殆盡，迫而罷

課。轉瞬暑假，即為半年，光陰等於虛擲。中經教職員與學生協同挽救，懼為玉碎，暫圖瓦全，其苦衷已可共白於天下。乃息壤尚在，遽爾食言，北庭之有心摧殘教育，路人皆知矣。今影響所及，武昌高等師範及北京中小學校相率罷課，勢將陷全國教育於破產之境。誰為厲階，一至於此！舉敲骨吸髓之苛稅，禍國喪權之借款，悉為少數武人所瓜分，列強之待遇殖民地，亦不若是之慘酷也！曩者吾儕為國家存亡問題，一再力爭，穩健之流，輒謂學生宜以求學為天職；不料蹤伏於惡劣政治之下，欲求學而不得，逼處懸崖絕境，終當破釜沉舟，攬轡澄清，事不容已。下帷絃誦，計猶未遲，國人目擊危狀，其何以見教乎？臨電黯然，統希亮察。

中華民國學生聯合會總會豔

▲學生界決定大請願

中小學聯席會與八校聯席會三十一日在女高

師開聯席會議，討論請願事項。由法專代表何玉書主席，討論結果定於本星期五舉行北京各公立學校學生大請願。關於是日進行事項，已議決下列五條：(一)呈文內容：(甲)質問政府屢次失信及國務院致教育部九百六十一號公函（卽侮辱教育界之公函），(乙）請實行國務院前次批准三項辦法；(丙）請於一星期內宣布財交教三部前次所定關於教育經費條文眞相；(丁)四五兩月八校教育經常費及應還前欠，希於日內發給；(戊)以下數條如政府不能照辦，卽請將北京各公立學校明令解散。(二)兩聯席會議因目的手段均趨同一態度，而聯席會議係評論機關，特組織一執行機關以利進行，名爲北京公立學校臨時幹事會，計分新聞，會計，庶務，交際，糾察，衛生，文牘七股。(三）上次八校請願，係已經罷課多日，且係被動，故名爲讀書運動，而此次中小學罷課，實出於自身主動，故關於名稱，特定爲鞏固讀書運動。(五)傳單內容：(甲)歷述政府屢次失信及侮辱教育界等等經過情形；(乙）要求上列第一條所列(乙)(丙)(丁)三條辦法；(丙)政府擬大借外債，而用途竟不及教育界，是政府毫無維持教育界之誠心；(丁)教育爲國民之根本，希望各界一律援助云云。

又聞專門以上八校，中等九校，小學五校，共二十二校學生代表所組織之京師公立學校學生臨時聯席會議定於本月二日，各校代表一人於上午十時在女高師會齊，同行赴國務院，乘國務會議時請願，並求出席閣議，質問政府對於教育是否舉辦及有無維持之意，與解決之方。如不得結果，則今日卽由北京中各學校全體學生，聯合舉行游街運動，向政府作一度大請願云。

▲各界聯合會議決召集維持教育的國民大

北京國立學校「敎育經費獨立運動」紀會

北京各界聯合會，鑒於京師敎育，迄無恢復希望，昨於二十九日特發出通知，定於三十日招集各團體開維持敎育聯席會議，其通知書如下：

敬啓者國立八校，因經費無着，停課日久，致職員學生，奔走府院，請求籌定基金，指撥的款，終日惶惶，國人一再呼籲，而政府置若罔聞，始終毫無維持敎育之誠意，而各軍費則千萬百萬源源支付，輕重倒置，莫此爲甚。再如華僑敎育受外人之蹂躪，政府應如何力爭，而僑民代表來京請願，迄今數月，未聞政府若何援助，是政府已甘心摧殘敎育。惟敎育爲國家生命所關，國人再不速謀自決，前途危險，不堪設想。茲特定於五月三十一日午後二時，假李閣老胡同法政專門學校開各團體聯席會議，共商一切，以期恢復敎育而安國本。務祈貴會屆時派代表三人出席，協謀進行，是爲至盼，專此順頌公祺。北京各界聯合會謹啓，五月二十九日。

三十一日該會假法專開緊急會議，到者學生聯合會女界聯合會報界聯合會北京敎育會等八團體，代表二十餘人，四時半振鈴開會。由主席報告，京師敎育既已宣告破產，而華僑敎育問題，業經余佩皋等先後力爭，外交部置之不理。足見政府輕視敎育問題之心，非國民起而自決，實不足以救亡。各代表相繼演說，一致主張於六月五日下午三時，在天安門開國民大會，以謀救亡之計云。茲將該會發出之啓事，錄之於下：

北京各界聯合會緊要啓事

本會因北京公立八學以上學校停課及英屬南洋華僑敎育註冊條例問題，特定於六月五號星期日下午二時，在天安門外開國民大會，公議維持方法，事關國本，務祈各界人士按時撥冗到會爲禱，此啓。

▲八校畢業同學會求援國內名流之電文

八校畢業同學會代表聯席會議，以北京教育已形破產，不速援助將見全國知識階級胥起恐惶，窮無復之徒上府院請願，終自無效。乃亟從國民運動着手，已於日前分致在野名流及關心教育人物，如黎宋卿，張季直嚴範孫熊秉三等一函。其辭如左：

某先生大鑒：國立北京專門以上八校，無米難炊，有懷莫展。教職員等起爭教育經費獨立，以圖久遠，至矢去就，奔走三月，而政府終始漠然，牽延推宕，坐惜流光，絃誦有斷絕之憂，斯文成將喪之嘆。生等雖終版業，迄念薰陶，竭其忠誠，曾盡款困。無如閣議通過之事，即日籌足教育基金，先由交部月撥二十二萬，三期清償積欠，口惠實吝，食言而肥。暫行留職者取消，當塗保障者失效，士林怪駭，羣動聳惶，轉瞬暑期將屆，開來繼往，再無解決之方，愈現糾紛之狀。匪但爲山九仞，功虧於一簣，或且問字頻年，難期乎更上，多士失升學之機，成材有將落之懼。先生鄉國耆碩，人倫楷模，泰山釣鼎，務乞一言，旋乾轉坤，至懇主決，臨電迫切，不盡瞻馳。

措詞至委婉動聽，聞以後且將請各省之畢業同學，分頭接洽各界以爲援助云。

▲高師附小教職員致各學生家長之痛函

高師附小教職員於二次罷課後致各學生家長函敍述不能長久維持之苦衷，請求各家庭諒解，其辭如下：

據北京中小學校學生臨時聯合會來函，籍悉本校學生於五月二十六日實行罷課，本校同人，認爲此次舉動，亦屬萬不得已。秉之本師範校長暨教職各員，一再辭職，本校爲附屬機關，礙難獨立，且當此教育殘缺，即無此項舉動，本校同人亦不難在此不死不活之教育界，再負維持責任。唯莘莘學子，學業坐荒，有負重託，殊屬抱歉。區區苦衷，尚祈鑒原。

十二、「六三」慘劇後教職員學生之文電

（一）八校教職員呈國務院文

呈爲國務院衛兵毆傷校長教職員學生據實呈報事。竊校長等因京師教育問題，久懸未決，無法應付，疊呈請辭職，未蒙允准，昨日午後赴部晉謁次長請示辦法，適各校教職員學生等亦先後到部，校長等以教職員學生之要求，隨同次長齊赴新華門請見總統總理，甫至轅門，守衛兵士拒不許入，繼則用槍柄毆擊，家駒被擠昏暈倒地不省人事，黻卿頭部被警重傷血流如注，教職員學生等受重傷者十餘人，當經檢察廳派員驗明在案。查人民請願載在約法，衛兵如此橫暴，實屬目無法紀，若不嚴行懲辦，置國法於何地。況教育爲立國根本，如此摧殘士子，必致動搖國本。校長等目擊

身受，據實上陳。至此後校務行政，實再無法維持，更無力負此重大責任，請即日批准辭職，並迅予派員接替，不勝迫切待命之至。謹呈大總統國務總理。北京大學代理校長蔣夢麟，北京高等師範校長鄧萃英，北京女子高等師範校長熊崇煦，北京法政專門校長王家駒，北京醫學專門校長張黻卿，北京農業專門校長吳宗栻，北京工業專門校長俞同奎，北京美術學校校長鄭錦。

（二）八校教職員通電

上海時事新報，申報，新聞報，民國日報，中華新報，時報，神州日報，新申報，及各報館，轉全國學生聯合會，全國各界聯合會，江蘇教育會，各省教育會，各學校，商會，省議會，各團體鑒：政府摧殘教育，停給經費，同人等萬不得已，罷課辭職，向政府力爭，奔走呼號，心力交瘁：此兩月以來之事，已爲國人所共見共聞。本月二日，京

師公立小學以上學校男女學生，代表二十餘人赴國務院請願讀書並請見總理。乃總理不惟不見，反閉之院內，絕其飲食凍其體膚。同人等爲維持國家教育及援救在院之學生代表計，於三日下午，全體赴教育部交涉；而京師公立小學以上學校男女學生，先期不約而至者近千人，同人等乃請教育次長代理部務馬鄰翼率領專門以上八校校長及公立小學以上男女學生暨同人等赴府請願面見總統。不圖甫至新華門鐵柵外，卽橫遭衞兵百人毒打；槍柄刺刀，一齊交下，頭面刺破，臟腑受傷者，不計其數。馬鄰翼頭部首遭衞兵槍擊；醫專代理校長張煥文，法專校長王家駒，北大教授馬敘倫，沈士遠，高師教授黃人望，張貽惠，女高師教授湯操眞，職員劉興炎，醫專教授毛咸，工專教育許繩祖，學生中法專何玉書，美術封挺楷，女高師王本儀陳激，梁惠珍，劉因民，趙林書等，受傷尤重；女高師附中女生及附小女生被槍柄擊傷，倉卒間由衞生隊保送回家調養者，尙有多人。衞兵等用槍擊傷多人後，復將其餘諸人包圍在新華門前大街上，行動全失自由。等於俘虜，同人等困於雨中者有三小時之久，始被驅散。迨至下午八時，院中復令衞兵數十人先將二日閉在院中之醫專學生代表梁鐸捕去，不知下落，更不知如何處置。後復將其餘之男女學生代表轟出院外。如此情形，實足爲政府自暴其破壞教育摧辱民權之鐵證。日本人所不敢施於朝鮮人者，政府竟以之施於同人。同人等犧牲一身，雖不足惜，然號稱共和國家，竟有此等野蠻慘毒之政府，國法何存，人道何存，瞻顧前途，傷心何極。現同人等除依法向法庭起訴外，謹將經過實在情形報告國人。惟國人速圖謀之。北京國立專門以上八校辭職教職員全體支。

(三)各校學生通電

北京國立學校「教育經費獨立運動」紀

上海各報館轉各法團公鑒：昨日小學以上各校學生代表二十二人到國務院請願撥發教育經費，被拘純一齋內，經一晝夜尙未出院，消息不通。本日各校同學千餘人復偕同馬次長及各校校長教職員冒雨續行到院請願，自上午九時迄下午四時，始終拒絕不見。同人堅求放入，不意門前密布之軍警，卽用槍柄肆行毆打，並往來追擊，當時血肉橫飛，慘不忍覩。北大校長蔣夢麟受傷不能行動。法專校長王家駒，北大教授馬敍倫，沈士遠，頭破額裂，血流被體，生命危在旦夕。李大釗昏迷倒地，不省人事。此外受重傷者三十餘人，傷輕者百餘人。似此野蠻橫暴，雖土匪盜賊何以如此。同人痛憤之餘，恨不能與萬惡政府同時拼命於新華門前。特據情飛電奉聞。同人誓奮餘生，作最後奮鬥以殉我神聖教育。至應如何懲此萬惡政府，惟國人速圖之。臨電不勝迫切。又此電將發時，聞教部人員將於明日全體辭職，幷聞北京公立各校學生臨時聯席會議叩。

(四)八校辭職全體教職員宣言

同人等前以國家預算案中規定之教育經費，爲政府所濫用，以致北京國立專門以上八校暨中小各校，均不能維持，不得已而停止職務，以與政府交涉，中經三月之久，政府始則置之不理，繼則以國務會議議決之三項辦法相欺騙，而並不履行。旋又自翻前議，而厚辱同人，以自掩其失信之迹。同人等數月以來，奔走呼號，及維持教育之運動，實已心力俱瘁，而卒無效果。八校之莘莘學子，因此損失其寶貴之光陰，旣已甚鉅，而復哀號呼籲，請願無門，是政府早有滅絕教育屛棄士類之決心。同人等再無徘徊遷就之餘地，祇有決然辭去之一途。辭職而後，除追索積欠外，同人等本不願再向政府有所交涉，乃各中小校教職員同人暨八校幷中小各校學子，不忍見首都教育之淪亡，亦復一律罷課，共起而爲最後之挽救，連日以來，各校學生代表二十二人，呼籲於新華門內者，經兩晝夜，饑寒虐辱，已備嘗之，中且有十餘齡之幼年男女，此輩純潔之青年，何辜乃使之爲維持敎育而遭此僇辱。同人等義不能忍，爰於六月三日集議，以爲吾輩亦屬國民，安能坐視青年學子之奔呼困辱而不予以援救，遂議決以本日到部，請馬次長暨八校校長，與同人等所推出之代表八人，同往總統府，意在向總統陳述政府摧殘敎育，及一再失信，不能負維持敎育之責任等情，並質問其對此有無維持之辦法，藉以援救學生代表，倘仍不得要領，同人等誓不退出新華門，饑寒困苦，願與各校學生代表共之。迨至敎育部，各校學生六百餘人，已在敎育部大講堂中，詢知爲冒雨赴新華門請願，爲衛兵所阻，不得入而退至敎育部者。同人等乃請馬次長出席，與同人等及諸生相見，並即要求馬次長與八校校長，并同人等，同赴總統府，馬次長允予同行。各校學生亦隨行於後，至新華門，東轅門之鐵柵，早已緊閉，西轅門外早有武裝兵士一隊，列陣以待，同人等請次長八校長及八代表，並學生代表等入府，詎衛兵不准通過，蠻橫異常。同人等以堂堂民國政府，豈有禁人請願之理，遂向理論，令其放行，該衛兵等不但不許通行，並用槍柄刺刀亂刺擊，知機之馬次長稍受微傷，立即聲言，我是次長，衛兵等乃許其通過，彼遂獨自入府，衛兵更繼續痛毆同人及學生等。是時天方陰雨，新華門外血肉橫飛，同人及學生等相繼傷仆，枕藉於泥塗之中者，不計其數。最痛心者，十餘齡之男女學生，亦均遭蠻橫軍卒之痛擊。嗟乎，政府而蠻忍至此，尚何言哉，尚何言哉。迨至衛兵之凶威稍戢，同人等始從血泊泥塗之中，救出法專校長王家駒先生，腰部重傷，暈倒在地。醫專校長張煥文先生，後腦骨一根打斷，血流不止。北大敎授沈士遠先生，頭部刺傷口長寸許，額頭打開，流血甚多。高師敎授黃人堅先生，兩肩重傷，女高師敎授湯璪眞先生，內部重傷，兩眼發直，全身已失知覺。職員劉興炎先生，額軛破傷，醫專敎授毛咸先生，背脅受傷。學生受重傷者法專有何君玉書，美術有封君挺楷，女高師有王君本儀，陳君激，梁君惠貞，劉君因民，趙君林書。其餘敎職員學生中受輕傷者甚衆。此六月三日新華門前政府縱令衞兵擊傷校長職員代表學生等之情形也。猶憶徐總統就職之日，卽以文治號召於國人。今也首都敎育，先受摧殘，而標榜文治之總統，竟坐視閣僚之辱蔑師儒，摧殘敎育，而若無睹。迨敎育界起而謀救起之方，又復縱令衞兵行凶傷人，濺師儒學子之血於文治總統白宮之前，而國家之高等文化中心，遂全破壞於徐氏文治旗幟之下，此誠國家之不幸而民族之奇羞也。猶恬然自居於文治魁領而不辭，外則引友邦文學博士之崇徽以自夸耀，內則收集所謂名流者，設立四存學會，四存學校等以顏李之學欺世盜名。夫顏李爲河北儒宗，其學以言行合一爲主，而四存之義，尤重存學。今徐氏躬行祖龍焚坑之事，而口說顏李之學，使顏李有知，亦當痛哭於地下也！同人等遭政府之僇辱甚矣。除將政府摧殘敎育殺傷士類之罪狀布之國人，請求全國同胞起而問政府之罪外，卽日與此慘無人理之政府，停止一切交涉，至於如何處此摧殘敎育暗無天日之蠻忍政府，惟在國人矣。臨書悲憤，不知所云。

五卅慘案與敎育

五四以後之大學潮，幾無不發端於外交問題，但均係對內。五卅案則完全爲對外。五卅以後，全國一致罷課力爭，雖未得良果，但全國一致之精神，則爲向來所未有。此案在敎育上影響之最大者爲收回敎育權運動。此篇係根據各雜誌之記載編成。　編者民國十四年五月三十日下午上海公共租界南京路發生一空前未有之大慘劇，此實我國近年來政治外交上最重大之事件也。爰分述其原因、事實、與交涉之初步作為前記，先記敍之如次：

一、五卅慘案之原因

五卅慘案，發生於上海，其原因可分為遠因與近因二項述之：

（甲）遠因　五卅慘案之遠因，實由於上海租界內外人侵越中國主權所釀成，而外人之在租界所以能侵越中國主權者，則自有清「鴉片戰爭」以後，外交壘次失敗，與各國所訂各種不平等條約有以致之也。緣上海於一八四二年——道光二十二年——中英訂立五口通商之約，約中規定為准英人貿易通商之處，次年復訂立「追加通商條約」，更具體的規定英人有租賃及居住之權，是為英人於上海取得租界之始。八十年來，中國以積弱之勢，事事退讓隱忍，外人遂得步進步，至今上海租界內之司法權與市民權，悉為外人所攫去。中國市民屢次抗爭無效，積數十年來憤忿不平之氣，最近又加之以各種限制租界內華人自由之各種法律——如「印刷法律」取締租界內一切印刷品，任意增加碼頭捐，制定「交易所註冊條例」等——及顧正紅案起，而五卅事變遂一發而不可收拾矣。此其遠因也。

（乙）近因　五卅慘案之近因，實起於上海日人所開設之「內外紗廠」殘殺工人一案。緣本年二月間，上海日人所設之「內外棉織會社」工廠工人，因要求改善待遇，全體罷工，風潮擴大，在上海之日商紗廠工人一體加入罷工，一時失業工人達三萬餘。當時租界當局，但用高壓逮捕工人，無正當解決辦法。延至二月二十七日，始談判妥貼，工人照舊上工。後又因內外棉織會社背棄原議，復發生第二次罷工風潮，至五月十五日工人與廠主爭論，日人擅發手鎗擊斃工人顧正洪，此外受鎗傷及刀傷者計七人。租界當局仍不知對兇手加以懲罰，反一味壓制工人。滬上報紙因開設在公共租界以內，對於租界當局頗受無形之壓廹，不得將此事盡形披露，故外間亦絕少注意。唯上海各大學學生因顧正洪非法擊斃，中國官廳絕不干涉，頗爲不平。又因報紙態度消沉，故派遣學生沿途講演顧正洪被殺眞相，使各界注意。此時捕房因學生有援助工人之舉，乃遷怒於學生，突行拘捕四人，待遇十分苛刻。「上海學生聯合會」及「工會」雖向交涉署呼籲，亦置不理。於是學生與工人大憤，因有五月三十日租界內學生大演講之舉，而震動世界之大慘案從此起矣。此其近因也。

二、五卅慘案之實情

五月三十日，上海各校學生爲引起各界對被難工人學生之同情起見，全體出發在公共租界各馬路分組演講，分發傳單，大抵均屬「援助被捕學生工人」「反對印刷附律，增加碼頭捐，交易所註冊」等言辭。租界捕房方面決定從嚴取締，自上午起已逮學生多名，至下午愈捕愈多，分別拘禁各處捕房。下午三時後，大隊學生及羣衆已行至南京路老閘捕房門首，當時情形，除路爲人塞外，並無他種擾亂秩序之事。乃老閘捕房英捕頭愛伏孫忽召集通班巡捕，下令開鎗，於是擁塞在南京路中心之學生及羣衆，當時飲彈斃命者四人，續死者七人，受傷者無數。消息傳出，學生會代表立向交涉署請願嚴重抗議。交涉員陳世光於當晚訪英領事及工部局總辦，談判均未得要領。工部局不但竭力袒護捕房，且又調集萬國義勇隊及駐滬外艦水兵，宣布戒嚴。二三日內，英捕擊斃華人之舉，復有數起。工部局且令海軍陸戰隊佔領租界內各大學，種種苛刻，爲從來所未有。上海市民身受此暴力壓廹，義憤塡膺，乃運動全市罷課、罷市、罷工，以促起對方之覺悟，作消極之抵抗；一面更將此慘案眞相向國內外宣傳，並要求政府嚴重抗議。於是此五卅大慘案，乃震徧於世界。

(二)五卅後繼起之慘案

滬案發生，全國人民，均認爲奇恥大辱，各地民氣至爲激昂，前已言之。而外人方面乃始終蔑誣羣衆運動爲排外，紛紛派遣軍艦，徵調水兵，對華人全用武力壓廹。因此全國通商大埠，到處發生紛擾，如鎭江、九江、漢口、寧波、香港、廣州、厦門等處，受此事影響，均先後發生衝突。而尤以漢口與沙面二案爲最重大。茲分述其情形如左：

六月十日上午，英商太古輪船公司武昌號輪抵漢，有苦力因搬運貨物起岸，略有錯誤，被該公司雇員毆打受傷，衆苦力大憤，於次日全體罷工，舉行遊行示威。後經官廳與該公司交涉，提出懲兇卹傷等條件，經太古大班簽字承認，但外間尙未知悉，工人仍聚集未散。下午七時餘有一印捕揚棒毆打工人，被工人包圍追趕，一時人衆擁擠，略有紛擾。漢口英領事即調義勇隊及各國海軍陸戰隊分佈英租界各區，在要口架機關鎗，形勢危急，如臨大敵。湖北軍務督辦蕭耀南聞訊，立派軍警至租界維持秩序。羣衆見軍警至，紛向租界狂奔，義勇隊卽不問情由，遽開機關鎗射擊，致傷斃華人十餘人。於是漢口事件又踵滬案而傳佈於國中。不意未及半月，乃更有廣州沙面之大慘劇。

六月二十三日，廣州農工商學軍各界爲滬漢案於東校場開各界民衆大會，到會者五六萬人。下午一時，羣衆整隊遊行示威。以工、農、學生、商店居前，粵軍、學生軍、警衛軍、湘軍殿後，由東校場起行，移時入沙面租界，租界內預有英法及印度安南兵駐防守衛。其時英租界內忽聞鎗聲，英兵乃開放步鎗一排，將遊行隊之警衛軍傷斃數名。初時遊行隊兵士未及預備，且未帶子彈，故不能抵抗，棄械四散。而租界內外兵猶繼續放機關鎗數百餘響，停泊河面之英艦更開砲助戰。當時後面之湘軍、學生軍、未明原委，猶繼續前進，致被擊斃多命。禍變之烈，死傷之多，更甚於上海漢口兩案。

漢粵二案繼起，風潮幾已徧於全國，大有不易收拾之勢。我國政府為欲迅速解決此案起見，特派顏惠卿、王正廷、蔡廷幹為滬案交涉專員，並設一外交委員會，聘請委員十八人，以孫寶琦為委員長，專事研究對滬案交涉各事件。至漢粵兩案，則擬就地交涉云。

（小學教育月刊一卷三號十四年九月）

三、約翰大學學生離校風潮始末

教會大學在中國之歷史最久者莫若約翰大學。

而該校現以校長美人卜舫濟無理干涉學生之愛國運動，釀成全體學生宣誓離校風潮，由此可見教會學校為中國之致命傷矣。茲分錄該校中國教員之通告與離校學生善後委員會之聲明脫離學校關係紀事如下，以明離校風潮之始末，而備擁護教會學校者之反省焉。

▲中國教員通告

『六月三日約翰大學當局因學生愛國運動未經徵求同人意見，猝令學生離校，同人自慚力薄，未盡責任，而在此情形之下，國民性之陶冶，更屬施教無從。除即日向學校辭職外，特此通告。蔡觀明，何仲英，孟憲承，伍叔儻，蔣湘青，吳邦偉，林軼西，洪北平，錢基博，張振鏞，薛迪靖，于星海，顧藎丞，朱蔭璋，金秋濤，周予彥，陶士偉同啓。』

▲約大暨附中離校學生善後委員會聲明脫離

學校關係紀事

約翰大學暨附屬中學學生八百人，以校長美國人卜舫濟氏辱及我國國旗，相率聲明離校，并宣示永不再回校。社會有識人士，認此風潮爲有重大之意義，羣起援助學生，爰將風潮眞相，爲社會人士一訴說之。

(一)五月卅日之情形

五卅慘劇之始作也，當晚有舊同學聶君廣緒，馳赴約翰大學，報告目擊情形，當被校長查見，卽令其停止發言，并厲聲呵責之，驅逐出校。聶君爲約翰舊同學，報告慘劇一事，亦爲全體同學之所公請，而校長則竟剝奪其言論自由之權利，此同人等所認爲直接侮蔑聶君，而間接辱及全體學生之第一事。是晚學生假操場開全體大會，組成學生會，暫選委員八人，此在尋常學校，本爲義務應有之事，而在約翰，則又發生所謂

(二)不承認學生會之問題

原來約翰各種學生團體，皆須得校長之承認，在學校辦公處註册而後可以進行會務，學生會蓋始終未得校長之承認焉。按照學校向來承認團體之標準，唯與學校宗旨相違者，不得承認，學生會自矢爲愛國運動中之一小小分子，學校之不承認學生會，卽

(三)不准學生從事愛國運動

之表示一也。自五卅以後兩日間，滬上慘劇，愈演愈烈，學生於六月一日宣告罷課，并上書教授會，請求考慮，書中一再聲明，學生與在校美國人，分屬師生，絕無惡感。是日晚間，校長召集大學暨附中教授聯席會議，席間美國籍教員，議論紛紛，大抵皆承校長卜氏之意而發，綜其大意，不外兩點：一、不准學生罷課，二、學生罷課則不能留住校舍。此則其蓄意抑止學生愛國之明證也。至於教授會中美國教員

(四)侮辱中國之言論

尤屈指難計，在場國文部教員至於聞之墮淚。茲但陳其侮蔑吾人之尤甚者，則有如某教員誣指學生爲受赤俄共產黨運動，某教員之稱學生爲强盜（A dan of robbers）又有某教員一段議論，尤屬荒謬，謂「約翰大學，處於工部局管轄之下，在學學生，有絕對服務工部局之義務。」約翰校址在梵王渡，公共租界極西界石，在梵王渡東約里許之處，是則約翰大學，明明在中國完整之領土內，自受中國政府之管轄。此爲損傷我國國權之論，不可不辭而闢之。教授會議中中國籍教員力主應贊助學生愛國運動之議，甚至以去就爭。是晚會議達四小時餘之久，其最後點結果，則

（五）校長推翻「贊助學生罷課」之議案

是已。原來教授會中中國籍教員人數較多，曾以舉手法及無記名投票法兩次表決「贊助學生罷課，幷准許學生罷課復仕校」之議案，該項議案，反對者

十九票，贊成者三十一票，爲絕對的多數通過，依教授會議之慣例，校長卽宜執行該項議案，乃彼不顧教授會之多數意見，宣稱校長於重大事件，有擅自處分之權。於是此次會議至於無結果而散，蹶足而至者，則有

（六）六月二日之假面具

蓋校長非不知羣情之激昂也，二日上午，召集教員學生代表聯席會議。下午，學校方面決定放假一星期，表面上似爲相對的容納學生罷課之要求。然而一方則速函全校學生家屬危詞聳聽，謂學生隨時有暴動之虞，生命安在危在旦夕，請各及早領回云云。凡此種種，皆所以破壞學生會之團體，希望學生一一散歸，既遂其抑止愛國運動之始願，又可不着解散學生會之痕跡，此吾人所爲稱之曰假面具也。

上述種種，學生方面於外面情勢危廹中，對於內部困難，無不暫時容忍，至六月三日之晨，乃有

（七）校長侮辱國旗

之事先是學生會議決為被害華人下半旗誌哀，並於每晨向國旗行禮。二日晚上，派童子軍隊長商得校長之許可，並領到國旗。三日之晨，童子軍已在圖書館前旗桿上，如議升旗，學生旋往聚集所開會，比會畢至旗桿前行禮時，國旗已被校長收去。學生方面乃推代表二人，向校長往索國旗，請其履行宿諾，校長不肯。於是同學乃取自備之國旗一面，方欲懸掛，校長突然出來，將國旗當衆刼去。學生等至是時以校長辱及國旗，悲憤之餘，即羣赴聚集所開會，討論對付方法，而校長已率其西籍教員隨至，宣稱即時解散學校，命學生立即回去，不許留校，並禁止各項集會，言畢而去。學生是時悲憤之情，不能自抑。於校長退席之後，高呼中華萬歲者三，痛國旗之受辱，不期全場痛哭，至於失聲。隨即議決永遠與約翰大學脫離關係，全體宣誓永不再來，此六月三日上午事也，午後學生紛紛離矣。

（中華教育界十五卷一期，十四年七月）

四、五卅慘案後之教會學校學生退學轉學運動

（一）杭州大方伯英人梅藤根所設廣濟醫專學校學生，此次因滬案問題全體退學。中有修業已滿未及考試畢業者二十餘人，曾由浙江各公團聯合會呈請省長轉飭教廳組織考試委員會予以甄別，給發証書。當經夏省長據情電教育部請示云：浙江近因滬案影響，英人所設廣濟醫專學校中國學生全體退學，無所依歸，正在設法安置。其學生中有修業期滿未及考試畢業者，擬飭令教廳按照諸生所習科學，嚴予甄別，給發証書，俾完學業而全資格。事出例外，不能不變通辦理，以昭來者。特電布陳，即希核示為荷。

（二）國立東南大學附中向例不收轉學生，除附

小保送外，新生入校均須經過入學考試。茲以此次上海梵王渡聖約翰學校學生因愛國運動退學，特派代表來校請求轉學校中准予通融，擬定暫行辦法兩種如下：（甲）增設特別班；（一）有同年級程度三十人以上之請求經審查准許後得特開一班，每班以五十人爲限，至多開二班；（二）課程待遇畢業與正式生同，惟不得保送東南大學；（三）收費學費每學期初中三十元，高中四十元，圖書及講義費三元，雜費一元，損失費二元，（餘還缺找）選讀理科者另加實驗費，膳宿自理。（乙）招收插班生時，每級特增名額四名。

（三）近來各埠慘變，蕪湖、寧波、揚州、溫州、杭州、天津、上海等處教會學校之學生，因受以辦學爲名之外人之欺凌，遂羣起反抗宣誓離校，以謀教育之獨立，而抵制文化之侵略。此等教會學生激於愛國之公忿，忍受巨大之犧牲，誠屬難能而可貴。上海大夏大學因與

此輩離校學生深表同情，故曾對於彼等之善後，作積極之救濟以免此等莘莘學子之寶貴光陰擲於虛牝。聞該大學已允蕪湖聖雅各高級中學離校學生團之請求，准與全體轉學，並對於其他教會學校離校學生團願作相當之救濟，而對於該校內部之組織之課程，極力求使每生每年用費比較滬上各教會學校節省倍餘，而其所受教育反較教會學校優良云。

（教育雜誌十七卷八號，十四年八月）

五、上海學生聯合會呈江蘇交涉使文

呈爲英捕槍殺我國學生工人，懇即轉向領袖領事嚴重交涉以保國權，而維民命事。竊學生等五月三十日散佈租界演說之目的，僅在喚起中外人士之同情，一致援助日商內外紗廠被壓廹之工人同胞，此本一種愛國運動。乃工部局不明原委，嗾使中西巡捕，妄加干涉。經學生等一再聲明，彼仍置若罔聞，且復恣意

逮捕學生及工人。學生等向之理論，彼不但置之不答，且轉以警棍及手杖痛擊。學生等熱血塡胸，復繼續進行演講，頃刻間爲巡捕逮捕者幾百人。學生等目覩此種慘狀，遂至捕房首以極和平極誠懇之言詞，要求釋放彼等始則嚴加拒絕，繼則連發排槍數十響。羣衆不及迴避，因槍傷斃命者九人，重傷者十餘人，輕傷者不計其數。頭破腦裂，血流染地，悽慘之狀，悲痛之聲，凡稍具人心者，無不爲墮淚。乃彼等不但無絲毫憐恤之心，而且聲勢洶洶，狀欲繼續發槍，大有殺盡羣衆而甘心之勢。學生等手無寸鐵，禦暴無方，更不敢挺而走險，以演成滔天之慘劇。遂退而舉代表，向貴使要求面向領袖領事嚴重交涉，業經貴使親往交涉，與以口頭之答復。學生等以茲事關係重大，特懇貴使再向領袖領事正式嚴重交涉，提出下列最低限度之條件：（餘情容俟查明續呈）（一）懲辦打死工人學生之凶手，並賠償損失。（二）釋放被捕學生及工人。（三）承認工人要求迅速解決工潮。（四）集會結社出版罷工絕對自由。（五）收回會審公堂，取消領事裁判權。（六）反對越界築路。（七）取消外人納稅會權，組織中國人的市議會，管理租界市政。（八）不承認印刷附加律，碼頭捐。（九）不准用外國巡捕。（十）向中國政府道歉。學生等竊念此次工部局對於學生等之暴行，爲滬上前此未有之慘劇。國權民命，斷不容加以漠視。素仰貴使公忠體國，誠懇衛民，務乞盡力主持公道，以平公忿。臨稟不勝廹切待命之至。謹呈江蘇交涉使陳。上海學生聯合會張銀河，五月三十一日。

（中華教育界十五卷一期，十四年七月）

六、學生總會結束五卅慘案罷課運動通告

全國學生總會發出通告第十號云各地學生聯合會轉全國同學們。自五卅慘案發生以來，我全國學生羣衆咸立於急進衝鋒之地位，偕同全國民衆與帝國主義作決死之鬬爭，罷課示威游行演講，並進行其他各種奮鬬之工作，勇往直前，未嘗稍懈。現在中國民衆之反帝國主義運動，尚在長足發展之進程中，而我們學生秋季開學之期將到，因此我們對於我們今後應該怎樣繼續去奮鬬，不能不詳細的考慮，而決定一個全體學生一致行動的態度。總會決定各地學生應該於秋季開學的時候，暫行結束我我們五卅以來的罷課運動。各地學生聯合會及學生會，均應發表宣言繼續上課。爲甚麼要這樣辦呢？第一現在中國民族的反帝國主義運動已經普遍發展，我們須預備持久作戰的計劃，不能專恃罷課與之相持。第二我們的反帝國主義運動，要靠羣衆團結的力量，不是靠個人行動的力量所能收效。自五卅罷課以後，各地反對的教職員紛紛提前放假，分散我們學生集中的力量，而緩和我們的愛國運動。現在秋季開學期到，我們應立卽繼續到校上課，使我們的羣衆集中，以預防反動勢力藉延長假期等手段以直接破壞我們的團結，間接破壞國民的反帝國主義運動。第三爲執行第七屆代表大會各種決議案，作長期之奮鬬工作，我們亦應於秋季開學之始，立卽在各學校中召集我們的戰士，整頓自身組織，擁護本身利益，使我們的大會決議案得次第見諸實行，而不致成爲具文。根據以上的理由，總會決定各地同學應於秋季開學之始停止罷課運動，一律到校繼續上課，同時須努力進行反抗帝國主義，要求民族解放等長期奮鬬工作，以完成我們的責任與使命。總會謹以至誠之意祝諸同學之努力與健康。全國學生聯合會總會

（教育雜誌第十七卷十號，十四年十月）

七、交涉結果

十四年十一月廿五日，我外部向使團提出牒文，列爲五欵：首述慘變詳情並說明責任應屬諸巡捕房與工部局。次言麥高雲愛伏生及開槍之印英日捕，應按刑律懲治；工部局總辦魯和應受行政處分。第三爲負責之賠償，爲數一百六十六萬八千五百元；精神上之損失因詳細清單尙未到部，申明暫保留。第四提出收回會審公廨。最後爲改組工部局：增加華董華巡捕。原文十餘萬言，迄無覆。十二月廿三日，乃有工部局對麥高雲愛活生辭職之准允；並備洋七萬五千元請領團轉送交署，以爲死傷邮金；他事並未提及。我外部以爲「上海交署僅有權交涉改良工人待遇，撤消三附律及越界築路案，其他應由部交涉；且送來邮金其數與部提原意大相懸殊，」電令交署將該欵退還，交涉停頓。但據外長王正廷語人，外部決定急進，先要求解決四五兩欵，餘容後商，已牒使團催辦。然此或係事實，是以乃有一月廿八日（十五年）之使團會議。該會議議決由英法日美意五使各派參贊與外部代表交換意見商定簡單適用辦法，由荷領使通知外部。外部派張煜全朱鶴翔羅忠詒三人爲代表，於二月四日與英亞力山大、美裴克、法蘭璧斯、意羅斯、日本澤田，在外交大樓接洽。我國委員主張以十四年十一月廿五日外部致使團照會爲根據；各國委員則以根據前年八月九日顧維鈞致美領使照會爲主張。不知顧之照會固亦我所提出，然情勢變遷，何得固執？結果雙方請示再議。是後滬上之收回會審公廨會議，俟蘇省根據華會議決案與上海領團之交涉，與滬案絕無關係，滬案交涉，終無結果。

「三一八」慘案記

政府殘殺有「五四」「六三」諸役，但均無如此次之慘。段執政因政潮於斯年（十四年）四月二十日去職，此案亦無結果。

「三一八」慘案記

編者

五卅慘案之血未乾，而三月十八日本國政府當局又以鎗殺學生數十人傷百餘人聞，嗚呼慘矣！茲依據上海各報專電及新聞編次其經過情形如次：

（一）慘案發生之原因　慘案發生之內因或遠因，因國內人士政見之不同，各執一是，吾人不能深究，故姑置之，而僅述其引起慘案之近因。二月間直魯聯軍利用渤海艦隊進襲大沽，國民軍遂於八日晚於大沽口埋水雷多隻實行封鎖。十二日下午，有日艦兩艘駛近大沽砲臺，守兵發空鎗令其緩行，日艦不聽，乃發排鎗，而日艦則以機關鎗還擊。十三日，日使芳澤提出抗議。十六日，日本外務省訓令日公使致最後通牒於中國政府，同時，北京公使團以辛丑條約關係國名義，於十日照會外部，抗議大沽封鎖。十六日亦致最後通牒，云自十六日下午四時起至十八日正午十二時止，

倘無滿意答復，各國海軍卽取相當方法，維持津沽之交通。（據商報二〇五、二〇六次大事述評）

（二）慘案之序幕　十七日，北京各團體因公使團爲大沽口事件向我國提出最後通牒，甚形憤慨，特向政府請願，將該通牒予以强硬駁復。茲將各團體開會請願各情詳誌如下：（一）中國國民黨市黨部（右派）、孫文主義學會、國家主義團體聯合會、國家主義青年團北京支部等十八團體，在南花園一號開會，討論對於公使團通牒之主張。結果決定，卽請政府强硬駁覆，當推定王鍾文等八人爲代表，攜帶公函前往外交部請願。適外次曾宗鑒前往國務院，至六時，該代表等因曾不至，乃將公函留下而去。該團並擬組織一固定機關，專行辦理此事，定名爲「反辛丑條約各國侵略大會」。（二）國民黨市黨部（左派）、廣州外交代表團、中俄大學、反日討吳張大同盟、畿輔大學、中法大學、

師範大學、法政大學、女師範大學、中國大學等團體，在北大第三院大禮堂開會。對於大沽口事件之公使團通牒，當議決三種辦法：(一)即日駁覆通牒，(二)不許日艦帶奉艦入口，(三)驅逐八公使出京。此外並議決兩項：(一)請國民軍改變作戰目的，為「廢除不平等條約」(二)定於十八日在天安門開國民大會。議畢後，當分為甲乙兩組，分赴外交部國務院兩處請願。甲組約四十餘人手持旗幟，上書「驅逐署名最後通牒的各國公使出境」、「反對日艦携帶奉軍入口」、「廢除辛丑條約」等字樣，沿途並喊口號。五時至外交部，見部中無人，乃分赴大樓上下，搜索曾宗鑒。旋各代表齊集大廳及各客廳中，聲言非俟曾宗鑒來部面見後，決不退出。至深夜尚在部中未散，大有就地住宿之勢。乙組一隊約百餘人，於下午五時許，齊到國務院門口，要求面見執政。守衛答稱執政在吉兆胡同。繼又請見賈總理。守衛答總理未到院。旋又請見院秘書長。守衛答這到可以，但須推舉發言代表，以便傳達。該請願團即推舉四人，由守衛者導引至內客廳，內傳達即持刺報告鄧漢祥，適鄧已出席外交委員會，派第三科科長汪某代見。汪剛下樓，門外全體請願者均將進院，守衛不肯放入。代表謂國家要亡，你們尚不知道，真正野蠻，我們擅進。守衛乃持鎗相拒，雙方遂起衝突。計請願團方面受重傷者有五人，以四川代表團楊伯倫為最重。又舒傳賢、張放良、謝鴻，並有一女生（姓名未詳）受傷亦重。以上各人即時均分別送往療養病院及德國醫院醫治。輕傷者不知有多少。此時汪正與代表談話，而外面發生衝突，已被在內四代表聞知，即向汪質問。汪云此乃他們誤會，自當稟明秘書長，特別申斥，務希原諒。直鬧至夜內未散。（據二十三日申報）

(三)慘案前之集會　十八日上午十時，羣衆漸集天安門、與會者計有北大、師大、法大、女師大、女大、中大、朝大、藝專等公私立大中小學校八十餘校學生，國民黨市黨部北京總工會等六十餘團體，約五千人。會場佈置，在天安門正中搭臺一座。臺上懸白旗兩面，一書「反對八國最後通牒國民大會」，一書「反對八國最後通牒大示威」。並將前日各團體代表與國務院衞兵衝突受傷血衣懸於臺前。臺上左右周圍徧樹各團體旗幟，以及反抗列國威力壓迫種種警語。十時半開會，由徐謙主席。徐先報告開會三大意義：（一）帝國主義者壓迫中國之聯合戰線，此時已明白顯露，國民必謀一致抵抗之法。（二）辛丑條約在事實上，列國已默認無效。其理由爲依照該條約，天津二十里以內並山海關秦皇島諸地，均不得作戰。但在事實上，李景林去年在距天津僅十餘里之北倉作戰，最近奉軍在山海關秦皇島作戰，此次日軍艦蓄意掩護奉艦入口。以上三事，均係列强默認廢止辛丑條約證據。今乃又根據該條約，爲大沽事件向我國提出最後通牒，豈非欺人太甚。（三）四十八小時限期，此種壓迫，可以嚇君主國之君主，今中國爲民主國，若以最後通牒相恫嚇，除非將國民人人殺死。根據以上三理由，故召集此次國民大會云云。繼由顧孟餘演說對待國中內奸，須以對待帝國主義方法對待之。次由黃昌穀宣讀北京國民致署名最後通牒駐京各國公使函文。大意謂各國最後通牒所根據者，係前淸時代所訂不平等之辛丑條約。此條約在各國早已自行取消，今一旦因大沽事件又欲利用，國民決不承認。各國應自動將致我國通牒撤回，否則請各公使卽日回國云云。宣讀畢，羣衆高呼通過。繼由師大代表某登臺報告昨日（十七）在國務院請願情形。大意謂國務院門前代表既被衞兵衝散，我等以無結果不出院，在客廳坐至深夜二時，始由院秘書長鄧漢祥來見。我等提出(一)嚴駁列國通牒，(二)取消辛丑條約，(三)懲辦傷人衞兵。鄧允轉達當局斟酌辦理，我等遂出云云。此外尚有廣東外交代表團代表某報告見賈德耀經過，謂賈允查懲衞兵，慰問傷者，擔任醫藥費，留日歸國團代表報告前日與衞兵衝突情形。繼由主席報告，警察總監李鳴鐘來函，今日當派警保護。並云賈德耀對日前衞兵傷人事，當派國務院科長潘某代表前來道歉。潘遂卽立臺前向羣衆云，前日衝突之事，賈總理對受傷諸君，心極不安，特派鄙人前來道歉。時臺下人聲嘈雜，對潘表示不滿，並以惡聲相向。潘退去，卽討論提案，議決：(一)電促全國國民一致反抗致最後通牒之列國，(二)電請全世界弱小民族一致共起反對帝國主義國家，(三)請政府嚴駁最後通牒，(四)驅逐下最後通牒各公使出境，(五)督促國民軍爲反對帝國主義而戰，(六)組織北京市民反帝國主義大同盟。以上各案議畢，主席宣告游行示威。先赴國務院，其餘游行路線暫不宣布，臨時說明云云。羣衆整隊由東長安街向國務院出發，徐謙、顧孟餘、黃昌穀等卽各自散去。羣衆沿途狂呼口號，散放傳單，直趨鐵獅子胡同，時正午十二時。

(四)慘案之爆發　是日爲國務會議例會之期。上午十一時開會，賈德耀主席。閣員到者有屈映光、龔心湛、盧信、賀德霖及其他各部次長。開議後，賈德耀報告，昨日院衞兵與各團體代表衝突，據云代表受傷者頗多，但余派人赴各處慰問傷者，迄不得見。聞今日又開國民大會，究竟如何應付云云。時潘科長已由天安門歸，報告大會情形。衞隊旅團長武九淸亦於是時要求見賈，賈卽令武至國務會議室。武報告稱，天安門有學生數千人將來院請願，提出條件有三：(一)解除國務院衞兵武裝，(二)交出昨日毆辱請願代表主使人

(三)推倒段祺瑞閣員聆言良久不發一言。旋議決推賀德霖訪代理警衛總司令李鳴鐘，詢問維持秩序辦法。時院方得報告示威隊已由天安門向國務院出發，例案均未及議，國務會議即匆匆散。賀德霖先行，即往訪李鳴鐘。其他閣員亦相率出院，僅秘書長鄧漢祥留院不出。羣衆約二千人由王一飛率領，結隊行至國務院，時下午一時二十分。衆推丁維汾、安體誠、陳公翊等五人爲代表，要求入見賈德耀。衛隊值班者爲該旅第一團第三營第十連與敎導隊。衛兵見羣衆至，即將柵門緊閉。羣衆立門首大呼見賈德耀。衛隊長官自門內答賈總理不在院。衆大譁，狂呼「打倒帝國主義」「驅逐八國公使出境」「打倒段祺瑞」等口號，同時並高唱「國民革命歌」，呼聲澈雲霄。當時忽有人在羣衆後大呼「衝鋒」「殺進去」，於是後面羣衆向前猛擁。羣衆多執木棍，棍端嵌鐵釘，以爲武器。衛隊與羣衆既逼，始則互報以惡聲，俄而衝突愈烈。衛隊向空鳴鎗，羣衆仍奮勇向前，不稍畏縮。至是衛隊乃實彈開鎗，向羣衆射擊，而空前慘劇遂開幕矣。時應彈而倒者數人，羣衆大擾，紛紛後退。一時旗靡人亂，哭聲大起。院門照壁之下，有男女學生三人伏地，血流如注，而鎗聲仍砰砰不絕。羣衆既退，乃有人在後大呼「不要散」。少頃，鎗聲漸止，羣衆亦逐漸齊集，時下午二時二十分也。羣衆既回至國務院門前，院內手鎗隊亦出至院門口。羣衆愈聚愈衆，漸迫柵門，遂又與衛兵發生衝突。衛隊復開鎗，彈丸紛飛，又如雨下。於是第二幕慘劇又開幕。羣衆見來勢益猛，遂紛向東門狂奔逃避。是時有因避鎗彈而臥地下者，有力弱不勝擁擠而倒地者，就中以女學生及小學生爲多，皆被踐踏不能行動。羣衆中原有腳踏車隊，至是均棄車而走，因腳踏車橫梗道路，羣衆逃奔亦感不便。而衛兵鎗彈，向羣衆繼續轟擊，至十餘分鐘之久。

鎗聲震耳，濃煙如霧。當時有彈中要害立斃者，亦有中彈後狂奔至院東門外而死者。一時國務院門前及東門口外，血花飛濺，陳屍纍纍，景象極慘。

（五）慘案中之犧牲者　是日赴國務院請願羣衆，當時中彈死者二十六人，舁往各醫院因傷重死者，截至十九晚，據調查所得共十一人，惟姓名尚或有錯誤，茲分錄如下：（一）在國務院轅門內外死者二十六人：宋昭昺、時長福、陳桂生、王慶餘、趙從愚、姚宗賢、劉家驥、黃克仁、周錫齡、張夢庚、黃義貴、陳時芬、張汝春、彭廷珪、周正銘、張仲超、張良君、李行健、李敏學，以上十九人係男子，劉和珍、魏士毅，以上二人係女學生。此外尚有男屍五具，姓名無從調查。（二）在內城官醫院死者二人：李家珍、楊德瓊，以上二人係女師大學生。（三）在協和醫院死者九人：謝戡（滙文）、譚季緘（留日學生）、徐子文、江雨烈、郭長彬（憲兵）、尚有男屍三女屍一，（係一老婦）姓名不詳。此外受傷過重現仍在醫院中者，（凡傷勢漸輕者多已移出院外）尚有四十餘人，姓名如下：（一）在協和醫院者，李汝錦（師大）、鄭士元、（俄大）魏拯之、（燕京女校）張得中、（中大）丁緒懷、（清華）劉文祺、（市民）李燕蓀、（燕大）周開慶、（師大）章文奎、（北大）閻恒久、（北大）何條生、（學生）曾好貞、（文大）楊德山、（商人）趙瑞山、（市民）張之貞、（傳染病醫院）李振漢、（工大）羅復興、（市民）邢德春、傅振啓、韋杰三、（清華）林孔堂、馬順、劉紀堯、（民大）王永立、張秀良、王其瑞、王廣發、趙瑞明、劉鑒。尚有因傷不能言語者三名，（二）在療養病院者：楊成孝、王武、（留法學生）王爲憲（北大）。（三）在法國醫院者：張靜淑、（女大）阮淑謹（女大）陸秀貞（女大）。（四）在中央醫院者：李淑祥（女師大）。（五）在同仁醫院者：魏志（燕大）。孫照基（滙文）。宋樹清（燕大）。（六）在德國醫院者：勞

開運（中法大）。（三、四、五均據二十六日申報）

（六）政府之諉過　國務院通電，對慘案卸責，謂：大沽事件，政府對各團體及學生愛國運動，極端重視。十七夜、十八晨接見代表周剛傳啟學等，表示尊重民意，愼重邦交，公開研究商定辦法。詎徐謙等以共產黨名義假爭外交以解散執政府衞隊，逼執政下野，逐八國公使出境等謬妄條件。正擬查禁，突於午後一時二十分，率領暴徒數百人手執鎗棍，闖襲國務院，高呼敢死隊前進，並有拋炸彈潑火油等舉。守衞軍警，向之拒絕，卽遭辱罵，並被擊死憲兵一名，傷警衞師令部稽查一名，警察一名，衞隊多名。各隊正當防衞，暴徒亦死傷多名，獲手鎗數枝。似此聚衆目無法紀，該徐謙等屢圖肇亂，情罪昭然，除明令通緝外，特聞。

（二）府通電　近來徐謙、李大釗、李煜瀛、易培基、顧兆熊，借共產學說，嘯聚羣衆，屢肇事端。本日發謬妄傳

單，率徒襲院，潑火油，拋炸彈，手鎗木鎗叢擊軍警。各軍警正當防衞，致互有致死。似此聚衆擾亂，危及國家，目無法紀。查該暴徒等潛伏各省區，迭有陰謀發見，國家秩序，岌岌可危。此次變亂，除由京師軍警竭力防衞外，各省區事同一律，應由該軍民長官飭屬嚴究。徐謙等着京外各官廳一體嚴拿，盡法懲辦。

京師地方檢察廳對三月十八日慘案，已偵查完竣。因執政府衞兵開鎗，係屬軍人犯罪，應歸軍事審判機關審理，乃於四月二日致函陸軍部，聲明除賈德耀等被訴命令殺人部分由該廳另案辦理外，將此案全卷完全移送陸部，請其依法審理。據地檢廳對此案偵查之結果，十八日羣衆並無犯罪情事，而其行爲亦未達不正侵害之程度，府院衞隊實無開鎗之必要。且檢驗中彈者多從後身穿入，更不能認爲正當防衞。茲將地檢廳致函陸部原函全文錄誌於後，以明在此殘暴

之政府下尚有所謂法律也。

敬啟者：三月十八日下午三時半，准內左四區警察署電稱國務院前請願羣衆被衛隊鎗擊死傷多人，當派檢察官前往肇事地點先行勘察一週。勘得國務院，卽海軍部舊址門前場上平坦空闊，無有異狀，亦無何項兇器發見。所有當場殞命屍身，已由該管警署移置東柵內迤北地上及馬號之內，首東脚西，排列成行，計共男屍二十四具，女屍二具。當卽依次如法檢驗，塡具驗斷書二十六份附卷，並將無名屍身，編列號數，當場攝影，以備考查。凡由屍身檢出什物，均交區警點收，備函送廳。其受傷不能行動，經警送入內城官醫院及協和醫院者，約二十餘人，亦由檢察官隨往相驗，塡具傷單。除昏迷不能言語者外，均經錄取供詞。查據各被害人親供，暨該管長警聲稱，確係執政府衛隊開鎗毆擊所致。又以死傷衆多，情節重大，故於當日晚間，分函貴部暨憲兵司令部各處，請將行兇軍人迅予查緝在案。惟此項事變之發生，有無常人犯罪情事，關係本廳職權，自應嚴密偵訊，而肇事情形如何，亦須迅速調查，力求保全證據。故於翌日以後，傳集當日在場照料之警察官員及其他目覩情形之人證，逐一訊錄供詞，以資考證。其在翌日，卽十九日以後，陸續因傷身故，並報傷請驗者，亦經本廳隨時驗訊，分出塡具驗斷書傷單，並作成筆錄附卷。截至今日止，計共驗死屍四十三具，生傷四十五具，函稱負傷而未受驗者七十三人。已將姓名籍貫職業等項，分別列表，以便查覽。此本廳連日檢驗調查之大概情形也。據內左四區巡長王文紹三月十九日供稱：昨日我在國務院門前石獅子旁邊指揮，在衛隊開鎗以前，學生僅喊口號，沒有別的動作。同日同區巡官赫長山供稱：我進國務院打電話時，就聞外面鎗響。當我進去時候，學生和衛隊沒有甚麼衝突。

同日保安隊副分隊長景福供稱：我從天安門隨着學生到國務院，學生拿着號筒傳單旗子等東西。偵緝分隊偵探赫良玉供稱：我從天安門跟着學生赴執政府，混在學生隊伍中間，只見學生拿着喇叭旗子傳單，沒有別的東西。保安三隊副分隊長郎葆璞供稱：學生都拿着旗子傳單，沒有別的東西；兇器及放火的東西，都沒有看見。我們是隨學生去的。巡警趙德順、聶森、尹文海之供，巡長孔忠秀、張紀寬及保安隊排長張輔臣之供，亦復相符。此數人者，皆屬警察官員，或係在場照料，或係沿途探察，所言自可置信。又據寫眞新聞館照相人陸世益供稱：那日我沒見學生有手鎗；放火的東西，亦絕對沒有。我在學生衛兵中間，往來照相，看得很清楚。那日秩序，亦甚整齊等語。則學生人等，當日未帶何項危險物品，並無何等暴動行爲，似無疑義。至其在天安門集會，係宣講反對八國通牒、取消不平等條約、打倒帝國主義等項，業據在場照料之保安隊長郎葆璞、排長張輔臣一致述明。在國務院前所呼口號，大致相同，有十九日巡長王文紹、巡官赫長山等供詞可供考證。當日發散傳單，曾經警署檢取四紙送廳，內容大意亦屬相同，尙無激烈之詞。其中一紙，因有中國共產黨北方區執行委員會名義，然苟無暴動等不法行爲，在普通刑律上，尙難據以論罪。且在天安門集會時，國務院警衛司令部，曾派代表到會，聲明前日誤會；而其游行過市，直達府院，沿途督察官員，均未發布解散之命令；是官署對其集會遊行，似已認爲正當，又難謂爲有騷擾故意。此就羣衆方面，查無犯罪情事，而其行爲亦未達不正當侵害程度之情形也。據十九日偵緝隊偵探赫良玉供稱：聽見鎗響，學生一亂，就往東柵門外跑出去了；亦有往西走的。鎗是亂開，聽不出幾排了。同日巡警尹文海供稱：我進東柵門時，學生正在宣講。不多時候，就聽見鐵門那邊鎗響，學生就跑，將我擠倒了。同日巡長孔忠秀供稱：我在石獅子以東，聽見鎗聲從西北響出來的。同日保安隊排長張輔臣供稱：我聽見手鎗聲音由執政府西南方向響，手鎗響後，人都往外跑。以後又聽鎗響。保安隊長郎葆璞供稱：學生進東柵門後，不到十分鐘，就聽見鎗聲，是執政府外院東門裏響。頭一次好像手鎗聲音，後來霹靂拍喇的響。同日巡警聶森供稱：未有鬧事，學生往外跑時，衞隊又開第二次鎗。詢以當時死亡所在地點，答稱躺在東門外二三人，門中間有五六個人，下剩的躺在東門裏邊，他們都在東口左近躺下，離大門很近。二十三日陸軍部印刷所工人沈幼衡供稱：他們一比鎗，學生都往外跑，學生跑了，還有鎗聲，大約放一刻多鐘，打傷我的子彈，是從執政府印刷局那裏放出來的。二十三日偵緝隊警邢德春供稱：把門這一排兵開鎗往東南打的，學生見兵裝

子彈，就全跑了。同日照相人陸世銓供稱：我見馬號內有兵向東北出口處放鎗。三十一日保安隊兵景元供稱：衞隊有四五百人，衞隊放了兩次鎗，大約放了有一千多子彈。同日保安隊兵白明山亦稱：衞隊放了兩次鎗，大約有一千多子彈。此等供詞，皆出自警察官員及第三者之口，均係目睹情形。其述開鎗時刻，均在羣衆奔逃之際，開鎗似不止一處，時間似不甚短，當場傷亡之人，大抵倒臥於鐵獅子胡同東柵門內外地上，距國務院大門頗遠，而查驗斷書所載，仰面鎗彈傷痕，多係皮肉向外，又足見從後身穿入者居多。此項鎗擊行爲，似不生防衞問題。二十二日電車售票人趙瑞生供稱：我路過國務院東柵門外受的彈傷，那彈子自從裏邊西面來的。當時東邊九條胡同、十條胡同、北邊府學胡同口，都把着兵，放着鎗，不能走，故我祇得往南走了。那鎗都朝着大街上放，因學生跑出來正在大街上，所以

學生有在大街上受傷的。鐵獅子胡同東口外永興成油鹽店夥計李俊臣聲稱：學生跑出大街時，街上鋪門一律關閉。我們隔窗聽聞，似有追趕喊打聲音。事畢出外，果見尹鋪北方牆下，即十條胡同地上，倒臥死傷二人。會仙理髮館夥計王姓聲稱：當人聲喧嚷之際，即聞鎗聲。又見十條胡同口內，衝出衛隊數百人，從口內向西放鎗。二十一日衛隊旅二團兵士張維貞供稱：我的傷，是在大街上打的，鎗子由後面進去。十九日人力車夫張學良供稱：我是路過國務院門口，被他們衛兵用鎗打傷的。三十一日保安隊兵士景元供稱：那天十條口上有兵。據此項供詞，當日鐵獅子胡同東柵門外大街巷口，把守隊兵，似有開鎗毆擊情事。二十二日學生李燕林供稱：當時他們有吹哨的，吹了哨，就開鎗。同日學生曾繁貞供稱：代表出來說裏面沒有負責任的人，我們正想遊行，就聽見吹哨聲，接連着就放鎗。二十三日偵緝隊警邢德春供稱：後來我聽見哨子響，鎗就不放了。十九日巡警尹文海供稱：放鎗後有吹哨聲音。同日巡長王文紹供稱：事後聽見吹哨子，是連長出來，不讓放鎗。此項供詞，如果屬實，則開鎗與停放之前，皆曾吹哨，似與猝然興變有別。此就衛隊方面查無必要開鎗防衛之情形也。執政府衛隊旅司令部，曾於二十日函送手鎗木棍等件到廳，據稱當日奪獲盡屬暴徒之物。函內並稱有衛隊旅備補隊一等兵石常福係被暴徒刀傷殞命。一團隨從兵劉萬林、二團一等兵張維貞，均被暴徒鎗傷等語。本廳將函送物件，細加查驗。查係手鎗兩支，一爲自來得手鎗子彈三粒，一爲卜郎寧手鎗，子彈二粒。木棍九十根，長約三四尺，上端有紙旗黏痕。竹竿兩根，一長六尺，一長八尺。大竹竿一根，長量十二尺八寸。洋鐵破水壺二把，一係缺底，圓徑量各四寸半，高約四寸，均微有洋油氣味，均無蓋。紙布旗一麻袋，內多破爛旗紙及報紙。旗上有「打倒帝國主義」「廢除辛丑條約」等不全字跡。乾草四麵袋，連袋重五斤。洋鐵傳音筒一個。然據前述在場彈壓之警察官員等供述，學生方面除木棍所黏旗子號筒傳單外，別無兇器及放火等物件，反覆質訊，衆口一詞。又查當日軍警人員被害者，計有衛隊旅備補隊一等兵石常福，二團一等兵張維貞，一團隨從兵劉萬林，憲兵司令部稽查郭長彬，陸軍部候差員何潞生，警衛司令部稽查徐子文，及偵緝三隊二等探警邢德春等七人。石常福穿着便衣，因尖刃扎傷身死。徐子文穿着便衣，因腰部中彈而亡。業經本廳檢驗明確。且巡警趙德順、聶森，司書唐壽山，爲在場照料之人，經訊以學生有無拿手鎗的，均答稱，未看見有拿手鎗或刀鎗的。保安隊兵景元、白明山爲隨同守衛之人，經訊以當時衛隊的人有受傷的否，答稱，當時衛隊沒有受傷的。再據郭長彬十八日供：我右腿鎗傷，是被執政府衛兵打的。何潞生十九日供：我在海軍部門口外受的鎗傷，鎗是裏面的兵放的。邢德春二十三日供稱：我被擠倒後起來往外跑，忽又開起鎗來，我這次才從背後中的鎗。張維貞十九日供稱：我在衛隊旅當兵，昨日我不守衛，在外邊遊玩，忽被衛隊鎗傷左腿。二十一日又供：我的傷，是在大街上打的，鎗子由後面進去。劉萬林於同日供稱：我是衛隊旅隨從兵，我的鎗傷是穿灰衣人打的。各人受傷情形，既據親口供述，自屬確實可信。是其傷亡均難謂爲羣衆所加害。此就原函所稱各節，查與在場警兵所供實況大有出入之情形也。總之，學生人等少不更事，平日言行容有輕躁失檢之處。然此次集會請願，宗旨尙屬正當，又無不正當侵害之行爲。而衛隊官兵遽行鎗擊，死傷多人，實有觸犯刑律第三百十一條之重大嫌疑。惟事關軍人犯罪，依據陸軍審判條例第一條及陸軍刑事條例第一條，應歸軍事審判機關審理。除國務總理賈德耀被訴命令殺人部分，仍由本廳歸案辦理外，相應抄錄本案全卷三宗，連同屍身照相，死傷人名清單，暨衞隊旅原送各物證，一併移送貴部，請卽查明行兇人犯，依法審判，以肅法紀。此致陸軍部。

（教育雜誌第十八卷第四、五期，十五年四、五月）

二二　教育會議

各省教育總會聯合會議決案

此會開於宣統三年四月一日，全國教育界總聯合，此爲第一次。現在之省教育會聯合會，卽由此遞嬗而來。此次呈學部之五案均極重要，而影響及於民國初元之教育。　編者

議決案甲（呈請學部施行事件）

呈學部文

江蘇教育總會會長唐文治、廣西教育總會會長

唐鍾元、安徽教育總會會長童挹芳、江西教育總會會長賀贊元、山東教育總會會長王訥、福建教育總會會長陳寶琛、湖南教育總會會長黃忠浩、河南教育總會會長李時燦等爲呈請事。文治等於宣統二年，發起各省教育總會聯合會，意在公議關係全國之教育事宜，期於共同一致，改良進步，爲帝國教育會之預備，促各省教育之進行，以勉副鈞部振興教育之至意。先經函電商榷，定各省教育總會公推代表，以江蘇之上海爲會所。其教育總會未成立省分，由諮議局公推代表赴會，訂期於本年三月下旬齊集各代表。屆期先後到會，計與會者爲廣西安徽江西山東湖北直隸福建湖南浙江河南江蘇十一省代表。廣西代表一人龔鑑清，安徽代表三人吳傳綺胡璧城陶鎔，江西代表三人熊育錫梁際昇胡雩，山東代表一人張介禮，湖北代表二人胡柏年李步青，直隸代表二人李搢榮胡家祺，福建代

表二人陳鳴則劉子達，湖南代表三人陳潤霖俞誥慶周家純，浙江代表一人經亨頤，河南代表一人王敬芳，江蘇代表三人沈恩孚黃炎培楊保恒。奉天已推定代表。因防疫中阻，未克與會，僅據遞到議案。直隸代表則諮議局所公推。浙江代表則諮議局函請學務公所議長議紳所公推也。於四月初一日開會，由各代表公推沈恩孚爲主席，胡家祺爲副主席，先議定聯合會提議事件之範圍：一全國教育方針，二初等教育普及方法，三高等教育及中等教育之規畫，四其他關於教育範圍以內之事。次就各省提出議案，詳加討論，連日繼續開會，歷十四日之久，甫將各議案議畢，除未經成立各案及各省自謀進行之各案外，謹將議決案五件，備具理由，分繕清摺，彙呈鑒核。謹候俯賜批示，通行各省遵行，實爲公便。再本屆與會之各省教育總會，由領銜之會長蓋用鈐記，會銜不會鈐。湖北教育總會會長現正辭職，故未署名，合併聲明。謹呈。

另呈議決案五件計清摺五扣

一件　請定軍國民教育主義案

謹案憲法大綱，規定臣民有當兵之義務。近奉諭旨縮改召集國會年限，實行立憲，爲期至迫。欲使全國人民克盡當兵義務，必先於學校教育，趨重尚武主義。本年三月欽奉頒布全國軍軍訓諭六條，勖以萬方競進，非武不揚等語。薄海人民，同深感奮。敬體斯意，請確定軍國民教育主義，俾全國生徒作其忠勇之氣，仍以嚴格訓練納諸軌物之中，強國本根，立憲基礎，胥在於是。公擬方法如左：

(一)奏請特頒諭旨，宣布軍國民教育主義。

(二)通飭高等小學及與之同等以上之學堂，一律注重兵式體操。

(三)通飭中學及與之同等以上之學堂，一律實習打靶，（儲子彈於巡警局或防營，由該堂監督報明用數定期具領）並講授武學。

（四）通飭私立學堂，凡呈報督學局或提學使有案者，准照前二項辦理。

（五）通飭各種學堂，體操科一律列爲主課。

一件　統一國語方法案

人類之進化，先有語言，後有文字。語言爲思想之代表，文字卽語言之符號，故統一語言，爲國民敎育之要點。吾國文字之進化，不爲不早，而數千年來壤地日闢，語言日歧，所用爲語言之符號者爲已進化之文字，所用爲思想之代表者大半爲未進化之語言，實敎育之一大障礙。案鈞部奏改籌備事宜清單，宣統三年設立國語調查會，頒布國語課本。宣統四年通行各省師範學堂試辦敎授國語，高等小學以上學堂試辦敎授國語，是國語之急宜統一，早在籌備之中。竊念吾國人

民之生活程度，能入高等小學者已居少數，敎授國語宜注重在初等小學，方可漸期統一。近今主張簡字者，欲離固有之文字而獨立，既乖保存國粹之義，轉滋文字紛歧之弊，其法未爲允當。然非審正字音，實無統一語言之良法。茲經詳細討論，僉謂宜利用簡字，改稱音標，將音標附注字旁，作爲矯正土音之用，較易施行，公擬方法如左。

一字音之統一

（甲）以京音爲標準音。

（乙）以順直流行之簡字爲音標。

（丙）注音標於小學讀本內初見之字旁。

（丁）選通用字編爲字書，每字旁注音標，定名爲標音字書。

二話法之統一

（甲）以京話爲標準語。

(乙)選合於名學之京話編爲國語典。

三前二條之施行方法

(甲)於京師設國語傳習所，以標音字書及國語典爲課本，通飭各地方師範學堂派員學習，畢業後各回本地方傳習，由師範學堂推之小學。

(乙)小學讀法限用標準音，話法限用標準語。

一件　請停止畢業奬勵案

科舉既罷，而學堂畢業仍奬以實官，及進士、舉人、優拔、歲貢、廪、增、附生等名稱，舊習相沿，實滋流弊。其尤著者，一害吏治：科舉之弊，以其所學非所用，所用非所學也。今學堂畢業，以是奬勵，厥害惟均。況職官有限，而學堂畢業生無窮，得官者浮於差缺數十百倍，其將何以處之？供過於求，斯官方難肅，而吏治愈不可問。此實官奬勵急宜停止之理由也。一害教育：國民教育之精義，在養成全國人民之責任心，而虛榮心者正與責任心相反而不能並立者也。今學堂行奬勵，上以虛榮求，下以虛榮應。自小學至大學，莫不懸以爲的，而心焉向之。此其教育爲何等之教育乎？既以尚實宗旨示天下，即不宜復導以虛名。況舉貢生之在今日，其名實亦至不符，非鄉里推選，無所謂舉，國子監廢，無所謂貢，無廪給名額，無所謂廪增附。援諸尚實之意，名稱均有未安。若夫進士爲進受爵祿之階，實官奬勵既停，其名即無所附麗。此停止實官奬勵，必須兼廢進士舉貢生等名稱之理由也。有爲奬勵不宜遽停之說者，謂科舉初罷，不可不利用社會舊時之思想，鼓其向學之心。不知以不正當之方法招之使來，即使學子莘莘，已全失興學立教之本旨。教育之爲道，在矯正不良習慣，豈宜隨流而揚波？且欲行奬勵，不得不杜奬勵之弊，而一切防閑檢制之法由之以起，法愈密，弊愈滋，去教育本旨愈遠，爲害安有既極。雖文官考試實行，實官奬勵必將停止，然可已速已何用遲回獎勵早停一日，國民趨向早端一日，實於敎育宗旨國家前途關係非淺公擬方法如左：

(一)實官獎勵立卽停止。

(二)廢進士、舉人、優拔、歲貢、廩增、附生等名稱。大學堂畢業稱學士，其他各學堂畢業均稱畢業生，並另頒學位章程。

一件　請變更初等敎育方法案

初等敎育期切於國民之實用。比年以來，凡關於初等敎育之各章程，鈞部屢經修改，不厭求詳。茲就研究所得，按之敎育原理，參以吾國現情，擇要條舉，公擬方法，分述理由如左：

(一)小學列手工爲必修科。　吾國人民生計，日趨艱窘，提倡實業，爲目前當務之急，而手工與實業之關係至爲切要。故欲發揮國民之實業思想，當

自小學一律敎授手工始。且兒童學習手工，足以確實其形體之觀念，養成其勤勞之習慣，幷可磨練手指細筋，於智德體三育均有裨益。歐美小學大都列手工於必修科，其實業發達，國力富厚，實基於此。吾國所急宜仿行者也。茲擬定預備方法凡三條：

(甲)初級師範學堂列手工爲必修科。

(乙)優級師範學堂附設手工專修科。

(丙)各地方小學手工敎員缺乏者，暫設小學手工敎員養成所。

(二)初等小學不設讀經講經科。　兒童心理，但能領會直觀之敎授，一涉想像，卽易迷惑。經書文義高深，舉凡性理名言、倫常宏旨、政治大綱，無不散見於單文隻義。其古奧之字句，有爲成人所驟難索解者。雖孝經論語已近淺顯，而幼年聽受尙苦

艱深，況關於性理政治之名詞，不便於直觀教授，欲使初等小學兒童一一領會，縱極教員之心力，殊無成績之可言。茲經詳加硏究，僉謂宜將初等小學三四年讀經講經時間，改爲其他各科時間，而節錄經訓，定爲修身科之格言。且以經書爲教員最要之參考書，務使融會於心，隨時援用，以爲指導兒童實踐之準的，較之徒事講讀，似有實益。

(三)初等小學兒童年齡在十歲以內，准男女同校。

按地方校務章程施行細則第二十九條：城鎮鄉學務專員，對於學齡兒童之父兄，爲應受義務教育之勸導。是必使地方之學齡兒童不論男女均有學堂可入，方能實施勸導，以漸期教育之普及。如初等小學必不准男女同校，則城鎮鄉之財力有限，勢不能盡於男校之外特設女校，女兒之失學者必多。且目前鄉間所辦之初等小學，在學兒童往往稀少，竟以招致無從，坐糜經費。而近方既達學齡之女兒，其父兄雖欲送令入學，辦學者輒援定章拒不收受，致令坐失就學之時機，殊非兩便之道。今東西各國之義務教育，大都用男女合教主義，吾國宜師其意，稍事變通，而仍加限制，則固有之禮教不致有妨，而地方之負擔得以輕減，似屬有利無弊。茲擬定變通及限制方法凡二條：

(甲)女兒六週歲以上未滿十週歲者，其就學時得與男兒同校。

(乙)已滿十週歲之女兒，雖未畢業，亦應與男兒分校。

(四)酌改簡易識字學塾章程。 簡易識字學塾章程，業經鈞部改訂，並於地方學務章程施行細則，載明以初等小學爲主要學務，而以簡易識字學塾爲輔性質分明，可免辦學者之誤會。惟據各地方之報告施諸實際，於主要學務尙不無相妨之處。茲擬定應請删改者凡四條：

(甲)第一條擬請删去及年幼家貧無力就學九字，以免就學兒童趨向之歧誤，與學塾教員教授之困難。

(乙)第四條擬請全删，以免妨礙初等小學設置之經費。

(丙)第十一條擬請全删，並將第九條及所認畢業年限七字一併删去，以符專爲年長失學者而設之宗旨。

(丁)授課表可聽各地方就生活之需要，自行編訂，無須規定。

(五)嚴定初級師範學堂監督之資格，以立改良初等教育之基礎。 欲改良初等教育，必先養成合

格之小學教員。而欲養成合格之小學教員，其本在初級師範學堂，而其責在師範學堂監督。師範學堂監督之稱職與否，本學堂受直接之影響，地方教育卽受間接之影響。德國學制，由助教諭而正教諭，由正教諭而教授，教授中材能特勝者，始擢爲校長，其重視如此。今初級師範學堂教員檢定章程，業經頒布，不久將實行檢定，監督有統率校員之責，當以其教育上之經驗勝於教員者爲合格。現雖未能遽仿德制，亦宜嚴定資格，以立改良初等教育之基礎，擬請鈞部將此項監督資格，先行特別規定，通飭各省遵行。

一件 請變更高等教育方法案

環球各國，均以物質文明促精神文明之進步。吾國分大學爲八科，於醫科、格致科、農科、工科未有完全之設備，而先設經科文科，保存國粹，固在於是。欲圖富

强，爲計稍左。醫、格致、農、工等科，在物質文明之範圍。政法科、文科，在精神文明之範圍。經科，特文科中之一專科。商科，特政法科中之一專科。均無可以獨立爲一大學之性質。此大學名稱之應行釐正者也。歐美學制，大學與高等專門不分階級。吾國采用日本制，以高等學堂爲升入大學之階，行之有年，費多效寡。近日本亦以無裨實用，屢議改從西制，吾國尤宜及早改定，以養成濟急之人才，此學堂階級之應行合併者也。若夫建學之規畫，各分科大學固不必盡設於京師，各省高等學堂亦宜就地方情形之需要，分別定名爲何項專門學堂，方足以定入學者之趨向而得畢業後之實用，費省效速，計無便於此者。至優級師範學堂按省分設，更非所宜，預計教育推廣以後，中學與小學多寡之差，必不止一與十之比。則優級師範畢業生與初級師範畢業生之需要，其相差亦必不止一與十之比。吾國優級師範之制，仿日本之高等師範。日本僅東京與廣島二校，彼國議者尙病其多。而吾國至江蘇一省之中已有二校。各省勉力籌設者，輒患人財之兩難，而國中又無多數中學以容受此畢業生，徒耗巨資。與各省分設高等學堂之弊亦正相等。此高等教育區畫之應行變通者也。公擬方法如左：

（一）併經科大學於文科大學，併商科大學於政法科大學。

（二）定大學堂高等專門學堂爲一階級，大學得設預科。

（三）各省現設之高等學堂，應就地方情形，酌改爲農、工、醫、礦、法政等各專門學堂。其議續設者亦須標示何項專門名目。

（四）優級師範學堂由部直轄，其經費以國家行政費支給，規定全國應設若干所，毋庸各省分設。其

各省教育總會議決案

各省現設之優級師範學堂，或改部轄，或改初級師範學堂。

議決案乙（各省自謀進行事件）

一件　定軍國民教育主義案

謹案憲法大綱規定臣民有當兵之義務。近奉諭旨，縮改召集國會年限，實行立憲爲期至廹，欲使全國人民克盡當兵義務，必先於學校教育趨重尙武主義。本年三月，欽奉頒布全國軍隊訓諭六條，勖以萬方競進非武不揚等語。薄海人民，同深感奮！敬體斯意，呈請學部確定軍國民教育主義。茲將呈請學部施行各條及各地方應自行舉辦各條，分別開列如左：

一奏請特頒諭旨宣布軍國民教育主義。

二通飭高等小學及與之同等以上之學堂，一律注重兵式體操。

三通飭中學及與之同等以上之學堂，一律實習打靶，（儲子彈於巡警局、或防營、由該堂監督報明用數定期具領）並講授武學。

四通飭私立學堂凡呈報督學局或提學使有案者，准照前二項辦理。

五通飭各種學堂體操科一律列爲主課。

以上各條，呈請學部施行。

一各地方應設體育會。

二初級師範學堂，應注重各種體操方法，並勵行關於軍國民教育主義之訓練。

三各學堂均應勵行關於軍國民教育主義之訓練，並設運動部，以教員之長於體育者爲部長，監督學生之運動。

四初等小學應注重游戲運動。

五高等小學以上應兼習拳術。

以上各條，各地方應自行舉辦。

一件　改良初級師範教育方法案

師範爲敎育之母，初級師範爲小學之源泉。師範學堂不良，地方學務永無發達之望。吾國現辦之師範學堂優良者固多，而不合辦法者亦復不少，既不注重敎育，又無特別學風，名爲師範，實與中學無異。甚至師範生並未實地練習，而亦居然畢業，此弊不除，將來謬種流傳，敎育前途，何堪設想。茲議決改良方法如左：

一嚴定監督資格。　監督爲全校主宰，其職掌除綜理校務統率校員外，並負本地方小學敎育改良進步之責，關係至爲重大，除呈請學部嚴定資格外，師範學堂監督，暫以曾在師範學堂畢業深明敎育原理富有經驗者爲宜。

二必設附屬小學，該小學必設單級部。　師範學堂必設附屬小學，一以資各敎員之實地研究，一以資師範生之實地練習。而目前之地方小學，最宜採用單級編制法，故該小學必特設單級部，以備研究練習。

三部章規定之敎育科授課時間，不得減少。　敎育爲師範學堂之主要科目，師範生不諳敎育，即使通曉各科學，將來決不能應用，故部章所規定之敎育科授課時間，萬不可減少。

四師範生應注重實地練習。　師範生以畢業前之一二學期，應至附屬小學內實習敎授管理訓練等法，庶畢業後出任小學敎員，不致茫無依據。

五各職員敎員應注重訓練及研究敎育。　小學敎師，爲國民之模範，師範學堂不僅使生徒具有敎師之學識，又當使生徒具有敎師之品格。故各職員敎員，應注重於訓練。又各職員敎員，均有指導師範生研究敎育之責，而欲指導研究，不可不先自研究，故又當注意於研究敎育。

一件　變更初等教育方法案

初等教育期切於國民之實用。比年以來，關於初等教育各章程，學部雖屢經改訂，而應行修正者尙多。茲就研究所得按之教育原理，參以吾國現情，擇要條舉，公擬方法，分述理由，除呈請學部施行外，各地方有應候部飭遵行者，有卽可實行者，錄原案條文及理由如左：

一小學手工列爲必修科。（理由見呈部案）

二初等小學不設讀經講經科。（同上）

三初等小學兒童年齡在十歲以內，准男女同校。（同上）

四酌改簡易識字學塾章程。（同上）

五嚴定初級師範學堂監督之資格，以立改良初等教育之基礎。（同上）

一件　組織各種學堂職員聯合會案

謀教育之進步，以身任教育之人聯合研究爲最要。蓋身任教育者，對於其職務必有感受困難之處，彼此切磋則困難解釋，而教育得進一步；亦必有堪以自信之處，一經比較，或轉未能自信，亟謀所以改良，而教育又進一步。若其爲同等之學堂，則凡學級之編制，學科程度之支配，教科書之采用，以及教授管理諸方法，尤宜共同討論，互師所長，則組織各種學堂職員聯合會其必要矣。茲議由各省教育總會通告各地方教育機關轉告各學堂職員發起組織各項聯合會，其種類略分如左：

一各師範學堂職員聯合會。

一各中學堂職員聯合會。

一各實業學堂職員聯合會。

一各小學堂職員聯合會。

一件　實行義務教育之預備方法案

學部改訂籌備教育事宜清單。宣統三年，擬訂試辦義務教育章程。宣統四年，推廣義務教育。是義務教育不久實行，各地方不可不切實預備，以期他日推行之盡利。查資政院學部會奏地方學務章程，學部奏訂地方學務章程施行細則，及改訂勸學所章程，於預備實行義務教育方法，均有關係。茲經提出綱要，條列如左：

一各地方自治公所設學務專員。（依地方學務章程第七條、及地方學務章程施行細則第二十五條至第二十七條辦理。）

二學務專員，依本區域內學齡兒童數，分畫學區，並規定應設初等小學之數及其位置。（依地方學務章程施行細則第二十九條第一款第五款辦理。）

三學務專員，對於學齡兒童之家庭，爲應送兒童入學使受義務教育之勸導。（據地方學務章程施行細則第二十九條第六款、）

四各自治公所，規定本區域學務基本財產之籌集及處理方法。（依地方學務章程施行細則第三十三條至第三十六條辦理、）

五學務專員，勸導本區域內義務人盡分擔設學經費之義務。（依地方學務章程施行細則第十六條至第十九條辦理、）

六自治公所未成立地方，由勸學所查照上開各條。代其執行。（依改訂勸學所章程第一條第二項及地方學務章程第一條第二項辦理、）

附徵集意見研究方法，以備下次聯合會提議事件

一學制系統問題之研究。

甲單行主義並行主義，於吾國孰爲適用？

乙中學應否分文科實科？

各省教育總會議決案

丙高等小學應否分四年畢業二年畢業兩種？

二通告各小學教員徵集對於現用教科書之批評。

甲材料之不適用者。

乙程度過高或過低者。

丙分量之過多或過少者。

丁字句之不合論理或艱澀難講者。

三小學科目及學科程度授課時間問題之研究。

甲必修科目隨意科目之規定。

乙各學年於各學科程度之規定。

丙各學年於各學科授課時間之規定。

四檢定小學教員辦法之研究。

甲無試驗檢定與試驗檢定，應孰先孰後？

乙部章第十三條規定試驗之法孰應注重？

全國省教育會第一次聯合會記略

記者

十餘年來中國重大教育問題如學制改革各省設教育廳，憲法列教育專章等，均發源於此次會議。 編者

省教育會操全省教育之樞機，向在清季，干涉行政。民國定章以研究爲職務，於是教育會之宗旨始適當，年來教育界可以研究事項，不知凡幾。直隸省教育會發起開全國聯合會，各地教育會贊同，分舉代表，於民國四年四月二十日集天津，以公園內順直省議會爲會場，除貴州廣西兩省未派代表外，其他各省及察哈爾綏遠各代表，均陸續到會。民國四年四月二十一日午後二時，先開預備會，討論章程。二十三日午後三時，開成立會，已到十八處代表列席者二十九人。是日秩序，(一)奏樂，(二)直隸省教育會會長張佐漢君致開會詞，(三)教育部特派員許壽裳天津警察廳長楊以德演說，(四)公推張佐漢爲臨時主席，(五)公決會章，(另錄)(六)攝影。是日政界特派員，教育部二人許

壽裳湯中陸軍部一人劉鴻元，及警察廳長皆蒞會，當修改會章時，頗有精神。尤可佩者，以此會為教育界研究性質，應悉心討論，必無無謂之爭競，故議決不定議事細則。審查會員亦不特派少數之人，由會員共同擔任。成立各案，先行修正，待大會通過。主席副主席，即以聯合會所在地之省教育會代表充之。旋即公推本屆主席張佐漢，副主席劉續曾二君，固直隸省教育會正副會長也。

二十四日午後一時十五分開會，張佐漢主席。會員到二十五人。首由李雲錦問：本會收集議案何日截止？袁希濤起言：三日為限，自二十四日起二十六日止，多數贊成。主席問審查會如何組織？江謙起言：可依議案性質，分為甲乙二組，將已到各案，分別性質，徑交兩組審查，以後續到，即視其性質如何，隨時分交。袁希濤沈恩孚等起言：凡關涉兩組之案，則由兩組聯合審查，多數贊成。主席遂宣布兩組審查門類及名單如左：

甲組審查門類

（一）小學教育，（二）師範教育，（三）中學及女學教育。

乙組審查門類

（一）實業教育，（二）專門教育，（三）社會教育，（四）關於教育行政要件。

甲組審查員沈恩孚　張介禮　江　謙　李　鈉

王蜀瓊　佟永元　董景常　李搢榮　經亨頤

李杏田　曾有翼　周鍾嶽　廖道傳　熊非龍

鄧萃英　王卓午　張秀升　周樹楨　牟鴻勛

乙組審查員袁希濤　張世杓　馬庶蕃　李雲錦

郭秉文　劉　哲　程　臻　關海青　楊潤蘭

魏福錫　劉　濬　符定一　楊增炳　劉以鍾

梁錫光　蔡敦辛

主席問議決案應否呈教育部？多數主張視其關

係如何。凡重要之案，必呈敎育部。又問：聯合會應否特刋圖記？袁希濤起言：不必另刋圖記，將來卽借用聯合會所在地之省敎育會圖記，但於呈文中聲明之，多數贊成，遂散會。因爲時尙早，繼續開分組審查會，分配議案，並聲明星期爲當然休息之日。

自四月二十六日起至二十八日止，均開分組審查會。四月二十九三十兩日，均開兩組聯合審查會。

五月二日起五日止，均開分組審查會，各議案同日審查完畢。

五月六日至十二日，除八日爲星期外，均開大會，卽於十二日閉會。

續到會員楊作舟、曹冕均在甲組審查。許名世王徵善到會時審查已完，蘇寶俠至會，卽聲明不與大會，故均未分組，已報姓名未能到會之會員凡三人。

本屆會議共收議案七十二件，經審查會修正付

討論者二十件，經大會成立者十三件，茲將議題分別列左：

（甲）建議於敎育部者八件

改三學期爲二學期案。

修改師範課程案。

擬設敎育講演會案。

實業敎育進行計劃案。

軍國民敎育施行方法案。

社會敎育進行計劃案。

學校敎員宜專任案。

請設各省敎育廳案。（本案一面建議於敎育部一面以聯合會名義呈請於大總統）

（乙）通告各省敎育會而不建議於敎育部者二件

小學敎育注意各項案

各學校宜利用日曜日講演道德激勵人心案

（丙）徵集各省教育會意見者二件

徵集學校系統應否改革之意見案

按此次會議有湖南省教育會提出改革學校系統草案一件，以問題重大，其應否改革，宜以鄭重之手續出之。爰議定徵集各省意見，以三個月爲限，詳細備具意見書，送由教育部解決，一面由聯合會陳請教育部，在未解決以前暫勿變更現制。

徵集義務教育之意見案

按本年二月大總統特頒教育綱要，內有籌備義務教育辦法。本年四月，教育部已將辦法規定，呈請大總統批准施行。此次會議，湖南省教育會提出義務教育令案，因關係重要，未便倉猝決定。爰將應行籌劃之要項，開列七條，徵集意見後，再行討論。

（丁）陳請國民會議及憲法起草會者一件

擬將義務教育列入憲法案

將次閉會，教育部總長湯化龍蒞會發表意見，略謂：此後我國教育所宜注重者厥有二端：其一生活問題。欲覓適宜之生活，須於教育時期養成堅苦之習慣，俾出校以後，或勞心，或勞力，人人以一勞動者自命，只求盡瘁於社會，不謀榮利於官場。舊時思想，宜袪除務盡勤勞主義，宜極力提倡。其二道德問題。改革以後，道德之墮落，多出於吾人臆想之外，愈演愈進，正義漸次消沉，國本何能鞏固。欲矯其弊，惟望諸君訓勉青年，泯小忿，絕私讎，急公好義，愛國忘家，樂善好輸，培國本於現在，卧薪嘗膽，期雪恥於將來。語頗沉痛，舉座爲之動容。散會後，撮影紀念。復由直隸省教育會會長張佐漢劉續會諸人招待公讌。語及此次議決各案，湯總長均樂贊成云。

聯合會定章，每年開會一次。第二次會地已議決在北京明年以五月九日爲開會期，即本年政府答覆日本最後通牒之國恥紀念日也。

臨時教育會議日記

十一年新學制未公布以前之各種教育設施，最大多數均由此會議所產生，實民國教育史之重要資料也。

編者

教育事業，當隨時勢爲轉移，專制國之教育，與共和國迥乎不同，故未有政體革命而教育不革命者。民國成立，教育宗旨爲之大變，中央教育部特組織臨時教育會議，徵集全國教育家於北京，討論民國教育之事業，是我中華民國教育史之第一幕也。爰按日記其概略，以資後之參考：

民國元年七月初十日，行開會式。

午前九點五十五分鐘，振鈴開會，議員到五十餘人；教育總長蔡元培孑民，次長范源廉靜生及各議員

入議場。首由蔡總長報告開會緣由，幷演說曰：

「今日之臨時教育會議，即中華民國成立以後第一次之中央教育會議。此次會議，關係甚爲重大。因有此次會議，而將來之正式中央教育會議，即以此次會議爲託始；且中國政體既然更新，即社會上一般思想，亦隨之改革，此次教育會議，即是全國教育改革的起點。此次議決事件，如果件件實行，固爲重要關係，即使間有不能實行者，然爲本會已經議決之案，將來亦必有影響。諸君有遠來者，即或在近處者，亦是撥冗而來，均以此次會議關係重大之故。民國教育與君主時代之教育，其不同之點何在？君主時代之教育方針，不從受教育者本體上著想，用一個人主義或用一部分人主義，利用一種方法，驅使受教育者遷就他之主義。民國教育方針，應從受教育者本體著想，有如何能力，方能盡如何責任，受如何教育，始能具如何能力。從前

瑞士教育家（沛斯泰洛齊）有言：「昔之教育，使兒童受教於成人；今之教育，乃使成人受教於兒童。」何謂成人受教於兒童？謂成人不敢自存成見，立於兒童之地位而體驗之，以定教育之方法。民國之教育亦然。君主時代之教育，不外利己主義。君主或少數人結合之政府，以其利己主義爲目的物，乃揣摩國民之利己心，以一種方法投合之，引以遷就於君主政府之主義。如前清時代承科擧餘習，獎勵出身，爲驅誘學生之計，而其目的，在使受教育者皆富於服從心，保守心，易受政府駕馭。現在此種主義，已不合用，須立於國民之地位，而體驗其在世界在社會有何等責任，應受何種教育。社會逃不出世界，個人逃不出社會，世界尚未大同，社會與世界之利害未能完全一致；國家爲社會之最大者，對於國家之責任，未必無互相衝突之時，猶之對於家庭之責任與對於國家之責任，不能無衝突也。國家、家庭兩種責任，不得兼顧，常犧牲家庭以就國家，則對於國家之責任，自以與對世界之責任無衝突者爲範圍，可以例而知之。至於人之恒言，輒曰「權利、義務」，而鄙人所言責任，似偏於義務一方面，則以鄙人對於權利、義務之觀念，並非相對的。蓋人類上有究竟之義務，所以克盡義務者是謂權利；或受外界之阻力，而使不克盡其義務，是謂權利之喪失。是權利由義務而生，並非對待關係；而人類所最需要者，卽在克盡其種種責任之能力無可疑。由是教育家之任務，卽在爲受教育者養成此種能力，使能盡完全責任，亦無可疑也。當民國成立之始，而教育家欲盡此任務，不外乎五種主義，卽軍國民教育、實利主義、公民道德、世界觀、美育是也。五者以公民道德爲中堅，蓋世界觀及美育皆所以完成道德，而軍國民教育及實利主義，則必以道德爲根本。我國人本以善營業聞於世界，僑寓海外忍非常之困苦以致富者常有之，是其一例。所以不免爲貧國者，因人民無道德心不能結合爲大事業以與外國相抗；又不求自立而務僥倖，故欲提倡實利主義，必先養其道德。至於軍國民主義之不可以離道德，則更易見；我國從前有「勇於公戰，怯於私鬥」之語，現在軍隊，時生事端，何嘗非尚武之人由無道德心以裁制之故耳。教育者非爲已往，非爲現在，而專爲將來，從前言人才教育者，尚有「十年樹木，百年樹人」之說，可見教育家必有百世不遷之主義，如「公民道德」是。其他因時勢之需要而亦不能不採用，如「實利主義」及「軍國民主義」是也。吾人會議之時，不可不注意。又有一層：我中國人向有一弊，卽是「自大」。及其反動，則爲自棄。自大者保守心太重，以爲我中國有四千年之文化，爲外國所不及，外國之法制，皆不足取；及屢經戰敗，則轉而爲崇拜外人，事事以外國爲標準，有欲行

之事，則曰「是某某國所有也」，遇不敢行之事，則曰「某某等國尚未行者，我國又何能行」，此等幾爲議事者之口頭禪，是由自大而變爲自棄也。普通教育廢止讀經，大學校廢經科，而以經科分入文科之哲學、史學、文學三門，是破除自大舊習之一端。至現在我等教育規程，取法日本者甚多，此並非我等苟且；我等知日本學制，本取法歐洲各國，惟歐洲各國學制，多從歷史上漸演而成，不甚求其整齊畫一，而又含有西洋人之習慣，日本則變法時所創設，取西洋各國之制而折衷之，取法於彼，尤爲相宜。然日本國體與我不同，不可不兼採歐美相宜之法；卽使日本及歐美各國尚未實行而教育家正在鼓吹者，我等亦可採而行之。我等須從原理上觀察，可行則行，不必有先我而爲之者。例如十三個月之年曆，十二音符之新樂譜，在歐美各國，爲習慣所限，明知其善而尚未知施行，我國亦不妨先取而

行之。學制之中間，亦有類此者。此刻教育部預備之議案，大約有四十餘種之多，第一類是學校系統，第二類是各學校令及規程，第三類教育行政之關係，第四類學校詳細規則，第五類大概含有社會教育性質。其中有一大問題，是國語統一辦法。現在有人提議初等小學宜教國語，不宜教國文；既要教國語，非先統一國語不可。然而中國語言，各處不同，若限定以一地方之語言為標準，則必招各地方之反對，故必有至公平之辦法；國語既一，乃可定音標，從前中央教育會雖提出此案，因關係重要，尚未解決者。此外又有種種問題，不能單從教育界解決，如前清學部主張中學以上，由中央政府直轄，中學以下，歸地方政府管轄。日昨有幾位談及，謂廢府以後，中學校應歸省立或縣立，此等須俟地方官制頒布後，始能規定。現在只能假定一劃分之方法，即如中等以上教育，取給於國家稅，或以國家產業作基本金；中等以下，取給於地方稅，或用地方產業作基本金，亦足能為假定之方法。諸君此次來京，想亦有幾多議案提出，其間與本部及他　員提出之問題，略同者，可以合併討論。此次臨時教育會議，時期甚短，而議案至多，若討論過於繁瑣，恐耽誤時間，不能盡議。蓋諸君多半擔任教育事務者，即使延會，恐亦不能過於延長；所以希望諸君於議案之排列，將重要者提前開議。又每案之中，先擇出重要諸點，詳細討論，其他無關宏旨者，不妨姑略之。鄙人今日所欲言者止此」一說畢，

蔡總長主席，由議員投票選舉正議長，王劭廉小泉三十票當選。次選舉副議長，張壽春伯苓二十八票當選。王議長登臺演說畢，副議長當衆辭職；蔡總長付表決，全體不允，副議長遂承認，並演說畢，攝影而散。

七月十二日午前八點五十分鐘開議，議員到五十二人。議長宣告開議期定為星期一至星期五每日午前

八點鐘至十二點鐘，午後開各項審查會，星期六及星期休息；每開會後，於中間休息三十分鐘。衆無異議，遂宣布議案如左：

一、學校系統案　初讀成立，付審查。

此案教育部先後共擬四稿：第一次分甲、乙、丙三說：甲四級制，初小、高小各四年，中學五年，大學六年；乙五級制，初小、高小各四年，中學四年，高等學三年，大學三年；丙三級制，小學五年，中學七年，大學六年；而部意擬採用甲法。第二次仍採四級制，惟將中學改爲四年，大學爲五年，餘同甲。第三次仍採四級制，惟定初小爲四年，高小三年，中學四年，大學六年。第四次仍爲四級制，惟定初小四年，高小三年，中學四年，大學預科三年，本科或三年或四年；師範預科一年，本科四年；高等師範預科一年，本科三年；實業學校分甲、乙兩種，各三年；專門學校預科一年，本科或三年或四年。議員討論大體，於高小及大學預科之年限爭論頗烈。高小有主張四年者，有主張二年或三年者，大學預科有主張三年者，有主張二年者，莫不言之成理也。

一、小學校令案　初讀成立，付審查。

原案六十四條，甚周密，無甚討論。

一、中學校令案　初讀成立，付審查。

原案十五條，無甚討論。

七月十五日午前八點半鐘開議，議員到五十餘人。

一、師範學校令案　初讀成立，付審查。

原案十條，無甚討論。

一、學校不拜孔子案　初讀不成立。

原案謂前清學堂管理通則有拜孔子儀式，孔子非宗教家，尊之自有其道，教育與宗教不能混合爲一；且信教自由，爲憲法公例，不宜固定一尊。經議員再三討論若將此案明白宣布，恐起社會上無謂之風潮；祇須於學校管理規程內删除此節，則舊日儀式自可消滅於無形。遂議決此案不成立。

一、各學校學年學期及休業日之規定案　初讀成立，付審查。

原案規定學年開始爲八月一日；而分一學年爲三學期：一月一日至三月三十一日爲一學期，四月一日至七月三十一日爲一學期，八月一日至十二月三十一日爲一學期。暑假休業，高等專門以上五十五日，中學四十日，小學三十日。年假休業二十日；春假休業七日；紀念日、日曜日均休業一日。

七月十六日午前八點半鐘開議，議員到五十二人。

一、學生制服案　初讀成立，付審查。

原案高等小學校以上始定男女制服，卽以操衣爲之，寒季黑色袖綴黃帶一條，袴脚左右綴黃色直線

一條。暑季帽加白套，服袴綴黑帶、黑線。女生卽以常服爲之，寒季外罩黑色衫袴；暑季易白色；十五歲以上著黑裙。男生可特製帽章；女生可特製襟章。議員討論，咸以操衣之名不正，黃黑帶線可省云。

一、議式規則案　初讀成立，付審查。

原案分祝賀式，始業式，畢業授與證書式；除祝賀式行三鞠躬外，餘均行一鞠躬禮。

一、學校系統案審查報告　再讀，未完。

議決：初等小學正名爲小學校，四年畢業；高等小學三年畢業；中學四年畢業；大學預科一年畢業；議未完，明日續議。

七月十七日午前八點二十分鐘開議，議員到五十餘人。

一、續議學校系統案　再讀完；省略三讀。

議決大學本科、法、醫各四年畢業，餘皆三年。小學補

習科二年。師範學校預科及高等師範學校預科各一年。師範學校本科四年。高等師範本科三年。甲、乙兩種實業學校各三年。專門學校預科一年，本科三年或四年。均通過，全案成立。

一、中央教育會議組織法案　初讀成立，付審查。

原案採仿日本帝國教育會議制，別任議長、副議長，屬教育總長之監督。議員主張採仿法國高等教育會議制，以教育總長及次長爲正副議長，定爲中央教育行政之諮詢機關。

七月十八日午前八點半鐘開會，議員到五十餘人。

一、教育宗旨案　初讀成立，付審查。

原案注重道德教育，以實利及武勇兩主義濟之；又以世界觀及美育養成高尚之風，以完成國民之道德。

請決定相對的國家主義爲教育方針案　議員劉以鍾　吳曾禔提出。

請明定教育方針案　議員侯鴻鑒提出。

確定教育方針以固國本案　議員徐炯提出。

以上三條，與部交原案一并成立，付審查會并議。

一、地方教育會議案　初讀不成立。

議員以地方教育會議爲地方教育行政會議機關，與教育會性質不同，當由地方教育行政機關自行組織，無庸教育部代定章程。故主張不成立。議長付表決，多數贊成。

七月十九日午前八點四十分鐘開議，議員到者五十四人。

一、教育宗旨案　審查報告　再讀全案通過；省略三讀。

審查報告，於形式一方面，贊成劉吳案以國家爲中心，而不背世界進化之原則，並不妨個性之發展；於內容一方面贊成部交議案；遂決議注重道德敎育，以國家爲中心而以實利敎育與軍國民敎育輔之。至美育一層，加入中小學校、師範學校敎則內，俾知注意。議員頗有主張將世界觀與美育一幷加入敎則，其理由謂我國民於世界觀念素來缺乏，不應將此層廢棄；或又謂世界觀爲宗敎的哲學的，不應加入普通敎則內。議長以加入世界觀三字於敎則內付表決，贊成者二十五人，少數；或又謂世界觀與世界觀念絕然不同，宜將世界觀念加入敎則，贊成者亦爲少數。

一、小學校令案　再讀未完，重付審查。

第一條原文甚繁複，審查會修正爲「小學校以留意兒童身心之發育，授以道德敎育、國民敎育之基礎，並其生活所必需之普通智識技能爲宗旨。」有謂「道德敎育」四字須改爲「德育、美育」者，有謂「並其生活」之「其」字應改爲「公民」或「國民」者，頗費討論，其結果卒照審查原文通過。前次學校系統案初等小學已正名爲小學校，則本案自第二條以下名稱、職掌，頗有不同處，議場難以通過，遂議決重付審查。

一、劃分學校管轄案　初讀成立，付審查。

原案分學校爲國立、地方立兩種。地方立又分省立、縣立、城鎭、鄉立各種。國立以國庫金支用之，由敎育部直轄；省立以省行政費支用之；縣及城鎭、鄉立以縣及城鎭、鄉自治費支用之。凡國立及地方立學校，概稱爲公立學校；私人及私法人設立學校，既稱爲私立學校。城鎭、鄉立學校，以小學校爲原則；有餘款時，可設高等小學校。縣立學校，以高等小學爲原則；有餘款時得設專門學校。

七月二十二日，因大雨，到會議員僅十八人，未開議。

七月二十三日因大雨，到會議員四十二人，仍不足三分之二，未開議。

七月二十四日午前八點三十五分鐘開會，議員到六十餘人。

一、小學教育令第二次審查報告　再讀未完。

此案重付審查後，審查會將「小學校令」改爲「小學教育令」。原因有二：一，以初等小學校已正名爲小學校，則小學校三字，有專名及普通名之別，往往有專名、普通名連用之處，殊嫌混淆，故議決改稱小學教育令；一，以「師範學校令」已改爲「師範教育令」，故將小學校令改爲小學教育令，可歸一律也。

是日通過四章。

七月二十五日午前九點鐘開議，議員到五十餘人。

一、小學教育令第二次審查報告　繼續再讀，全案通過；省略三讀。

是案凡九章，六十二條，原稿頗爲周密；重審查時，凡關於兩等小學者，概行刪除。今日全案成立。

一、各學校學年學期及休業日之規定案審查報告

再讀未完。

學年開始，要貴不在極寒極暖之時，故以四月一日爲最佳；無如參議院所議會計年度之開始，將定於七月一日，則學校財政，與國家或地方之會計有密切關係，不得已議決以八月一日爲學期開始。分一學年爲三學期，照原案。默察議場情形，因改行陽歷而主張三學期者固多，而因舊習慣而主張兩學期亦不少也。

一、學校職員分職任務規程案　初讀不成立。

議員討論，以爲此案可分見於各學校規程內，不必特立；遂否決。

七月二十六日午前八點四十分鐘開議，議員到六十

餘人。

一、各學校學年學期及休業日之規定案審查報告

繼續再讀，全案通過，省略三讀。

審查報告第三條暑假休業三十日以上五十日以下。有謂專門學及大學之暑假期各國無在六十日以下者，再四討論，始決定專門學校及大學得延長三十日以下；其起止日期，由各校定之。年假休業七日以上十四日以下；春假休業七日，自四月一日起，七日止。吉林黑龍江新疆諸議員謂氣候嚴寒之地，得放寒假。討論結果，特加一項，謂氣候嚴寒地方之各種學校得放寒假而縮短年假、暑假、春假之期。第四條紀念日、日曜日均休業一日，議員對於日曜之名稱，有主張用星期者，謂習慣已通行也；有主張用來復者，謂為我國原有名詞，於文化有關係也；有主張將日曜日改稱太陽日，餘則稱月日、水日、火日等，因曜字為日本所定，不欲抄襲也；有謂星期、來復，均不眞確，七曜之名，係紀元前天文家所定，譯自拉丁薩克森文，非出自日本也。相持不決。或請議長將討論情形詳報教育總長，以待總長之採定，議長允之，始得調停。

七月二十七日午前八點三十分鐘開議，議員到五十餘人。

一、教科書審定辦法案　初讀成立，付審查。

一、各省圖書審查會規程案　初讀成立，付審查。

一、小學教育令施行規則案　初讀成立，付審查。

一、師範學校規程案　初讀成立，付審查。

一、高等師範學校規程案　初讀成立，付審查。

一、女子高等師範學校規程案　初讀成立，付審查。

小學校施行規則一百五十九條，師範學校規程三種一百六十四條，他如中學、專門學、大學等之規程，

尙二百條，若欲逐條討論表決，至速非半月不了，故議決凡規則、規程草案審查報告不行再讀；各議員如有意見，可至審查會討論，或俟報告後，撰成意見書，供部員之採擇。衆贊成。

一、儀式規則案審查報告　再讀未完。

議決元旦及民國紀念日行祝賀式，始業、畢業，行始業及畢業式。祝賀式，立國旗於禮堂，職員、學生齊集，行三鞠躬禮。始業、畢業日，職員、學生齊集，行一鞠躬禮，校長致訓詞；畢業日並授以證書。始業、畢業式均可設來賓席。

七月二十九日午前八點四十五分鐘開議，議員到五十餘人。

一、儀式規則案審查報告　繼續再議，全案通過；省略三讀。

審查報告第一條，原有民國紀念日，地方紀念日，本

校紀念日，孔子誕日，均行祝賀式。前日議決，除元旦及民國紀念日行祝賀式外，餘均删去，卽有少數議員以爲失於尊孔，或謂孔子誕日不宜祝賀，實宜開紀念會，提議加入本校成立日及孔子誕日得開紀念會一條，討論未決。今日復有人修正爲各種紀念日得開紀念會式，除民國紀念日依第一條規定外，其儀式各校自定之。或謂必將孔子誕日註明，爭之再四，議決加括孤內載「如孔子誕日」等數字，始調停之。亦足見社會尊孔之所在矣。

一、中學校令案審查報告　再讀全案通過；省略三讀。

一、學校制服案審查報告　再讀未完。

原案爲學生制服案，現改稱今名。劃一自高等小學以上，始不用袖章及褲章，寒季用黑色或藍色，暑季用白色或灰色，但一校中不得用兩色。原料以本國棉織、蔴織及毛織爲主。制帽黑色，各校可特制帽章，

暑季加白布套靴鞋亦用本國製造。

七月三十日午前八點四十五分鐘開議，議員到五十餘人。

一、學校制服案審查報告　繼續再讀，全案通過；省略三讀。

女生用常服色別與男生同；中學校以上著裙，裙爲黑色，各校可特製襟章。

一、中央教育會議組織法案審查報告　再讀未完。

原案全採日本高等會議制。審查報告，採法國高等會議制者十之七，採日本高等會議制者十之三。宗旨爲輔助中央教育行政機關。會員十六項：一、參議院議員，二、衆議院議員，三、教育部司長及視學，四、內務部員，五、財政部員，六、陸海軍部員，七、農林部員，八、工商部員，九、各省及蒙藏行政長官代表，十、教育部直轄各校校長，十一、國立圖書館長，十二、國立博物館長，十三、各省及蒙藏師範學校、中學校、高等小學校、小學校、實業學校校長，十四、各省及蒙藏教育總會代表，十五、華僑代表，十六、專門人才及有教育經驗者。凡此資格，有少數議員對於部派員額，則力求減少，對於各省選派員額，則力求增多，頗費討論也。

七月三十一日午前八點五十五分鐘開議，議員到五十餘人。范源廉總長登臺演說，大致謂行政計劃及教育宗旨已由蔡總長宣布，現以個人意見尚有二端，須與諸會員商榷：一、發揮民國固有精神，一、提倡個人職業獨立及覆闡發，至切時病。演說畢，退就總長席。

一、中央教育會議組織法案審查報告　繼續再讀，全案通過；省略三讀。

一、劃分學校管轄案審查報告　再讀，全案通過；省略三讀。

凡專門學校以上，歸中央直轄，爲國立學校；中等學校以下，歸地方管轄，爲地方立學校。

一、實業學校令案、專門學校令案、大學校令案　初讀成立，同付審查。

一、劃分高等師範學區案，劃分大學令案　初讀成立，同付審查。

八月初一日午前八點四十五分開議，議員到五十餘人。

一、專門學校暫行計劃案　初讀不成立。

原案將全國統計應設法、農、工、醫及美術、音樂等專門學校凡八十五所，並規定地點，大抵在交通較便之省會，由教育部辦理；並分各校需要之次第，若法政、農業爲一項，列入需要之首，工業、醫藥爲一項，次之，其他又次之。經濟討論：一、經濟爲難，部中財力，此時萬難負此義務；二、指定地點，無切當之標準；三、需要之次序，不甚適合；四、既爲暫行計劃，則目前決難

實行，可俟明年大會再議；多數贊成，故否決。

一、教育會組織綱要案　初讀成立，不付審查。

原案爲綱要，故主概括，應有章程或規則，可由各會自定之。議場有誤會者，故提議加增項目，或修正嚴密，取締討論頗久。總則定爲目的團體，有少數議員主張監督行政之說，亦有謂爲輔助行政機關者，多數不贊成，卒照原條通過。

八月初二日午前五十分鐘開議，議員到五十人。

一、教育會組織綱要案　繼續討論，全案通過成立。

會員資格討論再四。原案分甲項現任教育事業者，乙項於教育上有專門學識者，丙項於教育上富有經驗者。議決加一項「凡現充學生者不得爲會員」。

一、國歌案　初讀，議決非議場所能討論，由部委任專員辦理。

原案凡二曲、二歌，第一歌爲章炳麟所選古歌，朱雲

望爲之作曲文詞不合於今日情事及普通社會；第二歌爲沈心工所作原稱中華民國立國紀念歌，朱雲望作曲曲調可聽，而歌詞尙有俟斟酌者多數以爲非議場所能討論之事，決議將原案交還教育部，特別辦理。

八月初五日午前九點一十分鐘開議，議員到四十餘人。

一、蒙回藏教育計劃案　初讀成立，付審查；不開再讀會。

原案因蒙回藏情形不同，故特別計畫，從統一國語入手而特設師範學校於京師，爲培植教員之基礎；而以宣講及巡迴圖書館等事輔之。議決熟悉蒙回藏情形者少，案無不成立之理，姑付審查後，由部中酌辦，故不復經再讀、三讀。

一、小學教員俸給規程案　初讀成立，當場討論，全案通過；省畧再讀及三讀。

教員分本科正教員、專科正教員、副教員三種；月俸分爲十四級，由各校酌量情形定之。

八月初六日，因雨，到會議員不滿三分之二，未開議。

八月初七日午前九點鐘開議，議員到四十餘人。

一、採用切音字母案　初讀成立，不付審查，當場討論，全案通過；省畧再讀及三讀。

原案稱「採用註音字母案」，議決改爲「切音」，由部召集於音韻之學素有研究之人及通歐文兩種以上之人，公同議決；並於各省城召集方音代表，以備諮詢；字母既定，編成切音字典，發行全國應用。

一、實業學校令案審查報告　再讀，全案通過；省畧三讀。

八月初八日午前九點十分鐘開議，議員到四十餘人。

一、專門學校令案審查報告　再讀，全案通過；省畧三讀。

原案醫學校與藥學校分設，審查報告將藥學校刪去，附設於醫學校內。議場大起討論，結果仍醫藥分校。

一、大學令案審查報告　再讀，全案通過；省畧三讀。

原案稱「大學校令」，審查報告刪去「校」字。

一、學校管理規程案　初讀成立，不付審查；惟條文或詳或畧或不合於管理之旨，議決由部修改後，頒行全國；不開再讀及三讀會。

八月初九日午前九點零五分鐘開議，議員到四十餘人。

一、分設大學案審查報告　再讀未完。

原案稱「劃分大學區」，審查會改爲今名。全國於十年之內先設四大學；第一大學以北京爲本部，第二大學以南京爲本部，第三大學以武昌爲本部，第四大學以廣州爲本部；以上均議決。某議員提議太原奉天成都均各添一大學，討論未決。至休息後重行入場，議員有假出者，在場人員不足三分之二，遂宣布散會；而明日已爲閉會之期，不及續議，遂公決本案前半作爲有效，餘請部員酌辦。

八月初十日午前九點鐘，行閉會式，議員到三十餘人。振鈴入場後，議長就特別席，副議長、議員及各幹事員依次就席。先由議長王劭廉報告議決事項，畧謂本會自開會以來，議案由教育部提出者有四十八件，由議員提出者有四十四件，共計九十二件；會期不過一月，正式開議僅十九次。而所決議案約分三類：（一）完全議決案二十三件，（內有否決案五件），（二）已付審查未經大會議決者九件，（三）未及開議者十六件，此皆教育部提出議案也；至會員提出之議案，可分兩類：（一）併入審查部審查者三件，（二）未及開議者四十一件。逐條報告畢，仍退就特別席。次幹事長陳應忠詣總長席，呈送議決案件；總長范源廉因總統府會議未到，由次長董鴻禕代表出席演說。略謂本會之設，關係中華民國前途甚大。此會可謂民國開幕第一之教育會。自此成立之後，所有從前之舊言論、壞風俗、惡思想，當可一律打破；將來必有一種完全好現象發生。至對於此次已決、未決及未議各案，本部當詳細討論，逐漸頒布，總期以實行爲主；即會員中提出之議案，雖未及經大會開議，本部當亦仔細提出討論，採擇施行。所有各省專門以上學校，未歸部轄以前，昨已通電各省都督、教育司，請其依舊維持。將來諸公回里時，對於本部頒發各案，務望切實開導，竭力提倡爲盼。說畢退席，由副議長張壽春代表議員答詞。次振鈴散會，齊赴休息室茶會而散。

（教育雜誌第四卷、第六號）

二二　教育人物

近世興學三偉人　蔣維喬

武並於宣統二年九月由山東巡撫袁樹勛奏請宣付國史館立傳。　編者

武七者，山東堂邑人也。三歲喪父，家貧，行乞以度日，飲食必先其母，人稱曰孝丐。七歲後喪母，孑然一身，晝行乞，夜績麻，得一錢即存之。漸積至萬餘緡，自以孤貧目不識丁，慨然欲創建義學；人勸之娶，執不可，曰「吾興學之念，未或一日忘也」。先在堂邑柳林集購置地畝，建造學舍；遠近聞其義，咸助之。延師課讀，束修必豐，禮意尤極周摯。入學之日，武先拜塾師，次徧拜諸生，具盛饌饗師，而請邑紳爲之主，自立門外，屏營以待。讌罷，則入啜其餘，自以乞人不敢與師抗禮也。一日，師晝寢，武見之，則長跽牀前；久之師醒，見武驚起，自是不敢

晝寢。學生有輟業嬉戲者，亦長跽以哀之，學生相戒不敢怠。邑令聞而義之，呼至署，與語不答，與之食，弗食而去。其所設義學，始於柳林，次及館陶、臨清，凡四所。光緒二十二年四月，病歿於臨，年五十有九。武七爲人，形貌寢陋，身肥短，頭蓄髮一握，蓄左則去右，蓄右則去左，蠢蠢然若狂愚；然其行乞三十餘年，未嘗妄費一錢，廿一領，積銖累寸，惟以興學爲事。以一乞人而教化及三州縣，何其盛也。既遂其興學之志，而行乞宿破廟如故，不肯娶妻育子，圖一己之樂，非所謂奇節醜行，得於天者獨厚歟？武七之事，山東官吏及地方人士，所撰奏章、文牘及傳記言之已詳；余擇其尤雅馴者著於篇。其人生前無名字，地方有司以其熱心訓誨，從而名之曰「訓」，至今山東人士皆稱武訓矣。

葉成忠，字澄衷，浙江鎮海人也。年六歲而孤，兄弟姊妹四人，皆幼弱，家固赤貧，至是益不支。其母率諸孤，

日則往田中躬耕，夕則紡織以自養。成忠年十一，爲市肆傭，終歲計所得值錢一緡，薪一束，肩荷而歸，以爲常。年十四，有鄉人某挈之至上海，薦諸某肆爲徒。是時上海通商日盛，外國兵船、商舶麇集黃浦江，肆主遣成忠每日黎明棹小舟往來江中，就番船貿易。既而與某肆分離，獨駕一舟，仍與外人貿易，久之，益習，漸通其言語，能自設肆。未幾，商業日廣，分肆日多，家財至累千萬，乃於上海、漢口創造纜絲、火柴公司，駸駸與西商爭勝矣。成忠嘗自憾孤貧失學，及晚年，乃於滬北購地二十餘畝，創立蒙學館，即今所稱之澄衷學堂是也。成忠以光緒二十五年歿，年六十。歿時，猶以未及見學堂落成爲憾，則其忠可知矣。吾聞成忠之爲人，言必信，行必果，待人必以誠。方其操舟於黃浦江時，有西人某乘其舟渡，既渡，遺一巨篋，篋中皆重物，成忠守之竟日，弗去；猝見某遑遽而至，額汗涔涔然，成忠舉其篋畀之。某感其誠，

啟篋，取鈔幣一疊以謝，勿受；則絜成忠以歸，令改業入其肆經商，蓋臬固富商而設巨肆於滬市者也。成忠在其肆營業日久，益見信任，漸致富，能自營商業云。夫成忠之守物以待原主也，初未嘗望後日之報，一出以誠而已。此其軼事，上海人士，多有能道之者，顧其子孫所爲行狀獨不詳，余故著之以爲世法云。

楊斯盛，字錦春，江蘇川沙廳人也。早失父母，無力讀書，乃業圬。年十三，至上海，時商業日闢，建築日夥，土木之工，多有以此致富者，斯盛尤以其業之善，要約之信，數十年，累資幾及三十萬金。慨然欲毀其家，立川沙家祠，廣置田畝，爲贍族計，繼念董理無善策，子孫苟不賢，則糾紛無已時，遂不果。既而於光緒二十九年，設廣明小學於其別墅，逾年有成效，乃決計毀其家以興學。自以浦東人也，撥其家財十萬金，創立浦東中學及小學。購地築舍，既興工矣，家人戚族，咸目爲狂，百端沮之，斯盛絕勿爲動。光緒三十三年，中學落成，開學日，斯盛親登演壇，懸「勤」「樸」兩字爲宗旨，以訓諸生。自是凡有集會，必躬親訓誨生徒，使知注重生計，而歸本於愛羣愛國。又時召集鄉人，與之言謀生之難，讀書之要，其言懇懇款款，鄉人無老幼，蓋莫不聞而感激淚下也。斯盛故多病，體貌淸癯，與人交接，恂恂類儒者。既以其產興學，而於社會公益事，謀之益力。會江浙鐵路事起，斯盛方臥病，則力疾出，勸同業入股，語憤激，喘作，且喘且語。厥後浦東居民，因路政局抽收渡捐，不服，聚衆數千人，毀捐局及董事宅，官督兵至，毀官輿，且與兵抗；時斯盛養疴在里，聞警，飛輿至，登高揮衆使散，衆僉曰：「先生有命，曷敢違！」遂一鬨去。斯盛以爲愚民不知路政之益，故至於此，乃獨捐鉅金，以修諸路，爲之創。其他一切公共事業，斯盛無不與。語詳黃炎培所著言行記中，不悉記。光緒三十四年四月，疾革，猶慮浦東中學經費不足，復益六萬金。處分家財遺其子孫者僅十之一。其創辦學校之費，前後凡十九萬金有奇。世之縉紳先生，往往有坐擁厚貲，絕不肯稍分其餘，以助公益，而徒留以長子孫之游惰者，以視斯盛，何其度量相越之遠也！斯盛自以失學，晚年令人授之讀，暇則背誦，琅琅上口，人尤傳爲美談云。

因是子曰：吾聞堂邑，於宋之故墟爲近，彼武訓其有墨翟之遺風耶？何其摩頂放踵之相類也！吾嘗至澄衷學堂，觀其建築之壯麗，規模之宏大，未嘗不驚歎；然創辦十餘年，學生屢解散，屢招集，絕未有成效之可觀；葉成忠沒時，以未及見斯校爲恨，今若此，豈成忠之志哉？及觀浦東中學，其建築惟禮堂稍壯麗，餘皆渾樸堅久，無取華侈，其中職事之人，皆能體楊斯盛之心，所受修脯極薄，學生數百人，勤樸好學，無叫囂之習，成效彰彰如是。吾以是不僅服楊斯盛之能毀家興學，而尤歎其能得人，爲不可多也。

（教育雜誌第一年第七期，宣統元年六月。）

李鳳林傳

蔣維喬

夫自古獨行君子，多出於貧賤，下逮負販走卒，亦往往有積其奇節醜行，著於當世，傳於後葉者，而膏粱之子無聞焉。豈不以膏粱之子，嗜欲深而天機淺，反不若負販走卒，涉世滋薄，利祿無所於羨，紛華無所於役，獨得葆其天眞，有時激於公義，而能爲人所不能爲歟？若山東武七，以一乞丐而積貲興學，教化及於三州縣，吾嘗記其行事，以爲世法矣。及今而又得李鳳林者，其生長之邦與武同，其執賤役與武同，而其行事尤與武絕類，故復爲文以傳之。鳳林，山東濟南人，父母早亡，家貧，依其伯母楊氏以居，執挽車業以自給。惟至孝，事其伯母猶母也：每出挽車，必懷甘旨歸，以奉伯母；伯母亦愛之。鳳林以少孤失學，目不識丁，獨營營焉以興學爲務：常節縮衣食，儲其餘資，購書籍筆墨，捐助濟南西關簡字學堂；後又購贈草帽、紙扇等物，以獎勵堂中學生之勤勉者；顧自視猶歉然，竊以爲未足也。宣統二年夏，乃獨以其力役所得之資，創設宣講所。所中一切器物茶水惟備；顧講師難其人，乃自踵請於沈君公臣、張君玉生等五人，要以月之三六九日，更番蒞所宣講，繼之以泣，沈張等感其誠，諾之。既又於濟南府學前，獨力創設簡字學堂，即以每日挽車所得者，充常年經費。堂中凡書籍、器物，罔勿備。則欲其經久勿替，稟於有司立案，有司大獎譽之。鳳林伯母楊氏，晝夜紡績，或以針黹爲人傭作，十數年來，積其餘資，本欲爲鳳林授室，今見鳳林所爲，則慮其力役所得，無以爲繼也，乃傾其所積，以助鳳林購校具，有餘則悉交當地紳耆爲之管理，以補堂中經費之不足，亦具稟有司立案。歷城縣張介見其稟，歎曰：「吾爲邑宰，以視鳳林，殆有愧焉；楊氏一寡婦耳，而能若是，吾視之益滋愧焉！」因各獎以匾額：鳳林曰「見義勇爲」，楊氏曰「急公好義」。蓋嘉其一門尚義也。嗟呼！鳳林之業，其細已甚，至於楊氏，則年老嫠婦，更爲世事之所不及，而其卓卓有所樹立如此，倘所謂不役於紛華利祿，葆其天眞，而能爲人所不能爲者乎？匹夫匹婦，堅苦卓絕，積其獨行，往往足以變易一世之風俗。孟子曰：「聞伯夷之風者，頑夫廉，懦夫有立志，聞柳下惠風者，鄙夫寬，薄夫敦」，聞鳳林母子之風者，其亦可以興矣。

（教育雜誌第二年第十一期，宣統二年十一月。）

前北京清華學校校長唐介臣先生傳（譯上海共和西報孔憲立原著）

嚴　楨

民國二年八月二日，唐介臣先生歿，先生名國安；顧其鄉老及西人咸習稱其字，共知爲介臣焉。先生前為北京清華學校副監督，嗣任校長。斯校為造就留美學生而設，其經費即取給於美國璧返之庚子賠款中云。

凄其風雨，噩耗驚傳，凡與先生素識者，莫不同聲悲悼。先生病痿年來愈而復作者三次矣。當清華學校於六月一日舉行畢業禮頒給文憑時，先生病不能興，以副校長文科碩士周貽春君代之。旋病良已，體氣亦回復，乃介周君率學生二十六人赴美。詎疾又復發，終弗能支，遂溘然長逝，哀哉！歿後於日曜日開追悼會。據英文北京日報所載，中西來賓濟濟稱盛。袁總統亦遣代表致祭，外賓如美國代理公使威廉君，美國汕頭領事維廉斯君，青年會會員開來君，愛特華德君及鮑脫博士、海藴君、潘來君，並清華學校女教員三人，皆躬自臨吊，白馬素車，頗極榮哀之盛。先生無子，有嗣子一，並寡妻弱弟，皆縞衣玄帶，惘惘可憐，尤使見者生感。先生

廣東香山人也，生於一千八百五十八年，歿時年五十有五。香山一地，唐氏族大衆多，既富且庶，於粵中大樹聲望，如前內閣總理唐紹儀君，及開平煤礦創辦人唐景新君，俱藉隸斯邑。唐景新君經營商業，成績卓著，亦商界中之第一流人物也。

先生為中國政府任容閎博士為留美學生監督時第一次學生，故其所學，於祖國植其基，而於美國造其極。肄業耶魯大學，於卒業二年前去校。少時以礪志好學稱，自一千八百八十五年與留美同學聯翩歸國後，即奔走國事，席不暇暖。始為海上某校教員，繼主講梵王渡約翰書院，與現任駐德公使顏惠慶君同擁臯比，遂訂交焉。先生又曾任寰球中國學生會會董，迨顏君辭南方報編輯事，先生乃繼其任，賡續進行。至前數年停辦而止；南方報為華英文字合璧之報紙，發行於滬瀆，經澎湃之風潮，而頗能著效於社會。先生不畏疆

禦，以上海工部局之設施，甚不利於華人，因直言正論，指斥其法令之背謬，遂與工部局相齟齬。凡滬人士之對於外人敢作强項令者，鮮不爲虬髯碧眼之流所嫉視。故當濮蘭德任工部局書記員時，幾被逐出租界。顧先生絕不退縮，雖以熱忱奮發之故，致爲外人所痛恨，而一片丹忱，仍無時不以忠愛同胞爲念焉。

南方報既歸泡影，先生乃於一千九百零七年入都，爲外務部司員，兼任京奉鐵道事。至一千九百零九年，奉委爲上海萬國禁煙會中國代表。先生固演說家，擅雄辯；以故一臨會場，議論風生，於西人提議之條件，嘗多所折衝。蓋當日先生在滙中旅館（萬國禁煙會以滙中旅館爲會所）之言論，實詞嚴義正，慨當以慷，且與亞列斯多德所論演說要旨若合符節。亞氏謂演說家欲使人悅服，首當中懷坦然，公益爲心；次則百端曉譬，務洽羣情；再次則掬誠相示，不圖自利。具斯三者，夫然後舌戰勝人，可操左劵。若先生者，誠得亞氏之三昧矣。今日者禁煙問題猶在進行之際，而以國家多故，國人遂不甚屬目及此。究之毒氣未淨，終爲厲階，先生疇曩之策劃，正宜復用於今茲。何也？先生之演說詞詳明剴切，有以國利民福爲念者，必反覆維誦而不忍恝置也。

禁煙會閉幕後，未幾，先生乃任清華學校副監督。時正監督爲現時交通總長周自齊君，校設副監督二，其別一副監督卽前教育總長范君源廉也。一千九百十一年，先生復任爲海牙萬國禁煙會代表，與伍君連德同出都門。斯屆中國政府以梁君誠爲代表領袖，蒞會後先生與梁伍二君俱殫精竭慮，爲祖國禁煙前途博絕大之利益，奇勞懋著，不辱使命。旣而輶車遄返，當事者深嘉善之，遂以清華校長相倚任，原期先生展施驥足，發揮教育，將大有造於我宗邦也。詎意昊天不弔，遽奪我先生以去，遂使風雨神州欲求如先生之敦品勵學熱血偉才不可多得矣！嗚呼！若先生者，乃眞耶教之信徒，社會之義士，而中華民國之忠僕也！其赤誠爲國大公無我之行，載之口碑，必能使四百兆同胞永矢勿忘吾中華民國有唐氏其第一人！（旅華西人與諸唐氏多所交際，因各於其姓後隨意綴以第一第二等號，以便稱謂，稱先生爲唐氏第一，唐紹儀君爲唐氏第二，唐元湛君爲唐氏第三）噫！可以傳矣！

（中華教育界民國二年八月號）

民國教育總長蔡元培

蔣維喬

先生名元培，字鶴卿，浙之紹興山陰人，孑民其號也。爲人誠實懇摯，無一毫虛飾。自其幼時，沈潛好讀書，學於其叔銘三先生，叔館於里中徐氏，徐氏富藏書，先生因得徧觀其所藏，學乃大進。爲文奇古博雅，聲名藉盛。己丑舉於鄉，壬辰以翰林院庶吉士，授職編修。顧天性恬淡，不屑屑於仕進，不常居北京。戊戌政變後，先生知清廷之不足爲，革命之不可以已，乃浩然棄官歸里，主持教育，以啓發民智。既而來海上，主南洋公學特班講席，特班生類皆優於國學，得先生之陶冶，益曉然於革命大義。時適漢口唐才常事敗之後，清政府鉗制集會結社甚厲；先生於壬寅夏秋之交，與海上同志謀立一會，違遠時忌，乃定名爲中國教育會，默輸民族主義。衆議教育之根本在女學，乃先創立愛國女學校，時十月二十四日也。其年南洋公學學生，因教員非禮壓制，全體大譁。先生持正論，右學生，與當事者力爭，爭之不獲，學生皆罷學，先生亦自請辭職。退學生百餘人謀自建學社，舉代表赴教育會求贊助，會中允助以經費，更由會員任教科。癸卯之春，社乃成立，名曰愛國學社。先生於是爲男女兩校校長；自校長以下至教員，皆躬親義務，別以譯著自給。先生更兼教育會會長，以鼓吹革命爲己任，時時開會演說，而以蘇報爲機關，影響所及，風靡全國。先是俄人自拳匪亂後，隱據東三省，至是尙不撤兵，國人忿激，留日學生組織義勇隊，謀敵俄人，先生率會員、學生，亦創義勇隊於海上以應之。而會員章炳麟著駁康有爲書，鄒容著革命軍，皆刋印小冊，不脛而走。端方在鄂偵知之，告密淸廷，淸廷嚴諭江督魏光燾，責其形同聾聵，使逮捕先生與章炳麟吳敬恒黃中央鄒容等六人，將置之法。魏乃照會各國領事逮捕，各領事持人道主義勿之許。淸廷復嚴責魏，魏懼，乃用南洋法律官担文計使上海道代表江督爲原告，控先生等於會審公廨，各國領事允之。外患方亟，而是時愛國學社學生團體忽與教育會衝突，內訌又作，而捕者適至，學生紛紛避匿，吳敬恒黃中央等或避西洋，或至日本，先生則往青島，而章炳麟鄒容則就逮。獄決：章炳麟監禁三年；鄒容監禁二年。學社遂解散。惟女校由會員維持得存。未幾，先生復由青島返。會俄人佔據東三省之謀益顯，先生組織對俄同志會，創俄事警聞日報，以警告國人。對俄同志會者，即義勇隊之變相，所謂名爲拒俄，實則革命者也。東京之義勇隊既改爲軍國民教育會，日俄戰爭既起，復改爲秘密結社，名光復會，先生與對俄同志會會員皆合於光復會。其後光復會易名中國革命同盟會，先生遂爲同盟會會員；屢與楊守仁及其他同志爲製造炸彈之秘密機關，輒以禁網方密，而經濟又奇困，卒無成功。甲辰夏，先生復主持愛國女學校校務。乙巳往北京，主譯學館講席。先生自青島歸時，恒每月入獄存問章鄒二人。鄒容死於獄，先生又密集同志爲營葬於華涇，立碣於上曰「鄒君之墓」。丁未，先生往德意志留學。蓋向者在青島及北京時，已預習德語。至德後逾年，即入來比錫大學，修哲學、心理學、美學。仍以譯著自給自先生之游學於德，於今五載矣。會民國軍起，乃匆匆返國，既返，則往來於寧滬浙之間，參與大事。臨時政府成立，遂任今職。余於壬寅之秋，赴中國教育會，始與先生相見。癸卯春，奉妻子至海上，置妻於女學，置子於男學，而助君理校務，亦以譯著自給。君之辦女學也，不規規乎普通科目，而注重精神；而又夙抱社會主義，顧不輕以語人。蓋壬癸之間，知革命主義者尙鮮，至社會主義，則未經人道，偶有一二留學生道及之，類皆不矜細行，爲世詬病。先生嘗語余曰：「夫惟於交際之間，一介不苟者，夫然後可以言共產；夫惟於男女之間，一毫不苟者，夫然後可以破夫婦之界限。社會主義固在此不在彼也。」先生平居休休然，終日無疾言遽色；余性褊急憤世嫉俗，自與先生日夕相處，而氣質爲之一變。然先生之處世，長於知君子，而短於知小人，故謀事往往多失敗。又嘗告余曰：「吾人適於

治學，不適於辦事，我不負人，人或負我，所以灰心；然而竟不能灰，奈何？」先生絕無耳目四肢之嗜好，至德國後，即持素食，不事家人生產，恒盡力社會事業，而忘其家，并忘其身。時至貧乏，不克自存，戚友知之，或貸以金，則稱量其所需而受，不肯苟取也。嗟乎！自壬癸以來，十年之間，世事之變遷，於今爲烈，革命之豪傑，既遭挫折，中途改節者，吾見亦多矣。余性愚拙，又多疾病，遂不能與世之豪傑相周旋；而惟志先生之志，扶持其手植之愛國女學校，於勿替，亦云險矣。然十年之間，志先生之志，未敢稍變其節，則又未嘗不硜硜自信也。夫世界幻象也，吾之形骸，幻象中之一物也，而常有至大至善之物，隨有生以俱來，所謂眞我是也。惟能修養精神，以見眞我者，斯能無人我相，故功成而我不必居，名成而我不必享，無我、無功、無名，斯能實踐社會主義。若而人者，其於世之自命豪傑，汲汲焉攘竊功名以自快一日之

私者，何如哉！夫能無我、無功、無名而實踐社會主義者，微先生又誰與歸？

（教育雜誌第三年第十期，民國元年一月。）

陳嘉庚毀家興學記　黃炎培

陳固雄於貲，但能獨力辦廈門大學及集美學校，實爲一般富有資產者所不及。　編者

民國六年夏，余遊新加坡林氏山莊，衆中見一人，態嚴正而靜默。主人林君義順進而爲之介曰：此陳君嘉庚也，相與握手作禮。時諸賓方雜遝爲林母壽，未獲與談，既歸，陳君因賈君豐臻斥萬金助中華職業教育社，由是書簡往還，殆無虛月。時陳君已於其故里福建同安縣集美鄉創建集美學校，有小學，有師範學，有中學，別於新加坡集僑商公建一華僑中學，陳君總其成；而以衆意諉余物色校長。八年春，偕校長涂君開輿往，傾談累日。新加坡已喧傳陳君有毀家興學之舉，乃者陳君復以物色集美校長事諉余，以七月偕陸君規亮赴閩，獲親觀其所建之學校，識其生平，并確悉其毀家興學之實況，則不敢不亟亟焉介紹其人與事於吾全國焉。

集美鄉與廈門隔海灣，相去可二十里。廈門爲島，集美恰當大陸盡處，土人實呼盡尾，後乃文之曰集美，一曰潯尾，西臨潯江，東瞰金門島，其南隔海雲山萬疊，廈門隱約可辨，三面皆水，惟北枕天馬山，地故爲山水絕勝處，全鄉五百家，皆陳姓，可耕之地不豐，往海外貿易留者多業捕蠔。鄉有內頭村者，全村往南洋，存者僅兩戶耳。陳君父經商新加坡，晚歲失利，君年既長，盡以先人所遺月入數百元之廈門產業讓給異母弟，而自往南洋獨立營商，爲新加坡種橡之先覺，十餘年前，稍稍有獲，悉返先人逋負，信用大著。清之末，國務不綱，家被官吏欺，君乃剪髮不欲返故里，共和改建，始欣然歸，

謀所以自效。

民國元年君議於本鄉創一集美小學，鄉人百計尼之，僅得一低窪地乃高築以建校舍。既開辦，感小學教師之缺乏，不惟本鄉然也。則續辦師範及中學。今者黌舍嵯峨，高矗海際，跨石爲橋，建塔蓄水，有自設之電燈，照耀通野，寢食庖湢習禮之堂，晴雨練身之塲咸備，其制渾堅而閎敞，初不屑屑計經濟，耗金二十萬圓，視全部計畫未及半也。瀕海有高岡，鄭成功高壘在焉，殘垣數丈，累石爲門。有井曰國姓井，成功鑿以飲軍士者，井不深，離海數十武，而水味淡，以成功賜國姓，故名。其旁榕蔭紛披，君議於其地立校舍，移小學焉。村之北，議就高阜建設以移女學。今已立者師範及中學，有學生二百餘，新生百餘，小學校學生二百餘，女學校學生九十餘，蒙養園兒童百，又有夜學校，通俗圖書館，歲費數萬金。更以數千金資助同安縣屬男女小學，陳君則就

校設辦事處，析爲師範部、中學部、小學部、女學部、蒙養園部、通俗教育部、同安女學部、教育補助部，部各聘校長或主任主之。君以今夏歸，將長住故鄉，盡義務，而以君同母弟敬賢往南洋。兄弟故共產，君居南洋時，校事則敬賢商承君命爲之也。

君之捐充集美基金，究有幾何，依七月十三日在厦門浮嶼集衆宣布分兩項如次：

甲　新加坡店屋貨棧基地面積二十萬方尺，月收租金萬圓，又價值同等之地二十萬方尺，甫在建築，按三年完工，尚餘百萬方尺，價值稍次，俟數年後再作計算。

乙　橡樹園七千英畝，至本年春全栽畢，栽最久者八年，餘爲七年以下及近月着手者，不欲急於取利，擬待足八年方采液，現已采者可五百畝，月收百餘擔，實利六千元。

以上不動產，陳君在南洋時決定捐充集美學校永遠基業。其預立遺囑變更簿記各手續，均料理完畢，遺囑之要件，爲異日託新加坡中華總商會及公立道南學校董事代理收款。蓋英政府條例，私人遺產無永遠繼承權，惟公益善舉有之，此皆陳君演詞中語也。

就上兩項計甫建築之屋產，以已建築者爲例；已栽未采液之橡園，以已采者爲例。將來全都經營告竣，苟依現時市況，無有增減，歲入在百萬元以上，蓋君之不動產盡此矣。

君則以現辦師範中學爲未足也，更集衆宣言籌辦厦門大學附設高等師範學校，其親筆所撰之通告如下：

專制之積弊未除，共和之建築未備，國民之教育未偏，地方之實業未興，此四者欲望其各臻完善，非有高等教育專門學識不足以躐等而達。吾閩僻處海偶，地瘠民貧，莘莘學子，難造高深者，良以遠方留學則費重維艱，省內興辦而政府難期，長此以往，吾民豈有自由幸福之日耶。且門戶洞開，强鄰環伺，存亡絕續，迫於眉睫，吾人若復袖手旁觀，放棄責任，後患奚堪設想！鄙人久客南洋，南懷祖國，希圖報效，已非一日，不揣冒昧，擬創辦大學校幷附設高等師範於厦門，行裝甫卸，躬親徧勘各處地點，以演武場爲最適宜。惟該地爲政府公產，敬徵求衆意，具請本省行政長官准給該地爲校址，以便實行。謹訂七月十三日下午三點鐘假座浮嶼陳氏宗祠開特別大會，報告籌辦詳情。（下略）

其所宣布之大學計畫，以厦門演武場一帶空氣新鮮，交通利便，地廣數千畝，足備後日擴張。另就相當地點購民田爲實習工廠農場之用。自民國九年起五年內認捐開辦費一百萬元，開校後認捐常年費二十五年，每年一十二萬元，合開辦費共四百萬元。惟是高等教育機關，須籌有數十萬或百萬元之歲費，與千萬元之基金，收容生徒數千名，方達此目的，而個人之力有限。惟望海內外同志共負責任，將來大學生不分省界，高等師範規定閩省若干名，他省若干名，此其大略也。最慷慨激切語則云「財由我辛苦得來，亦當由我慷慨捐去，公益義務苟用吾財，令子賢孫何須憑藉。我漢族優秀性質，不讓東西洋，故到處營業，輒能立志競爭，惟但知競爭財利，而不知競爭義務，羣德不進，奴隸由人，故國弱而民貧！古語有之：棟析榱崩，僑將壓焉，未敢視同秦越而不早爲之所！」末更有極沈痛語：「嗟嗟！我國不競，强鄰生心，而最痛巨創深莫吾閩若！試觀吾閩左臂，二十年前已斷送矣。野心家得隴望蜀，俟隙而動，若不早自猛省，後悔何及！誠能抱定宗旨進行，彼野心家能剜吾之肉，而不能傷吾之生；能斷吾之臂，而不得吾之心。民心未死，國脈尙存！以四萬民族決無甘居人下之理，今日不達，尙有來日，及身不達，尙有子孫！」壯哉！余語閩商某諸君聆此言謂何？答曰：苟不惟陳君是助者，非人也！

余一至廈，君亟亟導觀演武亭地。語余曰：吾之歸自南洋，晨七時至八時即來觀。今君晨七時至，亦亟亟以八時導君觀；知君必急吾之急，亦樂吾之樂也。演武亭地背山海面南，太武峯隔海爲屏。其東波濤浩淼，一白無際，估舶之南北往來，必取此道。三年之後，過閩海者，遙矚山坡上下，棟宇巍峨，弦歌之聲與海潮相答。其南則有菲立賓大學，各以共和之新精神，互吸互吐其文化，鼓盪其自由合力，以矯變東方一部分慘酷凶暴之空氣，其君之微志也歟！

記者曰：曩歲戊申，嘗爲文以記楊斯盛毀家興學矣。二君者，家之豐嗇不同，其毀於學一也，而陳君年方壯，異時所效且無限！若夫二君之性行，蓋有絕相類者，心力强毅而銳敏，不苟言笑，利害燭於幾先，計畫定於俄傾，臨事不驚，功成不居，覈於處物而寬於處人，三五年來所見海內外成功家大率類是，意者吾華民族之特性在是歟！然化於異族而不自愛其國，狃於私利而專以肥其身，亦間有之。吾遊集美鄉，觀陳君之所居，入門而主賓其形，循牆而傴僂其容，蓋猶是先人之敝廬，未嘗加一椽覆一瓦，其不私也如此。新加坡美人欲立大學，謀於君，君慨捐十萬金而要以設華文科。凡華人入學者至少讀華文二年，約既定，更爲募集數十萬，君之散財非爲名高，非爲情感，蓋卓然有主旨如此。今君方爲大學，故嚶鳴以求友聲，吾信國人聞君之風者必且與閩商某君有同感也，故樂爲文以介，寧敢拂君志而襮君之行以爲名哉！（新教育）

（東方雜誌十六卷十二號，民國八年十二月。）

教育概論

莊澤宣博士著

本書所論之範圍甚廣，其精神悉以最新之教育學說爲準．略理論而重實際，語多具體．其所論及之各問題，均先略述歷史的背景，以明蛻變之跡．凡有志研究教育者不可不讀．高中師範用作課本，尤爲相宜．

一册 一元二角

中華書局發行

民国首版学术经典

近代中国教育史料【四】

舒新城　著

上海科学技术文献出版社
Shanghai Scientific and Technological Literature Press

教育叢書

近代中國教育史料

第四冊

舒新城編

1928

○上海中華書局印行○

近代中國教育史料 第四册

目次

近代中國教育史料補編

目次

黨化教育

近代中國教育史料　第四冊

二三　教育意見

勸學篇

張之洞

光緒戊戌（二十四年）國人爭言興學，惟新舊爭執甚為紛擾。張時督兩湖，特著論二十四篇，額曰勸學篇，意在規時勢，綜本末也。書分內外兩篇：內篇以務本正人心為目的，為文九——曰同心、教忠、明綱、知類、宗經、正權、循序、守約、去毒；外篇文十五——曰益智、遊學、設學、學制、廣譯、閱報、變法、變科舉、農工商學、兵學、礦學、鐵路、會通、非弭兵、非攻教，以務通開風氣為目的。於斯年六月由上諭頒行各省，故當時流傳極廣；其遊學、設學、學制、變科舉四篇在教育上之影響甚大，故錄之。　編者

遊學

出洋一年，勝於讀西書五年，此趙營平百聞不如一見之說也。入外國學堂一年，勝於中國學堂三年，此孟子置之莊嶽之說也。遊學之益，幼童不如通人，庶僚不如親貴。嘗見古之遊歷者矣，晉文公在外十九年，偏歷諸侯，歸國而霸。趙武靈王微服遊秦，歸國而強。春秋戰國，最尚遊學，賢如曾子、左邱明，才如吳起、樂羊子，皆以遊學聞。其餘策士雜家，不能悉舉。後世英主名臣，如漢光武學於長安，昭烈周旋於鄭康成、陳元方。明孫承宗未達之先，周歷邊塞，袁崇煥為京官之日，潛到遼東：此往事明效也。請論今事：日本小國耳，何興之暴也！伊籐山縣、榎本、陸奧諸人，皆二十年前出洋之學生也，憤其國為西洋所脅，率其徒百餘人分詣德、法、英諸國，或學政治工商，或學水陸兵法，學成而歸，用為將相，政事一變，雄視東方。不特此也，俄之前主大彼得，憤彼國之不強，親到英吉利、荷蘭兩國船廠，為工役十餘年，盡得其水師輪機駕駛之法，并學其各廠製造；歸國之後，諸

事不變，今日遂爲四海第一大國。不特此也，暹羅久爲法國涎伺，於光緒二十年，與法有衅，行將吞併矣；暹王感憤，國內毅然變法，一切更始，遣其世子遊英國，學水師。去年暹王遊歐洲，駕火船、出紅海來迎者，卽其學成之世子也。暹王亦自通西文西學，各國敬禮有加，暹羅遂以不亡。上爲俄，中爲日本，下爲暹羅。中國獨不能比其中者乎？至遊學之國，西洋不如東洋，一、路近省費，可多遣；一、去華近，易考察；一、東文近於中文，易通曉；一、西書甚繁，凡西學不切要者，東人已删節而酌改之。中東情勢風俗相近，易仿行，事半功倍，無過於此。若自欲求精求備，再赴西洋，有何不可。或謂昔嘗遣幼童赴美，學習矣，何以無效？曰：失之幼也。又嘗遣學生赴英法德學水陸師各藝矣，何以人才不多？曰：失之使臣監督不措意，又無出身明文也。又嘗派京員遊歷矣，何以材不材相兼？曰：失之不選也。雖然，以予所知，此中固亦有足備

時用者矣。若因噎廢食之談，豚蹏篝車之望，此乃禍人家國之邪說，勿聽可也。嘗考孟子所論聖賢帝王將相，歷險難，成功業，其要歸不過曰動心忍性，增益其所不能而已；曰生於憂患而已。夫受侮而不恥，蹙國而不懼，是不動也。冥然罔覺，悍然不顧，以效法人爲恥，是不忍也。習常蹈故，一唱百和，憚於改作，官無一知，士無一長，工無一技，外不遠遊，內不立學，是不增益所不能也。無心無性無能，是將死於憂患矣，何生之足云？

設學

今年特科之詔下，士氣勃然，濯磨興起。然而六科之目，可以當之無愧，上副聖心者，蓋不多覯也。去年有旨令各省籌辦學堂，爲日未久，經費未集，興辦者無多。夫學堂未設，養之無素，而求之於倉卒，猶不樹林木而望隆棟，不作陂池而望巨魚也。遊學外洋之舉，所費旣鉅，則人不能甚多。且必學有初基，理已明、識已定者，始

遣出洋；則見功速而無弊，是非天下廣設學堂不可。各省各道各府各州縣皆宜有學，京師省會爲大學堂，道府爲中學堂，州縣爲小學堂，中小學以備升入大學堂之選，府縣有人文盛物力充者，府能設大學，縣能設中學尤善。小學堂習四書，通中國地理、中國史事之大略，算數繪圖格致之粗淺者；中學堂各事較小學堂加深，而益以習五經，習通鑑，習政治之學，習外國語言文字；大學堂又加深加博焉。或曰天下之學堂以萬數，國家安得如此之財力以給之？曰：先以書院改爲之，學堂所習，皆在詔書科目之內，是書院卽學堂也，安用駢枝爲？或曰：府縣書院經費甚薄，屋宇甚狹，小縣尤陋，甚者無之，豈足以養師生，購書器？曰：一縣可以善堂之地賽會演戲之款改爲之，一族可以祠堂之費改爲之。然數亦有限，奈何？曰：可以佛道寺觀改爲之。今天下寺觀，何止數萬？都會百餘區，大縣數十，小縣十餘，皆有田產，其物

業皆由布施而來。若改作學堂，則屋宇田產悉具，此亦權宜而簡易之策也。方今西教日熾，二氏日微，其勢不能久存，佛教已際末法中半之運，道家亦有其鬼不神之憂。若得儒風振起，中華乂安，則二氏固亦蒙其保護矣。大率每一縣之寺觀，取什之七以改學堂，留什之三以處僧道。其改爲學堂之田產，學堂用其七，僧道仍食其三，計其田產所值，奏明朝廷旌獎；僧道不願獎者，移獎其親族以官職。如此，則萬學可一朝而起也。以此爲基，然後勸紳富捐貲以增廣之。昔北魏太武太平眞君七年，唐高祖武德九年，武宗會昌五年，皆嘗廢天下僧寺矣。然前代意在税其丁，廢其法，或爲抑釋以伸老，私也。今爲本縣育才，又有旌獎，公也。若各省薦紳先生以興起其鄉學堂爲急者，當體察本縣寺觀情形，聯名上請於朝，詔旨宜無不允也。其學堂之法約有五要。一曰新舊兼學：四書五經，中國史事，政書地圖爲舊學，西政、

西藝、西史爲新學。舊學爲體，新學爲用，不使偏廢。一曰政藝兼學：學校、地理、度支、賦稅、武備、律例、勸工、通商，西政也；算、繪、礦、醫、聲、光、化、電，西藝也。（西政之刑獄，立法最善。西藝之醫，最於兵事有益；習武備者必宜講求。）才識遠大而年長者宜西政，心思精敏而年少者宜西藝。小學堂先藝而後政，大中學堂先政而後藝。西藝必專門，非十年不成；西政可兼通數事，三年可得要領。大抵救時之計，謀國之方，政尤急於藝。然講西政者，亦宜略考西藝之功用，始知西政之用意。一曰宜教少年：學算須心力銳者，學圖須目力好者，學格致化學製造須質性穎敏者，學方言須口齒清便者，學體操須氣體精壯者。中年以往之士，才性精力已減，功課往往不能中程。且成見已深，難於虛受，不惟見功遲緩，且恐終不深求，是事倍而功半也。一曰不課時文：新學既可以應科目，是與時文無異矣。況既習經書，又兼史事、地理、政治

算學，亦必於時文有益，諸生自可於家習之，何勞學堂講授以分其才思，奪其目力哉？朱子曰：上之人曾不思量時文一件，學子自是著急，何用更要你教，（語類卷一百九）諒哉言乎！一曰不令爭利：外國大小學堂皆須納金於堂，以爲火食束修之費，從無給以膏火者。中國書院積習，誤以爲救濟寒士之地，往往專爲膏火奬賞而來。本意既差，動輒計較錙銖，忿爭攻訐，頹廢無志，紊亂學規，剽襲冒名，大雅掃地矣。今縱不能遽從西法，亦宜酌改舊規，堂備火食，不令納費，亦不更給膏火。用北宋國學積分之法，每月核其功課，分數多者酌予奬賞。數年之後，人知其益，即可令納費充用，則學益廣，才益多矣。一曰師不苛求：初設之年，斷無千萬明師。近年西學諸書，滬上刊行甚多，分門別類，政藝要領，大段已詳。高明之士，研求三月，可以教小學堂矣。兩年之後，省會學堂之秀出者，可以教中學堂矣。大學堂初設之年，

所造亦淺。每一省訪求數人，亦尙可得。三年之後，新書大出，師範愈多，大學堂亦豈患無師哉？若書院猝不能多設，則有志之士當自立學會，互相切磋。文人舊俗，凡舉業楷書，放生惜字，賦詩飲酒，圍棋葉戲，動輒有會：何獨於關繫身世安危之學而緩之？古人牧豕都養，尙可聽講通經，豈必橫舍千間，載書兼兩而後爲學哉？始則二三，漸至什伯，精誠所感，必有應之於千里之外者。昔原伯魯以不悅學而亡，越句踐以十年敎訓而興，國家之興亡，亦存乎士而已矣。

學制

外洋各國學校之制，有專門之學，有公共之學。專門之學，極深研幾，發古人所未發，能今人所不能，畢生莫殫，子孫莫究，此無限制者也；公共之學，所讀有定書，所習有定事，所知有定理，日課有定程，學成有定期：（或三年，或五年。）入學者不中程不止，惰者不得獨少，旣中程而卽止，勤者不必加多；資性敏者同爲一班，資性鈍者同爲一班，有間斷遲誤者附其後班；生徒有同功，師長有同敎，此有限制者也。無事無圖，無堂無算，師無不講之書，徒無不解之義，師以已習之書爲敎，則師不勞，徒以能解之事爲學，則徒不苦。問其入何學堂，而知其所習何門也，問其在學堂幾年，而知其所造何等也。文武將吏四民百藝，其學無不皆同，小學堂之書較淺，事較少，如天文、地質、繪圖、算學、格致、方言、體操之類，具體而微。中學堂書較深，事較多，（如小學堂地圖則極略，僅具疆域山水大勢，又進則有府縣詳細山水，又進則有鐵路電綫礦山敎堂，餘書仿此。）方言則兼各國，算學則講代數對數，於是化學醫術政治以次而及，餘事仿此。大學堂又有加焉。小學中學大學又各分爲兩三等，期滿以後，考其等第，給予執照。國家欲用人才，則取之於學堂，驗其學堂之憑據，則知其任何官職而授之。是以官無不習之事，士無無用之學。其學堂所讀之書，則由師儒纂之，學部定之，頒於國中。數年之後，或應增減訂正，則隨時修改之。其學堂之費，率皆出地方紳富之捐集，而國家略發官款以補助之。入學堂者，但求成才，不求膏火，每人月須納金若干，以爲飲食束修之費，貧家少納，富家多納。其官紳所籌學堂之費，專爲建堂、延師、購書、制器之用，不爲學生膏獎。（亦有義學以教極貧子弟，學生出貲甚微；然義學甚少，所教極淺。）來學者既已出費，則必欲有所得而後歸；學成之後，仕宦工商各有生計，自無凍餒，此以教爲養之法也。是以一國之內，常有小學數萬區，中學數千，大學百數，由費不仰給於官，亦不盡仰給於紳故也。其善有三：出貲來學則不惰，志不在利則無爭，官不多費則學廣。蘇子瞻沮新法學校之說曰「必將發民力以治宮室，斂民財以養遊士。」如西法所爲，可無多費之虞矣。王介甫悔新法學校之誤曰：「本欲變學究爲秀才，不謂變秀才爲學究。」如西法所爲，可無變爲學究之患矣。凡東西洋各國立學之法，用人之法，小異而大同，吾將以爲學式。

變科舉

朱子嘗稱述當時論者之言曰：朝廷若要恢復，須罷三十年科舉，以爲極好。痛哉斯言也！中國仕宦出於科舉，雖有他途，其得美官者，膺重權者，必於科舉乎取之。自明至今，行之已五百餘年，文勝而實衰，法久而弊起，主司取便以藏拙，舉子因陋以儌幸，遂有三場實止一場之弊。（錢曉徵語）所解者高頭講章之理，所讀者坊選程墨之文，於本經之義，先儒之說，概乎未有所知。近今數十年文體日益佻薄，非惟不通古今，不切經濟，幷所謂時文之法度文筆而俱亡之。今時局日新，而應科舉者拘瞀益甚，傲然曰：吾所習者，孔孟之精理，堯舜之治法也。遇講時務經濟者，尤鄙夷排擊之以自護其短；故人才益乏，無能爲國家扶危禦侮者。於是詔設學堂以造明習時務之人才，又開特科以蒐羅之。夫學堂雖立，無進身之階，人不樂爲也。其來者必白屋鈍士，資稟凡下，不能爲時文者也。其世族俊才，皆仍志於科舉而已。即有特科之設，然二十年一舉，爲時過遠，豈能坐待？則仍爲八比詩賦小楷而已。救時之才，何由可得？且夫齊衣敗紫，晉曳苴履，趙文王好劍而士死於相擊，越句踐好勇而士死於焚舟，從上所好也。兩漢經學實祿利之途敺之。使鄉會試仍取決於時文，京朝官仍槧長於小楷，名位取舍惟在於斯；則雖日討國人而申儆之，告以禍至無日，戒以識時務、求通才、救危局，而朝野之汶闇如故，空疏亦如故矣。故救時必自變法始，變法必自變科舉始。或曰若變科舉，廢時文，則人不讀五經四書可乎？於是有獻學校貢舉私議者曰：變科舉者，非廢四書文也，不專重時文，不講詩賦小楷之謂也。竊謂今日科舉之制，宜存其大體而斟酌修改之。昔歐陽文忠知諫院時，惡當時舉人鄙惡剽盜全不曉事之弊，嘗疏請改爲三場分試隨場而去之法，每場皆有去留，頭場策合格者試二場，二場論合格者試三場。其大要曰：「鄙惡乖誕以漸先去，少而易考，不至勞昏，全不曉事之人無由而進。」其說頗切於今日之情事。歐公之欲以策論救詩賦，猶今之欲以中西經濟救時文也。今宜略師其意，擬將今日三場先後之序互易之，而又層遞取之；大率如府縣考覆試之法，第一場試以中國史事、本朝政治論五道，此爲中學經濟。假如一省中額八十名者，頭場取八百名；額四十名者，頭場取四百名，大率十倍中額，即先發榜一次，不取者罷歸，取者始准試第二場。二場試以時務策五道，專問五洲各國之政，專門之藝，政如各國地理、官制、學校、財賦、兵制、商務等類，藝如格致、製造、聲光、化電等類，此為西學經濟。其雖解西法而支離狂怪顯悖聖教者，斥不取。中額八十名者二場取二百四十名，額四十名者取一百二十名，大率三倍中額，再發榜一次，不取者罷歸，取者始准試第三場。三場試四書文兩篇，五經文一篇，四書題禁纖巧者，合校三場均優者始中式發榜，如額。如是則取入二場者必其博涉古今明習內政者也。然恐其明於治內而闇於治外，於是更以西政西藝考之：其取入三場者必其通達時務研求新學者也。然又恐其學雖博、才雖通、而理解未純、趣向未正，於是更以四書文五經文考之，其三場可觀而中式者，必其宗法聖賢見理純正者也。大抵首場先取博學，二場於博學中求通才，三場於通才中求純正。先博後約，先粗後精，既無迂闇庸陋之才，亦無偏駁狂妄之弊。三場各有取義，較之偏重首場所得多矣。且分場發榜，下第者先歸，二三場卷數愈少，校閱

亦易，寒士無久羈之苦，謄錄無卷多謬誤之弊，主司無竭蹶草率之虞。一舉三善，人才必多而著重尤在末場，猶之府縣試皆憑末覆以定去取，不愈見四書五經之尊哉？惟科舉必以生員為基，其學政歲科兩考生童均可以例推之。歲科考例先試經古一場，即專以史論時務策兩門發題。生員歲考正場原係一四書文，一經文。生員科考正場，原係一四書文，一策，亦照歲考例改為經文，以免荒經之弊。童試一切照生員，惟將正場第二篇四書文改為經文而已。蓋生童考試舊章，正與今日所擬科舉之法相類；二十年來經古場久已列算學一門，是尤不勞而理者也。難者曰：主司不能盡通新學，將如之何？曰：應試難，試官易。近年來上海編纂中外政學藝學之書，不下二十種；闈中例准調書，據書考校，何難之有？且房官中通曉時務者尚多，總裁主考惟司覆閱，何難之有？至外省主考學政，年力多強，詔旨既下，以三

年之功講求時務，自足以衡文量才而有餘。鄉會試之外惟殿試臨軒發策典禮至重，自不可廢，然可即據以爲授職之等差朝考似爲可省。及通籍以後，無論翰苑部曹，一應職官，皆以講求政治爲主。凡考試文藝小楷之事，斷斷必宜停免，惟當考其職業以爲進退，則已仕之人才不致以雕蟲小技困之於老死矣。難者曰：本朝名臣出於科舉者多矣，安見時文之無益？不知登進限於一途，則英雄不能不歸於一彀，此乃人才之亦能爲時文，非時文之足以得人才也。且諸名臣之學識閱歷，率皆自通籍以後始能大進；然則中年以前，神智精力銷磨於應舉者不少矣。假使主文者不專以入此詩賦爲去取，所得柱石之臣，干城之士，不更多乎？竊謂議者之說，意救時而事易行，實本明旨特科歲舉講求經濟之意而推闡之，因存其說於此，并將朱子論科舉之弊，及歐公論三場以漸去留之疏，節錄於左。可知七八百年以上之賢人君子憂國勢人才之不振，疾官人選舉之無方，其謀慮固已如此，庶今世士大夫得有所儆悟焉。

東塾讀書記引朱子論科舉

南宋時科舉之弊，朱子論之者甚多，其言亦極痛切，今略舉數條於此：衡州石鼓書院記云：今日學校科舉之敎，其害有不可勝言者，不可以爲適然而莫之救也。學校貢舉私議云：名爲治經而實爲經學之賊，號爲作文而實爲文字之妖；主司命題又多爲新奇以求出於舉子之所不意，於所當斷而反連之，於所當連而反斷之，爲經學賊中之賊，文字妖中之妖。又云：怪妄無稽，適足以敗壞學者之心志，是以人材日衰，風俗日薄。語類云：今人文字全無骨氣，自是時節所尙如此；只是人不知學，全無本柄，被人引動，尤而效之。如而今作件物事，一個做起，一個學起，有不崇朝而偏天下者，本來合當理會底事全不理會，直是可惜。（卷一百三十九）時文之弊已極，日趨於弱，日趨於巧小，將士人這些志氣都消削得盡。莫說以前，只是宣和末年三舍法纔罷，學舍中無限好人材如胡邦衡之類，是甚麽樣有氣魄，做出那文字是甚豪壯，當時亦自煞有人，及紹興渡江之初，亦自有人才。那時士人所做文字極粗，更無委曲柔弱之態，所以亦養得氣宇，只看如今是多少衰氣。（卷一百九）最可憂者，不是說秀才做文字不好，這事大關世變。（同上）問今日科舉之弊使有可爲之時此法何如？曰：更須兼他科目取人。（同上）問今日之學校自麻沙時文冊子之外，其他未嘗過而問焉。曰：怪他不得！上之所以敎者不過如此！然上之人曾不思量時文一件，學子自是著急，何用更要你敎你？設學校，卻好敎他理會本分事業。（同上）此亦朱子欲救當時風氣之弊，使朱子見今日科舉時文，不知更以爲何如耳！

節錄歐陽公論更改貢舉事件劄子（慶歷四年）

伏以貢舉之法，用之已久，則理當變更，必先知改弊之因，方可收變法之利。知先詩賦爲舉子之弊，則當重策論；（歐公時之不專重詩賦，意與今日不專重時文同。）知通考紛多爲有司之弊，則當隨場而去，而後可使學者不能濫進，考者不至疲勞。請寬其日限而先試以策而考之，擇其文辭鄙惡者、文意顛倒重雜者、不識題者、不知故實略而不對所問者、誤引事跡者、雖能成文而理識乖誕者、雜犯舊格不考式者，凡此七等之人先去之，計二千人可去五六百。以其留者次試以論，又如前法而考之，又可去其二三百。其留而試詩賦者不過千人矣。於千人而選五百，少而易考，不至勞昏，考而精當，則盡善矣。縱使考之不精，亦當不至太濫。蓋節鈔剽盜之人，皆以先經策論去之矣。比及詩賦，皆是已經策論粗有學問，理識不至乖誕之人，縱使詩賦不工，亦可以中選矣。如此可使童年新學，全不曉事之人無由而進。

條陳學務摺　端方戴鴻慈

光緒三十一年六月特簡載澤、戴鴻慈、徐世昌、端方、四人至各國考察政治，此爲戴端兩人考察後之教育意見，摺上於三十二年十二月。　編者

奏爲教育至關重要，意法宜求精詳，謹就考察所及，敬抒管見，恭摺具陳，仰祈聖鑒事。竊維强富始基，歸諸學術，比年以來，明詔興學，天下向風，然辦法既多參差，宗旨未能一貫，宏規未定，流弊日滋，可爲深慮。臣等奉命考察政治，知本原所在，教育爲先，故於學務一端，頗爲殫心研究。伏念我國以二三學家創談學務，已十餘年，考覽未周，遽爲興辦，而學部設立獨後，一切聽民自爲，雖欲不滋歧誤，又安可得！急起直追，改良圖進，其在今茲，猶未晚也。臣等查美國人格最高，民風獨厚，施行教育，民間自有成法，不煩政府之引繩。至於俄、義二國，致力高等教育，不少絕特出衆之才，而於普及之方法未能周備，故謀生隘而乞丐尚多。奧、丹、瑞、那、荷蘭諸邦，皆於義務之年加之强迫，入其國境，民俗皆整飭可觀。德國則教育行政燦乎大備，專門之程度既高，普及之教思尤廣；故在歐洲既有學界管領之稱，而日本學制，專仿德國，至今學士博士遊歷調查，絡繹相望，多有著述以資改良，炳焉同風，遂爲强國。夫皮傅外國之法以辦中國之事，其勢固有所不能，導師具在，猶復冥行擿途，紛歧百出，欲事之治，烏可得乎？用敢不揣愚陋，就聞見所及，斟酌條陳，務在采他國之優長，資實行之方法，不因浮慕高遠，徒立虛名，不以憚於更張，苟安習慣，謹爲皇太后皇上陳之。

條陳學務摺

一請釐定教育行政之機關以資行政也。機關者何?內而學部及所隸各司,外而提學司及所屬員紳是也。查東西洋教育制度,內有學務大臣一人,主管全國教育,一次官輔佐之,下有各司,司有一長,司長之下設參事若干人分理之,此其在內之機關也。一國之內分若干省,省設視學長官一員,一省析若干郡縣,一郡縣析若干區,均各設有視學官,各區設有學會,會有員紳,隸於區視學。論其秩序,則自省視學以至區學會員紳層累而下,而以省視學爲主持之人。論其事權,則省視學直達於學部,區視學直達於省視學,而以區視學爲執行之地,此其在外之機關也。位其下者司實行之權,位其上者司監察之責,有統轄之形而實無箝制之苦。是以教無不行,人無不學。我國於中央既設立學部,於各省設立提學司,規制可期漸備。惟部中各司應辦之端,千頭萬緒,日不暇給。竊以爲宜妙選天下實學通才,

及確有經驗,責以專心一端,分門研究,俾於學務辦理之得失,言論之當否,皆能實有見地,決擇精嚴;而於各省請辦之件,咨詢之事,應隸某司者,立由某司擬議准駁,俾饜衆心。至於高等專門諸司,有非本國人所能勝任者,不妨量用東西洋專家以備考求而免廢墜。蓋各國於學部分司之義,設置精詳,實爲全國學界系統攸關,恃以決定羣疑,裨益實事,若徒采納虛聲,薈萃羣彥,出入風議,不求實行,則全部之設,將成虛車,根本未培,安望其發榮滋長,此學部及各司宜力崇切實者也。至於各省學制,現正紛如棼絲,亟須整理。提學司之設,擬之外國,猶一省之視學長官,誼當直接學部,使得有一省學務之全權。現定章程,凡提學司上達學部之事,仍須詳由督撫專咨,而各事仍由督撫節制,循是而推,則各府廳州縣之學務,亦仍由府廳州縣官節制。臣等愚見,以爲於獨立之機關既闕失而不備,而於弊害之防

制仍似密而實疏。蓋督撫及府廳州縣地方政治，辦理紛繁，萬不能潛心學務，提學司苟非其人，則其倡率乖方，亦非督撫所能盡悉。學員苟非其人，則其旨趣不正，亦非府廳州縣所能深知。既非所長，又非專務，使之爲此，業已不勝，而用人行政之間，多一事外干涉之人，卽多一曲徇通融之弊，抑其影響，有不止此者。方今學風囂張，論者每謂學界之人喜談政界之事，實則現在辦學務者，舉爲政界之人。督率於上者，既不能中學界之肯綮；反動於下者，必出而持政界之短長；實不如特設機關，使之自成系統，政體既立，觀聽隨之，趨向亦隨之，如是而有學界專一之志慮，乃有學界專一之人才。其他章程中可議者，如學務公所之議長由督撫札派，似不如責成提學司愼選正人，逕自札派爲宜。而省視學官由部派員，提學出省轉須呈報學部，允可始行。竊恐將來省視學與府廳州縣視學別成一系，不足爲統一之機關。不如卽由提學司兼充省視學長官，與外國制度合符，免滋異同之見。若學部遣派司員赴各省調查考察，則隨時可行，不須額設視學，卽提學司派員巡查各屬，亦不妨於額設府廳州縣視學之外，因事出之，更不須另設專員也。

一請定學堂爲模範辦法以端始基也。模範辦法者，西人行政法學之名稱，所以別於流通辦法者也。西國政法家之說曰：凡事名義雖屬重大，而內容仍爲簡單，雖以改制度、易歷法、更權量諸大事，一言朝出，萬姓夕遵，此屬於流通辦法者也。至於條理密緻，義蘊複繁，則必先立楷模，再求仿效，然後推廣，如母子之遞生，不能驟然蕃衍，此屬於模範辦法者也。又曰：或謂初開風氣，暫用流通，迨其發生，歸諸模範，其言近似而大亂眞；何也？作事之功，基於謀始，始基一誤，或經破壞而始能改良，或雖破壞而不能改良。若以模範辦法之事，而誤以流通之法施之，弊害之烈有不勝言者。故流通模範兩等辦法，劃然分途，不容强混也。其言如此，可見西國政理研究之精。今考各國學制，莫不星羅碁布，無美不臻。當其締搆經營，固必經幾許之預備蓄儲，始能臻此。中國現在仿辦，顧可漫焉從事，徒求其形似而已乎？夫以近數年間，稍有志識之士，孰聞維廉舉思君臣雪恥自强，歸功學校，共相趨慕，頗著信從，於是內自京師，外而行省，官立民立，先後相望。要之普及之功，千百未得什一。弊害之著，秦越如在一堂。苛求者謂中國之社會殆窮於法治，恕論者謂過渡之時代應有此風潮。孰知法治之未得其宜，而風潮將永與終古耶？究其致病之原，實由不諳行政之法，蓋以屬於模範之事，而誤用流通。誠所謂雖經破壞，不能改良者矣。臣等查東西學校之辦法，重師範以裕各科教師之材，急女學以立家庭教育之本，然後有幼稚園、兩等小學、中學、高等預備科、大學專科、大學研究科，以次第行，此秩序上之模範也。教科之精，管理之善，密如繭絲，細如牛毛，若何研究，若何設備，立法以何者為楷程，用人以何者為資格，此制度上之模範也。我國自興學以來，機關不立，法令未行。各省大吏，賢者提倡虛聲，否者熟視無睹，即其興辦之處，大學、高等師範、實業、速成、永久，為時無幾，而紛然並陳。各府州縣中小各學，官立、民立，一時備舉，秩序既已失當矣。興校既多，需材彌衆，監督教習管理諸事，懸席待人。校員之賢否，督撫既不能周知，而所謂學務處者，自總辦之司道以迄員紳，大抵皆不諳學務。校員中即有略知時務，亦或勦襲書報浮誕之說，自命開通。官長既信為學界之人才，而新奇徧激之談，又往往為無識之生徒所怖服。實則鈔撮譯籍以為講義，而尚不能盡通；遷就衆見以為管理，而猶不免衝突。蓋以未受教育之人，强之行教育之事，支離蔓衍，謬種流傳，其弊殆不能悉數。論者謂教育之功，必基師範，其言誠是。雖然各省辦理師範學堂其校員執事取材所在，又不出以上之人，弊與無師範同，抑不如無師範，何以言之？因其不良之教科，不善之管理，不完全之知識，不規法之議論，託於師範之名，以濟其流布之術者，借官力助其波瀾，益無畔岸，不至為風俗之大憂不止也。擬請敕下學部，速於京師設立完全之師範學堂，先從初級以至優級，凡不勝任之教員，概屏勿用。惟中國文，中國輿地歷史，則姑取通才明識者任之。其餘各科，悉聘日本高等師範教員以主其席，命譯人輔助高材生徒就所講授編輯完備教科書，寬其畢業之時期，務使所編之書，極其精詳，適於實用而後止。一面由學部通行各省一律仿辦，將來學生功課之深淺，程度之高下，與夫編輯之書精粗浮切，均由學部考試審訂，即以優劣為各提學司黜陟之考成。以此立定根基，然後俾之孳乳，三五年後，庶幾可議擴充，十年之後，或者可談普及，否則浮慕西人已成之效，而不先定中國創始之方，謬誤紛歧，是與天下最大之政，而貽天下最大之患。臣等竊不勝鰓鰓過慮，蓋與其辦七八分模糊影響之事，而全局皆非，誠不如辦一二分眞實切當之事，而本源易正。或謂時機已迫，為此似近迂圖，不知我國刱興學堂，已及十年，若使當時注力師範蒙小，以迄於今，校員當有取材，高等亦已具階級。惟其雜糅紛營，遂致囂張凌亂，及今不圖，而慕普及之空名，聽羣流之妄作，更歷十年，天下皆似是而非之學堂，遂使天下成似是而非之人格。教育之途，效力絕大，可為長慮。或謂興學至急，必俟師範畢業始有教員，得毋貽誤。竊謂速成補習兩端，此時自宜並舉，要之須審定各門科學，輯有定本成書，初班畢業，再予推行，萬不宜任其參差，自為風氣。其他若女學，若手工實業諸科，並關急要，皆宜立定模範，再令展轉滋生。

固非謂一切閣置，以待師範之告成，然決不能一時徧設，致使宗旨之殊異，譬之絕大機廠，製造之品甚多，然各有模型，均歸一律，所謂模範辦法者如此。

一請明定教育趨向以維萬法之本原。臣維國民者，政治之本原也。立國者法，而行法者人；守法者亦人。觀於東西各國已成之效而羡慕之，因采其致效之法而仿行之，無論其法之不能眞合也；卽得其法而舉其事矣，視其形式則是，而察其精神則非，則一切舉辦新政，彼能收富强之實效者，我止爲變革之空名。是何也？無行法之人，則名存而實亡，飾貌效顰，而神乃不似。無守法之人，則少數人倡舉之，而多數人破壞之，如是者雖百廢具興，亦百興而百廢。臣等所至各國，見其國之政治，往往與其人民風俗之程度互相比附。及交其賢士大夫，與之議論，益深知其政策之行，不能各國統一，而微有所異同參差者，非不欲盡趨於至美至善之一

域也，實以人民之程度不均，措施因之而微異，而政法家探原竟委之說，則無不以人民爲政治之原質，而歸本於教育之一途。蓋政治者，造成治法之所也；而教育者，卽造成其行法人與守法人之所也。綜觀英美之民，活潑而富於獨立，法之民，奮起而勇於有爲，德之民精嚴而善於自治。凡所以致此者，又因其立國之本原與其地位種種之歷史，而教育大家因而善用之，以練成其特有性質，非可强致，而亦不能强同。顧其上下一體，戮力同心，以共趨富强而保佑國本者，則各國固有其同焉者存焉。所同者維何？則人民之道德與法律二者是矣。道德法律者，國家以之而保治安，人民以之而成人格者也。我國古昔聖賢儒先，其所以爲人生道德之範者，經訓昭垂，炳如日月。孝經曰：非法服不敢服，非法言不敢言，非法行不敢行。論語曰：君子懷德，小子懷刑。皆所謂道德法律之自治也。中國自秦漢以後，學校之

制既廢，有國家者但求政治，而不及教育。唐宋元明大儒輩出，書院學社，稍昌正學，而士人提倡之功，不如國家效力之大。厥後士子研經，以科舉爲目的，而聖賢克己復禮，天下歸仁之道，幾疑空談，上下交習於欺罔，敎化式微矣。經曰人心惟危，道心惟微，言乎天人消長，理與欲恒不敵也。西儒社會學說曰原人之性質，爲自私自利，不知合羣，不謀公益之動物，言乎民人，非有敎育不能成公衆立國家也。兩說參觀，謀敎育者可以知先務之急矣。德國學家之說，其造就國民之道，以盡義務、守秩序爲統宗。無道德心，則偸惰巧詐，孰肯盡義務者。無法律心，則放辟邪侈，孰肯守秩序者。晚近敎理不明，國中人民，皆自率其原人之性質，圖私利，破公益，恣其人心之欲，蕩然無復範圍。數十年來，我國舉行新政，仿效西法，犖犖數十大端，豈無一部分之事業可以鞏固發達者，而其卒也成效無聞，甚者乃轉生流弊。彼其擬辦之始，亦未嘗不造端宏大，謀慮周詳。而奉行者乃不免瞻徇用人，塗飾耳目，詐僞相習，放棄自由，揆厥所來，不能不歸咎於社會之失敗。蓋語以道德，則固茫昧無知，繩諸法律，並不能斤斤自守，幾令神州種族，不復可與世界之國民相遇，豈不可痛！乃今之辦學務者，曰將以求富圖強爲目的，本之不務，猶冀其枝葉之發榮，詎可得乎？今觀各省學堂之設，久者或十餘年，近亦二三年，其敎員執事，或以情面之干求，濫竽而竊吹，或以薪修之肥瘠，暮楚而朝秦，或以自便私圖，而通融及於定則。或因一人枉法，而曲徇及於衆人。於是有多歷年所，而腐敗相沿，不知其咎之安屬者。其修業也，既以爲虛名之可市，其卒業也，亦復爲屆期之例行。蓋道德法律之不講，所謂學界者亦必同歸於敗壞。加以近日談新學者，於聖賢律己治人之道，懵無所知，囂囂然吐棄一切，創爲新道德之說，瞷然不靖，蔑長上，斁彝倫，破律敗度，而悍無顧忌無識之子，靡然向風。學術未興，而人心先壞矣。臣等歷觀外國學校，自其童稺，而尊君愛國之理深入腦筋，若迷信然。而其專精學業，恪守準繩，絕少風潮衝突之事，心竊訝之。及與教育家探求原理，則謂一學生之地位，亦須道德法律組合而成。蓋學生之自愛愛國，卽其道德心；而其力學守法，卽其法律心。自非然者，雖有專門名師日日授之以高深之科學，其心志之放而不收，囂而不靖，必無輸入學術之資格也。然則今日中國之學務，不言道德言法律，而輒言富言強，比之施雕琢於朽株，飾丹雘於糞壤，必無幸矣。臣考歐洲諸國，其教授兒童，卽於德育一端再三措意。其所指示，於行己接物之道，皆精詳密緻，如有律例之可持循。美國於小學中，卽講求社會進化之理，故其人最重於治身，而以妨害公益爲不齒之事。日本變法之初，民志稍近浮動，自教育家力主改良，趨重德育，大明其倫理心理諸學科，而於高等小學近乃特增法學通論一門，期以養成嚴毅自治之性質，凡此方鍼，眞足以爲我國學界之藥石，而起全國民人之沉痾。臣嘗病今日談教育者動曰普及，而不知持何物以普及之，正本淸源，可久可大，則道德法律之二端其庶幾乎！擬請敕下學部大臣，速延中外正士通才，依教育淺深之秩序，纂輯倫理道德之教科，以我國聖賢經傳爲綱，而以中外先儒名言緯之。其尤宜注意者，則於社會現形，應以深切著明之意，爲哀痛警告之詞，使種種腐敗之原因，樓析條分，如暮鼓晨鐘，發人深省。而教師生徒皆自知其惡陋之習慣，實爲敗壞社會之一分子，猛然有革故從新出死入生之趨向。益以近年日本通用之法學通論，比附我國情形，爲詳備之講義，責成各省提學使，分飭官立民立學堂一律通行，定爲學堂第一注重之科學。或者迷途未遠，返道有期，全國人格之增進，庶可俟乎！

一請核定學堂經費豫爲普及基礎也。臣等遊歷歐美，見其國勢隆盛者無不由於普及教育之功。而教育之秩序，則首先師範，次卽兩等小學，臣等已詳晰言之矣。夫兩等小學者，卽各國所謂義務教育，全國之人民，無人不出於其中。政府以强迫之法干涉之，其所注意，在國民之資格，與其謀生之技能，西人稱之爲庶民教育。學之者，學爲人而已，與中學師範以上學爲官、學爲師，學爲專門人才者，迥然判爲兩事。故各國小學畢業而後，兵農工商惟所執業。其升入中學，從容以躋於大學者，僅十中之一二。異乎吾國科舉之階梯主義，利祿目的，至有秀才爲宰相根苗之俗說也。然則學途之區分，以兩等小學爲一類，所謂庶民教育者是。以中學以上爲一類，所謂人才教育者是。明乎此義，則小學爲最溥最公之事。師範既立，必當實行强迫，俾無人不出此一途，始足以備人格，而前此大學堂之奏定章程，所稱小學畢業，卽爲生員，不免誤矣。特是庶民教育，既以强迫之法行之，期於無人不學。而止以一州縣計，大者或十餘萬人，小者亦幾萬人。其年限則德國通例，以八年爲期。日本以增設高等豫備科，減節年限，亦至七年。幼童當就學之年，而父兄不令就學，或求卒業之年，而父兄縱之退學者，皆有罰金，無金者至以拘禁代之。其或年滿之日，而課程不能如格，亦須經視學官考察，理由方准退學。强迫之章程，其森嚴也如此，而彼中猶欿然有不滿之意。蓋自不識之無，以迄卒業，僅此七八年，學問無多，知識有限，其程度未爲高美也。我國實行强迫之時，其不能不同出一轍也審矣。其經費則西人於庶民教育，特加以義務之名。臣等在德國時所聞，教育家之講演，不惟以不收學費爲至當不易之辦法，且謂貧家子弟筆墨書籍不能自備，經校長視學官查實，應爲酌量籌給。故德國全國小學經費，均由地方公款承辦，力有不足，猶以國家官款助之。卽有富家樂輸，亦均爲間接之收納，在學堂則一律無二，以昭均平。蓋於義務二字，公認公信，一力擔任，不稍諉也。我國民力艱窘，中人之產十不二三，貧民子弟，按期納費，勢必以艱費而阻學。民生因貧而失學，因失學而愈益民生之貧。任義務者，謂之何矣。乃臣考查各省兩等小學之設，恒係生徒自費，地方曾無籌定之款，官力絕少佽助之資，以是原因，大多阻遏。夫豈不曰創辦伊始，籌措無方，姑爲是權宜應急之辦法也？獨不解乎中學以上，收入年長少數之人，在外國爲收取學費最重之處，而各省現在之高等學堂，高等實業，高等工商業各學堂，以及各屬中學堂，遊學預備科，各國遊學生，往往盡以官款公款辦之。學費既無收納之文，至於膳飲寄宿，紙筆書籍，衣袴牀褥，旅行醫藥，沐浴梳薙，一切任之。通計各堂經費，遊學經費，蘇、鄂、粵各省歲糜官款十萬至百萬，小省亦數萬至數十萬。其學科程度，則與小學相去無幾。其人則大半學年已過，徒爲餔餟之謀。其養成之學風，則驕奢驚悍，隨意所適。抑且進退自由，來去無定。蓋其驕縱已極，取求無度，故不知艱難，以爲分所應爾。譬之紈袴子弟，席豐履厚，惟其所求，鮮有能束身自愛者。試移此款以辦輕而易舉之小學，其拜嘉惠而蒙實德者，不知幾千萬人矣！夫小學以至中學以上各堂，其爲事孰急孰緩？其獲益孰重孰輕？而受教孰廣而孰隘？其成功孰近而孰遠？而顧於彼則鉅款虛擲，而竭蹶以圖於此，則望澤孔殷，而吝惜不予，辦理洵爲失當。擬請飭下學部，遴派專員，分往各省，將所有常款公款辦理之中學以上各堂，常支活支，詳晰查明，呈報到部。卽責成各省提學使，向各該學生收納學費及膳舍各項費，逐年加增。按所收入，將原有之官款公款，逐次提存，專爲義務小學之用。如此則中學以上之官款公款，年減一年，而小學之官款公款，年增一年，然後統籌預算，量收地方捐項以充其費，庶幾強迫之法可行，普及之效可企。且使中學以上生徒，漸次以出費求學，稍知愛重學堂，而徐革其驕蹇汰侈之習慣。故事有一轉移間而兩得平均，可以興利，可以杜弊者，此類是也。

一請訂定學堂冠服以壹民志。夫服者表面之觀瞻，民志者內容之情僞，似劃然兩事，不相附麗者也。雖然，內情之與外飾，實有關繫之理，而在我國今日，則其關繫尤若有重焉者。臣等愚昧所及，竊有所見，用敢不辭瑣細而畢陳之。夫各國學生均有制服，有徽章，等級分明，不容或紊。自其淺意而言之，則曰此以立標識，使別認而已；自其深意而言之，則冠服定而後觀聽一，觀聽一而後地位明，地位明而後心志專，心志專而後術業定。譬之受持戒律，必先披緇；編隸行伍，必先武服。外觀改革，則內情視爲轉移，此學堂冠服，各國所以昭垂定式，而徵諸古式，則臺笠垂帶，都人有威儀之思，章甫縫掖，國君來儒服之問，其義一也。自西學東漸數十年間，海內靡然從風，起居服御，頗乃改良舊觀，更從新製。揣其所由，一起於新奇之俗尙，二出於便利之人情。一倡而百和，若有莫之爲而爲者。其衣服冠履一端，則西國人士之論說，一以爲軍國之時代，非西制無以振精神；二以爲交通之時代，非西制無以便交際；三以爲機製廣布之時代，非西制無以免危險；四以爲生理發明之時代，非西制無以合衞生；五以爲人事繁頤，腦力獨發之時代，非西制無以捷應付赴適咸宜。於是有謂人民強弱智愚文野勤惰之界，從此攸分者；至謂亞東守舊諸國，其服飾之繁重博大，足以阻進步而遏新機。其言甚辨。然竊謂民生精神之間，未能振興改革，獨取其形式之相似，而汲汲更張，取貌遺神，誠爲目論。且文學之士與兵工不同，似不妨暫事因仍，以守中華之文物。

顧臣等嘗再三審度，知其理甚正，而勢則有所不行。何也？人心之好尙，既不外於喜新厭故之常情，而學人之識力未高，決不能舍皮毛而求精粹。彼曰聞西人夸耀其服制之高美，既無不目奪神移，又親見夫繁重博大之製，於時變多未致宜，則夫外說之先入爲主，與內情之默爲轉移，已無不共趨於棄舊謀新之一途。而交通既廣，凡商業之貿遷，紳民之遊歷，及夫各省選派學生留學於各國者，又皆改易服裝，以與其官商士庶相周旋，幾入焉而與之俱化，不覺歆之羨之，而因而仿傚之。十餘年來，學界之風尙，固有然矣。於是不待有改定學堂制服之明文，而紛紛以西服爲文明，以舊飾爲樸野，一時之淺見，幾以爲不改西裝，不足言西學者。地方官吏又以爲未見國家功令，則起而禁之。乃禁者自禁，而變者自變，既非刑法之可强迫，而宗旨奇衺之輩，則藉是以爲煽鼓之譏，誣朝廷以守舊之名，謂政府卽不變，

國民亦當自變，卽此區區學堂章服之一端，而借以結合黨派，陰用其蠱惑之謀，各據上遊而馳康莊，一人倡言，萬喙附和，蓋憑藉之勢甚順，而影響之力因以大也。臣愚以爲國家變法之事，有先精神而後形式者，亦有先形式而後精神者；斯二道者，於何決之，則於國民之程度既高，則民生注意之事，多在精神而不在形式。如歐美列强，同一富强，而幣制及租稅之法，不必相師；同一精强，而操練及器械之形，何嘗相襲？如是者，則變精神不必變形式。國民之程度尙淺，則羣流趨向所注，多在形式而不在精神，如彼得堡民暴動之要求，祇在議院之規制；明治初國人之豔羨，乃在立憲之虛名。如是者，則欲變通精神，不能不先變形式。方今我國學堂既甫萌芽，學界知識又皆幼稚，一學堂章服之問題，仍舊之更新，曾無當於宏恉。顧使讒慝之徒，借此以守舊之名，加以我百度維新之君上，而地方官吏之不肯通融，

者，斷斷然施其政令，又不啻從而佐證其說，適墮其鬼蜮之計，而爲淵魚叢爵之驅。且廣袖長裾，律以學堂體操圖畫諸端，實有不便，其出於參差不齊也，亦勢之所必然，畫一整齊，殆難言矣。夫服色者，國家所有之權，近年朝廷銳意練兵，軍界服式，業已一律改變，釐然煥然，足以新萬衆之耳目，而振一國之精神，中外交推，咸加欣慕，足知形式一事，效力未必全無，今以學界競爭之心，鼓舞之力，初不減於軍事；而顧聽其自然，制度參差不齊，則何如特頒明詔，咸與維新，使天下曉然於我皇太后皇上所以爲全國振作新機者，無一固執成見之心。因而曉然於讒慝之徒，謂朝廷爲守舊者，一皆出於謗訕之私，心憑藉既失，其術亦因以不行矣。抑臣更有說者，凡國家與民人之交際，將有所奪，必有所與。禮記云：『考文章，易服色，殊徽號，此其可得變革者也。親親也，尊尊也，長長也，男女有別也，此其不可變革者也。』

方今邪說詖詞，流傳學界，苟欲實行敎育，一切裁抑激厲，爲事方殷。而顧以冠服一端，爲衆情所歆羨者，固持不下，一旦爲奇衺所藉口，則得失之數，殊不足以相抵。且如彼西人之說，則服飾之棄舊謀新，於現世現情，不爲無益，是又外人觀聽關繫所在，因時制宜，聖心之妙用，不必與環球立異者也。

一請嚴定遊學章程，以培眞才。查歐美各國互相遊學者，率以某國專長某學科，於本國卒業之後，特往遊學，以廣聞見而益參稽而已。其有吸取他國之學術，以爲本國之敎科，因而進步大增，臻於强盛者，則首推日本。顧夷考日本變法興學之年，遊學於歐美各邦者，其人數不及我國今日之什一。乃彼以少數之人，遠涉重洋，風俗殊異，聲氣不通，不數年間而成效卓著；我以多數之人，近攬同洲，種族相近，文字直接，多歷年所，而輸入甚難，其故何也？日本於派遣遊學，至爲愼重，或取其腦力之密緻，或取其體氣强實，或取其學識優長，皆視其所學何門，而取材務與之相副，故其程格嚴。又於國家所亟欲舉之政法，亟欲興之工藝學術，按班派遣。一班之中，分晰條目，各有擔任，卒業回國，即予任事，業無不修，事無不舉，絕無浪擲巨資，爲汗漫之遊者，故其目的嚴。各班學生選派之時，文部特頒命令，飭將教科之書，口授之說，參考之圖籍，實驗之情形，各人譯述成篇，紀載翔實，每一星期，郵寄本國文部，復加校閱，按其詳略得失，第其殿最，即予審定頒行。故一班甫經畢業，而教科講義，已風行於全國之中，遞爲推演，成就多數之才。其有譯錄墮廢，於學術無所發明，無所輸入者，即分別撤銷，追繳其學費，故其規則嚴。我國遊學之弊害，蓋不勝言矣！普通之未解，國文之未諳，外國語言之未習；官費者既以請託得資，自費者遑復檢查合格；既無矜慎選材之意矣，遊而不學，輟業而嬉者，姑無具論，其或心豔虛名，身循故事，喜民校之規則縱弛，閱數月而輒得證書，藉以標幟高名，侈談學務，陋者不察，輒相引重；又或去來飄忽，作輟靡常，畢業者僅計年期，後至者又循故輒，其最高者稍涉語文，躐躋大學選科，雖復無定，而得證仍自有期。夫以卒業得證之要事，而僅憑外交手段之抑揚，監督既擁虛名，而不能實施其干涉，學部未定規則，而無由實驗其課程。進其人而試之，既無當其所學，循舊例而用之，亦不見其所長，將以興實學得眞才，必無幸矣，宜其流弊日滋，不得其益徒得其害也。始基已誤，猶望補牢，及今不圖，將與終古。擬請飭下學部，嚴定章程，以後各省選派學生，以普通卒業，國文完美，兼通外國語文者爲主，不及格者，無得濫派，以杜情面請求之事。其自費者，亦一律考驗合格，方予給咨。其無咨者，雖畢業不得有錄用任事之權利。其選派班次，除師範爲教育之本，法政爲應用之才，酌予多派外，其餘理化、工、農、醫、學、文科，每派一班，均按科目平均分酌；如鐵道一班，則機械、建築、營業，不容偏廢；礦務一班，則探礦、開採、工程、冶煉，學須兼資，不得隨意重輕，致多闕漏。舊有學生，亦爲之釐定科目，酌量增補。不勝學業者，卽予撤回。認定學科者，不得中改，不得中輟。至於肄業各生，應按所肄科目，譯輯講義，按月呈送提學使，首尾蟬聯，不准間斷。提學使詳加審訂，記其分數，呈報學部，成優成劣，卽爲該生之成績，分別勸懲，不得僅憑外國學校畢業證書爲據。其畢業回國之學生，高等以下各生，由提學使按其學科，詳細分門考試，呈送學部，復試給予出身。大學專科研究科各生，由學部按照學科詳細分門考試，奏請廷試，給予出身。夫督察於平日者嚴，則養之也豫，考驗於臨時者確，則得之也眞。如是而實學不興，眞才不出者，無是理也。要在學部暨各省提學使實力振興，掃除積弊而已。以上各條，皆統籌全局，

規畫大綱，不敢剽外國之形似，而稍昧本原，亦不敢泥固守之成心，而務求切要。欲以固國計民生之大本，而立可大可久之遠模。雖外國教育之道，與日俱新，名儒輩與，研究改良，勤闡精義，要亦不外覘國民之程度，定教育之方鍼，損益用中，隨時補救。臣等所策畫者，百年之中，宗旨斷難改易，尙求睿謨獨斷，毅然見之施行。蓋我國興學伊始，一切尙無定章，雜糅參差，大可爲慮。羣言固宜博采，而別擇須定於一尊，敝法固宜改良，而紛更則適滋雜亂。安危之機，至宜愼重。凡高遠空虛之理想，不宜嘗試於一行，卽羣疑衆難之交攻，亦當折衷於至當。蓋外國行之有效者，或不宜於我邦，將來可以徐圖者，或難施於今日。尤冀朝廷責成學部堂官，遇事躬親考究，毅力主持，則學務之興，計日可待。所有臣等周覽各國學務，擇要上陳，係爲整飭本原，力求振興起見，是否有當，伏乞皇太后皇上聖鑒訓示施行。謹奏。

（光緒政要卷三十二）

新教育意見

蔡元培

著者於元年一月一日就南京政府臨時內閣教育總長職。九月二日公布之教育宗旨（注意道德教育，以實利教育、軍國民教育輔之，更以美感教育完成其道德）即以此篇所述之主張爲根據。 編者

近日在教育部與諸同人新草學校法令，以爲徵集高等教育會議之預備，頗承同志餉以讜論；顧關於教育方針者殊寡，輒先述鄙見以爲喤引，幸海內教育家正之。

教育有二大別：曰隸屬於政治者，曰超軼乎政治者。專制時代，（兼立憲而含專制性質者言之）教育家循政府之方針以標準教育，常爲純粹之隸屬政治者。共和時代教育家得立於人民之地位以定標準，乃得有超軼政治之教育。

清之季世，隸屬政治之教育騰於教育家之口者，曰軍國民教育。夫軍國民教育者，與社會主義僢馳，在他國已有道消之兆；然在我國則强鄰逼處，亟圖自衞，而歷年喪失之國權，非憑藉武力，勢難恢復，且軍人革命以後，不保無軍人執政之一時期，非行舉國皆兵之制，將使軍人社會永爲全國中特別之階級，而無以平均其勢力。則如所謂軍國民教育者，誠今日所不能不採者也。

雖然，今之世界，所恃以競爭者，不僅在武力，而尤在財力；且武力之豐，亦由財力而孳乳。於是有第二之隸屬政治者，曰實利主義之教育，以人民生計爲普通教育之中堅。其主張最力者，至於普通學術，悉寓於樹藝、烹飪、裁縫及金、木、土工之中。此其說創於美洲，而近亦盛行於歐陸。我國地寶不發，實業界之組織尚稚，人民失業者至多，而國甚貧，實利主義之教育，固亦當務

爲急者也。

是二者，所謂彊兵富國之主義也。顧兵可强也，然或溢而爲私鬬，爲經略，則奈何？國可富也，然或不免知欺愚，强刼弱，演而爲貧富懸絕，資本家與勞働家血戰之慘劇，則奈何？曰，敎之以公民道德。何爲公民道德？曰法蘭西之革命也，所標揭者，曰自由、平等、親愛，道德之要旨，盡於是矣。孔子曰，「匹夫不可奪志，」孟子曰，「大丈夫者，富貴不能淫，貧賤不能移，威武不能屈，」自由之謂也；古者蓋謂之「義」。孔子曰「己所不欲，勿施於人，」子貢曰，「我不欲人之加諸我也，吾亦欲毋加諸人，」禮記大學曰，「所惡於前，毋以先後，所惡於後，毋以從前，所惡於右，毋以交於左，所惡於左，毋以交於右，」平等之謂也；古者蓋謂之「恕」。自由者，就主觀而言之之也，然我欲自由，則亦當尊人之自由，故通於客觀。平等者，就客觀而言之也，然我不以平等遇人，則亦不容人之以不平等遇我，故通於主觀。二者相對而實相成，要皆由消極一方面言之。苟不進之以積極之道德，則夫吾同胞中固有因生禀之不齊，境遇之所迫，企自由而不遂，求與人平等而不能者，將一切恝置之，而所謂自由若平等之量，仍不能無缺陷。孟子曰，「鰥、寡、孤、獨，天下之窮民而無告者也；」張子曰，「凡天下疲、癃、殘、疾，惸、獨、鰥、寡，皆吾兄弟之顛連而無告者也；」禹思天下有溺者，由己溺之；稷思天下有飢者，由己飢之；伊尹思天下之人，匹夫匹婦有不與被堯舜之澤者，若己推而納之溝中；孔子曰，「己欲立而立人，己欲達而達人，」親愛之謂也；古者蓋謂之「仁」。三者誠一切道德之根原，而公民道德敎育之所有事者也。

敎育而至於公民道德，宜若可爲最終之鵠的矣，曰，未也。公民道德之敎育，猶未能超軼乎政治者也。世所謂最良政治者，不外乎以最大多數之最大幸福爲鵠的。最大多數者積最少數之一人而成者也。一人之幸福，豐衣足食也，無菑無害也，不外乎現世之幸福。積一人之幸福而爲最大多數，其鵠的猶是。立法部之所評議，行政部之所執行，司法部之所保護，如是而已矣。所卽進而達禮運之所謂「大道爲公，」社會主義家所謂「未來之黃金時代，人各盡其所能，而各得其所需，」要亦不外乎現世之幸福。蓋政治之鵠的，如是而已矣。一切隸屬政治之敎育，充其量亦如是而已矣。

雖然，人不能有生而無死，現世之幸福臨死而消滅，人而僅僅以臨死消滅之幸福爲鵠的，則所謂人生者有何等價値乎？國不能有存而無亡，世界不能有成而無毀，全國之民，全世界之人類，世世相傳，以此不能不消滅之幸福爲鵠的，則所謂國民若人類者，有何等價値乎？且如是則就一人而言之，殺身成仁也，舍身取義也，舍己而爲羣也，有何等意義乎？就一社會而言之，與我以自由乎，否則與我以死，爭一民族之自由不至瀝全民族最後之一滴血不已，不合全國爲一大家不已，有何等意義乎？且人旣無一死生、破利害之觀念，則必無冒險之精神，無遠大之計畫，見小利急近功，則又能保其不爲失節墮行身敗名裂之人乎？諺曰，「當局者迷，旁觀者淸，」非有出世間之思想者，不能善處世間事；吾人卽僅僅以現世幸福爲鵠的，猶不可無超軼現世之觀念，況鵠的不止於此者乎！

以現世幸福爲鵠的者，政治家也，敎育家則否。蓋世界有二方面：如一紙之有表裏，一爲現象，一爲實體。現象世界之事爲政治，故以造成現世幸福爲鵠的。實體世界之事爲宗敎，故以擺脫現世幸福爲作用。而敎育者，則立於現象世界，而有事於實體世界者也；故以實體世界之觀念爲其究竟之大目的，而以現象世界之幸福爲其達到於實體觀念之作用。

然則現象世界與實體世界之區別何在耶？曰前者相對而後者絕對；前者範圍於因果律，而後者超軼乎因果律；前者與空間、時間有不可離之關係，而後者無空間、時間之可言；前者可以經驗，而後者全恃直觀。故實體世界者，不可名言者也。然而既以是爲觀念之一種矣，則不得不強爲之名，是以或謂之「道」，或謂之「太極」，或謂之「神」，或謂之「黑暗之意識」，或謂之「無識之意志」；其名可以萬殊，而觀念則一。雖哲學之流派不同，宗教家之儀式不同，而其所到達之最高觀念皆如是。（最淺薄之唯物論哲學及最幼稚之宗教祈長生求福利者，不在此例。）

然則教育家何以不結合於宗教，而必以現象世界之幸福爲作用？曰世固有厭世派之宗教若哲學，以提撕實體世界觀念之故，而排斥現象世界，因以現象世界之文明爲罪惡之源，而一切排斥之者，吾以爲不然。現象、實體，僅一世界之兩方面，非截然爲互相衝突之兩世界。吾人之感覺既託於現象世界，則所謂實體者，卽在現象之中，而非必滅乙而後生甲。其現象世界間所以爲實體世界之障礙者，不外二種意識：一、人我之差別，二、幸福之營求是也。人以自衞力不平等而生強弱，人以自存力不平等而生貧富；有強弱、貧富，而彼、我差別之意識起；弱者、貧者苦於幸福之不足，而營求之意識起。有人、我則於現象中爲種種之界畫，而與實體違；有營求則當其未遂爲無已之苦痛，及其既遂，爲過量之要索，循環於現象之中，而與實體隔。能劑其平，則肉體之享受純任自然，而意識界之營求泯；人、我之見亦化合現象世界各別之意識爲渾同，而得與實體脗合焉。故現世幸福爲不幸福之人類到達於實體世界之一種作用，蓋無可疑者。軍國民、實利兩主義所以補自衞、自存之力之不足；道德教育則所以使之互相衞、互相存，皆所以泯營求而忘人、我者也。由是而進以提撕實體觀念之教育。

提撕實體觀念之方法如何？曰消極方面使對於現象世界無厭棄亦無執著；積極方面使對於實體世界非常渴慕而漸進於領悟，循思想自由、言論自由之公例，不以一流派之哲學、一宗門之教義梏其心，而惟時時懸一無方體無終始之世界觀以爲鵠。如是之教育，吾無以名之，名之曰「世界觀教育」。

雖然，世界觀教育非可以旦旦而聒之也，且其與現象世界之關係，又非可以枯槁單簡之言說襲而取之也。然則何道之由？曰由美感之教育。美感者，合美麗與尊嚴而言之，介乎現象世界與實體世界之間，而爲之津梁，此爲康德所創造，而嗣後哲學家未有反對之者也。在現象世界，凡人皆有愛惡、驚懼、喜怒、悲樂之情，隨離、合、生、死、禍、福、利、害之現象而流轉；至美術則即以

此等現象爲資料，而能使對之者生美感以外，一無雜念。例如采蓮煮豆，飲食之事也，而一入詩歌，則別成興趣；火山赤舌，大風破舟，可駭可怖之景也，一入圖畫，則轉堪展玩。是則對於現象世界無厭棄而亦無執著也。人既脫離一切現象界相對之感情而爲渾然之美感，則即所謂與造物爲友，而已接觸於實體世界之觀念矣。故教育家欲由現象世界而引以到達於實體世界之觀念，不可不用美感之教育。

五者，皆今日之教育所不可偏廢者也。軍國民主義，實利主義，德育主義三者，爲隸屬於政治之教育；（吾國古代之道德教育，則間有兼涉世界觀者，當分別觀之。）世界觀，美育主義二者，爲超軼政治之教育。

以中國古代之教育證之，虞之時，夔典樂而教冑子以九德，德育與美育之教育也。周官以鄉三物教萬民，六德六行，德育也。六藝之射、御，軍國民主義也；書、數，

實利主義也。禮爲德育，而樂爲美育。以西洋之教育證之：希臘人之教育爲體操與美術，卽軍國民主義與美育也。歐洲近世教育家，如海爾巴脫氏純持美育主義；今日美洲之德弗伊派，則純持實利主義者也。

以心理學各方面衡之，軍國民主義毗於意志，實利主義毗於知識，德育兼意志、情感二方面，美育毗於情感，而世界觀則統三者一之。

以教育界之分言三育者衡之，軍國民主義爲體育，實利主義爲智育，公民道德及美育皆毗於德育，而世界觀則統三者一之。

以教育家之方法衡之，軍國民主義、世界觀、美育皆爲形式主義，實利主義爲實質主義，德育則二者兼之。

譬之人身，軍國民主義者，筋骨也，用以自衞；實利主義者，胃腸也，用以營養；公民道德者，呼吸機、循環機

也，周貫全體。美育者，神經系也，所以傳導。世界觀者，心理作用也，附麗於神經系而無迹象之可求。此卽五者不可偏廢之理也。本此五主義而分配於各教科，則視各教科性質之不同，而各義所占之分數亦隨以異。

國語、國文之形式，其依準文法者，屬於實利；而依準美詞學者，屬於美感。其內容則軍國民主義當占百分之十，實利主義當占其四十，德育當占其二十，美育當占其二十五，而世界觀則占其五。

修身，德育也，而以美育及世界觀參之。

歷史、地理，實利主義也。其所敍述，得並存各主義。歷史之英雄，地理之險要及戰蹟，軍國民主義也。記美術家及美術沿革，寫各地風景及所出美術品，美育也。記聖賢，述風俗，德育也。因歷史之有時期，而推之於無終始，因地理之有涯涘，而推之於無方體，及夫烈士、哲人、宗教家之故事及遺蹟，皆可以爲世界觀之導線也。

算學，實利主義也；而數爲純然抽象者。希臘哲人畢達哥拉士以數爲萬物之原，是亦世界觀之一方面；而幾何學各種線體，可以資美育。

物理、化學，實利主義也。原子、電子，小莫能破，愛耐而幾範圍萬有，而莫知其所由來，莫窮其所究竟，皆世界觀之導線也。視官聽官之所觸，可以資美感者尤多。

博物學，在應用一方面爲實利主義，而在觀感一方面，多爲美感。研究進化之階段，可以養道德；體驗造物之萬能，可以導世界觀。

圖畫，美育也，而其內容，得包含各種主義。如實物畫之於實利主義，歷史畫之於德育是也。其至美麗至尊嚴之對象，則可以得世界觀。

唱歌，美育也，而其內容，亦可以包含種種主義。

手工，實利主義也；亦可以與美感。

遊戲，美育也。兵式體操，軍國民主義也。普通體操，

則兼美育與軍國民主義二者。右之所著，僅具崖較，神而明之，在心知其意者。

滿清時代，有所謂欽定教育宗旨者：曰忠君，曰尊孔，曰尚公，曰尚武，曰尚實。忠君，與共和政體不合，尊孔，與信教自由相違，（孔子之學術，與後世所謂儒教、孔教，當分別觀之。嗣後教育界何以處孔子，及何以處孔教，當特別討論之，茲不贅。）可以不論。尚武，即軍國民主義也。尚實，即實利主義也。尚公，與吾所謂公民道德其範圍或不免有廣狹之異，而要爲同意。惟世界觀及美育，則爲彼所不道，而鄙人尤所注重，故特疏通而證明之，以質於當代教育家，幸教育家平心而討論焉。

（教育雜誌第三年第十一期民國元年二月）

赴參議院宣布政見演詞　蔡元培

新教育意見一文偏重理論，此爲重實施。可見清民之間之教育繼承情形。　編者

元培於教育行政見識甚淺，實不稱總長之任；但既勉强擔任，即斷不敢存「五日京兆」之心。今將所規畫之辦法爲諸君陳之、一曰教育方針。應分爲二：一、普通，一、專門，在普通教育務順應時勢，養成共和國民健全之人格；在專門教育務養成學問神聖之風習。二曰教育設施。應分爲二：(甲)、普通教育之設施：一曰普通學校如中、小學校及中等以下之職業學校等，二曰社會教育之含有普通性質者；三曰特殊教育，如盲啞、廢疾者之敎育；(乙)、專門教育之設施：一曰專門學校，如大學及高等專門學校是，二曰派遣游學，三曰社會教育之含有專門性質者。三曰畫定中央教育行政之權限。(甲)、專門教育由教育部直轄分區規定次第施行；(乙)、普通教育由教育部規定進行方法，責成各地方之教育行政機關執行，而由部視學監督之；(丙)、私立學校，務提倡而維持之。四曰教育經費之規定。(甲)、專門教育經費取給於國家稅，或以國有財產爲基本金；(乙)、普通教育經費取給於地方稅，或以地方公有財產爲基本金。五曰對於京師教育界之現狀。(甲)、以京師學務局爲普通教育行政機關，其經費及所轄各學校經費應暫由教育部直接籌撥。(乙)、各種高等專門學校取其內容近似者合幷之，以期經費易給，而學生均免荒學。查舊學部預算直轄高等專門各學校經費，歲出約一百二十五萬八千有奇，臨時歲出約五十五萬三千有奇，統計一百八十一萬一千有奇；而農工商部之實業學堂、法律館之法律學堂、度支部之財政學堂、順天府之高等學堂等，現均歸教育部管理，其費尚不在內。(丙)、對於大學校、圖書館等未完成者，皆漸圖結束前局，而於一定期間內爲革新之起點。六曰對於海外留學生之計畫。全國高等教育，既歸教育部直轄，以後派遣留學，擬歸中央政府直接辦理；並以直接能進外國高等專門學校及在本國高等專門學校畢業成績最優而更求深造者爲限。七曰對於蒙藏回之教育。現既合五大民族爲一國，自應使五族人民均受同等之教育，除滿人已習漢文語毋庸特爲計畫外，至蒙古西藏及回部習俗語文，尙多隔閡，是宜特定教育方法，以期漸歸統一。

上大總統言教育書　湯化龍

（教育雜誌四卷三號民國三年六月）

著者於三年五月一日入徐世昌內閣爲教育總長，至四年五月始解職。一年間大總統迭頒教育綱要及教育宗旨學校系統並採單軌制，公布預備學校令，氏均與有力焉。　編者

右書爲湯教育總長所上。折衷羣言，歸納一是，雖意本舊貫，而以今日紛呶聚訟之秋，卓然不惑，斯固有司之賢也。大總統批令如議，獎勵有加，以見教育宗旨，固已確定。而訟論者不息，所言愈益近於帖括八股之談，此眞先聖之靈所爲深痛者歟！遠生識。

竊維立國之道，必有其本，斷非剽取他邦文物所能爲功。舉國數千年積成之風習，與其足以支配國民之心理者，有最深之關係，道在探索原本，發明而光大之，用以範圍人心而示之鵠，此教育所有事也。比年以來，吾國教育界所最滋物議者，靡不曰：「道德墮落」「少年徒逞意氣，無以爲之準繩」。憂時之士，思而不得其故，爰倡二說，以圖補救：一中小學校課讀全經，俾聖賢之微言大義浸漬漸深，少成若性，此厚根柢之說也。一以孔子爲國教，一切均以宗教儀式行之，俾國民將於教徒之列，守孔子之言行如守教誡，此崇信仰之說也。玆二說者，似皆持之有故，言之成理，要不免得其偏而遺其全。欲融會而貫通之，道固別有在也。夫學校讀經、講經，自前清迄今，聚訟呶呶，考其沿革，約分四期。

其始也以孝經四書禮記爲初等小學必讀之經，以詩書易及儀禮爲高等小學必讀之經。既而知其卷帙繁多，理解高深，未足爲教，遂改訂章程，減少經本。前清宣統三年中央教育會議以經學義旨淵微，非學齡兒童所能領會，議決採取經訓爲修身科之格言，小學校內不另設讀經一科，民國仍之。誠以教授兒童重在啓發；記誦之學，不足以爲人師，古有明訓。經書固宜課讀，然一經之中，深淺互見，設非節取爲教，强以難知，貽誤學童，良非淺鮮。孔子爲人倫師表，歷代均致尊崇，顧必謂推孔子爲教主，而道始尊。微論孔聖未可附會宗教之說，以相比倫；而按之國情及泰西宗教之歷史，均難强爲移植，致失孔道之眞，而啓教端之漸。化龍洞觀世變，默察民情，知非明定教育指針，昌明道德，不足以正人心而扶國本。深維孔子之道，最切於倫常日用，爲擧國所敬仰，其言行多散見於羣經。歷代本其訓詁、詞章、性理、制藝之說，以詮孔學，名爲尊孔，而實則乖。玆擬宣明宗旨，於中、小學校修身或國文課程中採取經訓，一以孔子之言爲旨歸；其有不足者，兼採與孔子同源之說以爲之輔。一面釐定教授要目，自初等小學以迄中學，其間教材之分配，條目之編列，均按兒童程度，循序引伸。揆之教育原理，既獲以善誘之法，樹厥初基；按之全國人心，亦克衷以至聖之言，範其趨步。崇經學孔，兩利俱存。庶以救經學設科之偏，復不蹈以孔爲教之隘。國民教育精神攸繫，化龍以爲此實目前切要之圖。謹陳管見，是否有當，伏乞大總統鑒核飭遵；如蒙採納，當謹本斯旨，詳細擬定，以便施行。再從前坊間所編教科書亦當由部明示宗旨，飭令修訂，以端趨向，合併聲明。謹呈。

二四　庚子賠款

（庸言第二卷第五號民國三年五月）

庚子賠款退還之實際與希望

袁希濤

此篇敍庚款之歷史最詳，原文見十三年教育與人生週刊五十二期。　編者

緣起

前清庚子五月，義和團仇外構亂，召各國聯軍入京之禍。翌年辛丑和議成，承認巨額之賠款，分年攤償，歷三十九年之久，雖清祉已移，民國成立，而國際盟約，不能渝也。自美人提倡退款興學之舉，其他友邦亦漸有繼起者，而我國人於此款最初議定之細目詳情，及其後一部份之變遷狀況，往往未能明曉。至已決定退還之經過，與方在商榷退還未經確定者，其保管方法取決支配之權限能否如我國人之希望，尤不能不明瞭其利害關係之所在。爰稽舊牘，并述近事，刋爲此篇以諗同人云爾。

中華民國十三年十月，寶山袁希濤

第一節　賠款總額及其分償年期

清光緒二十七年七月二十五日，奕劻李鴻章與各國議和專使簽押辛丑和約十二款，其第六款關於賠款事項，摘錄如下。

「允付諸國償款四百五十兆兩，照海關銀兩市價，按諸國金錢之價易金如左」

海關銀一兩，即德國三馬克零五五，即奧國三克勒尼五九五，即美國圓零七四二，即法國三佛郎七五，即英國三先令，即日本一元四〇七，即和蘭國一佛樂林七九六，即俄國一羅布四一二。

「此四百五十兆，按年息四釐，由中國分三十九年按付表清還本息用金付給於一千九百零二年起，一千九百四十年終止。」

依上和約訂定之賠款總額：

(一)賠款正額為四萬五千萬兩；

(二)四釐息金五萬三千二百二十三萬八千一百五十兩（按三十九年計算）

右共關平銀九萬八千二百二十三萬八千一百五十兩。

以上本息，分三十九年償還，其年額訂定如下：

第一年至第九年，每年一千八百八十二萬九千五百兩；

第十年至第十三年，每年一千九百八十九萬九千三百兩；

第十四年，二千三百二十八萬三千三百兩；

第十五年至三十年，每年二千四百四十八萬三千八百兩；

第三十一年至第三十九年，每年三千五百三十五萬零一百五十兩。

締結賠款和約之國，凡十有四，玆以款額多寡為次，列之如下：

(一)俄國；(二)德國；(三)法國；(四)英國；(五)日本；(六)美國；(七)意國；(八)比國；(九)奧國；(十)和國；(十一)西班牙；(十二)葡萄牙；(十三)瑞典，（十四）挪威

除上列各國分賠償款外，又有各國公共雜費一項，計分十四項，均依各國應得之關平銀數，照和約第六款所定折合各外幣價格。

玆得各國賠款之銀兩數，與其折合之外幣數，及以百分比例應占若干之密數，列表如下：

國　別	中國銀兩數	折合外幣數	所占之百分比
俄	130,371,120兩	184,084,021,44羅布	28.97136
德	90,070,515	275,165,423,33馬克	20.15670
法	70,878,240	265,793,400,00佛郎	15.75072
英	54,620,545	7,593,081,15金鎊	11.24701
日本	34,793,100	48,953,877,82圓	7.73180
美	32,939,055	24,440,778,81美金	7.31979
意	26,617,005	99,813,768,75佛郎	5.91489
比	8,484,345	31,816,293,75佛郎	1.88541
奧	4,003,920	14,394,092,10克勒尼	.8976
和	782,100	144,651,60佛樂林	.17380
西班牙	135,315	507,431,25佛郎	.03007
葡	92,250	13, 37,10鎊	.02050
挪威 瑞典	62,820	9,423,00鎊	.01396
雜費	149,670	22,450,10鎊	.03526

（附註）（一）銀兩數欄，以兩爲單位，例如俄國爲一萬三千零三十七萬一千二百二十兩。（二）外幣欄單位下有小數二位，例如折合俄國羅布數爲一萬八千四百零八萬四千零二十一羅布又百分之四十四（惟英鎊之小數係先令數。）（三）百分比欄表明某國占賠款全額百分之幾與其零數，例如俄國占百分之二八・九七一三六（卽千萬分之二百八十九萬七千一百三十六）。瑞典，挪威占百分之・〇一三九六（卽千萬分之一千三百九十六）。

第二節　支付賠款之來源

和議既成，第一年（淸光緒二十八年卽西曆一千九百零二年）至第九年，每年應付賠款一千八百八十餘萬。淸政府乃以攤派於各省。茲將各省每年攤派之數列下：

直隸八十萬兩；山東九十萬兩；
河南九十萬兩；山西九十萬兩；
陝西六十萬兩；甘肅三十萬兩；
新疆四十萬兩；安徽一百萬兩；
江蘇二百五十萬兩；江西一百四十萬兩；
浙江一百四十萬兩；福建八十萬兩；
湖北一百二十萬兩；湖南七十萬兩；
廣東二百萬兩；廣西三十萬兩；
四川二百二十萬兩；雲南三十萬兩；
貴州二十萬兩。

以上十九省（東三省未攤派），年共攤一千八百八十萬兩，作爲定額，分別解交江海關道按期撥付。過鎊價低落之時，兌交外幣以外，尚有餘銀，謂之「鎊餘」另案支用。有時鎊價過高，亦有「鎊虧」

第十年（清宣統三年卽西曆一千九百十一年）除原定攤派外，應加銀一百零六萬有奇，由度支部另籌抵補。

第十一年民國成立，各省攤派均行停止。改由海關關稅項下按數撥付，以總稅務司任交款之責，迄今照辦。

第三節　美國對於賠款一部分之退還

當西曆一千九百八年（清光緒三十四年）五月二十五日，美國國會通過以一部分之賠款退還中國之議案，咨清大總統酌定以何時與何種情形交還中國。是年十二月二十八日，美大總統令除扣去實應賠償之款外，均行退還，遂由庫藏部詳核決定中國實應賠償之數爲一千三百六十五萬五千四百九十二美金六九，另保留二萬兩美金爲或有未經查出應償之款之用。此外息數退還。乃訂定每年應還交兩項款額，分列如下：

(甲)每年退還款額

一九〇九年至一九一〇年每年四八三〇九四美金九〇；

一九一〇年至一九一四年每年五四一一九八美金七八；

一九一五年七二四九九三美金四二；

一九一六年至一九一八年每七九〇一九六美金；

一九一九年七九〇一九五美年九九；

一九二〇年七九〇一九六美金；

一九二一年至一九二三年每年七九〇一九五美金九九；

一九二四年七九〇一九六美金；

一九二五年七九〇一九五美金九九；

一九二六年七九〇一九六美金；

一九二七年七九〇一九五美金九九；

一九二八年七九〇一九六美金；

一九二九年七九〇一九五美金九九；

一九三〇年七九〇一九六美金；

一九三一年七九〇一九五美金九九；

一九三二年一三八〇三七八美金三五；

一九三三年至一九三四年每年一三八〇三七八美金三四；

一九三五年一三八〇三七八美金三五；

一九三六年至一九三七年每一三八〇三七八美金三三；

一九三八年一三八〇三七八美金三五；

一九三九年一三八〇三七八美金三四；

一九四〇年一三八〇三七八美金三六。

其保留之二百萬美金，續經查明應扣付八十三萬八千一百四十美金三六外，其餘均仍交還中國。

（乙）每年交付款額：

自一九〇九至一九四〇年止，每年五三九五八八美金七六。

按甲項退還之賠款，卽以充清華學校校款及其遣派留學經費之用。當時美國幷無正式指定用途之條件，但有用以設校派生之非正式的口頭接洽而已。

保留二百萬之扣付餘款亦撥作清華用款，但內有一小部分撥充武英殿古物陳列所之修理及陳列用費。

第四節　賠款之展期與變更

民國六年對德奧絕交宣戰，乃與英美法俄日本比意葡等八協約國協商展緩五年交付，卽以此五年中之賠款，移抵公債基金，俾充宣戰經費。協商結果，英美等七國皆允全部展緩五年，幷免加算利息。惟俄國祇允以賠款全額百分之十展緩五年，其餘全額百分之八十又九七一三六仍須按年交付。

展期五年之起訖，自一九一七年之十二月起，至一九二二年之十二月止。屆一九二二年之十二月起，仍行續交。但原定一九四〇年終止之期，應改定爲一九四五年終止，其賠款年額，亦按年遞延，悉符原約。

各國賠款展期交付本息表（據北京財政部公債司所編製）

國名	每年緩交數目	五年緩交總數	備考
英國	英金四十一萬三千一百二十七鎊七六六七	二百〇六萬五千六百三十八鎊八三三五	自一九一七年十二月起全數停付五年
美國	美金五十三萬九千五百八十八元七七六	二百六十九萬七千九百四十四元三三〇	美以退款外之應交款全數停付五年
法國	法金一千四百四十六萬一千四百〇五佛郎六三八	七千二百三十萬七千〇二十八佛郎一九〇	自一九一七年十二月起全數停付五年

日本	英金二十七萬二千八百十六鎊二〇	一百三十六萬四千〇八十一鎊	同前
俄國	英金三十六萬五千四百四十五鎊三四九	一百八十二萬七千二百二十六鎊七四五	俄除賠款全額百分之十八又九七一三六年計六十九萬三千二百九十九鎊仍舊交付外其全部百分之十(年額如上)停付五年
比國	法金一百七十三萬一千〇七十五佛郎〇五一	八百六十五萬五千三百七十五佛郎二五五	自一九一七年十二月起全數停付五年
意國	法金五百四十三萬〇七百一十佛郎八九二	二千七百十五萬三千五百五十九佛郎四六〇	同前
葡國	英金七百五十二鎊八七六	三千七百六十四鎊三八〇	同前

除上列八國外，西班牙，葡萄牙，和蘭，瑞典，挪威等**中立國，**均未預延緩之列，德奧為交戰國，其賠款乃大變更。

德之賠款，因斷絕國際關係，於民國六年三月起，停止交付，卽依其時馬克與中國國幣匯兌價格，改定為每月國幣二十四萬元，每年二百八十八萬元，指定抵充三四年公債。又指定民國十四年還清三四年公債後，改抵五年公債。此項德賠款，根據巴黎和約，本已全行取消。

奧之賠款，亦於民國六年三月起停止交付，卽依此時奧幣之匯兌價格，改以銀兩抵充三四年公債。其後奧幣日益低落，至每月僅合銀四百餘兩，遂於民國九年經總稅務司刪去此項款目，不再開列。此項奧賠款根據巴黎和約，亦已取消。

第五節　賠款展緩期滿後之款額

民國十一年十一月，八國賠款展期屆滿，自是年十二月起，為重行付款之期。除和蘭，西班牙，瑞典，挪威等國不在展緩之列外，茲列緩期截止後續交之八國賠款表如下：

續交庚子賠款表　民國十一年十二

(說明)原表祇列應還總數，茲加列每年細數以便考覽。

國別	欠付總數	折合英金標準價格(原案規定)	折合英金總數
英國	英金 11,186,547.635 鎊		11,186,547.635 鎊
美國	金圓 12,455,507.210 元	以0.742合關平銀再以3先令合英金	2,517,959.679 鎊
法國	法金 391,581,529.051 佛郎	以3.750合關平銀再以3先令合英金	15,663,261.162 鎊
意國	法金 147,051,159.764 佛郎	同上	5,882,046.391 鎊
俄國	俄金 254,343,251.978 羅布	以1.412合關平銀再以3先令合英金	27,019,467.278 鎊
日本	日金 72,121,578.409 元	以1.407合關平銀再以3先令合英金	7,688,867.634 鎊
比國	法金 46,873,522.101 佛郎	以3.750合關平銀再以3先令合英金	1,874,940.884 鎊
葡國	英金 20,386.148 鎊		20,386.148 鎊
總計			71,853,476.811 鎊

月起算　據北京財政部公債司所編表

分年付款數目		
十一年十二月應交數	自十二年至二十五年應交數	自二十六年至三十四年應交數
34‘427.314 鎊	5,783,788.738 鎊 (每年413,137.767) 鎊	5,368,331.383 鎊 (每年596,481.287) 鎊
44,965.730 元	7,554,242.640 美金 (每年539,588.76) 美金	4,856,298.840 美金 (每年539,588.76) 美金
1,205,117.137 佛郎	202,459,678.932 佛郎 (每年14,461,405.938) 佛郎	187,916,732.982 佛郎 (每年20,879,636.998) 佛郎
452,559.324 佛郎	76,029,966.488 佛郎 (每年5,430,711.892) 佛郎	70,568,633.952 佛郎 (每年7,840,959.328) 佛郎
290,788.908 羅布	123,904,507.664 羅布 (每年10,015,725.253) 羅布	130,147,955.406 羅布 (每年14,460,883.934) 羅布
221,958.758 元	37,289,071.358 元 (每年2,663,505.997) 元	34,610,548.893 元 (每年3,845,616.477) 元
144,256.254 佛郎	24,235,050.714 佛郎 (每年1,731,075.051) 佛郎	22,494,215.133 佛郎 (每年2,499,357.237) 佛郎
62.740 鎊	10,540.264 鎊 (每年752.376) 鎊	9,783.144 鎊 (每年1,087.916) 鎊

按表列俄款在展期以前已改照英鎊計算，該款應分兩部核計。其緩付部分應與七國同延長五年至三十四年止；其停付部分（即先仍交付因中俄斷絕國際關係後停付之一部分）表內亦幷延長五年，當因中經停付是以一律延長（如不延長則應將停付部分改爲十二年至二十年，爲每年英金六十九萬三千二百九十九鎊零，二十一年至二十九年，以最後九年增加之數計算）。然財政部公債司製表雖以兩款同時延長爲標準，而政府方面是否準此決定則尙未有正式之宣布也。

除表列八國外，其未經展緩之四國仍依原訂三十九年之期至一千九百四十年止。茲將民國十二年（西曆一千九百二十三年）至二十九年（西曆一千九百四十年）應付之款，列表如下：

國別　款項　年期	年期 十二年至二十年	二十一年至二十九年
和蘭	每年七六・四二四佛樂林九〇八	每年一一〇・三四三佛樂林六五四
西班牙	每年二七・六〇八佛郎五四五	每年三九・八六一佛郎七一三
瑞典挪威	每年五一二鎊六九一	每年七一二鎊二三二

按上列四國合計祇占賠款全額百分之零二有奇，但仍應照列以資參考。

第六節　俄國對於賠款之拋棄

俄國賠款兩部分，其停付部分，於民國九年十年間經北京政府先後通過閣議，抵作三四年公債（按三四年公債，先後指定以德，奧，俄停付賠款及常關收入作抵）於民國十四年還清。十五年起改抵五年公債（按閣議原案三年公債，除已抽還外尚餘一千八百餘萬元，以德俄等款分三年抽付）於十七年還清。十八年起改抵七年長期公債（按閣議原案七年長期公債於十八年起開始抽還，即以五年公債終結後之抵款轉抵，分十年抵訖）於二十七年還清。

其緩付部分於十一年十一月展期屆滿後，經北京政府抵作十一年公債基金，又抵作使領經費庫劵五百萬元之基金，并抵作北京國庫支給之學校維持費一百萬元之基金。

民國十三年五月三十一日北京政府派顧維鈞與俄國代表加拉罕簽押中俄大綱協定，其關於拋棄賠款事項之載在協定及附條者，玆錄如下

中俄大綱協定第十一條：「蘇聯政府允予拋棄俄國部分之庚子賠款。」

附聲明書：「中華民國政府與蘇聯政府對於大綱協定第十一條，公共聲明雙方了解如左：

（一）蘇聯政府所拋棄俄國部分之賠款，於該項賠款所擔保之各種優先債務清償後，完全充作提倡中國教育款項之用。

（二）設立一委員會，管理并分配上述款項。該委員會以三人組織之——其二人由中國政府委派，其一人由蘇聯政府委派。該委員會議決事項，以全體一致行之。

（三）該款於隨時收入時，應卽存儲於上述特別委員會所指定之銀行。

再此項聲明與大綱協定內之聲明條款有同等效力，為此兩國政府全權代表將本聲明書英文兩

份各簽字蓋印，以昭信守。」

根據聲明書第一款除該項賠款所擔保之債務外，完全充作教育用款，然究竟所已指爲擔保者共有若干，所餘以充教育費者尚有若干，則政府尚未有詳確之宣布。但就編者參考卷牘幷詢問諸主管機關，則緩付部分須於民國二十二年起，停付部分須於民國二十七年起先後終了債務之擔保。惟在二十二年以前，每年除抵還債款外，可望有少數之餘款。但鎊價無定，亦難預計。據主管機關所述債務擔保以外之教育用款，約可得九千萬元左右等語。但要非政府公布之確實數目也。

根據聲明書第二款，特別委員三人，——中國政府委派二人，蘇俄政府委派一人，今均未派定，故委員會尚未組織，一切管理分配問題，均未開始討論也。

第七節 美國對於賠款之全部退還

自清光緒三十四年美國退還一部分賠款之後，續有倡議舉前所扣截之餘款而全部退還者。醞釀數年，乃提出於國會，經種種手續，於本年五月通過於衆議院。

茲譯錄美國務卿致中華駐美施公使函如下：

「茲謹檢奉一九二四年五月二十一日國會通過之議案一份。此案授權大總統退還一九一七年十月一日起應付之庚子賠款於中國，由大總統認爲適當之時期與情形中，依國會在該案弁言內所表示之意恉，發展中國之教育及文化事業。」

此全部退還之議決案宣布以後，經中國教育團體函請美政府合組中美委員會保管及處理該項款目。

本年八月，孟祿博士來華，非正式的代表美國政府與中國教育界接洽，集合教育學術團體之意見，定議由中國政府組設基金董事會，選聘董事中國十人，美國五人。電美得覆，於九月十七日中國政府決定宣布。

選聘董事中國先定九人：顏惠慶，顧維鈞，范源廉，施肇基，黃炎培，蔣夢麟，郭秉文，張伯苓，周詒春（餘一人續經聘定丁文江）美國五人：孟祿，杜威，葛理恒，貝克，白賴脫。九月十八日，董事會成立。議定翌年五月中美董事會齊集開第一次年會，議決該欵用途等等。

董事會章程十條大意如下：

（一）定名爲中華教育文化基金董事會。

（二）由董事會擔任接受放存及使用該項基金，幷得接受其他經營教育及文化事業之欵項。

（三）董事會十五人，第一次由中政府聘任，以後由本會選補，任期五年，每年改選五分之一。

（四）董事爲名譽職。

（五）得自訂本會各項辦事細則。

（六）設總機關於北京。

（七）董事會應每年具書報告於中政府，幷公布之。

（八）外交總長，教育總長，美國駐華公使均得派員列席旁聽。

（九）本會設主任一人，副主任二人，書記一人，會計二人（內會計一人在賠款支付期內爲美國人）。

（十）本章程須經四分三以上之贊成得修正之。

關於該款用途之請求書，就各方面團體或個人所提出者，約有數十起。孟祿博士亦有意見發表，茲附譯如下：

「美國政府之退還庚子賠款餘額，絕不附有何種用途規定之條件。雖正式議決案前冠有「教育與文化事業」之引言，亦純爲恪循中國教育界之意思而防止此款或誤用於軍事或不正當之途耳。至具體辦法之決定，悉委之新組織成立之中華教育文化基金董事會，則因衆意僉同也。

「至此次董事會之組織，確欲求得一代表的團體，凡教育上，商業上，政治上各方面之領袖，均有適當的容納。對於保管基金，決定用途，職守又求在在能表顯其忠實與效能，庶不但此項退款得完滿之處理，即凡國內外樂於輸財興學之人，見有此鞏固之團體，行且欣然以巨額捐款託其保管，或請為之計劃；俾此會得保管一宗永久的教育基金，不蒙政治的影響，而直接受人民之管理，此則私心所切望者也。

「賠款之用途應交董事會全權決定，既言之矣。至個人之意見，亦有可陳述者。綜言之，此項退欵有不當用者四，有當用者三：

「所謂不當用者，(一)維持政府已辦之教育事業。欵額本有限，決不敷支持政府已辦之教育事業（如國立學校）藉曰支持於一時，亦徒減輕政府之責任，而無法善其後而已。(二)補助暫時而不能持久之事業。此種基金祗應引起更多之教育的努力，而不應減少已有之努力。即如將來必須有補助金額時，亦必以同時能自籌得同樣之金額作同樣之用途為條件，以促進其永久的建設。(三)舉辦與現有學校競爭的機關。以校數論，中國幷不為少，所少者乃教學之效能。此項賠欵應用以增進學校之效能，而不當滋事業之重複。(四)擴充學校場所。中國目前之教育需要不在添建場所，而在已有場所之充分運用，蓋不能應用而徒飾館舍之美觀無益也。

「所謂當用者：(一)農村教育之試驗。賠欵出之於人民，應直接為以謀人民之利益，而適應其急切的需要。前此中國教育之發展限於城中，而人民十之八九均在鄉村，故欲直接有益於大多數人民，此款應用以建設農村的教育。在他國農村教育已積有多年的試驗而能運用現代知識，以改進其鄉村之衞生，工業，與家庭生活矣。中國情形與他國殊，必先經試具體的研究，建設農村學校及其他教育機關以為模範，而後再圖推行。(二)科學教育之改進。科學佔現代教育中最重要之部分，而中國中等學校各科教學以科學為最多缺點，學生僅記憶若干分類之名詞，至如何自作試驗，以證實教師所提示之眞理，如何以科學的頭腦應用所得知識以解決其日用生活之問題，則懵然焉。改良之法，在先注意於養成中學師資之大學或高等師範之科學教學，復設若干獎學金額，使各省中學教師得有機會更受一年或二年之特別訓練。此科學教學法改良以後，於其他各科教法必有極良之影響。是間接即以改

良中學各科之教法也。至於應用現代科學知識以解決人民實際生活之問題，尤須有(三)最優良的理工學校之設置。蓋中國一日無工業專門人材，則其天然之利源一日聽外人之掠奪。若如今日之狀態，則凡鐵路，採礦等工業苟無外國之技師，人且不之信而怯於投資。然一延外國工師，則利權又隨之外溢。若能以自國之人材自國之資本開發各項事業，策之上也。若有人材矣而仍不得不借外資，則其權在我，亦無大害，猶優於僅有資本而須借人材也。故宜以退款之大部分辦理第一等之理工學校一所，其科目除土木，路礦各工程外，尤注意應用化學公衆衞生，道路建設等。其教授則聘任外國最高之專家，而學生學業亦務達最高之標準，以養成工業專門人材，而示全國科學教育之模範焉」

附美國續還賠款之款額及年期

據美國國會議案自一九一七年十月一日起計算，應還二十三個年又三個月之賠款。

(一)款額總數　一千二百五十四萬五千四百三十八美金六七（每月計還四萬四千九百六十五美金七三每年計算五十三萬九千五百八十八美金七六）。

(二)年期起訖　因展緩五年之關係，除一九一七年十，十一兩個月在展緩以前外，自一九二二年（民國十一年）十二月起，至一九四五年（民國三十四年）十二月止。

(附註)編者頗疑美國會議案一九一七年十月一日之十月，或係十二月之誤，因展緩五年以前之賠款早於一九一七年十一月結束，自十二月起開始延緩，即為展緩五年終止後之付款始期也。倘照此計算，其總數為一千二百四十五萬五千五百零七美金二一，計減少兩個月之賠款額。

第八節　退還賠款未解決之各國狀況

法英日本等國，關於賠款問題，迭經商榷，各有退還之動機。惟以主張不同，國權所繫，有不能即行承認或早求解決者。茲分述如下：

(一)法國賠款　民國十年北京政府及法國方面曾有中法協議條件。其大意：法國願提還中國庚子賠款，但須充作中法實業銀行恢復營業之用。至其辦法，以付法賠款全額，或大部分抵借巨金，為中法實業銀行破產後遠東儲戶之償款。將來再由銀行逐漸收回。對於中國方面，則因協議履行之後，每年提交金佛郎一百萬元，專充教育用費。其抵還遠東存戶之償款，於陸續收回時，全行交還中國充教育及其他重要建設之用。

此項條件旋經中法政府訂為協定草案，並經法國國會提出退還庚款之議決（聞有業已通過之說，但編者尚未調查詳確。）而戰後法國紙幣低落，我國續付賠款，應交金佛郎與應交通行佛郎紙幣之兩點，發生異議。中國國會及國內公團反對用金交涉迄未解決以前協訂草案，與關於退還賠款之種種問題，一切因之延擱；須俟賠款用金與用紙幣之交涉解決，乃重議賠款退還之妥善辦法也。

依原定賠款之法幣額，用現行佛郎紙幣與用金佛郎之兌換中國國幣約數，就現在價格論，其區別如下：

（甲）現行法紙幣之兌換價格，每中國國幣一元約換十佛郎。以法國全數賠款（十一年十二月起至終止之年）三萬九千一百五十八萬一千五百二十九佛郎〇五一，計約合國幣三千九百萬元左右。

（乙）金佛郎之兌換標準價格，每中國國幣一元，約換二佛郎半。以上述同數之法國賠款，計約合國幣一萬五千六百萬元左右。

（二）日本賠款　日本賠款問題，二三年來屢經提議，經日本政府設對支文化事務局於外務省，掌理對華舉辦文化事項。民國十二年十二月，駐日汪公使與北京教育部特派員朱念祖，與對支文化事務局出淵局長非正式協議辦法，條件如下：

（一）日本方面舉辦對華文化事務時，應將中國方面有識階級之代表的意見十分尊重。

（二）庚子賠款項下之資金，主用於中國人所辦之文化事業。至對於日本在山東所已設學校病院，及其他現時日本各團體在華所經營之文化事業，其補助資專就關係山東賠償金額下之資金支出之。

(三)在北京地方設立圖書館及精神科學研究所。

(四)在上海地方設立自然科學研究所。

(五)辦理前二項事業，應支經費隨時另定。

(附記)前二項圖書館及研究所之館長，經與出淵局長面定以中國人充之。

(六)將來庚子賠款項下資金有羸餘時，應再舉辦下開各事業：

(甲)就適當地點設立博物館；

(乙)在濟南地方設立醫科大學，以濟南病院附屬之；

(丙)在廣東地方設立醫學校又附屬病院。

(七)對於第三項至第六項所開各事業，設評議會以中日兩國人組織之。其員數各評議員會約二十名。中日兩方各出十名，由兩方協商，另選中國人一名爲會長。

(八)北京圖書館及研究所之用地，由中國政府免價撥給。

(九)救卹費之名義，應從速改爲慈善費名稱。

(附記)十四年度廢止之。

(十)對於留日中國學生，從明年度起，依下開方法給與學費：

(附記)此項經費期限，經與出淵局長面定以十年爲限。

(甲)學費定額每人每月八十元，一律平均給與。

(乙)得受此項學費之留學生名數，每年度總計不得逾三百二十名。

(丙)前項學生之名數，以各省選出衆議院議員定額及各省負擔庚子賠款之數目分攤於各省，由大學及專門學校肄業生內遴選之。此種大學及專門學校，由駐日中國公使館與日本文部省及對華文化事務局協商指定之。

(丁)應照前項遴選之學生，不以官費生爲限，自費生亦在其內。

(戊)業經入選之學生，如認有成績惡劣或品行不良者，隨時停止其學費。

(附記)文內品行不良字樣，業與出淵局長面商，由中國公使館詳加解釋，列舉事項，以免學生誤會。

(十一)對於留日中國學生本年度給與學費辦法，照下開方法行之：

(甲)按照第十項所定明年度以後之給與方法，所遴選之學生，逐名給與；

(乙)此項學費之給與，自民國十三年一月份起。

(丙)從前欠繳之各學校修金(授業料)以本年度末支用之經費清給之。

(十二)對於留日中國學生所給學費之支付，由中國駐日公使館行之。

民國十三年一月駐日汪公使與日本政府正式訂定根據上項條件之協議。日本旋派服部博士，朝岡事務官等來華游歷，接洽各處教育學術團體，經各團體詢問退款詳情，幷發表對於保管及處理該款之辦法。朝岡事務官等聲明該款幷非退還，仍由日本國會每年議決提撥若干辦中國文化事業之用。中國教育學術各團體，僉謂日本賠款既不退還，乃設專局辦理此事，是以日本之國庫金，施日本之行政權於中國國土之內；實於我國主權妨礙甚大。遂於本年四月聯合各教育學術團體集會於北京，發表宣言。其大意：希望由中日兩國推選專門學者，組織文化事業理事會，籌劃決定，幷管理以庚子賠款辦理文化事業一切事務。理事人數，中日各半；別設理事長一人，由中國人充之。此爲最低之限度，如日本方面不能容納，則我等決不願參加此項事業。本年七月中華教育改進社開年會於南京，復議決發表宣言拒却日本前項對支文化事業之辦法。

以上所述爲日本賠款尚未解決退還之概況，至日本賠款額列在第五節之第一表，茲不贅述。

(三)英國賠款　英國賠款退還之議，已倡於三四年之前。本年留英學生會通函國內教育團體，商榷進行辦法及退還後之用途，并根據旅歐蔡元培之意見，加以補充，以下列七項爲用途標準：

(一)以一部分之款設一科學博物院，其中分兩部：一部陳列理化學及工藝進化標本，一部陳列自然歷史進化標本。

(二)以一部分補助中國境內著名大學及專門學校，爲建設擴張特種學術之用，如生物學，紡織科，機械科，化學，醫學，農林學等等。

(三)以一部分爲國立各大學中設立研究英國文化機械之用：

(甲)英國文化學講座基金；

(乙)購置英文圖書及美術品之基金；

(丙)優秀的研究生津貼費之基金。

(四)以一部分爲派遣大學及專門學校教員與畢業生，留英研究之公費的基本。

(五)以一部分爲英國派遣研究生，赴中國國立各大學習中國文學，哲學之用。

(六)以一小部分爲購中國美術品到英國博物館陳列之用（但須要求撤消舊有惡劣陳列品）。

(七)交換教授：

(甲)請英國著名學者到中國各大學充教授；

(乙)送中國著名學者到英國大學演講中國哲

學，文學，美術及中國他種學術之爲英國所需要者。

留英學生會幷請國內教育團體公推蔡元培爲中國商還賠款代表與英國方面直接磋商，當卽照推。國內教育團體，又公推郭秉文，黃炎培與上海英商公會接洽，以該公會先曾有退還賠款之表示也。旋據郭，黃兩君報告接洽情形，幷該公會一千九百二十三年年會議決，對於英退庚款用途之主張，玆譯如下：

(一)旅華英商公會贊成英政府之宣言，退還庚子賠款辦理中英兩國公共有利之事業。

(二)公會主張此款用途一、維持英國人在華爲華人舉辦之教育事業；二、維持英國人在華舉辦之醫學事業與醫院。

(三)關於上項第一種之主張，卽係照一九二一年

本會委員會之報告，爲維持英國人管理之中等敎育，幷聯帶謀附屬小學之發展；此外應另設免費學額，以爲自小學而升中學，由中學而升香港大學，或英國大學之用。

(四)一九二一年之報告，今昔情形不同，應再酌量變通。凡英人管理之學校，其辦理不良或難望良好者，俱不能得此津貼。又此項津貼，一次給與或分年給與，俱係暫時性質。希望得到此項津貼之學校，於程度及格之後，各自另有自立之基金，幷不失各該校本來之宗旨。

(五)希望給與香港大學經濟資助，俾能達到應盡責任之地位。

(六)希望英人在華合辦之事業(醫學居多)，其確有英國精神者，與中等敎育有互助之關係者，亦應受此項經濟之津貼。

（七）贊成津貼英國式之工業教育；幷免費送英學習中國所未有，或雖有而不完備，與需費較多而不易得到之特別專門教育。

（八）本會認女子教育與男子教育有密切關係，主張相輔而行。

（九）主張在中國組織機關，支配退款用金，幷能容納有充足代表華人之意見。

該項主張，偏重英國式的教會式的教育，與我國人心理不合。幷接留英學生會函知，英國方面頗有袒護教會學校所辦教育之趨向。本年七月，中華教育改進社開年會於南京，議決致函駐華英公使及上海英商公會，幷致函北京外交部，請其轉達英國政府表示不承認英商公會之主張。該函大意如下：

「庚子賠款餘額，英國如果於退還以後，悉用於英人在華固有之事業，是退者其名，而不退者其實。質言之，是直巧取吾國之賠款，行文化侵略之野心，而更謀得一退還庚子賠款之美名而已。玩弄吾國，實爲已甚。此吾國人不能承認者一也。辦理教育，宜使適合國情，立國根本，在於精神統一。吾國教育自有吾國教育之精神，如某國所退之款，必以辦理某國式之教育，則一國之教育精神立見分裂，其爲危險將不可思議。此吾國人不能承認者二也。賠款餘額，若俄，若美，均爲無條件退還，美國且有教會學校不能分潤之宣言，一秉大公，世人共見。如英國退還此款，先行指定用途之範圍，似不足以代表退款之誠意。此吾國人不能承認者三也。雖英商公會主張，英政府是否採用，尚不可知，萬一通過議會，作爲定案，恐實以啓無限之糾紛，滋生遺憾。本社以爲處置退款辦法，宜由退款國與中國共同組織基金委員會，管理基金，幷切實調查國內教育需要，再定用途之分配。其委員定額吾國人幷宜居多數，方爲公允妥善。」

英國國會本年已將退還賠款議案通過二讀，旋以閉會中止。下屆開會（十一月間）似將通過。幷聞已將擬組之賠款委員會從事準備——委員十人，內中國止有一人云云。此爲改進社反對函件未達英京時之狀況也。至英國賠款額已列在第五節之第一表，茲不贅述。

此外意比等國對於賠款退還尙未經詳確之協議，茲幷略述以前經過情形。

（四）意國賠款　民國十年，編者游歷歐洲，於行抵意國時，駐意王公使廣圻告稱上年意國外交當局曾提出退還中國庚子賠款之意見，以酌派留意學生爲希望，幷請電詢從前美退賠款時之條件；當電達北京外部，旋得美退賠款並無條件之電覆，卽以轉

覆意外部；未幾意內閣變更，事遂擱起等語。編者因請王君重提前議。其時復値新內閣成立，外交當局初次接見各國公使，王君於晤見時，重申上年之提議。答當查案再行核覆。又告意外部秘書長爲上年原接洽之一人，則以中國外部前覆無條件之說，須再商量云云。甫逾旬日，此纔經成立之內閣又倒。王君未幾亦調使和蘭，此議大約未再提出也。

最近接洽外交界，謂意國財政困難，故退還之說已經中擱。本年北京八校代表接洽駐華意公使，表示請求退還之意。據意使館秘書羅斯代見謂「三四年前，敝國國內名流曾主張退還，以事未果。但意國此費爲賠償在中國之意國敎會敎士每月分於粤，湘，鄂，豫，陝，晉等省，用以辦理慈善敎育等事，事實上早已還諸中國等語。」

意國賠款用法郎亦與付金與付紙幣問題有關。今

列其以國幣兌換價格之區別如下：

(甲)佛郎紙幣兌換價格　以意國賠款全額（自十一年十二月起至終止之年）一萬四千七百零五萬一千一百五十二佛郎七六四計，約合中國國幣一千四百七十萬元左右。

(乙)金佛郎之兌換價格　以上述同數之意國賠款計，約合中國國幣五千八百萬元左右。

(五)比國賠款　民國十年，編者游歷比國時，對於退還賠款問題，亦曾以私人資格與比國方面略事接洽。比國教育當局言俟法國退還問題解決以後，比國自可連類提出圓滿解決等語。惟比國賠款亦用佛郎，與付款用金與紙幣問題有關，要須俟此問題解決，乃可提出相當之退還辦法也。比國賠款付金與付紙幣之兌換價格區別如下：

(甲)佛郎紙幣兌價價格　以比國全數賠款（十

一年十二月起至終止之年）四千六百八十七萬三千五百二十二佛郎一〇一計，約合中國國幣四百六十八萬元左右。

(乙)金佛郎之兌換價格　以上述同數之意國賠款計，約合中國國幣一千九百萬元左右。

(六)和蘭賠款　和蘭賠款無多，無經過協商退款情形可述。其退額在民國十二年至二十年間以和幣數（見第五節之第二表）合中國國幣每年約七萬餘元，在二十一年至二十九年，每年約十萬餘元。其餘葡萄牙，西班牙，瑞典，挪威四國賠款額均已甚少（見第五節第一第二兩表），以合中國國幣每年最多者約一萬餘元，少者數千元。玆不詳列。

結論

綜上各節，庚子賠款之已解決完全退還或拋棄者，有美，俄兩國；其已在磋商退還而尚未圓滿解決者，爲法，英，日本等國。關於組織機關，如美款之基金董事會，俄款之特別委員會，似尚能使我國人認爲差可滿意之方法；然苟能融洽各國賠款統合籌計，使中國教育精神，無分馳離柝之憂，則尤其上也。關於用途支配，若何能適合我國之需要，收普遍全國之效益？賠款年期屆滿款額截止以後，如何能繼續維持以前之建設事業？皆我國人之應通籌劃計，達所抱重大之希望者也。至如賠款築路之說，在我國此時路政未入正軌以前，欲以此款供軍事當局之取求，友邦固難表同情，國人亦詎能首肯！故我人欲於已退還未退還之各國賠款，亟應注意者，厥有四點：

（一）合作機關之設置　本年二月，中華教育改進社之籌畫全國教育經費委員會，與全國教育會聯合會之退還庚子賠款事宜委員會，共同酌擬，對於各國賠款後合作之辦法如下：

（一）各國共同與中國合作　退款各國共同與中國合組基金委員會，將各國退還之款組合一種大宗款項之基金，由各國各出代表若干人，中國出代表若干人——其數與各國代表之總數等——共同組織基金委員會，管理基金。將來一切用途之支配，由委員會公決行之。委員會未正式宣告成立以前，暫不發表對於分配用途之意見。

（二）數國共同與中國合作　退款之數國共同與中國合組基金委員會，此條辦法與（一）條同，但退款各國不全體加入。

（三）部分的共同與中國合作　各國或數國劃出一部分款項，依照（一）條辦理加入共同組織之基金外，各以一部分單獨與中國合作。其委員會由某國與中國各出代表若干人組織之。

以上辦法，曾由兩會聯名請北京外交當局分別通告駐華各公使，轉達各國政府。今美，俄兩國賠款分設機關，就兩方人數言，中國已占多數。就互相聯絡言，現尙未到時機，頗冀將來退回之國較多，更有聯合進行之組織；卽不然，亦必須有統合各國賠款通籌計畫之團體，使對於各項教育文化之設施，無缺漏與重複之疵弊，斯爲最要之希望。

(二)用途支配之普遍　教育與文化之範圍，極爲廣大繁博。我國教育學術界對於退款，遂各以其地位與學業爲主觀的判斷。故擔任高等教育者，每專重高深學術之設施；主辦地方教育者，恒力持分撥省區爲主要。竊謂教育學術之對於一國需要，必須求其均平發展，不宜於局部的有所偏重。故無論爲倡導，改進，助長各省區地方需要急切之教育，宜使各省區普被其益；卽其用以研究高深學術者，亦宜設

種種方法使全國學者便利研習，減少其區域阻隔之苦。本此原則以爲支配之標準，庶各方面之意見融洽，程效倍速矣。

(三)永久基金之籌劃　賠款年期既有年限，苟每年收入全行支給，則三十二年以後來源既絕，各項事業之設施，將何所恃以維持久遠？此必須早爲籌計者也。編者臆見，如以每年收入三分之一，提作永久基金，不得動用，其他三分之二作爲流動基金，則以充每年應行設施教育文化事業之專款。假定以第二次退還之美款每年五十三萬餘美金，提存三分之一，以六釐複利計算，合二十二年之本息，可得六百萬有奇之美金。每年得六釐息三十六餘萬，恰與三分之二流動基金每年支用數相等，足以維持久遠之事業。至有人主張以全額賠款悉數存儲，而但用其生利之息金，則息款過微，需用孔急，編者認爲

無此辦法也。

（四）力拒不正當之利用賠款　關於生利事業，果能認爲確實可恃之貲產，出諸多數之公意，則以一部分之基金試辦，或亦處理賠款中之一種辦法。但如修築鐵路與其類似之主張，實爲利用賠款之手腕，其於將來利益，必與幻泡同歸。我全國教育同人所宜合力抵拒者也。

一二五　學堂獎勵

會議學堂出身疏　政務處　禮部

光緒二十七年八月初二諭各省及禮部籌議學堂出身章程，惟直隸總督袁世凱首先將前在山東任內之辦法奏復，政務處及禮部卽據以釐訂章程，摺上於斯年十月，以科名獎勵學堂畢業生之先聲。　編者

竊爲學堂之設，固宜宏奬以鼓舞士氣，尤貴核實以作育眞才，不可不優其進取之途，亦不可不防其登選之濫。卽以東西各國學堂章程而論，皆係由小學堂中學堂大學堂以次遞升，畢業後始予出身，自可按照辦理。擬請將各省小學堂畢業學生嚴加考試，功課合格者，選入中學堂；畢業後考取合格，再送入大學堂；畢業後考取合格，准發給憑照，作爲優等學生，由該督撫學政按其功課嚴密扃試，拔其優者，分別擬取等第，咨送京師大學堂覆試，候旨欽定，作爲進士，一體殿試，恭候欽定名次，引見酌加擢用，因材器使，優予官階，不拘庶吉士部屬中書等項成例，庶多士觀感奮興，爭自濯磨，而通才日出矣。查袁世凱辦法，以通省學堂一時未能徧舉，先於省城建立學堂，分齋督課，其備齋正齋，卽隱寓小學堂中之規制，意在循序漸進，而成效可期。現經欽奉明諭，令各省仿照舉辦，所有此項肄業各生，自應酌照將來選舉章程，以示鼓勵。擬請俟專齋畢業後，卽由該督撫學政嚴加考試，拔優擬取等第，咨送京師

大學堂覆試，候旨欽定，作為舉人貢生。其取定之人，仍俟積有成數，由京師大學堂嚴加考試，拔優擬取等第，咨送禮部，奏請特派大臣考試，候旨欽定，作為進士，聽候殿試錄用。其餘未盡事宜，應俟各省學堂奏明開辦，隨時酌定，請旨遵行。

各學堂獎勵章程

此章程係光緒二十九年張之洞榮慶張百熙重訂學堂章程時所定，以後即遵照實行。宣統二三年間雖有教育法令研究會及各省教育總會聯合會主張廢止，但終未實行。直至民國元年始廢除。但其流毒至今尚未盡滌去。　編者

自高等小學堂以上，或由升學考試給獎，或由畢業考試給獎，各有限制，各有取義。茲比照奏定獎勵出洋遊學日本學生章程，給予出身，分別錄用，已經奉旨允准之案，酌擬分別列表如左：

通儒院畢業獎勵

五年畢業，計自入小學堂至此學堂畢業實在學堂二十五年，程度最高。

通儒院畢業獎勵，自應遵照奏定遊學日本章程：大學院畢業者予以翰林升階。惟通儒院畢業，計自小學堂起，共須二十五年，學業已深，必須格外優獎，立時任用，方足以濟時艱。其間應如何分別等差，或比照翰林升階分用較優之京官外官，以便即時任用，抑或於獎以翰林升階之後，並即破格任用之處，俟屆通儒院設立之時，再行體察情形，詳核酌擬，奏明請旨辦理。

大學堂分科大學畢業獎勵

或四年或三年畢業，計自入小學堂至此學堂畢業實在學堂二十年，程度甚高。

考試分最優等、優等、中等、下等、最下等五級。（外國學堂考試分最優等、優等、中等、劣等、最劣等五級，今

以劣字不佳，改用下字）以下各學堂考試皆同。

考試最優等者，作為進士出身，用翰林院編修檢討，升入通儒院。如不願入通儒院者，應由學務大臣查核該員才具，酌量分別委以京外要差，奏明請旨辦理，以期及時自效。該員辦事如有成效，再行從優奏獎。（最優等之第一名，應否授為修撰之處，應俟大學堂畢業時，察看其程度如何，臨時請旨辦理）考列優等者，作為進士出身，用翰林院庶吉士，升入通儒院。如不願入通儒院者，與第一條同。考列中等者，作為進士出身，以各部主事分部儘先補用，升入通儒院。如不願入通儒院者，與第一條同。考列下等者，作為同進士出身，留堂補習一年，再行考試，分等錄用。如第二次仍考列下等者，及不願留堂補習者，以知縣分省補用。考列最下等者，但給考試分數單，不留學。

分科大學之選科畢業獎勵

亦由預備短及高等學堂畢業生升入，係呈明就分科中之子目各門內，又只選習一科，故名選科，如政治門或選習理財，或選習警察監獄；法律門或選習刑法，或選習商法；醫學門或選習內科，或選習外科；土木工程學門或選習河海工，或選習鐵路工，他均倣此。程度在大學分科之次，在高等學堂之上，考試亦分五級。

考列最優等者，作為同進士出身，以員外郎分部補用，由學務大臣查該員才具，酌量分別委以京外要差，奏明請旨辦理，以期及時自效。該員辦事如有成效，再行從優奏獎。考列優等者，作為同進士出身，以主事分部儘先補用，餘與第一條同。考列中等者，作為同進士出身，以知事分省儘先補用，餘與第一條同。考列下等者，留堂補習一年，再行考試，分等錄用。如第二次仍考下等，及不願留堂補習者，以知事歸班銓選。考列最下等者，但給考試分數單，不留學。

大學堂分科內之實科畢業獎勵

由中學堂畢業生升入，專選農工商醫四科中之一門，爲畢業後自營實業計者，三年畢業，其學問等差與高等學堂同。故獎勵舉人，亦與高等學堂同。但此係學成卽須辦事之員，故加以錄用官階。考試亦分五級。

考列最優等者，作爲舉人，以直州同儘先前選用，准充高等農工商實業學堂正敎員，願自營實業者聽。考列優等者作爲舉人，以州同儘先選用，准充高等農工商實業學堂敎員，願自營實業者聽。考列中等者，作爲舉人，以州判儘先選用，准充高等農工商實業學堂敎員，願自營實業者聽。考列下等者留堂補習一年，再行考試，分等錄用。如第二次仍考下等，及不願留堂補習者，給與實科修業期滿憑照，准充高等農工商實業學堂管理員，願自營實業者聽。考列最下等者，但給考試分數單，聽自營業。

大學堂豫備科 各省高等學堂 畢業獎勵

三年畢業，程度與大學實科同，計自入小學堂至此學堂畢業，實在學堂十七年。

考列最優等者作爲舉人，咨送學務大臣覆試合格，內以內閣中書儘先補用，外以知州分省儘先補用，升入大學堂分科肄業，不願升入大學堂者聽。考列優等者作爲舉人，咨送學務大臣覆試合格，內以中書科中書儘先補用，外以知縣分省儘先補用，升入大學堂分科肄業，不願升入大學堂者聽。考列中等者作爲舉人，內以部寺司務補用，外以通判分省補用，升入大學堂分科肄業，不願升入大學堂者聽，考列下等者，留堂補習一年，再行考試，分等錄用。如第二次仍考下等，及不願留堂補習者，給以修業期滿憑照，聽其自營生業。考列最下等者，給以考試分數單，聽其自營生業。

高等實業學堂畢業獎勵

三年畢業，程度與高等學堂同。

考列最優等者，作爲舉人，以知州儘先選用，令充中等實業學堂教員管理員。考列優等者，作爲舉人，以知縣儘先選用，令充各中等實業學堂教員管理員。考列中等者，作爲舉人，以州同儘先選用，令充各中等實業學堂教員管理員。考列下等者，令其留堂補習一年，再行考試，分等錄用。如第二次仍考下等，及不願留堂補習者，給以修業年滿憑照，令充各高等實業學堂管理員。考列最下等者，但給考試分數單。

中學堂畢業獎勵 五年畢業

中學堂畢業，在省由學務處，在外由道府會同本

學堂監督、堂長、教員等考試。考列最優等、優等、中等者，均准保送升入高等學堂、優級師範學堂、高等實業學堂。先行收入該堂肄業，聽候督撫學政會同考選，分別去留。考列下等者，留堂補習一年，再行考試，分別按等辦理。如第二次仍考下等，及不願留堂補習者，只給以修業年滿憑照，聽其自營生業。考列最下等者，但給以考試分數憑單，出學自營生業。中學堂畢業應升學之學生，經道府會同監督考送入高等學堂、優級師範學堂、高等實業學堂者，經督撫學政會同覆加考試合格者，升入以上三項高等肄業。最優等作爲拔貢，優等作爲優貢，中等作爲歲貢，分別收入所升學堂肄業，均由督撫學政填給會銜執照。下等發回原學，作爲優廪生，由督撫學政會同咨明學務大臣，并禮部備案，年終彙奏一次。最下等遣回原籍。

中等實業學堂畢業獎勵

三年畢業程度與普通中學堂同。

考列最優等者作爲拔貢升入高等實業學堂肄業。（比照中學堂例）不願升入者，以州判分省補用，即不能作爲拔貢給以畢業執照，聽其營業。考列優等者作爲優貢升入高等實業學堂肄業。不願升入者，以府經分省補用，即不能作爲優貢給以畢業執照，聽自營業。考列中等者，作爲歲貢升入高等實業學堂肄業。不願升入者以主薄分省補用，即不能作爲歲貢給以畢業執照，聽自營業。考列下等者，留堂補習一年再行考試，分別按等辦理。如第二次仍考下等，及不願留堂補習者，祇給以修業年滿憑照，聽自營業。考列最下等者，但給考試分數單，均聽自營生業。

高等小學堂畢業獎勵四年畢業

高等小學畢業，由道府會同本學堂堂長考試。考列最優等、優等、中等者，均准保送升入中學堂、初級師範學堂、中等實業學堂，先行收入該堂肄業，聽候學政按名考試，分別去留。考列下等者，留堂補習一年再行考試，分別按等辦理。如第二次仍考下等，及不願留堂補習者，只給以修業年滿憑照，聽其自營生業。考列最下等者，給以考試分數單，令其出學自營生業。高等小學堂畢業應升學之學生，經道府會同監督考送入中學堂、初級師範學堂、中等實業學堂者，俟學政按臨該府時覆加考試，合格者升入以上三項學堂肄業。最優等作爲廩生，優等作爲增生，中等作爲附生，分別收入所升學堂肄業。下等發回原學，作爲佾生，准用頂戴，均由學政塡給執照，咨明學務大臣禮部備案。最下等遣回原籍。

優級師範學堂畢業獎勵

考列最優等者，作爲師範科舉人，以內閣中書儘先補用，並加五品銜，令充中學堂、初級師範學堂及程度相當之各項學堂正教員。俟義務年滿，以應升之階，分別京外分部分省遇缺即補。考列優等者，作爲師範科舉人，以中書科中書儘先補用，令充中學堂、初級師範學堂、及程度相當之各項學堂正教員。俟義務年滿，以應升之階分別京外分部分省遇缺即補。考列中等者，作爲師範科舉人，以各部司務補用，令充中學堂、初級師範學堂、及程度相當之各項學堂正教員。俟義務年滿，以應升之階分別京外分部分省儘先補用。考列下等者，給及格文憑，令充中學堂及程度相當之各項學堂副教員，或高等小學以下各項學堂正教員。俟義務年滿，作爲師範科舉人，獎給中書科中書銜。考列最下等者，給修業文憑，暫時准充高等小學以下各項學堂副教員。凡考列下等最下等者，如在備有年級之學堂，准其留學補習一年，再行考試獎勵。考列最優等、優等、中等之畢業生，原有官職，不願就畢業獎勵者，准其

呈明以原官原班用，一律令充各項學堂正教員。俟義務年滿，以應升之階分別京外分部分省儘先補用。考列最優等、優等、中等之畢業生義務年滿，不願就京職者，准其呈明以應升外職照章辦理。自費畢業生，各按所考等第比照辦理。

初級師範學堂畢業獎勵

考列最優等者，作爲師範科貢生，以教授用，加六品銜，令充小學堂及程度相當之各項學堂正教員。俟義務年滿，以應升之階儘先補用。考列優等者，作爲師範科貢生，以教諭用，令充小學堂及程度相當之各項學堂正教員。俟義務年滿，以應升之階儘先補用。考列中等者，作爲師範科貢生，以訓導用，令充小學堂及程度相當之各項學堂正教員。俟義務年滿，以應升之階儘先補用。考列下等者，給及格文憑，令充小學堂及程度相當之各項學堂副教員。俟義務年滿，作爲師範科

貢生，給獎訓導銜。考列最下等者，但給修業文憑。凡考列下等最下等者，如在備有年級之學堂，准其留堂補習一年，再行考試按等獎勵。考列最優等、優等、中等之畢業生，原有官職不願就畢業獎勵者，准其呈明以原官原班用，一律令充各項學堂正教員，俟義務年滿，以應升之階分別京外儘先補用選用。自費畢業生，各按所考等第比照獎勵。

優級師範選科及初級師範簡易科畢業獎勵

優級師範選科（此項選科，指按照學部咨行章程辦理。所收學生，係曾由師範簡易科畢業，及在中學堂有二年以上之學力或先入預科再入本科二年畢業者言之）畢業考列最優等者，比照優級師範中等獎勵辦理。考列優等中等者，比照優級師範下等獎勵辦理。均令充中學堂及程度相當之各項學堂副教員。考列下等者，給及格文憑，准充小學堂及程度相當之各項學堂副教員。考列最下等者，給修業文憑。初級師範簡易科（此項簡易科，指由官設立年限在二年以上，成績優者言之）畢業，考列最優等者，比照初級師範中等獎勵辦理；考列優等者，比照初級師範學堂下等獎勵辦理；均令充小學堂及程度相當之各項學堂副教員。考列中等者，准充小學堂及程度相當之各項學堂副教員。考列下等者，給及格文憑，考列最下等者，給修業文憑。自費畢業生，各按等第照章辦理。

京師譯學館 外省方言學堂 畢業獎勵

五年畢業，程度與高等學堂略同，而所學係交涉事宜，年限亦較多。

考列最優等者，作爲舉人出身，內以主事分部儘先補用，外以直隸州分省儘先補用，升入大學堂分科大學，或咨送出洋肄業。不願入大學及出洋者主事以原官分發外務部、商部、分司儘先補用直隸州派充各差，與優等同。考列優等者作爲舉人出身，內用內閣中書，外用知縣中書應專派充外務部商部譯員，並在本衙門儘先補用，知縣分發各省儘先補用，充繙譯委員交涉委員，並准出使各國大臣奏充繙譯領事等員。其願充各省外國語文學堂教員者聽。三年期滿，比照同等各學堂教員優獎。考列中等者，作爲舉人，內以七品小京官分部，外以通判分省補用，准充各處中學堂外國語文教員。三年期滿，比照同等各學堂教員優獎。考列下等者，再留堂補習一年，再行考試分等錄用。如第二次仍考下等及不願留堂補習者，給以修業期滿憑照，准充外國語文學堂管理員。考列最下等者，但給考試分數單，聽自營業。本館本堂所習皆交涉事宜，關繫至重，年限亦多，故獎勵宜較高等稍優。

京師進士館畢業獎勵

三年畢業，程度與普通中學堂略同。

考列最優等者，翰林奏請留館授職外，并保獎遇缺題奏，部屬中書均保獎以原官遇缺即補。考列優等者，翰林留館授職外，保加升銜，并酌派本衙門要差。考列中等者，翰林留館授職外，并酌派館差，部屬中書，酌派本衙門主稿等差，如翰林部屬中書有自願外用知縣者，准其呈明學務大臣，均以知事照散館班次即選，先翰林，次部屬，次中書。考列下等者，翰林部屬中書均留館補習一年，再行考試，分等錄用。如第二次仍考下等，及不願留館補習者，翰林以部屬分部補用，部屬中書均以知縣分省補用。考列最下等者，翰林部屬中書，均以知縣歸班銓選。中等以上均給畢業憑照，下等給修業憑照，最下等給考試分數單。

京師仕學館畢業獎勵

均係有職人員，三年畢業，程度比普通中

學略深，比高等學堂不足。

現在仕學館功課，其外貌似與高等學堂略同。然此項學生，非由小學中學積年陶鎔而來，所學尙無切實根柢，且三年卽已畢業，爲時甚暫，一切不過略涉藩籬，若獎勵遽與高等學堂一律，實未平允。至進士館功課雖亦止三年，然彼係已經中式奉旨錄用京秩，故三年畢業，亦可從優。仕學館斷不能與進士館照比，特因其比中學堂程度稍深，故獎勵亦未便與中學一律，今定爲較中學稍優，較高等稍減如下考列最優等者各就原官優保升階，並保送引見候旨錄用。其未經中式舉人者，並准作爲副榜。（此項學堂其程度實際比中學堂不能遠過，故比照中學堂升學獎給優拔貢之例作爲副榜，因係有職人員，故於副榜外保獎升階。）考列優等者，各就原官保獎升階，分別京外分省分部儘先前補用，自願候選者就其升階保獎儘先前選用。其未經中式舉人者，並准作爲副榜。考列中等者，各就原官分別保獎，儘先補用選用班次，以上均給本學堂館業憑照。考列下等者，留堂補習一年，再行考試分等錄用。如第二次仍考下等，及不願留館補習者，各就原官給予加一級，給以修業年滿憑照。考列最下等者，但給考試分數單，令其出學。如候選京外人員及候補京員未到畢業年分，卽已選缺補缺者，應仍令其畢業，視其所考等級，爲應獎者保獎升階，不應獎者飭令赴任。仕學館原奏章程，止有三年功課，雖欲久留深學而不能，此係創設試辦，尙非經久章程。應由學務大臣體察，如將來館中學生自願多習深造，願將功課畢業年限展爲五年，則可按照高等學堂給獎。

以上各學堂考試，皆以分數定等，均不限額。如全班中無八十分以上分數者，卽不列最優等。無二十分以下分數者，卽不列最下等。餘可類推。凡在各學堂肄業學年期內均不得應科舉考試。其已畢業離堂者，生員副榜仍準其一體鄉試，舉人仍准其一體會試。八旗中小學堂，順天府中學堂，五城小學堂，其考試獎勵章程，均應比照各省中小學堂章程辦理。惟其小學堂是否初等小學，或係高等小學，應據實咨報學務大臣查考。此外無論京外官設何種學堂，均須咨明學務大臣查考，一切章程均按照其程度相等之學堂辦理。如未經咨明者不准給獎。各省公設私設學堂，曾經呈報本省學務處咨明學務大臣立案，平日受官憲考察，其教育悉遵用官學堂課目規則辦理者，畢業後得一體申送考入官設之升級學堂，應得獎勵，與官學堂學生無異。獎給出身，須按程度，所以別學業之等差。大學堂程度甚高，應獎給進士。高等學堂程度次之，高等學堂及他學堂程度相等者，均應獎給舉人。中學堂程度又次之，中學堂及他學堂程度相等者，均應獎給優拔等貢生。所有各省高等學堂及程度相等之學堂，應得舉人獎勵者，如該學生原係舉人，應由學務大臣查照定章奏請獎給官職，不得獎給進士出身。所有各省中學堂及程度相等之學堂，應得拔貢、優貢、歲貢獎勵者；如該學生原係優拔等貢生，應查照定章奏請獎給官職，均不得獎給舉人出身。此次定章以前，各省即經開辦學堂，應於接到此次通行章程以後，先將該省已辦學堂幾處，所辦係何種學堂，係何年何月開辦，課程是否皆合學堂定法，何年月日奏咨有案，詳晰咨報學務大臣查考，（如雖設學堂，而課程闕略，並不合法者不在此例）由學務大臣查核確實覆准後，屆其畢業年限，應憑請獎者准其照章奏請獎勵。其應獎舉人者，照章仍咨送學科大臣覆試。如從前並未奏明有案，及草創開辦課程尚未合法，並無成效者，不准奏獎。

學堂獎勵章程疑問 崇有

我國教育進步遲遲，當事者設爲獎勵章程，既予以科舉之虛榮，又重之以職官之實利，其用心不可謂不苦。雖然，是道也果行之有利無弊乎？則不可以不研究。

世之論學堂獎勵者，大抵有二：曰以官職誘學生，使全國青年沉迷利祿而不求實際也。曰所學非所用，其弊與科舉等也。斯二說者，吾亦以爲然。然吾尤有一說，足以知獎勵章程之必不可以久也。何也？獎勵云者，所以促教育之發達也。教育果發達，則獎勵之策必不能行。今請列表以證明之，則此問題可不煩言而解決矣。

第一　學部獎勵一覽表

表中將各學堂程度相等併爲三級，以便比較。

	學堂種類	出身	授職（獎勵以中等以上爲限下等不列）
第一級	分科大學	進士	編修　檢討　庶吉士　主事
第二級	高等學堂	舉人	內閣中書　中書科中書　各部司務　知州　知縣　通判
	政法學堂	同上	同上
	高等實業學堂	同上	知州　知縣　州同
	優級師範學堂	同上	內閣中書　中書科中書　各部司務

第三級	中等實務學堂	拔貢　優貢　歲貢	州判　府經　主薄
	初級師範學堂	貢生	教授　教諭　訓導
	中學堂	拔貢　優貢　歲貢	

第二　日本畢業生一覽表

據明治四十年文部省年報。

	學堂種類	畢業生數	每級合計
第一級	分科大學	一三〇〇	一三〇〇
第二級	高等學堂	一二三九	六六九六
	專門學堂	四一二四	
	高等實業學堂	一〇九三	
	高等師範學堂	二四〇	
第三級	中等師範學堂	九五五四	三五三三八
	初級師範學堂	八四八二	
	中學堂	一七三〇二	

由右二表觀之，我國獎勵之方法如此其優，日本畢業之學生如此其衆。設我國數十年後，教育發達，等於日本今日之狀況，則每年各學堂畢業生之人數，必十倍於日本之今日。（我國人口四萬萬餘，日本人口四千餘萬）畢業生之人數既可推知，而所謂出身授職之數，亦不難預擬而窮其弊害矣。

第三　科舉與畢業生比較表

	科舉時代額數	畢業生額數	倍數
進士	一〇五（將每科三年之總數，以三除之。）	一三〇〇〇	一二四
舉人	五三七　同上	六六九六〇	一二五
貢生	九九〇　拔貢優貢歲貢	三五三三八〇	三四五

由右表觀之，教育發達後，每年畢業生應得之出身，較之科舉時代，其數驟增。若更積以十年，則進士之數至十餘萬，舉人之數至六十餘萬，貢生之數至三百餘萬。名器既濫，則人將敝屣視之，又何足以鼓舞人才耶？

第四　職官員額與畢業生授職比較表

編檢無定額，今照丁未年之人數爲準，庶吉士則照甲辰年之數。

官名		設官額數	畢業生授職額數	倍數
第一級 三五八	編修	一二七	一三〇〇〇	三六
	檢討	一八		
	庶吉士	六二		
	主事	一五一		
第二級 一六六二	內閣中書	一二四	六六九六〇	四〇
	中書科中書	六		
	各部司務	一四		
	知州	一四六		
	知縣	一三二五		
	通判	一三〇		
	州同	三七		
第三級 三一三五	州判	四九	一八〇三六〇（中學未授職故不計）	五七
	府經	一七九		
	主簿	九七		
	教授	一九七		
	教諭	一一一七		
	訓導	一五〇一		

由右表觀之，職官之員額，既有定數。而每年之畢業生應授職者如此其衆，積之十年，以數百人而共一官，將令候選耶。既永無得缺之日，將令分發耶，則人浮於事，必較之科舉捐納時代尤爲擁擠，而鑽營奔競之風將有不可思議者矣。

綜上四表觀之，獎勵章程果能使教育發達，則章程必不能行，固不可以不改也。若不能使教育發達，則章程爲無效，尤不可以不改也。若謂藉獎勵之美名，而故苛其轉學升學考試覆試之規，則利用科舉故智，以束縛初萌之發育，阻遏前途之進步，則爲禍之烈，吾不忍言之，想亦非當事者所樂出此也。

（教育雜誌第二年一期宣統二年正月）

研究各學堂獎勵章程

教育法令研究會報告

科舉之有獎勵云何？以上之所求，非人所樂趨，於是始爲榮顯之名，以表異之云爾。獎勵而有舉貢、生員之名云何？以所求者一二，而必得千萬人以供其採擇，於是始多設階級以網羅之云爾。人各自謀生計，安肯舍其農、工、商賈之業之求之必有獲者，而謀科舉仕進之不可必得者？由科舉而仕進，得升斗之祿以給事畜，其人不過一二；彼錮虛名而窮老以死，且什百千萬之。然卒老死不悔，羣焉爭趨，當時作俑者之政策謀略，蓋有不可思議者矣。然人民之聰明才智已盡，國力亦因之而敝。既寵之爲舉貢、生員，遂與農、工、商賈格不相入，且習爲驕惰以蠹社會；至所取之一二人，亦常不適於用。此科舉之極敝，而所以不得不廢也。

學堂之異於科舉，一恃朝廷以謀生計，一使自謀生計而已。今科舉廢而舉貢、生員之名目不廢，則人人挾一科舉之舊思想，猶將賴仕進以爲生活之路，而農、工、商賈之事，若浼焉有所不屑。朝庭果能給千萬人之求以養其欲乎？抑必不能而仍以虛榮錮之，使窮老以死乎？且科舉以取士，故爲舉、貢、生員之階級，不得已也。學堂爲學業之階級，卽爲其人生業之階級，非以爲取士也。國家欲取士，但立一限制曰，「某等學堂畢業，得與試驗」，既取則任之以職，授之以祿，如古所謂上士、中士、下士者。仕進中自有階級，何必未仕進之人而多設此階級乎？立憲之國，君與民爲對待，政府與社會爲對待，而多設階級，以非官非民之舉、貢、生員厠與其間，於政體亦至不類也。朝廷與以榮名，而社會不爲表異，是褻朝廷；若爲之表異，則同爲四民，而士特異，同謂之士，而舉、貢、生員又各異；此亦事之至不便者。故不立憲則已，欲立憲則此名目階級，必不能存者也。

況吾國民之性質習尙，其大異於他國者，惟此虛榮之心矣。虛榮之心，正與敎育宗旨尙實之條相反對，一切爭義氣，尙浮文，至民俗極弊而事不可爲者，其深錮之毒，皆虛榮心爲之。國家興學，誠爲民德起見，方當

鏟除之不暇，安可因而用之？故謂科舉初廢，不得不仍舉、貢、生員之名，以勵向學之士者，蓋不知學堂受科舉之弊，與學堂本意已相刺謬也。況舉、貢、生員之在今日，其名實又至不符矣。非鄉里推選，無所謂舉；國子監已廢，安所謂貢；無廩給名額，安所謂廩增附，循名責實，皆爲不詞，因仍不變，烏可以爲法令哉？或謂變其名而易以王制秀士、造士、選士，則於義斯當。是又不然：說文，「士，事也」，古之上士、中士、下士，皆有執事者也。國家苟畀以榮名，卽授以職業，何嘗不可，但豈所論於未成年之學生乎？守敎育宗旨尙實之義，必有其名卽有其實，畀以虛名，而實惠不至，不如其已也。

故現行獎勵之法，按之立憲政體，反之敎育宗旨，皆不能不廢。且於敎育法令關係甚大，一切防閑檢制之法，無不由之而生。法愈繁密，政愈不舉，弊亦滋甚。國家既設學堂，必使人心風俗，皆趨於正當之路；而一國

法令，又必與他國相比較，若覘國者以吾之法令，驗吾之民俗而斷爲尙虛名之國，其說蓋不爲誣，而亦吾國朝野上下之恥矣。今急行奏請停止申明興學本意，在「使人人自立，而因以立國」，學堂與學生之增減多寡，姑置不問，亦正誼明道之爲，非欲速見小之政也。

（敎育雜誌二年六期宣統二年六月）

二六　改科舉

甲午戰後，舉國因外侮之日亟，知非變法不足以圖存，首當其衝者爲文武科，以下各篇可稱廢科舉之先聲。編者

甲　改文科

會議算學取士（光緒十三年、十月、）

總理衙門

此篇爲八股之先聲　編者

竊光緒十三年三月二十五日，軍機大臣欽奉慈禧端佑康頤昭豫莊誠皇太后懿旨：「御史陳秀瑩奏請將明習算學人員，量予科甲出身，並遊歷人員准按原資參贊等官缺出，准令遊歷人員兼充，暨漑田、購用機器各摺片，著該衙門會同吏部禮部妥議呈奏，醇親王奕譞著一併與議。」欽此。欽遵會議，仰見聖慮周詳，愼重名器造就人才之至意，欽佩莫名。查該御史原奏稱：「中外交涉以來，言西學者，機器、船政等局，同文、方言等館，其淵藪也。出洋學童於測繪、製造，一切具有師法，特迹其議論，不免怵於先入爲主之說，以事事爲必效法外洋。邇者詔各部院奏保出洋遊歷，竊意正途人員，宜可藉此練習洋務；而遷延三月，保送未聞，則留心西學者之難其選也。臣愚以爲西法雖名目繁多，皆權輿於算學，洋務從算學入，於泰西諸學雖不必有身兼數器之能，而測算既明，不難按圖以索。國子監原設算學，比年各省學臣，亦知試算學，可否仰懇飭下各該學政，於歲科試報習算學之卷，寬予錄取，原卷咨送總理

會議算學取士

衙門復勘，作爲算學生員，屆鄉試時，除頭場、二場仍試四書五經文，其三場照繙譯鄉試例，策問五題，專試算學，再照官卷例另編字號，於定數外酌中數名。會試亦如之。中試後請予京職，遇有遊歷員缺，即令出洋赴泰西各書院學習，學成差旋，專充洋務及出使等項差使。如此則進非他途，不爲時論所輕，既非若空言洋務者之或未周知，復不至如左袒泰西者之易滋流弊」等說。臣等維造才取士之法，貴與時爲變通。溯查同治五六兩年，總理衙門奏監生准其鄉試，皆補充繙譯官，均經奏奉諭旨允准，原冀誘掖獎勸，開以進身之途，使之日起有功。至鄉、會試場取士，向有成法，難於率議更張。故道光中兩廣督祁壎奏開奇才異能五科，內有製器通算一門，咸豐初年，御史王茂蔭亦曾言之。同治九年，閩浙督臣英桂等奏開算學科，先後部議，皆以格於成例中止。特是九數居六藝之一，周禮以之興賢能，明算

列六科之中，唐制以之程選舉，我朝欽定數理精蘊、儀象考成諸書，尤爲萬世算學之準繩，故定制於國子監額設算學肄業生，滿蒙漢各若干人，分年教授。是天文、算學，本學人所當童而習之者。竊以列聖開物成務，睿謨深遠，旁採西洋之巧算，融入中法之精微，以制器而論，則御制天體、赤道諸儀，既已邁古爍今，即下至行軍火器之利，亦嘗俯採西法。康熙中，每遇征討之役，命欽天監官南懷仁、湯若望造砲隨軍，此其明證。而世人或目算學爲西學，殆未之深察也。且即以西學而論，其人材半出於格致書院，以理法擴其聰明，亦半出於水師練船，以閱歷堅其膽識，而不特考校文字一日之短長以進退之。三角、八綫、幾何、代數，誠爲西字根本。然西學以測算始，實未嘗以測算止。故近年南北洋船政各處設立製造、管駕、武備、水師學堂，擇其藝成者入練船習學，又拔其尤者，充補水師員弁，以造就人才，有裨實用。

良以西藝亦非算學一端可盡，而從事於天算者，未可遂謂之練習洋務也。惟查製造各學，未嘗不探原於算術，誠有如該御史所稱名目雖繁，權輿於此者。欲盡取西學之所長，殆必以算學爲先導。但使選舉有法，亦可資激勸而廣招徠。臣等就原奏所陳，公同商酌，試士之例，未容輕議變更，而求才之格，似可量爲推廣。擬請旨飭下各省學臣，於歲、科試時，生、監中有報考算學者，除正場仍試以四書、經文、詩、策外，其考試經古場內，另出算學題目，果能通曉算法，卽將原卷咨送總理各國事務衙門復勘注册。俟鄉試之年，按册咨取赴總理衙門，試以格物、測算及機器製造、水陸軍法、船礮、水雷，或公法條約、各國史事諸題，擇其明通者，錄送順天鄉試，不分滿、合、貝、皿字號，如人數在二十名以上，統於卷面加印「算學」字樣，與通場士子一同試以詩、文、策問，無庸另出算學題目。其試卷由外簾另爲一束，封送內簾，比照大省官卷之例，每於二十名額外取中一名，但文理淸通，卽爲合式。如並無淸通之卷，任缺無濫。卷數最多，亦不得過三名，以示限制。其錄科之卷，總理各國事務衙門於揭曉以前，咨送禮部備查。至會試向年另編字號之例，凡由算學中式之舉人，應仍歸大號，與各省士子合試，憑文取中。如此則搜求絕藝之中，仍不改科舉取人之法，似亦獎勵人才之一道。至學堂練船中學已有成、已得官職，或不願投考者，仍歸該管大臣核計年勞保奬，與考試一途，兩不相妨。此項人員若於會試中式後，得用京職，恭候點派數員作爲同文館纂修，俾專講席，嗣後或遊歷外洋，或充出使等差，均可隨時奏派，因材器使，庶洋務非託空言，而得力與藝成而下者，自有間矣。（光緒政要卷十三）

總理衙門 禮部 會奏遵議貴州學政嚴修請設經濟特科疏

會奏遵議貴州學政嚴修請設經濟特科疏

光緒二十三年十一月二十三日，准軍機處鈔交貴州學政嚴修奏請設專科以收實用一摺，軍機大臣面奉諭旨：著總理各國事務衙門會同禮部妥議具奏。欽此。臣等查該編修原奏所陳各節，大抵以近世士大夫頗多講求實學，而書院學堂之設，所成就僅及於少年新進，而耆儒宿學及已經通籍者不入院堂肄業，特無由邀朝廷特達之知。因請設經濟特科，仿照從前博學鴻詞之例，由京官四品以上外官三品以上，以及各省學政核實保送，不限京官外官未仕已仕，一體考試，分別錄用。其所擬科立專名，不限額數，試憑保送，嚴責成，破資格，籌經費六條辦法，籌畫亦尚周密。方今時事多艱，需材孔亟，誠非有破格非常之舉，不足以聳外人之視聽而鼓舞海內之人心。第原奏請設特科，又請設立年限，揆之事理，竊恐難行。夫既曰特科，其事固不能歲舉。而歲舉例行之科目，亦斷不能概加超擢，與以破格之遷除。朝廷立賢無方，議法必通而後久，非特科無以動一時之耳目，非歲舉無以供歷久之取求，二者兼資，可分辦而不宜合辦。查國朝康熙乾隆年間兩舉博學鴻詞，本依據唐人銓目，以網羅海內人材。唐制舉博學鴻詞者，大抵皆明經進士律算諸科有出身人，復經朝官薦送，試之吏部，優等或竟除給舍，若陸贄韓愈等皆由此以躋清要，當世號爲得人。宋制沿唐，所薦送亦皆已由科目出身者，若洪邁王應麟諸人皆以進士應舉，非布衣所能預也。康熙乾隆年間，意在訪求遺逸，故不限布衣及朝官外職，一皆薦送，而一時剡牘山林之數，較倍於縉紳。立法因時，各收宏效。其在於今，則宜倣康熙乾隆年間特科舊制，甄錄學堂書院外之人材。准現今科目階級，以登進學堂書院中之髦俊，一爲歲舉，一爲特科，先舉特科，次行歲舉，庶幾楨幹不遺，亦且施行有序。臣等公同商議：其特科擬略宗宋臣司馬光十科朱子七科之例，約以六事合爲一科。一曰內政：凡考求方輿險要，郡國利病，民情風俗諸學者隸之；二曰外交：凡考求各國政事、條約、公法、律例、章程諸學者隸之；三曰理財：凡考求稅則、礦產、農功、商務諸學者隸之；四曰經武：凡考求行軍布陣、駕駛、測量諸學者隸之；五曰格物：凡考求中西算學、聲光、化電諸學者隸之；六曰考工：凡考求名物象數、製造工程諸學者隸之。其保送應請如該編修所奏，飭下京官三品以上、外官督撫學政各舉所知，無限疆域，無論人數，悉塡姓名、籍貫，已仕未仕，幷其人何所專長，咨送總理衙門。定期考試，則仿鴻博之制，各省保送人員一經齊集，由臣衙門會同禮部奏請試期，欽命題目，簡派閱卷大臣在保和殿試以策論，差次優劣，分別去留，錄取者再請殿廷覆試一場，另請簡派閱卷大臣評定等第，以昭愼重。覆試後由臣衙門會同禮部帶領引見，應如何量材擢用，或悉照鴻博成案，略與變通，權衡鼓舞，出自聖裁，非臣等所敢擅擬，應臨時由軍機大臣請旨辦理，此爲特科。或十年而一舉，或二十年而一舉，統候特旨，不爲常例。此特科議辦之大略也。若設爲年限之科，則卽以新增講求算藝各書院學堂爲造端之始，每屆鄉試年分，由各省學臣調取各書院各學堂高等諸生監另場科考，送令就試。鄉會試皆以策問試之，初場試專門題，次場試時務題，三場仍試四書文，以端趨向。中式者另爲一榜，名之曰經濟正科舉人貢士。其覆試殿試朝考，仍與尋常舉人貢士合爲一場，同試一題。第於卷面另編字號，不責以楷法，不苛其訛脫，一以學問根柢爲高下，自不至屈抑眞材，而亦可免諸生之歧視，此爲常科。三歲一舉，此臣等就該編修所請考試年限，酌與變通之議辦大略也。臣等竊維學問以磨勵而後成，人材以激揚而愈衆，察看近來風尙，上之所求與下之所學，精神所注，未嘗不併

會奏遵議貴州學政嚴修請設經濟特科疏

出一途，徒以科學未開故相需殷而相遇疏。當官每歎乏才、而處士恒嗟不遇，誠使丕煥綸音，廣開賢路，風聲所樹，羣士響臻。因風尙以激揚，較之藉激揚以開風尙者，其勢彌順，其程效亦當彌捷，拔十得五，理可預期。惟其間詳細章程，或需咨商外省，或需參考舊章，斟酌施行。茲先將大概辦法恭摺具陳，如蒙特旨俞允，恭候命下之日，再由臣等分別咨商，擬定詳細章程，開列清單進呈御覽，請旨定奪；所有遵議開設經濟專科緣由，理合恭摺具陳，伏候皇上聖鑒訓示遵行。再此摺係總理衙門主稿，會同禮部辦理，合併聲明，謹奏。光緒二十四年正月初六日具奏，仝日奉上諭：「總理各國事務衙門會同禮部奏遵議貴州學政嚴修請設專科一條，據稱就該學政原奏分別酌擬，一爲歲舉，一爲特科，先行特科，次行歲舉。特科約以六事，一曰內政，凡考求方輿險要，羣國利病，民情風俗者隸之；二曰外交，凡考求各國政事，條約公法，律例章程者隸之；三曰理財，凡考求稅則礦產，農功商務者隸之；四曰經武，凡考求行軍步陣，管駕測量者隸之；五曰格物，凡考求中西算學，聲光化電者隸之；六曰考工，凡考求各物象數，製造工程者隸之。由三品以上京官及督撫學政各舉所知，無論已仕未仕，註明其人何所專長，咨送總理衙門，會同禮部奏請在保和殿試以策論，揀派閱卷大臣嚴定去留，詳擬等第，覆試帶領引見，聽候擢用，此爲經濟特科。以後或十年一舉，或二十年一舉，候旨舉行，不爲常例。歲舉則每屆鄉試年分，由各省學政調取新增算學藝學各書院學堂高等生監，錄送鄉試。初場試專門題，次場試時務題，三場仍試四書文。中式者名曰經濟科舉人，與文闈舉人同場覆試，會試中式經濟科貢士，亦一體覆試殿試朝考等語。國家造就人才，但期有裨時用，本可不拘一格。該衙門所議特科歲舉兩途，洵足以開風氣而廣登進，著照所請行。其詳細章程，仍著該衙門會同禮部妥議具奏。現在時事多艱，需才孔亟。自降旨後，該大臣等如有平素所深知者，出具切實考語，陸續咨送；不得瞻徇情面，徒採虛聲。俟咨送人數彙齊至百人以上，卽可奏請定期舉行特科，以資觀感。至歲舉既定年限，各該督撫學政務將所增算學藝學各書院學堂切實經理，隨時督飭院長教習認眞訓迪，精益求精。該生監等亦當思經濟一科，與制藝取士並重，爭自濯磨，力圖上進，用副朝廷旁求俊乂至意。將此通諭知之」欽此。

遵議經濟特科詳細章程疏又附片

總理衙門
禮　　部

竊臣衙門會同禮部議覆貴州學政嚴修請設專科一摺，光緒二十四年正月初六日奉上諭「國家造就人才，但期有裨實用，本可不拘一格。該衙門所議特

科歲舉兩途，洵足以開風氣而廣登進，著照所請行。其詳細章程，仍著該衙門會同禮部妥議具奏」等因，欽此。又浙江巡撫廖壽豐奏請飭妥議章程以收實效一摺，三月三十日奉硃批該衙門議奏。欽此。仰見皇上側席求賢，權衡至當之意，欽佩莫名。臣等詳繹廖壽豐原奏，大抵以藝學精邃，非培養不能成材，而科場積弊已深，必需實事求是，酌量變通，始足以激勵人材，一洗從前陋習。惟是特科曠典，原所以鼓舞羣倫，自非尅日舉行，無以轉移士習。所請分別器使，諸法自可行之於既試之後，不必律之於調考之先。至於歲舉各節，按照特科六事，徑由學堂選舉，以修身明理繪圖知算爲根本，以聖諭廣訓孝經四書朱子小學爲入門，酌改制藝書院爲學堂，裁減例舉鄉會中額以互相消息，本末兼賅，實能得古人論秀書升之遺意。查宋世太學有積分之法，歐洲學堂有卒業之憑，亦並以平時考課差其甲乙，

參稽定論，不恃一日之短長，故得士多而無蹈虛之弊。若仍拘拘試四書文附鄉會試，則庸濫浮僞懷挾槍替之弊，誠有如該撫所云「法愈變而弊愈滋」者。蓋特科爲風聲所樹，不妨寬以相求；歲舉實培養之基，不可泥於成法。臣等恭聆聖訓，但期有裨實用，不敢以前次議辦大略在先，稍涉迴護。謹議特科章程六條，開列淸單，恭呈御覽。如蒙俞允，即由臣衙門咨行京外各衙門一體遵行；如有未盡事宜，仍當隨時奏辦。所有遵旨議復並妥議經濟特科詳細章程緣由，理合恭摺具陳，伏乞皇上聖鑒訓示。再正繕摺間，准禮部片稱本月十二日欽奉上諭：「鄉會試既改試策論，經濟歲舉亦不外此，自應併爲一科考試，以免紛歧」等因。查鄉會試改試策論，既由禮部議覆，經濟常科章程，亦應歸入禮部議覆摺內一併議奏等語。是以經濟特科章程，由臣衙門主稿，會同禮部具奏，至經濟常科章程，應由禮部另行議覆，合併聲明，謹奏。

謹將臣等遵議特科詳細章程開

單，恭呈御覽

一、嚴修奏稱「凡所保送，均塡註姓名籍貫，已仕未仕，及其人何所專長」，廖壽豐奏稱「遵照原奏聲明專長，並其人心地操守，有無嗜好，出具切實考語」各等語。查專門之學，以致用爲程；取士之方，以行己爲重。此次特科創設，欽奉諭旨不得徒採虛聲，內外臣工當明聖意之所在，應責成凡有薦舉，無論已仕未仕，務期識拔眞才，學問通博，尤必素行廉正，並無嗜好者，方准予保，毋許濫行汲引，致開倖進之門。

一、廖壽豐奏稱「內政外交及理財之農桑格致之算學，或可命題以試。此外各學非呈驗器藝，不足覘其實詣」等語。查專門之業，無非本於學問，古人格致之篇，冬官之册，全書雖佚，大略猶存。今則聲光電化製造工藝諸書繙譯刊行，汗牛充棟，可知得一新理即能成一新說，創一新術即可製一新器。士夫伏處巖阿，有志當世，未必不著書制器以待當事之求。其有著述成編及有器藝可以呈驗者，一概隨同咨送以備察驗。其由各省船政製造礦冶鐵路水師陸軍諸局出身者，併將其曾經所著實效切實聲明，咨由臣衙門辦理。

一、嚴修奏稱「詞科之例，不以已仕未仕而拘，或布衣而擢檢討，或知縣而授編修，道員而授侍讀」等語。查詞科故事，康熙乾隆時翰詹除授已各不同；詞科取人與經濟科又異，自應參酌成法，略示區別。應請京官自五品以下，外官自四品以下，未仕自舉貢生監以及布衣，一體准其保送。其曾經被議人員，非計典及以貪墨敗者，查照向章亦准一體保送。

一、廖壽豐奏稱「各就所學分別器使，或分在總署當差，或充教習繙譯，或分發各省稅關水師陸軍船政製造礦冶紡織鐵路電報各局差遣委用，或交出使大臣帶赴外洋游歷練習」等語。查此次舉行特科，有已仕未仕之分。已仕者官階大小不同，未仕者舉貢生監不等。該撫所擬，勢難一概施行。其已有出身之員，如何量材擢用，自應恭候聖裁。其未有出身之員，一經拔取，可否予以出身，發往以上各署局差遣委用，試其實效，再由該管大臣保奏量予升擢之處，應俟臨時由軍機大臣請旨辦理。

一、嚴修原奏「寒士艱於資斧，邊省或憚跋涉，請酌分道里遠近，量給公車之費」等語。查近來舉人進京會試，其沿海省分除例給公車費外，有由藩司酌籌經費給發輪船印票之例；其腹地邊省不通水道者，亦有賓興等項名目。此次特科，自應援照成案，一體辦理。其遙遠省分應如何酌量從優之處，亦由該督撫設法籌辦以示體恤。

一、查向來殿試，均先期刊印題紙，按人分派。此次特科，欽命策題，自應查照舊章一律辦理。其點名、給卷、監場、搜檢及彌封收掌等官，向請欽派王大臣者；仍請欽派王大臣向由部院派員辦理者，亦由總理衙門會同禮部派員辦理。至對策之文，原無定式。特科之舉，與古之茂才異等賢良方正命意略同，自應准其直攄胸臆，不拘字數。查向來殿廷考試試卷各項不同。試殿試散館優拔朝考之卷，有直格無橫格，貢士朝考翰林考差之卷，橫直均無界格。舉人貢士覆試之卷，橫直均有界格。校其寫之難易，自以覆試卷便於筆墨，可以暢所欲言。現既聲明不責以楷法，不苛其譌脫，應卽照覆試卷式備卷，並多添頁數以備文字較長者得竟其詞。其策文仍於卷首寫臣對臣聞，卷尾寫臣謹對字樣，無庸書寫策題，並准其添註塗

改，點句畫段，以清眉目。

再製造駕駛聲光化電諸學，非從外洋肄習，難語精專。而其人卒業言歸，往往於中土文義未能通暢，設一律試以策論，必致登進無門。擬請量爲推廣，仍令在京三品以上大員外省督撫學政及出使各國大臣，凡成就一藝者，確有所知，准其隨時保薦。先由臣衙門考驗，果係學業有成，堪資利用；再請欽派大臣覆驗，詳勘得實，卽因材器使，予以進身之階。似此博採宏收，庶片技必庸，而羣才爭奮矣。臣等管見所及，謹附片具陳，伏乞聖鑒訓示；謹奏。光緒二十四年五月二十五日具奏。奉旨「依議」。欽此。又同日奉上諭：「總理各國事務衙門會同禮部奏遵議經濟特科章程，開單呈覽一摺，所擬章程六條，尚屬詳備，卽著照所請行。經濟特科，原期振興士氣，亟應認眞選舉，以廣登進而勵人才，着三品以上京官及各省督撫學政各舉所知，限於三個月

內迅速咨送總理各國事務衙門會同禮部奏請考試；一俟咨送人數足敷考選，即可隨時奏請定期舉行，不必俟各省彙齊再行請旨，用副朝廷側席求賢至意。該衙門知道，單併發，將此通諭知之。欽此」

議奏科場改試疏附章程　禮部

光緒二十四年五月初五日，內閣奉上諭：我朝沿宋朝舊制，以四書文取士。康熙年間，曾經停止八股，改試策論，未久旋復舊制，一時文運昌明，儒生稽古窮經，類能推究本原，闡發義理，歷科所得，實不乏通經致用之才。乃近來風氣日漓，文體日敝，試場制藝，大都循題敷衍，於經義罕有發明，每獲濫竽充選。若不因時通變，何以選實學而拔眞才？着自下科爲始，鄉會試及生童歲科各試，向用四書文者，一律改試策論。其如何分場命題考試一切詳細章程，該部着即妥議具奏。此次特降諭旨，實因時文積弊太深，不得不改絃更張，以破拘墟之習。至士子爲學，自當以四子六經爲根柢，策論與制義，殊流同源，仍不外博通經史，以達時務，總期體用兼備，人皆勉爲通儒，毋得競逞博辯，徒蹈空言，致負朝廷破格求才至意。欽此。臣部正在妥議間，十二日又奉上諭一律更改等語，除歲科即行改試策論，業經遵旨通行各學臣外，臣等查制義取士，舊制相沿，康熙二年，曾經停止八股，鄉會試以策論取士，分爲二場。誠以因時制宜，端資乎通變；通經致用，不泥於體裁。恭繹兩次諭旨，有云：策論與制藝殊流同源，仍不外博通經史以達時務。又云：經濟歲舉，亦不外此。仰見聖謨宣示，洞澈源流。臣等謹就鄉會試及歲科各試改試策論，暨經濟併歸正各節，悉心酌擬分場命題一切詳細章程，分繕清單，恭呈御覽。其糊名易書以及各省中額，仍照科場條例及學政全書遵行。如蒙俞允，臣部即鈔錄章程，通行順天府各直省一體遵照辦理。所有臣等遵議緣由，是否有當，謹恭摺具奏請旨。

一、試題宜變通舊制也：士子通經致用，自宜欽遵諭旨，以四子六經爲根柢，尤宜博考史事，通達治體，以成有用之才。擬凡鄉會試首場命題，定爲四子書論一篇，經論一篇，史論一篇。四子論以義理純粹爲宗，經論以考覈詳備爲主，史論則上下古今臚陳剴切。其向有五言八韻詩一首，應否仍舊命題之處，恭候聖裁。

一、場期宜量爲歸併也：制義改爲策論，原期敷陳切實，力掃陳言。首場既試以四子六經，已足覘士子之根柢。擬酌照康熙年間舊例，改試兩場，次場即試以策問五通，俾士子得援古證今，各抒所見，庶陳言務去而實用可期。

一、命題宜酌有定衡也：歷科次場經藝，向分五經命題。今改試經論，擬仍於五經中不拘何經命題考試。至諸史卷帙繁博，御批通鑑輯覽業經聖斷折衷，古今政治得失均已賅備，史論命題宜以輯覽一書爲斷。士子等旁徵博引，仍當就事論斷，不得於題外逞辯，虛衍蕪詞。

一、立言宜示以宗旨也：本朝崇文興學，十三經注疏固已頒列學官，如御覽四經，欽定三禮，御纂周易述義，詩義折中，春秋直解諸書，尤復悉遵聖斷，明示指南。而學庸論孟悉以朱註爲宗，亦已垂爲功令。今改制藝試策論，諭旨有云殊流同源，實足爲多士立言之準。嗣後鄉會試及各項考試，除策問本可獨抒所見外，四書論以朱註爲經，經論以恪遵先儒傳註及御纂欽定諸說爲斷，即令反覆推闡，亦宜各有指歸；或妄逞臆見，顯違經旨者，以文理悖謬論，試官不得錄取。

一、五策宜各試所長也：由科舉出身者，於西學輒無所聞知；由學堂出身者，於中學亦茫然不解，誠有如御史宋伯魯原奏所云者。然國家政治談經濟者不能概曰無聞。中外事宜，應科舉者亦宜漸求通曉。本年總理衙門會同臣部奏設經濟常科，有內政、外交、理財、經武、格物、考工六事專門之議。今既奉旨經濟歲舉，併於正科；自應爲並蓄兼收之計。所有次場策題，第一問擬出專門題，每門各一道，次出時務題四道，除時務題應通場合試外，其專門題則聽士子各就所長條舉以對，令考官合校五策，酌量取中。

一、科舉宜分途錄送也：各省府州縣學諸生，統由學政按臨考試，品學優絀，因所驗知。至書院學堂肄業各生，功課之勤惰，造就之淺深，惟院長教習知之最悉。今欽奉諭旨併科考試，其起送鄉試時，應令院長教習於課有成效者出結保送，照貢監例呈由地方官具文申送學政錄科；如尙係文童，並應補捐監生以符定制。

一、入闈宜嚴懲懷挾也：欲拔眞才，先淸弊竇。列聖諄諄誥誡，奚啻至再至三。乃近來石印盛行，爭思弋獲，經義策科，售自坊間，公然携帶。今改試策題，不復拘於程度，點竄稗販，尤易爲功。若搜檢不嚴，則瑶玉混淆，眞才不出。應請特降諭旨，凡鄉會試及各項考試，於懷挾例禁實力整頓，庶幾抒論出自心裁，而勦襲無從倖進。

一、文律宜勿拘常格也：制義代聖賢立言，故格律謹嚴，有引用後世事及每篇過七百字，分別罰科之例。今既改文爲論，原求其援引賅備，疏通證明，與制義體例微有不同。試卷解部磨勘，不得仍與此例相繩。至五策空疏，論策不滿三百字者，均不取錄。

一、考試宜酌從一例也：生童歲科各試，自應欽遵諭旨，一律改爲策論。擬請生員歲試四子書論一篇，經論一篇。科試則減去經論，用策一道。童試正場四子書論一篇，經論一篇。覆試日四子書論一篇，小學論一篇。其生童考試，向有默寫聖諭廣訓，仍從舊例。童生縣府試正場覆試如之。除歲科向有經古，本由學政隨時酌量命題外；至學政考試拔貢首場向用四書文二篇，經解一篇，二場策一道，論一篇，八韻詩一首。考試優生則以首場經解移於二場而無論題。今既改試策論，擬請無論優拔考試，均首場試以四書論經論各一篇，二場試以史論一篇，策一道。其拔貢優貢朝考及考試教習，並鄉會試覆試向用四書文者；今亦一律改爲四書論一篇，策一道，則程式既同，而多士咸知遵守。

一、書籍宜通行頒發也：經史舊習，久已中外頒行。今既兼試專門，則新譯各書，闈中亦須檢閱，請飭下總理衙門覈明專門考試簡明賅洽者，應書若干種，備齊咨送臣部。並頒發直省各一分。俟鄉會試時，移送入闈，俾考官憑以發策。

會議科舉新章並請酌改詩賦小楷試法疏

張之洞　陳寶箴

編者　張爲湖廣總督，陳爲湖南巡撫。

竊臣前准部咨，光緒二十四年五月初六日欽奉上諭，開經濟特科，令中外大臣薦舉考試，近日恭讀邸鈔四月二十三日欽奉上諭，殷殷以變法自強，京外設立學堂爲急。又五月初五日欽奉上諭，於下科爲始，鄉會歲科各試，向用四書文字，一律改試策論。一切詳細章程，該部卽妥議具奏等因。欽此。際此時事艱難，人才匱乏，屢頒明詔，破除成格，力懲譾陋空疎之習；思得體用兼備，通達時務之士而任之。海內士民，見我皇上處事之明決如此，求才之急切如此，孰不欽仰感奮。竊維救時必自求人才始，求才必自變科舉始，四書五經道大義精炳，如日月，講明五倫，範圍萬世。聖教之所以爲聖，中華之所以爲中，實在於此。歷代帝王經天緯地之大政，宅中馭外之遠略，莫不由之。國家之以四書文五經文取士，大中至正，無可議者也。乃流弊相沿，主司不善奉行，士林習爲庸陋，不能佐國家經時濟變之用。於是八股文字，遂爲人所詬病。今聖上斷然罷去八股不用，固已足振動天下之耳目，激發天下之才智。特是科舉一事，天下學術所繫，即爲國家治本所關。若一切考試節目，未能詳酌妥善，則恐未必能遞收實效，而流弊不可不防。嘗考北宋初創爲經義取士之法，體裁祗如講義，文筆亦尚近雅。明成化時始定爲八股之式，行之已五百年。文愈俗而愈卑，流愈久而愈敝。雖設有二場經文，三場策問，而主司簡率自便，惟重頭場時文。二三場字句無疵，即已取中。遂有三場實止一場之弊。今改用策論，誠足以破拘攣陳腐之習矣。然文章之體不正，

命題之例不嚴；則國家垂教之旨不顯，取士之格不一，多士之趨向不定。今廢時文者，惡八股之纖巧苛瑣，浮濫不能闡發聖賢之義理也，非廢四書五經也。若不爲定式，恐策論發題，或雜采羣經字句，或兼采經史他書。界限過寬，則爲文者必至漫無遵守，徒騁詞華，行之日久，必至不讀四書五經原文，背道忘本。此則聲教興廢，中華安危之關，非細故也。竊以爲今日當詳議者，約有數端：一曰正名，正其名曰四書義五經義，以示復古文格，大略如講義討論經說。二曰定題，四書義出四書原文，五經義出五經原文，或全章，或數章，或全節，或數節，或一句，或數句均可，不得刪改增減一字，亦不得用其義而改其詞。三曰正體，以樸實說理明白曉暢爲貴，不得塗澤浮豔作駢儷體，亦不得鈎章棘句作怪澀體。四曰徵實，准其引徵史事博考羣書。但非違悖經旨之言，皆得引用，凡時文向來無謂禁忌，悉與蠲除。五曰闢邪，

若周秦諸子之謬論，釋老二氏之妄談，異域之方言，報館之瑣語，凡一切離經畔道之言，嚴加屏黜，不准闌入。則八股之格式雖變，而衡文之宗旨仍與清眞雅正之聖訓相符。顧猶有慮者，文士之能講實學治古文者不多，改章之始，僅能稍變八股面目，不免以時文陳言濫調敷衍成篇。若主司仍以頭場爲重，則二三場雖有博通之士，仍然見遺，與變法之本意尙未相符。若主司厭其空疎陳腐，趨重二三場，則首場又同虛設；其詭誕浮薄務趨風氣者，或又將邪詖之說解釋四書五經，附會聖道，必致離經叛道，心術不端之士雜然幷進。四書五經本義全失，聖道既微，世運愈否，其始則爲惑世誣民之流，其終必有犯上作亂之事。其流弊尤多，爲禍尤烈。且明旨開特科，立學堂，而學堂肄業有成之士未嘗示以進身之階。經濟雖併入鄉會試，而未議及六科如何分考之法。若非合科舉經濟學堂爲一事，則以科目升

者偏重於詞章，仍無以救迂陋無用之弊。以他途進者，自外於聖道，適足以爲邪說暴行之階。今宜籌一體用一貫之法，求才不厭多門，而學術仍歸於一，是方爲中正而無弊。昔朱子當南宋國勢微弱之際，憤神州之多難，懼救世之無才，屢欲改變科舉，嘗考語類中力詆時文之弊者不一而足，而究其救科舉積弊之法，則曰更須兼他科目取人。歐陽修知諫院時，惡當時舉人鄙惡剽盜，全不曉事之弊，嘗疏請改爲三場分試，隨場而去之法，每場皆有去留，頭場策論合格試二場，二場論合格者試三場。其大要曰：鄙惡乖誕以漸先去，少而易考，不至勞昏；全不曉事之人無由而進。其說頗切於今日之情事。朱子之擬兼他科目，猶今之特科經濟六門也。歐陽修之欲以策論救詩賦，猶今之欲以中西經濟救時文也。又查今日定例武科鄉會小試，騎射步射硬弓刀石分爲三場，皆有去取，人數遞刪而遞少，技藝遞考

而遞精而磨勘之例尤以末場弓刀為重。竊為宜遠師朱歐之論，近仿武科之制，擬為先博後約隨場去取之法，將三場先後之序互易之，而又層遞取之。大率如府州考復試之法：第一場試以中國史事國朝政治論五道，此為中學經濟。假如一省中額八十名者，頭場取八百名；額四十名者，頭場取四百名。大率十倍中額，即先發榜一次，不取者罷歸。取者始准試第二場，二場試以時務策五道，專問五洲各國之政，專門之藝。政如各國地理學校財賦兵制商務刑律等類；藝如格致製造聲光化電等類。分用發題考試，此為西學經濟。其雖解西法而支離狂悖顯背聖教者斥不取。中額八十名者，二場取二百四十名。額四十名者，取一百二十名。大率三倍中額，再發榜一次，不取者罷歸。取者始准試第三場，三場試四書義兩篇，五經義一篇，取其學通而不雜，理純而不腐者，合校三場均優者，始中式發榜，如額，磨勘之日，於三場尤須從嚴。如有四書義五經義理解妄謬，離經叛道者，士子考官均行黜革。如是則取入二場者，必其博涉古今明習內政者也。然恐其明於治內而闇於治外，於是更以西政西藝考之。其取入三場者，必其通達時務研求新學者也。然又恐其學雖博才雖通而理解未純，趨向未正。於是更以四書義五經義考之，其三場可觀而中式者，必其宗法聖賢見理純正者也。大抵首場先取博學，二場於博學中求通才，三場於通才中求純正。先博後約，先粗後精，既無迂闇庸陋之才，亦無偏駁狂妄之弊。三場各有取義，以前兩場中西經濟補益之，而以終場四書義五經義範圍較之，或偏重首場，或偏重二三場所得多矣。且分場發榜，則下第者先歸。二三場卷數愈少，校閱亦易。寒士無候榜久羈之苦，謄錄無卷多錯悞之弊，主司無竭蹶草率之虞，一舉三善，人才必多，而著重尤在末場，猶之府縣試皆憑末覆以爲去取，不愈見四書五經之重哉？其學政歲科兩考生童均可以例推之。歲科考例先試經古一場，即專以史論時務策兩門發題。生員歲考正場，原係一四書文，一經文，即改爲四書義經義各一。生員科考，童子考試，一切均同。其童試孝經論性理論，應仍其舊。難者或曰：主司罕通新學，則如之何？不知應試則難，試官則易。近年上海譯編中外政學藝學之書，不下數十種，切實者亦嘗不多，闈中例准調書，據書考校，似不足以窘考官。且房官中通曉時務者尚多，總裁主考惟司覆閱，尤非難事。至外省主考學政，年力多强，詔旨既下，以三年之功講求時務，豈不足以爲衡文量才之資乎？惟是變法之初，兼習未久，其所研求時務者，豈能遽造深通？是宜於甄錄之時，稍寬其格，以示駿骨招賢之意。兩科以後，通才碩學，自必蔚然可觀。且登科入仕者漸多，則京外考官房官，自不可勝用矣。抑臣等之愚，更有請者，百年以來，試場兼重詩賦小楷，京官之用小楷者尤多。士人多逾中年始成進士，甫脫八股之厄，又受小楷之困，以至通籍廿年之侍從，年逾六旬之京堂，各種考試，仍然不免。其所謂小楷者，亦不合古人書法，婆媚俗書，貽譏算子，挑剔破體，察及秋毫。且同一紅格大卷，殿試散館優拔貢朝考，字體之大小不同。同一白摺，而朝考大考考差考御史各項，字格之疏密不同。紛歧煩擾，各有短長。詔令幷無明文，而朝野沿爲痼習，故大學士曾國藩奏疏嘗剴切言之。夫八股猶或可以覘理解之淺深，詩賦則多文而少理；詩賦猶可以見文詞之雅俗，小楷則有藝而無文。其損志氣，耗目力，廢學問，較之八股詩賦殆有甚焉。由是士氣銷磨，光陰虛擲，舉天下登科入仕之人才，歸於疏陋輭熟，以至今日遂無以紓國家之急。今既罷去時文，則京官考試詩賦小楷之舉，亦望聖明奮然釐定，一併掃除。查鄉會試之外，惟殿試一場典禮至重，自不可廢。然臨軒發策，登進賢良，自宜求得正詣明道如董仲舒直言極諫如劉蕡者而用之，斷不宜以小楷爲去取。一經殿試，卽可據爲授職之等差，以昭鄭重。朝考似可從省，及通籍以後，無論翰苑部堂，一應職官，皆以講求實學實政爲主。凡考試文藝小楷之事，斷宜停免。惟當考其職業以爲進退，則已仕之人才不致以雕蟲小技困之於老死；俾得汲汲講求强國禦侮之方。此則尤切於任官修政之急務者也。至於詞章書法，潤色鴻業，乃館閣撰述應奉文字所必需，自亦不可偏廢，如朝廷需用此項人員之時，特頒諭旨，偶一行之，不爲常例，略如考試南書房，考試中書故事。嚴則止及翰詹，寬則無論翰詹部屬小京官皆可與考，視其原有階品分別授官，應候請旨裁定，與三年會試殿試取士之通例各不相涉，庶幾文學政事兩不相妨矣。難者又曰：本朝名臣出於翰林科舉者多矣，安見時文詩賦小楷之無益；不知登進貴顯，限於一途；固不能使賢者必出其中，抑豈能使賢才必不出其中。此乃偶然相值，非時文詩賦小楷之果足以得人也。且諸名臣之學識閱歷，率皆自通籍任事以後始能大進；然則中年以前，神智精力，銷磨於考試者不少矣。假使主文者，不專以詞文詩賦小楷爲去取，所得名臣不更多乎？竊謂如此辦法，博之以經濟，約之以道德，學堂有登進之路，科目無無用之人，時務無悖道之患，似此切實易行，流弊亦少，此舉爲造就人才之樞紐，而卽爲維持人心世道之本原。臣等憂慮所及，不敢不效其一得之愚，事體重大，猶望敕下廷臣會議施行，不勝惶悚激切之至。光緒二十四年六月初一日奏。

遵議鄉會試詳細章程疏　禮部

光緒二十四年六月初一日，內閣奉上諭：張之洞陳寶箴奏請飭妥議科舉新章一摺，鄉會試改用策論，

遵議鄉會試詳細章程疏

前據禮部詳擬分場命題章程巳依議行。茲據該督等奏稱宜合科舉經濟學堂爲一事，求才不厭多門，而學術仍歸壹是，著照所擬鄉會試仍定爲三場：第一場試中國史事國朝政治論五道。第二場試時務策五道，專問五洲各國之政專門之藝。第三場試四書藝兩篇，五經義一篇。頭場按中額十倍錄取，二場三倍錄取，取者方許試次場，每場發榜一次，三場完竣，如額取中。至學政歲科兩考生童，亦以此例推之，先試經古一場，專以史論時務策發題，正場試四書義五經義各一篇。禮部即通行各省一體遵照，其未盡事宜，著該部隨時妥酌具奏。欽此，欽遵到部。臣等伏查鄉會試例分三場，本無輕重，無如考官以先入爲主，而偏護前場，士子因以速化爲心，而專講時藝，遂致揣摩剽竊，流弊日滋。而八股一道，久爲通人所詬病。前者欽奉諭旨改試策論，茲復定爲隨場去取之法，於博學中求通才，於通才中求純正。本宋臣歐陽修之議，而黜落浮華，歸重實學，於通變因時之道，尤爲折衷至當，洵足以轉移風氣，振起人材。惟是科場條例，頭緒紛繁，內外簾一切事宜，必須通行籌畫，方免臨事周章。臣等參酌時宜，博稽例案，謹擬詳細章程十三條，開列清單，恭呈御覽，伏候命下，分別咨行內外各衙門查照辦理。此外如尚有未盡事宜，應由各督撫隨時酌度，咨由臣部另行覆議具奏。所有遵旨妥議緣由，是否有當，伏祈皇上聖鑒訓示遵行。爲此謹奏。

謹擬鄉會各試詳細章程恭呈御覽

一、第一場論題五道，試中國史事、本朝政治。順天鄉試及會試，仍請欽命題目。各省鄉試，由出考官擬。第二場策題五道；凡西學中天文、地理、學校、財賦、兵制、商務、公法、刑律，以及格致、製造、聲光、化電等類，聽考官酌擧命題，不必拘定經濟科專門之例。第三場四書義題二道，先學庸論語，次孟子；五經義題一道，不拘何經，均遵依四子五經原文命題，或全章，或數章，或全節，或一句，或數句，或數段，均可，但不得删改增減一字及搭截虛縮以爲新奇。

一、論策各抒所見，體例宜寬，茲之試士，藉以講求經濟實學，尤應徵實爲尚，無取空言。經義始於北宋，當時程試之作，傳者絕少。至明初功令四書義經義，則已漸開八股體格。今宜參取講義經說之意，以樸實說理明白正大爲主。其釐正文體之法，如張之洞等所奏，不得塗澤浮艷，作駢麗體，鈎章棘句，作怪澀體，文中許其引徵史事，博考羣書，但非違悖經旨之言，皆得引用，仍不得闌入周秦諸子謬論，釋老二氏妄談，異域方言，報館瑣語，凡一切離經畔道之言，悉當嚴加屏黜，考官選刻魁卷，每場試藝，皆擇尤刊刻以爲程式。

一、鄉會試士子例於初八日入場，十六日三場完畢，現定隨場去取，二三場須俟前場發榜，再行投卷入場，揭曉例限，自宜稍爲寬展。惟現在更定新章，內外廉一切事宜，不能復循舊制，各省中額及應試人數多寡不同。其如何每場酌定限期之處，臣部實難懸斷，應請飭下順天府府尹及各直省督撫體察本省情形速議具奏。其會試場期，應俟鄉試議定後再行核議。

一、按中額十倍錄取會試及順天鄉試，約取錄三千餘名。其餘大省鄉試，均在一千名上下。而各房薦卷，又須浮於所取之數。計考官每人校閱多者千五六百卷，少亦將及千卷；即使寬其日限，亦恐難於精審。可否量行變通，但照入場人數酌定去取，每場以次遞減，不必盡拘十倍三倍之額，應統由該府尹督撫通

遵議鄉會試詳細章程疏

籌妥議一併覆奏。

一、大小試差，例先考試，現在改用策論，應如何酌定考取之事隸吏部，臣部未便擅擬。至外省簾官，取於州縣，大都學問荒疎者居多，似尤宜令各督撫愼重其選，如本省人員不敷，或照國初聘取簾員之例，准其於鄰省咨調，但期衡校得人，不必拘牽成例。

一、場中執事員役各有定額，俱於事竣出闈。現在隨場去取，二三場以後謄錄書手對讀生均可遞減其數，應由該監臨等於每場事竣，覈計下場應用若干名分別留遣。惟號軍一項，應於每場完畢，先令出闈，由該管營弁鈐束，俟下場前期再行押送入場，以免久留滋事。至外簾各官，除受卷所官於頭場完畢簽掣留半外，其彌封謄錄對讀等所官，均俟三場完竣方許出闈。順天鄉試及會試監試御史每場皆有職事，亦應俟三場畢後再定掣留。

一、近來科場之弊日甚一日，槍替傳遞，比比皆然。蓋緣人數過多，耳目難於周察。現改爲隨場去取之法，三場人數最少，稽查較易，防範須嚴。應令各監臨於三場點名後，或在謄錄所，或在貼近至公堂兩旁號舍，將諸生扃試，另派委員隨同監試官晝夜搜巡。其巡綽微員及水夫人等，非監試所命，不得擅至號口；庶行險者不能售其奸，而眞才自出矣。

一、官辦試卷，每場亦有定制，頭二場改試策論，頁數均應增多。三場四書五經義僅三篇，可以稍減。擬酌定墨卷頭二場前空白十頁起草，後紅格二十頁謄眞。三場前空白六頁起草，後紅格十二頁謄眞。硃卷頭二場黑格十頁，三場黑格六頁，其尺寸行格均照舊例。至墨卷面向由士子親塡年貌籍貫三代，除頭場仍照舊辦理外，其二三場卷面卽塡寫某學某生，及某省舉人姓名，無庸再註年貌三代籍貫，以免投卷時稽留擁擠。

一、第一場題目下應加論字，文頂格寫。第二場題，仍書第一問第二問等字樣，文低二格寫。第三場文照四書文經文例，書寫原文，文亦頂格寫。二三場文後，仍默寫前場文一段，聽考官臨時酌定其添註塗改數目，亦照舊書寫。凡一切違式應貼之處，悉照科場條例辦理。論策義不滿三百字，均以違式論。

一、頭二場發榜，應照學政歲科正場圍榜之式，示與正榜區別。榜中均塡姓名，並註籍貫，以防舛誤。每場閱畢，考官將所取各卷塡寫紅號草榜，並原卷交內監試轉交至公堂監臨提調覈對紅號册及墨卷相符；即照紅號名册次序另塡姓名圜榜揭示士子。出榜後墨卷交外收掌官嚴密收存；硃卷仍送入內簾。其戳印紅號，二三場仍依頭場號數，三場試畢，考官合校取中，拆號塡榜各事，均照向例辦理。

一、闈中書籍，均經欽頒，例不許移取官書及携帶出題書籍。惟近來新譯時務諸書，雖經臣部奏請由總理衙門譯印頒發，現據該衙門送到譯出之書僅有數種，不足以資應用。查官書局所刊洋務書目，多至百餘種。其中有無應行別擇之處，擬請飭下管理大學堂大臣詳細覈定，分類開明應用書目，咨由臣部行咨南北洋及沿海各省督撫照數各購辦一部，咨送存儲部庫。各直省由該省自行購備，或備價向官書局購取存儲藩庫以備應用。其學堂所有書籍，亦許闈中隨時調閱。

一、生童歲科兩考，現定先試經古場，專以史論時務策命題。查向來經古一場，士子願考與否，本聽其便。今欲勸勵實學，此場中宜多出題目，如中外政治史事，及算學藝學各類，任考生自擇所長，總以作兩藝以上為完卷。凡生員優等及童生取進，先儘其曾試經古場者。其詞章一門，既經奉有撰擬進奉文字，未可盡廢之旨，學政向試古學，不妨仍舊。士子有能以餘力肄之者，亦准一體獻藝，但不得以此為重。孝經性理為正學楷梯，童試亦可仍舊。至生員歲試及童生考試，正場試四書五經義各一篇。其生員科試，正場擬改為四書義一篇，中外時務策一道。又生童覆試，擬定為試四書義或五經義一篇，史事政治論一道。優拔生考試，擬定為首場試四書五經義各一篇，次場試史事政治論一道，俾諸生無不習策論之人，高才者皆知博古通今，即淺學者亦不至因陋就簡。

一、宗室鄉會試向係一場，擬定為試四書義一篇，中外時務策一道。宗室及各直省士子鄉會覆試，均照此例。優拔貢朝考，前奉諭旨改為一論一策。本年欽命題目，俱係四書論題一道，策題一道，應即著為定例。其考試敎習，均照此例。以上兩項試卷，皆有直格而無橫格，應自下科為始，改用覆試卷式，以歸畫一。卷中悉許其添註塗改，閱卷時專校文藝，不得憑楷法之優劣為高下。光緒二十四年六月日

會奏變通科舉事宜摺附章程

政務處
禮部

光緒二十七年八月初五日，內閣鈔出七月十六日奉上諭：科舉為掄才大典，我朝沿用前明舊制，以八股文取士，名臣碩儒多出其中；其時學者皆潛心經史，文藝特其緒餘。乃行之二百餘年，流弊日深，士子但視為弋取科名之具，勦襲庸濫，於經史大義無所發明；急宜講求實學，挽回積習。況近來各國通商，智巧日闢，尤貴博通中外，儲為有用之材，所以各項考試不得不因時變通，以資造就。着自明年為始，嗣後鄉會試頭場試中國政治史事論五篇，二場試各國政治藝學五道，三場試四書義二篇，五經義一篇。考官閱卷，合校三場，以

定去取，不得偏重一場。生童歲科兩考，仍先試經古一場，專試中國政治史事及各國政治藝學論策，正場試四書義五經義各一篇。考試試差庶吉士散館均用論一篇，策一道；進士朝考論疏殿試策問，均以中國政治史事及各國政治藝學命題。以上一切考試，凡四書五經義均不準用八股文程式，策論均應切實敷陳，不得仍前浮衍剽竊。自此次降旨之後，皆當爭自濯磨，務以四書五經為根柢，究心經濟，力戒浮囂，明體達用，足備器使，庶副朝廷求治作人之至意。所有試場詳細章程，及其餘各項考試未盡事宜，着禮部會同政務處妥議具奏，欽此。欽遵；仰見聖謨深遠，洞澈源流，於袪除積弊中甄拔真才，於講求時務中昌明正學，士林興起，薄海同欽。臣等伏考本朝定章，試士原有策論。近因鄉會歲科各考偏重時文，士學日非，遂為通人所訾議。至經義始於北宋，體裁一如講義，文筆亦尚雅馴。溯查順治二年制科取士，亦曾試以四書義經義；厥後屢有變更。今既一律考試論策義，是準今仍以酌古，天下學術所在，即國家治本所賅，關繫實非淺鮮。惟科舉節目，頭緒紛繁，考覈務極其周詳，通變不離乎宗旨。臣等博稽例案，參酌時宜，謹將各項考試事宜，謹擬章程開列清單，恭請欽定。伏候命下，分別咨行京外各衙門一體遵照。其餘內簾一應場規，悉照科場條例辦理。如尚有未盡事宜應行通變之處，即由各督撫學政隨時酌度，咨由禮部另行覈議具奏。所有遵旨妥議緣由，是否有當，伏乞皇太后皇上訓示遵行。再此摺係由禮部主稿，合并聲明，謹奏請旨。光緒二十七年十一月初一日奏，本日奉旨依議，欽此。

謹將變通科舉各項考試事宜詳

擬章程恭呈御覽

一、第一場試中國政治史事論五篇，中國歷代事蹟具詳正史。其沿革大政，則資治通鑑、續資治通鑑中採擇略備；御批通鑑綱目、御批通鑑輯覽二書，聖斷折衷，尤足昭示萬古。此外如唐杜佑通典、宋鄭樵通志、馬端臨文獻通考。欽定續通典、續通志、續文獻通考等篇，士子平時用功，均宜博覽周知，以淹學識而資論斷。考及命題，則謹以御批通鑑綱目、御批通鑑輯覽及歷代正史爲本，上下古今，已足賅括。至國朝掌故，書目繁多，講實學者尤宜切實討論，藉以援古證今，應聽考官酌舉命題，不必定以專書。

一、第二場試各國政治藝學策五道。查各國政治，自以學校、財賦、商務、兵制、公法、刑律、天文、地理爲大綱。其藝學則格致、算術、製造、聲光、化電等類，亦宜研究入微，各求心得。現奉新章，以此命題試策士子講求時務，肄習有素者，自可各抒底蘊。惟恐邊遠省分風氣尚未大開，現譯各書亦未流傳悉徧。擬請近科考試，先以各

國政治藝學中之切於實用者命題。算學有應繪圖者，准其於卷內繪圖。迨數年後振興鼓舞，造就有成，再由典試學臣酌量文風高下，由淺入深，或酌分門類，彷國初分經試士之法，以蘄專精而收實效。算學既歸入二場考試，前定中額，應即裁撤。

一、第三場試四書義二篇，五經義一篇。查向來順天鄉試及會試四書文題，均請欽命。現改八股爲四書義，移於後場，仍合校三場以定去取。擬請嗣後順天鄉試及會試第一場論題、第二場策問，均由考官酌擬；其第三場四書五經義題，仍請欽命，庶於講求實學之中，仍寓崇尚經術之意。幷請飭下各省鄉試考官命題，仍遵五經四書原文，不得刪改增減，割裂聖經。

一、策論義體例，較之八股文律固應從寬，惟考官衡文，亦不得不限以程式。頭場五論，士子切題發揮，必須上下古今，指陳得失；策則每舉一事，亦必窮原竟委，

議論詳明，總期各抒所見，不蹈空言。四書義經義，尤宜朴實說理，研究精義，會通各家經說，闡發無遺，不得勦襲講章，膚淺塞責。其釐正文體之法，尤不得塗澤浮艷，作駢儷體，鈎章棘句，作怪澀體；仍不准闌入雜家謬論，二氏妄談，異域方言，報館瑣語，一切離經畔道之言，悉當嚴加屏黜。考官選刻魁卷，每場試藝均應擇尤刋刻，以爲標準。

一、向例策題五道，每道或十餘條，或八九條，題目字數過多，故功令僅書第幾問。士子對策無論空疏寡學者，固屬依題敷衍，卽實對者，亦不過鈔襲坊本，勦說雷同。今既求實學，擬此後策士命題，每道約舉一二事，字句無多，卽可書寫全題，俾士子切實敷陳，不致仍前空衍。

一、鄉會試向設謄錄，現經政務處議准裁撤，則對讀官亦應裁去。主試房考等官閱卷，務宜秉公衡鑑，如有辨認字跡，徇私濫中，一經發覺，應卽從嚴議處。至試卷向有空白起草，故事奉行，寖成虛設。今既講求實學，五論五策三義，士子各場竭一晝夜之力，已苦不支，擬一併裁去。鄉會覆試卷應行起草者，亦照此辦理。其餘一切考試應行起草者，悉仍其舊。至鄉會試默寫頭二場起講，所以防試卷舛錯。今既改爲論策義，應默寫首藝前四行，以憑核對。外簾筆色，應將謄錄硃筆核對黃筆撤銷，內簾筆色，悉仍其舊。

一、歲科兩考，先試經古一場，專試中國政治史事，及各國政治藝學策論，應由學政酌量命題。生童願考與否，仍聽其便。童試正場試四書義五經義各一篇，覆試試四書義一篇。生員歲科試，正場試四書義五經義各一篇，覆試均試四書義一篇。其應行恭默聖諭廣訓悉仍照舊。凡生員優等及文童取進，若正場試卷文理同屬通順，應先儘其經古場之入彀者，以勵實學。

一、各省考試拔貢優貢向例各分兩場。今既變通考試，拔貢頭場擬改試中國政治史事論二篇，各國政治藝事一道。優貢頭場改試中國政治史事論一篇，各國政治藝學策一道。拔貢優貢第二場，均改試四書義一篇，五經義一篇。拔貢優貢朝考均改試四書義一篇，中國政治史事論一篇。其宗室鄉會試覆試及各直省鄉會覆試，鄉試錄科，幷考試漢教習，均照優拔貢朝考一例改試。至繙譯會試，頭場向試孝經論一篇，四書文一篇，今擬將四書文改試四書義，孝經論改試中國政治史事論。其餘繙譯各項考試，暨考試滿教習，向非八股時文，悉仍其舊；惟有論題者，均改試中國政治史事以歸畫一。

一、向來朝考殿試散館考差，以及考取優拔，幷中書教習謄錄等項，類皆偏重小楷，兼及詩賦。今既改試策論，詩賦已屬無用，而小楷一道，徒損志氣，耗目力，亦

與實學無裨。嗣後逢有各項考試，但期字畫端整，無庸刻意求工，並准其添注塗改。考官閱卷，專取其文理優長者，不得復以小楷之優劣定去取。除貢士殿試皇上臨軒策問，體制宜崇，擬仍用朱絲直格大卷，其餘各場試卷無橫格者，均添用橫格；有橫直皆無界格者，均添用直格橫格，以便書寫。

一、官辦試卷，鄉會自有定制。今既改試策論義，並擬裁去謄錄草稿，不用硃卷；若仍照舊式，則塡寫年貌履歷及鈐蓋各項關防戳記，卷面不敷，卷內頁數多寡，亦有不合。現擬展寬卷式，每頁每紅格二十行，每行二十五字；頭二場均用十四頁，三場八頁，每場卷首均留空白三頁，預備彌封，每篇字數，仍照舊例不滿三百字者不錄。卷頁行數既已加增，縱士子才長亦儘敷獻藝，不得雙行擠寫。其鄉會覆試卷，仍照舊式，每頁紅格十二行，改用八頁。至頭場題目應低二格，照寫全題，加論

字文改爲低二格寫；二場題目仍低二格，照寫全題，加策字文低二格寫；三場照四書文經文例書寫原文，文亦頂格寫。所有添注塗改及一切違式應貼之處，悉照例辦理。

一、試卷取中後，向有磨勘，原以正文體，察弊竇，功令所垂，理宜核實。乃行之既久，漸涉煩苛，或摘取字句之小疵，或搜尋正草之脫落，其他不勝枚舉。士子拘牽避忌，往往尋行數墨，轉不能切實發揮，文體日卑，半由於此。今旣改策論義，但期學問之淹通，何必吹求於毫末。除有關弊竇，及文理悖謬，勦襲雷同，直犯廟諱御名諸大端，仍照例磨勘外，其稍有不諳例禁，無關緊要者，概從寬免，亦仰體朝廷破格求賢之意也。

一、闈中備考書籍，均係欽頒，間有調閱，隨時坊間購置；禮部向存書序，卷帙紛繁，兵燹之餘，全行散失。現又改試策論，講求中國政治史事，及各國政治藝學，所需書籍尤多。查同治年間，江南浙江湖北廣東等省，曾將各種書籍設局刊板，流傳已久。所有場中備用各書，擬由禮部開單咨取江南浙江湖北廣東各省官書局照單咨送。至應用各國政治藝學諸書，亦擬由兩江兩廣兩湖各督撫查照現已譯成之書，有關鄉會試闈中備查者，擇要開單，一併咨送到部。其學堂所有書籍，亦許闈中隨時調閱。

一、變法之初，原期盡善，而奉行尤在得人。士子之趨向，端視考官爲轉移，衡文校藝之人，果能明體達用深通中外各學，則鑒衡不爽，自可得確學而黜浮華。擬請嚴飭典試學臣及同考等官，嗣後閱卷，務當悉心評定，總以經術湛深，史學淵博，通達時務，切於實用者爲準。倘仍有勦襲荒謬之文濫行入選，一經磨勘簽出，定當從重議處，以爲奉行不力者戒。至外省簾官取於州縣，大都學問荒疏者居多，尤宜令各督撫慎加選送，必期衡校得人，庶幾文風丕變而眞才日出矣。

乙　改武科

會議榮尙書奏設武備特科疏

軍機處
兵部

光緒二十三年十二月二十五日，內閣奉上諭：榮祿奏請設武備特科，參酌中外兵制，造就人材等語，著軍機大臣會同兵部議奏，欽此。光緒二十四年正月初六日，內閣奉上諭：給事中高燮曾奏請設武備特科一摺，著軍機大臣會同兵部歸入榮祿奏請參酌中外兵制特設武科片內一併議奏，欽此。欽遵先將原奏二件抄出。臣等伏查榮祿所奏請設武備特科，分列格致諸學、鎗礮諸科以爲之目，舊制之武鄉會試姑仍其舊。其應特科之人，由武童層遞作爲武學武進士，每次限以三年，略取九年大成之意，不必與舊科同歲舉行，止須將原有中額之半撥入特科。試之有效，再將舊制全停，自係爲轉移風氣造就人材起見。臣等伏維武科定制，沿自有明，從前火器尙未盛行，卽泰西各國亦迥不如今日之精。我朝龍興遼瀋，八旗勁旅騎射絕人，因而武科亦沿用馬、步、箭、函、弓、石各項技藝，在當日原屬制勝之具；今則製造鎗礮考校準頭，精益求精，西人謂之藥彈世界，弧矢誠不足以威天下；習非所用，與制藝取士流弊正同，改絃更張，自宜首議及此。惟是變法之始，貴乎耳目一新，使天下曉然知上意之所在，無不踴躍奔赴，始足以振作士氣，鼓舞人材。舉行之年限可稍遲，而中額不宜分半；應用之鎗礮必畫一，而流弊亦宜預防。當茲時勢多艱，辦事務求核實，無取鋪張，亦不必有特科名目。臣等謹按照原奏各條細心紬繹，擇其輕而易舉、簡而可行者，爲我皇上縷析陳之：查武場改試鎗礮，係屬創舉，武童初試，必用教習，多用則經費難籌，且精於操練兼通西法者，一時亦難數覯，少則又苦不敷分布，卽使一省之中各就府廳直隸州酌爲延聘，而武童各安土著，距所屬本府州廳遠者或至數百里，平時院府兩案已苦跋涉之艱；若令就地教練，充役三年，始准作爲武生，誠恐資斧不繼，閱時過久，轉致半途而廢。惟是國家功令之設，不過懸的以招；至於儲材待售，則視其人之自爲。但使明定章程，通行各省，立定年限，自某科爲始，廢馬步弓箭刀石不用，所有武場一律改試鎗礮，其向應武試者，決不至因此輟業，自必講求利器，磨礪以須，猶制科之詩賦策論八股屢易其體，士人無不爭自濯磨，所謂利祿之途使然，初不煩官爲督責也。章程既定，屆時武童應考，仍由各該省學政按臨考試，合格者照額取中武生，則進取有資，人思自奮；取中武生之後，人數較武童爲少，而且發軔伊始，已有上進之階。應請卽如原奏所擬，由地方官酌量設法，每省籌立武備學堂一區，擇武生之才識聰穎者，或年力富强有志觀光自願入堂肄業者，酌照省分大小核定人數，按名挑入，學習重學化學格致輿地諸學，分馬步礮隊鎗隊工程隊諸科，派定總分教習督同訓練。其挑選教習之法，如南北洋湖北等省，先經設有武備學堂，止須酌添教習教員。他如直隸之新建陸軍，江南之自强軍，以及各省所練之洋鎗礮隊，熟於以上諸法，堪勝教習之任者自不乏人；擬請無論官弁勇丁，一體就近酌量派充。其餘各省，由該督撫籌定款項自行延聘，學堂功課，聽總教習按照人數勻撥教練，官中派員認眞稽查。其未經挑之武生，仍令回籍自行學習。鄉試屆期，合一省之武生，無論堂內堂外，一律由該督撫用改試鎗礮新章，詳加考驗，列入優等者，照額取中武舉。其內場默寫武經，原屬具文，且易滋弊竇，應請卽行裁去。新武舉咨送會試，卽將本屆新武生挑選換入學習，嗣後按照科分挨次輪換，風氣一開，互相傳習，挽石張弓者廢然思返，不必仍留舊額之半，亦不患應試乏人矣。各省既設武備學堂，聽齊畫一，新中武舉人數裒然可觀，京師首善之區，自應設立武備大學堂以萃衆材而光盛典。惟是大學堂規模較之各省尤爲繁重，一切應訂章程，應用器具亦非倉猝所能集事，且各行省既經徧設學校，如林。其八旗順天武生或由該管地方官先行設立尋常學堂，或就近在天津學堂學習，均無不可。京師大學堂之設，似可稍緩。各省武舉亦毋庸再限三年在京肄業，擬請每屆武會試之年，先期由各省督撫將此項武舉咨送兵部，由部奏請欽派王大臣考試，仍照鄉試之例，以鎗礮中靶之數爲斷，擇其優者取中武進士，名數與常年中額相同。其殿試兩場，尚有應行略爲變通之處，擬請先期由兵部奏明請旨辦理。至給事中高燮曾所奏專爲求將帥之才，備敎習之選，先設京師武備學堂，然後遍及各行省，所陳五事，除練身體習鎗礮二條外，

餘三條皆專門名家所難，倘責武生武舉等躐等而進，必至有名無實，徒滋繁費。餘與榮祿所奏大致略同，應請毋庸置議。以上各節，臣等悉心核議，參酌中外，擇善而從，寓營制於科舉之中，陰以兵法部勒之，與泰西預備兵、留後兵之意相合。各疆吏誠能認眞舉行，需以歲月，有勇知方之士，必有脫穎而出者。卽綠營練勇亦可收互相觀摩之益矣。其未盡事宜，及應准應駁緣由，摺內未及詳敍者，另立簡明章程十條，開單恭呈御覽。抑臣等更有請者，國朝軍政，自提鎭以下一切武職，本以行伍爲正途，其武舉武進士原不過聊備一格。道光以前，姑不具論。卽如咸豐同治以來，蕩平粵捻，在事將帥滿洲如多隆阿、塔齊布，漢人如鮑超、劉松山，皆係行伍出身，蔚爲名將。武科所得，率多偏裨奔走之材，斷不能與文場鄉會試相提並論。卽歐美各國講求武備，如英國、德國之水陸軍大書院，美國之委士盤大書院，皆情

願入伍之人始准入堂學習；學成之後，即令分隸各營充當士卒，並無所謂武科也。今欲建威銷萌，折衝尊俎，宜就各省勇營認眞挑選，厚其贍資，嚴其功課，腹心干城之寄在彼不在此。至於武科改制，臣等今日所議，已得大概。宋臣蘇軾所謂取士之法不過如此，不得謂區區一科遂足盡天下之人材也。所有臣等遵旨會議緣由，謹恭摺具陳，伏乞皇上聖鑒。再此摺係軍機大臣主稿，會同兵部辦理。協辦大學士兵部尙書榮祿，因係原奏大臣，應行迴避，未經列銜，合併聲明。謹奏。光緒二十四年二月二十六日具奏。

謹將臣等會議按照原奏分別准駁緣由約舉十條開單恭呈御覽

一、事關變法，必須提綱挈領，然後簡而易行；倘如原奏所擬就地敎練充役三年，作爲武生，則是童試可裁矣。不知變法伊始，其機括全在童試，業經改用鎗礮，小試其端，得有進步，自不肯改而之他；若裁去童場，徑令赴省鄉試，所謂就地敎練者，究屬有名無實；臨場報考，必至人數寥寥。

一、心思平日專用則靈，況乎科場大典，其所以專心致志百折不回者，緣非此無以爲制勝之具也。今既明定章程，改試鎗礮，若仍參用舊制，酌分中額之半，必俟試之有效，再將舊制全停，則是新章雖經釐定，舊技不必盡捐，人情狃於守舊，難與圖新，必至鎗礮應試者不敷中額。

一、馬步箭、地毬、刀、弓、石等項，相沿雖久，在今日則爲無用。鎗礮兩項，原屬武人分內應行學習之事，以此試士，不得謂之特科。其舉行年分不可太驟，亦不宜太遲；應請飭下兵部通行各省立定限期，由地方官出示諭以改章伊邇，各生童武舉趕緊學習，毋得自誤。

會議榮尙書奏設武備特科疏

現在各省業經舉行本屆歲試，未及改用新章，應請自本屆武生錄科起，卽行照改。鄉試自光緒二十六年庚子科爲始，會試自光緒二十七年辛丑科爲始，童試自下屆歲試爲始，一律改試鎗礮，其本年戊戌科會試姑仍其舊。

一、改章之後，舊制取中之武生武舉，應准其照新章一體應鄉會試，毋令向隅，如仍欲廣爲招徠，則綠營制兵防營練勇在省城附近駐紮者，不妨准其報名鄉試，如距省太遠，不准藉此告假赴考。

一、武備學堂之設，事極繁難，各省萬不能同時建齊，必有先後參差之處。立法之始，必須略予變通。其未經設立武備學堂省分，應先准其改用新章鄉試，如有願附他省學堂學習者，亦聽其便，惟應考則必須本籍。

一、近年以來，鎗枝礮位，名目繁多，日新月異，武場應用

之件，必須價值較廉，而又堅固耐久者，始可通行無阻。惟是利之所在，弊卽因之，如坊間石印書籍，因便於攜帶，每於鄉會試年分購取旣衆，獲利不貲。今武科各場需用鎗礮甚夥，久之必有一種窳敗惡劣之器，專爲武場射利而作，製造不精，手法亦壞，演習旣久，授以精品，反不能用。立法之始，宜預防流弊，應請於小口輕快鎗陸地快礮，擇其合用者指定名目，由該衙門奏准，官爲代購，肄業之武舉生童等繳價給領，並行知各省，必須畫一，不得任意濫用。

一、私藏火器，例禁綦嚴，赳赳武夫，尤多獷悍之氣。從前疊經臣工奏請改章，部議不准，具有深意。今欲開拓風氣，使之學習鎗礮，藥雲彈雨，如取如携，誠宜加意防閑，立法限制。擬請由各該地方官查明轄境之內武舉武生武童肄業者若干名，並教習姓名，學堂坐落，以及鎗枝之件數，礮位之有無，鎗礮之名目，按件

報明各該管州縣存案，所有鎗礮必須存放學堂，酌派教習或學長收管，不准私自携回，似亦愼重之一道。

一、新章既定，武童在家自行操演，武舉給貲會試，無庸在京學習。其在各省城武備學堂肄業者，止有武生一項，較之原奏已屬簡而易行。惟是辦理務求實際，武生雖有籍可稽，勝於招募，究不及兵勇人數之多。各省建立武備學堂煞費經營，自非專爲武生而設。應請明定章程，武生入堂肄業者，通覈人數不得過十分之四，其餘名額留爲他項人員肄業之資。

一、武舉武進士既經改定章程，加意教育，得人必較盛於前，誠宜廣其登進之途，俾得及時自効；譬之土產，製造既精，必求銷路也。榮祿所謂各路軍營自哨長以上均用此項武舉武進士充補，高燮曾所請分別等第，以備任使，或充各營教習哨官營官，其穎異者令充出使大臣或隨員，是否可行，抑或略仿其意另定章程之處，應請飭下該衙門詳細覈議。

一、事關科舉，不厭求精。其考試詳細章程及武備學堂規模，有應由各部臣釐定者，有應由各省疆臣學臣籌辦者，一切未盡事宜，嗣後隨時奏明請旨辦理。

會議武場改制疏附章程

總理衙門軍機大臣兵部

光緒二十四年七月二十七日，內閣奉上諭：總理各國事務衙門會同兵部奏遵議武場改制事宜一摺，朕詳加披覽，所擬章程尚有未能詳備之處，着軍機大臣會同總理各國事務衙門兵部再行分晰條款詳議具奏。欽此。查原奏章程內稱武科改制一事，博采衆論，酌中定制。綜其大要，蓋有三端：一曰稽名籍，二曰嚴考試，三曰杜流弊；武舉武生童等好勇尚氣，遇事生風，今改試火器，入數既衆，鈐束難施。擬請非水陸軍營有名籍者不准應試，非水陸學堂有名籍者不准應試，非練局有名籍者不准應試。凡購器演習送考諸事，皆專責成，設有疎虞，惟該管營官敎習團長是問，所謂稽名籍者如此。砲位體重，運轉甚難，演放既須人助，去取必致無憑，演敎宜在操場，不必以之考試，擬請頭場試馬鎗疾馳兩次，每次三出，共六出，中三鎗以上爲合式。二場試步鎗六出，中三鎗以上爲合式。然火器以巧勝，不以力勝，煙癮孱弱之人，難保不濫竽倖進，擬仍留技勇爲三場。効力戎行，宜周知險要，並講求測算，擬內場試兵法論一道，與地測算等學策問一道，策論俱佳者，外場雖遜，亦可取中：其中額任缺無濫，所謂嚴考試者如此。洋鎗之禍最烈，操場練習，傷及行路，此平時之弊。應試時人馬擁擠，向背失宜，危機立蹈，此臨時之弊。鎗靶取準之法，在手穩眼明，手眼熟則命中易，平時但演放空鎗，定期會操，地方文武齊集，始準用有彈之鎗，擇高岡或平地，築土阜，安置靶位，以爲屏蔽。試場屏蔽之土阜，宜益高廣，遴選熟習鎗法將弁周巡彈壓。至於鎗價不貲，弊在糜費，鎗製不一，弊在紛歧，擬馬步概用單響毛瑟鎗，飭各營迅速製造，以塞漏卮，所謂杜流弊者如此。大抵以營伍團練學堂爲科舉之選，卽以科舉爲營勇團丁學生之勸等語。今欽奉諭旨，令臣等再行分晰條款，詳議具奏。臣等竊維武科改試鎗礮，自係因時制宜，不得不變通之舉。惟鎗礮爲生童所未習，非敎練於平時，必不能遑能於一旦。現在武備學堂未能遍設，團練甫經議辦，亦尚無畫一章程，原議所稱合營伍學堂爲一事，不過折衷衆說。至於如何分別錄送，一時既不能預定，臨時必仍費周章。臣等再四思維，與其盡改新章，尚多窒礙，不如參酌舊制，卽可通行。謹就原議各節，詳加酌核，分擬辦法，爲我皇太后皇上縷晰陳之。

一、童試勿庸改制也：各府州縣考童人數衆多，火器難於防範，但求膂力强勇之士，即舊制亦可以取材，鎗礮易於騎射，入學後練習未晚，擬請學政按臨，一仍舊制。至取進武生以後，或投營伍，或入學堂練局，各聽其便。

一、錄送仍照舊例也：原議非水陸軍營及學堂練局有名籍者不准應試。凡購器演習送考諸事，皆責成該管之營官敎習團長，立意非不周密。惟學堂練局，此時尚未能遍設，恐難一律遵辦，所有各省鄉試應請暫照舊例錄送，以免紛歧。

一、內外場考試規制尙宜參酌也：考試既改鎗礮，原議又謂礮位體重，運轉維艱，不必以之考試，定爲頭場馬鎗兩次，每次三出；二場試步鎗六出，舍礮用鎗，於操防之法本屬未備。至放鎗較騎射爲易，人人能言之，似不妨酌留舊制，擬改爲頭場馳馬兩次，先試馬箭三枝，再試馬鎗三出，以中一箭一鎗以上爲合式；二場試步鎗六出，以中二鎗以上爲合式；其三場技勇，即照原議。至內場論策題各一道，應准以一論爲完卷，不能作論者聽。

一、鎗枝宜畫一也：馬步既概用單響毛瑟鎗，應由各督撫於廠局從速仿造鎗枝子彈，以備考試之用。各省有未經製備，以他鎗暫代者，應奏明辦理。

一、鎗靶宜酌量定制也：馬步皆用毛瑟鎗，則設靶遠近寬窄，自應就毛瑟鎗定制。馬道長一百八十丈，匀排三座凸形鐵靶，各距馬道遠五丈；靶高五尺，寬一尺六寸，中靶以響爲憑；步鎗靶遠六十丈，立三環鐵靶，靶心圖式，對徑三尺，少鑲木架，環用朱油灰白油灰相間畫式；靶架高五尺五寸，寬三尺八寸，中靶以環之中心內外分別優劣。

一、鎗枝藥彈宜官爲製備也：各省鄉試武生，人數有册送可憑，所需鎗彈應由各督撫預先核計，制備須給，或即向各營及練局學堂調取，試畢發還。至順天鄉試及會試殿試，應就近在北洋各局咨取。兵部於考試年分，核計人數行文北洋大臣委員解部事畢運回。

一、考試火器宜酌定地方也：各省鄉試應由各督撫相度地勢，擇空曠處所以爲試場。順天鄉試會試殿試，應由兵部相度地勢，擇空曠處所以爲試場，俟擇定後，即行奏明。

一、殿試槍彈宜倍加謹慎也。聖駕親臨，宜嚴肅，火器雜沓，非所以備不虞。且奉旨錄用之後，上者爲參遊，次亦爲都守，所以求將領之才；若重在中槍，仍不過一兵一卒之用，自應專重內場一論一策方爲完卷。至馬步鎗概令用藥不用彈，以昭謹慎，其鎗靶宜視鄉會試較近，兵部酌定具奏。

一、武備學堂宜酌量建設也：各省創造學堂，現已陸續奏報。其各府州縣能否推廣，及營造齋舍，延聘教習內堂外堂諸功課，應由各督，撫妥定章程奏明辦理。

一、團練宜認眞興辦也：團練與保甲相輔而行，保衞鄉里，捍禦賊寇，意至良，法至美也。其流弊或至於逼勒富戶，騷擾良民，此則地方官辦理之不善，不能因噎廢食也。應由各督撫就各該省情形，因地制宜，妥定章程奏明辦理。

以上各條，雖與原議不盡脗合，但求利於推行，未敢膠執成見。如蒙俞允，即自下科爲始，通行遵照辦理。其一切册送場規磨勘各事宜，並此外是否尚有應行酌核之處，應由兵部體察情形，隨時釐定章程，奏明請旨。抑臣等更有請者：武科之設，原期得折衝禦侮之才，自火器盛行，弓矢已失其利。惟科舉之法究屬未便輕廢，本年二月間，臣榮祿會奏請將各省武童就地操練，充役三年，作爲武生，挑入武備學堂，學習格致、輿地等學，及礮隊、槍隊、馬隊、工程隊諸科，以次遞升，作爲武舉人進士名爲武備特科，與常科並行不悖；原爲參酌中外兵制，造就人材，用備干城之選，此事未經議行。然考試爭一日之短長，實不如學堂營伍訓練操防，可以統一月一年以相比較。查光緒二十二年十月，兵部議覆御史孫賦謙條奏變通武科事宜摺內，請令各省營用武進士及投標武舉練習槍礮，酌定勸懲章程，應仍由各直省一律遵照辦理，並令該督撫提鎮隨時考驗，分別等第，先儘其技藝優嫻者遇缺拔補，以示鼓勵，務當明定章程，不得虛應故事。其選侍衞亦酌撥入神機營一體練習，似於講求武備鼓舞羣材之道，尤爲周備。所有臣等遵議緣由，是否有當，伏乞皇太后皇上聖鑒訓示遵行。謹奏。光緒二十四年九月十八日。

二七 廢科舉

奏請遞減科舉 光緒二十九年二月

袁世凱
張之洞

奏請遞減科舉以促進學校教育者此爲第一次時袁爲直隸總督，張爲兩江總督。 編者

竊惟國無強弱，得人則興；時無安危，有才斯理。誠以人才者，國家之元氣，治道之根本，譬猶飢渴之需食飲，水陸之資舟車，而不可須臾離者也。中國今日貧弱極矣，大難迭乘，外侮日逼，振興奮發，正在此時。然而諸務未遑，求才爲亟；無人才則救貧救弱，徒屬空談，有人才則圖富圖強易於反掌。進言者皆曰天下非無人才也，求之於臨時，則不見其多；儲之於平日，則不患其少。儲之維何，學校是已。在昔三代盛時，庠序之制大備，敎育之法綦詳，人鮮失學，校多人材；以故俊彥蔚興，政修事舉。近今東西洋各國，其文明愈著者，其學校必愈多；自通都大邑以逮窮鄉僻壤，幾於無地無學，自文事武備，以逮藝技片長，幾於無事無學。國民自七八以逮十二三歲，謂之學齡，有不學者，罰其父母，幾於無人而不

入諸學。其學有官立者由公家爲之籌經費；有民立者，由民間爲之醵資財。舉國上下人人皆以興學爲務，而其造士也於此，其選士也亦必於此。因其所習，而試之以事；考其所能而授之以職；事無不治，職無不舉；以故賢智輩出而國家日進於富强。由是觀之，致治必賴乎人才，人才必出於學校，古今中外，莫不皆然，夫固人人能知之，亦人人能言之矣。欽惟我皇太后、皇上宵旰焦勞，求賢若渴，詔各行省普立學堂，復申諭以敦促之；並敕政務處明定學堂出身；又令新進士悉就學堂肄業：宸謨深遠，洞見本源，嘉與海內，敬敎勸學，薄海臣庶，固宜仰體聖意，協力同心，奉命承流，爭先恐後矣。乃朝廷屢頒明詔以相期，天下亦知當務之爲急；而起視各省，大率觀望遷延，否則敷衍塞責，或因循而未立，或立矣而未備。推究其故，則曰經費不足也，師範難求也；二者固然，要不足爲患也。其患之深切著明，足以爲學校之的而阻礙之者，實莫甚於科舉。蓋學校所以培才，科舉所以掄才；使科舉與學校一貫，則學校將不勸自興；使學校與科舉分途，則學校終有名無實。何者？利祿之途，衆所爭趨，繁重之業，人所畏阻。學校之成期有定，必累年而後成材；科舉之詭弊相仍，可僥倖而期獲售。雖廢去八股試帖，改試策論經義，然文字終憑一日之長，空言究非實詣可比。設有年少薄植之輩，未嘗學問，小有聰明，或汎覽繙譯之新書，或涉獵遠近之報紙，亦能侈口而談經濟，挾策以干功名。而宿學耆儒，皓首窮經，篤守舊說者，反不能與之角勝，坐視其速成以去。人見其得之易也，羣相率爲剽竊鈔襲之學，而不肯身入學堂，備歷艱苦。蓋謂入學堂亦不過爲得科舉地耳。今不入學堂，而亦能得科舉，且入學堂反不能如此之驟得科舉，又孰肯舍近而圖遠，避易而求難。不但此也，學校者，雖由國家提倡之，實由士民樂成之也。東西各國公私大小學堂，多者不下數萬區，如皆由公家籌款建立，安得如許經費。大抵高等教育之責國家任之，普通教育之責，士民任之，惟其衆擎，是以易舉。中國非無憂時之人也，而紳民不聞倡建學堂者，亦以羣情注重科舉，父兄以是勗子弟，鄉黨以是望儕偶，但使榮途不失，何暇遠慮深謀。故不獨不肯倡建學堂，且併向來賓興，公車等費，亦不能移作學堂之用。其爲阻礙何可勝言！是科舉一日不廢，卽學校一日不能大興；將士子永遠無實在之學問，國家永遠無救時之人才；中國永遠不能進於富强，卽永遠不能爭衡於各國。臣等誠私心痛之。在臣等亦非不知科目取士，垂數百年，一旦廢之，士子必多觖望。然時艱至此，稍有人心者，皆當顧念大局，以其遷就庸濫空疏之士子，何如造就明體達用之人材。且聖朝亦嘗毅然罷武科矣，停捐納矣。於人情並無不順，而天下羣頌聖明。況科舉之爲害，關係尤重，今縱不能

驟廢，亦當酌量變通，爲分科遞減之一法。昔我高宗純皇帝右文稽古，雅化作人。然於學政錢羣之請增添中額，則責其不知政體，於科臣吳煒之請廣收錄科，則斥其取悅士類。又讀乾隆九年八月高宗純皇帝聖諭：「爲治之道，貴乎核實，一切因循姑息之習，皆當痛除。近者士風之囂，一至於此，而好諛之人，尚有國家人文日盛，以此冀開科廣額，初不以士習邪正爲念。嗣後如有以加科廣額爲請者，必加以違制之處分，著爲令。至於議減中額，則非所樂聞。或有士子類以寒素專藉科目進身，或有一習舉業，則不更爲農商謀生無計。甚者有言士心失望，或妄生議證，或別生事端者。以此毫無識見之人，不知爲政之體要，國家科目豈爲養老恤貧而設乎？若有造言生事者，是身投憲網，國法具在，何能逃於天壤哉！夫旁求俊乂，本欲量能授官，若一味濫取，廣收，如何可得眞才實濟。現在解額已多，壅滯日甚，可作

量爲裁減之處；著大學士九卿會議具奏等因。』欽此。聖訓煌煌，布在方策，抉摘流弊，義正詞嚴，迄今讀之，猶爲歎悚。今宜略師乾隆時減裁中額之法，擬請俟萬壽恩科舉行後，將各項考試取中之額，預計均分，按年遞減。學政歲科試分兩科減盡，鄉會試分三科減盡。卽以科場遞減之額，酌量移作學堂取中之額，俾天下士子，舍學堂一途，別無進身之階，則學堂指顧而可以普興，人才接踵而不可勝用。膠庠所講求者，無非實學。國家所登進者，悉是眞才。政教因之昌明，百度從而振舉。其程功之速，收效之宏，固有不難如期操券者。至舊有舉貢生員，三十歲以下者，易於改業，皆可令入學堂。三十至五十，可入仕學師範速成兩途。其五十至六十，與夫三十以上不能入速成科者，應爲寬籌出路：如再科大挑；或揀發一次，或歲貢倍增其額；或多挑謄錄，令其入館，可得議敍；或舉人比照孝廉方正，生員比照已滿吏，准其考成，三年一次，分別用爲知縣佐貳雜職，俾免向隅。六十以上者，酌給職銜。其有經生宿儒，文行並美，而不能改習新學者，可爲各學堂經書詞章之師。現在捐納既停，寒畯之士，不患其終無出路。應請敕下政務處，核議施行。至於遞減事額，則請斷自宸衷，決然必行，明降詔旨，曉示天下。有阻撓者，予以嚴譴。務期科舉逐漸而盡廢，學校櫛比而林立。上以革數百年相沿之弊政，下以培億兆輩有用之人才，五洲驚服，萬世瞻仰，在此舉矣。或謂科場年分，例不應條陳科場事務，今當朝廷銳意求治，變通庶政之時，似可不拘成例。或又謂詔舉恩科，更不應奏請減額，然臣等所謂減額者，不過預籌辦法，固非敢指恩科言之。原以俟夫恩科舉行之後。考乾隆九年既奉諭旨，明著禁令，不准以加科廣額爲請。至乾隆十七年、二十七年、三十七年，迭次恭逢孝聖憲皇后萬壽，則又無不綸音特沛，詔舉恩科，並格外加恩於下第舉子中，揀選引見，量予錄用，高宗純皇帝聖訓所謂「國家遇有大慶，則必有殊常之恩」者是也。蓋舉行恩科者，所以特光盛典，而廣敷錫類之宏施；裁減中額者，所以深維治源，而期收得人之實效，仁之至而義之盡，實並行而不相妨。故臣等敢於此時，竭其一得之愚，以冒瀆夫宸聽也。謹奏。

（光緒政要卷十九）

奏請遞減科舉注重學堂片

張百熙 榮慶 張之洞

此片附於重訂學堂章程摺之後。奏請遞減者此爲第二次，但上諭猶以「俟各省學堂一律辦齊，確著成效，再將科舉學額分別停止」爲言。 編者

（上略）竊臣之洞本年春間，會同直隸督臣袁世凱具奏科舉阻礙學堂，詳陳得失利弊一摺，欽奉硃批，交政務處議奏，在案。竊惟奉旨興辦學堂，已及兩年有餘，而至今各省學堂仍未能多設者，經費難籌，累之也。公款有限，全賴民間籌捐，然經費所以不能捐集者，由科舉未停，天下士林謂朝廷之意並未專重學堂也。然則科舉若不變通裁減，則人情不免觀望，紳富孰肯籌捐，經費斷不能籌，學堂斷不能多。入學堂者，恃有科舉一途爲退步，既不肯專心嚮學，且不肯恪守學規。況科舉文字，每多剽竊；學堂功課，務在實修。科舉止憑一日之短長，學堂必盡累年之研究；科舉但取詞章，其品誼無從考見，學堂兼重行檢，其心術尤可灼知。彼此相衡，難易迥別，人情莫不避難而就易，此已早在聖明昭鑒之中。當此時勢阽危，非人莫濟，除興學堂外，更無養才濟時之術。若長此因循，坐靡歲月，國事急矣，何以支持。議者或慮停罷科舉，專重學堂，則士人競談西學，中學將無人肯講。茲臣等現擬各學堂課程，於中學尤爲注重。凡中國向有之經學、史學、文學、理學，無不包舉靡

遺。凡科舉之所講習者，學堂無不優爲。學堂之所兼通者，科舉皆所未備，是則取材於科舉，不如取材於學堂彰彰明矣。顧或又慮學堂功課雖重積分之法，而分數定自教員，難保無以愛憎而意爲增損，殊不知學堂功課之優絀，皆係當堂考驗，全堂學生及堂內執事人員衆目共覩，教員卽欲違衆徇私，而公論可憑，萬難掩飾。臣等尙恐偶有此弊，故於中學堂考試歸諸學政主持，督同道府辦理。高等學堂畢業，則請簡放主考，會同督撫學政考試。大學堂畢業，則請簡放總裁，會同學務大臣考試。並不專憑本學堂所定之分數。如是則中西之學既已兼該，固不患其偏重。取舍之權，仍在試官，更不患其不公。凡科舉選才之法，皆已括諸學堂獎勵之中。然則並非廢罷科舉，實乃將科舉學堂合併爲一而已。竊思就事理而論，必須科舉立時停罷，學堂辦法方有起色，學堂經費方可籌設。惟此時各省學堂尙未能徧

設，從前大小各種學堂，尙未定有詳細完備章程。故已設之學堂，辦理未盡合法，學生品類不齊，或不免間有流弊。其不欲遽議停罷科舉者，未始非老成持重之見。然使此時一無舉動，天下並未見朝廷將來有遞減以至停罷之明文，實不足以風示海內士民，用收振興學堂之效。臣等公同商酌，擬仍查照臣之洞會同袁世凱原奏分科遞減之法，籲懇天恩，明降諭旨，布告天下，將科舉舊章量爲變通。從下屆丙午科起，每科遞減中額三分之一，暫行試辦。一面照現定各學堂章程，從師範學堂入手，責成各省實力舉行，認眞整頓。至第三屆壬子科，應減盡時，尙有十年。計其時京外各省開辦學堂已過十年以外，人才應已輩出。且科舉既停，天下士心專注學堂，籌辦經費必立見踴躍。如學堂有辦理無效及尙滋流弊者，應由學務大臣隨時考核，咨行各該督撫嚴行覆查，將不得力之學務人員分別參處。庶幾學

堂日有起色，以期仰副朝廷造就眞才實事求是之至意。茲擬遞減科舉辦法分條臚陳如左：

一、鄉會試中額，請自下屆丙午科起，每科分減中額三分之一。俟末一科中額減盡以後，卽停止鄉會試。

一、學政歲科試取進學額，請於鄉試兩科年限內分兩歲考兩科考四次分減，每一次減學額四分之一，俟末一次學額減盡，卽行停止學政歲科試，以後生員卽盡出於學堂。

一、科舉停止後，會試總裁改於大學堂畢業考試時奏請簡放，分別內外場考試。鄉試主考，改於各省高等學堂畢業考試時奏請簡放，分別內外場考試。

一、科舉停止後，各省學政毋庸裁撤，卽令會同該省督撫考查整頓全省學堂功課，並中學堂以上選錄學生及畢業考試等事務，以昭愼重。査日本各處皆有視學官，正與學政之名義相合。

一、科舉旣議停減，舊日舉貢生員，年在三十歲以下者，皆可令入學堂肄業。三十歲以上至五十歲者，可入師範學堂之簡易科。若三十歲以上，旣不能入學堂，幷不能入師範簡易科者，及年至五十六十者，擬請自下科起，舉人於每科會試後大挑一次，或揀發一次，幷多挑謄錄分送各館，俾得議敍。其大挑揀發未入選之舉人，及恩拔副歲優各項貢生，均比照孝廉方正例，准其考職，分別用爲州同州判。生員亦准比照已滿吏考職，用爲佐貳雜職，分發省分試用。其年在六十以上不能與考者，酌給虛銜。至經生寒儒，文行並美而不能改習新學者，可選充各學堂經學科文學科之教習，每屆三年，查其實有成效者，比照同文館漢文敎習例給予奬敍。如此則舊日應科舉之老儒，亦不至失所矣。

似此量爲變通，暫行試辦，於科舉僅止徐加裁損，而學堂立可頓見振興且於年歲已長不能入學堂之舉貢生員，復爲之寬籌出路。京官之任學差者如故，其放試差者且更增多，尤屬毫無窒礙。合即仰懇宸斷，俯賜施行，俾全國臣民確見裁減科舉，歸重學堂辦法，咸曉然於朝廷意嚮所在。則必人人爭自濯磨，相率而入學堂，以求實在有用之學，氣象一新，人才自奮，轉弱爲强，實基於此，大局幸甚。（下略）

（光緒二十九年十一月）

諭立停科舉以廣學校

袁世凱張之洞於光緒二十九年二月第一次奏請遞減科舉，斯年十一月張與張百熙等重訂學堂章程，又爲第二次之請，此爲第三次。行之數百年之科舉制度至此始完全廢止。　編者

先是直隸總督袁世凱，盛京將軍趙爾巽，兩湖總督張之洞，兩江總督周馥，兩廣總督岑春萱，湖南巡撫端方會銜奏云：竊惟科舉之弊，古今人言之綦詳。而科舉之阻礙學堂，妨誤人才，臣世凱臣之洞等，亦疊經奏陳，久在聖明照鑒之中，無煩縷述，以瀆宸聽。是以前奉諭旨遞減科舉中額，期以三科減盡；十年之後，取士概歸學堂，固已明示天下以作新之基，而徐俟夫時機之至。所以爲興學培才計者，用意至爲深遠。臣等默觀大局，熟察時趨，覺現在危迫情形，更甚曩日，竭力振作，實同一刻千金，而科舉一日不停，士人皆有僥倖得第之心，以分其砥礪實修之志，民間更相率觀望，私立學堂者絕少，又斷非公家財力所能普及，學堂決無大興之望。就目前而論，縱使科舉立停，學堂徧設，亦必須十數年後，人才始盛。如再遲至十年甫停科舉，學堂有遷延之勢，人才非急切可成，又必須二十餘年後，始得多士之用。强鄰環伺，豈能我待。近數年來，各國盼我維新，勸我變法，每疑我拘牽舊習，譏我首鼠兩端，羣懷不信之

心，未改輕侮之意，轉瞬日俄和議一定，中國大局益危，斯時必有殊常之舉動，方足化羣疑而消積憤。科舉夙爲外人詬病，學堂最爲新政大端，一旦毅然決然，舍其舊而新是謀，則風聲所樹，觀聽一傾，羣且刮目相看，推誠相與。而中國士子之留學外洋者，亦知進身之路，歸重學堂一途，益將勵志潛修，不爲邪說浮言所惑，顯收有用之才，俊隱戢不虞之詭謀，所關甚宏，收效甚鉅。且設立學堂者，並非專爲儲才，乃以開通民智爲主，使人人獲有普及之教育，且有普通之知能，上能效忠於國，下得自謀其生。其才高者固足以佐治理，次者亦不失爲合格之國民，兵農工商，各完其義務而分任其事業。婦人孺子亦不使逸處而興教於家庭。無地無學，無人不學，以此致富奚不富，以此圖强奚不强。故不獨普之勝法，日之勝俄，識者皆歸其功於小學校教師，卽其他文明之邦，强盛之源，亦孰不基於學校。而我國獨相形見絀者，則以科舉不停，學校不廣，士心既莫能堅定，民智復無由大開，求其進化日新也難矣。故欲補救時艱，必自推廣學校始。而欲推廣學校，必自先停科舉始。擬請宸衷獨斷，雷厲風行，立沛綸音，停罷科舉。庶幾廣學育才，化民成俗，內定國勢，外服强鄰，轉危爲安，胥基於此。雖然，科舉停矣，尚有切要之辦法數端，而學堂乃可相維於不敝。一在尊經學也：或謂科舉一停，將至荒經。不知習舉業者，未必其湛深經術，但因科場題目所在，不得不記誦經文。又因詞章敷佐之需，不得不掇拾經字。故自四書五經而外，他經皆束置不觀。卽五經亦不皆全讀，讀者亦不盡能解，是何與於傳經？今學堂奏定章程，首以經學根柢爲重。小學中學，均限定讀經講經溫經晷刻，不准減少；計中學畢業，共需讀過十經，並通大義。而大學堂、通儒院，更設有經學專科；餘如史學、文學、理學諸門，凡舊學所有者皆包括無遺，且較爲詳備。

蓋於保存國粹尤爲兢兢。所慮辦學之人，喜新厭故，不知尊經，則雖諸生備諳各種科學，亦僅造就一汎濫無本之人才，何濟於用。應請飭下各省督撫學政，責成辦理學務人員注意經學暨國文國史，則舊學非但不慮荒廢，抑且日見昌明。一在於崇品行也：查科場試士，但憑文士之短長，不問人品之賢否，是以暗中摸索，最足爲世詬譏。今學堂定章於各項科學外另立品行一門，用積分法與各門科學一體核考，同記分數，共分言語、容止、行動、作事、交際、出游六項，隨處稽察，第其等差。至考試時亦以該生平日品行分數，併合計算。亟應申明定章，請飭各省認眞遵辦，則人人可期達材成德，自不至越矩偭規。一師範宜速造就也：各省學堂之不多，患不在無款無地，而在無師。應請旨切飭各省多派中學已通之士出洋就學，分習速成師範及完全師範，亦以多派舉貢生員爲善。並於各省會多設師範傳習所。師資既富，學自易興，此爲辦學入手第一要義，不可稍涉遲緩。一未畢業之學生暫勿率取也：各省設立學堂，遲早不一，程度不齊，或卒業有期，或畢課尚早。若不待畢業驟加考試，則苟且速化，弊將日滋。若必待全行畢業，則各省之辦學較遲者必致缺其選舉，士林又將失望。今籌一通融辦法，既不蹈科舉敷衍故事，亦不因學堂而遷就濫登，要使取士仍歸學堂之中，學堂不蹈科舉之弊。擬請此數年內除學堂實係畢業者屆期奏請考試外，其餘則專取已經畢業之簡易科師範生，予以舉人進士出身，既可以勸敎育之員，擴興學之基，並隱以勵積學而杜倖進。外國無速成小中高等各學，而有速成師範學，具有深意。至五年以後，完全師範畢業者已多，更足以應選舉而有餘。此等師範生，類皆國文已優，學術純精，斷無流弊，且多係舉貢生員爲之，本可得科第之人，亦非僥倖。迨十年以後，各省學堂逐漸畢業，人才濟濟，更可不窮於用。一舊學應舉之寒儒宜籌出路也：文士失職生計頓蹙，除年壯才敏者入師範學堂外，其不能爲師範生者，賢而安分，則困窮自憫，其不肖而無賴者，或至爲非事，亦甚可憂。擬請十年三科之內，各省優貢照舊舉行，己酉科拔貢亦照舊辦理，皆仍於舊學生員中考取。其已入學堂者，照章不准應考。惟優貢之額過少，擬請按省分之大小酌量增加，分別錄取，朝考後用爲京官知縣等項。三科後卽行請旨停止。其已中舉人五貢者，此三科內擬令各省督撫學政每三年一次，保送舉貢若干名，略照會試中額加兩三倍，送京考試。凡算學、地理、財政、兵事、交涉、鐵路、礦務、警察、外國法政等事，但有一長，皆可保送，俟考時分別取去，試以經義史論一場，專門學一場，共爲兩場，其取定者，酌量用爲主事、中書、知縣官。如此，則鄉試雖停，而生員可以得優拔貢，會試雖停，而舉貢可以考官職，正科舉之門，專歸於急需之學堂，廣登進之途，藉恤夫舊學之寒士。庶乎平允易行，各得其所，少長同臻於有用，新舊遞嬗於無形矣。以上五條，皆停科舉後最爲切要之端，而行之可期無弊。應請一併飭下各省督撫學政切實遵辦。至各省學堂未辦者，宜從速提倡，已辦者，宜竭力擴充。以及各堂學生之良莠，與夫辦理學務人員之功過，均應隨時認眞考察，分別勸懲。亦皆各省督撫學政所不得稍辭其責者也。其一切學堂畢業考試及簡放考官等事，自應悉遵奏定章程辦理。臣等爲補救時艱，妥籌辦法起見，往復商榷，意見相同。是否有當，謹合恭摺具陳，伏乞皇太后、皇上聖鑒訓示。謹奏。疏入，奉上諭：袁世凱等奏請立停科舉以廣學校，並妥籌辦法一摺。三代以前，選士皆由學校，而得人極盛，實我中國興賢育才之隆軌。卽東西各國富强之效，亦無不本於學校。方今時局多艱，儲才爲急，朝廷以提倡科學爲急務，屢降明諭，飭令各督撫廣設學堂，將俾全國之人咸趨實學，以備任使，用意至爲深厚。前因管學大臣等議奏，當准將鄉會試分三科遞減。茲據該督等奏稱科舉不停，民間相率觀望，推廣學堂必先停科舉等語，所陳不爲無見。著卽自丙午科爲始，所有鄉會試一律停止，各省歲科考試亦卽停止。其以前之舉貢生員分別量予出路，及其餘各條，均著照所請辦理。總之學堂本古學校之制，其奬勵出身亦與科舉無異。歷次定章，原以修身讀經爲本，各門科學又皆切於實用。是在官紳申明宗旨，聞風興起，多建學堂，普及教育，國家旣獲樹人之益，卽地方亦與有光榮。經此次諭旨著學務大臣迅速頒發各種教科書，以定指歸而宏造就，並著責成各該督撫實力通籌，嚴飭府廳州縣趕緊於城鄉各處徧設蒙小學堂，愼選師資，廣開民智。其各認眞硏究，隨時考察，不得稍涉瞻徇，致滋流弊。務期進德修業，體用兼賅，以副朝廷勸學作人之至意。

（光緒政要卷三十一，三十一年八月）

特設貴胄學堂

欽奉上諭：練兵處兵部奏貴胄學堂章程一摺。自來習戎振武，實爲强國之基。方今軍制日興，尤應講求兵學。若據奏稱建立貴胄學堂，令王公大臣各遣子弟投考，入學習武，洵屬振興武備之資。所定章程，亦尙周密。著卽責成該王大臣等，務當父詔兄勉，激勵奮發，樹之風聲，俾壯干城而安磐石，庶共副國家培植世臣簡練俊傑之至意。

（光緒政要卷三十一，光緒三十一年九月）

記廢科舉

羅惇曧

王文韶在樞府，恒以聾自晦，爲人透亮圓到，有玻璃球之目。遇事不持己見，獨於廢科舉一事，極堅持。張文襄自鄂督展覲，留京師，力謀廢科舉，結袁項城以助力。其時榮祿當國，文襄與榮祿言，榮祿亦頗贊之，惟自以非出身科目，不敢力主廢。文韶謂，「老夫一日在朝，必以死爭之」，文襄浩歎而已。及文韶出樞垣，端方以江督入覲，過天津，項城與商廢科舉，乃約文襄聯請，諸朝，遂得請。朝士方頌文韶，乃集矢項城；丙午，項城入都議官制，朝士攻之尤力，項城乃幾敗矣。請廢科舉之奏，爲北洋主稿，電商鄂督連銜，文襄來電，乃加入考優拔、與舉貢考職兩段，科舉依然未絕也。文襄方力倡廢科舉，而甲辰會試，其姪壻林世燾以候補道員中進士，欲請歸原班，文襄乃一日五電，責其必取館選，留學生殿試授官，亦文襄在樞府時力主行之；時人皆引爲談助焉。

（庸言第一卷第六期，民國二年二月）

一二八　貴族教育

飭議侍郎榮惠御史楊深秀等奏請選派宗支出洋游歷

先是侍郎榮惠等疏請選派宗支出洋游歷事，下總理衙門議覆。旋經總署覆奏云：查榮惠原奏稱：東西各國俗尙游歷，國主之尊，儲貳之親，往往徧游地球，借資閱歷，亦可爲邦交輯睦之證。滿洲王公宗室貝勒貝子，閎守偉略，必不乏人。擬請簡擇年力富强才識通明者，輕裝減從，隨帶書記繙譯，游歷全球各大邦；令出使各國大臣妥爲照料，予以厚祿。凡山川、風俗、政教、律法、大小學堂、水陸營制、鎗砲器械、砲台、戰艦、礦務、工作，詳細考究，筆記成書，事峻歸國，足備任使。又御史楊深秀奏稱：三代之制，自王之世子庶子，皆入太學。泰西猶用我經義，上自王子，旁及近親，皆先入學堂，與羣士齒。又學於兵艦，親爲水手，學於練軍，躬列卒伍。然後次第升擢，乃爲船主將校。稍長之後，必遍歷各國，或因其性之所長，入其各學專習一業，數年而成。日本前派熾王親

飭議侍郎榮惠御史楊深秀等奏請選派宗支出洋游歷

王等出游泰西，分習諸學，故能歸而變政，克自成效。請特派近支王公之妙年明敏有才志者游歷各國，各等語。臣等查邦交以聯絡而固，人才以歷練而成。該侍郎請派王公貝勒等出洋游歷，以聯外交而練才識，亦係因時制宜之要。楊深秀所論各國王子近親皆先入學堂，與羣士齒，又學於兵艦練軍，由卒伍升將校，乃使之徧歷外國，增長見識，此非以無本之學為無益之游也。即如前月來京之德國親王，係由學堂出身，現充水師提督，精通語言兵法，所至之處足令壇坫增光。今王公貝勒如果有留心時事、學問淹通、志趣向上者，應否由宗人府查察保薦，會同臣衙門具奏請旨遵行。疏入，奉上諭：「選派宗室王公游歷各國，亦係開通風氣因時制宜之舉，著宗人府查看該王公貝勒等如有留心時事志趣向上者，切實保薦，聽候簡派。」欽此。

（光緒政要卷二十四，光緒二十四年四月）

奏准貴胄游學章程十二條　外務部

光緒三十三年十一月初一日奉旨依議

第一條　貴胄游學生，係由王公子弟及貴胄學堂高材生中選取，使之游學英美德三國，研究專門科學。

第二條　應習之學科，分為二種：一政治，一陸軍。

第三條　貴胄游學生游學年期，均定以三年。

第四條　貴胄游專生，每人給川資七百兩，月給經費三百兩，整裝費五百兩。

第五條　每班派精洋文者一人充譯員，精漢文者一人充經史教員，均與貴胄游學生同時前往。

第六條　譯員每人月給薪水三百兩，教員每人月給薪二百兩，整裝費均三百兩，川資均五百兩。

第七條　貴胄游學生如帶僕役，祇准以一人為限。

第八條　貴胄游學生，應聽本國出使大臣選定學堂上課肄習。平日由本國出使大臣稽查，每屆學期，按其功課品行，造册報告外務部。其譯員教員，統歸本國出使大臣節制。

第九條 貴胄游學生，如有品行不端學業無望者，由本國出使大臣隨時報告外務部調回。其尤甚者，並請從嚴懲戒。

第十條 貴胄游學生，如能始終勤奮學業有成；期滿回國時，即予擢用。其尤爲優異者，破格超擢。

第十一條 譯員教員如能克盡厥職，三年期滿由外務部照異常勞績保奬一次。其有不能稱職者，隨時由本國出使大臣電告外務部撤回，另行派員前往接替。

第十二條 本章程如有未盡之處，隨時斟酌損益，電告本國出使大臣辦理。

（大清新法令第十三册百十一頁）

奏擬訂貴胄學堂章程摺

練兵大臣

上年十二月間，出使大臣梁誠片奏請選王公子弟入陸軍學堂肄習，當經臣等議覆，以現在更新軍制，講求肄習，允宜始自貴近。擬設立貴胄學堂一所，專爲王公大臣子弟肄武之區。其開辦章程，俟擬定再行具奏等因；奏蒙兪允在案。臣等謹悉心擬訂，約分六大綱：曰總則，曰職業，曰規條，曰課程，曰考試，曰經費。各依門類，係以子目，附列課程表，作爲試辦章程。暫擬就神機營舊署改建講堂學舍，俾得尅期舉辦，並懇恩賞宏敞官所，以爲逐漸擴充之地。現擬各條內，如有應行變通修改之處，開辦後察看情形，隨時酌核具奏。抑臣等更有請者：講求兵學，乃圖强本務。四方觀聽，視貴族之趨嚮爲轉移。溯維開國之初，底定寰宇，總征討，董禁衞者，皆諸王貝勒及勳戚大臣，偉烈豐功，光昭史册。現在朝廷振興武備，特設貴胄學堂。此次籌議舉行，必須名實相符，方足以收明效。該王公大臣等近撫時艱，遠懷先績，亟應各遣子弟投考入學，勿懷觀望；並宜父詔兄勉，使其刻厲奮發，以詔礪山帶河之勳，而備折衝禦侮之資。擬請特降明綸誡諭宣示，俾知勸勵。且令天下咸知勳華貴胄，尚皆身入學堂，親習士伍，則風聲所播，薄流景從。振尚武之精神，儲干城之材俊，胥在是矣。謹將所擬章程繕單呈覽，恭候欽定奉旨後，卽由臣等咨行宗人府、神機營及各部院衙門一體遵照。謹奏請旨。光緒三十一年九月二十一日奉旨：「依議。」欽此。

謹將擬定陸軍貴胄學堂試辦章程敬繕清單恭呈御覽

學堂總則

一、陸軍貴胄學堂，設於京師，隸於練兵處。專考收王公世爵，暨四品以上宗室，現任二品以上京外滿漢文武大員之聰穎子弟，敎以普通學術及陸軍初級軍事學，並入軍隊觀覽學習。統計學期以五年爲畢業。

二、王公世爵等各將子弟於奉諭旨三個月期限內，王公世爵用漢文，現任滿員用旗文，漢員用咨，並開具簡明履歷，送呈練兵處註册，聽候訂期遴選。

三、王公世爵等呈送子弟，如逾三個月期限，或延至開學以後者，概不錄取。

四、遴選學生，以體質强健，文理通順，並無暗疾嗜好，年歲在十八歲以上二十五歲以下者爲合格。其王公世爵子弟中間有文理不能及格，而體質尚與軍人格式相符，可酌量從寬錄取，令其補習漢文一年。然後隨班肄業。如資質過鈍，與全無補習漢文之望者，臨時剔退。

五、學生額數，遴選時權取一百六十名，俟入學三個月後嚴行甄别一次，酌留一百二十名爲定額。

六、權取之一百六十名學生，須遵照練兵處臨時頒訂之入學章程，同時會齊入學，不得參差到堂，致與教法有礙。

七、定額學生分爲三班，每班四十名，各設講堂，一律講授功課。如名數不及定額，或須逾額溢收，俟臨時酌量再行核議。

八、學生在堂內，年論何項官職，均須恪遵學堂隨時奏定堂規禮節。如有違背堂規及乖錯禮節等情，當按所犯重輕照章核辦。

九、年長不合定格，與充當差使之王公世爵，雖礙難入堂受學，而情殷尚武志切從戎者，自應俟學開後體察情形，隨時另訂專章奏請入堂聽講。經費均由學堂一體支發。

十、學生入堂後，應用筆墨紙張課本軍衣飲食等項經費，均由學堂一體支發。

十一、學生五年畢業大考，考列優上中三等者，應分別

發往新軍學習初級軍官職務四個月。期滿後由所隸新軍統將出具切實考語，送練兵處考驗分別等次，發給執照，並由練兵處開單奏請帶領引見。原有世爵官階者，聽候錄用。無官階者，分別優予出身，以示鼓勵。其有考列下等者，應選擇尚堪造就之員，酌留再習一年。餘均退學。酌留再習者，如來歲復考下等，亦即退學。

十二、在學堂肄業已及二年，暨屢考優等，並大考畢業各學生，如有願赴外洋學習陸軍，與入陸軍別項專門學堂研究高等學問者，應由練兵處分別考驗，遴選合格，奏請咨送。

十三、學堂開辦五年期滿後，如確辦有成效，凡在事出力人員，應由練兵處擇尤請獎。

十四、此項試辦章程，係按照現在情形變通酌定，俟將來各等陸軍學堂一律開設完備後，應由練兵處隨

時修改增定奏明辦理。

（大清光緒新法令第十四冊）

擬訂陸軍貴胄學堂學生畢業出身暫行章程（光緒三十四年二月初五日奏准）

陸軍部

一陸軍貴胄學堂畢業學生發鎮見習後，考試平均分數在十五分以上者，列爲上等，十一分以上者列爲中等。

一陸軍貴胄學堂畢業，原有世爵世職各員，考列上等者，由臣部帶領引見，聽候錄用。中等者按其品級官階，由臣部開單奏請賞給相當之陸軍官銜。

一原有各項官階各員考列上等者，無論實缺候補，均以應升之階儘先升用補用。中等者實缺人員給予應升之缺，記名候補人員以原官儘先酌補。

一無官階各生考列上等者，以副軍校補用。中等者，以協軍校補用。其不願就軍官或體質與軍官不合者，准該生呈明核准後，應由臣部帶領引見，照廕生例分別內用外用，恭候欽定。考列上等者內用以主事分部學習，外用以通判分省候補。中等者內用以七品筆帖式小京官分別分部學習，外用以知縣歸部銓選。

一原有廕生尙未經引見授職各生，考列上等者，按原廕授官加一級補用，中等者以原廕所授官階儘先補用，均俟引用奉旨錄用後遵照辦理。

（大清新法令第十四冊）

一二九　翻譯

擬設繙譯書院議（甲午冬）　馬建忠

著者爲留法文科生之最早者，其貢獻爲馬氏文通。此議倡於甲午戰後，未實行。但由此可窺見當時對於西學之態度。

編者

竊謂今日之中國，其見欺於外人也甚矣。道光季年以來，彼與我所立約款稅則，則以向欺東方諸國者，轉而欺我。於是其公使傲睨於京師，以陵我政府。其領事强梁於口岸，以抵我官長。其大小商賈，盤踞於租界，以剝我工商。其諸色教士，散布於腹地，以惑我子民。夫彼之所以悍然不顧，敢於爲此者，欺我不知其情僞，不知其虛實也。然而其情僞虛實，非不予我以可知也。外洋各國，其政令之張弛，國勢之强弱，民情之順逆，與其上下一心，相維相繫，有以成風俗而禦外侮者；率皆以本國語言文字，不憚繁瑣而筆之於書，彼國人人得而知之，並無一毫隱匿於其間。中國士大夫，其泥古守舊者無論已；而一二在位有志之士，又苦於語言不達，文字不通，不能遍覽其書，遂不能遍知其風尙，欲其不受欺也得乎？雖然，前車之覆，後車之鑒也。然則欲使吾士大夫之在位者，盡知其情實，盡通其壅蔽，因而參覯互證，盡得其剛柔操縱之所以然，則譯書一事，非當今之急務與？語云：「知己知彼，百戰百勝。」一戰勝於疆場，則然，戰勝於廟堂，亦何獨不然！泰西各國，自有明通市以來，其教士已將中國之經傳綱鑑，譯以拉丁、法、英文字，康熙間，於巴黎斯設一漢文書館。近則各國都會，不惜重貲，皆設有漢文館，有能將漢文古今書籍，下至稗官小說，譯成其本國語言者，則厚廩之。其使臣至中國，署中，皆以重金另聘漢文教習，學習漢文，不盡通其底蘊不止。各國之求知漢文也如此，而於譯書一事，其重且久也又如此。近今上海製造局、福州船政局，與京師譯署，雖設有同文書館，羅致學生，以讀諸國語言文字，第始事之意，止求通好，不專譯書；卽有譯成數種，或僅爲一事一藝之用，未有將其政令治教之本原條貫，譯爲成書，使人人得以觀其會通者。其律例公法之類，間有擇譯，或文辭艱澁，於原書之面目，盡失本來，或拄一漏萬，割裂複重，未足資為考訂之助。夫譯之為事難矣，譯之將奈何？其平日冥心鉤考，必先將所譯者，與所以譯者兩國之文字深嗜篤好，字櫛句比，以考彼此文字孳生之源，同異之故，所有相當之實義，委曲推究，務審其音聲之高下，析其字句之繁簡，盡其文體之變態，及其義理精深奧折之所由然。夫如是則一書到手，經營反覆，確知其意旨之所在，而又摹寫其神情，彷彿其語氣，然後心悟神解，振筆而讀，譯成之文，適如其所譯而止，而曾無毫髮出入於其間。夫而後能使閱者所得之益，與觀原文無異，是則為善譯也已。今之譯者，大抵於外國之語言，或稍涉其藩籬，而其文字之微辭奧旨，與夫各國之所謂古文詞者，率茫然而未識其名稱。或僅通外國文字語言，而漢文則粗陋鄙俚，未窺門徑，使之從事譯書，閱者展卷未終，觸人欲嘔。又或轉請西人之稍通華語者為之口述，而旁聽者乃為彷彿摹寫其詞中

所欲達之意，其未能達者，則又參以己意而武斷其間。蓋通洋文者不達漢文，通漢文者又不達洋文，亦何怪夫所譯之書，皆駁雜迂訛，為天下識者所鄙夷而訕笑也。夫中國於應譯之書，既未全譯，所譯一二類，又皆駁雜迂訛。而欲求一精通洋語洋文，兼善華文，而造其堂奧，足當譯書之任者，橫覽中西，同心蓋寡，則譯書之不容少緩，而譯書之才之不得不及時造就也，不待言矣。余生也晚，外患方興，內訌洊至，東南淪陷，考試無由，於漢文之外，乃肆意於辣丁文字，上及希臘，並英法語言。蓋辣丁乃歐洲語言文字之祖，不知辣丁文字，猶漢文之昧於小學，而字未能盡通；故英法通儒，日課辣丁古文詞，轉譯為本國之文者此也。少長又復旁涉萬國史事、輿圖、政教、歷算、度數，與夫水、光、聲、電以及昆蟲、草木、金石之學，如是者五六年。進讀彼所謂性理格致之書，又一二年，而後於彼國一切書籍，庶幾貫穿融派，怡然

理順，渙然冰釋，遂與漢文無異。前者郭侍郎出使，隨往英法，暇時因舉曩所習者在法國考院與考其文字，格致兩科，而幸獲焉。又進與考律師之選，政治之選，出使之選，亦皆獲焉。曾擬將諸國政教之源流，律例之同異，以及敎養之道，制用之經，貨財斂散之故，譯為一書，而為事拘牽，志未得遂。近復為世詬忌，擯斥家居，幸有暇日，得以重理舊業。今也倭氛不靜，而外禦無策，蓋無人不追悔於海禁初開之後，士大夫中能有一二人深知外洋之情實，而早為之變計者，當不至有今日也。余也蒿目時艱，竊謂中國急宜創設繙譯書院，爰不惜筆墨，既縷陳譯書之難易得失於左，復將書院條目與書院課程臚陳於右；倘士大夫有志世道者見而必許，採擇而行之，則中國幸甚。

一、繙譯書院之設，專以造就人才為主。諸生之入院者，擬選分兩班，一選已曉英文或法文，年近二十而姿質在中人以上者十餘名入院，校其所造英法文之淺深，酌量補讀，而日譯新事數篇以為工課，加讀漢文，如唐宋諸家之文，而上及周秦漢諸子，日課論說，務求其辭之達而理之舉。如是者一年，即可從事繙譯，而行文可免壅滯艱澁之弊。

一、選長於漢文，年近二十而天姿絕人者，亦十餘名。每日限時課讀英法文字，上及辣丁希臘語言；果能工課不輟，用志不紛，而又得循循善誘者為之指示，不過二年，洋文即可通曉，然後肆力於繙譯，收效必速。蓋先通漢文，後讀洋文，事半功倍，為其文理無間中外，所異者事物之稱名耳。

一、擬請一兼通漢文洋文之人為書院監理，並充洋文敎習。凡諸生應讀洋文書籍與每日譯書課程，皆其派定，應譯之書亦其擇選，而考校諸生之勤惰進退，及學有成效與否，胥責成焉。

一、擬請長於古文詞者四五人，專爲潤色已譯之書。並充漢文敎習，改削論說。暇時商定所譯名目，必取雅馴，不戾於今而有徵於古者，一一編錄，即可爲同文字典底本。又擬雇用書手五六名，以備抄錄。

一、院中有執事者，必須常川住院。諸生則旬日休沐一次，准假歲無過一月。歲終諸生勤惰，由監理稟館批飭榜示。

一、應譯之事，擬分三類：其一，爲各國之時政；外洋諸國內治之政，如上下議院之立言，各國交涉之件，如各國外部往來信札，新議條款，信使公會之議，其原文皆有專館，此須隨到隨譯，按旬印報，書院初設，即應舉辦者也。其二爲居官者考訂之書，如行政、治軍、生財、交鄰、諸大端所必需者也。爲書甚繁，今姑舉其尤當譯者數種，如羅瑪律要，爲諸國定律之祖；諸國律例異同；諸國商律考異；民主與君主經國之經；山林漁澤之政；郵

電鐵軌之政；公法例案，備載一切交涉事件原委；條約集成，自古迄今，宇下各國凡有條約無不具載。其爲卷甚富，譯成約可三四百卷。東方領事便覽；生財經權之學；國債消長；銀行體用；方輿集成，凡五洲險要，皆有詳圖，爲圖三千餘幅，乃輿圖中最爲詳備之書。羅瑪總王責撒爾行軍日記；法王那波倫第一行軍日記，此兩王者，西人稱爲古今絕無僅有之將材，所載攻守之法，至爲詳備。他書應譯者，不可勝記。而諸書類皆英法文字，擇其善者譯之。開院後一年，其已通洋文諸生，即可將前書分課繙譯。二年後，新讀洋文諸生，亦可助譯，則出書自易。其三爲外洋學館應讀之書，應次第譯成，於彼國之事，方有根柢。如萬國史乘，歷代興廢政教相涉之源，又算法、幾何、八線、重學、熱、光、聲、電，與夫飛、潛、動、植、金、石之學，性理格致之書，皆擇其尤要而可資討論者，列爲逐日課程。一二年後，即派諸生更譯附旬報印送，以

資觀覽焉。

一、書院中擬設書樓，除初設時已購中外書籍外，新出者，應隨時添購。其書籍必派人專司日時啓閉，每月按簿查點。其初應購之書，值約數千。每歲添費數百金，可以補其未備。

一、一二年後，擬於院中自備活字板一副，雇刻工之精於刻圖者數名。其初譯件不多，可倩書坊代印。

一、書院房屋，總宜寬敞整潔。其居地宜附近通商口岸，取其傳遞便捷，消息靈通；而外洋各報紙公司船，隨到隨送，即可分譯，不致稽留。

一、書院費用，皆有定額。擬派一支應者，專司出入，按月呈報。至書院內各項額外開支，皆宜預籌經費，按年撥給，以為書院立不拔之基焉。

（適可齋記言卷四）

奏陳設立譯書院片　盛宣懷

譯書院與南洋公學同時設立，初僅編輯教本，二十八年推廣譯各種政藝要籍。（參閱次篇）　編者

再時事方殷，需才至亟。學堂造士，由童幼之年層累而進，拔茅連茹，勢當期以十年。欲速副朝廷側席之求，必先取資於成名之人，盛才之彥；臣是以有達成館之議也。顧非能讀西國之籍，不能周知西國之為，而西國語言文字，殊非一蹴可幾；壯歲以往，始行學習，豈特不易精嫺，實亦大費歲月。日本維新之後，以繙譯西書為汲汲，今其國人於泰西各種學問，皆貫串有得，頗得力於譯出和文之書。中國三十年來，如京都同文館、上海製造局等處，所譯西書不過千百中之十一，大抵算化工藝諸學居多，而政治之書最少。且西學以新理新法為貴，舊時譯述，半為陳編，將使成名成才者，皆究極知新之學，不數年而大收其用，非如日本之汲汲於譯書，其道無由矣。現就南洋公學內設立譯書院一所，廣

聘日本及西國新出之書，延訂東西博通之士擇要繙譯，令師範院諸生之學識優長者筆述之。他日中上兩院雋才，亦可日分晷刻輪遞，有可以當學堂繙譯之課，獲益尤多。譯成之書，次第付刻；倘出書日多，即送蘇浙各局分任刊印，以廣流傳。所需譯書院經費，即在公學捐款內通融撥用，並歸總理公學之員一手經理，以專責成。

奏陳南洋公學繙輯諸書綱要摺

盛宣懷

竊臣於本年六月十四日奏陳南洋公學推廣繙譯事宜一摺，七月十二日奉硃批：卽着推廣繙輯，欽此。欽遵在案。命下以來，諏訪通材，博求善本，數月之間，略知端緒。近日東西人士觀光中夏者，靡不以興學爲自强之急圖，而譯書尤爲興學之基址。專門之書與普通之書異，小學校中學校之書與大學校書異，私家著述與敎門傳習之書與文部所定學校之書又異。且各國風尚不同，習其學者莫不自尊其說，擇焉不察，流弊滋多。故論譯書則天算製造較政治史學爲難，論選書則政治史學較天算製造爲難。昔年官譯諸書，祇有同文館所譯法國律例，製造局所譯佐治芻言數小種，餘皆不及政治，蓋不敢率爾操觚，其難其愼，良有故矣。現在舉行新政，凡學校、科舉、軍政、財政諸大端，欽奉明詔，一皆參酌中西以議施行，則凡有關於學校、科舉、理財、練兵之政治、法律諸書，均待取資，勢不容以再緩。臣所辦公學譯院，經費無多，規模誠未能盡量擴充，辦法則不敢不悉心斟酌，敬陳綱要，凡有四端：其一曰先章程而後議論。自昔臣工條奏，闕於辦法，往往難見施行，江鄂會奏所謂考求西政者，不過初知大略，不能詳舉其章，誠學者之通病。其故由政令無可考之書，而議論之傳自敎會報章者斷爛不完，且不免郢書燕說，夸言篤論，糅雜難分，無所據以正之，競騰口說，囂凌彌甚。臣痛心茲事，歷有歲年，現擬先擇日本法規以啓其瑞，其書皆取則於泰西，一年一修，皆彼所身體力行，損益去取，而後定。倘中國再能隨時損應去取，積以歲月，可期詳備。其二曰審流別而定宗旨。泰西政俗流別不同，有君主專治之政治，有君主憲法之政治，有民權共和之政治，有民權專制之政治，美民主而共和，法民主而專制，其法律議論，判然與中夏殊風。英之憲法，略近尊嚴，顧國體亦與我不同。惟德意志自畢士馬以來，尊崇帝國，裁抑民權，劃然有整齊嚴肅之風。日本法之以成明治二十年以後之政績。俄雖號君主專制之國，其法律多效自法人，制度與國體參差，故邦本杌隉，而世有內亂，不若日德之鞏固也。較量國體，惟日德與我相同，亦惟日德之法於我適宜而可用。臣嘗謂欲求詳備，必博選通達古今之士，遊歷德國，逐事諮詢，仍於各省多設德文學

堂，廣譯德書，而後斟酌損益，可以萬全而無弊。今茲公學，力有未能，姑就東文之繙自德文者譯之，得尺得寸爲早年一溉之計；他年經費可籌，尚思敎德文而傳德學。格致製造則取法於英美，政治法律則取法於日德，縷縷微忱，實在於此。惟聖訓鑒察而指示之。其三曰正文字以一耳目。自古爲政必正名，周禮行人諭書名，外史達書名。鄭氏皆釋以文字，王天下有三重，同文而後得同倫，此我世宗憲皇帝所以定同韻統以治黃敎，高宗純皇帝所以修西域同文志以靖回部者也。課學必譯本，譯本要在同文。昔時譯署繙書，人地國名，皆取準於瀛寰志略，與官文書一例，視而可識，疑寄無歧。後來化學書亦有定名，便於讀者，良非淺鮮。而近來私譯名字紛拏，官譯爲其所淆，亦復不能自守。西班匈牙國有數譯，維多威維人有數名，讀者方審音測字之不遑，何暇研究事理。印度以語言雜而致紛爭，埃及以文字雜

而致危殆。中國語言文字，幸爲薄海同風，無故自亂其例，橫生障礙，何爲乎？臣今所譯科書夥多，不敢不致愼於斯，除隨文勘整外，其人地國名品彙名物，仿古人一切經音義繙譯名義集之例，別爲名義，附諸卷後，尙思取西文字典分類譯之，以期諸學淺深綱要，開卷瞭然。專門者藉以溯洄，涉獵者亦可預知門徑。其四曰選課本以便敎育。中學博而寡要，在於成人以後，不在蒙養之初。其不適當世之用者，於科舉之課程不具，非由經籍之義理太深也。敎西學者於格化識其精蘊，於政法觀其會通，其得力在象勺之年，至於髫齡之初，苟無小學孝經四書預固其根基；成人以後，放僻邪侈，流極不知何底。近日學堂新論，不知謀學課於成人之後，而務鑿童眞於蒙養之初，拾西士之唾餘，謂中國文法太深，謂四書朱註無用，俚文俗語，造作短長，於西學未有入門發軔之功，而於中學已啓拔本塞源之弊，羣盲相引，

實駭聽聞。臣今所譯，爲學堂計，以外國尋常小學校，高等小學校課本，備將來各省中學校之用。專取其文部所訂敎員所授之本，咫聞雜學，概不兼收。以西學佐子史之旁通，不敢以俗說代經文之正文。學生在學，自十二歲至於二十五歲，日月方長，但令西學課本條理秩然，儘足備當世之取材，亦不憂無暇日，以畢經書之業，不必遽求速化，專滋流弊也。凡茲諸事，在外國皆文部所裁定。他時京師大學自當有頒行規則。臣拮据措辦局在海壖，就現有經費爲一家體例，思慮所及，粗立體裁，亦不敢自謂所見之不差。尙望聖明飭下政務處及京師大學堂速立學校課本章程，早日通行，俾海內有所準則，以免紛紜駁雜之病。埃及學校四千，學生二十萬，廢國文而借英法德文爲課程，一有事會不得一人之用。英德諸國學業之興，並由譯拉丁書爲本國文字，而後羅馬諸學之精微，學者得以用力少程功多，名家

輩出，超軼前代。然則變法之端在興學，興學之要在譯書，舉天下學者而變之，其中反復推遷，十年中尙不知有幾何變態，東西各國成事炳然，要之發慮造端，宜規元遠，決不可誤於流俗淺躁急切之言。圖大於其細，愼然於其始，風俗人心，關繫在此。

（政藝叢書政書通輯卷七）

三〇 雜纂

上海强學會序　張之洞

强學會首創於北京，時爲光緒二十一年，正値甲午戰後。主其事者爲康有爲、梁啟超等。未幾，滬上繼之。　編者

天下之變，岌岌哉！夫挽世變在人才，成人才在學術，講學術在合羣。累合什百之羣，不如累合千萬之羣，其成就尤速，轉移尤鉅也。今者海內多故，天子慜焉閔憂，特下明詔，搜求才識閎達及九能之人、一藝之士，而應詔者寡，固搜訪之未逮歟，得無專門之學風氣未啟有以致之耶？故患貧而理財，而專精農工商礦之學者無人；患弱而練兵，而專精水陸軍及製造船砲之學者無人；乃至外國政俗亦寡有深通其故者，此所關非細故也。頃士大夫創立强學會於京師，以講中國自强之學，風雨雜沓，朝士鱗萃，尙慮未能布衍於海內，於是江海散佚，山林耆舊，盍簪聚講，求如漢之汝南，唐之東都，宋之洛陽，爲士大夫所走集者，今爲上海，乃羣天下之圖書器物，羣天下之通人學士，相與講焉。嘗考泰西所以富强之由，皆由學會講求之力。傳記以文會友，以友輔仁，記稱敬業樂羣，其以開風氣而成人才，以應聖天子側席之意，而濟中國之變，殆由此耶？其樂從諸君子遊乎？吾願觀其成焉！

强學會章程　一本會專爲中國自强而立，以中國之弱，由於學之不講，敎之未修，故政法不舉。今考鑑萬國强盛弱衰之故，以求中國自强之學，總會立於上

海，以接京師，次及於各直省。

一今日學校頽廢，士無學術，祇課利祿之業，間考文史，不周世用。又士皆散處，聲氣不通，講習無自，既違敬業樂羣之義，又失會友輔仁之旨。西國每講一種學術，必有專會，會中無書不備，無器不儲，即僻居散處，亦得購書閱報以廣觀摩。故士有專業而才日以成，國貲其用而勢日以盛。今設此會，聚天下之圖書器物，集天下之心思耳目，略仿古者學校之規及各家專門之法，以廣見聞而開風氣。上以廣先聖孔子之教，下以成國家有用之才。最要者四事，條列於下，其局章附焉。

一譯印圖書。道莫患於塞，莫善於通。互市者通商以濟有無，互譯者通士以廣問學。嘗考講求西學之法，以譯書爲第一義。蓋以中國人而講西文，不過通酬酢語言，只能譯書札尺牘，其能讀朝章國律者已少，至各學專門之書，各具深微之理，即其字義，各有專門，不盡相通。彼方士人不入此門者，亦不識其字，此固非游歷洋差人所能解，亦非同文方言譯生所能知。即有一二專門之士，無以發天下之學者，其爲益尠。甚欲令天下士人皆通西學，莫若譯成中文之書，俾中國百萬學人人人能解，成才自衆，然後可給國家之用。今西學堂知課語言文字，而寡及譯書，惟聖祖仁皇帝御纂數理精蘊，潤色西算，嘉惠士林，高宗純皇帝欽定四庫提要，凡自明以來所譯西書，並許箸錄。曾文正公開製局以譯書爲根，得其本矣。今此書先辨譯書，首譯各國各報以爲日報取資；次譯章程、條教、律例、條約、公法、日錄、招牌等書，然後及地圖暨各種學術之書，隨譯隨刊，並登日報，或分地，或分類，或編表，分之爲散報，合之爲宏編，以資講求而廣見聞。並設譯學堂，專任此事。

一刊布報紙。陳文恭公勸士閱邸報以知時務，林文忠公嘗譯澳門月報以覘敵情。近來津滬各報，取便推俗，語涉繁蕪。官譯新聞紙，外間未易購求。今之刊報，專錄中國時務兼譯外洋新聞。凡於學術治術有關切要者，巨細畢登，會中事務附焉。其邸鈔全分各處各種中文報紙、各處新事、各人議論，並存鈔以廣學識，各局互相鈔寄。　一開大書藏。乾隆時，敕建文滙閣於揚州，建文宗閣於鎮江。例准士子就讀，經亂散失，遺書無多。此會擬宏區宇，廣集圖書。近年西政西學日新不已，實則中國聖經古子先發其端，即歷代史書百家著述，多有與之闇合者。但研求者寡，其流漸湮。今之聚書，務使海內學者知中國自古有窮理之學，而講求實用之意，亦未遽遜，正不必驚望而無極，更不宜畫界以自封。泰西通都大邑，必有大藏書樓，即中國圖書，亦藏庋至多。今合中國四庫圖書購鈔一分，而先搜其經世有用者，西人政敎及各種學術圖書，皆旁搜購採，以廣考鏡而備研求。其各省書局之書，皆存局代售。　一開博物院。文字明，其義有不能明者，非圖譜不顯。圖譜明，其體有不能明者，非器物不顯。詩稱關關雎鳩，熟陸機之疏，通沖遠之說，學者窮日詳考其形色，而不知雎鳩也。置雎鳩於前，則立識矣。人之一體，讀素問，考明堂及全體新論，不知也。外國有人身全體，一見則立明矣。康熙年間，欽定時憲書，采用西法，置南懷仁所造儀器於觀象臺。其立算與中土迥異，今步天測實，非登臺觀器不能明。又如輪船之大而且速，槍礮之堅而且利，製造機器之所出貨，皆捷而且多。苟一寓目，便知守舊蹈常斷不能與之角力而爭利。西國博物院，凡地球上天生之物，人造之器，備列於中。苟一物利用，必想考而成之，不令棄擲；苟一器適用，必思則做，旋且運化生新，而利便又遠過之。合衆人之心思以求實用，合萬國之器物以啟心思，烏得不富？烏得不强？今創設此院，凡古今中外兵農工商各種新器，如新式鐵艦、輪車、水雷、火器及各種電學、化學、光學、重學、天學、地學、物學、醫學諸圖器，各種礦質及動植種類，皆爲備購，博攬兼收，以爲益智集思之助。右四條，具本會開辦，各有詳細章程，別行刊布。

一會中於義所應爲之事，莫不竭力，視集款多寡，次第舉行者。又有數事：立學堂以教人才，創講堂以傳孔教，派游歷以查地與礦務風俗，設養病院以收乞丐，教工藝，視何處籌款多者，即在其地舉行，惟望我海內志士合力爲之。　一入會者將姓名、爵里函知局中，即送以章程。收捐款後，即編號會中，遇事知照，展轉援引，愈推愈廣。庶幾自保其類，不致令外國誚以散沙。　一入會者不論名位學業，但有志講求，概予延納。德業相勸，過失相規，患難相恤，務推藍田鄉約之義，庶自保其教。

一中國非無專門績學之士，苦於不相聞問，無由觀摩。即已有學問，無人能知，且平素無相交之雅，相遇生妒忮之心。今此會使海內學士聲氣相通，以期增長。是入會之大益。既無隔礙，且合海內之士聯結講求，庶自强

其基。　一入會諸君，原爲講求學問。聖門分科，聽性所近。今爲分別門類，皆以孔子經學爲本。自中國史學、歷代制度、各種詞章、各省政俗利弊、萬國史學、萬國公法、萬國律例、萬國政教理法、古今萬國語言文字、天文、地輿、化、重、光、聲、物理、性理、生物、地質、醫藥、金石、動植、氣、力、治術、師範、測量、書畫、文字減筆、農務、牧畜、商務、機器、製造、營建、輪船、鐵路、電綫、電器、製造、礦學、水陸軍學，以及一技一藝，皆聽人自認，與衆講習。如有新得之學，新得之理，告知本會，以便登報。將來設立學堂，亦分門教士，人才自盛。　一入會諸君，原爲學問起見。其有疑義，可函詢會中講求，當詢通人評答。其有經世文字、新論、新法，可寄稿本局，經通人評定，或鈔存備覽，或刊刻流通。倘發中西未得之新理，加酬獎賞，標其姓名，以收切磋之益。　一外國學會咸樂布施，有捐至百萬者，故學者甚盛。各省善堂，捐數亦多累千盈百。況此舉功德，比善

堂尤大。今議凡來入會者，皆須捐助，最少以十兩爲限。一善堂捐助義舉，皆立即捐貲，凡入此會，槪同斯例。若逾月不交，即將其會名扣除。其五十兩以上，准分兩次交清，百兩以上，准分四次交清，每次以兩月爲限。一凡捐助百兩以上者，每譯印成書，各送一部。五十兩以上者，譯印之書，但收成本。三十兩以上者，取譯印之書減價一成。自十兩以上，報紙皆改二成，並刋名報上。其有捐助千金者，永准其送一人入學堂肄業，由會中支給。 一捐助之款，寫明姓名、爵里，交强學總局給收條，仍到本局換票處換聯票收執，作爲入會之據。其各處捐助之款，寫明姓名爵里，就近交電報局代收，製給三聯票收條。電報局將三聯票編號存案，將第二聯票寄本局換給入會聯票，交電報局付給收執爲據。本局將姓名、爵里、學業寄寓，按照聯票號數彙編存案，聯票皆有董事圖章。 一開辦此會，合海內之耆碩名士任

之。所有局事，由開辦諸人內公舉四人爲提調，二人坐辦，二人會辦。公舉諳練公正者八人爲董事，亦四人坐辦，四人會辦。創辦定後，分年舉人輪管。倘董友因事辭退，提調董事集衆公舉，擇衆而從。既經舉定，不準以私見議改。被議之人，非有實在爲難，亦不準規避委卸。其管事管書管器，皆用會內通達之人，由提調董事公酌保用。董事擬多邀辦賑諸君，其協理人數隨時增議。一入會之友，必求品行心術端正明白者，方可延入局中。應辦之人，會友隨時獻替，留備採擇。到局之後，倘別存意見，或誕妄挾私及逞奇立異者，恐於局務有礙，即由提調董事諸友公議辭退，如有不以局中爲然者，到局申明，捐銀照例充公，去留均聽其便。 一局中訪求博雅通才，主譯書撰報之事。其人數隨時增廣，皆由提調董事公同妥訪邀請。 一局內司賬，須習知貿易書籍情形及刷印文字者充其選，必須董友考查確實，一

秉至公，又須有結實鋪保，方許招致。倘涉營私舞弊，一經查出，原保之人照例責賠。經手之董事會友，凡預有保薦之力者，亦須一律議罰。　一局中用項，概由值董核發，如有巨款在數千百萬以上者，須各董友齊集公議，方準開支。收有成數，擇殷實商號存儲，立摺支取。如存數漸多，亦可議生利息。發票之期，按幾日爲限，由值董跟同經理。　一開局提調董事，均仗義創辦，不議薪資。將來局款大盛，須專請人辦理，始議薪水。惟譯書、撰報、管書、管器、司事、教習、游歷、司賬，酌量給予薪水。　一譯書刋報，會友應分送及減成售買者，俱持票到總局分局驗票付給。　一書局開辦之始，務求儉約，以期持久。擇地賃屋，茶點坐落，須清雅潔淨。董友集議之日，不拘分際儀文，從簡。凡博奕、遊戲、徵逐、喧囂，概宜屏禁，俾無壞局規。嗣後辦有成效，人多款足，再議擴充，自行建造，添設園舍。　一局內用款，分出入存三柱，簡明登記。

每月一小結，刋刻報章。月朔由各董事齊集查閱，務期核實無弊。閱竟各於名下署押爲記。每年一大結，彙刻徵信錄，分送提調董事及捐款百兩以上者，以昭信實。

一先訂簡明章程，以期迅速集辦。每事各有詳細章程。舉辦以後，隨時集議，如有利弊，應興應革，均由提調董友公議删增。或每季一集，每年一大議，並核用款，稽勤惰，詳稽論定，再行刋刻布告。

（政治叢考卷一百十五）

都城官書局開設緣由

學會、報館，在西國已成習俗，在中國則爲創見；是以開辦之始，動遭疑阻。去年京師設立强學會於城南之孫公園，爲諸京官講求時務之地，已而改爲强學書局，業已購置書器，開刷報章，旋於十二月間由御史楊崇伊奏請封禁；已而言官多有上疏爭之者，而御史胡孚宸一疏尤爲婉轉剴切，奉旨交譯署議奏，旋覆奏請逕由官辦理。正月十七日奉上諭：總理衙門奏新設官書局請派大臣管理一摺，着孫家鼐管理，欽此。此蓋我皇上至聖至明，洞知時務，一道非講習則不明，非羣聚以講習則不能得其要領。茲將都城傳抄總署覆奏一通照錄於後，俾有志時事者得所觀覽焉。

光緒二十一年十二月二十二日，准軍機處鈔交御史胡孚宸奏：書局有益人才，請飭籌議以裨時局一摺，軍機大臣面奉諭旨；着總理各國事務衙門議奏，欽此欽遵到臣衙門。查原奏內稱京師近日設有强學書局，經御史楊崇伊奏請封禁，在朝廷預防流弊，立意至爲深遠。惟局中所儲藏講習者，首在列聖聖訓，及各種政書，兼售同文館上海製造局所刻西學諸書，繪印輿圖，置備儀器，意在流通秘要圖書，考驗格致精蘊，所需費用，皆係捐貲集股，絕無迫索情事。所刻章程，尚無疵謬。此次封禁，不過防其流弊，並非禁其向學。倘能廣選

賢才，觀摩取善，此日多一讀書之士；即他日多一報國之人，收效似非淺鮮。請旨飭下總署及禮部各衙門悉心籌議，官立書局選刻中西各種圖籍，任人縱觀，隨時購買，並將總署所購洋報選譯印行，以擴聞見。或在海軍舊署開辦，經理既善，流弊自除。庶於國家作育人才挽回時局之本心不相刺謬等因。臣等維國勢之强弱，視乎人才。人才之盛衰，繫乎學校。古者家塾、黨庠、州序、國學，自諸侯以達王畿，莫不建學，大而德行道藝，細而名物象數，綜貫靡遺，是以人才日盛。近世學者往往避實鶩虛，舍難就易，視西人一技之長，一能之擅，或斥爲異學，或詫爲新奇。不知西人之學無不以算學爲隱括，西算之三角，與中算之勾股，理無異同。周髀經曰：圓出於方。又曰：方數爲典，以方出圓，言圓之不可御而取之以方，西人三角八綫之法實基於此。餘若天學、化學、氣學、光學、電學、重學、礦學、兵學、法學、聲學、醫學、文字製造

等學，皆見中國載籍，試取管墨關列淮南諸書以類求之，根原具在。可知西學者，中國固有之學，西人踵而行之，所謂禮失而求諸野耳。泰西教育人才之道，計有三事：曰學校，曰新聞報館，曰書籍館，英法德俄各國學校之盛，或二三萬所，或六七萬所，生徒率皆二三十萬人。美國學校多至十七萬餘所，生徒幾及千萬人，學校費用自三四千萬至八千餘萬不等，率由國家及生徒各出其半，各國富强之基，實本於是，是庶政由人才而理，人才由學術而成，固有明效大驗。該御史請將强學書局改爲官辦，自係爲講求實學培養人才起見，臣等公同商酌，擬援照八旗官學之例，建立官書局，欽派大臣一二員管理，聘訂通曉中西學問之洋人爲教習，常川住局，專司選譯書籍、各國新報及指授各種西學，並酌派司事譯官收掌書籍，印售各國新報，統由管理大臣總其成。司事專司稽察，所需經費，由總理衙門於出使經費項下每月提撥銀一千兩，以備購置圖籍、儀器、各國新聞紙，及教習司事繙譯薪水等用，核實散放，年終由臣衙門奏銷，毋庸招股集貲。設不敷用，再由臣衙門設法籌措。如有慕義之士，願捐鉅款，或捐書籍，准由司事呈明管理大臣酌定核收。至建設學舍地方，或假官房，或租民宅，取足教習各官起居之地，兼爲士大夫入觀羣書之所，因地制宜，妥籌布置。該御史所請就海軍舊署開辦之處，應毋庸議。如蒙俞允，再由管理大臣詳定章程，定期開設。再該書局現既奏明擇地另設，其强學書局原屋，應行文該地面官飭令屋主領回，以清界限。

官書局奏開辦章程

光緒二十二年正月二十一日奉上諭：總理各國事務衙門奏新設官書局請派大員管理一摺，著派孫家鼐管理，欽此。臣恭奉諭旨，朝夕籌思，且與原辦書局諸臣悉心酌度，謹擬開辦章程，分條臚列，恭呈御覽。

一藏書籍：擬設藏書院，尊藏列朝聖訓欽定諸書，及各衙門現行則例各省通志河漕鹽釐各項政書。並請准其咨取儲存庋列。其古今經史子集有關政學術業者，一切購置院中，用備留心時事講求學問者入院借觀，恢廣學識。一刋書籍：擬設刋書處譯刻各國書籍，舉凡律例、公法、商務、農務、製造、測算之學，及武備工程諸書，凡有益於國計民生，與交涉事件者，皆譯成中國文字，廣爲流布。一備儀器：擬設游藝院，廣購化學、電學、光學、諸新機、礦質、地質、動物、植物各異產，分別部居，逐門陳列，俾學者心摹手試，考驗研求，了然於目，曉然於心。將來如製造船隻槍砲等事，可以別材質之良窳，物質之低昂，用法之利鈍，不致受人蒙蔽。一廣敎肄：擬設學堂一所，延精通中外文理者一人爲敎員。凡京官年力富强者，子弟之姿性聰穎安詳端正者，如願學語言文字，及製造諸法，聽其酌出學貲入館肄習。一籌經費：總理衙門原奏，每月撥銀一千兩。査月中用款，以延敎習繙書籍爲大宗。此外譯報及書手匠役人等工價伙食，費亦不貲。每月千兩，只供各項之用。至於購買圖籍儀器等款，尙無所出。原辦零星招股，過於冗碎，自應遵照原奏，概行停止。其慕義樂輸捐助鉅款者，善堂書院有例可循，亦應査照原奏酌核收納。現在事屬剏行，需款數難預定。惟有就現有經費次第興辦，總以撙節爲充拓之基，切戒濫費以收實濟。一分職掌：上年部院諸臣開設書局，倉猝舉辦，草定規模，議事尙未畫一。今擬將局諸物各分職掌，庶心志專一，可期日起有功。所有在局辦事諸臣職名，另單開呈御覽。一刋印信：擬刻一木質關防，文曰管理官書局大臣之關防。凡向總理衙門領取經費及有行文事件，卽以此爲憑信。以上七條，如蒙兪允，臣卽敬謹遵行，卽從本日開辦。臣竊惟同治初年，總理衙門請設立同文館，講求泰西諸國文字，令翰詹部院各官一體入館習練。維時議論紛紜，人情疑阻，風氣未開，事因中止。後雖經總理衙門設法招徠，入館生徒略有成就，而讀書明理之人從事其中者絕少。遂致中外間隔，彼已不知，倉猝應機，動多舛誤。近者倭人搆釁，創鉅痛深。一二文人學士，默參消息，審知富強之端基乎學問。講肄所積，爰出人才，砥礪奮興，消除畛域，期以洞中外之情形，保國家於久大。此與同治初年設立同文館之意實相表裏，誠轉移風氣一大樞紐也。臣開辦初章，事歸簡要，未盡事務，漸圖擴充。其藏書刊書游藝學堂諸所，有稽查諸員考其課業，綜理諸員總其綱維，各期敬業樂羣，尊賢尚齒，善資羣議，術集衆長，庶幾成材者擴會通過半之思，志學者得師友觀摩之益。至局中用款，惟延請繙譯，鈔寫書籍，典收文簿，登記帳目，及工匠製造之人，發給薪水。此外與辦局務，翰詹科道部院諸臣，皆出於誠懇之心，忠勤之念。但期創開風氣，增廣見聞，爲異日報効國家之用。臣亦鑒其初心，一概不請奬叙，不支薪資。至印送各路電報，只選擇有用者照原文鈔錄，不加議論。凡有關涉時政，臧否人物者，概不登載，以符總理衙門原奏。

江蘇學務總會廣告

此雖廣告，但由此可窺當時之學風，故錄之。原文載光緒三十二年八月江寧學務雜誌第六期。　編者

逕啟者。本會經同人組織，去冬成立於海上。暫定簡章，申明專事研究學務得失，圖學界之進步爲宗旨。半載以來，苦心殫慮，苟有關係社會之公益，或壅閼阻撓，報告本會，必核其是非輕重，爲之爬梳抉剔。如治病然，去瘀生新，以冀扶掖文明，掃除障礙，豈好事哉？誠有所不得已也。顧學務之得失，必歸重於學堂，學界之影響，尤屬望於學子。中國存亡危急，所以廢科舉興學校

之命意，亦曰此輩學生庶幾爲舊邦維新之巨子乎！故國家之期望於學生也，非猶夫期望科舉以一第爲榮也。然科舉時代其所受之教育，不完不備，誠足爲吾國之大缺憾。當其丱角受書，飽受塾師拘攣迂苦，爲體育之大妨碍，亦已人人能言之。今者强迫教育尚未行於國中，而活潑教育已侈談於衆口。夫活潑非放縱之謂，近者有人至東洋調查，謂日本公私各校，其對於學生以服從爲訓令，其對於中國學生則雜以平等自由諸說。意在利我鷸蚌之爭，而彼坐收漁翁之利，恫哉言乎！而不意中國內地各校學生紛紛退學，幾於月有所聞，坐此不變，是公私各學堂歲縻數千萬金錢，養成無數驕縱悖戾之性質，使溺心科舉者轉得有所藉口，視學堂爲畏途。卽二三熱誠君子向孜孜於興學者，鑒於驕縱悖戾之覆轍，疑爲擲金虛牝，而不復肯輕斥其貲財以坐收此惡果。嗟乎！弱中國者科舉也，如今日學堂之現狀，其謹守規則者無論。彼驕縱悖戾之子以退學也爲自由，以全班退學也爲結團體，以師長之命令爲專制，以不肯服從爲高尚之人格。其對於學堂也，曰有學生而後有學堂，學生乃主人翁，其餘皆公僕也。其對於校員也，曰學生與校員皆平等也，甚或意有排斥，則曰學生與校員勢不兩立也。其全班退學也，主動不過三數人。其不願退學者，必多方迫脅，更或退學之後，從全班攝影以示一去不返之意，而其實返者如故也。此猶就校內言之也。近且有官長出示，明明事屬政界，而學生散學校員不上課矣。更或動輒開會，狂奔叫囂，傳單揭帖，不知所止矣。此輩心中目中幾幾乎視罷學如罷市罷工，同爲要求抵制唯一無二之計畫。不知罷市爲商業所繫，貿易一日不通，則商情一日震動，且米鹽瑣屑不能一日不取之市也。至工黨爲外人所注意，政府每俯狥其請，故罷市罷工之舉，往往見於東西各報社會有所要求，或有所擊刺，不得已而出此急策。然各國皆有巡警，罷市罷工之時則彈壓亦加嚴，危亂或不作。中國尚無所謂工黨，惟罷市一端，爲數千年來社會之習慣，又巡警未辦，罷市而後必有暴動。近來各埠通商，外人踵趾相錯，恒以此啓交涉。有識之士亦相戒以罷市爲無意識之舉動，利於莠民而不利於商人。試問罷學爲何如事乎？學生自求學與他人無與，學生退學則自放棄其學於他人亦何與。譬如商夥自辭其店主，彼主者斷不至因其夥從之去而停閉其店，此義甚明。且甲校退學矣，而乙校丙校如故也。更不比罷市之有所震動，更不比罷工之牽索政府。然則以罷學爲要求，亦絕無可達之目的，而徒自損學校之資格，誤學修之程期，隳學界之名譽，無支持數日之團體，無三人以上承認之主人翁。充類至義之盡，則今日爲退學之學生，他日身爲校員，而學生亦退學，必曰夫子未出於正，而謬

種流傳，不可究詰，視科舉時代考生聚衆有干禁令者相去幾何。敢一言正告之曰：罷學者，實科舉時代罷考之習慣，非夫罷市罷工之比例也。今國家廢科舉，諸生亦恥言科舉，而偏留此習慣之汚點。官立學堂退學矣，公立私立亦退學。在籍學生退學矣，出洋學生亦退學。詢其故，則或飲食細微也。試問中國舊歷史中，飯蔬飲水之大聖，斷虀畫粥之名臣，求學之時，苦心志，餓體膚，尚百倍於今日之學生也。卽日本各校，廚饌亦極儉嗇，裹飯沃羹，東游學子類能道之，不聞有違言也。以飲食而起釁，可醜也。若非校員有命令而不從，已處罰而故抗，則又大反乎從前飽受塾師拘攣迂苦之故習，意欲破壞一切，非惟不肯服從應盡之義務，且以無意識之舉動強師長以所難。稍不遂意，則動以全班退學相脅。揆厥原因，大抵前數年間學校風氣未開，官長以興學爲考成，其招學生之來也，則禮數加優。（如不收學費

及月獎銀洋）及聞學生之散也，則神色若沮。在總握樞機者，又未審辦學之方法及散學之處置，加以官場濫用之名詞，動曰辦理不善，致闒茸州縣，詬學堂如敎堂，謂其妨碍考成也。學生以爲官長且莫我何，而驕縱悖戾之性質，乃從此釀成矣。於是今日退學，明日退學，甚至一學生而前後退學凡數次。退學之時，脅動全班，幼稚學齡，顚蹶追隨，尙不知退學爲何事，而亦步亦趨者。敢再一言正告曰：此之謂非種！此之謂敗羣！方今學校如林，公立私立者固論是非而不論考成，卽官立學堂亦駸駸日有進步，退學之風潮，屢憎於人，亦未必足爲脅動之具。在學生自損名譽，自誤學修，將來各校嚴守定章，相戒不收此種學生，恐有求學而已悔其晚者。越南亡人之慘，至今尙不能脫科舉之蚼，偶有閱新聞報紙者，則科以重罪。吾國勢已岌岌，朝野上下，臥薪嘗膽，尙恐不及，而猶幸科舉已廢，舉國皆知興學。諸生思之，設再留此驕縱悖戾之汚點，恐無人再敢興學，卽無時可再求學，不自淪於越南亡人之慘不止也。夫弱中國者科舉也，如學堂之現狀，以若所爲，奚啻弱中國而已耶？而誰之責也？雖然，以上所言，諸生中必有難者，曰：學生爲求學來也，以細微而散學，無意識之舉動耳，吾輩本勿爲設糜無數之公費私費，而校員之所敎，不足給學生之所學，我輩甯能伈伈俔俔，俯首而聽其腐敗乎？是說也，亦習聞之矣。以本會所得之報告，校員容有不稱職，而不足以服學生者。雖然，權量輕重之間，其稱職與否，亦致有別矣。如有縣公立小學之校員，讀琛如探也，讀塹如斬也，不知王陽明爲何代人物，以童汪琦爲一姓一名，其以告者過乎？設如所云，其不能稱職無疑矣。而他校尙有讀熊爲態，以遼金元爲一人姓名者，則舊時村學究或尙不至此，聞者必疑此言爲已甚也。然某報載東京中國留學生與日本某博士筆談，博士詢中國歷史至史記前後漢書，留學生瞠目不能答，曰：甯有是耶？傳爲笑柄。又聞近日留東學生，東敎習以其中文不甚明通，仍先授以普通中文。此輩學生回國，一旦身爲校員，其不至如以上所報告者幾希。大盜不操戈矛，校員如此，罪尤甚於殺人也，而流毒必先種於小學。蓋小學幼稚，讀若某則若某矣，無所謂衝突也。此其咎在管理學校者尸之，雖不退學而亦當愼擇敎員者，此一說也。又某師範講員引東洋歷史與古書多出入，學生輒斷斷置辯。又某講員歷史講義，詞意不甚融洽，（有云帝堯之晚年有大洪水）聞者譁然。夫引證歧異，舊時學者本有校勘之學，今非其時。平心而論，中國歷史，自有古書爲證，東洋書籍可採者甚多，食肉不食馬肝，未爲不知味。且彼邦漢學家視中國書籍，實之斤斤。以中國歷史而必援引東洋晚出之書，抑何傎也。至詞句之疵，偶一有之，原不足爲病，但既身任師範校員，討論潤色之功自不可少。學生似不必刻以相繩，致有經師難求之慮，此又一說也。蓋中俄興學伊始，身受完全敎育本無其人，在高等程度各校，當存斅學相長之心，爲智識互換之地，既非侈語詞章，則講義之微疵宜略，更非專心考据，則瑕瘢之指索無庸。苟有一門之長，卽可相觀而善。至於校員及學生，自無不當注重於德育。公德私德之解說宜明，大德小德之出入宜謹。學生之顯犯規則者，固爲定章所不容。乃近日之校員，或任敎育，或任管理，有誘婦女入校住宿者，（如報載定海敎員事）有挾妓入校，或於校所相近覓屋棲宿者，有校員延全校學生在妓寮置酒者。庶務校役，紛紛效尤。充其放任主義，所謂管理，所謂敎育，幾幾乎無不仰承學生之意旨，名曰公僕，實則衆僕，本實先撥，誰之過歟？然或於休息之日爲言動之自由，如必吹毛求疵，亦近於挾嫌報怨。（如湘省長善小學某校長冶游爲學生窘辱事）但校員既負有矜式之責，卽應嚴自治之方。口實有資，卽咎由自取。惟個人私德而合衆以干涉之，此則前所論驕縱悖戾之性質，仍不能爲學生寬者也。總之校員如不稱職，自應由主持校事之人預爲愼擇，除學問淺陋如以上報告者毋庸置議外，倘事可改良，而暫不滿學生之希望，似可俟一學期畢，由學生質諸校員，或直接管理人，確指不滿希望之處，以要求改良。倘仍不滿意，學生可於下一學期另就他學，庶學修可以無曠，名譽亦以保全。雖然，學生之所謂希望，果爲學問前途之希望乎？吾願聞之。否則無事不有希望，無時不有希望，亦難乎爲其校員矣。吾尤願各學生之父兄，惆知今日求學之難，而殷殷然詔其子、訓其弟也。本會以散學風潮，於學界影響非淺，故研究得失如此。敬以告分會諸君子，乘此暑假之期，懇切講演，俾莘莘學子共體本會辦事之苦心，期望之深意，文明進步，庶有豸乎！

江蘇教育總會咨提學使文

竊學堂重品行一科，學生以德育爲亟，必養成高貴尊嚴之人格，而後有禦侮濟變之人才。自非預定校外規則，俾各處學堂學生得所遵守，則對外不足以齊一觀聽，或啟曾參殺人之疑；對內不足以範厥馳驅，或來城闕青衿之誚。敝會深鑒於此，公同議定校外規則七條，呈請貴司核准後，通飭地方官幷知照巡警各局一體保護，並札行各處勸學所遵照辦理。除咨呈督撫帥外，相應咨請貴司查察。等因計粘校外規則一紙，另備五十分云云。

附錄校外規則

第一條　各學堂學生出校時，無論個人或全體，均佩徽章，（以形式顏色爲識別嵌學堂字樣）由該學堂酌定式樣，報明提學使及地方官，或由各該勸學所轉報。如有冒用徽章，經該學堂查出，報明地方官究辦。學生畢業或因事退學，應將徽章繳還本學堂。

第二條　學生出校時除整隊進行聽司令員之指揮外，途遇本學堂教員管理員，均應正立致敬，對於尊長亦同。

第三條　學生途遇地方官長，應避立道旁以致敬意。

第四條　學生途遇軍人及地方警察人員，均不宜有傲慢之舉動。

第五條　學生在校外如有非理之事，或到不應到之處，一經本學堂查明或經人指明報告於該學堂，（報告人不具名者無效）查有實據者，酌量情形分別懲戒。

第六條　學生如無第五條不合規則之處，有在校外受意外之侮辱者，本地方在公人員均有保護之責任。

第七條　以上各條，凡官立公立私立各學堂之學生皆當遵守。

（江寧學務雜誌光緒三十三年七月）

南洋勸業會教育觀　汪航生

教育，亦一種作業也。茲就在南洋八週之時間，所觀教育部之出品，別類分門，妄加評議，作遊勸業會之教育觀。

統計教育館及各省別館出品計之，得數不下三萬四千餘，約分彝器、標本、圖籍、手工、圖畫、習字、特殊成績七項，類述於左方。

（一）彝器　凡科學用器、測定器、視器、及樂器皆屬焉。科學用器出品較多，就出品性質言之，可分為工廠及學堂二類。

（甲）工廠出品　佳者為上海科學彝器館，天津教育品製造所，及山東理化器械所三家。以資格資本銷路及製品之多少言，則首推科學彝器館，徵育品製造所次之，理化器械所又次之。以製作言之，則科學彝器館兼仿東西各式，教育品製造所全仿東式，理化器械所全仿西式，俱極可觀。理化器械所出品，較之教育品製造所爲精，且間有較彝器館差勝之處。惜其資本無多，所製各品，除物理學器械二十餘件外，餘均未見仿製，故與彝器館及教育品製造所相去尚遠。此外尚有浙江製造教育品物公司、湖南華光公司兩家，惟品物公司出品雖富，精者實少。華光公司則僅有木工，無金工，於教育界影響俱少。

(乙)學堂出品　可分爲二類：一監製品，一成績品。監製品以山東高等學堂及客籍高等學堂之數學物理器械爲最精。成績品中，如物理器械則兩江優級師範及金匱東林數學堂出品，類皆製作至精，僅供實用。如教育用品之直規、丁字規、三角

版、粉筆、墨水、石版、體操器具等出品雖多，其佳者僅京師初等工業學堂及湖南工業學堂兩處。

要之，我國現今所能製之科學用器，僅足供普通教育之用。科學彝器館出品中雖有高等器械數種，然可爲大學專門試驗之用者尚缺焉。此等器械，仿製誠非易事，然亦有易仿製而無出品者，實因我國專門學校尚少，無銷路也。上述各器，俱係金木兩工。至化學用之各種玻璃器，僅有京師農工商部工藝局及首善工藝廠兩家，出品雖尚合用，而仿製無多；其吹製退火各工，亦未周收，不甚耐用。此亦科學用器之一大缺點。測定器出品僅十餘家，其中如奉天農業試驗場陳振先之量雨器；無錫蔣留春之赤道豎面公晷、赤道平面公晷及最精日晷；無錫王屈庵之測日公晷；湖北師範學堂之紙製日影定時表及紙製日晷；製作各有心得。科學彝器館教育品製造所

之水準，及各種電氣測定器，仿造尙合理法。至中國舊有之日規羅盤，則以安徽吳魯衡等出品較佳，惜漆工未精而樞紐處所用銅皮亦屬粗拙。此因我國金屬品多用手工，與機器製者精粗逈異，往往有極精美之品，其配用之金屬條片均極粗劣，固不特日規一項爲然也。此外度量衡各器，我國素未講究，出品自不足觀。推原其故，卽因我國無製造度量衡之器械，故度量衡不準，度量衡不準，故所製各種器具多不精。視器及樂器出品之數與測定器略同。其仿製者，僅廣東李任重之三百倍及五百倍顯微鏡兩種，測其各種透光鏡磨光尙準，惟銅製鏡架及螺絲等俱未精。眼鏡出品，僅上海義順祥製作尙可，惟無測定器械，故凸凹度未能整齊。其他各遠鏡各種視學器械，俱無出品。西樂出品，僅風琴一種，其中銅簧之自製者，爲衆和風琴公司及敎育品製造所兩家；

但製作之精，音級之準，首推衆和，且其裝置形式，俱多改良。中國舊有之樂器出品僅數家，以福建老天華最爲完備，於古代法物之制頗有考究，製作亦尙華美，餘則與樂制無當也。

（二）標本　凡動植礦物各種標本，及動植礦物、地理、生理、測算、建築各種器具模型，皆屬焉。此次出品，各種標本大略俱備，故在科學工藝器中，以標本出品爲最多，而動植物標本出品尤富，但多任意採集，能於分類選科細心斟酌，足供普通學校模範標本者，惟科學彝器館出品或足稱之。然動植物分科各國雖同，而其每科應用之代植物，則不特中外互異，卽我國各省亦難盡同，故科學彝器館之製品，僅宜於南省學子。至西北及極南各省，尙乏其選。若以製作言之，則植物標本製法甚易，不過壓製須細心乾燥須加工而已。我國北地天氣本極乾燥，其出品亦較佳於南方，理固然也。動物標本，採製較植物爲難，出品亦較植物爲少。其剝製精細，配眼合法，縫皮嚴密，防腐周到者，則吉林博物標本實習所、京師大學堂、及農業試驗場、四川勸工局、科學彝器館、常州府中學堂、及其遊藝會標本製作部等，較爲優勝。動物標本又有擬製與酒浸兩種。擬製標本，則有海鹽蔚文學堂與四川勸工局、四川師範學堂附設手工專修科三處，海鹽出品，卽以繪畫爲底，貼附各種羽毛，實能融合圖畫標本之長處，別饒佳趣。惟近乎美術，於敎育界似少關係。四川出品則以紙型貼附各種羽毛，形神逼肖，直同實物，且體質輕便，價值甚廉，又不須防腐，實爲動物標本中之特色，可用以濟動物標本之窮，於普通敎育似甚相宜，非可以玩具視也。酒浸標本，必求酒製合度，裝封堅固。此次出品，惟科學彝器館製作裝置均能合法。此外通州師範學堂武昌中學堂出品，形式皆是。所惜瓶之大小式樣不合，每有瓶小物大之弊。其餘各學堂製造，非酒色變換，卽裝置不宜，無甚可取。礦物標本採製最難，非實地踏查，細心分析，不易鑒定。此次出品不多，佳者亦少。巖石化石土壤等各標本，更無稱者。至動植礦之顯微鏡標本，出品頗多，如蘇州師範學堂、常州府中學堂之遊藝會標本製作部，及兩江師範學堂等處，出品俱佳，剖切細工，每極精緻，而貼附易事，轉多粗率。各種蠶業標本，則以江南蠶業學堂爲最佳，崑新女子蠶業講習所次之。又科學彝器館之介殼標本，太倉州物產會之木材標本，俱合實用。模型類廠家出品，僅有科學彝器館及敎育品製造所二家。彝器館出品，以各種生理模型爲最佳；製造所出品，以結晶模型、蠟製菓品模型、石膏製魚類模型爲最佳。至學堂及個人出品，最多者爲數學模型。此物製造尙易，除兩江師範之立體幾何模型較爲繁賾。其餘各家出品，皆不相上下。此外京師大學堂之蠟製各種菓實模型，江南高等學堂之紙製人體簡捷模型，製作俱佳。其合用者，則有奉天陸地測量局之關東半島模型，湖南實業學堂之美國賀博羅克礦山模型，廣東召棠學堂之本鄉模型，江西測繪學堂之各種測繪模型等。其餘石膏製紙製之各種簡單模型，均屬手工，隸於手工一門，不復於此論列。

(三)圖籍　凡官私各局公司圖書教科書各種製版印刷樣本各學堂課本講義圖表章程，各種碑帖報紙皆屬焉。各種書籍及教科書等，惟就製版印刷裝訂之良楛，分別品評。此次新印刷物之出品，以商務印書館最爲繁富，該館如活版、石版、照相版等，皆經悉心研究，所出各種印刷物，故能華美絕倫，裝置式樣，亦頗適用。數年以來，該館出版教科圖書，約計三

百餘種。政法書地圖雜誌等，亦約三百餘種。近復敬遵原本會典，恭校印行，其印刷裝訂紙張墨料，均極精良，足稱巨製。其他印刷各項圖書標本彩色刻工，亦極工緻。次之則集成圖書公司，該公司自收回圖書集成局歸併點石齋以後，銳意經營，力求進步，其出品如二十四史、九通政典類纂約章成案匯編、光緒東華錄等，皆卷帙浩繁，印刷精審，石印亦極完美，而於凸凹版之製造，尤能極意研究，雕刻電鍍，均極得法，故各種出品，類皆光華奪目。中國圖書公司及文明書局，皆出品無多。中國圖書公司之鋅版印畫一種，製作未極精美。文明書局之五色石印一種，花樣未能一新。其他有正書局神州國光社，雖僅印刷書畫碑帖，範圍較小，而搜羅宏富，選擇精審，印刷之工，較原本絲毫不爽，俾古今珍品得以流傳海內，其功亦不可沒。官局出品，則以江蘇官書局爲最多，惟

俱係舊籍，於印刷術業未見改良。個人出品，則以江西勸業道傳道春官爲最多，可爲各館之冠。各學堂出品課本，除江南高等學堂有自刻木版數種外，大半係各局公司所出版者，彼此隨意陳列，殊嫌重複。各種學堂圖表章程，又屬部頒成式，無甚特異之處。碑帖一項，拓工紙張，墨料之精者，首推陝西各處出品。各種報紙，排印紙張，無甚優劣。

(四)手工　手工種類，亦至繁糅，如紙、豆、土、木、竹、金等工，皆是。各等學堂敎授手工之區別，幼稚小學則授以織紙、摺紙、貼紙、繡紙、刺紙，各種紙工、黏土工、豆細工、及結紐等。中學則進授以竹工、木工、金工等。至師範一科，原係養成各項敎員之資格，上列各種必須完備。至此次出品之燒窯品、皮件、漆器，則手工成績之特殊者也。統師範中小學幼稚園而言，兩江師範學堂、寧屬師範學堂之厚紙竹木等工，皆極完備。常州府中學堂之織紙、厚紙、竹工，製作甚佳。直隸、湖北各學堂出品，可取者亦復不少。此外則江蘇育嬰幼稚舍、福建美部會幼稚園、山西幼稚園，較爲合格。江西陶業學堂之瓷器，雲南實業學堂、臨安府中學堂之陶器瓦器，松江集益工藝學堂之皮件，湖南工業學堂之漆器，皆尙各有專長，足資比較；然此究屬於特殊成績。以普通手工成績論，優美完備，當以江蘇爲最，直隸次之，湖北又次之。其他各省，此次出品本已絕少，卽偶有之，亦多惡劣，此卽地勢風俗所使然也。

(五)圖畫　圖畫種類繁多，有用器畫、毛筆畫、鉛筆畫、鋼筆畫、水彩畫、油畫、漆畫、炭畫及地圖之分。而其程度較高者，爲用器畫中之機械圖畫，其次則幾何圖畫。機械圖畫，以上海高等實業學堂爲最，其橋梁各圖皆能應用，實於工學原理確有心得。其次則唐山路礦學堂出品亦復不少，惜機器零件居其大半，構造亦極簡單，一圖之主要部分詳略又往往失宜；惟靜力圖數張尙不失爲科學之作。江南高等學堂與江南實業學堂之圖，類皆裝造所用機械，尤以屬於化學工業者爲多，高等學堂繪畫精密，較之實業學堂雖顯有區別，然一則主於摹繪爲入大學之預備，一則主於實用足資教授之參考，兩者用各不同，精粗致各有別。惟注重着色繪影，無橫立切面，無比例尺寸，顯背工學之原則，是則除上海高等實業學堂而外，蓋莫不皆然也。此外四川鐵路學堂測繪各圖，極其精緻，亦用器圖畫中之傑出者。至幾何圖畫之較精者，有廣東高等學堂之投影各圖，餘則中學程度之敎料，於應用之術蓋無當也。常州府中學堂出品亦多，所惜略於繪圖，詳於繪字。圖畫之文字本以標明一圖之作用，究爲附屬之品，苟能不損美觀，即

爲已足，乃必全力專注，而反置繪圖於無足重輕，殊覺有乖本意。其他各種圖畫，該堂出品之多又幾占中學全部，無類不備，無類不精，而尤以漆畫爲巨製。上海土山灣畫館之肖像繪畫及石膏模型畫，類皆栩栩欲活，水彩花卉果實，亦復逼眞。江寧上海常州各女學堂出品，佳製尤覺美不勝收。湖北文普通中學堂蔣錫曾出品各種圖畫，均極精美，亦屬不可多得。中學以下圖畫應以水彩畫、鉛筆畫、簡筆自在畫爲主，而各處高等小學出品，大都毛筆設色畫爲多，華彩絢爛，誠不乏渲染可觀之品，而於學堂敎科實不相合。至初等小學之簡筆自在畫，則幾於絕無僅有，此種圖畫用筆貴有準則，原與書法相通，非可隨意塗抹，即其用筆之所準亦屬匪易。乃各初等小學堂舍此而專攻設色畫，或寫描工筆，殊無謂也。簡筆自在畫出品既少，佳者益乏。其中如萃秀學堂四安

鎮初等小學堂出品用筆尙有可取。至地圖一種，中小學出品甚多，大都沿襲直省輿圖歷代地理沿革圖及鄒氏圖本，依樣胡盧，千篇一律，殊乏思想。間有創製之品，而又比例不明，方位莫辨。其最佳者，如江南商業學堂之各種交通地圖，於電報郵便鐵路航線繪畫綦詳，中外大勢頗有關係，固地圖中之傑作也。其繪畫之最精者，爲民立上海中學堂之江蘇南半省圖，繪事從新，允推佳製。他如果育學堂之南滿洲地圖，竢實學堂之各處分圖，於兵事實業特加注意。武昌存古學堂漢黃德道初級師範學堂之地圖成績，於歷史頗有考證，此皆能自出新意，足以啓發智識者也。

(六)習字　習字一門，論學堂教授程度，初等小學決無教授篆隸行草各體書法之理。無論何等學堂，亦斷無楹聯屏幅及極大橫幅之成績。此次小學出品中，篆隸行草各體書法頗多，大率不成字體，無足觀者。其合於教授程度之成績，以廣東優級師範學堂馮光瀲、湖北銀行講習所杜毓賢、常州粹化女學堂陳誠、保定府兩等小學堂舒鴻年出品爲最。至楹聯屏幅，雖非學堂成績，而爲數較多，亦間有佳製。

(七)特殊成績　各學堂特殊成績，其最佳者則有江南高等學堂之理化博物成績，江寧實業學堂之化學成績，練礦成績，皆製作合法，頗類西品。次之則兩江師範學堂、松江府中學堂、京口八旗中學堂之化學藥品，亦皆提取純淨，足供實用。黑龍江北路初等工業學堂造紙成績，以本地出產之原料，採仿新法，分類製造，粘料既極堅韌，纖維亦復細勻。其餘海州贛榆學堂之電池藥品，湖南高等學堂之試金成績，製鍊亦尙合法。簿記成績，則有江南商業學堂、上海中等商業學堂出品，統系分明，分科亦當。而江南商業學堂之改良簿記，尤能極力求與舊日帳簿習慣相融洽，實研究有得之作。又盲啞學堂共有三處：一福建之靈光學堂，一廣東之明心書院，一直隸清苑盲啞學堂。直隸則但有教授用具圖式，其刺字之八孔銅版與尋常異，而惜無成績可考。廣東之明心書院成績亦復不多。惟福建之靈光學堂盲生五人，自開會以來，終日於福建館分途操作，成績顯然，面加試驗各盲生於刺紙英文課本，類能應手成誦，可以補教育之缺憾矣。

（教育雜誌第三卷第一期宣統三年一月）

京師大學堂學生疏爭俄約 光緒二十九年三月

大學生因外交向政府進言，以此為始。 編者

竊維我國之誤，未有甚於聯俄者也。十數年以來，樞臣以聯俄為唯一不二之宗旨，一誤再誤，遂至釀成今日之巨禍，此誠生等所為痛哭流涕，仰天太息而無可如何者也。自喀希尼條約許俄人以不冰之良港，於是各國紛起援為成例，而割我土地，旅順、大連灣、威海衞、膠州、廣州灣相繼喪失。至於東三省，尤為我祖宗發祥之地，俄人窺伺有年。甲午之役，俄人仗義執言，紿日本之臂而奪之，久已視為囊中之物；因庚子之事，藉口平亂，以五千兵保護鐵路，遂拱手而收其地。厥後名雖為退兵，實則陰圖久遠之計，此誠我國臣民所共聞者也。頃聞俄人要我以東三省七款之約，遂至日英諸國，起而干預。夫日英與俄之衝突，已在人人意料之中，不待智者而知也。生等以為今日之戰役，英日俄諸國為政，無論誰勝誰敗，而東三省必非我所有，可預言也。不特此也，恐戰端一起，大局破壞，有形之瓜分，即在旦夕。言念及此，可為寒心。生等再四籌持，值此時局阽危，計無從出，聖主憂憤於廟堂，生民塗炭於水火，深念古聖教忠之遺訓，旁考歐美愛國之熱情，思盡子弟之職，一

分君父之憂，故敢干犯忌諱，而進芻蕘之一言，敬爲我皇太后、皇上椎心泣血而陳之：夫今日百虎眈視，萬鬼環瞰，既不能發奮自强，又不能閉關自治，雖有善者，無可如何。救亡之道，別無良策，惟有聯日英以拒俄而已。夫俄人以陰鷙險狠之手段，行其彼得大帝之遺訓，久爲地球萬國所怒。昔既思併吞土耳其，會爲英法諸國所阻，於是一變其方針，轉而經營西伯利亞鐵路，至於今日，遂駸駸有駿馬下阪一日千里之勢。其國之大臣，長於外交，誘我以重幣甘言，陽引爲同情，而陰行兼併之政策。其在東三省也，銳意以開化土人爲己任，鐵路之旁，設立市、村、城、鎮，凡一切通商、鑛山、鐵路、兵制之權，悉歸其掌握；三省將軍，奉命惟謹。今又要我七款之約，於我國之主權，蔑視已甚，其心目中尚視此地爲我之地乎？此而不圖所以拒絕之策，使各國尤而效之，持利益均沾之說，將二萬餘里之地，四百餘兆之民，任彼白種人分割烹宰，其謂之何？當事諸臣，將何如使皇太后皇上上對祖宗，下對臣民乎！或曰：「俄人固强悍無理，然英日諸國，卽可信其助我耶？」此又生等所不得不辨者也。夫以公理言之，凡國之强，未有他人能强之者；凡國之亡，未有他人能亡之者，惟視乎我之自取。此至易明之說也。今日英雖不仗義相助，然以時勢而論，日則與東省比鄰，苟一旦東省折而入俄，彼勢必孤；英與我國商業極大，有範圍揚子江流域之勢力，苟大局決裂，彼亦不利。故前年聯盟拒俄，以保東方太平之局，此誠英日兩國之內情，出於勢之不得已也。我苟乘此機會，因其勢而從之，與之聯盟以拒俄，一則可以阻俄人之蠶食，二則可以保全大局，而亟圖自强，此誠一時之機會，不可失也。故聯俄則有害而無利，聯英日則有利而無害，大勢如此，不待蓍龜。昔土耳其，至弱之國也，猶敢結英法諸國以與俄戰，塞里米亞之役，使俄人不得逞其志，而士藉以圖存。向使士於戰役之後，改革其內政，必能爲地球之强國；而今猶孱弱無能者，是非英法諸國之有負於士，而士之有負於諸國明矣。今我國雖弱，必不至下比於土，若猶疑不決，不敢拒俄，此眞生等所不解也。生等聞皇太后皇上憂居深宮，憤主權之喪失，列强之憑陵，生等以爲此次若許俄約，大勢遂去，牽一髮而動於全身，土崩瓦解，束手可待，此生等所爲泣涕沾襟，而每飯不忘也。夫以皇太后皇上之明聖，加以政府諸臣之老成，計周慮密，何煩生等喋喋哉？然生等皆國民之一分子，有報效國家之責任，平居竊歎，念國制之搶攘如此，列國之强橫又如彼，故不避斧鉞之誅，冒瀆上陳，伏乞皇太后皇上斷自聖心，中察樞臣、疆臣之言，下採全國之輿論，莫不以力抵俄約爲然者，非生等數人之臆見也。蓋力抵俄以保全大局，一面乘時展布新政，以圖自强，數年之後，國勢必有可觀，生等可斷言也。越句踐臥薪嘗膽而沼吳，德國維廉第一發憤爲雄而墟法京，國不患弱，患不自强，安知厄我者不玉成我也！不然，俄約既立，各國艦隊，水陸並進，我祖宗天府之膏腴，跨亞細亞全洲之頂顚，版圖具有法蘭西西班牙兩國之廣，不崇朝而爲墟；而東南各省，亦蹂躪無全土矣。神州陸沉，四海爲魚，我列聖在天之靈，其將何以爲情？國家存亡，間不容髮。易曰：「其亡其亡，繫於苞桑。」一願我皇太后皇上深念祖宗付託之重，下哀生民之多艱，力拒俄約，聯盟英日，大局或可圖存；藉手以行新政，宗廟幸甚！國家幸甚！生等草野愚賤，罔識忌諱，竭露愚誠，干冒宸顏，不勝戰慄惶恐之至！伏維代奏謹呈。

（光緒政要卷二十九）

各省旅滬學生總會第一次簡章

此會產生於光緒三十二年留日學生全體歸國之後，實全國學生聯合之始。　編者

一、定名　本會爲中國二十二行省留學滬上之學生，組一機關部故定名曰「各省旅滬學生總會」。

二、宗旨　以破除省界融結各校團體以爲他日敷設國會之權輿。

三、職員　正副會長各一員，書記會計幹事各一員，代表每省一員，評議每省二員，調查每省四員，均就各省學界中公推。

四、經費　（甲）開辦費（如登告白刋會員錄章程郵費等及開會一切佈置）應由發起贊成諸人暨會員酌量捐助。（乙）入會後每期納義務捐一元，以備會中度支。（丙）如有會員及非會員，擔任特別捐補助本會者，除登報表章外本會應予以相當之名譽。

五、應辦條件　（一）組織各省雜誌及白話報。（二）設國語練習會，以齊一各省之方言交換會員之智識。（三）調查各省內地社會之情形。（四）贊助各省速辦地方自治。（五）研究法政以備各省議紳之顧問。（六）興辦迻譯事業以輸進外界之文化。（七）調查印刷、工藝、繅絲、紡織、機器、舂米、製藥水、造冰、造紙、造肥皂、玻璃、乾麵、燐寸等新法，以爲內地振興實業之預備。（八）設青年介紹所，以期遊學之人日多。（九）設學界通信部，以爲東西洋留學生及各省學界通信之樞紐。（十）集古今圖書，藏庋總會，以供會員之展覽。（十一）組織美術俱樂部，以發揚國粹。（十二）設絕大女學校，期爲各省造就多數女學堂及幼稚園之教師。（十三）普勸各州縣多設小學，並監督其辦法。（十四）爲內地各學堂介紹教員。（十五）研究學務上各種問題，以爲各省教育會之助力。（十六）保持各省路鑛權，勸鄉人亟起自辦，以救蹙國之禍。

六、會期　（甲）本會成立後，須假本埠最適中處，訂期開一特別大會，以後即永爲本會紀念日。（乙）每月開會一次，分提議通函二項，以期會務之進步。（丙）每歲春秋佳日，開懇親會一次，以聯同會之情誼，而資外界之觀感。（丁）遇有特別事件，可開臨時會議。

七、會所　俟會員衆多，經費集足，再賃房屋，以爲本會辦事處。現暫時通信可寄靶子路同昌里安徽雜誌社。

八、公約　（一）尙公德。（二）惜名譽。（三）重實踐。

附則　草創之初，章程姑從簡易，成立後公同硏究，隨時修改。

（發起人）胡耀華（贊成人）王摶沙陳佩忍于右任何寓塵

（江寧學務雜誌）

擬議朝鮮來學章程片　李鴻章

再臣督同津海關道鄭藻如等詢議朝鮮制器練兵事宜，擬定大概規模，已專摺具陳在案。據該使臣卞元圭呈稱：朝鮮武備早宜講求，所以遲至今日者，實因外藩私購戎器有干例禁，迨時勢既迫，始敢籲請，猶恐緩不濟急。又稱：該國義州距營口僅六百里，由營口附輪船直達天津，不過數日，或自津門航海東駛，可徑泊該國黃海道之長淵豐川兩府，將來領運器械來學員弁，當從海道爲便捷等語。雖格於定例，而軍需緊要，未便過涉拘泥，轉阻其嚮化之誠。因飭鄭藻如等與該使臣酌議章程四條，於通融中略示限制。查外藩派人來華習武，本屬創舉，自應因時變通。如選派人員一條，令其自備資斧，以免供億之煩，仍許借給住房，用示綏懷之誼。往來道路一條，惟來學之員弁兵匠及領運器械，准其暫從海道。此外朝貢及常行公事，仍須恪遵成憲，斟酌於經權之中，似尙無甚流弊。給發憑票一條，所以備稽查而便約束，至從人不必多派，亦不得私帶商販貨物，關稅可免短絀。公文分咨一條，若循向例，朝鮮來文須由禮部轉行。然練兵、學藝、購器諸物，皆屬刻不容緩。設事事由禮部核轉，在該部既滋煩瑣，兼恐有誤機宜。今令該國分咨禮部及臣衙門，以免迂折而昭迅速。仍由臣隨時奏明辦理。凡此四端，皆再三籌度，不厭精詳。謹將擬議來學章程鈔呈御覽。

附朝鮮員弁學製造操練章程

（李肅毅伯奏議卷十）

李鴻章

一擬派三十八人分入東南兩局學習製造，以兩員分管之通事傳語者。東局用二人，南局用一人。又選派精明强壯弁兵四十人，分隸親軍槍砲營內學習操練，亦以兩員分管之，通事傳語者二人。以上共以八十七人爲額，資斧火食等項皆朝鮮國自備，惟住房由中國借給。

一朝鮮國朝貢使往來所經道路，自必永遵成

憲。惟此次派人來學，係屬破例之舉，若得徑從海道，更覺便捷。且製造操練等事，一二年內當可探討門徑，爲期不至過久。擬請酌量變通，奏咨立案，暫由海道來往，不在朝請常行公事之列。除來學之弁兵學徒委員通事從人而外，別人別事不得援照辦理。至朝鮮國請中國代購軍械機器等件，俟購到後，由中國咨照朝鮮，方可派員從海道前來領運。

一委員弁兵學徒通事人等，由北洋大臣衙門給發空白憑票，交朝鮮國按名塡給，幷造名冊呈送北洋大臣衙門及禮部備查。到中國後，遵守中國規矩，專心聽教。倘或不遵約束，由中國官發交派來委員查核辦理。至隨從之人，敷用爲止，不必多派，亦按名給予憑票，附列冊末，一體遵奉約束，不得私帶商販及一切貨物。

一凡屬練兵學藝購器軍務公文，由朝鮮國王

分咨禮部及北洋大臣衙門以歸便捷。

（李肅毅伯奏議卷十）

元年教育之回顧

莊俞

民國元年爲中國教育變遷之最大時期此篇述當年之興革甚詳故錄之。　編者

世間事物紛紛擾擾，試取其過去史讀之，不覺可笑，輒復何異，抑且可悲。非人之心理時有變遷，乃前此之希望過奢，入後之事實不如其願，於是情意因之而易矣。吾於民國元年之教育狀況，亦作如是觀。

我國教育之不合社會進化者千百年，清季鑒於歐美之文明，始稍稍改革；然以政體關係，一方面提倡，一方面限制，遂致大好趨勢，時進時退，結果得一敷衍之現象。青天霹靂，共和告成，人心勃興，而教育界亦大震動，以爲促進機會卽在今日，雖不能頡頏列國，要當急起直追，步入後塵。然而歲月不居，光陰容易，回顧民國成立後一年間之教育，進步歟？退步歟？我心悠悠，誠不覺有可笑可異可悲者在。欲言不言，非吾所安，斯文之作，多事也亦多言也。

專制時代，人民蜷伏於一人之下，既無參與政治權，并無評議政治權。共和時代，全國人士，趨附所謂政黨者。半年以來，人人以議員爲唯一目的物，爲己運動，爲人運動，奔走營求，不遑暇食，誰復念及教育？苟有語此，反視爲迂腐之談；昂頭講章伏案遐思一種姿勢，誠迂腐也。雖然，無論何人，有一未經過此迂腐境界者，其國民知識，卽有不足之虞。孰謂教育輕於政治乎？舍本逐末，非計之得也。至於執政之流，終日役役，其精力消耗於酬應間者十之六七，化蝕於利慾間者十之三四。外交如是其急，財政如是其窘，教育云者，出不足以禦敵，入不足以治國，飢不足以充食，貧不足以生利，故熱心諸公，一言及之，莫不曰：「從緩從緩。」職此之因，而

民國元年之敎育，遂付之空間；國民不幸，於共和之世反陷於無敎育者已一年矣。或曰：「子何妄也，敎育部黌整敎育，不遺餘力，何得誣之？」則謹答之曰：吾非敢誣敎育部；謂予不信，請撮取一年間敎育之要點而論列之：

敎育部成立及遷徙　清季掌全國敎育之機關，名曰學部。民國政府組織於南京，內有敎育部，卽學部之變名也。當其建設之初，總長以下，不滿十人。諸事簡陋，惟務實際，內鮮僕役，致以堂堂敎育總長親詣大總統府領印，白巾咫尺，裹一方寸物，乘人力車往返，見者駭爲開國史之趣談。金陵雄都，龍蟠虎踞，建一敎育部，倉卒不得其所，問之大總統，則曰「須由各部自覓。」問之國務員，則曰「原有衙署爲軍隊佔據，速自覓」於是堂堂之敎育總長，又如尋常百姓，躑躅里巷，覓一枝棲。不得已商之外交部，假其樓屋十楹，藉以辦公。開衙之始，無事可爲，發一暫行辦法之通令，正校名，定校程，如是而已。三五羣居，仙人是比，俸給不得，無魚是嗟。然而熱心國事，昕夕籌謀，苟有案牘，隨到隨辦。回憶斯情，猶令我欽敬不已。未幾南北統一，政府北遷，敎育部從之入都。舊學部人員充塞署內，一代案卷積如山邱，不知歷幾許周折，幾多困難，始得襲居舊署。撤兩字之學部匾額，易以三字之敎育部匾額，公署景象，於是成立。不特個中人撫今追昔無限興嗟，卽記者搖筆述之，亦有深長之思在其間焉。

敎育總長之更迭　敎育部組織之初，遴選人才，以敎育總長任之蔡元培君。蔡君品學，人無間言，且以政治革命之鉅子，俾爲敎育革命之元勳，莫不爲民國敎育前途慶。顧以總長位置，一方面爲一部之長官，一方面爲內閣之分子，其責任不僅敎育而止。在南京時，次長爲景曜月君，北遷後，景君辭職，范源濂君繼之。際君以長於學術聞，范君以長於才能聞，兩賢相濟，輿論翕然。不意以內閣紛更之故，蔡君狃於連帶責任之說，辭職甚堅；書三上，雖經大總統之慰留，國務員之勸說，本部司員之請求，臨時教育會議議員之挽駕，胥置不顧，決然以去。范次長升總長，秘書長董鴻褘君升次長，曾不數月，范總長又以病辭，避津養疴，假期再展，恐又必出於改任矣。噫！開創之際，艱難困苦自在意中；但臨時政府爲期迫促，何以熱心於前，不能稍緩須臾以俟正式政府成立？竊所不解者此也。

新教育令之公布及實行　義旗一舉，各省響應，而中央最遲，致省自爲政，無所適從，教育事業，幾有分崩離析之勢。教育部憂之，新令紛頒，俾全國教育，漸趨一致，法至當也。然國家行政，重實際不重形式，有名無實，弊厲敷衍。揆其原因，殆以各省教育司初非中央所派，嗣由大總統追加委任者，其人多以教育部無直接

之感情，或則自謂洞明教育，不以中央公布之新令爲然，或則以本省情形不同，特於中央新令之外重發省令。試問歷時一年，教育部公布之新令求其已實行者，能有幾省？在教育部之意，亟欲整理全國教育，苟爲教育上應用之事，無不制爲新令，陸續公布，此令之可行與否，或非今日急務，均不暇計。此教育部注重形式教育令之譏所由來也。今日教育界至大之改革，爲陽曆爲三學期，爲高等小學減少一年，中學、師範變更尚易，高等專門以上各學校，爲數較少，影響較微，即此列舉之陽曆等三項，試問各省已實行否？能起而應者，恐難之也。根本改革，尚不注意，則其他事務，改亦徒勞。教育部既無統一之能，尤乏干涉之力，故一年間之教育，實處於紛亂地位。國立學校，僅有預算，無財濟之；省立學校，或當收歸國立，或當裁撤，或當改組，或當歸併，均未實行，是又誰之咎也？茲將新令之重要者，條列於後

第二號　教育宗旨
第三號　學校管理規程
第四號　學校制服規程
第五號　學校儀式規程
第六號　學年學期及休業日期規程
第七號　學校系統
第八號　教育會規程
第十二號　小學校令
第十五號　學校徵收學費規程
第十六號　專門學校令
第十七號　大學令
第廿一號　各學校准於明年招收新生一次
第廿二號　法政專門學校規程
第廿三號　工業專門學校規程
第廿四號　公立私立專門學校規程
第廿五號　醫學專門學校規程
第廿六號　藥學專門學校規程
第廿七號　讀音統一會章程
第廿八號　中學校令施行規則

以上部令之重要者。

第二號　訓學校管理員及教員
第三號　訓各校學生
第十號　新章公布後分別規定舊班各生課程辦法

以上訓令之重要者。

教育經費之恐慌　革命事舉，各省財政盡變軍需，中央尤甚。在政府在南京時，教育部司員，祇給旅費；既北遷，貧困如故，總長盡義務，次長以下，一律予以六十元之俸金。至學校及圖書館之屬凡轄於教育部者，每月發維持費若干，以爲保存校舍、校具之計。各省亦然。即如至重要至廉省之小學校，停止者且不知凡幾。

教育經費之恐慌，爲興學以來所未有。迨暑假以後，各省教育司及京師學務局等機關，盡力督促先行恢復小學，以重國民教育；於是小學漸次開學；然至今猶未復舊也。至於各省所有各校得費開設者，殊屬寥寥。中央各校，復借債以爲支持之計。教育部預計教育費，須百餘萬元，財政部無以應，致自行借債；華比一款，其大宗也。經費無着，而欲推廣教育，夢想而已。固有之教育不能維持，則新教育益無推廣之望，而欲促進教育，囈語而已。故一年間之教育經費，殆無地無時不處於恐慌時代也。

臨時教育會議之成效如何？　蔡元培君任總長，以教育革命，茲事體大，爰發起教育臨時會議，召集全國教育界代表，會於教育部。其會期始於七月十日，終於八月十日，開會十有九次，所交議案四十八件，而議決者僅十七件。會員除教育部直轄各校校長外，總長延聘三十人，每省推選各二人，華僑到一人，蒙古到一人，類皆熱心教育，各抒所見，斤斤討論。所未合者，往往挾一人一省之情狀，以例全國，致議案時呈奇異支離之迹。雖然，不能實施者固有之，可以採擇者亦不少。教育部對於此種議案，無必須執行之性質，但當愼選可用者一一用之，何以所頒新令，於議案可採者不採，不必採者採之？豈人心不同，有以致之歟？吾取新令與議決案兩相核校，覺所謂臨時教育會議，不啻多此一舉。議案所具，部員固優爲之，而必於長夏炎日，勞民傷財者何也？故元年度之臨時教育會議，直無成效可言也。

中央學會之虛聲　吾國何以有中央學會？殆因參議院議決國會法，有「中央學會得選參議院議員八人」一條。於是稍合學會資格之人，咸思起而組織之，以爲議員之預備。教育部以此事屬於教育範圍之內，遂擬一草案，先分中央學會爲文學、科學二部，次定會員由各部會員推選。會員資格：一中外大學畢業者，二有高深著述者，三在國立大學任專科教授至三年以上者。會員名額由教育總長定之。會員無任期之規定。法制局員亦擬一草案，並不言隸於教育總長，會員資格止定大學、專門、高等畢業生及教員又有高深著述經本會認定者合此資格卽當然爲會員，無須推選，亦無定額。草案之不同如是。既提出參議院，起草委員會參酌二者之間，規定中央學會法十八條，十一月二十九日由大總統公布：第一條，中央學會直隸於教育總長。第二條，會員無定額，由合資格者互選；資格分二項：一有內國外國大學或高等專門學校三年以上畢業者，二有專門著述經學會評定者。第四條，會員任期三年連舉連任。第六條，設會長、副會長各一人，由會員互選。此法令公布後，在京合格會員自以當選爲得計，驟有大學預科畢業生二百餘人，竟自比於第二條資格，浼人要求范總長。而部員爲愼重學術起見，參事司長等一致反對。無他，既明言爲高等專門，自當以高等師範及專門學校爲限。凡從前之高等學堂、大學預科、法政別科、優級師範選科生均不能作高等專門。若不如此限制，則資格廣泛，何裨於學術前途耶？互選細則，由教育部定之，尙未見公布。其將用比較多數法乎？抑將先定當選票額乎？然用比較多數法，必先定會員名額，會員既無定額，則必先定其票額。今既定得票滿五十票以上者卽爲當選，爲數未免太少，運動當選，似尙不難，吾未見其善也。至投票之法，尤當研究。合格會員，大抵分散各省，不得不將投票紙分交各省，由各省各定一投票區，投畢彙報中央；檢票後，召集當選人於中央學會，更選出參議員八名。信如是，則手續繁瑣，時間延緩，運動之施行較難。然則元年度之所謂中央學會，不過徒具虛名組織，告成參議員選出，當在二年春夏間矣。

大學之風潮　吾國之有大學，數年於茲耳，前清視大學校長爲優美差缺，稍負時望之人，咸思得之；不第校長卽下至一庶務長，亦可年獲巨金。革命後，軍費無所出，嚴復君負債數萬金，請於大總統，始得開學。教育部以大學分子不馴，經費浩繁，思整頓之，會嚴復以索費無着，自行辭職，教育部乃電聘章行嚴君繼任；章君應允，大總統任命乃下。旋章君因事滯於滬，有少數學生擅電章，示反對意；適馬良君入京，教育部請其代理校務，學生不服，馬復辭職。大學陷於無校長之地位者數月。既而章行嚴君到京，教育部申前說，章仍力辭；教育部遂以何燏時長大學。十二月二十七日，大總統准免章士釗大學校長本官；又准馬良代理校長辭職；任命何燏時署校長。嗟夫！以偌大之中國，不得一完美之大學，其教育之不發達，卽此可徵。十年以前，雖欲自

辦大學，非借材異國，組織難成。今日則歐美列邦，留學生畢業歸來者，已得若干人。此若干人之頭銜，或爲博士，或爲碩士，或爲學士，資格高尙，自命不凡。然使之辦理重要事務，往往挾外國以例中邦，情誼隔閡，求全反毁。若令之辦理學校，當可用其所長，況於若干人中選擇若干以充大學校長、學長、教授、助教授，當尙不乏，亦能游刃有餘，而區區一北京大學，尙不能遴得賢才，整理一切，抑又何也？吾於新校長何君有無窮之望矣。

教科書之革命　昔者兒童讀書，以百家姓千字文等爲入門之良教科書，或則直接以四書五經，其弊亦人人知之矣。小學教科書之編輯，實始前清乙巳丙午間，商務印書館之最新國文修身教科書，記者亦爲編輯人之一，甫經出版，海內風行，並非其書編輯完善也，乃國人正苦無書教授兒童之際，適得此冊較善於彼，故皆樂用之也。遲之又久，始有他家倣效編印，但所

以仿效之故，未必為內容之競爭，特視其獲利之可羨耳。以故教科書無進步者，四五年。同人積編輯之經驗，教授之心得，屢加改良，而坊間踵起者，亦不一家，於是編輯上稍有競爭矣。民國成立，教科之宗旨，要當隨政體而一變，陽歷改行，三學期之議又定，從前出版之教科書，大抵不適用，書業不得不紛紛改編。此誠政治革命之後，復有教育革命之事實；教育革命之先，必以教科書革命為基礎也。今日小學之教科書，苟能及時羅致小學教育富有經驗之人，採取衆長，重編新著，吾國無數青年教育之幸福，胥視乎此。若僅以營業為競爭，不以內容為競爭，則國民教育之進步，已受無形之挫折矣。

各省圖書審查會之近況　臨時教育會議對於圖書審查，不欲全權操之中央教育部，教育部亦願分此重大責任，俾各省人士，輔助進行，遂有各省圖書審查之令。江蘇首先組織，江西湖南等省繼之。然不能遵章進行者，不知凡幾。以江蘇一省言之，自八月開成立會以後，分科審查，尚未完竣，而春期始業已邇矣。夫審查云者，祇須審查此書之可用否也。可，則宣布其可用之理由；不可，則宣布其不可用之理由。若必為之校誤正謬，甚且刪竄之，是則審查員為書業盡義務，非審查必要之事也。國民教育與圖書有密切之關係，教科圖書無良善之本，則貽誤教育於不知不覺之間，為罪滋大。深願用教科圖書者，愼擇謹選，而審查圖書會，勿以苟且從事也。

右舉各節，類為一年間教育上重要之點，而其實況如是。海內教育家及有教育行政權者，對於此將起何種感情耶？往者已矣，來者可追，竊不敏，謹馨香禱祝二年度教育大進步！

（教育雜誌彙編第四卷第十號）

本社十年之回顧　莊俞

此為教育雜誌十週紀念文。此誌創刊於宣統元年，由商務印書館主辦，最初之編輯為陸費逵，除教育世界外，為中國私家發刊之最早教育刊物。自宣統元年至民國六年（此文發刊於民七一月）之教育思潮及政治變遷可於此窺見一斑。　編者

十年讀書勉學之語也。十年樹木養士之言也。十年教訓，自强之志也。人與事雖至紛雜，莫不以十年為結束。吾社產生於清宣統元年，迄民國七年，亦已十年於茲矣。役役於社務者，日數十人；社內外持筆墨互相討論者，歲數百人；國內外不吝教益爭相披覽者，歲又數百人；與吾社有關係者何其多耶！就今日以教育為職務者之總數比較之，則尚十不逮一也，與吾社有關係者又何其少耶！就同性質之雜誌銷數比較之，不敢自誇，將首屈一指也。然則本社今日究已至於何等地

步，不得而知。譬如兒時，寒不能自衣，飢不能自食，漸長漸大，以及十齡，智識漸啟，稍稍知文字矣，然仍為一童子耳，能力幼稚，不能躋於少壯之列。吾社成立雖已十年，不猶是童子時代耶！所幸者積十年之陳迹於案頭，其高不僅盈尺，更撥束壁之餘光檢閱一過；正如故紙堆中得見童年文字，形形色色，怪怪奇奇，頓觸無窮之感想。吾於此時，不能默爾，從吾感想所至，拉雜述之，無暇計其當否也。

言論自由，為共和國民至大之權利。關於教育上之言論，尤得完全自由，以其去政治一間，不致動受干涉也。已成慣例。文明各國之雜誌，每期銷行數十百萬冊，操教育輿論之樞紐，吾國雜誌何足比擬。吾輩忝為共和國民，執此雜誌職務，何敢辜負此完全之自由權，時而對於行政機關貢其芻蕘，時而對於社會團體發表意見；遇有重要問題，復大聲疾呼，助長輿論，人皆曰

可，連篇累牘以表彰之，人皆曰不可，雖刺取人短亦所不恤。惟審察世界之趨勢，我國之現狀而在教育上暴其一得，以盡天職而已。十年以來，此種天職，自問多愧，況文非作於一手，意非發於一人，就事取材，因時立論，前後覆按，固無系統之可言。大別之，前數年之言論，注重教育行政；近數年之言論，注重教授訓練及革新主義；是非記者預定之順序，乃潮流所趨，不期然而然者。然而亦有故，本社二三卷雜誌發行之時，適值清宣統預備立憲之際，教育亦預備立憲中重大綱目。本社欲促進立憲之成功，必先促進教育之普及，非得良好之教育機關，目的何達，非得良好之教育制度，成效何來，故其時對於普通學制，多所討論。共和告成，教育上之觀感煥然一變，民國元二年間，朝野上下，惟教育方面，有一日千里之勢。本社於教育部之成立，及教育進行上屢進忠告，以為十年教訓必有可觀，久而久之，卒為政治牽掣，有曲進而無直進，百般期望，都成幻想！噫嘻！事而直進，事半而功倍；事而曲進，不啻一暴十寒，焉能成功？日本教育僅三四十年，轟轟烈烈，得有今日者，以其直進而非曲進。吾國教育豈不若人哉？病在未能直進耳。本社於此，以為行政方面不能一蹴而幾，則自上而下之目的，非可期，轉而就實際上着想，苟教育家能為實際的改進，則自下而上其成功一也。乃提倡實用主義、勤作主義、活動主義、鍛鍊主義、公民教育、職業教育、體育等問題，以與全國教育家共同研究。愚者千慮，必有一得。近今教育界亦既認此諸問題為有價值，由言論而進於實驗，不可謂非教育界之進步矣。間嘗思之，吾國幅員如此大，習俗如此雜，欲收統一教育之效必不可能。故在上者不必固執章程以束縛教育行政，在下者尤必於法令章程中求實際不求形式，何種民性當施以何種教育，何種生計當濟以何種教育，何種富產當提倡何種敎育。所謂敎育，必適合於其國家其地方之民性、生計、富產而後得謂之敎育；專門敎育然，實業敎育然，普通敎育何獨不然，否則名爲敎育而實不得爲敎育，敎育不振興之弊，卽在此點。今日欲振興吾國之敎育，亦卽此點。

生而爲人，必求生活於社會，故重要問題，厥爲生計。世有生而能謀生計者乎？曰：不能。則生計之前提，實爲受敎育。生計艱難之呼聲，今日已達最高點，誰實致之？不適當之敎育致之。敎育家覺悟及此，盛唱道德敎育、職業敎育、體育以爲救濟之方。果爾，則不特全生計，並顧全國民之修養，本末兼顧，豈有不能栽成優秀國民之理。本社自第二卷起，卽有丹麥補習敎育、英國女子職業敎育、法國敎育之實際、美國近時敎育之傾向、德國之强制補習敎育、德國改革敎育之趨勢等篇，足供敎育家之研究。第七卷關於勤勞敎育、體育之文字最多。第八卷關於活動敎育、藝術敎育、公民敎育之文字最多。第九卷關於職業敎育、補習敎育、實科主義敎育之文字最多。本社以爲欲謀生活敎育之實施，不得不改良今日敎育之方法。欲謀改良敎育之方法，不得不借鏡於各國之成規。但各國之成規，可參考而不可剿襲，可變通而不可拘泥。吾國社會情況，敎育基礎，未可强同，尤必先之以調查，重之以研究。黃君任之主唱職業敎育最力，斤斤以調查研究爲入手要著，職此故也。本社一方面多譯此種材料，一方面徵集本國調查，所得之材料，豈不憚煩哉？亦盡吾天職而已。

內政變遷，十年未已。敎育方針，亦如孤舟之在水中，飄搖無定。敎育之不能直進，皆政治問題使然。欲知此十年敎育史及十年敎育之變遷史，則詳於本卷十年敎育大事記，亦足以窺具體矣。吾更撮十年間政治之變遷，列爲一表：

第一卷	清宣統元年	預備立憲第二年
第二卷	清宣統二年	預備立憲第三年
第三卷	清宣統三年	預備立憲第四年　大革命
第四卷	民國元年	全國統一政府北遷　國會選舉
第五年	民國二年	贛寧之變
第六卷	民國三年	解散國會　約法會議
第七卷	民國四年	帝制籌備　雲南起義
第八卷	民國五年	洪憲改元　義軍羣起　再造共和　召集國會
第九卷	民國六年	宣統復辟　督軍團獨立
第十卷	民國七年	西南諸省自主

據右表觀之，預備立憲之教育事業，自改革小學教育始。當時公認張文襄氏之學制不適於立憲國民，深欲加以修訂。其修訂之善否別一問題，既知籌備修訂，即爲教育上之進步。籌備未成，革命已起，全國觀感，勃然以興。僉以預備立憲時代修訂之學制，仍不適於共和國民，教育從事改革之手腕亦不若學部之拘執，改革復改革，是爲教育上之一大進步。然自民國三年以至五年，政治之變端迭甚，財政上發生極大困難，教育根本因之動搖，加以政體問題，危如累卵，掌教育權者，無可發展；且於大進步時代之學制，時作無謂之改革。各省教育事業，上者得維持原狀，下者且任意停輟，迄今猶未恢復。嗚呼！教育之不幸歟！抑國家之不幸歟！吾於此復得一圖。

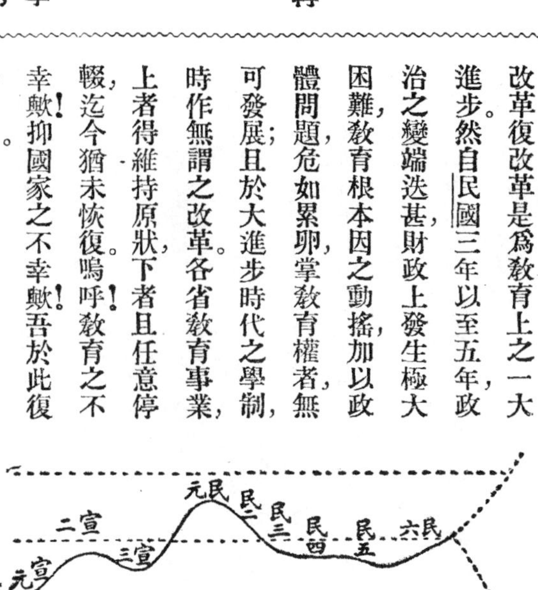

吾之爲圖爲表，豈甘於作消極觀而自取悲感也哉？不過表示十年之大概，以證明此十年教育爲曲進非爲直進。但此曲進之事實，皆爲教育家莫大之教訓。有此種種之教訓，而後國民知教育事業不可依賴政府方面，必須自動，必須自力，必須自勉，必須自治，果能自動自力自勉自治，教育之精神乃見，所謂根本的發展是也。不觀二三年來各省教育粗有成效者，莫不由其本省教育家之研究督促有以致之。在昔仰賴行政方面而注意於建設，建設雖極宏大，內容殊無足觀，金玉其外，敗絮其中，卽曰發達，無補實際。今也不然，集合多數教育家而注意於實際，凡適應於社會之教育主義，共同提倡，共同實施，挾其所得之知識經驗，活動於二三條文之下，日就月將，精益求精，所謂自下而上之目的，必有貫徹之一日。況教育部已有覺悟，組織各省區教育廳，規復各縣勸學所，以謀教育獨立，是皆近年之可以樂觀者。前途如何，雖不可知，各盡天職，奮力進行！則今後十年之成績，自有可觀，本社亦當執鞭以從之！

教育部因中德斷交訓各學校令

（教育雜誌十卷一號）

民國六年三月十四日

時教育總長爲范源廉。　編者

自德國宣布潛艇襲擊之戰略，吾國與歐美中立各國後先提出抗議，不幸不見納於德，而至有兩國斷絕國交之事。政府以保持世界上國際地位之故，本諸國民之公意，代表國家執行對外之種種職務，自當負完全之責任。而國民對於此項國際上之重大問題，其關繫於國家本身之利害若何，與其前途所發生之事實變化及其事實之結果若何，當然應有縝密之觀察與眞切之覺悟。顧其事屬於一般國民之國家觀念，初不待於文告之指導。茲所欲爲我教育界商榷及之者，則有數事：其一各學校職教員等應就此次對德問題暨吾國與歐戰前後關繫，詳加研索，相教授上之便利，與生徒以適量之國家根本訓育。蓋自歐戰迄今閱時數稔。吾國以國力海權之不競，隱忍支持，勉號中立。全國人民因事實上所經之利害，稍涉紆迴，致精神上所得之教訓亦形薄弱。國於世界之上，値此亘古未有之國際戰爭，乃欲與世界相忘，別爲苟全之計，此固現時代國民之所不許。今者吾國之對德問題，就世界之國交情勢言，不過國際利益上初步之接觸。而就國家根本大計言，則凡爲現時代國民對於國家重大事故所應持之決心與其應負之義務，均必有浸漬灌輸於十年二十年以前者，若其無之，是則吾儕教育界之責，極爲艱鉅，不可不共勉者也。其二各學校生徒，應以努力向上之決心，從事於一切學術，由根本上之愛國觀念，造成國家將來之國際資格，而增進其地位。吾國於教育之不發達，致各方之人才事業無獨立之能力。又因各方人才事業之不能獨立，以牽及於國家之內部實力不能健全，而國力乃日形其孱敝。情見勢絀，乃至四顧旁皇，無復可以自存之根據。國力既窮，遂使國際資格逐漸剝奪，國家對外之地位亦因之日陷於危險。凡此皆國史所載，屢見不一見者。此次對德斷絕國交，其最大之關鍵，卽爲保持本國獨立國之地位，以增進將來之國際資格。然而茲事體大，政府與國民間果如何而可以收一致行動之效，求之內部，均必有各方之先決問題，此事實上之不可掩者也。各該生徒等苟明斯義，與其因對外而徒抱憤發之熱誠，毋寧砥礪其現時所服習之德慧術智，爲將來增進國力之地步。國力充實，然後有國際資格之可言。傳曰：一夫之不可狃，而況於國。此不能不期望於各該生徒者也。其三，對德國交斷絕之後，各該學校員生以及全國教育對於德國人民之私人交際，仍應守平時相當之儀式，關於對外言動，務各持以厚重，以表示立於世界國際上之國民態度。國家與友邦之國交決裂，各具有競爭生存及其他不得已之原因，與私人交誼本自各別。而絕交與作戰，尤不能視爲一事。卽以戰時國際而論，除國家關係與戰爭關係外，所有敵國之商民及其他從事於平和適法之事業者，本無何等敵事之處分。吾國與德國此次之斷絕國交，雖由切身之利害而起，而國際執言則以公法與人道爲抗議之根據。由今以往，國際上之變化，固不可以預料。要之今日之舉，實爲吾國加入世界國際折衝之初步，非全國內外爲一致適當之行動，於國交前途之光榮，轉滋貽累。此不得不爲我教育界與各員生等鄭重言之者也。總之，國家於世界國際上能否增進其地位，全視其國民與世界之國民比較若何。而教育界與各學校員生等，尤應具有提挈本國國民加入世界國民同等地位之偉大抱負。果此項志願爲不虛者，今後教育界與各該員生等之任務，將日益滋大。本總長惟率茲藎言，與各該員生等黽勉從事，其罔或怠忽！

（教育雜誌九卷四號）

中國國歌沿革

張若谷

關於中國國歌沿革，滬上各報增刊間有記載，惟此篇最詳，原文載上海申報十五年一月一日增刊中。　編者

中國之有國歌，實發軔於讓清末葉。雖國樂樂章明文之頒布，始見於民國四年之政事堂禮制館批令。而清朝議維新立憲之際，各地學校已有創編國歌慶祝之者；惟皆屬私作，未請制定。辛亥八月，溥儀曾諭旨頒布國樂『鞏金甌』一章。民國元年，上海沈心工無錫兪粲等各私製中華國歌。斯時各學校唱歌集中，亦

紛編民國國歌。民國四年夏，政事堂禮制館正式刊布『中國雄立宇宙間』樂章；八年四月，復制定國樂敬禮規則；十年七月，編定樂歌正譜燕樂軍樂諸文，採用虞舜『卿雲歌』一章，迄今全國猶沿用之。然時人多對之不滿，間有倡議改革別製新譜歌者。總之：中國國歌之變遷遞嬗，可分過去現今及未來三時代言之。余學識淺陋，國內又無樂史完本可得參考；今貿草是篇，疏漏舛誤自知不免，雅才通學幸敎正之！

(一)過去廢止之國歌

改革政體，發布憲法，直爲清代衰暗時之一線曙光。光緒三十一年七月，西太后派遣考察憲政大臣載澤等五人出游歐美，次年九月發表預備立憲之上諭：閱二年之八月，發布立憲諭文，而憲法大綱，亦同時發布。當時舉國歌舞昇平，間有編製歌辭示慶祝者，此種歌辭流落民間，惜無人爲之整理保存；不然，亦足以資後日編制國歌之參考。茲於上海徐滙公學唱歌集中，得『中國新國歌』四疊，蓋製於辛亥年以前者，錄之以見一斑。

中國新國歌

一　我華天子亶天聰，手障萬流東！煌煌一詔開羣聾！雷動歡呼嵩！四千年史掃而空，堯舜無茲隆！嗚呼神聖哉！我皇堯舜無茲隆！(尚有三首不贅)

右歌編定者爲天主敎法人舒敎士，塡詞者不知爲誰；讀其語氣，皆頌揚君上，謂爲國歌不如稱爲皇恩頌之爲當。然君主集權之國家，頌聖卽所以愛國，正古今中外所同，無可獨責者也。

辛亥年八月十三日，諭旨頒布國樂樂章『鞏金甌』，曾刊於新聞報八月二十三日第四張，其間似有誤字，而工尺聲律之旁未加圈點拍子，閱者難以醒目。上海主母會修士卞納爵君曾譯成五線譜，並施節拍以定遲速，（參見卞君著國樂選）惟不知適合典禮院編輯之本意否？茲錄如下：

新定國樂樂章

鞏金甌，承天幬，民物欣鳧藻，喜同袍，清時幸遭，眞熙皞！帝國蒼穹保，天高高，海滔滔！

辛亥十月十日，武昌革命起義，清室覆亡，共和成立，改號曰中華民國。上海沈心工無錫俞粲等，皆紛擬中華國歌，用數字簡譜；以未經敎部審定，知者甚鮮。沈君製『中華民國立國紀念歌』『美哉中華』各一首，歌皆由朱雲望君代作，前歌有勇往快豁氣概，後歌有莊嚴諧和態度，現錄其歌辭於左：

中華民國立國紀念歌

偉哉偉哉！吾獨立自尊之民族！共出氣力，共奮精神，共捐血肉，消除四千餘年專制政府之毒！建立億千萬年民主共和之國！而今而後，凡吾華人如手

如足，勤勤懇懇，整整齊齊，和和睦睦，與我實業，修我武備，昌我敎育，立願與全世界共享和平之福！

按「偉哉偉哉吾獨立之民」一句可易作「美哉吾漢滿蒙回藏五大民族」。

美哉中華

—美哉美哉？中華民國！太平洋濱，亞細亞陸，大江盤旋，高山起伏！寶藏萬千，庶物富足！奮發有爲。惟我所欲！美哉美哉！中華民國！奮發有爲，惟我所欲！美哉美哉！中華民國！（尙有一首不贅）

俞粲所擬「中華國歌」二首，曾於民國元年十月間由上海文明書局單張印行；前首爲F調4/4拍，次首爲C調2/4拍，皆塡簡譜，次首歌辭甚冗長，分立國、國境、戶口、物產、文化、政體、結果七疊，約二百餘言，姑略弗錄，其第一首歌辭如後。

中華國歌

黄帝劃野分九州，開拓黄河流，縱横二萬萬大哉中華位亞洲！戶口繁庶物產富饒甲於全球！教化亦最早，文物大備在成周！四千餘年專制束縛人人不自由！古今來惟英雄豪傑建勳猷，河山還是舊五族共和同一舟，祝我中華國光並日月永千秋！

此外復有武進胡君復作「大哉民國」一二疊，（見新撰唱歌集三編商務印書館出版。）無錫華振作「中華民國」一章，（見訂正小學唱歌三集商務出版，）以俱刋有專集，略去不贅。

及民國四年五月二十三日，政事堂禮制館刋布國樂樂章附批，（參見法令大全禮制服章部一一五三頁，）歌辭首句爲「中國雄立宇宙間……」，歌詞爲蔭昌作，曲譜由某崑曲家所譜，中多差誤。北大音樂敎授蕭友梅曾爲之譯改，（見學術講演錄中西音樂的比較研究）。其譜如後。

國樂樂章

中國雄立宇宙間，廓八埏華胄來從崑崙巔！江河浩蕩山綿連，勳華揖讓開堯天，億萬年！

右歌於當時教育界多謂其染有帝國主義帝制自爲之臭味，不願吟唱。袁政府傾覆，此歌隨之湮沒，（參見音樂界第十期吳研因國歌談），中國國歌之過去時代亦盡於此。

（二）現今通行之國歌

民國八年十一月二十四日，教育部呈請國務院設立國歌研究會，延聘文學及音樂專家迭經共同討論；僉以撰擬新詞，不如仍用尚書大傳所載虞舜卿雲一章，釋義尋聲，塡製新譜；當經和聲訂譜，提出國務會議，議決採用國歌研究會會員蕭友梅所製新譜，定於民國十年七月一日通行在案，（參見十年七月國務院公布編定樂歌正譜燕樂軍樂譜文。）歷年以來，各軍樂隊各學校皆依聲練習，沿用弗替，歌詞正譜，曾刋於國內各大報紙，上海中華書局且有和音全譜印行，歌曲列後。

卿雲歌

卿雲爛兮，糺縵縵兮！日月光華，旦復旦兮！日月光華，旦復旦兮！

按歌中所稱卿雲糺縵，謂與國旗色彩相符，復旦光華，並與國名政體隱合，而論者以為此歌有三大憾點，一寓意太抽象，似與中華民國無關；二文字太古奥，非流俗所能了解；三歌聲伊啞，非全國多數人所能脫口習唱，故頒布以來，全國上下多有不好唱之者，間有不能唱之者，甚或評此歌頒布之動機，實不外乎偶像二字，卿雲歌辭為古典韻文，主動之章太炎為古典派學者，教育部為崇拜古典與古典派學者之代表，致此唱彼隨，編成此種不合民衆心理，缺乏平民精神之歌曲，（見吳研因國歌談）此言似稍過實，然亦可以覘國人不滿於『卿雲歌』一斑之心理焉。去年中華音樂會羅伯夔君曾有『論教育部公布之卿雲歌』一文，亦別有見地，茲節錄附左：

吾華自有史以來，王者功成作樂，代有因革，宮商叶律，務合國情，土音不雜以殊方之別調。乃教育部公佈之『卿雲歌』，其變淸等音，襲用西方音調，施之莊嚴國歌，早已惹起一般之批評，謂為無成立之必要；以致今日學校機關有用有不用者。昔吾國樂家，因胡樂旋宮轉器以應律管，有識者猶訾其以夷亂華，況國樂乎？聞中華教育改進社今年於南京舉行大會時，有反對『卿雲歌』之提議，故涉筆談之以備討論。（見音樂季刊第四期）

又北大出版之音樂雜誌第三號，載有蕭陳二君之卿雲歌及其說明云：

我對於用「卿雲歌」來做國歌，本來不甚贊成，因爲這歌詞頭兩句的意思太不明瞭，就現在把他念出來給小孩女僕聽，他們實在莫名其妙，這就是歌詞太不明瞭的確證了。有人駁我說，於未教小孩唱歌之前，可以先把歌詞講給他們聽，也是一個不得已的辦法，不過硬定了「卿雲歌」做國歌，亦可以決其必不能久；（中略）所以我現在作這個曲，不能當他國歌，不過照題目用儒音描寫歌詞的內容出來，備國民的參考就完了。

讀蕭君原文，可知彼於「卿雲歌」，正亦頗示不滿意。然既不贊成於前，而又定之於後，未免我矛我盾；至謂「不過以備國民的參考」云云，直幾等國樂於個人嘗試作曲矣，又其失也。

方民國八年教育部發起徵募國歌時，國內樂界之應徵投稿者當大有人才，惜無人將當時落選諸歌

代爲整理保存耳。近見第三號音樂雜誌有陳仲子君所擬卿雲歌一首及其解釋，略謂卿雲者，祥雲也；爛者，爛然而有光輝也；糺縵者，言其綿密無窮盡也；日月光華旦復旦兮者，清明之象也；朝氣方興，競進無已，日新又新之象也。歌辭無多，涵蓋一切，無誇大之言，有策勵之意。（中略）夫聲音之道，綿緲幽微，堯曰克諧，孔言得所，僕何人斯，敢言製樂。惟既認爲當務，（陳君爲國歌研究會會員）不敢自外於國民，爰竭愚誠，勉成一曲，誠不自知其非也云云。

按中華教育改進社第二屆年會，行開幕奏唱國歌時，全體不唱「卿雲歌」，而採用趙元任所製「盡力中華歌」，此歌音調尙宏大莊嚴，足以奮發感情。或謂歌詞意義不淸，且多重複句，「卿雲歌」爲古典派之出品，失之太死，此歌乃時髦派之產物，失之太空；此歌載於商務印書館國語留聲機片課

体中歌詞如後。

盡力中華

一聽！我們同唱中華中華中華！聽君不聞亞東四萬萬聲的中華中華！來三呼萬歲中華中華，都同氣同聲的同調同歌中華中華！來三呼萬歲中華中華！聽君不聞亞東四萬萬聲的中華中華，都同氣同聲的同調同歌中華中華！（尙有一首不贅。）

近年來，江蘇各師範附屬小學校，亦流行「這個自由的標幟」一歌，幾用替用國歌之概；歌詞以喚起同胞愛護五色國旗爲主幹，歌曲頗覺發揚蹈厲，惜襲用美國成調，不甚妥宜。歌詞爲吳研因兪子夷合製，吳君自嫌失之太空，且不叶國音韻。歌載幼稚園小學校音樂集，茲附錄之。

這個自由的標幟

一同胞！你住在家裏！同胞你住在家裏！愛護這個自由的標幟！同胞！你飄洋過海！同胞！你上天下地，愛護這個自由的標幟！（副歌）你看五色美麗萬歲萬萬歲！願天這般長地這般久，大家愛護這五色旗，愛護這五色旗，愛護這自由的標幟！（尙有二首不贅。）

在此第二時代中，正際新舊文化交替之際，故國歌辭曲，亦頗累受其影響。「卿雲歌」之不受民衆歡迎，已無可諱隱。惟此後改革國歌之趨勢如何，試於下章測之。

（三）未來籌製之國歌

在反對『卿雲歌』聲浪日高之際，國內治樂者各抒發意見，羅列標準，冀新國歌之早日產生。民國七八年間先有吳研因在時事新報上發表言論，力詆「中國雄立宇宙間……」之不成話；十二年復作國歌談示不滿於『卿雲歌』。去年留德學生王光祈君，於其所著「歐洲音樂進化論」中，亦有所建議於國歌問題。今年七月間中華教育界（十五卷第一期）有凌純聲君之「國家主義與中國的音樂教育」，作者感於國人遇奏祖國國歌時不知敬禮，特草此文，中有今後中國的音樂教育，擬定三項目標：一能代表我中華民族的特性；二發揚民族的美德；三適合民族的程度。其第三項正對『卿雲歌』而發，茲錄如下。

音樂是要雅俗共賞，才能見其功效；如深味奧妙的音樂，民衆的程度不能了解的，既不能了解，怎樣能舒暢民族的感情呢？中國現在把『卿雲歌』當作國歌，我始終對他持懷疑的態度，我曾經把『卿雲歌』的歌詞，問過了許多的中學生，他們總說不能十分懂得他的意思；所以我想『卿雲歌』不是中國永久的國歌，將來一定有一個更好的來代替他的

吳研因所擬之國歌標準，分實質形式兩方面言之，（見國歌談）。

實質方面：一要把國家的特式國民的特性，如數家珍的表現出來，使國民吟唱時，愛國之心油然而生；二要意義確定，一望而知他是中華民國國歌，帝國借用不得，外國也借用不得；三要屏除狹義的愛國主義等和一切違背共和原則（自由平等博愛等）的思想。形式方面：一要清淺平易，是今人的高等口語，不是古人的死語；二要上下貫串，層次井然；三要參用贊美叫喚的命令語，不單用直述語；四要雅正雄健，不亢不卑，綜之不外乎「能使一般國民會唱，並且喜歡唱，唱了覺着發揚蹈厲，能引起愛國愛羣愛人類的感情」。這是一個籠統的標準罷了。

自此文發表後，友儕鼓勵其創造一首，吳君遂仿

中國國歌沿革

美國留學界通行之國歌。（按留美學界之國歌，詞爲「亞東開化中華早軼美勗歐舊邦新造。飄揚五色旗，民國榮光，錦繡山河普照我同胞！鼓舞文明，世界和平永保！」）別製『我的中華』三疊幾經修改，由傅彥長君配置曲譜，歌曲如下。

我的中華

一我的中華開化早立國以來，聖賢多少！上下五千年，風教流傳寬大和平公道。望我同胞努力同心，把歷史精神永保。（尚有二首不贅。）

據吳君自謂：「第一首說中華的歷史，把歷史上流傳下來的國粹敘出；第二首說中華的地理地勢物產等等所有的特色也頗能一一顯露；第三首說立國精神和國家將來的期望也頗有洋洋大國的風度。文字則平易淺顯，雅俗都宜。敘述之中並帶着贊嘆呼喚希望的口氣，似乎沒有一處不合國歌的標準」云云。

又按傅彥長君言：此曲譜配製甚自愜滿，平易處較「卿雲歌」不可同日而語。然作者尚不敢自滿，甚願國人嘗試咀嚼，一辨其形式內容而加以採用或批評，其努力於國歌苦心孤詣處亦可風焉。

同年美國留學者康洪章君，擬製「新中國歌」三疊，曾刊布於音樂第三期上，請傅彥長君爲之作曲，迄今猶未見告成，歌辭冗長，茲錄其第三疊以見例。

新中國歌（其三）

惟我黃族天之嫡子！盟以黃河，飲以揚子，人道蕩平，其直如矢。崑崙之巔，星洲之涘。今我中華號稱五族，豈用五族，嬗自百族，豈曰百族，蓋億萬族；混而一之，成此黃族。六洲異色，有黑有紅有白有棕，旦旦交攻，混而一之，其色澄黃，止於至善，其道大同。我樂誦詩，君肅聽之！卿雲爛兮！糺縵縵兮！日月光華，旦復旦兮！

按康君所擬歌與「卿雲歌」同出一意，且詞冗義浮，未必能受時人歡迎，姑誌之以待質後來者。

民國教育部初設時之狀況

蔣維喬

民國初元之設立教育部，爲我國教育行政上之一大變更。此篇紀其當時經過情形甚詳，由此可知爾時產生之由來。著者時爲部員，此蓋應編者之請，從其日記中抄出也。　編者

民國元年臨時政府成立於南京，蔡子民先生爲教育總長，斯時先生與余皆在上海，先生於未就職前，特來訪余，邀余進部襄助爲理；且謂之曰：「余在歐洲多年，於國內教育狀況，多所隔膜，今擬將一切事務，全權託子，子其爲我規畫之。」余告之曰：「目前戰事未了，南北未統一，正式政府成立有待，教育行政殆無從著手，祇可先做預備工夫。」先生曰：「預備功夫奈何，」余曰：「前清學制，久爲教育界詬病，應從事改革，爲今之計，正可趁此時日，邀集習教育經驗之人，組織學制起草委員會，著手編訂草案，至對付目前環境，則應先擬民國教育暫行辦法，俾各學校有所遵循。」先生曰：「然，請悉由子主持之。」余於是即日草擬普通教育暫行辦法，攜至南京，於教育部成立以後，修正頒布之。

先生在歐洲多年，感於各國社會教育之發達，而我國年長失學之人佔全國之大多數，以此立國，危險孰甚，因竭力提倡社會教育。而於草擬教育部官制時，特設社會教育司，與普通教育司、專門教育司並立。此官制後來通過於參議院，至今仍之。然教育部官制原擬草案，尚有兼管宗教事務，厥後於內務部，彼此爭執，卒爲參議院所删。

南京教育部之組織，至爲簡單，子民先生與余及

會計兼務庶共三人，於一月十二日自上海乘滬寧車赴南京，因爲時已晚，宿於下關大觀樓。翌日先生進城謁臨時大總統孫中山，問「教育部辦公地點在何處。」中山云：「此須汝自行尋覓，我不能管也。」於是余等因無辦公地點，乃在城內樂嘉賓館住宿。既而孑民先生往江蘇督府內務司訪馬湘伯先生，馬氏時爲內務司長，以素與先生爲莫逆交，乃慨然允借碑亭巷內務司樓上房屋三大間，爲教育部辦公處。是卽民國初元教育部初成立時之官署也。

教育部既成立，於是投效紛紛，蔡先生終日見客。往往一進客廳，來客相繼不絕；至日暮不得休，妨害公事，於是改由余代見，可者見之，不可者謝之。是時各部，皆依照官制草案，呈薦人員。孑民先生謂余曰：「我之主張，辦理部務，當與辦社會事業一例：在正式政府未成立，官制未通參議以前，不必呈薦人員。除總次長已由大總統任命外，其餘各人，概稱部員，不授官職。爲事擇人，亦不必多設冗員。」余極贊成之。故南京政府各部人員，多或至百餘人，惟教育部連繕寫者祇三十餘人而已。其津貼自總長下至錄事，不分等級，每月一律給三十元。全部開支每月僅及千元，而每日自上午九時起，午後四時半止，分工作事。凡小學中學專門大學各項學制，部員各就所學，擔任起草，一如書局中之編輯所，絕無官署意味。臨時政府三個月結束，而中華民國全部學制草案，實於此時大略完成。迨南北統一，正式政府成立；教育部遷移北京，再將草案修正。於暑假期內召集臨時教育會議，提出通過，始於元年之秋，陸續以部令頒布全國。

當余之計畫學制草案時，理想殊高，部中所招致之留學生，英、美、德、法、俄、日皆備，原擬將各國之學制譯出，捨短取長，以造成適合於我國之學制。結果所譯出之條文與我國多枘鑿不相容。而起草委員會屢經討論，仍趨重於採取日本制。臨時教育會議，時經一月，辯論至詳，而議決案之趨勢，亦歸宿於模仿日本制。且在當時教育界辦學經驗，於小學較爲豐富，故民元學制之初高等小學校令確能參合國情表現特色。至中等教育並未發達，經驗殊少，於專門大學更屬茫然。故除增損日制，易以本國課程外，殆無經驗之可言，此學制施行歷十年，教育界漸覺其不適用，皆詆毀教育部，祇知抄襲日制。其實臨時教育會議，國內著名之教育家，皆羅致到會，而多數之見解確已如是，不能全歸咎於教育部，是蓋時代爲之，一般人之經驗學識，祇有此限度也。

當元年二月初，南京政府將統一未統一之時，南政府與袁世凱爭持之焦點，爲陸軍總長一職。袁世凱提出段祺瑞，南政府則提出黃興，彼此不肯讓步。而南政府中老成謀國如蔡子民等，則主張讓步，以促成南北統一，激烈者反之。是時總統府幾於無日不開閣議，恆自早至暮不輟。子民先生晨出暮歸，非至晚間，不得與之見面。而駐寧一部分之贛軍，有不穩消息，風鶴頻驚，部員多請假回里。余之親同鄉某某諸君，亦勸余暫避。余笑謝之曰：「蔡子民先生以全部之事託我，何可見危而去。」於是部員無形星散，祇賸余與會計二人，合子民先生而爲之，回復初次開部時之情狀。而子民先生終日在總統府會議，尙未之知也。一夕，子民先生歸，面有慍色，余問曰：「先生向無疾言遽色，今若此，何歟？」先生曰：「黃興這小子，不顧大局，祇知爭陸軍總長，致南北不能統一，余今夕將乘夜車赴滬，將彼等爭權狀況，編登各報以宣布之。」余曰：「不可。黃興爭權固不合，然先生應顧南政府全局，倘有此舉動，是予袁世凱以柄，而表示南政府之裂痕也，竊期期以爲不可。

」先生怫然曰：「余必爲之。」卽收拾行李。將行，余此時無奈乃急告之曰：「先生盍一觀部中現狀。」先生聞言，乃巡視室內一周，回顧余曰：「部員均已他往耶。」」余曰：「然，皆請假以去耳。」先生曰：「何故全體請假」余曰：「近來兵變謠傳甚烈，故同人次第請假回里耳。先生若於此時赴滬，外間不察，亦必謂先生畏死而逃命矣。請卽行，余固無權强留先生也。」先生瞿然曰：「然則余不去矣，余決不去矣」顏色旋霽；遂閒談至半夜，亦未作文登報。厥後黃興亦肯退讓；卒以陸軍總長畀段祺瑞，而南北遂以二月十二日，宣告統一。此亦學制起草中之一段逸話，外人所不得知也。

近代中國教育史料補編

黨化教育

【一】黨化教育之方針

教育方針草案

許崇淸

著者爲國民政府教育行政委員會委員之一，兼廣東教育廳長，爲黨化教育首先發佈之具體教育方針，原文見十五年八月中華基督教教育季刊第二卷第三期。編者

中國從來的教育，祇是關於支配行動的教育；關於生產行動的教育，在中國是從來所無的。自從施行新教育制度後，非獨不是只在關於從來所行支配行動的教育外，附加一種關於從來所無生產行動的教育；而且關於支配行動的教育，是全然以現代政治科學爲基礎。關於生產行動的教育，是全然以現代技術的科學爲基礎。這種教育的目的，是在於推翻從來關於支配行動的一切原理，及從來關於生產行動的一切方法；而扶植一種爲中國從來所無的政治組織的新原理，及中國從來所無的經濟組織的新方法。

然而這種教育在中國至今未能澈底推行，實由於在中國今日的社會裏面，經濟的發達不能與他相響應。現行新教育的特徵，實不外乎科學智識，及科學技術的修習。這純是出於現代的生產方法必然的要求。中國社會現在還是停滯在前科學的狀態，生產方法尙很幼稚，事務的指導，自然力的運用，尙很單簡。在這個經濟的發達階程上，對於現代科學的智識，及科學的技術，尙未有切實的需要。對於這種教育當然是沒有響應。

試看看日本當明治維新，封建制度倒了，資本主

義制度恰好發展的時候，日本的產業政策卽注其全力於怎樣移植歐美的產業，怎樣模仿歐美科學的技術。明治政府當初修築鐵路，設立工廠開懇荒地，舉行牧畜，無非是些移植模仿的事業。到後來供給補助金，設定保護關稅并用種種方法鼓勵民間事業，亦不外乎移植模仿。一方面新教育制度，同時亦注其全力於科學技術的輸入，供應國家及資本家產業移植技術模仿的需求；并且這些產業的發達，是不須經過自由競爭的階級，自始就帶着獨占的侵略的色彩。明白的講，就是自始就帶着帝國主義的色彩。所以能够一鼓作氣，向前驀進。各種新企業的增加，非常迅速。對於科學智識及科學技術的需要，自然亦是增長得很急。新教育制度因爲有了這個緊急的需要，自然就發展得更快，效果也就更顯。

至於中國處在如今的境地，已自成了外國工商

業資本家仰給原料的庫藏，推銷貨物的大市場，金融資本家絕好的投資地。國內脂膏被人家日剝月削，以趨枯竭。經濟的發達，縱欲依着社會進化自然的路程前進，在勢必非所許。卽使有了方向，前路已被堵塞。在這樣社會的條件底下，產業技術，亦只能輾轉於原有手工業的發展階程上。科學的智識及科學的技術，自然沒有實效的需要。卽使教育制度能够供給，猶如絕了銷路的商品，也是等於無用。這種教育的不能推行，也是必然的事理。

若從革命史的見地來看日本的明治維新，是由封建制度轉爲資本主義。經濟制度的革命，教育的革命，亦是同時并起的。所以只要資本主義能够走上軌道，向前發展。教育制度能够順着這個發展路程進行，他的目的自能貫澈；他的價值自可發揮。而在中國則屈處於資本帝國主義底下，經濟的發達，前程已被堵

塞，無路可行資本主義革命；無從而得貫徹。現代的科學技術，雖非資本主義制度的專有物，但在從來社會進化的自然歷程裏面科學技術的發達，實由資本主義制度的發展所促成。亦只有資本主義制度，能够助長科學技術的發展。中國資本主義革命，旣不能行，則這些科學技術，自亦無從發達。因而教育自身的革命，亦不能成就。其所設定的目的，亦自不能貫徹。

然而經濟的發達，雖自有他一般的進程，但他的發達形式，却是各因其所處境遇而相異。日本資本主義的發達，未嘗經過像歐美那樣的自由主義，一步便踏入帝國主義的階程。在俄羅斯則竟由小布兒爵亞經濟組織，經過無產階級的革命，而趨向於社會主義。經濟組織的建設，前者的特殊形式，是以政治力奪取資源，販踞於海外，以帝國主義促進資本主義機能的發達。後者的特殊形式，是以政治力集中全國的經濟力於無產階級政府底下，去助成資本主義，到社會主義必然的進化。這兩國民所取的形式，雖出於殊途，而其所造就經濟進步的成績，則同爲世界所驚異。

中國如今所處的境遇，照以上各方的觀察，旣亦有他本身的特殊性，則今後的發達形式，當然亦可不爲一般常例所制約。而且中國如今所處的，照以上各方的觀察，竟直是一個絕地，則亦只有超脫這種制約向前躍進，爲今後發展的唯一的可能。

先總理所定下節制資本，平均地權，以及發展實業的計劃，卽是我們今後的躍進所當遵由的一條綫路。這個計劃的目的，是要排除個人的無政府的生產，而採用全國的組織的生產方法；以期打通資本主義今日所不能奪出的絕路，而趨赴於社會進化的必然的歷程，所遝向的共同生產的境域。然而這個計劃完成的關鍵，則繫於帝國主義的顚覆，及一般民權的確立。前者是要消除帝國主義的一切障碍壓制及侵略，以利革命事業的發展。後者是要以一般民權來節制政府，使他的組織形態不至發生致命的矛盾，而趨於正軌，以發揮其固有的機能。我們相信這個躍進所向往的，確是中國處在如今的境遇底下，社會發達必然的唯一可能的進路；亦即是我們今後應該致力的革命的一般政策。

中國今後社會發達必然的唯一可能的進路，我們今後應該致力的革命的一般政策，既是如此；則中國今後的教育政策當然亦應該與這個革命的一般政策相幷動，然後所施設的教育，纔能成爲確有實效的教育。而且今後的教育政策所指導的方向，亦只有與這個革命的一般政策所進取的方向相一致；然後所設施的教育，纔能盡致發揮他固有的價值，教育的發達纔能預期。除了跟着社會發達必然歷程前進，教

育的發達沒有別一條路可走。即使他現下不能預先認定這個方向，走上目的的發展路程去，將來在他發生的發展路程上，終亦必與這個方向相合。

以上所考察的是現行教育制度所由失敗的原因。今後教育政策所當進取的方向，以下請述明教育本身的性質。

依輓近生物學研究所得結果看來，生物因要維持他的生命，即有連續活動，且有使其適應環境的必要。而此適應的調節，又非全是受動的有機體的形態，不是獨因環境而定。在生物當中，全然服從環境的事是決不能有的。生物因要維持他的生命，可以將環境的要素變形；生物受環境的作用，同時又各因其構造形態以作用於環境，其結果生於環境的變化，又反而作用於有機體及其活動。生物自身的行爲結果，生物反自受之，這個能動所動的關係，即構成吾人所謂經

驗；能有制馭環境，及利用環境。這樣適應作用的有機體與環境的相互作用，即成爲生活歷程裏面的第一義的事實。這個生活的歷程，亦即是一個敎育的歷程。

吾人所謂知識，即是使環境順應於吾人的要求；又使吾人的欲望或目的順應於環境，因而構造的吾人的心的傾向。知識不是只限於吾人所能意識的而止，却是當吾人解釋當面的事實及現象的時候，吾人有意運用的心的傾向所構成。吾人所謂道德，亦不過是在人我相交處一個社會的關係裏面，體察疑問中一切條件，人我間一切要求，及發現於意識內一切價値，而後眞正把捉着的一個狀態。

從這些的根本事實來制定敎育的原理，學校敎育當與社會生活的活動和事務相結合，不獨是材料的內容要與社會環境相聯絡，幷其方法的內容亦須與社會生活相一致。

我們一面依照這個敎育原理，一面因應前述革命的一般政策來擬定今後的敎育方針。當面第一個緊急問題，應該就是產業敎育問題，這當然不是單獨學校的設置，敎法上的講義所能奏效。必定要革命的實際政策現行經濟秩序裏面展開了新經濟秩序的諸要素，學校敎育同時又與這些進步的要素相協動，然後纔能成功。即使工場農場不能與學校併合，亦當在學校內設置類似的境遇，使生徒在日常學校生活內，能得充分實際活動的機會。然後各學科所養成心的反應，纔能確爲實際社會所要求的反應。這樣在實際環境裏面所施的敎育，纔能獲收澈底的效果。

這個學校的社會化，當然要將現行學校組織，及敎育的實際大加變更。至少要將現在的小學校和中學校，加以適當的改造。在小學六年間，至少亦要採用類似實際活動的設備和方法，以敎授日常生活所必需的普通學科。在中學校則從第一年起，六學年間依產業教育的見地，逐漸分化其課程。課程分化的程度，一視地方生產事業情形而定；更由援用類似實際活動的設備和方法，漸進而與地方實際事業相聯絡。以半日從事實際工作，半日研究其所事工作的理論，總求在這樣的學校畢業後，人人都成爲一個具有實用常識，而且兼備科學知識的生產者。在生產組織底下，都是有機的全體內一個自覺的分子。至於其他學理，則任人以實際活動的餘暇，在國家所設極完備的大學或研究所裏面自由研究一切事業，均須負供給學者研究資料的義務。

這些設備及方法的變更，必定所費甚鉅。農業工業等學科，課程所應備機械裝置說明，材料，及優良教師等所需費用，必定比現在所支出的更多。教育費必定比現在增加數十百倍。但我們的目的既然是在增加教育的效果，發揮其經濟的價值，以協助革命的速成，則費用雖多，亦不應畏縮。

或者有人會疑惑說，「這是偏重生產業而忽畧道德文化。」但我們對於這些人現在只說一句話，道德文化都是立在經濟的基礎上面者。我們所以注重生產業，並非忽畧了道德文化，正是要建築道德文化的基礎。

其次，就是政治教育問題。這個要求當然不是要將治者的政治意識硬灌注到一般民衆去。我們所主張的學校教育，既然是要與社會的實際事業相結合，以實際活動來長養生徒的創造力，則這個政治教育問題，當然亦應在實際活動裏面求解決。

本來所謂政治，郎是社會生活的統制，不過在階級對立的社會政治成了階級支配的用具。中間生出種種傳統種種勢力關係，遂成了一種特殊的機構耳。

政治進化淘汰了這些階級支配的歷史的要素，必然仍是一個社會生活的統制。而一般民權的設定，其目的亦不外是要將從來的政治組織化爲一個純粹的社會統制，使民衆得在社會裏面自由發揮其統制力，以期獲收政治上美滿的效果；所以今後的政治教育，必定要是長養這個社會統制力，方足以副革命的要求。然而這個社會統制力的長養，仍是要以社會的經濟的實際活動做基礎，纔能得澈底的成效。我們試看看現在許多治者，政治所不及的社會單位，民衆自身在這些單位的統制裏面，因應其實際生活條件而發揮的創造力，怎樣的偉大？便可以知道社會的經濟的實際活動，在政治教育上確有莫大的功能。若必以治者的政治意識，强加灌注，必至窒息民衆的創造力。不特於教育爲無功，反而有害。

又次，就是軍事訓練問題。這種訓練，在平時所要求的原不外是絕對地服從命令，和敏捷地履行職務兩事。他的基礎立在權威上面，只是一種機械方法，在教育上價值是極少的。但在目下世界上一切殖民地及半殖民地，都已蓄存着許多發火材料，戰爭革命的爆發，已具有充分的可能性。卽在資本主義極發達的列强，本國革命的氣勢，亦已逐漸緊張。而中國處在如今的形勢底下，爲謀革命事業的發展，對於帝國主義甚麼時候要起軍事上的鬥爭，亦是未可逆料。戰鬥的準備，當爲我民族目下所不容稍懈的一個重大任務。在這樣時勢有了這個民族的動機，軍事訓練在教育上的價值，當比平時更大。

這些問題，本與一般政治的活動，尤其是經濟的建設事業。簡言之，卽革命的進行密切相關聯，在教育者方面所有理論的勢力，及一切實際的經驗，固然是都要動員，而在政府方面，則尤須勵行其革命的一般政策，以與之相呼應然後可望解決。然而革命的一般政策斷非一朝一夕所能澈底推行。教育的理論，及實際的一致動員，更非一朝一夕所能實現；則這些問題的解決，當然亦應有一定步驟，不能一蹴而幾。而處於現在這樣客觀的形勢底下，亦只有以這些問題作為我們的主要方針，在實現可能的範圍內，力謀左列諸綱領的貫澈。

一．教育行政組織的改良及統一
二．義務教育的勵行及其教育的的國庫補助
三．中等學校的擴張及其設備教學訓練的改善
四．產業教育組織的建設
五．鄉村教育的改造
六．民衆教育事業的擴張
七．貧困兒童就學的補助
八．優良教師的養成

九．大學教育內容的充實
十．軍事訓練的實施
十一．宗教與教育的分離
十二．外國人經營學校的取締
十三．革除偏重書本的陋習，勵行學校社會化
十四．打破學科課程的一元主義

國民政府教育方針草案　韋慤

著者為國民政府教育行政委員會委員之一，原文見十六年七月一日至六日上海各報。下列之（附註）係原註。註中所謂「另擬條文」，截至八月止猶未之見。編者

（附註）此草案業經教育行政委員會大致通過，並議決應將勞動教育包括在第三項，及對於學生參加運動應有相當的限制，已將草案交李委員石曾參考，以便另擬條文。

教育是國家的根本事業，因為國家要有教育然

後有人材，有人材然後可以辦國家的建設事業。國民政府以完成國民革命和建設新中國爲主旨，對於教育之興革負有重大的使命，刻下北伐勝利，國民政府的勢力範圍日益伸張，自應早日擬定一具體的教育計劃，切實施行，以促教育之發展，而副政府注重教育之本旨。茲就管見所及，擬就教育方針草案一篇，和各同志商榷一下：

現在最多人討論的是黨化教育的問題，但可惜還有許多人不明白黨化教育的意義，有些人以爲黨化教育就是把教育變成政黨的作用，尤其是變成黨爭的工具，這是最大的誤會。國民黨並不是一個平常的政黨，老實說：照平常政黨的意義來講，國民黨並不是一個政黨。因爲平常的政黨是生存在一個已建立的政治系統之下，而且是代表特殊階級的利益。國民黨就不同，他要努力把舊的政治組織推翻而建立一個新的政治系統，而且他所代表的利益是民衆的利益而非特殊階級的利益，這樣看來，國民黨是革命黨和代表民衆利益的黨。我們所謂黨化教育，就是在國民黨指導之下，把教育變成革命化和民衆化。換句話說，我們的教育方針，要建築在國民黨的根本政策上。國民黨的根本政策是三民主義，建國方略，建國大綱和歷次全國代表大會的宣言和議決案，我們的教育方針，應該根據這幾種材料而定。這是黨化教育的具體意義。

我以爲現在最大的毛病就是把黨化教育看作黨義的宣傳；因爲這個緣故，許多人以爲學校添授三民主義和多做宣傳的工作，便是黨化教育。這不免把黨化教育看得太簡單了！他們有這個見解，因爲他們的教育觀念弄錯了。他們以爲教育是觀念的傳授，所以黨化教育就是把黨的觀念傳授與人。其實黨化教育並不是這樣簡單：教育是創造的和建設的活動，黨化教育就是把黨的主張實現在創造的和建設的活動。那麼，黨化教育當然不是黨義的宣傳這樣簡單了。

我現在想把黨化教育的意義再為確定一下：黨化教育是革命化和民衆化的教育，這是大家都公認的。甚麼是革命化的教育呢？我以為革命化的教育有兩個意義：從前的教育是因襲的教育，這種教育以繼承傳統的思想為主要的目的，以演繹法為無上的法門，以灌注觀念為教育唯一的方法，以記憶為教育最重要的功能。革命化的教育是反因襲的教育，而以最進步的自然科學和社會科學做基礎的。這是革命化的教育的第一個意義。

教育是社會和國家的事業，因此教育往往根據社會和國家的組織而轉移，在不平等的社會教育是統治階級維持其統治權和壓迫民衆的工具。易而言

之：這種教育是壓迫階級的保育政策，而專以保存他們的利益為前題的；革命化的教育是推翻一切社會不平等的組織，而建設一個眞正自由的平等的博愛的社會的原動力。換句話說：革命化的教育是完成政治革命和社會革命的工具。這是革命化的教育的第二個意義。

甚麼是民衆化的教育呢？方才我說：在不平等的社會教育是壓迫階級的保育政策而專以保存他們的利益為前題的，民衆化的教育當然不是這樣。民衆在被壓迫的地位，不能完全享受教育的利益，即使得些少教育，也不過是壓迫階級的恩惠。這是何等可憐啊！民衆化的教育是民衆所有的教育，而且是民衆人人皆能享受的教育。

因襲的教育養成特殊利益的階級，所製造的人材不過做壓迫階級的工具。試看從前科舉時代的教

育，所取錄人材，無非做朝廷奴僕。民國成立後，教育還是製造自私自利的特殊階級，討好於帝國主義者及軍閥以求活。民衆化的教育，一方面使民衆人人皆能享受教育的利益，另一方面可以養成爲民衆謀幸福的人材。

民衆化的教育還有一個重要的意義：就是我們研究科學是以民衆的利益爲中心的。這一點關於社會科學，較爲重要：因爲社會科學往往爲壓迫階級所利用，將是非顛倒，事實曲解，以辯護他們在社會上的位置。所以資產階級的經濟學都是講資本主義是好的，帝國主義的地理和歷史都是爲帝國主義者歌功誦德的。在民衆化的教育裏面，科學自然以事實爲根據，不容有甚麼曲解，而且科學的應用完全是爲民衆謀幸福的。

我以爲黨化教育不但要革命化和民衆化，而且

要科學化和社會化才行。黨化教育和科學的關係，我在前段已經說過，但是我所講的祇圖於科學的內容和科學的應用。以我看來，我們要照科學的方法來實施黨化教育，並且要拿最進步的自然科學和社會科學做基礎。這就是黨化教育要科學化的意義。

教育本來與社會有密切的關係，可惜因襲的教育把教育與社會分離，致教育失却社會的效能。我們的革命策略，是以社會的事實爲中心的。因此我們的教育應該以社會的事實爲根據，而與社會需要適合。換句話說：教育要變成改革社會建設社會的種種活動，那就學校的設備課程活動都要變成社會化了。這就是黨化教育要社會化的意義。

上面所講是關於黨化教育的意義，我現在想講具體的教育方針。我們在黨和黨政府指導之下，要有一個完善的教育行政系統，才可以實施我們的教育

方針。現在的教育行政還沒有一個好的系統，以致教育行政沒有監督及指揮的能力。關於教育行政機關的組織我另有文發表意見，現在我想講的是教育行政要集中，所有一切教育法令應由最高的教育行政機關制定或核准。各縣及各市教育局長應由省教育廳長提出省務會議通過委任，各省教育廳長及國立大學校長與委員應由最高的教育行政機關提出中央政治會議通過簡任。這樣辦法教育行政權可以集中。我相信教育行政權集中，是實施教育方針的重要條件。因為我們把教育權集中在黨政府指導之下，才可以收監督及指揮之實效哩。

我們有了一個完善的教育行政系統，還要有確定的教育方針。我上面已經說過，我們的教育方針應以黨的根本政策做根據，從黨的立場着想，我們的教育方針應確定如左：

一、民衆教育應與民衆運動一並進行。國民革命的最大目的在求中國的自由平等，欲達到這個目的，我們要組織民衆，訓練民衆，使民衆的勢力變成國民革命的勢力。那麼民衆教育之是黨化教育的重要工作，不用多講了。近年本黨對於民衆運動做了不少工作，成績亦甚為可觀。但對於民衆教育還沒有甚麼設施，未免可惜哩。我們知道工人運動和農民運動是民衆運動的重要工作，故民衆教育對於農民和工人應特別注意。現在農工階級之不識字者幾占全數，我們應該為他們舉行識字運動，並設法給他們一種實際知識和在工人與農民所在地設種種的特別學校。其他民衆之未受教育的，如大多數的婦女，亦應有同樣的設施。

二、應以最短時間實行義務教育。我國失學的人數約占百份之九十，其中以年長的人為最多，故民衆教育最爲重要。但我們要記得還有一班合學校年齡而沒有機會就學的兒童，那麼義務教育亦爲現在的急切問題。爲實行黨化教育起見，我們應努力以最短時間促成義務教育。

三、教育應增進生活的效能。孫總理說建國之首要在民生，故黨化教育應增進人民生活的效能。我國教育向不切實用，久爲世所詬病，故學校畢業生多不事生產，變爲遊惰階級，實爲社會之累。以後當注意技術的教育，以養成種種有技能的人材；並且要使一般學生所得的訓練，能够增進他們生活的效能。我國所設立的工業或農業學校與社會的實在情形太隔膜，故畢業生仍不免變爲遊惰階級，於生產毫無裨益。嗣後學校的課程與訓練須適合社會的需要，務使學生畢業後能本種種生產的活動以求民生的發展。

四、應指導學校畢業生到民間去。我國學生向有學而優則仕的觀念，故學校畢業生每以做官爲榮。這是科舉時代所遺留的惡習，應該早日把他掉了。現在農工羣衆需用知識界的助力很多，各學校畢業生應往民間做種種民衆運動的工作，及經營其他的建設事業。教育行政機關應設畢業生指導處，及各種短期的特別訓練所，以便引導各畢業生到民間做工作。如學校畢業生與民衆分離，勢必做成一特殊利益階級，非依附軍閥及帝國主義者不能生存。可見這條問題與國民革命和世界革命有重大的關係了。

五、各學校應增設軍事訓練。我國民衆外受帝國主義的壓迫，內受軍閥及其走狗的凌虐，一定要提倡尚武精神，講求軍事教育，才可以禦外侮定內亂。嗣後各小學須一律設童子軍，中學及大學須一律增加軍事訓練。

六、學校應注重體育訓練。軍事訓練和體育訓練有別。早爲敎育家所認識因爲軍事訓練在造就軍國民以備國家不時之需而體育訓練則以養成健全體格的國民。我國人民素不講求體育，故有東亞病夫的徽號歷次遠東大運動會我國代表亦不能占優勝。現在各學校多不講求體育，卽有之亦缺乏有系統的訓練。嗣後各校須添聘體育訓練主任及設體育敎員養成所，以造就體育敎員。民衆敎育亦須注重敎育訓練以養成健全體魄的國民。

七、學生運動應統一在黨的指揮之下。自五四運動後，學生運動如風起水湧，一時極爲可觀。去年五卅慘案學生，亦爲反帝國主義的先鋒隊。故我們對於學生運動有很大的希望。但是照實在的情形看來，我們見得學生運動還有許多不滿意的地方。我以爲現在學生運動最不好的地方，是沒有統一的指揮。你看現在各學校風潮多是因爲校內派別的鬥爭。這種鬥爭不過以爭小團體的利益爲目的，因此弄到校內沒有一日得安寧，這是太糟了。挽救的方法在把學生運動統一在黨的指揮之下。我們一方面要注意青年的利益，他方面要使青年爲民衆謀利益，所有非受黨的指揮的小團體鬥爭須一律禁止。這樣做法，我相信一定有好結果的。有些人以爲這個主張是黨部的主張，不應看作敎育政策。殊不知敎育的政策要和黨的政策相吻合，才有好的效果。這就是說在黨之指揮之下，學生運動應與敎育政策一致，才可免種種的矛盾和衝突。

八、科學敎育應特別注重。黨化敎育之應該科學化，上面已經說過了。科學爲物質建設的基礎，在敎育的位置極爲重要。最可惜現在各學校對於科學敎育絕不講求，祇有書面的講授而無實驗室的實習，至標本的缺乏，儀器的簡陋，更爲普通的現象。爲促進科學教育起見，學校須用實驗室的方法教授科學，並須使實驗室的設備豐富，尤須注重科學的應用和高深的研究。

九、應努力收回教育權。我國現在有許多學校掌握在外人手裏，這是一件很傷心的事。外國人遠涉重洋，爲我們辦學，無論他們的居心怎樣，卻是與我們的國情不適宜。況且他們辦學難保非一種侵略的手段。我們試看日本人在東三省所辦的學校，便知道他們的伎倆了。卽使退一步說，他們所辦的學校是慈善性質的，然而學校的課程和訓練往往不適合我國的國情，是無可諱言的。若想這樣的學校依照黨義辦理，更不可能了。現在外人所辦的學校既沒有在我國的政府立案，又不受我國教育行政機關的監督，顯係藐視我國主權，爲收回教育權起見，我們須立刻製定取締外人所辦學校的規程，嚴厲執行，更須積極將外人所辦的學校收回自辦。

十、教育應與宗教分離。教育爲宗教所制裁，是中世紀遺留的惡習。我國以前的教育也是爲儒家傳統思想所縛束，與宗教的權威一樣。現在我國的教育雖然不能完全脫離儒家思想的束縛，却已逐漸得解放了。可惜還有一班傳教士和基督徒提倡甚麼基督教化的教育。這顯然把教育當作宗教的附屬品，而把教育的尊嚴掉了。本來宗教和教育是兩件不同的東西，不能混合的。教育受了宗教的制裁，便失却其獨立的性質，而且宗教與教育混合法弊很多。我們不能不先爲防範，以免將來發生不好的結果。我上面已經說過，教育應以自然科學和社會科學爲基礎，而以黨的政策爲教育政策的根據。這樣看來，教育萬不能依附宗教而存在，我們應該取締一切教會學校，不准在校內有宗教的宣傳，宗教的儀式和宗教的課程。如宗教課程屬於研究性質的，則不在禁止之列。

十一、教育經費應早日確定．現在各省最痛心的事，就是教育經費無着，這是辦教育最棘手的問題。近年教育界多覺得非經費有着不能辦教育，所以提倡教育經費獨立之聲浪甚高。最近中央及各省聯席會議亦議決指定教育經費。可見黨內的同志也覺得這問題之重要了。現在各省受兵燹的影響，財政紊亂，庫空如洗，欲增加教育經費勢有所不能，為保障教育經費起見，自應規定每省自戰事停止後教育經費照舊預算開支。一俟財政整理有頭緒，然後酌量增加，並指定歲入百份之四十為教育經費。貧瘠之省得由中央政府酌量補助之。那就教育經費有定，教育必易於發展哩。

十二、政府應在國內重要的工商業及農業地點開設特別學校。我國地大物博，出產品甚多。倘能設法改良，可令國家富厚。改良的方法最重研究與試驗，為促進農業及工商業發達起見，政府應在國內重要的工商業及農業地點，開設特別學校：如江西景德鎮為陶業的重要地點，應有一規模宏大的陶業學校；廣東順德與中山兩縣為絲業重要地點，應有一絲業學校；上海為通商大埠，應有一商業學校；漢陽與漢口為鐵鋼出產地，應有一冶金學校，餘可類推。這種學校或為中學程度，或為大學程度，可就各地方情形而定，或者中學與大學同時並設，亦無不可。

我們的教育方針定了，便可以設法施行。至關於課程方面，我們當然要增授三民主義，但我們須記得不是添授三民主義便算了事。我們須把學校的課程重新組織，一方面使與黨義不違背，他方面使與教育學和科學相符合。我們還要使學校的課程能發揚黨義和實施黨的政策。現在學校裏的課程往往過於呆板，祇知傳授傳統的思想，完全不合社會的需要。關於黨義方面，卽使有講授，亦不過限於宣傳，沒有精密和深刻的研究。譬如民生主義所講節制資本和平均地權，我們須研究淸楚才曉得實施的方法。其他關於黨義和黨的政策，尙有許多具體的問題，也應該有透切的研究，才可以切實施行的。由此可見課程方面非有一番大革新不可了，並且對於各學校所用的教科書應趕速審查和編著使與黨義及教育宗旨適合。

現在有許多人已感覺得學校這面應設訓育部，以便實施政治訓練，這是很對的。不過他們只曉得宣傳而忽略政治訓練的重要工作。據我看來：政治訓練的重要工作在使學生能夠做黨的實際工作。方才我說畢業生要到民間去，我以爲學生不要待畢業後才到民間去他們應該在求學時間也做民衆工作，這樣才可得實際的經驗以免犯空想的毛病。我以爲政治訓練應該指導學生做黨的種種實際工作，這不是說學生要把求學的時間完全做黨的工作，不過說學生應該以課外時間做黨的實際工作。

我們想實施黨化教育要一班良好的教職員。現在教職員最大的毛病，就是把教育事業當作謀生的方法，不是把教育事業當作專門的職業。他們往往看教育做暫時討生活的方法，碰着較好的機會，便離開教育界了。這樣的教職員當然辦不好教育的。我們想要良好的教職員，要有良好的訓練，並且要教職員的生活有相當的保障和滿意。所以我們對於訓練教職員和保障與獎勵教職員要有適當的辦法才好。

總括來講。目前最急切的問題是黨化教育。所謂黨化教育就是在國民黨指導之下，把教育變爲革命化民衆化科學化和社會化，換句話說：黨化教育是反因襲的教育而以最進步的自然科學和社會科學做基礎的，是完成政治革命和社會革命的工具，是民衆人人皆能享受的教育。所養成的人材和科學的應用，完全是為民衆謀幸福的，是拿科學方法做實施的方法的，是改革社會和建設社會的種種活動。我們要有一完善的教育行政系統使教育行政集中並且要確定教育方針如左：

(一)民衆教育應與民衆運動一幷進行；
(二)應以最短時間實行義務教育；
(三)教育應增進生活的效能；
(四)應指導學校畢業生到民間去；
(五)各學校應增設軍事訓練；
(六)各學校應注重體育訓練；
(七)學生運動應統一在黨的指揮之下；
(八)科學教育應特別注重；
(九)應努力收回教育權；

(十)教育權與宗教分離；
(十一)教育經費應早日確定；
(十二)政府應在國內重要的工商業及農業地點開設特別學校。

我們有了確定的教育方針，便要把學校的課程重新改組，使與黨義不違背及與教育和科學相符合，併且能够發揚黨義和實施黨的政策。我們應趕速審查和編著教科用的圖書使與黨義及教育宗旨適合。為實施政治訓練起見我們要指導學生做黨的實際工作，我們要養成良好的教職員，並且要保障和獎勵他們使他們能够努力做教育的工作。

國民政府教育行政會議對於上海學聯會總要求之答復

「五四」而後學生擇師自由與參加校務幾為學生界之普遍要求，學校風潮大半多發源於此兩問題。教育者雖非之，但無法解決。此篇係國民政府最高教育行政機關之決議，對於學生之要求剖晰無遺，而尤注意於「擇師自由」及「參加校務」之兩事。前此之學風與學生心理固可由此窺見一斑，斯後學風之移轉此篇更有重大影響。實「黨化教育」對於學生訓練之最具體方案也。原文見十六年七月二十一日上海各報。　編者

國民政府教育行政委員會第八十一次幹部會議，對於上海學生聯合會總要求之議決案。

（一）學生提出　學生代表參加組織市政府。

本會議決　此項要求，不在教育範圍之內，經上海特別市黨部臨時執行委員會，認為與訓政時期不合，當無庸議。

（二）學生提出　除反動行為者外，學生集會結社言論出版自由。

本會議決　學生於不違反本黨主義及現行法令，並不妨礙學校行政範圍之內，應有集會結社言論出版自由。

（三）學生提出　確定教育經費。

本會議決，關於確定教育經費一事，在本黨對內政策第十三條，已有規定，本無待學生之要求；但現尚在軍事時期，此項問題，一時尚未易解決，更非教育當局一方面所能單獨辦理。

（四）學生提出　減輕學費，由教育當局會同該校學生會斟酌該校經濟情形減輕之。

本會議決　減輕學費，適合於平民教育的精神，當屬可行之事。惟如何實行，尚須研究，照原案所擬辦法，甚多窒礙，難以施行。

（五）學生提出　參加校務學生代表，得參加學校教育行政機關會議。

本會議決　本會現奉到中央執行委員會政治

會議來函，以學生擇師自由及參與校務之運動，易滋流弊，議決由本會設法防止，自應遵照辦理。但各校應准學生陳述意見，署名負責，送達校長，由校長提出校務會議及其他各項會議以備參考。

(六)學生提出　統一學制，

本會議決　學制固應統一，但現當新舊過渡時期，一時未能統一，亦事實上所難免，應由各省教育行政機關令各校早日一律施行新學制。

(七)學生提出　學校經濟公開。

本會議決　學校經濟固應公開；查本會所公布的私立學校學董會設立規程，對於財政一項，特別詳細規定，即本此意。至公立學校財政有主管教育行政機關負責監督，事實已經公開，無庸另定辦法。

(八)學生提出　學生擇師自由。

本會議決　學生擇師自由，於校務大有妨礙，亟應防止。因聘請良好教員，各校長當然負責，本無疑義。

(九)學生提出　改良或增加學校設備，如養病室，運動場，圖書館，實驗儀器室，浴室，厠所等等。

本會議決　此事可行，但應在學校財政可能範圍之內。

(十)學生提出　建立規模宏大之公共圖書館體育場及公園。

本會議決　此事關係地方財政，可行與不可行，應以地方財政之是否充裕爲標準。又圖書館及體育場，雖與教育有關，而建立公園則出於教育範圍之外。

(十一)學生提出　盡量設立義務學校，如小學中學等。

本會議決　小學的義務學校，當然應盡量設立。但增加教育經費問題，未能解決，雖有良好計畫，亦屬空談。現在祇能在教育經費可能範圍之內，盡量擴充。

至於中學的義務教育，尚非其時，卽在外國，亦多未能辦到。

(十二)學生提出　男女學生通信社交婚姻自由。

本會議決　男女學生通信社交自由，在原則上當無疑義，政府亦未嘗禁止。在學校方面有因特別情形，加以限制者，此屬例外。至於婚姻一事，與年齡血統有關，且屬全社會問題，而非男女學生問題，此項自由之要求，實出教育範圍之外。

(十三)學生提出　收回教育權。

本會議決　關於收回教育權一事，本會已定有私立學校規程公布，並通行各省教育行政機關依照執行，此項問題，不難解決。

(十四)學生提出　統一教育指導機關，體育會由學生共同辦理。

本會議決　由當地各校舉出體育專家，會同組織一機關，指導各校體育之應如何改良，及籌議關於當地之體育事項。至各校之體育會，有體育專長之學生，可以加入。

(十五)學生提出　廢止定期的機械考試，(如學期考) 採用平時積分制。

本會議決　平時積分，固應採用，定期考試，亦難廢止，關於平時積分與定期考試分數之如何參合，本會在粤已定有辦法，通令施行。(附平時積分與定期考試分數之參合辦法。)

(十六)學生提出　自小學以至大學，得男女同學。

本會議決　各級學校男女，均可同學，但遇有分辦之必要時，亦得分辦。

(十七)學校不得駐紮軍隊。

本會議決　學校不得駐紮軍隊，亦理所當然。如有此類事實發生，應由學校當局呈請主管教育行政機關核辦。

(十八)學生提出　實行黨化教育。

本會議決　黨化教育之實施，爲今日教育上最重要的問題；但實施方法，應由本會會同中央青年部訂定公布，不宜各省各自爲政。

(十九)學生提出　各學校不得容留反動份子。

本會議決　背叛本黨之學生，學校當然不得容留，但如無證據，各學生不得任意互相攻訐。

(二十)學生提出　廢止宗教教育。

本會議決　廢止宗教教育，卽宗教與教育分離之意，並非違反信教自由之原則。查本會所公布之私立學校規程，關於宣傳宗教一事，曾根據信教自由之原則加以限制。並通令各省教育廳依照切實執行。廢止宗教教育一事，當不難解決。

(二十一)學生提出　寒暑假遠方學生，不能回籍者，須一律駐校。

本會議決　此事應由學校體察情形酌量辦理，不能相強。

(二十二)學生提出　學校開除學生，須得學生會之同意。

本會議決　此事決不可行，不特學校方面諸多窒礙，卽學生方面，亦易生糾紛。

附平時積分與定期考試分數之參合辦法。(十六年一月十日頒行)

各學科之學期試驗分數，參合平時考驗分數及出席分數，爲該學科之學期分數。各項參合之百分比，依下列標準定之：(一)假定學期分數爲百分；(二)學期試驗分數占百分之三十至五十；(三)平時考驗分數占百分之四十至六十；(四)出席分數占百分之十至二十，缺席時數逾授課時數十分之一時，扣出席分數十分之一，逾十分之二時，則扣十分之二，其餘類推。若缺席時數未及授課時數十分之一則免扣。如因特別情形，該科無平時考驗分數，則學期試驗分數占學期分數百分之八十至九十，出席分數占百分之十至二十。

附國民政府教育行政委員會公函

案准中央政治會議上海臨時分會函開：准上海特別市黨部函准上海學生聯合會函請取消整頓學風之議決案轉請辦理等由同時並奉中央執行委員政治會議函，以滬上學生時或發生見有擇師自由與參加校務會議之運動，易滋流弊，屬即設法防止等因奉准此：當以學生會總要求原案中之第五項要求參加校務會議第八項要求擇師自由與中央政治會議

議決交本會設法防止者同屬一事，因併案提出第七十九次會議議決將全案交參事處審查，復於第八十一次將審查結果提出覆核，經將全案所擬辦法分別修正，議決通過；對於學生參與校務，擇師自由易滋流弊一節，亦已詳加討論，僉認學生對於校務不應參加，但各校應准學生陳述意見，署名負責，送達校長提出校務會議，及其他各項會議以備參考。至擇師自由於教務進行，大有妨礙，亟應防止，因聘請良師爲教員，各校校長當然負責，本無疑義。議決關於此兩點，即遵照中央政治會議議決案令行各省教育廳轉飭各校校長，嚴厲執行。除呈復中央政治會議，並分行各省教育廳外，相應將大會議決全案結果函請查照，並轉飭學生聯合會遵照。

浙江實施黨化教育大綱

浙省教育廳長蔣夢麟在七月二十六七八等日召集全

浙江實施黨化教育大綱

浙中學校長大會，討論施行新教育時，曾主張八月一日以後，改革全省教育，實行新施設，當經命第二科科長施伯候，草訂黨化教育大綱，經政務大會通過，此爲黨化教育具體辦法之首先發見者。原文見十六年七月三十日上海各報。

編者

【一】以本黨（中國國民黨）訓練黨員之方法訓練學生

一、全中國民族是被壓迫的，故全中國民族必須革命，故學生必須革命，故學生之讀書，爲革命而讀書，故學生必須受革命方法的訓練。二、爲革命而讀書，不是讀死書，故訓練學生，不從書本上訓練。三、黨化教育的學校，應訓練學生（甲）明瞭國民革命的意義；（乙）明瞭三民主義，（丙）明瞭個人與社會與國家與世界的關係；（丁）以黨的意思爲自己的意思；（戊）用言語及文字發表自己的意思；（己）訓練自己使社會重視；（庚）受本黨的指揮而指揮民衆；（辛）犧牲自己利益爲民衆的利益；（壬）與社會惡勢力奮鬥，（癸）糾正共產主義及共產黨策略之錯誤，救拔具有革命性而誤入歧途之青年，以三民主義感化之，及用各種力量剷除破壞國民革命之共產黨員；（子）辨別指導者是否本黨忠實同志；（丑）不爲一切邪說及金錢所誘惑。

【二】以本黨的紀律爲學校的規約

一、所謂『黨化』是要好像可以將他變成『黨』一個樣子的意思；黨有黨的特殊組織與精神，學校決不能變成黨。但辦學校可以照辦黨一樣的方法辦；所謂黨化教育，就是以辦黨的精神去辦教育。二、黨化教育應注重教育的精神黨化，不是教育的形式黨化，做紀念週，開會讀遺囑，牆上貼標語……如僅僅舉行儀式，並不是眞正的黨化教育。三、黨的精神，全在紀律，黨化教育應先使學校的紀律，如黨的紀律一樣做去。

四、黨的紀律是嚴明的，故黨化教育的學校，決不是浪漫的，放任的自由的，亦應是嚴明的。五、教職員視學生如同志（其實教者學者原是同志）學生視教職員如先知先覺，規定公約公同遵守，決不放棄相互的責任，這是黨化教育的眞正精神。六、黨員的責任是依黨的主義而工作，黨員如工作不努力就是不革命，如工作不依黨的主義就是反革命，不革命及反革命是要受黨的紀律制裁的。學生的責任是爲革命而讀書，學生如讀書不努力就是不讀書，如讀書不依學校訂定之規約就是假讀書，不讀書及假讀書都是放棄學生的責任，應受學校的規約制裁的。七、黨是由羣衆組織而成團體，學校是由羣衆組織而成團體，爲維護團體的自由，故不得不限制個人的自由，所以黨只有黨的自由沒有黨員的自由。學校亦應只有學校的自由，沒有學生的自由。八、故黨化教育之學校應限制學生絕對的自由。

【三】根據孫文學說（行易知難）及民族主義第六講建設新道德應從求知入手

一、知難行易；二、學生應想爲國家做大事，不可想做大官；三、好的中國固有的道德應當保存，忠孝仁愛信義解釋均詳民族主義第六講。四、好的中國政治哲學應當保存，格物、致知、誠意、正心、修身、齊家、治國、平天下。五、廢除封建時代遺下之舊禮教。六、破壞一切浪漫主義個人主義等舶來品，建設忠孝仁愛信義的新道德。七、學校德育以新道德爲標準（性道德以愛爲標準），先期由學校建設新道德，宣傳於社會，使成道德之基礎。

【四】依訓政時期國家的組織爲學生自治的組織

一、學生對於學校並不似人民對於國家。二、學校敎職員對於學生並不似國家官吏對於人民。三、學校行政是學校訓練學生的事務，學生自治是學生自己管理自己的事務，兩者並行，不相干涉。四、學生應能自治，但尤應受學校訓練。五、明於上列四點，可知學校自治的組織應以訓政國家的組織為標準，訓政時期人民的組織與活動，一切均受政府之督率與指導，學生在校內外一切之組織與活動亦一律均須受學校之督率與指導。六、因為學生之知識學問經驗均遠不及敎職員，故學生自治團體之組織應受敎職員之指導。七、因為學生在智識上技術上道德上體力上，均須受敎職員之訓練，所以學生自治團體，不能干涉學校行政。八、因為學生之目的是為革命而讀書，所以學生自治的目的是為讀書而自治，所以學生自治團體不應在讀書之目的之外而妄費時間及精神。九、明於以上

三點，可知學生之組織自治團體，亦是學校訓練學生之一種方法，為革命而讀書，可知此書不是死書，學生是國家所儲蓄之人才，學生將來卽為組織國家之人員，故學校應從學生自治上培養學生組織國家之能力，學生應從學生自治上修養將來為國服務之智識與技能。十、凡不經訓政時期之人民，不能驟然組織憲政時期國家，學生出校卽為憲政時期之人民，故學生在校必須受訓政時期之訓練。十一、故學生自治團體或可組織學校市，或可組織學生自治會，均須依訓政時期之國家組織為標準，不能依憲政時期之國家組織為標準。

【五】以三民主義之中心思想確定學生的人生觀

一、凡是『民』都是要『生』的，被壓迫的民族，有斷絕生存的恐慌，民族生存，個人才生存，所以我個

人爲民族而生存。我個人生存，一定要愛護我的民族，維護我民族的民權，支持我民族的生存，這才是我個人生活的意思。二、中國內全民族都是被壓迫的，所以凡我中國人都應該講民族主義，不應該講世界主義，我們先須救自己的民族，等到自己的民族已經立於全世界各大民族平等的地位，再去救其他被壓迫的民族，這才是我個人生活的責任。三、個人爲民族而生存，所以只有民族不有個人，個人主義爲民族主義之對敵，所以絕對不應有個人主義發生：只顧自己私人的利益，不管大衆公家之損害，是人類的蟊賊，犧牲自己，顧全民衆，這才是我個人生活的精神。四、歷史上的戰爭，都是爲『民生』而戰爭，所以『民生』是歷史的中心，歷史不以『物質』爲中心，所以我人個人不應以『物質』爲主觀，我爲『民生』而生，我不爲『物質』而生，這才是我個人的中心思想。五、因爲中國的民族是被壓迫的民族，所以要革命才能解放；因爲民族要革命，所以我個人必須要革命，因爲我的革命是爲民族而革命，不是爲我個人而革命，所以我個人不能有自由，惟民族才有自由，這才是我個人的自由觀念。

革新教育十大原則　張乃燕

原文見十六年五月二十五日上海申報

乃燕承乏中央教育行政委員會委員，瞬已經年，近更謬膺江蘇教育廳長職務，對於蘇省教育行政之方針，既已另電披陳，茲復將數年來所抱對於吾國教育革命之意見，歸納爲十條，願與我國留心教育者一商榷之。

（一）促進普及教育　普及教育之重要，誰則不知。世界先進諸國，莫不設爲强迫之制，以促其實現。我國地大物博，文化夙先，而識字之人，乃不及百分之二十，無怪大多數國民缺乏政治知識與世界眼光，坐令軍閥政客之殘橫貪暴，敢怒而不敢言。對於軍閥背影之帝國主義者所施行之經濟的文化的侵略，亦視若無覩，一任其宰割播弄箝束，是可嘆也。吾黨既以國民革命號召天下，對內打倒軍閥，對外打倒帝國主義，以謀吾民族永久解放，躋於眞正自由平等之域，則不可不設法使全民咸被敎育之幸福，以完成革命最後之成功。昔時義務敎育之不易普及，經費問題實爲之梗；蓋貪官汚吏既朘削於上，土豪劣紳又把持其間，直指河朔，統一之期，已不在遠。凡諸惡勢力悉在廓清之列，則經費之籌集，當較前爲易矣，實業漸興，民生漸裕，則稅收當日有起色矣。誠宜趁此時機，努力於縣市鄉敎育之推廣與改良，以奠定三民主義鞏固之基礎也。

（二）發揚三民主義　吾黨既居民衆指導地位，應使吾黨主義，深入人心，然後革命勢力，可以擴大其實施之法，當就本黨政府統屬下之各學校，加以三民主義之敎材，除公民科中爲有系統的敎學以外，並當有適合三民主義訓練之設施，務使民衆了解三民主義，爲唯一救國之方法。至我國民政府之設施，如何合符主義，如何便利民衆，尤當廣爲宣傳，以杜反動者之口實，而獲民衆之同情。

（三）注重體格訓練　吾人習知革命之必須乎武力，而武力必須乎健全之體格。故訓練體格，實爲促進革命成功之要圖。故體格健康之重要，不惟對於軍事而已，卽學問政治社會之事業，胥有賴焉。自昔希臘羅馬重視體育訓練，近儒斯賓塞則謂如何增進健康，實爲人生首要之知識，雖百世不易其言也。

（四）提倡自然科學　物質建設，在在需自然科學爲之基礎。基礎不立，建設末由。故提倡自然科學，尤爲今日刻不容緩之事。自然科學之研究，理論與實驗，當相輔而行，自小學而中學，循序漸進，皆宜有相當之設備，更進而至於大學或研究純粹科學，或研究應用科學，設備皆宜完全。迨至大學以上，更設研究院以獎進科學上之發明。此在我國既所希有，尤宜特別倡導。蓋既有研究院則凡科學上與工業上種種問題，皆得藉此解決也。

（五）提高專門學術　我國因種種研究與建設問題，殊有提高學術之必要。大學（研究院附）爲研究學術之最高機關，其教員卽爲指導研究之重要人物。試觀歐美日本先進諸國，其大學教員皆有確定之資格，而我國大學關於此點，獨付缺如。學術上之所以缺少成績者，正坐此故。於是而圖補救，其道有二：其一爲緩進的，卽規定大學教員聘任條例，嚴定其資格，依教員之學術經驗而定其等級，於相當期間考察其成績，以爲升進之標準，每三年或五年將條例修改一次，繼續提高其程度。若經數次修改之後，則我國大學教員，庶可與歐美日本大學教員並駕齊驅。先有學術精深之大學教員，然後有成績優良之大學畢業生，有成績優良之大學畢業生，於是自中學以至小學諸問題，容亦有漸行解決之望。其一爲急進的，卽聘請歐美日本之大學教授聲望卓著者，爲我國大學之教授。（按教授爲大學教員之最高級）既可資爲模範，而種種建設事業尤能得其莫大之助力，事半功倍，莫此若矣。

（六）保障學術專家　吾人實行國民革命，當使任何界之人，立於同一戰線。學術界雖屬比較少數，而參加革命後，其力量可增加數倍。或以其所學指導民衆，或以其所學增加生產力，或以其所學改良社會組織，或以其所學努力建設，或以其所學探討眞理。要皆能犧牲榮利，皓首窮年。如不設法爲其生計上保障，則事業易於中輟。甚且志不弘者，則苟圖餬口，而守不堅者，則依附權勢以圖存，爲反動派張目，重遺吾黨之憂。近來國民政府對於農工漸頒有較完備之保障條例，獨對於少數學術家之保障，尙付闕如，甯非憾事！不當急起直追力圖補救耶？

（七）實行嚴格考試　近來各學校之考試廢弛極矣！敎育上之無效率，此爲一大原因。故學校中實行嚴格考試，既爲目前亟要之圖，亦爲久遠根本之計。愚意學校考試得分三種：一、爲審查平時成績，俾知學生之勤惰；二、爲編號筆試，俾敎員無徇私之弊，中學以上，可以試行；三、爲公開口試，俾旁人可以作證，大學及專門學校，可以試行。又當大學畢業口試時，凡每一科之考試，敎員而外，另聘專家一人或數人列席審查，並得隨時考問，且宜延請敎育長官暨地方長官列席旁聽。同時校內外人亦得列席旁聽，以昭愼重而示公允。

（八）釐訂學校條例　我國近來一切學校，除少

數而外，名實不相符者，比比皆是，此於敎育前途，危險極大。愚意中央敎育行政機關，應早釐訂各種學校條例，明定某種學校課程應有某種標準。其敎員應具某種資格，其校舍場所應有某項設備，不合標準者，則應加取締，以免貽害青年。

（九）收回敎育主權　帝國主義者，在滿清時代所攫取不平等條約之權利，遺害吾民，垂八十餘年。就中尤以外人個人及敎會能在內地自由設立學校一節，爲吾民附骨之疽。此種學校之目的，只在養成敎徒及買辦；對於學生，威脅利誘，無所不爲。吾黨既以取消不平等條約爲口號，當及早預籌收回敎育權之辦法。其第一步應謀自辦學校之優良鞏固，並宣布敎會學校之黑幕，俾青年自知所擇，而家屬亦不致以無處求學爲藉口。其在國民政府統屬下之敎會學校，則須派專家嚴行視察，并分別取締之。至宣布取消不平等條

約時再實行，將各校收回自辦，則事屬易行矣。

（十）改良教育行政　教育行政機關，向多為官僚政客所把持，但事敷衍，希固位置而已。對於國家教育方針，不遑計也，影響所及，使學界失所信仰，教育日益紊亂，至可慨嘆！國民政府成立以來，對於教育行政，力求改革，終以軍事倥傯，猶餘闕陷。愚意以為全國教育，當統一於最高機關，而教育上一切行政官吏，自當以學識兼長並富有經驗之人充之，俾得完成全國教育方針而督促其實施。

前述諸端，僅就數年來所見癥結之所在，舉其大者言之。餘若設立圖書館博物館等，要皆為國家應有之舉，俟中央或地方財力稍裕，亦當使其次第實現，蓋亦啟迪民智所不可缺者也。

附錄江蘇教育行政之方針

張乃燕

一、根據中國國民黨黨義，施行公民訓練。

二、依平民的精神，努力於縣市鄉教育之推廣，與改良，注意職業教育與農工補習教育並獎助優良貧寒生之升學。

三、從學校生活與社會生活之全體，力謀增高省民之健康，促進其對於自然之興趣與藝術之欣賞，並指導其對於羣衆生活之了解與參加。

四、學校教學對於知識務期透澈，對於技能務期熟練；嚴格考試，以增效率。

五、保障及擴充教育經費。

六、獎進學術，鼓勵研究。

七、依客觀標準，決定教育行政人員之任免。

八、改良教育界服務人員之待遇，增加其進加之機會，並予以專門指導，以鼓勵教育上專業之精神。

九、嚴格考核私立學校，爲補助及取締之標準；並嚴定註冊條例，積極收回敎育權。

十、以科學的精神本事實之調查爲改造敎育之根據。

右列諸端，皆當努力進行，以期貫澈，邦人君子，幸垂敎焉！

二　黨化敎育之敎育行政

國民政府敎育行政委員會組織法

（十五年二月二十日公布）

第一條　敎育行政委員會掌管中央敎育機關，幷指導監督地方敎育行政。

第二條　敎育行政委員會得隨時呈准國民政府，設置臨時必要機關並得派委或調用各地敎育機關人員，擔任所設臨時機關事務。

第三條　敎育行政委員會，以國民政府所委敎育行政委員爲幹部，下設行政事務廳，依幹部會之議決處理本委員會所管事務。

第四條　幹部由幹部委員中推舉常務委員二人，處理常務，並得以本委員會名義，對外接洽交涉事件。

第五條　行政事務廳以左列三處構成之：

秘書處

參事處

督學處

第六條　秘書處設秘書科員各若干人，掌理事務如左：

一　秘書整理及準備幹部會會議材料，掌理幹部會會議記錄，襄助常務委員處理所管事務。

二 科員承秘書處之指揮，處理關於文書，會計，庶務各科事務。

第七條 參事處設參事若干人，掌理事項如左：

一 關於教育施設計劃之預備調查及各計劃之原則制定事項。

二 關於教育統計作業之指導，統計資料之蒐集調查及統計之編制事項。

第八條 督學處設督學若干人掌理事項如左：

一 關於教育諸法規之編訂，及諸法規實施狀況之監督視察事項。

二 關於教育行政上人事財務之監督審核事項。

第九條 本委員會得置僱若干人，助理所屬事務。

中華民國大學院組織法

以大學院爲全國最高學術教育機關管理全國教育學術及教育事宜，其制與清光緒二十八年張百熙奏定之京師大學堂章程相似，（參閱本書第五類）不過該章程未曾實行耳。 編者

六月十三日第一百零五次政治會議教育行政委員會提議組織中華民國大學院爲全國最高學術教育行政機關，經決議照准，並通過組織大綱，又函中央法制委員會起草大學院組織條例，六月二十七日第一百零九次政治會議中央法制委員會函送中華民國大學院組織法決議通過，咨請國民政府公布其原文如下：

第一條 中華民國大學院爲全國最高學術教育機關，承國民政府之命管理全國學術及教育行政事宜。

第二條 本院設院長一人，綜理全院事務，並爲國民政府委員。

第三條　本院設大學委員會，議決全國學術上一切重要問題。

第四條　大學委員會，由各學區中山大學校長，本院教育行政處主任及本院院長所選聘之國內專門學者五人至七人組織之，以院長爲委員長。

第五條　本院設秘書處，置秘書長一人，秘書若干人，承院長之命，辦理本院事務；秘書長兼任大學委員會秘書。

第六條　本院設教育行政處，置主任一人，處員若干人，承院長之命，處理各大學區互相關聯及不屬於各大學區之教育行政事宜。

第七條　本院中央研究院，其組織條例另定之。

第八條　本院得設勞動大學圖書館，博物院，美術館，觀象臺等國立學術機關，其組織條例另定之

第九條　本院於必要時，得設學術上及教育行政上各項專門委員會，其組織條例，臨時訂定之。

第十條　本院辦事及議事細則，另定之。

第十一條　本法自國民政府公布之日施行。

變更教育行政制度全案

中央執行委員會政治會議變更教育行政制度咨文十六年六月七日

爲咨行事，第一百零二次政治會議准蔡委員元培提出教育行政委員會呈文一件，請變更教育行政制度，以大學區爲教育行政之單元，區內之教育行政由大學校長處理之，凡大學應設研究院，爲一切問題交議之機關，特議具大學區組織條例八項，及大學行政系統表，請核議施行等語，當經決議由國民政府核議施行，相應錄案並檢奉原呈附件咨請

查照辦理。此咨

國民政府　　中央執行委員會政治會議。

附原呈

呈為呈請變更教育行政制度，以一事權而利教育事：竊職會鑒於吾國年來大學教育之紛亂，與一般教育之不振，其原因固屬多端，而行政制度之不良，實有以助成之。教員勤於誨人者已不多得，遑論繼續研究，欠薪纍纍，膏火不繼，圖書缺畧，設備不周，欲矯此弊，自宜注重研究之一端。凡大學應確立研究院之制，一切庶政之問題，皆可交議，以維持學問之精神，此制度之宜改良者一也。一般教育之行政機關，簿書而外，幾無他事。其所恃以為判斷之標準者，法令成例而已，不問學術根據之如何？於是而與學術最相關之教育事業，亦且與學術相分離，豈不可惜！自宜仿法國制度，以大學區為教育行政之單元，區內之教育行政事項，由大學校長處理之，遇有難題，得由各學院相助以解決之，庶幾設施教育得有學術之根據。此制度之宜改良者又一也。本以上兩要旨，茲特擬具大學區組織條例八項，大學行政系統表一併呈上，是否有當，統祈核示祇遵。謹呈

國民政府

教育行政委員會

附一：大學區組織條例

一 全國依現有之省分及特別區，定為若干大學區，以所在省或特別區之名名之。如浙江大學、江蘇大學等。

每大學區設校長一人，總理區內一切學術與教育行政事項。

二 大學區設評議會，為本區立法機關。

三 大學區設秘書處，輔助校長辦理本區行政上一切事務。

四 大學區設研究院，為本大學研究專門學術之最高機關。院內設設計部，凡省政關於一切建

變更教育行政制度全案

設問題，臨時可以提交研究。

五　大學區設高等教育部，設部長一人，管理本部各學院及區內其他大學及專門學校及留學事項。

六　大學區設普通教育部，設部長一人，管理區內公立中小學校及監督私立中小學教育事業。

七　大學區設擴充教育部，設部長一人，管理區內勞農學院及關於社會教育之一切事項。

八　大學區評議會秘書處，研究院，高等教育部，普通教育部，擴充教育部之組織與職權別定之。

九　本條例經

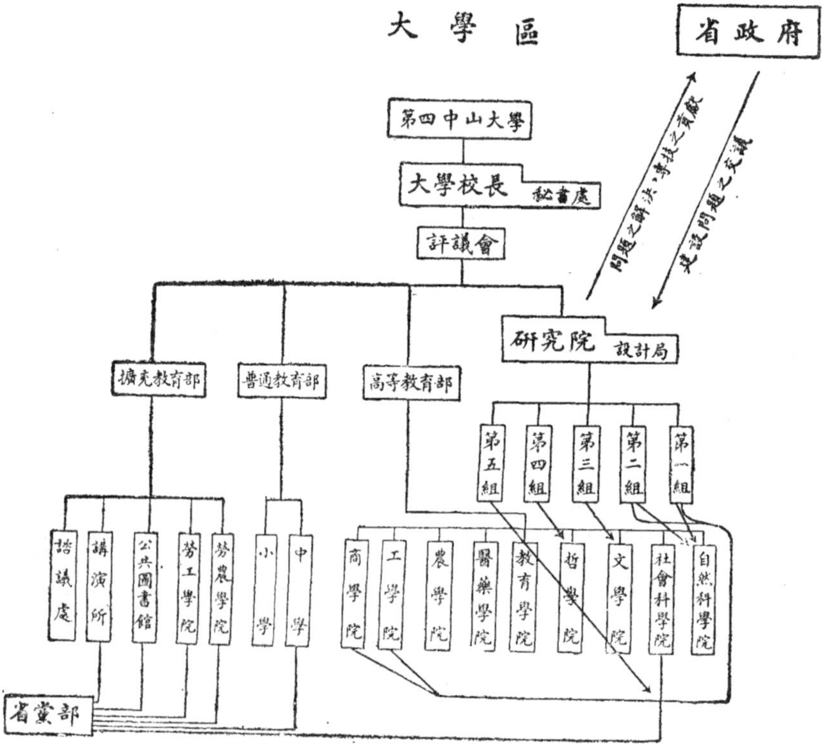

國民政府核准後暫在浙江江蘇等省試行之。

附二：大學行政系統表

三　黨化教育之勞働教育

國立勞働大學勞工學院組織大綱

中國以國家力量爲勞工設立學校以此爲始。原文見十六年六月十二日上海時事新報。　編者

第一章　目的

第一條　本學院目的，在謀勞工教育的普及和提高，從事勞工事業的研究和實驗，培養勞工運動的人材，以樹立勞動者自己實行根本解放而求實現民生主義的基礎。

第二章　方針

第二條　本學院教育，須根據左列四種方針：（1）勞働的教育：本學院相信勞心勞力不可偏廢，希望學生成爲勞心而又勞力的完全勞働者；學生一面研究學藝，一面必須實行體力的工作，以養成勞働的技能習慣，以及尊重勞働的精神。（2）革命的教育：本學院相信革命就是進化，希望學生成爲進步的眞實的革命者，學生一面須研究革命的意義和途徑，同時須注重革命的訓練，養成刻苦忍耐奮鬥犧牲博愛等美德。（3）全人的教育：本學院相信，知力情意都能健全的發達，才算完全的人，所以希望學生於知識技能以外，更有發展情意的操練：一面實行國體自治，共同生活，以養成互助協作的習慣而發展組織力，一面須注意自動的獨立的研究，以發展創造力。（4）生活的教育：本學院相信生活與教育不能分離，希望學生實行合理的生活，學生勿專賴書本教育，講堂教授，須多經歷實際生活。

第三章　分科

第三條　本學院除本科外，設師範科，訓練班。（

1）本科：以養成勞工敎育勞工技術勞工事業的專門人才爲主，招中等學校畢業生及有同等學力者入之，三年畢業。(2）中等：以養成知能較高的勞工爲主招高小畢業生及有同等學力者入之，三年畢業。(3）臨時師範科：以養成勞工成人學校及勞工小學的師資爲主，招中等學校畢業生及有同等學力者入之，暫定六個月畢業。(4）臨時訓練班：以養成勞工事業辦事人員爲主，招知能較高的工人入之，六個月畢業。

第四條　本學院設左列各機關：(1）工廠，(2）圖書館，(3）博物館，(4）編譯館，(5）勞工敎育館，(a）自由講座，(b）勞工成人學校，(c）勞工小學，(d）勞工星期學校，(e）勞工半日學校(6）成人及兒童敎養所，(7）勞工醫院，(8）勞工體育會，(9）勞工藝術館，(10）勞工俱樂部。以上各種機關得酌量本學院經濟人材的狀況，以及實際需要的緩急，次第設立或增加。

第四章　組織

第五條　本學院的組織如左：

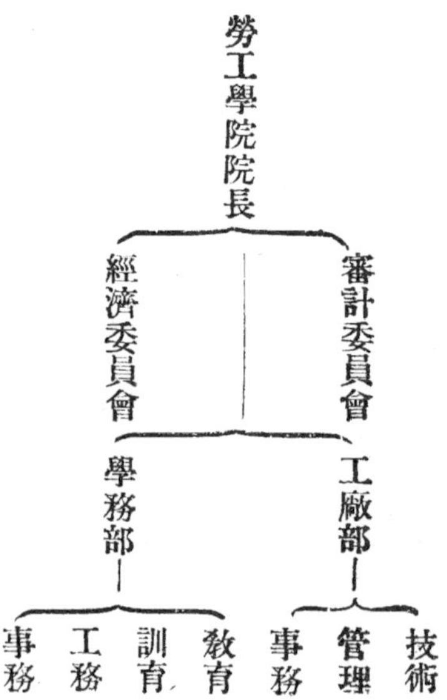

勞工學院設院長一人，負本學院行政之責，由勞働大學籌備委員會延聘之。審計委員會負審查會計之責，其委員由勞働大學籌備委員會延聘專家充任；經濟委員會負籌劃經濟之責，以院長爲主席，其委員由勞働大學籌備委員會延聘之。本學院設工廠學務兩部，工廠部分技術，處理事務三課，學務部設敎務，訓育，工務，事務四課，部設部長一人，由勞工學院院長延聘之。各課設主任一人，由部長商承勞工學院院長聘任之，工廠部，學務部，及各課細則另定之。

第五章　附則

第六條　本大綱經勞働大學籌備處審查後，呈請中央核准公布。

第七條　本大綱如有應行修改之處，得由勞工學院提議經勞働大學籌備委員會審查通過，轉呈中央核准公布。

民國十七年三月印刷
民國十七年三月發行

近代中國教育史料（全四冊）

△

定價銀三元五角
（外埠另加郵匯費）

版權所有

編者 舒新城

發行者 中華書局

印刷者 中華書局

印刷所 上海靜安寺路二七七號 中華書局

總發行所 上海棋盤街中華書局

分發行所 北京 天津 張家口 邢台 保定 濟南 青島 太原 開封 西安 蘭州 成都 重慶 長沙 常德 衡州 漢口 沙市 南昌 九江 安慶 蕪湖 南京 徐州 杭州 蘭谿 福州 廈門 廣州 汕頭 潮州 梧州 雲南 貴陽 奉天 吉林 長春 新加坡 中華書局

（四九六二）

民国首版学术经典丛书第一辑

留欧外史（第一辑上编）/ 黎锦晖
清代学术概论 / 梁启超
中国目录学史 / 姚名达
理学纲要 / 吕思勉
中国殖民史 / 李长傅
白话本国史（四册）/ 吕思勉
近代中国留学史 / 舒新城
五十年来中国之文学、论文杂记 / 胡适、刘师培
历史研究法与中国文字变迁考 / 吕思勉
苏曼殊年谱及其他 / 柳亚子
中国商业史 / 王孝通
妙峰山 / 顾颉刚
中国文字学史（上下）/ 胡朴安

民国首版文学经典丛书第一辑

新月诗选 / 陈梦家
火灾 / 邱东平
我们的六月 / 朱自清
红的天使 / 叶灵凤
红雾 / 张资平
未完的忏悔录 / 叶灵凤
生死场 / 萧红
云游、志摩的诗 / 徐志摩
徐志摩选集 / 徐志摩
休息、给予者 / 王实味、欧阳山
迷羊 / 郁达夫
第七连 / 邱东平
弘一大师永怀录 / 弘一大师纪念会
石门集 / 朱湘
飞絮 / 张资平
鲁迅杰作选 / 鲁迅
胡适留学日记（四册）/ 胡适

民国首版学术经典丛书第二辑

东西文化及其哲学 / 梁漱溟
印度哲学概论 / 梁漱溟
中国历史研究法 / 梁启超
中国历史研究法补编 / 梁启超
中国小说史略 / 鲁迅
汉晋学术编年（四册）/ 刘汝霖
淮南鸿烈集解（上、下册）/ 刘文典
近代中国教育史料（四册）/ 舒新城
人生哲学（上卷）（上、下册）/ 李石岑
太炎文录续编（上、下册）/ 章太炎
中国百名人传（上、下册）/ 陈翊林
中国画学全史（上、下册）/ 郑昶
中国女性文学史（上、下册）/ 谭正璧
中国哲学史大纲（上卷）/ 胡适
中国文化史（上、下册）/ 柳诒徵
经学教科书 / 刘师培
中国学术史讲话 / 杨东莼
穆天子传西征讲疏 / 顾实
中国伦理学史 / 蔡元培
宋学概要 / 夏君虞

民国首版文学经典丛书第二辑

中国新文坛秘录 / 阮无名
曼殊六记 / 苏曼殊
英兰的一生 / 孙梦雷
一叶 / 王统照
新生代 / 齐同
二月 / 柔石
丽莎的哀怨 / 蒋光慈
苔莉 / 张资平
古庙集 / 章衣萍
海滨故人 / 庐隐
呼兰河传 / 萧红
公墓 / 穆时英
秋风集 / 章衣萍
囚绿记、龙山梦痕 / 陆蠡、徐蔚南
愤怒的乡村 / 鲁彦
泪珠缘（五册）/ 陈蝶仙
春醪集 / 梁遇春
缀网劳蛛 / 落华生
旧梦 / 刘大白
漩涡里外 / 杜衡
都市风景线 / 刘呐鸥
山野掇拾 / 孙福熙
西北远征记 / 宣侠父
花之寺 / 凌叔华
爱眉小札 / 徐志摩
怀旧集 / 柳亚子
音乐会小曲 / 陶晶孙

图书在版编目（CIP）数据

近代中国教育史料：全4册 / 舒新城著．—上海：上海科学技术文献出版社，2015.4
（民国首版学术经典丛书．第2辑）
ISBN 978-7-5439-6557-7

Ⅰ．①近…　Ⅱ．①舒…　Ⅲ．①教育史—史料—中国—近代　Ⅳ．①G529.5

中国版本图书馆CIP数据核字（2015）第027410号

责任编辑：张　树　王卓娅
封面设计：周　婧

近代中国教育史料（一～四册）
舒新城　著
出版发行：上海科学技术文献出版社
地　　址：上海市长乐路746号
邮政编码：200040
经　　销：全国新华书店
印　　刷：上海中华商务联合印刷有限公司
开　　本：850×1168　1/32
印　　张：36.375
版　　次：2015年4月第1版　2015年4月第1次印刷
书　　号：ISBN 978-7-5439-6557-7
定　　价：198.00元
http://www.sstlp.com